ALFRED VERDROSS · BRUNO SIMMA

Universelles Völkerrecht · Theorie und Praxis

Universelles Völkerrecht

Theorie und Praxis

Von

Alfred Verdross †
Bruno Simma

Unveränderter Nachdruck
der dritten Auflage

Duncker & Humblot / Berlin

Bibliografische Information der Deutschen Nationalbibliothek

Die Deutsche Nationalbibliothek verzeichnet diese Publikation in der Deutschen Nationalbibliografie; detaillierte bibliografische Daten sind im Internet über http://dnb.d-nb.de abrufbar.

Unveränderter Nachdruck der
3., völlig neu überarbeiteten Auflage von 1984

Druck: Berliner Buchdruckerei Union GmbH, Berlin
Printed in Germany

ISBN 978-3-428-13296-6

Gedruckt auf alterungsbeständigem (säurefreiem) Papier
entsprechend ISO 9706 ♾

Internet: http://www.duncker-humblot.de

Für Gertrud

Vorwort zur dritten Auflage

Die vorliegende 3. Auflage des „Universellen Völkerrechts" stellt eine vollständige Neubearbeitung des von Alfred Verdross und mir 1976 veröffentlichten Gemeinschaftswerkes dar, von dem 1981 ein unveränderter Nachdruck als 2. Auflage erschienen ist. Bis zu seinem Tod am 27. April 1980 hat Alfred Verdross zahlreiche Verbesserungen und Ergänzungen verfaßt, die ich in den endgültigen Text übernommen habe, soweit sie nicht durch die Entwicklung überholt worden sind. So haben wir Dokumentation wie theoretische Verarbeitung des Rechtsstoffes durchgehend erweitert und auf den neuesten Stand gebracht, wobei unser besonderes Augenmerk der gebührenden Berücksichtigung der Kodifikation und Weiterentwicklung des Völkerrechts im Rahmen der Vereinten Nationen galt. Diese Entwicklung hat eine totale Neufassung des Abschnitts über die Staatennachfolge und eine wesentliche Erweiterung der Ausführungen über das völkerrechtliche Unrecht und seine Wiedergutmachung, vor allem aber eine Darstellung des Seerechts im Lichte des UN-Übereinkommens 1982 notwendig gemacht, das hier zum ersten Mal in deutscher Sprache lehrbuchartig „aufbereitet" worden ist. Unter den weiteren besonders intensiv überarbeiteten oder neu aufgenommenen Abschnitten möchte ich diejenigen über stabilisierte *de facto*-Herrschaften und nationale Befreiungsbewegungen, multinationale Unternehmen, Intervention im Bürgerkrieg, die neue internationale Wirtschaftsordnung, intertemporales Recht, „soft law", Umweltschutz, grenzüberschreitenden Informationsfluß, die Antarktis, Staatenimmunität und verwandte Fragen, extraterritoriale Wirkungen nationalen Rechts, Repressalien sowie alle Ausführungen zum völkerrechtlichen Schutz der Menschenrechte hervorheben. Dagegen muß die Darstellung des Konflikts- und Neutralitätsrechts die nächste Auflage abwarten. Dasselbe gilt für die wohl nötige Vertiefung unserer „Konsenstheorie".

Alfred Verdross erschien es schließlich notwendig, Mißverständnisse, die unsere Systematik hervorgerufen hat, zu bereinigen und schon im Vorwort zu dieser Neuauflage darauf hinzuweisen, daß es zwar früher richtig war, zwischen dem allgemeinen Völkerrecht und dem nur partikulären Völkerrecht der UNO zu unterscheiden. Seitdem die UNO aber nahezu alle Staaten umfaßt und auch die wenigen außerhalb dieser Organisation stehenden Staaten ihre leitenden Grundsätze anerkannt haben, ist ihre Charta zur Verfassung der universellen Staatengemeinschaft aufgerückt. Daher mußte von ihr ausgegangen und das schon vor ihrem Inkrafttreten geltende und von ihr in ihrer Präambel auch grundsätzlich anerkannte Völkerrecht in ihren Rahmen eingebaut werden, da dieses nur mehr insoweit verbindlich ist, als ihm nicht durch Normen der UN-Charta derogiert wird, und daher auch in deren Licht ausgelegt werden muß.

Was die praktische Handhabung unseres Buches betrifft, so habe ich die allseits kritisierte dekadische Gliederung durch eine klassische ersetzt und parallel dazu eine Gliederung in fortlaufend numerierte Paragraphen eingezogen, auf die sich nunmehr alle Verweise im Anmerkungsapparat und in den Registern beziehen. Das Schrifttum ist bis Mitte 1984 verarbeitet worden. Weitere praktische Hinweise finden sich auf S. XXXI.

In absehbarer Zeit wird eine englische Fassung unseres Werkes erscheinen, die durch eine großzügige Förderung der Stiftung Volkswagenwerk ermöglicht wurde. Für diese Unterstützung möchte ich mich bereits an dieser Stelle bedanken, da ein Teil der von der Stiftung bereitgestellten Mittel auch dem vorliegenden Buch zugute gekommen ist.

Um mit dem Dank fortzufahren: Er gilt zum ersten zahlreichen Kollegen, Mitarbeiterinnen und Mitarbeitern, Studentinnen und Studenten, die mich auf Schwächen und Fehler der Erstauflage hingewiesen und Verbesserungsvorschläge gemacht haben; vor allem Sonja Boehmer-Christiansen, Ulrich Fastenrath, Rudolf Geiger und Dieter Schenk. Theodor Schweisfurth sei für seinen Entwurf der §§ 55 - 59 herzlich gedankt. Besonders großen Dank schulde ich Renate Platzöder und Bernd Rüster für ihre weitgehende Mithilfe beim Zustandekommen der seerechtlichen Abschnitte; insbesondere Renate Platzöder hat mich als sachkundige Führerin durch das Labyrinth der neuen Seerechtskonvention unterstützt.

Für ihre Hilfe bei der Überprüfung der Zitate, Korrektur der Fahnen und Niederschrift des Manuskripts danke ich Sylwia Dziadecka, Theodor Ernst, Doris Geiersberger, Angelika Hoche, Marianne Koschmann, Joachim Krauß, Dagmar Lieber, Wolfgang Manig, Nikolai Schmeisser, Christine Schuhbeck-Schmidt, Hannah Slapeta und Jutta Zumschlinge.

Herrn Senator E. h. Professor Dr. Dr. h. c. J. Broermann danke ich von Herzen für die besondere Anteilnahme, die er dem „Universellen Völkerrecht" zuteil werden läßt. Schließlich möchte ich mich bei Herrn Lektor D. H. Kuchta für die sorgfältige Betreuung auch dieser Auflage bedanken.

Ich hoffe, daß Alfred Verdross mit unserem Buch zufrieden wäre.

München, im Oktober 1984 Bruno Simma

Aus dem Vorwort zur ersten und zweiten Auflage

> Si nulla est communitas, quae sine iure conservari possit, certe et illa quae genus humanum aut populos complures inter se colligat, iure indiget.
>
> *Grotius*, De iure belli ac pacis (1625), Prolegomena

Dieses Buch ... verfolgt das Ziel, die Studierenden und andere Interessenten in das allgemeine Friedensvölkerrecht der Gegenwart einzuführen und sie durch ständige Hinweise auf die Staatenpraxis und die völkerrechtliche Judikatur (möglichst in der Originalsprache) an die Rechtsquellen selbst heranzuführen, um ihnen so ein lebendiges Bild vom Völkerrecht im Lichte seiner aktuellen Anwendung zu geben.

Das Buch umfaßt nicht nur das nunmehr in der Charta der Vereinten Nationen verankerte Verfassungsrecht der universell gewordenen Staatengemeinschaft und die in ihrem Rahmen erzeugten Normen des neuen Völkerrechts, sondern außerdem die von der Charta vorausgesetzten und rezipierten Normen des früheren klassischen Völkerrechts (mit Ausnahme des Rechts der bewaffneten Konflikte und des regionalen Völkerrechts), zu deren Verständnis ein einleitender Hauptabschnitt über Begriff, Eigenart und Entwicklung des Völkerrechts vorangestellt wird.

Seit der Aufnahme zahlreicher neuer Mitglieder in die globale Staatengemeinschaft befindet sich das allgemeine Völkerrecht in einer raschen Umgestaltung und Weiterbildung. Daher war es notwendig, neben der Darstellung seiner bereits allgemein anerkannten Normen auch jene zu untersuchen, die auf eine universelle Geltung hinzielen, ebenso wie verschiedene Resolutionen der Generalversammlung der UNO vorzuführen, die entweder neue Rechtsbehauptungen aufstellen oder eine Änderung des geltenden Völkerrechts anstreben.

Abschließend muß leider festgestellt werden, daß in der gegenwärtigen Staatengemeinschaft einzelne neue, mit großer Hoffnung begrüßte, fundamentale Grundsätze der UN-Charta, wie das Verbot der Drohung mit Gewalt und Gewaltanwendung, wiederholt verletzt wurden, so daß es vielfach noch beim bloßen Sollen bleibt. Daher wird die UNO oft kritisiert. Dabei wird jedoch übersehen, daß diese keine überstaatliche Macht, sondern eine zwischenstaatliche Organisation ist, in der sich die verschiedenen Kräfte der Welt spiegeln. Die Kritik müßte sich somit gegen jene Staaten richten, welche die als richtig erkannten und von allen Mitgliedern der UNO auch förmlich anerkannten Grundsätze der Charta mißachten. Um diesem Übel entgegenzuwirken, wäre es empfehlenswert, daß der UN-Generalsekretär immer wieder, jedenfalls aber zu Beginn der Tagungen der Generalversammlung, auf die Grundsätze der Charta hinweist, da alle Normen nur wirksam bleiben, wenn sie im Bewußtsein der Rechtssubjekte weiterleben.

Möge diese Schrift dazu beitragen, das Völkerrecht im Bewußtsein aller Interessierten und Besorgten zu vertiefen und seine Bedeutung für die Erhaltung des Weltfriedens und des allgemeinen Wohles der Menschheit deutlicher zu machen!

Wien und München, Pfingsten 1976

Alfred Verdross Bruno Simma

Inhaltsverzeichnis

Abkürzungsverzeichnis

A. A.	= anderer Ansicht
a.a.O.	= am angegebenen Ort
ABl. EG	= Amtsblatt der Europäischen Gemeinschaften
Abs.	= Absatz, Absätze
AD	= Annual Digest of Public International Law Cases
AdG	= Archiv der Gegenwart
AEI	= Annales d'études internationales
AFDI	= Annuaire français de droit international
AJCL	= American Journal of Comparative Law
AJIL	= American Journal of International Law
A. M.	= anderer Meinung
Anm.	= Anmerkung, Anmerkungen
Annuaire AAA	= Annuaire de l'Association des auditeurs et anciens auditeurs de l'Académie de Droit international
Annuaire IDI	= Annuaire de l'Institut de droit international
AÖR	= Archiv des öffentlichen Rechts
ArchVR	= Archiv des Völkerrechts
ARSPh	= Archiv für Rechts- und Sozialphilosophie
ARWPh	= Archiv für Rechts- und Wirtschaftsphilosophie
ASIL Proceedings	= Proceedings of the annual meetings of the American Society of International Law
Aufl.	= Auflage, Auflagen
AWD	= Außenwirtschaftsdienst des Betriebsberaters
Bd., Bde	= Band, Bände
Berber, Dokumente	= *Berber*, Völkerrecht. Dokumentensammlung (2 Bde, 1967)
Berichte DGVR	= Berichte der Deutschen Gesellschaft für Völkerrecht
BGBl.	= Bundesgesetzblatt
BGE	= Entscheidungen des Schweizerischen Bundesgerichts
BGH	= Bundesgerichtshof
BVerfGE	= Entscheidungen des Bundesverfassungsgerichts
BYIL	= The British Yearbook of International Law
C & S	= Comunicazioni e studi
CYIL	= Canadian Yearbook of International Law
DI	= Diritto internazionale
Diss.	= Dissertation
EA	= Europa-Archiv
Encyclopedia z. B. [3 (1982) . . .]	= *Bernhardt* u. a. (Hrsg.), Encyclopedia of Public International Law, z. B. Instalment (Teillieferung) 3 (1982)
EuGRZ	= Europäische Grundrechte-Zeitschrift
EuR	= Europarecht
FW	= Friedens-Warte

GAOR	= General Assembly Official Records
GRUR	= Gewerblicher Rechtsschutz und Urheberrecht, Internationaler Teil
GYIL	= German Yearbook of International Law
HRJ	= Human Rights Journal
Hrsg., hrsgg.	= Herausgeber, herausgegeben
IC	= International Conciliation
ICJ Pleadings	= International Court of Justice. Pleadings, Oral Arguments, Documents
ICJ Reports	= International Court of Justice. Reports of Judgments, Advisory Opinions and Orders
ICLQ	= The International and Comparative Law Quarterly
IGH	= Internationaler Gerichtshof
IJIL	= Indian Journal of International Law
ILC	= International Law Commission
ILC-Yearbook	= Yearbook of the International Law Commission
ILM	= International Legal Materials
ILQ	= International Law Quarterly
ILR	= International Law Reports
IRD	= Internationales Recht und Diplomatie
ItYIL	= Italian Yearbook of International Law
JAIL	= Japanese Annual of International Law
JBl.	= Juristische Blätter
JDI	= Journal du droit international (Clunet)
JIR	= Jahrbuch für Internationales Recht
JuS	= Juristische Schulung
JZ	= Juristenzeitung
L. N. T. S.	= League of Nations Treaty Series
NJW	= Neue Juristische Wochenschrift
Nr.	= Nummer, Nummern
NRG	= *Martens*, Nouveau Recueil général
NILR	= Netherlands International Law Review
NTIR	= Nederlands Tijdschrift voor Internationaal Recht
NYIL	= Netherlands Yearbook of International Law
NZIR	= Niemeyers Zeitschrift für internationales Recht
ÖHB 1 und 2	= *Neuhold / Hummer / Schreuer* (Hrsg.), Österreichisches Handbuch des Völkerrechts (1983), Bd. 1: Textteil, Bd. 2: Materialienteil
ÖJZ	= Österreichische Juristenzeitung
ÖZA	= Österreichische Zeitschrift für Außenpolitik
ÖZöffR	= Österreichische Zeitschrift für öffentliches Recht
ÖZöffRVR	= Österreichische Zeitschrift für öffentliches Recht und Völkerrecht
RBDI	= Revue belge de droit international
RdC	= Recueil des Cours de l'Académie de droit international
RDI	= Rivista di diritto internazionale
REDI	= Rivista española de derecho internacional
RGDIP	= Revue générale de droit international public
RGZ	= Entscheidungen des Reichsgerichts in Zivilsachen

RHDI	=	Revue hélléniquc de droit international
RIAA	=	Reports of International Arbitral Awards
RIW	=	Recht der internationalen Wirtschaft
ROW	=	Recht in Ost und West
S.	=	Seite, Seiten
SchwJIR	=	Schweizerisches Jahrbuch für internationales Recht
SCOR	=	Security Council Official Records
Sp.	=	Spalte, Spalten
Staatslexikon	=	Staatslexikon der Görres-Gesellschaft (Herder Verlag)
StIGH	=	Ständiger Internationaler Gerichtshof
UN	=	United Nations
U. N. C. I. O.	=	United Nations Conference on International Organization (Dokumentation)
UN Doc., UN Docs.	=	UN-Dokument, UN-Dokumente
U. N. T. S.	=	United Nations Treaty Series
UN-Yearbook	=	Yearbook of the United Nations
US Dept. St. Bull.	=	United States Department of State Bulletin
US Digest	=	Digest of United States Practice in International Law
Verdross	=	*Verdross*, Völkerrecht (5. Aufl., unter Mitarbeit von *Verosta* und *Zemanek*, 1964)
vgl.	=	vergleiche
VGR, vgr	=	Völkergewohnheitsrecht, völkergewohnheitsrechtlich
VJIL	=	Virginia Journal of International Law
VN	=	Vereinte Nationen (Zeitschrift)
VR, vr	=	Völkerrecht, völkerrechtlich
W. L. R.	=	Weekly Law Reports
WV	=	*Strupp / Schlochauer* (Hrsg.), Wörterbuch des Völkerrechts (3 Bde: I 1960, II 1961, III 1962; dazu ein Registerband)
WVD	=	*Strupp* (Hrsg.), Wörterbuch des Völkerrechts und der Diplomatie (3 Bde, 1924 - 1929)
YBWA	=	Yearbook of World Affairs
ZaöRV	=	Zeitschrift für ausländisches öffentliches Recht und Völkerrecht
ZHR	=	Zeitschrift für das gesamte Handelsrecht und Wirtschaftsrecht
ZöffR	=	Zeitschrift für öffentliches Recht
ZVglRW	=	Zeitschrift für vergleichende Rechtswissenschaft
ZVR	=	Zeitschrift für Völkerrecht

Festschriften

Einige besonders häufig herangezogene Festschriften werden mit folgenden Abkürzungen zitiert:

FS Bindschedler	=	Festschrift für Rudolf Bindschedler (1980)
FS v. d. Heydte	=	Um Recht und Freiheit. Festschrift für Friedrich August Freiherr von der Heydte (2 Bde, 1977)
FS Guggenheim	=	Recueil d'études de droit international en hommage à Paul Guggenheim (1968)

FS Mann	= Internationales Recht und Wirtschaftsordnung. Festschrift für F. A. Mann (1977)
FS Miaja de la Muela	= Estudios de derecho internacional homenaje al Profesor Miaja de la Muela (2 Bde, 1979)
FS Morelli	= Il processo internazionale. Studi in onore di Gaetano Morelli (C & S 14 [1975])
FS Mosler	= Völkerrecht als Rechtsordnung. Internationale Gerichtsbarkeit. Menschenrechte. Festschrift für Hermann Mosler (1983)
FS Reuter	= Mélanges offerts à Paul Reuter. Le droit international: unité et diversité (1981)
FS Rousseau	= Mélanges offerts à Charles Rousseau. La communauté internationale (1974)
FS Schlochauer	= Staatsrecht — Völkerrecht — Europarecht. Festschrift für Hans-Jürgen Schlochauer (1981)
FS Verdross 1980	= Ius humanitatis. Festschrift für Alfred Verdross (1980)
FS Verosta	= Völkerrecht und Rechtsphilosophie. Internationale Festschrift für Stephan Verosta (1980)

Benutzungshinweise

Die Verweisungen im Text, im Anmerkungsapparat und in den Registern beziehen sich auf die Paragraphen.

Die Anmerkungen sind jedoch nicht nach Paragraphen, sondern innerhalb größerer Abschnitte durchnumeriert. Bei Querverweisungen auf andere Anmerkungen wird innerhalb einer „Durchzählung" nur die Ziffer der Anmerkung, ansonsten auch der Paragraph angeführt, zu dem die Anmerkung gehört.

Die Abkürzung „BGBl." als Fundstelle für völkerrechtliche Verträge bezieht sich, falls nichts anderes angegeben, auf das Bundesgesetzblatt (Teil II) der Bundesrepublik Deutschland.

Ein Überblick über die weiteren amtlichen und privaten Vertragssammlungen findet sich in § 533, Anm. 3.

Die wichtigsten Veröffentlichungen der UNO werden in § 89, Anm. 1, die Zitierweise der UN-Dokumente in § 116, Anm. 1, vorgestellt.

Die Fundstellen der völkerrechtlich relevanten Staatenpraxis sind in § 562, Anm. 28, die amtlichen und privaten Zusammenstellungen der Urteile und Gutachten von StIGH und IGH in § 186, Anm. 1 und § 618, Anm. 3 und 5, diejenigen der völkerrechtlichen Schiedssprüche in § 620, Anm. 10, wiedergegeben.

ERSTER TEIL

Begriff, Entwicklung und Eigenart des Völkerrechts

A. Bezeichnung, Begriff und Abgrenzung des Völkerrechts

§ 1 Die älteste Bezeichnung des VR, *„ius gentium"*, finden wir bei den Römern. Darunter verstanden sie aber nicht nur das zwischenstaatliche Recht, sondern auch das Recht im Verkehr mit den Peregrini sowie das allen Völkern gemeinsame Recht[1]. Noch bei Isidor von Sevilla (560 - 636) umfaßt das „ius gentium" neben den vr Sachverhalten: Krieg, Kriegsgefangenschaft, Bündnisse, Friedensverträge, Waffenstillstände und Unverletzlichkeit der Gesandten auch die innerstaatlichen Sachverhalte: Aufbau und Befestigung der Wohnsitze, Sklaverei, Wiedereinsetzung in die früheren Rechte durch Rückkehr aus der Gefangenschaft und Verbot der Eheschließung mit Fremden[2]. Diese Aufzählung übernimmt das Decretum Gratiani (um 1400). Die ursprüngliche Bezeichnung des VR finden wir noch heute in folgenden Übersetzungen: Völkerrecht, law of nations, droit des gens, diritto delle genti.

Zu Beginn der Neuzeit taucht die neuere Bezeichnung *„ius inter gentes"* bei Francisco Vitoria (um 1480 - 1546) in folgender Definition auf: „Quod naturalis ratio *inter omnes gentes* constituit, vocatur ius gentium[3]." Francisco Suarez (1548 - 1617) gabelt das „ius gentium" in das „ius inter gentes" und in das innerhalb der Staaten übereinstimmend geltende Recht (ius quod singulae civitates, vel regna *intra* se observant)[4].

Bei Richard Zouche (1590 - 1660) erscheint der Ausdruck „ius inter gentes" erstmalig im Titel eines vr Systems[5]. Ihm entsprechen die

---

[1] So *Gaius*, Inst. I, 1: „quod vero naturalis ratio inter omnes homines constituit, id apud omnes populos peraeque custoditur vocaturque ius gentium, quasi quo iure omnes gentes utuntur"; ferner *Ulpian* im 1. Buch der Digesten.

[2] Etymologiae V, cap. 6.

[3] Relectio de Indis, III, 2.

[4] De legibus, ac Deo legislatore (1612), II, cap. 19, 8 (Hervorhebung von uns). Dazu *Soder*, Francisco Suarez und das Völkerrecht (1973).

[5] Juris et Judicii Fecialis, sive Juris Inter Gentes et Quaestionum de Eodem Explicatio (1650).

Übersetzungen: zwischenstaatliches Recht, international law, droit international, diritto internazionale, derecho internacional. Während aber im anglo-amerikanischen sowie im romanischen Bereich vorwiegend diese neuere Bezeichnung verwendet wird, halten wir am ursprünglichen Ausdruck „Völkerrecht" fest, nicht nur weil er gefühlsbetonter ist als die fachmännische Bezeichnung „zwischenstaatliches Recht", sondern insbesondere weil auch dieser Ausdruck dem Inhalt des VR nicht voll entspricht:

§ 2 Vor allem wurde schon seit dem Mittelalter auch der Heilige Stuhl (Sedes Apostolica) neben den Staaten als Völkerrechtssubjekt angesehen[6]. In der Neuzeit finden wir dann als weitere Völkerrechtssubjekte: die als kriegführende Partei anerkannten Aufständischen[7], einzelne Staatenverbindungen[8], internationale Organisationen wie den Völkerbund, die UNO und die mit ihr vertraglich verbundenen Spezialorganisationen, das Internationale Komitee vom Roten Kreuz[9] und den Souveränen Malteser-Ritterorden[10]. Das VR ist daher kein bloß zwischenstaatliches Recht, sondern ein *Zwischenmächterecht* (ius inter potestates)[11]. Dabei ist jedoch zu beachten, daß das *ganze VR* in der Regel nur im Verkehr zwischen den souveränen Staaten Anwendung findet[12], während im Verkehr mit den anderen Völkerrechtssubjekten sowie zwischen diesen nur einzelne Abschnitte des VR in Betracht kommen, insbesondere das Recht der vr Verträge und das Recht der diplomatischen Immunitäten. Es wäre aber durchaus möglich, daß auch eine internationale Organisation eine staatsähnliche Gewalt in einem bestimmten Gebiete ausübt[13] und in einem solchen Falle die vollen vr Rechte besitzt[14]. Dasselbe gilt für den Heiligen Stuhl als Souverän des

---

[6] *Balladore Pallieri / Vismara*, Acta pontificia iuris gentium (1946).

[7] 1609 hat Spanien mit den Niederlanden als *kriegführender Partei* einen Waffenstillstand abgeschlossen. Dazu *Verosta*, Die Geschichte des Völkerrechts, in: *Verdross*, S. 65. Eine große Bedeutung erlangte diese Anerkennung im amerikanischen Sezessionskrieg (1861 - 1865).

[8] z. B. den 1815 begründeten Deutschen Bund.

[9] Vgl. §§ 418 ff.

[10] Vgl. § 417.

[11] Diese Bezeichnung findet sich erstmalig bei *Taube*, La position internationale actuelle du Pape et l'idée d'un 'droit entre pouvoirs' (ius inter potestates), ARWPh 1 (1907/8), S. 360 ff., 510 ff.; vgl. ferner *Mosler*, Die Erweiterung des Kreises der Völkerrechtssubjekte, ZaöRV 22 (1962), S. 1 ff.

[12] Ebenso der IGH im Fall *Reparation for Injuries Suffered in the Service of the United Nations*, ICJ Reports 1949, S. 180: „Alors qu'un Etat possède, *dans leur totalité*, les droits et devoirs internationaux reconnus par le droit international ..." (Hervorhebung von uns).

[13] So kann gemäß Art. 81 der UN-Charta diese Organisation selbst ein Treuhandgebiet verwalten. Ein Gebiet könnte aber auch der territorialen Souveränität einer internationalen Organisation unterworfen werden.

[14] So richtig *Seyersted*, Is the International Personality of Intergovernmental Organizations Valid vis-à-vis Non-Members?, IJIL 4 (1964), S. 233 ff.

früheren Kirchenstaates sowie heute des 1929 geschaffenen „Stato della Città del Vaticano", oder den Souveränen Malteser-Ritterorden als früheren Souverän von Rhodos (1310 - 1522) und dann von Malta (1530 bis 1798).

§ 3 Schließlich darf nicht übersehen werden, daß in einem begrenzten Rahmen auch Einzelmenschen *unmittelbar* durch vr Normen berechtigt und verpflichtet werden können. Dazu gehören einmal die internationalen Beamten, die teils unmittelbar auf Grund eines vr Vertrages[15], teils auf Grund einer von einer internationalen Organisation erlassenen Anordnung solche Rechte und Pflichten haben[16]. Diese sind zwar ihrem Inhalte nach denen des innerstaatlichen Beamtenrechts ähnlich, entspringen jedoch einer vr Quelle. Es ist lediglich eine Frage der Zweckmäßigkeit, ob man diesen Rechtsbereich als einen besonderen Zweig des VR oder als „internes Staatengemeinschaftsrecht" bezeichnet[17].

Als zweite Gruppe dieser Art kommen jene Rechte in Betracht, die bestimmte Menschen durch einen vr Vertrag zur Erhebung einer Beschwerde oder einer Klage vor einem internationalen Organ ermächtigen. Ein solches Recht wurde z. B. den Minderheitsangehörigen in Oberschlesien im deutsch-polnischen Staatsvertrag vom 15. Mai 1922 eingeräumt[18]. Heute bildet die Europäische Menschenrechtskonvention vom 4. November 1950 das wichtigste Beispiel. Sie räumt allen Personen unter der Jurisdiktion der Vertragsstaaten bestimmte *vr* Individualrechte ein[19] und sieht zu deren Durchsetzung u. a. eine Individualbeschwerde vor[20]. Diese vr Individualrechte sind aber schwächer als die

---

[15] Art. 98 - 100 der UN-Charta begründen Rechte und Pflichten des Generalsekretärs und der anderen Beamten der UNO. Dazu unten §§ 208 ff.

[16] Art. 101 der UN-Charta ermächtigt die Generalversammlung zur Erlassung solcher Normen. Dazu ebd.

[17] So *Verdross*, S. 4. Vgl. § 627.

[18] Darüber die Entscheidung des oberschlesischen Schiedsgerichts vom 30. März 1928 im Falle *Steiner und Gross gegen den polnischen Staat*, AD 1927/28, Nr. 287.

G. *Arangio-Ruiz* behauptet, daß durch eine vr Vereinbarung (accordo) nur Rechte und Pflichten zwischen den Kontrahenten, nicht aber für dritte Personen begründet werden können: L'individuo e il diritto internazionale, RDI 54 (1971), S. 561 ff. Ebenso: Human Rights and Non-Intervention in the Helsinki Final Act, RdC 157 (1977 IV), S. 290 f. Diese Frage kann aber nicht durch eine aprioristische, wenn auch noch so geistvolle, Theorie, sondern nur durch die *Erfahrung* der Staatenpraxis entschieden werden.

[19] *Walter*, Die Europäische Menschenrechtsordnung (1970); *Verdross*, Die normative Verknüpfung von Völkerrecht und staatlichem Recht, in: Festschrift für Adolf J. Merkl (1970), S. 433 f.; *derselbe*, Il collegamento normativo del diritto internazionale col diritto interno e la procedura per la soluzione dei conflitti tra questi ordinamenti, FS Morelli, S. 981 ff., 992.

[20] Zur Völkerrechtssubjektivität des Individuums im allgemeinen und zum vr Schutz der Menschenrechte im besonderen siehe unten §§ 422 ff. und 1233 ff.

vr Ansprüche der Staaten, da sie durch eine Vereinbarung der Vertragsstaaten wieder aufgehoben und auch während ihrer Geltung nur durch diese durchgesetzt werden können.

Auf vr Verträgen beruhen schließlich auch jene Normen, die von Organen (Rat und Kommission) der drei Europäischen Gemeinschaften gesetzt werden und ohne Einschaltung der mitgliedstaatlichen Rechtsordnungen auch die einzelnen „Marktbürger" berechtigen und verpflichten können[21]. Da es sich dabei aber um eine regionale Erscheinung handelt, werden diese Normen hier nicht weiter behandelt.

§ 4 Nach Auffassung einiger Schriftsteller zählen zum VR weiterhin Vereinbarungen, die zwischen einem Staat und einer ausländischen Privatperson, in der Regel einer Aktiengesellschaft, in der Form eines (Konzessions- oder anderen) Vertrages *inter pares* abgeschlossen werden und nicht dem nationalen Recht der staatlichen Vertragspartei unterstehen sollen[22]. Wann eine derartige „Internationalisierung" eines Vertrages zwischen Staaten und Privaten vorliegt, läßt sich nicht generell bestimmen. Vielmehr muß die dahingehende Absicht der Vertrags-

---

[21] Dazu *Meng*, Das Recht der Internationalen Organisationen — eine Entwicklungsstufe des Völkerrechts (1979); *Capotorti*, Supranational Organizations, Encyclopedia [5 (1983), S. 262 ff.].

[22] Vgl. zum folgenden *Schwarzenberger*, International Law as Applied by International Courts and Tribunals, I (3. Aufl. 1957), S. 147, 578; *Verdross*, The Status of Foreign Private Interests Stemming from Economic Development Agreements with Arbitration Clauses, ÖZöffR 9 (1958/59), S. 449 ff.; *derselbe*, Quasi-International Agreements and International Economic Transactions, YBWA 18 (1964), S. 230 ff.; *derselbe*, Gibt es Verträge, die weder dem Völkerrecht noch dem innerstaatlichen Recht unterliegen?, Zeitschrift für Rechtsvergleichung 1965, S. 129 ff.; *derselbe*, Zwei Schweizer Schiedssprüche über quasi-völkerrechtliche Verträge, SchwJIR 21 (1964), S. 15 ff.; *Kipp, Zweigert, von der Heydte, Bindschedler, Mosler* und *Schaumann* in den Berichten DGVR 5 (1964), S. 133 ff.; *Böckstiegel*, Der Staat als Vertragspartner ausländischer Privatunternehmen (1971); *Rengeling*, Privatvölkerrechtliche Verträge (1971); *Sacerdoti*, I contratti tra Stati e stranieri nel diritto internazionale (1972); P. *Fischer*, Die internationale Konzession (1974); *derselbe*, Bemerkungen zur Lehre von Alfred Verdross über den „quasi-völkerrechtlichen" Vertrag im Lichte der neuesten Entwicklung, FS Verdross 1980, S. 379 ff.; *Fatouros*, International Law and the Internationalized Contract, AJIL 74 (1980), S. 134 ff.; *Weil*, Droit international et contrats d'Etat, in: FS Reuter, S. 549 ff.; *Dolzer*, Aramco Arbitration, Encyclopedia [2 (1981), S. 19 ff.]; *Martens*, Sapphire Arbitration, ebd., S. 250 ff.; *Giardina*, State Contracts: National versus International Law?, ItYIL 5 (1980 - 1981), S. 147 ff.; J. *Stoll*, Vereinbarungen zwischen Staaten und ausländischem Investor (1982); *Lalive*, Contrats entre Etats ou entreprises étatiques et personnes privées. Développements récents, RdC 181 (1983 III), S. 9 ff.

Siehe ferner die Arbeiten des Institut de Droit international über Verträge zwischen Staaten bzw. internationalen Organisationen mit Privatpersonen, Annuaires 1977 - 1979.

P. *Fischer* veröffentlicht die Texte solcher Verträge in zwei Sammlungen: A Collection of International Concessions and Related Instruments, und (gemeinsam mit *Wälde*): A Collection of International Concessions and Related Instruments. Contemporary Series (Verträge ab 1975).

parteien in jedem Einzelfall ermittelt werden. Als Indizien kommen dabei Vertragsbestimmungen in Betracht, nach denen die Auslegung oder Änderung der Vertragspflichten der alleinigen Zuständigkeit der staatlichen Vertragspartei entzogen ist („Stabilisierungsklauseln") und sich nach VR oder den allgemeinen Rechtsgrundsätzen beurteilt, die darüber entstehenden Streitigkeiten der Entscheidung eines internationalen Schiedsgerichts unterworfen werden oder auf staatlicher Seite das für vr Verträge übliche Abschlußverfahren vorgeschrieben ist. Der staatliche Vertragspartner muß bei Abschluß solcher Vereinbarungen ferner *iure imperii* handeln, wenngleich hoheitliches Handeln *allein* den Vertrag noch nicht „internationalisiert". Auch die Charakterisierung eines Vertrages als „long-term economic development agreement" reicht dafür allein nicht aus[23]. Auf internationalisierte Verträge findet ein „international law of contracts" Anwendung, das jedenfalls die allgemeinen Rechtsgrundsätze i. S. des Art. 38 Abs. 1 lit. c des IGH-Statuts[24] zum Inhalt hat. Im Gegensatz zum vertragsvölkerrechtlichen Menschenrechtsschutz kann sich die ausländische Privatperson hier also gegenüber dem Staat nicht nur auf die durch den Vertrag selbst eingeräumten Rechte berufen, sondern auf die Gesamtheit dieses „law of contracts".

Die Diskussion der Rechtsnatur „internationalisierter" Verträge ist durch drei Schiedsverfahren im Gefolge libyscher Enteignungs- und Nationalisierungsmaßnahmen 1971 - 74 neu belebt worden, auf die wir bei der Behandlung des vr Eigentumsschutzes näher eingehen werden[25].

Da es keine Legaldefinition des VR gibt, ist es eine Frage der Zweckmäßigkeit, ob man zwischen verschiedenen Bereichen des VR unterscheidet oder ob man Verträge der hier beschriebenen Art als „quasivölkerrechtliche" Verträge bezeichnet.

Da jedoch das Übereinkommen zur Beilegung von Investitionsstreitigkeiten zwischen Staaten und Angehörigen anderer Staaten vom 18. März 1965[26] ein fakultatives „internationales Verfahren" (Vergleichsverfahren und Schiedsgericht) unter den Auspizien der Weltbank vorsieht und Art. 42 des Abkommens bestimmt, daß dieses Schiedsgericht mangels einer abweichenden Verfügung der Streitteile das Recht des Vertragsstaates „sowie die einschlägigen Regeln des Völkerrechts" anzuwenden hat, wird damit die wenigstens teilweise vr Natur dieser Verträge anerkannt. Wie der Schiedsrichter R.-J. Dupuy im Falle

---

[23] Anders das (US-) Schiedsgericht im Fall *Revere Copper and Brass Inc. v. Overseas Private Investment Corporation* am 24. August 1978, ILM 17 (1978), S. 1321 ff.

[24] Dazu ausführlich unten §§ 597 ff.

[25] Vgl. unten § 1220.

[26] BGBl. 1969 II, S. 371; Ende 1983 81 Vertragsparteien. Vgl. unten § 429.

Texaco / Calasiatic v. Libya am 19. Januar 1977 aber richtig bemerkt, sind diese Verträge keine „treaties“, sondern bloße „contracts“, die den privaten Parteien nur beschränkte vr Rechte einräumen[27]. Dort wird ferner angeführt, daß auch andere zwischen Staaten und fremden Privatpersonen abgeschlossene Verträge ins VR hineinragen, wenn diese das VR oder einzelne Völkerrechtsquellen, vor allem die allgemeinen Rechtsgrundsätze, auf sie, ganz oder teilweise, als anwendbar erklären, um sie der alleinigen Anwendung des Landesrechts zu entziehen[28].

§ 5 Jedoch bleibt die Gemeinschaft der *Staaten* und das zwischen ihnen geltende Recht das Kerngebilde, ohne welches es gar kein VR gäbe, da alle anderen Völkerrechtssubjekte entweder durch Verträge zwischen Staaten begründet oder durch Aufnahme in deren Gemeinschaft oder aber durch Anerkennung seitens der Staaten zu Völkerrechtssubjekten werden. Das erste gilt z. B. für die internationalen Organisationen und die internationalen Beamten, das zweite für den Heiligen Stuhl und den Souveränen Malteser-Ritterorden, das dritte für die aufständischen Organisationen und das Internationale Komitee vom Roten Kreuz.

So hat sich das zwischenstaatliche Recht (VR im engeren Sinne) zu einem Zwischenmächterecht (VR im weiteren Sinne) und schließlich zu einem vielfach gegliederten Recht der internationalen Gemeinschaft (VR im weitesten Sinne) entfaltet.

§ 6 Von den Normen des VR zu unterscheiden sind die Regeln der *Courtoisie* (Völkersitte, *comitas gentium*)[29], z. B. die Grußpflicht der Schiffe auf Hoher See oder das diplomatische Zeremoniell. Manche die-

---

[27] ILR 53 (1979), S. 447 ff., 458 f.

[28] Ebd., S. 452 ff. In dem Konzessionsvertrag, der dem Schiedsspruch *Dupuys* zugrundelag, hatte die Rechtswahlklausel wie folgt gelautet: „This concession shall be governed by and interpreted in accordance with the principles of the law of Libya common to the principles of international law and, in the absence of such common principles, then by and in accordance with the general principles of law, including such of those principles as may have been applied by international tribunals;“: ILR 53, S. 450.

In solchen Vereinbarungen zeigt sich eine bemerkenswerte historische Parallele zum *ius gentium* des römischen Praetor peregrinus. Hier wie dort wurde unter dem Eindruck neuer, der Regelung bedürftiger wirtschaftlicher Sachverhalte auf verschiedenen Rechtsordnungen gemeinsame Grundgedanken zurückgegriffen. Vgl. dazu aus dem Schiedsspruch von Lord Asquith im *Abu Dhabi* Case: „Clause 17 [eines Konzessionsvertrages, nach der dieses Abkommen in Übereinstimmung mit „goodwill and sincerity of belief“ anzuwenden und in „a fashion consistent with reason“ auszulegen war] repels the notion that the municipal Law of any country, as such, could be appropriate. The terms of that clause invite, indeed prescribe, the application of principles rooted in the good sense and common practice of the generality of civilised nations — a sort of ‚modern law of nature‘“: ILR 1951, S. 149. Vgl. auch P. *Fischer*, Die internationale Konzession (Anm. 22), bes. S. 357 ff.

[29] *Blomeyer*, Courtoisie, WV I, S. 301 f. Moderne Beispiele im AFDI 22 (1976), S. 963.

ser Konventionalregeln haben, wie der gerade genannte Flaggengruß, früher dem VR angehört, in anderen Fällen haben sich heute geltende Völkerrechtsnormen aus Regeln der Courtoisie entwickelt, so etwa gewisse Vorrechte der diplomatischen Vertreter[30].

§ 7 Ebenfalls vom VR zu trennen sind die Normen des *internationalen Privat-, Prozeß-, Straf- und Verwaltungsrechts,* die entweder bestimmen, welches Recht (inländisches oder ausländisches) auf einen Sachverhalt zur Anwendung kommt, der Beziehungen zu mehreren Staaten aufweist (Kollisionsnormen), welche inländischen Behörden für Fälle mit Auslandsberührung zuständig sind (Zuständigkeitsnormen), oder inwieweit inländisches Recht auf derartige Fälle anzuwenden ist (Rechtsanwendungsnormen)[31]. Diese Normen gehören grundsätzlich dem innerstaatlichen Recht an, wenngleich sie in wachsendem Maße durch multilaterale vr Verträge vereinheitlicht werden[32].

§ 8 Der amerikanische Völkerrechtler Jessup hat vorgeschlagen, „all law which regulates actions or events that transcend national frontiers" unter der Bezeichnung *„transnational law"* zusammenzufassen[33]. Dieser Begriff würde somit nicht nur das VR, sondern auch die gerade erwähnten Regeln des internationalen Privat-, Prozeß-, Straf- und Verwaltungsrechts sowie andere Normen, die auf die internationalen Wirtschaftsbeziehungen Anwendung finden (wie die oben beschriebenen Konzessionsverträge zwischen Staaten und ausländischen Privatpersonen), umfassen. Vom Standpunkt der Praxis aus ist jedoch mit einer solchen Bezeichnung nichts gewonnen, wenn und solange die zugrunde liegenden grenzüberschreitenden Lebenssachverhalte verschiedenen Rechtsordnungen oder Rechtszweigen unterworfen bleiben.

---

[30] Dazu unten §§ 900 ff.

[31] Vgl. die Darlegung der vr zulässigen Anknüpfungspunkte in diesen Rechtsmaterien unten §§ 1166 ff., 1183 ff.

[32] Vgl. für den Bereich des Privatrechts *Kropholler,* Internationales Einheitsrecht (1975). Das droit international privé i. S. der traditionellen *französischen* Anschauung umfaßt auch das (innerstaatliche) Fremdenrecht und das Staatsangehörigkeitsrecht, also Bereiche, die in viel höherem Maße vr determiniert sind als die eigentlichen Kollisionsnormen. Vgl. *Francescakis,* Droit international privé, in: Répertoire de droit international I (1968), S. 671 ff.

Zu den Berührungspunkten von VR und Internationalem Privatrecht vgl. *Makarov,* Internationales Privatrecht und Völkerrecht, WV II, S. 129 ff. (mit weiteren Nachweisen); *Niederer,* Internationales Privatrecht und Völkerrecht, SchwJIR 5 (1948), S. 63 ff.; *Schwind,* Handbuch des österreichischen Internationalen Privatrechts (1975), S. 22; *Neuhaus,* Der Beitrag des Völkerrechts zum Internationalen Privatrecht, GYIL 21 (1978), S. 60 ff.

[33] *Jessup,* Transnational Law (1956), Zitat S. 2.

Zum internationalen „soft law" vgl. unten §§ 654 ff.

B. Völkerrecht und Völkerrechtslehre

§ 9 Die Jurisprudenz steht zum Recht in einem ganz anderen Verhältnis als die Naturwissenschaft zur Natur. Jene kann zwar ihre Erkenntnis der Naturgesetze in den Dienst der Technik und damit der Veränderung der Natur stellen; sie kann aber die Naturgesetze selbst in keiner Weise modifizieren. Hingegen kann die Rechtswissenschaft die positiven Rechtsnormen nicht nur beschreiben, sie kann auch ihre Erzeugung aus der Erkenntnis der allgemeinen oder konkreten sozialen Bedürfnisse vorbereiten, sowie die in den positiven Rechtsnormen enthaltenen Rechtsgedanken weiterdenken und auf diese Weise die Entwicklung des Rechts fördern.

§ 10 Die älteste Völkerrechtsschule geht von der Universität Salamanca im 16. Jahrhundert aus. Schon im Altertum wie im Mittelalter haben zwar verschiedene Schriftsteller auf einzelne vr Normen hingewiesen. Ihre Darlegungen wurden von Hugo Grotius (1583 - 1642) in seinem Hauptwerke „De iure belli ac pacis“ (1625) erstmalig zusammengestellt. Eine selbständige Völkerrechtslehre hat es aber vor der Neuzeit nirgends gegeben[1]. Ihr Begründer Francisco Vitoria geht von der aristotelisch-stoisch-thomasischen Lehre der sozialen Natur des Menschen aus und folgert aus ihr, daß auch die staatlich organisierten Völker (gentes) soziale Wesen seien und daher genauso wie die Menschen einer ihre gegenseitigen Beziehungen regelnden Rechtsordnung, nämlich des „ius inter omnes gentes“, bedürfen. Für Vitoria ist also die Staatengemeinschaft universell; er bezeichnet sie als „una respublica“, deren Ziel das allgemeine Wohl (bonum commune omnium) bildet[2].

§ 11 Francisco Suarez entfaltet diese Gedanken, worauf wir im nächsten Abschnitt zurückkommen werden. Er hat ferner die Völkerrechtslehre gegenüber der Naturrechtslehre wie gegenüber dem Rechtspositivismus klar durch den Hinweis abgegrenzt, daß das allgemeine VR keineswegs auf dem bloßen Willen der Staaten beruhe, wie dieser lehrt, sich aber auch nicht mit dem Naturrecht decke. Das „ius gentium“ in

---

[1] Darauf weist auch *Paradisi*, Civitas maxima I (1974), S. 94 und 238, mit der Bemerkung hin, daß die römische Jurisprudenz vom Stadtstaat ausgegangen ist, während die stoische Philosophie nur die universale Ordnung im Auge hatte, ohne ihre Gliederung zu beachten (S. 323). Erst bei Augustinus finden wir den Gedanken einer „civitas gentium“ im 4. Buch seiner „De civitate Dei“. Dazu *Paradisi*, S. 252: „Elle [die „civitas gentium“] n'était pas la négation de l'unité juridique de la communauté humaine, mais une tentative audace de concilier l'unité avec la multiplicité ...“ Vgl. auch *derselbe*, Civitas maxima II (1974), S. 626; *Panebianco*, Ugo Grozio e la tradizione storica del diritto internazionale (1974). Zum folgenden ferner *Verdross / Köck*, Natural Law: The Tradition of Universal Reason and Authority, in: *Macdonald / Johnston* (Hrsg.), The Structure and Process of International Law: Essays in Legal Philosophy, Doctrine and Theory (1983), S. 17 ff.

[2] Relectio de Indis, III, 5. tit. leg. 4; De potestate civili; 13, 21.

seiner im vorigen Teilabschnitt angeführten zweifachen Gestalt stehe jedoch dem Naturrecht nahe (valde propinqua), da es der (menschlichen) Natur angemessen und daher für alle annehmbar sei (valde conveniens naturae et de se acceptabilis ab omnibus)[3]. An einer anderen Stelle bemerkt Suarez, daß das VR zwar nicht schlechthin notwendig sei, aber der (menschlichen) Natur so sehr entspreche, „daß man sagen kann, es sei gleichsam unter dem Antriebe der Natur [quasi instigante natura] entstanden“[4]. Da man damals unter Naturrecht nur die den absolut konstanten Zielen des Menschen entsprechenden, schlechthin unveränderlichen Normen verstanden hat, meint also Suarez, daß das „ius gentium“ zwar nicht diesen Charakter aufweise, jedoch aus Normen bestehe, die mittelbar im Dienste jener Ziele stehen, aber erst durch die Übung oder durch Verträge begründet werden können.

§ 12 Neben diesen Normen des VR gibt es aber auch solche, die nur den Bedürfnissen einer bestimmten Zeit entsprechen. Beide Gruppen kann die Völkerrechtslehre herausarbeiten und für die Praxis bereitstellen, wenn sie die konstanten und variablen zwischenstaatlichen Bedürfnisse erkennt. Diese Leistung hat die klassische naturrechtliche Völkerrechtslehre von Grotius bis Emer de Vattel (1714 - 1767) vollbracht[5]. Daher konnten ihre Rechtsgedanken die damaligen Staatsmänner und Schiedsrichter beeinflussen und so die Entwicklung des VR mächtig fördern, obgleich diese Schriftsteller der irrigen Meinung waren, daß es sich bei allen von ihnen dargestellten Normen um schlechthin unveränderliche, für alle Zeiten geltende Normen handle. Daraus ersehen wir, daß auch die naturrechtliche Richtung der Rechtslehre notwendig ist. Das gilt für jeden Zweig des Rechts, besonders aber für das VR, da das innerstaatliche Recht auch durch den bloßen Willen eines Diktators oder einer mächtigen Gruppe gesetzt werden kann (sic volo, sic jubeo), während alle Normen des VR auf einem zwischenstaatlichen *Konsens* beruhen, ein solcher aber die Erkenntnis der Tauglichkeit bestimmter Normen zur Erreichung allgemein anerkannter Ziele zur Voraussetzung hat.

§ 13 Die meisten naturrechtlichen Schriftsteller des VR nach Grotius kennen aber *neben* dem naturrechtlichen oder notwendigen VR noch

---

[3] De legibus, ac Deo legislatore (1612), II, cap. 19, 9. Dazu *Soder* (§ 1, Anm. 4).

[4] Dortselbst, II cap. 19, 3.

[5] Näheres darüber bei *Guggenheim* in seiner Einleitung „Emer de Vattel und das Völkerrecht“ zu Bd. III (1959) der von Schätzel herausgegebenen Reihe „Die Klassiker des Völkerrechts“: Emer de Vattel, Le droit des gens ou Principes de la loi naturelle appliqués à la conduite et aux affaires des Nations et des Souverains (1758), S. XVII ff.; sowie *Nussbaum*, Geschichte des Völkerrechts (1960), S. 178 ff.; *Manz*, Emer de Vattel (1971); *Midgley*, The Natural Law Tradition and the Theory of International Relations (1975).

ein positives VR, das durch den Willen der Staaten geschaffen wird[6]. Die Brücke dazwischen bildet der naturrechtliche Grundsatz, Vereinbarungen zu halten *(stare pactis)*[7], da alles positive VR auf dem ausdrücklichen oder stillschweigenden Willen *(pactum tacitum)* der Staaten beruhe. Dieser Dualismus führte zur Aufspaltung der Völkerrechtslehre in zwei einander entgegengesetzte Lager, nämlich in die reine naturrechtliche Völkerrechtslehre und in den reinen völkerrechtlichen Positivismus. Hauptvertreter der ersten Richtung ist Samuel Pufendorf (1632 - 1694)[8], der erste Vertreter der zweiten Johann Jakob Moser (1701 - 1758), der sich darauf beschränkt, die in der Erfahrung der Staatenpraxis auffindbaren Normen darzustellen[9]. Hingegen gehen die meisten Vertreter der positivistischen Völkerrechtslehre darüber hinaus, da sie sich zur Aufgabe stellen, die positiven Völkerrechtsnormen in einer widerspruchslosen Einheit zu erfassen. Auf diese Weise leisten auch sie ihren Beitrag zur Entwicklung des VR. Zwar galten schon lange vor der Entstehung der Rechtswissenschaft verschiedene gewohnheitsrechtliche Rechtsnormen, sowie einzelne Gesetze wie der Kodex Hammurabi und die römischen Zwölf Tafeln; ein einigermaßen entwickeltes Rechtssystem kann ohne Vorarbeit der Rechtswissenschaft aber nicht entstehen, da erst sie die systematische Verbindung zwischen den einzelnen Rechtsnormen herstellt. So erklärt es sich, daß unsere Völkerrechtsordnung ein Produkt der Neuzeit ist, obgleich einzelne allgemeine Völkerrechtsnormen sowie verschiedene Staatsverträge schon in einigen Kulturkreisen des Altertums bestanden haben[10]. Die Völkerrechtslehre ist also zwar keine formelle Quelle des VR, aber am *soziologischen Prozeß* seiner Erzeugung beteiligt. Art. 38 Abs. 1 lit. d des IGH-Statuts bestätigt diese Funktion der Völkerrechtswissenschaft, indem er „die Lehrmeinung der fähigsten Völkerrechtler der verschiedenen Nationen als Hilfsmittel zur Feststellung von Rechtsnormen" anführt, da es vollkommen sinnlos wäre, diese „teachings" (doctrine) als „Hilfsmittel" heranzuziehen, wenn darin nur wiederholt würde, was in den formellen Rechtsquellen enthalten ist[11].

---

[6] *Grotius*, De iure belli ac pacis, I, cap. I, § XIV: „quod Gentium omnium aut multarum *voluntate* vim obligandi accepit" (Hervorhebung von uns); *Vattel*, Le droit des gens (Anm. 5), Einleitung, § 21.

[7] *Grotius*, ebd., Prolegomena, 15.

[8] Elementorum Jurisprudentiae Universalis Libri II (1660), §§ 24 - 26.

[9] *Verdross*, J. J. Mosers Programm einer Völkerrechtswissenschaft der Erfahrung, ZöffR 3 (1922/23), S. 96 ff. Erweitert in: Multitudo legum — ius unum. Festschrift für Wilhelm Wengler (1973) I, S. 685 ff.

[10] Dazu *Guggenheim*, Les origines de la notion autonome du droit des gens, in: Symbolae Verzijl (1958), S. 177 ff.

[11] Vgl. das unter § 623, Anm. 16, angegebene Schrifttum.

C. Die individualistische und universalistische Konzeption des Völkerrechts

§ 14 Berühmte Romanisten lehrten früher, daß nach der altrömischen Auffassung ein zwischen Rom und einem anderen Staate abgeschlossener Staatsvertrag als *„pactum nudum"* angesehen worden sei. Verbindlichkeit habe er erst dadurch erlangt, daß sich jeder Vertragsteil seiner Gottheit gegenüber zur Erfüllung eidlich verpflichtet habe[1]. Die Verbindlichkeit eines Vertrages sei also durch eine Selbstverpflichtung in der eigenen Rechtsordnung begründet worden.

Die neueren Forschungen haben aber den Nachweis erbracht, daß auch Rom die vr Verträge als rechtsverbindlich betrachtete[2]; eine über den Vertragsteilen stehende Norm *„pacta sunt servanda"* ist allerdings vor dem bereits auf dem Boden der stoischen Philosophie stehenden Cicero und bei den römischen Juristen auch nachher nicht nachweisbar[3].

Wie dem auch sein mag, die Selbstbindung als Grundlage des VR wurde jedenfalls gegen Ende des vorigen Jahrhunderts von Georg Jellinek, einem der damals anerkanntesten Publizisten, lebhaft verteidigt[4]. Sie führt, folgerichtig zu Ende gedacht, zur Lehre vom Primat des staatlichen Rechts, die das VR in verschiedene, je von einer staatlichen Ordnung abgeleitete „hinausgerichtete Imperative" auflöst[5]. Das VR wird also zum „äußeren Staatsrecht"[6].

§ 15 Zwischen den beiden in unserer Überschrift bezeichneten Polen liegt eine lange Reihe von Gedanken über das Wesen des VR. So stellt Francisco Vitoria der gerade skizzierten *individualistischen* Konzeption eine *universalistische* gegenüber, da er die staatlich organisierten Völker (gentes) als Glieder der einheitlichen Weltordnung (una respublica) betrachtet. Diese Lehre wurzelt in der stoisch-christlichen Auffassung, daß die ganze Menschheit eine im Naturrecht begründete moralisch-rechtliche Einheit sei. Die Stoa bezeichnet sie als Kosmopolis, Cicero als „societas humana", die sich von der Familie aufsteigend zur allmensch-

---

[1] *Mommsen*, Römisches Staatsrecht I (3. Aufl. 1887), S. 235 ff.; *Täubler*, Imperium Romanum I (1913), S. 128. Noch heute *Guggenheim*, Traité de Droit international public I (2. Aufl. 1967), S. 115, und *Paradisi*, Civitas maxima I (1974), S. 563, der bemerkt, daß die Grundlage der vr Verträge ursprünglich nur im Sakralrecht der einzelnen Vertragsteile gefunden werden konnte.

[2] *Heuss*, Die völkerrechtlichen Grundlagen der römischen Außenpolitik in republikanischer Zeit (1933); *Verosta*, International Law in Europe and Western Asia Between 100 and 650 A. D., RdC 113 (1964 III), S. 486 ff.; *Ziegler*, Die Beziehungen zwischen Rom und dem Partherreich (1964).

[3] Nach einer Mitteilung des Salzburger Romanisten Theo *Mayer-Maly*.

[4] Die rechtliche Natur der Staatenverträge (1880), S. 2 f., 45.

[5] *Wenzel*, Juristische Grundprobleme I: Der Begriff des Gesetzes (1920), S. 397 f.

[6] So erstmalig *Hegel*, Rechtsphilosophie (1811), § 333.

lichen Gemeinschaft ausweitet[7]. Über ihre Gliederung in Staaten finden wir die erste Andeutung bei Augustinus, der sagt, daß es für die Menschheit besser wäre, wenn anstelle des römischen Imperiums eine Vielheit von Völkerstaaten (regna gentium) bestünde, die in friedlicher Nachbarschaft lebt[8]. Auch für den Humanisten Connanus (1502 - 1551) bildet die „societas humana" die ursprüngliche, schon vor ihrer Gliederung in Staaten existierende Wirklichkeit[9]. Doch hat erst Suarez die universalistische Konzeption des VR in folgender klassischer Fassung klar herausgearbeitet: „Das Menschengeschlecht bildet, obgleich es in verschiedene Völker und Reiche gegliedert ist, doch eine gewisse, nicht nur biologische, sondern gleichsam auch politische und moralische Einheit, welche das *natürliche* Gebot [naturale praeceptum] der gegenseitigen Liebe und Hilfsbereitschaft anzeigt, das sich auf alle, auch auf die Fremden, erstreckt, welcher Nation sie auch angehören mögen. Zwar ist jeder selbständige Staat, jede Republik und jedes Königreich eine in sich vollständige, aus ihren Gliedern bestehende Gemeinschaft, jede dieser ist aber zugleich in gewisser Weise ein Glied jenes Universums, das die Menschheit umfaßt [nihilominus quaelibet illarum est etiam membrum aliquo modo huius universi, prout ad genus humanum spectat]. Denn niemals genügen sich jene einzelnen Gemeinschaften so, daß sie nicht gegenseitiger Hilfe, des Zusammenlebens und der Zusammenarbeit bedürften, teils zur größeren Wohlfahrt und zum größeren Nutzen, teils auch aus moralischer Notwendigkeit und eigenem Ungenügen, wie es uns die Erfahrung zeigt. Aus diesem Grund benötigen sie eines Rechts, durch das sie in dieser Art des Zusammenlebens und der Geselligkeit gelenkt und richtig geordnet werden [indigent aliquo iure, quo dirigantur, et recte ordinentur in hoc genere communicationis et societatis]. Und wenngleich das zu einem großen Teil durch die natürliche Vernunft [per rationem naturalem] geschieht, so ist sie doch nicht in allen Belangen ausreichend und unmittelbar anwendbar. Daher konnten durch die Übung der Völker [gentium usu] zusätzliche besondere Rechtsnormen geschaffen werden. Denn ebenso wie in einem Staate oder einer Provinz die Übung Recht setzt, so konnten auch im ganzen Menschengeschlecht völkerrechtliche Normen durch Gewohnheiten eingeführt werden [in universo humano genere, potuerunt iura gentium moribus introduci][10]." Das Ziel des VR ist für Suarez das allgemeine Wohl des Menschengeschlechts (bonum commune generis hu-

[7] De officiis, I, c. 7.

[8] De civitate Dei, IV, c. 15.

[9] Commentariorum Juris civilis libri X (1557); vgl. *Guggenheim*, Les origines de la notion autonome du droit des gens, in: Symbolae Verzijl (1958), S. 179.

[10] De legibus, ac Deo legislatore, II, cap. 19, 9 (Hervorhebung von uns).

mani)[11]. Daraus folgert er, daß der Krieg, obgleich er durch das positive VR eingeführt wurde, kein notwendiges Mittel der Streiterledigung darstellt. Die Staaten könnten auch übereinkommen, die Schlichtung ihrer Streitigkeiten einem dritten Staat oder einem Schiedsgericht mit Zwangsgewalt (arbitro cum potestate coactiva) zu übertragen[12]. Noch schärfer führt er an einer anderen Stelle aus: „Man kann nicht annehmen, daß der Schöpfer die menschlichen Verhältnisse in einer so traurigen Lage habe belassen wollen, daß alle Streitigkeiten zwischen obersten Fürsten und Staaten nur durch Krieg entschieden werden könnten, da das gegen die Vernunft und gegen das allgemeine Wohl der Menschheit und daher auch gegen die Gerechtigkeit verstoßen würde[13].“ Zwar kannte schon das Altertum und das Mittelalter die Einrichtung der vr Schiedsgerichtsbarkeit, von der Möglichkeit eines grundsätzlichen Verzichts auf den Krieg war aber damals noch nicht die Rede[14].

§ 16 Auch Grotius geht vom Sozialprinzip aus. Er betont, daß der dem Menschen innewohnende gesellige Trieb nicht eine beliebige, sondern eine friedliche und vernünftig geordnete Gemeinschaft anstrebe[15]. Daher konnte durch Konsens zwischen den Staaten eine Rechtsordnung entstehen, die den Nutzen jener großen Gemeinschaft (magnae illius universitatis) bezweckt[16]. Aus diesem Grunde obliege jedem Herrscher neben der besonderen Sorge für den eigenen Staat auch eine allgemeine Sorge für die ganze menschliche Gemeinschaft[17].

§ 17 Ihren Höhepunkt erreicht die universalistische Konzeption bei Christian Wolff (1679 - 1754), der die Staatengemeinschaft als „civitas maxima“ bezeichnet, die aber keine zentralen Organe aufweist, da alle Staaten gleichberechtigt sind. Die Befehlsgewalt (imperium) liegt also

---

[11] De triplici virtute theologica, tractatus III: de charitate, disp. 13: de bello, 5.

Die Bedeutung des „bonum commune humanitatis“ wird erst heute voll erkannt. So lesen wir z. B. in der Stockholmer „Declaration of the United Nations Conference on the Human Environment“ 1972: „The protection and improvement of the human environment is a major issue which affects the well-being of peoples and economic development throughout the world.“ (Text bei *Rüster / Simma*, International Protection of the Environment. Treaties and Related Documents, Bd. I [1975], S. 118.) Vgl. *Verdross*, Das bonum commune humanitatis in der christlichen Rechtsphilosophie, in: Festschrift für F. Arnold (Beiheft z. Österreichischen Archiv für Kirchenrecht 4 [1963]), S. 33 ff.

[12] De legibus (Anm. 10), II, cap. 19, 8.

[13] De charitate (Anm. 11), disp. 13: De bello, 5.

[14] *Verdross*, Die christliche Kriegsdoktrin im Wandel der Geschichte, in: Festschrift für W. Plöchl: Speculum iuris et ecclesiarum (1967), S. 411 ff.

[15] De iure belli ac pacis (1625), Prolegomena, 6.

[16] Dortselbst, 17.

[17] De iure belli ac pacis, II, 20, § 44, 1.

in den Händen der Gesamtheit[18]. VR ist daher, was der Gesamtheit der gesitteten Staaten als richtig erscheint (quod gentibus moratioribus placuit)[19]. Doch haben in ihr alle Staaten die Pflicht, sich mit vereinten Kräften vollkommener zu machen und so das allgemeine Wohl (bonum commune) zu fördern[20], da dieses das Ziel (finis) der „civitas maxima" bildet[21].

Ähnliche Gedanken finden wir noch bei Vattel[22], wenngleich dieser nur mehr von der Staatengesellschaft (société des nations) spricht. Diese Bezeichnung wurde 1919 dem Genfer Völkerbund gegeben.

§ 18 Bald nach dem Tode von Suarez stellt Thomas Hobbes (1588 bis 1679) in seinem „Leviathan" (1651) der universalistischen Konzeption des VR eine radikal individualistische gegenüber, da er meint, daß die Staaten untereinander noch in einem *vorsozialen* Zustande des potentiellen oder aktuellen Krieges leben (bellum omnium contra omnes). „Wie die Fechter stehen sie einander gegenüber, beobachten sich genau, und halten ihre Waffen in Bereitschaft[23]." Diese Lehre wurzelt im Gedanken, daß Recht nur durch eine über den Rechtssubjekten stehende, ihnen überlegene Macht begründet werden könne. Da aber die Staaten keiner überstaatlichen Macht unterworfen sind, gelte zwischen ihnen nur das „natürliche Gesetz" (law of nature). Dieses sei ein Gesetz der Vernunft, die uns darüber belehre, „was zur Erhaltung des Menschengeschlechts erforderlich ist"[24], nämlich den Frieden anzustreben soweit es möglich ist oder, wenn das nicht der Fall ist, Bündnisverträge und Schiedsverträge abzuschließen[25], weil nur auf diese Weise die Selbsterhaltung, die das Ziel des natürlichen Rechts (right of nature) bilde, gesichert werden könne[26].

[18] Jus gentium methodo scientifica pertractatum (1764), Prolegomena, §§ 10 - 20.

[19] Dortselbst § 20. Dazu *Kelsen*, Das Problem der Souveränität und die Theorie des Völkerrechts (1920), S. 249 ff.

[20] *Wolff* (Anm. 18), § 8. Vgl. neuerdings *Favre*, Principes du droit des gens (1974), S. 173: „Le droit de la communauté internationale doit servir le bien de tous les hommes et notamment le bien des ... Etats ... Ce bien commun ... c'est un ordre de justice, propre à garantir à l'humanité la paix et la prospérité." S. 178: „Ainsi le droit naturel vit dans le droit positif dont il est l'âme et le soutien."

[21] Ebendort § 14: „Ius universarum gentium in civitate maxima, in singulas ex fine civitatis maximae metiendum."

[22] *Vattel* (§ 12, Anm. 5), Einleitung § 12.

[23] Leviathan I, Kap. 13: „Persons of Sovereign authority ... are in continual jealousies, and in the state and posture of Gladiators, having their weapons pointing, and their eyes fixed on one another ... which is a posture of war." Ferner II, Kap. 28. Dazu *Würtenberger*, Rechtsanthropologische Kategorien bei Thomas Hobbes, Annales de la Catedra Francisco Suarez: Hobbes (1974), S. 37 ff.

[24] Dortselbst, Kap. 15 *in fine*.

[25] De cive, II, 2.

§ 19 Auch für Baruch Spinoza (1632 - 1677) kann es subjektive Rechte nur auf einer Machtgrundlage geben. Ja, Recht und Macht decken sich bei ihm[27]. Im noch bestehenden vorsozialen Naturzustande habe also jeder Staat so viel Recht, als er Macht hat. Daher sei für jeden Staat sein eigenes Wohl das oberste Gesetz (sui imperii salus et utilitas summa lex debet esse)[28]. Die Staaten können jedoch durch den Abschluß von Kollektivverträgen eine zusammengeballte, den einzelnen Staaten gegenüber überlegene Macht schaffen und auf diese Weise unter ihnen echte vr Rechte und Pflichten begründen[29].

§ 20 Ebenso bildet für Hegel (1770 - 1831) ein den Rechtssubjekten gegenüber überlegener Wille die Grundlage des Rechts. Da aber das VR nicht auf einem überstaatlichen Willen, sondern auf „unterschiedenen souveränen Willen" beruhe[30], sei es in Wahrheit nur „äußeres Staatsrecht"[31]. Das Verhältnis der Staaten zueinander sei „das von Selbständigkeiten, die zwischen sich stipulieren, aber zugleich über diesen Stipulationen stehen"[32]. Da somit „keine Gewalt vorhanden ist, welche gegen den Staat entscheidet, was an sich Recht ist, und die diese Entscheidung verwirklicht, so muß es in dieser Richtung immer beim Sollen bleiben"[33]. Das VR als äußeres Staatsrecht geht also „von dem *Verhältnisse* selbständiger Staaten aus; was *an und für sich* in demselben ist, enthält daher die Form des *Sollens*, weil, daß es wirklich ist, auf *unterschiedenen souveränen Willen* beruht"[34]. „Der Streit der Staaten kann deswegen, insofern die besonderen Willen keine Übereinkunft finden, nur durch *Krieg* entschieden werden[35]." Daher sagt Hegel, daß „das

[26] *Hobbes* unterscheidet also zwischen dem im vorsozialen Zustand bestehenden „right of nature", nämlich der unbegrenzten Freiheit, zur eigenen Erhaltung alle Kräfte beliebig einzusetzen, und dem „law of nature", dem Vernunftgesetz, das uns darüber belehrt, wie wir diese Selbsterhaltung erreichen können. Darüber *Verdross*, Abendländische Rechtsphilosophie (2. Aufl. 1963), S. 114 f.

[27] Dazu *Verdross*, ebd., S. 119 f. Der letzte Schriftsteller, der das VR als Subordinationsrecht auf einer „unbeständigen Machtgrundlage" aufgefaßt hat, war der ungarische Rechtsphilosoph Felix *Somló*, Juristische Grundlehre (1917), S. 153 ff.

[28] Tractatus theologico-politicus (1670), cap. XVI.

[29] Dazu *Verdross*, Das Völkerrecht im Systeme von Spinoza, ZöffR 7 (1928), S. 100 ff. Grundlegend Adolf *Menzel*, Beiträge zur Geschichte der Staatslehre (1929), S. 264 ff.; *Walz*, Wesen des Völkerrechts und Kritik der Völkerrechtsleugner (1930), S. 18 ff.

[30] Rechtsphilosophie (1821), § 330; ähnlich § 333.

[31] Dortselbst, § 330. So heute noch *Paradisi*, Civitas maxima II (1974), S. 580: „il diritto internazionale resto pertanto un po' sempre un diritto interno che si riversa al di fuori".

[32] Dortselbst, Zusatz 191 zu § 330.

[33] Ebendort.

[34] Dortselbst, § 330.

[35] Dortselbst, § 334.

Volk als Staat" die „absolute Macht auf *Erden*" und „folglich gegen den anderen in souveräner Selbständigkeit" ist[36]. Diese Lehre der absoluten staatlichen Souveränität ist aber mit dem VR unvereinbar. Hegels Degradierung des VR zum „äußeren Staatsrecht" ist daher folgerichtig[37].

Diese Ausführungen müssen jedoch durch zwei Bemerkungen ergänzt werden. Vor allem sagt Hegel selbst, daß die europäischen Völker eine Familie bilden. Es „modifiziert sich hiernach das völkerrechtliche Betragen in einem Zustande, wo sonst das gegenseitige Zufügen von Übeln das Herrschende ist"[38]. Außerdem darf nicht übersehen werden, daß Hegel nur den Zustand seiner Zeit schildern, keineswegs aber eine weitere Entwicklung des VR ausschließen wollte, da er betont, es sei töricht „zu wähnen, irgendeine Philosophie gehe über ihre gegenwärtige Welt hinaus". Gleich der Eule der Minverva beginne sie „erst mit der einbrechenden Dämmerung ihren Flug"[39]. Also kann auch die Völkerrechtslehre nur dem Marsche des „Weltgeistes" zusehen und warten, bis er „den Übergang in die nächste höhere Stufe vorbereitet"[40].

§ 21 Die zwei hier geschilderten Grundkonzeptionen des VR weisen beide einen richtigen Kern auf, doch reden sie aneinander vorbei. Denn die universalistische Konzeption geht von der *normativen* Idee der moralischen Einheit der Menschheit, also einem sittlichen *Sollen* aus, während die individualistische Konzeption bestimmte *tatsächliche Zustände* im Auge hat, wenngleich sie deren Bedeutung für die Rechtsordnung überschätzt, da sie ihr Augenmerk ausschließlich auf die gegenseitige Rivalität der Staaten richtet und das gemeinsame Interesse aller Völker an der Erhaltung des Friedens übersieht. In den entgegengesetzten Fehler verfällt die erstgenannte Theorie, wenn sie bloß die soziale Natur der Staaten betrachtet, ihr tatsächliches Verhalten aber außer Acht läßt. Jede realistische Rechtslehre muß *beides* berücksichtigen. Das gilt insbesondere für das VR, da sich die Staaten trotz der Entfaltung der nichtorganisierten zur organisierten Staatengemeinschaft nach wie

---

[36] Dortselbst, § 331.

[37] Demnach ist es besonders wichtig darauf hinzuweisen, daß auch die sowjetischen Autoren die Konzeption einer absoluten Souveränität ablehnen und betonen, daß die Ausübung souveräner Rechte dort ihre Grenzen finde, wo die souveräne Gleichheit anderer Staaten beeinträchtigt wird; vgl. *Dohna*, Die Grundprinzipien des Völkerrechts über die freundschaftlichen Beziehungen und die Zusammenarbeit zwischen den Staaten (1973), S. 161; *Uibopuu*, Völkerrecht und Landesrecht in sowjetischer Theorie und Praxis, Jahrbuch für Ostrecht XV (1974), S. 39 ff. In dieser Abgrenzung der staatlichen Souveränitätsbereiche liegt aber die eigentliche raison d'être auch des traditionellen VR.

[38] Rechtsphilosophie, Zusatz 194 zu § 339.

[39] Vorrede zur Rechtsphilosophie.

[40] Rechtsphilosophie, § 344. Vgl. dazu auch *Verdross*, Le fondement du droit international, RdC 16 (1927 I), S. 264.

vor schwerbewaffnet gegenüberstehen und häufig wichtige Normen des VR verletzen. So bleibt es oft „beim Sollen".

Daraus ersehen wir, daß sich beide Betrachtungsweisen ergänzen; die erste ist normativ, die zweite soziologisch. Diese schildert die tatsächliche Lage, jene zeigt uns das Ziel, das die Staaten anstreben sollen, um eine dauerhafte Friedensordnung zu begründen. In diesem Sinne fordert Kant (1724 - 1804) die Staaten auf, „in einen Völkerbund zu treten; wo jeder, auch der kleinste, Staat seine Sicherheit und Rechte nicht von eigener Macht oder eigener rechtlicher Beurteilung, sondern allein von diesem großen Völkerbunde (Foedus Amphictyonum), von einer vereinigten Macht und von der Entscheidung nach Gesetzen des vereinigten Willens erwarten könnte"[41]. Dieses Ziel wurde durch die UN-Charta positiviert, wie wir später sehen werden. Es ist heute also keine bloße normative Idee mehr, sondern auch ein von den Staaten selbst anerkanntes Ziel, das anzustreben sich die Mitglieder der UNO allein und im Zusammenwirken mit dieser Organisation feierlich verpflichtet haben[42].

§ 22 Die Aufgliederung in eine normative und in eine soziologische Betrachtungsweise ist über das gerade Gesagte hinaus von Bedeutung für jede Beschäftigung mit vr Fragen, wobei „normativ" in *diesem* Zusammenhang die wissenschaftliche wie praktische Befassung (nur) mit dem positiv vorgegebenen Rechtsstoff bezeichnet, während die *Völkerrechtssoziologie*, die heute allerdings noch in den Kinderschuhen steckt, ihr Augenmerk der *Faktizität* des VR zuwendet und demgemäß die Wechselwirkung zwischen den Rechtsnormen und deren sozialem Substrat, insbesondere der internationalen Politik untersucht. Infolge der „besonderen Wirklichkeitsnähe" des VR[43] ist eine derartige Ergänzung der Dogmatik hier noch dringender geboten als in anderen Rechtsbereichen, da sonst die Gefahr besteht, eine normative Scheinwelt anzunehmen, die nicht mehr in der realen Welt verankert ist[44].

---

[41] Idee zu einer allgemeinen Geschichte in weltbürgerlicher Absicht (1784), 7. Satz.

[42] Art. 55 und 56 der UN-Charta. Vgl. dazu *Scheuner*, Solidarität unter den Nationen als Grundsatz in der gegenwärtigen internationalen Gemeinschaft, in: Recht im Dienst des Friedens (Festschrift für Menzel, 1976), S. 251 ff.

[43] Dazu besonders *Krüger*, Das Prinzip der Effektivität, oder: Über die besondere Wirklichkeitsnähe des Völkerrechts, in: Festschrift für Jean Spiropoulos (1957), S. 265 ff.

[44] Zum ganzen mit umfangreichen Literaturangaben *Simma*, Bemerkungen zur Methode der Völkerrechtswissenschaft, in: Festschrift für Ernst Kolb (1971), S. 339 ff.; *derselbe*, Völkerrechtswissenschaft und Lehre von den internationalen Beziehungen: Erste Überlegungen zur Interdependenz zweier Disziplinen, ÖZöffR 23 (1972), S. 293 ff.; *derselbe*, Völkerrecht und Friedensforschung, FW 57 (1974), S. 65 ff.; *Kimminich*, Einführung in das Völkerrecht (2. Aufl. 1983), S. 36 ff.; die Referate des Ebenhausener Symposiums „Völkerrecht und Internationale Beziehungen" 1974, wiedergegeben in der FW 58

D. Die Herausbildung des universellen Völkerrechts

§ 23 Schon im frühen Altertum finden wir in verschiedenen Kulturkreisen, wie in Hellas, Indien, China und im römisch-griechischen Raume, neben zahlreichen Staatsverträgen einzelne vr Grundsätze[1]. Verosta bezeichnet sie als das „ursprüngliche allgemeine Völkerrecht"[2]. Dieses war aber keine einheitliche Rechtsordnung, sondern bestand aus *inhaltlich übereinstimmenden Normen*[3], deren Übereinstimmung sich daraus leicht erklären läßt, daß gleichgeartete zwischenstaatliche Bedürfnisse zur Entstehung solcher Normen führen[4].

§ 24 Eine *universelle* Völkerrechtsordnung konnte sich erst auf Grund der Vorstellung bilden, daß die Vielheit der Staaten eine große, all-

---

(1975), Heft 3 - 4; *Neuhold*, Internationale Konflikte — verbotene und erlaubte Mittel ihrer Austragung (1977), S. 1 ff.; *derselbe*, Die Einhaltung des Völkerrechts in einer außenpolitischen „Kosten-Nutzen-Analyse", GYIL 19 (1976), S. 317 ff.; *Blenk-Knocke*, Zu den soziologischen Bedingungen völkerrechtlicher Normenbefolgung (1979); R. *Fisher*, Improving Compliance with International Law (1981).

[1] E. *Nys*, Les origines du droit international (1894); *Phillipson*, The International Law and Custom of Ancient Greece and Rome (1911); *Viswanatha*, International Law in Ancient India (1925); *Martin*, La vie internationale dans la Grèce des cités (1940); *Klose*, Die völkerrechtliche Ordnung der hellenistischen Staatenwelt von 280 bis 168 v. Chr. (1972); *Paradisi*, Il problema storico del diritto internazionale (1956); *Bengtson*, Die Staatsverträge des Altertums (2 Bde. 1962); *Dahlheim*, Struktur und Entwicklung des römischen Völkerrechts im dritten und zweiten Jahrhundert vor Christus (1968); *Preiser*, Völkerrechtsgeschichte, WV III (1962), S. 680 ff.; *derselbe*, Frühe völkerrechtliche Ordnungen der außereuropäischen Welt (1976); *Verosta* (oben § 14, Anm. 2); *Ziegler*, Die römischen Grundlagen des Europäischen Völkerrechts, in: Jus commune IV (1972), S. 1 ff.; *Bülck*, Von den Ursprüngen des Völkerrechts, in: Recht im Dienst des Friedens (Festschrift für Menzel, 1976), S. 215 ff. Zur geschichtlichen Entwicklung der einzelnen Völkerrechtsnormen und -institutionen am ausführlichsten *Verzijl*, International Law in Historical Perspective (10 Bde., 1968 ff.).

An weiteren Gesamtdarstellungen vgl. noch *Nussbaum*, Geschichte des Völkerrechts in gedrängter Darstellung (1960); *Wegner*, Geschichte des Völkerrechts (1936); *Stadtmüller*, Geschichte des Völkerrechts, Teil 1: Bis zum Wiener Kongreß (1815) (1951); *Reibstein*, Völkerrecht. Eine Geschichte seiner Ideen in Lehre und Praxis (2 Bde., 1958 und 1963). Vgl. ferner *Preiser*, Die Völkerrechtsgeschichte, ihre Aufgaben und ihre Methode (1964); *derselbe*, Macht und Norm in der Völkerrechtsgeschichte (1978); *Grewe*, Epochen der Völkerrechtsgeschichte (1984).

[2] Die Geschichte des Völkerrechts, in: *Verdross*, S. 32.

[3] Ebenso *Paradisi*, Civitas maxima I (1974), S. 360: „Il mondo antico ... non constituiva un ordine universale, ma si era offermato in numerosi diritti internazionali particolari." Vgl. ferner *Ago*, Pluralism and the Origins of the International Community, ItYIL 3 (1977), S. 3 ff.; *derselbe*, Die pluralistischen Anfänge der internationalen Gemeinschaft, FS Verosta (1980), S. 25 ff.; *Luard*, Types of International Society (1976).

[4] Darüber schon *Suarez*, oben §§ 11, 15. So weist z. B. *Elias* darauf hin, daß sich vor der Kolonisierung Afrikas zwischen den Staaten dieses Erdteils ähnliche gewohnheitsrechtliche Normen herausgebildet hatten wie jene, die seit 1648 in Europa entstanden sind: Africa and the Development of International Law (1972).

umfassende Gemeinschaft bildet[5]. Dieser Gedanke ist im Wege der Ausweitung der auf die Polis beschränkten aristotelischen Naturrechtslehre[6] in der stoischen und christlichen Philosophie entstanden, die übereinstimmend die ganze Menschheit als eine durch das Naturrecht verbundene Einheit betrachten[7]. Ihre soziologische Grundlage bildete das alexandrinische Reich und das Imperium Romanum, in denen der Gedanke der universalen Ordnung erstmalig einen politischen Ausdruck fand[8]. Cicero konnte daher im Anschluß an den Begründer der griechischen Stoa, Zenon, sagen: „Unam omnium rempublicam agnoscimus, mundum[9]."

Dieser Gedanke hat sich jedoch im Mittelalter erst nach Rezeption der aristotelischen Philosophie durch Albertus Magnus (1192 - 1280) und Thomas von Aquino (1227 - 1274) durchgesetzt. Das Naturrecht wurde damals in gleicher Weise für Christen, Juden und Heiden, sowohl für die zwischenmenschlichen wie zwischenstaatlichen Beziehungen als verbindlich betrachtet. Der Gedanke der Existenz eines „natürlichen", die ganze Erde umfassenden VR ist also keineswegs eine Errungenschaft der Neuzeit[10]. Doch wurde zwischen der „Respublica christiana" und der „Communitas omnium gentium" unterschieden[11]. In der Zeit der Kreuzzüge erfolgte vorübergehend eine Erschütterung dieses Gedankens, da die Auffassung aufkam, daß mit islamitischen und heidnischen Staaten keine Verträge abgeschlossen werden dürften[12].

Am Konzil von Konstanz (1414 - 1418) verteidigte aber ein polnischer Delegierter, Paul Vladimiri, ebenso wie schon früher Stanislav Scarbimiria, sein Vorgänger als Rektor der Universität Krakau, die gerade geschilderte naturrechtliche Lehre, daß auch Nichtchristen eine legitime Staatsgewalt begründen können, da diese nicht vom Glauben abhängig

---

5 *Verdross*, Die Quellen des universellen Völkerrechts (1973), S. 13.

6 *Verdross*, Die aristotelische Naturrechtslehre, ARSPh 56 (1970), S. 527 ff.

7 *Preiser*, Die Philosophie der Stoa in ihrer Bedeutung für das moderne Völkerrecht, ARSPh 38 (1950), S. 364 ff.; *Verdross*, Abendländische Rechtsphilosophie (1958), S. 47 ff.

8 *Paradisi* (Anm. 3), S. 217, 323.

9 De legibus 7, 4, 37.

10 *von der Heydte*, Die Geburtsstunde des souveränen Staates (1952), S. 227, 230; *Verosta* (oben Anm. 2), S. 51 ff.; *Kipp*, Völkerordnung und Völkerrecht im Mittelalter (1950).

11 *von der Heydte*, ebendort, S. 224 ff.; *Verosta*, ebendort, S. 55 f.; *Guggenheim*, Droit international général et droit public européen, SchwJIR 18 (1961), S. 9 ff. Diese Trennung knüpft an die Tatsache an, daß schon in der Antike zwischen dem innerhalb des römischen Reiches und dem jenseits seiner Grenzen geltenden VR unterschieden wurde, da im Mittelalter die beiden römischen Reiche nahezu die gesamte Christenheit umfaßten. Darüber *Paradisi* (Anm. 3), S. 645 ff.; *Ago* (Anm. 3).

12 *Vismara*, Impium foedus. La illiceità delle alleanze con gli infedeli nella Respublica Christiana medievale (1950).

sei, sondern auf allmenschlichem Naturrecht beruhe[13]. Neben der Naturrechtslehre haben das kanonische und römische Recht, die Glossatoren und Kommentatoren, sowie die zu Beginn der Neuzeit einsetzende Völkerrechtslehre einen wichtigen Beitrag zum Aufbau des modernen VR geleistet[14]. Eine große Rolle spielten dabei die in den *„regulae iuris"* enthaltenen allgemeinen Rechtsgrundsätze[15].

§ 25 Das moderne VR — ebenso wie das antike — beruht auf einer Vielheit von *Flächenstaaten,* die untereinander koordiniert sind. Es konnte daher in Europa erst durch eine Überwindung des Lehenswesens entstehen, das auf einem *persönlichen* hierarchischen Treueverhältnis zwischen Lehensherrn und Vasallen aufgebaut war. Ob diese Umgliederung durch eine Dezentralisierung der früheren Ordnung oder bloß in deren Schoß erfolgt ist[16], braucht hier um so weniger erörtert zu werden, als schon in der frühmittelalterlichen Ordnung neben hierarchischen Elementen auch solche der Koordination bestanden haben. Den Abschluß dieses langen Umwandlungsprozesses, auf den wir im nächsten Abschnitt zurückkommen werden, bildet der erste europäische Staatenkongreß von Osnabrück und Münster, der am 24. Oktober 1648 durch den aus zwei Friedensinstrumenten bestehenden Westfälischen Frieden abgeschlossen wurde. Das „Instrumentum Pacis Monasteriensis" trägt nur die Unterschrift des kaiserlichen und des französischen Delegierten, das „Instrumentum Pacis Osnabrugensis" bloß die Unterschrift des kaiserlichen und des schwedischen Bevollmächtigten[17]. Durch Art. XVII, Ziff. 10 und 14, des Osnabrücker Friedensinstrumentes wurde der Kreis der Vertragsteilnehmer aber nicht nur auf die unmittelbar Betroffenen, sondern auch auf eine Reihe anderer Machthaber, die beiderseitigen „foederati et adhaerentes", ausgedehnt, wobei zu beachten ist, daß überwiegend nicht die Staaten, sondern die Landesfürsten aufgezählt wurden, da in der Zeit des Absolutismus diese als

---

[13] L. *Ehrlich,* The Development of International Law as a Science, RdC 105 (1962 I), S. 189 ff.; *Verosta* (Anm. 2), S. 56. *Paradisi* (Anm. 3), S. 398, weist schon auf eine Korrespondenz zwischen Papst Lucius III. und dem Sultan Saladin über den Frieden zwischen Christen und Muselmanen hin. Zum VR des Islam vgl. *Khadduri* (Bearb.), The Islamic Law of Nations (1966); *Talaat al Ghunaimi,* The Muslim Conception of International Law and the Western Approach (1968).

[14] Max *Huber,* Die soziologischen Grundlagen des Völkerrechts (1928), S. 34 f.; *Paradisi* (Anm. 3), S. 60 f.
Über den Beitrag des römischen Rechts zum Aufbau des VR außer *Ziegler* (Anm. 1) vor allem noch *Paradisi,* I fondamenti storici nella communità giuridica internazionale, in: Studi Senesi, Bd. 58 (1944).

[15] *Stein,* Regulae iuris (1966). Vgl. auch unten §§ 597 ff.

[16] Wie G. *Arangio-Ruiz,* The Normative Role of the General Assembly of the United Nations and the Declaration of Principles of Friendly Relations, RdC 137 (1972 III), S. 653, behauptet.

[17] Texte: *Parry* (Bearb.), Consolidated Treaty Series, Bd. 1, S. 1 ff.

Subjekte des VR galten, weil sie über den Staat frei verfügen konnten[18]. Dort werden daher neben dem Kaiser, dem Hause Österreich, den Kurfürsten, Fürsten und Ständen des Reiches (darunter dem Herzog von Savoyen und den Hansestädten) noch genannt die Könige von Frankreich, Großbritannien, Dänemark, Norwegen, Polen und Portugal, der Herzog von Lothringen, alle Fürsten und Republiken Italiens, der Großfürst von Moskau, die Republik Venedig, die Niederlande, die Schweizerische Eidgenossenschaft und Graubünden und der Fürst von Siebenbürgen[19]. Diese Dokumente bilden die erste formelle Verfassung des europäischen VR *(ius publicum europaeum)*[20].

§ 26 Diese Staatengruppe war jedoch keine in sich geschlossene Gemeinschaft. So wurden schon zu Beginn der Neuzeit Verträge mit der Türkei und mit den an der Nordküste Afrikas gelegenen Barbareskenstaaten[21], ebenso mit asiatischen Staaten abgeschlossen[22]. Es dauerte aber noch lange bis zur Entstehung des positiven universellen VR. So wurde zum Beispiel die Türkei erst durch Artikel 7 des Pariser Friedensvertrages vom 30. März 1856 „der Vorteile des öffentlichen Europäischen Rechts" teilhaftig[23]. Das bedeutet, daß vorher zwischen ihr und den christlich-europäischen Staaten nicht das ganze VR, sondern nur einige Verträge und einzelne Normen des VGR in Geltung standen[24]. Ein ähnliches Verhältnis bestand lange Zeit zwischen diesen Staaten und jenen außerhalb Europas, sofern mit ihnen überhaupt ein Verkehr bestand. China lehnte einen solchen bis zur Mitte des vorigen Jahrhunderts grundsätzlich ab. Nur mit Rußland hat es einige Abkommen abge-

---

[18] Auch *Grotius*, De iure belli ac pacis, Prolegomena, 1, definiert das VR als „illud jus quod inter populos plures *aut populorum rectores* intercedit" (von uns hervorgehoben).

[19] *Reibstein*, Völkerrechtsgeschichte, WV III (1962), S. 703 f.

[20] *Mably*, Droit public de l'Europe sur les traités depuis la paix de Westphalie (1778); *Rapisardi Mirabelli*, Le Congrès de Westphalie, Bibliotheca Visseriana 8 (1929), S. 75 ff.; L. *Gross*, The Peace of Westphalia, 1648 - 1948, AJIL 42 (1948), S. 20 ff. Zur juristischen Konstruktion der europäischen Staatengemeinschaft nach dem Westfälischen Frieden *Randelzhofer*, Völkerrechtliche Aspekte des Heiligen Römischen Reiches nach 1648 (1967).

[21] *Mössner*, Die Völkerrechtspersönlichkeit und Völkerrechtspraxis der Barbareskenstaaten (1968).

[22] *Alexandrowicz*, The Afro-Asian World and the Law of Nations (Historical Aspects), RdC 123 (1968 I), S. 117 ff., und die dort S. 211 ff. angeführte Literatur.

[23] *Fleischmann*, Völkerrechtsquellen (1905), S. 52.

[24] *McKinnon Wood*, The Treaty of Paris and Turkey's Status in International Law, AJIL 37 (1943), S. 262 ff.; *Nussbaum*, Geschichte des Völkerrechts (1960), S. 138; *Truyol y Serra*, L'expansion de la société internationale au XIXe et XXe siècles, RdC 116 (1965 III), S. 95 ff.; *derselbe*, Der Wandel der Staatenwelt in neuerer Zeit im Spiegel der Völkerrechtsliteratur des 19. und 20. Jahrhunderts (1968); *Grewe*, Vom europäischen zum universellen Völkerrecht, ZaöRV 42 (1982), S. 449 ff.

schlossen. Auch Japan hatte bis 1853, von einer kurzen Unterbrechung abgesehen, keinerlei vr Beziehungen zur übrigen Welt, mit Ausnahme von China.

§ 27 Eine totale Rezeption der Grundsätze des europäischen VR erfolgte erst durch die europäischen Kolonien in Nord- und Südamerika nach ihrer Losreißung von ihren Mutterländern, da sich jene spontan zu ihnen bekannten[25]. Allmählich wurde dann der persönliche Geltungsbereich des europäischen VR universell. So nahmen an der ersten Haager Friedenskonferenz (1899) außer allen europäischen Staaten (mit Ausnahme von Andorra, Liechtenstein, Monaco und San Marino) schon China, Japan, Mexiko, Persien, Siam und die Vereinigten Staaten teil. Auf der zweiten Haager Friedenskonferenz (1907) waren bereits 44 Staaten vertreten, also fast alle, die damals miteinander in diplomatischen Beziehungen standen. An der Pariser Friedenskonferenz 1919 nahmen außer den europäischen Siegermächten und den Vereinigten Staaten auch die britischen Dominions (Australien, Kanada, Indien, Neuseeland, Südafrika), ferner China, Hedschas, Japan und Siam teil. Die am 26. Juni 1945 in San Francisco unterzeichnete UN-Charta umfaßte damals bereits 51 Staaten, darunter außer den bereits genannten Ägypten, Äthiopien, den Irak, Libanon, Liberia, die Philippinen und Saudi-Arabien. Diese Zahl hat sich bis Ende 1983 auf 158 Staaten erhöht. Wenn die Präambel der UN-Charta auf die Pflicht zur Achtung der Verpflichtungen hinweist, „die auf Verträgen oder anderen Quellen des Völkerrechts beruhen", kann kein Zweifel darüber bestehen, daß darunter das ursprüngliche europäische VR verstanden wird, da es schon damals eine nahezu universelle Geltung erlangt hatte.

Durch ihre Aufnahme in die UNO wurde es auch von den später entstandenen neuen Staaten anerkannt, da jeder um die Aufnahme ansuchende Staat gemäß Art. 4 Abs. 1 der UN-Charta versprechen muß, die Verpflichtungen aus dieser Charta zu übernehmen. Das schließt natürlich einen Streit darüber nicht aus, welche Normen wirklich allgemein anerkannt waren. So ist es durchaus möglich, daß einzelne dieser Normen von vornherein nur einen beschränkten Geltungsbereich hatten. Die grundsätzliche Anerkennung der Normen des traditionellen VR durch die neuen Staaten hindert diese auch nicht, die Übereinstimmung dieser Normen mit den Grundsätzen der UN-Charta zu untersuchen und auf ihre Anpassung an diese hinzuwirken. Tatsächlich

[25] Daher hat die auf Grund des Jay Treaty vom 19. November 1794 eingesetzte britisch-amerikanische Schiedskommission (WV II, S. 170 ff.) das traditionelle (europäische) VR angewendet. Vgl. *Moore*, A Digest of International Law (1906), Bd. I, S. 10 ff.; *Bourguignon*, Incorporation of the Law of Nations during the American Revolution — The Case of the San Antonio, AJIL 71 (1977), S. 270 ff. Dasselbe gilt für alle mit lateinamerikanischen Staaten geschaffenen Schiedsgerichte.

haben Vertreter der neuen Staaten sowohl in der International Law Commission (ILC) wie in der Generalversammlung und insbesondere im Sonderausschuß über die Grundsätze der friedlichen Beziehungen zwischen den Staaten[26] einen großen Einfluß auf die Weiterbildung des VR ausgeübt[27].

Einen wichtigen Beitrag der afro-asiatischen Staaten zum VR der Gegenwart bildeten die von der Konferenz von Bandung am 24. April 1955 angenommenen und seither durch zahlreiche Verträge und andere außenpolitische Dokumente bekräftigten Grundsätze der *friedlichen Koexistenz* (Achtung der Menschenrechte, Gleichheit aller Völker und Rassen, Nichteinmischung in innere Angelegenheiten, Gewaltverbot, individuelle und kollektive Selbstverteidigung, friedliche Streiterledigung, Zusammenarbeit und Achtung der internationalen Verpflichtungen)[28], da diese Grundsätze jene der UN-Charta bestätigen[29]. Neu war

---

[26] Vgl. unten §§ 451 ff.

[27] Zum ganzen *Sahovic*, Influence des États nouveaux sur la conception du Droit international, AFDI 12 (1966), S. 30 ff.; *McWhinney*, The „New" Countries and the „New" International Law, AJIL 60 (1966), S. 1 ff.; *Syatauw*, Some Newly Established Asian States and the Development of International Law (1961); *Prakash Sinha*, New Nations and the Law of Nations (1967); *Schröder*, Die Dritte Welt und das Völkerrecht (1970); *Okoye*, International Law and the New African States (1972); *Elias* (Anm. 4); *Bokor - Szegö*, New States and International Law (1970); *Schweitzer*, Das Völkergewohnheitsrecht und seine Geltung für neuentstandene Staaten (1969); *Falk*, The New States and International Legal Order, RdC 118 (1966 II), S. 7 ff.; *Fatouros*, The Participation of the New States in the International Legal Order, in: *Falk / Black* (Anm. 31), Bd. I: Trends and Patterns (1969), S. 317 ff.; *Anand*, New States and International Law (1973); *Udokang*, The Role of the New States in International Law, ArchVR 15 (1971/1972), S. 145 ff.; *Abi-Saab*, The Third World and the Future of the International Legal Order, Revue Egyptienne de droit international 29 (1973), S. 27 ff.; Société Française pour le Droit international (Hrsg.), Pays en voie de développement et transformation du droit international (1974); *Rudolf*, Neue Staaten und das Völkerrecht, ArchVR 17 (1977/1978), S. 1 ff.; *Reinhard*, Rechtsgleichheit und Selbstbestimmung der Völker in wirtschaftlicher Hinsicht (1980); *Ginther*, Die „Dritte Welt" und das Völkerrecht, ÖHB 1, S. 29 ff.; *derselbe / Benedek* (Hrsg.), New Perspectives and Conceptions of International Law. An Afro-European Dialogue (Suppl. 6 zur ÖZöffRVR, 1983); *derselbe*, Die Einwirkung der Dekolonisierung auf die Grundlagen des Völkerrechts, SchwJIR 38 (1982), S. 9 ff.; *Buirette-Maurau*, La participation du Tiers-Monde à l'élaboration du droit international (1983).

Über die chinesische Haltung zum VR vgl. *Kaminski*, Chinas Völkerrecht und außenpolitische Grundlagen (1972); *derselbe*, Chinesische Positionen zum Völkerrecht (1973); *Jaschek*, Die chinesische Völkerrechtsdoktrin im Lichte der Drei-Welten-Theorie, GYIL 21 (1978), S. 363 ff.

Zu der von der *sowjetischen* Völkerrechtswissenschaft neuerdings vertretenen Ansicht, daß sich der Klassencharakter des allgemeinen VR durch die Mitwirkung der *sozialistischen* Staaten an seiner Neugestaltung qualitativ (vom „bürgerlichen" VR weg) wandle, siehe *Schweisfurth*, Die Völkerrechtswissenschaft in der Sowjetunion, ZaöRV 34 (1974), S. 29 ff.

[28] *Sasse*, Die asiatisch-afrikanischen Staaten auf der Bandung-Konferenz (1958). Zuvor hatte ein indisch-chinesischer Vertrag vom 29. April 1954 die Prinzipien der gegenseitigen Achtung der territorialen Souveränität und

aber die Weigerung zum Abschluß von Verteidigungspakten, die einer Großmacht dienen (Blockfreiheit, non-alignment)[30].

§ 28 Die Ausweitung des europäischen zum universellen VR konnte sich deshalb leicht vollziehen, da auch außerhalb Europas und Amerikas vr Grundsätze in Geltung standen, die vielfach denen des europäisch-amerikanischen VR entsprachen, aber mangels einer eigenen Völkerrechtslehre einer systematischen Ausgestaltung entbehrten. Diese Gleichartigkeit oder Ähnlichkeit der Entwicklung vr Normen in verschiedenen Kulturkreisen hat darin ihren Grund, daß ein zwischenstaatlicher Verkehr nur möglich ist, wenn allgemeine Bedürfnisse durch die Anerkennung bestimmter Grundsätze befriedigt werden. Die Gleichartigkeit von Rechtsgedanken begründete aber noch keine universelle Rechtsordnung. Eine solche konnte erst auf der Grundlage einer Verflechtung aller Staaten entstehen[31], da jede Rechtsordnung eine soziale Basis zur Voraussetzung hat[32].

Integrität, des Gewaltverbots, der Nichteinmischung in innere Angelegenheiten, der Gleichheit und des beiderseitigen Vorteils (aus Wirtschaftsbeziehungen) sowie der friedlichen Koexistenz selbst als sog. „Pancha Shila" niedergelegt. Vgl. zum ganzen *Focsaneanu*, Les „cinq principes" de coexistence et le droit international, AFDI 2 (1956), S. 150 ff.; *Fifield*, The Five Principles of Peaceful Coexistence, AJIL 52 (1958), S. 504 ff.; *Hazard*, Legal Research in „Peaceful Coexistence", AJIL 51 (1957), S. 69 ff.

29 Dazu unten §§ 92 ff.

30 Dazu *Frei*, Neutralität und Neutralismus, Neue Politische Literatur 14 (1969), S. 446 ff.; *Mates*, Nonalignment (1972); *Bedjaoui*, Non-alignement et droit international, RdC 151 (1976 III), S. 337 ff.

31 Über die Herausforderung an das universelle VR in der gegenwärtigen Entwicklung der internationalen Beziehungen mit einem in seinen Folgen nur schwer überschaubaren technologischen Fortschritt, immer schnellerem Bevölkerungswachstum, Bedrohung durch Rohstoff-, Energie- und Ernährungskrisen, Umweltschäden und nukleare Konflikte vgl. *Röling*, International Law in an Expanded World (1960); *Friedmann*, The Changing Structure of International Law (1964); *derselbe*, General Course in Public International Law, RdC 127 (1969 II), S. 39 ff.; *Higgins*, Conflict of Interest. International Law in a Divided World (1965); *Lissitzyn*, International Law Today and Tomorrow (1965); *Fitzmaurice*, The Future of Public International Law and of the International Legal System in the Circumstances of Today, Institut de Droit international: Livre du Centenaire 1873 - 1973 (1973), S. 196 ff.; *Falk / Black* (Hrsg.), The Future of the International Legal Order (5 Bde., 1969 ff.); *Jenks*, Economic and Social Change and the Law of Nations, RdC 138 (1973 I), S. 455 ff.; *Mosler*, Völkerrecht als Rechtsordnung, ZaöRV 36 (1976), S. 6 ff.; *Simma*, Völkerrecht in der Krise?, ÖZA 20 (1980), S. 273 ff.; *Wildhaber*, Wo steht das Völkerrecht heute? Versuch einer Standortbestimmung, SchwJIR 36 (1980), S. 75 ff.; R. J. *Dupuy*, Communauté internationale et disparités de développement, RdC 165 (1979 IV), S. 9 ff.; *Gotlieb*, The Impact of Technology on the Development of Contemporary International Law, ebd. 170 (1981 I), S. 115 ff.; *Rosenne*, The Role of Controversy in International Legal Development, in: The Structure and Process of International Law (§ 10, Anm. 1), S. 1147 ff.; *Grahl-Madsen / Toman* (Hrsg.), The Spirit of Uppsala (1984).

32 Dazu Max *Huber*, Die soziologischen Grundlagen des Völkerrechts (1928); *Schindler* (sen.), Contribution à l'étude des facteurs sociologiques et

§ 29 Das zum universellen VR ausgestaltete europäisch-amerikanische VR galt zunächst in der *nichtorganisierten* Staatengemeinschaft. Man nennt es das „klassische VR". Mit der Errichtung des Völkerbundes (1919) beginnt eine neue Periode der Geschichte des VR, da damit erstmalig zentrale politische Organe der Staatengemeinschaft geschaffen wurden. Es beginnt die Zeit der *organisierten* Staatengemeinschaft.

§ 30 Im Rahmen des universellen VR finden wir zahlreiche Normen des *bilateralen* und verschiedene des *partikulären*, d. h. nur in einer bestimmten Staatengruppe geltenden VR, die in der Regel in vr Verträgen, ausnahmsweise aber auch im VGR enthalten sind (§§ 567 ff.). Gelten die zweitgenannten Normen bloß in einer bestimmten geographischen Einheit, faßt man sie unter der Bezeichnung *regionales* VR zusammen[33].

Der *räumliche* Geltungsbereich des VR umfaßt nicht nur die Staatsräume, sondern auch die Polargebiete, die Hohe See und den Weltraum, also den ganzen menschlichen Eingriffen zugänglichen Kosmos.

E. Die Souveränität der Staaten und das Völkerrecht

§ 31 Bereits im Altertum gab es verschiedene voneinander unabhängige Staaten, der Begriff der staatlichen Souveränität ist aber erst im Mittelalter im Kampfe gegen den Anspruch des durch Karl den Großen erneuerten Römischen Reiches auf Weltherrschaft entstanden. So wurde seit dem Anfang des 13. Jahrhunderts zunächst in Frankreich, dann in

---

psychologiques du droit international, RdC 46 (1933 IV), S. 233 ff.; *Ruyssen*, Les caractères sociologiques de la communauté humaine, RdC 67 (1939 I), S. 125 ff.; *Schwarzenberger*, International Law and Society, YBWA 1 (1947), S. 159 ff.; *derselbe*, Power Politics. A Study of World Society (3. Aufl. 1964) (sowie zahlreiche weitere Schriften); *Niemeyer*, Law without Force. The Function of Politics in International Law (1941); *Giuliano*, La comunità internazionale e il diritto (1950); *Corbett*, Social Basis of a Law of Nations, RdC 85 (1954 I), S. 471 ff.; *Stone*, Problems Confronting Sociological Enquiries Concerning International Law, RdC 89 (1956 I), S. 65 ff.; *Landheer*, On the Sociology of International Law and International Society (1966); *Schachter*, Towards a Theory of International Obligation, VJIL 8 (1967/1968), S. 300 ff.; *Baum*, Die soziologische Begründung des Völkerrechts als Problem der Rechtssoziologie, Jahrbuch für Rechtssoziologie und Rechtstheorie 1 (1970), S. 258 ff.; *Bozemann*, The Future of Law in a Multicultural World (1971); *Burton*, World Society (1972); *Paone*, Concetto di comunità internazionale e mutamento delle condizioni storiche (1973); *Blenk-Knocke* (oben § 22, Anm. 44); *Neuhold*, Der Wandel im System der internationalen Beziehungen, ÖZA 15 (1975), S. 327 ff.; *Gusy*, Politik und Völkerrecht bei der Stabilisierung der internationalen Beziehungen, Zeitschrift für Politik 29 (1982), S. 150 ff.; sowie das weitere in den Aufsätzen von *Simma* (§ 22, Anm. 44) genannte Schrifttum.

[33] Dazu *Schindler*, Universelles und regionales Völkerrecht, in: Recht als Prozeß und Gefüge (Festschrift für Hans Huber, 1981), S. 609 ff.

England[1], gegen Ende des 14. Jahrhunderts auch in Deutschland[2], die These verteidigt, daß der Landesherr ein Fürst sei, „der keinen Höheren anerkennt". Denselben Gedanken drückt der Begriff des Fürsten aus, der „in seinem Königreich Kaiser ist", oder der dortselbst „kaiserliche Gerichtsbarkeit ausübt"[3]. Einen ähnlichen Anspruch erhoben in Italien die dortigen städtischen Gemeinwesen, die damals als „civitates qui utuntur jurisdictione imperiali" auftraten. Der große Kommentator Bartolus de Saxoferrato (1314 - 1357), Professor an der Universität Bologna, überblickt bereits diesen großen Prozeß der Umgestaltung der hierarchischen Lehensordnung in eine auf der Gleichheit beruhende Staatengemeinschaft. Er bedauert aber den Verlust der Möglichkeit eines Rechtszuges an das höhere kaiserliche Gericht, da mit dem Wegfall einer über den Städten und Fürsten stehenden Instanz die Selbsthilfe in der Gestalt der Repressalie aufgekommen ist[4], die er als eine Abart des Krieges (represaliae sunt quoddam bellum) bezeichnet[5]. Sie sei ein Ersatz für das Fehlen einer vr Gerichtsbarkeit (in defectum jurisdictionis)[6].

Vergeblich setzte sich noch der italienische Dichterfürst Dante Alighieri (1265 - 1321) für den Kaiser als obersten Schirmherrn des Rechts und Friedens ein[7], da der Sieg der landesherrlichen Souveränität auch in Mitteleuropa nicht mehr aufzuhalten war.

§ 32 Den Ausdruck „souveraineté" finden wir erst beim französischen Legisten Jean Bodin (1530 - 1596) in seinen „Les six livres de la république" (1576), während er in der lateinischen Ausgabe dieses Werkes noch die ältere Bezeichnung „summa potestas" verwendet. Er definiert sie als die „in cives ac subditos legibusque soluta potestas"[8], betont aber mit Nachdruck, daß die „summa potestas" dem göttlichen und natürlichen Recht[9], sowie der „lex omnium gentium communis", also auch dem VR, unterworfen sei[10]. Wir ersehen daraus, daß für Bodin die

---

1 Ausführlich darüber *von der Heydte* (§ 24, Anm. 10), S. 59 ff.

2 *Brunner*, Land und Herrschaft (1939), S. 447.

3 *von der Heydte* (§ 24, Anm. 10), S. 82 ff.

4 Tractatus represaliarum (1354). Siehe ferner *Calasso*, I glossatori e la teoria della sovranità (2. Aufl. 1951); *Brunner* (Anm. 2, 4. Aufl. 1959).

5 Dortselbst, VIII/4, X/3.

6 Dortselbst, X/3.

7 De Monarchia. Dieses Werk hat Dante kurz vor seinem Tode verfaßt. Darüber *Sauter*, Dantes Monarchie (1913), S. 75 ff.; *Kelsen*, Die Staatslehre des Dante Alighieri (1905).

8 De Republica (1601), I, 8.

9 Les six livres de la république (1583), I, cap. IX.

10 De Republica I, 8. Schon bei *Bodin* bedeutet also „Souveränität" nicht schlechthin „oberste Ordnung", wie *Kelsen* meint (Stichwort „Souveränität", WV III, S. 278 ff.). Näheres darüber bei *Verdross*, Die Einheit des rechtlichen

„summa potestas" nur *innerhalb* der Staaten besteht, während diese untereinander an die Normen des VR gebunden sind. Das Problem dieser „summa potestas" entzündete sich schon viel früher bei der Frage, welche Autorität berechtigt ist, einen Krieg zu führen. Darauf antwortet Thomas von Aquino: „Non ... pertinet ad personam privatam bellum movere, quia potest jus suum in judicio *superioris* prosequi[11]." Dieselbe Lehre finden wir bei Vitoria und Suarez, die übereinstimmend lehren, daß jene Gewalt die „höchste" ist, die keinen „superiorem temporalem" über sich hat[12]. An einer anderen Stelle spricht Suarez diesen Gedanken mit folgenden Worten aus: „signum supremae jurisdictionis est, quando apud talem Principem republicamve, est tribunal, in quo terminantur omnes causae illius principatus, neque appellatur ad aliud tribunal superiorius[13]." Zeichen der Souveränität eines Staates sei es somit, daß dieser keiner höheren „potestas", also keiner höheren *Instanz* unterworfen ist. Doch hat keiner dieser Schriftsteller daran gezweifelt, daß die Staaten dem VR untergeordnet sind und einvernehmlich ein Schiedsgericht zur Entscheidung ihrer Streitigkeiten einsetzen können.

Dieselbe Lehre finden wir bei den ersten weltlichen Völkerrechtsjuristen. So schreibt Albericus Gentilis (1552 - 1608), daß jene Gemeinschaften „summi sunt", die keinen höheren Richter über sich haben[14]. Grotius bemerkt, daß jene Gewalt die höchste genannt wird, deren Tun und Lassen keines anderen Menschen Recht so unterstellt ist, daß sie nach seinem Willen oder Gutdünken (ut alterius voluntatis humanae arbitrio) unwirksam gemacht werden könnte[15]. Er fügt aber hinzu, daß die Staaten, die keinen gemeinsamen Richter haben (qui judicem communem non habent), an das VR und auch an die Entscheidungen der von ihnen eingesetzten Schiedsgerichte gebunden sind, ja er betont, daß

Weltbildes (1923), S. 13 ff., 18 ff.; *Quaritsch*, Staat und Souveränität, Bd. I (1970); *derselbe*, Bodins Souveränität und das Völkerrecht, ArchVR 17 (1977/1978), S. 257 ff.

Wenn angenommen wird, daß die Staaten in *allen* Belangen die oberste Ordnung bilden, so führt dies zur Leugnung des VR und seiner Degradierung zum „äußeren Staatsrecht", wie bei der Darstellung der Lehre *Hegels* (§ 20) gezeigt wurde.

[11] Summa theologica, secunda secundae, qu 40, Art. 1 (von uns hervorgehoben).

[12] *Vitoria*, Relectio de Indis, relectio posterior, II, 6 und 7; *Suarez*, Defensio fidei catholicae et apostolicae adversus anglicanae sectae errores, Liber III: De Summi Pontificis supra temporales reges excellentia et potestate, cap. V. Dazu *Guggenheim*, La souveraineté dans l'histoire du droit des gens de Vitoria à Vattel, in: Festschrift für Andrassy (1968), S. 111 ff.

[13] *Suarez* (§ 15, Anm. 11), De bello, sectio II, 4.

[14] De Jure belli libri tres (1612), I, cap. III.

[15] De iure belli ac pacis, I, cap. III, 7.

„im besonderen Maße die christlichen Könige und Staaten verpflichtet sind, diesen Weg zur Verhinderung von Kriegen zu beschreiten“[16].

§ 33 Erst Vattel liefert eine erschöpfende Analyse der staatlichen Souveränität, indem er folgende drei Merkmale herausarbeitet: Selbstregierung, Unabhängigkeit von anderen Staaten (sans dépendance d'aucun étranger) und Völkerrechtsunmittelbarkeit, wobei jedoch diese nur eine Kehrseite der Selbstregierung und Unabhängigkeit bildet, da Vattel bemerkt, daß es für die Berechtigung einer Nation, „an der großen Gemeinschaft der Staaten *unmittelbar* mitzuwirken“[17] (de figurer immédiatement dans cette grande société), genügt, „daß sie wahrhaft souverän und unabhängig ist, d. h. daß sie durch eigene Autorität und eigene Gesetze sich selbst regiert“[18].

§ 34 Schließlich bezeichnet Johann Jakob Moser, der Begründer des vr Positivismus, jenen Staat als souverän, „dem kein anderer Staat ... etwas zu befehlen hat“[19]. Im Sinne dieser übereinstimmenden Doktrin führt der StIGH im Falle *Lotus* aus: „Le droit international règle les rapports entre des États indépendants[20].“ Dieser Gedanke wird dann in der Separate Opinion des Richters Dionisio Anzilotti zum Gutachten des StIGH über das geplante *Customs Régime between Germany and Austria* in folgender Weise näher ausgeführt: „L'indépendance ... n'est, au fond, que la condition normale des États d'après le droit international: elle peut être aussi bien qualifiée comme *souveraineté* ..., ... si l'on entend par cela que l'État n'a au-dessus de soi aucune autre autorité, si ce n'est celle du droit international[21].“ Ein Staat ist demnach souverän, wenn er keiner anderen Autorität als der des VR untersteht, also *ausschließlich völkerrechtsunmittelbar* ist. Daher heben Verpflichtungen über eine bestimmte Ausübung der Staatsgewalt, die auf Grund von vr Verträgen übernommen wurden, die Souveränität der kontrahierenden Staaten nicht auf[22]. Durch solche Verträge wird zwar die Freiheit der Staaten, nicht aber ihre Souveränität eingeschränkt[23]. Dieser Satz gilt jedoch nur mit der Maßgabe, daß sich ein kontrahierender Staat nicht dem einseitigen Willen eines anderen Staates unterwirft[24], da sich

---

[16] Dortselbst, II, cap. XXIII, 8, 3.

[17] Von uns hervorgehoben.

[18] *Vattel* (§ 12, Anm. 5), I, ch. I, § 4.

[19] Versuch des neuesten europäischen Völkerrechts (1777), I, 1. cap., § 1.

[20] A 10, S. 18. Ähnlich Max *Huber* im Schiedsspruch *Island of Palmas:* „Sovereignty in the relations between States signifies independence“, RIAA II, S. 838.

[21] A/B 41, S. 57.

[22] Ebenso der StIGH im *Wimbledon*-Fall (A 1, S. 25).

[23] Richtig G. *Arangio-Ruiz*, RdC 137 (1972 III), S. 703.

[24] So auch *Anzilotti* in dem oben angeführten Separatvotum im Falle *Customs Régime between Germany and Austria,* A/B 41, S. 58: „... les

in einem solchen Falle zwischen den verpflichteten Staat und das VR ein fremder Staatswille einschaltet, wodurch der verpflichtete Staat aufhört, ausschließlich völkerrechtsunmittelbar zu sein. So können sich z. B. mehrere Staaten durch einen Staatsvertrag zu einem Bundesstaat zusammenschließen, wodurch sie ihre Souveränität verlieren. Die Souveränität eines Staates kann jedoch auch dadurch verloren gehen, daß er sich dauernd den Befehlen oder Weisungen eines anderen Staates tatsächlich fügt. Ein solcher Staat wird scheinsouverän, wenngleich die Staatenpraxis ihn so lang als souverän betrachtet, als er nicht förmlich Glied eines anderen Staates geworden ist. Hingegen bleibt die Souveränität jener Staaten erhalten, die sich zu einer *auf Grund des VR* bestehenden Staatenverbindung vereinigen, da ja dadurch ihre Völkerrechtsunmittelbarkeit nicht verloren geht. Das gilt selbst für Protektoratsverhältnisse, solange das VR ihre Grundlage bleibt. Daher wurden Tunis und Marokko, auch nachdem sie Protektoratsverträge mit Frankreich abgeschlossen hatten, als souverän betrachtet[25].

§ 35 „Souveränität" eines Staates bedeutet also zunächst, daß er für seine Angehörigen und auf seinem Gebiete der höchste Herrschaftsverband ist, gegen dessen Anordnungen und Entscheidungen an keine höhere Stelle appelliert werden kann *(innerstaatliche Souveränität)*. „Souveränität" des Staates bedeutet ferner, daß die Staaten untereinander keiner überstaatlichen Macht, sondern bloß dem vom zwischenstaatlichen Konsens getragenen VR untergeordnet sind *(vr Souveränität)*. Um diese von jener zu unterscheiden, bezeichnet sie der Supreme Court der Vereinigten Staaten im Falle *United States v. Curtiss-Wright Export Corp. et al.* als „external sovereignty"[26]. Noch klarer spricht Art. 1 des Abkommens zwischen Frankreich und Madagaskar vom 2. April 1960 von der „souveraineté internationale"[27]. Diese deckt sich mit der *Unabhängigkeit*, wie Max Huber in seinem Schiedsspruch vom 4. April 1928 im Falle *Island of Palmas* richtig ausgeführt hat: „Sover-

---

limitations de la liberté d'un État ... n'affectent aucunement, en tant que telles, son indépendance. *Tant que ces limitations n'ont pas pour effet de mettre l'État sous l'autorité légale d'un autre État*, le premier reste un État indépendant ..." (von uns hervorgehoben).

[25] So auch das Urteil des IGH vom 27. August 1952 im Falle der *Rights of Nationals of the United States of America in Morocco*, ICJ Reports 1952, S. 188: „Under this Treaty [Vertrag von Fez 1912], Morocco remained a sovereign State ..." Dasselbe gilt für die (früheren) britischen Protektorate. So die Entscheidung des indischen High Court Travancore vom 29. März 1946 im Falle *Sirkar v. Subramonia Iyen*, AD 1946, Nr. 9: „The acknowledgment of the British Government as the paramount power and the treaty obligations that may have been laid on the State of Travancore cannot detract from its status as a Sovereign State ..."

[26] *Hackworth*, Digest of International Law, Bd. I (1940), S. 53.

[27] AFDI 6 (1960), S. 862.

eignty in the relations between States signifies independence[28]." Daher werden die Bezeichnungen „Souveränität" und „Unabhängigkeit" im VR und in der Völkerrechtslehre wechselweise verwendet.

Auf das Verhältnis zwischen VR und Landesrecht bezogen bedeutet Souveränität Exklusivität, „Impermeabilität" der staatlichen Rechtsordnungen in dem Sinne, daß im innerstaatlichen Bereich nur Recht gilt, das entweder dort erzeugt oder durch die Verfassung in diesem Bereich zugelassen wird; ob diese Öffnung gegenüber dem VR nun im Einzelfall (wie bei vr Verträgen) oder in Bausch und Bogen erfolgt (wie für das VGR).

§ 36 Neben dem *vr* Begriff der Souveränität finden wir den vagen Begriff der *politischen* Souveränität[29]. Man versteht darunter die Eigenschaft eines Staates, alle wesentlichen Staatsfunktionen selbständig auszuüben. So sagt man, daß die Souveränität der protegierten Staaten beschränkt war, da ihre Außenpolitik vom Protektor geführt oder kontrolliert wurde und auch Eingriffe in die Innenpolitik erfolgen konnten[30]. Ferner bemerkte der StIGH in seinem Gutachten vom 5. September 1931 über das geplante *Customs Régime between Germany and Austria,* daß Österreich nur so lange als „unabhängig" (im Sinne des Art. 88 des Staatsvertrags von St. Germain) angesehen werden könne, als es *auch* im wirtschaftlichen Bereiche „alleiniger Herr seiner Entscheidungen bleibe" (restant seul maître de ses décisions)[31], obgleich der Gerichtshof zugeben mußte, daß Österreich in der rechtlich kündbaren Zollunion ein selbständiger Staat (un État distinct) geblieben wäre[32]. Der StIGH unterscheidet also *implicite* zwischen der vr und der politischen Unabhängigkeit eines Staates[33]. Eine Beschränkung der politischen Souveränität eines Staates kann auch durch seine Eingliederung

---

[28] RIAA II, S. 838.

[29] Über die verschiedenen Souveränitätsbegriffe siehe *Bindschedler,* Rechtsfragen der europäischen Einigung (1954), S. 69 ff.; *derselbe,* Betrachtungen über die Souveränität, FS Guggenheim, S. 167 ff.; *van Kleffens,* Sovereignty in International Law, RdC 82 (1953 I), S. 1 ff.; *Koppensteiner,* Die Europäische Integration und das Souveränitätsproblem (1963); *Larson / Jenks,* Sovereignty within the Law (1965); *Bettati, Bottini, Isoart, Dupuy u. a.,* La souveraineté au XXe siècle (1971); *Carillo Salcedo,* Soberaniá del Estado y Derecho Internacional (2. Aufl. 1976); *Wildhaber,* Sovereignty and International Law, in: The Structure and Process of International Law (§ 10, Anm. 1), S. 425 ff.

[30] So *Zemanek* über Marokko, in: State Succession After Decolonization, RdC 116 (1965 III), S. 195 ff. Unabhängigkeit in diesem politischen Sinne ist also „a question of degree": *Oppenheim,* International Law, Bd. I (8. Aufl., hrsgg. v. *Lauterpacht* 1955), S. 289.

[31] A/B 41, S. 45.

[32] A/B 41, S. 52.

[33] Hingegen vertritt die Minderheit der Richter in diesem Falle die Auffassung, daß vr Einschränkungen der staatlichen Freiheit die Unabhängigkeit eines Staates nicht aufheben, „pourvu que l'Etat ne se dépouille pas, de ce fait, de ses pouvoirs organiques" (A/B 41, S. 77).

in eine „übernationale“ Gemeinschaft oder in eine Sicherheitsorganisation eintreten. Es darf ferner nicht übersehen werden, daß die fortschreitende wirtschaftliche und soziale Verflechtung der Staaten, insbesondere innerhalb bestimmter regionaler Gruppen, zu einer sehr weitgehenden gegenseitigen Interdependenz geführt hat, die nur unter empfindlichen Opfern rückgängig gemacht werden könnte.

In all diesen Fällen bleibt jedoch ein Staat solange *vr* souverän, als er die geschilderten Bindungen aufgrund des VR (Kündigung, Rücktritt wegen Vertragsverletzung durch andere Vertragsteile, *clausula rebus sic stantibus* usw.) wieder lösen kann.

Daher ist auch der vr Schutz der Menschenrechte mit der staatlichen Souveränität selbst dann vereinbar, wenn gegen eine behauptete Verletzung dieser Normen die Möglichkeit einer Individualbeschwerde bei einem internationalen Organ vorgesehen ist, solange dessen Zuständigkeit in einem vr Verfahren wieder aufgehoben werden kann.

§ 37 Einzelne Schriftsteller wollen aus der gerade aufgezeigten Entwicklung den Schluß ziehen, daß das VR in einer Umwandlung begriffen sei, da eine Tendenz zur Herausbildung von Staatengemeinschaften bestehe, auf welche die wichtigsten Hoheitsrechte übergehen werden[34]. Diese Betrachtung geht isoliert von der westeuropäischen Lage aus, überschätzt aber auch diese, da selbst in den Europäischen Gemeinschaften die Staaten die wichtigsten Hoheitsrechte behalten[35]. Noch weniger sind die amerikanischen Staaten, die Sowjetunion und China, sowie die neuen afrikanischen und asiatischen Staaten zu einer wesentlichen Einschränkung ihrer innen- und außenpolitischen Entscheidungsgewalt bereit. Im Gegenteil versucht die Dritte Welt, dem Begriff der Souveränität mit dem Auftauchen neuer Gefährdungen staatlicher Selbstbestimmung auch jeweils zusätzliche juristische Bedeutungen zu geben. So trat zum traditionellen Begriffsinhalt der politischen Souveränität während und nach dem Dekolonisierungsprozeß die “permanent sovereignty over natural resources”[36].

Dazu kommt, daß allein die Staaten die Finanzhoheit und das Monopol des physischen Zwanges besitzen. Eine allgemeine Änderung des bestehenden Zustandes könnte also nur durch die Herausbildung einer überstaatlichen Macht erfolgen, die über eine eigene Finanzhoheit und

[34] z. B. *von der Heydte* in der Festschrift für R. Laun (Gegenwartsprobleme des internationalen Rechts und der Rechtsphilosophie, 1953), S. 111 und 121; *derselbe,* Die politische Ausgangslage eines modernen Völkerrechts, Internationales Jahrbuch der Politik (1956 I), S. 2.

[35] *Bindschedler* (oben Anm. 29 [1954]). Zur allgemein-völkerrechtlichen Beurteilung der Übertragung staatlicher Hoheitsrechte auf internationale Organisationen vgl. *Geiger,* Die völkerrechtliche Beschränkung der Vertragsschlußfähigkeit von Staaten (1979).

[36] Vgl. §§ 506 f., 1223.

eigene Zwangsmittel verfügt, was auch beim Sicherheitsrat der UNO nicht zutrifft. Zwar kann er gemäß Art. 39 der UN-Charta feststellen, daß eine Bedrohung des Friedens, ein Friedensbruch oder eine Angriffshandlung vorliegt, und geeignete Maßnahmen dagegen beschließen. Diese kann er aber nicht durch eigene Mittel, sondern nur in der Weise durchsetzen, daß ihm die Mitgliedstaaten ihre Machtmittel zur Verfügung stellen. Immerhin bildet diese Zuständigkeit des Sicherheitsrates den *Ansatz* zu einer zentralen vr Befehlsgewalt, da Art. 25 der Charta die Mitgliedstaaten verpflichtet, seine gemäß der Charta gefaßten Beschlüsse „anzunehmen und durchzuführen". Der Unterschied zwischen dieser Verpflichtung und den sonstigen vr Pflichten besteht also darin, daß dort der Sicherheitsrat allein darüber entscheidet, was die Mitglieder der Organisation der Vereinten Nationen *in concreto* zu tun haben, während sonst zunächst jeder Staat selbständig zu beurteilen hat, welche Pflichten sich für ihn aus einem vr Vertrag ergeben. Stimmt der andere Vertragsteil dieser Auslegung nicht zu, dann kann eine für beide Teile bindende Auslegung der Vertragspflichten nur durch Übereinkunft der Parteien oder durch die einvernehmliche Vorlage des Streits an ein Schiedsgericht oder an den IGH erfolgen[37]. Infolge des den ständigen Mitgliedern des Sicherheitsrates gemäß Art. 27 Abs. 3 der UN-Charta zustehenden Vetorechts kann er aber die ihm durch Art. 39 der Charta eingeräumte Zuständigkeit kaum jemals wirksam ausüben. Es kann auch ein Streit darüber entstehen, ob der Sicherheitsrat seine inhaltlich durch Art. 39 beschränkte Zuständigkeit nicht überschritten hat. Aus diesen Gründen kann nicht behauptet werden, daß durch Art. 25 der Charta die politische Entscheidungsgewalt der Staaten wesentlich beschränkt wurde, dies um so weniger, als Art. 2 Ziff. 1 der Charta der Vereinten Nationen ausdrücklich darauf hinweist, daß „die Organisation auf dem Grundsatz der souveränen Gleichheit aller Mitglieder aufgebaut" ist[38].

---

[37] In diesem Sinne schon das British-American Arbitral Tribunal am 9. Dezember 1921 im *David J. Adams* Case *(Jesse Lewis v. Great Britain)*: „The fundamental principle of the juridical equality of States ... is opposed to the subjection of one State to an interpretation of a Treaty asserted by another State", RIAA VI, S. 85 ff., 89. Ferner der Schiedsrichter Kaeckenbeeck in seinem Schiedsspruch vom 10. Juli 1924 über die *Auslegung des deutsch-polnischen Minderheitenvertrages*, AD 1923/24, Nr. 117. Schließlich aus dem Schiedsspruch in der *Affaire du Lac Lanoux* vom 16. November 1957, RIAA XII, S. 310: „... il appartient à chaque Etat d'apprécier, raisonnablement et de bonne foi, les situations et les règles qui le mettent en cause; son appréciation peut se trouver en contradiction avec celle d'un autre Etat; dans ce cas, apparaît un différend que les Parties cherchent normalement à résoudre par la négociation, ou bien en se soumettant à l'autorité d'un tiers." Vgl. auch unten § 41.

[38] Darüber umfassend *Ninčić*, The Problem of Sovereignty in the Charter and in the Practice of the United Nations (1970).

§ 38 Das schließt jedoch nicht aus, daß einzelne Staaten in eine solche Abhängigkeit zu einer Großmacht gelangt sind, daß sie sich deren Weisungen fügen müssen und so ihre politische Souveränität verlieren, wenngleich sie noch als vr souverän betrachtet werden, solange sich ihr auswärtiger Verkehr in den Formen des VR abwickelt. Die vr und die politische Souveränität können also auseinanderfallen. Normalerweise besitzt aber ein jeder unmittelbar dem VR untergeordneter Staat[39] auch die normale „Fülle der staatlichen Hoheitsgewalt"[40], so daß „das formale und materielle Element" der Souveränität verbunden sind. Souverän im vollen Sinne des Wortes ist somit ein Staat dann, wenn er „ausschließlich und allein dem Völkerrecht untersteht, volle Völkerrechtssubjektivität genießt und über das Schwergewicht der politischen Entscheidungsgewalt verfügt"[41].

§ 39 Den vr Schutz dieser Eigenschaft bildet das Interventionsverbot an die Adresse anderer Staaten und internationaler Organisationen[42].

F. Die Eigenart des Völkerrechts

I. Seine angeblich primitive Struktur

§ 40 Einzelne Schriftsteller bezeichnen das VR vor allem deshalb als „primitives" Recht[1], weil es im Gegensatz zum modernen staatlichen Recht kein zentrales Gesetzgebungsorgan, das über den Staaten steht, ferner keine vom Willen der Streitteile unabhängige Gerichtsbarkeit, noch eine zentrale Gewalt zur Durchsetzung des Rechts aufweist. Dieser Vergleich ist aber irreführend, da das VR vorwiegend souveräne Rechtsgemeinschaften mit vollständiger Selbstregierung berechtigt und verpflichtet. Daher *kann* es nur durch das Zusammenwirken dieser Gemeinschaften geschaffen und ausgelegt werden[2]. Aus diesem Grunde

---

[39] Diesen Ausdruck „direct subjects of International Law" verwendet der IGH in seinem Gutachten im Falle *Reparation for Injuries*, ICJ Reports 1949, S. 174 ff.

[40] *Dahm*, Völkerrecht, Bd. I (1958), S. 155.

[41] *Bindschedler*, FS Guggenheim, S. 174. Ferner *Crawford*, The Criteria for Statehood in International Law, BYIL 48 (1976 - 1977), S. 119 ff.

[42] Dazu unten §§ 260 ff., 490 ff.

[1] *Guggenheim*, Traité de Droit international public I (2. Aufl. 1967), S. 22 ff. Weitere Angaben bei *Simma*, Das Reziprozitätselement im Zustandekommen völkerrechtlicher Verträge (1972), S. 17 ff.

[2] Die Bezeichnung des VR als „primitives Recht" ist noch aus einem weiteren, völkerrechtssoziologischen Grund irreführend, auf den S. *Hoffmann* hinweist:

„[I]t is true that there is no more formal, central government in the world than in a primitive society, and that the legal systems of those two kinds of societies are marked by a very low degree of institutionalization. But otherwise the parallel is entirely misleading. International law is the law bezeichnet man das VR — im Gegensatz zum Herrschaftsrecht (Subordinationsrecht) — als „Koordinationsrecht" oder als „genossenschaftliches Recht"[3].

§ 41 Das gilt auch noch für das VR der Vereinten Nationen, da Art. 2 Ziff. 1 der UN-Charta ausdrücklich bestimmt, daß die Weltorganisation auf dem Grundsatz der „souveränen Gleichheit [sovereign equality] aller ihrer Mitglieder" aufgebaut ist. Würde daher ein effektiv wirksames überstaatliches Gesetzgebungsorgan eingesetzt werden, so wäre die Souveränität der Staaten und damit zugleich das VR aufgehoben, da es zum Wesen der Souveränität gehört, keinem fremden Willen unterworfen zu sein[4]. Eine solche Umgestaltung der Staatengemeinschaft wäre natürlich denkbar. In einem solchen Falle würde jedoch das VR durch ein Weltstaatsrecht oder Weltbundesstaatsrecht abgelöst werden[5]. Richtig bezeichnet daher der französische Analytiker des VR, Georges Scelle (1879 - 1961), den Mangel an (überstaatlichen) Organen (sa carence institutionnelle) als Wesensmerkmal des VR[6]. Da aber sowohl die Völkerrechtsgemeinschaft wie der Weltstaat keine starren Gebilde, sondern bestimmte Typen internationaler Organisation bilden, können sich natürlich auch Zwischenformen zwischen diesen beiden Grenzpolen herausbilden, die sich mehr dem einen oder anderen Typus nähern. So hatte der Völkerbund und hat heute die UNO einige zentrale Organe, darunter vor allem eine alle Mitglieder umfassende Vollversammlung, einen aus ständigen und aus je für eine bestimmte Zeit gewählten Mitgliedern zusammengesetzten Rat und einen Generalsekretär, ins Leben

---

of a group whose component units have highly institutionalized legal systems and differentiated political institutions; primitive law is the law of a group whose components have neither; in other words, the meaning of the low degree of institutionalization of international law is not at all the same as that of the low degree of institutionalization of primitive law. Primitive law is the law of a society that is highly integrated — which helps explain why it can subsist without a differentiated central power and why self-help both often suffices to preserve order, and tends to maintain rather than to disrupt the social fabric. International law is the law of a milieu that has no central power because of the fragmentation and will to fragmentation of its parts, and where self-help, while capable at times of giving to international anarchy an appearance of order, often threatens to plunge the milieu into sheer chaos." International Law and the Control of Force, in: *Deutsch/Hoffmann* (Hrsg.), The Relevance of International Law. Essays in Honor of Leo Gross (1968), S. 24.

[3] *Berber*, Lehrbuch des Völkerrechts, Bd. I (2. Aufl. 1975), S. 16 ff.

[4] Darüber oben §§ 34 ff.

[5] Das bestreitet allerdings *Wengler*, Völkerrecht (1964), Bd. I, S. 74, mit der Behauptung, daß das VR auch im Falle einer solchen radikalen Veränderung weiterhin „Völkerrecht" bliebe. Mit derselben Begründung könnte man behaupten, daß eine Raupe, die sich eingepuppt hat, weiterhin eine Raupe und der aus der Puppe ausgekrochene Schmetterling noch eine Puppe sei.

[6] Droit international public (1944), S. 22.

gerufen[7]. Keines dieser Organe besitzt aber die Zuständigkeit, die Staaten über den Bereich der Organisationsgewalt hinaus durch *generelle* Normen zu verpflichten[8]. Ebensowenig kannte der Völkerbund oder kennt heute die UNO eine von der Zustimmung der Parteien unabhängige, d. h. obligatorische Gerichtsbarkeit. Eine kleine Annäherung an den Typus „Weltstaat" scheint allerdings die dem Sicherheitsrat im VII. Kapitel der UN-Charta übertragene Zuständigkeit zur Setzung von Zwangsakten zu bilden, die durch Art. 25 der Charta verstärkt wird, da diese Norm alle Mitglieder verpflichtet, die in Übereinstimmung mit der Charta gefaßten Beschlüsse des Sicherheitsrates anzunehmen und auszuführen (to accept and carry out)[9]. Solche Beschlüsse haben jedoch eine Bedrohung des Friedens, eine Angriffshandlung oder einen anderen Friedensbruch (Art. 39 der Charta) zur Voraussetzung. Der Sicherheitsrat ist daher keinesfalls ein allgemeines Organ zur Rechtsdurchsetzung. Er *kann* (may, peut) außerdem im Falle der Nichterfüllung eines Urteiles des IGH durch eine Partei, „wenn er es für erforderlich hält [if it deems necessary], Empfehlungen abgeben oder Maßnahmen beschließen, um dem Urteil Wirksamkeit zu verschaffen" (Art. 94 Abs. 2 der UN-Charta). Doch kann gemäß Art. 27 Abs. 3 der Charta das Zustandekommen solcher Beschlüsse durch das jedem ständigen Mitglied des Sicherheitsrats zustehende Vetorecht verhindert werden. Der Sicherheitsrat ist also keineswegs eine den einzelnen Staaten gegenüber regelmäßig wirksame Autorität zur Wahrung des VR. Auch durch die Charta der Vereinten Nationen wurde daher das Wesen des VR nicht verändert. Es ist auch heute noch durch die grundsätzliche *Selbstbeurteilung* der eigenen vr Rechte und Pflichten und durch die *Selbstdurchsetzung* vr Ansprüche gekennzeichnet[10].

II. Kollektivhaftung und Individualhaftung

§ 42 Alle Normen des universellen Friedensvölkerrechts berechtigen und verpflichten nur souveräne Rechtsgemeinschaften, nicht aber deren Organe oder sonstige Angehörige. Sie verlangen bloß von der staatlichen Organisation ein bestimmtes Verhalten, nämlich die Setzung oder Unterlassung bestimmter Organakte der Gesetzgebung, Verwal-

---

[7] Zur Genesis dieser Organisationsformen *Claude*, Swords into Plowshares (4. Aufl. 1971), S. 21 ff. Zum ganzen ausführlich unten §§ 116 ff.

[8] Näheres unten §§ 625 ff.

[9] Näheres unten §§ 229 ff.

[10] Zur Selbstbeurteilung grundlegend *Gross*, States as Organs of International Law and the Problem of Autointerpretation, in: Law and Politics in the World Community (Kelsen-Festschrift 1953), S. 59 ff.; ferner *Salmon*, Quelques observations sur la qualification en droit international public, in: Mélanges Fernand Dehousse (1979), Bd. I, S. 97 ff. Zur Selbstdurchsetzung unten §§ 1334 ff.

tung oder Gerichtsbarkeit, was Gaetano Arangio-Ruiz zum Schluß verleitet, daß die staatliche Organisation (lo Stato apparato) das wahre Subjekt des VR sei[11].

Dagegen spricht aber, daß das universelle Friedensvölkerrecht weder der staatlichen Organisation als solcher noch einzelnen ihrer Glieder für den Fall ihres dem VR widersprechenden Verhaltens eine Unrechtsfolge androht. Die vr Unrechtsfolgen richten sich grundsätzlich nur gegen die *Gesamtheit der Staatsangehörigen* des betroffenen Staates und lediglich in dieser Eigenschaft auch gegen die staatlichen Organe. Das gilt sowohl für die nach der UN-Charta noch zulässigen wirtschaftlichen Repressalien[12], da diese direkte oder indirekte Eingriffe in das Vermögen der Staatsangehörigen bilden, als auch für die wirtschaftlichen und militärischen Sanktionen der UNO gemäß Art. 41 und 42 der Charta, da das Objekt dieser Maßnahmen das staatlich organisierte *Volk* ist. Dieses muß für das Verhalten des staatlichen Apparates zahlen und leiden, wenn es duldet, daß seine Organe das VR verletzen. Im universellen Friedensvölkerrecht gilt also der Grundsatz der *Kollektivhaftung*. Das hat schon Grotius erkannt, indem er ausführt, daß für die Schulden einer staatlichen Gemeinschaft „auch der ganze körperliche und unkörperliche Besitz derer mitverhaftet ist, die solcher Gemeinschaft oder derem Oberhaupt untertan sind“[13].

§ 43 Das VR kennt jedoch neben der Kollektivhaftung einen Ansatz zur vr *Individualhaftung*. So kann schon nach altem VGR ein kriegführender Staat die in seine Gewalt gekommenen Soldaten des Gegners auch wegen Verletzungen des Kriegsrechts strafrechtlich verfolgen, die sie vor der Gefangennahme begangen haben[14]. Art. 99 des Genfer Kriegsgefangenenabkommens vom 12. August 1949 kodifiziert diese Rechtslage, indem er vorschreibt, daß kein Kriegsgefangener wegen einer Handlung gerichtlich verfolgt oder verurteilt werden darf, „die zur Zeit ihrer Begehung nicht ausdrücklich durch in Kraft befindliche Gesetze des Gewahrsamsstaates *oder geltendes Völkerrecht* verboten war“. Art. 12 desselben Abkommens verbindet die staatliche Haftung mit der Individualhaftung, indem er im ersten Absatz verfügt, daß der

---

[11] Diritto internazionale e personalità giuridica (1972); *derselbe*, Gli enti sogetti dell'ordinamento internazionale (1951), S. 373 ff. Ebenso *Giuliano*, Diritto internazionale (1974), Bd. I, S. 37 f.

[12] Näheres unten §§ 476 und 1342 ff.

[13] *Grotius* (oben § 13, Anm. 6), III, cap. II, § 2/1. Dazu *Kelsen*, Unrecht und Unrechtsfolge im Völkerrecht, ZöffR 12 (1932), S. 481 ff.; *Scelle* (Anm. 6), S. 23.

[14] Johann Jakob *Moser*, Grundsätze des europäischen Völkerrechts in Kriegszeiten (1752), § 18; *Verdross*, Die völkerrechtswidrige Kriegshandlung und der Strafanspruch der Staaten (1920); *Jescheck*, Die Verantwortlichkeit der Staatsorgane nach Völkerstrafrecht (1952); *derselbe*, Nuremberg Trials, Encyclopedia [4 (1982), S. 50 ff.]; War Crimes, ebd., S. 294 ff.

Gewahrsamsstaat, unabhängig von etwa bestehenden persönlichen Verantwortlichkeiten, für die (vr vorgeschriebene) Behandlung der Kriegsgefangenen verantwortlich ist[15].

§ 44 Diese Ausnahmen finden wir aber in allgemein anerkannter Form bisher nur im hier nicht behandelten Kriegs- und Neutralitätsrecht. Hingegen kennt das *Friedens*völkerrecht eine *indirekte* vr Verantwortlichkeit von Individuen, da es die Staaten verpflichtet, jene Organe nach ihrer eigenen Rechtsordnung zur Verantwortung zu ziehen, die durch ihr völkerrechtswidriges Verhalten einen fremden Staat geschädigt haben[16]. Außerdem *ermächtigt* Art. 19 des Genfer Übereinkommens über die Hohe See vom 29. April 1958 die Staaten (every State may), Seeräuber „auf Hoher See oder an einem anderen Ort, der keiner staatlichen Hoheitsgewalt untersteht", festzunehmen, und nach ihrer Rechtsordnung zu bestrafen, wobei der Tatbestand des Seeraubes (Piraterie) in Art. 15 dieses Übereinkommens genau umschrieben wird[17].

III. Seine Ergänzungsbedürftigkeit durch das staatliche Recht

§ 45 Der führende deutsche Völkerrechtslehrer um die letzte Jahrhundertwende, Heinrich Triepel, verglich das VR mit einem Oberbefehlshaber, dessen Befehle nur verwirklicht werden können, wenn sie von den Unterbefehlshabern weitergeleitet und durch ihre Untergebenen ausgeführt werden[18]. Dieses anschauliche Bild bringt zum Ausdruck, daß alle Normen des VR, die Staaten berechtigen und verpflichten, einer Durchführung durch das staatliche Recht bedürfen, da sie nicht selbst bestimmen, welche Menschen sie vollziehen sollen. Da aber alle Rechtsnormen nur durch menschliches Verhalten verwirklicht werden, könnte das VR gar nicht vollzogen werden, wenn die staatlichen Rechtsordnungen keine Organe zu seiner Durchführung zur Verfügung stellten. In dieser Richtung spielt es keine Rolle, ob diese Organe durch die geschriebene Verfassung oder durch eine bloß tatsächlich wirksame Staatsordnung berufen werden, da es sich in beiden Fällen um eine Vollziehung des VR durch staatliche Organe handelt. Die Staaten, an die sich das VR wendet, befolgen es also in der Weise, daß sie ihre Organe in den Dienst des VR stellen[19].

---

[15] Text bei *Berber*, Dokumente II, S. 1999 ff.

[16] Näheres unten §§ 430 ff.

[17] Text bei *Berber / Randelzhofer*, Völkerrechtliche Verträge, S. 222 ff. Vgl. nunmehr auch Art. 100 - 107 des UN-Seerechtsübereinkommens 1982 (§ 596).

[18] Völkerrecht und Landesrecht (1899), S. 271.

[19] *Verdross*, S. 125 f.; *derselbe*, § 3, Anm. 19. Im vorliegenden Buch wird die innerstaatliche Durchführung des VR im Anschluß an die Kapitel über die Völkerrechtsquellen und die vr Hoheitsakte behandelt (unten §§ 847 ff.).

§ 46 Das gilt sogar dann, wenn eine Norm des VR einem *vr* Organ[20] ihre Anwendung überträgt, wie der Generalversammlung oder dem Sicherheitsrat der UNO oder dem IGH, da alle diese Organe unmittelbar oder mittelbar durch das Medium von staatlichen Rechtsordnungen gebildet werden. So werden die Staatenvertreter in Generalversammlung und Sicherheitsrat auf Grund der Rechtsordnung ihrer Heimatstaaten bestellt, während der Generalsekretär und die Richter des IGH zwar durch übereinstimmende Beschlüsse der Generalversammlung und des Sicherheitsrates gewählt werden, deren Delegierte aber, wie gerade bemerkt wurde, von ihren Heimatstaaten ernannt werden. Wir ersehen daraus, daß es gar keine vr Organe geben könnte, träfen die staatlichen Rechtsordnungen keine Vorsorge für ihre Bestellung. Von diesen hängt aber auch das ordnungsgemäße Funktionieren der vr Organe ab, da etwa die Delegierten in der Generalversammlung und im Sicherheitsrat nur auf Grund von Weisungen ihrer Regierungen handeln können. Die Richter des IGH sind zwar von den Staaten unabhängig (Art. 2 des IGH-Statuts), es hängt aber von den Staaten ab, ob sie in der Generalversammlung oder im Sicherheitsrat aus den Vorschlägen der nationalen Gruppen (Art. 4 - 6 des Statuts) Personen auswählen, von denen zu erwarten ist, daß sie das VR objektiv anwenden werden, oder solche, die als Regierungsadvokaten bekannt sind. So trifft noch heute zu, was Altmeister Heinrich Triepel vor 75 Jahren in folgende Worte gekleidet hat: „Das Völkerrecht *bedarf* des staatlichen Rechts, um seine Aufgabe zu erfüllen. Ohne dies ist es in vieler Hinsicht ohnmächtig. Der Landesgesetzgeber erweckt es aus der Ohnmacht. Ein Netz, *über* den Staaten schwebend, will es durch starke Stützen in den Staaten gefestigt sein[21]." Aus demselben Grund bezeichnet Konstantin Frantz das VR als „die Krone alles Rechtes, woraus alles andere Recht erst sein volles Licht erhält"[22]. Von den Staaten und von der Treue zum VR der von ihnen abhängigen Organe hängt daher letztlich der Erfolg des VR ab. Das hat, wie früher bemerkt wurde, schon Grotius erkannt[23]. Georges Scelle hat diesen Gedanken durch seine Lehre vom „dédoublement fonctionnel" entfaltet, die besagt, daß die staatlichen Organe die doppelte Aufgabe erfüllen müssen, dem staatlichen Recht zu dienen, zugleich aber dieses im Lichte des VR anzuwenden[24].

---

[20] Näheres darüber unten §§ 873, 941 ff.

[21] *Triepel* (Anm. 18), S. 271.

[22] Zitiert nach *Sander*, Das Faktum der Revolution und die Kontinuität der Rechtsordnung, ZöffR 1 (1919/20), S. 154.

[23] Oben § 16 und Anm. 17.

[24] *Scelle* (Anm. 6), S. 21 ff.; *derselbe*, Le phénomène juridique du dédoublement fonctionnel, in: Festschrift für Wehberg (1956), S. 324 ff.

IV. Die Mediatisierung des Menschen und ihre Auflockerung

§ 47 Im Mittelalter bestand die Vorstellung eines allgemeinen, für Fürsten, Stadtrepubliken und Menschen gleicherweise verbindlichen Rechts. Eine klare Unterscheidung zwischen dem VR und dem innerstaatlichen Recht suchen wir auch in der Antike vergebens. Erst mit der Herausbildung der zentral organisierten Flächenstaaten hat sich der Gedanke durchgesetzt, daß die Angehörigen eines Staates und die auf dessen Gebiete lebenden Menschen der Staatsgewalt als ihrer „suprema potestas" unterworfen sind, während die Staaten untereinander an das VR gebunden sind[25]. Diese Mediatisierung der Menschen besteht auch im VR der Gegenwart grundsätzlich weiter, da im Falle der völkerrechtswidrigen Behandlung eines Menschen nicht dieser, sondern sein Heimatstaat *in der Person eines seiner Angehörigen* als verletzt gilt. Der Heimatstaat entscheidet über das Ob und Wie der Gewährung diplomatischen Schutzes, sowie der Geltendmachung von Wiedergutmachungsansprüchen[26]. Ein Staatenloser war daher bis vor kurzem vr rechtlos.

§ 48 Die neueste Entwicklung des VR hat jedoch diese absolute Staatsunterworfenheit der Menschen aufgelockert. Dies nicht nur in der Weise, daß der Inhalt einer immer größeren Anzahl vr Verträge den *Interessen* der einzelnen Menschen oder bestimmter Gruppen dient, sondern auch dergestalt, daß Individuen unmittelbar zu Trägern vr *Rechte* erhoben und in die Lage versetzt werden, diese Rechte auf vr Ebene auch *selbst geltend zu machen*[27]. So finden wir einzelne vr Verträge, die bestimmten natürlichen oder juristischen Personen ein Petitionsrecht[28], Klagerecht[29] oder Beschwerderecht[30] vor einem internationalen Organ einräumen.

Im Völkerbund und in der UNO wurden ferner Schutzmaßnahmen zugunsten von Staatenlosen und Flüchtlingen eingeführt, wodurch diesen bestimmte Rechte unmittelbar auf Grund von vr Verträgen gegenüber den Staaten eingeräumt wurden[31]. Ferner besteht eine Tendenz, ein Mindestmaß an allgemeinen Menschenrechten unabhängig von vertraglichen Bindungen anzuerkennen. Ob aber und inwieweit der Schutz der Menschenrechte schon zu vr Individualansprüchen geführt hat, kann erst bei der Darstellung der vr geschützten Menschenrechte untersucht werden[32].

---

[25] Oben §§ 31 ff.
[26] Näheres darüber unten §§ 1226 ff., 1300.
[27] Näheres darüber unten §§ 423 ff.
[28] Dazu §§ 184, 427.
[29] Vgl. z. B. unten § 424.
[30] Vgl. den Hinweis unten § 425.
[31] Unten §§ 1254 ff.

V. Die grundsätzliche Relativität der völkerrechtlichen Pflichten und die Herausbildung von Gemeinschaftspflichten

§ 49 Grundsätzlich bestehen die vr Pflichten nur zwischen einzelnen Staaten. Das besagt, daß die Staaten nicht schlechthin zu einem bestimmten Verhalten verpflichtet sind, sondern nur die Pflicht haben, *einzelnen Staaten gegenüber* ein bestimmtes Verhalten zu beobachten. Daher kann nur der verletzte Staat eine Wiedergutmachung fordern[33]. Er kann aber auch auf sein Recht verzichten[34], ohne daß dritte Staaten dagegen Einspruch erheben können. Das beweist uns, daß die vr Pflichten grundsätzlich nur relativ, d. h. im *Verhältnis* zwischen den betroffenen Staaten bestehen.

§ 50 Daneben gibt es aber bestimmte Pflichten gegenüber der ganzen Staatengemeinschaft. So unterscheidet der IGH im *Barcelona Traction* Case "between the obligations of a State towards the international community as a whole, and those arising vis-à-vis another State ... By their very nature the former are the concern of all States. In view of the importance of the rights involved, all States can be held to have a legal interest in their protection; they are obligations *erga omnes* ..."[35]. Die Verletzung von Verpflichtungen dieser Art löst also eine Verantwortlichkeit gegenüber der Staatengemeinschaft aus und ermächtigt diese zur Ergreifung von Sanktionen[36].

§ 51 Mit dieser Unterscheidung zwischen Völkerrechtsnormen im individuellen und anderen im gemeinsamen Interesse der Staaten hängt die gerade in der letzten Zeit mächtig aufgeflammte Frage zusammen, ob auch im Völkerrecht ein *ius cogens* anerkannt ist. Dazu sei hier nur bemerkt, daß die meisten Normen des VR dem *ius dispositivum* angehö-

---

[32] Unten §§ 423 ff., 1233 ff.

[33] Darüber unten §§ 1294 ff. Im *Barcelona Traction*-Urteil vom 5. Februar 1970 führte der IGH demgemäß zu den vr Verpflichtungen, deren Verletzung zur Ausübung des diplomatischen Schutzrechts berechtigt, wie folgt aus: „It cannot be held, when one such obligation in particular is in question, in a specific case, that all States have a legal interest in its observance. In order to bring a claim in respect of the breach of such an obligation, a State must first establish its right to do so ...", ICJ Reports 1970, S. 32.

[34] Darüber ebd. und § 668.

[35] ICJ Reports 1970, S. 32. Vgl. dazu §§ 94 ff., 524 ff. Ferner *Juste Ruiz*, Las obligaciones „*erga omnes*" en derecho internacional publico, FS Miaja de la Muela, Bd. I, S. 219 ff.; *Weil*, Vers une normativité relative en droit international, RGDIP 86 (1982), S. 5 ff.; *derselbe*, Towards Relative Normativity in International Law?, AJIL 77 (1983), S. 413 ff.; *Frowein*, Die Verpflichtungen erga omnes im Völkerrecht und ihre Durchsetzung, FS Mosler, S. 241 ff.; *Picone*, Obblighi reciproci ed obblighi *erga omnes* degli Stati nel campo della protezione internazionale dell'ambiente marino dall'inquinamento, in: *Starace* (Hrsg.), Diritto internazionale e protezione dell'ambiente marino (1983), S. 15 ff.

[36] Darüber näher §§ 229 ff., 1343.

ren, d. h. nur gelten, falls die Vertragsteile nichts Abweichendes vereinbaren. Es kann aber keine Gemeinschaft bestehen, in der nicht auch Normen anerkannt sind, die absolut gelten, da sonst die Gemeinschaft zerfallen würde. Diesen Normen kann daher auch durch Verträge nicht derogiert werden. Welche Normen derzeit dem *ius cogens* angehören, kann erst später untersucht werden[37].

VI. Von der Koexistenz zur Kooperation

§ 52 Das frühere allgemeine VR der nichtorganisierten Staatengemeinschaft, das „traditionelle", „klassische" VR also, war ein bloßes Recht der *Koexistenz*. Einmal grenzte es die staatlichen Souveränitätsbereiche in räumlicher, zeitlicher, persönlicher und sachlicher Hinsicht voneinander ab und verband damit die Pflicht, bestimmte Eingriffe in diese Bereiche zu unterlassen. Zum anderen regelte es den Verkehr der Staaten untereinander und stellte Standards für die gegenseitige Behandlung von Staatsorganen und Gewaltunterworfenen in Krieg und Frieden auf. Pflichten zur Hilfeleistung, welcher Art auch immer, bestanden nur aufgrund von bilateralen Verträgen.

§ 53 Dieser also im wesentlichen auf ein *non facere* gerichtete Normenkomplex behält seine Bedeutung notwendig auch in der Gegenwart. Er erschöpft heute jedoch auch das allgemeine VR nicht mehr. An die Seite des Koexistenzrechts ist auf der normativen Basis von Völkerbundsatzung und insbesondere UN-Charta ein rasch wachsendes VR der *Kooperation* getreten, das die Staaten auf bilateraler, regionaler wie auch universaler Ebene auf immer mehr Sachgebieten und unter maßgeblicher Beteiligung internationaler Organisationen zu einem positiven Zusammenwirken *(facere)* verpflichtet[38]. Die normative Grundlage dieser Pflichten zur internationalen Zusammenarbeit wird später zu behandeln sein[39].

---

[37] Ebd.

[38] *Friedmann*, The Changing Structure of International Law (1964), bes. S. 60 ff.; *derselbe*, RdC 127 (1969 II), S. 91 ff.; dazu *Simma* (Anm. 1), S. 278 ff. Ein Überblick über die Materien des hier nur im Zusammenhang mit der Tätigkeit der UN-Spezialorganisationen und des vr Schutzes der Menschenrechte (§§ 295 ff., 1233 ff.) behandelten Kooperationsrechts findet sich bei *Dahm*, Völkerrecht, Bd. 2 (1961), bes. S. 579 ff.; *Seidl-Hohenveldern*, Das Recht der Internationalen Organisationen einschließlich der Supranationalen Gemeinschaften (3. Aufl. 1979), S. 313 ff.; *Sørensen*, Institutionalized International Co-operation in Economic, Social and Cultural Fields, in: *Sørensen* (Hrsg.), Manual of Public International Law (1968), S. 605 ff.; P. *Fischer*, Das Internationale Wirtschaftsrecht. Versuch einer Systematik, GYIL 19 (1976), S. 143 ff.; *Carreau / Juillard / Flory*, Droit international économique (2. Aufl. 1980).

[39] Unten §§ 505 ff.

§ 54 Von dem gerade gebrauchten rein deskriptiven Begriff der Koexistenz sind die *Prinzipien* der friedlichen Koexistenz zu unterscheiden, von denen wir oben bei der Würdigung des Beitrages der afroasiatischen Staaten zur Weiterentwicklung des VR gesprochen haben[40].

§ 55 * In den selben Kontext sind auch die in der sowjetischen Völkerrechtslehre entwickelten Doktrinen des „VR der friedlichen Koexistenz" und des „sozialistischen VR" zu stellen. Beiden Doktrinen liegt die offizielle, aus dem historischen Materialismus abgeleitete und von der außenpolitischen Praxis der Sowjetunion „weiterentwickelte" außenpolitische Theorie des Sowjetstaates zugrunde[41]. Dieser Theorie zufolge bezeichnen „friedliche Koexistenz" und „proletarisch/sozialistischer Internationalismus" außenpolitische Prinzipien des Sowjetstaates, jene für sein Verhalten gegenüber kapitalistischen Staaten und (prinzipiell) gegenüber Entwicklungsländern, diese für sein Verhalten gegenüber den „realsozialistischen" Staaten. „Friedliche Koexistenz" ist also ein intersystemares, „sozialistischer Internationalismus" ein intrasystemares außenpolitisches Prinzip.

§ 56 Die „friedliche Koexistenz" ist erst allmählich als Resultante der geschichtlichen Erfahrung des Sowjetstaates zu dessen außenpolitischer Maxime avanciert. Ihre Ansätze gehen bereits auf das Jahr 1920 zurück, als Lenin, weil sich der von ihm ursprünglich propagierte „revolutionäre Krieg", d. h. der „Export der Revolution" in die bürgerlichen Staaten, als undurchführbar erwies und weil Sowjetrußland zum Schutz der eigenen Existenz einer „Atempause" bedurfte, für ein „friedliches Zusammenleben" Sowjetrußlands mit den kapitalistischen Staaten, für einen „länger dauernden Neuaufbau"[42] der internationalen Beziehungen des Sowjetstaates in Gestalt der Aufnahme diplomatischer Beziehungen und einer aktiven Handelsvertragspolitik plädierte[43].

[40] Oben § 27.

* Die §§ 55 - 59 entstanden in Gemeinschaft mit Theodor Schweisfurth.

[41] Der Historische Materialismus und die sowjetische außenpolitische Theorie sind Bestimmungsfaktoren der sowjetischen Völkerrechtswissenschaft; vgl. dazu *Schweisfurth*, Sozialistisches Völkerrecht? (1979), S. 17 ff.; zur Entwicklung der sowjetischen Völkerrechtslehre *derselbe*, Entwicklung und ideologische Grundlagen der sowjetischen Völkerrechtstheorie, in: *Geyer / Meissner* (Hrsg.), Osteuropa Handbuch, Sowjetunion, Völkerrechtstheorie und Vertragspolitik (1976), S. 27 ff.; *Meissner*, Sowjetunion und Völkerrecht 1917 - 1962 (1963); *derselbe*, Die Entwicklungstendenzen in der sowjetischen außenpolitischen Theorie und Völkerrechtslehre 1962 - 1973, in: Sowjetunion und Völkerrecht 1962 - 1973 (1977), S. 9 ff. Zur sowjetischen Doktrin allgemeiner *Schweisfurth*, Die Völkerrechtswissenschaft in der Sowjetunion, ZaöRV 34 (1974), S. 1 ff.; *Bracht*, Ideologische Grundlagen der sowjetischen Völkerrechtslehre (1964); *Grzybowski*, Soviet Public International Law (1970); *derselbe*, Soviet Theory of International Law for the Seventies, AJIL 77 (1983), S. 862 ff. Umfangreiche weitere Literaturangaben bei *Kimminich*, Einführung in das Völkerrecht (2. Aufl. 1983), S. 101 ff.

[42] *Lenin*, Werke, Bd. 31, S. 407 ff.

Gemäß dem Parteiprogramm der KPdSU von 1961 bildet das außenpolitische Prinzip der friedlichen Koexistenz „die Grundlage des friedlichen Wettbewerbs zwischen Sozialismus und Kapitalismus" und „stellt eine spezifische Form des Klassenkampfes zwischen ihnen dar". „Bei friedlicher Koexistenz hat die Arbeiterklasse der kapitalistischen Länder günstigere Kampfmöglichkeiten, fällt es den Völkern der kolonialen und abhängigen Länder leichter, für ihre Befreiung zu kämpfen." Dies ist der ideologische (geschichtsphilosophische) Inhalt des Koexistenzprinzips. Davon zu unterscheiden ist sein operativer Inhalt; dessen Kern stellt der Verzicht auf gewaltsame Austragung des aus der gesellschaftlichen Vertikalen in die zwischenstaatliche Horizontale verlagerten gesellschaftlichen Konflikts dar (Verzicht auf den „Export der Revolution") sowie der Ausbau der wirtschaftlichen und kulturellen Zusammenarbeit zwischen kapitalistischen und sozialistischen Ländern. Als weitere „Voraussetzung" der friedlichen Koexistenz nennt das Parteiprogramm die Lösung zwischenstaatlicher Streitfragen durch Verhandlungen, Gleichberechtigung, Verständigung und Vertrauen, Nichteinmischung, strikte Respektierung der Souveränität und territorialen Integrität, sowie daß jedem Volk das Recht zugestanden werden müsse, alle Fragen seines Landes selbständig zu entscheiden (Selbstbestimmung). Diese Regeln stellen nach sowjetischer Auffassung den Inbegriff eines „neuen Typs internationaler Beziehungen" dar.

§ 57 Die sowjetische Doktrin vom „VR der friedlichen Koexistenz" besagt nun, daß die außenpolitische Generallinie „friedliche Koexistenz" zu einem *Völkerrechtsprinzip* geworden sei. Als Rechtsgrundlage hierfür nennt sie vor allem die UN-Charta, die „Friendly Relations"-Deklaration, Res. 2625 (XXV) vom 24. Oktober 1970[44], und eine Reihe bilateraler Instrumente, so insbesondere die „Basic Principles of Relations" zwischen den USA und der Sowjetunion vom 29. Mai 1972[45], in denen es heißt, "that in the nuclear age there is no alternative to conducting their mutual relations on the basis of peaceful coexistence". Dem „neuen Typ internationaler Beziehungen" entspreche so ein „VR neuen Typs", das die sowjetische Völkerrechtspublizistik als „Nachoktober-Völkerrecht" zu bezeichnen pflegt, weil sein Inhalt unter maßgeblicher völkerrechtspolitischer Einwirkung des Sowjetstaates, beginnend mit der russischen Oktoberrevolution 1917, geprägt worden sei. Diesem „qualitativ neuen", schon nicht mehr „bürgerlichen" VR der Gegenwart wird der im wesentlichen auf ein *non facere* gerichtete und

---

[43] Vgl. dazu *Eichwede*, Der Eintritt Sowjetrußlands in die internationale Politik, 1921 - 1927, in: *Geyer* (Hrsg.), Osteuropa Handbuch, Sowjetunion, Außenpolitik 1917 - 1955 (1972), S. 150 ff.

[44] Dazu ausführlich unten §§ 451 ff.

[45] AJIL 66 (1972), S. 920 ff.

noch kein allgemeines Gewaltverbot enthaltende, rein „bürgerliche" Normenkomplex des „klassischen" VR als „Voroktober-Völkerrecht" gegenübergestellt.

§ 58 Der These von der Verrechtlichung des außenpolitischen Koexistenzprinzips kann allenfalls in bezug auf seinen operativen Inhalt zugestimmt werden, denn auf den ideologischen Inhalt der außenpolitischen Generallinie der Sowjetunion hat sich kein kapitalistischer Staat vr verpflichtet. Auch in Zukunft wird eine solche Verpflichtung nicht übernommen werden, widerspräche sie doch dem auch in der Völkerrechtspolitik kapitalistischer Staaten verfolgten Ziel der Erhaltung des eigenen gesellschaftlichen und politischen Systems.

Der ideologische Inhalt des außenpolitischen Koexistenzprinzips liegt auch der in der sowjetischen Völkerrechtsdoktrin anzutreffenden Behauptung zugrunde, das „VR der friedlichen Koexistenz" regle nur den Verkehr zwischen Staaten unterschiedlicher sozial-ökonomischer Systeme, finde aber auf die intrasystemaren Beziehungen zwischen den „realsozialistischen" Staaten keine Anwendung[46]. Die Behauptung der nur intersystemaren Geltung des Koexistenzprinzips als außenpolitischer Maxime ist gewiß zutreffend, auf das „VR der friedlichen Koexistenz" bezogen ist dieser Standpunkt aber nicht haltbar, denn die für dieses angeführten Rechtsgrundlagen lassen eine Beschränkung seines persönlichen Geltungsbereichs auf nur intersystemare Beziehungen nicht erkennen: Die UN-Charta normiert und die Resolution 2625 (XXV) interpretiert und entfaltet Grundsätze des *universellen* VR.

Die Unterscheidung zwischen der nur intersystemaren Geltung des außenpolitischen Koexistenzprinzips und der universellen Geltung der „Prinzipien des VR", die den Kernbestand des „VR neuen Typs" ausmachen, treffen jetzt auch die Artikel 28 und 29 der neuen Verfassung der UdSSR vom 7. Oktober 1977[47].

§ 59 Das außenpolitische Leitprinzip des Sowjetstaates gegenüber den „realsozialistischen" Staaten, das Prinzip des „proletarisch/sozialistischen Internationalismus", soll die besondere Privilegierung dieser mit der UdSSR sozial-ökonomisch homogenen Staatengruppe im außenpolitischen Bezugsfeld der UdSSR zum Ausdruck bringen. Seine offi-

---

[46] Vgl. z. B. *Kuznecov / Tuzmuchamedov / Ušakov,* Ot dekreta o mire k deklaracii mira (Vom Dekret über den Frieden zur Deklaration des Friedens) (1972; diese Monographie befaßt sich mit der Generalversammlungs-Resolution 2625 [XXV]).

[47] Vgl. hierzu *Schweisfurth,* in: *Fincke* (Red.), Handbuch der Sowjetverfassung, Bd. I (1983), S. 379 ff. Zur sowjetischen Lehre von der friedlichen Koexistenz vgl. weiter *Uibopuu,* Die sowjetische Doktrin der friedlichen Koexistenz als Völkerrechtsproblem (1971); *McWhinney,* „Peaceful Coexistence" and Soviet-Western International Law (1964); G. *Hoffmann,* Von der Brauchbarkeit des Völkerrechts in unserer Zeit, FS Schlochauer, S. 363 ff.

zielle Zielsetzung besteht in der Entwicklung einer besonders engen Zusammenarbeit und freundschaftlichen Beziehung zwischen den „realsozialistischen“ Staaten, die sich in dem gemäß dem historischen Materialismus ablaufenden welthistorischen Umwälzungsprozeß an der Spitze stehend betrachten. Zwischen ihnen sei nicht nur ein neuer, sondern ein „höherer Typ“ internationaler Beziehungen entstanden.

Die sowjetische Völkerrechtslehre vertritt die These, daß auch dieses intrasystemare außenpolitische Prinzip über das VGR und eine Vielzahl internationaler Verträge zu einem Völkerrechtsprinzip geworden sei. Als Völkerrechtsprinzip sei der „sozialistische Internationalismus“ der Kernbestand eines sich entwickelnden „VR höheren Typs“, eben des „sozialistischen VR“. So findet auch der „höhere Typ“ internationaler Beziehungen seine Widerspiegelung auf der vr Ebene. Inhaltlich setze sich das Völkerrechtsprinzip „sozialistischer Internationalismus“ aus den Subprinzipien der Zusammenarbeit und der gegenseitigen Hilfe zusammen; auch die Grundsätze der Freundschaft und der „Einheit und Geschlossenheit“ der sozialistischen Staaten gehörten dazu[48].

Eine Analyse der Verträge zwischen einigen „realsozialistischen“ Staaten (der Sowjetunion und der mit ihr durch den Rat für gegenseitige Wirtschaftshilfe [COMECON] verbundenen osteuropäischen Staaten) bestätigt zwar die These von der Verrechtlichung des außenpolitischen Prinzips „sozialistischer Internationalismus“; dieses hat aber nicht zwischen allen beteiligten Staaten eine identische Ausgestaltung erfahren. Dies betrifft insbesondere das spezifisch sowjetische Verständnis des Prinzips. Danach soll jedes sozialistische Land bei seiner Innenpolitik verpflichtet sein, die „sozialistischen Errungenschaften“, d. h. das sowjetische Modell des Sozialismus, im eigenen Lande und in den anderen sozialistischen Staaten aufrechtzuerhalten, sowie stets eine gemeinsame (kollektive) Außenpolitik zu betreiben. Es soll ihm weiter nicht gestattet sein, aus der „sozialistischen Gemeinschaft“ auszutreten. Kommt ein Land nach Auffassung der anderen sozialistischen Staaten diesen Verpflichtungen nicht nach, so seien diese berechtigt, selbst ohne Konsens mit dem betreffenden Land, dieses zur Einhaltung seiner Verpflichtungen — auch unter Einsatz militärischer Gewalt — anzuhalten (sog. *„Brežnev-Doktrin“* oder Theorie der beschränkten Souveränität sozialistischer Staaten)[49]. Als Interpretationsinstrument zugunsten dieser sowjetischen Inhaltsgebung des Prinzips wird ein Passus aus dem Kommuniqué über die Preßburger Konferenz der Partei- und Regie-

[48] Vgl. *Tunkin*, Völkerrechtstheorie (deutsch 1972), bes. S. 367 ff.; dazu kritisch *Schweisfurth* in seiner Einleitung, S. 9 ff.; ferner *Meissner*, Die sowjetische Konzeption des „proletarisch-sozialistischen Internationalismus“ und das „sozialistische Völkerrecht“, ROW 1975, S. 1 ff.

[49] Vgl. dazu unten § 96, Anm. 11.

rungschefs von sechs Warschaupakt-Staaten vom 3. August 1968 herangezogen, wonach es „die gemeinsame internationalistische Pflicht der sozialistischen Länder" sei, die „sozialistischen Errungenschaften zu unterstützen, zu festigen und zu verteidigen"[50]. Darauf stützt sich die spezifische interventionistische Interpretation des Prinzips des „sozialistischen Internationalismus", die der Durchsetzung des sowjetischen Führungsanspruchs innerhalb des sozialistischen Weltsystems und der Aufrechterhaltung seiner „Einheit und Geschlossenheit" dienen soll. Eben deswegen wird sie von jenen „realsozialistischen" Ländern abgelehnt, die den sowjetischen Vorbild- und Führungsanspruch nicht (mehr) anerkennen (China, Jugoslawien, Albanien, Rumänien)[51]. Auf die Frage der Vereinbarkeit dieser Teilordnung und ihrer Durchsetzung mit dem Gewaltverbot der UN-Charta werden wir später zurückkommen[52].

VII. Die Grundsätze der bona fides und der Humanität

§ 60 Da die Völkerrechtsgemeinschaft kein Herrschaftsverband ist, sondern auf dem einvernehmlichen Zusammenwirken der Staaten beruht, können ihre Normen nur wirksam werden, wenn die Staaten die übernommenen Verpflichtungen nach Treu und Glauben erfüllen. Darauf hat bereits Bynkershoek hingewiesen, indem er sagt: „Pacta privatorum tuetur Jus Civile, pacta Principum bona fides. Hanc si tollas, tollis mutua inter Principes commercia ... quin et tollis ipsum Jus Gentium[53]." Mit anderen Worten: Denkt man sich den Grundsatz der *bona fides* weg, dann bricht das ganze VR in sich zusammen.

§ 61 Seit der Organisierung der Staatengemeinschaft ist allerdings insofern eine Änderung eingetreten, als nun der Sicherheitsrat befugt ist, gegen einen Staat Zwangsmaßnahmen zu verhängen, der den Weltfrieden bedroht, oder eine Angriffshandlung oder einen anderen Frie-

[50] Text in IRD 1971, S. 172 ff.; zum völkerrechtlichen Stellenwert dieses Kommuniqués vgl. *Schweisfurth*, Zur völkerrechtlichen Bedeutung internationaler Vereinbarungen regierender politischer (kommunistischer) Parteien, ZaöRV 36 (1976), S. 586 ff.; *Bogdan*, The International Legal Status of Governing Political Parties in One-Party-States, GYIL 22 (1979), S. 335 ff.

[51] Zur sowjetischen Doktrin vom „sozialistischen VR" grundlegend *Schweisfurth*, Sozialistisches Völkerrecht? (1979).

[52] Unten § 96.

[53] Quaestionum iuris publici libri duo (1737), II, cap. 10. Zum folgenden *Verdross*, Die bona fides als Grundlage des Völkerrechts, in: Gegenwartsprobleme des internationalen Rechts und der Rechtsphilosophie (Festschrift f. R. Laun 1953), S. 29 ff.; *von der Heydte*, Die bona fides und die einzelne Rechtsnorm, ÖZöffR 11 (1961), S. 364 ff.; *Müller*, Vertrauensschutz im Völkerrecht (1971); *Zoller*, La bonne foi en droit international public (1977); *Lachs*, Some Thoughts on the Role of Good Faith in International Law, in: Declarations on Principles (Festschrift für Röling, 1977), S. 47 ff.; *Nardin*, Law, Morality, and the Relations of States (1983).

densbruch begangen hat (Art. 39 der UN-Charta). Durch diese Bestimmung sind also bestimmte schwere Verletzungen des VR mit Gemeinschaftssanktionen bedroht worden. Die Erfüllung jener Pflichten hängt demnach nicht mehr vom guten Willen der einzelnen Staaten allein ab. Hingegen ist die Norm des Art. 39, die den Sicherheitsrat zu einem Einschreiten in diesen Fällen verpflichtet, nicht sanktioniert. Daß der Sicherheitsrat in diesen Fällen Zwangsmaßnahmen verhängen soll (shall), bedeutet daher nicht, daß ihm oder seinen Mitgliedern eine Unrechtsfolge droht, wenn er die Ergreifung dieser Maßnahmen unterläßt, sondern es bedeutet, daß er aus Achtung vor dem Recht, also *bona fide*, so vorgehen soll. Nur unter dieser Voraussetzung kann diese fundamentale Bestimmung der UN-Charta wirksam werden. Auch für die ständigen Ratsmitglieder sind die Normen der UN-Charta nur eine „*lex imperfecta*“, da Zwangsmaßnahmen des Sicherheitsrates gegen sie ausgeschlossen sind. Die *bona fides* ist aber auch der notwendige Untergrund anderer Bestimmungen der Charta, z. B. für die Wahl des Generalsekretärs und der Richter des IGH, sowie für den Schutz der Menschenrechte (Art. 56 der UN-Charta), da alle diese Bestimmungen nur erfüllt werden können, wenn die Mitglieder der UNO nach Treu und Glauben zusammenarbeiten. Das beweist uns, daß auch das VR der organisierten Staatengemeinschaft vom Werte der *bona fides* abhängig ist. Dieser Gedanke kommt auch in der UN-Charta dadurch zum Ausdruck, daß Art. 2 Ziff. 2 alle Mitglieder verpflichtet, ihre Verbindlichkeiten nach Treu und Glauben (in good faith) zu erfüllen. Darunter verstand die zuständige Kommission der Konferenz von San Francisco 1945, daß die Verträge nicht nach den Buchstaben, sondern nach ihrem Geiste ausgelegt und angewendet werden müssen.

§ 62 Eine Forderung der *bona fides* ist es ferner, daß kein Staat von einem anderen ein bestimmtes Verhalten fordern kann, wenn er ihn durch sein Verschulden daran gehindert hat *(venire contra factum proprium)*[54].

Auch der Grundsatz der *Clausula rebus sic stantibus* bildet eine Anwendung der *bona fides*, da einem Staat nicht zugemutet werden kann, einen Vertrag nach Wegfall einer bestimmten Geschäftsgrundlage, auf der er aufgebaut war, zu erfüllen[55]. Auf der *bona fides* beruht weiter die Verbindlichkeit einseitiger Versprechungen, wie der IGH ausdrücklich hervorhebt[56]. Dem VR ist also ein Mindestmaß an sozialer Moral

---

[54] So der StIGH im ersten Falle *Chorzów* (1927), A 9, S. 31.

[55] Eingehend unten §§ 828 ff.

[56] Am 20. Dezember 1974 im *Nuclear Tests* Case, Australia v. France, ICJ Reports 1974, S. 268, New Zealand v. France, ebd., S. 419: „One of the basic principles governing the creation and performance of legal obligations ... is the principle of good faith ... Just as the very rule of *pacta sunt ser-*

immanent, ohne das es nicht bestehen könnte. Darauf wies besonders der Delegierte Kolumbiens, Yepes, auf der Gründungskonferenz der UNO in San Francisco bei der Beratung über Art. 2 Ziff. 2 der Charta[57] mit folgenden Worten hin: "The United Nations ... must proclaim that international life requires a *minimum of morality* as a normative principle of conduct for peoples. This minimum cannot be anything else than full good faith[58]."

In der *bona fides* wurzelt auch das *Verbot des Rechtsmißbrauchs* (abuse of rights, abus de droit)[59].

§ 63 Ein weiterer dem VR immanenter moralischer Grundsatz, der mehreren Zweigen des VR zugrunde liegt, ist der Grundsatz der *Humanität.* Auf ihn weist der IGH in seinem Erkenntnis im *Corfu Channel Case*[60] wie auch in seinem Gutachten über die *Reservations to the Convention on the Prevention and Punishment of the Crime of Genocide*[61] hin.

VIII. Die Rolle der Gegenseitigkeit

§ 64 Die Gegenseitigkeit (Reziprozität) bildet neben der *bona fides* eine zweite Säule, auf der das VR aufruht[62].

Während dieses Prinzip in voll entwickelten innerstaatlichen Rechtssystemen zum größten Teil von konkreteren Regeln und Institutionen absorbiert und überlagert worden ist, bleiben Gegenseitigkeitsmecha-

---

vanda in the law of treaties is based in good faith, so also is the binding character of an international obligation assumed by unilateral declaration."

[57] Vgl. unten §§ 93, 459 f.

[58] U. N. C. I. O., Vol. 6, Doc. 1123, I/8, June 20, 1945, S. 8 (von uns hervorgehoben).

[59] Dazu näheres unten § 461.

[60] ICJ Reports 1949, S. 22: „certains principes généraux ... tels que des *considérations élémentaires d'humanité,* plus *absolues* encore en temps de paix qu'en temps de guerre ..." (von uns hervorgehoben).

[61] ICJ Reports 1951, S. 23: „les principes qui sont *à la base* de la Convention [principles *underlying* the Convention] sont des principes reconnus ... comme obligeant les Etats même en dehors de tout lien conventionnel [binding on States, even without any conventional obligation]" (von uns hervorgehoben).

[62] Zur Gegenseitigkeit im VR vgl. *Lenhoff,* Reciprocity: The Legal Aspect of a Perennial Idea, Northwestern University Law Review 49 (1954 - 1955), S. 619 ff., 752 ff.; *Schwarzenberger,* vor allem: The Frontiers of International Law (1962), S. 9 ff.; Power Politics (3. Aufl. 1964), S. 198 ff.; *Preiswerk,* La réciprocité dans les négociations entre pays à systèmes sociaux ou à niveaux économiques différents, JDI 94 (1967), S. 5 ff.; *Virally,* Le principe de réciprocité dans le droit international contemporain, RdC 122 (1967 III), S. 1 ff.; *Simma,* Das Reziprozitätselement in der Entstehung des Völkergewohnheitsrechts (1970); *derselbe,* Das Reziprozitätselement im Zustandekommen völkerrechtlicher Verträge (1972); *derselbe.* Stichwort „Reciprocity", Encyclopedia (Instalment 7 [im Druck]); *Decaux,* La réciprocité en droit international (1980); *Bilder,* Managing the Risks of International Agreement (1981), bes. S. 78 ff.

nismen im Völkerrecht mit seinem relativen Mangel zentraler Organe als solche voll wirkkräftig.

Die Gegenseitigkeit entfaltet ihre konstruktive Wirkung schon bei der Erzeugung vr Normen. In den Entstehungsprozessen des VGR[63] formt dauernde Bedachtnahme auf Reziprozität — der Grundsatz, daß ein Staat, der einen bestimmten Anspruch erhebt, ebendiesen Anspruch dann auch gegen sich gelten lassen muß — die Staatenpraxis. Beim Zustandekommen vr Verträge[64] wirkt der Gedanke der Gegenseitigkeit, als Erwartung positiver Gegenleistungen oder der Beider- bzw. Allseitigkeit einmal vereinbarter Beschränkungen, und als Bewußtsein der wechselseitigen Bedingtheit vertraglicher Leistungen wie ein kraftvoller Motor, dem staatliche Interessen als Initialzündung dienen.

§ 65 Diese Schrittmacherrolle der Reziprozität setzt sich dann bei der Erfüllung geltenden VR fort. Die Erwartung und Verwirklichung gegenseitiger Vorteile wie der Beiderseitigkeit von Zugeständnissen läßt die Staaten den überwiegenden Teil der Vertrags- und Gewohnheitsrechtsnormen ohne äußeren Zwang befolgen: die Gegenseitigkeit wird zu einem Garanten der Effektivität des VR[65].

Die faktische Abhängigkeit der Befolgung vr Normen von der Gegenseitigkeit ist im — hier nicht weiter zu behandelnden — Recht der bewaffneten Konflikte *(ius in bello)*[66], bei der Einräumung der diplomatischen bzw. konsularischen Privilegien und Immunitäten[67], im internationalen Wirtschaftsrecht (etwa bei der Gewährung der Meistbegünstigung)[68] sowie im Fremdenrecht[69] besonders stark. In diesen Bereichen wird sie häufig durch Aufnahme von Gegenseitigkeitsklauseln in

[63] Unten §§ 549 ff.

[64] Unten §§ 696 ff.

[65] Dazu §§ 753 f.
Prominente Völkerrechtler und Politikwissenschafter wie *Schwarzenberger* (Anm. 1), *Friedmann* (z. B. The Changing Structure of International Law [1964], S. 60 ff.), S. *Hoffmann* (International Systems and International Law, in: The State of War [1965], S. 88 ff.) und *Virally* (Anm. 62, S. 64 ff.) haben versucht, bestimmte Teil des VR als unter besonderem Einfluß der Gegenseitigkeit stehend von solchen Bereichen abzuheben, die von anderen Leitgedanken wie Macht und Solidarität beherrscht werden. Derartige Abgrenzungen werden der Wirkkraft der Reziprozität in einem horizontalen Rechtssystem wie dem VR nicht gerecht, in dem Gegenseitigkeitskalkulationen nicht nur Ordnung in zwischenstaatlichen Routineangelegenheiten sichern, sondern etwa — als Gedanke der Abschreckung und Vergeltung — auch das vr Gewaltverbot (§§ 467 ff.) stützen und andererseits hinter jeder Zusammenarbeit zur Schaffung eines „law of international welfare" stehen. Vgl. dazu *Simma*, Das Reziprozitätselement im Zustandekommen völkerrechtlicher Verträge, S. 273 ff.

[66] Siehe aber unten § 242.

[67] §§ 895 ff.

[68] § 763.

[69] § 1215.

Verträge oder innerstaatliche Rechtsvorschriften auch juristisch zum Maßstab für eigenes Verhalten erhoben. Während das einseitige Abhängigmachen vr gebotener Leistungen von der Gegenseitigkeit stets die Gefahr von Völkerrechtsverletzungen in sich birgt[70], ist die Forderung nach Reziprozität als Bedingung für das Wirksamwerden das vr Gebotene übersteigender Zugeständnisse eine legitime Folgerung aus der souveränen Gleichheit der Staaten[71].

§ 66 Der Gegenseitigkeitsgedanke liegt ferner gewissen Formen der vr Selbsthilfe zugrunde. Die Wahrscheinlichkeit, daß das Opfer einer Völkerrechtsverletzung willens und in der Lage ist, dem Verletzer seinerseits empfindliche Nachteile zuzufügen, läßt die Einhaltung vr Verpflichtungen geraten sein. Als derartige von der Reziprozität gekennzeichnete Reaktionsmöglichkeiten stehen Repressalie, Retorsion und eigene Leistungsverweigerung bei Nichterfüllung von Verträgen zur Verfügung[72]. Während zu Retorsionsmaßnahmen auch heute noch oft zum Zweck reiner (mehr oder weniger „spiegelbildlicher") Vergeltung gegriffen wird, z. B. im Diplomaten- und Wirtschaftsrecht, hat das Talionsprinzip in der historischen Entwicklung des Repressalienrechts an die Proportionalitätsschranke gebundenem Beugezwang Platz gemacht, wenngleich sich die Repressalienpraxis, vor allem in Kriegszeiten, allzu häufig in rechtswidriger Weise von diesen Zügeln befreit. Hier zeigt sich der Januskopf des Reziprozitätselementes im VR: Einerseits wirkt es konstruktiv als dynamisches Leitmotiv der Völkerrechtsschöpfung und -befolgung, andererseits kann es aber auch eine verhängnisvolle Verwilderung zwischenstaatlicher Verhaltensweisen auslösen.

§ 67 Die Logik der Gegenseitigkeit steht schließlich auch hinter dem *tu quoque*-Argument, mit dem ein Staat den durch einen anderen Staat erhobenen Vorwurf einer Völkerrechtsverletzung durch den Hinweis kontert, dieser habe sich gleicher oder ähnlicher Verletzungen schuldig gemacht, ohne das eigene Verhalten zur Repressalie zu erklären[73]. So politisch naheliegend diese Einrede sein mag, ist sie doch in derart nackter Form nicht als vr Rechtfertigungsgrund anerkannt[74], sondern

---

[70] Darüber *Simma*, Die §§ 338 und 339 der Regierungsvorlage eines Strafgesetzbuches im Licht des Völkerrechts, JBl. 90 (1968), S. 458 ff.

[71] Daher ist sie auch dem System der Fakultativklausel in Art. 36 Abs. 2 des IGH-Statuts immanent; vgl. § 187.

[72] Unten §§ 811 ff., 1335, 1342 ff.

[73] Ein bekanntes Beispiel bietet die Diskussion des „U-2"-Zwischenfalls 1960 in der UNO, anläßlich derer sich die Vereinigten Staaten gegen die sowjetischen Vorwürfe mit Hinweisen auf die intensive Spionagetätigkeit der UdSSR zur Wehr setzten; vgl. *Wright*, Legal Aspects of the U-2 Incident, AJIL 54 (1960), S. 842, 847 ff.

[74] Vgl. *Simma* (oben Anm. 70), S. 464 (mit weiteren Nachweisen, auch zur Berücksichtigung des Prinzips im Nürnberger Prozeß). Eine klare Ablehnung

könnte allenfalls in einer Billigkeitsentscheidung Berücksichtigung finden.

IX. Der Grundsatz der Effektivität

§ 68 Unter Effektivität des VR wird dessen regelmäßige Wirksamkeit verstanden. Sie ist ganz allgemein in höherem Maße gegeben als oft angenommen wird[75], obwohl das VR, wie bereits bemerkt, auch heute über keine zentralen Organe zu seiner zwangsweisen Durchsetzung verfügt.

Der Hauptgrund für die regelmäßige Wirksamkeit der meisten Normen des VR liegt in dessen *besonderer Wirklichkeitsnähe*[76], d. h. an der gegenüber dem innerstaatlichen Recht regelmäßig geringeren Spannung zwischen Rechtsnorm und Interessenlage[77]. Das VR schließt sich also eng an seinen sozialen Unterbau an.

§ 69 Dies kommt auch darin zum Ausdruck, daß das VR bestimmte Rechtslagen erst dann als gegeben ansieht, wenn ihnen nicht nur Prätentionen oder Erklärungen seitens interessierter Staaten entsprechen, sondern wenn zugleich in der Welt der Tatsachen ein entsprechender Zustand verwirklicht ist[78]. So wird eine Gemeinschaft nur dann als Staat angesehen, wenn sich ihre Ordnung regelmäßig durchgesetzt hat[79]. Dasselbe gilt für die Anerkennung von neuen Regierungen und anderen *de facto*-Herrschaften[80]. Umgekehrt gehen ein Staat, eine Regierung oder eine aufständische Organisation unter, wenn sie ihre Effektivität dauernd verloren haben. Die Frage, welche Staatsorgane zum Abschluß von vr Verträgen befugt sind, bestimmt sich nach der wirksamen Verfassung[81]. Ferner erwirbt ein Staat staatenloses Gebiet, wenn er es dauernd „animo domini" besetzt hält. Selbst mit der Besetzung eines

---

von *tu quoque* als vr Rechtfertigungsgrund findet sich im *Barcelona Traction*-Urteil des IGH; vgl. unten § 1305. Zu Art. 60 der Wiener Vertragsrechtskonvention s. unten §§ 811 ff. Siehe auch aus der Dissenting Opinion von Richter Schwebel zu einer der vom IGH am 10. Mai 1984 im Falle der *Military and Paramilitary Activities in and against Nicaragua* angeordneten vorläufigen Maßnahmen, ICJ Reports 1984, S. 198 f.

[75] Vgl. *Fried*, How Efficient is International Law?, in: The Relevance of International Law (oben § 40, Anm. 1), S. 93 ff.; *Henkin*, How Nations Behave. Law and Foreign Policy (2. Aufl. 1979); *Neuhold*, Die Einhaltung des Völkerrechts in einer außenpolitischen „Kosten-Nutzen-Analyse", GYIL 19 (1976), S. 317 ff.

[76] *Krüger* (§ 22, Anm. 43).

[77] So schon Max *Huber*, Die soziologischen Grundlagen des Völkerrechts (1928), S. 9.

[78] *Krüger* (§ 22, Anm. 43), S. 275.

[79] Unten §§ 379 ff.

[80] Unten §§ 404 ff. und 878 ff.

[81] Unten § 874.

fremden Staatsgebietes im Krieg sind bestimmte positive Rechtsfolgen verknüpft. Ein lange andauernder Zustand, der widerspruchslos hingenommen wird, gilt als rechtmäßig. Auf diese Weise kann ein streitiger Grenzverlauf fixiert oder fremdes Staatsgebiet ersessen werden[82]. Dies sind Anwendungsfälle des Grundsatzes der Effektivität im VR[83].

§ 70 Gleichwohl sind diesem Prinzip vr *Grenzen* gezogen, da es nur in jenem Rahmen wirken kann, den das VR selbst abgesteckt hat. Würde der Grundsatz der Effektivität schrankenlos gelten, dann würde sich damit das VR selbst aufheben. Die Begrenzung des Effektivitätsprinzips zeigt sich mit besonderer Deutlichkeit in der Haltung des modernen VR gegenüber rechtswidrig begründeten Tatsachen, also etwa Änderungen des territorialen Besitzstandes, im Widerspruch zu Gewaltverbot und Selbstbestimmungsrecht der UN-Charta[84]. In solchen Situationen hält es vr Rechte (z. B. die territoriale Souveränität) auch dann aufrecht, wenn deren faktische Ausübung durch eine rechtswidrige Handlung (z. B. Annexion) unmöglich gemacht wurde: *ex iniuria ius non oritur*. Dies gilt so lange, als der rechtswidrige Zustand nicht durch Anerkennung, Ersitzung[85] oder auf sonstige Weise saniert wird.

Ebenso kann nicht geleugnet werden, daß das vr Verbot der Androhung und Anwendung von Gewalt, sowie andere in den Bereich der hohen Politik fallende vr Normen häufig verletzt werden, ohne die dagegen vorgesehenen vr Reaktionen auszulösen. Gleichwohl stehen diese Normen weiterhin in normativer Geltung, da diese von keinem Staat bestritten wurde, so daß es „beim Sollen" bleibt. Es ist daher ein gewaltiger Unterschied zwischen einer Verleugnung und einer Verletzung vr Normen. Solange man sich vor der in Rede stehenden Norm noch verneigt, kann sie wieder wirksam werden, wenngleich sie natürlich durch wiederholte Verletzungen erschüttert wird, wenn dagegen keine Sanktionen der UNO ergriffen werden. Wird hingegen eine positive Norm

---

[82] Unten §§ 1056, 1162 f.

[83] Dazu neben *Krüger* (oben) *Ottolenghi*, Il principio di effettività e la sua funzione nell'ordinamento internazionale, RDI 15 (1936), S. 3 ff., 152 ff., 361 ff.; *Tucker*, The Principle of Effectiveness in International Law, in: Law and Politics in the World Community (Kelsen-Festschrift 1953), S. 31 ff.; Charles *de Visscher*, Les effectivités du droit international public (1967); *Bellini*, Il principio generale dell'effettività nel ordinamento internazionale, Annuario di diritto comparato 27 (1951); *Piovani*, Il significato del principio dell'effettività (1953); *Miaja de la Muela*, El principio de effectividad en derecho internacional (1958); *Touscoz*, Le principe d'effectivité dans l'ordre international (1964); *Jennings*, Nullity and Effectiveness in International Law, Cambridge Essays in International Law (1965), S. 64 ff.; *Balekjian*, Die Effektivität und die Stellung nicht anerkannter Staaten im Völkerrecht (1970); *Salmon*, Les contradictions entre fait et droit, FS Miaja de la Muela, Bd. I, S. 337 ff.

[84] Unten §§ 478 ff., 971.

[85] Unten §§ 1162 f.

des VR allgemein verneint, dann verliert sie auch ihre normative Geltung[86].

G. Völkerrecht und staatliches Recht

§ 71 Wie Paul Guggenheim nachgewiesen hat, wurde der *autonome* Begriff des VR allmählich seit Beginn der Neuzeit herausgearbeitet[1]. Erst um die letzte Jahrhundertwende entstand aber jene Theorie, die VR und staatliches Recht nicht nur unterscheidet, sondern *vollständig* trennt, und die daher die *dualistische*, auch *pluralistische* Konstruktion genannt wird. Ihre Hauptvertreter waren die beiden damals in Deutschland und Italien führenden Völkerrechtslehrer Heinrich Triepel[2] und Dionisio Anzilotti[3]. Sie begründen diese radikale Trennung von VR und staatlichem Recht nicht nur damit, daß diese verschiedene Rechtsquellen und verschiedene Rechtssubjekte aufweisen, sondern auch mit der Erwägung, daß völkerrechtswidrige Staatsakte im Bereiche des Staates, dem sie zugerechnet werden, innerstaatlich rechtsverbindlich sein können. VR und staatliches Recht stünden zueinander im Verhältnis zweier verschiedener Rechtsordnungen; zwei Kreisen gleich, „die sich höchstens berühren, niemals schneiden“[4]. Zu Konflikten zwischen beiden könne es nicht kommen, da Konflikte zwischen Rechtssätzen, die verschiedenen Rechtsordnungen angehören, nicht möglich seien. VR und staatliches Recht könnten nur dadurch aufeinander einwirken, daß die eine Rechtsordnung auf Rechtssätze der anderen verweist[5].

§ 72 Dieser Theorie stehen zwei *monistische* Theorien gegenüber, von denen die ältere vom *Primate des staatlichen Rechts* und die jüngere vom *Primate des VR* ausgeht. Jene läßt sich bis Hegel zurückverfolgen[6].

---

[86] Wir verstehen unter „Geltung“, daß das von einer Norm geregelte Verhalten *gesollt* ist, und unter „Wirksamkeit“, daß eine Norm regelmäßig befolgt wird. Da aber häufig unter Geltung einer Norm ihre Wirksamkeit verstanden wird, verwenden wir die Bezeichnung „normative Geltung“, um Mißverständnisse auszuschließen.

Richtig bemerkt Max *Weber* in seiner „Rechtssoziologie“ (Neudruck Neuwied 1960), S. 54 f.: „Die Tatsache der Orientierung des Handelns an einer Ordnung, nicht deren Befolgen, entscheidet über die Geltung.“

[1] Les origines de la notion autonome du droit des gens, in: Symbolae Verzijl (1958), S. 177 ff.

[2] Völkerrecht und Landesrecht (1899), bes. S. 271; auch: Les rapports entre le droit interne et le droit international, RdC 1 (1923 I), S. 77 ff.

[3] Il diritto internazionale nei giudizi interni (1905) und: Lehrbuch des Völkerrechts (1929), S. 36 ff. Außerdem neben der nahezu gesamten italienischen Völkerrechtslehre die Literatur im WV III, S. 650 ff. Zuletzt *Arangio-Ruiz*, L'Etat dans le sens du droit des gens et la notion du droit international, ÖZöffR 26 (1975), S. 3 ff.

[4] *Triepel*, Völkerrecht und Landesrecht, S. 111.

[5] *Anzilotti*, Lehrbuch des Völkerrechts, S. 42, 38.

[6] Oben § 20.

Sie wurde aber mehr oder minder offen auch von allen anderen Schriftstellern vertreten, die von der absoluten staatlichen Souveränität ausgingen und daher das VR nur als Selbstbindung des Staates in seiner eigenen Ordnung erfassen konnten[7]. Diese Lehre fand aber in den letzten Jahrzehnten keine Anhänger mehr[8], da ihre Wurzel, die absolute staatliche Souveränität, unhaltbar geworden ist.

Ihre Antipode bildet die monistische Theorie aufgrund des Völkerrechtsprimates, die ungefähr zur gleichen Zeit in Holland, Frankreich und Österreich entstanden ist. Ihr erster Vertreter in diesem Jahrhundert war der Holländer Hugo Krabbe, der — unter Wiederaufnahme der früher geschilderten Lehre von Vitoria und Suarez[9] — die staatlichen Rechtsordnungen als Ausgliederungen der universalen Menschheitsordnung auffaßt, welche die Zuständigkeit jener regelt. Das VR ist daher für ihn nicht zwischenstaatliches, sondern *überstaatliches* Recht (supranationaal recht), das im universellen Rechtsbewußtsein verankert ist[10]. Ähnlich war die Auffassung von Léon Duguit[11], dessen größter Schüler Georges Scelle zum Ergebnis gelangt, daß das VR entgegenstehendes staatliches Recht bricht (le Droit international prime le Droit étatique)[12]. Derselben Meinung war ursprünglich auch Hans Kelsen, da er die völkerrechtswidrigen Staatsakte auch staatsrechtlich als nichtig bezeichnet hat[13].

§ 73 Dieser *Fusion* von VR und staatlichem Recht[14] wurde ein *gemäßigter* oder gegliederter Monismus gegenübergestellt, der an der relativen Selbständigkeit von VR und staatlichem Recht festhält und daher auch zugibt, daß es zwischen ihnen Konflikte geben kann, zugleich aber dartut, daß diese nicht endgültig sind, sondern ihre Auflösung in einem vr vorgesehenen Verfahren finden können[15].

---

[7] *Bergbohm*, Staatsverträge und Gesetze als Quellen des Völkerrechts (1877); *Wenzel*, Juristische Grundprobleme (1920), S. 344 ff.; *Décencière-Ferrandière*, Considérations sur le droit international dans ses rapports avec le droit de l'Etat, RGDIP 40 (1933), S. 64 ff.; so auch noch *Verdross*, Zur Konstruktion des Völkerrechts, ZV 8 (1914), S. 329 ff.

[8] Ihr letzter Verteidiger war vermutlich *Papaligouras* in seiner „Théorie de la Société internationale" (1941), S. 145 ff.

[9] Oben § 15.

[10] Die Lehre der Rechtssouveränität (nur deutsch erschienen 1906) und: De moderne staatsidee (holländisch 1915).

[11] Traité de droit constitutionnel (1921), S. 551 ff.

[12] Manuel élémentaire de droit international public (1943), S. 21; weitere Literatur über den Primat des Völkerrechts bei *Guggenheim*, Völkerrecht und Landesrecht, WV III, S. 651 ff., 662.

[13] Das Problem der Souveränität und die Theorie des Völkerrechts (1920), S. 146. Erst in seinem Aufsatz „Unrecht und Unrechtsfolge im Völkerrecht", ZöffR 12 (1932), S. 481 ff., hat Kelsen diese Auffassung aufgegeben.

[14] So *Scelle*: „Le monisme est *fusion* plus que hiérarchie": Règles générales du droit de la paix, RdC 46 (1933 IV), S. 353.

Bevor darauf näher eingegangen werden kann, müssen die anderen Einwände der dualistischen Theorie kurz widerlegt werden. In diesem Bereiche kann kaum ernstlich bestritten werden, daß die staatlichen Rechtsordnungen sowohl die Staatsverträge als auch das VGR als innerstaatliche Rechtsquelle gelten lassen *können*. Ebenso haben wir gezeigt, daß Einzelmenschen unmittelbar durch das VR berechtigt und verpflichtet werden können[16]. Von einer notwendigen absoluten Verschiedenheit der Rechtsquellen und der Rechtssubjekte zwischen VR und staatlichem Recht kann daher keine Rede sein. Den kritischen Punkt bildet jedoch die Frage, ob die möglichen Konflikte zwischen VR und staatlichem Recht die Einheit des Systems sprengen können. Darauf ist zu antworten, daß dies ebensowenig der Fall ist wie bei den innerhalb des staatlichen Rechts bestehenden Konflikten zwischen Verfassung und Gesetz, Gesetz und Verordnung, Gesetz und Entscheidung oder Verwaltungsakt[17]. Denn in all diesen Fällen gibt es in entwickelten Rechtsordnungen ein Verfahren zur Auflösung dieser Konflikte. So kann der durch einen völkerrechtswidrigen Akt direkt verletzte Staat grundsätzlich die Wiederherstellung des früheren Zustandes, also seine Aufhebung fordern[18] und diese Forderung auch mit einer Repressalie erzwingen[19]. Außerdem ist jeder Staat nach VR verpflichtet, alle zur Durchführung seiner vr Pflichten notwendigen Anordnungen zu erlassen[20], wobei es seinem Ermessen überlassen bleibt, ob er diese Durchführung in jedem einzelnen Falle oder durch eine Generalklausel vornimmt[21].

---

[15] So erstmalig *Verdross*, Die völkerrechtswidrige Kriegshandlung und der Strafanspruch der Staaten (1920), im Exkurs „Völkerrecht und staatliches Recht", S. 34 ff.

[16] Vgl. §§ 48, 422 ff.

[17] *Verdross* (Anm. 13), S. 43 (auf Grund eines im Kelsen-Privatseminar im Mai 1918 gehaltenen Vortrages). Näher ausgeführt in *Verdross*, Die Einheit des rechtlichen Weltbildes (1923), S. 159 ff.; Le fondement du droit international, RdC 16 (1927 I), S. 247 ff.; Deux théories du droit des gens apparues à l'époque de la création de l'Académie de droit international, RdC, Livre jubilaire 1923 - 1973, S. 83 ff.; FS Morelli, S. 981 ff.; Die doppelte Bedeutung des Ausdruckes „Primat des Völkerrechtes", in: FS Bindschedler, S. 261 ff. Dazu *Miehsler*, Alfred Verdross' Theorie des gemäßigten Monismus und das Bundesverfassungsgesetz vom 4. März 1964, BGBl. Nr. 59, JBl. 87 (1965), S. 566 ff.; *Simma*, Der Beitrag von Alfred Verdross zur Entwicklung der Völkerrechtswissenschaft, FS Verdross 1980, S. 24 ff.

[18] Vgl. unten § 1295.

[19] Dazu unten §§ 1294, 1342 ff.

[20] So der StIGH in seinem Gutachten vom 21. Februar 1925 über *Exchange of Greek and Turkish Populations*, B 10, S. 20: „... un Etat qui a valablement contracté des obligations internationales est tenu d'apporter à sa législation les modifications nécessaires pour assurer l'exécution des engagements pris".

[21] Eingehend unten §§ 848 ff.

Die vorläufige innerstaatliche Geltung völkerrechtswidriger Normen bildet nur eine Folge der *dezentralisierten* Struktur des VR, welches das Verhältnis der Staaten zu ihren Organen als ihre innere Angelegenheit[22] anerkennt, weshalb jene ihnen auch anordnen können, völkerrechtswidrige Normen so lange anzuwenden, bis sie aufgrund eines vr Verfahrens aufgehoben werden. Das ist durchaus sinnvoll, da es häufig zweifelhaft sein kann, ob eine innerstaatliche Norm völkerrechtswidrig ist oder als solche von dem betroffenen Staate angesehen wird, so daß darüber oft erst in einem vr Verfahren eine Klärung herbeigeführt werden muß. Eine derartige Klärung kann selbst dann notwendig sein, wenn der verpflichtete Staat das VR erfüllen will, da zwischen seiner Auslegung und der eines zur Entscheidung berufenen vr Organes Meinungsverschiedenheiten bestehen können[23].

Gegen diesen Gedankengang wendet Sperduti ein, daß „no international pronouncement" einer völkerrechtswidrigen staatlichen Norm die Geltung entziehen *könnte*, da deren Geltung ausschließlich (solely) von der staatlichen Rechtsordnung abhängt[24]. Diese These wird aber z. B. durch Art. 8 des Statuts des Interalliierten Militärgerichtshofes (von Nürnberg), das einen Bestandteil des Londoner Viermächteabkommens vom 8. August 1945 über die Bestrafung der Hauptkriegsverbrecher bildet, widerlegt, der lautet: "The fact that the Defendant acted pursuant to the order of his government or of a superior shall not free him from responsibility ..."[25], da durch diesen vr Vertrag kriegsrechtswidrige staatliche Anordnungen als unverbindlich erklärt werden. Ebenso könnte eine vr Norm Apartheid-Gesetze als unverbindlich (wenngleich nicht als unwirksam) erklären, indem sie einen Staat, der Widerstand gegen solche Gesetze bestraft, mit vr Sanktionen bedroht[26]. Das VR kann also auch die innerstaatliche Geltung staatlicher Normen aufheben, indem es die Verhängung von Unrechtsfolgen gegen jene Personen, die sie verletzen, verbietet.

Dazu kommt — wie bereits ausgeführt wurde —, daß eine radikale Trennung von VR und staatlichem Recht deshalb unmöglich ist, weil die vr Normen direkt oder indirekt mit den staatlichen Normen innig verwoben sind, wie gerade Heinrich Triepel trotz seines dualistischen Aus-

---

[22] Ausführlich unten §§ 260 ff.

[23] Vgl. *Simma*, Probleme um den Art. 145 B.-VG., JBl. 91 (1969), S. 268.

[24] Dualism and Monism: A Confrontation to be Overcome, ItYIL 3 (1977), S. 34.

[25] Dazu *Fuhrmann*, Der höhere Befehl als Rechtfertigungsgrund im Völkerrecht (1960), S. 78 ff.

[26] So ist abzuwarten, welche Rechtsfolgen die UN-International Law Commission an die Begehung eines „international crime" i. S. von Art. 19 ihres Entwurfs aus dem Jahre 1980 über die Staatenverantwortlichkeit knüpfen wird; vgl. unten § 1263.

gangspunktes anschaulich dargetan hat[27]. Man kann sich daher zwar einen Staat ohne VR, unmöglich aber ein VR ohne Staaten mit ihren Rechtsordnungen vorstellen, da ohne sie die Erzeugung und Anwendung des VR unmöglich wäre.

Auch die an und für sich richtige Bemerkung, daß die Staaten die Voraussetzung des VR bilden, spricht nicht gegen den Primat des VR, da auch jene Staaten, die nicht innerhalb der Staatengemeinschaft gebildet wurden, durch ihre Anerkennung des universellen VR zu Gliedern der universellen Völkerrechtsgemeinschaft geworden sind. Dadurch ist ihre absolute Freiheit (absolute Souveränität) zu einer durch das VR begrenzten Freiheit (relative Souveränität) umgestaltet worden[28].

§ 74 Der hier dargestellten Theorie des gemäßigten Monismus steht die Lehre Rolando Quadris nahe, da auch sie die Auffassung vertritt, daß die staatlichen Rechtsordnungen von der Völkerrechtsordnung abhängig sind, gleichwohl aber dieser widersprechende Gesetze *gegenüber den Individuen* in Geltung stehen können. Diese Lehre unterscheidet sich aber von unserer dadurch, daß sie das VR von einer mit Autorität ausgestatteten Staatengemeinschaft ableitet, in der weder der Grundsatz der Einstimmigkeit noch der der Staatenmehrheit gilt, sondern die herrschenden sozialen Kräfte (le forze dominanti nella comunità internazionale) maßgeblich sind[29].

Auch die Vertreter des Dualismus anerkennen, daß das VR insofern den Staaten übergeordnet ist, als diese zur Erfüllung des VR verpflichtet sind, sie bestreiten aber, daß außer den Staaten auch ihre *Rechtsordnungen* dem VR untergeordnet sind. Diese Loslösung der Staaten von ihren Rechtsordnungen ist jedoch unhaltbar, da jene menschliche Territorialverbände sind, die jeweils durch eine Rechtsordnung verbunden werden, wobei es unerheblich ist, ob es sich um eine geschriebene oder nur in der Praxis wirksame Rechtsordnung handelt, da es in beiden Fällen bloß auf die sich im sozialen Leben durchsetzende Rechtsordnung ankommt[30]. Auch der, „*qui actu regit*“, ist also ein *Organ* seines Staates. Vergeblich behauptet daher die herrschende italienische Völkerrechtslehre, daß der Staat für das VR ein bloßes

---

[27] Oben § 45.

[28] Auf den Primat des VR wies auch der US-Delegierte im 6. Ausschuß der UN-Generalversammlung, *Rosenstock*, am 22. November 1976 mit der Bemerkung hin: „States derive their sovereignty from international law“: US Digest 1976, S. 686.

[29] Diritto internazionale pubblico (5. Aufl. 1968), S. 25 ff., 51. Dazu *Conforti*, L'opera di Rolando Quadri, RDI 61 (1978), S. 5 ff.

[30] So auch der StIGH am 12. Juli 1929 im Falle der *Serbian Loans*, A 20, S. 46: „Ce sont les lois françaises, *telles qu'elles sont appliquées en France*, qui constituent en réalité le droit français ...“ (von uns hervorgehoben).

„fatto" sei[31], da diese Tatsache eben eine durch eine geschriebene oder ungeschriebene Rechtsordnung verbundene Gemeinschaft von Menschen *(iuris societas)* bildet.

Es ist zwar richtig, daß die Menschheit keine universelle *zwischenmenschliche* Rechtsgemeinschaft bildet[32]. Gleichwohl sind die Staaten und die anderen völkerrechtsunmittelbaren Personen Glieder einer durch das universelle VR verknüpften Gemeinschaft, welche ihrerseits die ganze Menschheit umfaßt. Daher bedarf auch die Staatengemeinschaft einer ihre Glieder verknüpfenden Verfassung (§ 75), wenngleich diese nicht, wie die staatliche Gemeinschaft, zwischenmenschliche Beziehungen, sondern vorwiegend solche zwischen souveränen Mächtegruppen regelt[33]. Dazu kommt, daß das VR trotz grundsätzlicher Anerkennung der Verfassungsautonomie der Staaten durch ihre Verpflichtung zur Förderung der Menschenrechte (Art. 56 UN-Charta) auch auf ihre innere Ordnung einwirkt und auf deren rechtsstaatliche Ausgestaltung hinzielt.

---

[31] Zuletzt besonders pointiert G. *Arangio-Ruiz*, RdC 137 (1972 III), S. 651 f. (sowie in seinen früheren dort angeführten Schriften). Dasselbe gilt, wenn das VR mit diesem Schriftsteller in dessen letzter einschlägiger Darstellung (oben Anm. 3) als bloßes Zwischenmächterecht betrachtet wird, da auch eine solche „Macht" eine durch eine wirksame Verfassung verknüpfte menschliche Gemeinschaft bildet, die nach außen hin als wollende und handelnde Einheit auftritt. Daran ändert sich auch nichts, wenn dieser Autor (ebd., S. 285 ff.) bemerkt, daß die Staaten für das VR „soziologische" Gebilde seien, da ein soziologisch-politisches Substrat erst durch eine dessen Elemente verbindende und diese überhöhende autonome Rechtsordnung zu einem Staate wird.

[32] So G. *Arangio-Ruiz* (vorhergehende Anm.). Zur sowjetischen Anschauung *Uibopuu* (oben § 20, Anm. 37).

[33] G. *Arangio-Ruiz*, ÖZöffR 26 (1975), S. 22 ff.

ZWEITER TEIL

Die Verfassungsgrundsätze der Staatengemeinschaft

Kapitel 1

Die Verfassung der nichtorganisierten Staatengemeinschaft

§ 75 Zugleich mit der im vorigen Hauptabschnitt geschilderten Umwandlung der auf persönlichen Treueverhältnissen aufgebauten hierarchischen Lehensordnung in eine Koordination souveräner Flächenstaaten hat sich die Verfassung der modernen Staatengemeinschaft herausgebildet. Sie entstand weder durch einen förmlichen vr Vertrag, noch durch VGR, sondern im Wege eines *formlosen Konsenses*, durch den sich diese Staaten gegenseitig als gleichberechtigte Völkerrechtssubjekte anerkannt haben. Diese formlose gegenseitige Anerkennung muß von der einseitigen Anerkennung neuer Staaten durch alte Staaten unterschieden werden, die sich erst später herausgebildet hat[1].

Durch diesen formlosen Konsens haben sich die Staaten zugleich bestimmten Normen *unterworfen*, die man als „Verfassung der nichtorganisierten Staatengemeinschaft" bezeichnen kann[2]. Dazu gehören die Normen über die Erzeugung des positiven VR mit dem alle zwischenstaatlichen Beziehungen beherrschenden Grundsatz der *bona fides*[3], sowie über die Völkerrechtssubjektivität, da diese Normen die *Voraussetzungen* der weiteren Erzeugung des VR bilden. Dabei handelt es sich also nicht um eine bloß von der Völkerrechtslehre angenommene oder postulierte Grundnorm[4], sondern um ein Gefüge *originärer* Nor-

---

[1] Darüber unten §§ 961 ff.

[2] Zum folgenden *Mosler*, Völkerrecht als Rechtsordnung, ZaöRV 36 (1976), S. 31 ff.

[3] Dazu §§ 60 ff., 459 ff. Zur Rolle des formlosen Konsenses als alle anderen Erzeugungsarten überlagernde Völkerrechtsquelle s. unten §§ 518 ff.

[4] Wie *Perassi*, Teoria dommatica delle fonti di norme giuridiche in diritto internazionale, RDI 1917, S. 195 ff.; *Kelsen*, Principles of International Law (1952), S. 417 ff., und *Morelli*, Nozioni di diritto internazionale (7. Aufl. 1967), S. 7 ff., übereinstimmend lehren.

men, deren Geltung von den Staaten selbst als Grundlage des von ihnen einvernehmlich erzeugten VR vorausgesetzt wurde[5]. Wir müssen daher zwischen den durch zwischenstaatlichen Konsens *erzeugten* und den dabei *vorausgesetzten* Normen unterscheiden.

§ 76 Ihren ersten urkundlichen Niederschlag fand diese Verfassung in den beiden Dokumenten des *Westfälischen Friedensvertrages*[6], da durch diese Urkunden das neue Prinzip der staatlichen Koordination und der ausschließlichen Herrschaft jedes Staates auf seinem Gebiete *bestätigt* wurde.

---

[5] Richtig bemerkt daher *Quadri*, Diritto internazionale pubblico (5. Aufl. 1968, S. 109): „Se la consuetudine e l'accordo costituiscono dei procedimenti di produzione giuridica internazionale, ciò e dovuto esclusivamente al fatto che due principî, il principio *consuetudo est servanda* e quello *pacta sunt servanda*, prevedono tali procedimenti come idonei a creare diritto." Vertragsrecht und VGR beruhen also auf „principî o norme primarie", deren Geltung von jenen *vorausgesetzt* wird. Richtig bemerkt er ferner (ebd., S. 125), daß solche Normen auch dann notwendig wären, wenn die Geltung des Vertragsrechts auf VGR beruhen würde, wie z. B. *Kelsen* (oben) mit der Begründung behauptet, daß die Norm *pacta sunt servanda* eine Norm des VGR sei. Das ist aber schon deshalb unmöglich, da sich die Normen des VGR über das Recht der Verträge erst *im Laufe der Vertragspraxis* herausbilden konnten. Da aber die Norm *pacta sunt servanda* schon den ersten Vertragsabschlüssen zugrunde liegt, kann sie nicht auf vgr Wege entstanden sein, wenngleich sie später durch das VGR bestätigt und schließlich sogar in Art. 26 der Wiener Konvention über das Recht der Verträge aufgenommen wurde.

Gegen den Begriff „Verfassung" der Staatengemeinschaft wendet sich Gaetano *Arangio-Ruiz*, RdC 137 (1972 III), S. 652 und 684, mit der Begründung, daß die Normen des VR „norme di relazioni intersoggettive" seien, da die Staaten einander wie Privatpersonen gegenüberstehen (States are the private parties in the international system). Dabei wird übersehen, daß ein *bloß* interindividuelles Recht unmöglich ist, da es immer eine die Rechtssubjekte verbindende, über ihnen stehende Rechtsordnung zur Voraussetzung hat. Richtig weist daher schon Sir Gerald *Fitzmaurice* auf die Notwendigkeit hin, zwischen dem zwischenstaatlichen Konsens und der über ihm stehenden Norm, welche die durch den Konsens erzeugte Einigung für verbindlich erklärt, klar und deutlich zu unterscheiden (The General Principles of International Law, Considered from the Standpoint of the Rule of Law, RdC 92 [1957 II], S. 40 ff.).

Wenn man mit *Dupuy* (L'organisation internationale et l'expression de la volonté générale, RGDIP 60 [1957], S. 527 ff.) zwischen dem „droit relationnel" und dem „droit de l'organisation" unterscheidet, so darf man nicht übersehen, daß auch jenes eine übergeordnete Norm zur Voraussetzung hat.

Eine „Verfassung der Völkerrechtsordnung" nehmen auch folgende Schriftsteller an: *Ziccardi*, La costituzione dell' ordinamento internazionale (1943); *Sperduti*, La fonte suprema dell' ordinamento internazionale (1946), und *Balladore Pallieri*, Diritto internazionale pubblico (8. Aufl. 1962), S. 16 ff. Dazu *Giuliano*, Diritto internazionale I (1974), S. 186 ff., und neuerdings *Bleckmann*, Grundprobleme und Methoden des Völkerrechts (1982), S. 260 ff.

[6] *Vinogradoff*, Historical Types of International Law, Bibliotheca Visseriana 1 (1923), S. 45; *Gross* (§ 25, Anm. 20); *Randelzhofer* (ebd.); *Scheuner*, Die großen Friedensschlüsse als Grundlage der europäischen Staatenordnung zwischen 1648 und 1815, in: Festgabe für Braubach (1964), S. 224 ff.; *Janssen*, Die Anfänge des modernen Völkerrechts und der neuzeitlichen Diplomatie (1965).

§ 77 Indem sich diese Staaten gegenseitig als souveräne Herrschaftsverbände anerkannt haben, wurde von ihnen *implicite* die allgemeine Pflicht mitanerkannt, in die Souveränitätsbereiche der anderen Staaten nicht einzugreifen. In dieser Pflicht wurzeln die ursprünglichen staatlichen *Grundrechte* der gegenseitigen Achtung der Ehre, Gebietshoheit und politischen Unabhängigkeit, die allerdings erst durch die Völkerrechtslehre näher herausgearbeitet wurden. Diese Grundrechte wurden zwar von einigen naturrechtlichen Schriftstellern irrigerweise als Rechte aufgefaßt, welche die Staaten vor der Entstehung der Völkerrechtsgemeinschaft innehatten und welche sie in diese mitgenommen haben[7], obgleich es vor der Entstehung der Völkerrechtsgemeinschaft keine vr Rechte und Pflichten gegeben haben kann. Mit der zutreffenden Ablehnung dieser naturrechtlichen Begründung hat die positivistische Völkerrechtslehre jedoch den Bestand von staatlichen Grundrechten überhaupt verneint, da diese, ebenso wie alle anderen Rechte, angeblich nur durch das Verfahren des VGR oder durch förmliche Verträge erzeugt und abgeändert werden könnten[8]. In Wahrheit sind diese Rechte gleichzeitig mit der gegenseitigen Anerkennung der Flächenstaaten durch formlosen Konsens entstanden, da diese Anerkennung gerade die Erzeugung der angeführten Grundrechte zum Inhalt hat, ohne ihn also sinnlos wäre. Treffend sagt daher der Generalsekretär der Vereinten Nationen in seinem „Survey of international law“ vom 23. April 1971: "The doctrines of the sovereignty and equality of States have provided the bases of international law since the emergence of a society of independently governed States. These elements have formed the starting point for the development of various fundamental principles of international law relating to the conduct of States ... The basic rights and duties of States derived from these principles may thus be said to consist, in essence, of the exercise of sovereignty by individual States and the respect these States owe in turn to the exercise of sovereignty by others, within an international community governed by international law[9]."

§ 78 Das Friedensinstrument von Münster enthält sogar schon die Pflicht zur friedlichen Streiterledigung „vel amicabili compositioni vel iuris disceptationi“, sowie die Verpflichtung, gemeinsam gegen einen Rechtsbrecher einzuschreiten[10].

---

[7] *Pillet*, Recherches sur les droits fondamentaux des Etats ..., RGDIP 5 (1898), S. 66 ff. und 236 ff., sowie ebd. 6 (1899), S. 503 ff.

[8] Statt vieler *Kelsen*, Principles of International Law (2. Aufl., hrsgg. von *Tucker* 1966) S. 243 ff.

[9] UN Doc. A/CN.4/245, wiedergegeben im ILC-Yearbook 1971 II, Part Two, S. 1 ff. (zit. S. 9).

[10] §§ 115 und 116.

Beide Verpflichtungen sind jedoch bald durch *desuetudo* in Vergessenheit geraten, um erst nach dem Ersten Weltkrieg zu neuem Leben zu erwachen[11].

§ 79 Hingegen kannte diese Verfassung noch keine zentralen vr Organe der Staatengemeinschaft. Diese war also eine nichtorganisierte Gemeinschaft. Den ersten Ansatz einer politischen Organisation der Staaten bildet die durch den Pariser Vertrag vom 14./26. September 1815 gegründete „Heilige Allianz" von Österreich, Preußen und Rußland, die sich bald durch Beitritt Englands zur Quadrupelallianz und 1818 auch Frankreichs zur Pentarchie erweiterte und so zu einem Zusammenschluß der damaligen Großmächte[12] zu gemeinsamen Aktionen im Interesse der Gemeinschaft führte (Europäisches Konzert).

§ 80 In der nichtorganisierten Staatengemeinschaft spielte die *Selbsthilfe* eine große Rolle. Sie war jedenfalls in der Gestalt der Repressalie[13] auch mit militärischen Mitteln allgemein anerkannt. Es ist hingegen streitig, unter welchen Voraussetzungen zum Kriege geschritten werden durfte. Im mittelalterlichen VR war das *„ius ad bellum"* nur als Reaktion gegen ein vorausgegangenes Unrecht des Gegners, entweder zur Abwehr eines rechtswidrigen Angriffes, also als Notwehrkrieg, oder zur Durchsetzung von vr Ansprüchen, als Exekutionskrieg, vorgesehen[14]. Diese aus dem römischen Fetialen-Recht stammende und erstmalig von Cicero dargestellte Lehre[15] wurde von Grotius sowie von der gesamten naturrechtlichen Völkerrechtslehre bis zur Mitte des vorigen Jahrhunderts verteidigt. Noch 1861 schreibt August Wilhelm Heffter, daß ein Krieg nur als Verteidigung gegen einen ungerechten Angriff oder gegen eine schon erlittene Rechtsverletzung, sowie zum Zwecke der Genugtuung erlaubt sei[16]. Ein Angriffskrieg zur Durchsetzung des VR war also zulässig. Es ist daher irreführend, den Begriff des Angriffs mit dem der Rechtswidrigkeit unlöslich zu verbinden, da es erlaubte und verbotene Angriffskriege gab. Erst seit dem Kellogg-Pakt ist *jeder* Angriffskrieg völkerrechtswidrig, wie wir später sehen werden[17].

---

[11] Ausführlich unten §§ 213 ff., 229 ff., 463 ff., 1319 f.

[12] *Verosta*, Die Geschichte des Völkerrechts, in: *Verdross*, S. 71.

[13] Unten §§ 1342 ff.

[14] *Vitoria*, De Indis, Relectio posterior: De iure belli, XIII, faßt diesen Gedanken im Satz zusammen: „Unica est et sola causa iusta inferendi bellum, iniuria accepta." Dazu *Verdross*, Die christliche Kriegsdoktrin im Wandel der Geschichte, in: Speculum iuris et ecclesiarum (Festschrift für W. Plöchl 1967), S. 411 ff. (und die dort angeführte Literatur).

[15] *Hausmaninger*, „Bellum iustum" et „iusta causa belli" im älteren römischen Recht, ÖZöffR 11 (1961), S. 335 ff.

[16] Europäisches Völkerrecht (4. Aufl. 1861), S. 205.

[17] Unten §§ 467 ff., 1337.

Die positivistische Völkerrechtslehre vertrat hingegen die Ansicht, daß die *„bellum iustum"*-Lehre nur eine moralische Doktrin, im positiven VR aber nicht verankert sei. So bemerkte der Begründer dieser Richtung, Johann Jakob Moser, daß nur durch Verträge ausgemacht werden könne, was als „rechtmäßige Ursache eines Krieges angesehen werden sollte"[18]. Noch nach dem Ersten Weltkrieg schrieb der italienische Altmeister des VR, Dionisio Anzilotti, daß der Krieg ein erlaubtes Mittel der Selbsthilfe sei, „es sei denn, daß der Angreifer sich verpflichtet hat, gegen diesen anderen Staat keinen Krieg zu führen"[19]. Diese Auffassung wurde insbesondere von der nahezu ganzen deutschen und italienischen Völkerrechtslehre vertreten, wo der Rechtspositivismus die radikalste Ausprägung erfahren hat. Sie stand aber keineswegs allein. So verteidigten noch die US-Völkerrechtsexperten auf der Pariser Friedenskonferenz 1919, D. H. Miller und James Brown Scott, in einem ausführlichen Rechtsgutachten die Auffassung, daß die deutschen Kriegserklärungen von 1914 nicht gegen das damalige VR verstoßen hätten[20].

§ 81 Diese „nihilistische" Theorie wurde erstmalig von Leo Strisower unter Wiederaufnahme der älteren Lehre mit der neuen Begründung angegriffen, daß sich die zum Angriffskrieg schreitenden Staaten immer auf die Durchsetzung von im VR begründeten Ansprüchen berufen

---

[18] Grundzüge des europäischen Völkerrechts in Kriegszeiten (1752), II, §§ 52 und 72.

[19] Lehrbuch des Völkerrechts (1929), S. 403; vgl. auch im Corso di diritto internazionale (4. Aufl. 1950), S. 420. Ebenso *Balladore Pallieri* (Anm. 5), S. 262: „... la guerra è ... concessa dall'ordine internazionale agli Stati non per la sola difesa di un loro diritto, ma ... per la tutela di un qualsivoglia interesse". Hingegen meint *Quadri*, Diritto internazionale pubblico (5. Aufl. 1968), S. 281 f., daß zwar grundsätzlich der Krieg nur als Reaktion gegen eine schwere Verletzung des VR, ausnahmsweise aber auch zur Durchsetzung moralischer oder politischer Grundsätze als Revolution zur Begründung einer neuen Ordnung als gerechtfertigt betrachtet wurde, *sofern* dieses Ziel durch einen siegreichen Krieg erreicht werden konnte, während sonst der Krieg rückwirkend als völkerrechtswidrig angesehen wurde.

[20] Diese Ausführungen verneinen zwar *primär* die strafrechtliche Verantwortlichkeit der Staats*organe* für Angriffskriege, aus dem Zusammenhang ergibt sich aber, daß sie den Angriffskrieg — abgesehen von besonderen Verpflichtungen, wie zur Achtung der (damaligen) belgischen Neutralität — nach damaligem VR überhaupt nicht als völkerrechtswidrig angesehen haben. So D. H. *Miller*, My Diary at the Conference of Paris (Privatdruck 1924), Bd. III, S. 456 ff. Ein Auszug daraus findet sich bei *Dickmann*, Die Kriegsschuldfrage auf der Friedenskonferenz von Paris 1919, Historische Zeitschrift 197 (1963), S. 1 - 101; vgl. ferner *Schwabe*, Deutsche Revolution und Wilson-Frieden (1971), S. 301 f. So aber auch H. *Lauterpacht*, in *Oppenheim*, International Law, Bd. II (6. Aufl. 1944), S. 145; *Hyde*, International Law chiefly as interpreted and applied by the United States (1922), Bd. II, S. 189. Vgl. ferner *Schwengler*, Völkerrecht, Versailler Vertrag und Auslieferungsfrage. Die Strafverfolgung wegen Kriegsverbrechen als Problem des Friedensschlusses 1919/20 (1982).

haben[21]. Dieser Lehre haben sich Kelsen[22] und Guggenheim[23] mit der Begründung angeschlossen, daß jede Rechtsordnung den Zwang nur als „Reaktion gegen einen Unrechtstatbestand" zulassen könne. Noch weiter geht Verosta, da er aus der Staaten*praxis* den Nachweis zu erbringen sucht, daß in Europa (nach dem *ius publicum europaeum*) nicht gegen jede, sondern nur gegen schwere Verletzungen des VR der Krieg unter Beachtung des Grundsatzes der Verhältnismäßigkeit zulässig gewesen sei[24]. Eine ähnliche Auffassung vertrat schon Francisco Suarez, da er nur eine „gravis iniuria", die auf andere Weise nicht gutgemacht werden kann, als rechtmäßigen Kriegsgrund anerkannte[25].

Dagegen spricht jedoch das Zweite Haager Abkommen von 1907 (die *Drago-Porter-Konvention*) über die Beschränkung der Gewaltanwendung zur Eintreibung von Vertragsschulden (d. h. Schulden, die auf einem Vertrage zwischen ausländischen privaten Gläubigern und einem Staat als Schuldner beruhten), das einen Krieg sogar zur Eintreibung solcher Schulden zugunsten der privaten Gläubiger zuließ, wenn der Gegner ein schiedsgerichtliches Verfahren zur Austragung des Streites ablehnte oder den Schiedsspruch nicht erfüllte[26]. Daraus ergibt sich andererseits aber auch, daß der Krieg nur als *ultima ratio* zur Durchsetzung von Rechten anerkannt wurde.

§ 82 In der nichtorganisierten Staatengemeinschaft war die gewaltsame Selbsthilfe auch zum Schutze eigener Angehöriger im Ausland zulässig, wenn der Territorialstaat nicht fähig oder nicht gewillt war, sie, etwa bei fremdenfeindlichen Kundgebungen, gegen Angriffe des Pöbels zu schützen[27]. Hingegen waren *präventive* Maßnahmen dieser

---

[21] Der Krieg und die Völkerrechtsordnung (1919), S. 21 ff. Kritisch dazu H. *Lauterpacht* (letzte Anm.), S. 145, Anm. 1: „such one-sided declarations ... cannot properly be regarded as a sufficient basis for the view ... that according to positive international law war is admissible only as a remedy against a legal wrong".

[22] Unrecht und Unrechtsfolge im Völkerrecht, ZöffR 12 (1932), S. 484 und 561.

[23] Traité de Droit international public I (1953), S. 590.

[24] Diese These bildet die vorausgesetzte Grundlage seines Werkes „Theorie und Realität von Bündnissen. Heinrich Lammasch, Karl Renner und der Zweibund (1897 - 1914)" (1971). Näheres darüber *derselbe*, Der dritte Koalitionskrieg (1805) als gerechtfertigter Krieg, in: Festschrift für Manlio Udina (1975), Bd. I, S. 862 ff. Eine andere, von *Verosta* damit verbundene, aber den Rahmen dieses Buches überschreitende Frage ist, ob ein Staat, der einen erlaubten Krieg begann, das „Exekutionsziel" überschreiten durfte. Dazu *Strisower* (Anm. 21), S. 57 ff.

[25] De bello 4, no. 1. Diese Darstellung bildet den tractatus III, disp. 13, des Werkes „De triplici virtute theologica".

[26] *Strisower* (Anm. 21), S. 56. Text des Abkommens bei *Berber*, Dokumente II, S. 1659 ff.

[27] *Strisower* (ebd.), S. 92 ff.; *Hindmarsh*, Self-help in Time of Peace, AJIL 26 (1932), S. 315 ff.; *Verdross*, S. 429.

Art nur gestattet "in case of an instant and overwhelming necessity of self-defence, leaving no choice of means, and no moment for deliberation"[28].

§ 83 Mit dem zwischen Großbritannien und den USA abgeschlossenen Jay Treaty (1794) beginnt nach einer langen Unterbrechung die moderne Schiedsgerichtsbarkeit aufgrund von bilateralen Schiedsgerichtsverträgen[29]. Auf der ersten Haager Friedenskonferenz (1899)[30] wurde dann der erste multilaterale Vertrag über die friedliche Austragung von zwischenstaatlichen Streitfällen durch gute Dienste, Untersuchungskommissionen, Vermittlungsorgane und Schiedsgerichte abgeschlossen sowie der noch heute bestehende Haager Ständige Schiedsgerichtshof (Cour Permanente d'Arbitrage) eingesetzt[31], der aber nur aus einer Liste von Schiedsrichtern, die von den Vertragsstaaten designiert werden, und einem ständigen Büro besteht, während der in einem konkreten Falle zur Entscheidung berufene Senat erst einvernehmlich durch die Streitteile aus dieser Liste gebildet werden muß. Es bestand jedoch keine Verpflichtung der Staaten, einen Streit einem dieser Verfahren zu unterwerfen, wenn sie keinen Vertrag darüber abgeschlossen hatten. Jedes dieser Verfahren hatte also das *Einvernehmen* der Streitteile zur Voraussetzung. Im Artikel 38 des gerade genannten Abkommens haben die Vertragsteile allerdings anerkannt, daß die Schiedsgerichtsbarkeit das wirksamste Mittel bildet, um zwischenstaatliche Rechtsstreitigkeiten (conflits d'ordre juridique), die auf diplomatischem Weg nicht bereinigt werden konnten, auszutragen.

§ 84 Durch die auf Anregung des amerikanischen Staatssekretärs Bryan zwischen 1913 und 1940 abgeschlossenen insgesamt 50 bilateralen „Bryan-Verträge" übernahmen die Vertragsteile die Verpflichtung, Streitfälle, die nicht einem Schiedsgericht vorgelegt werden, einer von ihnen vereinbarten Vergleichskommission zu unterwerfen und bis zur Erstattung des Lösungsvorschlages der Kommission nicht die Feindseligkeiten zu eröffnen, um auf diese Weise eine Pause zur Beruhigung der Gemüter einzuschalten. Aus diesem Grunde nannte man diese Abkommen „Abkühlungsverträge" (cooling-off treaties)[32].

---

[28] So die USA im *Caroline*-Fall. Darüber *Jennings*, The Caroline and McLeod Cases, AJIL 32 (1938), S. 82 ff. Das wird allerdings von *Lamberti Zanardi*, La legittima difesa nel diritto internazionale (1972), S. 116 ff., bestritten, aber dadurch bewiesen, daß u. a. die amerikanischen und deutschen Marineinstruktionen vor dem Zweiten Weltkrieg ihre in fremden Häfen eingelaufenen Kriegsschiffe zu solchen Maßnahmen ermächtigt haben und dagegen kein Protest erhoben wurde. Vgl. eingehend unten § 1338.

[29] *Schlochauer*, Jay Treaty (1794), Encyclopedia [1 (1981), S. 108 ff.].

[30] *Mössner*, Hague Peace Conferences of 1899 and 1907, Encyclopedia [3 (1982), S. 204 ff.]; *Dülffer*, Regeln gegen den Krieg? Die Haager Friedenskonferenzen von 1899 und 1907 in der internationalen Politik (1981).

[31] *Berber*, Dokumente II, S. 1683 ff. Ferner unten § 1318.

Kapitel 2

Der Ausbau der völkerrechtlichen Verfassungsgrundsätze durch den Völkerbund

§ 85 Die erste umfassende politische Organisation der Staatengemeinschaft war der Genfer Völkerbund (League of Nations, Société des Nations), dessen aus bloß 26 Artikeln bestehende Satzung (Covenant, Pacte) im ersten Hauptstück des Friedensvertrags von Versailles vom 28. Juni 1919 ebenso wie der anderen 1919 abgeschlossenen Friedensverträge enthalten ist[1]. Sein Hauptzweck war es, den Weltfrieden zu sichern und die internationale Zusammenarbeit zu fördern. Dieser Organisation gehörten schließlich bis zum Ausscheiden Italiens und des Deutschen Reiches alle europäischen und lateinamerikanischen Staaten (nicht aber die USA), die britischen Dominions und verschiedene asiatische und afrikanische Staaten an.

§ 86 Der Völkerbund hatte zwei Hauptorgane, nämlich die *Versammlung,* in der alle Mitgliedstaaten gleichmäßig vertreten waren, und einen *Rat,* der aus ständigen und nichtständigen Mitgliedern bestand. Die Völkerbundversammlung konnte nur Empfehlungen über alle Fragen des Weltfriedens und der Kooperation beschließen. Hingegen war der Völkerbundrat das erste ständige internationale Vermittlungsorgan. Er konnte auch Maßnahmen zum Schutze des Friedens beschließen, die aber mangels einer Befehlsgewalt nur aus Ermahnungen und Vorschlägen bestehen konnten. In beiden Organen konnten ferner, abgesehen von Verfahrensfragen, grundsätzlich nur einstimmige Beschlüsse gefaßt werden. Außerdem bestand ein ständiges *Sekretariat.* Als erstes ständiges Organ zur *gerichtlichen* Streiterledigung auf universeller

---

[32] *Lange,* Die amerikanischen Friedensverträge (1916); *Schlochauer,* Bryan-Verträge von 1913/14, WV I, S. 257 f.; *derselbe,* Bryan Treaties (1913/1914), Encyclopedia [1 (1981), S. 40 f.]; *Bar-Yaacov,* The Handling of International Disputes by Means of Inquiry (1974), S. 114 ff.

[1] Text bei *Berber,* Dokumente I, S. 1 ff. Zum ganzen *Scelle,* Le Pacte des Nations et sa liaison avec le traité de Paix (1919); *Schücking / Wehberg,* Die Satzung des Völkerbundes (2. Aufl. 1924 und 3. des 1. Bandes 1931); *Barandon,* Völkerbund, WV III, S. 597 ff.; *Göppert,* Der Völkerbund (1938); *Myers,* Handbook of the League of Nations (1930); *Zimmern,* The League of Nations and the Rule of Law (1936); *Carr,* The Twenty Years' Crisis. 1919 - 1939 (1946); *Rappard,* Vues rétrospectives sur la Société des Nations, RdC 71 (1947 II), S. 111 ff.; *Schiffer,* Répertoire des questions de droit international général posées devant la Société des Nations 1920 - 1940 (1942); *Aufricht,* Guide to League of Nations Publications (1951); *Walters,* A History of the League of Nations (1952); *Pfeil,* Der Völkerbund. Literaturbericht und kritische Darstellung seiner Geschichte (1976); *Parry,* League of Nations, Encyclopedia [5 (1983), S. 192 ff.]; United Nations Library, Geneva (Hrsg.), The League of Nations in Retrospect (1983).

Ebene wurde 1920 der Ständige Internationale Gerichtshof (StIGH) gegründet, der aber im Gegensatz zum heutigen IGH ein juristisch selbständiges Staatengemeinschaftsorgan war[2].

§ 87 Die Bundesmitglieder waren untereinander gehalten, ihre territoriale Integrität und politische Unabhängigkeit nicht nur zu achten (respecter), sondern auch zu wahren (maintenir; vgl. Art. 10 Völkerbundsatzung). Sie mußten ferner alle Streitigkeiten, die zu einem Bruche führen konnten, entweder einem Schiedsgericht oder dem StIGH oder aber dem Völkerbundrat unterbreiten (Art. 12). Letzterer oder eine Streitpartei konnte eine Streitfrage auch der Bundesversammlung vorlegen. Gelang es dem Rat, einen einstimmigen Vermittlungsvorschlag (abgesehen von den Stimmen der Streitteile) zu fassen, und wurde dieser von einem Streitteil angenommen, dann durfte gegen diesen Staat nicht zum Kriege geschritten werden. Einem einhelligen Ratsbeschluß stand ein Mehrheitsbeschluß der Bundesversammlung, der die Stimmen aller Ratsmitglieder umfaßte, gleich. Kam es hingegen zu keinem oder bloß zu einem mehrstimmigen Ratsbeschluß oder zu keinem entsprechend qualifizierten Beschluß der Versammlung, dann konnte jeder Streitteil jene Maßnahmen ergreifen, die er „zur Aufrechterhaltung von Recht und Gerechtigkeit für notwendig" hielt, kriegerische Maßnahmen jedoch erst nach Ablauf einer „cooling-off period" von 3 Monaten. Für ein Gerichtsurteil oder einen Schiedsspruch galt dasselbe wie für einen einstimmigen Ratsbeschluß.

Nach Art. 11 der Satzung war jeder Krieg und jede Kriegsdrohung „eine Angelegenheit des ganzen Bundes". Im Falle eines gegen die Völkerbundsatzung verstoßenden Angriffes waren alle Völkerbundmitglieder *unmittelbar* verpflichtet, die wirtschaftlichen und finanziellen Verbindungen zum Angreifer abzubrechen und die gegen ihn eingesetzten Truppen durch ihr Gebiet durchziehen zu lassen. Von der letztgenannten Pflicht wurde nur die Schweiz durch einen eigenen Beschluß des Völkerbundrates ausgenommen. Kein Bundesmitglied durfte also bei einem satzungswidrigen Krieg neutral bleiben *(kollektive Sicherheit)*[3]. Als aber Italien unter Umgehung des Völkerbundrats Äthiopien angriff, wurden diese Sanktionen nur zögernd und schwächlich eingesetzt, so daß es Italien gelang, Äthiopien zu besetzen und dem Königreich einzuverleiben. Daraus hat die Schweiz die Folgerung gezogen, zur integralen Neutralität zurückzukehren, was der Völkerbund am 14. Mai

---

[2] Dazu *Hudson*, The Permanent Court of International Justice, 1920 - 1942 (1943); *Schlochauer*, Ständiger Internationaler Gerichtshof, WV III, S. 341 ff.; *derselbe*, Permanent Court of International Justice, Encyclopedia [1 (1981), S. 163 ff.] (mit umfangreichen Literaturangaben).

[3] Zu den Erfolgsbedingungen eines derartigen Systems vgl. unten § 230.

1938 zur Kenntnis genommen hat[4]. Auch andere Völkerbundmitglieder traten aus und kehrten zur Neutralität zurück, so daß der Völkerbund beim Ausbruch des Zweiten Weltkrieges bereits aktionsunfähig geworden war, wenngleich er erst nach Ende dieses Krieges durch den Beschluß der Völkerbundversammlung vom 19. April 1946 förmlich aufgelöst wurde[5].

§ 88 Einen wichtigen Schritt in der Weiterbildung des VR bildete der am 27. August 1928 unterzeichnete Pakt von Paris, der nach den Namen seiner Initiatoren, des französischen Außenministers Briand und des amerikanischen Staatssekretärs Kellogg, meistens *Briand-Kellogg-Pakt* oder Kellogg-Pakt genannt wird[6]. Dieser Pakt, dem nahezu alle damaligen Staaten beigetreten sind, verpflichtet die Vertragsstaaten, alle Streitfälle nur mit friedlichen Mitteln auszutragen und auf den Krieg „als Mittel der nationalen Politik" zu verzichten. Damit wird erstmalig der Angriffskrieg schlechthin, also selbst zur Durchsetzung von Rechten, verboten. Der Kellogg-Pakt geht damit weit über die klassische Lehre des *„bellum iustum"* hinaus. Der Krieg ist seither nur mehr als Verteidigung gegen einen Angriff erlaubt[7]. Hingegen wurden militärische Repressalien durch diesen Pakt noch nicht verboten.

---

[4] *Keppler*, Die neue Neutralität der Schweiz, ZöffR 18 (1939), S. 505 ff.; D. *Schindler* (sen.), Die schweizerische Neutralität 1920 - 1938, ZaöRV 8 (1938), S. 431 ff.

[5] *Mc Kinnon Wood*, The Dissolution of the League of Nations, BYIL 23 (1946), S. 317 ff.

[6] Text bei *Berber*, Dokumente II, S. 1674 ff. (Ende 1983 63 Vertragsparteien.) Darüber *Myers*, Origin and Conclusion of the Paris Pact (1929); *Schücking*, Die Revision der Völkerbundsatzung im Hinblick auf den Kelloggpakt (1931).

[7] *Verdross*, Die Ausnahmen vom Kriegsverbot des Kellogg-Paktes, FW 30 (1930), S. 65 ff.
A. M. *Kelsen*, General Theory of Law and State (1945), S. 336, mit der Begründung, daß ein Krieg zur Durchsetzung des Rechts kein Mittel der „nationalen", sondern der internationalen Politik, also des VR sei. Diese geistvolle Auslegung wird jedoch durch die klare Absicht der Vertragsteile widerlegt, da diese jeden Krieg, der keine „self-defense" bildet, verbieten wollten. Dazu *Myers* (Anm. 6).

Kapitel 3

Die Verfassung der Vereinten Nationen

1. Abschnitt

Die Entstehung der UNO[1]

§ 89 Obwohl das durch die Völkerbundsatzung begründete System der kollektiven Sicherheit versagt hatte, wurden nach Ausbruch des Zweiten Weltkrieges neue Pläne für eine wirksamere Weltorganisation

---

[1] Amtliche deutsche Übersetzungen der UN-Charta: BGBl. 1973 II, S. 431 (Bundesrepublik Deutschland); BGBl. Nr. 120/1956 (Österreich); Gesetzblatt der DDR, Teil II, 1973, Nr. 14, S. 146 ff., und Teil II, 1974, Nr. 1, S. 2.

Zur Entstehungsgeschichte der UNO *Russell / Muther*, A History of the United Nations Charter (1958); *Luard*, A History of the United Nations. Vol. 1: The Years of Western Domination, 1945 - 1955 (1982).

An Kommentaren zur UN-Charta vgl. *Kelsen*, The Law of the United Nations (1951); *Bentwich / Martin*, A Commentary on the Charter of the United Nations (1951); *Goodrich / Hambro / Simons*, Charter of the United Nations. Commentary and Documents (3. rev. Auflage 1969).

Aus dem allgemeinen Schrifttum *Jiménez de Aréchaga*, Derecho constitucional de las Naciones Unidas (1958); *Goodrich*, The United Nations (1959); *derselbe*, The United Nations in a Changing World (1974); *Clark / Sohn*, Frieden durch ein neues Weltrecht (1961); *Hagemann*, Der provisorische Frieden. Die Bauprinzipien der internationalen Ordnung seit 1945 (1964); *Falk / Mendlovitz* (Hrsg.), The Strategy of World Order, Bd. III: The United Nations (1966); *Ross*, The United Nations. Peace and Progress (1966); *Sohn*, Cases and Materials on United Nations Law (2. Aufl. 1967); *Waters* (Hrsg.), The United Nations (1967); *Gregg / Barkun* (Hrsg.), The United Nations System and Its Functions (1968); *Gutteridge*, The United Nations in a Changing World (1969); *Nicholas*, The United Nations as a Political Institution (5. Aufl. 1975); *Claude*, Swords into Plowshares. The Problems and Progress of International Organization (4. Aufl. 1971); *Barros* (Hrsg.), The United Nations. Past, Present, and Future (1972); *Virally*, L'organisation mondiale (1972); *Elmandjra*, The United Nations System. An Analysis (1973); *Scheuner / Lindemann* (Hrsg.), Die Vereinten Nationen und die Mitarbeit der Bundesrepublik Deutschland (1973); *Unser*, Die UNO. Aufgaben und Struktur der Vereinten Nationen (1973); *Spröte / Wünsche u. a.*, Die ökonomischen Organe und Organisationen der Vereinten Nationen (1973); *dieselben*, Die UNO und ihre Spezialorganisationen (1975); *Hüfner / Naumann*, Das System der Vereinten Nationen. Eine Einführung (1974); *Pawelka*, Vereinte Nationen und strukturelle Gewalt (1974); *Kewenig* (Hrsg.), Die Vereinten Nationen im Wandel. Referate und Diskussionen eines Symposiums „Entwicklungslinien der Praxis der Vereinten Nationen in völkerrechtlicher Sicht" (1975); *Zieger*, Die Vereinten Nationen (1976); *Doeker* (Hrsg.), Die Vereinten Nationen (1976); *Scheuner*, Die Vereinten Nationen als Faktor der internationalen Politik (1976); *Schwarzenberger*, International Law as Applied by International Courts and Tribunals, Bd. III: International Constitutional Law (1976); *Wolfrum / Prill / Brückner* (Hrsg.), Handbuch Vereinte Nationen (1977); *Conforti*, Le Nazioni Unite (3. Aufl. 1979); *Kaufman*, United Nations Decision Making (1980); Die Bundesrepublik Deutschland Mitglied der Vereinten Nationen (4. Aufl. 1981); *Halderman*, The Political Role of the United Nations (1981); sowie die einschlägigen Stichworte in der Encyclopedia [5 (1983)].

gefaßt[2]. Bereits in der von Roosevelt und Churchill am 14. August 1941 proklamierten „Atlantik-Charta“ wurde die „Schaffung eines umfassenderen und dauerhaften Systems allgemeiner Sicherheit“ ins Auge gefaßt[3]. In der „Erklärung der Vereinten Nationen“ vom 1. Januar 1942 schlossen sich 26 im Kampf gegen die Achsenmächte stehende Staaten dem Programm der Atlantik-Charta an[4]. Am 30. Oktober 1943 anerkannten die Außenminister der vier alliierten Großmächte in der „Mos-

---

Eine umfangreiche Dokumentation über die UNO und ihre Spezialorganisationen wird gegenwärtig von den beiden DDR-Völkerrechtlern *Spröte* und *Wünsche* bearbeitet (siehe unten Anm. 4). Vgl. ferner: International Organization and Integration, Vol. I. A: The United Nations Organization (1981); Vol. I. B: Organizations related to the United Nations (1982).

An Spezialbibliographien vgl. *Hüfner / Naumann*, Zwanzig Jahre Vereinte Nationen. Internationale Bibliographie 1945 - 1965 (1968); *dieselben*, Das System der Vereinten Nationen. Internationale Bibliographie. Bd. 2 A: Wissenschaftliche Zeitschriften 1965 - 1970 (1977); Bd. 2 B: Wissenschaftliche Zeitschriften 1971 - 1975 (1977); Bde. 3 A und 3 B: Monographien und Artikel in Sammelbänden aus diesen Zeiträumen (1978, 1979). Die von *Wittkowski* bearbeitete Bibliographie „Die Internationalen Wirtschaftsorganisationen im Schrifttum“ des Kieler Instituts für Weltwirtschaft (Teil 1 1969, Teil 2 1971) ist in ihrem Teil 1 hauptsächlich der UNO gewidmet und legt ihren Schwerpunkt auf deren Publikationen.

Auf das englischsprachige Material konzentriert sich *Haas*, International Organization. An Interdisciplinary Bibliography (1971), S. 331 ff.

Die Deutsche Gesellschaft für die Vereinten Nationen gibt die Zeitschrift „Vereinte Nationen“ (1983 im 31. Jahrgang) heraus.

Unter den Veröffentlichungen der UNO selbst sind in unserem Zusammenhang folgende hervorzuheben: Das *Yearbook of the United Nations* gibt den umfassendsten Überblick über die Tätigkeit der UN-Familie und enthält die wichtigsten Beschlüsse im Wortlaut. Speziell juristische Informationen, Texte und Literaturberichte sind im *United Nations Juridical Yearbook* enthalten. Eine kritische Wertung der Tätigkeit und Ergebnisse der UNO enthält der jährliche *Report of the Secretary-General on the work of the organization*, jeweils Supplement No. 1 zu den Official Records der Generalversammlungssessionen. Der laufenden Unterrichtung dient das *United Nations Chronicle*. Die Auslegung und Anwendung der Charta durch die Organe der UNO wird im *Repertory of Practice of United Nations Organs* (nach den einzelnen Artikeln der Charta gegliedert, dzt. 16 Bände und 2 Registerbände), die Praxis des Sicherheitsrates im *Repertoire of the Practice of the Security Council* (dzt. 6 Bände) geschildert. Zu aktuellen Fragen müssen die *Official Records* der UN-Organe konsultiert werden. Ihrer Erschließung dient der (Jahres-)*Index to proceedings* (of the General Assembly, of the Security Council, usw.). Vgl. zu den Dokumenten der UN-Organe auch unten § 116, Anm. 1; zu denen des IGH unten § 186, Anm. 1; zur ILC unten § 591, Anm. 6. Den Zugang erleichtern *Hajnal*, Guide to United Nations Organization, Documentation & Publishing (1978); O. *Steiner*, Dokumente und Publikationen der Vereinten Nationen und der Sonderorganisationen (1978). Von völkerrechtswissenschaftlicher Seite wird die UN-Praxis regelmäßig im ArchVR und im AFDI dokumentiert.

[2] Vgl. zum folgenden die Bibliographie von *Hüfner / Naumann*, Zwanzig Jahre Vereinte Nationen (Anm. 1), S. 13 ff., sowie *Russell / Muther* (ebd.).

[3] Text bei *Berber*, Dokumente II, S. 2262 f. Dazu *Schlochauer*, Atlantik-Charter, WV I, S. 95 ff.

[4] Text bei *Spröte / Wünsche* (Hrsg.), Die Vereinten Nationen und ihre Spezialorganisationen. Dokumente, Bd. 1: Die Entstehung der UNO (1974), S. 130 ff.

kauer Deklaration" die Notwendigkeit, „in möglichst kurzer Frist eine allgemeine internationale Organisation für die Aufrechterhaltung des Weltfriedens und der internationalen Sicherheit zu errichten, die auf dem Grundsatz der souveränen Gleichheit aller friedliebenden Staaten beruht und deren Mitgliedschaft allen solchen Staaten, ob groß oder klein, offensteht"[5]. Auf der Teheraner Konferenz bekräftigten Roosevelt, Churchill und Stalin am 1. Dezember 1943 diese Absicht[6]. Vom 21. August bis 7. Oktober 1944 verhandelten dann China, Großbritannien, die Sowjetunion und die USA in Dumbarton Oaks (Washington, D. C.) über konkrete Vorschläge, die vom US State Department und von einer auf Anregung Manley Hudsons aus zahlreichen in den Vereinigten Staaten ansässigen Völkerrechtslehrern und Publizisten zusammengesetzten Studiengruppe erarbeitet worden waren[7]. Die in dem Ergebnis dieser Verhandlungen, den sog. „Dumbarton Oaks Proposals"[8], noch nicht geklärten Fragen wurden in Moskau vom 9. bis 20. Oktober 1944, sowie auf der Konferenz von Jalta vom 4. bis 11. Februar 1945[9] erörtert und bereinigt, darunter auch die „Yalta Voting Formula" über das Vetorecht der ständigen Mitglieder im Sicherheitsrat beschlossen[10]. Darauf luden die vier Großmächte jene Staaten, die bis dahin die „Erklärung der Vereinten Nationen" (oben) unterzeichnet hatten, zur Gründungskonferenz nach San Francisco ein[11]. Diese Konferenz, die „United Nations Conference on International Organization" (U. N. C. I. O.)[12] trat am 25. April 1945 zusammen und nahm am 25. Juni 1945 die „Charter of the United Nations" (im folgenden „UN-Charta") einstimmig an. Diese wurde am 26. Juni unterzeichnet und trat am 24. Oktober 1945 gemäß ihrem Art. 110 für die 51 ursprünglichen Mitglieder in Kraft.

Durch die UN-Charta wurde die Organisation der Vereinten Nationen (UNO) als neue Weltorganisation geschaffen[13]. Die erste Generalversammlung trat am 10. Januar 1946 in London zusammen.

---

[5] Text ebd., S. 134 ff.

[6] *Berber* (Anm. 3), S. 2264 f.

[7] Dazu *Schlochauer*, Dumbarton Oaks Conference, Encyclopedia [5 (1983), S. 10 ff.] (mit umfangreichen Literaturangaben).

[8] Originaltexte und deutsche Übersetzung bei *Spröte / Wünsche* (Anm. 4), S. 142 ff.

[9] Text des Berichts über die Konferenz (Erklärung von Jalta) bei *Berber* (Anm. 3), S. 2275 ff. Dazu *Schlochauer*, Jalta-Konferenz von 1945, WV II, S. 162 ff. (mit zahlreichen weiterführenden Hinweisen).

[10] Unten §§ 153 ff.

[11] *Spröte / Wünsche* (Anm. 4), S. 184 ff.

[12] Die Konferenzmaterialien wurden als „Documents of the United Nations Conference on International Organization" (U. N. C. I. O.) in 22 Bänden veröffentlicht.

[13] Der Völkerbund wurde am 19. April 1946 förmlich aufgelöst, vgl. oben § 87. Zur Entwicklung vom Völkerbund zur UNO und für einen Vergleich

§ 90 Entstehungsgeschichte und Bezeichnung der UNO machen deutlich, daß die Organisation aus einem umfassenden Bündnis hervorgegangen ist und nach Kriegsende den übrigen Staaten und (mit gewissen Vorbehalten, den sog. „Feindstaatenklauseln"[14]) den ehemaligen Kriegsgegnern geöffnet werden sollte.

§ 91 Die UNO ist — wie wir bereits ausgeführt haben — durch einen multilateralen vr Vertrag auf Grund des damals geltenden allgemeinen VR gegründet worden. Durch sie wurde das nach dem Zusammenbruch des Völkerbundes wiederauflebende klassische VR der nichtorganisierten Staatengemeinschaft zur Ordnung der neu organisierten internationalen Gemeinschaft umgestaltet. Die UN-Charta war allerdings zunächst nur die Verfassung einer Teilordnung innerhalb der universellen Völkerrechtsordnung, da die UNO ursprünglich nur 51 Staaten umfaßte. Seitdem aber nahezu alle Staaten Mitglieder dieser Organisation geworden sind und auch die restlichen Staaten ihre leitenden Grundsätze anerkannt haben, ist die UN-Charta zur Grundordnung des gegenwärtigen universellen VR aufgerückt. In ihrer Präambel verpflichtet sie ihre Mitglieder nicht nur zur Achtung der vr Verträge, sondern auch der in anderen Quellen des VR enthaltenen Normen, also auch zur Achtung des traditionellen allgemeinen VR, soweit es nicht durch die Charta abgeändert wurde. Auf diese Weise ist das bisher geltende allgemeine VR der neuen universellen Ordnung eingegliedert worden.

2. Abschnitt

Die Ziele und Grundsätze der UNO

§ 92 Jede positive Rechtsordnung beruht auf bestimmten Wertgrundlagen, welche die Ziele der von ihr normierten Gemeinschaft bestimmen. Während diese Ziele aber in der Regel nur mühsam aus den konkreten Rechtsnormen erschlossen werden können, bezeichnet die UN-Charta in ihrer Präambel sowie im Artikel 1 selbst die Ziele, welche die in der UNO verbundenen Staaten als Richtschnur ihres individuellen und kollektiven Handelns anerkannt haben[1].

---

ihrer Satzungen siehe *Brierly*, The Covenant and the Charter, BYIL 23 (1946), S. 83 ff.; *Goodrich*, From League of Nations to United Nations, IO 1 (1947), S. 3 ff.; *Barandon*, Die Vereinten Nationen und der Völkerbund in ihrem rechtsgeschichtlichen Zusammenhang (1948). Weiteres Schrifttum bei *Hüfner / Naumann*, Zwanzig Jahre Vereinte Nationen (Anm. 1), S. 40 ff. Zu den Rechtsproblemen des Überganges *Döll*, Völkerrechtliche Kontinuitätsprobleme bei Internationalen Organisationen (1967).

[14] Vgl. unten §§ 106, 241, Anm. 28.

[1] Vgl. auch *Verdross*, Idées directrices de l'organisation des Nations unies, RdC 83 (1953 II), S. 7 ff.

Als oberstes Ziel (purpose, but) wird die *Erhaltung und gegebenenfalls die Wiederherstellung des Weltfriedens* angeführt, „um künftige Geschlechter vor der Geißel des Krieges zu bewahren“, der in diesem Jahrhundert schon zweimal „unsagbares Leid über die Menschheit gebracht hat“.

Zur Erreichung dieses obersten Zieles werden von der UN-Charta auch verschiedene *Mittel* namhaft gemacht. Von größter Bedeutung ist, daß die Charta unter diesen Mitteln die Achtung des Wertes und der Würde der *menschlichen Person* an die Spitze stellt, in der die Menschenrechte und grundlegenden Freiheiten „für alle ohne Unterschied der Rasse, des Geschlechts, der Sprache oder der Religion“ verankert sind. Diese Voranstellung beruht auf der Erkenntnis, daß ein dauerhafter Friede nur erreicht werden kann, wenn die Würde aller Menschen geachtet wird, da jede Mißachtung der Menschenrechte zu sozialen Spannungen führt, die einen „Aufstand gegen Tyrannei und Unterdrückung“[2] auslösen, aber auch von den Machthabern leicht nach aussen hin abgelenkt werden können. Ausdrücklich betont die Präambel auch die *Gleichberechtigung* großer und kleiner Völker.

Als weiteres Mittel zur Erhaltung des Weltfriedens wird die Schaffung von Bedingungen genannt, unter denen „Gerechtigkeit [justice] und die Achtung vor den Verpflichtungen aus Verträgen und anderen Quellen des Völkerrechts gewahrt werden können“, die „den sozialen Fortschritt und einen besseren Lebensstandard in größerer Freiheit ... fördern“, wozu es notwendig ist, Duldsamkeit zu üben und als gute Nachbarn friedlich miteinander zu leben, sowie freundschaftliche Beziehungen zwischen den Staaten zu entwickeln, gegründet auf die Achtung des Grundsatzes der Gleichberechtigung und des Selbstbestimmungsrechts der Völker.

All das ist natürlich nur durch eine wirtschaftliche, soziale, kulturelle und humanitäre *Zusammenarbeit* zu erreichen.

Außerdem setzt die Erhaltung des Friedens die Anerkennung des Gebotes voraus, daß alle zwischenstaatlichen Streitigkeiten und anderen Situationen, die zu einem Friedensbruch führen könnten, nur durch „friedliche Mittel nach den Grundsätzen der Gerechtigkeit und des Völkerrechts“ bereinigt werden dürfen.

Schließlich wird darauf hingewiesen, daß zur Erhaltung des Weltfriedens und der internationalen Sicherheit auch „wirksame Kollektivmaßnahmen“ ergriffen werden müssen, „um Bedrohungen des Friedens zu verhüten und zu beseitigen“, sowie um „Angriffshandlungen und andere Friedensbrüche zu unterdrücken“.

---

[2] Aus der Präambel der Allgemeinen Erklärung der Menschenrechte vom 10. Dezember 1948 (§ 1234).

Dieser Gedanke wird noch durch den Hinweis unterstrichen, daß Waffengewalt (armed force) nicht mehr zur Anwendung kommen soll, es sei denn im gemeinsamen Interesse (save in the common interest, sauf dans l'intérêt commun).

So entfaltet die Präambel in Verbindung mit Artikel 1 UN-Charta eine Philosophie des Friedens, deren vr Wurzeln bis in die im ersten Hauptteil geschilderte Lehre der Begründer der Völkerrechtswissenschaft zurückreichen[3].

§ 93 Nach den Zielen der Vereinten Nationen werden in Artikel 2 der Charta ihre *Grundsätze* (principles, principes) aufgezählt, nämlich

1. der Grundsatz der souveränen Gleichheit aller Mitglieder der Vereinten Nationen (Ziff. 1);
2. die Pflicht, alle aus der UN-Charta sich ergebenden Pflichten nach Treu und Glauben zu erfüllen (Ziff. 2);
3. die Pflicht zur friedlichen Austragung aller Streitfälle (Ziff. 3);
4. das grundsätzliche Gewaltverbot (Ziff. 4);
5. die Pflicht aller Mitglieder, die Organisation bei der Durchführung von Zwangsmaßnahmen zu unterstützen (Ziff. 5);
6. die Pflicht der Organisation, dafür Sorge zu tragen, daß auch die Nichtmitgliedstaaten die Grundsätze zur Aufrechterhaltung des Friedens und der internationalen Sicherheit beobachten (Ziff. 6);
7. das Verbot an die UNO, sich in die inneren Angelegenheiten der Staaten einzumischen (Ziff. 7).

Diese Grundsätze werden wir in anderem Zusammenhang untersuchen. Einige von ihnen sind in der am 25. Jahrestag des Inkrafttretens der Charta von der Generalversammlung angenommenen „Declaration on Principles of International Law concerning Friendly Relations and Co-operation among States in Accordance with the Charter of the United Nations" (Res. 2625 [XXV]) entfaltet und weitergebildet worden[4]. Hier sei nur bemerkt, daß eine klare Unterscheidung zwischen den „Zielen" und den „Grundsätzen" der Charta schon deshalb unmöglich ist, da die Austragung aller Streitigkeiten durch friedliche Mittel sowohl unter den Zielen (Art. 1 Ziff. 1) als auch unter den Grundsätzen (Art. 2 Ziff. 3) angeführt wird. Außerdem können auch die „Ziele" Verpflichtungen begründen. So verbietet Art. 2 Ziff. 4 der UN-Charta jede Anwendung oder Androhung von Gewalt, die „mit den Zielen der Vereinten Nationen unvereinbar" ist. Art. 56 der Charta verpflichtet ferner die Mitgliedstaaten, gemeinsam und mit anderen zu handeln,

---

[3] *Verdross*, Der Beitrag der christlichen Naturrechtslehre zum Primat des Völkerrechts, in: Festschrift Hans Kelsen zum 90. Geburtstag (1971), S. 276 ff.

[4] Ausführlich unten §§ 451 ff.

um die in Art. 55 angeführten „Ziele“ (die mit denen des Art. 1 in Verbindung stehen) zu erreichen.

§ 94 Art. 103 UN-Charta bestimmt, daß die in ihr verankerten Pflichten der Mitgliedstaaten allen anderen zwischenstaatlichen Vertragspflichten (their obligations under any other international agreement) *vorgehen* (shall prevail). Daraus kann gefolgert werden, daß die jene Pflichten regelnden Normen das *ius cogens*[5] der Charta bilden, dem weder durch bilaterale, noch durch solche multilaterale Verträge derogiert werden kann, die nur einen engeren Staatenkreis umfassen. Dieser Vorrang jener Normen der Charta hat darin seinen Grund, daß sie im Interesse der ganzen Staatengemeinschaft erlassen wurden und daher absolute vr Pflichten begründen.

§ 95 Zwar finden wir schon im klassischen VR einen Ansatz zu einem *ius cogens*. Dieses wurde aber wegen des individualistischen Charakters des VR von verschiedenen Schriftstellern bestritten[6]. Welche Normen des VR vor der Geltung der UN-Charta zwingender Natur waren, wird später zu prüfen sein[7]. Hier behandeln wir bloß die Frage, welche Neuerungen darüber in der Charta enthalten sind.

§ 96 Der wichtigste Grundsatz dieser Art ist das zwischenstaatliche Gewaltverbot[8], da die Erhaltung des Weltfriedens das oberste Ziel der UNO bildet. Richtig bemerkt daher Gregorij Tunkin: „Der Frieden ist unteilbar, und ein bewaffneter Angriff eines Staates auf einen anderen, gleichgültig ob es sich um große oder kleine Staaten handelt, ist eine Verletzung des allgemeinen Friedens, an dessen Erhaltung alle Staaten interessiert sind[9].“ Dem grundsätzlichen Gewaltverbot kann daher durch keinen Vertrag innerhalb einer engeren Staatengruppe derogiert werden. Zwar können zwei oder mehrere Staaten untereinander partikuläre oder regionale Völkerrechtsnormen im Rahmen der UN-Charta vereinbaren, sofern diese dem *ius cogens* der Vereinten Nationen nicht widersprechen; ja sie dürfen sich sogar zu einem neuen (Einheits- oder Bundes-)Staat zusammenschließen[10], sie können aber nicht souveräne

---

[5] Vgl. unten §§ 524 ff.

[6] So noch von *Guggenheim*, Traité de Droit international public I (1953), S. 57 f., wo behauptet wird, daß ein völkerrechtlicher Vertrag einen beliebigen Inhalt ohne irgendwelche Einschränkungen haben könne (in der 2. Aufl. 1967 dieses Werkes, S. 127 ff., wird diese Formulierung abgeschwächt); ferner von *Morelli*, Nozioni di diritto internazionale (7. Aufl. 1967), S. 60 ff.; *Schwarzenberger*, International Ius Cogens?, Texas Law Review 43 (1965), S. 455 ff.

[7] Unten §§ 524 ff.

[8] Ebenso der US-Delegierte im Sechsten Ausschuß der Generalversammlung am 22. November 1976: „Today that clear and direct rule is universally recognized as a peremptory norm of international law ...“: US Digest 1976, S. 685. Näheres darüber unten §§ 467 ff.

[9] Völkerrechtstheorie (1972), S. 189.

Mitglieder der UNO bleiben und zugleich das Gewaltverbot einseitig oder untereinander beschränken oder gar aufheben[11]. Denn diese in Art. 2 Ziff. 4 der UN-Charta niedergelegte, aber darüber hinaus heute auch im VGR verankerte Verbotsnorm muß zusammen mit dem sie ergänzenden Art. 2 Ziff. 3, nach dem alle zwischenstaatlichen Streitigkeiten friedlich beigelegt werden müssen, und Art. 2 Ziff. 5, der die UN-Mitglieder zur Solidarität gegenüber einem Aggressor verpflichtet, im Interesse der ganzen Staatengemeinschaft beachtet werden. Hingegen wäre ein ohne Willensmängel abgeschlossener vr Vertrag, durch den sich zwei oder mehrere Staaten zu einseitigen oder gegenseitigen Hilfeleistungen im Falle von Störungen der inneren Ordnung verpflichten[12], der aber nicht in die Rechte dritter Staaten eingreift, mit der UN-Charta vereinbar.

§ 97 Den zweiten zwingenden Grundsatz des VR der Vereinten Nationen bildet die Achtung der sich aus der Würde des Menschen erge-

---

[10] Dazu *Charvin*, Souveraineté et intégration dans la Communauté des Etats socialistes, RBDI 9 (1973), S. 411 ff.

[11] Treffend *Schweisfurth*, Einleitung zu *Tunkin* (Anm. 9), S. 14, sowie *derselbe*, Sozialistisches Völkerrecht? (1979), S. 460 ff.

Als Reaktion auf die Kritik am Einmarsch von fünf Staaten des Warschauer Paktes in die Tschechoslowakei im August 1968 wurde auf dem V. Parteitag der Polnischen Vereinigten Arbeiterpartei im November 1968 seitens der Sowjetunion erklärt, die sozialistischen Staaten setzten sich „für die strikte Beachtung der Souveränität aller Länder ein" und wendeten sich „gegen die Einmischung in die inneren Angelegenheiten anderer Staaten". Diese Erklärung wurde von der sowjetischen Völkerrechtspublizistik als Beweis dafür angeführt, daß es eine Doktrin der „beschränkten Souveränität" sozialistischer Staaten *(Breżnev-Doktrin)* nicht gebe, vgl. *Tunkin* (Anm. 9), S. 482. Indessen hatte sich die Sowjetunion in der angeführten Erklärung gerade auch zur Verpflichtung zum „Schutz der Souveränität" sozialistischer Staaten bekannt und in diese Verpflichtung auch „militärische Hilfe" einbezogen, wenn auch nur als „erzwungene, außerordentliche Maßnahme" (vgl. die Rede Breżnevs in IRD 1971, S. 208 f.); damit ist diese Erklärung geradezu eine Bestätigung der (Breżnev)-Doktrin der „beschränkten Souveränität". Diese Doktrin steht im offensichtlichen Gegensatz selbst zum Warschauer Pakt vom 14. Mai 1955, dessen Art. 1 die Vertragsparteien verpflichtet, „sich in ihren internationalen Beziehungen der Drohung mit Gewalt und ihrer Anwendung zu enthalten", *Berber*, Dokumente I, S. 812. Vgl. zum ganzen *Schweisfurth*, Breschnjew-Doktrin als Norm des Völkerrechts?, Außenpolitik 21 (1970), S. 523 ff.; *Bettati*, „Souveraineté limitée" ou „internationalisme proletarien"? Les liens fondamentaux de la Communauté des Etats socialistes, RBDI 8 (1972), S. 455 ff.; *Schindler*, Universelles und regionales Völkerrecht, in: Recht als Prozeß und Gefüge (Festschrift f. H. Huber, 1981), S. 616 ff.

Beim „sozialistischen VR" handelt es sich entweder um bloß regionales VR oder um den rechtspolitischen Versuch, ein solches regionales VR zu etablieren, und zwar sogar im Verhältnis zu „realsozialistischen" Staaten, die es nicht anerkennen. Vgl. dazu oben §§ 55 ff. und umfassend *Schweisfurth*, Sozialistisches Völkerrecht? sowie das Schrifttum oben.

[12] Ein solcher Vertrag war die zwischen Österreich, Preußen und Rußland abgeschlossene Heilige Allianz vom 26. September 1815; *Fleischmann*, Völkerrechtsquellen (1905), S. 19 f.: „[I]ls se prêteront en toute occasion et en tout lieu assistance, aide et secours ..."

benden *grundlegenden* Menschenrechte „für alle ohne Unterschied der Rasse, des Geschlechts, der Sprache oder der Religion", wozu nicht nur die Freiheitsrechte, sondern auch die sozialen und kulturellen Rechte gehören[13]. Die UN-Charta proklamiert die allgemeine Achtung und Verwirklichung der Menschenrechte und Grundfreiheiten als ein Ziel, das sich alle UN-Mitglieder gemäß Art. 56 „gemeinsam und jeder für sich" anzustreben verpflichtet haben. Jeder Vertrag, der seine Parteien zur Aufhebung oder Einschränkung dieser Rechte verpflichten würde, wäre daher nichtig, weil er gegen einen Grundsatz des *ius cogens* der Vereinten Nationen verstieße.

Gegen das *ius cogens* der UN-Charta würde auch ein Vertrag verstoßen, durch den sich zwei oder mehrere Staaten verpflichten, die Ausübung des Selbstbestimmungsrechts eines Volkes (Art. 1 Pkt. 1) zu verhindern[14].

§ 98 Außer diesen *mittelbaren* Gemeinschaftspflichten finden wir in der UN-Charta auch *unmittelbare*, wie z. B. die in Art. 25 festgelegte Pflicht aller Mitglieder, die satzungsgemäßen Beschlüsse des Sicherheitsrates anzuerkennen und durchzuführen[15]. Daher wäre ein Vertrag, der seine Parteien verpflichten würde, solchen Beschlüssen des Sicherheitsrates nicht zu entsprechen, ein direkter Verstoß gegen die Gemeinschaftsordnung, deren Pflichten gemäß Art. 103 der Charta den Vorrang vor anderen Vertragspflichten haben.

3. Abschnitt

Die Rechtsnatur der UNO

§ 99 Die UNO ist kein Weltstaat[1], da sie keine unmittelbare Herrschaft über die Angehörigen ihrer Mitgliedstaaten ausübt. Sie ist auch kein Weltbundesstaat, da sie aus souveränen Staaten zusammengesetzt ist[2] und daher keine Teilung der Souveränität zwischen ihr und ihren Mitgliedern besteht. Gleichwohl ist sie mehr als ein großer Pakt zwi-

---

[13] Dazu eingehend unten §§ 1238 ff., 1247 f.

[14] Zum Selbstbestimmungsrecht ausführlich unten §§ 509 ff.

[15] Näher §§ 232 ff.

[1] So auch der IGH im Falle *Reparation for Injuries Suffered in the Service of the United Nations*, ICJ Reports 1949, S. 179. Umfangreiche Literaturangaben zu den folgenden Fragen bei *Hüfner / Naumann*, Zwanzig Jahre Vereinte Nationen (§ 89, Anm. 1), S. 79 ff., 87 ff., 90 ff. Ferner *Tunkin*, The Legal Nature of the United Nations, RdC 119 (1966 III), S. 13 ff., 59 ff.; *Ninčić*, The Problem of Sovereignty in the Charter and in the Practice of the United Nations (1970).

[2] Art. 2 Ziff. 1 UN-Charta.

schen souveränen Staaten[3] oder als eine neue Methode des zwischenstaatlichen Verhandelns[4], da sie eine eigene Völkerrechtssubjektivität besitzt[5]. Sie kann vr Verträge abschließen[6], vr Reklamationen zugunsten ihrer Beamten und anderen Funktionäre erheben[7], die Dienst- und Disziplinargewalt über ihre Beamten auf Grund von Normen, welche die Generalversammlung zu beschließen hat, ausüben[8], ja sogar die unmittelbare Regierung eines Gebietes übernehmen[9]. Sie kann auch Petitionen entgegennehmen und darüber verhandeln[10]. Sie ist also eine quasi-universelle organisierte Staatenverbindung (zwischenstaatliche internationale Organisation).

§ 100 Hingegen besitzt die UNO keine überstaatliche Autorität, da sie ihre Mitglieder weder (außerhalb des Organisationsbereichs) durch generelle Normen verpflichten[11], noch auch über sie eine Gerichtsbarkeit ohne ihre Zustimmung ausüben kann[12]. Wir finden auch nur einen *Ansatz* zu einer überstaatlichen Zwangsgewalt, da der Sicherheitsrat nach dem VII. Kapitel der UN-Charta unter bestimmten, später näher zu untersuchenden, Voraussetzungen Zwangsmaßnahmen gegen einen Staat beschließen und auch ihre Durchführung anordnen kann[13]. Jeder solche Beschluß kann jedoch durch das Vetorecht eines ständigen Ratsmitgliedes verhindert werden, so daß ihnen gegenüber die in Rede stehenden Normen eine bloße *„lex imperfecta"* bilden[14]. Auf diese Weise können sie auch Zwangsmaßnahmen gegen ihre Verbündeten und Freunde verhindern. In der UNO besteht daher keine allgemeine und objektiv wirksame Exekutionsgewalt. Selbst bloße Empfehlungen gemäß Kapitel VI der Charta kann der Sicherheitsrat in einem Streitfalle (mit Ausnahme solcher, in denen ein ständiges Ratsmitglied Partei ist: Art. 27 Abs. 3) nicht gegen den Willen eines ständigen Ratsmitgliedes beschließen[15]. Da diese Empfehlungen außerdem mit keinerlei Rechts-

---

[3] G. *Arangio-Ruiz,* The Normative Role of the General Assembly of the United Nations and the Declaration of Principles of Friendly Relations, RdC 137 (1972 III), S. 674.

[4] Dortselbst, S. 681.

[5] So auch der IGH (Anm. 1). Dazu unten §§ 376, 415.

[6] Art. 43 Abs. 1, 63 Abs. 1, 83 Abs. 1, 85 Abs. 1 UN-Charta.

[7] So der IGH (Anm. 1).

[8] Art. 101 UN-Charta.

[9] Art. 81 UN-Charta.

[10] §§ 184, 427, 1245.

[11] Vgl. unten § 631.

[12] Vgl. unten § 187.

[13] Vgl. Art. 39 ff. (in Zusammenhang mit Art. 25) UN-Charta; dazu unten §§ 232 ff.

[14] Vgl. auch oben § 41 und zum Vetorecht ausführlich unten §§ 153 ff.

[15] Art. 36 und 37 in Verbindung mit Art. 27 Abs. 3 UN-Charta.

folgen verknüpft sind und auch kein anderer Weg zur Rechtsdurchsetzung gegen den Willen des Gegners besteht, ist das Rechtsschutzsystem der UNO noch überaus mangelhaft.

Infolge dieser nur losen zwischenstaatlichen Organisation stehen die Staaten einander in der UNO noch als *Mächte* gegenüber, wenngleich aus den angeführten Gründen die Behauptung von Gaetano Arangio-Ruiz, daß sich die *Organisation* der Vereinten Nationen zwar auf ihre inneren Einrichtungen, nicht aber auf die zwischenstaatlichen Beziehungen selbst erstrecke[16], über das Ziel schießt.

§ 101 Da ferner, wie wir später darlegen werden, der Schutz der Menschenrechte, sowie die allgemeine Förderung der wirtschaftlichen, sozialen und kulturellen Ziele der Menschen, eine wichtige Aufgabe der UNO darstellt[17], dient diese nicht nur den *zwischenstaatlichen* Interessen[18], sondern auch allgemeinen *menschlichen* Zielen, wie z. B. dem Schutz der Umwelt und der Staatenlosen[19]. Diese rein humanitäre Tätigkeit der UNO steckt zwar noch in den Kinderschuhen. Mit der zunehmenden Erkenntnis der Notwendigkeit, den allgemeinen menschlichen Zielen Vorrang vor den Sonderinteressen einzuräumen, um das Überleben der Menschheit sicherzustellen, kann der Druck der Völker auf ihre Regierungen aber die soziologische Basis dafür schaffen, die UNO allmählich zu einem Organe der Menschheit auszubauen.

4. Abschnitt

Die soziologisch-politischen Grundlagen der UNO

§ 102 Die UNO war ursprünglich vom Willen der Siegermächte des Zweiten Weltkrieges getragen, zur Erhaltung des Weltfriedens zusammenzuarbeiten. Daher übertrug Art. 24 der Charta dem Sicherheitsrat „die Hauptverantwortung für die Wahrung des Weltfriedens und der internationalen Sicherheit" mit der im VII. Kapitel geregelten Aufgabe, bei Bedrohungen des Friedens, bei Friedensbrüchen und Angriffshandlungen Zwangsmaßnahmen zu ergreifen. Da solche Maßnahmen durch das Vetorecht jedes ständigen Ratsmitgliedes verhindert werden können[1], hängt das Funktionieren des Sicherheitsrates von der Übereinstimmung dieser Mächte ab.

---

[16] (Anm. 3) S. 685.

[17] Unten §§ 505 ff., 1233 ff.

[18] Ebenso *Arangio-Ruiz* (Anm. 3), S. 684: „The United Nations ... offers a meeting-place ... for the co-operation of these Governments in programs of *common benefit*" (von uns hervorgehoben).

[19] Dazu unten §§ 1029 ff., 1254 ff.

[1] Unten §§ 153 ff.

Die Einigkeit der Großmächte überdauerte jedoch den Zweiten Weltkrieg nicht lange. Der Kalte Krieg spaltete die ständigen Ratsmitglieder in zwei Lager und schwächte die Funktionsfähigkeit des Sicherheitsrates entscheidend. So konnte das in Kapitel VII der Charta vorgesehene System der *kollektiven Sicherheit*[2] seine Wirksamkeit nicht entfalten. In Gebrauch der durch Art. 51 als Ausnahme zugelassenen Möglichkeit der *kollektiven Selbstverteidigung*[3] errichteten die beiden Supermächte antagonistische Bündnissysteme: Am 4. April 1949 wurde der Nordatlantikpakt (NATO-Vertrag) zwischen den Vereinigten Staaten, zehn westeuropäischen Staaten und Kanada abgeschlossen, dem später Griechenland, die Türkei sowie die Bundesrepublik Deutschland beitraten[4]. Am 14. Mai 1955 folgte der Warschau-Pakt zwischen der Sowjetunion und den sozialistischen Staaten Osteuropas (mit Ausnahme Jugoslawiens) nach[5]. Beide Bündnisse verpflichten ihre Teilnehmer zur sofortigen Hilfeleistung im Falle eines bewaffneten Angriffs auf einen Partner. Während das so organisierte nukleare „Gleichgewicht des Schreckens" eine unmittelbare bewaffnete Auseinandersetzung zwischen den beiden Blöcken bisher verhinderte, kann es außerhalb dieses Patts zu zahlreichen auch militärischen Konflikten, in deren Ablauf die UNO in einigen Fällen mildernd eingreifen konnte[6].

§ 103 Mit der Schwächung des Sicherheitsrates durch den Kalten Krieg ging eine politische Aufwertung der Generalversammlung Hand in Hand; zuerst seitens des Westens, solange dieser darin über eine sichere Stimmenmehrheit verfügte[7], später unter dem numerischen Gewicht der „Dritten Welt". Auch der UN-Generalsekretär konnte unter Duldung der Großmächte durch extensive Auslegung seiner Kompetenzen eine eigenständige Friedenssicherungsfunktion ausbauen. Die Entspannung zwischen der Sowjetunion und den Vereinigten Staaten, verbunden mit einer offensichtlichen Kooperationsbereitschaft Chinas[8], führte dann zu einer gewissen Rückbesinnung des Sicherheitsrates auf seine eigentliche Rolle.

---

[2] Unten §§ 229 ff.

[3] *Claude* (Swords into Plowshares [4. Aufl. 1971], S. 266) spricht dabei treffend von *„selektiver"* Sicherheit.

[4] Text bei *Berber / Randelzhofer*, Völkerrechtliche Verträge (1979), S. 67 ff.

[5] Text ebd., S. 78 ff.

[6] Darüber *Pfeifenberger*, Die Vereinten Nationen. Ihre politischen Organe in Sicherheitsfragen (1971); *Northedge / Donelan*, International Disputes — The Political Aspects (1971), S. 215 ff.; *Donelan / Grieve*, International Disputes — Case Histories 1945 - 1970 (1973).

[7] Ihren rechtlichen Niederschlag fand diese Gewichtsverlagerung in dem später zu beschreibenden „Uniting for Peace"-Schema (unten §§ 244 ff.).

[8] Dazu *Martin*, Le comportement de la République populaire de Chine au Conseil de sécurité (1971 - 1976), RGDIP 82 (1978), S. 775 ff.

Dennoch bleibt die UNO als Instrument der Friedenswahrung mangels eines einheitlichen Machtzentrums weniger aktionsfähig als ursprünglich gedacht war.

§ 104 Während der Ost-West-Konflikt den beiden ersten Dekaden der Weltorganisation den entscheidenden Stempel aufdrückte, wird die UNO heute stärker durch den Nord-Süd-Gegensatz geprägt. Bereits auf der Konferenz von Bandung 1955 hatten dreißig afro-asiatische Staaten eine Außenpolitik der Blockfreiheit (non-alignment) proklamiert[9]. Durch die rasche Dekolonisierung ist die Zahl der Staaten der Dritten Welt mächtig angewachsen, was zu ihrem ständig steigenden Einfluß in der Generalversammlung geführt hat[10]. Gegenwärtig verfügt die sog. „Gruppe der 77“, die inzwischen mehr als 120 Staaten umfaßt, über eine ¾-Mehrheit in diesem Organ, wenngleich es weit verfehlt wäre, sie in allen Fragen als einen geschlossenen Block zu betrachten. Die Interessengegensätze innerhalb der afro-asiatischen Staaten sind gerade durch die Energiekrise und die in ihrem Gefolge auftretenden wirtschaftlichen Verschiebungen zutage getreten, als deren Nutznießer sich einige wenige Länder finden, die sich ihrer Verantwortung gegenüber der wirtschaftlich armen Staatenmehrheit erst allmählich bewußt werden.

Die wachsende Mehrheit der neuen Staaten Afrikas und Asiens sowie der lateinamerikanischen Staaten in der Generalversammlung und den Spezialorganisationen hat eine immer deutlichere Ausrichtung der Aktivitäten der UN-Familie nach den politischen und wirtschaftlichen Zielen dieser Staaten mit sich gebracht. Der Kampf gegen die letzten Relikte des Kolonialismus und die Erscheinungsformen eines tatsächlichen oder vermeintlichen „Neo-Kolonialismus“, um eine Rechtspflicht der Industriestaaten zur technischen und finanziellen, bilateral oder multilateral (durch internationale Organisationen) zu leistenden Entwicklungshilfe, um die gerechtere Verteilung des wirtschaftlichen Reichtums und um dem Mehrheitswillen entsprechende Umgestaltungen des VR wird hier mit großer Beharrlichkeit und unbestreitbarem Erfolg ausgetragen[11]. Er hat bereits zu einer Verlagerung des Schwerpunkts der Arbeit der UNO von der Aufrechterhaltung eines bloß negativen

---

[9] Vgl. oben § 27.

[10] *Pfahlberg*, Zur Politik afro-asiatischer Staaten in den Vereinten Nationen, 1945 - 1960 (1966); *Kay*, The New Nations in the United Nations, 1960 - 1967 (1970); *Salah-uddin Eid*, Die blockfreien Staaten in den Vereinten Nationen (1970); *Jankowitsch / Sauvant* (Hrsg.), The Third World without Superpowers. The Collected Documents of the Non-Aligned Countries (1978 ff.); *Sauvant*, The Group of 77. Evolution, Structure, Organization (1981); *derselbe* (Hrsg.), The Third World without Superpowers, Second Series: The Collected Documents of the Group of 77 (1981 - 2).

[11] Vgl. zu dieser Auseinandersetzung und ihren Ergebnissen etwa §§ 409 f., 505 ff., 509 ff.

Friedens (i. S. der Abwesenheit von militärischer Gewalt) hin zur Schaffung einer wirtschaftlichen, sozialen und kulturellen Infrastruktur für einen positiven Frieden durch größere soziale Gerechtigkeit geführt[12].

5. Abschnitt

Die Mitgliedschaft in der UNO

A. Aufnahme in die UNO

§ 105 Die Mitglieder der UNO setzen sich aus den Staaten, welche die UN-Charta auf der Konferenz von San Francisco beschlossen und dann ratifiziert haben (*ursprüngliche* Mitglieder, Art. 3 der Charta)[1], sowie aus den gemäß Art. 4 Abs. 1 der Charta *später aufgenommenen* Staaten zusammen. Nach diesem Artikel können alle diejenigen „friedliebenden" (peace-loving) Staaten (nicht auch andere Gemeinschaften) aufgrund einer Empfehlung des Sicherheitsrates[2] durch einen mit Zweidrittelmehrheit gefaßten Beschluß der Generalversammlung in die Organisation aufgenommen werden (Art. 4 Abs. 2), die nach dem Urteil der Organisation fähig und gewillt sind, die sich aus der UN-Charta ergebenden Pflichten zu erfüllen[3].

§ 106 Da bereits alle Staaten, die im Zweiten Weltkrieg Feinde der Siegermächte waren, in die UNO aufgenommen, daher als „friedliebend"

---

[12] Umfangreiche Schrifttumsangaben zu allen hier angeschnittenen Fragen bei *Hüfner / Naumann*, Zwanzig Jahre Vereinte Nationen (§ 89, Anm. 1), besonders S. 45 ff., 101 ff., 191 ff., 393 ff. Ferner *Scheuner*, Aufgaben- und Strukturwandlungen im Aufbau der Vereinten Nationen, in: Die Vereinten Nationen im Wandel (1975), S. 189 ff.; *Tomuschat*, Tyrannei der Minderheit? Betrachtungen zur Verfassungsstruktur der Vereinten Nationen, GYIL 19 (1976), S. 278 ff.; *Reinhard*, Rechtsgleichheit und Selbstbestimmung der Völker in wirtschaftlicher Hinsicht (1980).

[1] Darunter befinden sich zwei Gliedstaaten der Sowjetunion, nämlich die Ukraine und Weißrußland, als Rest der ursprünglichen Forderung nach einer UN-Mitgliedschaft sämtlicher Sowjetrepubliken. Vgl. auch § 394.

Reiches Schrifttum zu allen Fragen der Mitgliedschaft bei *Hüfner / Naumann*, Zwanzig Jahre Vereinte Nationen (§ 89, Anm. 1), S. 95 ff. Ferner *Ginther* und *Oppermann*, Grundfragen der Mitgliedschaft in Internationalen Organisationen, Berichte DGVR 17 (1975), S. 7 ff.; *Tomuschat* (letzte Anm.).

[2] Aber auch *nur* auf Grund einer solchen Empfehlung; vgl. das Gutachten des IGH über die *Competence of the General Assembly for the Admission of a State to the United Nations*, ICJ Reports 1950, S. 7 f.

[3] Der IGH vertrat in seinem Gutachten vom 28. Mai 1948 über die *Conditions of Admission of a State to Membership in the United Nations (Article 4 of the Charter)* die Auffassung, daß die Aufnahme eines Staates nur von diesen Bedingungen abhängig gemacht werden darf, während eine Minderheit der Richter die Meinung vertrat, daß dabei *auch* politische Umstände berücksichtigt werden dürfen: ICJ Reports 1948, S. 62.

anerkannt wurden, und alle UN-Mitglieder die „souveräne Gleichheit“ besitzen (Art. 2 Ziff. 1), ist Art. 53 UN-Charta, der gegen die Feindstaaten Zwangsmaßnahmen ohne Ermächtigung des Sicherheitsrates zuläßt, nicht mehr anwendbar[4].

§ 107 Die Praxis zeigt uns auch *formlose* Aufnahmen. Als sich z. B. 1958 Ägypten und Syrien zur Vereinigten Arabischen Republik (VAR), also zu einem neuen Staate zusammenschlossen, wurde dieser ohne förmliche Aufnahme von der ägyptischen Delegation vertreten. Nach der Losreißung Syriens von jener Gemeinschaft (1961) wurde es ohne Neuaufnahme wieder als Mitglied betrachtet[5]. Ebenso wurde Indonesien, das am 1. März 1965 seinen Austritt aus der UNO erklärt hatte, 1966 ohne Debatte zu den Verhandlungen wieder zugelassen[6]. Das bestätigt unsere Ansicht, daß Vertragsnormen auch durch spontanen widerspruchslosen Konsens geändert oder suspendiert werden können[7].

§ 108 Außer der Vollmitgliedschaft bei der UNO gibt es auch eine Mitgliedschaft in einzelnen ihrer Unterorgane und Spezialorganisationen, sowie beim IGH-Statut (Art. 35 Abs. 2 dieses Statuts)[8]. Einige Unterorgane (z. B. die regionalen Wirtschaftskommissionen des Wirtschafts- und Sozialrates) und Spezialorganisationen kennen ferner eine assoziierte Mitgliedschaft.

§ 109 Von diesen Abstufungen der Mitgliedschaft ist der bloße *Beobachterstatus* zu unterscheiden, der in einigen UN-Organen und Spezialorganisationen gegenwärtig in differenzierter Ausgestaltung der damit verbundenen Befugnisse u. a. dem Heiligen Stuhl, der EWG, der Schweiz, aber auch bestimmten Befreiungsorganisationen zukommt[9]. Er

---

[4] So der japanische Außenminister am 13. April 1970: The Ex-Enemy-State Clause, JAIL 19 (1975), S. 162 f. Aus dem deutschen Schrifttum *Albano-Müller*, Die Deutschland-Artikel in der Satzung der Vereinten Nationen (1967); *Schneider*, Die Charter der Vereinten Nationen und das Sonderrecht für die im Zweiten Weltkrieg unterlegenen Nationen (Art. 53 und 107) (1967); *Frenzke / Hacker / Uschakow*, Die Feindstaatenartikel und das Problem des Gewaltverzichts der Sowjetunion im Vertrag vom 12. 8. 1970 (1971); *Blumenwitz*, Feindstaatenklauseln. Die Friedensordnung der Sieger (1972); *Krakau*, Feindstaatenklauseln und Rechtslage Deutschlands nach den Ostverträgen (1975).

[5] *Young*, The State of Syria: Old or New?, AJIL 56 (1962), S. 482 ff.

[6] Dazu das Gutachten der UN-Rechtsabteilung vom 22. September 1966, UN Juridical Yearbook 1966, S. 222. Ferner *Unni*, Indonesia's Withdrawal from the United Nations, IJIL 5 (1965), S. 128 ff.; Dokumentation im ArchVR 13 (1966/1967), S. 119 ff.

[7] Unten §§ 275, 518 ff.

[8] So war die Bundesrepublik Deutschland vor ihrer Aufnahme in die UNO am 18. September 1973 Mitglied sämtlicher Spezialorganisationen und zahlreicher UN-Unterorgane. Die Schweiz ist Mitglied des IGH-Statuts, der meisten Spezialorganisationen und einiger UN-Unterorgane; in der Generalversammlung ist sie durch einen ständigen Beobachter vertreten.

[9] Vgl. darüber das im UN Juridical Yearbook 1975, S. 164 ff., wiedergegebene Gutachten des Generalsekretärs. Aus der Literatur *Mower*, Observer

entbehrt bis zum Inkrafttreten der Wiener Konvention über die Vertretung von Staaten bei universellen internationalen Organisationen vom 14. März 1975[10] noch einer generellen vr Grundlage.

§ 110 Von der Frage der Mitgliedschaft eines Staates muß die Frage unterschieden werden, welche *Regierung* zu seiner Vertretung in den Organen der UNO berechtigt ist. So wurde beispielsweise durch Jahrzehnte die Republik China auf Taiwan (Formosa), und erst durch die Resolution 2758 (XXVI) der Generalversammlung vom 25. Oktober 1971 die Volksrepublik China als Repräsentantin des Gründungs- und ständigen Sicherheitsratsmitglieds China zugelassen[11]. Andererseits hält die Generalversammlung an der Vertretungsberechtigung des Regimes Pol Pot für Kampuchea fest, obwohl diese Regierung seit dem militärischen Eingreifen Vietnams in Kampuchea ihre effektive Herrschaftsgewalt auf dem ganz überwiegenden Staatsgebiet an das Regime Heng Samrin verloren hat und feststeht, daß sich die Regierung Pol Pot des Genozids an der eigenen Bevölkerung schuldig gemacht hat. Damit will die Generalversammlung den Grundsatz der Nichtanerkennung unter Verletzung des Gewaltverbots erzwungener politischer Veränderungen betonen[12].

§ 111 Während in den ersten 10 Jahren ihres Bestehens, bedingt durch das Veto der Großmächte, nur 9 Staaten in die UNO aufgenommen wurden (1951 - 1954 überhaupt keine), schwoll die Mitgliederzahl nach dem „package deal" des Jahres 1955 (gleichzeitige Aufnahme von 16 Staaten) auf Grund der raschen Dekolonisierung gewaltig an. Allein 1960 traten 17 Neustaaten in die Organisation ein[13]. Nach dem gerade erwähnten Übergang der Vertretung Chinas auf die chinesische Volks-

---

Countries: Quasi Members of the United Nations, IO 20 (1966), S. 266 ff.; *Schermers*, International Institutional Law (2. Aufl. 1980), §§ 151 ff.; *Suy*, The Status of Observers in International Organizations, RdC 160 (1978 II), S. 75 ff.; *Sybesma-Knol*, The Status of Observers in the United Nations (1981). Zur Position Namibias vgl. *Osieke*, Admission to Membership in International Organizations: The Case of Namibia, BYIL 51 (1980), S. 189 ff. Zum Status der Befreiungsorganisationen in der UNO vgl. das unten § 409, Anm. 19 angeführte Schrifttum.

[10] Dazu unten §§ 934 ff.

[11] Dazu die Dokumentation im UN-Yearbook 1971, S. 126 ff.; *Tavernier*, AFDI 17 (1971), S. 553 ff. Ferner *Kaminski*, China - Taiwan (1971), S. 213 ff.; *Chen*, Die Diskussion der Zwei-China-Frage in der UNO (1972); *Weng*, Peking's UN Policy. Continuity and Change (1972); *Chiu* (Hrsg.), China and the Question of Taiwan. Documents and Analysis (1973); *Cohen / Chiu*, People's China and International Law (1974), S. 267 ff.; *Pfeifenberger*, Die UNO-Politik der Volksrepublik China (1978); *Kim*, The People's Republic of China and the Charter-based International Legal Order, AJIL 72 (1978), S. 317 ff.

[12] Vgl. ArchVR 19 (1980/1981), S. 41; ebd. 21 (1983), S. 334 ff., und dazu *Sciso*, La questione delle credenziali cambogiane all' Assemblea generale delle Nazioni Unite, RDI 64 (1981), S. 83 ff.

[13] Vgl. die Übersicht bei *Unser* (§ 89, Anm. 1), S. 209 ff.

republik hat die UNO mit gegenwärtig (Ende 1983) 158 Mitgliedern praktisch Universalität auch in politischer Hinsicht erreicht. Nur mehr einige wenige Staaten, darunter die Schweiz, Nord- und Südkorea, der Staat der Vatikanischen Stadt, Liechtenstein und San Marino, gehören ihr (noch) nicht an. Allerdings belastet die Mitgliedschaft immer zahlreicherer *„Mini"*- (oder *„Mikro"-)Staaten* sowohl deren finanzielle und organisatorische Ressourcen als auch die Arbeitsfähigkeit der Organisation empfindlich und führt das Prinzip der Stimmengleichheit in der Generalversammlung zusehens ad absurdum. Reformbestrebungen, die eine Art assozierte UN-Mitgliedschaft solcher Staaten vorsehen, sind jedoch bisher erfolglos geblieben[14].

B. Beendigung und Suspendierung der Mitgliedschaft

§ 112 Die UN-Charta enthält keine Kündigungsklausel. Ein vom Plenum der Konferenz von San Francisco gebilligter und in deren Protokoll aufgenommener Beschluß ihrer Ersten Kommission besagt aber, daß die UNO nicht die Absicht hat, einen Staat zur Mitgliedschaft zu zwingen, wenn er „wegen außergewöhnlicher Umstände" oder im Falle einer von ihm nicht gebilligten bzw. von ihm erfolglos vorgeschlagenen Revision der Charta *ausscheiden* will[15].

§ 113 Die UN-Charta kennt jedoch einen *Ausschluß* aus der Organisation. Einen solchen kann die Generalversammlung gemäß Art. 6 mit Zweidrittel-Mehrheit aufgrund einer Empfehlung des Sicherheitsrates gegen ein Mitglied beschließen, das beharrlich (persistently) die Grundsätze der UN-Charta (nicht nur das Gewaltverbot) verletzt hat.

§ 114 Außerdem kann gemäß Art. 5 der UN-Charta ein Mitglied, gegen das Zwangsmaßnahmen der UNO ergriffen wurden, auf Empfehlung des Sicherheitsrates durch die Generalversammlung von den Mitgliedschaftsrechten (nicht von seinen Pflichten) zeitweilig *suspendiert*

---

[14] Dazu *Rapoport / Muteba / Therattil*, Small States and Territories: Status and Problems (UNITAR-Studie 1971); *Schwebel*, Mini-States and a More Effective United Nations, AJIL 67 (1973), S. 108 ff.; *Ehrhardt*, Der Begriff des Mikrostaats im Völkerrecht und in der internationalen Ordnung (1970); *Saint-Girons*, L'Organisation des Nations Unies et les micro-Etats, RGDIP 76 (1972), S. 445 ff.; *Adam*, Micro-States and the United Nations, ItYIL 2 (1976), S. 80 ff.; *Gunter*, What happened to the United Nations Ministate Problem?, AJIL 71 (1977), S. 110 ff.

[15] W. *Fischer*, Das Austrittsrecht aus Staatenverbindungen (1957); *Singh*, Termination of Membership of International Organizations (1958); *Loreti*, Il recesso dalle organizzazioni internazionali (1967); *Dehousse*, Le droit de retrait aux Nations Unies, RBDI 1 (1965), S. 30 ff. und 2 (1966), S. 8 ff.; *Schwelb*, Withdrawal from the United Nations: The Indonesian Intermezzo, AJIL 61 (1967), S. 661 ff.; *Lauria*, Il recesso dell' organizzazione delle Nazione Uniti, DI 20 (1966), S. 153 ff.; *Feinberg*, Unilateral Withdrawal from an International Organization, BYIL 39 (1963), S. 189 ff.

werden[16]. Zu diesen Rechten gehört vor allem das Recht der Teilnahme an den Sitzungen der Generalversammlung, sowie an den Tagungen der anderen UN-Organe, soweit diese ausschließlich den Mitgliedern vorbehalten sind. Daher kann auch ein suspendiertes Mitglied gemäß Art. 32 der Charta vom Sicherheitsrat zur Teilnahme an der Erörterung eines Streitfalles ohne Stimmrecht eingeladen werden, wenn es in diesem Falle Partei ist. Die Wiedereinsetzung eines solchen Staates in seine vollen Mitgliedschaftsrechte kann durch den Sicherheitsrat allein erfolgen.

§ 115 Schließlich verliert ein Mitglied, das mit der Zahlung seiner Beiträge (its financial contributions) 2 Jahre im Rückstand ist, nach Art. 19 sein Stimmrecht in der Generalversammlung, sofern diese nicht anerkennt, daß der Verzug entschuldbar ist. Obgleich ein solcher Verlust automatisch einzutreten scheint, kann das doch nicht der Fall sein, da ja die Generalversammlung feststellen muß, ob die in Art. 19 angeführten Voraussetzungen vorliegen, zumal es streitig ist, ob nicht nur die ordentlichen Mitgliedsbeiträge, sondern auch außerordentliche Beiträge, z. B. zur Finanzierung friedenserhaltender Operationen der Organisation, unter die „financial contributions" i. S. des Art. 19 fallen[17].

---

[16] Zu beiden Möglichkeiten *Ohse*, Ausschluß und Suspension der Mitgliedschaftsrechte in der UNO, VN 19 (1971), S. 103 ff.; *Singh* (letzte Anm.); *Sohn*, Expulsion or Forced Withdrawal from an International Organization, Harvard Law Review 77 (1963/64), S. 1381 ff.; *Lavieille*, La procédure de suspension des droits d'un Etat membre des Nations Unies, RGDIP 81 (1977), S. 431 ff.

Am 12. November 1974 sprach die Generalversammlung mit Mehrheitsbeschluß (92 gegen 22 Stimmen bei 19 Enthaltungen) Südafrika das Recht auf Teilnahme an ihren Beratungen und Abstimmungen ab. Südafrika hat daraufhin keine Vertreter mehr zu den Tagungen der Generalversammlung entsandt, mit Ausnahme der 33. Tagung, bei der jedoch die Beglaubigungsschreiben seiner zur Diskussion der Namibia-Frage angereisten Delegierten am 24. Mai 1979 wiederum zurückgewiesen wurden. Ein solches Vorgehen findet weder in der UN-Charta noch in der Geschäftsordnung der Generalversammlung eine vr Stütze. Vgl. dazu E. *Klein*, Zur Beschränkung von Mitgliedschaftsrechten in den Vereinten Nationen, VN 23 (1975), S. 51 ff.; sowie die Dokumentation im AJIL 69 (1975), S. 386 ff., und im ÖHB 2, D 153. Ferner *Ciobanu*, Credentials of Delegations and Representation of Member States at the United Nations, ICLQ 25 (1976), S. 351 ff. Zur Haltung der EG-Mitgliedstaaten vgl. BYIL 52 (1981). S. 397 ff. Im Oktober 1982 versuchten 42 Staaten einen Generalversammlungsbeschluß herbeizuführen, der die Vollmachten der *israelischen* Delegation aus Gründen zurückgewiesen hätte, wie sie die UN-Charta für den Ausschluß aus der Organisation und die Suspendierung der Mitgliedschaft nennt. Der Vorschlag gelangte jedoch nicht zur Abstimmung. Vgl. dazu *Halberstam*, Excluding Israel from the General Assembly by a Rejection of its Credentials, AJIL 78 (1984), S. 179 ff.

[17] Darüber das Gutachten des IGH vom 20. Juli 1962 über *Certain Expenses of the United Nations (Article 17, paragraph 2, of the Charter)*. ICJ Reports 1962, S. 151 ff.; dazu das US-Memorandum 1964, AJIL 58 (1964). S. 753 ff.. und andere Stellungnahmen, darunter auch der Sowjetunion, ebd. 59 (1965), S. 622 ff. Vgl. auch unten § 259. Aus dem Schrifttum *Ciobanu*, Financial Obligations of States Under Article 19 of the UN Charter (1973).

Gegen ein ständiges Mitglied des Sicherheitsrates ist infolge des Vetorechts *de iure* nur die letztgenannte Sanktion denkbar, wenngleich sich in dem Streit um die Deckung der Kosten der gerade erwähnten friedenserhaltenden Operationen die faktische Unanwendbarkeit auch des Art. 19 gegenüber einer solchen Macht gezeigt hat[18].

6. Abschnitt

Die Organe der UNO und ihre Zuständigkeiten

A. Allgemeines

§ 116 Art. 7 Abs. 1 der Charta führt als *Hauptorgane* der UNO

— die Generalversammlung (General Assembly, Assemblée générale),
— den Sicherheitsrat (Security Council, Conseil de Securité),
— den Wirtschafts- und Sozialrat (Economic and Social Council [ECOSOC], Conseil économique et social),
— den Treuhandrat (Trusteeship Council, Conseil de Tutelle),
— den IGH (International Court of Justice, Cour internationale de Justice) und
— das Sekretariat (Secretariat, Secrétariat) an[1].

---

[18] Dazu *Ohse*, Die Suspension des Stimmrechts in der Generalversammlung der UNO, VN 21 (1973), S. 155 ff.; die Dokumentation bei *Sohn*, Cases and Materials on United Nations Law (2. Aufl. 1967), S. 799 ff.; *Chayes / Ehrlich / Lowenfeld*, International Legal Process. Materials for an Introductory Course (1968), Bd. I, S. 155 ff. (besonders S. 214 ff.: „The Article 19 Controversy"); E. *Klein*, ArchVR 19 (1981), S. 294.

[1] Schrifttum zum Aufbau der UNO bei *Hüfner / Naumann*, Zwanzig Jahre Vereinte Nationen (§ 89, Anm. 1), S. 159 ff., und bei *Wittkowski* (ebd.), S. 82 ff. Ein Überblick findet sich im *Yearbook of the United Nations*.

Die *Dokumente* der politischen Hauptorgane der UNO sind durch ein bestimmtes Symbol gekennzeichnet: A/... = Generalversammlung, S/... = Sicherheitsrat, E/... = Wirtschafts- und Sozialrat, T/... = Treuhandrat, ST/... = Sekretariat. Auf dieses Grundsymbol folgen Zusätze, welche die nähere Herkunft der Dokumente angeben. So tragen die Dokumente der Hauptausschüsse der Generalversammlung den Zusatz „C." mit der Ordnungszahl des betreffenden Ausschusses (z. B. A/C.1/... = Erster Ausschuß, A/C.6/... = Sechster [Rechts-]Ausschuß); die Dokumente des Special Political Committee den Zusatz „SPC" (also A/SPC/...). Dokumente der von einem Hauptorgan eingesetzten Kommissionen tragen den Zusatz „CN." und die laufende Nummer der jeweiligen Kommission (z. B. A/CN.4/... = Völkerrechtskommission [ILC] der Generalversammlung, E/CN.10/... = Economic Commission for Europe des Wirtschafts- und Sozialrats); Dokumente eines *ad hoc* eingesetzten Ausschusses den Zusatz „AC." mit der laufenden Nummer des Ausschusses (z. B. A/AC.105/... = Weltraumausschuß der Generalversammlung). Stammt das Dokument von einem Unterausschuß, so ist dies durch den weiteren Zusatz „SC" (bzw. „Sub.") erkennbar (z. B. A/AC.18/SC.9/..., E/CN.4/Sub. 2/...). Stammt es von einer Arbeitsgruppe (Working Party), so ist es mit dem Zusatz „WP" bezeichnet. Bei einem mit „ST/LEG/..." ge-

§ 117 Die Generalversammlung, der Sicherheitsrat, der Wirtschafts- und Sozialrat und der Treuhandrat bestehen aus Staatenvertretern. Mit Ausnahme der Regierungschefs und Außenminister müssen sich diese Vertreter durch eine *Vollmacht* legitimieren, die bei der Generalversammlung von deren Beglaubigungsausschuß (Credentials Committee) geprüft wird[2]. Werden gegen eine Vollmacht Einwendungen erhoben, so hat der betreffende Delegierte solange („provisionally") Sitz und Stimme, bis das Organ, in das er entsandt ist, etwas Gegenteiliges beschließt. Diese Regelung findet auch Anwendung, wenn es im Falle eines Staates, der mehrere Regierungen aufweist, zweifelhaft ist, welche Regierung vertretungsberechtigt und damit zur Ausstellung der Vollmacht befugt ist. Auch diese Frage muß also von jedem Organ nach den jeweiligen Beschlußerfordernissen selbständig entschieden werden[3]. Das so beschriebene Verfahren ist in verschiedenen Fällen als Mittel eingesetzt worden, um einzelne Mitglieder aus politischen Gründen von der Generalversammlung auszuschließen[4].

---

kennzeichneten Dokument handelt es sich um ein solches des Office of Legal Affairs im Sekretariat. Ein Dokument mit der Bezeichnung „ST/ECE/..." stammt aus der Untergliederung des Sekretariats, die das Büro der ECE bildet. Für die Dokumente gewisser Sonderorgane werden eigene Symbole (z. B. „TD/..." = UNCTAD, „ID/..." = UNIDO, „DP/..." = UNDP) bzw. Zusätze (z. B. „E/ICEF/..." = UNICEF) verwendet. Die von der UNO abgehaltenen Konferenzen werden mit dem Symbol des einberufenden Hauptorgans, dem Zusatz „CONF." und einer bestimmten Nummer gekennzeichnet (z. B. A/CONF.62/... = Dritte Seerechtskonferenz 1973 ff., E/CONF.58/... = Wiener Suchtgiftkonferenz 1971).

Auf die damit geschilderte Kennzeichnung folgt die laufende Nummer des Dokuments (z. B. A/CN.4/285 = Dokument der ILC Nr. 285).

Die *Sitzungsprotokolle* (Records, Official Records) können entweder Summary Records (dann Zusatz „SR.") oder Verbatim Records (dann Zusatz „PV." [= „procès verbaux"]) sein (z. B. A/CONF. 39/SR. 28, S/PV. 15). Die Official Records der UN-Haupt- und gewisser anderer Organe erscheinen später im Druck und enthalten dann einerseits Annexes, d. s. Dokumentenanhänge zu einzelnen Tagesordnungspunkten, andererseits Supplements, in welchen ständig wiederkehrende Berichte von Organen, Ausschüssen o. ä. wiedergegeben sind (so z. B. der Bericht des Generalsekretärs über die Arbeit der UNO vom 16. Juni 1972 - 15. Juni 1973 an die XXVIII. Generalversammlung als: G. A. O. R., 28th session, Supplement No. 1).

Für ein Verzeichnis aller Dokumente vgl. den seit 1950 monatlich erscheinenden *United Nations Documents Index* (wird zu einem kumulativen Jahresband zusammengefaßt).

Eingehend zu allen Fragen der Veröffentlichungen der UNO *Brimmer / Wall / Chamberlin / Hovet*, A Guide to the Use of United Nations Documents (1962); kürzer *Kasme*, in: *Sørensen* (Hrsg.), Manual of Public International Law (1968), S. 873 ff., sowie im Handbuch Vereinte Nationen (oben § 89, Anm. 1), S. 559 ff.

Zum offiziellen Gebrauch der *deutschen Sprache* in UN-Veröffentlichungen siehe unten § 270, Anm. 4.

[2] *Goodrich / Hambro / Simons* (§ 89, Anm. 1), S. 109 f.

[3] *Goodrich / Hambro / Simons* (ebd.). S. 109 ff. Zur Frage der Vertretung Chinas oben § 110 und: Repertory of Practice of United Nations Organs, Suppl. No. 3, Vol. I (1972), S. 210 ff.

§ 118 Gemäß Art. 7 Abs. 2 können die Hauptorgane bei Bedarf im Rahmen der Charta *Nebenorgane* (subsidiary organs) einsetzen, für die verschiedene Benennungen im Gebrauch sind (Unter-, Sonder-, Hilfsorgane, Programme[5] usw.; vgl. die konkreten Fälle). Wir werden die wichtigsten davon im Zusammenhang mit den jeweiligen Hauptorganen nennen. Während die Hauptorgane ihre Zuständigkeiten unmittelbar aus der UN-Charta ableiten, beruhen die Kompetenzen der Nebenorgane auf der Zuständigkeit desjenigen Hauptorgans, durch dessen Beschluß sie geschaffen wurden. Sieht dieser Gründungsbeschluß die Teilnahme aller oder doch gewisser UN-Mitglieder an der Arbeit eines Nebenorgans vor, so ist diese Teilnahme ein Mitgliedschafts*recht* der UNO, dessen Entzug nur unter den Voraussetzungen und im Verfahren des Art. 5 der Charta[6] zeitweilig gestattet ist[7].

§ 119 Am 20. Dezember 1977 hat die Generalversammlung in ihrer Resolution 32/197 Empfehlungen für die Neugliederung des Wirtschafts- und Sozialbereichs der UNO beschlossen[8]. Diese Neustrukturierung soll — ohne Änderungen der Charta — einerseits die UN-Institutionen stärker zu Instrumenten multilateraler Entwicklungspolitik ausgestalten, andererseits aber auch ihre Arbeitsweise straffen und rationalisieren. Die Empfehlungen betonen zwar den politischen Führungsanspruch der Generalversammlung in Wirtschaftsfragen, ohne jedoch ihre rechtlichen Einwirkungsmöglichkeiten auf andere UN-Organe (unten § 138) und -Organisationen zu erweitern. Ferner streben sie eine Stärkung des Wirtschafts- und Sozialrates an. Schließlich wurde im Sekretariat das Amt eines Generaldirektors für Entwicklung und internationale wirtschaftliche Zusammenarbeit eingerichtet[9].

---

[4] Insbesondere gegen Südafrika: vgl. § 114, Anm. 16. Gegen diese „dangerous tendency" sprach sich der niederländische Staatssekretär für auswärtige Angelegenheiten am 20. Dezember 1973 mit der Begründung aus: „The examination of credentials is a formal matter ... this matter should not be used for political aims"; NYIL 6 (1975), S. 265 f.

[5] Programme haben die Aufgabe, auf einem bestimmten Sachgebiet (z. B. Entwicklungshilfe: UNDP, Umweltschutz: UNEP; genauer s. später) als eine Art „Dachorganisation" die Tätigkeit der verschiedenen UN-Organe und Spezialorganisationen zu koordinieren und besondere Finanzmittel bereitzustellen.

[6] Oben § 114.

[7] Vgl. AJIL 63 (1969), S. 332 ff., sowie das Rechtsgutachten des UN-Generalsekretariats über die Frage der Suspendierung Südafrikas von der UNCTAD II, abgedruckt im UN Juridical Yearbook 1968, S. 195 ff.

[8] Text der Resolution in ILM 17 (1978), S. 237 ff. Zur Problematik *Hill*, The United Nations System: Coordinating its Economic and Social Work (1978).

[9] Zum ganzen *v. Ruckteschell*, Erhöhung der Effizienz, Wahrung der Kontinuität. Die Empfehlungen zur Neugliederung des UN-Wirtschafts- und Sozialbereichs, VN 26 (1978), S. 73 ff.

B. Die Generalversammlung[1]

I. Zusammensetzung und Verfahren

§ 120 Die Generalversammlung besteht aus Vertretern *aller* Mitgliedstaaten, von denen jeder höchstens 5 entsenden darf (Art. 9), die aber alle zusammen nur eine Stimme haben (Art. 18 Abs. 1). Die Generalversammlung ist also kein Weltparlament, sondern eine Staatenkonferenz, da die Delegierten von ihren Regierungen ernannt werden und an deren Weisungen gebunden sind.

§ 121 Im Gegensatz zur Völkerbundversammlung, die, von Verfahrensfragen abgesehen, nur einstimmige Beschlüsse fassen konnte, werden die normalen *Beschlüsse* der Generalversammlung mit einfacher Mehrheit der anwesenden und abstimmenden Mitglieder gefaßt (Art. 18 Abs. 3). Nur Beschlüsse über „wichtige" Fragen (important questions) bedürfen einer Zweidrittelmehrheit. Zu diesen Fragen gehören: Empfehlungen über die Erhaltung des Weltfriedens und der internationalen Sicherheit, die Wahl der nichtständigen Sicherheitsratsmitglieder sowie solche in den Wirtschafts- und Sozialrat und in den Treuhandrat, die Aufnahme neuer Mitglieder in die Organisation, die Suspendierung und Ausschließung von Mitgliedern, sowie Fragen des Budgets und des Treuhandsystems (Art. 18 Abs. 2). Zusätzliche Fragen können von der Generalversammlung mit einfacher Stimmenmehrheit als „wichtig" erklärt werden (Art. 18 Abs. 3)[2].

§ 122 In jüngster Zeit greift in der Generalversammlung wie auch in allen anderen Gremien und Organisationen der UN-Familie und auf UN-Konferenzen die Beschlußfassung im *Consensus*-Verfahren um sich[3]. Wesentliches Merkmal dieses Verfahrens ist das Fehlen einer

---

[1] *Haviland*, The Political Role of the General Assembly (1951); *Bailey*, The General Assembly of the United Nations (1960); *Alker / Russett*, World Politics in the General Assembly (1965); *Vallat*, United Nations General Assembly, Encyclopedia [5 (1983), S. 323 ff.].

[2] Schrifttum oben § 110, Anm. 11; ferner das Repertory of Practice (oben § 117, Anm. 3), S. 391 f.

[3] Darüber *Jenks*, Unanimity, the Veto, Weighted Voting, Special and Simple Majorities and Consensus as Modes of Decision in International Organizations, in: Cambridge Essays in International Law (1965), S. 48 ff.; *Charpentier*, La procédure de non objection, RGDIP 70 (1966), S. 862 ff.; *Ladreit de Lacharrière*, Consensus et Nations Unies, AFDI 14 (1968), S. 9 ff.; *Reuter*, Quelques réflexions sur le vocabulaire du droit international, in: Mélanges Louis Trotabas (1970), S. 423 ff.; *Bastid*, Observations sur la pratique du consensus, in: Multitudo legum — ius unum. Festschrift für W. Wengler (1973), Vol. I, S. 11 ff.; *Cassan*, Le Consensus dans la pratique des Nations Unies, AFDI 20 (1974), S. 456 ff.; *Jessup*, Procedure by Consensus: „Silence Gives Consent", FS Morelli, S. 401 ff.; *Sohn*, Voting Procedures in United Nations Conferences for the Codification of International Law, AJIL 69 (1975), S. 310 ff.; *Monnier*, Observations sur quelques tendances récentes en matière de formation de la volonté sur le plan multilatéral,

förmlichen Abstimmung. An deren Stelle tritt die (zumeist durch informelle Verhandlungen außerhalb der öffentlichen Sitzungen vorbereitete) Feststellung des Präsidenten des betreffenden Organs oder der Konferenz, daß in bezug auf einen bestimmten Antrag ein Consensus erreicht ist, d. h. Übereinstimmung insofern herrscht, als kein förmlicher Widerspruch dagegen erhoben werden wird. Vom Vorliegen eines solchen Consensus darf aber nicht ohne weiteres auf einen *sachlichen* Konsens, auf positive Zustimmung der Staaten zum Verhandlungsergebnis geschlossen werden. So geben Staaten häufig gegenüber Consensus-Feststellungen Vorbehalte und interpretative Erklärungen zu Protokoll[4].

In Verfahrensfragen kann der Präsident auch selbst ohne Abstimmung eine Entscheidung (ruling) fällen, die aber durch Widerspruch (challenge) außer Kraft gesetzt werden kann, worauf eine Abstimmung erfolgen muß.

§ 123 Die Generalversammlung soll jährlich einmal zu einer ordentlichen *Tagung* zusammentreten[5]. Außerordentliche Tagungen sind vom Generalsekretär auf Verlangen des Sicherheitsrates oder der Mehrheit der Mitgliedstaaten einzuberufen (Art. 20). Seit der „Uniting for Peace"-Resolution[6] besteht außerdem die Möglichkeit, binnen 24 Stunden eine „emergency special session" abzuhalten, wenn dies vom Sicherheitsrat (zu dessen Beschluß hier die Stimmen von 9 beliebigen Mitgliedern genügen) oder von der Mehrheit der UN-Mitglieder verlangt wird.

§ 124 Die Generalversammlung hat sich am 17. November 1947 gemäß Art. 21 eine Geschäftsordnung (rules of procedure) gegeben, die

SchwJIR 31 (1975), S. 31 ff.; *Cassese*, Consensus and some of its pitfalls, RDI 58 (1975), S. 754 ff.; *Sperduti*, Consensus in International Law, ItYIL 2 (1976), S. 33 ff.; *Suy*, The Meaning of Consensus in Multilateral Diplomacy, in: Declarations on Principles. Liber amicorum B. V. A. Röling (1977), S. 259 ff.; *Brinkmann*, Einstimmigkeit und Konsensverfahren, VN 27 (1979), S. 201 ff.; *Ballreich*, Wesen und Wirkung des „Konsens" im Völkerrecht, FS Mosler, S. 1 ff.; *Zemanek*, Majority Rule and Consensus Technique in Law-Making Diplomacy, in: The Structure and Process of International Law (§ 10, Anm. 1), S. 857 ff.

[4] Ein Bericht des US-State Department aus dem Jahre 1978 definiert das Consensus-Verfahren wie folgt: „In practice, consensus means that the decision is substantially acceptable to delegations and that those which have difficulties with certain aspects of the resolution are willing to state their reservations for the record rather than vote against it or record a formal abstention. Consensus must be distinguished from unanimity, which requires the affirmative support of all participants. Essentially, consensus is a way of proceeding without formal objection. Yet the result is virtually the same: a resolution is adopted with the support of all states present, albeit frequently with recorded statements of reservation or interpretation": US Digest 1978, S. 157 f.

[5] Diese dauert von Mitte September bis meist kurz vor Weihnachten, kann aber notfalls nach Neujahr fortgesetzt werden.

[6] Dazu unten §§ 244 ff.

seither mehrmals geändert worden ist[7]. Sie wählt für jede Tagung einen Präsidenten und mehrere Vizepräsidenten.

II. Zuständigkeiten

§ 125 Sie lassen sich in zwei Hauptgruppen gliedern. Die erste Hauptgruppe umfaßt jene Angelegenheiten, über welche die Generalversammlung beraten und Empfehlungen beschließen kann, während die zweite diejenigen Angelegenheiten zum Gegenstand hat, die von der Generalversammlung rechtsverbindlich entschieden werden können[8].

1. Zuständigkeit zu Beratungen und Empfehlungen

§ 126 Grundsätzlich kann die Generalversammlung nach vorheriger Beratung nur Empfehlungen an die Staaten beschließen, dies jedoch in *allen*, sowohl allgemeinen als auch konkreten Angelegenheiten, die in den Wirkungsbereich der UNO fallen (Art. 10). Davon besteht bloß die Ausnahme, daß die Generalversammlung zu einer Streitigkeit oder Situation[9] keine Empfehlung abgeben darf, solange der Sicherheitsrat, der ja gemäß Art. 24 der Charta die *Haupt*verantwortung für die Wahrung des Weltfriedens trägt, dabei „die ihm in dieser Charta zugewiesenen Aufgaben wahrnimmt" (Art. 12 Abs. 1), es sei denn, der Sicherheitsrat ersucht die Generalversammlung um ihre Stellungnahme. Stellt der Sicherheitsrat die Behandlung einer solchen Angelegenheit ein, so lebt die Befugnis der Generalversammlung zu Empfehlungen wieder auf[10], weshalb Art. 12 Abs. 2 der Charta den Generalsekretär verpflichtet, die Generalversammlung nicht nur über alle die Wahrung des Weltfriedens und der internationalen Sicherheit betreffenden An-

---

[7] Deutsche Übersetzung auf dem Stand vom 31. Dezember 1981 in dem UN Doc. A/520/Rev. 14 (1983).

[8] Dazu ist folgende Klarstellung vonnöten: Die UN-Charta verwendet den Ausdruck „decision (décision)" teils i. S. von *Beschluß*, d. h. für den Ausdruck eines Organwillens, ohne Rücksicht auf dessen Inhalt (so z. B. in den Art. 18, 27 Abs. 2 und 3, 67 Abs. 2, 89 Abs. 2), teils i. S. von rechtsverbindlicher *Entscheidung*, im Gegensatz zu bloßen Empfehlungen (recommendations, recommandations) (so in den Art. 4 Abs. 2, 25 und 39).

Die Beschlüsse (Resolutionen) der Generalversammlung trugen bis zur 30. ordentlichen Tagung (1975) laufende Nummern, in Klammern wurde mit einer römischen Zahl angegeben, auf welcher Tagung der Beschluß zustandekam; z. B. 2625 (XXV). Ging der römischen Zahl ein „S" bzw. „ES" voran, so handelte es sich um den Beschluß einer außerordentlichen bzw. „emergency special"-Tagung; z. B. 3201 (S-VI), 1000 (ES-1). Seit der 31. Tagung (1976) wird zuerst mit einer arabischen Zahl die Tagung bezeichnet, dann folgt nach einem Schrägstrich ebenfalls in arabischen Zahlen die Nummer des Beschlusses; z. B. 32/130. Die Beschlüsse werden für jede Tagung neu durchnumeriert. Analoges gilt für „(emergency) special sessions"; z. B. S-8/1, ES-6/1.

[9] Zu dieser Unterscheidung vgl. unten § 155.

[10] Zum „Uniting for Peace"-Schema vgl. unten §§ 244 ff.

gelegenheiten zu unterrichten, sondern ihr (zwischen den Tagungen allen Mitgliedstaaten) auch mitzuteilen, daß sich der Sicherheitsrat mit einer solchen Frage nicht mehr befaßt.

§ 127 Die Art. 11, 13 und 14 der Charta erläutern die in Art. 10 statuierte Generalkompetenz:

Art. 11: Empfehlungen über allgemeine Grundsätze wie auch über Einzelfragen der Zusammenarbeit zur Wahrung des Weltfriedens und der internationalen Sicherheit, darunter zur Abrüstung und Rüstungsbeschränkung[11]. Verlangen konkrete Sicherheitsfragen nach Maßnahmen (actions) der UNO, so sind sie dem Sicherheitsrat zu überweisen (Abs. 2).

Art. 13: Veranlassung von Untersuchungen und Abgabe von Empfehlungen zur Förderung der internationalen Zusammenarbeit auf politischem wie nichtpolitischem Gebiet (Wirtschaft, Sozialwesen, Kultur, Erziehung, Gesundheit), sowie zur Kodifizierung und fortschreitenden Entwicklung des VR (Rechtsgrundlage der Einsetzung der ILC)[12].

Art. 14: Empfehlung von Maßnahmen zur friedlichen Bereinigung aller Situationen, die das allgemeine Wohl oder die freundschaftlichen Beziehungen zwischen Staaten beeinträchtigen könnten, darunter also auch Anregung von Vertragsrevisionen (peaceful change)[13]. Dabei Vorrang des Sicherheitsrates wie oben.

§ 128 Die Empfehlungen der Generalversammlung sind nicht rechtsverbindlich. Wie später zu zeigen sein wird, können solche Resolutionen, insbesondere die sog. „Deklarationen", aber unter Umständen an der Fortbildung des VR mitwirken[14].

2. *Zuständigkeit zu rechtsverbindlichen Beschlüssen*

§ 129 *Erlassung genereller Normen:* Die Generalversammlung kann ihre Geschäftsordnung regeln (Art. 21) und die UN-Charta mit einer Zweidrittelmehrheit abändern; dieser Beschluß wird aber erst rechtsverbindlich, wenn er von zwei Dritteln der UN-Mitgliedstaaten einschließlich aller ständigen Ratsmitglieder ratifiziert wurde (Art. 108). Sie kann ferner Normen über die Rechte und Pflichten der Beamten der UNO (Art. 101 Abs. 1), sowie über die Besoldung der Richter des IGH und dessen Kanzlers (Greffier) erlassen (Art. 32 des IGH-Statuts).

§ 130 *Aufnahme, Ausschluß und Suspendierung von Mitgliedern:* Die Generalversammlung kann auf Empfehlung des Sicherheitsrates Staa-

---

[11] Dazu unten § 485.
[12] Vgl. unten § 591.
[13] Vgl. unten §§ 799 f.
[14] Unten §§ 634 ff.

ten in die UNO aufnehmen (Art. 4), die Mitgliedschaftsrechte von Staaten suspendieren, gegen die Zwangsmaßnahmen ergriffen wurden (Art. 5), und jene Staaten ausschließen, die beharrlich die Grundsätze der Charta verletzt haben (Art. 6).

§ 131 *Wahlen:* Die Generalversammlung wählt die nichtständigen Mitglieder des Sicherheitsrates (Art. 23 Abs. 1 Satz 3 und Abs. 2), alle Mitglieder des Wirtschafts- und Sozialrates (Art. 61), auf Empfehlung des Sicherheitsrates den Generalsekretär (Art. 97) und gemeinsam mit dem Sicherheitsrat die Richter des IGH (Art. 4 des IGH-Statuts)[15].

§ 132 *Einsetzung von Nebenorganen:* Die Generalversammlung kann Nebenorgane einsetzen (Art. 22), auf deren wichtigste wir im nächsten Unterabschnitt eingehen. Diese Nebenorgane sind an Weisungen der Generalversammlung gebunden.

§ 133 *Genehmigung von Verträgen:* Die Generalversammlung genehmigt die zwischen dem Wirtschafts- und Sozialrat und den Spezialorganisationen abgeschlossenen Abkommen (Art. 63 Abs. 1)[16].

§ 134 *Budgetrechte:* Die Generalversammlung entscheidet über den Haushalt der UNO (genauer unten §§ 288 ff.)

§ 135 *Aufsichtsrechte:* Die Generalversammlung führt die Aufsicht über die Tätigkeit des Wirtschafts- und Sozialrates (Art. 60)[17] und kann an diesen generelle wie individuelle Anordnungen richten. Ebenso kann sie dem Generalsekretär durch Weisung neue Aufgaben übertragen (Art. 98).

§ 136 *Einholung von Rechtsgutachten:* Gemäß Art. 96 kann die Generalversammlung (ebenso wie der Sicherheitsrat) den IGH ersuchen, ihr über jede beliebige Rechtsfrage ein Gutachten zu erstatten. Außerdem kann sie die anderen UN-Organe sowie die Spezialorganisationen ermächtigen, beim IGH Gutachten über Rechtsfragen ihres Wirkungskreises einzuholen.

§ 137 Aus dieser Aufzählung ersehen wir, daß die Generalversammlung nach der UN-Charta nur im *organisationsinternen* („housekeeping“) Bereich verbindliche Beschlüsse fassen kann[18].

---

[15] Art. 86 UN-Charta über die Wahlen in den Treuhandrat ist überholt (vgl. § 183).

[16] Art. 85 über den Abschluß von Treuhandabkommen ist gegenstandslos geworden.

[17] Das Aufsichtsrecht über den Treuhandrat ist heute überholt.

[18] Vgl. auch unten §§ 626 ff., 632. In seinem *Namibia*-Gutachten (ICJ Reports 1971, S. 16 ff.) hat der IGH allerdings anerkannt, daß die Generalversammlung im Herbst 1966 zu Recht vom Mandatsvertrag betreffend Südwestafrika zurücktreten konnte, weil „[t]o deny to a political organ of the United Nations which is a successor of the League [des Völkerbundes] in

III. Stellung gegenüber den anderen Organen

§ 138 Die Generalversammlung ist insofern das Hauptorgan der UNO, als sie die inhaltlich umfassendsten Kompetenzen hat und ihr sowohl der Sicherheitsrat wie der Wirtschafts- und Sozialrat und der Treuhandrat Jahres- und, wenn nötig, Sonderberichte zur Prüfung vorzulegen haben (Art. 15, 24 Abs. 3). Die Generalversammlung kann die Tätigkeit des Sicherheitsrates kritisieren und an ihn Empfehlungen richten (Art. 10, 11 Abs. 1 und 2), ist aber nicht befugt, dessen Beschlüsse aufzuheben oder abzuändern. Auf das Weisungsrecht gegenüber dem Wirtschafts- und Sozialrat und dem Generalsekretär sowie auf die Entscheidungsbefugnis über die Einnahmen und Ausgaben der UNO haben wir bereits hingewiesen.

IV. Nebenorgane

§ 139 Die Generalversammlung hat auf der Rechtsgrundlage von Art. 7 Abs. 2 und Art. 22 ein kompliziertes System teils auf Dauer, teils nur zur Lösung bestimmter Aufgaben bestellter, teils aus Staatenvertretern, teils aus unabhängigen Experten bestehender Nebenorgane geschaffen[19]. Dazu zählen:

§ 140 *Hauptausschüsse (Main Committees)*

Sie treten während der ordentlichen Tagungen der Generalversammlung zusammen, beraten die Angelegenheiten, die auf deren Tagesordnung stehen, fassen ihre Beschlüsse mit einfacher Mehrheit und leiten diese an die Generalversammlung zur endgültigen Entscheidung weiter. Jedes UN-Mitglied hat das Recht, in diesen Ausschüssen vertreten zu sein.

Gegenwärtig bestehen folgende 7 Hauptausschüsse:

— *Political and Security Committee* (Erster Ausschuß),
— *Special Political Committee* (zur Entlastung des Ersten Ausschusses),
— *Economic and Financial Committee* (Zweiter Ausschuß),
— *Social, Humanitarian and Cultural Committee* (Dritter Ausschuß),
— *Trusteeship Committee* (Vierter Ausschuß),
— *Administrative and Budgetary Committee* (Fünfter Ausschuß),
— *Legal Committee* (Sechster Ausschuß).

---

this respect the right to act, ..., would not only be inconsistent but would amount to a complete denial of the remedies available against fundamental breaches of an international undertaking" (S. 49).

[19] Vgl. den Überblick im Anhang des UN-Yearbook („The Structure of the United Nations") und in VN 30 (1982), S. 150 ff.

§ 141 *Verfahrensausschüsse (Procedural Committees)*

— *General Committee* (Lenkungsausschuß) zur Koordination und Steuerung der Arbeit des Plenums der Generalversammlung; setzt sich aus deren Präsidenten, Vizepräsidenten sowie den Vorsitzenden der 7 Hauptausschüsse zusammen;

— *Credentials Committee* (Beglaubigungsausschuß) zur Überprüfung der Beglaubigungsschreiben[20]; besteht aus 9 zu Beginn jeder Tagungsperiode vom Plenum ernannten Staaten.

§ 142 *Ständige Ausschüsse (Standing Comittees)*

— *Advisory Committee on Administrative and Budgetary Questions* zur Prüfung des Budgets und Beratung in Verwaltungs- und Finanzangelegenheiten;

— *Committee on Contributions* zur Ausarbeitung eines Verteilungsschlüssels für die Mitgliedsbeiträge.

§ 143 *Sonstige Hilfsorgane (Subsidiary, Ad Hoc and Related Bodies)* von wechselndem Bestand, darunter folgende:

— *Special Committee on Peace-keeping Operations;*

— *Committee on the Peaceful Uses of Outer Space* (Weltraumausschuß; mit einem wissenschaftlich-technischen und einem juristischen Unterausschuß sowie einer Arbeitsgruppe für Nachrichtensatelliten);

— *„Committee of Twenty-Four“* (Dekolonisierungsausschuß);

— *Special Committee against Apartheid;*

— *United Nations Institute for Training and Research* (UNITAR)[21];

— *Committee on the Elimination of Racial Discrimination* (zur Kontrolle der Erfüllung der Rassendiskriminierungskonvention v. 1966);

— *Office of the United Nations High Commissioner for Refugees* (UNHCR)[22];

— *International Civil Service Commission;*

— *United Nations Administrative Tribunal* (UN-Verwaltungsgericht zur Entscheidung von Streitigkeiten aus Dienstverträgen zwischen der Organisation und ihren Beamten, seit 1950. Ein weiteres Verwaltungsgericht besteht bei der ILO und ist auch für die WHO, UNESCO, ITU, WMO und FAO zuständig)[23];

[20] Vgl. oben § 117.

[21] *Diallo,* United Nations Institute for Training and Research, Encyclopedia [5 (1983), S. 336 ff.].

[22] Dazu unten § 1254.

[23] Dazu *Bastid,* Les tribunaux administratifs internationaux et leur jurisprudence, RdC 92 (1957 II), S. 343 ff.; *dieselbe,* United Nations Administrative Tribunal, Encyclopedia [5 (1983), S. 281 ff.]; *Knapp,* ebd., S. 94 ff.; *Koh,* The United Nations Administrative Tribunal (1966). Die Judikatur dieser Verwaltungsgerichte wird u. a. in den ILR und im UN Juridical Yearbook veröffentlicht.

— *Disarmament Commission* (Abrüstungskommission), ein allen Mitgliedstaaten offenstehendes Beratungsgremium. Davon ist die *Conference on Disarmament* (Genfer Abrüstungskonferenz [CD], 40 Mitglieder; früher „Committee on Disarmament" bzw. „Conference of the Committee on Disarmament") zu unterscheiden, ein nicht zur UNO gehöriges Staatengemeinschaftsorgan zur Ausarbeitung von Abrüstungskonventionen[24].
— *International Law Commission* (ILC)[25];
— *United Nations Commission on International Trade Law* (UNCITRAL) zur Beseitigung juristischer Handelshemmnisse im internationalen Wirtschaftsrecht, insbesondere durch Erarbeitung von Konventionsentwürfen[26];
— *Committee on Information;*
— *United Nations Council for Namibia;*
— *Committee on Relations with the Host Country;*
— *Special Committee on the Charter of the United Nations and on the Strengthening of the Role of the Organization* (zur Beratung möglicher Satzungsänderungen);
— *Office of the UN Disaster Relief Co-ordinator* (UNDRO) (zur Effektuierung und Koordinierung internationaler Hilfe bei Naturkatastrophen)[27].

Nach Erfüllung ihrer Aufgaben wieder aufgelöst wurden u. a.:
— das Committee on the Peaceful Uses of the Sea-bed and the Ocean Floor beyond the Limits of National Jurisdiction (Meeresbodenausschuß)[28];
— das Special Committee on Principles of International Law concerning Friendly Relations and Co-operation among States[29];
— das (3.) Special Committee on the Question of Defining Aggression[30].

Auf die im Rahmen der *friedenserhaltenden Operationen* der UNO geschaffenen Hilfsorgane werden wir an anderer Stelle eingehen (§§ 248 ff.).

§ 144 Einige weitere Einrichtungen haben zwar rechtlich ebenfalls den Status bloßer Hilfsorgane der Generalversammlung, sind aber so

[24] Vgl. auch unten § 486.
[25] Dazu unten § 591.
[26] Vgl. *Herrmann*, United Nations Commission on International Trade Law, Encyclopedia [5 (1983), S. 297 ff.].
[27] Vgl. *Morse*, Practice, Norms and Reform of International Humanitarian Rescue Operations, RdC 157 (1977 IV), S. 165 ff.
[28] Dazu unten § 1138.
[29] Dazu unten §§ 451 ff.
[30] Vgl. unten § 471 und ebd. Anm. 14.

stark ausgegliedert und spielen faktisch eine so bedeutsame Rolle, daß ihre Bezeichnung als

V. Quasi-autonome Sonderorgane

gerechtfertigt erscheint. Sie spiegeln das Bestreben der Dritten Welt wider, die Tätigkeit der von ihr numerisch beherrschten Generalversammlung von der Empfehlung genereller Richtlinien an die Adresse der Staaten und anderen Organe, vor allem des ECOSOC, auch auf die praktische Durchführung als besonders dringend empfundener, insbesondere wirtschaftspolitischer Aufgaben zu erstrecken[31], ungeachtet der Gefahr, daß es dadurch zu zahlreichen und kostspieligen Überschneidungen mit der Arbeit einiger Spezialorganisationen kommt. Es versteht sich von selbst, daß auch diese Sonderorgane in substanziellen Fragen nur die Zuständigkeit zur Abgabe von Empfehlungen besitzen. Dabei sind folgende Einrichtungen zu nennen:

1. United Nations Conference on Trade and Development (UNCTAD)[32]

§ 145 Nachdem die Generalversammlung eine erste UN-Konferenz für Handel und Entwicklung (UNCTAD I) im Frühjahr 1964 in Genf abgehalten hatte, wurde diese am 30. Dezember 1964 durch Res. 1995 (XIX) als ein ständiges Organ mit der Hauptaufgabe eingesetzt, die Entwicklungsländer bei der Ausdehnung ihres Warenverkehrs zu un-

---

[31] Vgl. *Dicke*, Die administrative Organisation der Entwicklungshilfe durch die Vereinten Nationen (1972), S. 16 ff.; *Standke*, Die multilaterale Technische Zusammenarbeit im System der Vereinten Nationen, VN 32 (1984), S. 50 ff.; *d'Orville*, Die operativen Aktivitäten im Dienste der Entwicklung, ebd. S. 54 ff. Speziell zu den Rechtsfragen dieses Weges *Dutheil de la Rochère*, Etude de la composition de certains organes subsidiaires créés par l'Assemblée générale des Nations Unies dans le domaine économique, AFDI 13 (1967), S. 307 ff.

[32] Dazu Handbuch der Entwicklungshilfe (1960 ff.), Bd. III A 57; *Gardner*, The United Nations Conference on Trade and Development, IO 22 (1968), S. 100 ff.; *El-Naggar*, The United Nations Conference on Trade and Development. Background, Aims and Policies, RdC 128 (1969 III), S. 241 ff.; *Gosovic*, UNCTAD, Conflict and Compromise (1972); *Schlüter*, Die Kompetenz der UNCTAD, ZaöRV 32 (1972), S. 297 ff.; *Spröte / Wünsche u. a.*, Die ökonomischen Organe und Organisationen der Vereinten Nationen (1973), S. 80 ff.; *dieselben*, Die Vereinten Nationen und ihre Spezialorganisationen. Dokumente, Bd. 5 (1978); *Melis*, Die Bedeutung der Welthandelskonferenz der Vereinten Nationen für die Dritte Welt, ÖZA 14 (1974), S. 3 ff.; *Ruge*, Der Beitrag von UNCTAD zur Herausbildung des Entwicklungsvölkerrechts (1976); *Koul*, The Legal Framework of UNCTAD in World Trade (1977); *Merloz*, La C. N. U. C. E. D. Droit international et développement (1980); *Corea*, United Nations Conference on Trade and Development, Encyclopedia [5 (1983), S. 301 ff.]; Bundesministerium für wirtschaftliche Zusammenarbeit (Hrsg.), Auswertung der Dokumentation der ... Welthandels- und Entwicklungskonferenz (bisher 11 Bde., 1966 ff.).

terstützen[33]. Dem auf den Grundsätzen der Reziprozität, Gleichbehandlung und Nichtdiskriminierung aufgebauten Kodex des GATT als einer für den Handelsverkehr zwischen wirtschaftlich gleich starken Partnern geeigneten Ordnung wurden die UNCTAD-Prinzipien für den Welthandel auf der Grundlage von Präferenzen zugunsten der Dritten Welt entgegengesetzt und in der Folge durch die Arbeit dieses Sonderorgans bekräftigt und konkretisiert[34].

Schon 1970 nahmen die westlichen Industriestaaten ein von der UNCTAD empfohlenes allgemeines Zollpräferenzsystem für den Handel mit Halb- und Fertigwaren aus den Entwicklungsländern an, das seither kontinuierlich ausgebaut worden ist. Die UNCTAD hat ferner Impulse zur Verbesserung des Umfangs und der Bedingungen der öffentlichen Entwicklungshilfe gegeben und zugunsten der am wenigsten entwickelten Länder („least developed countries", LLDC's), durch die Auswirkungen der Ölkrise „most seriously affected countries" (MSAC's)[35] sowie Insel- und Binnenentwicklungsländer besondere finanzielle und technische Hilfsmaßnahmen getroffen. Sie strebt eine Umverteilung der Quoten im Internationalen Währungsfonds[36], eine Verknüpfung der Schaffung von IMF-Sonderziehungsrechten mit zusätzlicher Entwicklungshilfe („link") und eine großzügige Lösung des Problems der Verschuldung der Entwicklungsländer an. Sie bereitet den Abschluß von Rohstoffabkommen vor und fordert die Verwirklichung eines Integrierten Rohstoffprogramms mit dem Kernstück eines „Gemeinsamen Fonds"[37]. Einen weiteren Schwerpunkt bildet die verstärkte Übertragung technologischer Kenntnisse aus Industrie- an Entwicklungsländer, insbesondere die Ausarbeitung eines Verhaltenskodex zu dieser Frage (Code of conduct on the transfer of technology)[38]. So stellt die UNCTAD das wichtigste Forum für die Propagierung und Durchsetzung einer „neuen internationalen Wirtschaftsordnung" dar[39].

§ 146 Während das Plenum der Konferenz, an der alle Mitglieder der UNO, der Spezialorganisationen und der IAEA teilnehmen können, in

---

[33] Deutsche Übersetzung der Gründungsresolution bei *Dicke* (Anm. 31), S. 139 ff. Ende 1983 nahmen 165 Staaten und Namibia an der UNCTAD teil bzw. waren teilnahmeberechtigt.

[34] Zum GATT vgl. unten §§ 361 ff. Der Text der von UNCTAD I beschlossenen Allgemeinen Grundsätze für den Welthandel findet sich im UN-Yearbook 1964, S. 198 ff.

[35] Vgl. das durch die UN-Generalversammlung beschlossene Einteilungsschema der LLDC's und MSAC's, wiedergegeben im ÖHB 2, D 15.

[36] Dazu §§ 323 ff.

[37] Vgl. § 373.

[38] Entwurfstext in ILM 19 (1980), S. 773 ff. Über den Fortgang der Arbeiten vgl. VN 29 (1981), S. 179 ff., und unten § 507, Anm. 12.

[39] Darüber §§ 506 f.

mehrjährigem Abstand zusammentritt (UNCTAD II 1968 in Delhi, UNCTAD III 1972 in Santiago de Chile, UNCTAD IV 1976 in Nairobi, UNCTAD V 1979 in Manila, UNCTAD VI 1983 in Belgrad), wird ihre kontinuierliche Arbeit von einem *Trade and Development Board* aus Vertretern von 112 Mitgliedstaaten wahrgenommen[40], der in der Regel einmal jährlich zusammentritt und eine Reihe von *Ausschüssen* (z. B. für Rohstoffe, Fertigwaren, Schiffahrtsfragen[41], „unsichtbare Transaktionen" und „transfer of technology") eingesetzt hat. Daneben besteht ein ständiges *Sekretariat* in Genf, das vom *Generalsekretär* der Konferenz geleitet wird. Die Finanzierung der UNCTAD erfolgt aus dem ordentlichen Haushalt der UNO.

2. United Nations Industrial Development Organization (UNIDO)[42]

§ 147 Sie wurde am 17. November 1966 durch die Generalversammlungsresolution 2152 (XXI)[43] mit der Aufgabe gegründet, die Industrialisierung der Entwicklungsländer durch praktische Maßnahmen, Studien und Forschungsprogramme zu fördern und sämtliche Bemühungen der UNO und ihrer Spezialorganisationen auf diesem Gebiet zu koordinieren. Vor allem im Rahmen des UNDP (unten § 176) und aus diesem, also durch freiwillige Beiträge, finanziert, leistet die UNIDO zahlreichen Staaten technische Hilfe. Über die Erfüllung ihrer Aufgaben hat sie alljährlich der Generalversammlung über das ECOSOC Bericht zu erstatten. Die UNIDO verfügt formell über kein Plenarorgan, sondern hält lediglich von Zeit zu Zeit Generalkonferenzen ab (Wien 1971, Lima 1975, Neu-Delhi 1980). Ihr Hauptorgan ist der *Industrial Develop-*

---

[40] Diese sind in vier Gruppen gegliedert (Gruppen A und C: 77 Staaten der Dritten Welt, Gruppe B: 26 Industrienationen, Gruppe D: 9 Staatshandelsländer). Zu dieser Gruppenparität *Wolfrum*, Neue Elemente im Willensbildungsprozeß internationaler Wirtschaftsorganisationen, VN 29 (1981), S. 50 ff.

[41] Bisher wichtigstes Arbeitsergebnis dieses Ausschusses ist die 1983 für 58 Staaten in Kraft getretene Konvention vom 6. April 1974 über einen *Verhaltenskodex für Linienkonferenzen* (marktregulierende Zusammenschlüsse von Reedereien), ILM 13 (1974), S. 910 ff., BGBl. 1983 II, S. 62, gemäß der das Ladeaufkommen im Seeverkehr grundsätzlich im Verhältnis 40 : 40 : 20 zwischen den Handelsflotten der Liefer-, Empfänger- und Drittländer aufgeteilt werden soll. Vgl. Neue Zürcher Zeitung, Fernausgabe, vom 18. November 1983. Zum ganzen *Herman*, Shipping Conferences (1984).

[42] Dazu Handbuch der Entwicklungshilfe Bd. III A 58; *Spröte / Wünsche u. a.* (Anm. 32), S. 117 ff.; *Bretton*, Les conditions de création de l'O. N. U. D. I., AFDI 14 (1968), S. 454 ff.; *Charvin*, L'Organisation des Nations Unies pour le développement industriel, RGDIP 73 (1969), S. 744 ff.; *derselbe*, Aperçu de l'évolution de l'ONUDI, ebd. 75 (1971), S. 105 ff.; *Szasz*, United Nations Industrial Development Organization, Encyclopedia [5 (1983), S. 329 ff.].

[43] Deutsche Übersetzung der Gründungsresolution im Handbuch der Entwicklungshilfe, ebd., Dok. 1; bei *Spröte / Wünsche u. a.* (ebd.), S. 311 ff.

ment Board. Er besteht aus 45 von der Generalversammlung gewählten Mitgliedern[44] und tritt einmal jährlich zusammen. Außerdem verfügt die UNIDO über ein *Sekretariat* mit Sitz in Wien, dem ein *Exekutivdirektor* vorsteht.

§ 148 Auf Betreiben der Entwicklungsländer soll die UNIDO in eine selbständige Spezialorganisation der UNO umgewandelt werden. In diesem Sinne wurde nach langwierigen Verhandlungen am 8. April 1979 in Wien ihre neue Verfassung angenommen und zur Unterzeichnung aufgelegt[45]; die für das Inkrafttreten erforderlichen 80 Ratifikationen, verbunden mit einem bestimmten Beitragsaufkommen, waren bei Drucklegung dieses Buches gerade erreicht. Hauptorgan der „neuen" UNIDO wird die alle 2 Jahre zu einer ordentlichen Tagung zusammentretende *Generalkonferenz* (General Conference) sein, der *Industrial Development Board* mit zukünftig 53 Mitgliedern (33 : 15 : 5) wird im Auftrag der Generalkonferenz als deren Exekutivorgan fungieren. Das *Sekretariat* in Wien wird von einem Generaldirektor geleitet werden.

3. *United Nations Capital Development Fund (UNCDF)*[46]

§ 149 Von der Generalversammlung am 13. Dezember 1966 mit Res. 2186 (XXI) geschaffen, soll er den Entwicklungsländern (insbesondere den LLDC's) Finanzhilfe durch verlorene Zuschüsse bzw. niedrig verzinste oder zinslose Kredite zum Zweck der Fortentwicklung und Strukturverbesserung ihrer Volkswirtschaften gewähren. Die dafür notwendigen Mittel müssen durch freiwillige Beiträge aufgebracht werden.

Da jedoch die meisten Industriestaaten die Gewährung multilateraler Finanzhilfe auf dem Weg über die Weltbankgruppe bevorzugen, in der ihnen eine sichere Stimmenmehrheit bei der Entscheidung über die Verwendung der Mittel zukommt[47], hat der Fonds bisher die ihm zugedachte Bedeutung nicht erlangen können.

§ 150 Auf das United Nations Environment Programme (UNEP) werden wir an anderer Stelle eingehen[48]. UNDP und UNICEF werden im Unterabschnitt über den Wirtschafts- und Sozialrat besprochen; das im Gefolge der Welternährungskonferenz 1974 eingerichtete World

---

[44] Sie sind wie beim Trade and Development Board der UNCTAD aus vier Gruppen zusammengesetzt (A - D, 25 Entwicklungsländer, 15 Industriestaaten, 5 Staatshandelsländer).

[45] UN Doc. A/CONF. 90/19, wiedergegeben in ILM 18 (1979), S. 667 ff. Dazu VN 27 (1979), S. 104 ff. (Ende 1983 122 Ratifikationen).

[46] Vgl. *Kurth*, UNCDF — eine bis jetzt gescheiterte Initiative, VN 17 (1969), S. 178 ff.; *Spröte / Wünsche u. a.* (Anm. 32), S. 279 ff. Ebd. S. 357 ff. der Text der Gründungsresolution.

[47] Vgl. unten §§ 328 ff.

[48] Unten § 1034.

Food Council in Verbindung mit Aufbau und Tätigkeit der UN-Food and Agriculture Organization (FAO)[49].

C. Der Sicherheitsrat[1]

I. Zusammensetzung und Verfahren

§ 151 Der Sicherheitsrat besteht gemäß Art. 23 der UN-Charta in der Fassung der Satzungsänderung vom 17. Dezember 1963[2] aus 15 Mitgliedern, und zwar aus 5 ständigen (China, Frankreich, Sowjetunion, Großbritannien, USA) und 10 nichtständigen, die von der Generalversammlung regelmäßig auf 2 Jahre gewählt werden[3], wobei der Beitrag der Staaten zum Weltfrieden und eine angemessene geographische Verteilung zu berücksichtigen ist[4]. Jedes Mitglied kann nur einen Vertreter in den Rat entsenden (Art. 27). Damit dieser jederzeit handlungsfähig ist, müssen alle seine Mitglieder ständig am Sitz der UNO vertreten sein (Art. 28 Abs. 1). Der Sicherheitsrat ist aber auch beschlußfähig, wenn er seine volle Mitgliederzahl nicht aufweist, solange die Erfordernisse des Art. 27 erfüllt sind[5].

§ 152 Der Sicherheitsrat kann Sitzungen so oft er es wünscht, am Sitz der UNO oder an einem anderen Ort, abhalten (Art. 28 Abs. 2 und 3)

---

[49] Unten §§ 176 f., 310.

[1] An allgemeinen Darstellungen vgl. *Kahng*, Law, Politics, and the Security Council (1964); *Boyd*, Fifteen Men on a Powder Keg. A History of the U. N. Security Council (1971); *Hiscocks*, The Security Council. A Study in Adolescence (1973); *Marschik / Neuhold*, Der Sicherheitsrat (1973); *Fahl*, Der UNO-Sicherheitsrat (1978); *Nicol* (Hrsg.), Paths to Peace: The UN Security Council and its Presidency (UNITAR 1981); *Nicol u. a.*, The United Nations Security Council: Towards Greater Effectiveness (UNITAR 1982); *Jiménez de Aréchaga*, United Nations Security Council, Encyclopedia [5 (1983), S. 345 ff.].

[2] Resolution der Generalversammlung 1991 (XVII), gemäß Art. 108 in Kraft getreten am 31. August 1965. Davor gab es nur 6 nichtständige Mitglieder. Eine weitere Erhöhung der Zahl der nichtständigen Mitglieder wird gegenwärtig diskutiert.

[3] In seltenen Fällen gab es durch formlosen Konsens solche Wahlen nur auf 1 Jahr.

[4] *In praxi* wird ganz überwiegend das zweite Kriterium herangezogen, wenngleich in den letzten Jahren das Qualitätskriterium mehr und mehr betont worden ist; vgl. *Herndl*, Die Mitgliedschaft Österreichs im Sicherheitsrat der Vereinten Nationen, FS Bindschedler, S. 530. In VN 31 (1983), S. 102 ff., findet sich eine Übersicht über die Mitgliedschaften seit 1946.

Zur Zeit gilt folgender Verteilungsschlüssel: 2 westeuropäische und andere Staaten, 2 lateinamerikanische Staaten, 1 osteuropäischer und 5 afro-asiatische Staaten.

[5] So ein Rechtsgutachten des UN-Legal Counsel Ende 1979, als es der Generalversammlung erst nach 155 Wahlgängen gelang, einen Lateinamerika zustehenden nichtständigen Ratssitz zu besetzen: UN Juridical Yearbook 1979, S. 164 ff. Darüber *Suy*, Some Legal Questions Concerning the Security Council, FS Schlochauer, S. 677 ff.; *Reisman*, The Case of the Nonpermanent Vacancy, AJIL 74 (1980), S. 907 ff.

und zu seinen Beratungen Nichtmitglieder des Rates wie Nichtmitglieder der UNO ohne Stimmrecht beiziehen (Art. 31 und 32). Gemäß Art. 30 hat er sich eine (vorläufige) Geschäftsordnung gegeben[6]. Der Vorsitz im Rat wechselt monatlich in alphabetischer Reihenfolge der Mitglieder[7].

II. Beschlußfassung[8]

§ 153 Jedes Mitglied des Sicherheitsrates verfügt über eine Stimme (Art. 27 Abs. 1). Die absolute Mehrheit der Stimmen genügt jedoch nur für Wahlen in den IGH (Art. 10 des Gerichtshofstatuts). Für alle anderen Beschlüsse sind 9 (vor der oben erwähnten Satzungsänderung waren es 7) Ja-Stimmen erforderlich. Bei Beschlüssen in *Verfahrensfragen* genügen 9 beliebige Stimmen (Art. 27 Abs. 2). Beschlüsse des Sicherheitsrates über alle sonstigen, also *meritorischen* Fragen, kommen ebenfalls bei Vorliegen von 9 Pro-Stimmen zustande, jedoch müssen sich nach dem Wortlaut des Art. 27 Abs. 3 darunter die Stimmen (affirmative vote, vote affirmatif) aller ständigen Mitglieder befinden. Diese Staaten haben also ein *Vetorecht*. Nach der durch spontanen formlosen Konsens[9] begründeten ständigen Praxis des Sicherheitsrates seit 1946 wird die Stimmenthaltung eines ständigen Mitgliedes allerdings nicht mehr als Veto gewertet[10], ebensowenig die Abwesenheit eines ständigen Mitgliedes von den Ratssitzungen (bestritten)[11]. Das Vetorecht muß also durch Abgabe einer Gegenstimme ausgeübt werden.

---

[6] Text i. d. F. v. 17. Januar 1974 in: International Organization and Integration I. A. (oben § 89, Anm. 1) unter 3.1.b.; deutsche Übersetzung in VN 24 (1976), S. 188 ff.

[7] *Pogany*, The Role of the President of the U. N. Security Council, ICLQ 31 (1982), S. 231 ff.

[8] Dazu *Jiménez de Aréchaga*, Voting and the Handling of Disputes in the Security Council (1950); *Day*, Le droit de veto dans l'Organisation des Nations Unies (1952); *Engelhardt*, Das Vetorecht im Sicherheitsrat der Vereinten Nationen, ArchVR 10 (1962/1963), S. 377 ff.; *Bailey*, The Procedure of the United Nations Security Council (1975); L. *Gross*, Voting in the Security Council and the PLO, AJIL 70 (1976), S. 470 ff.; *Lennkh*, Willensbildung im Sicherheitsrat der Vereinten Nationen, ÖZA 18 (1978), S. 5 ff.; *Münch*, Veto, Encyclopedia [5 (1983), S. 389 ff.].
Die Beschlüsse des Sicherheitsrates tragen laufende Nummern, in Klammern wird das Jahr hinzugefügt, in dem der Beschluß gefaßt wurde, z. B. 242 (1967). Ab Res. 201 (1965) sind alle Beschlüsse in der Zeitschrift „Vereinte Nationen" in deutscher Übersetzung wiedergegeben; vgl. die Tabellen in VN 26 (1978), S. 104 f., 31 (1983), S. 32 f.

[9] Genauer unten §§ 518 ff.

[10] Dazu *Fromont*, L'abstention dans les votes au sein des organisations internationales, AFDI 7 (1961), S. 492 ff.; *Stavropoulos*, The Practice of Voluntary Abstentions by Permanent Members of the Security Council under Art. 27, paragraph 3, of the Charter of the United Nations, AJIL 61 (1967), S. 737 ff.; L. *Gross*, Voting in the Security Council: Abstention in the Post-1965 Amendment Phase and Its Impact on Article 25 of the Charter, AJIL 62 (1968), S. 315 ff.; *Bailey*, New Light on Abstentions in the UN Security Council, International Affairs 50 (1974), S. 554 ff.

§ 154 Unter *Verfahrensfragen* (procedural matters, questions de procédure) werden in der Regel solche verstanden, die den Weg betreffen, um zu einem Beschluß in der Hauptsache zu gelangen (also z. B. Tagungsort und -zeit, Beginn, Vertagung und Schluß einer Verhandlung, Durchführung einer Untersuchung, Beiziehung von Zeugen, Sachverständigen usw.). In einer gemeinsamen Erklärung der Großmächte auf der Konferenz von San Francisco wird dieser Begriff jedoch viel enger ausgelegt und damit der Anwendungsbereich des Vetos erweitert[12]. Nach dieser Erklärung betreffen nämlich alle Beschlüsse des Sicherheitsrates, die eine größere politische Bedeutung haben und eine Kette weiterer Ereignisse (a chain of events) auslösen können, welche den Rat schließlich zur Anordnung von Zwangsmaßnahmen veranlassen könnten, keine Verfahrensfragen, auch wenn sie normalerweise, wie die Anordnung einer Untersuchung, als solche betrachtet werden müßten.

Wenn ein Streit darüber besteht, ob es sich um eine meritorische oder eine Verfahrensfrage handelt, muß zunächst darüber abgestimmt werden. Da ein ständiges Ratsmitglied schon gegen einen solchen Beschluß in der Vorfrage sein Veto einlegen kann, liegt ein *doppeltes Veto* vor, wenn es nach der Ablehnung des Antrages, daß es sich um eine Verfahrensfrage handle, auch gegen den Beschluß in der Hauptsache stimmt[13].

§ 155 Gemäß Art. 27 Abs. 3, letzter Satz, hat sich ein Mitglied des Sicherheitsrates dann der Stimme zu enthalten — besitzt ein ständiges Mitglied also kein Vetorecht —, wenn der Rat im Rahmen von Kap. VI[14] und Art. 52 Abs. 3 der Charta Beschlüsse über die friedliche Erledigung solcher Streitigkeiten faßt, in denen es Partei ist[15]. Dieses Gebot gilt aber weder für Beschlüsse nach Kap. VII[16], noch auch für Beschlüsse über die Regelung von *„Situationen"*. Unter diesem Begriff, der in Kap. VI den „Streitigkeiten" gegenübergestellt wird, versteht man friedensgefährdende Zustände, bei denen noch keine formulierten Ansprüche vorliegen und somit auch (noch) keine „Streitparteien" auftreten. Die Grenze zwischen den beiden Begriffen ist jedoch fließend. Im

---

11 Ebenso *Gentile*, Astensione ed assenza voluntaria di un membro del Consiglio di sicurezza, RDI 37 (1954), S. 547.

12 Text der Erklärung bei *Spröte / Wünsche* (§ 89, Anm. 4), S. 188 ff.

13 Vgl. dazu noch *Liang*, Notes on Legal Questions Concerning the United Nations, AJIL 43 (1949), S. 134 ff.; *Rudzinski*, The so-called Double-veto, ebd. 45 (1951), S. 443 ff.; L. *Gross*, The Double Veto, Harvard Law Review 67 (1952), S. 251 ff.

14 Dazu unten §§ 214 ff.

15 Dazu *Tavernier*, L'abstention des Etats parties à un différend (Art. 27 § 3 de la Charte), AFDI 22 (1976), S. 283 ff.

16 §§ 232 ff.

Zweifel muß daher der Sicherheitsrat zunächst darüber Beschluß fassen, ob eine Streitigkeit oder eine Situation vorliegt. Für diese Entscheidung gelten aber die normalen Beschlußerfordernisse, was eine weitere Möglichkeit für ein doppeltes Veto bietet. Ein ständiges Ratsmitglied kann nämlich gegen den Antrag, es handle sich um eine Streitigkeit, ein Veto einlegen, um dann bei der Behandlung der „Situation" neuerlich dagegen zu stimmen.

§ 156 Das Vetorecht der „Yalta Voting Formula" bildet eine schwerwiegende Ausnahme von dem in Art. 2 Ziff. 1 der Charta anerkannten Grundsatz der souveränen Gleichheit aller Mitglieder der UNO auch in deren Organisationsrecht. Es macht das Funktionieren des in der Charta vorgesehenen Systems der friedlichen Streiterledigung und der kollektiven Sicherheit von einer Übereinstimmung der Großmächte in den behandelten Fragen abhängig. Obwohl dieser Regelung auch positive Seiten abgewonnen werden können[17] und sie schließlich nur den rechtlich-organisatorischen Niederschlag der tatsächlichen weltpolitischen Machtverhältnisse darstellt, hat sich die Veto*praxis* als der entscheidenste Grund für den bereits an anderer Stelle beschriebenen Verfassungs- und Bedeutungswandel der UNO erwiesen[18].

§ 157 Erhebt sich dagegen kein Widerspruch, so kann der Präsident des Sicherheitsrates die Annahme eines Antrages durch *Consensus* feststellen, der auch außerhalb der Beratungen des Sicherheitsrates erreicht worden sein kann[19]. Der Präsident kann ferner sein „Statement" in einer Angelegenheit verkünden, über die seiner Meinung nach in der Beratung eine übereinstimmende Auffassung der Mitglieder zum Ausdruck gekommen ist. Wird dagegen Widerspruch erhoben (challenged), muß aber eine förmliche Abstimmung nachfolgen.

III. Zuständigkeiten

§ 158 Der Sicherheitsrat trägt die *Haupt*verantwortung für die Erhaltung des Weltfriedens und der internationalen Sicherheit (Art. 24 Abs. 1). Zur Erreichung dieses Zieles kann er nicht nur im Rahmen

---

[17] Sie stellte die *conditio sine qua non* einer Beteiligung sämtlicher Großmächte dar und bildet — abstrakt gesehen — eine Garantie dafür, daß das UN-System der kollektiven Sicherheit tatsächlich seine abschreckende Rolle spielen und nicht zugunsten einzelner Großmächte oder für unverantwortliche Aktionen mißbraucht werden kann. Vgl. dazu statt aller *Claude* (§ 89, Anm. 1), S. 152 ff.

[18] Vgl. oben §§ 102 ff. Eine Übersicht über die Vetopraxis 1946 - 1982 findet sich in VN 18 (1970), S. 13 ff., 55 ff., 89 ff., 129 ff., 31 (1983), S. 84 ff. Vgl. ferner *Fahl*, Die Vetos im Sicherheitsrat der Vereinten Nationen (1970 - 1982), VN 31 (1983), S. 84 ff.

[19] Dazu *Chai*, Consultation and Consensus in the Security Council (UNITAR-Studie 1971).

des VI. Kapitels der Charta Vermittlungsvorschläge in Streitfällen machen, sondern bei einem Friedensbruch, einer Friedensbedrohung oder einer Angriffshandlung nach Kapitel VII auch Zwangsmaßnahmen anordnen. Wir werden diese beiden Hauptaufgaben in den anschließenden Abschnitten unseres Buches behandeln[20].

§ 159 Die Mitglieder der UNO sind verpflichtet, die Beschlüsse (decisions)[21], die der Sicherheitsrat *im Einklang mit der Charta* gefaßt hat (Art. 24 Abs. 2), anzunehmen und durchzuführen (Art. 25). Die Tragweite dieser Bestimmung ist strittig[22]. Verschärft wird die Problematik durch die Praxis des Rates, auf eine klare Angabe der Rechtsgrundlage seiner Beschlüsse zu verzichten und allzu häufig dilatorische Formelkompromisse an die Stelle klarer Handlungsanweisungen zu setzen. Einer restriktiven Auffassung, wonach der Sicherheitsrat verbindliche Beschlüsse nur im Rahmen des Kapitels VII der Charta, also unter der Voraussetzung fassen kann, daß er das Vorliegen eines der gerade genannten Tatbestände des Art. 39 festgestellt hat[23], steht die Rechtsmeinung des IGH im *Namibia*-Gutachten vom 21. Juni 1971 gegenüber[24]. Dort wird die erstgenannte Sicht mit folgenden Worten zurückgewiesen: "It is not possible to find in the Charter any support for this view. Article 25 is not confined to decisions in regard to enforcement action but applies to 'the decisions of the Security Council' adopted in accordance with the Charter. Moreover, that Article is placed not in Chapter VII, but immediately after Article 24 in that part of the Charter which deals with the functions and powers of the Security Council. If Article 25 had reference solely to decisions of the Security Council concerning enforcement action under Articles 41 and 42 of the Charter, that is to say if it were only such decisions which had binding effect, then Article 25 would be superfluous, since this effect is secured by Articles 48

---

[20] Unten §§ 213 ff., 229 ff.

[21] Zum Begriff der „decisions" vgl. unsere Klarstellung oben § 125, Anm. 8. Es muß also in jedem Fall aus dem Zusammenhang erschlossen werden, wie diese Bezeichnung zu verstehen ist. Siehe dazu auch das Rechtsgutachten des österreichischen Bundesministeriums für Auswärtige Angelegenheiten über die Resolution des Sicherheitsrates 461 (1979) im US-iranischen Geiselkonflikt, ÖZöffRVR 31 (1980), S. 320 ff., sowie unseren folgenden Text.

[22] Dazu *Krökel*, Die Bindungswirkung von Resolutionen des Sicherheitsrates der Vereinten Nationen gegenüber Mitgliedstaaten (1977); ferner *Kewenig*, Die Problematik der Bindungswirkung von Entscheidungen des Sicherheitsrates, in: Festschrift für U. Scheuner (1973), S. 259 ff.; R. *Higgins*, The Advisory Opinion on Namibia: Which UN-Resolutions are Binding under Article 25 of the Charter?, ICLQ 21 (1972), S. 275 ff.; *Azadon Tiewul*, IJIL 15 (1975), S. 195 ff.; *Jiménez de Aréchaga*, International Law in the Past Third of a Century, RdC 159 (1978 I), S. 119 ff.

[23] Vgl. die bei *Krökel* (letzte Anm.), S. 14 ff., angeführten Stimmen.

[24] *Legal Consequences for States of the Continued Presence of South Africa in Namibia (South West Africa) notwithstanding Security Council Resolution 276 (1970)*, ICJ Reports 1971, S. 51 ff.

and 49 of the Charter[25]." Der Sicherheitsrat habe nicht nur die ihm in Art. 24 Abs. 2 eingeräumten besonderen Befugnisse auf Grund bestimmter Kapitel der Charta, sondern auch "*general powers* to discharge the responsibilities conferred in paragraph 1 [des Art. 24]"[26] und könne auch auf dieser Grundlage Beschlüsse fassen, die nach Art. 25 verbindlich seien, wenn der Rat ihnen diese Wirkung verleihen *wolle*, was durch sorgfältige Auslegung zu klären sei[27]. Unseres Erachtens könnte der Sicherheitsrat natürlich auch durch eine positive Norm außerhalb des Kapitels VII zu verbindlichen Entscheidungen ermächtigt werden, diese Norm jedoch mit dem *Namibia*-Gutachten in Art. 24 selbst zu sehen und damit die bloße Behauptung des Sicherheitsrates ausreichen zu lassen, um seine Kompetenz zu *solchen* Beschlüssen zu begründen, erscheint uns nicht nur im Widerspruch zur Entstehungsgeschichte und Systematik der Charta, sondern läßt sich auch mit der praktischen Arbeitsweise des Rates schwer vereinbaren[28].

§ 160 Gemäß Art. 94 kann der Sicherheitsrat die Urteile des IGH vollstrecken, „wenn er es für erforderlich hält". Er ist befugt, über die Aufnahme und den Ausschluß von Mitgliedern, über die Suspendierung von Mitgliedschaftsrechten und über die Wahl des Generalsekretärs Empfehlungen an die Generalversammlung zu richten. Gemäß Art. 83 übt er die Funktionen der UNO in Bezug auf die strategischen Zonen der Treuhandgebiete aus. Nach Art. 96 kann er den IGH um die Erstattung eines Rechtsgutachtens ersuchen. Gemäß Art. 43 hat er die

---

[25] Ebd., S. 53. In diesem Sinne schon *Kelsen*, The Law of the United Nations (1951), S. 98. Zu den vom IGH angeführten Bestimmungen des Kapitels VII s. unten §§ 232 ff.

[26] Ebd., S. 52.

[27] Ebd., S. 53: „The language of a resolution of the Security Council should be carefully analysed before a conclusion can be made as to its binding effect. In view of the nature of the powers under Article 25, the question whether they have been in fact exercised is to be determined in each case, having regard to the terms of the resolution to be interpreted, the discussions leading to it, the Charter provisions invoked and, in general, all circumstances that might assist in determining the legal consequences of the resolution . . ."

[28] Treffend *Krökel* (Anm. 22), S. 169 f.: „Zu einer Zeit, in der der SR [Sicherheitsrat; die Verf.] sich fast ausschließlich auf die Streitschlichtung durch rechtlich unverbindliche Handlungsmittel beschränkt, stellt sich der IGH auf den Standpunkt, die Adressaten jeder vom SR verabschiedeten Resolution seien zur Annahme und Ausführung der in ihr enthaltenen Regelungen verpflichtet. Wenn man bedenkt, daß die Vermeidung rechtlichen Zwangs die Verabschiedung einer Resolution häufig — ja fast immer — erst ermöglicht, so kann man von Glück sagen, daß das Gutachten des IGH weder die Mitgliedstaaten noch den SR rechtlich bindet. Die sich sonst ergebende Konsequenz läßt sich unschwer voraussehen: Entweder würde die rechtliche Verpflichtung zur Ausführung einer Resolution unterlaufen, indem die Wortwahl noch verschwommener würde und die eigentliche Streitschlichtung außerhalb des SR stattfände, oder die rechtliche Verpflichtung würde durch eine dauernde Nichtbeachtung zur Farce."

Aufgabe, mit den einzelnen Staaten Verträge über die Teilnahme an militärischen Zwangsmaßnahmen der UNO abzuschließen. Nach den Art. 8 ff. des IGH-Statuts wählt er gemeinsam mit der Generalversammlung die Mitglieder des IGH. Gemäß Art. 35 Abs. 2 dieses Statuts setzt er die Bedingungen fest, unter denen der IGH jenen Staaten offensteht, die das Statut nicht angenommen haben.

Andererseits ist der Sicherheitsrat verpflichtet, der Generalversammlung Jahresberichte und erforderlichenfalls Sonderberichte zur Prüfung vorzulegen (Art. 24 Abs. 3).

§ 161 Die UN-Charta kennt keine Instanz, bei der ein Beschluß eines keiner höheren Autorität unterstellten Organs der UNO wegen Überschreitung seiner ihm durch die Charta eingeräumten Zuständigkeit angefochten werden könnte. Da die Beantwortung der Frage, ob eine solche Kompetenzverletzung vorliegt, nur durch eine Auslegung der Charta erfolgen kann, werden wir sie anläßlich der Untersuchung dieses Problems behandeln (§ 272).

IV. Nebenorgane

§ 162 Auch der Sicherheitsrat kann nach den Art. 29 und 34 Nebenorgane zur Erfüllung seiner Aufgaben bestellen und diesen die nötigen Weisungen erteilen. Unter den ständigen Ausschüssen sind zu nennen: das *Military Staff Committee* (Art. 47)[29] und das *Committee on the Admission of New Members*, welches aus Vertretern aller Ratsmitglieder besteht und die Aufnahmeanträge vorprüft. Daneben besteht eine wechselnde Anzahl *ad hoc* geschaffener Hilfsorgane, z. B. zur Wahrnehmung von „Fact-finding"- und „Peace-keeping"-Aufgaben[30] oder zur Prüfung der Mitgliedschaftsprobleme der Mikrostaaten.

D. Der Wirtschafts- und Sozialrat

I. Zusammensetzung und Verfahren

§ 163 Der Wirtschafts- und Sozialrat (ECOSOC)[1] setzt sich aus Vertretern von 54 Staaten zusammen[2], von denen jährlich ein Drittel durch die Generalversammlung für eine dreijährige Amtsperiode neu gewählt

---

[29] Vgl. unten § 240.

[30] Dazu unten §§ 248 ff.

[1] Dazu das Schrifttum bei *Hüfner / Naumann*, Zwanzig Jahre Vereinte Nationen (§ 89, Anm. 1), S. 323 ff.; ferner *Mangone*, United Nations Administration of Economic and Social Programs (1966); *Sharp*, The United Nations Economic and Social Council (1969); *Goodspeed*, Political Considerations in the United Nations Economic and Social Council, in: *Waters* (Hrsg.), The United Nations (1967), S. 349 ff.; *Ghebali*, Aux origines de l'ECOSOC, AFDI 18 (1972),

wird (Art. 61). Die ständigen Mitglieder des Sicherheitsrates haben (mit Ausnahme Chinas vor 1971) auch dem ECOSOC immer angehört. Insgesamt stehen den afrikanischen und asiatischen Staaten 25, den westlichen Industriestaaten 13, den Staaten Lateinamerikas 10 und den osteuropäischen Staaten 6 Sitze zu.

§ 164 Der Wirtschafts- und Sozialrat tritt mindestens zweimal jährlich, abwechselnd in Genf und in New York, zu ordentlichen Sitzungen zusammen, daneben können Sondersitzungen einberufen werden. Jedes Mitglied verfügt über eine Stimme, die Beschlüsse werden mit einfacher Mehrheit der anwesenden und abstimmenden Mitglieder gefaßt (Art. 67). Nichtmitglieder des ECOSOC können an der Beratung von Angelegenheiten, die für sie von Belang sind, ebenso wie Vertreter der Spezialorganisationen, ohne Stimmrecht teilnehmen (Art. 69 und 70).

II. Zuständigkeiten

§ 165 Der Wirtschafts- und Sozialrat ist das Hauptorgan, das alle Aufgaben der UNO auf *wirtschaftlichem, sozialem, kulturellem und humanitärem Gebiet* sowie im *Erziehungs- und Gesundheitswesen* zu überwachen und zu koordinieren hat.

Zu diesem Zweck kann er gemäß Art. 62 Studien und Berichte aus den genannten Gebieten machen oder veranlassen und darüber Empfehlungen an die Generalversammlung, die UN-Mitgliedstaaten oder Spezialorganisationen erstatten, ebenso Empfehlungen über die Achtung der Menschenrechte. Ferner kann er über Angelegenheiten seiner Zuständigkeit der Generalversammlung Vertragsentwürfe vorlegen und internationale Konferenzen einberufen. Nach Art. 66 Abs. 3 der Charta können ihm durch die Generalversammlung weitere Aufgaben übertragen werden.

§ 166 Der Wirtschafts- und Sozialrat bildet in den Angelegenheiten seiner Zuständigkeit das *Bindeglied* zwischen der UNO und ihren *Spezialorganisationen.* So hat er mit diesen gemäß Art. 63 unter Genehmigung der Generalversammlung „relationship agreements" abzuschließen und ihre Tätigkeit durch Beratungen, Empfehlungen, gegenseitige Teilnahme an den Sitzungen und die Anforderung von Berichten zu koordinieren (Art. 63 und 64).

S. 469 ff.; *Hantke*, Internationale Wirtschaftsorganisationen: Wirtschaftsfragen in den Vereinten Nationen, JuS 1977, S. 297 ff., 433 ff.; *Kirgis*, Jr., United Nations Economic and Social Council, Encyclopedia [5 (1983), S. 310 ff.].

[2] Die ursprüngliche Mitgliederzahl betrug 18; sie wurde auf Betreiben der Dritten Welt am 17. Dezember 1963 (wirksam ab 31. August 1965) auf 27 und durch die Resolution der Generalversammlung 2847 (XXVI) vom 20. Dezember 1971 (wirksam ab 24. September 1973) im Verfahren nach Art. 108 der Charta auf den gegenwärtigen Stand erhöht.

§ 167 Zur Erfüllung seiner Aufgaben schließt der ECOSOC nach Art. 71 UN-Charta auch Abmachungen zwecks Konsultation mit zahlreichen *nichtstaatlichen* internationalen Organisationen (non-governmental organizations, NGO's) ab, die in den gleichen Bereichen tätig sind[3].

III. Stellung gegenüber den anderen Organen

§ 168 Gemäß Art. 66 steht der Wirtschafts- und Sozialrat unter der Autorität der Generalversammlung, die auch seine Zusammensetzung autonom bestimmt (s. oben) und deren Empfehlungen er durchzuführen hat (Art. 66 Abs. 1). Er ist daher in Wahrheit eine Art Hilfsorgan der Generalversammlung, doch kann diese nicht an seiner Stelle handeln. In den letzten zwei Jahrzehnten ist die faktische Bedeutung des ECOSOC gegenüber der Generalversammlung stark zurückgegangen. Die in Verfolg der Resolution 32/197 der Generalversammlung aus dem Jahre 1977 durchzuführende Neustrukturierung des UN-Wirtschafts- und Sozialbereichs soll den ECOSOC jedoch wieder aufwerten und seine Tätigkeit dadurch straffen, daß er in sachbezogenen Kurztagungen die Aufgaben nachgeordneter Gremien selbst übernimmt[4].

Dem Sicherheitsrat kann der Wirtschafts- und Sozialrat Auskünfte erteilen und ihn auf Ersuchen unterstützen (Art. 65).

IV. Nebenorgane

§ 169 Entsprechend seinem weitgesteckten Aufgabenbereich hat der Wirtschafts- und Sozialrat eine große Anzahl von Nebenorganen verschiedenster Struktur geschaffen, die z. T. nach sachlichen, z. T. nach geographischen Gesichtspunkten gegliedert sind (vgl. Art. 68 der Charta und den folgenden Pkt. 1), daneben steht er mit anderen UN-Einrichtungen in Verbindung, die nicht von ihm selbst errichtet wurden (Pkt. 2):

1. Hilfsorgane

Sie gliedern sich in folgende Gruppen:

§ 170 *Sessional Committees* zur intensiven Beratung während der Tagungen und Vorbereitung der Entscheidungen des Plenums, aus Vertretern aller ECOSOC-Mitglieder bestehend.

§ 171 *Standing Committees* und *Expert Bodies*, die auch außerhalb der Ratstagungen zusammentreten und konkrete Vorschläge zu Spezialfragen auszuarbeiten haben, darunter das *Committee on Non-Go-*

---

[3] Vgl. unten § 416 und *Chiang Pei-heng*, Non-Governmental Organizations at the United Nations (1981).

[4] Vgl. oben § 119.

vernmental Organizations[5], die *Commission on Transnational Corporations* (48 Mitgliedstaaten, soll einen Verhaltenskodex für multinationale Unternehmen ausarbeiten[6]), das (Experten-)*Committee for Development Planning* und das (Experten-)*Committee on Crime Prevention and Control.*

§ 172 *Regional Economic Commissions* (regionale Wirtschaftskommissionen)[7]. Sie verfolgen das Ziel, die wirtschaftliche Entwicklung in den einzelnen Regionen der Erde nach deren jeweiligen Bedürfnissen zu fördern und die Zusammenarbeit innerhalb dieser Regionen zu intensivieren. Die Mitarbeit in den Kommissionen steht allen UN-Mitgliedern der einzelnen Regionen, daneben aber auch der betreffenden Region nicht angehörenden interessierten Staaten[8] und sogar Nichtmitgliedern der UNO (als assoziierten Mitgliedern oder in einem Konsultativstatus) offen. Die Kommissionen verfügen über eigene Sekretariate und haben ihrerseits wiederum Unterorgane eingesetzt.

— *Economic Commission for Europe* (ECE, 34 Mitgliedstaaten, insbesondere durch die Förderung wirtschaftspolitischer und technologischer Ost-West-Kontakte bedeutsam);
— *Economic and Social Commission for Asia and the Pacific* (ESCAP, Ende 1983 44 Voll- und assoziierte Mitglieder, Verfolgung zahlreicher Entwicklungsprojekte);
— *Economic Commission for Latin America* (ECLA, Ende 1983 40 Voll- und assoziierte Mitglieder);
— *Economic Commission for Africa* (ECA, Ende 1983 50 Voll- und assoziierte Mitglieder);
— *Economic Commission for Western Asia (ECWA,* im August 1973 geschaffen, 13 arabische Staaten und die PLO umfassend).

§ 173 *Functional Commissions* (6 Fachausschüsse aus Staatenvertretern mit weltweitem, aber sachlich scharf umrissenen Tätigkeitsbereich): *Statistical Commission, Population Commission, Commission for Social Development, Commission on the Status of Women, Commission on Narcotic Drugs, Commission on Human Rights* (mit einer Sub-Commission on Prevention of Discrimination and Protection of Minorities und weiteren *ad hoc*-Kommissionen und Arbeitsgruppen)[9].

§ 174 *Administrative Committee on Co-ordination* (ACC; für die Abstimmung der Tätigkeit der UNO, ihrer Spezialorganisationen und der

---

[5] Vgl. § 416.

[6] Vgl. § 450.

[7] Vgl. *Szasz / Willisch*, Regional Commissions of the United Nations, Encyclopedia [6 (1983), S. 296 ff.].

[8] So arbeitet z. B. die Bundesrepublik Deutschland in sämtlichen Wirtschaftskommissionen mit.

[9] Vgl. unten §§ 1233, 1245.

IAEA; besteht aus den Verwaltungsspitzen dieser Organisationen und der wichtigsten UN-Nebenorgane [UNCTAD, UNIDO, UNDP usw.] unter dem Vorsitz des UN-Generalsekretärs).

2. *Mit dem ECOSOC verbundene Sonderorgane und Programme*

§ 175 Ihre Zuordnung zu einem bestimmten Hauptorgan bereitet Schwierigkeiten, weil einige von ihnen auch der Generalversammlung verantwortlich sind. Die wichtigsten sind:

§ 176 *United Nations Development Programme (UNDP)*[10].

Es wurde mit der vom ECOSOC angeregten Generalversammlungsresolution 2029 (XX) vom 22. November 1965 durch Verschmelzung zweier früherer ECOSOC-Nebenorgane, nämlich des Expanded Programme of Technical Assistance (EPTA) und des United Nations Special Fund (SF), geschaffen und übernahm deren Aufgaben, die in der Gewährung technischer Hilfe zur Förderung der landwirtschaftlichen und technischen Entwicklung insbesondere der Staaten der Dritten Welt und in der technischen Vorbereitung von Investitionen in diesen Ländern (sog. „pre-investment") liegen.

Das UNDP führt Projekte nicht selbst durch, sondern überträgt die Durchführung anderen UN-Organen (z. B. der UNIDO) und vor allem den Spezialorganisationen. Dazu verfügt es über einen aus den Verwaltungsspitzen der UNO, der einschlägigen Sonderorgane (UNCTAD, UNIDO, World Food Programme[11], UNICEF usw.) und Spezialorganisationen zusammengesetzten *Inter-Agency Consultative Board*, der das Hauptorgan, den *Governing Council*, über die Verteilung der Entwicklungsprojekte nach Sachgebieten und Kapazität berät[12]. Der Verwal-

---

[10] Dazu Handbuch der Entwicklungshilfe, Bd. III A 50; *Dicke* (§ 144, Anm. 31), S. 39 f.; *Spröte / Wünsche u. a.* (§ 144, Anm. 32), S. 249 ff.; *Morse*, Zur Rolle des Entwicklungsprogramms der Vereinten Nationen, VN 25 (1977), S. 104 ff.; *Wallace*, United Nations Development Programme, Encyclopedia [5 (1983), S. 307 ff.]. Deutsche Übersetzung der Gründungsresolution ebd., S. 332 ff.

Zur Entwicklungshilfe im Rahmen der UN-Familie allgemein *Kirdar*, The Structure of United Nations Economic Aid to Underdeveloped Countries (1966); *Sen*, United Nations in Economic Development (1969); Partners in Development. Report of the Commission on International Development (Lester B. *Pearson* Chairman, 1969), deutsch: Der Pearson-Bericht. Bestandsaufnahme und Vorschläge zur Entwicklungspolitik (1969); A Study on the Capacity of the United Nations Development System (sog. „*Jackson*-Bericht", 1969); *Virally*, La deuxième décennie des Nations Unies pour le développement, AFDI 16 (1970), S. 9 ff.; *Meyer / Seul / Klingner*, Die zweite Entwicklungsdekade der Vereinten Nationen (1971); *Dicke* (ebd.); *Wiegand*, Organisatorische Aspekte der internationalen Verwaltung von Entwicklungshilfe (1978).

[11] Dazu unten § 308.

[12] Im Rahmen der Neustrukturierung des UN-Wirtschafts- und Sozialbereichs gemäß Generalversammlungsresolution 32/197 (oben § 119) soll dieses

tungsrat besteht aus Vertretern von 48 Staaten, die vom ECOSOC auf 3 Jahre gewählt werden, wobei den Entwicklungsländern 27 und den entwickelteren Staaten 21 Sitze zukommen. Der Verwaltungsapparat des UNDP ist Teil des UN-Sekretariats; an seiner Spitze steht der *Administrator*. Die Tätigkeit des UNDP wird durch freiwillige Beiträge der Staaten unter einer gewissen Eigenbeteiligung der Unterstützten finanziert.

§ 177 *United Nations Children's Fund (UNICEF*, Weltkinderhilfswerk)[13].

Es wurde von der Generalversammlung 1946 zur Hilfeleistung an die Kinder und Jugendlichen in der Nachkriegszeit geschaffen und widmet seine Tätigkeit heute ausschließlich der Verbesserung der Lebensbedingungen der jungen Generation in den Entwicklungsländern durch Hilfsprogramme auf den Gebieten der Ernährung, Gesundheit, Erziehung und Berufsausbildung. UNICEF wird von einem *Executive Board* aus 30 vom ECOSOC gewählten Mitgliedern geleitet und verfügt über einige Regionalbüros. Seine Hilfstägigkeit wird durch freiwillige Beiträge der Staaten, private Spenden und durch den Verkauf von Glückwunschkarten finanziert.

§ 178 *International Narcotics Control Board*, der durch die Single Convention on Narcotic Drugs vom 30. März 1961[14] zur Aufsicht über die legale Produktion und den Handel mit Narkotika geschaffen wurde.

§ 179 UNITAR und UNHCR sind bereits unter den Nebenorganen der Generalversammlung aufgeführt worden. Den auf der Welternährungskonferenz 1974 initiierten Welternährungsrat werden wir wegen des Sachzusammenhanges in Verbindung mit der FAO besprechen[15].

Koordinationsgremium aufgelöst und seine Aufgaben vom Administrative Committee on Co-ordination (ACC; vgl. § 174) selbst wahrgenommen werden.

[13] Vgl. Handbuch der Entwicklungshilfe, Bd. III A 65; *Dicke* (§ 144, Anm. 31), S. 40 ff.; *Wolf*, United Nations Children's Fund, Encyclopedia [5 (1983), S. 293 f.].

[14] Revidiert am 25. März 1972; BGBl. 1977 II, S. 111 (Ende 1983 für 117 Staaten in Kraft). Zum ganzen *Lowes*, The Genesis of International Narcotics Control (1966); *Waddell*, International Narcotics Control, AJIL 64 (1970), S. 310 ff.; *v. Wartburg*, Die Stellung des nationalen Gesetzgebers im System der internationalen Drogenmißbrauchs-Kontrolle der Vereinten Nationen, GYIL 19 (1976), S. 379 ff.; *Schiedermair*, Das Einheits-Übereinkommen über Suchtstoffe, FS v. d. Heydte, S. 535 ff.; *Noll*, 70 Jahre internationale Suchtstoffkontrolle, VN 27 (1979), S. 129 ff.; *Chatterjee*, Legal Aspects of International Drug Control (1981).

Vgl. ferner die Convention on Psychotropic Substances vom 21. Februar 1971, BGBl. 1976 II, S. 1477 (Ende 1983 für 75 Staaten in Kraft); dazu *Vignes*, La Convention sur les substances psychotropes, AFDI 17 (1971), S. 641 ff.; *Köck*, Die Wiener Suchtgiftkonferenz 1971 und ihre Ergebnisse, ÖZA 11 (1971), S. 100 ff.

[15] Unten § 310.

E. Der Treuhandrat

I. Das Treuhandsystem

§ 180 Nach Ende des Ersten Weltkrieges wurden die früheren deutschen Kolonien und gewisse asiatische Gebiete der Türkei dem *Mandatssystem* des Völkerbundes unterstellt[1]. Da die Bevölkerung dieser Territorien nach dem Urteil des Art. 22 der Völkerbundsatzung „noch nicht imstande" war, „sich unter den besonders schwierigen Bedingungen der heutigen Welt selbst zu leiten", wurden die Gebiete durch die siegreichen Hauptmächte dem Völkerbund unterstellt, der sie wiederum auf vertraglichem Wege unter die „Vormundschaft fortgeschrittener Nationen" stellte, welche diese Vormundschaft „als Mandatare des Bundes und in seinem Namen", also nicht im eigenen Interesse, sondern im Interesse der eingeborenen Bevölkerung, zu führen hatten. Art. 22 unterschied drei Hauptarten von Mandaten (A-, B- und C-Mandate) mit entsprechend abgestuften Kompetenzen der Mandatare. Diese hatten dem Völkerbundrat jährlich über die Erfüllung der ihnen anvertrauten „heiligen Aufgabe der Zivilisation" (sacred trust of civilisation) einen Bericht zu erstatten, der zuvor durch eine Mandatskommission überprüft und begutachtet wurde. Die Angehörigen der Mandatsgebiete hatten das Recht, dem Völkerbundrat Petitionen vorzulegen. Die Völkerrechtssubjektivität (ohne Handlungsfähigkeit) zumindest der A-Mandate (Palästina, Irak, Syrien) war allgemein anerkannt[2]. Desgleichen wurde in der Praxis der Mandatskommission klargestellt, daß jedem Mandatsland ein eigenes Gebiet und Vermögen, seiner Bevölkerung ein vr selbständiger Status zukam. Der Mandatar vertrat das Mandatsland auf vr Ebene, konnte also dessen Angehörige gegenüber dritten Staaten schützen und für das Mandatsland vr Verträge abschließen.

§ 181 Kapitel XII der UN-Charta ersetzte das Mandatssystem des Völkerbundes durch ein Treuhandsystem zur Verwaltung und Beaufsichtigung abhängiger Gebiete[3], das eine ähnliche Zielsetzung und rechtliche Konstruktion aufwies, wenngleich einige Verschiedenheiten vorliegen[4], darunter am bedeutsamsten die Verpflichtung der Treuhän-

---

[1] Vgl. das Schrifttum bei *Hüfner / Naumann*, Zwanzig Jahre Vereinte Nationen (§ 89, Anm. 1), S. 433 ff.; ferner *Claude* (ebd.), S. 349 ff.; *Verdross*, S. 210 ff.; *Menzel*, Mandate, WV II, S. 460 ff.

[2] Genauer unten § 393. In Ausnahmefällen besaßen gewisse A-Mandate eine beschränkte vr Handlungsfähigkeit, vgl. *Verdross*, S. 212. Eine Aufzählung sämtlicher Mandatsgebiete findet sich bei *Menzel* (letzte Anm.), S. 461.

[3] Dazu *Verdross*, S. 591 ff.; *Toussaint*, The Trusteeship System of the United Nations (1956); *Murray*, The United Nations Trusteeship System (1957); *Veicopoulos*, Traité des territoires dépendants, Bd. I (1960), II (1971); *Rauschning*, United Nations Trusteeship System, Encyclopedia [5 (1983), S. 369 ff.].

[4] Vgl. *Verdross*, S. 592 f.

der (Verwaltungsmächte, administering authorities), nicht nur den politischen, wirtschaftlichen, sozialen und erzieherischen Fortschritt der eingeborenen Bevölkerung, sondern auch deren „fortschreitende Entwicklung zur Selbstregierung [i. S. von Selbstverwaltung] oder *Unabhängigkeit*“ zu fördern (Art. 76 lit. b).

Mit Ausnahme von Südwestafrika[5] wurden alle früheren, noch nicht selbständig gewordenen Mandatsländer in Treuhandgebiete umgewandelt. Daneben war das Treuhandsystem für Gebiete, die von den im Zweiten Weltkrieg besiegten Staaten abgetrennt wurden[6], und schließlich auch für jene Territorien vorgesehen, die ihm von den bisher für ihre Verwaltung verantwortlichen Staaten freiwillig unterstellt würden[7]. Die Einbeziehung in das Treuhandsystem war aber nicht obligatorisch, sondern setzte in allen Fällen den Abschluß von Einzelabkommen (Treuhandverträgen, trusteeship agreements) voraus (Art. 79)[8]. Die Treuhandgebiete waren dem Sicherheitssystem der UNO einzugliedern (Art. 84); außerdem konnten sie sog. „strategische Zonen“ darstellen oder umfassen (Art. 82)[9]. An die Stelle der Mandatskommission trat der Treuhandrat (§§ 183 ff.).

§ 182 Kapitel XI der Charta hat dagegen jene „Hoheitsgebiete ohne Selbstregierung“ (Kolonien) im Auge, die von den für ihre Verwaltung zuständigen UN-Mitgliedstaaten *nicht* dem Treuhandsystem unterworfen wurden, und verpflichtet in Art. 73 auch diese Mitglieder, das Wohl der Einwohner der abhängigen Gebiete dadurch „aufs äußerste“ (to the

[5] Nach erbitterten Auseinandersetzungen erklärte die UN-Generalversammlung mit Res. 2145 (XXI) vom 27. Oktober 1966 (Text im UN-Yearbook 1966, S. 606) das Südwestafrika-Mandat für aufgehoben. Der IGH hat sich in folgenden Urteilen und Gutachten mit Südwestafrika/Namibia befaßt: *International Status of South West Africa*, ICJ Reports 1950, S. 128 ff.; *Voting Procedure on Questions relating to Reports and Petitions concerning the Territory of South West Africa*, ebd. 1955, S. 67 ff.; *Admissibility of Hearings of Petitioners by the Committee on South West Africa*, ebd. 1956, S. 23 ff.; *South West Africa, Preliminary Objections*, ebd. 1962, S. 319 ff.; *South West Africa, Second Phase*, ebd. 1966, S. 6 ff.; *Legal Consequences for States of the Continued Presence of South Africa in Namibia (South West Africa) notwithstanding Security Council Resolution 276 (1970)*, ebd. 1971, S. 16 ff. Zur Diskussion dieser Judikate in der Völkerrechtslehre vgl. die vom Gerichtshof jährlich herausgegebene Bibliographie. Vgl. ferner E. *Klein*, South West Africa/Namibia (Advisory Opinions and Judgments), Encyclopedia [2 (1981), S. 260 ff.]; *Köck / Fischer*, Grundzüge des Rechtes der Internationalen Organisationen (1981), S. 242 ff.

[6] Einzig die frühere italienische Kolonie Somaliland wurde auf 10 Jahre unter die Treuhandschaft Italiens gestellt, während Libyen als neuer Staat anerkannt wurde.

[7] Von dieser Möglichkeit wurde niemals Gebrauch gemacht.

[8] Während Art. 79 den Abschluß dieser Abkommen durch die „unmittelbar beteiligten Staaten“ unter Genehmigung der UNO vorsah, wurden sie *in praxi* zwischen den Treuhändern und der Organisation abgeschlossen; dazu genauer *Verdross*, S. 591 f.

[9] *Rauschning*, Strategic Areas, Encyclopedia [5 (1983), S. 258 ff.].

utmost) zu fördern, daß sie den politischen, wirtschaftlichen, sozialen und erzieherischen Fortschritt, die gerechte Behandlung und den Schutz dieser Völker gegen Mißbräuche unter gebührender Achtung vor ihrer Kultur zu gewährleisten, die Selbstverwaltung zu entwickeln, die politischen Bestrebungen dieser Völker gebührend zu berücksichtigen und sie bei der Einrichtung freier politischer Institutionen zu unterstützen, Aufbau- und Entwicklungsmaßnahmen zu fördern, sowie dem UN-Generalsekretär regelmäßige Informationen über das Wirtschafts-, Sozial- und Erziehungswesen in den betreffenden Gebieten zu übermitteln haben.

Während das UN-Treuhandsystem niemals große Bedeutung erlangte und infolge der Anerkennung der meisten ihm unterworfenen Gebiete als neue unabhängige Staaten nur mehr einige pazifische Inseln erfaßt (Trust Territory of the Pacific Islands, Mikronesien), die als strategische Zonen unter der Verwaltung der USA stehen, gegenwärtig jedoch im Begriff sind, entweder US-Territorien zu werden oder eine „freie Assoziierung" mit den USA einzugehen[10], bildete die „Erklärung über Hoheitsgebiete ohne Selbstregierung" des Charta-Kapitels XI, begleitet von einem ganz spezifischen Verständnis des Selbstbestimmungsrechts der Völker[11], die Rechtsgrundlage für die *Dekolonisierungspolitik* im Rahmen der UNO, die zur weitestgehenden Auflösung der Kolonialreiche beigetragen hat. Diese Politik fand ihre entscheidende Formulierung in der von der Generalversammlung am 14. Dezember 1960 mit Res. 1514 (XV) verabschiedeten „Declaration on the Granting of Independence to Colonial Countries and Peoples"[12]. Zu ihrer Kontrolle wurde ein Jahr später ein ursprünglich aus 17, später aus 24 Staaten zusammengesetzter (Dekolonisierungs-)Ausschuß eingesetzt.

II. Der Treuhandrat

§ 183 Dieses UN-Hauptorgan wurde durch Art. 86 der Charta eingerichtet und soll sich aus den UN-Mitgliedern, die Treuhandgebiete verwalten (nur mehr die USA), den ständigen Sicherheitsratsmitglie-

---

[10] Es handelt sich um die Marianen-, Karolinen- und Marshallinseln. Zur Entwicklung vgl. *Armstrong*, The Negotiations for the Future Political Status of Micronesia, AJIL 74 (1980), S. 689 ff.; *Rauschning* (Anm. 9); *Armstrong / Loomis Hills*, The Negotiations for the Future Political Status of Micronesia (1980 - 1984), AJIL 78 (1984), S. 484 ff.

[11] Dazu unten §§ 509 ff.

[12] Text bei *Berber*, Dokumente I, S. 70 ff. Dazu *v. Albertini*, Dekolonisation (1966); *Schümperli*, Die Vereinten Nationen und die Dekolonisation (1970); *El-Ayouty*, The United Nations and Decolonization: The Role of Afro-Asia (1971); *Barbier*, Le Comité de décolonisation des Nations Unies (1974); *Ahmad*, The United Nations and the Colonies (1974); *Lombardi*, Bürgerkrieg und Völkerrecht (1976). Eine Übersicht über die Dekolonisierung seit 1945 findet sich in VN 25 (1977), S. 9 f.

dern, die keine solche Verwaltung ausüben (also China, Frankreich, Großbritannien und die UdSSR) und aus so vielen weiteren von der Generalversammlung auf 3 Jahre gewählten Staaten zusammensetzen, als erforderlich sind, damit im Rat ebensoviele Staaten vertreten sind, die keine Treuhandschaft übernommen haben, wie solche, denen eine derartige Verwaltung anvertraut wurde (Art. 86). Da nur mehr die USA Treuhänder ist, ist diese Paritätsbestimmung unanwendbar geworden[13].

Jedes Mitglied des Treuhandrates hat eine Stimme. Die Beschlüsse des Rates bedürfen der einfachen Mehrheit der anwesenden und abstimmenden Mitglieder (Art. 89).

§ 184 Der Treuhandrat hat insbesondere die *Aufgabe*, die Jahresberichte der Verwaltungsmächte zu prüfen, die auf Grund eines von ihm ausgearbeiteten Fragebogens zu erstatten sind (Art. 88), ferner Petitionen der eingeborenen Bevölkerung in Konsultation mit dem Treuhänder zu prüfen und periodische Besichtigungen der Treuhandgebiete vorzunehmen (Art. 87). Seine Beschlüsse haben aber nur empfehlenden Charakter.

§ 185 Da die Aufgaben der UNO in Bezug auf „strategische Zonen" i. S. des Art. 82 vom Sicherheitsrat wahrgenommen werden (Art. 83) und die letzten noch verbleibenden Treuhandgebiete in diese Kategorie fallen, ist der Treuhandrat heute praktisch ein Hilfsorgan des Sicherheitsrates, das sich aus dessen ständigen Mitgliedern zusammensetzt (vgl. § 183)[14]. In Bezug auf alle anderen Angelegenheiten stand der Treuhandrat früher unter der Autorität der Generalversammlung (Art. 85 Abs. 2), die auch an seiner Stelle handeln konnte (Art. 87).

F. Der Internationale Gerichtshof[1]

I. Zuständigkeit

§ 186 Der IGH wird in Art. 92 der UN-Charta als „das Hauptrechtsprechungsorgan der Vereinten Nationen" bezeichnet, dessen Grundlage das der UN-Charta beigefügte Statut des IGH ist, das einen unab-

[13] Vgl. dazu die Note des UN-Generalsekretärs vom 22. November 1967, wiedergegeben bei *Whiteman*, Digest of International Law 13 (1968), S. 680 ff.

[14] Vgl. auch AFDI 20 (1974), S. 511.

[1] Allgemein *Rosenne*, The Law and Practice of the International Court (2 Bände, 1965); *derselbe*, The World Court. What It Is and How It Works (3. Aufl. 1973); *derselbe*, Documents on the International Court of Justice (2. Aufl. 1979); *Fitzmaurice*, The Law and Procedure of the International Court of Justice ..., BYIL 27 (1950), S. 1 ff.; 28 (1951), S. 1 ff.; 29 (1952), S. 1 ff.; 30 (1953), S. 1 ff.; 31 (1954), S. 371 ff.; 32 (1955 - 56), S. 20 ff.; 33 (1957), S. 203 ff.; *Schlochauer*, International Court of Justice, Encyclopedia [1 (1981),

trennbaren Bestandteil der Charta bildet. Daher sind alle Mitglieder der UNO zugleich Vertragsparteien des Statuts. Andere Staaten können ihm unter den von der Generalversammlung auf Empfehlung des Sicherheitsrats festgesetzten Bedingungen beitreten (Art. 93)[2].

§ 187 Der IGH ist unmittelbar aufgrund der UN-Charta (einschließlich des Gerichtshofstatuts) *nur* zur Erstattung von *Rechtsgutachten* auf Verlangen der Generalversammlung oder des Sicherheitsrates, sowie der von der Generalversammlung dazu ermächtigten anderen Organe der UNO oder der Spezialorganisationen zuständig (Art. 96), während er in *Streitfällen* bloß aufgrund einer Unterwerfung *beider* Streitteile tätig werden kann. Diese Unterwerfung kann durch einen Schiedsvergleich (Kompromiß), einen Schiedsgerichtsvertrag, eine in anderen vr Verträgen enthaltene Schiedsgerichts-(kompromissarische)Klausel, durch konkludente Handlungen *(forum prorogatum)*[3] oder durch einseitige

---

S. 72 ff.]; Judicial Settlement of International Disputes — An International Symposium (1974); L. *Gross* (Hrsg.), The Future of the International Court of Justice (2 Bde., 1976); *Prott*, The Future of the International Court of Justice, YBWA 33 (1979), S. 284 ff.; FS Morelli; *Petrén*, Some Thoughts on the Future of the International Court of Justice, NYIL 6 (1975), S. 59 ff.

Zur Bedeutung der Tätigkeit des IGH vgl. unten §§ 618 f.; zu den verschiedenen Methoden der friedlichen Beilegung internationaler Streitigkeiten §§ 1312 ff.

Die Urteile und Gutachten des IGH und des StIGH sind in *amtlichen Sammlungen* zu finden, die in englischer und französischer Sprache vorliegen: Der *StIGH* gab bis einschließlich 1930 seine Urteile in einer Serie A, seine Rechtsgutachten in einer Serie B heraus. Ab 1931 wurden diese beiden Serien zu einer einheitlichen Serie A/B zusammengefaßt. Eine Serie C gab die Materialien der einzelnen Verfahren wieder, eine Serie D Akte und Dokumente zur Organisation des Gerichts.

Der *IGH* veröffentlicht seine Urteile, Rechtsgutachten und prozeßleitenden Verfügungen in den „Reports of Judgements, Advisory Opinions and Orders" (frz. „Recueil des arrêts, avis consultatifs et ordonnances"), die mit Jahresangabe zitiert werden. Die Prozeßmaterialien werden in der Reihe „Pleadings, Oral Arguments, Documents" („Mémoires, plaidoiries et documents") veröffentlicht (zitiert „ICJ Pleadings/C. I. J. Mémoires" und Kurzbezeichnung des Falles). Daneben gibt es auch für den IGH eine Serie „Acts and Documents concerning the Organization of the Court" (zuletzt No. 4, 1978). Für eine laufende Dokumentation über Besetzung, Tätigkeit, Zuständigkeit usw. vgl. das jährlich erscheinende „ICJ Yearbook". In deutscher Sprache hat der IGH 1978 die Broschüre „Der Internationale Gerichtshof" herausgegeben. Zur wissenschaftlichen Verarbeitung der Judikatur des (St)IGH vgl. *Douma*, Bibliography on the International Court of Justice Including the Permanent Court 1918 - 1964 (Bd. IV-C der von *Hambro* u. a. herausgegebenen Serie „The Case Law of the International Court") (1966) und die alljährlich erscheinenden Fortsetzungshefte zu dieser Bibliographie (dazu und zu den privaten Sammlungen der IGH-Judikatur unten § 618, Anm. 3).

[2] Auf diese Weise sind z. B. die Schweiz und Liechtenstein dem IGH-Statut beigetreten. Die Bedingungen für den Zugang zum IGH von Nichtvertragsstaaten des Statuts hat der Sicherheitsrat gemäß Art. 35 Abs. 2 IGH-Statut in seiner Resolution 9 (1946), Text in „Acts and Documents" (Anm. 1), S. 182 ff., festgelegt. Zum ganzen *Blomeyer*, Der Internationale Gerichtshof und die Nichtmitgliedstaaten des Statuts, ZaöRV 16 (1955/56), S. 256 ff.

Erklärungen beider Streitteile gemäß der Fakultativklausel in Art. 36 Abs. 2 des Gerichtshofstatuts erfolgen, die Gerichtsbarkeit des IGH für alle oder bestimmte Rechtsstreitigkeiten (différends d'ordre juridique, legal disputes) gegenüber jedem sich in gleicher Weise verpflichtenden Staat anzuerkennen[4] (Prinzip der Gegenseitigkeit). Die Zuständigkeit des IGH auf Grund solcher Erklärungen besteht also im konkreten Fall nur „dans la mesure où elles [d. h. diese Erklärungen] coïncident"[5]. Diese Erklärungen können unbeschränkt oder unter Vorbehalten *ratione temporis, ratione personae* oder *ratione materiae* abgegeben werden[6]. Sie werden mit ihrer Hinterlegung beim UN-Generalsekretär wirksam.

Doch begründet auch eine vorbehaltlose Erklärung keine Pflicht, einen Streit dem IGH vorzulegen, sondern nur die Pflicht, sich auf ein solches Verfahren einzulassen, wenn der Gegner den IGH anruft. Daher können die Streitteile *in concreto* auch dann ein anderes Verfahren verein-

---

[3] Vgl. unten § 664.

[4] Dazu *Merrills*, The Optional Clause Today, BYIL 50 (1979), S. 87 ff.

[5] So der IGH am 6. Juli 1957 im *Certain Norwegian Loans* Case, ICJ Reports 1957, S. 23. Dazu *Bernhardt*, Das Gegenseitigkeitsprinzip in der obligatorischen internationalen Gerichtsbarkeit, in: Mélanges Guggenheim (1968), S. 615 ff.; *Decaux*, La réciprocité en droit international (1980), S. 79 ff. Über die Formgebundenheit dieser Erklärungen (vgl. Art. 36 Abs. 4 IGH-Statut) sowie zur Frage, ob und unter welchen Bedingungen eine Unterwerfungserklärung nachträglich eingeschränkt werden kann (vgl. § 194, Anm. 20, § 504, Anm. 42), vgl. den Fall *Military and Paramilitary Activities in and against Nicaragua*, ICJ Reports 1984, S. 168 ff. Über die Zuständigkeit des IGH zur Beschlußfassung über vorsorgliche Maßnahmen s. unten § 197.

[6] Dazu neben dem bereits genannten Schrifttum *Briggs*, Reservations to the Acceptance of Compulsory Jurisdiction of the International Court of Justice, RdC 93 (1958 I), S. 223 ff.

Am bedenklichsten ist davon der Doppelvorbehalt der inneren Angelegenheiten, wie er zuerst von den Vereinigten Staaten in ihrer Unterwerfungserklärung vom 26. August 1946 angebracht wurde (sog. „*Connally-Amendment*"): „[T]his declaration shall not apply to ... (b) disputes with regard to matters which are essentially within the domestic jurisdiction of the United States of America *as determined by the United States of America* ..." (ICJ Yearbook 1981 - 1982, S. 92, Hervorhebung von uns). Eine Reihe anderer Staaten ist diesem Beispiel gefolgt, die meisten haben jedoch den Doppelvorbehalt wieder zurückgezogen, u. a. deshalb, weil er wegen des im Text beschriebenen Gegenseitigkeitsprinzips einen unliebsamen Bumerang-Effekt haben kann. Vgl. darüber L. *Gross*, Bulgaria Invokes the Connally Amendment, AJIL 56 (1962), S. 357 ff. Ferner *Doeker*, Das Connally Amendment und die obligatorische internationale Gerichtsbarkeit, ArchVR 11 (1963/1964), S. 155 ff.

Bis Mitte 1983 hatten von 157 UN-Mitgliedstaaten nur 47 Unterwerfungserklärungen gemäß der Fakultativklausel abgegeben (ICJ Yearbook 1982 - 1983, S. 56). Nicht unterworfen haben sich die sozialistischen Staaten mit Ausnahme Kampucheas, die arabischen Staaten mit Ausnahme Ägyptens und des Sudan, aber auch nicht Italien, Spanien und Frankreich (das seine Erklärung im Januar 1974 zurückgezogen hat).

Der Wortlaut sämtlicher Unterwerfungserklärungen findet sich im ICJ Yearbook.

baren, wenn beide eine Erklärung gemäß der Fakultativklausel abgegeben haben.

§ 188 Unter „Rechtsstreitigkeiten" versteht Art. 36 Abs. 2 des Statuts Streitigkeiten über a) die Auslegung eines Vertrags; b) jede Frage des VR; c) das Bestehen jeder Tatsache, die, wäre sie bewiesen, die Verletzung einer vr Verpflichtung darstellt; d) Art oder Umfang der wegen Verletzung einer vr Verpflichtung geschuldeten Wiedergutmachung[7].

II. Zusammensetzung

§ 189 Der IGH besteht aus 15 unabhängigen Richtern, welche die höchste sittliche Achtung genießen sowie zum höchsten Richteramt in ihrem Lande befähigt oder anerkannte Völkerrechtsgelehrte sein, je eine verschiedene Staatsangehörigkeit haben (Art. 2 - 3 des Statuts) und die hauptsächlichen Rechtssysteme der Welt vertreten (Art. 9) müssen[8].

Die Richter werden aufgrund von Wahlvorschlägen der nationalen Gruppen[9] durch die Generalversammlung und den Sicherheitsrat in getrennten Wahlgängen mit einfacher Stimmenmehrheit (grundsätzlich) auf 9 Jahre gewählt und sind wiederwählbar (Art. 8, 9, 13)[10]. Nur im Fall des früheren Ausscheidens eines Richters beendet der neugewählte Richter die Amtsperiode seines Vorgängers (Art. 15). Die Richter dürfen weder ein politisches noch administratives Amt bekleiden, noch eine andere berufliche Tätigkeit, insbesondere weder die Funktion eines Bevollmächtigten, Rechtsbeistandes oder Anwaltes „in irgendeiner Sache" ausüben (Art. 16 und 17).

Haben sie vor ihrer Wahl eine solche Tätigkeit ausgeübt oder als Mitglieder eines nationalen oder internationalen Gerichtshofes, einer Untersuchungskommission oder in anderer Eigenschaft an einer Angelegenheit teilgenommen, sind sie von der Behandlung dieser Frage im IGH ausgeschlossen (Art. 17). Sonst kann ein Richter nur aufgrund eines einstimmigen Beschlusses der anderen Richter seines Amtes enthoben

---

[7] Zum Begriff der „Rechtsstreitigkeiten" allgemein s. unten §§ 1310 f. Vgl. auch *Brownlie*, Causes of Action in the Law of Nations, BYIL 50 (1979), S. 13 ff.

[8] *Prott*, Der internationale Richter im Spannungsfeld der Rechtskulturen. Eine rechtssoziologische Studie über die Elemente des Selbstverständnisses des Internationalen Gerichtshofs (1975); *Schwarzenberger*, The Judicial Corps of the International Court of Justice, YBWA 36 (1982), S. 241 ff.

[9] Eine nationale Gruppe bilden zusammen die von jedem Vertragsstaat des Haager Abkommens 1907 zur friedlichen Erledigung internationaler Streitfälle für die Liste des Haager Schiedshofes namhaft gemachten Personen.

[10] Bleiben nach dem 3. Wahlgang noch Sitze frei, kann eine Vermittlungskommission bestellt werden. Gelingt es dieser nicht, zu einer Einigung zu kommen, so werden die vakanten Sitze durch die schon gewählten Richter besetzt (Art. 12). Diese Bestimmung ist jedoch noch niemals angewendet worden.

werden, wenn er die früher angeführten Voraussetzungen der Wählbarkeit nicht mehr erfüllt (Art. 18).

Um die Unabhängigkeit der Richter sicherzustellen, genießen sie die diplomatischen Vorrechte (Art. 19)[11].

§ 190 Der IGH übt seine Tätigkeit in der Regel in Plenarsitzungen aus, jedoch genügen zur Bildung der Richterbank 9 Richter (Art. 25 Abs. 3). Hat ein Streitteil einen Richter seiner Staatsangehörigkeit im Gerichtshof, so kann die andere Partei eine Person ihrer Wahl bezeichnen, die als Richter *ad hoc* im konkreten Verfahren mitwirkt. Hat keiner der Streitteile einen Richter seiner Staatsangehörigkeit im Gerichtshof, so kann jede Partei einen Richter ihrer Wahl bestellen. Bilden verschiedene Parteien eine Streitgemeinschaft, so gelten sie als Einheit. Sie können also zusammen nur einen Richter *ad hoc* namhaft machen (Art. 31). Wir sehen daraus, daß der IGH einen schiedsrichterlichen Einschlag hat. Der Richter *ad hoc* braucht kein Angehöriger des ihn bestellenden Streitteils zu sein. Seine Bezeichnung als „nationaler" Richter ist daher irreführend[12]. Gemäß Art. 102 der Rules of Court finden die Bestimmungen des IGH-Statuts über Richter *ad hoc* auch in Gutachten-Verfahren Anwendung, "[w]hen an advisory opinion is requested upon a legal question actually pending between two or more States"[13].

Der IGH wählt seinen Präsidenten und Vizepräsidenten auf 3 Jahre. Beide sind wiederwählbar. Er ernennt den Kanzler und seine Beamten (Art. 21) und hat seinen Sitz in Den Haag, kann aber auch an anderen Orten tagen (Art. 22). Zum Zwecke der raschen Erledigung einer Angelegenheit bestellt der IGH jährlich eine Kammer von 5 Richtern, die auf Ersuchen der Parteien in einem abgekürzten Verfahren entscheidet (Art. 29). Gemäß Art. 26 Abs. 1 des Statuts kann der IGH auch Kammern von mindestens 3 Richtern bestellen, um bestimmte Gattungen von Fällen zu entscheiden, z. B. Fragen des Arbeitsrechts, des Transits und Verkehrs. Davon ist die Einsetzung einer Kammer zur Entscheidung einer bestimmten Sache (Kammer *ad hoc*) zu unterscheiden, die ebenfalls auf Antrag beider Parteien erfolgt (Art. 26 Abs. 2). Während diese aber früher nur die Anzahl der Richter dieser Kammer bestimmen konnten, sehen die Rules of Court von 1978 vor, daß der Präsident des IGH "shall ascertain their [d. h. der Parteien] views regarding the

---

[11] Näher unten § 285.

[12] Vgl. *Suh*, Voting Behavior of National Judges in International Courts, AJIL 63 (1969), S. 224 ff.; *Lachaume*, Le juge „ad hoc", RGDIP 70 (1966), S. 265 ff.

[13] Dazu *Jiménez de Aréchaga*, Judges ad hoc in Advisory Proceedings, ZaöRV 31 (1971), S. 697 ff.; *Mathy*, Un juge *ad hoc* en procédure consultative devant la Cour Internationale de Justice, RBDI 12 (1976), S. 528 ff.

composition of the Chamber and shall report to the Court ...", der dann die Mitglieder der Kammer in geheimer Wahl bestimmt (Art. 17). Diese Bestimmung führt ein weiteres schiedsrichterliches Element in das Verfahren vor dem IGH ein[14]. Fühlt sich ein Richter in einem Streitfall befangen, dann teilt er es dem Präsidenten mit. Dieser kann auch die Mitwirkung eines Richters an der Behandlung eines Falles „aus einem besonderen Grund" ausschließen. Im Fall von Meinungsverschiedenheiten darüber entscheidet der Gerichtshof (Art. 24).

§ 191 Der IGH regelt selbst seine Verfahrensordnung (Art. 30)[15]. Das IGH-Statut kann dagegen nur im Verfahren nach Art. 108 der Charta abgeändert werden[16].

III. Verfahren

1. Streitverfahren

§ 192 Nur *Staaten*[17] können den IGH in Streitfällen[18] unter den früher angeführten Voraussetzungen anrufen (Art. 34 Abs. 1). Die Klage

---

[14] Der *faktische* Einfluß der Parteien auf die personelle Zusammensetzung einer solchen Kammer *ad hoc* ist schon bei der erstmaligen Anwendung von Art. 26 Statut / 17 Verfahrensordnung deutlich geworden; vgl. den Beschluß des Gerichtshofs vom 20. Januar 1982 über die Bildung der Kammer für die *Delimitation of the Maritime Boundary in the Gulf of Maine Area*, ICJ Reports 1982, S. 3, sowie die Dokumentation in ILM 21 (1982), S. 69 ff. Dazu *Oellers-Frahm*, Die Bildung einer ad hoc Kammer des Internationalen Gerichtshofs gemäß Art. 26 Abs. 2 des Statuts, ArchVR 21 (1983), S. 316 ff. Im Oktober 1983 haben Mali und Obervolta die Einsetzung einer Kammer zur Schlichtung einer Grenzstreitigkeit beantragt: ILM 22 (1983), S. 1252 ff.

[15] Demgemäß hat der Gerichtshof 1946 „Rules of Court" beschlossen, die 1972 geändert und (mit Wirkung vom 1. Juli) 1978 revidiert worden sind; vgl. den Text in Acts and Documents (oben Anm. 1), S. 92 ff.; ArchVR 18 (1979/1980), S. 321 ff.; AJIL 73 (1979), S. 748 ff. Dazu *Oellers-Frahm*, Die Verfahrensordnung des Internationalen Gerichtshofes vom 14. April 1978, ArchVR 18 (1979/1980), S. 309 ff.; *Lachs*, The Revised Procedure of the International Court of Justice, in: Essays on the Development of the International Legal Order in memory of H. F. van Panhuys (1980), S. 21 ff.; *Rosenne*, Some Reflections on the 1978 Revised Rules of the International Court of Justice, CJTL 19 (1981), S. 235 ff.; *derselbe*, Procedure in the International Court. A Commentary on the 1978 Rules of the International Court of Justice (1983); *Guyomar*, Commentaire du règlement de la Cour internationale de justice adopté le 14 avril 1978 (1983).

[16] Zu den Bestrebungen um eine Reform des IGH-Statuts mit dem Ziel, den Staaten die Heranziehung des IGH schmackhafter zu machen, vgl. L. *Gross* (Anm. 1); *Golsong*, Role and Functioning of the International Court of Justice. Proposals Recently Made on the Subject, ZaöRV 31 (1971), S. 673 ff.; den ebenfalls in Anm. 1 zitierten Symposiumsband des Heidelberger Max-Planck-Instituts für ausländisches öffentliches Recht und Völkerrecht über „Judicial Settlement of International Disputes", sowie die US-Vorschläge, wiedergegeben im US Digest 1976, S. 650 ff.

[17] *Matscher*, Standing Before International Courts and Tribunals, Encyclopedia [1 (1981), S. 191 ff.].

[18] Ein Streit besteht, wenn einander widersprechende Rechtsauffassungen der Parteien vorliegen. So z. B. der StIGH in den Fällen *Mavrommatis Pa-*

oder die Mitteilung des die Zuständigkeit des Gerichtshofs begründenden Schiedsvertrages (-vergleichs) muß den Streitgegenstand und die Streitteile bezeichnen und muß vom Kanzler allen Beteiligten zugestellt werden (Art. 40).

§ 193 Der Prozeßgang zerfällt in zwei *Abschnitte:* das schriftliche und das mündliche Verfahren (Art. 43). Jenes besteht aus den Mitteilungen der Schriftsätze, der Gegenberichte und nötigenfalls der Repliken (Art. 43). Daran schließt sich eine mündliche Verhandlung, die mangels eines anderen Beschlusses des Gerichtshofes oder des Verlangens beider Parteien öffentlich ist (Art. 46). In ihr werden die Bevollmächtigten der Parteien gehört, Zeugen und Sachverständige vernommen und die Schlußanträge vorgetragen. Der Gerichtshof kann von Amts wegen von den Bevollmächtigten jede Auskunft und die Vorlage von Dokumenten verlangen, da er die materielle Wahrheit zu erforschen hat (Art. 48 - 52). Nach Schluß der Verhandlung zieht sich der Gerichtshof zur geheimen Beratung und Entscheidung zurück (Art. 54). Seine Beschlüsse werden mit einfacher Mehrheit der anwesenden Richter gefaßt. Bei Stimmengleichheit entscheidet der Vorsitzende (Art. 55). Die Entscheidung, die zu begründen ist (Art. 56), wird in öffentlicher Sitzung verkündet. Sie ist endgültig (Art. 60) und nur für die Streitteile verbindlich (Art. 59). Jeder Richter ist befugt, der Entscheidung seine persönliche (zustimmende oder ablehnende) Meinung (individual opinion) beizufügen (Art. 57). Schließt sich dieses Votum dem Urteilstenor an und enthält nur eine zusätzliche oder abweichende Begründung, so sprechen wir von einer *separate opinion;* lehnt der Richter neben der Begründung auch den Spruch selbst ab, liegt eine *dissenting opinion* vor[19].

§ 194 Wird die Zuständigkeit des Gerichtshofes bestritten (Art. 36 Abs. 6 des Statuts) oder eine andere prozeßhindernde Einrede (preliminary objection) erhoben (Art. 79 der Rules of Court von 1978), so entscheidet der IGH darüber auf Antrag der betreffenden Partei in einem abgesonderten Verfahren. Hat die Einrede keinen ausschließlich

---

lestine Concessions, A 2, S. 11, sowie *Interpretation of Judgments Nos. 7 and 8 (Factory at Chorzów),* A 13, S. 10, und der IGH im Falle der *Interpretation of Peace Treaties with Bulgaria, Hungary and Romania,* ICJ Reports 1950, S. 74. Dazu *Morelli,* Nozione e elementi costitutivi della controversia internazionale, RDI 43 (1960), S. 405 ff.; *Cassese,* The Concept of „Legal Dispute" in the Jurisprudence of the International Court, FS Morelli, S. 173 ff.

[19] Vgl. neben dem bereits genannten allgemeinen Schrifttum noch *Hambro,* Dissenting and Individual Opinions in the International Court of Justice, ZaöRV 17 (1956/57), S. 229 ff.; M. *Günther,* Sondervoten sowjetischer Richter am Internationalen Gerichtshof (1966); *Jhabvala,* Declarations by Judges of the International Court of Justice, AJIL 72 (1978), S. 830 ff.; *Lachs,* Le juge international à visage decouvert (Les opinions et le vote), FS Miaja de la Muela, Bd. II, S. 939 ff.; *Mosler,* Judgments of International Courts and Tribunals, Encyclopedia [1 (1981), S. 111 ff.].

prozeßhindernden Charakter, verbindet er ihre Behandlung mit der Hauptsache.

Maßgebend für die Zuständigkeit des IGH *ratione temporis* ist der Zeitpunkt der Einbringung der Klage. Ein späteres Erlöschen der Unterwerfungserklärung ist unerheblich[20].

Unterwerfen sich die Parteien nur für Streitfälle, die sich künftig ereignen werden, so besteht die Zuständigkeit des Gerichtshofes dann, wenn die widerstreitenden Rechtsauffassungen erst ab diesem Zeitpunkt formuliert werden, mag dabei auch auf eine frühere Rechtslage zurückgegriffen werden[21].

§ 195 Auf alle Entscheidungen hat der Gerichtshof die in Art. 38 Abs. 1 seines Statuts angeführten Rechtsquellen anzuwenden[22], sofern ihn die Parteien nicht ermächtigen, *ex aequo et bono* zu entscheiden (Art. 38 Abs. 2 des Statuts). Diese Bestimmung bezieht sich aber nur auf die außerhalb des VR geltende, nicht auch auf die ihm immanente Billigkeit, weshalb diese ohne Ermächtigung der Streitteile vom IGH herangezogen werden kann[23].

§ 196 Erscheint einer der Streitteile nicht oder verzichtet er auf seine Verteidigung, so kann der IGH nach Prüfung seiner Zuständigkeit zugunsten der erschienenen Partei entscheiden, wenn er deren Anträge begründet findet (Art. 53)[24]. Eine derartige Nichtteilnahme am Verfah-

---

[20] So der IGH in den Fällen *Nottebohm, Preliminary Objection*, ICJ Reports 1953, S. 122, und *Right of Passage over Indian Territory, Preliminary Objections*, ICJ Reports 1957, S. 142.

Drei Tage bevor Nicaragua im April 1984 vor dem IGH Klage gegen die Vereinigten Staaten erhob, um die Verurteilung der Beteiligung des amerikanischen Geheimdienstes CIA an der Verminung nicaraguanischer Küstengewässer durch die aufständischen „Contras" zu erreichen, erklärte die US-Regierung, zwei Jahre lang die Zuständigkeit des Gerichtshofs für zentralamerikanische Angelegenheiten nicht mehr anzuerkennen: *Military and Paramilitary Activities in and against Nicaragua*, ICJ Reports 1984, S. 168 ff. (174 f.); ILM 23 (1984), S. 670.

[21] So der IGH im Sachurteil im gerade genannten *Right of Passage* Case, ICJ Reports 1960, S. 35.

Zum ganzen ausführlich *Shihata*, The Power of the International Court to Determine Its Own Jurisdiction (1965); *Abi-Saab*, Les exceptions préliminaires dans la procédure de la Cour internationale (1967); *Thirlway*, Preliminary Objections, Encyclopedia [1 (1981), S. 179 ff.].

[22] Unten § 516. Der Nachweis der auf einen Fall anzuwendenden Rechtsnormen obliegt dem IGH *von amtswegen*. So in den beiden *Fisheries Jurisdiction* Cases (Merits), ICJ Reports 1974, S. 9 und 181.

[23] Dazu unten § 658.

[24] *Eisemann*, Les effets de la non-comparution devant la Cour internationale de Justice, AFDI 19 (1973), S. 351 ff.; *Stuyt*, „Contre-mémoire" ou „livre blanc"? Nouvelles tendances à la Cour Internationale de Justice, RGDIP 82 (1978), S. 401 ff.; *Fitzmaurice*, The Problem of the „Non-Appearing" Defendant Government, BYIL 51 (1980), S. 89 ff.; *Mosler*, Nichtteilnahme einer Partei am Verfahren vor dem Internationalen Gerichtshof, FS Schlochauer, S.

ren stellt zwar keine Völkerrechtsverletzung dar, widerspricht aber dem Geist des IGH-Statuts[25]. Dennoch hat der Gerichtshof Mitteilungen und Stellungnahmen nichterschienener Parteien berücksichtigt.

§ 197 Der IGH kann *vor* seinem Erkenntnis vorsorgliche Maßnahmen (provisional measures) gemäß Art. 41 seines Statuts beschließen, um eine nicht wiedergutzumachende Schädigung (irreparable prejudice) der strittigen Rechte zu verhindern[26]. Nach Ansicht des IGH kann er solche Maßnahmen beschließen, ohne vorher über seine Zuständigkeit in der Hauptsache entschieden zu haben[27].

§ 198 *Nach* dem Erkenntnis kann eine als „Revision" bezeichnete *Wiederaufnahme* des Verfahrens auf Antrag einer Partei innerhalb einer Frist von 10 Jahren vom Gerichtshof eröffnet werden, wenn eine Tatsache, die geeignet ist, einen entscheidenden Einfluß auf das Urteil

---

439 ff.; *Sinclair*, Some Procedural Aspects of Recent International Litigation, ICLQ 30 (1981), S. 338 ff.; *v. Mangoldt*, Versäumnisverfahren in der internationalen (Schieds-)Gerichtsbarkeit und souveräne Gleichheit, FS Mosler, S. 503 ff.

Die Bedeutung des Art. 53 wird daraus ersichtlich, daß von 1973 bis zum Erscheinen dieses Buches keine beklagte Partei mehr in der vom IGH-Statut vorgesehenen Weise am Verfahren teilgenommen hat.

[25] Vgl. die Separate Opinion des Richters *Lachs* im Fall *United States Diplomatic and Consular Staff in Tehran*, ICJ Reports 1980, S. 48.

[26] So der IGH in der Entscheidung *Aegean Sea Continental Shelf, Interim Protection*, ICJ Reports 1976, S. 9. Darüber *Guggenheim*, Les mesures conservatoires dans la procédure arbitrale et judiciaire, RdC 40 (1932 II), S. 649 ff.; *Hambro*, The Binding Character of the Provisional Measures of Protection Indicated by the International Court of Justice, in: Rechtsfragen der internationalen Organisation (Festschrift für H. Wehberg 1956), S. 152 ff.; *Magiera*, Zur Bezeichnung vorsorglicher Maßnahmen durch den Internationalen Gerichtshof, JIR 17 (1974), S. 253 ff.; *Mendelson*, Interim Measures of Protection in Cases of Contested Jurisdiction, BYIL 46 (1972 - 3), S. 259 ff.; *Oellers-Frahm*, Die einstweilige Anordnung in der internationalen Gerichtsbarkeit (1975); *dieselbe*, Der Beschluß des Internationalen Gerichtshofs im griechisch-türkischen Streit um den Festlandsockel in der Ägäis, ZaöRV 37 (1977), S. 620 ff.; *dieselbe*, EuGRZ 1980, S. 32 f.; *dieselbe*, Interim Measures of Protection, Encyclopedia [1 (1981), S. 69 ff.]; *Elkind*, Interim Protection. A Functional Approach (1981); *Sztucki*, Interim Measures in the Hague Court (1983).

[27] Der Richter *Mosler* begründet diese Auffassung im *Aegean Shelf* Case wie folgt: „Article 41 is ... in so far an autonomous grant of jurisdiction that it permits that the grounds conferring jurisdiction ... are to be examined only to the extent that this can be done without endangering the urgency with which a request for interim measures must be considered": ICJ Reports 1976, S. 25. Dagegen spricht sich das Gericht selbst in seiner Entscheidung über vorsorgliche Maßnahmen zum Schutz des *United States Diplomatic and Consular Staff in Tehran* für den sog. „positiven *prima facie*-Test" aus; vgl. ICJ Reports 1979, S. 10: „... the Court ought to indicate such measures only if the provisions invoked by the Applicant appear, *prima facie*, to afford a basis on which the jurisdiction of the Court might be founded". Dieser Auffassung ist beizupflichten, da die Entscheidung über die Zuständigkeit in der Hauptsache die Voraussetzung *jeder anderen* Beschlußfassung des IGH bildet. Über die vorsorglichen Maßnahmen im Fall *Nicaragua* vom 10. Mai 1984 vgl. unten § 504, Anm. 42.

auszuüben, und die vorher sowohl dem Gerichtshof als auch der antragstellenden Partei ohne ihr Verschulden unbekannt war, entdeckt wurde, sofern ein solcher Antrag innerhalb von 6 Monaten nach Entdeckung der neuen Tatsache gestellt wird (Art. 61).

§ 199 Der IGH ist außerdem zur *Auslegung* der von ihm gefällten Entscheidungen auf Antrag einer Partei (ohne besonderen Kompromiß) zuständig (Art. 60)[28].

§ 200 Der IGH kann auch ein Feststellungsurteil (jugement déclaratoire) fällen[29], sofern dieses im Zeitpunkt der Urteilsfällung praktische Rechtsfolgen hat (l'arrêt doit avoir des conséquences pratiques en ce sens qu'il doit pouvoir affecter les droits ou obligations juridiques existants des parties). Es gibt also auch *immanente* Grenzen seiner Gerichtsbarkeit[30].

§ 201 Andere Staaten als die Streitteile können einen Antrag auf Beitritt zu dem Verfahren stellen, wenn sie glauben, ein rechtliches Interesse (an interest of a legal nature) zu haben, das durch die Entscheidung der Sache berührt werden könnte (Nebenintervention). Über diesen Antrag entscheidet der Gerichtshof (Art. 62)[31]. Handelt es sich

---

[28] Die Auslegung darf aber nicht die Grenzen des auszulegenden Urteils überschreiten. So der IGH im Fall des *Request for Interpretation of the Judgment of 20 November 1950 in the Asylum Case*, ICJ Reports 1950, S. 403. Dazu *Monaco*, L'interpretazione delle sentenze della Corte della C. E. C. A., RDI 38 (1955), S. 346 ff.; *Morelli*, Controversia internazionale interpretativa, dortselbst 52 (1969), S. 5 ff.

[29] z. B. der StIGH im Falle *Chorzów*, A 13, S. 20, und der IGH im Falle *Northern Cameroons*, ICJ Reports 1963, S. 37.

[30] So der IGH in dem in der vorstehenden Anmerkung genannten Falle, S. 29, 34, 37. Dazu L. *Gross*, Limitations upon the Judicial Function, AJIL 58 (1964), S. 415 ff.; *Münch*, Das Wesen der Rechtsprechung als Leitbegriff für die Tätigkeit des Internationalen Gerichtshofs, ZaöRV 31 (1971), S. 712 ff. Gleichzeitig ablaufende diplomatische Verhandlungen schließen jedoch ein Verfahren vor dem IGH nicht aus: *Aegean Sea Continental Shelf*, ICJ Reports 1976, S. 13. Vgl. zu dieser Frage auch den Fall der *Military and Paramilitary Activities in and against Nicaragua*, ICJ Reports 1984, S. 183 ff.

[31] Vgl. das Urteil des IGH vom 14. April 1981 betreffend *Continental Shelf (Tunisia / Libyan Arab Jamahiriya), Application by Malta for Permission to Intervene*, ICJ Reports 1981, S. 3 ff. Die Frage, ob der Intervenient „a valid link of jurisdiction with the parties to the case" haben muß, wurde in diesem Falle offengelassen, weil der IGH entschied, „that the interest of a legal nature invoked by Malta cannot be considered to be one ‚which may be affected by the decision in the case' within the meaning of Article 62 of the Statute" (ebd., S. 19). Ebenso wies der Gerichtshof am 21. März 1984 einen Antrag Italiens auf Beitritt zu dem (nach der gerade genannten Entscheidung angestrengten) Verfahren zur Abgrenzung des Festlandsockels zwischen Libyen und Malta ab, weil hinter diesem Antrag das Begehren Italiens stehe, der IGH möge „decide on the rights which it [Italien] has claimed and not merely to ensure that these rights be not affected". Zu einer solchen Entscheidung sei der Gerichtshof wegen des Widerstandes beider ursprünglicher Prozeßparteien jedoch nicht zuständig; das Rechtsschutzbedürfnis Italiens werde durch Art. 59 IGH-Statut gewahrt und vom Gericht in seiner Ent-

um die Auslegung eines multilateralen Vertrages, so sind die übrigen Vertragspartner vom IGH zu verständigen. Sie haben dann das Recht, dem Verfahren als Nebenintervenienten beizutreten (Art. 63)[32].

§ 202 Nach Art. 88 und 89 der Rules of Court von 1978 kann eine Klage zurückgezogen werden (désistement, discontinuance)[33]. Ihre Wiedereinbringung ist zulässig, falls sich nicht aus den Umständen ergibt, daß durch jenen Akt der Streit endgültig bereinigt werden sollte[34]. Hat die beklagte Partei das Klagebegehren vor Schluß der mündlichen Verhandlung erfüllt, so hat der IGH das Verfahren einzustellen, da kein Streitgegenstand mehr vorhanden ist[35].

---

scheidung zwischen Libyen und Malta berücksichtigt werden: *Continental Shelf (Libyan Arab Jamahiriya/Malta), Application by Italy for Permission to Intervene*, ICJ Reports 1984, S. 3 ff. (24 ff.). Nach diesem Urteil ist für Art. 62 kaum mehr ein Anwendungsbereich zu sehen. Zu Problematik *Jessup*, Intervention in the International Court, AJIL 75 (1981), S. 903 ff.; *Oellers-Frahm*, Die Intervention nach Art. 62 des Statuts des Internationalen Gerichtshofs, ZaöRV 41 (1981), S. 579 ff.; *Elias*, The Limits of the Right of Intervention in a Case before the International Court of Justice, in: FS Mosler, S. 159 ff.; *Jiménez de Aréchaga*, Intervention under Article 62 of the Statute of the International Court of Justice, ebd., S. 453 ff.; *Morelli*, Note sull'intervento nel processo internazionale, RDI 65 (1982), S. 805 ff.; *Cellamare*, Intervento in causa davanti alla Corte internazionale di Giustizia e *lien juridictionnel* tra interveniente e parti originarie del processo, ebd. 66 (1983), S. 291 ff.

[32] Vgl. *S. S. „Wimbledon"*, Series A, No. 1 (1923), S. 11 ff.; *Haya de la Torre*, ICJ Reports 1951, S. 76 f.

[33] So z. B. seitens der USA im *Case Concerning United States Diplomatic and Consular Staff in Tehran* aufgrund des Geiselbefreiungsabkommens von Algier vom 19. Januar 1981; vgl. die Verfügung des IGH-Präsidenten, ICJ Reports 1981, S. 45 ff. Dazu *Wegen*, Discontinuance of International Proceedings: The Hostages Case, AJIL 76 (1982), S. 717 ff.

[34] So der IGH im (ersten) Urteil über die *Barcelona Traction* vom 24. Juli 1964, ICJ Reports 1964, S. 18 ff. Dazu *Suy*, Contribution de la jurisprudence internationale récente au développement du droit des gens, RBDI 2 (1966), S. 85 f.

[35] So der IGH am 20. Dezember 1974 in den *Nuclear Tests* Cases (Australia v. France, New Zealand v. France), ICJ Reports 1974, S. 272, 478, wo der Gerichtshof das Begehren Australiens und Neuseelands, der IGH möge u. a. erklären, daß die französischen Kernwaffenversuche im Südpazifik die vr geschützten Rechte der Kläger verletzten, durch das französische Versprechen, diese Versuche einzustellen, als erledigt betrachtete, ohne ein Feststellungsurteil zu fällen. Kritisch darüber *Sur*, Les affaires des essais nucléaires devant la Cour internationale de Justice, RGDIP 79 (1975), S. 972 ff., 1004 ff.; *Ritter*, L'affaire des Essais nucléaires et la notion de jugement déclaratoire, AFDI 21 (1975), S. 278 ff.; *Macdonald / Hough*, The Nuclear Tests Case Revisited, GYIL 20 (1977), S. 337 ff.; *Juste Ruiz*, Mootness in International Adjudication: The Nuclear Tests Cases, ebd., S. 358 ff. Vgl. im Gegensatz dazu die Entscheidung des Europäischen Gerichtshofes für Menschenrechte vom 18. Januar 1978 im Falle *Irland g. Großbritannien*, Series A, No. 25, S. 61 ff., über den britischen Einwand, der Fall sei „moot".

Zur *Vollstreckung* der Urteile des IGH vgl. neben der bereits genannten allgemeinen Literatur *Schachter*, Enforcement of International Judicial and Arbitral Decisions, AJIL 54 (1960), S. 1 ff.; *Nantwi*, The Enforcement of

2. *Verfahren bei der Erstattung von Gutachten*

§ 203 Gemäß Art. 65 seines Statuts kann (may, peut) der IGH Gutachten (avis consultatifs, advisory opinions) über jede (konkrete oder abstrakte) *Rechtsfrage* (toute question juridique, any legal question) auf Verlangen der bereits bezeichneten Organe der UNO (nicht auch auf Ersuchen eines Staates) abgeben[36]. Dabei hat er soweit als möglich die Bestimmungen seines Statuts über das Streitverfahren anzuwenden (Art. 68). Daher muß er die Erstattung eines Gutachtens über eine andere als eine Rechtsfrage (if a question is not a legal one) ablehnen[37]. Für Rechtsfragen räumt ihm Art. 65 seines Statuts freies Ermessen ein (the power granted is of a discretionary character)[38]. Gleichwohl kann der IGH die Abgabe eines Gutachtens in einer Rechtsfrage bloß verweigern, wenn zwingende Gründe (compelling reasons, raisons décisives) vorliegen[39], da er als Organ der UNO an ihren Aktionen grundsätzlich

---

International Judicial Decisions and Arbitral Awards in Public International Law (1966); *Reisman*, The Enforcement of International Judgments, AJIL 63 (1969), S. 1 ff.; *Oellers-Frahm*, Zur Vollstreckung der Entscheidungen internationaler Gerichte im Völkerrecht, ZaöRV 36 (1976), S. 654 ff.

[36] Aus dem Gutachten über die *Conditions of Admission of a State to Membership in the United Nations (Article 4 of the Charter)*, ICJ Reports 1947 - 48, S. 61: „[L]a Cour peut donner un avis consultatif sur toute question juridique, abstraite ou non."

Nach dem Gutachten des IGH vom 16. Oktober 1975 über die *Western Sahara*, ICJ Reports 1975, S. 19 f., ist auch eine *Tatfrage* eine „question juridique", wenn sie eine Voraussetzung für die Beurteilung einer Rechtsfrage bildet. Dazu kritisch die Richter *Petrén* (ebd., S. 108), *Dillard* (S. 116 f.) und *De Castro* (S. 138).

Die vorgelegte Rechtsfrage kann auch Rechte und Pflichten betreffen, die in der Vergangenheit gegolten haben: *Western Sahara*, ICJ Reports 1975, S. 19 f.

Aus dem Schrifttum zur Gutachtentätigkeit der Gerichtshöfe *Bernhardt*, WV III, S. 37 ff. (StIGH); *Herndl*, ebd. 12 ff (IGH); ferner *Keith*, The Extent of the Advisory Jurisdiction of the International Court of Justice (1971); *Pratap*, The Advisory Jurisdiction of the International Court (1972); *Pomerance*, The Advisory Function of the International Court in the League and U. N. Eras (1973); *Radicati di Bronzolo*, Sulle questioni preliminari nella procedura consultiva davanti alla Corte internazionale di giustizia, RDI 59 (1976), S. 677 ff.; *Thirlway*, Advisory Opinions of International Courts, Encyclopedia [1 (1981), S. 4 ff.]; *Sohn*, Broadening the Advisory Jurisdiction of the International Court of Justice, AJIL 77 (1983), S. 124 ff.

Vgl. ferner *Basak*, Decisions of the United Nations Organs in the Judgments and Opinions of the International of Justice (1969).

[37] So der IGH am 20. Juli 1962 im Gutachten über *Certain Expenses of the United Nations*, ICJ Reports 1962, S. 155.

[38] So in dem eben genannten *Certain Expenses*-Gutachten, S. 155, wo auch auf frühere Judikate hingewiesen wird.

[39] So im Gutachten vom 23. Oktober 1956 im Falle der *Judgments of the Administrative Tribunal of the ILO upon Complaints Made against UNESCO*, ICJ Reports 1956, S. 86. Über die *immanenten* Grenzen dieser Funktion des IGH *Verosta*, La compétence consultative de la Cour internationale de Justice, la conciliation et le non liquet, FS Morelli, S. 997 ff.

mitzuwirken hat[40]. Die politische Bedeutung oder Motivation einer Frage bildet kein Hindernis für die Abgabe eines Gutachtens, da zwar die meisten Auslegungen der UN-Charta eine solche Bedeutung haben, die Erstattung eines Gutachtens als solche über die Auslegung einer Vertragsnorm aber keinen politischen Charakter aufweist[41].

§ 204 Da der IGH ein Organ der UNO ist, deren Charta ihn zur Erstattung von Gutachten ermächtigt, kann sich kein Mitgliedstaat einer solchen Tätigkeit widersetzen[42]. Seit der Gründung der UNO hat sich die Rechtslage also verändert, da der StIGH kein Organ des Völkerbundes gewesen war und daher ohne Zustimmung der betroffenen Staaten zur Klärung zwischenstaatlicher Streitfragen nicht angerufen werden konnte[43].

§ 205 Die Gutachten des IGH sind nicht rechtsverbindlich, sofern nicht einzelne Vertragsnormen ihre Anerkennung vorsehen[44]. Eine solche Vereinbarung finden wir z. B. im Abkommen über die Privilegien und Immunitäten der UNO vom 13. Februar 1946[45]. Derartige Bestimmungen hindern die Staaten aber nicht, die betreffenden zwischen ihnen abgeschlossenen Verträge einvernehmlich auszulegen[46].

---

[40] So im Falle der *Interpretation of Peace Treaties (First Phase)*, ICJ Reports 1950, S. 71; ebenso im Gutachten über *Certain Expenses of the United Nations* (Anm. 37) und im Gutachten über die *Western Sahara*, ICJ Reports 1975, S. 21.

[41] So in dem in der vorigen Anm. erstgenannten Gutachten, S. 155, und im Gutachten vom 20. Dezember 1980 über *Interpretation of the Agreement of 25 March 1951 between the WHO and Egypt*, ICJ Reports 1980, S. 87: „Indeed, in situations in which political considerations are prominent it may be particularly necessary for an international organization to obtain an advisory opinion from the Court as to the legal principles applicable with respect to the matter under debate, especially when these may include the interpretation of its constitution." Dazu *Audeoud*, La Cour internationale de Justice et le règlement des différends au sein des organisations internationales, RGDIP 81 (1977), S. 945 ff.

[42] Aus dem Gutachten im *Peace Treaties* Case *(First Phase)*, ICJ Reports 1950, S. 71: „aucun État ... n'a qualité pour empêcher que soit donné suite à une demande d'avis ...". Ausführlich auch das Gutachten über die *Western Sahara*, ICJ Reports 1975, S. 22 ff.

[43] So der StIGH in seinem Gutachten 1923 über den *Status of Eastern Carelia*, B 5, S. 27.

[44] Aus dem in Anm. 40 zuerst angeführten Gutachten, S. 71: „La réponse de la Cour n'a qu'un caractère consultatif: comme telle, elle ne saurait avoir d'effet obligatoire."

[45] § 277.

[46] Aus dem Gutachten über *Reservations to the Convention on the Prevention and Punishment of the Crime of Genocide*, ICJ Reports 1951, S. 19 f.: „Le pouvoir de l'Assemblée générale de demander un avis consultatif ... ne porte d'ailleurs aucune atteinte au droit à l'interprétation de la Convention qui appartient en propre aux États qu'y sont devenus parties."

G. Das Sekretariat[1]

I. Zusammensetzung und Rechtsstellung

§ 206 Das Sekretariat besteht gemäß Art. 97 UN-Charta aus einem Generalsekretär und den sonstigen von der Organisation benötigten Bediensteten.

§ 207 Der *Generalsekretär* wird von der Generalversammlung auf Vorschlag des Sicherheitsrates gewählt. Er ist „der höchste Verwaltungsbeamte" der UNO, dem alle anderen Beamten unterstehen. Seine Amtszeit wurde durch die Charta nicht festgelegt, doch ernannte die Generalversammlung am 24. Januar 1946 den ersten Generalsekretär auf fünf Jahre mit der Möglichkeit einer Wiederwahl und stellte fest, daß die Amtszeit später unter Berücksichtigung der praktischen Erfahrungen neu geregelt werden könne[2].

§ 208 Der Generalsekretär ernennt die *übrigen* Bediensteten im Einklang mit Vorschriften (Staff Regulations), die von der Generalversammlung erlassen werden. Dabei ist ein Höchstmaß an Leistungsfähigkeit, fachlicher Eignung und Ehrenhaftigkeit zu gewährleisten und eine möglichst breite geographische Grundlage anzustreben[3]. Die nähere Regelung des Dienstrechts der UN-Beamten erfolgt durch die vom Generalsekretär auf der Grundlage der Staff Regulations erlassenen Staff Rules[4].

---

[1] Vgl. *Kunz*, The Legal Position of the Secretary General of the United Nations, AJIL 40 (1946), S. 786 ff.; *Schwebel*, The Secretary-General of the United Nations (1952); *Alexandrowicz*, The Secretary General of the United Nations, ICLQ 11 (1962), S. 1109 ff.; *Bailey*, The Secretariat of the United Nations (1962); *Siotis*, Essai sur le Secrétariat international (1963); *Gordenker*, The UN Secretary-General and the Maintenance of Peace (1967); *Rovine*, The First Fifty Years. The Secretary-General in World Politics 1920 - 1970 (1970); *Claude* (§ 89, Anm. 1), S. 191 ff.; *Smouts*, Le Secrétaire général des Nations Unies (1971); *Cordier / Foote* (Hrsg.), Public Papers of the Secretaries-General of the United Nations (bisher 6 Bde., 1969 - 1976); *Meron*, The United Nations Secretariat. The Rules and the Practice (1977); *Schwebel*, United Nations Secretary-General, Encyclopedia [5 (1983), S. 341 ff.]. Weiteres Schrifttum bei *Hüfner / Naumann* (§ 89, Anm. 1), S. 181 ff.

[2] UN-Yearbook 1946 - 47, S. 82.

[3] Dazu *Lindemann*, Die Organisationsstruktur der Vereinten Nationen und die Mitarbeit der Bundesrepublik Deutschland, in: *Scheuner / Lindemann* (§ 89, Anm. 1), S. 267 ff.; *Meron*, Staff of the United Nations Secretariat: Problems and Directions, AJIL 70 (1976), S. 659 ff.; *derselbe*, Charter Powers of the United Nations Secretary-General with regard to the Secretariat and the Role of General Assembly Resolutions, ZaöRV 42 (1982), S. 731 ff.; *derselbe*, Civil Service, International, in: Encyclopedia [5 (1983), S. 4 ff.].
In der Praxis werden immer mehr Personalstellen, zunehmend auch solche niedrigeren Ranges, auf Grund offenen politischen Drucks seitens der Mitgliedstaaten besetzt.

[4] *Busch*, Dienstrecht der Vereinten Nationen (1981). Zum Verhältnis zwischen Staff Regulations und Staff Rules bzw. zwischen diesen und einschlägigen Resolutionen der Generalversammlung s. das Rechtsgutachten des IGH von 20. Juli 1982 im *Mortished* Case: *Application for Review of Judgement*

§ 209 Weder der Generalsekretär noch die sonstigen UN-Beamten dürfen bei der Wahrnehmung ihrer Amtspflichten von den Regierungen ihrer Heimatstaaten oder irgendeiner anderen Stelle außerhalb der UNO Weisungen erbitten oder annehmen. Sie haben jede Handlung zu unterlassen, die ihrer Stellung als internationale, nur der UNO verantwortliche Bedienstete abträglich sein könnte (Art. 100 Abs. 1).

Umgekehrt verpflichtet Art. 100 Abs. 2 alle Mitgliedstaaten, diese Stellung der UN-Beamten zu respektieren und jeden Versuch ihrer Beeinflussung zu unterlassen[5]. Die UN-Beamten unterstehen also in allen amtlichen Angelegenheiten ausschließlich der Autorität der Organisation, in den übrigen der Territorialgewalt. Die Mitgliedstaaten sind jedoch gehalten, den UN-Beamten jene Privilegien und Immunitäten zu gewähren, die zur Ausübung ihrer Funktionen notwendig sind (Art. 105 Abs. 2)[6]. In allen amtlichen Angelegenheiten stehen die UN-Beamten, ebenso wie die nur vorübergehend im Dienste der UNO befindlichen Personen[7], unter dem Schutz dieser Organisation[8].

§ 210 Das UN-Sekretariat besteht aus einer Mehrzahl von *Büros* (Offices) und *Departments*. Diese werden von *Under-Secretaries-General* und *Assistant Secretaries-General* geleitet, die unmittelbar dem Generalsekretär unterstehen. Die Büros und Departments sind wiederum in zahlreiche kleinere Einheiten untergliedert[9]. In Verfolg der Resolution 32/197 der Generalversammlung vom 20. Dezember 1977 über die Neugliederung des UN-Wirtschafts- und Sozialbereichs wurde 1978 ein Generaldirektor für Entwicklung und internationale wirtschaftliche Zusammenarbeit ernannt, der im Auftrag des Generalsekretärs die gesamte Organisationstätigkeit auf diesen Gebieten führen und koordinieren soll[10].

No. 273 of the United Nations Administrative Tribunal, ICJ Reports 1982, S. 325 ff.

[5] Dazu das Rechtsgutachten des IGH über den *Effect of Awards of Compensation Made by the United Nations Administrative Tribunal*, ICJ Reports 1954, S. 47 ff. Aus dem Schrifttum *Claude* (§ 89, Anm. 1), S. 199 ff.; *Meron*, Status and Independence of the International Civil Servant, RdC 167 (1980 II), S. 285 ff.

[6] Vgl. unten §§ 281 ff.

[7] So das Gutachten des IGH im *Reparation for Injuries* Case, ICJ Reports 1949, S. 177: „The Court understands the word ‚agent' in the most liberal sense, that is to say, any person who ..., ... whether permanently employed or not, has been charged by an organ of the Organization with carrying out, or helping to carry out, one of its functions ..."

[8] Aus dem in der vorigen Anm. angeführten Gutachten, S. 183 f.: „it is essential that ... [the agent] should know that in the performance of his duties he is under the protection of the Organization".

[9] Zur Organisationsstruktur vgl. den Überblick im *Yearbook of the United Nations* (z. B. 1978, S. 1230 ff.).

[10] Darüber *v. Ruckteschell*, Die neue wirtschaftspolitische Spitze der Vereinten Nationen, VN 27 (1979), S. 11 ff.

II. Aufgaben des Generalsekretärs

§ 211 Der Generalsekretär ist insofern ein *Hilfsorgan* der Generalversammlung, des Sicherheitsrats, des Wirtschafts- und Sozialrats und des Treuhandrats, als er bei allen Sitzungen dieser Organe (z. B. durch Zusammenstellung der vorläufigen Tagesordnung) tätig zu sein hat und ihnen Sekretariatsbedienstete zuweist (Art. 98 und 101 Abs. 2). Diese Organe können ihm außerdem andere Aufgaben übertragen und daher auch die nötigen Weisungen erteilen. Der Generalsekretär hat die außerordentlichen Tagungen und „emergency special sessions" einzuberufen. Er ist Vorsitzender des Administrative Committee on Co-ordination sowie des (UNDP-)Inter-Agency Consultative Board[11] und hat den Haushaltsplan der Organisation vorzubereiten. Gemäß Art. 102 der Charta obliegt ihm die Aufgabe, die der UNO vorgelegten vr Verträge zu registrieren und zu publizieren[12].

§ 212 Der Generalsekretär hat aber auch *selbständige* Funktionen. So weist ihm Art. 99 die Befugnis zu, „die Aufmerksamkeit des Sicherheitsrats auf jede Angelegenheit [zu] lenken, die nach seinem Dafürhalten geeignet ist, die Wahrung des Weltfriedens und der internationalen Sicherheit zu gefährden". Diese Bestimmung überträgt dem Geralsekretär also auch eine eigenständige Verantwortung auf dem Gebiet der Friedenswahrung. Daneben haben die bisherigen Inhaber dieses Amtes eine vielfältige „Präventivdiplomatie" ausgeübt[13] und ihre guten Dienste in humanitären Fragen angeboten[14].

Auch in seiner in § 211 beschriebenen Rolle als ständiger Sekretär der übrigen politischen UN-Organe ist der Generalsekretär kein bloßes Exekutivorgan, weil er in diesen Organen zwar kein Stimmrecht, wohl aber das Recht hat, jederzeit Erklärungen abzugeben. Da er die Beschlüsse dieser Organe nicht nur auszuführen, sondern auch vorzubereiten hat, steht ihm ebenfalls ein Initiativrecht zu. In seinen Jahresberichten (Art. 98) kann er Anregungen geben und Kritik üben. Durch von ihm erstattete Rechtsgutachten kann er die Tätigkeit der genannten Hauptorgane beeinflussen und so auf eine ordnungsgemäße Anwendung der Charta hinwirken[15].

---

[11] Vgl. oben die Ausführungen über ECOSOC.

[12] Genauer unten § 533, Anm. 3, und §§ 739 ff.

[13] Vgl. *U Thant*, Die Rolle des Generalsekretärs der Vereinten Nationen, VN 19 (1971), S. 154 ff. Zur „Präventivdiplomatie" näher unten §§ 222 ff.

[14] *Ramcharan*, The Good Offices of the United Nations Secretary-General in the Field of Human Rights, AJIL 76 (1982), S. 130 ff.; *derselbe*, Humanitarian Good Offices in International Law (1983).

[15] *Schachter*, The Development of International Law Through the Legal Opinions of the United Nations Secretariat, BYIL 25 (1948), S. 91 ff. Die wichtigsten Gutachten werden im UN Juridical Yearbook wiedergegeben.

7. Abschnitt

Die Beilegung von Streitfällen durch die UNO

§ 213 Nach Art. 2 Ziff. 3 der Charta haben alle UN-Mitglieder ihre internationalen Streitigkeiten durch friedliche Mittel so beizulegen, daß der Weltfriede, die internationale Sicherheit und die Gerechtigkeit nicht gefährdet werden. Diese Pflicht bildet eine notwendige Ergänzung des umfassenden vr Gewaltverbotes, in dem zum Ausdruck kommt, daß die Austragung zwischenstaatlicher Konflikte mittels militärischer Gewalt ihre frühere Sozialadäquanz verloren hat. Wir werden auf diese und die übrigen *Grundpflichten* des VR der Vereinten Nationen, wie auch auf die verschiedenen *Methoden* der friedlichen Streiterledigung, die im nichtorganisierten, klassischen VR entwickelt worden sind, später eingehen[1]. Im folgenden soll vielmehr dargestellt werden, welche Aufgaben die *Organe der UNO* bei der friedlichen Beilegung von Streitigkeiten zu erfüllen haben[2].

---

[1] Vgl. unten §§ 463 ff., 467 ff., 1312 ff.

[2] Dazu neben dem bereits genannten allgemeinen Schrifttum noch *Goodrich / Simons,* The United Nations and the Maintenance of International Peace and Security (1955); *Bloomfield,* Law, Politics and International Disputes, IC No. 516 (1958); H. W. *Schlüter,* Diplomatie der Versöhnung. Die Vereinten Nationen und die Wahrung des Weltfriedens (1966); *Pfeifenberger,* Die Vereinten Nationen. Ihre politischen Organe in Sicherheitsfragen (1971); *Northedge / Donelan,* International Disputes — The Political Aspects (1971), bes. S. 215 ff.; *Bowett,* The United Nations and Peaceful Settlement, in: International Disputes: The Legal Aspects (1972), S. 179 ff.; *Haas / Butterworth / Nye,* Conflict Management by International Organizations (1972); *Frowein,* Friedenssicherung durch die Vereinten Nationen, in: *Scheuner / Lindemann* (§ 89, Anm. 1), S. 45 ff.; *Dicke / Rengeling,* Die Sicherung des Weltfriedens durch die Vereinten Nationen. Ein Überblick über die Befugnisse der wichtigsten Organe (1975); *Delbrück,* Rechtsprobleme der Friedenssicherung durch Sicherheitsrat und Generalversammlung der Vereinten Nationen, in: Die Vereinten Nationen im Wandel (1975), S. 131 ff.; *Neuhold,* Internationale Konflikte — verbotene und erlaubte Mittel ihrer Austragung (1977), S. 393 ff.; *Venkata Raman* (Hrsg.), Dispute Settlement Through the United Nations (1977); *Schaefer,* Die Funktionsfähigkeit des Sicherheitsmechanismus der Vereinten Nationen (1981); *Murphy,* The United Nations and the Control of International Violence (1983).

Am 15. November 1982 hat die UN-Generalversammlung mit Res. 37/10 im Consensus-Verfahren die sog. „*Manila Declaration* on the Peaceful Settlement of Disputes" (Text: UN Chronicle 19 [1982]), S. 80 f., ILM 21 [1982], S. 449 ff.; deutsche Übersetzung in VN 31 [1983], S. 134 f.) angenommen, in der sie auf die Pflichten und Verfahren zur friedlichen Streiterledigung hinweist und an die Staaten appelliert, von diesen Verfahren, insbesondere auch von Kapitel VI der Charta, entschlossener Gebrauch zu machen. Dazu *Economides,* La déclaration de Manille sur le règlement des différends internationaux, AFDI 28 (1982), S. 613 ff.; *Tomuschat* (§ 498, Anm. 22), S. 734 ff.

A. Die Rolle des Sicherheitsrates[3]

§ 214 Die Befugnisse des Sicherheitsrates als Organ der friedlichen Streiterledigung sind in Kapitel VI der UN-Charta (Art. 33 - 38) geregelt. Dort wird gleich zu Beginn betont, daß sich die Parteien eines internationalen Konfliktes zunächst um dessen *einvernehmliche* Beilegung durch friedliche Mittel *eigener Wahl* zu bemühen haben, deren gebräuchlichste Art. 33 Abs. 1 aufzählt. Hervorzuheben ist darunter die Inanspruchnahme *regionaler Einrichtungen oder Abmachungen*, deren Einbau in das Friedenssicherungssystem der Charta in deren Kapitel VIII erfolgt. Die Mitglieder solcher Regionalorganisationen haben sich gemäß Art. 52 Abs. 2 um die friedliche Beilegung örtlich begrenzter Konflikte in diesem Rahmen vor Befassung des Sicherheitsrates nach besten Kräften zu bemühen. Notfalls fordert der Sicherheitsrat die Parteien auf, ihre Streitigkeiten mit diesen und den übrigen in Art. 33 genannten Methoden zu bereinigen (Art. 33 Abs. 2, 52 Abs. 3). Die Einschaltung der Weltorganisation soll also erst und nur bei Nichteinigung der Konfliktsparteien erfolgen.

§ 215 Sind deren Bemühungen um eine einvernehmliche Regelung gescheitert und ist der Streit oder die konkrete Situation[4] geeignet, den Frieden und die internationale Sicherheit zu gefährden, dann *sollen* (shall) die Streitparteien allerdings den Fall dem Sicherheitsrat vorlegen (Art. 37 Abs. 1). Unter denselben Voraussetzungen *kann* dessen Aufmerksamkeit auch von *jedem anderen* UN-Mitglied auf den Konflikt gelenkt werden (Art. 35 Abs. 1).

Der Rat kann ferner von der Generalversammlung (Art. 11 Abs. 3) oder durch den Generalsekretär (Art. 99) mit einer Streitigkeit befaßt werden. Von einem Nichtmitglied der UNO kann der Sicherheitsrat in Streitfällen angerufen werden, in denen dieser Staat Partei ist (Art. 35 Abs. 2). Ein Konflikt ohne friedensgefährdenden Charakter kann dem Rat im Einvernehmen der Beteiligten unterbreitet werden (Art. 38).

§ 216 Im Rahmen der friedlichen Streiterledigung nach Kapitel VI der Charta wird der Sicherheitsrat als *Vermittlungs-* bzw. *Vergleichsorgan* tätig. In dieser Eigenschaft kann er[5] einmal geeignete *Verfahren*

---

[3] Vgl. neben der in der vorhergehenden Anm. angeführten Literatur noch das oben § 151, Anm. 1, und bei *Verdross*, S. 578, genannte Schrifttum.

[4] Zu dieser Unterscheidung vgl. oben § 155.

[5] Nach dem Wortlaut der Charta (Art. 37 Abs. 2) dürfte der Sicherheitsrat nur wie im Text beschrieben tätig werden, wenn er zur Auffassung gelangt ist, daß die Fortdauer der Streitigkeit tatsächlich die Wahrung des Weltfriedens und der internationalen Sicherheit gefährden kann. In der Praxis hat der Rat darüber kaum jemals eine Entscheidung getroffen; vgl. *Goodrich / Hambro / Simons*, Charter of the United Nations. Commentary and Documents (3. Aufl. 1969), S. 268 ff.

für die Bereinigung des Konfliktes empfehlen (Art. 36 Abs. 1) und soll dabei, wenn es sich um einen Rechtsstreit handelt, berücksichtigen, daß solche Streitigkeiten grundsätzlich dem IGH unterbreitet werden sollten (Art. 36 Abs. 3)[6]. Der Sicherheitsrat kann darüber hinaus aber auch selbst einen ihm angemessen erscheinenden konkreten *Lösungsvorschlag* unterbreiten (Art. 37 Abs. 2).

Neben der Kompetenz zu dieser vermittelnden Tätigkeit hat der Sicherheitsrat gemäß Art. 34 das Recht, eine *Untersuchung* über jede Streitigkeit sowie über jede Situation anzustellen, die zu internationalen Reibungen führen oder eine Streitigkeit hervorrufen könnte, um festzustellen, ob das Fortbestehen des Streitfalles oder der Spannung tatsächlich friedensgefährdend ist.

In seiner hier beschriebenen Rolle als ständiges Organ der friedlichen Streiterledigung besitzt der Sicherheitsrat — mit Ausnahme der Anordnungen nach Art. 34 — keine Entscheidungsgewalt. Er kann also nur vr unverbindliche *Empfehlungen* abgeben, von denen ein je nach dem Inhalt seiner Vorschläge und dem Grad der Geschlossenheit insbesondere der ständigen Ratsmitglieder mehr oder weniger starker politischer Druck auf die Konfliktsparteien ausgeht.

In der Praxis ist der Sicherheitsrat seinen Aufgaben nach Kapitel VI, soweit er dazu infolge des Großmächtevetos imstande war, verfahrenstechnisch sehr flexibel und meist ohne präzise Formulierung der Rechtsgrundlage seines Vorgehens nachgekommen[7]. In zahlreichen Fällen hat er *Hilfsorgane* mit Untersuchungs- (fact finding), Vermittlungs- und Kontrollaufgaben sowie zur Leistung guter Dienste eingesetzt[8].

§ 217 Ihre vr *Grenze* findet die Zuständigkeit des Sicherheitsrates zur friedlichen Streiterledigung in dem Verbot der Charta an alle UN-Organe, in Angelegenheiten einzugreifen, die ihrem Wesen nach zur

---

[6] Eine dahingehende Empfehlung des Sicherheitsrates begründet aber die Zuständigkeit des IGH noch nicht. Dazu ist vielmehr erforderlich, daß sich beide Streitteile selbst einem Verfahren vor dem Gerichtshof unterwerfen (vgl. eingehend oben § 187). In der Praxis hat der Sicherheitsrat solche Empfehlungen nur selten ausgesprochen.

Zwischen den Konfliktparteien ablaufende diplomatische Verhandlungen oder die Befassung des Sicherheitsrates mit einem Rechtsstreit sind kein Hindernis für ein gleichzeitiges Verfahren vor dem IGH. So der Gerichtshof im *Aegean Sea Continental Shelf* Case, ICJ Reports 1976, S. 13. Darüber E. *Klein*, Paralleles Tätigwerden von Sicherheitsrat und Internationalem Gerichtshof bei friedensbedrohenden Streitigkeiten, FS Mosler, S. 467 ff.

[7] *Goodrich / Hambro / Simons* (Anm. 5), S. 259.

[8] Am bekanntesten davon ist wohl der in der Res. 242 (1967) erteilte Auftrag an den UN-Generalsekretär, einen „Special Representative" (Gunnar V. Jarring) mit der „United Nations Middle East Mission" (UNMEM) zu betrauen.

Zu den UN-„Peacekeeping"-Operationen größeren Ausmaßes siehe unten §§ 250 ff.

„domestic jurisdiction“ der Mitgliedstaaten zählen (dazu ausführlich §§ 260 ff.).

B. Die Rolle der Generalversammlung[9]

§ 218 Wenngleich Kapitel VI der Charta über die friedliche Beilegung von Streitigkeiten hauptsächlich die dahingehende Tätigkeit des Sicherheitsrates im Auge hat, ergibt sich ein analoger Aufgabenbereich für die Generalversammlung doch aus den sehr weit gefaßten Kompetenzvorschriften der Art. 10 - 14[10], daneben aber auch ausdrücklich aus den Art. 11 Abs. 2, 12 Abs. 1, 14 und 35. Es besteht also grundsätzlich eine *konkurrierende* Zuständigkeit der beiden Organe, die jedoch nach der bereits beschriebenen Vorrangklausel in Art. 12 der Charta zugunsten des Sicherheitsrates aufzulösen ist: Solange der Rat seine Aufgabe der Schlichtung einer Streitigkeit oder Entspannung einer Situation wahrnimmt, ruht die entsprechende Befugnis der Generalversammlung[11].

§ 219 Was die Voraussetzungen für eine Befassung der Generalversammlung und die Aktivlegitimation dazu anbetrifft, so gilt das oben beim Sicherheitsrat Gesagte hier ebenso. Desgleichen greift auch hier das Interventionsverbot des Art. 2 Ziff. 7 der Charta ein. Diese Zuständigkeitsschranke ist jedoch von der Generalversammlung restriktiver ausgelegt worden als in der Praxis des Sicherheitsrates[12].

§ 220 Das Verfahren der Generalversammlung als Organ der friedlichen Streiterledigung bestimmt sich nach den Art. 11 und 12 der Charta. Auch die Generalversammlung empfiehlt bestimmte Verfahren für die Beilegung von Konflikten, führt Untersuchungen über kontroverse Fakten durch[13] oder erstattet materielle Lösungsvorschläge, häufig unter Einschaltung *ad hoc* geschaffener Hilfsorgane. Auch sie verfügt über keine Entscheidungsgewalt gegenüber den Konfliktsparteien.

§ 221 Die Praxis der Generalversammlung bei der Behandlung internationaler Streitfragen hat die Vor- und Nachteile der *multilateralen Debatte* solcher Konflikte, also des Versuches ihrer Lösung durch parla-

---

[9] Dazu neben dem in Anm. 2 und oben § 120, Anm. 1, genannten Schrifttum *Brugière*, Les pouvoirs de l'Assemblée Générale des Nations Unies en matière politique et de securité (1955).

[10] Dazu oben §§ 126 ff. Auch die „Manila Declaration“ (Anm. 2) hebt die Rolle der Generalversammlung bei der friedlichen Streiterledigung hervor, ja führt sie vor derjenigen des Sicherheitsrates an.

[11] Vgl. ebd.

[12] Dazu die unten § 267, Anm. 23, genannten Stimmen.

[13] Vgl. die unten § 1315, Anm. 10, genannten Schriften, sowie den „Report of the Secretary-General on Methods of Fact-Finding“, UN Doc. A/5694 vom 1. Mai 1964 (ebd. S. 69 ff. über Factfinding durch Hilfsorgane der Generalversammlung).

mentarische Diplomatie, am deutlichsten gemacht[14]. Einerseits verbessert diese Methode die Kommunikationsmöglichkeiten der beteiligten Staaten, zwingt sie, ihre Ansprüche und Absichten klarer zu formulieren und mit den juristisch-politischen Standards in Einklang zu bringen, die von der in der Generalversammlung verkörperten „Weltöffentlichkeit" anerkannt und vertreten werden, bietet sie die Möglichkeit, die Reaktionen der maßgebenden Staaten auf diese Ansprüche und Absichten laufend zu erfassen und führt dadurch unter Umständen zu einer Mäßigung im Verhalten der Konfliktgegner. Andererseits sind manche Konflikte durch eine wenig objektive Behandlung in den UN-Gremien, insbesondere durch unsachliche Debatten in der Generalversammlung, geradezu verschärft worden; häufiger kommt es zu Scheinlösungen, bloßen Formelkompromissen, ja in manchen Fällen zu offen widersprüchlichen Beschlüssen.

C. Die Rolle des Generalsekretärs[15]

§ 222 Der Generalsekretär kann gemäß Art. 99 der Charta die Aufmerksamkeit des Sicherheitsrats auf jede Angelegenheit lenken, die nach seinem Dafürhalten den Weltfrieden gefährden könnte.

§ 223 Daneben hat er nach Art. 98 alle Aufgaben wahrzunehmen, die ihm vom Sicherheitsrat und von der Generalversammlung *zugewiesen* werden. Auf dieser Rechtsgrundlage ist der Generalsekretär in eigener Person bzw. sind seine Bevollmächtigten wiederholt mit dem Anerbieten guter Dienste, der Durchführung von Konsultationen und „Factfinding"-Missionen sowie mit der Ausarbeitung von Vermittlungsvorschlägen beauftragt worden[16].

§ 224 Der Generalsekretär hat aber derartige Funktionen wiederholt auch *aus eigener Initiative* wahrgenommen. Ein dahingehendes Selbstverständnis seines Amtes ist vor allem von Dag Hammarskjöld entwickelt worden, der die Ansicht vertrat, die „Präventivdiplomatie" des UN-Generalsekretärs habe überall dort zum Einsatz zu gelangen, wo sich eine Lücke in den Friedenssicherungssystemen der Charta und der traditionellen Diplomatie zeige[17].

---

[14] Dazu statt aller *Claude*, Swords into Plowshares (4. Aufl. 1971), S. 335 ff.

[15] Darüber neben dem in Anm. 2 genannten noch das Schrifttum oben § 206, in Anm. 1, sowie *Pechota*, The Quiet Approach (UNITAR-Studie 1972); *Wege*, Rechtliche Legitimation eigenständiger streitschlichtender Aktivitäten des UN-Generalsekretärs in friedensbedrohenden Konfliktsituationen, GYIL 19 (1976), S. 352 ff.

[16] Zur Rolle des Generalsekretärs bei der Durchführung der friedenserhaltenden Operationen der UNO vgl. unten § 257.

[17] Vgl. etwa G. A. O. R., 12th Session, 690th Plenary Meeting, 26 September 1957, §§ 72 f. Siehe ferner *Schachter*, Dag Hammarskjöld and the Relation of Law to Politics, AJIL 56 (1962), S. 1 ff.

Die besonderen Vorteile der guten Dienste wie der Untersuchungs- und Vermittlertätigkeit des Generalsekretärs liegen in der Objektivität und Autorität seines Amtes sowie in der Diskretion seiner Tätigkeit („quiet diplomacy"). Andererseits hängt der Erfolg seiner Schlichtungsversuche notwendig von einem gewissen Mindestmaß an Unterstützung seitens der Großmächte ab[18].

D. Die Rolle des Internationalen Gerichtshofes

§ 225 Selbstverständlich haben auch die politischen Organe der UNO bei ihren vorstehend beschriebenen Bemühungen um die friedliche Beilegung zwischenstaatlicher Streitfälle nicht nur die verfahrens- und materiellrechtlichen Vorschriften der Charta einzuhalten, sondern auch die übrigen auf die konkreten Sachverhalte anwendbaren Völkerrechtsnormen *grundsätzlich* zu respektieren. Mit dieser Relativierung ist der Umstand angesprochen, daß es diesen Organen nicht primär um die Lösung von Rechtsfragen, sondern um die effektive Beilegung von Interessenkonflikten geht[19]. Daher haben Sicherheitsrat, Generalversammlung und Generalsekretär auch in vr „geregelten" Fragen meist auf *Kompromisse* hinzuarbeiten, welche die Gestalt eines einseitigen oder beiderseitigen, gänzlichen oder teilweisen Verzichts auf vr Ansprüche, des „Einfrierens" solcher Forderungen usw. annehmen können[20].

Im Gegensatz dazu hat der IGH als das Hauptrechtsprechungsorgan der UNO seine Streitschlichtungsfunktion strikt am geltenden VR auszurichten, es sei denn, die Konfliktsparteien ermächtigten ihn zu einer Entscheidung *ex aequo et bono.*

§ 226 Während die Redaktoren der Charta dem IGH einen bedeutsamen Platz bei der friedlichen Beilegung von Streitigkeiten durch die Weltorganisation beimaßen (vgl. Art. 36 Abs. 3 und Kapitel XIV) zeigt die Praxis der UNO und ihrer Mitglieder eine deutliche Präferenz zugunsten politischer, kompromißhafter Streitschlichtung, so daß der tatsächliche Stellenwert der richterlichen Streiterledigung gering geblieben ist[21].

---

[18] So reagierte die Sowjetunion 1960 auf das Verhalten Dag Hammarskjölds in der Kongo-Krise mit dem Vorschlag, das UN-Generalsekretariat nach dem „Troika"-System zu reorganisieren (Ersetzung des Generalsekretärs durch ein Dreierkollegium, bestehend aus je einem Vertreter des Westens, des Ostblocks und der Dritten Welt).

[19] Vgl. auch unten §§ 1310 f.

[20] Dazu R. *Higgins*, The Place of International Law in the Settlement of Disputes by the Security Council, AJIL 64 (1970), S. 1 ff.; *Schachter*, The Relation of Law, Politics and Action in the United Nations, RdC 109 (1963 II), S. 165 ff.; *derselbe*, The Quasi-Judicial Role of the Security Council and the General Assembly, AJIL 58 (1964), S. 960 ff.; *derselbe*, The Uses of Law in International Political Organs, FS Morelli, S. 791 ff.; *Haldermann*, The United Nations and the Rule of Law (1966); *Kahng* (§ 151, Anm. 1).

Zuständigkeit und Verfahren des IGH sind im Abschnitt über die Organe der UNO ausführlich besprochen worden (§§ 186 ff.).

E. Die Durchsetzung von Rechtsansprüchen

§ 227 Nach geltendem VR darf ein Staat keine gewaltsame Selbsthilfe mehr anwenden, um einen Rechtsanspruch durchzusetzen[22]. Das ist ihm selbst dann verboten, wenn dieser Anspruch von einem Schiedsgericht oder vom IGH anerkannt wurde. Im letzteren Fall kann sich zwar der betroffene Staat an den Sicherheitsrat wenden, der, „wenn er es für erforderlich hält", Empfehlungen abgeben oder Maßnahmen beschließen *kann*, um dem Urteil Wirksamkeit zu verschaffen (Art. 94), doch hat der Sicherheitsrat noch niemals eine derartige Urteilsvollstreckung beschlossen. Zu Zwangsmaßnahmen außerhalb des Art. 94 kann der Sicherheitsrat, wie wir im nächsten Abschnitt sehen werden, nur greifen, wenn er das Vorliegen einer Friedensbedrohung, eines Friedensbruchs oder einer Angriffshandlung festgestellt hat, *nicht* aber gegen Völkerrechtsverletzungen anderer Art.

§ 228 Führen die traditionellen Mittel der einvernehmlichen Streiterledigung zu keinem Erfolg, unterwirft sich der Gegner keiner Entscheidungsinstanz und ist das Verfahren der friedlichen Streiterledigung nach Kapitel VI der Charta entweder (wegen des Vetorechts im Sicherheitsrat oder wegen der sonstigen Mehrheitsverhältnisse in den UN-Gremien) ergebnislos verlaufen oder hält sich der Konfliktsgegner nicht an die im Rahmen dieses Verfahrens gefaßten Empfehlungen, so kann ein Staat sein Recht überhaupt nicht durchsetzen, ohne zur Selbsthilfe zu greifen (§§ 1334 ff.). Die UN-Charta verbietet also die Durchsetzung von Rechtsansprüchen mit Gewalt, ohne ein anderes Verfahren einzuführen, durch welches die Staaten ihr Recht auch gegen den Willen ihres Gegners durchsetzen können. Diese (rechtspolitische) Lücke bildet einen Hauptgrund für die häufigen Verletzungen des vr Gewaltverbotes[23].

---

[21] Vgl. auch §§ 463 f., 621. Die „Manila Declaration" (Anm. 2) widmet dem IGH allerdings wieder größere Aufmerksamkeit als frühere Generalversammlungsbeschlüsse (vgl. § 464, Anm. 2). Eine Untersuchung, auf welchen Gebieten des VR die Staaten bisher noch die größte Bereitschaft zur Streiterledigung durch den (St)IGH gezeigt haben, findet sich bei *Virally*, Le champ opératoire du règlement judiciaire international, RGDIP 87 (1983), S. 281 ff.

[22] Eingehend unten §§ 467 ff., 1337 f., 1346. Zum folgenden *Kipp*, Pax et securitas oder pax et iustitia im Völkerrecht, FS v. d. Heydte, S. 253 ff.

[23] Vgl. auch unten § 465. Ferner *Alibert*, Du droit de se faire justice dans la société internationale depuis 1945 (1983).

8. Abschnitt

Zwangsmaßnahmen und friedenserhaltende Operationen der UNO

A. Das UN-System der kollektiven Sicherheit (Kapitel VII der Charta)

I. Voraussetzungen und Vorgeschichte

§ 229 Die politische Leitidee der internationalen Beziehungen in der Periode des klassischen VR, das Prinzip des *Gleichgewichts* der Kräfte[1], hatte seinen vr Niederschlag in einem System wechselnder *Allianzen* gefunden. Nach dem Versagen dieses Systems durch den Ausbruch des Ersten Weltkrieges wurde in der Völkerbundsatzung erstmalig der Versuch unternommen, die Wahrung des Weltfriedens auf der Grundlage der *kollektiven Sicherheit* zu organisieren[2]: Ein Staat, der unter Verletzung des partiellen Kriegsverbotes der Satzung zum Kriege schritt, sollte nicht mehr nur mit der Abwehrkraft seines Opfers (und gegebenenfalls dessen Verbündeter), sondern mit dem Widerstand der Gesamtheit der Bundesmitglieder zu rechnen haben. Die Aussicht auf wirksame nichtmilitärische wie militärische *Gemeinschaftssanktionen* nach dem Prinzip: „Einer für alle, alle für einen" sollte also jeden potentiellen Aggressor von der Durchsetzung seiner Interessen mittels rechtswidriger Gewalt abschrecken[3].

§ 230 Das Funktionieren eines derartigen Systems kollektiver Sicherheit ist nur bei Erfüllung einer Reihe objektiver und subjektiver Bedingungen gewährleistet, unter denen eine gewisse Ausgewogenheit in der Verteilung politisch-militärischer Macht auf die einzelnen Teilnehmer, die Universalität des Systems, d. h. insbesondere die Beteiligung sämtlicher Großmächte, das Vorhandensein eines rechtlichen Rahmens, der ein eindeutiges Gewaltverbot aufstellt und Klarheit über den *casus*

---

[1] Dazu *Vagts / Vagts*, The Balance of Power in International Law. A History of an Idea, AJIL 73 (1979), S. 555 ff.

[2] Der Gedanke der Neuorganisation der internationalen Sicherheit geht wesentlich auf den US-Präsidenten Woodrow *Wilson* zurück, der in seiner New Yorker Rede vom 27. September 1918, die einen Teil seiner Friedensbedingungen bildet, u. a. erklärte: „There can be no leagues or alliances or special covenants and understandings within the general and common family of the League of Nations": *Kraus / Rödiger*, Urkunden zum Friedensvertrage von Versailles vom 28. Juni 1919 (1920), Bd. I, S. 4.

[3] Vgl. allgemein *Scheuner*, Kollektive Sicherheit, WV II, S. 242 ff. (mit reichen Literaturangaben); *Claude*, Swords into Plowshares (4. Aufl. 1971), S. 245 ff.; *Frei*, Kriegsverhütung und Friedenssicherung (1970), S. 69 ff.; *Delbrück*, Collective Security, Encyclopedia [3 (1982), S. 104 ff.]; *Sohn*, Peace, Means to Safeguard [ebd. 4 (1982), S. 86 ff.].

belli wie über Art und Ausmaß der notfalls durchzuführenden Sanktionen schafft, auf der subjektiven Seite ein hoher Grad an internationaler Solidarität und Verzicht auf nationale Handlungsfreiheit sowie die Akzeptierung der Unparteilichkeit und Anonymität in der Anwendung des Systems, hervorgehoben seien[4]. Schließlich bedarf ein System kollektiver Sicherheit mit seinen beiden *prohibitiven* Säulen Gewaltverbot und Abschreckung der Ergänzung durch wirksame Mechanismen der friedlichen Streiterledigung und des „peaceful change"[5], die den Staaten *positiv* ein funktionelles Äquivalent für die nunmehr als völkerrechtswidrig erklärten Methoden der militärischen Durchsetzung ihrer Interessen bieten.

§ 231 Die Grundzüge des *Völkerbund*systems der kollektiven Sicherheit sind bereits geschildert worden[6]. Es versagte in der Praxis, weil kaum eine der gerade erwähnten objektiven und subjektiven Voraussetzungen seiner Effektivität vorlag.

Dessenungeachtet errichtete auch die UN-Charta wiederum ein solches System „als zweite Verteidigungslinie" zur Erhaltung und Wiederherstellung des Weltfriedens[7]. Sie schuf ihm stark verbesserte Wirkungsmöglichkeiten[8]: Während der Völkerbund niemals sämtliche

---

[4] Zu diesen Voraussetzungen besonders anschaulich *Claude* (ebd.), der auf S. 252 folgenden Ausspruch Arnold J. *Toynbees* über die im Text genannten subjektiven Anforderungen wiedergibt: „We have got to give up war for all the purposes for which sovereign communities have fought since war has been in existence, but we have still got to be willing to accept the risks and the losses of war for a purpose for which hitherto people have never thought of fighting."

[5] Zu diesem Begriff unten § 800 (mit weiteren Angaben).

[6] Oben § 87. Vgl. ferner unten § 1337.

[7] *Neuhold*, in: *Marschik / Neuhold* (§ 151, Anm. 1), S. 12.

[8] Der Gedanke der kollektiven Sicherheit in Recht und Praxis der UNO nimmt im gesamten Schrifttum über die Weltorganisation einen prominenten Platz ein. Vgl. daher zum folgenden die einschlägigen Ausführungen in der oben § 89, Anm. 1, genannten Literatur, ferner die unter § 151, Anm. 1, angeführten Schriften zum Sicherheitsrat, den Großteil der in § 213, Anm. 2, genannten Quellen zur friedlichen Streiterledigung im Rahmen der UNO, die in diesem Abschnitt in Anm. 3 genannten Schriften und ergänzend noch *Kelsen*, Collective Security and Collective Self-Defense under the Charter of the United Nations, AJIL 42 (1948), S. 783 ff.; *Cavaré*, Les sanctions dans le cadre de l'O. N. U., RdC 80 (1952 I), S. 195 ff.; *Martin*, Collective Security. A Progress Report (UNESCO 1952); H. C. *Johnson / Niemeyer*, Collective Security: The Validity of an Ideal, IO 8 (1954), S. 19 ff.; *Bindschedler*, Grundfragen der kollektiven Sicherheit, in: Festschrift f. Wehberg (1956), S. 67 ff.; *van Langenhove*, La crise du système de securité collective des Nations Unies. 1946 - 1957 (1958); *Kunz*, Sanctions in International Law, AJIL 54 (1960), S. 324 ff.; *Claude*, Power and International Relations (1962); *derselbe*, The Changing United Nations (1967); H. H. *Mahnke*, Das Problem der Einheit der Völkerrechtsgemeinschaft und die Organisation der internationalen Sicherheit (1965); *Kimminich*, Kollektive Sicherheit auf globaler und regionaler Ebene, in: Festschrift f. Berber (1973), S. 217 ff.; *derselbe*, Völkerrechtliche Probleme der Sicherheit und Zusammenarbeit, JIR 17 (1974), S. 59 ff.; *Haas*,

Großmächte vereint hatte, nahmen alle maßgebenden Siegermächte des Zweiten Weltkrieges an der neuen Sicherheitsorganisation teil. Das Gewaltverbot wurde so umfassend ausgestaltet, daß militärische Gewaltanwendung durch einzelne Staaten nur mehr in Ausübung des Rechts auf Notwehr oder Nothilfe gestattet ist[9]. Die wichtigste Neuerung lag jedoch in der Einsetzung eines zentralen Organes mit der Befugnis zur verbindlichen Anordnung der Gemeinschaftssanktionen. Während nämlich die Völkerbundsatzung zwar ihre Mitglieder zur unmittelbaren Ergreifung von Sanktionen (wirtschaftlicher und finanzieller Natur, der Einsatz militärischer Mittel beruhte auf Freiwilligkeit) gegen einen Aggressor verpflichtete, die Entscheidung darüber, ob eine Aggression vorlag, jedoch der Selbstbeurteilung durch die einzelnen Staaten überließ, überträgt die UN-Charta in ihrem Kapitel VII die Entscheidung über das „ob" und „wie" der Ergreifung verschiedener Arten von Zwangsmaßnahmen dem Sicherheitsrat.

II. Kapitel VII in Theorie und Praxis

§ 232 Gemäß Art. 39 obliegt dem Sicherheitsrat die für alle UN-Mitglieder verbindliche Feststellung, ob eine *Bedrohung* oder ein *Bruch des Friedens* oder eine *Angriffshandlung* (the existence of any threat to the peace, breach of the peace, or act of aggression) vorliegt. Die Charta definiert diese Begriffe nicht näher. Insbesondere die beiden ersten Tatbestände sind so unbestimmt, daß bei der Prüfung ihres Vorliegens dem Sicherheitsrat ein weites Feld freien Ermessens eingeräumt ist. In der Praxis hat der Rat den Begriff der „Friedensbedrohung" sehr weit ausgelegt[10]. So entschied er am 16. Dezember 1966 mit Resolution 232, daß die durch die einseitige Unabhängigkeitserklärung des weißen Minderheitenregimes in Rhodesien entstandene Situation

---

Collective Security and the Future of the International System, in: *Falk / Black* (Hrsg.), The Future of the International Legal Order, Bd. I: Trends and Patterns (1969), S. 226 ff.; *Hafner*, Der sozialistische Begriff der kollektiven Sicherheit und die Probleme seiner Realisierung in Europa, ÖZA 13 (1973), S. 131 ff.; *Saksena*, The United Nations and Collective Security: A Historical Analysis (1974); *Naidu*, Collective Security and the United Nations (1974); *Neuhold*, Internationale Konflikte — verbotene und erlaubte Mittel ihrer Austragung (1977), S. 110 ff.; *Delbrück* (Hrsg.), Völkerrecht und Kriegsverhütung (1979); *Schaefer* (§ 213, Anm. 2).

[9] Dazu ausführlich unten §§ 467 ff.

[10] Dazu zuletzt *Arntz*, Der Begriff der Friedensbedrohung in Satzung und Praxis der Vereinten Nationen (1975), und die Besprechung dieses Werkes durch L. *Gross*, BYIL 49 (1978), S. 223 ff., wo nachgewiesen wird, daß diese weite Auslegung durch die Entstehungsgeschichte der UN-Charta, insbesondere des Art. 2 Ziff. 7 (darüber unten §§ 260 ff.), bekräftigt wird. Ebenso der Deputy Legal Adviser des US-State Department am 10. Juni 1975: „[T]he concepts of threat to the peace, breach of the peace, and act of aggression can legitimately be interpreted by the U.N. Security Council as covering situations other than normal interstate conflict": AJIL 69 (1975), S. 881 f.

eine Bedrohung des Weltfriedens darstelle, und verpflichtete die UN-Mitgliedstaaten zu einem umfassenden Wirtschaftsboykott[11]. Am 4. November 1977 hat der Sicherheitsrat einstimmig mit Resolution 418 die Apartheid-Politik der südafrikanischen Regierung, deren Gewaltmaßnahmen gegenüber der schwarzen Bevölkerung sowie deren Angriffe gegen Nachbarstaaten verurteilt und auf der Grundlage von Kapitel VII ein Waffenembargo gegen Südafrika verhängt. Damit ist es zum ersten Mal zur Anwendung von Zwangsmaßnahmen gegen einen Mitgliedstaat der UNO gekommen[12].

§ 233 Zum Begriff der *Angriffshandlung* hat die Generalversammlung am 14. Dezember 1974 mit Resolution 3314 (XXIX) eine „Angreiferdefinition" (Definition of aggression) verabschiedet, die dem Sicherheitsrat „guidance" bei der Feststellung dieses Tatbestandes geben soll. Diese Resolution erklärt verschiedene Erscheinungsformen direkter (offener militärischer Angriff oder Besetzung fremden Gebiets, Waffeneinsatz gegen fremdes Gebiet, Blockaden, Angriffe gegen fremde Streitkräfte, Schiffe und Flugzeuge, vertragswidriger Einsatz im Ausland stationierter Streitkräfte) und indirekter Gewalt (Duldung von Angrif-

---

[11] Text der Resolution im AJIL 61 (1967), S. 654 ff. In seiner Resolution 217 vom 20. November 1965 (AJIL 60 [1966], S. 924) hatte der Sicherheitsrat ein derartiges Embargo *empfohlen*. Auch die Generalversammlung sah in ihrer Resolution 2012 (XX) vom 12. Oktober 1965 (AJIL 60 [1966], S. 921) den Fortbestand des rhodesischen Minderheitenregimes (such a minority rule) als einen Friedensbruch an, da es mit den Grundsätzen der UNO (Rechtsgleichheit und Selbstbestimmung) unvereinbar sei. Zum ganzen *Fawcett*, Security Council Resolutions on Rhodesia, BYIL 41 (1965 - 66), S. 103 ff.; R. *Higgins*, International Law, Rhodesia, and the UN, The World Today 23 (1967), S. 94 ff.; *Fenwick*, When Is There A Threat to the Peace? — Rhodesia, AJIL 61 (1967), S. 753 ff.; *McDougal / Reisman*, Rhodesia and the United Nations: The Lawfulness of International Concern, ebd. 62 (1968), S. 1 ff.; *Hasse*, Wirtschaftliche Sanktionen als Mittel der Außenpolitik. Das Rhodesien-Embargo (1977).

Eine knappe Darstellung des Sachverhaltes findet sich bei *Marschik*, in: *Marschik / Neuhold* (§ 151, Anm. 1), S. 19 ff. Ebd., S. 50 ff., auch eine deutsche Übersetzung der Resolution 253, mit welcher der Sicherheitsrat am 29. Mai 1968 seine Sanktionen gegen Rhodesien wesentlich verschärfte und ein Komitee zu ihrer Überwachung einsetzte. Nach dem erfolgreichen Abschluß der Lancaster House Conference entschied der Sicherheitsrat in Res. 460 (1979) vom 21. Dezember 1979 „to call upon States Members of the United Nations to terminate the measures taken against Southern Rhodesia under Chapter VII of the Charter" (ILM 19 [1980], S. 258 f.). Einige Staaten hatten ihre Embargomaßnahmen allerdings schon vorher einseitig aufgehoben. Dieses Vorgehen war von der Generalversammlung als Verletzung von Art. 25 UN-Charta bezeichnet worden (Res. 34/192 vom 18. Dezember 1979). Darüber *Suy*, Some Legal Questions Concerning the Security Council, FS Schlochauer, S. 684 ff.

[12] Text der Resolution in AJIL 72 (1978), S. 407 ff. Dazu D. L. *Johnson*, Sanctions and South Africa, Harvard International Law Journal 19 (1978), S. 887 ff. Vgl. auch die Überlegungen des Völkerrechtsbüros des österreichischen Bundesministeriums für Auswärtige Angelegenheiten zur Auslegung dieses Beschlusses: ÖZöffRVR 29 (1978), S. 298 f.

fen eines anderen gegen einen dritten Staat vom eigenen Territorium aus, Entsenden von bewaffneten Banden, Söldnern u. ä.) zu Aggressionsakten (Art. 3), wobei diese Aufzählung jedoch nicht erschöpfend ist, weil der Sicherheitsrat auch andere Handlungen als Aggression qualifizieren kann (Art. 4). Die erste Anwendung von Waffengewalt stellt einen Beweis des ersten Anscheins (*prima facie* evidence) für eine Angriffshandlung dar; der Sicherheitsrat kann jedoch aus den konkreten Umständen (z. B. Provokation, mangelnde Schwere) zu einem anderen Ergebnis gelangen (Art. 2). Ebenso soll die Angreiferdefinition die Verwirklichung des Selbstbestimmungsrechts der Völker, notfalls dessen gewaltsame Durchsetzung, nicht beeinträchtigen[13].

§ 234 Der Inhalt aller drei Begriffe in Art. 39 ist weiter als derjenige des zwischenstaatlichen Gewaltverbots in Art. 2 Ziff. 4, da dieses Verbot nur die Drohung mit Gewalt oder den Gebrauch von Gewalt, die Tatbestände des Art. 39 aber auch andere Friedensbrüche und -bedrohungen umfassen[14]. Bei der Prüfung ihres Vorliegens spielt es keine Rolle, ob sie auch eine Verletzung des VR darstellen, wenngleich ein Friedensbruch, eine Friedensbedrohung oder eine Angriffshandlung in den meisten Fällen auch eine Verletzung der UN-Charta mit sich führen werden. Wie der Fall Rhodesien zeigt, können auch innere Zustände in einem Staat, z. B. massive Verletzungen der Menschenrechte, eine objektive Bedrohung des Weltfriedens bilden. Um dem Sicherheitsrat auch in solchen Fällen die Erfüllung seiner Aufgabe zu ermöglichen, sind Maßnahmen gemäß Kapitel VII in Art. 2 Ziff. 7 der Charta ausdrücklich von dem sonst geltenden Verbot an alle UN-Organe ausgenommen, sich in die inneren Angelegenheiten der Mitgliedstaaten einzumischen (dazu §§ 260 ff.). Dies zeigt uns, daß auch Kapitel VII der Charta nicht lediglich auf die Sicherung eines „negativen Friedens“ i. S. der Abwesenheit zwischenstaatlicher militärischer Gewalt ausgerichtet ist.

§ 235 Hat der Sicherheitsrat festgestellt, daß ein Friedensbruch, eine Friedensbedrohung oder eine Angriffshandlung vorliegt, so kann er die *Zwangsmaßnahmen* (enforcement action, Sanktionen) anordnen oder empfehlen, die notwendig sind, „um den Weltfrieden und die internationale Sicherheit zu wahren oder wiederherzustellen“, also sowohl vorbeugende (präventive) als auch repressive Maßnahmen. Solche Maßnahmen können auch gegen Nichtmitglieder der UNO, nicht anerkannte Staaten und andere stabilisierte *de facto*-Herrschaften gerichtet werden[15].

---

[13] Dazu unten § 471, Anm. 14 (mit Literaturnachweisen).

[14] Vgl. *Kelsen*, The Law of the United Nations (1951), S. 727.

[15] Vgl. unten §§ 404 ff.

Der Sicherheitsrat besitzt eine Zuständigkeit zur *verbindlichen* Anordnung von Zwangsmaßnahmen *nur* bei Vorliegen der Voraussetzungen des Art. 39. Diese Voraussetzungen hat der Rat in seinen Sanktionsbeschlüssen festzustellen[16]. Eine ausdrückliche Berufung auf Art. 39 der Charta ist bisher aber nur im Falle der bereits erwähnten Rhodesien-Resolutionen und bei der Anordnung des Waffenembargos gegen Südafrika erfolgt[17].

§ 236 Um einer Verschärfung der Lage vorzubeugen, kann der Sicherheitsrat *vor* der Ergreifung von Maßnahmen nach Art. 39 die Parteien auffordern (call upon, inviter), den *vorläufigen Maßnahmen* Folge zu leisten, die von ihm als notwendig oder erwünscht erachtet werden. Aufforderungen zu einer Feuereinstellung bilden ein typisches Beispiel. Diese vorläufigen Maßnahmen lassen die Rechte, die Ansprüche und die Stellung der Beteiligten unberührt. Wird ihnen nicht Folge geleistet, so trägt der Sicherheitsrat diesem Versagen gebührend Rechnung (Art. 40)[18].

§ 237 Die vom Sicherheitsrat beschlossenen Zwangsmaßnahmen i. e. S. zerfallen in *nichtmilitärische* und *militärische* Maßnahmen. Die Sanktionen der ersteren Art können gemäß Art. 41 „die vollständige oder teilweise Unterbrechung der Wirtschaftsbeziehungen, des Eisenbahn-, See- und Luftverkehrs, der Post-, Telegraphen- und Funkverbindungen sowie sonstiger Verkehrsmöglichkeiten und den Abbruch der diplomatischen Beziehungen einschließen“[19]. Eine verbindliche Anordnung solcher Sanktionsmaßnahmen unter förmlicher Bezugnahme auf Art. 41 erfolgte erstmals in der Rhodesien-Resolution 232 (1966).

Reichen diese Maßnahmen nach Ansicht des Sicherheitsrates nicht aus, „so kann er mit Luft-, See- oder Landstreitkräften die zur Wahrung oder Wiederherstellung des Weltfriedens und der internationalen

---

[16] Vgl. z. B. die Auffassung der britischen Regierung, BYIL 51 (1980), S. 384 ff., das Rechtsgutachten des österreichischen Bundesministeriums für Auswärtige Angelegenheiten über die Sicherheitsrats-Resolution 461 (1979) zum US-iranischen Geiselkonflikt, ÖZöffRVR 31 (1980), S. 320 ff., und oben § 159. Umfassend zur Problematik *Krökel*, Die Bindungswirkung von Resolutionen des Sicherheitsrates der Vereinten Nationen gegenüber Mitgliedstaaten (1977).

[17] Von der Frage nach den Bedingungen der Verbindlichkeit von Sanktionsbeschlüssen ist diejenige zu unterscheiden, ob der Sicherheitsrat verbindliche Beschlüsse *auch außerhalb des Kapitels* VII fassen kann. Dazu oben § 158.

[18] Die Frage der Verbindlichkeit der Aufforderungen gemäß Art. 40 ist umstritten. Auch beim Beschluß vorläufiger Maßnahmen unterläßt der Rat überwiegend die Angabe einer konkreten Rechtsgrundlage. Vgl. *Goodrich / Hambro / Simons*, Charter of the United Nations (3. Aufl. 1969), S. 302 ff.; *Fabbri*, Le misure provvisorie nel sistema di sicurezza delle Nazioni Unite, RDI 47 (1964), S. 186 ff.

[19] Dazu *Doxey*, Economic Sanctions and International Enforcement (1971); *Combacau*, Le pouvoir de sanction de l'ONU (1974).

Sicherheit erforderlichen Maßnahmen durchführen. Sie können Demonstrationen, Blockaden und sonstige Einsätze der Luft-, See- oder Landstreitkräfte von Mitgliedern der Vereinten Nationen einschließen" (Art. 42)[20].

§ 238 Doch sind zur Teilnahme an diesen militärischen Sanktionen (einschließlich des Durchmarschrechtes) nur jene Mitglieder der UNO verpflichtet, die auf Ersuchen des Sicherheitsrates mit ihm dahingehende *Sonderabkommen* gemäß Art. 43 abgeschlossen und ratifiziert haben. Solche Abkommen sind bisher noch nicht zustandegekommen. Solange sie nicht bestehen, kann der Sicherheitsrat den Mitgliedern nur *empfehlen*, militärische Maßnahmen gegen den Friedensbrecher zu ergreifen. Desgleichen kann der Rat die oder bestimmte Mitgliedstaaten zum Einsatz militärischer Mittel *ermächtigen*. So wurde Großbritannien durch die Sicherheitsratsresolution 221 vom 9. April 1966 ermächtigt, durch seine Seestreitkräfte sicherzustellen, daß keine mit Öl für Rhodesien beladenen Tankschiffe den Hafen von Beira (im damals portugiesischen Mozambique) erreichten[21].

Im Gegensatz dazu obliegt die Pflicht zur Teilnahme an *nichtmilitärischen* Maßnahmen grundsätzlich allen Mitgliedern, die der Sicherheitsrat dazu gemäß Art. 41 heranzieht.

Durch die Regelung des Art. 43 sollte das System militärischer Kollektivmaßnahmen flexibel gestaltet und dem Sicherheitsrat die Möglichkeit gegeben werden, einerseits die Leistungsfähigkeit der einzelnen Mitglieder zu berücksichtigen und andererseits Klarheit darüber zu haben, mit welchem militärischen Potential er für den Einsatz bei Zwangsmaßnahmen rechnen kann[22].

In eben diese Richtung zielt Art. 48, wonach es im Ermessen des Sicherheitsrates liegt, zu entscheiden, ob die von ihm angeordneten Maßnahmen von allen oder nur von bestimmten Mitgliedstaaten zu ergreifen sind.

§ 239 Auf Grund der Regelung der Art. 43 und 48 kann der Rat bestimmte Staaten von der Heranziehung zu Zwangsmaßnahmen auch vollkommen *ausnehmen*[23]. So hat z. B. die Generalversammlung auf Grund einer Empfehlung des Sicherheitsrates die Republik Österreich

---

[20] Dazu *Karaosmanoglu*, Les actions militaires coercitives et non coercitives des Nations Unies (1970).

[21] Text der Resolution AJIL 60 (1966), S. 925.

[22] *Neuhold* (Anm. 7), S. 13 f. Vgl. auch Art. 44 der Charta.

[23] Erstmalig *Verdross*, Die dauernde Neutralität Österreichs und die Organisation der Vereinten Nationen, JBl. 77 (1955), S. 348 ff.; *derselbe*, Austria's Permanent Neutrality and the United Nations Organization, AJIL 50 (1956), S. 61 ff. Zustimmend *Chaumont*, Nations Unies et neutralité, RdC 89 (1956 I), S. 7, Anm. 3.

in die UNO aufgenommen, *nachdem* alle Staaten, die mit Österreich in diplomatischen Beziehungen standen, dessen dauernde Neutralität anerkannt oder widerspruchslos zur Kenntnis genommen hatten. Auf diese Weise haben die Hauptorgane der UNO *implicite* anerkannt, daß Österreich nicht zu Maßnahmen herangezogen werden darf, die mit seiner dauernden Neutralität in Widerspruch stehen[24]. Welche Maßnahmen darunter fallen, kann „nur in jedem einzelnen Falle aufgrund der gegebenen Sachlage" unter Berücksichtigung der Pflichten, die sich aus der dauernden Neutralität einerseits und aus der Mitgliedschaft in der UNO andererseits ergeben, entschieden werden[25].

Erfolgt hingegen keine Entscheidung gem. Art. 39 der Charta, dann kann jedes Mitglied neutral bleiben, da, von Defensivallianzen abgesehen, keine Pflicht zur Unterstützung eines angegriffenen Staates besteht, wenn der Sicherheitsrat keine Zwangsmaßnahmen beschlossen hat. Ein neutrales Verhalten ist auch zulässig, wenn die Generalversammlung die Staaten zur Unterstützung des angegriffenen Staates aufgefordert hat, da solche Empfehlungen nicht rechtsverbindlich sind[26].

§ 240 Zur Unterstützung des Sicherheitsrates bei der Durchführung von Zwangsmaßnahmen wurde gemäß Art. 47 ein aus den Generalstabschefs (oder ihren Vertretern) der ständigen Ratsmitglieder gebildeter Generalstabsausschuß eingesetzt. Er ist das einzige Hilfsorgan,

---

[24] Darauf wies auch der österreichische Delegierte in der Sechsten Kommission der XXII. Generalversammlung am 17. November 1967 hin, was widerspruchslos zur Kenntnis genommen wurde: UN Doc. A/C.6/SR, 1000. Dieselbe Rechtsauffassung vertrat der schweizerische Bundesrat Spühler in seinem Bericht vom 26. November 1969, SchwJIR 26 (1969 - 1970), S. 204, und der Schweizer Bundesrat am 29. Juni 1977, ebd. 34 (1978), S. 154, wo ausgeführt wird, daß die Organe der UNO im Falle der bedingungslosen Aufnahme der Schweiz verpflichtet wären „de libérer un pays neutre de l'obligation d'appliquer une décision de nature à le mettre en conflit avec son statut de neutralité". Vgl. nunmehr ausführlich Ziff. 41 (S. 46 ff.) der Botschaft des Bundesrates über den Beitritt der Schweiz zur UNO vom 21. Dezember 1981.

[25] So die österreichische Bundesregierung anläßlich des Beschlusses des Sicherheitsrates (Resolution 232 vom 16. Dezember 1966) über die Verhängung wirtschaftlicher Sanktionen gegen Rhodesien. Darüber *Zemanek*, Das Problem der Beteiligung des immerwährend neutralen Österreich an Sanktionen der Vereinten Nationen, besonders im Falle Rhodesiens, ZaöRV 28 (1968), S. 16 ff. Hingegen lehnt *Bindschedler*, dortselbst, S. 1 ff., jede Teilnahme dauernd neutraler Staaten an Zwangsmaßnahmen des Sicherheitsrates aus grundsätzlichen Erwägungen ab. Ein näheres Eingehen auf diese Frage überschreitet den Rahmen dieses Buches, da dazu das ganze Neutralitätsrecht aufgerollt werden müßte. Vgl. dazu aber *Guggenheim*, La sécurité collective et le problème de la neutralité, SchwJIR 2 (1945), S. 9 ff.; *Taubenfeld*, International Actions and Neutrality, AJIL 47 (1953), S. 377 ff.; *Kunz*, Austria's Permanent Neutrality, AJIL 50 (1956), S. 418 ff.; *Bindschedler*, Die Neutralität im modernen Völkerrecht, ZaöRV 17 (1956/57), S. 1 ff.; *Scheuner*, Die Neutralität im heutigen Völkerrecht (1969); *Schindler*, Aspects contemporains de la neutralité, RdC 121 (1967 II), S. 225 ff.; *Verdross*, Österreichs immerwährende Neutralität (1978) (mit Angaben neuerer Literatur).

[26] Vgl. unten § 246.

das die Charta selbst benennt, hat jedoch seit Beginn des Kalten Krieges keine praktische Rolle mehr gespielt.

§ 241 Gemäß Art. 53 und 54 der Charta kann der Sicherheitsrat auch *regionale Abmachungen oder Einrichtungen*, wie die Organisation Amerikanischer Staaten (OAS), die Organisation der Afrikanischen Einheit (OAU) oder die Arabische Liga, zur Durchführung von Zwangsmaßnahmen heranziehen[27]. Der Beschluß militärischer Maßnahmen durch eine Regionalorganisation setzt dabei nach dem klaren Wortlaut des Art. 53 in allen Fällen eine *Erlaubnis* des Sicherheitsrates voraus[28]. Aus diesem Grunde konnte die Ermächtigung der OAS an die Vereinigten Staaten, im Oktober 1962 eine „Quarantäne" gegen Kuba durchzuführen, das amerikanische Vorgehen nicht rechtfertigen[29]. Ausgenommen von diesem Erfordernis sind lediglich Maßnahmen der kollektiven Selbstverteidigung gegen einen bewaffneten Angriff (Art. 51)[30].

§ 242 Die Zwangsmaßnahmen des Sicherheitsrates sind keine Kriegsakte. Daher findet auf sie das Kriegsrecht keine Anwendung. Da solche Maßnahmen aber nur durch staatliche Kontingente durchgeführt werden können und die Staaten durch die Genfer Konventionen zum Schutze der Kriegsopfer vom 12. August 1949 verpflichtet sind, die Grundsätze der Menschlichkeit auch bei jenen bewaffneten Konflikten zu beachten, die nicht als Krieg anerkannt sind, besteht die Humanitätsschranke auch für Zwangsmaßnahmen gemäß Kapitel VII der Charta. Es ist hingegen umstritten, ob andere Normen des Kriegsrechts,

---

[27] Die allgemeine Problematik des Regionalismus und die einzelnen Regionalorganisationen finden in diesem Buch, das sich nur mit dem universellen VR befaßt, keine Darstellung. Vgl. dazu aber *Zemanek*, in: *Verdross*, S. 541 ff. (mit umfangreichen Nachweisen); *Claude* (Anm. 3), S. 102 ff.; sowie die unten § 415, Anm. 1, genannten Quellen.

Zum Text statt aller *Akehurst*, Enforcement Action by Regional Agencies, BYIL 42 (1967), S. 175 ff.; *Wolf*, Regional Arrangements and the UN Charter, Encyclopedia [6 (1983), S. 289 ff.]; *Dolzer*, Universalism and Regionalism, in: *Grahl-Madsen / Toman* (Hrsg.), The Spirit of Uppsala (1984), S. 513 ff.

[28] Die sog. „Feindstaatenklauseln" in Art. 53 und 107 der Charta sind heute nicht mehr anwendbar. So auch *Jiménez de Aréchaga*, International Law in the Past Third of a Century, RdC 159 (1978 I), S. 322, Anm. 229; ferner oben § 106.

[29] Dazu *Whiteman*, Digest of International Law 5 (1965), S. 443 ff.; *Steinicke / Harbeck*, Quellenindex zur Cubakrise 1962 (1969); *Akehurst* (Anm. 27); die Beiträge von *Meeker*, *Christol* und *Davis*, *Wright*, *Fenwick*, *McChesney* und *McDougal* im AJIL 57 (1963), S. 515 ff., sowie von *Barnet*, *Wright*, *Chayes*, *Acheson*, *Henkin* und *McDougal* in den ASIL-Proceedings 1963, S. 1 ff.; ferner *Chayes*, The Cuban Missile Crisis (1974).

Dasselbe gilt für den amerikanischen Versuch, die Invasion auf *Grenada* im Oktober 1983 (auch) durch Verweis auf ein Hilfeersuchen der Organization of Eastern Caribbean States (OECS) zu rechtfertigen; vgl. die unter § 1338, Anm. 14, genannten Quellen.

[30] Vgl. näher unten § 474.

wie das Requisitionsrecht, bei solchen Maßnahmen Anwendung finden[31]. Der Gedanke der Gegenseitigkeit spricht überzeugend für eine derartige Erstreckung. Die Abhängigkeit der Befolgung vr Normen von der Gegenseitigkeit hat im Recht der bewaffneten Konflikte in Gestalt von Allbeteiligungs- und Reziprozitätsklauseln, Reziprozitätsvorbehalten und -erklärungen oder Einschränkungen des Erstgebrauchs bestimmter Kampfmittel und -methoden schon seit jeher besonders deutlichen Ausdruck gefunden. Aus diesem Grunde wäre ein Abgehen von der strikten Gleichheit der Konfliktparteien vor dem *ius in bello* durch Aufhebung bestimmter Schranken gegenüber einem Aggressor verhängnisvoll für die Effektivität des Kriegsrechts[32]. In allen bisherigen Fällen *friedenserhaltender Operationen* hat der Generalsekretär die unter der Fahne der UNO eingesetzten Truppen angewiesen, die Grundsätze und den Geist der Genfer Konventionen zu achten[33].

§ 243 Wir haben einleitend darauf hingewiesen, daß das Funktionieren eines Systems der kollektiven Sicherheit durch die Solidarität der Teilnehmer bedingt ist. Kapitel VII der Charta setzt diese Solidarität insbesondere zwischen den ständigen Mitgliedern des Sicherheitsrates voraus. Konflikte *zwischen* den ständigen Ratsmitgliedern wurden durch die Konstruktion des Vetorechts von vornherein dem Streiterledigungs- und Sanktionsmechanismus der UNO entzogen. Der baldige Zerfall der Weltkriegsallianz und der Ausbruch des Kalten Krieges zwischen den Supermächten mit seinem geographisch beinahe universellen Schauplatz lähmte den Sicherheitsrat jedoch weitgehend. Diese durch den praktischen Gebrauch und Mißbrauch des Vetos bedingte Unfähigkeit des Rates, seiner satzungsmäßig vorgesehenen „Hauptverantwortung für die Wahrung des Weltfriedens und der internationalen Sicherheit" nachzukommen, machte die in Kapitel VII vorgesehenen Zwangsmaßnahmen — mit den bisher einzigen, relativ atypischen Ausnahmen Rhodesien und Südafrika — unanwendbar und reduzierte die Rolle des Rates auf diejenige eines Diskussions- und

---

[31] Darüber der dem Institut de Droit international vorgelegte Bericht „Les conditions d'application des lois de la guerre aux opérations militaires des Nations Unies" von Paul *de Visscher* (mit Bemerkungen der Kommissionsmitglieder), Annuaire IDI 54 I (1971), S. 1 ff., 116 ff. Auf der Tagung in Wiesbaden (1975) hat das Institut beschlossen, daß „[l]es règles relatives aux conflits armés, même si elles ne présentent pas un caractère spécifiquement humanitaire, s'appliquent aux hostilités dans lesquelles les Forces des Nations Unies sont engagées" (mit einzelnen Ausnahmen); vgl. Annuaire 56, S. 540 ff. (542).

[32] Dazu *Meyrowitz*, Le principe de l'égalité des belligérants devant le droit de la guerre (1970); *Simma*, Das Reziprozitätselement im Zustandekommen völkerrechtlicher Verträge (1972), S. 89 ff. (mit weiteren Nachweisen).

[33] Vgl. *Schindler*, Die Anwendung der Genfer Rotkreuzabkommen seit 1949, SchwJIR 22 (1965), S. 104 ff.

Vermittlungsforums[34]. Daß der Sicherheitsrat in dieser Eigenschaft manche Erfolge erzielt hat, kann nicht bestritten werden[35]. Dennoch liegt der Grund, warum seit der Schaffung der UNO der allgemeine Friedenszustand erhalten werden konnte, nicht in der Wirksamkeit eines Systems kollektiver Sicherheit, sondern in dem militärischen Gleichgewicht der Supermächte, das seinen institutionellen Niederschlag im Aufbau von Defensivallianzen auf der vr Grundlage des Art. 51 der Charta fand[36].

Im organisatorischen Bereich der UNO führte das Versagen des Sanktionssystems des Kapitels VII, wie bereits erwähnt[37], zu einer Gewichtsverlagerung, auf deren militärisch-sicherheitspolitische Aspekte wir in den beiden folgenden Unterabschnitten einzugehen haben.

III. „Uniting for Peace"

§ 244 Als Nordkorea im Juni 1950 die Republik Korea angriff, stellte der Sicherheitsrat fest, daß diese Invasion einen Friedensbruch darstelle, und *empfahl*, daß die Mitgliedstaaten der UNO "furnish such assistance to the Republic of Korea as may be necessary to repel the armed attack and restore international peace and security in the area". In einer kurz darauf beschlossenen Resolution empfahl der Rat den Mitgliedern, Truppen und andere Hilfsleistungen einem vereinigten Oberkommando unter amerikanischer Führung zur Verfügung zu stellen[38].

§ 245 Zu einem derart energischen Vorgehen war der Sicherheitsrat nur deshalb in der Lage, weil die Sowjetunion aus Protest gegen die Nichtanerkennung des Vertretungsanspruchs der rotchinesischen Regierung in der UNO nach der Machtübernahme auf dem gesamten chine-

[34] Diese Entwicklung hat die Problematik einer evtl. Kollision zwischen den vr Verpflichtungen aus der *dauernden Neutralität* eines Staates und dessen UN-Mitgliedschaftspflichten weitgehend entschärft, ja einem solchen Staat als Mitglied des Sicherheitsrates neue Möglichkeiten aktiver Friedenspolitik eröffnet. Dazu *Wildhaber*, Die Mitgliedschaft dauernd neutraler Staaten im UNO-Sicherheitsrat, ÖZA 11 (1971), S. 131 ff.; *Köck*, A Permanently Neutral State in the Security Council, Cornell International Law Journal 6 (1973), S. 137 ff.; *Jankowitsch*, Österreich im Sicherheitsrat, ÖZA 15 (1975), S. 67 ff.; *Herndl*, Die Mitgliedschaft Österreichs im Sicherheitsrat der Vereinten Nationen (1973/1974), FS Bindschedler, S. 527 ff.

[35] Der amerikanische Politikwissenschafter Inis L. *Claude* (Anm. 3, S. 236) bemerkt dazu treffend: „Some of the greatest triumphs of United Nations processes are best described as instances of not-quite-pacific settlement and pacific nonsettlement."

[36] Vgl. auch oben § 102.

[37] Siehe ebd.

[38] UN Docs. S/1511 vom 27. Juni und S/1588 vom 7. Juli 1950, Texte im UN-Yearbook 1950, S. 222 ff. und 230. Für eine vollständige Dokumentation vgl. auch R. *Higgins* (§ 248, Anm. 1), S. 151 ff.

sischen Festland seit Januar 1950 ihren Vertreter im Rat abgezogen hatte und daher kein Veto einlegen konnte. Mit einer Wiederholung dieser Umstände war nicht zu rechnen. Andererseits konnte der Westen damals auf eine sichere Mehrheit in der Generalversammlung zählen. So verabschiedete diese am 3. November 1950 auf Anregung vor allem der USA mit 52 gegen 5 Stimmen bei 2 Enthaltungen die Resolution 377 (V) „Uniting for Peace"[39]. Darin anerkannte die Generalversammlung die Hauptverantwortung des Sicherheitsrates für die Wahrung des internationalen Friedens, betonte aber, daß ein Versagen des Rates in der Erfüllung dieser Aufgabe keinesfalls die UNO und ihre Mitglieder von der Verpflichtung zur Friedenswahrung befreien könne, und beschloß demgemäß, daß "if the Security Council, because of lack of unanimity of the permanent members, fails to exercise its primary responsibility for the maintenance of international peace and security in any case where there appears to be a threat to the peace, breach of the peace, or act of aggression, the General Assembly shall consider the matter immediately with a view to making appropriate recommendations to Members for collective measures, including in the case of a breach of the peace or act of aggression the use of armed force when necessary, to maintain or restore international peace and security". Um der Generalversammlung in den angesprochenen Fällen ein schnelles Handeln zu ermöglichen, wurde ferner, neben anderen organisatorischen Vorkehrungen, die Rechtsgrundlage für die Einberufung von „emergency special sessions" geschaffen.

§ 246 Dieser Beschluß entfachte eine erbitterte Diskussion über die Verteilung der Kompetenzen zwischen Sicherheitsrat und Generalversammlung auf dem Gebiet der Friedenssicherung, welche die kommunistischen Staaten monopolartig zugunsten des erstgenannten Organs geregelt ansahen. In seinem Gutachten über *Certain Expenses of the United Nations* (1962) hat der IGH jedoch die „Uniting for Peace" zugrunde liegende Auffassung von einer *subsidiären* Verantwortung der Generalversammlung auf diesem Gebiet gebilligt[40]. In der Tat kann die Befugnis der Generalversammlung, an die UN-Mitglieder die *Empfehlung* zu richten, einen bestimmten Staat als Friedensbedroher oder Friedensbrecher zu betrachten und infolgedessen vom Recht der „kollektiven Selbstverteidigung" nach Art. 51 der Charta zugunsten des angegriffenen Staates Gebrauch zu machen, nicht bestritten werden. Zu

---

[39] Nach ihrem geistigen Vater auch „Acheson-Resolution" genannt. Text im AJIL 45 (1951), Suppl. S. 1; deutsche Übersetzung bei *Berber*, Dokumente I, S. 63 ff. Dazu neben dem bereits in den vorangehenden Abschnitten genannten Schrifttum *Reicher*, The Uniting for Peace Resolution on the Thirtieth Anniversary of its Passage, CJTL 20 (1981), S. 1 ff.; *Stein / Morrissey*, Uniting for Peace Resolution, Encyclopedia [5 (1983), S. 379 ff.].

[40] ICJ Reports 1962, S. 162 f.

den Maßnahmen, die aufgrund eines solchen Generalversammlungsbeschlusses getroffen werden, muß der Hilfe leistende Mitgliedstaat also durch Art. 51 ermächtigt sein; die Empfehlung der Generalversammlung zu Kollektivmaßnahmen unter Einschluß von Waffengewalt stellt keinen selbständigen Rechtfertigungsgrund dar[41].

§ 247 In den vergangenen 20 Jahren hat die „Uniting for Peace"-Resolution infolge der geänderten Mehrheitsverhältnisse in der Generalversammlung ihre politische Brisanz verloren. In der Praxis ist es niemals zu der darin vorgesehenen Empfehlung von Kollektivmaßnahmen gekommen. Dagegen wurde von der Möglichkeit der sofortigen Einberufung der Generalversammlung in einigen Krisensituationen (z. B. Ungarn 1956, Mittlerer Osten 1956, 1958 und 1967, Kongo 1960, Bangladesch 1971, Afghanistan 1980)[42] — übrigens auch seitens der Sowjetunion — Gebrauch gemacht.

In der jüngeren Vergangenheit hat die Generalversammlung in der Sicherheitspolitik nur mehr eine sehr untergeordnete Rolle gespielt. Sie wendet ihre Aufmerksamkeit immer ausschließlicher den Nord-Süd-Beziehungen zu[43]. So konzentriert sich die friedenserhaltende Aktivität der UNO wieder um den Sicherheitsrat, wenngleich — in den Formen von Diskussion, Vermittlung und des abschließend zu besprechenden „Peacekeeping" — auf viel bescheidenerer Ebene als vom Buchstaben der Charta vorgesehen.

B. Die friedenserhaltenden Operationen der UNO (Peacekeeping)[1]

I. Die Praxis

§ 248 Unter dem Begriff des „Peacekeeping" soll im folgenden jenes Instrumentarium der UNO verstanden werden, das durch militärische und paramilitärische Einsätze von UN-Personal auf den Schauplätzen

[41] Vgl. auch unten § 475.

[42] Zur Praxis seit 1980 *Schaefer*, Notstandssondertagungen der Generalversammlung, VN 31 (1983), S. 78 ff.

[43] Vgl. oben §§ 104, 144 ff., 175 ff.

[1] Zum folgenden *Claude*, The United Nations and the Use of Force, IC No. 532 (1961); *Bowett*, United Nations Forces (1964); *derselbe*, International Military Force, Encyclopedia [3 (1982), S. 221 ff.]; *Bloomfield u. a.*, International Military Forces (1964); *Russell*, United Nations Experience with Military Forces (1964); *Seyersted*, United Nations Forces in the Law of Peace and War (1966); *Wainhouse*, International Peace Observation (1966); *Bothe*, Streitkräfte internationaler Organisationen (1968); R. *Higgins*, United Nations Peacekeeping 1946 - 1967. Documents and Commentary (4 Bde. 1969 - 1981); *James*, The Politics of Peace-keeping (1969); *Garvey*, United Nations Peacekeeping and Host State Consent, AJIL 64 (1970), S. 241 ff.; *Menzel*, Die militärischen Einsätze der Vereinten Nationen zur Sicherung des Friedens,

(potentiell) internationaler Konflikte deren friedliche Beilegung sowie die Verwirklichung einmal vereinbarter Konfliktlösungen erleichtern soll.

§ 249 Das Spektrum der bisherigen Operationen dieser Art reicht von der Entsendung zahlenmäßig bescheidener Beobachtermissionen bis zum Einsatz eigentlicher Friedenstruppen. So setzte die Generalversammlung 1947 ein UN Special Committee on the Balkans (UNSCOB) zur Beobachtung der Situation in Griechenland ein. Eine vom Sicherheitsrat 1948 geschaffene UN Truce Supervision Organization (UNTSO) hat seither die Feuereinstellungs- und Waffenstillstandsabkommen zwischen den arabischen Staaten und Israel zu überwachen. Im Jahre 1958 trug die UN Observer Group in the Lebanon (UNOGIL) zur Entspannung des Konflikts zwischen diesem Staat und seinen arabischen Nachbarn bei. Die UN Yemen Observation Mission (UNYOM) des Sicherheitsrates (1963/64), der Einsatz von UN-Beobachtern in Indonesien 1947 - 50, der UN Military Observer Group in India und Pakistan (UNMOGIP) im Kaschmirkonflikt seit 1949 und der UN India-Pakistan Observation Mission (UNIPOM) 1965/66 bilden weitere Beispiele für Peacekeeping-Operationen kleineren Ausmaßes[2].

§ 250 Zu einem Einsatz eigentlicher Truppenverbände kam es zum ersten Mal mit der Aufstellung der UN Emergency Force (UNEF). Sie wurde von der Generalversammlung auf einer nach Ausbruch der Suez-Krise einberufenen „emergency special session" am 5. November 1956 mit Resolution 1000 (ES-I) geschaffen und nach Abschluß des Waffenstillstandes auf ägyptischem Gebiet entlang der Waffenstillstandslinie stationiert. Im Mai 1967, kurz vor Beginn des dritten Nahostkrieges,

---

JIR 15 (1971), S. 11 ff.; *Manin*, L'Organisation des Nations Unies et le maintien de la paix (1971); *Fabian*, Soldiers Without Enemies (1971); *Boyd*, United Nations Peace-Keeping Operations (1971); *Ballaloud*, L'ONU et les opérations de maintien de la paix (1971); *derselbe*, L'observation militaire dans le système des Nations Unies, RGDIP 78 (1974), S. 399 ff.; *Strasser*, Die Beteiligung nationaler Kontingente an Hilfseinsätzen internationaler Organisationen, ZaöRV 34 (1974), S. 689 ff.; *Wainhouse u. a.*, International Peacekeeping at the Crossroads (1973); *Rihkye / Harbottle / Egge*, The Thin Blue Line. International Peacekeeping and Its Future (1974); *Cassese* (Hrsg.), United Nations Peace-Keeping. Legal Essays (1978); *Franke*, Streitkräfte der Vereinten Nationen, ArchVR 18 (1979/1980), S. 149 ff.; *Suy*, United Nations Peacekeeping System, Encyclopedia [4 (1982), S. 258 ff.]; *Kaul*, UN-Friedenstruppen: Versuch einer Bilanz, VN 31 (1983), S. 1 ff.

Keine Berücksichtigung finden im folgenden friedenserhaltende Operationen, die nicht von der UNO, sondern im Rahmen politischer Regionalorganisationen (wie z. B. der Arabischen Liga im Libanon) oder auf sonstwie multilateraler Basis (wie z. B. der Einsatz der Multinational Force and Observers [MFO, „Sinai-Friedenstruppe"] gemäß dem israelisch-ägyptischen Friedensvertrag 1979) durchgeführt werden.

[2] Für eine vollständige Dokumentation dieser Fälle (mit Ausnahme des erstgenannten) vgl. *Higgins* (letzte Anm.).

widerrief Ägypten sein Einverständnis mit dem Aufenthalt der UNEF auf seinem Territorium, worauf die Friedenstruppe von Generalsekretär U Thant abgezogen wurde[3].

§ 251 In seiner während des vierten Nahostkrieges gefaßten Resolution 340 vom 25. Oktober 1973 beschloß der Sicherheitsrat die Aufstellung einer neuen UN Emergency Force zur Sicherung der ägyptisch-israelischen Waffenstillstandslinie und zur Überwachung der Truppenentflechtung zwischen den beiden Parteien[4]. Zur Erfüllung analoger Aufgaben zwischen Israel und Syrien wurde am 31. Mai 1974 eine UN Disengagement Observer Force (UNDOF) geschaffen[5].

§ 252 Der bisher massivste Einsatz von UN-Truppen erfolgte im Rahmen der „Opération des Nations Unies au Congo“ (ONUC) 1960 - 64 auf Grund weitgehender Ermächtigungen des Sicherheitsrates an den Generalsekretär. Im Verlauf dieser Operation griffen die Streitkräfte der Organisation aktiv in den Bürgerkrieg im Kongo ein. Die daraufhin entstehende Kontroverse hat die politischen Bedingungen und Grenzen des „Peacekeeping“ deutlich gemacht[6].

§ 253 Am 4. März 1964 beschloß der Sicherheitsrat die Entsendung von UN-Streitkräften nach Zypern zur Verhinderung des erneuten Ausbruchs von Feindseligkeiten zwischen der griechisch- und türkisch-zypriotischen Volksgruppe und zur Wiederherstellung der öffentlichen Ruhe und Ordnung auf der Insel (UN Force in Cyprus [UNFICYP])[7]. Das ursprünglich auf drei Monate befristete Mandat dieser Friedenstruppe wurde seither vom Sicherheitsrat immer wieder verlängert.

§ 254 Mit den Resolutionen 425 und 426 vom 19. März 1978 stellte der Sicherheitsrat die UN Interim Force in Lebanon (UNIFIL) mit dem Mandat auf, den Rückzug der israelischen Truppen aus dem Südlibanon zu überwachen, dort Frieden und Ordnung wiederherzustellen und der libanesischen Regierung dabei zu helfen, ihre Autorität in diesem Gebiet wieder durchzusetzen. UNIFIL konnte ihre Aufgabe jedoch kaum erfüllen und wurde schließlich im Juni 1982 durch die israelische Invasion in den Libanon überrollt[8].

---

[3] Dazu *Higgins* (Anm. 1), Bd. I, S. 218 - 529.

[4] Text bei *Marschik / Neuhold,* Der Sicherheitsrat (1973), S. 56. Nach Inkrafttreten des ägyptisch-israelischen Friedensvertrages wurde diese Operation Mitte 1979 eingestellt; vgl. ArchVR 19 (1980/1981), S. 309 f.

[5] Res. 350 (1974).

[6] Dazu unten §§ 257, 259, sowie *Abi-Saab,* The United Nations Operation in the Congo 1960 - 1964 (1978).

[7] Res. 186 (1964), Text im UN-Yearbook 1964, S. 165.

[8] Text der Resolutionen in ILM 17 (1978), S. 491, 772; deutsch in VN 26 (1978), S. 69; vgl. auch ebd., S. 95. Vgl. auch den Bericht des UN-Generalsekretärs vom 19. März 1978 über die Ausführung der Sicherheitsratsresolu-

§ 255 Schließlich übten die Vereinten Nationen 1962 - 63 in West-Neuguinea (West Irian) mit Hilfe einer UN Security Force (UNSF) die „UN Temporary Executive Authority" (UNTEA) aus und erleichterten dadurch die Lösung des niederländisch-indonesischen Konflikts über die Zukunft dieses Territoriums[9].

II. Rechtliche Analyse

§ 256 Das damit beschriebene Peacekeeping der UNO ist von den in Kapitel VII der Charta vorgesehenen militärischen Sanktionen wohl zu unterscheiden: Während mit letzteren Zwang *gegen* einen Staat ausgeübt werden soll, den der Sicherheitsrat gemäß Art. 39 zum Aggressor erklärt hat, setzen friedenserhaltende Operationen das *Einverständnis* des Staates voraus, auf dessen Territorium sie stattfinden[10]. Sie umfassen keine Anwendung von Waffengewalt, es sei denn zur Selbstverteidigung und bei Behinderung der Einsätze[11]. Die UNO will mit ihnen weder in die Rechte der Parteien eingreifen noch die Lösung des zugrunde liegenden Konflikts präjudizieren[12]. Mit Bowett lassen sich vielmehr aus den bisher stattgefundenen Operationen drei verschiedene Zielsetzungen herausarbeiten, welche die UNO jeweils *akzessorisch* zu Bemühungen um eine friedliche Streiterledigung innerhalb (§§ 213 ff.) und außerhalb der Organisation verfolgt hat:

— *„Observation"* (Fact finding, Überwachung der Befolgung von Abkommen und Resolutionen über die Einstellung von Feindseligkeiten oder Disengagement; so im Falle von UNSCOB, UNTSO, UNDOF, UNOGIL, UNYOM, UNMOGIP und UNIPOM);

— *„Interposition"* (Bildung von Pufferzonen zwischen Konfliktparteien; durch UNEF I und II, Teilaufgabe der UNDOF, UNFICYP und UNIFIL);

---

tion 425, ILM 17 (1978), S. 773 ff., sowie *Siilasvuo*, Der unerfüllbare Auftrag. Die UNIFIL als Negativbeispiel friedenssichernder Operationen der Vereinten Nationen, VN 30 (1982), S. 185 ff.

[9] Dazu *Higgins* (Anm. 1), Bd. II, S. 91 - 149.

[10] So auch der IGH in seinem Gutachten über *Certain Expenses of the United Nations*, ICJ Reports 1962, S. 171 f. Genauer *Suy* (Anm. 1), S. 261.

[11] Vgl. aus dem Bericht des UN-Generalsekretärs vom 27. Oktober 1973 über die Ausführung der Sicherheitsratsresolution 340: „The Force [UNEF II, vgl. oben] will be provided with weapons of a defensive character only. It shall not use force except in self-defense. Self-defense would include resistance to attempts by forceful means to prevent it from discharging its duties, under the mandate of the Security Council." UN Doc. S/11052/Rev. 1, S. 2. Ebenso der Bericht des Generalsekretärs über UNIFIL (Anm. 8), S. 775.

[12] Die Operationen der im Rahmen von ONUC eingesetzten UN-Truppen gegen Katanga bilden eine Ausnahme von den beiden letztgenannten Regeln, auch sie richteten sich jedoch nicht gegen einen souveränen Staat. Dazu *Bowett* (Anm. 1), S. 186 ff.

— *„Maintenance of Law and Order“* (Ausübung von Polizeiaufgaben, um bestimmte Konfliktherde zu befrieden und dadurch das Eingreifen ausländischer Staaten zu verhindern bzw. zu beenden; so durch ONUC, teilweise durch UNFICYP, UNIFIL, ähnlich durch UNTEA)[13].

§ 257 Da die friedenserhaltenden Operationen eine Entwicklung der UN-Praxis darstellen, war ihre *Rechtsgrundlage* sehr umstritten. Der IGH hat die „implied powers“ der Organisation zur Durchführung solcher Operationen 1962 in seinem Gutachten über *Certain Expenses of the United Nations* bejaht[14]. Was die Frage der *Organzuständigkeiten* angeht, so herrscht allgemeine Übereinstimmung lediglich über die Kompetenz des Sicherheitsrates. Unterläßt dieser, was die Regel darstellt, die Angabe einer spezifischen Rechtsgrundlage seiner Beschlüsse[15] und ist eine solche auch nicht aus deren Wortlaut abzuleiten, so ist davon auszugehen, daß der Rat als Organ der friedlichen Streiterledigung gemäß Kapitel VI der Charta tätig wird und zur Erleichterung dieser Aufgabe Friedenstruppen als Hilfsorgane nach Art. 29 einsetzt. Eine Entsendung von Beobachtermissionen ist auch nach Art. 34 möglich[16].

Die Zuständigkeit auch der Generalversammlung zur Durchführung friedenserhaltender Operationen ist vom IGH in dem gerade genannten Gutachten über *Certain Expenses* bejaht worden[17]. Wir brauchen auf diese heiß umstrittene Frage deswegen nicht näher einzugehen, weil in der gegenwärtigen UN-*Praxis* ausschließlich der Sicherheitsrat „peacekeeping forces“ aufstellt und deren Einsatz überwacht. Damit erscheint eine friedenserhaltende Operation gegen den Willen eines ständigen Ratsmitgliedes nicht mehr durchführbar. Die Rolle der Generalversammlung beschränkt sich heute auf die Sicherung der Finanzierung der Einsätze (dazu § 259). Daneben hat sie 1965 ein Special Committee on Peace-keeping Operations eingesetzt, das allgemeine Richtlinien für deren Durchführung zu erarbeiten hat. Die Aufwertung des Sicherheitsrates hat ebenfalls zu einer Einschränkung der Handlungsfreiheit des Generalsekretärs in Fragen der Organisation und des Kommandos solcher Streitkräfte geführt, die insbesondere in der Kongo-Operation beträchtlich war, deren Gebrauch damals aber auch zu der Finanzkrise der UNO beitrug[18]. Seither steht das Peacekeeping unter fortwährender strikter Kontrolle des Rates.

---

[13] *Bowett* (§ 213, Anm. 2), S. 200 f.

[14] ICJ Reports 1962, S. 151 ff. Vgl. unten § 780.

[15] Dazu oben § 159.

[16] Daneben wird die Zuständigkeit des Sicherheitsrates auch mit Art. 40 UN-Charta oder mit den im *Namibia*-Gutachten des IGH bekräftigten „general powers“ des Rates (vgl. § 159) begründet; vgl. den Überblick bei *Suy* (Anm. 1), S. 259 f.

[17] Vgl. Anmerkung 14.

§ 258 Die UN-Friedenstruppen setzen sich aus nationalen Kontingenten zusammen, die von (vorzugsweise neutralen und blockfreien) Mitgliedstaaten auf Grund von Vereinbarungen mit der Organisation[19] (vertreten durch den Generalsekretär) gestellt werden[20]. Diese Kontingente werden durch ihre Eingliederung in eine „peacekeeping force" zu Teilen eines (Hilfs-)Organs der UNO und unterstehen daher deren Kommandogewalt[21]. Die Organisation ist für ihre Tätigkeiten auch vr verantwortlich[22]. Andererseits bleiben die Angehörigen solcher Streitkräfte weiterhin der Straf- und Disziplinargewalt ihres Heimatstaates unterworfen. Gegenüber dem Aufenthaltstaat genießen sie Immunität von der Straf- und für ihre dienstlichen Handlungen auch von der Zivilgerichtsbarkeit.

---

[18] Vgl. die gegensätzlichen Auffassungen über die Rolle des Generalsekretärs in den beiden UN Docs. A/8669 und A/8676 vom 20. März und 3. April 1972, ILM 11 (1972), S. 669 ff., und das Statement des US-Delegierten im Special Political Committee der Generalversammlung am 19. November 1974, AJIL 69 (1975), S. 400 f.

Zur Finanzkrise unten § 259.

[19] Vgl. z. B. den Notenwechsel zwischen der UNO und der Republik Österreich über den Dienst österreichischer Kontingente im Rahmen der UNFICYP, (österr.) BGBl. 60/1966; wiedergegeben auch im ÖHB 2, D 234.

[20] In ihrer Resolution 33/114 vom 18. Dezember 1978 hat die Generalversammlung alle interessierten Mitgliedstaaten eingeladen, „to consider the possibility of training their personnel for peace-keeping operations ... and to share ... experience already gained in peace-keeping operations and in existing national programmes for peace-keeping training".

Die Teilnahme dauernd neutraler Staaten ist deswegen möglich, weil es sich beim „Peace-keeping" nicht um die Unterstützung einer Partei in einem zwischenstaatlichen Konflikt handelt.

Um sich an solchen Aktionen beteiligen zu können, hat der österreichische Nationalrat am 30. Juni 1965 das „Verfassungsgesetz über die Entsendung österreichischer Einheiten zur Hilfeleistung ins Ausland auf Ersuchen internationaler Organisationen" (BGBl. 173/1965) und am 14. Juli 1965 das „Bundesgesetz über die Entsendung von Angehörigen des Bundesheeres zur Hilfeleistung in das Ausland" (BGBl. 233/1965) beschlossen. Doch hat die österreichische Regierung in jedem konkreten Falle darüber zu befinden, ob eine Teilnahme an solchen Aktionen der Neutralitätspolitik entspricht. Vgl. dazu *Strasser*, Österreich und die Vereinten Nationen (1967), S. 107 ff.; *derselbe*, Die Beteiligung Österreichs an internationalen Hilfseinsätzen, Österreichische Militärische Zeitschrift 12 (1974), S. 427 ff.; 13 (1975), S. 40 ff., 123 ff.; *Pernthaler / Esterbauer*, Die Entsendung österreichischer Einheiten zur Hilfeleistung in das Ausland auf Ersuchen internationaler Organisationen, JIR 16 (1973), S. 81 ff. Zur Haltung der Schweiz vgl. aus der Botschaft des Bundesrates vom 21. Dezember 1981 über den Beitritt der Schweiz zur UNO, S. 62. Zu den Problemen einer Teilnahme der Bundesrepublik Deutschland siehe E. *Klein*, Rechtsprobleme einer deutschen Beteiligung an der Aufstellung von Streitkräften der Vereinten Nationen, ZaöRV 34 (1974), S. 429 ff.; *Mössner*, Bundeswehr in blauen Helmen, FS Schlochauer, S. 97 ff. (mit weiteren Angaben). Vgl. ferner *Johansson*, Die nordischen Bereitschaftstruppen für die UNO, JIR 15 (1971), S. 138 ff.

[21] Vgl. z. B. die vom UN-Generalsekretär erlassenen Dienstvorschriften für UNFICYP im Anhang zu dem in Anm. 19 genannten Notenwechsel.

[22] Vgl. unten § 1280.

§ 259 Die Frage der *Finanzierung* friedenserhaltender Operationen ist mit der bereits besprochenen Zuständigkeitsproblematik eng verknüpft. Die Generalversammlung hatte in Ausübung ihrer Budgethoheit die Kosten von UNEF und ONUC zu „Ausgaben der Organisation" i. S. des Art. 17 Abs. 2 der Charta erklärt, die von allen Mitgliedern zu tragen sind. Dagegen lehnten einige Mitgliedstaaten (darunter die Sowjetunion und Frankreich), welche zum einen die Zuständigkeit der Generalversammlung zur Aufstellung von Friedenstruppen, zum anderen das aktive Eingreifen der ONUC in die Kämpfe im Kongo ablehnten, eine Beteiligung an diesen Kosten ab. Ein von der Generalversammlung eingeholtes Gutachten des IGH[23] stützte zwar deren Rechtsstandpunkt, führte jedoch nicht zur Lösung des Konflikts. Als die USA daraufhin die Anwendung des Art. 19 der Charta auf die nach wie vor zahlungsunwilligen Staaten androhten[24], wuchs sich die Finanz- in eine gefährliche Verfassungskrise aus, die erst im Frühherbst 1965 durch einen Kompromiß entschärft wurde: Die Vereinigten Staaten verzichteten darauf, Art. 19 geltend zu machen; das Haushaltsproblem sollte durch freiwillige Beiträge, an denen sich auch die Sowjetunion zu beteiligen versprach, sowie durch die Auflegung einer Schuldverschreibung der UNO behoben werden[25]. Nach diesen Erfahrungen wurde die Finanzierung von UNFICYP von vornherein auf freiwilliger Basis vorgesehen. Seither ist die UN-Praxis jedoch wieder auf die Linie des *Certain Expenses*-Gutachtens eingeschwenkt. Die Generalversammlung wendet auf die Verteilung der Kosten des Peacekeeping allerdings einen besonderen Beitragsschlüssel an, nach dem die Hauptlast von den industrialisierten Staaten, überwiegend von den ständigen Mitgliedern des Sicherheitsrates, zu tragen ist. Dennoch weigern sich einige UN-Mitgliedstaaten nach wie vor, diese Beiträge zu bezahlen, und verschlimmern so die Finanzkrise der Organisation[26].

---

[23] *Certain Expenses of the United Nations*, vgl. Anm 14.

[24] Dazu oben § 115.

[25] Fundstelle unten § 275, Anm. 10.

[26] Vgl. zum ganzen die in der Bibliographie von *Hüfner / Naumann*, Zwanzig Jahre Vereinte Nationen (§ 89, Anm. 1), S. 101 ff., genannte Literatur; ferner *Tomuschat*, Die Beitragsverweigerung in Internationalen Organisationen, FS Mann, S. 439 ff.; *Martinez*, Le financement des opérations de maintien de la paix de l'Organisation des Nations Unies, RGDIP 81 (1977), S. 102 ff. Zur Finanzierung der UNO allgemein s. unten §§ 288 ff.

9. Abschnitt

Die Zuständigkeitsgrenzen der UNO

A. Das Interventionsverbot der Charta

§ 260 Obgleich sich aus unseren bisherigen Ausführungen ergibt, daß die Zuständigkeit der UNO nahezu alle Lebensverhältnisse umfaßt, so werden ihr doch durch die Charta Grenzen gesetzt. Artikel 2 Ziff. 7 bestimmt nämlich, daß die Organisation (von den im vorhergehenden Abschnitt besprochenen Maßnahmen gemäß Kapitel VII der Charta abgesehen) nicht befugt ist, in Angelegenheiten zu „intervenieren", die „ihrem Wesen nach" (essentially, essentiellement) zur „inneren Zuständigkeit" (domestic jurisdiction, compétence nationale) eines Staates gehören[1].

§ 261 Um diese Norm verstehen zu können, muß auf die Satzung des Völkerbundes zurückgegriffen werden, die den Völkerbundrat beauftragte, in allen ihm von einem Streitteil unterbreiteten Angelegenheiten einen Lösungsvorschlag zu machen, sofern nicht der Gegner behauptete und der Völkerbundrat anerkannte, daß der Streit eine Ange-

---

[1] Außerdem sind die Staaten gemäß Art. 2 Ziff. 7 nicht verpflichtet, solche Angelegenheiten einer sonstigen in der Charta vorgesehenen Regelung zu unterwerfen. Vgl. darüber § 217.

Zum ganzen L. *Preuss*, Article 2, Paragraph 7, of the Charter of the United Nations and Matters of Domestic Jurisdiction, RdC 74 (1949 I), S. 553 ff.; *Verdross*, Die ausschließliche Zuständigkeit der Staaten nach der Satzung der Vereinten Nationen, in: Scritti di diritto internazionale in honore di T. Perassi (1957), Bd. II, S. 379 ff.; *derselbe*, La compétence nationale dans le cadre des Nations Unies et l'indépendance des Etats, RGDIP 69 (1965), S. 314 ff.; *derselbe*, Les affaires qui relèvent essentiellement de la compétence nationale d'un Etat d'après la Charte des Nations Unies, in: Gedächtnisschrift für P. Vallindas (1966), S. 44 ff.; *derselbe*, Domestic Jurisdiction under International Law, University of Toledo Law Review 1971 (Gedächtnisnummer für Josef L. Kunz), S. 119 ff.; *derselbe*, The Plea of Domestic Jurisdiction before an International Tribunal and a Political Organ of the United Nations, ZaöRV 28 (1968), S. 33 ff.; *Verzijl*, Le domaine réservé de la compétence nationale exclusive, in: Perassi-Festschrift (oben), S. 391 ff.; *Mosler / Bräutigam*, Staatliche Zuständigkeit, WV III, S. 317 ff.; *Higgins*, The Development of International Law through the Political Organs of the United Nations (1963), S. 58 ff.; *Rajan*, United Nations and Domestic Jurisdiction (1958); *Tomko*, The Domestic Jurisdiction of States and the UNO (1967); *Ninčić* (§ 99, Anm. 1), S. 136 ff.; *Gilmour*, The Meaning of „Intervene" within Article 2 (7) of the United Nations Charter, ICLQ 16 (1967), S. 330 ff.; *Köck*, Ist Art. 2 Ziff. 7 Satzung der Vereinten Nationen tot?, ÖZöffR 22 (1971), S. 327 ff.; *Ouchakov*, La compétence nationale des Etats et la non-intervention dans le droit international contemporain, RdC 141 (1974 I), S. 5 ff.; *Ciobanu*, Preliminary Objections Related to the Jurisdiction of the United Nations Political Organs (1975); *Cançado Trindade*, The Domestic Jurisdiction of States in the Practice of the United Nations and Regional Organisations, ICLQ 25 (1976), S. 715 ff.; J. S. *Watson*, Autointerpretation, Competence, and the Continuing Validity of Article 2 (7) of the UN Charter, AJIL 71 (1977), S. 60 ff.

legenheit betraf, die das VR der „ausschließlichen Zuständigkeit" des Gegners überläßt (une question que le droit international laisse à la compétence *exclusive* de cette partie, a matter which by international law is *solely* within the domestic jurisdiction of that party)[2]. Artikel 2 Ziff. 7 der UN-Charta weicht von dieser Regelung vor allem dadurch ab, daß das Interventionsverbot nicht nur für den Sicherheitsrat, sondern für *alle* Organe der UNO gilt. Ferner werden die Ausdrücke „exclusive" und „solely" durch die Bezeichnungen „essentially" und „essentiellement" ersetzt und die Berufung auf das VR als Maßstab zur Beurteilung dieser Frage fallen gelassen. Außerdem fügt Artikel 2 Ziff. 7 in seinem letzten Satz, wie bereits angemerkt, hinzu, daß das Interventionsverbot keine Anwendung findet, wenn ein Angriff, eine Angriffsdrohung oder ein anderer Friedensbruch vorliegt, der den Sicherheitsrat zur Ergreifung von Maßnahmen nach dem VII. Kapitel der UN-Charta ermächtigt.

§ 262 Von diesen auf Verlangen der Großmächte auf der Konferenz von San Francisco aufgenommenen Bestimmungen ist die Bedeutung der Formel "matters which are essentially within the domestic jurisdiction" unklar. Aus den Beratungen des zuständigen Komitees der Konferenz ergibt sich nur, man habe damit ausdrücken wollen, daß es darauf ankomme, "what was the essence, the heart of the matter", sowie daß auf den Maßstab des VR verzichtet wurde, da dieses in der gegenständlichen Frage „indefinite and inadequate" sei[3].

§ 263 Bevor wir auf diese Streitfrage eingehen, muß der in Rede stehende Begriff der verbotenen „Intervention" ausgelegt werden. Hersch Lauterpacht versteht darunter nur autoritative Eingriffe, also Einmischungen unter Androhung von Zwangsmaßnahmen[4]. Diese Interpretation scheitert aber schon daran, daß sich das Verbot des Art. 2 Ziff. 7 auch auf jene Organe erstreckt, die nach der UN-Charta gar keine Zwangsmaßnahmen ergreifen können. Daraus folgt zwingend, daß grundsätzlich jede Einmischungsart, also auch durch Empfehlun-

---

[2] Hervorhebungen von uns.

[3] Aus dem am 26. Juni 1945 erstatteten Bericht des Präsidenten des oben genannten Komitees, U. N. C. I. O. Doc. 1619 I/1/42, S. 44 f., zitiert bei *Kelsen*, The Law of the United Nations (1951), S. 777 f.

Aus den (allerdings unklaren) Beratungen des Redaktionskomitees der UN-Charta scheint sich ferner zu ergeben, daß dieses Gremium das Wort „solely" (Art. 15 Abs. 8 Völkerbundsatzung) durch „essentially" ersetzte, um Angelegenheiten, die in der Regel in die staatliche Zuständigkeit fallen, auch dann von der Zuständigkeit der Organisation auszunehmen, wenn darüber vr Verträge bestehen. Auf diese Weise sollte die Zuständigkeit der UNO gegenüber der des Völkerbundrates eingeschränkt werden (darüber *Kelsen*, ebd.). Diese Auffassung hat sich jedoch weder in der UN-Praxis noch in der Judikatur des IGH durchsetzen können (vgl. Anm. 19).

[4] The International Protection of Human Rights, RdC 70 (1947 I), S. 19 f.

gen, untersagt ist[5]. Hingegen muß eine Diskussion darüber zulässig sein, ob es sich um eine Angelegenheit handelt, die „essentially" in die innerstaatliche Zuständigkeit fällt, da ohne Klärung dieser Vorfrage eine Anwendung des Art. 2 Ziff. 7 unmöglich ist.

B. Seine Anwendung in der Praxis

§ 264 Die Praxis der *Generalversammlung* der UNO ist niemals auf die Entstehungsgeschichte des Art. 2 Ziff. 7 eingegangen, sondern hat ohne nähere Begründung häufig Empfehlungen zugunsten des Selbstbestimmungsrechts der Kolonialvölker und zum Schutz der Menschenrechte auch dann beschlossen, wenn der betroffene Staat die Einrede seiner inneren Zuständigkeit *(domaine reservé)* erhoben hatte[6]. So hat z. B. die Generalversammlung am 25. April 1949 der Sowjetunion, welche die Ausreise einer mit einem Ausländer verheirateten Sowjetbürgerin verboten hatte, unter Berufung auf die Allgemeine Deklaration der Menschenrechte[7] empfohlen, diese Maßnahme aufzuheben, obgleich der sowjetische Delegierte am 21. Juli 1948 in einer an die Generalversammlung gerichteten Note darauf hingewiesen hatte, daß es sich dabei um eine innere sowjetische Angelegenheit handle, und auch keine konkrete vr Verpflichtung der Sowjetunion bestand, diese Ausreise zu gestatten[8].

§ 265 Aus dieser Praxis der UNO glaubt Alf Ross den Schluß ziehen zu können, daß Empfehlungen der Generalversammlung in allen Fällen zulässig sind, die eine allgemeine politische Bedeutung haben[9].

Eine nähere Analyse der UN-Praxis zeigt uns jedoch, daß auch eine andere Lösung dieses Problems möglich ist, wenn man bedenkt, daß es nicht nur Angelegenheiten gibt, die entweder durch das VR oder durch das staatliche Recht *erschöpfend* geregelt sind, sondern auch solche, die nur *grundsätzlich* entweder von der einen oder der anderen Rechtsordnung erfaßt werden.

---

[5] Über den Unterschied der Begriffe „zwischenstaatliche Intervention" (unten § 490) und „Intervention" i. S. des Art. 2 Ziff. 7 vgl. *Verdross*, Le principe de la non intervention dans les affaires relevant de la compétence nationale d'un Etat et l'article 2 (7) de la Charte des Nations Unies, FS Rousseau, S. 267 ff.

[6] Ausführlich darüber *Higgins* (Anm. 1); *Köck* (ebd.); *Cançado Trindade* (ebd.), sowie die Nachweise im Repertory of Practice of United Nations Organs (§ 89, Anm. 1) zu Art. 2 Ziff. 7.

[7] Dazu unten § 1234.

[8] General Assembly Res. 285 (III), GAOR III 2, Resol. (A/900). Ausführlich darüber: *Sohn / Buergenthal*, International Protection of Human Rights (1973), S. 596 ff.

[9] La notion de „compétence nationale" dans la pratique des Nations Unies, in: Mélanges offerts à Henri Rolin (1964), S. 284, sowie in: The United Nations. Peace and Progress (1965), S. 76.

So sagt z. B. der StIGH in seinem Gutachten vom 7. Februar 1923 über die *Nationality Decrees Issued in Tunis and Morocco*, daß Angelegenheiten der Staatsangehörigkeit „are ... in principle within the reserved domain“[10], obgleich es unbestritten ist, daß das VR dieser grundsätzlich den Staaten überlassenen Regelung bestimmte Grenzen setzt[11].

Ebenso muß umgekehrt anerkannt werden, daß durch die UN-Charta der Schutz der Menschenrechte[12] zu einer alle Staaten interessierenden, *grundsätzlich* vr Angelegenheit geworden ist[13]; auch gegenüber denjenigen Staaten, die noch keine konkreten vertraglichen Verpflichtungen dazu (etwa durch die beiden Menschenrechtspakte vom 19. Dezember 1966) übernommen haben.

Dieser *„international concern“* findet seine Grundlage in der Präambel der Charta, die vom „Glauben an die Grundrechte des Menschen, an Würde und Wert der menschlichen Persönlichkeit“ spricht, in Art. 1 Ziff. 3, wo die Herbeiführung einer internationalen Zusammenarbeit zur Förderung und Festigung der Achtung vor den Menschenrechten und Grundfreiheiten als Ziel der Organisation beschrieben wird, in Art. 55, der die UNO auf die Förderung der allgemeinen Achtung und Verwirklichung der Menschenrechte festlegt, sowie schließlich in Art. 56, der eine vr Verpflichtung aller Mitgliedstaaten begründet, gemeinsam und jeder für sich mit der Organisation zu diesem Zweck zusammenzuarbeiten. Auf dieser Basis hat die UNO nicht nur zahlreiche vr Verträge ausgearbeitet[14], sondern auch in ihrer Resolutionspraxis — wenngleich alles andere als unparteiisch — konkrete Menschenrechtsfragen dem „domaine reservé“ entzogen. Sie hat gewisse Verletzungen der Menschenrechte zu Bedrohungen des Weltfriedens erklärt und ist dagegen mit Zwangsmaßnahmen eingeschritten[15] und hat für den Fall, daß sich ein Mitgliedstaat eines “consistent pattern of gross and reliably attested violations of human rights and fundamental freedoms” schuldig macht, als vr Brückenkopf in der früheren staatlichen Selbstherrlichkeit ein (allerdings schwerfälliges und wenig wirksames) Untersuchungsverfahren eingeführt, auf das wir an anderer Stelle eingehen

---

[10] B 4, S. 24. Ebenso der IGH im Falle *Nottebohm*, ICJ Reports 1955, S. 20 f.

[11] Vgl. unten §§ 1192 ff.

[12] Unten §§ 1233 ff.

[13] Ausführlich darüber *Ermacora*, Human Rights and Domestic Jurisdiction, Article 2, § 7, of the Charter, RdC 124 (1968 II), S. 371 ff. Weitere Belege aus der Praxis der UNO bei *Köck* (Anm. 1), S. 348 ff. Vgl. ferner das unten § 494, Anm. 10, und § 1233, Anm. 1, angeführte Schrifttum.

[14] Darüber unten §§ 1236 ff.

[15] Vgl. oben §§ 232, 234. Die ILC will bestimmte schwere Menschenrechtsverletzungen zu „international crimes“ erklären; vgl. § 1263.

werden[16]. Aber auch weniger schwere und/oder vereinzelte Menschenrechtsverletzungen sind in den Organen der UNO, wie bereits erwähnt, diskutiert und zum Gegenstand von Empfehlungen gemacht worden. Diese Auffassung von den Menschenrechten als „matter of international concern" wird durch Art. VII der Schlußakte der KSZE bestätigt, der bestimmt, daß die Teilnehmerstaaten „diese Rechte und Freiheiten *in ihren gegenseitigen Beziehungen* stets achten" werden[17].

§ 266 Die damit skizzierte Dreigliederung in vr geregelte Angelegenheiten, „matters of international concern", die bereits grundsätzlich aus der innerstaatlichen Zuständigkeit ausgeschieden sind, und schließlich solchen, die der staatlichen Selbstbestimmung nach wie vor voll unterliegen, findet eine gewisse Stütze in den früher erwähnten „travaux préparatoires" des Art. 2 Ziff. 7, da sie jene Angelegenheiten als „essentially within the domestic jurisdiction" befindlich betrachten, deren „essence" oder „heart" im staatlichen Recht liegt. Dazu gehört die Verfassung des Staates, seine Gliederung und Organisation und die Regelung der Rechte und Pflichten des Staatsangehörigen, also alle Angelegenheiten, die zum Wesen einer Gemeinschaft mit voller Selbstregierung gehören[18]. Aber auch solche Materien können der alleinigen staatlichen Regelung entzogen werden, indem die staatliche Zuständigkeit durch einen vr Vertrag *beschränkt* wird[19]. So bestimmt z. B. Artikel 8 des Staatsvertrages mit der Republik Österreich vom 15. Mai 1955: „Österreich wird eine demokratische, auf geheime Wahlen gegründete Regierung haben ...[20]". Es ist daher richtig, daß das VR *jede* staatliche Angelegenheit *begrenzen* kann[21].

---

[16] Unten § 1245.

[17] Vgl. die Erklärung des französischen Delegierten *Bettencourt* auf der Belgrader (KSZE-Nachfolge-)Konferenz am 6. Oktober 1977: „L'acte final confirme solenellement que le devoir de chaque Etat de respecter les droits de l'homme et les libertés fondamentales n'est pas seulement une obligation que celui-ci assume envers son peuple, mais une *responsabilité vis-à-vis de toute la communauté internationale*": Le Monde vom 7. Oktober 1977, S. 3 (von uns hervorgehoben).

[18] Ähnlich *Verzijl* (Anm. 1).

[19] So der IGH in seinem Gutachten vom 30. März 1950 im Falle der *Interpretation of Peace Treaties with Bulgaria, Hungary and Romania, First Phase*, ICJ Reports 1950, S. 70 f.: „Interpréter ... les clauses d'un traité ne saurait être envisagé comme une question relevant essentiellement de la compétence nationale d'un État. C'est une question de droit international. ..." Ebenso im Urteil vom 19. Dezember 1978 im *Aegean Sea Continental Shelf* Case (unter Berufung auf das Gutachten des StIGH über die *Nationality Decrees)*, ICJ Reports 1978, S. 25: „a matter within the State's domestic jurisdiction ... will cease to be such if the State has undertaken obligations towards other States with respect to that matter".

[20] *Berber*, Dokumente, Bd. II, S. 2230.

[21] *Kelsen* (Anm. 3), S. 769; *Guggenheim*, Traité de Droit international I (2. Aufl. 1967), S. 64.

Daraus darf aber nicht der falsche Schluß gezogen werden, daß es keine Angelegenheiten gibt, die das VR grundsätzlich der innerstaatlichen Regelung überläßt. Solche Angelegenheiten wird es immer geben, solange ein VR besteht, das die Beziehungen zwischen souveränen Staaten, also zwischen Gemeinschaften mit voller Selbstregierung regelt, da diese ohne die früher angeführten Zuständigkeiten undenkbar sind.

Da aber die Frage, ob eine Angelegenheit der grundsätzlichen Regelung des VR oder des staatlichen Rechts überlassen wird, nur aufgrund des VR beantwortet werden kann, ist es unmöglich, auf den Maßstab des VR zu verzichten. Dieser Maßstab wird von der Formel "matters which are essentially within the domestic jurisdiction" *implicite* vorausgesetzt.

Eine grundsätzlich der inneren Zuständigkeit der Staaten überlassene Angelegenheit ist also eine solche, die infolge der gerade geschilderten Struktur des VR „ihrem Wesen nach“ zur inneren Zuständigkeit der einzelnen Staaten gehört. Die in den amtlichen Texten der deutschsprachigen UN-Mitgliedstaaten enthaltene Übersetzung des Wortes „essentially“ in Art. 2 Ziff. 7 der Charta durch „ihrem Wesen nach“ ist daher zutreffend.

§ 267 Die Bestimmung des Art. 2 Ziff. 7 erlangt mit der Zunahme der zwischenstaatlichen Verflechtung und der Bestrebungen, die UN-Charta durch bloße „Deklarationen“ umzugestalten[22], eine immer größere Bedeutung, da sie die Mitgliedstaaten gegen satzungswidrige Eingriffe in ihre inneren Angelegenheiten schützen soll. Von der Achtung des in Rede stehenden Interventionsverbotes durch die UNO hängt es daher ab, ob die in Art. 2 Ziff. 1 feierlich proklamierte „souveräne Gleichheit“ ihrer Mitglieder, und damit die in der Charta festgelegte Struktur der UNO, erhalten bleiben kann und wird. Wie bereits angeführt, hat die bisherige *Praxis* der UN-Organe, insbesondere diejenige der Generalversammlung, allerdings die Tendenz gezeigt, die Beschränkung ihrer Aktivitäten durch Art. 2 Ziff. 7 *restriktiv* zu interpretieren[23].

§ 268 J. S. Watson meint, daß die Auslegung dieser Bestimmung durch die UN-Charta der betroffenen Partei selbst überlassen werde[24]. Er stützt sich dabei auf L. Gross[25], der eine autoritative Auslegung des Art. 2 Ziff. 7 durch ein UN-Organ mit der Begründung ausschließt,

---

[22] Unten §§ 634 ff.

[23] Dazu *Claude*, Swords into Plowshares (4. Aufl. 1971), S. 181 ff.; *Higgins* (Anm. 1), S. 130. Eine ganz andere Frage ist, ob die UN-Generalversammlung von diesem Verständnis des Art. 2 Ziff. 7 *gleichmäßig* Gebrauch macht.

[24] Oben Anm. 1.

[25] Domestic Jurisdiction Enforcement Measures and the Congo, Australian Yearbook of International Law 1965, S. 137, 143.

daß diese Bestimmung die betroffenen Staaten ausdrücklich *nicht* verpflichtet, Angelegenheiten ihres „domaine reservé" einer Regelung auf Grund der Charta zu unterwerfen. Da aber die Charta kein Organ einsetzt, bei dem eine behauptete falsche Auslegung des Art. 2 Ziff. 7 durch die UNO angefochten werden kann, bleibt diese Auslegung praktisch wirksam, wenn es der Partei nicht gelingt, *ihre* Auslegung in der UNO durchzusetzen.

10. Abschnitt

Die Auslegung der Charta

§ 269 Eine *authentische* Auslegung der Charta ist einmal in jenen Verfahrensarten möglich, die für Satzungsänderungen gelten[1]. Außerhalb dieser Verfahren könnte sie nur durch eine Übereinkunft *aller* Mitgliedstaaten erfolgen, für die auch eine einhellig verabschiedete Resolution der Generalversammlung als Plenarorgan nur einen ersten Anhaltspunkt bieten kann, weil nachgewiesen werden muß, daß hinter der Stimmabgabe bei sämtlichen Mitgliedern die Absicht stand, die Charta authentisch zu interpretieren[2].

§ 270 Im übrigen gelten für die Auslegung der Charta jene Normen, die bei multilateralen Verträgen mit verschiedensprachigen gleich authentischen Texten anzuwenden sind[3], da gemäß Art. 111 der UN-Charta „deren chinesischer, französischer, russischer, englischer und spanischer Wortlaut gleichermaßen verbindlich ist"[4].

---

[1] Unten §§ 273 ff. So der Bericht des Committee IV/2 der Konferenz von San Francisco, zitiert nach *Skubiszewski*, Remarks on the Interpretation of the United Nations Charter, FS Mosler, S. 899 f.: „[I]n cases where it is desired to establish an authoritative interpretation as a precedent for the future, it may be necessary to embody the interpretation in an amendment to the Charter. This may always be accomplished by recourse to the procedure provided for amendments."

[2] Vgl. *Skubiszewski* (letzte Anm.), S. 898 ff.

[3] So auch der IGH, etwa im Gutachten vom 20. Juli 1962 über *Certain Expenses of the United Nations*, ICJ Reports 1962, S. 157: „On the previous occasions when the Court has had to interpret the Charter of the United Nations, it has followed the principles and rules applicable in general to the interpretation of treaties, since it has had recognized that the Charter is a multilateral treaty, albeit a treaty having certain special characteristics."

[4] Dazu *Pollux*, The Interpretation of the Charter, BYIL 23 (1946), S. 54 ff. Zur Auslegung mehrsprachiger Verträge nach der Wiener Vertragsrechtskonvention vgl. unten §§ 783 ff. Die genannten fünf Sprachen sind auch die *Amtssprachen* (official languages, langues officielles) der Organisation (mit Ausnahme des IGH; vgl. Art. 39 des Statuts: nur Französisch und Englisch), seit 1973 zusätzlich das Arabische. Davon sind die *Arbeitssprachen* der Sitzungen und Dokumente zu unterscheiden, die nicht immer sämtliche Amtssprachen

§ 271 Der IGH hat bei der Auslegung der Charta auch die funktionelle (von ihren Zielen ausgehende) Auslegung anerkannt[5].

§ 272 Die UN-Charta räumt keinem Organ der UNO die Zuständigkeit ein, ihre Normen mit Rechtsverbindlichkeit für die *Mitgliedstaaten* auszulegen[6], wenngleich es natürlich allen Organen obliegt, vor der Anwendung dieser Normen ihre Auslegung vorzunehmen[7]. Dadurch tritt für die auslegenden *Organe* eine Bindungswirkung ein, etwa mit der Folge, daß sie selbst ein Verhalten von Mitgliedstaaten in Übereinstimmung mit ihrer Auslegung nicht als eine Verletzung der interpretierten Bestimmung der Charta ansehen dürfen[8]. Die Richtigkeit einer solchen Auslegung kann jedoch von einzelnen Mitgliedstaaten bestritten werden[9]. Um einen solchen Auslegungsstreit auszutragen, kann die Generalversammlung oder der Sicherheitsrat ein Gutachten des IGH einholen[10], doch wird auch ein solches erst durch die Zustimmung der Streit-

---

umfassen. Vgl. dazu *Paqué*, Sprachen und Sprachendienste der Vereinten Nationen, VN 28 (1980), S. 165 ff.

Aufgrund der Generalversammlungsresolution 3355 (XXIX) werden ab 1. Juli 1975 die Beschlüsse der Generalversammlung, des Sicherheitsrates und des ECOSOC sowie die jährlichen Berichte der einzelnen Organe und Nebenorgane an die Generalversammlung auf Kosten der Bundesrepublik und Österreichs offiziell in die *deutsche* Sprache übersetzt; vgl. *Paqué* (ebd.), S. 169 f.; *Jaschek*, Deutsch als Sprache der Vereinten Nationen, VN 25 (1977), S. 18 ff.; ebd. 31 (1983), S. 164 ff.

[5] Genauer § 780, Pkt. 5, und das dort genannte Schrifttum; ferner *Ciobanu*, Impact of the Characteristics of the Charter upon its Interpretation, in: *Cassese* (Hrsg.), Current Problems of International Law (1975), S. 3 ff.

[6] Anders Art. XXIX des Abkommens über den *Internationalen Währungsfonds* (§§ 323 ff.), der alle Fragen der Auslegung dieses Gründungsvertrages, die sich zwischen einem IMF-Mitglied und dem Fonds bzw. zwischen IMF-Mitgliedstaaten ergeben, dem Exekutivdirektorium zur Entscheidung überträgt. Gegen eine derartige Entscheidung kann binnen drei Monaten der Gouverneursrat angerufen werden, dessen Auslegungsbeschluß endgültig ist.

[7] So auch der Bericht des Committee IV/2 der Konferenz von San Francisco: „This process is inherent in the functioning of any body which operates under an instrument defining its functions and powers." U. N. C. I. O., Bd. 13, S. 668. Zum folgenden auch *Skubiszewski* (Anm. 1), S. 900 ff.

[8] Zu dem Unterschied zwischen „authentischer" und „verbindlicher" Auslegung richtig *Zemanek*, Diskussionsbeitrag, Berichte DGVR 10 (1971), S. 201 f. (zu *Golsong*, ebd., S. 18 ff.).

[9] So ausdrücklich der Bericht des in Anm. 7 genannten Committee: „It is to be understood ... that if an interpretation made by any organ of the Organization or by a committee of jurists is not generally acceptable it will be without binding force." Nur Richter *Morelli* behauptete in seiner Separate Opinion im *Certain Expenses* Case, jedes Organ der UNO sei „juge de sa propre compétence", ohne aber eine Norm darüber nachweisen zu können: ICJ Reports 1962, S. 223 f.

Über die verschiedenen Möglichkeiten zur Bestreitung von als rechtswidrig angesehenen Auslegungen der Charta vgl. *Bowett*, ASIL Proceedings 1970, S. 50 f.

[10] z. B. das Gutachten des IGH über *Certain Expenses of the United Nations*, ICJ Reports 1962, S. 151 ff.

teile verbindlich. Hingegen sieht die UN-Charta kein Verfahren vor, um einen solchen Streit rechtsverbindlich beizulegen[11]. Daher kann ein Streit über die Satzungsmäßigkeit eines UN-Beschlusses oder eines seiner Teile nur durch einen formellen oder formlosen Konsens (§ 275) beigelegt werden. Bis zu diesem Zeitpunkt bleibt ein von einem Mitglied als satzungswidrig erachteter und von ihm vor oder gleich nach der Abstimmung auch als solcher bezeichneter Beschluß für ihn ohne Rechtsfolgen[12], sofern dieser Beschluß nicht die in der Charta geregelte Organisation der UNO einschließlich der Aufnahme neuer Mitglieder betrifft, da auch ein Staat, der z. B. behauptet, daß die Aufnahme eines neuen Mitgliedes in die UNO oder die Wahl eines nichtständigen Mitgliedes des Sicherheitsrates unter Verletzung der Charta erfolgt sei, die verfassungsmäßige Tätigkeit dieser Staaten bzw. Organe und die Auslösung der damit verbundenen Rechtsfolgen nicht verhindern kann[13]. Zwar meint der IGH in seinem Gutachten über *Certain Expenses of the United Nations* aus dem Jahre 1962[14], daß auch in *anderen* Fällen ein die Zuständigkeit eines Organs überschreitender Beschluß gegenüber Dritten rechtsverbindlich sein kann, wenn er bloß „was irregular as a matter of that internal structure", aber in die Zuständigkeit der UNO als solcher fiel, wie *in concreto* die Beschlußfassung über außerordentliche Beiträge zur Finanzierung friedenserhaltender Operationen. Der IGH begründet diese Auffassung wie folgt: "Both national and international law contemplate cases in which the body corporate or politic may be bound, as to third parties, by an *ultra vires* act of an agent[15]." Da aber die Sowjetunion und andere Staaten diese Rechtsansicht nicht anerkannten, beschloß die UN-Generalversammlung am 1. September 1965 einstimmig, von ihnen keinen Beitrag zu den erwähnten Kosten zu verlangen[16].

Eine Überprüfung der Satzungskonformität der Entscheidungen von UN-Organen kann auch durch staatliche Gerichte erfolgen[17].

---

[11] Darauf weist auch das in der vorigen Anm. angeführte Gutachten auf S. 168 mit der Bemerkung hin, daß auf der Konferenz von San Francisco alle Vorschläge, die Auslegung der UN-Charta generell dem IGH zu übertragen, abgelehnt wurden.

[12] Zahlreiche Beispiele bei *Conforti*, Le rôle de l'accord dans le système des Nations Unies, RdC 142 (1974 II), S. 203 ff., 230 ff.

[13] Ähnlich *Conforti* (letzte Anm.), S. 256.

[14] ICJ Reports 1962, S. 151 ff.

[15] Ebd., S. 168.

[16] *Conforti* (Anm. 12), S. 255, Anm. 92. Vgl. auch oben § 259.

[17] *Schreuer*, The Relevance of United Nations Decisions in Domestic Litigation, ICLQ 27 (1978), S. 8 f. Zum ganzen jüngst *Osieke*, The Legal Validity of Ultra Vires Decisions of International Organizations, AJIL 77 (1983), S. 239 ff. (mit Nachweisen über früheres Schrifttum).

Auch in dieser Frage zeigt sich also, daß die UN-Charta keine hinreichenden Normen zu ihrer Durchsetzung enthält[18], so daß solche Streitigkeiten oft ungelöst bleiben und schließlich politisch bereinigt werden. Wir ersehen daraus, daß die rechtliche Struktur der organisierten Staatengemeinschaft noch sehr weit von der eines modernen Rechtsstaates entfernt ist.

11. Abschnitt

Die Änderung der Charta

§ 273 Gemäß Art. 108 und 109 treten *formelle* Satzungsänderungen in Kraft, wenn sie entweder von der Generalversammlung oder einer zur Revision der Charta einberufenen Konferenz mit einer Zweidrittelmehrheit beschlossen und von zwei Dritteln der Mitglieder, einschließlich aller ständigen Mitglieder des Sicherheitsrates, ratifiziert wurden.

In diesem Verfahren ist bisher die Zahl der nichtständigen Mitglieder des Sicherheitsrates von 6 auf 10, die Mitgliederzahl des Wirtschafts- und Sozialrates von 18 auf 27 und von 27 auf 54 sowie die Zahl der für die Beschlußfassung im Sicherheitsrat gemäß Art. 27 und 109 UN-Charta erforderlichen Stimmen von 7 auf 9 erhöht worden[1].

§ 274 Die seit 1969 laufenden Bestrebungen um eine *Revision* der UN-Charta werden nicht von allen Großmächten unterstützt und haben deshalb keine Aussichten auf Verwirklichung[2].

§ 275 Bestimmungen der Satzung können aber auch durch eine ständige, als Recht anerkannte Übung oder durch formlosen zwischenstaatlichen Konsens suspendiert oder abgeändert werden, da die UN-Charta ein vr Vertrag ist, auf dessen Abänderung die allgemeinen darüber geltenden Normen[3] Anwendung finden[4]. Ein formloser Konsens bindet

---

[18] Vgl. auch oben § 228.

[1] Vgl. oben §§ 151, 163.

[2] Dazu statt aller *Köck*, Die gegenwärtigen Bestrebungen zur Änderung der Satzung der Vereinten Nationen, ÖZöffR 24 (1973), S. 25 ff.; *Meyer*, Bestrebungen zur Satzungsreform der Vereinten Nationen, JIR 16 (1973), S. 32 ff.; *Broms*, The Special Committee on the Charter of the United Nations and the Strengthening of the Role of the Organization, GYIL 20 (1977), S 77 ff.

[3] Dazu unten §§ 792 ff.

[4] Zu solchen formlosen Satzungsänderungen siehe *Engel*, Procedures for the *de facto* Revision of the Charter, ASIL Proceedings 1965, S. 108 ff.; R. *Higgins*, dortselbst, S. 116 ff.; *Henkin*, International Law and the Behavior of Nations, RdC 114 (1965 I), S. 171 ff.; *Conforti*, The Legal Effect of Non-compliance with Rules of Procedure in the UN General Assembly and Security Council, AJIL 63 (1969), S. 479 ff.; *Müller*, Vertrauensschutz im Völkerrecht (1971), S. 244 ff.; *Gordon* (§ 780, Anm. 16).

aber nur jene Staaten, die ihm entweder zugestimmt oder ihn durch konkludente Handlungen (acquiescence)[5] anerkannt haben. Das Abstimmungsverhalten allein liefert noch keinen Beweis für eine solche Anerkennung. Ferner ist zu beachten, daß auch im Fall einer gewohnheitsrechtlichen Änderung nicht die Praxis der Organe der UNO als solche, sondern ihre Billigung durch die Staaten die Änderung bewirkt[6]. Eine solche kann entweder spontan erfolgen oder erst nachträglich zur Praxis der Organe der Organisation hinzutreten.

Auch die UN-Charta sagt nicht, daß sie *nur* in dem oben angeführten Verfahren abgeändert werden kann. Selbst wenn das aber der Fall wäre, könnte eine solche auf zwischenstaatlichem Konsens beruhende Bestimmung durch einen neuen formlosen Konsens der Mitgliedstaaten abgeändert werden.

Als Beispiele für die formlose Abänderung oder zeitweilige Außerkraftsetzung von Vorschriften der Charta seien die rechtliche Bewertung der Stimmenthaltung oder Nichtteilnahme an der Abstimmung seitens eines ständigen Sicherheitsratsmitgliedes[7], das Verfahren beim Abschluß der Treuhandverträge[8], die gegenwärtige Zusammensetzung des Treuhandrates[9], die Einigung im Streit über die Aufbringung der Kosten der friedenserhaltenden Operationen der UNO [daß die Frage der Anwendung des Art. 19 UN-Charta (Verlust des Stimmrechts in der Generalversammlung wegen Beitragsrückstand) im Zusammenhang mit dieser Kontroverse nicht mehr aufgeworfen werde][10], die unter Nichtanwendung von Art. 4 der Charta am 14. Dezember 1955 erfolgte „en bloc-Aufnahme" von 16 neuen Mitgliedern[11], ferner die formlose Wiederaufnahme von Syrien (1961) und Indonesien (1966) in die UNO[12], und schließlich die Wahl gewisser nichtständiger Mitglieder des Sicherheitsrates für eine Amtsdauer von 1 anstatt 2 Jahren[13] genannt.

---

[5] Dazu unten §§ 518 ff., 666.

[6] So *Engel* (Anm. 4); *derselbe*, „Living" International Constitutions and the World Court, ICLQ 16 (1967), bes. S. 910: „[I]t is the practice of members qua members and not the resolution of the organ qua resolution which matters"; und schließlich die Separate Opinions von *Fitzmaurice* und *Spender* zum *Certain Expenses*-Gutachten des IGH, ICJ Reports 1962, S. 187 ff. bzw. 201.

[7] Oben § 153.

[8] Oben § 181 (Anm. 8).

[9] Oben §§ 183, 185.

[10] Dazu auch oben § 115. Zu der im Text genannten Einigung vgl. G.A.O.R., 19th session (1964 - 65), Annex No. 21, S. 92, 97.

[11] *Conforti*, Le rôle de l'accord dans le système des Nations Unies, RdC 142 (1974 II), S. 251.

[12] Oben § 107.

[13] Oben § 151, Anm. 3.

12. Abschnitt

Die Vorrechte der UNO und ihrer Spezialorganisationen[1]

§ 276 Während die Vorrechte der Staatshäupter im Auslande und der diplomatischen Vertreter, sowie die Immunitäten der Staaten einschließlich ihrer Schiffe und Truppenkörper schon nach allgemeinem VR bestehen[2], sind seit dem 19. Jahrhundert durch eine Reihe von vr Verträgen auch zugunsten verschiedener internationaler Organisationen und Staatengemeinschaftsorgane bestimmte Immunitäten von der lokalen Gerichtsbarkeit und Zwangsgewalt begründet worden, die sich teils als eine bloße Übernahme der diplomatischen Vorrechte darstellen, teils aber auf einer sachlich neuen Regelung beruhen. So gewährt Art. 46 des I. Haager Abkommens vom 18. Oktober 1907 über die friedliche Erledigung internationaler Streitfälle den Mitgliedern des Haager Schiedshofes „während der Ausübung ihres Amtes und außerhalb ihres Heimatlandes die diplomatischen Vorrechte und Befreiungen“[3]. Die gleichen Rechte wurden durch Art. 7 der Völkerbundsatzung den „Vertretern der Bundesmitglieder und den Beauftragten des Bundes in der Ausübung ihres Amtes“ eingeräumt.

Im Recht der UNO sind folgende Bereiche zu unterscheiden:

1. Die Organisation der UNO

§ 277 Sie besitzt neben der vr auch eine Rechtspersönlichkeit nach innerstaatlichem Recht, und zwar im Hoheitsgebiet jedes Mitgliedstaates dasjenige Maß an Rechts- und Geschäftsfähigkeit, das zur Wahrnehmung ihrer Aufgaben und zur Verwirklichung ihrer Ziele erforderlich

---

[1] Dazu *Kunz*, Privileges and Immunities of International Organizations, AJIL 41 (1947), S. 828 ff.; *Crosswell*, Protection of International Personnel Abroad. Law and Practice Affecting the Privileges and Immunities of International Organization (1952); *Brandon*, The Legal Status of the Premises of the United Nations, BYIL 28 (1951), S. 90 ff.; *Liang*, The Legal Status of the United Nations in the United States, ILQ 2 (1948/49), S. 577 ff.; *derselbe*, AJIL 42 (1948), S. 900 ff.; *Ahluwalia*, The Legal Status, Privileges and Immunities of the Specialized Agencies of the United Nations and Certain Other International Organizations (1964); *Lalive*, L'immunité de juridiction des états et des organisations internationales, RdC 84 (1953 III), S. 205 ff.; *Cahier*, Etude des accords de siège conclus entre les organisations internationales et les Etats où elles résident (1959); L. *Gross*, Immunities and Privileges of Delegations to the United Nations, IO 16 (1962), S. 483 ff.; *Jenks*, International Immunities (1961). Vgl. ferner die Arbeiten der ILC und die übrigen Materialien zu der unten im Text angeführten Wiener Konvention vom 14. März 1975, sowie aus der „UN Legislative Series“ die Bde. ST/LEG/SER.B/10 und 11: Legislative Texts and Treaty Provisions concerning the Legal Status, Privileges and Immunities of International Organizations (1959 und 1961).

[2] Unten §§ 895 ff., 1168 ff.

[3] *Berber*, Dokumente II, S. 1683.

ist (Art. 104). Im Rahmen dieser funktionell bestimmten Privatrechtssubjektivität hat sie demnach die Fähigkeit, Verträge zu schließen, bewegliches und unbewegliches Vermögen zu erwerben und darüber zu verfügen, sowie ein gerichtliches Verfahren einzuleiten. Gemäß Art. 105 genießt die UNO im Hoheitsgebiet jedes Mitgliedes die Vorrechte und Immunitäten, die zur Verwirklichung ihrer Ziele erforderlich sind. Daher kommt der Organisation, ihrem Eigentum und ihren anderen Vermögenswerten, gleichgültig wo sie sich befinden und wer sie innehat, die gerichtliche Immunität zu, sofern die Organisation darauf nicht ausdrücklich in einem konkreten Falle verzichtet. Aber auch in einem solchen Falle erstreckt sich der Verzicht nicht auf die Zwangsvollstreckung.

Die Räumlichkeiten der UNO, ihre Archive sowie ihre Vermögenswerte sind von allen staatlichen Eingriffen befreit. Daneben ist die Organisation auch von allen direkten Steuern und Zollgebühren befreit. Sie darf verschlüssselte Nachrichten übermitteln, Kuriere und Kuriergepäck verwenden und hat das Recht auf bevorzugte Behandlung durch Post und Telegraph.

§ 278 Die Rechtsgrundlage dieser Privilegien bildet das die Art. 104 und 105 der Charta näher ausführende Abkommen über die Privilegien und Immunitäten der UNO, das am 13. Februar 1946 von der Generalversammlung beschlossen und den Mitgliedstaaten zum Beitritt vorgelegt wurde[4]. Dazu tritt das „Headquarters Agreement" zwischen den USA und der UNO vom 26. Juni 1947[5], das der Organisation einen eigenen Distrikt (headquarters district) einräumt, der unter die Kontrolle und Autorität der UNO gestellt wird (Sect. 7 a). Doch gilt auch hier grundsätzlich die amerikanische Rechtsordnung (Sect. 7 b), abgesehen von der Disziplinargewalt der UNO über ihre Beamten.

2. *Die Delegierten der Mitglieder*

§ 279 Die Delegierten der Mitglieder in den Haupt- und Nebenorganen der UNO (einschließlich ihrer Stellvertreter, Berater, Fachexperten und Sekretäre) genießen auf Grund des Privilegienabkommens vom 13. Februar 1946 (Art. IV) eine *funktionell beschränkte* Immunität, nämlich während der Ausübung ihrer Funktionen und auf ihrer Reise zum oder vom Orte der Sitzung, aber außerhalb des Staates, dem sie angehören oder dessen Organe sie sind oder waren,

a) die Immunität von persönlicher Verhaftung und von der Beschlagnahme ihres persönlichen Gepäcks, sowie von gerichtlichen Verfah-

[4] BGBl. 1980 II, S. 941. Ende 1983 119 Vertragsparteien.

[5] *Berber*, Dokumente I, S. 50 ff. Entsprechende Abkommen hat die UNO auch mit der Schweiz (UNTS 1, S. 163 ff.) und mit Österreich (österr. BGBl. 363/1981) abgeschlossen.

ren aller Art hinsichtlich der von ihnen in ihrer Eigenschaft als Delegierte gesetzten Handlungen und gesprochenen und geschriebenen Äußerungen (aber keine sonstige gerichtliche Immunität für Privathandlungen, abgesehen von der eingangs genannten Immunität von einer Verhaftung). Wegen der dienstlichen Handlungen und Äußerungen darf eine Verfolgung auch nach Ablauf ihrer Funktionen nicht stattfinden;

b) im übrigen genießen sie (auch hinsichtlich ihrer Privathandlungen), aber weder ihre Familienangehörigen noch ihr Dienstpersonal, dieselben Privilegien wie die diplomatischen Vertreter (mit Ausnahme einer gewissen Schlechterstellung in Zoll- und Steuerangelegenheiten). Doch sind die Staaten verpflichtet, soweit als möglich auf die Immunität ihrer Delegierten zu verzichten. Hingegen genießen die bloßen „observer" nach dem Privilegienabkommen 1946 keine Immunität für den außerdienstlichen Bereich[6].

§ 280 Während dieses Abkommen auf (nichtständige) Delegierte und weniger auf ständige Vertreter bei der UNO zugeschnitten ist, trifft die am 14. März 1975 zur Unterzeichnung aufgelegte, aber noch nicht in Kraft getretene "Vienna Convention on the Representation of States in Their Relations with International Organisations of a Universal Character"[7] umfassendere Regelungen. Sie räumt den ständigen Vertretungen, Delegierten und ständigen Beobachtern bei solchen Organisationen wesentlich weitergehende Privilegien und Immunitäten ein, entwickelt diese also von den ursprünglichen funktionellen Beschränkungen hinweg in Richtung auf die Rechtsstellung der diplomatischen Vertreter, läßt aber nach ihrem Art. 4 die Gültigkeit bereits geschlossener Abkommen, also auch der UN-Abkommen 1946 und 1947 sowie aller bilateralen Amtssitzabkommen, formell unberührt.

---

[6] In diesem Sinne die Entscheidung des Supreme Court von New York vom 6. Februar 1953 im Falle *Pappas v. Francisci*, AJIL 47 (1953), S. 505. Vgl. ferner den Fall des Angehörigen der nordkoreanischen Beobachtermission *Oh Nam Chol:* RGDIP 87 (1983), S. 387 f.; 88 (1984), S. 227. Zum ganzen *Tobiassen*, The Reluctant Door. The Right of Access to the United Nations (1969).

Gemäß Sect. 13 b des UN-US-Headquarters Agreement haben die Vereinigten Staaten das Recht, Delegierte eines UN-Mitgliedstaates oder privilegierte UN-Beamte „[i]n case of abuse of ... privileges of residence by any such person in activities in the United States outside his official capacity" nach Konsultation (after consultation) des betreffenden Staates bzw. des UN-Generalsekretärs zum Verlassen der USA aufzufordern. Vgl. dazu den Fall des der Spionage beschuldigten ständigen Vertreters Vietnams bei der UNO, Botschafter *Dinh Ba Thi*, AJIL 72 (1978), S. 880 ff.

[7] Unten §§ 934 ff. (mit weiteren Literaturangaben).

3. Die Beamten der UNO

§ 281 Diese werden auf Grund des Abkommens über die Privilegien und Immunitäten der UNO vom 13. Februar 1946 (Art. V) in drei Gruppen eingeteilt:

§ 282 Der Generalsekretär und seine Stellvertreter (Under- und Assistant Secretaries-General), ihre Ehegatten und minderjährigen Kinder (nicht aber ihre Privatangestellten und ihr Dienstpersonal) genießen die vollen diplomatischen Privilegien und Immunitäten.

§ 283 Die vom Generalsekretär bestimmten Beamtenkategorien genießen nur *funktionelle* Privilegien und Immunitäten, nämlich Immunitäten vom gerichtlichen Verfahren hinsichtlich aller von ihnen in ihrer *amtlichen* Eigenschaft gesetzten Handlungen[8], gesprochenen oder geschriebenen Äußerungen, sowie bestimmte Befreiungen von Steuern, Zöllen, Dienstleistungen und Einreisevorschriften. Die Vorrechte der Gattin und der Familienangehörigen erstrecken sich bloß auf Einreise- und Geldwechselangelegenheiten. Alle übrigen Vorrechte sind streng persönlich. Der Generalsekretär ist soweit als möglich verpflichtet, auf die Immunität seiner Beamten zu verzichten. Dieses Recht steht im Falle eines vom Generalsekretär selbst gesetzten Unrechtstatbestandes dem Sicherheitsrat zu.

Im Gegensatz zur Rechtslage bei diplomatischen Vertretern steht den UN-Beamten zur Sicherung ihrer Unabhängigkeit ihre Immunität auch und gerade in ihrem eigenen *Heimatstaat* zu. Die Experten, die Aufgaben für die UNO durchführen, genießen nach Art. VI ähnliche Privilegien wie die im vorhergehenden Absatz genannten Beamtenkategorien.

§ 284 Die übrigen Beschäftigten, einschließlich der stundenweise und am Dienstorte angestellten, haben keine Vorrechte[9].

---

[8] Daher durfte ein US-Gericht zwei der Spionage überführte sowjetische UN-Beamte zu hohen Gefängnisstrafen verurteilen: *U. S. v. Enger and Cheruyayev*, 472 F. Supp. 490 (D. N. J. 1978), US Digest 1978, S. 93 ff. Ein in den Fall verwickelter Angehöriger der sowjetischen UN-Vertretung war in dem in Anm. 6 erwähnten Verfahren ausgewiesen worden.

[9] Der City Court of New Rochelle, N. Y., hat im Falle *Westchester County v. Ranollo* am 8. November 1946 entschieden, daß ein Chauffeur der UNO auch bei einer Dienstfahrt keine Immunität genieße, da sich diese nur auf Handlungen erstrecke, die notwendig seien „to the actual execution of the purposes and deliberations of the United Nations": AJIL 41 (1947), S. 690. Darüber *Preuss*, Immunity of Officers and Employees of the United Nations for Official Acts: The Ranollo Case, ebd., S. 555 ff.

Über die Rechtsstellung der Angehörigen von UN-Friedenstruppen vgl. § 258.

4. Der Internationale Gerichtshof

§ 285 Art. 19 des IGH-Statuts gewährt den Mitgliedern des Gerichtshofs während der Ausübung ihres Amtes die diplomatischen Privilegien und Immunitäten. Außerdem bestimmt Art. 42 Abs. 3 des Statuts, daß die Bevollmächtigten, Beistände und Anwälte der Parteien die für die Ausübung ihrer Funktion notwendigen Vorrechte genießen.

Diese Bestimmungen wurden von dem durch die UN-Generalversammlung genehmigten Notenwechsel vom 26. Juni 1946 zwischen dem Präsidenten des IGH und dem niederländischen Außenminister näher ausgeführt und auf den Kanzler und seinen Stellvertreter, sowie auf die Familienangehörigen dieser Personen und der Richter selbst ausgedehnt. Zugleich wurden aber die Vorrechte der Richter holländischer Staatsangehörigkeit eingeschränkt, da diese Personen nur hinsichtlich ihrer Amtshandlungen von der niederländischen Gerichtsbarkeit eximiert und von den Steuern aus ihren amtlichen Einkünften befreit werden[10].

5. Die Spezialorganisationen

§ 286 Die Spezialorganisationen selbst, ihre Beamten und die Delegierten der Mitgliedstaaten genießen auf Grund des Abkommens vom 21. November 1947 über die Privilegien und Immunitäten der Spezialorganisationen[11] ähnliche Vorrechte, wie sie oben für die UNO beschrieben worden sind. Dasselbe gilt für die IAEA auf Grund ihres Privilegienabkommens vom 1. Juli 1959[12]. Dazu tritt eine Reihe von „Headquarters Agreements" zwischen einzelnen Spezialorganisationen und ihren jeweiligen Sitzstaaten[13].

§ 287 Die damit beschriebenen Bestimmungen zeigen uns, daß die Vorrechte der Organe der UNO und ihrer Spezialorganisationen gegenüber dem Völkerbund wesentlich *eingeschränkt* worden sind, weil die diplomatischen Privilegien und Immunitäten heute nur mehr den Richtern des IGH, dem Generalsekretär der UNO sowie seinen Stellvertretern, und in einem beschränkten Ausmaße auch den Vertretern der Mitgliedstaaten in den UN-Organen zustehen. Alle anderen Beamten

---

[10] ICJ, Acts and Documents No. 4 (1978), S. 200 ff.

[11] Der Text des Abkommens mit seinen auf die einzelnen Spezialorganisationen bezüglichen Annexen findet sich in dem UN Doc. ST/LEG/4/Rev. 1 (1974); vgl. ferner BGBl. 1954 II, S. 639. Ende 1983 verpflichtete das Abkommen 90 Vertragsparteien (genauer s. Fundstellennachweis B).

[12] Text im BGBl. 1960 II, S. 1993, ber. S. 2108. Ende 1983 50 Vertragsparteien.

[13] Texte in dem vom UN-Generalsekretariat für die Wiener Konferenz 1975 über die Vertretung von Staaten bei universellen internationalen Organisationen vorbereiteten Kompendium A/CONF. 67/WP. 5, 24 December 1974, S. 79 ff.

der UNO und der dieser angegliederten Organisationen genießen nur mehr eine Immunität für ihren amtlichen Bereich. Die bewußte Änderung der Rechtsstellung dieser Personen hat wohl darin ihren Grund, daß, wie bereits erwähnt, die internationalen Beamten Immunität auch in ihrem Heimatstaat genießen, so daß bei Gleichstellung mit den Diplomaten private Rechtsansprüche gegenüber diesen Personen auch dort nicht verfolgt werden können. Ferner ist die Amtstätigkeit dieser Beamten von ihrer privaten Tätigkeit klarer getrennt, während bei den Diplomaten beide Bereiche ineinandergreifen, da sie ihre Aufgaben nicht nur in ihren Amtsräumen, sondern auch bei gesellschaftlichen Veranstaltungen erfüllen. Dasselbe trifft bis zu einem gewissen Grade auch beim Generalsekretär und seinen Vertretern zu. Außerdem wollte man diese Personen, wie auch die Richter des IGH, nicht schlechter als die Leiter diplomatischer Missionen stellen.

13. Abschnitt

Die Finanzierung der UNO[1]

§ 288 Das Haushaltsrecht der *UNO* hat seine Grundlage in Art. 17 der Charta, nach dem die Generalversammlung das Budget der Organisation plant und genehmigt (Abs. 1).

Die ordentlichen Ausgaben der UNO werden von den Mitgliedern nach einem prozentuellen Verteilungsschlüssel getragen, der von der Generalversammlung unter Berücksichtigung von Nationaleinkommen und Bevölkerungszahl jeweils auf drei Jahre festgesetzt wird (Abs. 2). Nach diesem Schlüssel kommen einige wenige Industriestaaten für den größten Teil des Budgets auf[2].

§ 289 Die *Spezialorganisationen* haben ihr eigenes Haushaltsrecht, das mit Ausnahme des IFAD, der Weltbankgruppe und des Internationalen Währungsfonds (vgl. nächsten Abschnitt) analog zu dem der

---

[1] Dazu die in der Bibliographie von *Hüfner / Naumann*, Zwanzig Jahre Vereinte Nationen (§ 89, Anm. 1), S. 101 ff., genannte Literatur; vor allem *Stoessinger u. a.*, Financing the United Nations System (1964). Ferner *Tesauro*, Il finanziamento delle organizzazioni internazionali (1969); *Zemanek*, Die Finanzkrise der Vereinten Nationen, EA 28 (1973), S. 555 ff.; *Pellet*, Budgets et programmes aux Nations Unies — Quelques tendances récentes, AFDI 22 (1976), S. 242 ff.; *v. Harpe*, Der UN-Haushalt: Inhalt und System, VN 28 (1980), S. 52 ff.; *Koch*, Finanzmittel für Sachkompetenz. Die Finanzierung der UN-Sonderorganisationen unter besonderer Berücksichtigung des Beitragsanteils der Bundesrepublik Deutschland, VN 32 (1984), S. 19 ff.

[2] Vgl. die Wiedergabe des Veranlagungsschlüssels für die Jahre 1983 - 1985 in VN 31 (1983), S. 58. Dazu *Koschorreck*, Programmziele und finanzielle Leistungsfähigkeit im Widerstreit. Die Geschichte der Beitragsfestsetzung in den Vereinten Nationen, ebd., S. 51 ff.

UNO geregelt ist. Die Generalversammlung ist berechtigt, den Verwaltungshaushalt dieser Organisationen zu prüfen und entsprechende Empfehlungen abzugeben. Desgleichen prüft und genehmigt sie alle finanziellen Abmachungen zwischen der UNO und den Spezialorganisationen (Art. 17 Abs. 3).

§ 290 Daneben werden zahlreiche Aktivitäten und Einrichtungen der UN-Familie, z. B. UNDP, UNICEF, UNHCR, friedenserhaltende Operationen oder der IFAD, zur Gänze oder teilweise durch *freiwillige* Beiträge finanziert.

§ 291 Die UNO befindet sich seit Beginn der Sechzigerjahre in einer Finanzkrise. Diese wurde durch ein „materielles Veto“[3] zweier Großmächte gegen den Beschluß und die Leitung von friedenserhaltenden Operationen (nicht durch den Sicherheitsrat, sondern durch die Generalversammlung) ausgelöst[4]. Das Mittel, durch Verweigerung der Finanzierung oder zumindest Verzögerung der Beitragsleistung die Verwirklichung des politischen Willens der Mehrheit der Mitglieder zu verhindern oder zu erschweren bzw. den politischen Kurs oder die Finanzgebarung der Sekretariate zu beeinflussen ist auch in weiteren Fällen angewendet worden, so seitens der Industriestaaten gegenüber dem von der Generalversammlung 1966 geschaffenen Kapitalentwicklungsfonds (UNCDF)[5], seitens der USA gegenüber der Politik der ILO[6], der FAO und der UNESCO[7].

14. Abschnitt

Normen über die Nichtmitglieder

§ 292 Die UN-Charta enthält auch einige Normen für Nichtmitgliedstaaten. Da die UNO heute aber nahezu alle Staaten umfaßt, genügt es, auf diese Bestimmungen kurz hinzuweisen[1].

---

[3] Ausdruck bei *Hüfner / Naumann*, Das System der Vereinten Nationen (1974), S. 93, 118. Dazu *Tomuschat*, Die Beitragsverweigerung in Internationalen Organisationen, FS Mann, S. 439 ff.

[4] Näher oben § 259.

[5] Oben § 149; *Hüfner / Naumann* (Anm. 3), S. 127 ff.

[6] Dazu *Schwebel*, The United States Assaults the I. L. O., AJIL 65 (1971), S. 136 ff. 1975 kündigten die Vereinigten Staaten dann ihre Absicht an, aus der ILO auszutreten, und vollzogen diesen Schritt 1977. Im Februar 1980 haben sie ihre Mitgliedschaft wieder aufgenommen. Vgl. unten § 305, Anm. 16.

[7] Vgl. RGDIP 81 (1977), S. 268 f. Am 29. Dezember 1983 gaben die USA ihre Absicht bekannt, mit Wirkung vom 31. Dezember 1984 aus der UNESCO auszutreten: AdG vom 8. Januar 1984, S. 27316.

[1] *Scheuner*, Die Vereinten Nationen und die Stellung der Nichtmitglieder, in: Festschrift für Bilfinger (1954), S. 371 ff.; *Soder*, Die Vereinten Nationen und die Nichtmitglieder (1956); *Falk*, The Authority of the United Nations

§ 293 Die Charta räumt den Nichtmitgliedstaaten in Art. 11 Abs. 2 das Recht ein, der Generalversammlung eine Frage vorzulegen. Sie können auch gemäß Art. 35 Abs. 2 die Aufmerksamkeit der Generalversammlung oder des Sicherheitsrates auf jeden Streitfall lenken, in dem sie Partei sind, insofern sie die Verpflichtungen der Charta zu seiner Austragung annehmen. Art. 32 trägt dem Sicherheitsrat auf, ein Nichtmitglied zur Erörterung eines Streitfalles mit „beratender Stimme" einzuladen, wenn es Partei ist.

§ 294 Art. 2 Ziff. 4 schützt auch Nichtmitgliedstaaten gegen die Anwendung und Drohung mit Gewalt, da sich dieser Schutz auf „any state" (tout État) erstreckt.

Umgekehrt kann der Sicherheitsrat Zwangsmaßnahmen gegen Nichtmitglieder anordnen, wenn die Voraussetzungen des Art. 39 vorliegen[2]. Gemäß Art. 2 Ziff. 6 soll schließlich die Organisation dafür Sorge tragen (shall ensure, fait en sorte que), daß die Nichtmitgliedstaaten die Grundsätze der UN-Charta zur Erhaltung des Weltfriedens und der internationalen Sicherheit beobachten. Solche Einwirkungen können, vom Falle des Art. 39 abgesehen, nur aus Vorschlägen und Empfehlungen bestehen, da jeder Vertrag nur die Vertragsteile verpflichtet[3]. Dadurch wird die Anwendung des Kapitels VII der UN-Charta gegen Nichtmitgliedstaaten nicht ausgeschlossen, da schon nach allgemeinem VR, jedenfalls im Falle eines bewaffneten Angriffs, jeder Staat einem rechtswidrig angegriffenen anderen Staat Hilfe leisten darf.

15. Abschnitt

Die Spezialorganisationen

A. Allgemeines

§ 295 Während die wirtschaftliche, soziale und kulturelle Tätigkeit des Völkerbundes sich im wesentlichen zentralisiert, d. h. in zahlreichen Hilfs- und Unterorganen des Bundes selbst vollzog, wurde bei der Gründung der Vereinten Nationen für die Erfüllung dieser Aufgaben eine *dezentralisierte* Struktur gewählt, welche die Gruppierung einer Reihe von (z. T. bereits bestehenden, z. T. neu zu errichtenden) internationalen Organisationen mit weltweitem, aber sachlich abgegrenztem

over Non-Members (1965); *Cahier*, La Charte des Nations Unies et les Etats tiers, in: *Cassese* (Hrsg.), Current Problems of International Law (1975), S. 81 ff.

[2] Oben §§ 232 ff.

[3] Ausführlich unten §§ 764 ff.

Tätigkeitsbereich um die koordinierende Mutterorganisation der UNO vorsah[1].

§ 296 Der Gründung und Arbeit dieser Spezialorganisationen liegt der Gedanke der *funktionellen Integration* zugrunde, wie er in Art. 1 Ziff. 3 und besonders deutlich in Art. 55 der Charta seinen Ausdruck findet: An die Seite der unmittelbar politischen Ansätze der Friedenssicherung, die bereits beschrieben worden sind (vgl. vor allem §§ 213 ff. und 229 ff.), hat eine möglichst intensive zwischenstaatliche Zusammenarbeit auf wirtschaftlichem, sozialem, gesundheitlichem, kulturellem und humanitärem Gebiet zu treten, „[u]m jenen Zustand der *Stabilität* und *Wohlfahrt* herbeizuführen, der *erforderlich* ist, damit zwischen den Nationen friedliche und freundschaftliche ... Beziehungen herrschen" können[2].

---

[1] Vgl. allgemein *Labeyrie-Ménahem*, Des institutions spécialisées. Problèmes juridiques et diplomatiques de l'administration internationale (1953); *Malinowski*, Centralization and Decentralization in the United Nations Economic and Social Activities, IO 16 (1962), S. 521 ff.; *Szapiro*, Nations Unies et Institutions spécialisées (1962); *Alexandrowicz*, World Economic Agencies: Law and Practice (1962); *derselbe*, The Law of Global Communication (1971); *Adam*, Les Organismes internationaux spécialisées. Contribution à la théorie générale des établissements publics internationaux (4 Bde., 1965 - 77); *Spröte / Wünsche*, Die Spezialorganisationen der Vereinten Nationen (1972); *Malinverni*, Le règlement des différends dans les organisations internationales économiques (1974); *Köpernik*, Internationale Wirtschaftsorganisationen, JuS 1976, S. 634 ff.; *Leive*, International Regulatory Regimes, 2 Bde. (1976); *Luard*, International Agencies: The Emerging Framework of Interdependence (1977); *Zarb*, Les institutions spécialisées du système des Nations Unies et leurs membres (1980); *van Meerhaeghe*, A Handbook of International Economic Institutions (1980); Deutsche Bundesbank (Hrsg.), Internationale Organisationen und Abkommen im Bereich von Währung und Wirtschaft (2. Aufl. 1981); *Fontanel*, Organisations économiques internationales (1981); *Verloren van Themaat*, The Changing Structure of International Economic Law (1981); *Picone / Sacerdoti*, Diritto internazionale dell'economia (1982); *Di Blase*, Nazioni Unite e istituti specializzati (1982); E. *Klein*, United Nations, Specialized Agencies, Encyclopedia [5 (1983), S. 349 ff.]. Weiteres Schrifttum bis 1965 bei *Hüfner / Naumann*, Zwanzig Jahre Vereinte Nationen (§ 89, Anm. 1), S. 323 ff., bis 1970 bei *Wittkowski* (ebd.), Teil 2, und in den jährlichen Literaturberichten des UN Juridical Yearbook. Auch der Großteil der in den vorangehenden Kapiteln angeführten Gesamtdarstellungen von Recht und Praxis der UNO geht auf die Spezialorganisationen ein. Ein jährlicher Überblick über ihre Tätigkeit findet sich im UN-Yearbook. Die englischen Texte der Gründungsverträge und Kurzbeschreibungen aller Spezialorganisationen finden sich in: International Organization and Integration. Vol. I. B.: Organizations related to the United Nations (1982).

[2] In den Worten von F. L. *Schuman* (The Commonwealth of Man [1952], S. 314): „Peace by pieces." Dazu *Claude* (§ 89 Anm. 1), S. 378 ff.; *Mitrany*, A Working Peace System (1943); *Haas*, Beyond the Nation-State. Functionalism and International Organization (1964); *Sewell*, Functionalism and World Politics (1966); *derselbe*, Functional Agencies, in: *Falk / Black* (Hrsg.), The Future of the International Legal Order, Bd. IV: The Structure of the International Environment (1972), S. 480 ff.; *Cox / Jacobson u. a.*, The Anatomy of Influence. Decision Making in International Organization (1973); E. *Senghaas-Knobloch*, Frieden durch Integration und Assoziation. Literaturbericht und Problemstudien (1969).

§ 297 Die *Verbindung* sowohl der bestehenden als auch der neu zu errichtenden (Art. 59) zwischenstaatlichen Organisationen, „die auf den Gebieten der Wirtschaft, des Sozialwesens, der Kultur, der Erziehung, der Gesundheit und auf verwandten Gebieten weitreichende, in ihren maßgebenden Urkunden umschriebene internationale Aufgaben zu erfüllen haben", mit der UNO erfolgt gemäß Art. 57 dadurch, daß der Wirtschafts- und Sozialrat, dessen Tätigkeitsbereich sich mit eben diesen Aufgaben deckt, mit jeder von ihnen vr *Abkommen (relationship agreements,* Kooperationsabkommen) schließt, in denen die gegenseitigen Beziehungen geregelt werden. Diese Verträge bedürfen der Genehmigung der Generalversammlung (Art. 63 Abs. 1)[3].

Auf ihrer Grundlage übt die UNO gegenüber den Spezialorganisationen *koordinierende* Funktionen aus, wobei jedoch diese Organisationen ihr Eigenleben behalten[4]. Deshalb dürfen ihre Verfassungen auch die Zugehörigkeit von Nichtmitgliedern der UNO gestatten, wenngleich z. B. die UNESCO die Mitgliedschaft in der UNO als Voraussetzung dafür aufstellt. Die Zusammenarbeit erfolgt durch gegenseitige Vertretung bei den Tagungen der Organe und auf Konferenzen (Vorschlagsrecht für Tagesordnungspunkte, Anwesenheits- und Anhörungsrecht), durch wechselseitige Konsultationen und Empfehlungen (Art. 63 Abs. 2), Austausch von Informationen und Dokumenten und Koordination zwischen den Sekretariaten in Verwaltungs- und Personalangelegenheiten. Die Spezialorganisationen sind ferner verpflichtet, dem Wirtschafts- und Sozialrat regelmäßig Berichte vorzulegen (Art. 64). Andererseits räumen ihnen die „relationship agreements" gemäß Art. 96 Abs. 2 das Recht ein, Gutachten des IGH einzuholen.

Schließlich wurden von der UNO und den Spezialorganisationen auch *gemeinsame Organe* zum Zweck der Koordination auf bestimmten

---

[3] *In praxi* hat sich das Schwergewicht auf diese Genehmigung der Generalversammlung verlagert. Vgl. *Malintoppi,* Gli istituti specializzati e la loro posizione rispetto all' ONU, RDI 45 (1962), S. 217 ff. Ein Beispiel (Abkommen zwischen UNO und FAO vom 14. Dezember 1946, ergänzt am 11. Dezember 1948) findet sich bei *Dicke* (§ 144, Anm. 31), S. 150 ff. Am 19. Dezember 1977 hat die UN-Generalversammlung mit Resolution 32/156 ein Abkommen mit der *World Tourism Organization* (WTO) genehmigt, durch welches diese Organisation mit der UNO verbunden wurde, ohne den Status einer UN-Spezialorganisation eingeräumt zu bekommen (Text des Gründungsvertrages BGBl. 1976 II, S. 23, 1692, des Abkommens mit der UNO RDI 61 [1978], S. 640 ff.; beide auch in: International Organization and Integration [§ 89, Anm. 1], unter I.B.2.3.). Die WTO weist die Besonderheit auf, daß eine „affiliierte Mitgliedschaft" auch NGO's und privaten Tourismusorganisationen offensteht; vgl. ÖZöffRVR 29 (1978), S. 316 ff.

[4] Darüber ausführlich *Dicke,* ebd., S. 62 ff.; *Szapiro* und *Di Blase* (Anm. 1); ferner *Jenks,* Co-ordination: A New Problem of International Organization, RdC 77 (1950 II), S. 157 ff.; *derselbe,* Co-ordination in International Organization: An Introductory Survey, BYIL 28 (1951), S. 29 ff.

Sachgebieten eingesetzt (Administrative Committee on Co-ordination [ACC], Inter-Agency Consultative Board des UNDP)[5].

§ 298 Die Spezialorganisationen weisen in der Regel folgende Züge auf[6]:

1. Sie beruhen jeweils auf einer durch einen multilateralen *vr Vertrag* gebildeten Verfassung (Satzung).
2. Sie haben *Rechtspersönlichkeit* (insbesondere Vertragsfähigkeit) nach VR und im Landesrecht der Staaten.
3. Ihre *Generalversammlung* ([General-]Konferenz, Versammlung, Kongreß) ist nur aus Staatenvertretern zusammengesetzt. Jeder Staat hat eine Stimme (Ausnahmen bestehen bei der ILO, beim IFAD, beim Internationalen Währungsfonds und der Weltbankgruppe, wo die Stimmen gewichtet werden [weighted voting][7], näheres s. dort).
4. Grundsätzlich besteht eine organisatorische *Dreigliederung* in eine Generalversammlung (Pkt. 3), einen Verwaltungsrat ([Exekutiv-] Rat, Gouverneursrat, Direktorium, Exekutivkomitee) für die Besorgung der laufenden Angelegenheiten, der aus einem engeren Mitgliederkreis zusammengesetzt oder von diesem ernannt ist, und in ein Sekretariat (Büro), das aus internationalen Beamten besteht.
5. In den beiden Repräsentativorganen herrscht das *Mehrheitsprinzip* (teils einfache, teils Zweidrittel- bzw. andere qualifizierte Mehrheiten).
6. Die Spezialorganisationen haben vor allem eine leitende und koordinierende, in einigen Fällen auch kontrollierende Funktion *(mittelbare Verwaltung).* Ihre Mitwirkung bei der Völkerrechtserzeugung werden wir in den Abschnitten über die Quellen des VR und die vr Verträge untersuchen[8].
7. Die Organisationen, die Vertreter der Mitgliedstaaten bei ihnen und ihre Beamten haben ähnliche *Vorrechte* wie im Falle der UNO selbst[9].

§ 299 Am 8. April 1979 wurde von einer Staatenkonferenz in Wien eine neue Verfassung der *United Nations Industrial Development Or-*

---

[5] Vgl. oben §§ 174, 176, 1034. Zur finanziellen Koordination vgl. §§ 289 f.

[6] Vgl. *Zemanek*, in *Verdross*, S. 601 f.; *Klein* (Anm. 1), S. 352 ff., und das in § 415, Anm. 1, genannte Schrifttum.

[7] Vgl. *Kranz*, Le vote pondéré dans les Organisations internationales, RGDIP 85 (1981), S. 313 ff.; *Schermers*, Voting Rules in International Conferences and Organizations, Encyclopedia [5 (1983), S. 395 ff.]; *derselbe*, Weighted Voting, ebd., S, 398 f.

[8] Vgl. unten § 523 und die dort angegebenen weiteren Verweisungen.

[9] Eingehend oben § 286.

ganization (UNIDO) beschlossen, durch welche dieses bisherige quasiautonome Sonderorgan der UN-Generalversammlung in eine Spezialorganisation der UNO verwandelt werden soll. Da diese Umwandlung bei Drucklegung unseres Buches noch nicht vollzogen war, haben wir die UNIDO im Abschnitt über die Generalversammlung (§ 147) dargestellt.

§ 300 Auch der 1980 geschaffene *Gemeinsame Rohstoffonds*[10] soll später den Status einer UN-Spezialorganisation erhalten.

§ 301 Eine Sonderstellung nimmt die *Internationale Atomenergie-Organisation (IAEA)* ein.

Wegen der besonderen politischen Bedeutung auch der friedlichen Nutzung der Atomenergie wurde das Kooperationsabkommen mit dieser Organisation vom 14. November 1957 auf Seiten der UNO ohne Einschaltung des ECOSOC unmittelbar von der Generalversammlung abgeschlossen und darin auch eine direkte Verbindung der IAEA zum Sicherheitsrat festgelegt. Da dabei also nicht dem in den Art. 57 und 63 der Charta vorgesehenen Verfahren gefolgt wurde, ist die IAEA keine Spezialorganisation i. e. S. Sie berichtet auch nicht dem Wirtschafts- und Sozialrat, sondern der Generalversammlung. Weil ihre Tätigkeit jedoch der inhaltlichen Umschreibung der Spezialorganisationen in Art. 57 Abs. 1 der Charta entspricht, werden wir sie in die folgende Darstellung von Aufgaben und Struktur dieser Organisationen aufnehmen.

§ 302 Keine Spezialorganisation, ja nicht einmal eine internationale Organisation mit eigener Völkerrechtspersönlichkeit, stellt das *General Agreement on Tariffs and Trade* (GATT) dar, das die vr Grundordnung und den institutionellen Rahmen für den Großteil des Welthandels bildet. Wegen dieser seiner universellen Aufgaben und der Tatsache, daß das GATT als Ersatz für eine Spezialorganisation dient[11], nehmen wir es ebenfalls in den nun folgenden Überblick auf[12].

---

[10] Darüber unten § 373.

[11] Siehe unten § 361.

[12] Die *International Refugee Organization (IRO)*, deren Satzung am 15. Dezember 1946 von der Generalversammlung beschlossen wurde und 1948 in Kraft trat, war von vornherein als nichtständige Organisation angelegt und stellte ihre Tätigkeit am 1. März 1952 wieder ein; vgl. *Jahn*, International Refugee Organisation, Encyclopedia [5 (1983), S. 171 ff.]. Ihre Aufgaben gingen teilweise auf den Flüchtlingshochkommissar der UNO (UNHCR, dazu unten § 1254) über. Zur *World Tourism Organization* (WTO) siehe oben Anm. 3.

B. Die einzelnen Spezialorganisationen i. e. S., die IAEA und das GATT

I. Die Internationale Arbeitsorganisation (International Labour Organisation, ILO)[13]

§ 303 Die ILO wurde unter dem Druck der Arbeiterbewegung in den im Ersten Weltkrieg alliierten Staaten durch Teil XIII der Pariser Vorortefriedensverträge 1919 gegründet. Ihre Verfassung wurde mehrmals geändert; im Jahre 1946 erhielt die ILO den Rechtsstatus einer Spezialorganisation der UNO[14].

§ 304 Die Verfassung der ILO geht in ihrer Präambel von der (funktionalistischen)[15] Überzeugung aus, daß der Weltfriede auf die Dauer nur auf *sozialer Gerechtigkeit* aufgebaut werden und daß auch menschenunwürdige Arbeitsbedingungen, sowie wirtschaftliche und soziale Unsicherheit diesen Frieden gefährden können. Dieser Erkenntnis sucht die ILO durch den Ausbau eines internationalen arbeits- und sozialpolitischen Mindeststandards auf dem Wege vr Übereinkommen und Empfehlungen, durch technische Hilfe (zum Großteil im Rahmen des UNDP) insbesondere an die Entwicklungsländer und schließlich durch eine umfangreiche arbeitswissenschaftliche Forschungs- und Dokumentationstätigkeit zu entsprechen. Die dabei zu verfolgenden Grundsätze und Ziele der ILO werden wir im Abschnitt über den vr Schutz des Menschen (§§ 1258 f.) wiedergeben.

§ 305 An Hauptorganen verfügt die ILO über eine Allgemeine (Arbeits-)Konferenz, einen Verwaltungsrat und das Internationale Arbeitsamt.

Die *Allgemeine Konferenz* (General Conference, „Internationale Arbeitskonferenz") tritt alljährlich (in der Regel in Genf) zusammen. Jeder Mitgliedstaat ist darin durch zwei Delegierte der Regierung sowie je einen Delegierten der Arbeitnehmer und Arbeitgeber dieses Staates vertreten, die jeder ein individuelles Stimmrecht haben[16]. Die Konfe-

---

[13] Literatur dazu bei *Hüfner / Naumann*, Zwanzig Jahre Vereinte Nationen (§ 89, Anm. 1), S. 351 ff.; bei *Wittkowski* (ebd.), Teil 2, S. 336 ff., und unten § 1258, Anm. 1.

[14] BGBl. 1957 II, S. 318; mit Änderungen vom 30. Juni 1962, BGBl. 1964 II, S. 101, und 27. Juni 1972, ebd. 1975 II, S. 2208; *Berber*, Dokumente I, S. 212 ff. Ende 1983 149 Mitglieder.

[15] Vgl. oben § 296.

[16] Eine derartige Regelung verfehlt natürlich bei jenen Mitgliedstaaten ihren Zweck, die keine freien Gewerkschaften und Arbeitgeberverbände kennen. Dieser Umstand wie auch Politisierung der ILO-Tätigkeit und geringe Bereitschaft, die Kontrollmöglichkeiten der Organisation gegenüber den Ostblockstaaten einzusetzen (vgl. VN 31 [1983], S. 161 ff.), bewogen die USA dazu, 1975 ihre Absicht anzukündigen, aus der ILO auszuscheiden: ILM 14 (1975), S. 1582 ff. Dieser Schritt wurde 1977 wirksam (ebd. 16 [1977], S. 1561 ff.;

renz beschließt mit Zweidrittelmehrheit die (1983: 159) arbeits- und sozialrechtlichen Übereinkommen (dazu genauer §§ 725 f.), die bis Anfang 1984 etwa 5100 Ratifikationen erhielten, und verabschiedet Empfehlungen auf eben diesen Gebieten (1983: 168). Sie wählt außerdem die Mitglieder des Verwaltungsrates und genehmigt den Haushaltsplan der Organisation.

Der *Verwaltungsrat* (Governing Body) tagt mehrmals jährlich, bereitet die Arbeit der Allgemeinen Konferenz vor, überwacht die Tätigkeit des Internationalen Arbeitsamtes und kontrolliert die Einhaltung der ILO-Übereinkommen (s. unten). Aus 28 Regierungsvertretern sowie je 14 Vertretern der Sozialpartner zusammengesetzt, weist er dieselbe Dreigruppenstruktur auf wie die Arbeitskonferenz. Seine Mitglieder werden auf 3 Jahre gewählt, wobei 10 der den Regierungen zustehenden Sitze ständig den wirtschaftlich wichtigsten Staaten vorbehalten sind.

Das *Internationale Arbeitsamt* (International Labour Office) mit einem vom Verwaltungsrat ernannten Generaldirektor an der Spitze bildet das ständige Sekretariat der ILO. Es hat seinen Sitz in Genf, umfaßt aber auch zahlreiche Zweigstellen in aller Welt, und hat die Entscheidungen der vorgenannten Organe vorzubereiten, deren laufende Arbeit zu fördern und Weisungen auszuführen, sowie die Arbeitsbedingungen und sozialen Verhältnisse in allen Mitgliedstaaten zu beobachten und darüber Bericht zu erstatten.

Den damit beschriebenen Hauptorganen stehen zahlreiche Hilfsorgane zur Seite.

§ 306 Die Verfassung der ILO enthält nicht nur bedeutsame Sondernormen für das Verfahren zum Abschluß vr Verträge sozialpolitischen Inhalts und zur Beeinflussung ihrer Mitgliedstaaten, diese Übereinkommen dann zu ratifizieren, sondern sieht auch eine *vr Kontrolle* der Vertragserfüllung vor[17]. So hat jedes Mitglied einem 18-köpfigen Committee of Experts on the Application of Conventions and Recommendations einen periodischen *Bericht* über die innerstaatliche Durchführung der von ihm übernommenen Abkommenspflichten vorzulegen, dessen Form vom Verwaltungsrat bestimmt wird, der auch eine Berichterstattung über bestimmte Einzelheiten fordern kann (Art. 22 - 23).

AJIL 72 [1978], S. 375 f.) und stürzte die ILO in große finanzielle Schwierigkeiten, da die USA allein für ein Viertel ihres Budgets aufkommen. Am 13. Februar 1980 erklärte Präsident Carter, daß die USA ihre Mitgliedschaft mit Wirkung vom 18. Februar 1980 wieder aufnehme, da im Gefolge des amerikanischen Austritts „a majority of ILO members — governments, workers, and employers — have successfully joined together to return the ILO to its original purposes": AJIL 75 (1981), S. 363.

[17] Dazu neben dem unten § 1258, Anm. 1, genannten Schrifttum noch *Beitzke*, Verwirklichung sozialer Menschenrechte durch internationale Kontrolle, VN 29 (1981), S. 149 ff.

Kommt ein Staat seinen Verpflichtungen aus einem ILO-Übereinkommen nicht nach, so können die Berufsverbände eine *Beschwerde* einbringen, die dem betreffenden Staat vom Verwaltungsrat übermittelt wird. Äußert sich der Staat dazu binnen angemessener Frist nicht oder nicht in befriedigender Weise, so kann der Verwaltungsrat Beschwerde wie Antwort veröffentlichen (Art. 24 - 25).

Schließlich kann jedes ILO-Mitglied beim Internationalen Arbeitsamt *Klage* gegen ein anderes Mitglied einreichen, das nach seiner Ansicht die Durchführung eines von beiden Staaten ratifizierten Übereinkommens nicht in befriedigender Weise sicherstellt. Das gleiche Verfahren kann vom Verwaltungsrat entweder von Amts wegen oder auf Grund der Klage eines Delegierten zur Allgemeinen Konferenz eingeleitet werden. Der Verwaltungsrat kann die beklagte Regierung zur Stellungnahme auffordern und bei rechtzeitiger Vorlage und befriedigendem Inhalt derselben das Verfahren einstellen. Andernfalls kann er einen Untersuchungsausschuß einsetzen, der die Tatsachen festzustellen und Lösungsvorschläge zu unterbreiten hat. Der Ausschußbericht ist vom Generaldirektor dem Verwaltungsrat und allen interessierten Regierungen mitzuteilen und zu veröffentlichen. Die beteiligten Regierungen haben dem Generaldirektor binnen drei Monaten mitzuteilen, ob sie die Empfehlungen des Untersuchungsausschusses annehmen, falls nicht, ob sie den Streitfall dem IGH vorzulegen wünschen, der dann endgültig entscheidet. Befolgt ein Mitglied die im Ausschußbericht oder im Urteil des IGH ausgesprochenen Empfehlungen nicht, so kann der Verwaltungsrat der Allgemeinen Konferenz den Beschluß geeigneter Sanktionen empfehlen (Art. 26 - 34)[18].

Ein besonderes Verfahren vor einem nach dem Dreigruppenprinzip zusammengesetzten Ausschuß des Verwaltungsrates wurde 1949 im Einvernehmen mit dem UN-Wirtschafts- und Sozialrat zum *Schutz der Koalitions- und Vereinigungsfreiheit* in den ILO-Mitgliedstaaten (*in praxi* unabhängig von der Ratifikation entsprechender Übereinkommen) eingeführt[19].

---

[18] Vgl. die Beschwerde Portugals gegen Liberia 1961 wegen Verletzung der Zwangsarbeitskonvention 1930 (ILO-Übereinkommen Nr. 29), ILR 36, S. 351 ff.

[19] Dazu *Jenks*, The International Protection of Trade Union Freedom (1957).

II. Die Ernährungs- und Landwirtschaftsorganisation der UNO (Food and Agriculture Organization of the United Nations, FAO)[20]

§ 307 Die Errichtung dieser Organisation wurde bereits 1943 auf der Konferenz von Hot Springs über Ernährung und Landwirtschaft beschlossen; ihre Satzung datiert vom 16. Oktober 1945[21], ihr Kooperationsabkommen mit der UNO vom 15. Dezember 1946[22].

§ 308 Nach der Präambel ihrer Satzung ist es Aufgabe der FAO, den Ernährungsstand und die Lebenshaltung der Völker zu heben, eine immer leistungsfähigere Erzeugung und Verteilung aller Lebensmittel und sonstigen landwirtschaftlichen Erzeugnisse sicherzustellen, sowie die Lebensbedingungen der Landbevölkerung zu verbessern und somit zur Ausweitung der Weltwirtschaft beizutragen.

Dieser Aufgabe kommt die Organisation vor allem dadurch nach, daß sie *Informationen* über Ernährung und Landwirtschaft i. w. S. sammelt und entsprechende „nationale und internationale *Maßnahmen*" fördert und empfiehlt (Art. I; z. B. Ausdehnung und Verbesserung der land-, forst- und meereswirtschaftlichen Produktion, intensivere Nutzung der Anbauflächen, Verbesserung der qualitativen Ernährungsgrundlagen, Förderung des Welthandels mit Agrarprodukten, Bekämpfung von Überbevölkerung[23], Arbeitslosigkeit und Armut, Normierung von internationalen Lebensmittelstandards *[Codex alimentarius]*). Ihre Tätigkeit konzentriert sich dabei auf die technische Hilfe an Entwicklungsländer, die durch das UNDP, die Welt- und regionale Entwicklungsbanken oder durch Industriestaaten finanziert wird.

1960 initiierte die FAO die *Freedom from Hunger Campaign* (Welthungerhilfe), durch die private Spenden für Entwicklungshilfeprojekte eingesetzt werden; 1961 gemeinsam mit der UN-Generalversammlung

---

[20] *Hüfner / Naumann*, Zwanzig Jahre Vereinte Nationen (§ 89, Anm. 1), S. 337 ff.; *Wittkowski* (ebd.), Teil 2, S. 1 ff.; Basic Texts of the Food and Agriculture Organization of the United Nations (2 Bde., 1980); *Hambridge*, The Story of FAO (1955); *Barter*, Problems of Agricultural Development (1966); *Carroz / Dobbert*, Le programme alimentaire mondial, AFDI 12 (1966), S. 336 ff.; *Dobbert*, ebd. 15 (1969), S. 677 ff. (zum *Codex alimentarius*); *derselbe*, Food and Agriculture Organization of the United Nations, Encyclopedia [5 (1983), S. 15 ff.]; *Leive* (Anm. 1), Bd. 2, S. 373 ff.; *Phillips*, FAO: Ursprung, Aufbau und Entwicklung 1945 - 1981 (1983).

[21] BGBl. 1971 II, S. 1033; *Berber*, Dokumente I, S. 107 ff. Ende 1983 152 Mitglieder.

[22] Text bei *Dicke*, Die administrative Organisation der Entwicklungshilfe durch die Vereinten Nationen (1972), S. 150 ff.

[23] Dazu die vom UN Fund for Population Activities herausgegebene Dokumentation „The United Nations and Population. Major Resolutions and Instruments" (1974; vgl. auch den Hinweis in ILM 15 [1976], S. 984). Ferner *Partan*, Population in the United Nations System (1973); *Caldwell*, Population, in: *Falk / Black* (Hrsg.), (Anm. 2), S. 32 ff.; *Joyce* (Hrsg.), World Population. Basic Documents (1976 ff.).

das *World Food Programme* (Welternährungsprogramm) als gemeinsames Organ von UNO und FAO, das vor allem der Übertragung von Agrarüberschüssen der entwickelten Staaten an die notleidenden oder von Naturkatastrophen betroffenen Länder der Dritten Welt dient[24]. Das Welternährungsprogramm wird von einem Committee on Food Aid Policies and Programmes (CFA) aus 30 Staaten überwacht und durch ein Sekretariat in Rom mit einem Exekutivdirektor an der Spitze verwaltet.

§ 309 Die Hauptorgane der FAO selbst sind eine *Konferenz* (Conference), die alle zwei Jahre zusammentritt und sämtliche Mitgliedstaaten umfaßt, ein von der Konferenz gewählter *Rat* (Council), der sich aus Vertretern von gegenwärtig 49 Mitgliedern zusammensetzt, mehrmals jährlich tagt und die laufende Arbeit der Organisation überwacht, sowie ein *Sekretariat,* geleitet von einem Generaldirektor, mit Sitz in Rom. Diese Hauptorgane werden durch eine Reihe von Hilfsorganen unterstützt.

§ 310 Auf Empfehlung der Welternährungskonferenz 1974[25] hat die UN-Generalversammlung im Dezember 1974 die Errichtung eines *World Food Council* (Welternährungsrates) als UN-Sonderorgan[26] beschlossen, der sich aus 36 für 3 Jahre gewählten Staaten zusammensetzt[27] und die gesamte Tätigkeit der UN-Familie, insbesondere der FAO, auf den Gebieten der Nahrungsproduktion, Ernährung, Ernährungssicherheit, des Handels mit Nahrungsmitteln und der Nahrungsmittelhilfe zu koordinieren hat. Der Welternährungsrat berichtet über ECOSOC an die Generalversammlung, hat seinen Sitz in Rom und verfügt dort über ein *Sekretariat* mit einem Executive Director an der Spitze.

III. Der Internationale Fonds für landwirtschaftliche Entwicklung (International Fund for Agricultural Development, IFAD)[28]

§ 311 Die Errichtung dieser Organisation geht auf die Welternährungskonferenz Ende 1974 zurück, die unter dem Eindruck der Welternährungskrise und der Auswirkungen der Ölpreiserhöhungen 1973/74 auf die Landwirtschaft in den Entwicklungsländern sowohl die Errich-

---

[24] *Lühe,* World Food Programme (UN/FAO), Encyclopedia [5 (1983), S. 404 ff.].

[25] Vgl. Report of the World Food Conference (Rome, 5 - 16 November 1974), UN Doc. E/CONF. 65/20 (1975).

[26] *Wölker,* World Food Council, Encyclopedia [5 (1983), S. 402 ff.].

[27] Afrikanische und asiatische Staaten 17, lateinamerikanische 7, westliche Industriestaaten 8, zentralplanwirtschaftliche Staaten 4 Sitze.

[28] *Sauvignon,* Le Fonds international de développement agricole, AFDI 24 (1978), S. 660 ff.; *Benedek,* International Fund for Agricultural Development, Encyclopedia [5 (1983), S. 84 ff.].

tung eines Koordinationsgremiums, des bei der FAO besprochenen World Food Council, als auch einer eigenen Finanzinstitution für diesen Bereich forderte. Nach langwierigen Verhandlungen wurde das Abkommen über die Gründung des IFAD als einer neuen Spezialorganisation der UNO am 13. Juni 1976 auf einer von der UN-Generalversammlung einberufenen Konferenz in Rom angenommen und am 20. Dezember 1976 zur Unterzeichnung aufgelegt. Es trat am 30. November 1977 in Kraft[29]. Das Kooperationsabkommen zwischen IFAD und UNO wurde von der Generalversammlung am 15. Dezember 1977 mit Resolution 32/107 genehmigt[30].

§ 312 Die Aufgabe des IFAD besteht darin, die Nahrungsmittelerzeugung in den Entwicklungsländern (insbesondere in den am wenigsten entwickelten Staaten) durch Vergabe billiger Kredite und verlorener Zuschüsse zu fördern. Insbesondere soll der Fonds zusätzliche Ressourcen für die Unterstützung der Kleinbauern und landlosen Landarbeiter mobilisieren, um deren Nahrungsproduktion zu steigern, ihre Ernährung zu verbessern und ihre Einkommen sowie ihre Beschäftigung zu erhöhen. Zur Verfolgung dieser Aufgabe verfügt der IFAD über Mittel in Höhe von etwa 1 Milliarde US-Dollar, die aus Mitgliedsbeiträgen stammen und nach Erschöpfung jeweils wieder aufgefüllt werden sollen. Der Fonds finanziert damit (meist unter Mitbeteiligung der Weltbank, der IDA[31] sowie regionaler Entwicklungsbanken und in Zusammenarbeit vor allem mit der FAO) Agrarprojekte und -programme und leistet technische Hilfe.

Die Mitarbeit im IFAD steht allen Mitgliedstaaten der UNO, der anderen Spezialorganisationen und der IAEA offen. Dabei werden drei Gruppen von Mitgliedern unterschieden[32], nämlich solche der Kategorie I: entwickelte Geberländer (20 westliche Industrie-[OECD-Mitglied-]Staaten), Kategorie II: beitragende Entwicklungsländer (12 OPEC-Staaten), Kategorie III: Empfängerländer (die übrigen Staaten der Dritten Welt, daneben aber auch Griechenland, Portugal und die Türkei). Während diese drei Mitgliederkategorien institutionell gleichberechtigt sind (vgl. § 313), obliegt den beiden erstgenannten die Finanzierung der IFAD-Aktivitäten beinahe zur Gänze, untereinander bisher etwa im Verhältnis 60 : 40.

---

[29] UN Doc. A/CONF. 73/15; BGBl. 1978 II, S. 1405; ILM 15 (1976), S. 922 ff. Ende 1983 hatte IFAD 137 Mitglieder, befand sich jedoch in ernsten (Re-)Finanzierungsschwierigkeiten (dazu Neue Zürcher Zeitung, Fernausgabe, vom 11. Januar 1984).

[30] Text in RDI 61 (1978), S. 628 ff.

[31] Zu diesen Institutionen unten §§ 328 ff.

[32] Dazu und zum folgenden noch *Wolfrum*, Neue Elemente im Willensbildungsprozeß internationaler Wirtschaftsorganisationen, VN 29 (1981), S. 50 ff.

§ 313 IFAD weist eine dreigliedrige Organstruktur auf: Der mindestens einmal im Jahr zusammentretende *Gouverneursrat* (Governing Council) umfaßt alle Mitglieder und faßt seine Beschlüsse in der Regel mit einfacher Mehrheit. Er legt die Richtlinien für die Auswahl der zu fördernden Projekte fest, entscheidet über die Aufnahme und (im Einvernehmen mit den Kandidaten) Kategorisierung neuer Mitglieder und kann Satzungsänderungen beschließen. Der Gouverneursrat hat ferner periodisch zu prüfen, ob die verfügbaren Finanzmittel noch ausreichen, und kann nötigenfalls mit Zweidrittelmehrheit die Mitgliedstaaten „einladen" (invite), weitere Beiträge zu leisten. Jede Mitgliederkategorie verfügt im Governing Council über 600 Stimmen, die innerhalb der Gruppen nach jeweils verschiedenen Regeln verteilt sind. So werden in den ersten beiden Kategorien 17,5 bzw. 25 % der Stimmen gleichmäßig unter die Gruppenmitglieder aufgeteilt, der Rest im Verhältnis der Kapitalbeiträge (Stimmenwägung, weighted voting), in der Kategorie III sämtliche Stimmen gleichmäßig verteilt.

Diese Stimmrechtsstruktur gilt auch in dem aus 18 (6 je Kategorie) Staaten zusammengesetzten *Verwaltungsrat* (Executive Board), der die Operationen des Fonds leitet und seine Beschlüsse mit Dreifünftelmehrheit faßt. Sowohl der Gouverneurs- als auch der Verwaltungsrat ist nur beschlußfähig, wenn mindestens die Hälfte der Stimmen aus jeder Kategorie an der Abstimmung teilnimmt, womit jeder Gruppe praktisch ein Vetorecht zukommt. Die Willensbildung im IFAD wird also durch Gruppenparität charakterisiert und setzt die Zusammenarbeit zwischen den Gruppen voraus[33]. Demgemäß kommt in der Praxis ganz überwiegend das Consensus-Verfahren[34] zum Einsatz.

Ein vom Gouverneursrat gewählter *Präsident* führt die laufenden Geschäfte des Fonds und steht dem IFAD-*Sekretariat* vor, das seinen vorläufigen Sitz in Rom hat.

IV. Die Organisation für Erziehung, Wissenschaft und Kultur (United Nations Educational, Scientific and Cultural Organization, UNESCO)[35]

§ 314 Ihre Satzung wurde auf der Londoner Konferenz der Vereinten Nationen am 16. November 1945 beschlossen[36], das Kooperationsabkommen mit der UNO am 14. Dezember 1946.

---

[33] *Wolfrum* (ebd.), S. 54. Dieses System ist der Willensbildung im Rahmen internationaler Rohstoffabkommen verwandt; dazu § 371.

[34] Dazu oben § 122.

[35] *Hüfner / Naumann*, Zwanzig Jahre Vereinte Nationen (§ 89, Anm. 1), S. 367 ff.; H. *Kipp*, UNESCO. Recht, sittliche Grundlage, Aufgabe (1957); *Thomas*, UNESCO (1962); *Sathyamurthy*, The Politics of International Cooperation: Contrasting Conceptions of UNESCO (1964); *Sewell*, UNESCO and

§ 315 Auch die Gründung der UNESCO geht auf den funktionalistischen Gedanken zurück: Da Kriege im Geiste des Menschen entstehen, muß auch die Verteidigung des Friedens im Geiste des Menschen ihren Anfang nehmen. Ein Friede, der ausschließlich auf politischen und wirtschaftlichen Abmachungen der Regierungen beruht, könnte die einmütige, dauernde und aufrichtige Zustimmung der Völker nicht finden, er muß vielmehr eine Grundlage in der geistigen und moralischen Solidarität der Menschen haben (Präambel).

Daher ist es das Ziel der Organisation, „durch Förderung der Zusammenarbeit zwischen den Völkern auf den Gebieten der Erziehung, Wissenschaft und Kultur zur Aufrechterhaltung des Friedens und der Sicherheit beizutragen, um in der ganzen Welt die Achtung vor Recht und Gerechtigkeit, vor den Menschenrechten und Grundfreiheiten zu stärken, die den Völkern der Welt ohne Ansehen von Rasse, Geschlecht, Sprache oder Religion nach der Satzung der Vereinten Nationen zustehen" (Art. I).

In diesem Sinne befaßt sich die UNESCO mit der Bekämpfung des Analphabetentums, der weltweiten Einführung der Schulpflicht, der Verbesserung von Erziehungssystemen und Möglichkeiten der Erwachsenenbildung, mit der Förderung der (insbesondere Grundlagen-)Wissenschaften und der Erforschung besserer Anwendungsmöglichkeiten ihrer Erkenntnisse, mit der Verbesserung des grenzüberschreitenden Informationsflusses[37], mit der Erhaltung und Verbreitung des kulturellen Erbes aller Nationen und der Förderung des gegenseitigen Verständnisses der verschiedenen Kulturen. Als Mittel dazu dienen u. a. Sammlung, Veröffentlichung und Austausch von Informationen und Dokumenten, Ausbildung von Lehrkräften, Beratung in allen Bildungsangelegenheiten, Förderung des Austausches von Wissenschaftlern und Experten, Förderung wissenschaftlicher Veranstaltungen, sowie die Vorbereitung internationaler Abkommen, von denen hier die Haager Konvention vom 14. Mai 1954 zum Schutz von Kulturgut bei bewaffneten Konflikten[38], das Übereinkommen vom 23. November 1972 zum Schutz des Kultur- und Naturerbes der Welt[39] und die am 14. November 1970 angenommene Konvention zur Verhin-

---

World Politics (1975); *Hajnal*, Guide to UNESCO (1983); *Partan*, United Nations Educational, Scientific and Cultural Organization, Encyclopedia [5 (1983), S. 314 ff.]; UNESCO (Hrsg.), UNESCO's Standard-Setting Instruments (Loseblattausgabe 1981).

[36] UNTS 4, S. 275 ff.; BGBl. 1971 II, S. 471; *Berber*, Dokumente I, S. 120 ff. Ende 1983 157 Vollmitglieder, 1 assoziiertes Mitglied.

[37] Vgl. darüber unten.

[38] BGBl. 1967 II, S. 1233; *Berber*, Dokumente II, S. 2159 ff. Ende 1983 für 71 Vertragsparteien in Kraft.

[39] BGBl. 1977 II, S. 213; Ende 1983 für 74 Staaten in Kraft.

derung des illegalen Imports, Exports und Eigentümerwechsels an Kulturgut[40] erwähnt seien.

§ 316 Die UNESCO befaßt sich aber auch mit Menschenrechtsfragen. So hat sie bereits 1960 ein Übereinkommen gegen Diskriminierung im Unterrichtswesen verabschiedet[41] und im Jahre 1978 ein Berichtssystem eingeführt, das Einzelmenschen die Möglichkeit gibt, sich vor dem Exekutivrat (unten) über Verletzungen derjenigen in den einschlägigen vr Instrumenten[42] definierten Menschenrechte zu beschweren, die im Kompetenzbereich der UNESCO liegen (also solchen auf dem Gebiet der Erziehung, Wissenschaft, Kultur und Information), *ohne* Rücksicht darauf, ob der Mitgliedstaat, gegen den sich diese Beschwerde richtet, den Vertrag ratifiziert hat, in dem das vorenthaltene Recht verankert ist. Solche Beschwerden werden einem Ausschuß des Exekutivrates zugeleitet, der sich bemüht, "a friendly solution designed to advance the promotion of the human rights falling within UNESCO's field of competence" zu erreichen[43].

§ 317 Die UNESCO arbeitet nicht nur mit der UNO (Finanzierung zahlreicher Projekte durch das UNDP), anderen Spezialorganisationen und regionalen Organisationen, sondern auch mit mehr als 400 nichtstaatlichen internationalen Organisationen[44] zusammen. Heute konzentriert sich auch ihre Tätigkeit auf die Probleme der Entwicklungsländer.

---

[40] Text in ILM 10 (1971), S. 289 ff. Dazu *Goy*, Le régime international de l'importation, de l'exportation et du transfert de propriété des biens culturels, AFDI 16 (1970), S. 605 ff.; *derselbe*, Le retour et la restitution des biens culturels à leur pays d'origine en cas d'appropriation illégale, RGDIP 83 (1979), S. 962 ff.; *Engstler*, Die territoriale Bindung von Kulturgütern im Rahmen des Völkerrechts (1964); *Williams*, The International and National Protection of Movable Cultural Property. A Comparative Study (1978); *Siehr*, Kunstraub und das internationale Recht, Schweizerische Juristen-Zeitung 1981, S. 189 ff.; Annuaire AAA 44 (1974) und New York University Journal of International Law and Politics 15 (1983), S. 757 ff.

In einem Urteil vom 22. Juni 1972 (BGHZ 59, 83) hat der deutsche Bundesgerichtshof entschieden, daß ein Versicherungsvertrag wegen Verstoßes gegen die guten Sitten (§ 138 Abs. 1 BGB) nichtig ist, wenn er einen See-Gütervertrag über die Ausfuhr von Kulturgut aus einem Staat betrifft, der diese Ausfuhr verboten hat, weil eine solche Ausfuhr gegen das von der UNESCO in die im Text genannte Konvention gekleidete Interesse der internationalen Gemeinschaft am Schutz des nationalen Kulturgutes verstoße, ungeachtet dessen, daß diese Konvention für die Bundesrepublik Deutschland noch nicht in Kraft steht. Dazu *Bleckmann*, Sittenwidrigkeit wegen Verstoßes gegen den ordre public international, ZaöRV 34 (1974), S. 112 ff.

[41] BGBl. 1968 II, S. 387. Ende 1983 für 74 Staaten in Kraft.

[42] Siehe unten §§ 1236, 1247 f.

[43] Vgl. die Darstellung dieses Verfahrens bei *Alston*, UNESCO's Procedure for Dealing with Human Rights Violations, Santa Clara Law Review 20 (1980), S. 665 ff.

[44] Vgl. unten § 416.

§ 318 Im vergangenen Jahrzehnt ist ihre Arbeit allerdings von politischen Diskussionen beeinträchtigt worden, die zu finanziellen Gegenmaßnahmen insbesondere der USA geführt haben[45]. Am 29. Dezember 1983 gaben die Vereinigten Staaten ihren Austritt aus der UNESCO zum Ende des Jahres 1984 bekannt. Sie begründeten ihren Schritt damit, daß die Organisation praktisch jedes von ihr behandelte Thema politisiert, eine feindliche Haltung gegenüber der freien Marktwirtschaft und der Pressefreiheit entwickelt und ihr Budget maßlos aufgebläht habe[46].

§ 319 Als Hauptorgane sieht die Satzung eine alle zwei Jahre zusammentretende *Generalkonferenz* (General Conference) aller Mitglieder, einen *Exekutivrat* (Executive Board) aus 51 von der Generalkonferenz gewählten Delegierten, der mindestens zweimal jährlich tagt und die Durchführung des Arbeitsprogramms der UNESCO kontrolliert, sowie ein *Sekretariat* vor, das von einem Generaldirektor geleitet wird und seinen Sitz in Paris hat. Daneben bestehen zahlreiche Hilfsorgane (Sonder-, Fach- und sonstige Hilfsausschüsse). Weiter ist in jedem Mitgliedstaat eine nationale UNESCO-Kommission zu gründen.

V. Die Weltgesundheitsorganisation (World Health Organization, WHO)[47]

§ 320 Sie wurde am 22. Juli 1946 in New York durch eine vom UN-Wirtschafts- und Sozialrat einberufene Sanitätskonferenz gegründet. Ihre Satzung trat am 7. April 1948 in Kraft[48], das Abkommen über die Zusammenarbeit mit der UNO wurde am 3. November 1947 abgeschlossen.

§ 321 Die Satzung der WHO definiert in ihrer Präambel Gesundheit als den „Zustand des vollständigen körperlichen, geistigen und sozialen Wohlbefindens und nicht nur des Freiseins von Krankheit und Gebrechen" und bezeichnet in ihrem Art. 1 die Herbeiführung des besten erreichbaren Gesundheitszustandes aller Völker als Ziel der Organisation.

---

[45] Dazu *Partan* (Anm. 35), S. 316 f., und oben § 291.

[46] AdG vom 8. Januar 1984, S. 27316; AJIL 78 (1984), S. 428 ff.; ILM 23 (1984), S. 218 ff.

[47] *Hüfner / Naumann*, Zwanzig Jahre Vereinte Nationen (§ 89, Anm. 1), S. 372 ff.; *Berkov*, The World Health Organization (1957); *Pannenborg*, A New International Health Order (1979); *Vignes / Schlenzka*, World Health Organization, Encyclopedia [5 (1983), S. 406 ff.]; *dieselben*, Public Health, International Cooperation, ebd., S. 242 ff.; *Bélanger*, Droit international de la santé (1983).

[48] UNTS 14, S. 185 ff.; BGBl. 1974 II, S. 43; *Berber*, Dokumente I, S. 196 ff. Ende 1983 161 Mitglieder.

Zu diesem Zweck koordiniert und unterstützt sie die Bemühungen der Staaten bei der Bekämpfung von Krankheiten (insbesondere von Epidemien und ansteckenden Krankheiten), leistet den Entwicklungsländern Hilfe bei der Einrichtung ihrer Gesundheitsdienste und der Verbesserung ihrer Ernährungslage, fördert die medizinische Ausbildung und Forschung, die Vereinheitlichung der Bezeichnung von Krankheiten und der diagnostischen Verfahren sowie die Einführung internationaler Standards für Nahrungs- und pharmazeutische Mittel, führt Massenimpfungen durch und stellt Experten zur Verfügung.

§ 322 Die WHO hat folgende Hauptorgane:

Die *Vollversammlung* (World Health Assembly) vereint sämtliche Mitglieder, tagt alljährlich und legt das Programm der Organisation fest. Sie kann nicht nur mit Zweidrittelmehrheit Vertragstexte beschließen, die von sämtlichen WHO-Mitgliedern den zuständigen staatlichen Stellen vorzulegen sind (Art. 20, Berichtspflicht), sondern auch bestimmte Vorschriften (regulations) in einem „contracting out"-Verfahren erlassen, auf das wir später eingehen werden[49].

Der *Exekutivrat* (Executive Board) besteht aus 31 qualifizierten Fachleuten auf dem Gebiet des Gesundheitswesens, die von ebenso vielen, von der Vollversammlung gewählten, Mitgliedstaaten auf drei Jahre ernannt werden. Er tritt mindestens zweimal im Jahr zusammen, führt die Beschlüsse, Richtlinien und sonstigen Aufträge der Vollversammlung aus, berät diese, kann ihr aus eigenem Antrieb Empfehlungen oder Vorschläge machen, sowie in dringenden Fällen (etwa beim plötzlichen Ausbruch einer Seuche) Sofortmaßnahmen treffen (Art. 28 lit. i).

Das *Sekretariat*, geleitet vom Generaldirektor der WHO, untersteht dem Rat und hat seinen Sitz in Genf. Daneben verfügt die Organisation über sechs *Regionalausschüsse*, denen *Regionalbüros* in Alexandria, Brazzaville, Manila, Delhi, Washington und Kopenhagen als Sekretariate zur Seite stehen[50].

VI. Der Internationale Währungsfonds (International Monetary Fund, IMF)[51]

§ 323 Im Juli 1944 tagte in Bretton Woods (New Hampshire) eine „Währungs- und Finanzkonferenz der Vereinten Nationen" mit dem

---

[49] Unten § 630; *Leive* (Anm. 1), Bd. 1, S. 1 ff.

[50] Zur Frage der Verlegung eines dieser Regionalbüros aus Alexandria vgl. das Rechtsgutachten des IGH über *Interpretation of the Agreement of 25 March 1951 between the WHO and Egypt*, ICJ Reports 1980, S. 73 ff.

[51] *Hüfner / Naumann*, Zwanzig Jahre Vereinte Nationen (§ 89, Anm. 1), S. 357 ff.; *Wittkowski* (ebd.), Teil 2, S. 194 ff. Insbesondere *Hexner*, Das Verfas-

Ziel, der Weltwirtschaft nach den Verwüstungen des Zweiten Weltkrieges eine neue währungspolitische Ordnung zugrundezulegen. Ihre Arbeit mündete in die Errichtung zweier sich gegenseitig ergänzender internationaler Organisationen, des Internationalen Währungsfonds und der Weltbank (s. unten).

Das Abkommen über den Internationalen Währungsfonds trat am 27. Dezember 1945 in Kraft[52]; das Abkommen über die Zusammenarbeit mit der UNO wurde am 15. November 1945 abgeschlossen.

§ 324 Der IMF verfolgt nach Art. I seines Gründungsvertrages folgende Ziele: Förderung der internationalen Zusammenarbeit auf dem Gebiet der Währungspolitik, Erleichterung der Ausweitung und eines ausgeglichenen Wachstums des Welthandels, Förderung der Kursstabilität der Währungen und Verhinderung von deren forcierter Abwertung, Einrichtung eines freien multilateralen Zahlungssystems, Bereitstellung von Fondsmitteln zur Behebung von Zahlungsbilanzschwierigkeiten.

---

sungs- und Rechtssystem des Internationalen Währungsfonds (1960); *Aufricht*, The International Monetary Fund (1964); *Kramer*, Die Rechtsnatur der Geschäfte des Internationalen Währungsfonds (1967); *International Monetary Fund* (Hrsg.), The International Monetary Fund 1945 - 1965 (3 Bde., 1969); *Carreau*, Souveraineté et coopération monétaire internationale (1970); *derselbe*, Le système monétaire international: Aspects juridiques (1972); *Gold*, The Fund Agreement in the Courts (Bd. 1, 1962 [Suppl. dazu 1976], Bd. 2, 1982); *derselbe*, Voting and Decisions in the International Monetary Fund (1972); *derselbe*, Developments in the International Monetary System, the International Monetary Fund, and International Monetary Law since 1971, RdC 174 (1982 I), S. 107 ff.; *derselbe*, Strengthening the Soft International Law of Exchange Arrangements, AJIL 77 (1983), S. 443 ff.; *Stratmann*, Der Internationale Währungsfonds (1972); *Garritsen de Vries*, The International Monetary Fund 1966 - 1971. The System under Stress (2 Bde., 1976); *Andersen*, Das internationale Währungssystem zwischen nationaler Souveränität und supranationaler Integration (1977); *Baer*, Internationale Wirtschaftsorganisationen: Der Internationale Währungsfonds im Zentrum der internationalen Währungsordnung, JuS 1977, S. 506 ff.; *Lowenfeld*, The International Monetary System (International Economic Law, Bd. IV, 1977); *Hahn*, Elemente einer neuen Weltwährungsordnung, in: *Kewenig* (Hrsg.), Völkerrecht und internationale wirtschaftliche Zusammenarbeit (1978), S. 215 ff.; *Randelzhofer*, Internationales Finanzrecht, in: Handwörterbuch des Steuerrechts (2. Aufl. 1981); *Dam*, The Rules of the Game — Reform and Evolution in the International Monetary System (1982); *Petersmann*, The Legal Evolution of the International Monetary System since Bretton Woods, GYIL 25 (1982), S. 376 ff.; *Gold*, International Monetary Fund, Encyclopedia [5 (1983), S. 108 ff.].

Literatur speziell zur Statutenänderung 1976 unten Anm. 54.

Allgemeiner *Mann*, The Legal Aspect of Money (4. Aufl. 1982); *Shuster*, The Public International Law of Money (1973); *Wood*, Law and Practice of International Finance (1980).

[52] UNTS 2, S. 40 ff.; BGBl. 1952 II, S. 637; *Berber*, Dokumente I, S. 161 ff. Statutenänderung 1969: BGBl. 1968 II, S. 1225; 1969 II, S. 1552; Statutenänderung 1976: ILM 15 (1976), S. 499 ff.; Abkommen in der neuen Fassung: BGBl. 1978 II, S. 13. Ende 1983 145 Mitglieder.

§ 325 Das währungspolitische Konzept von Bretton Woods ging dabei von den beiden Grundvoraussetzungen *feste Wechselkurse* und *Konvertierbarkeit* der Währungen aus. Die IMF-Mitglieder waren verpflichtet, einen bestimmten Wechselkurs (Parität) für ihre Währungen festzulegen (ausgedrückt in Gold oder in US-Dollar mit dem Gewicht und Feingehalt vom 1. Juli 1944) und in der Folge beizubehalten. Zur Einhaltung dieser Verpflichtung hatten die Notenbanken auf dem Devisenmarkt zu intervenieren. Korrespondierend dazu hatten die USA Dollarguthaben fremder Notenbanken in Gold umzutauschen. Die dem Fonds gemeldeten Wechselkurse durften maximal je 1 % nach oben und unten schwanken. Darüber hinausgehende Paritätsänderungen durften nur bei fundamentalem wirtschaftlichem Ungleichgewicht nach Konsultation mit dem Fonds, solche über 10 % nur mit seiner Zustimmung erfolgen[53].

Um ein freies multilaterales Zahlungssystem zu sichern, dürfen die IMF-Mitglieder ohne Zustimmung des Fonds keine Beschränkungen im laufenden Zahlungs- und Überweisungsverkehr vornehmen, sowie keine diskriminierenden Währungspraktiken und multiplen Wechselkurse anwenden. Sie sind zur Konvertibilität in bezug auf die Bestände der eigenen Währung verpflichtet, die ihnen von anderen Mitgliedern angeboten werden und diesen aus laufenden Geschäften (also nicht Kapitaltransfers) angefallen sind.

Zur Ermöglichung der Beibehaltung fester Paritäten und freier Konvertibilität auch bei Zahlungsbilanzschwierigkeiten wurde ein *Devisenpool* geschaffen, der die Aufgabe hat, Währungsschwankungen durch Finanzhilfe in Form von *Ziehungsrechten* auszugleichen: Jedes Mitglied hat zu dem Fonds eine Einlage zu leisten, deren Höhe (d. h. die Quote des Mitglieds) von Kapitalquellen und Außenhandelsvolumen des betreffenden Staates abhängt. 25 % dieser Quote war nach der ursprünglichen Regelung in Gold, der Rest in eigener Währung zu bezahlen. Die Quote bestimmt das Gewicht des Stimmrechts (s. unten) und die Kreditlinie (Höhe der Verschuldungsmöglichkeit). Gerät ein Mitglied nämlich vorübergehend in Zahlungsbilanzschwierigkeiten, so kann es die benötigte Menge Fremdwährung beim IMF innerhalb bestimmter, von seiner Quote abhängiger Höchstgrenzen gegen Gold bzw. (eigene oder fremde) Landeswährung kaufen („ziehen"). Eigenwährungsbeträge müssen mit Gold oder fremden konvertiblen Währungen zurückgekauft werden. Während die ersten 25 % der Quote eines Mitgliedes (die sog. „Goldtranche") auf diese Weise ohne weiteres verfügbar sind, kann der Fonds weitere Ziehungen (im Rahmen der sog. „Kredittranchen") von

---

[53] Vgl., dazu W. P. *Hoffmann*, Rechtsfragen der Währungsparität (1969); *Tomuschat*, Die Aufwertung der Deutschen Mark. Staats- und völkerrechtliche Überlegungen zur Neufestsetzung der Währungsparität im Jahre 1969 (1970).

der Erfüllung (je nach Höhe der Ziehung immer strengerer) wirtschaftspolitischer Bedingungen abhängig machen.

Die damit umrissenen Möglichkeiten des Währungsbeistandes sind seit Beginn der 60er Jahre wesentlich erweitert worden. Seit 1962 hat der Fonds auf Grund der mit 10 Industrienationen (der sog. „Zehnergruppe") abgeschlossenen „General Arrangements to Borrow" die Möglichkeit, bei diesen Staaten Anleihen bis zu 6 Milliarden Dollar aufzunehmen und damit seinen Kreditrahmen gegenüber diesen Staaten zu erweitern. Inzwischen stellt der Fonds eine ganze Reihe ständiger oder temporärer sog. *„Fazilitäten"* zur Verfügung, in deren Rahmen Mitglieder mit entsprechenden Zahlungsbilanzdefiziten Kredite in Höhe eines Mehrfachen ihrer Quote aufnehmen können.

Die Mitglieder, die Ziehungen vorgenommen haben, müssen innerhalb von 3 bis höchstens 5 Jahren den 75 % ihrer Quote übersteigenden Bestand des Fonds in ihrer eigenen Währung gegen Gold oder fremde konvertible Währungen zurückkaufen.

Im Juli 1969 trat eine Statutenänderung in Kraft, durch welche sog. *„Sonderziehungsrechte"* (special drawing rights, SDR's) als Währungsreserven geschaffen werden, die den IMF-Mitgliedern bei Liquiditätsproblemen zusätzlich zu den ordentlichen Ziehungsrechten ohne wirtschaftspolitische Auflagen zur Verfügung stehen.

Im Gegensatz zu den ordentlichen steht hinter den Sonderziehungsrechten kein Realkapital; sie entstehen vielmehr im Wege der Buchgeldschöpfung und werden den IMF-Mitgliedern periodisch auf mehrere Jahre in Prozentsätzen ihrer Quote zugeteilt.

§ 326 Das währungspolitische System von Bretton Woods funktionierte etwa zwei Jahrzehnte lang, brach dann aber infolge der Dollarkrisen und der Aufhebung der Dollar-Gold-Konvertibilität zusammen. Die wichtigsten Industrieländer gaben die festen Wechselkurse gegenüber dem Dollar auf und ließen ihre Währungen über die vorgeschriebenen Bandbreiten hinaus „floaten". Damit wurde eine Reform des Bretton-Woods-Systems notwendig, die als zweite Änderung der IMF-Statuten 1976 beschlossen wurde und am 1. April 1978 in Kraft getreten ist[54]. Diese Neuregelung hat die Verpflichtung zur Festlegung einer festen Parität in engen Bandbreiten durch eine flexible allgemeine Kooperationspflicht der Mitgliedstaaten mit dem IMF mit dem Ziel

[54] Darüber neben der in Anm. 51 genannten neuesten Literatur *Edwards Jr.*, The Currency Exchange Rate Provisions of the Proposed Amended Articles of Agreement of the International Monetary Fund, AJIL 70 (1976), S. 722 ff.; A. *Weber*, Die zweite Satzungsnovelle des Internationalen Währungsfonds und das Völkerrecht, FS Mann, S. 807 ff.; *Focsaneanu*, Le droit international monétaire selon le deuxième amendement aux statuts du Fonds Monétaire International, JDI 105 (1978), S. 805 ff.

geordneter Wechselkursregelungen (orderly exchange arrangements) ersetzt, unter denen auch das „Floating" anerkannt ist. Die Regeln über die Konvertibilität bleiben aufrecht. An die Stelle des Goldes bzw. des Dollars sind die Sonderziehungsrechte getreten. Diese sollen das Gold auch als Hauptreservemedium ersetzen. Der IMF verkauft einen Teil seiner Goldreserven an die Mitglieder zurück und versteigert einen weiteren Teil zum Marktpreis. Der Erlös kommt den Entwicklungsländern teils direkt, teils über einen „Trust Fund" zu, aus dem besonders bedürftigen Staaten Darlehen zu großzügigen Bedingungen gewährt werden. Des weiteren wurden die Quoten mehrfach erhöht und zugunsten der Erdölländer umverteilt, die außerordentlichen Ziehungsrechte im Rahmen der verschiedenen Fazilitäten erhöht und werden laufend neue Sonderziehungsrechte ausgegeben.

§ 327 Der Internationale Währungsfonds weist zwar die gebräuchliche dreigliedrige Organstruktur auf, jedoch mit einigen wichtigen Abweichungen.

Oberstes Organ ist der *Gouverneursrat* (Board of Governors), der jährlich zusammentritt und in das jedes Mitglied einen Vertreter (Gouverneur, meist seinen Wirtschafts- oder Finanzminister) und einen Stellvertreter entsendet. „Alle Befugnisse des Fonds liegen beim Gouverneursrat" (Art. XII Abschnitt 2), doch hat dieser seine Kompetenzen zur Führung der laufenden Geschäfte dem Direktorium (s. unten) delegiert. Der Gouverneursrat fällt seine Beschlüsse grundsätzlich mit Stimmenmehrheit (einige besonders wichtige mit einer Mehrheit von 70 oder 85 Prozent), wobei die Stimmen *gewichtet* werden (Stimmenwägung, weighted voting): Jedes Mitglied hat 250 Stimmen und eine zusätzliche Stimme für jeden Teil seiner Quote, der 100 000 Sonderziehungsrechten entspricht, wobei sich diese Stimmenzahl nachträglich entsprechend den Verkäufen eigener Währung oder den Ankäufen fremder Währungen erhöhen oder verringern kann. Auf Grund dieser Regelung verfügt eine kleine Gruppe finanzkräftiger Industrienationen auch nach der Statutenänderung 1976/78 über eine sichere Mehrheit[55].

Das Schwergewicht der praktischen Arbeit des IMF liegt bei den gegenwärtig 22 *Direktoren* (Executive Directors), wovon fünf von den Staaten mit den größten Quoten und einer vom größten Gläubiger außerhalb dieser fünf Staaten ernannt werden und die an deren Weisungen gebunden sind, während die restlichen von den übrigen Mitgliedern als staatenunabhängige Amtsträger gewählt werden. Jeder ernannte Direktor hat soviel Stimmen, wie dem ernennenden Mitglied nach der oben beschriebenen Regelung zukommt; jeder gewählte Direk-

[55] Die Quoten und Stimmengewichte sämtlicher IMF-Mitglieder sind jeweils im UN-Yearbook angegeben.

tor ist zur Abgabe derjenigen Zahl von Stimmen berechtigt, mit der er gewählt wurde. Dadurch ist den fünf stärksten Industrienationen auch hier der Vorrang gesichert.

Der *Geschäftsführende Direktor* (Managing Director) wird von den Direktoren gewählt und ist deren Vorsitzender, darf aber weder Gouverneur noch selber Direktor sein und hat außer im Falle einer Stimmengleichheit im Direktorium dort kein Stimmrecht. Er ist gleichzeitig der Leiter des IMF-*Sekretariats*, das seinen Sitz in Washington, D. C., hat.

Seit 1972 befaßt sich ein besonderer Ausschuß des Gouverneursrates (ursprünglich „Zwanzigerausschuß", gegenwärtig „Interimsausschuß") auf politischer Ebene mit der Überwachung und Anpassung des internationalen Währungssystems. Obwohl er keine formellen Entscheidungsbefugnisse besitzt, hat er sich aufgrund seines politischen Gewichts praktisch zum Leitungsgremium entwickelt. Die Statutenänderung 1976/78 sieht demgemäß vor, daß dieser Ausschuß vom Gouverneursrat mit 85 % aller Stimmen in einen *Rat auf Ministerebene* (Council) als neues IMF-Organ umgewandelt werden kann. Dies ist jedoch bisher noch nicht geschehen.

VII. Die Internationale Bank für Wiederaufbau und Entwicklung (International Bank for Reconstruction and Development, IBRD, „Weltbank")[56]

§ 328 Die Errichtung der Weltbank wurde (wie die des Internationalen Währungsfonds, s. oben) auf der Konferenz von Bretton Woods beschlossen. Ihr Gründungsabkommen trat ebenfalls am 27. Dezember 1945 in Kraft; mit der UNO wurde sie im November 1947 vertraglich verbunden[57]. Daneben bestehen Kooperationsabkommen mit einer Reihe anderer Spezialorganisationen.

§ 329 Die IBRD verfolgt nach Art. I des Gründungsvertrages folgende Ziele: Unterstützung des Wiederaufbaus und der wirtschaftlichen Entwicklung der Mitgliedstaaten durch Kapitalinvestitionen für *produktive* Zwecke, Förderung der privaten ausländischen Investitionstätigkeit durch Übernahme von Garantien oder Beteiligungen, Ausdeh-

---

[56] *Hüfner / Naumann*, Zwanzig Jahre Vereinte Nationen (§ 89, Anm. 1), S. 357 ff.; *Wittkowski* (ebd.), Teil 2, S. 238 ff.; ferner *Lavalle*, La Banque mondiale et ses filiales: Aspects juridiques et fonctionnement (1972); R. W. *Oliver*, International Economic Cooperation and the World Bank (1975); *Hanfland*, Internationale Wirtschaftsorganisationen: Die Weltbankgruppe, JuS 1977, S. 648 ff.; *Wiegand*, Organisatorische Aspekte der internationalen Verwaltung von Entwicklungshilfe (1978); *Golsong*, International Bank for Reconstruction and Development, Encyclopedia [5 (1983), S. 58 ff.].

[57] Text des Abkommens über die IBRD UNTS 2, S. 134 ff.; 606, S. 294; BGBl. 1952 II, S. 664. Ende 1983 145 Mitglieder.

nung des internationalen Handels und Aufrechterhaltung des Gleichgewichts der Zahlungsbilanzen durch Anregung internationaler Investitionen, Erleichterung des Übergangs von der Kriegs- zur Friedenswirtschaft.

Während sich die Weltbank in der unmittelbaren Nachkriegszeit auf den Wiederaufbau Europas konzentrierte, widmet sie sich heute beinahe ausschließlich der finanziellen *Entwicklungshilfe* durch Gewährung von *Darlehen*. Die Weltbankkredite werden zu bankmäßigen Bedingungen vergeben (Rückzahlungsgarantie, mittlere bzw. lange Laufzeit, üblicher Zinssatz). Sie werden grundsätzlich den Staaten gewährt. Werden sie nachgeordneten Gebietskörperschaften, Handels-, Industrie- oder Landwirtschaftsbetrieben in einem Mitgliedstaat vergeben, so hat dieses Mitglied, seine Zentralbank oder eine ihr vergleichbare, der Weltbank genehme Stelle die volle Garantie für die Rückzahlung von Kapital, Zinsen und Spesen zu übernehmen. Die Weltbank gewährt Darlehen entweder aus Eigenmitteln oder aus Mitteln, die sie auf dem Kapitalmarkt eines Mitgliedes aufgebracht hat, oder sie übernimmt die Bürgschaft für Darlehen von privater Seite. Ihre Eigenmittel stammen aus Kapitalzeichnungen der Mitglieder, Schuldverschreibungen, Erträgen ihrer Geschäftstätigkeit und Darlehensrückzahlungen.

Jedes Mitglied hat nach einem bestimmten Schlüssel Anteile am Grundkapital der Bank zu zeichnen. 20 Prozent dieser Quoten (davon ein Zehntel in Gold und neun Zehntel in Landeswährung) sind sofort einzuzahlen oder abrufbereit zu halten, die verbleibenden 80 Prozent stellen einen Garantiefonds dar, d. h. sie können von der Bank nur zur Erfüllung ihrer Verpflichtungen aus den oben an zweiter und dritter Stelle genannten Finanzierungstätigkeiten in Anspruch genommen werden. Unter bestimmten Bedingungen können über diese Quoten hinaus weitere Kapitalanteile gezeichnet werden. Wie beim IMF bestimmt der Umfang der Beteiligung das Stimmengewicht in den Repräsentativorganen (s. unten).

Bisher wurden etwa zwei Drittel der Weltbankkredite zur Förderung von Infrastrukturprojekten (vor allem Verkehrswesen, Erzeugung von elektrischer Energie) eingesetzt; heute stehen Landwirtschaft, Gesundheits-, Ernährungs- und Erziehungswesen sowie Stadtentwicklung im Vordergrund. Der Anleihegewährung geht eine umfangreiche Expertentätigkeit in Zusammenarbeit mit dem IMF voraus.

§ 330 Die Hauptorgane der Weltbank sind denen des Internationalen Währungsfonds sehr ähnlich.

Auch hier besteht als oberstes Organ ein *Gouverneursrat*, in dem alle Mitglieder durch einen Gouverneur (meist den Zentralbankpräsidenten) und einen Stellvertretenden Gouverneur vertreten sind, und der

Mehrheitsbeschlüsse nach dem Prinzip der Stimmenwägung faßt, wobei die Ausgestaltung der Stimmrechte (Grund- und Zusatzstimmen) der Regelung beim IMF voll entspricht, so daß auch hier den westlichen Industrienationen ein Übergewicht zukommt[58].

Ein aus 21 *Direktoren* zusammengesetztes Direktorium führt die laufenden Geschäfte. Fünf Direktoren werden von den fünf Mitgliedstaaten mit der höchsten Kapitalbeteiligung (USA, Großbritannien, Bundesrepublik Deutschland, Frankreich, Japan) ernannt, die restlichen 16 von den Gouverneuren der übrigen Staaten gewählt. Ihr Stimmrecht ist analog zu demjenigen der IMF-Direktoren geregelt.

Die Direktoren wählen den *Präsidenten* der Weltbank, dessen Stellung derjenigen des Geschäftsführenden Direktors des IMF entspricht. Hauptsitz der Bank ist ebenfalls Washington, D. C. Die Mitgliedschaft in der Weltbank ist an die Mitgliedschaft im IMF gebunden und umgekehrt.

§ 331 Auf das durch das Weltbank-Übereinkommen vom 18. März 1965 zur Beilegung von Investitionsstreitigkeiten zwischen Staaten und Angehörigen anderer Staaten geschaffene *Internationale Zentrum zur Beilegung von Investitionsstreitigkeiten (ICSID)* gehen wir an anderer Stelle ein[59].

§ 332 Mitte bzw. Ende der Fünfziger Jahre wurden der IBRD zwei Tochterorganisationen, IFC und IDA, als *de iure* eigenständige Spezialorganisationen zur Seite gestellt und damit die „Weltbankgruppe" als Zentrum der finanziellen Entwicklungshilfe der UN-Familie ausgebaut:

VIII. Die Internationale Finanz-Corporation (International Finance Corporation, IFC)[60]

§ 333 Die IFC wurde durch ein Abkommen vom 25. Mai 1955 gegründet[61] und durch einen Kooperationsvertrag vom 14. November 1956 mit der UNO in Beziehung gebracht. Die Mitgliedschaft in der IFC steht nur Mitgliedern der Weltbank offen.

§ 334 Im Gegensatz zum Schwerpunkt der Weltbanktätigkeit vergibt die Internationale Finanz-Corporation ihre Kredite nicht an Staaten, sondern an *private Unternehmungen*, für deren *Entwicklungsprojekte* nicht genügend Privatkapital zur Verfügung steht, und zwar *ohne Re-*

---

[58] Vgl. die Übersicht im UN-Yearbook.

[59] Vgl. §§ 4, 429, 444, 1221.

[60] *Hüfner / Naumann* (oben Anm. 56); *Wittkowski* (ebd.), Teil 2, S. 300 ff.; ferner *Baker*, The International Finance Corporation (1968); *Golsong*, International Finance Corporation, Encyclopedia [5 (1983), S. 83 f.].

[61] Vgl. UNTS 264, S. 117 ff.; BGBl. 1956 II, S. 747. Ende 1983 107 Mitglieder.

gierungsgarantie. Daneben ist die Organisation bemüht, private, insbesondere transnationale Kapitalanlagen für Produktionszwecke zu fördern. Seit 1961 kann die IFC Beteiligungen an Privatunternehmen erwerben; seit 1962 leitet sie die finanzielle Unterstützung nationaler Entwicklungsbanken durch die Weltbankgruppe. Die Kredithilfe der IFC soll also die private Unternehmerinitiative in den Entwicklungsländern anregen. Bisher wurde vorrangig die Industrialisierung gefördert, in letzter Zeit dagegen größeres Gewicht auf den Agrar- und Energiesektor gelegt.

Die Mittel der IFC stammen aus Kapitaleinlagen der Mitgliedstaaten, deren Höhe nach dem für die Berechnung der Weltbank-Quoten geltenden Schlüssel bestimmt wird, aus Darlehen der IBRD, aus dem Verkauf von Beteiligungen und Krediten und sonstigen Nettoerträgen der Geschäftstätigkeit, sowie aus den Rückzahlungen ihrer Kredite.

§ 335 Die *Organisationsstruktur* der IFC ist mit derjenigen der IBRD *identisch*. Ebenso nehmen die einzelnen Organträger der Weltbank (Gouverneure, Direktoren, Präsident) in Washington, D. C., in *Personalunion* die entsprechenden Aufgaben bei der IFC wahr.

IX. Die Internationale Entwicklungsorganisation (International Development Association, IDA)[62]

§ 336 Diese zweite Weltbanktochter geht auf ein Abkommen vom 26. Januar 1960 zurück[63], ihr Status als Spezialorganisation der UNO auf den Kooperationsvertrag vom 27. März 1961. Auch hier ist die Mitgliedschaft an die in der Weltbank geknüpft.

§ 337 Die IDA ergänzt die finanzielle Entwicklungshilfe von IBRD und IFC durch Vergabe von Krediten zu sehr weichen Bedingungen an die *Regierungen* der bedürftigsten Entwicklungsländer: Während die Weltbank den Großteil ihrer Mittel auf dem Kapitalmarkt aufbringt und etwa zu bankmäßigen Bedingungen vergibt, wird die IDA hauptsächlich von ihren Mitgliedstaaten finanziert und gewährt ihre Kredite zinslos gegen eine jährliche Verwaltungsgebühr von 0,75 % des ausstehenden Anleihebetrages, mit Laufzeiten bis zu 50 Jahren bei 10 tilgungsfreien Jahren und einer anschließenden Tilgungsrate von jährlich 1 % für die folgenden 10 und 3 % für die übrigen 30 Jahre, bei Rückzahlung in Landeswährung. Auf diese Weise wurde bisher vorrangig

---

[62] *Hüfner / Naumann* (oben Anm. 56); *Wittkowski* (§ 89, Anm. 1), Teil 2, S. 320 ff.; ferner *Weaver*, The International Development Association (1965); *Golsong*, International Development Association, Encyclopedia [5 (1983), S. 75 ff.].

[63] Text der Satzung in UNTS 439, S. 249 ff.; BGBl. 1960 II, S. 2137. Ende 1983 122 Mitglieder.

die Entwicklung von Verkehr, Industrie und Landwirtschaft in der Dritten Welt unterstützt.

Die Satzung der IDA teilt ihre Mitglieder in zwei Gruppen ein und knüpft daran verschiedene Modalitäten der *Aufbringung* der Kapitalanteile: Während die (entwickelten) Mitgliedstaaten der Gruppe I ihre Quoten in Gold oder frei konvertierbaren Währungen einzuzahlen haben, können die (Entwicklungs-)Länder der Gruppe II 90 % davon in der eigenen Landeswährung leisten. Die in Landeswährung geleisteten Beträge dürfen nur mit Zustimmung der betreffenden Geberstaaten verwendet werden. Die *Höhe* der Kapitalanteile der ursprünglichen Mitglieder wurde proportional ihrer Kapitalbeteiligungen an der Weltbank bestimmt. Die Beteiligung an nachfolgenden Kapitalerhöhungen (durch sog. „replenishment agreements") ist dagegen freiwillig. Durch die zögernde Haltung einiger Geberländer sind diese Wiederauffüllungsrunden in den letzten Jahren auf Schwierigkeiten gestoßen.

§ 338 *Organisationsstruktur* und *Organwalter* der IDA sind mit denjenigen der Weltbank *identisch*. Dagegen bestehen gewisse Unterschiede in der Bemessung der Stimmrechte[64].

X. Die Internationale Zivilluftfahrtorganisation (International Civil Aviation Organization, ICAO)[65]

§ 339 Die ICAO wurde durch das Abkommen von Chicago über die Internationale Zivilluftfahrt vom 7. Dezember 1944 gegründet und nahm am 4. April 1947 ihre Tätigkeit auf[66]. Im selben Jahr wurde auch ihr „relationship agreement" mit der UNO abgeschlossen. Sitz der Organisation ist Montreal.

§ 340 Ziel der ICAO ist die Förderung eines sicheren und geordneten Wachstums der internationalen Zivilluftfahrt. Zu diesem Zweck beschäftigt sie sich mit all deren technischen und wirtschaftlichen Problemen, leistet Entwicklungshilfe im Rahmen des UNDP und bemüht sich insbesondere um die Vereinheitlichung der Sicherheitsvorschriften im Flugverkehr, wie auch um die Bekämpfung der Luftpiraterie.

§ 341 Die Internationale Zivilluftfahrtorganisation weist die übliche Trias der Hauptorgane auf. Ihre *Versammlung* (Assembly) vereint alle Mitglieder, tritt mindestens alle drei Jahre zusammen, bestimmt das

---

[64] Vgl. den jährlichen Überblick im UN-Yearbook.

[65] Schrifttum bei *Wittkowski* (§ 89, Anm. 1), Teil 2, S. 487 ff.; ferner J. *Erler*, Rechtsfragen der ICAO (1967); A. *Manin*, L'organisation de l'aviation civile internationale. Autorité mondiale de l'air (1970); *Hailbronner*, International Civil Aviation Organization, Encyclopedia [5 (1983), S. 68 ff.].

[66] UNTS 15, S. 295 ff.; BGBl. 1956 II, S. 411; *Berber*, Dokumente I, S. 72 ff. Ende 1983 151 Mitglieder.

Programm der Organisation und entscheidet über den Haushalt. Sie wählt auch auf drei Jahre die 33 Mitgliedstaaten des *Rates* (Council), der die Anweisungen der Versammlung auszuführen hat und dieser verantwortlich ist. Dabei kann er Internationale Richtlinien (Standards) und Recommended Practices (Empfehlungen) zur Erhöhung der Sicherheit des Luftverkehrs beschließen, die nach dem Prinzip des *„contracting out"* in Kraft treten[67]. Dem Rat stehen verschiedene Kommissionen und Regionalbüros zur Seite. Schließlich besteht ein *Sekretariat*, das von einem Generalsekretär geleitet wird.

§ 342 Auf die wichtigsten *materiellen* Bestimmungen des Abkommens von Chicago werden wir an anderer Stelle eingehen[68].

XI. Der Weltpostverein (Universal Postal Union, UPU)[69]

§ 343 Er wurde am 9. Oktober 1874 als Allgemeiner Postverein gegründet, 1878 in „Weltpostverein" umbenannt und nach Errichtung der UNO durch einen Vertrag 1947 in den Rang einer Spezialorganisation erhoben[70].

§ 344 Der Weltpostverein wurde ursprünglich als Verwaltungsunion mit dem Ziel geschaffen, ein weltweites einheitliches Postgebiet für die Briefpost einzuführen. Heute befaßt er sich darüber hinaus mit der internationalen Koordination, Abrechnung, sowie technischen und wirtschaftlichen Weiterentwicklung des gesamten Postverkehrs. Im Rahmen des UNDP leistet er den Staaten der Dritten Welt technische Hilfe beim Aufbau ihrer Postdienste.

Der Tätigkeit der UPU liegen neben ihrer Satzung und deren Zusatzprotokollen folgende weitere *Verträge* zugrunde: Allgemeine Verfahrensordnung (General Regulations, zur Anwendung der Satzung und zur Arbeitsweise des Vereins), eigentlicher Weltpostvertrag und Vollzugsordnung (Universal Postal Convention und Detailed Regulations,

---

[67] Genauer unten § 630.

[68] Unten § 1050. Eine internationale „non-governmental organization", die *IATA* (International Air Transport Association), koordiniert die Geschäftspolitik der Luftfahrt*unternehmen* in Zusammenarbeit mit der ICAO. Dazu *Hailbronner*, International Air Transport Association, Encyclopedia [5 (1983), S. 49 ff.].

[69] Schrifttum bei *Wittkowski* (§ 89, Anm. 1), Teil 2, S. 469 ff. Ferner H. *Sasse*, Der Weltpostverein (1959); *Codding*, The Universal Postal Union (1964); *Chaubert*, L'Union postale universelle (1970); L. *Weber*, Universal Postal Union, Encyclopedia [5 (1983), S. 383 ff.]; *derselbe*, Postal Communications, International Regulation, ebd., S. 238 ff.; K.-H. *Schramm* (Bearb.), Der Weltpostverein (1983); *Leinung*, Der Weltpostverein im 110. Jahr, VN 32 (1984), S. 83 ff.

[70] Text der Satzung i. d. F. vom 10. Juli 1964 im BGBl. 1965 II, S. 1633; *Berber*, Dokumente I, S. 259 ff. Mitte 1983 159 Mitglieder.

enthalten gemeinsame Vorschriften für den internationalen Postdienst sowie die Regelung des Briefpostdienstes) und 7 Sonderabkommen mit Vollzugsordnungen über Postpakete, Postanweisungen und -reiseschecks, Postschecks, Postnachnahme, Postaufträge, Postsparkassen und Postzeitungen[71].

Während die drei erstgenannten Verträge für alle UPU-Mitglieder verbindlich sind, steht es diesen frei, welchen Sonderabkommen sie beitreten wollen.

§ 345 Der Verein weist folgende Organstruktur auf: Der *Kongreß* (Universal Postal Congress) ist das oberste Organ. Er setzt sich aus Vertretern aller Mitgliedstaaten zusammen und tagt in der Regel alle 5 Jahre. Seine Hauptaufgabe ist die periodische Anpassung des gerade geschilderten Vertragswerkes an die Entwicklung des Postwesens.

Der *Vollzugsrat* (Executive Council) wird vom Kongreß gewählt. Er besteht aus 39 Mitgliedstaaten, dient als Vollzugs- und Verbindungsorgan, tagt zu diesem Zweck einmal jährlich und beschließt über den Haushalt des Vereins.

Ein *Konsultativrat für Poststudien* (Consultative Council for Postal Studies) aus 35 vom Kongreß gewählten Mitgliedern untersucht technische, betriebliche und wirtschaftliche Fragen des Postwesens, erstattet darüber Gutachten und berichtet dem Kongreß.

Das *Internationale Büro* mit Sitz in Bern nimmt das Sekretariat der Vereinsorgane wahr. Es dient den Postverwaltungen der Mitglieder als Verbindungs-, Auskunfts- und Beratungsstelle und steht „unter der Oberaufsicht der Regierung der Schweizerischen Eidgenossenschaft" (Art. 20 der Satzung; heute allerdings weitgehend vom Vollzugsrat abgelöst).

XII. Die Internationale Fernmeldeunion (International Telecommunication Union, ITU)[72]

§ 346 Am 17. Mai 1865 wurde die Pariser Telegraphenkonvention abgeschlossen und dadurch der Welttelegraphenverein als erste Ver-

---

[71] Vgl. Art. 22 der Satzung. Die Texte dieser Verträge in der auf dem Kongreß von Lausanne am 5. Juli 1974 beschlossenen Fassung finden sich im BGBl. 1975 II, S. 1513 ff. Sie sind in Rio de Janeiro am 26. Oktober 1979 erneuert worden: BGBl. 1981 II, S. 674, 868. Die Vollzugsordnungen werden zwischen den Postverwaltungen der Vertragsparteien vereinbart und enthalten Ausführungsbestimmungen. Vgl. die Vollzugsordnungen zu den Verträgen vom 5. Juli 1974 im BGBl. 1975 II, S. 1797.

[72] Schrifttum bei *Wittkowski* (§ 89, Anm. 1), Teil 2, S. 456 ff.; ferner *Joeden*, Die Funksendefreiheit der Staaten, JIR 3 (1950/51), S. 85 ff.; ebd. 4 (1952/53), S. 71 ff.; *derselbe*, Grundlagen des allgemeinen und regionalen Funkvertragsrechts, ebd. 6 (1956), S. 242 ff.; *Codding*, The International Telecommunication Union (1952); *derselbe / Rutkowski*, The International Tele-

waltungsunion gegründet. 1885 wurde das Fernsprechwesen in das Vertragswerk einbezogen. Am 3. November 1906 folgte in Berlin eine analoge Normierung des Funkwesens und die Schaffung eines Funkentelegraphenvereins. Durch den Internationalen Fernmeldevertrag von Madrid vom 1. Dezember 1932 wurden diese beiden Bereiche verschmolzen und die dazugehörigen Unionen zur Internationalen Fernmeldeunion vereinigt. Gegenwärtig gilt die 10. Fassung des Internationalen Fernmeldevertrages, die am 25. Oktober 1973 in Malaga Torremolinos beschlossen wurde und am 1. Januar 1975 in Kraft getreten ist[73].

Seit dem 1. Januar 1949 hat die ITU den Status einer UN-Spezialorganisation. Sie hat ihren Sitz in Genf.

§ 347 Die ITU hat die Aufgabe, das Fernmeldewesen weltweit abzustimmen und auszubauen, heute insbesondere seine Automatisierung und die Benutzung des Weltraums für Zwecke des Nachrichtenwesens voranzutreiben, sowie den neuen Staaten im UNDP technische Hilfe beim Ausbau ihres Fernmeldenetzes zu leisten.

Der Internationale Fernmeldevertrag selbst enthält nur Vorschriften über die Organisation der ITU, über die Anwendung des Vertrages und über grundsätzliche Fragen des Nachrichtenwesens, während alle näheren Bestimmungen in drei *Vollzugsordnungen* (Administrative Regulations, für den Telegraphen-, Fernsprech- und Funkverkehr) enthalten sind, die mit dem Internationalen Fernmeldevertrag eine rechtliche Einheit bilden, auf den weltweiten Verwaltungskonferenzen (world administrative conferences; s. unten) beschlossen und anschließend ratifiziert werden müssen. Die Vollzugsordnung für den Funkverkehr[74] teilt u. a. die Erdoberfläche in Regionen auf und weist den dazugehörigen Staaten und Verkehrsträgern bestimmte Frequenzbereiche zu. Die („Fein"-)Aufteilung der Wellenlängen auf die Sender der einzelnen Staaten erfolgt dann durch Beschlüsse regionaler Verwaltungskonferenzen[75].

---

communication Union in a Changing World (1982); *Evensen*, Aspects of International Law Relating to Modern Radio Communications, RdC 115 (1965 II), S. 471 ff.; *Brack*, Internationales Rundfunkrecht, WV III, S. 139 ff.; *Abraham*, Fernmeldewesen, internationales, ebd. I, S. 513 ff.; D. *Smith*, International Telecommunications Control (1969); G. *Hausmann*, Die Internationale Fernmelde-Union, VN 27 (1979), S. 57 ff.; *Noll*, International Telecommunication Union, Encyclopedia [5 (1983), S. 177 ff.].

[73] BGBl. 1976 II, S. 1089; International Organization and Integration (Anm. 1), Bd. I.B., unter I.B.1.8. Ende 1983 hatte die ITU 155 Mitglieder.

[74] Die gegenwärtig geltende wurde auf der WARC-79 in Genf beschlossen und steht seit 1. Januar 1982 in Kraft.

[75] Zum ganzen *Leive*, International Telecommunications and International Law: The Regulation of the Radio Spectrum (1970).
Zur Frage der Fernmeldesatelliten vgl. unten § 1054.

§ 348 Die Organisation der ITU umfaßt

— die *Konferenz der Regierungsbevollmächtigten* (Plenipotentiary Conference) als oberstes Organ, das alle Mitglieder umfaßt, etwa alle 5 Jahre zusammentritt, die allgemeinen Richtlinien der Unionstätigkeit festlegt und praktisch jedesmal den Internationalen Fernmeldevertrag revidiert;
— den *Verwaltungsrat* (Administrative Council), der aus 36 von der Konferenz gewählten Staatenvertretern besteht und die Tätigkeit der Organisation zwischen den Konferenzen überwacht;
— die *Verwaltungskonferenzen* (Administrative Conferences) weltweiter und regionaler Natur zur Regelung spezifischer Fragen des Telefon- und Telegraphen- bzw. Funkdienstes, insbesondere zur regelmäßigen Anpassung der Vollzugsordnungen an die fernmeldetechnische Entwicklung;

sowie an ständigen Organen

— das *Generalsekretariat;*
— den *Internationalen Ausschuß zur Frequenzregistrierung* (International Frequency Registration Board) aus 5 unabhängigen Mitgliedern, der durch Erfassung aller benutzten Frequenzen eine ordnungsgemäße Durchführung des Funkverkehrs zu gewährleisten hat;
— zwei *Beratende Ausschüsse* (für das Rundfunk- bzw. Telegraphen- und Fernsprechwesen), die über technische, Betriebs- und Gebührenfragen ihres Bereichs Studien durchführen und Empfehlungen erstatten.

XIII. Die Weltorganisation für Meteorologie (World Meteorological Organization, WMO)[76]

§ 349 Die WMO wurde am 11. Oktober 1947 auf einer Konferenz der seit 1873 bestehenden International Meteorological Organization (IMO) gegründet und trat 1951, nach Inkrafttreten ihrer Satzung, die Funktionsnachfolge dieser Verwaltungsunion an. Am 20. Dezember 1951 genehmigte die Generalversammlung das Kooperationsabkommen zwischen WMO und UNO[77]. Die WMO hat ihren Sitz in Genf.

§ 350 Aufgabe der Organisation ist die Förderung und Koordinierung der zwischenstaatlichen Zusammenarbeit auf dem Gebiet der Meteorologie. Im Rahmen dieser Zusammenarbeit wird unter anderem ein

[76] Darüber *Ott*, Die Weltorganisation für Meteorologie (WMO) (1976); *Leive* (oben Anm. 1), Bd. 1, S. 153 ff.; *Peeters*, World Meteorological Organization, Encyclopedia [5 (1983), S. 414 ff.].

[77] Text des (mehrfach geänderten) Gründungsvertrages UNTS 77, S. 143 ff.; BGBl. 1970 II, S. 18. Ende 1983 153 Mitglieder.

weltweites Netz von Wetterstationen errichtet, der Austausch von Wettermeldungen verbessert, die Wetterbeobachtung verbessert und standardisiert, die praktischen Anwendungsmöglichkeiten der Meteorologie für Landwirtschaft, Verkehr usw. erweitert sowie die meteorologische Forschung koordiniert. Im Rahmen des UNDP unterstützt die WMO die Entwicklungsländer beim Aufbau ihrer Wetterdienste. Seit 1968 führt sie unter Verwendung künstlicher Satelliten ein *World Weather Watch Programme* durch[78]. Schließlich erforscht sie alle meteorologischen (klimatologischen, hydrologischen usw.) Fragen der Interaktion zwischen Mensch und Umwelt.

§ 351 Die WMO hat folgende Hauptorgane:

Der *Meteorologische Weltkongreß* (World Meteorological Congress) besteht aus Vertretern aller Mitgliedstaaten, legt Politik und Programm der Organisation fest und entscheidet über das Budget. Zum Zweck der Vereinheitlichung insbesondere der Wetterbeobachtung kann er fachliche Entschließungen in einem „quasi-legislativen" Verfahren verabschieden[79]. Er wählt das *Exekutivkomitee* (Executive Committee), das aus 24 Experten besteht und die Kontinuität der Arbeit der WMO zwischen den Weltkongressen sicherstellt.

6 *Regionale Vereinigungen* (Regional Associations) koordinieren die oben beschriebenen Aktivitäten in ihren jeweiligen Regionen. 8 aus Experten zusammengesetzte *Technische Kommissionen* (Technical Commissions) führen Forschungsaufgaben durch.

Das *Sekretariat* unter der Leitung eines Generalsekretärs stellt den Verwaltungsapparat für die verschiedenen anderen Organe und dient als Informations- und Koordinationszentrale.

XIV. Die Internationale Seeschiffahrts-Organisation (International Maritime Organization, IMO)[80]

§ 352 Diese Spezialorganisation wurde unter der Bezeichnung „Inter-Governmental Maritime Consultative Organization" (IMCO) am 6. März 1948 gegründet. Ihr Gründungsübereinkommen trat am 17. März 1958 in Kraft, nachdem es von 21 Staaten, von denen 7 je eine Gesamttonnage von mindestens einer Million Bruttoregistertonnen unter ihrer Flagge registriert haben mußten, angenommen worden war[81]. Ende

[78] Dazu *Lingelbach*, Die Welt-Wetter-Wacht der Weltorganisation für Meteorologie (WMO), VN 19 (1971), S. 165 ff.

[79] Genauer unten § 630 und *Leive* (Anm. 76).

[80] *Wittkowski* (§ 89, Anm. 1), Teil 2, S. 519 ff.; *Johnson*, IMCO: The First Four Years (1959 - 1962), ICLQ 12 (1963), S. 31 ff.; *Mensah / Zimmerli*, L'activité règlementaire de l'O. M. C. I., in: L'élaboration du droit international public (§ 515, Anm. 2), S. 31 ff.

[81] Text im BGBl. 1965 II, S. 313; ferner bei *Berber*, Dokumente I, S. 1365 ff.

1975 wurde eine Satzungsänderung beschlossen, durch welche die IMCO in „International Maritime Organization" umbenannt wurde, um der Erweiterung ihres Aufgabenbereiches Rechnung zu tragen. Diese Änderung trat am 22. Mai 1982 in Kraft[82]. Der Kooperationsvertrag der IMCO/IMO mit der UNO stammt aus dem Jahre 1948. Die IMO hat ihren Sitz in London.

§ 353 Die IMO verfolgt die Aufgabe, die Zusammenarbeit ihrer Mitglieder in allen technischen Fragen der Handelsschiffahrt zu fördern, die Sicherheit auf See und die Leistungsfähigkeit der Schiffahrt zu erhöhen, einen effektiven maritimen Umweltschutz einzuführen, technische Hilfe zu leisten sowie diskriminierende Maßnahmen und unnötige Beschränkungen im Seeverkehr beseitigen zu helfen[83]. Die Organisation wird dabei beratend und gutachtlich tätig. Sie arbeitet insbesondere Vertragsentwürfe auf den genannten Gebieten aus und beruft zu deren Verabschiedung durch die Staaten eigene Konferenzen ein. Von diesen Konventionen seien etwa der Internationale Schiffssicherheitsvertrag (International Convention on the Safety of Life at Sea, SOLAS) 1960[84], abgelöst durch SOLAS 1974 (ergänzt 1978 und 1981)[85], das Übereinkommen vom 9. April 1965 zur Erleichterung des Internationalen Seeverkehrs[86] (mit Änderungen), das Internationale Freibord-Übereinkommen vom 5. April 1966[87] (mit 1971 beschlossenen Änderungen), das Internationale Schiffsvermessungs-Übereinkommen vom 23. Juni 1969[88], das Übereinkommen vom 20. Oktober 1972 über die Internationalen Regeln zur Verhütung von Zusammenstößen auf See[89] und das Übereinkommen vom 3. September 1976 über die internationale Seefunksatelliten-Organisation (INMARSAT)[90] genannt. Die wichtigsten IMO-Konventionen zur Verhütung der Meeresverschmutzung

---

[82] BGBl. 1982 II, S. 469; Neufassung: 1982 II, S. 873, 956. Ende 1983 hatte die IMO 127 Mitgliedstaaten. An Literatur vgl. *Dutheil de la Rochère*, Une institution spécialisée renaissante: La nouvelle Organisation maritime internationale, AFDI 22 (1976), S. 434 ff.; *Juda*, IMCO and the Regulation of Ocean Pollution from Ships, ICLQ 26 (1977), S. 558 ff.; *Lampe*, Sicherheit der Schiffahrt und Schutz der Meeresumwelt. Die Internationale Seeschiffahrts-Organisation, VN 30 (1982), S. 86 ff.; *Simmonds*, International Maritime Organization, Encyclopedia [5 (1983), S. 104 ff.].

[83] Mit den beiden letztgenannten, wirtschaftspolitischen Aufgaben hat sich die Organisation *in praxi* nicht befaßt. Sie werden heute vom UNCTAD-Ausschuß für Schiffahrtsfragen wahrgenommen; vgl. oben § 146.

[84] BGBl. 1965 II, S. 465.

[85] BGBl. 1980 II, S. 717, 525 (Ende 1983 für 68 Staaten in Kraft).

[86] BGBl. 1967 II, S. 2434 (Ende 1983 für 53 Staaten in Kraft).

[87] BGBl. 1969 II, S. 249 (Ende 1983 für 100 Staaten verbindlich).

[88] BGBl. 1975 II, S. 65 (Ende 1983 für 61 Staaten in Kraft).

[89] BGBl. 1976 II, S. 1017 (Ende 1983 für 83 Staaten in Kraft).

[90] BGBl. 1979 II, S. 1081 (Ende 1983 für 38 Staaten in Kraft). Dazu *Fawcett*, Inmarsat, Encyclopedia [5 (1983), S. 35 ff.].

werden wir an anderer Stelle anführen[91]. Zahlreiche weitere Aufgaben werden der IMO durch das neue UN-Seerechtsübereinkommen übertragen[92].

§ 354 Hauptorgan der IMO ist die *Versammlung* (Assembly), die aus sämtlichen Mitgliedern besteht, alle zwei Jahre zusammentritt und über das Arbeitsprogramm der Organisation sowie über den Haushalt entscheidet.

Der *Rat* (Council) hat 24 Mitglieder, die von der Versammlung auf zwei Jahre gewählt werden[93]. Er nimmt zwischen deren Tagungen alle Aufgaben der IMO wahr.

Der *Schiffssicherheitsausschuß* (Maritime Safety Committee) setzte sich früher aus 16 von der Versammlung auf vier Jahre gewählten Mitgliedern zusammen, wovon 8 zu den 10 Staaten mit den größten Handelsflotten gehören mußten[94]. Seit einer Satzungsänderung 1974 (in Kraft getreten 1978) steht die Mitarbeit in diesem Ausschuß allen IMO-Mitgliedstaaten offen. Der Ausschuß erarbeitet Normen über alle Fragen der Sicherheit der Seeschiffahrt in Form der bereits genannten Konventionen, von Resolutionen mit Empfehlungscharakter oder von sog. „Codes" (z. B. über den Seetransport gefährlicher Güter oder Flüssiggasen), die zahlreichen innerstaatlichen Vorschriften zugrundeliegen. Er hat zahlreiche technische Unterorgane eingesetzt. Daneben verfügt die IMO u. a. über ein Marine Environment Protection Committee und ein Legal Committee, das seerechtliche Übereinkommen primär haftungsrechtlichen Inhalts auszuarbeiten hat.

Ein *Sekretariat*, geleitet vom IMO-Generalsekretär, stellt den nötigen Verwaltungsapparat.

XV. Die Weltorganisation für geistiges Eigentum (World Intellectual Property Organization, WIPO)[95]

§ 355 Die zwischenstaatliche Zusammenarbeit auf dem Gebiet des gewerblichen Rechtsschutzes und des Urheberrechts geht auf den Ab-

---

[91] Unten § 1133.

[92] Vgl. unten §§ 1075, 1077, 1134.

[93] Er setzt sich aus den 6 Mitgliedstaaten, die das *größte* Interesse an der Bereitstellung internationaler Schiffahrtsdienste haben, aus den 6 Mitgliedstaaten, die das größte Interesse am internationalen Seehandel haben, sowie aus 12 Staaten, die ein *besonderes* Interesse an diesen beiden Fragen haben und durch deren Wahl alle wichtigen Weltregionen repräsentiert sind, zusammen.

[94] Vgl. zu diesem Kriterium das unten, § 1206, erwähnte Rechtsgutachten des IGH vom 8. Juni 1960.

[95] *Ekedi Samnik*, L'Organisation mondiale de la propriété intellectuelle (OMPI) (1975); *derselbe*, Une nouvelle Institution spécialisée des Nations Unies. L'Organisation mondiale de la propriété intellectuelle (O. M. P. I.),

schluß der Pariser Verbandsübereinkunft zum Schutz des gewerblichen Eigentums am 20. März 1883 und der Berner Übereinkunft zum Schutz von Werken der Literatur und Kunst am 9. September 1886 zurück. Durch diese Verträge wurden der Pariser und der Berner Verband als Verwaltungsunionen mit Sitz in Bern gegründet, deren Sekretariate 1893 zu den „Bureaux internationaux réunis pour la protection de la propriété intellectuelle" (BIRPI; seit 1960 in Genf) zusammengefaßt wurden. Die beiden Verbandsübereinkünfte wurden wiederholt revidiert und durch Sonderabkommen und -verbände ergänzt[96]. Mit entscheidungsbefugten Organen aus Vertretern der Mitgliedstaaten sind diese Verbände erst nach dem Zweiten Weltkrieg ausgestattet worden.

Durch einen am 14. Juli 1967 in Stockholm unterzeichneten Vertrag, der am 26. April 1970 in Kraft trat[97], wurde die WIPO als organisatorisches „Dach" für die Verwaltung aller Übereinkünfte zum Schutz des geistigen Eigentums errichtet, unter dem aber auch Nichtmitglieder der genannten Verbände, wie die meisten Entwicklungsländer, Platz finden sollten. Am 17. Dezember 1974 genehmigte die UN-Generalversammlung das Kooperationsabkommen, durch das die WIPO den Status einer Spezialorganisation erlangte. Sobald alle Mitgliedstaaten der Pariser und Berner Union der WIPO angehören, wird deren Internationales Büro (s. unten) die BIRPI auch förmlich ersetzen, deren Aufgaben es bereits heute wahrnimmt.

§ 356 Die WIPO verfolgt einerseits das Ziel, „zur Ermutigung der schöpferischen Tätigkeit" (Präambel) den Schutz des geistigen Eigentums[98] durch Zusammenarbeit zwischen den Staaten und im Zusam-

---

RGDIP 81 (1977), S. 466 ff.; *Masouyé*, L'Organisation Mondiale de la Propriété Intellectuelle (O. M. P. I.): 14e institution spécialisée des Nations Unies, JDI 104 (1977), S. 806 ff.; *Pfanner*, Die Weltorganisation für geistiges Eigentum, VN 25 (1977), S. 143 ff.; *Ballreich*, Die Interdependenz internationaler Organisationen. Das System zum Schutz des gewerblichen Eigentums als Beispiel, ArchVR 19 (1980/1981), S. 121 ff.; *derselbe*, World Intellectual Property Organization, Encyclopedia [5 (1983), S. 410 ff.]; *Becher* (Hrsg.), Die Weltorganisation für geistiges Eigentum (1982).

[96] Vgl. statt aller *Pfanner*, Industrial Property, International Protection, Encyclopedia [5 (1983), S. 27 ff.]; *Katzenberger*, Literary and Artistic Works, International Protection, ebd., S. 202 ff. (mit weiteren Nachweisen).
Ende 1983 hatten die beiden Verbände 92 bzw. 76 Mitgliedstaaten.

[97] BGBl. 1970 II, S. 295; International Organization and Integration (Anm. 1), I.B.1.11.a. Ende 1983 104 Mitgliedstaaten.

[98] Darunter versteht das Gründungsabkommen (Art. 2 [vii]) die Rechte betreffend: die Werke der Literatur, Kunst und Wissenschaft, die Leistungen der ausübenden Künstler, Tonträger und Funksendungen, die Erfindungen und wissenschaftlichen Entdeckungen, die gewerblichen Muster und Modelle, Fabriks-, Handels- und Dienstleistungsmarken, Handelsnamen und Geschäftsbezeichnungen, den Schutz gegen unlauteren Wettbewerb und alle anderen Rechte, die sich aus geistiger Tätigkeit auf industriellem, wissenschaftlichem, literarischem oder künstlerischem Gebiet ergeben.

menwirken mit anderen internationalen Organisationen (z. B. UNESCO, UNCTAD, UNIDO) zu fördern. Dieser Aufgabe kommt sie durch die Ausarbeitung vr Verträge, z. B. auf dem Gebiet des Patentschutzes, durch die Förderung der Angleichung der einschlägigen innerstaatlichen Rechtsvorschriften und der Zusammenarbeit der nationalen Verwaltungen sowie durch die Gewährung juristisch-technischer Hilfe insbesondere an die Entwicklungsländer nach. Ihr Hauptaugenmerk legt sie dabei auf die Förderung des Technologietransfers in diese Staaten. Zu diesem Zweck wird gegenwärtig auch die Pariser Verbandsübereinkunft revidiert[99]. Andererseits obliegt der WIPO, wie bereits erwähnt, die Verwaltung des Berner Verbandes sowie des Pariser Verbandes mit dessen Sonderabkommen zum Schutz des gewerblichen Eigentums durch ihr Internationales Büro, dessen Tätigkeit wiederum sowohl durch die übrigen Organe der WIPO als auch durch die Ausschüsse der einzelnen Verbände kontrolliert wird.

§ 357 Die gerade beschriebene doppelte Zielsetzung und das Gefüge ihrer Mitglieder prägen auch die Organisationsstruktur der WIPO: Ihre alle 3 Jahre zusammentretende *Konferenz* (Conference) umfaßt alle Mitgliedstaaten, erörtert Fragen von allgemeinem Interesse auf dem Gebiet des geistigen Eigentums ("having regard for the competence and autonomy of the Unions": Art. 7 Abs. 2 (i)) und stellt das Programm für die juristisch-technische Hilfe auf. Dagegen setzt sich die jeweils gleichzeitig mit der Konferenz abzuhaltende *Generalversammlung* (General Assembly) als oberstes Kontroll- und Beschlußorgan aus denjenigen WIPO-Mitgliedern zusammen, die zugleich mindestens einem der verwalteten Verbände angehören. Ein der Generalversammlung unterstehender *Koordinierungsausschuß* (Coordination Committee) besteht aus den Mitgliedern der Exekutivausschüsse der Pariser und der Berner Union. Er kontrolliert die Tätigkeit der WIPO zwischen den Sitzungen der Generalversammlung und behandelt alle Fragen, die mehr als einen Verband betreffen. Der *Generaldirektor* als Leiter des *Internationalen Büros* und, da dieses zugleich als Sekretariat der einzelnen Verbände fungiert, auch derselben, wird von der Generalversammlung auf Vorschlag des Koordinierungsausschusses ernannt. Diese Regelungen machen die Verschränkung der WIPO und der Verbände wie auch das Übergewicht der Verbandsstaaten innerhalb der Organisation deutlich.

---

[99] Darüber *Kunz-Hallstein*, Die Genfer Konferenz zur Revision der Pariser Verbandsübereinkunft, GRUR 1981, S. 137 ff.

XVI. Die Internationale Atomenergie-Organisation (International Atomic Energy Agency, IAEA)[100]

§ 358 Nachdem die UN-Generalversammlung bereits 1954 die Gründung einer universellen internationalen Organisation zur Förderung der friedlichen Verwendung der Atomenergie empfohlen hatte, beschloß eine von der UNO einberufene Konferenz am 26. Oktober 1956 die Satzung der IAEA, die sich im Herbst 1957 in Wien konstituierte[101]. Bereits früher wurde darauf hingewiesen, daß die IAEA enger mit der UNO verbunden ist als die bisher besprochenen Organisationen und deshalb keine Spezialorganisation im technischen Sinne darstellt.

§ 359 Ziel der Organisation ist es, den Beitrag der Atomenergie zum Frieden, zur Gesundheit und zum Wohlstand in allen Staaten zu beschleunigen und zu steigern, wobei sie dafür Sorge trägt, daß die von ihr, auf ihr Ersuchen oder unter ihrer Kontrolle geleistete Hilfe nicht für militärische Zwecke verwendet wird (Art. II der Satzung).

Zur Erreichung dieses Zieles fördert und unterstützt die IAEA die Erforschung, Entwicklung und praktische Anwendung der Atomenergie für friedliche Zwecke, sorgt für die Bereitstellung der dazu benötigten Materialien, Dienstleistungen, Ausrüstungen und Einrichtungen, fördert den Austausch von wissenschaftlichem und technischem Material sowie die Ausbildung und den Austausch von Wissenschaftern und Sachverständigen, trifft und handhabt Kontrollen, um die ausschließlich friedliche Verwendung des von ihr oder unter ihrer Mitwirkung bereitgestellten spaltbaren Materials zu sichern (u. a. durch zwei- oder dreiseitige Verträge und mit Hilfe eigener Inspektoren) und stellt schließlich Normen zum Schutz der Gesundheit und zur Verminderung der Gefahren für Leben und Eigentum auf, die bei eben diesen friedlichen Anwendungen der Kernenergie zu befolgen sind (vgl. Art. XII der Satzung). Die IAEA kann zur Durchführung der ihr übertragenen Aufgaben auch selbst Einrichtungen, Anlagen und Ausrüstungen erwerben. Auch in ihrer Arbeit nimmt die technische Hilfe an die Entwicklungsländer immer breiteren Raum ein.

---

[100] Bibliographien bei *Hüfner / Naumann*, Zwanzig Jahre Vereinte Nationen (§ 89, Anm. 1), S. 348 ff.; *Wittkowski* (ebd.), Teil 2, S. 529 ff. Ferner *Seyersted*, Die Internationale Atomenergie-Organisation. Ihre rechtlichen Aufgaben und Funktionen (1966); *Szasz*, The Law and Practices of the International Atomic Energy Agency (1970); *derselbe*, International Atomic Energy Agency, Encyclopedia [5 (1983), S. 52 ff.]; *Prill*, Völkerrechtliche Aspekte der internationalen Verbreitung ziviler Kernenergienutzung (1980); *Dolzer*, International Nuclear Cooperation: Obligations, Conditions and Options, IJIL 20 (1980), S. 366 ff.

[101] Text der Satzung UNTS 276, S. 4 ff.; BGBl. 1957 II, S. 1357; 1958 II, S. 4 (mit nachfolgenden Änderungen, vgl. Fundstellennachweis B); auch *Berber*, Dokumente I, S. 238 ff. Ende 1983 112 Mitglieder.

Eine besonders wichtige Überwachungsfunktion hat die IAEA auf Grund des Atomsperrvertrages vom 1. Juli 1968[102] übernommen, dessen Art. III alle teilnehmenden Nichtkernwaffenstaaten zur Annahme bestimmter Sicherheitsmaßnahmen verpflichtet, die in eigenen Kontrollabkommen (safeguards agreements) mit der IAEA festgelegt werden und verhindern sollen, daß Kernenergie von der friedlichen Nutzung abgezweigt und für Kernwaffen oder sonstige Kernsprengkörper verwendet wird[103].

§ 360 An Hauptorganen verfügt die IAEA über eine *Generalkonferenz* (General Conference), die aus Vertretern aller Mitgliedstaaten besteht und alljährlich zu ordentlichen Tagungen zusammentritt, um Programm und Haushalt der Organisation festzulegen, über einen *Gouverneursrat* (Board of Governors), von dessen 35 Mitgliedstaaten 22 von der Generalkonferenz auf zwei Jahre gewählt und 13 von dem abtretenden Gouverneursrat auf ein Jahr ernannt werden, und schließlich über ein *Sekretariat*, das von einem Generalsekretär geleitet wird.

XVII. Das Allgemeine Zoll- und Handelsabkommen (General Agreement on Tariffs and Trade, GATT)[104]

§ 361 Nach Ende des Zweiten Weltkrieges wurde auf der UN-Konferenz für Handel und Vollbeschäftigung in Havanna eine rechtliche Neu-

---

[102] Vgl. unten § 486.

[103] Dazu (insbesondere zur Kontrolle der Aktivitäten der EURATOM und ihrer Mitglieder durch die IAEA) *Prill* (Anm. 100); *Zieger*, Die rechtliche Problematik des NV-Vertrags und des Verifikationsabkommens der Europäischen Atomgemeinschaft mit der IAEO, in: Referate und Diskussionsbeiträge des Dritten Deutschen Atomrechts-Symposiums (1974), S. 143 ff.; *Kimminich*, Die internationale Kontrolle der europäischen Atomindustrie. Vorgeschichte und Funktion des Verifikationsabkommens vom 5. April 1973, ZaöRV 33 (1973), S. 636 ff.

[104] Bibliographie bei *Hüfner / Naumann*, Zwanzig Jahre Vereinte Nationen (§ 89, Anm. 1), S. 340 ff.; vgl. ferner *Liebich*, Das GATT als Zentrum der internationalen Handelspolitik (1971); *Curzon*, Multilateral Commercial Diplomacy. The General Agreement on Tariffs and Trade and Its Impact on National Commercial Policies and Techniques (1965); *Flory*, Le G. A. T. T. Droit international et commerce mondial (1968); *Hyder*, Equality of Treatment and Trade Discrimination in International Law (1968); *Jackson*, World Trade and the Law of GATT (1969); *derselbe*, Legal Problems of International Economic Relations (1977); *Dam*, The GATT. Law and International Economic Organization (1970); *Kewenig*, Der Grundsatz der Nichtdiskriminierung im Völkerrecht der internationalen Handelsbeziehungen, Bd. 1: Der Begriff der Diskriminierung (1972); *Bratschi*, Allgemeines Zoll- und Handelsabkommen (GATT). Handbuch für den Praktiker (1973); *Hudec*, The GATT Legal System and World Trade Diplomacy (1975); U. *Frantz*, 25 Jahre Welthandelspolitik. Ziele und Ergebnisse des allgemeinen Zoll- und Handelsabkommens (GATT) von 1948 - 1973 (1975); *Köpernik*, Internationale Wirtschaftsorganisationen, JuS 1976, S. 779 ff., 1977, S. 9 ff.; *Petersmann*, Dreißig Jahre Allgemeines Zoll- und Handelsabkommen, ArchVR 19 (1980/1981), S. 23 ff.; *Jaenicke*, General Agreement on Tariffs and Trade (1947), Encyclopedia [5 (1983),

ordnung der Weltwirtschaft beraten und am 24. März 1948 die sog. *„Havanna-Charter“* unterzeichnet, die alle Fragen des Außenhandels und internationalen Wettbewerbs regeln sollte und die Gründung einer entsprechenden Spezialorganisation, der *„International Trade Organization (ITO)“* vorsah[105].

Ein die Havanna-Charter vorbereitender Ausschuß hatte 1947 getagt, gleichzeitig Zollverhandlungen geführt und beschlossen, deren Ergebnisse zusammen mit den handelspolitischen Vorschriften des Entwurfs der Charter unter der Bezeichnung „General Agreement on Tariffs and Trade“ (GATT) als Übergangsregelung bis zur Konstituierung der ITO in Kraft zu setzen. So wurde am 30. Oktober 1947 in Genf ein Protokoll über die vorläufige Anwendung des GATT unterzeichnet, welches am 1. Januar 1948 in Kraft trat[106].

Die Havanna-Charter selbst mit der Satzung der ITO trat mangels einer genügenden Anzahl von Ratifikationen und infolge amerikanischen Widerstandes nicht in Kraft. So blieb es bei dem Provisorium des GATT; auch der Versuch, dessen gegenüber der ITO eingeschränkte Ziele und Aufgaben einer *Organization for Trade Co-operation (OTC)*, als einer Spezialorganisation mit eigener Rechtspersönlichkeit usw., zu übertragen[107], scheiterte. Daher hat das GATT heute permanenten Charakter und bietet mit seinen Einrichtungen und Ausschüssen (unten § 369) den Eindruck einer internationalen Organisation, ohne formal diesen Status zu haben[108]. Es umfaßte Ende 1983 89 Vollmitglieder und 1 vorläufig beigetretenes Mitglied, 29 weitere Staaten wenden seine Vorschriften auf die Handelsbeziehungen *de facto* an, so daß heute insgesamt mehr als 4/5 des Welthandels nach den GATT-Regeln ablaufen.

1. *Seine Ordnung für den Welthandel*

Der äußerst komplizierte Inhalt des GATT läßt sich nach folgenden Hauptgrundsätzen aufgliedern:

S. 20 ff.]; *McGovern*, International Trade Regulation. GATT, the United States and the European Community (1982).

105 Text im ILQ 2 (1948), S. 283 ff.

106 Ursprünglicher Text des GATT UNTS 55, S. 194 ff.; vgl. ferner BGBl. 1951 II, S. 173. Seither mehrfach geändert, vgl. Fundstellennachweis B. Text auf dem Stand von 1969 in: International Organization and Integration (oben Anm. 1), unter I.B.2.1.a.
Das GATT wurde nur von einem einzigen Staat ratifiziert, für alle anderen Mitglieder beruht seine vr Verbindlichkeit nach wie vor auf dem im Text genannten Protokoll.

107 Unterzeichnung der Satzung am 10. März 1955, vgl. BGBl. 1957 II, S. 605, 682.

108 Über die Haltung des „Sitzstaates“ Schweiz zur Rechtspersönlichkeit des GATT vgl. SchwJIR 34 (1978), S. 83 ff.

§ 362 Im Handel zwischen den GATT-Mitgliedern ist jede *Diskriminierung verboten.* Insbesondere haben die Vertragsparteien bei der Erhebung und Handhabung von Einfuhr- und Ausfuhrzöllen, Steuern und anderen Abgaben alle Vorteile, Vergünstigungen, Vorrechte oder Befreiungen, die sie für die Einfuhr aus anderen oder die Ausfuhr in andere Vertragsstaaten bzw. für die Bezahlung dieser Exporte oder Importe gewähren, sofort und bedingungslos (immediately and unconditionally) auch auf jedes gleichartige Erzeugnis auszudehnen, das aus irgendeinem anderen Vertragsstaat stammt oder für einen solchen bestimmt ist *(allgemeine Meistbegünstigung).* Ausgenommen von der Wirkung dieser Meistbegünstigung blieben bestehende Präferenzsysteme, wie z. B. im Rahmen des Commonwealth und zwischen Nachbarstaaten gewährte Vergünstigungen. Ferner wird die Meistbegünstigungsregel bei Errichtung einer Zollunion oder Freihandelszone unter gewissen Bedingungen (bei „GATT-Konformität" solcher Vereinbarungen) nicht zur Anwendung gebracht[109]. Zugunsten der Dritten Welt sind nichtreziproke Zollpräferenzen für Importe aus Entwicklungsländern in die Industrieländer und Maßnahmen der Handelsliberalisierung mit Wirkung nur zwischen Entwicklungsländern (seit Beschluß der sog. „enabling clause" auf der Tokio-Runde 1979 auf Dauer) zugelassen worden.

Zu beachten ist, daß sich die beschriebene Gleichbehandlungspflicht nur auf den Warenverkehr, nicht auch auf den Dienstleistungs- und Kapitalverkehr oder unsichtbare Transaktionen erstreckt.

§ 363 Die *Liberalisierung der Einfuhrzölle* ist nicht durch den Abschluß des GATT selbst vorgenommen worden[110], das auch weder eine definitive Verpflichtung zum Abbau der Zölle noch einen nach Zeit und Umfang vorgezeichneten Plan dafür beinhaltet. Die Senkung der Zölle erfolgt vielmehr durch zwar bilateral, aber gleichzeitig zwischen allen interessierten GATT-Parteien geführte Verhandlungen (sog. „Zollrunden"), deren Resultate in Listen (schedules) eingetragen oder in besonderen Protokollen festgelegt werden, die beide einen integrierenden Bestandteil des GATT bilden. Mit deren Annahme kommen die darin vereinbarten Zollkonzessionen allen Vertragsstaaten zugute, d. h. sie werden „multilateralisiert" (vgl. § 362, auch zu den Ausnahmen). Die

---

[109] Bei einer Zollunion werden die Binnenzölle zwischen den beteiligten Staaten abgebaut und ein gemeinsamer Außenzoll errichtet (z. B. EWG), während sich eine *Freihandelszone* auf den Abbau der Binnenzölle beschränkt und ihren Mitgliedern die Zollhoheit gegenüber Drittstaaten beläßt. Vgl. zur Stellung solcher regionaler Wirtschaftszusammenschlüsse im Rahmen des GATT *Steinberger,* GATT und regionale Wirtschaftszusammenschlüsse (1963); *Jaeger,* GATT, EWG und EFTA (1970); *Imhoof,* Le GATT et les zones de libre-échange (1979).

[110] Mit Ausnahme der Ergebnisse der ersten Verhandlungsrunde 1947 (s. oben), die in den „Schedules" zum damals beschlossenen GATT niedergelegt wurden.

Rücknahme solcher Zugeständnisse ist nur bei voller Kompensation aller interessierten Partner gestattet, andernfalls können diese gleichwertige Konzessionen rückgängig machen, um zu einem Ausgleich zu gelangen. Bisher haben 7 Zollrunden stattgefunden. Während bei den ersten fünf Runden Tarifposition für Tarifposition ausgehandelt wurde, hat man auf der „Kennedy-“ und Tokio-Runde für alle Zolltarifpositionen gleichmäßige lineare Zollsenkungen um einen bestimmten Prozentsatz erreicht.

§ 364 Im Gegensatz zu Zöllen, Steuern und anderen Abgaben, die vom GATT nicht verboten, sondern nur einem bestimmten Regime unterworfen werden, sind *mengenmäßige Beschränkungen* der Ein- und Ausfuhr danach grundsätzlich unzulässig. Dieses Verbot wird allerdings von zahlreichen Ausnahmen („Schutzklauseln“, dazu § 367) durchbrochen, deren wichtigste die (auch diskriminierende) Einführung, Aufrechterhaltung oder Verschärfung von Einfuhrbeschränkungen gestattet, wenn dies zur Aufrechterhaltung der Zahlungsbilanz erforderlich ist. Die Entwicklungsländer sind auch vom Verbot mengenmäßiger Beschränkungen der Einfuhr praktisch ausgenommen, werden aber ihrerseits häufig Opfer „freiwilliger Selbstbeschränkungen“, mit denen dieses Verbot seitens der Industriestaaten umgangen wird[110a].

§ 365 Ebenso ist jede *Ungleichbehandlung* inländischer und ausländischer Waren durch innere Steuern, andere gesetzliche Bestimmungen (sog. nicht-tarifäre Handelshemmnisse wie z. B. willkürliche Sicherheitsvorschriften für ausländische Produkte) oder eine mißbräuchliche Ursprungsbezeichnungspflicht verboten. Da sich der zunehmende Protektionismus in der Weltwirtschaft heute vor allem in immer neuen und raffinierteren solchen „non-tariff trade barriers“ niederschlägt, gilt das Hauptaugenmerk im GATT (z. B. auf der Tokio-Runde) der Zurückdrängung und Disziplinierung dieser Praktiken[111].

§ 366 *Exportsubventionen* unterlagen ursprünglich nur einer Berichts- und Konsultationspflicht. Die wichtigsten Industriestaaten haben jedoch inzwischen auf die Ausfuhrsubventionierung ihrer Industrieerzeugnisse förmlich verzichtet[112], den Entwicklungsländern steht sie noch offen.

Umgekehrt gestattet das GATT seinen Mitgliedern die Erhebung von Anti-Dumping- oder Ausgleichs-(countervailing)Zöllen. Ihre Anwen-

---

[110a] Dazu *Quick*, Export-Selbstbeschränkungen im GATT (1983).

[111] Vgl. z. B. die als Ergebnis der Tokio-Runde 1979 vereinbarten Kodizes über das öffentliche Beschaffungswesen (Regierungskäufe), Einfuhrlizenzen und den Abbau technischer Handels-Hemmnisse (Normen). Dazu *Steeg*, Die Tokio-Runde, EA 34 (1979), S. 523 ff.; RGDIP 86 (1982), S. 235 ff.

[112] Vgl. BGBl. 1964 II, S. 716.

dung ist durch einen Antidumping-Kodex (1967[113]; revidiert 1979) sowie durch einen Kodex über Subventionen und Ausgleichszölle (1979) präzisiert worden[114].

§ 367 Eine Reihe von *Schutzklauseln* („escape clauses") läßt Ausnahmen von den GATT-Pflichten, etwa zur Aufrechterhaltung der Zahlungsbilanz (vgl. z. B. § 364), zur Überwindung wirtschaftlicher Not- und Mangellagen, zur Verhinderung ernsthafter Schädigung der einheimischen Produktion, aus Gründen der öffentlichen Moral, der Gesundheit oder Sicherheit, zu. Die Gebrauchnahme dieser Klauseln unterliegt jedoch grundsätzlich dem Diskriminierungsverbot sowie einer *Notifikations- und Konsultationspflicht* im Rahmen des GATT und kann nach vergeblichen *Schlichtungs*versuchen den oder die dadurch betroffenen Staaten zur Aussetzung gleichwertiger vertraglicher Leistungen berechtigen (vgl. auch § 363). Einzelstaatliche Selbsthilfe wird also durch äußerst flexibel gehandhabte Einschaltung von GATT-Instanzen (§ 369) beschränkt und gesteuert[115].

§ 368 Während der „klassische" Teil des GATT vom Grundsatz strikter *Gegenseitigkeit* beherrscht wird, haben die Vertragsparteien unter dem Eindruck von UNCTAD I am 8. Februar 1965 einen neuen Teil IV des Abkommens über Handel und *Entwicklung* angenommen, der von diesem traditionellen Leitprinzip der internationalen Handelsbeziehungen mit dem Ziel abgeht, durch globale Zollpräferenzen für Fertigprodukte und Halbfabrikate aus der Dritten Welt, Stabilisierung der Rohstoffmärkte und Diversifizierung der Volkswirtschaften dieser Staaten deren schnellere wirtschaftliche Entwicklung zu fördern. Seit 1971 gewähren deshalb die westlichen Industriestaaten, wie bereits erwähnt, den Entwicklungsländern allgemeine, nicht-diskriminierende und nichtreziproke Zollpräferenzen für gewerbliche Halb- und Fertigwaren. Die Tokio-Runde hat vor allem in der sog. „enabling clause" einen dauerhaften rechtlichen Rahmen für diese Vorzugsbehandlung der Dritten Welt geschaffen, der die Bereitschaftserklärung der Entwicklungsländer gegenübersteht, sich mit fortschreitender Industrialisierung und Verbesserung ihrer Außenhandelsverhältnisse schrittweise wieder den allgemeinen, d. h. präferenzfreien, GATT-Regeln zu unterstellen[116].

[113] Vgl. BGBl. 1968 II, S. 1183, 1200.

[114] Vgl. die in Anm. 111 genannten Fundstellen.

[115] Darüber *Meng*, Streitbeilegung im GATT, ZaöRV 41 (1981), S. 69 ff.

[116] Vgl. *Heiduk*, Die weltwirtschaftlichen Ordnungsprinzipien von GATT und UNCTAD (1973); *Vedder*, Überleben durch Wandel: Das GATT und die „Neue Weltwirtschaftsordnung", in: *Götz / Rauschning / Zieger* (Hrsg.), Wirtschaft und Technik im Völkerrecht (1982), S. 157 ff.; *Abdulqawi*, Legal Aspects of Trade Preferences for Developing States (1982); *Westreicher*, Der Grundsatz der Gegenseitigkeit in den Handelsbeziehungen zwischen Industrie- und Entwicklungsländern (1984). Zur UNCTAD als dem Hauptforum für die For-

§ 369 Da das GATT keine zwischenstaatliche internationale Organisation mit eigener Völkerrechtspersönlichkeit ist, besitzt es auch keine Organe im Vollsinne. Dennoch setzt das Abkommen Staatengemeinschaftsorgane[117] dadurch ein, daß es der Summe der einzelnen Vertragsparteien (contracting parties) die kollektiv handelnden VERTRAGSPARTEIEN (CONTRACTING PARTIES) gegenüberstellt, die periodisch (1 - 2 mal jährlich) zusammentreten und ihre Beschlüsse mit Stimmenmehrheit, in der Praxis meistens im Consensus-Verfahren fassen. Diese Sessionen der VERTRAGSPARTEIEN entsprechen praktisch den Generalversammlungen der Spezialorganisationen. Die VERTRAGSPARTEIEN können einzelne GATT-Mitgliedstaaten bei Vorliegen außergewöhnlicher Umstände von bestimmten Vertragspflichten entbinden („Waiver"). Ein dahingehender Beschluß bedarf allerdings einer Zweidrittelmehrheit der abgegebenen Stimmen, die mehr als die Hälfte der Vertragsparteien umfassen muß.

Auch Änderungen des GATT treten erst in Kraft, wenn sie von $^2/_3$ der Vertragsparteien angenommen worden sind; Änderungen der in § 362 beschriebenen Grundprinzipien (Art. I und II) nur bei Annahme durch alle Vertragsparteien. Ohne Einsatz dieses schwerfälligen Verfahrens sind die GATT-Regeln durch verschiedene vr Verträge *inter partes* konkretisiert, ergänzt, aber auch geändert worden[118].

Im Lauf der Zeit hat das GATT eine rudimentäre Organisationsstruktur entwickelt:

Im Jahre 1960 wurde ein *Rat* (Council of Representatives) eingesetzt, der die laufenden Geschäfte zwischen den Sessionen der VERTRAGSPARTEIEN zu erledigen hat und in den jede interessierte Vertragspartei einen Delegierten entsenden kann. Die Durchführung der Verwaltungs-, daneben aber auch von Beratungs- und Vermittlungsaufgaben, obliegt dem *Sekretariat* in Genf, das von einem Generalsekretär geleitet wird. Zahlreiche *Schlichtungsausschüsse* aus Experten dritter Staaten befassen sich mit Streitigkeiten, die nicht im Konsultationswege beigelegt werden konnten, in Verfahren, die sowohl Vermittlungs- als auch gerichtsförmige Elemente aufweisen und in Empfehlungen, Vergeltungsermächtigungen oder (ganz überwiegend) in eine einvernehmliche Streitbeilegung ausmünden[119]. Zur Kontrolle der Verwirklichung des neuen Teiles IV des GATT wurde 1965 ein *Ausschuß für Handel und*

---

derungen der Entwicklungsländer siehe oben §§ 145 f. Vgl. ferner §§ 505 ff. und die dort in Anm. 2 genannte Literatur zur „new international economic order".

[117] Vgl. unten §§ 941 ff.

[118] So z. B. durch die in Anm. 111 erwähnten „Kodizes". Vgl. *McRae / Thomas*, The GATT and Multilateral Treaty Making: The Tokyo Round, AJIL 77 (1983), S. 51 ff.

[119] *Meng* (Anm. 115), S. 76 ff.

Entwicklung (Committee on Trade and Development) eingesetzt. 1964 wurde ein *Internationales Handelszentrum* (International Trade Center) gegründet, das seit 1968 gemeinsam mit der UNCTAD verwaltet wird und den Entwicklungsländern durch Marktinformation, Veröffentlichungen, Beratung und Ausbildung technische Hilfe bei der Förderung ihrer Ausfuhren leistet[120].

2. *Sonderregelungen für Rohstoffe*

§ 370 Für eine Anzahl von Rohstoffen und Grundnahrungsmitteln (wie Zinn, Weizen, Kaffee, Kakao, Zucker und Olivenöl) sind gegenüber dem Liberalisierungskodex des GATT planwirtschaftliche Sonderregelungen durch *Rohstoffabkommen* (commodity agreements) getroffen worden[121]. Sie sollen sowohl eine kontinuierliche Versorgung der Abnehmer als auch angemessene, stabile Exporterlöse für die Erzeuger sichern. Dieses zweitgenannte Ziel dient unmittelbar der Entwicklungshilfe, da zahlreiche Staaten der Dritten Welt von der Ausfuhr eines oder weniger Rohstoffe wirtschaftlich abhängig sind. Daraus erklärt sich, daß die Rohstoffpolitik im gegenwärtigen Ringen um eine gerechtere Weltwirtschaftsordnung eine zentrale Rolle spielt.

§ 371 Die bestehenden Rohstoffabkommen legen Exportquoten fest, beschränken den Umfang der Produktion, regulieren die Preise oder richten Ausgleichslager (buffer stocks, wie für Zinn und Kakao) ein, die bei starken Preisbewegungen das Marktangebot verknappen oder ver-

---

[120] *Engblom*, International Trade Centre UNCTAD/GATT, Encyclopedia [5 (1983), S. 183 ff.].

[121] Zum folgenden *A. C.*, L'action internationale et produits de base, AFDI 6 (1960), S. 724 ff.; *Wenzel*, Das Recht der internationalen Rohstoffabkommen (1961); Law and Contemporary Problems 28 (1963), Sonderheft S. 276 ff.; *Knote*, Internationale Rohstoffabkommen aus der Nachkriegszeit (1965); *Metzger*, Law of International Trade, Bd. 2 (1966), S. 1165 ff.; *Seidl-Hohenveldern*, Planung im Rahmen internationaler Rohstoffabkommen, in: J. H. *Kaiser* (Hrsg.), Planung, Bd. IV (1970), S. 281 ff.; *Rowe*, Primary Commodities in International Trade (1965); P. *Fischer*, Rohstofflenkung und Monopolisierungstendenzen im internationalen Wirtschaftsrecht, Österreichische Zeitschrift für Wirtschaftsrecht 1976, S. 65 ff.; G. *Fischer*, Les associations des pays exportateurs de produits de base, AFDI 22 (1976), S. 528 ff.; *Johnstone* (Hrsg.), Law and Policy of Inter-Governmental Primary Commodity Agreements (1976, 2 Bde. Loseblatt); *Kirchner u. a.*, Rohstofferschließungsvorhaben in Entwicklungsländern. Teil 1: Interessenrahmen, Verhandlungsprozeß, rechtliche Konzeption (1977); *Tomuschat*, Internationale Abhängigkeiten im Rohstoffbereich, in: *Kewenig* (Hrsg.), Völkerrecht und internationale wirtschaftliche Zusammenarbeit (1978), S. 149 ff.; *Schirmer / Meyer-Wöbse*, Internationale Rohstoffabkommen. Vertragstexte mit einer Einführung und Bibliographie (1980); *Arsanjani*, International Regulation of Internal Resources (1981); *Bartels u. a.*, Bibliography on Transnational Law of Natural Resources (1981); *Eisemann*, L'organisation internationale du commerce des produits de base (1982); *Ernst*, International Commodity Agreements (1982); *Rahman Khan*, The Law and Organisation of International Commodity Agreements (1982).

größern. Die Laufzeit der Abkommen ist meist sehr kurz, um eine periodische Anpassung des Vertragsinhalts an geänderte wirtschaftliche Verhältnisse zu ermöglichen. Ferner werden Staatengemeinschaftsorgane in Gestalt sog. *„Lenkungsräte"* (commodity councils, z. B. Internationaler Zinnrat, Weizenrat, Zuckerrat) eingesetzt, die wiederum über Sekretariate und verschiedene Ausschüsse verfügen und nach dem Prinzip der Stimmengleichheit zwischen Erzeuger- und Verbraucherländern bei Stimmenwägung innerhalb der Gruppen ausgestaltet sind.

§ 372 Die Entwicklungsländer streben insbesondere im Rahmen der UNCTAD[122] die Beseitigung von Zöllen und Einfuhrkontingenten für Rohstoffe und die daraus hergestellten Produkte, die Einschränkung des Wettbewerbs synthetischer und anderer Substitutionsprodukte, eine stärkere Einschaltung in den Transport und Zwischenhandel, die Bindung der Rohstoffexporterlöse an die Preisentwicklung der importierten Industrieerzeugnisse („Indexierung"), die Steigerung dieser Erlöse durch Zusammenschluß zu Erzeugerkartellen und die umfassende Stabilisierung der Rohstoffpreise auf hohem Niveau durch weitere Rohstoffabkommen der oben geschilderten Art an. Die UNCTAD faßte diese Forderungen in einem „Integrierten Rohstoffprogramm" zusammen, dessen Grundelemente die Schaffung von Ausgleichslagern für 18 Rohstoffe[123] mit zentraler Verwaltung und die Finanzierung dieser Lager durch einen Gemeinsamen Fonds bilden.

§ 373 Während der Abschluß der angestrebten Rohstoffabkommen nur sehr zögernd vonstatten geht[124], ist das Gründungsabkommen über den *Gemeinsamen Rohstoffonds* (Common Fund for Commodities) am 27. Juni 1980 in Genf angenommen und am 1. Oktober 1980 zur Unterzeichnung aufgelegt worden[125]. Das Abkommen wird erst in Kraft treten, wenn die Ratifikations- oder Beitrittsurkunden von 90 Staaten vorliegen, die für zwei Drittel der Pflicht- und die Hälfte der freiwilligen Beiträge aufkommen.

Der Gemeinsame Fonds wird zwei getrennte Operationsbereiche haben. Über ein erstes Konto („Schalter") wird er im Rahmen der einzelnen (bereits abgeschlossenen und noch auszuhandelnden) Rohstoffabkommen zur Finanzierung internationaler und international koordinierter „buffer stocks" beitragen, über das zweite andere Aufgaben als

---

[122] Oben §§ 145 f.

[123] Bananen, Baumwolle, Bauxit, Eisenerz, Hartfasern, Kaffee, Kakao, Kautschuk, Kupfer, Mangan, Olivenöl, andere pflanzliche Öle, Phosphate, Rindfleisch, Tee, tropische Hölzer, Zinn und Zucker.

[124] Vgl. die Übersicht in VN 31 (1983), S. 92 ff.

[125] Text in ILM 19 (1980), S. 896 ff. Ein Überblick über den Inhalt des Abkommens findet sich in VN 29 (1981), S. 132 f. Ende 1983 lagen 53 Ratifikations- und Beitrittsurkunden vor.

die Lagerung finanzieren, wie die Entwicklungsforschung, Produktivitätssteigerung, Marktförderung oder die vertikale Diversifikation. An Organen wird der Gemeinsame Rohstoffonds einen Gouverneursrat (Governing Council), einen Verwaltungsrat (Executive Board) und einen Generaldirektor (Managing Director) an der Spitze des Sekretariats aufweisen. Der *Gouverneursrat* als oberstes Organ wird sich aus Vertretern aller Mitgliedstaaten, der *Verwaltungsrat* aus 28 Staatenvertretern zusammensetzen, deren Stimmen so gewichtet sind, daß jedes Mitglied neben einer Anzahl von Basisstimmen weitere Stimmen je nach seiner finanziellen Leistung erhält, wobei 3 der 4 Staatengruppen (Entwicklungsländer, westliche Industriestaaten, Ostblock, China) die nach dem Gründungsvertrag auf sie entfallenden Stimmkontingente innerhalb ihrer Gruppen zu verteilen haben[126]. Die Fondsorgane sollen ihre Entscheidungen soweit möglich im Consensus-Verfahren[127] treffen, ansonsten genügt im Regelfall die einfache Mehrheit, so daß keine der Gruppen die Willensbildung dominieren kann[128].

---

[126] Die finanziellen Lasten wurden auf diese Gruppen im Verhältnis 10 : 68 : 17 : 5, die Stimmkontingente dagegen im Verhältnis 47 : 42 : 8 : 3 aufgeteilt.

[127] Darüber oben § 122.

[128] *Wolfrum* (oben § 312, Anm. 32), S. 55.

DRITTER TEIL

Die Rezeption der klassischen Völkerrechtsnormen durch die UN-Charta und ihre Weiterbildung

Vorbemerkung

§ 374 Der dritte Absatz der Präambel zur UN-Charta, der „die Achtung vor den Verpflichtungen aus Verträgen und anderen Quellen des Völkerrechts" fordert, sowie Art. 38 des IGH-Statuts, das einen integrierenden Teil der Charta bildet, gehen davon aus, daß die vor ihrem Inkrafttreten in Geltung stehenden Normen des allgemeinen VR, sowie die vr Verträge und die allgemeinen Rechtsgrundsätze weitergelten, soweit ihnen nicht durch die UN-Charta derogiert wurde. Teilt man nun unsere Auffassung, daß die UN-Charta die gegenwärtige Verfassung der universellen Völkerrechtsgemeinschaft ist, so folgt daraus, daß das von ihr als weitergeltend vorausgesetzte VR in ihren Rahmen eingebaut, also von ihr rezipiert wurde.

Kapitel 1

Die Subjekte des universellen Völkerrechts

1. Abschnitt

Begriff und Arten der Völkerrechtssubjekte[1]

§ 375 Da die Bezeichnung „Völkerrechtssubjekt" nicht von allen Schriftstellern im gleichen Sinne verwendet wird, ist es notwendig, darauf hinzuweisen, daß wir darunter jene Personen verstehen, die

---

[1] Darüber H. *Lauterpacht*, The Subjects of the Law of Nations, Law Quarterly Review 63 (1947), S. 438 ff., 64 (1948), S. 97 ff. (auch wiedergegeben in: E. *Lauterpacht* [Hrsg.], International Law. Being the Collected Papers of Hersch Lauterpacht, Bd. 2 [1975], S. 487 ff.); *Arangio-Ruiz*, Gli enti soggetti

Träger vr Rechte und/oder Pflichten sind, deren Verhalten also *unmittelbar* durch das VR geregelt wird. Diese Rechtssubjekte weisen jedoch zahlreiche Verschiedenheiten auf, wie auch der IGH in seinem Gutachten vom 11. April 1949 im Falle *Reparation for Injuries Suffered in the Service of the United Nations* betont[2].

§ 376 Zwar waren nur die souveränen Staaten *ursprüngliche* Völkerrechtssubjekte, im Laufe der Geschichte sind aber auch andere Völkerrechtssubjekte zur Erfüllung neuer Bedürfnisse des internationalen Lebens auf den Plan getreten[3]. So wurden schon im frühen Mittelalter der Heilige Stuhl, seit 1310 der Souveräne Malteser-Ritterorden, seit dem Ende des vorigen Jahrhunderts verschiedene internationale Organisationen und in unserem Jahrhundert das Internationale Komitee vom Roten Kreuz als nichtstaatliche Völkerrechtssubjekte anerkannt. Diese Entwicklung gipfelt in der Gründung der UNO als neuer vr Persönlichkeit[4].

§ 377 Die Ziele dieser Personen sind verschieden. Daher decken sich ihre Rechte und Pflichten nicht. Die souveränen Territorialgemeinschaften nehmen in diesem Kreise eine hervorragende Stellung ein, da ihre Ziele grundsätzlich *alle* Lebensverhältnisse umfassen, während die anderen Völkerrechtssubjekte nur besondere Aufgaben zu erfüllen haben. Aus diesem Grunde sind bloß jene Träger der ganzen Fülle der vr Rechte und Pflichten, während die Rechte und Pflichten der anderen Völkerrechtssubjekte von ihren besonderen Funktionen abhängen[5].

---

dell'ordinamento internazionale (1951); *Wengler*, Der Begriff des Völkerrechtssubjekts im Lichte der politischen Gegenwart, FW 51 (1951/53), S. 113 ff.; *von der Heydte*, Rechtssubjekt und Rechtsperson im Völkerrecht, in: Grundprobleme des internationalen Rechts (Festschrift f. Spiropoulos, 1957), S. 237 ff.; *Mosler*, Die Erweiterung des Kreises der Völkerrechtssubjekte, ZaöRV 22 (1962), S. 1 ff.; *derselbe*, The International Society as a Legal Community, RdC 140 (1974 IV), S. 48 ff.; *O'Connell*, La personnalité en droit international, RGDIP 67 (1963), S. 3 ff.; *Modzorjan*, Subjekte des Völkerrechts (deutsch 1963); *Barberis*, Nouvelles questions concernant la personnalité juridique internationale, RdC 179 (1983 I), S. 145 ff.

[2] ICJ Reports 1949, S. 178: „The subjects of law in any legal system are not necessarily identical in their nature or in the extent of their rights."

[3] Aus demselben Gutachten, S. 178: „Throughout its history, the development of international law has been influenced by the requirements of international life, and the progressive increase in the collective activities of States has already given rise to instances of action upon the international plane by certain entities which are not States."

[4] Aus dem genannten Gutachten, S. 178: „This development culminated in the establishment ... of ... the United Nations. But to achieve these ends the attribution of international personality is indispensable."

[5] Aus ebendiesem Gutachten (Anm. 1), S. 180: „Whereas a State possesses *the totality of international rights and duties* ..., the rights and duties of an entity such as the Organization must depend upon *its purposes and functions*" (von uns hervorgehoben). Diese Verschiedenartigkeit übersieht z. B. *Paone* (§ 417, Anm. 7), wenn er die Völkerrechtssubjektivität des Souveränen Malteser-Ritterordens leugnet.

Dazu kommt, daß die souveränen Staaten nicht nur Subjekte des positiven VR, sondern zugleich seine wichtigsten Erzeuger sind, wobei jedoch hervorgehoben werden muß, daß sie Rechtssubjekte *ut singuli*, Erzeuger hingegen nur in ihrem *Zusammenwirken* sind. An der Erzeugung des VR beteiligen sich allerdings in steigendem Ausmaß auch die Vereinten Nationen, andere internationale Organisationen und der Heilige Stuhl, letztlich hängt aber das Inkrafttreten neuer Völkerrechtsnormen mit auf universeller Ebene geringen Ausnahmen von ihrer Ratifikation durch die Staaten oder deren Zustimmung ab.

2. Abschnitt

Staaten im Sinne des Völkerrechts

A. Der souveräne Staat

I. Die „Drei-Elemente-Lehre"

§ 378 Die UN-Charta definiert den Begriff des Staates nicht, sondern verweist darüber auf das von ihr vorausgesetzte VR[1]. Die Qualifikation eines bestimmten Gebildes als „Staat" im Sinne des VR ist von größter praktischer Bedeutung[2]. Wie wir eingangs aufgezeigt haben, besitzen nur die souveränen Staaten kraft ihrer Existenz eine grundsätzlich umfassende vr Rechts- und Handlungsfähigkeit. Die UN-Charta bekräftigt ihre souveräne Gleichheit und schützt ihre inneren Angelegenheiten vor Eingriffen durch die Organisation[3]. Der Beitritt zur UNO wie auch zu den meisten anderen internationalen Organisationen steht nur Staaten offen[4]. Nur Staaten können den Sicherheitsrat anrufen und in Streitverfahren vor dem IGH als Parteien auftreten[5]. Zu ihren Gunsten spricht die im *Lotus* Case formulierte Vermutung für die Freiheit von Einschränkungen der Unabhängigkeit[6].

[1] Aus der Präambel der UN-Charta: „. . . respect for the obligations arising from treaties and other sources of international law". Dazu Art. 38 des IGH-Statuts, das gemäß Art. 92 UN-Charta einen integrierenden Bestandteil der Charta bildet.

[2] Vgl. *Crawford*, The Criteria for Statehood in International Law, BYIL 48 (1976 - 1977), S. 93 ff. (108); *derselbe*, The Creation of States in International Law (1979), S. 32 ff.; *Uibopuu*, Gedanken zu einem völkerrechtlichen Staatsbegriff, in: *Schreuer* (Hrsg.), Autorität und internationale Ordnung (1979), S. 87 ff. (95 ff.); *Müller / Wildhaber*, Praxis des Völkerrechts (2. Aufl. 1982), S. 138 f.

[3] Genauer §§ 260 ff.

[4] Eingehend *Seidl-Hohenveldern*, Das Recht der Internationalen Organisationen einschließlich der Supranationalen Gemeinschaften (3. Aufl. 1979), S. 57 ff.

[5] Darüber §§ 192, 215.

§ 379 Die Frage, was ein „Staat“ im Sinne des VR ist, wurde in der Staatenpraxis erstmalig anläßlich der Anerkennung neuer Staaten, die sich vom Mutterland losgerissen hatten, aufgeworfen und dahingehend beantwortet, daß ein Staat nur vorliegt, wenn sich ein auf einem bestimmten Gebiet seßhaftes Volk unter einer selbstgesetzten, von keinem anderen Staate abgeleiteten, *effektiv wirksamen* und *dauerhaften* Ordnung organisiert hat[7].

Mit dieser Frage hat sich auch die Mandatskommission des Völkerbundes anläßlich der Prüfung der Voraussetzungen, unter denen ein Mandatsland als „unabhängiger Staat“ anerkannt werden kann, beschäftigt. Als derartige Voraussetzungen werden aufgezählt: eine stabile Regierung einschließlich einer funktionierenden Gesetzgebung, Rechtsprechung und Verwaltung, die mit den nötigen finanziellen Hilfsmitteln und der Fähigkeit ausgestattet ist, die territoriale Integrität und politische Unabhängigkeit zu erhalten, sowie die öffentliche Ruhe und Ordnung im gesamten Gebiete zu sichern[8].

Schließlich finden wir darüber folgende Aussage in Artikel 1 der Panamerikanischen Konvention vom 26. Dezember 1933 über die Rechte und Pflichten der Staaten: "The State as a person of international law should possess the following qualifications: (a) a permanent population; (b) a defined territory; (c) government; and (d) capacity to enter into relations with the other states[9]." Diese Konvention 1933 ergänzt also die Definition der Staatsgewalt durch das Merkmal der Fähigkeit zum zwischenstaatlichen Verkehr. Dazu gehört eine bestimmte Organisation, die Organe für die Führung der auswärtigen Beziehungen einschließt.

§ 380 Der Tatbestand eines souveränen Staates vereint demnach folgende Merkmale (sog. „Drei-Elemente-Lehre“):

1. Staatsgebiet

Darunter verstehen wir den gesicherten Raum, in dem das staatlich organisierte Volk seine Herrschaft effektiv ausüben kann und über das ihm die vr Verfügungsgewalt zusteht. Das VR verlangt darüber hinaus keine Mindestgröße[10] und auch keine genaue Abgrenzung dieses Gebietes. Es genügt also, daß ein unbestrittenes Kerngebiet vorliegt[11].

---

[6] „Restrictions upon the independence of States cannot be presumed“: StIGH: Series A, No. 10, S. 18.

[7] So z. B. im Notenwechsel zwischen Frankreich und Großbritannien über die Anerkennung der von diesem Staate losgerissenen amerikanischen Besitzungen; bei *Martens*, Nouvelles causes célèbres du droit des gens I (1843), S. 370 ff. Zum folgenden *Verdross*, Die Verfassung der Völkerrechtsgemeinschaft (1926), S. 129 ff.; *Frowein*, Die Entwicklung der Anerkennung von Staaten und Regierungen im Völkerrecht, Der Staat 11 (1972), S. 145 ff.; *Uibopuu* (Anm. 2); und besonders materialreich *Crawford* (ebd.).

[8] Journal Officiel 12 (1931), S. 2057.

[9] AJIL 28 (1934), Suppl. S. 75.

2. Staatsvolk

Ein Staat ist keine bloße Vereinigung von Menschen für einzelne Zwecke, sondern bildet eine *civitas perfecta* seiner Angehörigen[12], über die er die Personalhoheit ausübt. Bei einem Staatsvolk muß es sich um einen dauerhaften Personenverbund handeln, der in der Geschlechterfolge fortlebt; eine zahlenmäßige Untergrenze statuiert das VR nicht.

3. Staatsgewalt

Die Organisation eines souveränen Staates weist sich durch volle Selbstregierung und rechtliche Unabhängigkeit von anderen Staaten aus[13].

§ 381 Unter voller *Selbstregierung* versteht man, daß der Staat seine Staats- und Regierungsform, seine innere Organisation und das Verhalten seiner Angehörigen, sowie seine Innen- und Außenpolitik grundsätzlich frei und selbständig regeln kann. Dazu gehört also auch die Verfassungsautonomie, wenngleich wir einige Fälle aufzeigen werden, wo etwa die Verfassung eines neu zu bildenden Staates durch einen vr Vertrag zwischen dritten Staaten vereinbart und dem neuen Staat auferlegt wurde[14].

Dabei müssen aber zwei verschiedene Möglichkeiten unterschieden werden: Entweder hat der neue Staat die Fähigkeit, die fremdgesetzte Verfassung wieder zu ändern, oder er bleibt ihr auch gegen seinen Willen unterworfen. Im ersten Falle ist volle Selbstregierung gegeben, im zweiten Falle hingegen eine Zwischenform zwischen einer sich selbst regierenden und einer fremdregierten (heteronomen) Gemeinschaft. Gleichwohl *können* auch solche Gemeinschaften Völkerrechtssubjekte sein, da das VR nicht nur das Verhalten von souveränen Staaten, sondern auch von bestimmten anderen Rechtssubjekten regelt.

---

[10] Zu den „Mini-(Mikro)"-Staaten vgl. oben § 111. Siehe ferner das Urteil des Verwaltungsgerichts Köln vom 3. Mai 1978 zur Rechtsstellung der auf einer ehemaligen Flakinsel etwa 8 Seemeilen vor der britischen Südküste gegründeten „Principality of *Sealand*", DVBl. 1978, S. 510 f.

[11] So das deutsch-polnische Schiedsgericht am 1. August 1929 im Falle der *Deutschen Continental-Gas-Gesellschaft*, ZaöRV 2, Teil 2 (1930), S. 23: „... il suffit que ce territoire ait une *consistance* suffisamment certaine ... et que, sur ce territoire, il exerce en réalité la puissance publique nationale de façon indépendante" (von uns hervorgehoben). Ferner der IGH in den *North Sea Continental Shelf* Cases, ICJ Reports 1969, S. 32: „There is ... no rule that the land frontiers of a State must be fully delimited and defined, and often in various places and for long periods they are not, ..."
Zu den vr *Gebietsrechten* ausführlich unten §§ 1038 ff.

[12] Das in Anm. 10 zitierte Urteil über die Rechtsstellung von „*Sealand*" verlangt „eine im wesentlichen ständige Form des Zusammenlebens i. S. einer Schicksalsgemeinschaft" (ebd.).

[13] Vgl. zum Souveränitätsbegriff, insbesondere zur Unterscheidung zwischen vr und politischer Souveränität, oben §§ 31 ff.

[14] Vgl. §§ 398, 765.

§ 382 Staaten mit voller Selbstregierung sind aber nur dann souveräne Staaten, wenn sie von anderen Staaten *rechtlich unabhängig* und nur dem VR untergeordnet sind. Seinen klassischen Ausdruck hat dieses Merkmal in der Separate Opinion Anzilottis zum Gutachten des StIGH über das *Customs Régime between Germany and Austria* gefunden:

„[L]'indépendance de l'Autriche, visée par l'article 88, n'est autre chose que l'existence de l'Autriche, dans les frontières fixées par le Traité de Saint-Germain, comme État séparé et non soumis à l'autorité d'aucun autre État ou groupe d'États. L'indépendance ainsi comprise n'est, au fond, que la condition normale des États d'après le droit international: elle peut être aussi bien qualifiée comme *souveraineté (suprema potestas)* ou *souveraineté extérieure*, si l'on entend par cela que l'État n'a au-dessus de soi aucune autre autorité, si ce n'est celle du droit international ...

Il s'ensuit que la notion juridique de l'indépendance n'a rien à faire, ni avec la soumission de l'État au droit international, ni avec les nombreuses et toujours croissantes dépendances de fait, dans lesquelles un État se trouve par rapport aux autres États.

Il s'ensuit également que les limitations de la liberté d'un État, qu'elles dérivent du droit international commun, ou d'engagements contractés, n'affectent aucunement, en tant que telles, son indépendance. Tant que ces limitations n'ont pas pour effet de mettre l'État sous l'autorité légale d'un autre État, le premier reste un État indépendant, pour onéreuses et étendues que soient lesdites obligations[15]."

Die Ordnung der souveränen Staaten darf also nicht von einer anderen Staatsordnung abgeleitet, sondern muß ausschließlich und unmittelbar dem VR unterworfen sein[16].

§ 383 Zur Entstehung eines Staates genügt es schließlich nicht, daß eine neue Staatsordnung verkündet wird, sie muß auch Aussicht auf Dauer haben[17], regelmäßig befolgt und gegenüber den Normverletzern durchgesetzt werden (Grundsatz der *Effektivität*)[18].

---

[15] A/B 41, S. 57 f.

[16] Das *bloße* Merkmal der Völkerrechtsunmittelbarkeit bildet aber kein Unterscheidungskriterium zwischen den souveränen Staaten und den anderen Völkerrechtssubjekten, da nicht nur die Staaten, sondern *sämtliche* Völkerrechtssubjekte *unmittelbar* dem VR unterworfen sind.

[17] Daher war die (Ambonesen-)„Republik von Maluku Selatan", die sich vorübergehend von Indonesien losgelöst hatte, kein Staat im Sinne des VR. Darüber *Roethof*, The Republic of the South Moluccas: An Existing State, in: Symbolae Verzijl (Festschrift, 1958), S. 295 ff. Vgl. ferner *Ijalaye*, Was „Biafra" at Any Time a State in International Law?, AJIL 65 (1971), S. 551 ff. Auch nach der Schweizer Praxis ist notwendig, „que le nouvel Etat paraisse *durable* et qu'il ait respecté les traités internationaux": SchwJIR 33 (1977), S. 166 (Hervorhebung von uns).

II. Ihre Anwendung in der jüngsten Staatenpraxis

§ 384 Obwohl die damit geschilderte „Drei-Elemente-Lehre" in der Staatslehre immer wieder angegriffen worden ist, dient sie auch in der jüngsten Praxis als Grundlage für die Entscheidung über Staatsqualität und Anerkennung neuentstandener Territorialgemeinschaften. So betonte das US-State Department am 10. Oktober 1973, kurz nachdem die Befreiungsbewegung PAIGC auf portugiesischem Kolonialgebiet die Republik Guinea-Bissau ausgerufen hatte, daß "[t]he United States Government has traditionally looked to the establishment of certain facts before it has extended recognition to a new State. These facts include the effective control over a clearly-defined territory and population; an organized governmental administration of that territory; and a capacity to act effectively to conduct foreign relations and to fulfil international obligations. The situation in the territory concerned is not clear enough for us to conduct an initial factual appraisal. The Department will continue to follow the situation closely and assess developments there in light of our dedication to the principle of self-determination and our hope that a peaceful solution can be achieved[19]."

Ganz ähnlich antwortete der schweizerische Bundesrat am 13. Februar 1974 auf eine parlamentarische Anfrage: „Bei der Anerkennung von Staaten hält sich die Schweiz an die Bedingungen, wie sie im Völkerrecht niedergelegt sind: Bevor eine Anerkennung ausgesprochen werden darf, muß festgestellt werden, daß eine Behörde vorhanden ist, welche die Staatsgewalt souverän und dauerhaft über eine bestimmte Bevölkerung und ein bestimmtes Staatsgebiet ausübt. Im Falle des Sezessions- oder Unabhängigkeitskrieges — d. h. wenn ein Territorium sich von einem bestehenden Staat loszulösen versucht, um einen neuen zu bilden — erfordert das erwähnte Element der Dauerhaftigkeit, daß eine Anerkennung erst dann ausgesprochen werden darf, wenn die alte souveräne Gewalt entweder darauf verzichtet hat, das verlorene Staatsgebiet wiederzugewinnen, oder offensichtlich nicht mehr in der Lage ist, es wieder zu erobern.

Im Falle von Guinea-Bissau zeigen allein schon die noch anhaltenden Kämpfe, daß diese Bedingung nicht erfüllt ist; es erübrigt sich damit, zu der Frage Stellung zu beziehen, welcher Teil des Gebietes und wel-

---

[18] Vgl. allgemein oben § 69. Die vom Völkerbund eingesetzte Juristenkommission zur Prüfung der Rechtslage der Aalandinseln bemerkt, daß Finnland erst ein unabhängiger Staat wurde, „until the public authorities had become strong enough to assert themselves ... *without the assistance of foreign troops*": Journal Officiel 1 (1920), Special Suppl. No. 3, S. 9 (von uns hervorgehoben).

[19] AJIL 68 (1974), S. 309.

cher Teil der Bevölkerung sich tatsächlich unter der Kontrolle der Befreiungsbewegung befinden[20]."

Im gleichen Sinn äußerte sich auch die deutsche Bundesregierung[21].

§ 385 Die Praxis der *UNO* bei der Aufnahme neuer Mitglieder stimmt mit den im allgemeinen VR entwickelten Voraussetzungen grundsätzlich überein[22]. Sie weist allerdings auch Fälle auf, in denen Verbänden, die offenkundig (noch) nicht in der Lage waren, das von ihnen beanspruchte Gebiet effektiv zu beherrschen, unter dem Eindruck des antikolonialistisch verstandenen Selbstbestimmungsrechts vorzeitig Staatsqualität zugesprochen wurde. So hieß die Generalversammlung beispielsweise am 9. November 1973 mit Res. 3061 (XXVIII) "the recent accession to independence of the people of Guinea-Bissau, thereby creating the sovereign State of the Republic of Guinea-Bissau", zu einem Zeitpunkt willkommen, als — wie die gerade zitierten Befunde westlicher Staaten zeigen — von einer erfolgreichen Losreißung Guinea-Bissaus aus dem portugiesischen Staatsverband noch nicht die Rede sein konnte, und verurteilte die weitere Präsenz Portugals als rechtswidrige Okkupation, Aggression und Verletzung der Souveränität und territorialen Integrität des neuen Staates[23]. Dazu ist zu bemerken, daß solche Beschlüsse das tatsächliche Vorliegen der drei Staatselemente nicht ersetzen können, wenngleich zuzugeben ist, daß eine derart kräftige Geburtshilfe seitens der UNO und zahlreicher Staaten die Erfolgsaussichten des sezessionistischen Gebildes erhöhen und den Behauptungswillen des Mutterstaates entscheidend schwächen kann[24]. Die

---

[20] *Müller / Wildhaber* (Anm. 2), S. 156. Ebenso klar die unten § 961, Anm. 3 auszugsweise wiedergegebene Stellungnahme des Bundesrates vom 10. März 1977.

[21] „Die Anerkennung eines neuen Staates setzt voraus, daß sich ein Staat gebildet hat mit einem Staatsvolk, einem Staatsgebiet und einer Staatsgewalt, die durch eine effektive handlungsfähige Regierung verkörpert wird, die ihre Hoheitsgewalt über den größten Teil des Territoriums und die Mehrzahl der Einwohner effektiv ausübt und die sich mit Aussicht auf Dauer behaupten kann. Die Bundesregierung würde eine Bitte um Anerkennung Guinea-Bissaos als unabhängiger Staat wie in allen bisherigen Fällen nach diesen genannten Kriterien beurteilen": ZaöRV 35 (1975), S. 777.
Über die Haltung Frankreichs zur Anerkennung von Angola als neuer Staat AFDI 22 (1976), S. 996.

[22] Darüber R. *Higgins*, The Development of International Law Through the Political Organs of the United Nations (1963), S. 11 ff., mit umfangreichen Nachweisen.

[23] ILM 13 (1974), S. 225 ff. (93 Pro-, 7 Gegenstimmen, 30 Stimmenthaltungen). Zu der hinter solchen Beschlüssen stehenden Doktrin vom eigenständigen vr Status abhängiger Völker und Gebiete unten §§ 409 f.

[24] So wurde Guinea-Bissau weniger als ein Jahr nach den im Text beschriebenen Vorgängen aus dem portugiesischen Staatsverband entlassen (ILM 13 [1974], S. 1244), in die UNO aufgenommen und allgemein anerkannt: RGDIP 78 (1974), S. 1166 ff.

von der Staatengemeinschaft als legitim anerkannte Berufung auf das Selbstbestimmungsrecht der Völker vermag also in der Praxis Effektivitätsmängel zu überbrücken[25].

§ 386 Dieses Prinzip wirkt aber auch in umgekehrter Richtung. So hat das weiße Minderheitenregime in Südrhodesien, das am 11. November 1965 einseitig seine Unabhängigkeit ausrief, dort ohne Zweifel über lange Zeit eine effektive, unabhängige Gewalt ausgeübt[26]. Wegen seiner Verletzung der Rechtsgleichheit und Selbstbestimmung wurde Rhodesien jedoch von keinem Staat anerkannt, vielmehr zum Ziel eines umfassenden Wirtschaftsboykotts. Erst durch eine auf der Lancaster House Conference Ende 1979 von Großbritannien mit der neuen eingeborenen Regierung getroffene Vereinbarung wurde Südrhodesien als Zimbabwe in die Unabhängigkeit entlassen[27].

Mit ähnlichem Nachdruck hat die UN-Generalversammlung seit 1976 die Staaten aufgefordert, die von Südafrika in Verfolg seiner Apartheid-Politik formal in die Unabhängigkeit entlassenen „*homelands*" oder „*Bantustans*" nicht anzuerkennen[28]. Eine Qualifizierung der Bantustans als souveräne Staaten erscheint jedoch auch nach der hergebrachten Drei-Elemente-Lehre zweifelhaft.

§ 387 Festzuhalten ist schließlich, daß ein Gebilde, das ein Territorium in effektiver Unabhängigkeit beherrscht, nur ein Staat i. S. des VR sein kann, wenn es diese Eigenschaft auch selbst bejaht. Solange sich demnach ein stabilisiertes *de facto*-Regime[29] wie z. B. die Republik China (Taiwan) konsequent nicht als selbständiger Staat innerhalb der Grenzen des von ihm gegenwärtig beherrschten Gebietes, sondern als Zentralgewalt in einem bereits bestehenden größeren Staat begreift und die Wiederausübung der Regierungsgewalt in dessen gesamtem Territorium anstrebt, kann ihm die Staatseigenschaft nicht aufoktroyiert werden[30].

---

[25] *Crawford*, BYIL (Anm. 2), S. 161; *derselbe*, Creation of States (Anm. 2), S. 102 f.

[26] Vgl. *Crawford*, BYIL, S. 162; *derselbe*, Creation of States, S. 103 ff.

[27] ILM 19 (1980), S. 387 ff. Vgl. auch oben §§ 232, 234.

[28] Dazu *Crawford*, BYIL (Anm. 2), S. 176 ff.; *derselbe*, Creation of States (Anm. 2), S. 222 ff.; RGDIP 81 (1977), S. 582 ff.; G. *Fischer*, La non-reconnaissance du Transkei, AFDI 22 (1976), S. 63 ff.; *Witkin*, Transkei: An Analysis of the Practice of Recognition — Political or Legal? Harvard International Law Journal 18 (1977), S. 605 ff.; E. *Klein*, Die Nichtanerkennungspolitik der Vereinten Nationen gegenüber den in die Unabhängigkeit entlassenen südafrikanischen *homelands*, ZaöRV 39 (1979), S. 469 ff.; *Ginther*, Das Anerkennungsverbot der Homelands, GYIL 23 (1980), S. 323 ff.

[29] Darüber ausführlich §§ 404 ff.

[30] So auch *Crawford*, Creation of States, S. 151.

B. Personalhoheit und Gebietshoheit

§ 388 Der moderne Staat hat eine doppelte Autorität. Als *Personenverband* übt er gegenüber *seinen* Angehörigen die *Personalhoheit* aus. Diese wurzelt im Personalitätsprinzip des germanischen Rechts, demzufolge jeder Stammesangehörige überall nur der Rechtsordnung seiner Gemeinschaft unterstand. Dieser Rechtsgedanke hat bis zum Ende des Ersten Weltkrieges eine große Rolle in der *Konsulargerichtsbarkeit* gespielt, welche europäische Staaten seit Beginn des 16. Jahrhunderts in der Türkei und später auch in anderen orientalischen Staaten über ihre Angehörigen ausgeübt haben. Personalhoheit besteht aber noch heute, wenngleich in einem beschränkten Umfange, weiter, wie wir später sehen werden[31].

Damit in Zusammenhang steht die Frage, ob es auch „wandernde Staaten" geben kann. Auf diese von Grotius bejahte Frage[32] braucht hier nicht eingegangen zu werden, da sie praktisch bedeutungslos ist. Es genügt, darauf hinzuweisen, daß nach geltendem VR die Personalhoheit auch von einer Regierung ausgeübt werden kann, die ins Ausland geflüchtet ist, also von einer „wandernden " Regierung, die selbst ohne eigene territoriale Grundlage bestehen kann[33].

§ 389 Neben der Personalhoheit besitzt jeder Staat eine *Gebietshoheit*, die sich grundsätzlich auf alle in seinem Gebiete befindlichen Personen und Sachen erstreckt. Diese ist gegenüber der Personalhoheit immer mehr in den Vordergrund getreten[34]. Gleichwohl konnte sie jene nicht verdrängen, da jeder Staat *primär* ein *Personen*verband ist, dessen Grundlage ein persönliches *Treueverhältnis zwischen Staat und Staatsvolk* bildet. Natürlich wäre auch eine bloße territoriale Gliederung der Welt möglich, dann gäbe es aber weder Heimatstaaten noch Staatsangehörige. Damit würde der Staat aufhören, ein staatlich organisiertes Volk zu sein und ein Verwaltungsbezirk einer Weltorganisation werden.

C. Die Kontinuität der völkerrechtlichen Persönlichkeit der Staaten[35]

§ 390 Daß der Staat im Sinne des VR wurzelhaft ein Personenverband ist, wird durch die Kontinuität seiner vr Persönlichkeit bei revo-

[31] Unten §§ 1225 ff.

[32] De jure belli ac pacis, II, cap. 9, § 7.

[33] *Arangio-Ruiz*, Diritto internazionale e personalità giuridica (1971), S. 123 ff. Vgl. auch unten § 881.

[34] Unten §§ 1019 ff.

[35] *Crawford*, BYIL (Anm. 2), S. 173 ff.; *derselbe*, Creation of States (Anm. 2), S. 400 ff.; *Marek*, Identity and Continuity of States in Public Internatio-

lutionären Änderungen seiner Staatsform klar beleuchtet. Darüber lehren schon unsere Klassiker, daß die auf einem bestimmten Gebiete seßhafte, in der Geschlechterfolge fortlebende *Bevölkerung* das materielle Element bildet, das die vr Kontinuität der Staaten begründet. So bekämpft Grotius die Lehre des Aristoteles, daß eine Änderung der Verfassung des Staates einen neuen Staat begründe, da die Form der Verfassung für den Bestand des Staates ohne Bedeutung sei[36]. In meisterhafter Klarheit kleidet Bynkershoek diesen Gedanken in folgende Worte: „Forma autem Regiminis mutata non mutatur ipse Populus. Eadem utique Respublica est, quamvis nunc hoc, nunc alio modo regatur[37]."

§ 391 Diese Lehre wird durch die ständige Staatenpraxis bestätigt. Sie findet ihren vollendeten Ausdruck in der Londoner Erklärung der damaligen Großmächte vom 19. Februar 1831: „Les traités ne perdent pas leur puissance quels que soient les changements qui interviennent dans l'organisation intérieure des peuples." Ihr folgt die vr Judikatur. So sagt z. B. das französisch-chilenische Schiedsgericht am 5. Juli 1901 in der *Affaire de Guano* mit einem Hinweis auf die Völkerrechtslehre: „[L]a permanence de l'existence de l'Etat suppose nécessairement la présence d'un pouvoir qui agit en son nom et qui la répresente[38]." Einige

nal Law (1954); *Crisafulli*, La continuità dello Stato, RDI 47 (1964), S. 365 ff.; *Cansacchi*, Identité et continuité des sujets internationaux, RdC 130 (1970 II), S. 1 ff.; *Fiedler*, Das Kontinuitätsproblem im Völkerrecht (1978).

[36] *Grotius*, De jure belli ac pacis, II, cap. 9, § 8.

[37] Quaestionum Juris Publici libri duo (1737), II, cap. 25, § 1. Ebenso u. a. *Anzilotti*, Lehrbuch des Völkerrechts (1929), S. 133; *Verosta*, Die internationale Stellung Österreichs 1938 - 1945 (1947), S. 1 ff.

[38] RIAA XV, S. 350; ferner der Haager Schiedsgerichtshof am 11. Oktober 1921 im Falle der *Réclamations françaises contre le Pérou*, RIAA I, S. 218 f. Dazu *Ruzé*, France et Pérou, RGDIP 29 (1922), S. 256 ff.; *Thomas*, WV I, S. 556. Weiter der Schiedsspruch *Tafts* vom 18. Oktober 1923 im Falle *Tinoco*, RIAA I, S. 375 ff., 377: „Changes in the government or the internal policy of a state do not as a rule affect its position in international law . . .". Im Falle *State of Yucatan v. Argumedo et al.* (1915) drückt der Supreme Court of the State of New York diesen Gedanken klar durch folgende Bemerkung aus: „. . . the state is continuous and the right of action really resides in the *aggregate body of the people* who are merely represented by particular governmental organizations . . .": *Hackworth*, Digest of International Law I, S. 102 (von uns hervorgehoben). Vgl. ferner Schiedsrichter *Borel* am 18. April 1925 im Fall der *Dette publique ottomane*, RIAA I, S. 573: „En droit international, la République turque doit être considérée comme continuant la personnalité de l'Empire ottoman." Andere Judikate und Erklärungen bei *Marek* (Anm. 35), S. 31 ff. Das Prinzip der staatlichen Kontinuität stützt sich also nicht nur auf die im Text angeführte Londoner Erklärung, wie G. *Arangio-Ruiz* meint (ÖZöffR 26 [1975], S. 304 ff.). Es findet auch nicht nur im Vertragsrecht Anwendung, sondern gilt ganz allgemein, insbesondere z. B. im Bereich der vr Verantwortlichkeit (unten §§ 1262 ff.). Daran würde sich auch nichts ändern, wenn man den Begriff der vr Kontinuität durch denjenigen der Universalsukzession einer nachrevolutionären Regierung in die vr Pflichten ihrer Vorgängerin ersetzt.

Schriftsteller bestreiten jedoch die vr Kontinuität, wenn die Organisation des Staates, wenngleich nur vorübergehend, aufgelöst wurde, da sie das Schwergewicht auf die staatliche *Organisation* legen[39]. Gerade die neuere Staatenpraxis zeigt uns aber, daß die vr Persönlichkeit eines Staates selbst im Falle der vorübergehenden Auflösung seiner Organisation erhalten bleiben kann. So sagt das vom Court of Appeal bestätigte, auf einer Erklärung des Außenministeriums aufgebaute Erkenntnis des britischen Divisional Court vom 3. April 1946 im Falle *Rex v. Bottrill, ex parte Küchenmeister*, daß nicht nur die deutsche Staatsangehörigkeit trotz Übernahme der vollständigen Staatsgewalt über Deutschland durch die Siegermächte aufrecht geblieben ist, sondern auch der Kriegszustand zwischen Großbritannien und Deutschland weiterbesteht ("His Majesty is still in a state of war with Germany although ... all active hostilities have ceased.")[40]. Da nun aber die Deutsche Wehrmacht seit der Kapitulation am 8. Mai 1945 nicht mehr existierte, kann der Krieg nur mit dem deutschen *Volke* angedauert haben. Das bedeutet, daß in einem solchen Fall die Kontinuität des Staates nur mehr vom Weiterbestand des Staatsvolkes (wenngleich vielleicht auf einem verkleinerten Gebiet) abhängig ist[41]. Wenn Krystina Marek dagegen einwendet, daß ein „staatlich organisiertes Volk" den Bestand des Staates voraussetze[42], so ist das zwar an und für sich richtig. Sie übersieht aber, daß darunter in diesem Zusammenhang ein Volk verstanden wird, das staatlich organisiert *war*, seine eigene Organisation aber vorübergehend verloren hat. Das VR, das die Zuständigkeiten der Staaten untereinander abgrenzt, läßt also diese Abgrenzung bei einer vorübergehenden Auflösung der Staatsgewalt weiterbestehen, wenn die *Bevölkerung* erhalten bleibt. Daher kann die Kontinuität eines Staates selbst im Falle seiner völkerrechtswidrigen, im Laufe eines Krieges erfolgten, dann aber rückgängig gemachten Annexion aufrecht bleiben. So wurden sowohl Albanien, Äthiopien[43] als auch die Tschechoslowakei

---

[39] So *Sereni*, Diritto internazionale II (1958), S. 373 ff.; *Cansacchi* (Anm. 35).

[40] BYIL 23 (1946), S. 123 und 381 ff.; dazu *v. Münch*, WV III, S. 116 f.

[41] In diesem Sinne auch das Erkenntnis des Obergerichts des Kantons Zürich vom 1. Dezember 1945 über die *Weitergeltung internationaler Verträge zwischen der Schweiz und Deutschland*, Schweizerische Juristenzeitung 42 (1946), S. 89 ff. Ebenso andere schweizerische Judikate im SchwJIR 3 (1946), S. 204 ff.; 4 (1947), S. 143, und 10 (1953), S. 205; sowie der österreichische Oberste Gerichtshof am 24. Januar 1946, JBl. 68 (1946), S. 142: „Wenn auch die zukünftige Gestaltung des deutschen Staates ungewiß ist, so besteht doch der Staat weiter ..., auch dann, wenn die Verwaltung von den Siegermächten geführt wird."

[42] (Anm. 35), S. 48.

[43] Aus dem Schiedsspruch der französisch-italienischen Vergleichskommission vom 16. März 1956, RIAA XIII, S. 648: „... le Traité [d. h. der Friedensvertrag mit Italien 1947] ne peut pas mettre à néant le fait historique de la souveraineté exercée par l'Italie sur le territoire de l'Ethiopie à la suite de

trotz ihrer vorübergehenden Einverleibung in fremdes Staatsgebiet von den nach dem Zweiten Weltkrieg abgeschlossenen Friedensverträgen als in den früheren Zustand wiedereingesetzte Völkerrechtssubjekte betrachtet[44]. Ebenso erklärt die Präambel des Österreichischen Staatsvertrages vom 15. Mai 1955 unter Rezeption der Moskauer Deklaration vom 30. Oktober 1943 „die Annexion Österreichs durch Deutschland ... als null und nichtig", obgleich es sich dabei bloß um eine „occupatio *quasi-bellica*" gehandelt hat. Die völkerrechtswidrige Annexion wird also *ex tunc* als unwirksam erklärt und damit die Kontinuität der vr Persönlichkeit der Republik Österreich anerkannt[45].

§ 392 Aus der Kontinuität der Staaten folgt jedoch *nicht*, daß die von einem *de facto* vom Okkupanten abhängigen Regime abgeschlossenen Verträge die nachfolgende legale Regierung verpflichten. Dasselbe gilt für Verträge, die eine lokale Regierung im Namen des ganzen Staates abgeschlossen hat[46].

D. Völkerrechtssubjekte ohne Handlungsfähigkeit

§ 393 Das gerade angeführte Beispiel des Weiterbestandes des deutschen Staates trotz vollständiger Auflösung seiner Organisation und Übernahme der Staatsgewalt durch die vier Großmächte[47] zeigt uns, daß ein Staat als Rechtssubjekt weiterbestehen, aber seine Handlungsfähigkeit vorübergehend verlieren kann. Das Gegenstück eines solchen „entmündigten" Staates bilden die „unmündigen" Völkerrechtssubjekte, also jene, die *noch nicht* handlungsfähig geworden sind. Solche waren die ehemaligen A-Mandate des Völkerbundes, die gemäß Artikel 22 Abs. 4 der Völkerbundsatzung als unabhängige Gemeinschaften aner-

---

l'annexion du 9 mai 1936 ... mais il entend *de jure* restaurer *rétroactivement* la souveraineté de l'Etat éthiopien ... immédiatement par le retour de l'Empereur Haile Sélaissie II sur son trône ..." (von uns hervorgehoben).

[44] *Sereni* (Anm. 39), S. 178 ff. Dazu *Crisafulli* (Anm. 35), S. 365 ff.

[45] *Verosta* (Anm. 37); *Marek* (Anm. 35), S. 338 ff.

[46] *Bastid*, Mutations politiques et traités: Le cas de la Chine, FS Rousseau, S. 1 ff.; *Tenekides*, La nature juridique des gouvernements institués par l'occupant en Grèce ..., RGDIP 51 (1947), S. 123 ff.

[47] Aus Abs. 5 der Einleitung der Potsdamer Erklärung vom 5. Juni 1945: „The Governments of the United Kingdom, the United States of America and the Union of Soviet Socialist Republics and the Provisional Government of the French Republic hereby assume supreme authority with respect to Germany, *including all the powers* possessed by the German Government, the High Command and any state, municipal or local government or authority. The assumption ... of the said authority ... *does not effect the annexation* of Germany." (Deutsche Übersetzung in *Berber*, Dokumente I, S. 2283 ff.). Bei dieser Sachlage spielt es keine Rolle, daß die deutsche Postverwaltung und andere Organe im Auftrag der Siegermächte weiterfunktioniert haben.

kannt, aber bis zur Erlangung der Fähigkeit zur Selbstregierung der Oberleitung eines Mandatars unterstellt wurden, der allein in ihrem Namen vr Verträge abschließen und andere rechtsverbindliche Erklärungen abgeben konnte[48]. Ob auch die B- und C-Mandate Völkerrechtssubjekte ohne Handlungsfähigkeit waren, ist streitig[49].

Eine ähnliche Rechtsstellung besaßen die Treuhandgebiete nach Kapitel XII der UN-Charta, die inzwischen jedoch alle die volle Unabhängigkeit erlangt haben oder im Begriffe sind, sich mit dem früheren Treuhänder zu assoziieren[50].

E. Gliedstaaten mit partieller Völkerrechtssubjektivität und abhängige Staaten

§ 394 Die UN-Charta zählt unter den ursprünglichen Mitgliedern zwei Gliedstaaten eines Bundesstaates, nämlich die Ukraine und Weißrußland, auf[51]. Auch Indien wurde erst aufgrund des britischen „India Independence Act" vom 18. Juli 1947 ein unabhängiger Staat. Es war aber, ebenso wie die anderen Dominions, schon vorher Mitglied des Völkerbundes und seit 1945 der UNO. In diesen Fällen handelt es sich also um Gliedstaaten, die ihre Völkerrechtssubjektivität *unmittelbar* aus einem vr Vertrag herleiten.

§ 395 Außerdem gibt es Gliedstaaten eines Bundesstaates, wie die deutschen Länder[52] und die Schweizer Kantone[53], denen nicht das VR, sondern die *Verfassung des Gesamtstaates* eine beschränkte Zuständigkeit in auswärtigen Angelegenheiten einräumt. Da ihnen diese durch die genannte Verfassung wieder entzogen werden kann, handelt es sich in Wahrheit nur um eine Dezentralisierung der auswärtigen Angelegenheiten, sofern die partielle Völkerrechtssubjektivität der Gliedstaaten nicht von anderen Staaten anerkannt wurde[54].

---

[48] Zu gewissen Ausnahmefällen vgl. *Verdross*, S. 212.

[49] Das Institut de Droit International bejahte diese Frage in seiner 37. Session in Cambridge: „Les collectivités sous mandat sont des sujets de Droit International." Annuaire IDI 36 II, S. 234, Art. VI. Der IGH hat diese Frage niemals untersucht. Er spricht in seinem Gutachten über den *International Status of South West Africa* aber von einem „*droit de la population* de voir le Territoire administré conformément à ces règles": ICJ Reports 1950, S. 133 (von uns hervorgehoben). Ähnlich Art. 80 Abs. 1 UN-Charta.

[50] Oben § 182.

[51] Dazu zuletzt *Uibopuu*, Die Völkerrechtssubjektivität der Unionsrepubliken der UdSSR (1975).

[52] *Rudolf*, Internationale Beziehungen der deutschen Länder, ArchVR 13 (1966), S. 53 ff.; *Fastenrath*, Auswärtige Gewalt im offenen Verfassungsstaat, in: *Dittmann / Kilian* (Hrsg.), Kompetenzprobleme der Auswärtigen Gewalt (1982), S. 1 ff. Vgl. auch unten § 678.

[53] *Guggenheim*, Traité de Droit international public, Bd. 1 (2. Aufl. 1967), S. 133, und unten § 678, Anm. 14.

Auf die partielle Völkerrechtssubjektivität der früheren Vasallenstaaten der Türkei braucht hier nicht eingegangen zu werden, da solche Staaten nicht mehr bestehen.

§ 396 Von diesen Staaten müssen die *protegierten* Staaten, d. h. jene wohl unterschieden werden, die *durch einen vr Vertrag* einem anderen Staat die Befugnis eingeräumt haben, ihre Außenpolitik zu führen (vollständiges Protektorat) oder nur zu überwachen (abgeschwächtes Protektorat), oder in bestimmten Fällen, z. B. zur Aufrechterhaltung von Ruhe und Ordnung, in ihre innere Angelegenheiten einzugreifen (Quasi-Protektorat). Dabei handelt es sich aber um bloße Typen, da alles von der konkreten Rechtslage abhängt[55]. So darf das Fürstentum *Monaco* aufgrund des Vertrages vom 17. Juli 1918 keine vr Verträge mit dritten Staaten ohne vorherige Zustimmung (entente préalable) Frankreichs abschließen und würde im Falle des Aussterbens seiner Dynastie von Frankreich vollständig protegiert werden[56]. Ferner wird *Bhutan* aufgrund seines Vertrages mit Indien vom 8. August 1949 in der Außenpolitik von diesem Staate geleitet (to be guided by the advice of the Government of India in regard to external relations)[57].

§ 397 Es kann aber auch unter dem Schein eines Protektoratsvertrages eine vollständige Unterordnung einer Gemeinschaft unter eine andere herbeigeführt werden[58]. Als „Staaten" bezeichnete Gebilde, deren

---

[54] *Verdross*, S. 195; zustimmend *Uibopuu* (Anm. 51), S. 271 ff., der daher nur eine *potentielle* Völkerrechtssubjektivität dieser Gliedstaaten, mit Ausnahme der im Text angeführten Ukraine und Weißrußlands, annimmt.

[55] Ebenso Max *Huber* in seinem als Schiedsspruch anerkannten Gutachten vom 1. Mai 1925 in der *Affaire des biens britanniques au Maroc espagnol*, RIAA II, S. 647: „Le protectorat est une institution qui exige d'être envisagée avant tout selon les conditions de chaque cas individuel ...". Ebenso der StIGH in seinem Gutachten vom 7. Februar 1923 über die *Nationality Decrees Issued in Tunis and Morocco*, B 4, S. 27. Dazu *Johnston*, Sovereignty and Protection (1973).

[56] RGDIP 27 (1920), S. 217. Dazu *Schindler*, Monako, WV II, S. 545; *Gallois*, Le régime international de la Principauté de Monaco (1964).

[57] *Zemanek*, Protektorat, Staatslexikon 6 (1961), Sp. 542 ff.; *Hecker*, Sikkim and Bhutan (1970). Über die „free association" zwischen Palau, den Marshallinseln, den Federated States of Micronesia und den USA vgl. *Armstrong*, The Negotiations for the Future Political Status of Micronesia, AJIL 74 (1980), S. 689 ff.

[58] Durch den Vertrag zwischen Indien und dem Chogyal (König) sowie den „Leaders of the Political Parties" *Sikkims* vom 8. Mai 1973 (IJIL 13 [1973], S. 620) wurde Indien nicht nur die Führung der ganzen Außenpolitik und die Verteidigung dieses Staates übertragen, sondern auch alle Vollmachten für seine gute Verwaltung und wirtschaftliche Entwicklung. Der 35. Zusatzartikel zur indischen Verfassung vom Februar 1975 erklärte Sikkim zum Assoziierten Bundesstaat Indiens. Im April 1975 intervenierte die indische Armee in Sikkim, nachdem der proindische (und auf Vorschlag Indiens ernannte) Chefminister Indien um die Absetzung des Chogyal gebeten hatte. Nach Durchführung eines Referendums, dessen Verfassungsmäßigkeit vom

Existenz von einem anderen Staate vollständig abhängig ist, nennt man scheinsouveräne Staaten (puppet States, Etats fantoches). Solche „Staaten" waren z. B. Holland während der französischen Besetzung unter Napoleon I.[59], das von Japan am 18. Februar 1932 ins Leben gerufene Mandschukuo[60], ferner während des Zweiten Weltkrieges Kroatien[61], die Slowakei[62], sowie die von Mussolini nach seinem Sturz als Regierungschef Italiens unter deutschem Schutz gegründete Italienische Soziale Republik von Salò[63]. Diese Gebilde waren mangels des Merkmales der Unabhängigkeit keine souveränen Staaten i. S. des VR. Die von ihnen begangenen Völkerrechtsverletzungen wurden daher dem tatsächlichen Machthaber zugerechnet[64].

§ 398 Es gab auch einzelne Staaten, deren Errichtung durch einen Kollektivvertrag zwischen dritten Staaten vorgesehen wurde, nämlich die Republik *Krakau* durch Artikel 6 der Wiener Kongreß-Akte vom 9. Juni 1815, die „Freie Stadt *Danzig*" durch den Friedensvertrag von Versailles (1919) und das „Territorium *Trieste*" durch den Friedensvertrag mit Italien (1947). Dabei handelte es sich um *heteronome* Gebilde, da sie nur innerhalb der sachlichen Grenzen ins Leben treten konnten, welche die ihnen auferlegte Verfassung gezogen hatte. Doch sind diese Staaten erst dadurch entstanden, daß die von jenen Verträgen vorgesehenen Organe effektiv zu *funktionieren* begonnen haben, was beim „Territorio libero di Trieste" niemals der Fall war. Das gilt auch für die Errichtung des Staates *Libyen* durch eine Resolution der Generalversammlung der UNO vom 21. November 1949 aufgrund einer Ermächtigung des Artikels 23 (mit Anhang XI, § 3) des Friedensvertrages mit Italien (1947), obgleich es sich dabei um kein heteronomes Ge-

---

Chogyal bestritten wurde, verabschiedete das indische Unterhaus am 23. April 1975 ein Verfassungsgesetz, mit dem Sikkim zum 22. Gliedstaat Indiens gemacht und die Institution des Chogyal abgeschafft wurde. Vgl. zu diesen Vorgängen AdG 44 (1974), S. 18906 B, 45 (1975), S. 19398 B, 19418 F, 19451 C; RGDIP 79 (1975), S. 536 ff.; G. *Fischer*, Le nouveau statut du Sikkim, AFDI 20 (1974), S. 201 ff.

[59] Vgl. unten § 1284.

[60] *Herrfahrdt*, Mandschurei, WV II, S. 468 f.; *Crawford*, BYIL (Anm. 2), S. 128 f., 130 f.

[61] *Crawford* (ebd.), S. 131 f. Dazu das Erkenntnis der US International Claims Commission über den *Socony Vacuum Oil Company Claim*, ILR 21 (1954), S. 55 ff., und den Schiedsspruch vom 17. März 1956 zwischen den Postverwaltungen von Portugal und Jugoslawien, RIAA XII, S. 339 ff.

[62] Darüber das Erkenntnis des deutschen Bundesgerichtshofes vom 19. Januar 1966, RZW 66, S. 214, No. 12; *Ginther*, War die Slowakei ein souveräner Staat?, ÖZöffR 17 (1967), S. 142 ff.; *derselbe*, Der Satellitenstaat, ÖZA 9 (1969), S. 3 ff.

[63] Vgl. die Entscheidung der US-italienischen Vergleichskommission vom 24. September 1956 im Falle *Treves*, RIAA XIV, S. 262 ff.

[64] Unten §§ 1286 f.

bilde handelte, da das libysche Volk über seine Verfassung selbst bestimmen konnte[65].

§ 399 Um Mißverständnisse zu vermeiden, sei darauf hingewiesen, daß *Liechtenstein* und *San Marino* unabhängige Staaten sind, obgleich jenes seit dem 29. März 1923 durch eine Zollunion mit der Schweiz verbunden ist[66] und dieses unter der „amicizia prottetrice" Italiens steht[67].

F. Dauernd neutrale Staaten

§ 400 Ein Staat kann die dauernde Neutralität als Maxime seiner *Außenpolitik* wählen, wie z. B. Schweden, er kann sie in diesem Fall auch einseitig wieder ändern. Ein Staat kann jedoch auch durch einen vr Vertrag oder durch eine einseitige vr Erklärung die *Verpflichtung* zur dauernden Neutralität übernehmen. Ein solcher Staat ist gegenwärtig die *Schweiz* aufgrund der Erklärung der Mächte des Wiener Kongresses vom 20. März 1815, des Beitritts der Eidgenossenschaft vom 27. Mai 1815 und der abschließenden Erklärung jener Mächte vom 20. November 1815[68]. Dieser Zustand wurde durch Art. 435 des Vertrages von Versailles auch von den anderen Vertragsstaaten anerkannt. Ferner gehören hierher der *Staat der Vatikanischen Stadt* aufgrund des Art. 24 des Lateran-Vertrages mit Italien vom 11. Februar 1929[69] und schließlich die *Republik Österreich* aufgrund des Moskauer Memorandums mit der Sowjetunion vom 15. April 1955, seiner Durchführung durch das Bundesverfassungsgesetz vom 26. Oktober 1955, und dessen Notifizierung und Annahme oder widerspruchslosen Hinnahme durch die anderen Staaten[70].

---

[65] Vgl. auch unten § 958.

[66] *Kohn*, The Sovereignty of Liechtenstein, AJIL 61 (1967), S. 547 ff.; *Niedermann*, Liechtenstein und die Schweiz (1976); *Merlin*, Das souveräne Fürstentum Liechtenstein aus der Sicht des Völkerrechts, in: *Schreuer* (Hrsg.), Autorität und internationale Ordnung (1979), S. 111 ff.

[67] Auf Grund der „Convenzione di amicizia e di buon vicinato" vom 31. März 1939, dessen Art. 1 San Marino verpflichtet, den Schutz keiner anderen Macht anzunehmen: RDI 32 (1940), S. 292. Vgl. den Bericht der Commission de proposition der Internationalen Arbeitskonferenz der ILO vom 11. Juni 1982, der der Aufnahme San Marinos in diese UN-Spezialorganisation vorausging: RDI 65 (1982), S. 1005 ff.

[68] *Fleischmann*, Völkerrechtsquellen (1905), S. 23; *Berber*, Dokumente I, S. 827 ff.

[69] Vgl. unten §§ 412 ff.

[70] Texte bei *Berber*, Dokumente I, S. 854 ff. Dazu *Verdross*, Die immerwährende Neutralität Österreichs (1977); *derselbe*, Österreichs Neutralität: Ein Beitrag zum Frieden in der Welt, in: *Klecatsky* (Hrsg.), Die Republik Österreich (1968), S. 279 ff.; *Seidl-Hohenveldern*, La neutralité autrichienne et les relations de l'Autriche avec les Communautés européennes, AFDI 9 (1963), S. 827 ff.; *Verosta*, Die dauernde Neutralität (1967); *Zemanek*, Wirtschaftliche Neutralität, JBl. 81 (1959), S. 249 ff.; *Ermacora*, 20 Jahre öster-

§ 401 Ein dauernd neutraler Staat ist voll handlungsfähig, er ist aber vr verpflichtet, in *allen* Kriegen neutral zu bleiben, und schon in Friedenszeiten keine Bindungen einzugehen, die ihn in einem Kriege zwischen dritten Staaten hindern würden, die Normen des Neutralitätsrechts zu beobachten, sowie eine allgemeine Neutralitätspolitik zu führen, um im Rahmen des Möglichen dem Frieden zu dienen[71]. Hingegen besteht keine Pflicht zur ideologischen Neutralität[72]. Ein solcher Staat darf Verletzungen des VR auch dann verurteilen, wenn er durch sie nicht unmittelbar betroffen wird[73]. Ein dauernd neutraler Staat ist außerdem verpflichtet, seine territoriale Integrität mit allen ihm zu Gebote stehenden Mitteln zu verteidigen[74]. Diese Norm beruht auf dem Gedanken, daß jeder Kriegsführende darauf vertrauen können darf, daß das neutrale Gebiet nicht in die Hände seines Gegners fällt.

Ob der Rechtsstatus der dauernden Neutralität mit den Pflichten aus der Mitgliedschaft in der UNO vereinbar ist, wurde anläßlich der Besprechung der Zwangsmaßnahmen der Weltorganisation untersucht und positiv beantwortet[75].

---

reichische Neutralität (1975); *Ginther*, Neutralität und Neutralitätspolitik (1975); *Schweitzer*, Dauernde Neutralität und europäische Integration (1977); *Rotter*, Die dauernde Neutralität (1981).

[71] Erklärung des schweizerischen Politischen Departements vom 26. November 1954, SchwJIR 14 (1957), S. 195 ff. Ferner ebd. 34 (1978), S. 150 ff. Dazu *Scheuner*, Die Neutralität im heutigen Völkerrecht (1969); *derselbe*, Neutralisation, WV II, S. 586 ff. (und die dort angeführte Literatur); *Bindschedler*, Die Neutralität im modernen Völkerrecht, ZaöRV (1956/57), S. 1 ff.; *derselbe*, Permanent Neutrality of States, Encyclopedia [4 (1982), S. 133 ff.]; *Guggenheim*, Der Neutralitätsbegriff im allgemeinen Völkerrecht und in der internationalen Organisation, in: Internationale Festschrift für Verdross (1971), S. 119 ff.; *Frei*, Dimensionen neutraler Politik (1969); *Hafner*, Die permanente Neutralität in der sowjetischen Völkerrechtslehre, ÖZöffR 19 (1969), S. 215 ff.; *Haug*, Neutralität und Völkergemeinschaft (1962); *Norton*, Between the Ideology and the Reality: The Shadow of the Law of Neutrality, Harvard International Law Journal 17 (1975/76), S. 249 ff.; *Zemanek*, „Zeitgemäße" Neutralität?, ÖZA 16 (1976), S. 355 ff.; The Evolution of the Notion of Neutrality in Modern Armed Conflicts, Revue de droit pénal militaire et de droit de la guerre 17 (1978), S. 9 ff.; *Schindler*, Die Lehre von den Vorwirkungen der Neutralität, FS Bindschedler, S. 563 ff.; *Hacker*, Neutralität, Neutralismus und Blockfreiheit, in: Aus Politik und Zeitgeschichte (Beilage zu „Das Parlament"), B 18/83, S. 3 ff.

[72] *Schindler* (sen.), Neutralität und Presse, Schweizer Rundschau 5 (1938/39), S. 521 ff., und: Presserecht im Kriege, Schweizerische Juristenzeitung 39 (1943), S. 477 ff.; ferner *Pointet*, La neutralité de la Suisse et la liberté de la presse (1945).

[73] Bericht des schweizerischen Bundesrates 1968, SchwJIR 26 (1969/70), S. 174 f.

[74] Also innerhalb der „propres possibilités": Schweizerischer Bundesrat am 30. Oktober 1974, SchwJIR 31 (1975), S. 268 f.

[75] Vgl. § 239. Ebenso die Botschaft des Schweizerischen Bundesrates über den Beitritt der Schweiz zur Organisation der Vereinten Nationen (UNO) vom 21. Dezember 1981.

§ 402 Am 15. September 1980 hat *Malta* mit Italien einen Vertrag über die Begründung seiner dauernden Neutralität geschlossen und (nach Inkrafttreten dieses Vertrages, der Italien auch zur Wirtschafts- und technischen Hilfe verpflichtet, am 8. Mai 1981) am 15. Mai 1981 eine Neutralitätserklärung abgegeben. In einer Erklärung vom gleichen Tage hat Italien diesen Rechtsstatus Maltas anerkannt und garantiert[76]. Dritte Staaten wurden eingeladen, dem italienischen Beispiel zu folgen[77]. Aufgrund seiner Erklärung darf Malta keine fremden Militärbasen auf seinem Gebiet dulden. Der Gebrauch anderer militärischer Einrichtungen ist dritten Staaten nur auf Ersuchen Maltas gestattet, wenn es sein Notwehrrecht ausüben, sonstige Bedrohungen abwenden oder Zwangsmaßnahmen des Sicherheitsrates durchführen muß. Die Benutzung anderer Einrichtungen (z. B. Häfen) durch Dritte ist erlaubt, darf aber zu keiner Konzentration fremder Streitkräfte und fremden Militärpersonals führen. Die Werften Maltas stehen fremden Kriegsschiffen zwar mit gewissen Einschränkungen offen, unter keinen Umständen aber Kriegsschiffen der beiden Supermächte.

§ 403 Am 17. November 1983 hat *Costa Rica* seine „immerwährende, aktive und unbewaffnete" Neutralität erklärt. Trotz seines Verzichts auf eigene Streitkräfte (seit 1949) will Costa Rica aber an präventiven wie repressiven Maßnahmen der UNO und der OAS teilnehmen und hält seine Sicherheit gegen Angriffe von außen durch die Beistandsgarantie im Rahmen des Rio-Paktes vom 2. September 1947 für gewährleistet[78].

3. Abschnitt

Stabilisierte de facto-Herrschaften, noch nicht anerkannte Staaten und Verbände ohne Territorialherrschaft, insbesondere nationale Befreiungsbewegungen

§ 404 Wenn in einem Staat ein Bürgerkrieg ausbricht[1], der dazu führt, daß auf einem Teil des Staatsgebietes die aufständische Organisation die *effektive Herrschaft* ausübt, so können andere Staaten ihre dort befindlichen Angehörigen und Güter nur schützen, wenn sie mit dieser Organisation völkerrechtlich in Verbindung treten. Diese Verbindung kann bis zur Anerkennung der aufständischen Organisationen

---

[76] Die Texte finden sich in ILM 21 (1982), S. 396 ff.; RDI 65 (1982), S. 121 ff. Dazu *Ronzitti*, Malta's Permanent Neutrality, ItYIL 5 (1980/81), S. 171 ff.

[77] Dieser Einladung ist u. a. die Sowjetunion nachgekommen; vgl. *Ronzitti*, S. 197 ff.

[78] Vgl. AdG vom 17. November 1983 (S. 27176); Neue Zürcher Zeitung, Fernausgabe, vom 19. und 20./21. November 1983 sowie 15./16. Januar 1984.

[1] Dazu unten §§ 499 ff.

als „kriegführende Partei“ gehen. In einem solchen Fall erlangen die Aufständischen eine partielle Völkerrechtssubjektivität und die anerkennenden Staaten die Stellung von Neutralen. Dieselbe Stellung erlangen jene Staaten, welche die aufständische Organisation als „Insurgenten“ (insurgent government) anerkennen. Eine klare Unterscheidung zwischen diesen beiden Arten der Anerkennung ist nicht möglich. Die letzte war die des Franco-Regimes vor seinem Endsieg[2], weshalb wir nicht näher darauf eingehen[3].

§ 405 Das ist auch deshalb nicht erforderlich, weil sich seither die Auffassung durchgesetzt hat, daß *alle* stabilisierten *de facto*-Herrschaften eine partielle Völkerrechtssubjektivität unabhängig von ihrer Anerkennung besitzen[4]. Die moderne Staatenpraxis zeigt uns nämlich, daß sie als vr rechtsfähig und handlungsfähig angesehen werden, sofern sie sich auf einem bestimmten Gebiete längere Zeit behaupten. Nach politischer Ausgangslage und Zielsetzung kann es sich bei diesen effektiv unabhängigen Gebilden um Gemeinwesen handeln, die faktisch die Voraussetzungen der Staatlichkeit erfüllen, diese also auch selbst anstreben, jedoch in dieser Eigenschaft nicht oder nicht allgemein anerkannt worden sind, etwa weil ihre Sezession verurteilt oder die Art ihrer Entstehung sonstwie mißbilligt wird, oder um Regimes, die ein Teilgebiet eines Staates dauerhaft mit der Absicht beherrschen, die Regierungsgewalt im Gesamtstaat (wieder) zu erringen. Gemeinsam ist allen Fällen also die effektive Beherrschung eines Territoriums durch eine nichtanerkannte Gewalt. So ist bzw. war in den im Gefolge des Zweiten Weltkrieges geteilten Ländern Korea und China (früher auch Deutschland und Vietnam) für diejenigen Staaten, die eines der dort entstandenen Regime weder als Neustaat noch als Zentralregierung des Altstaates anerkannt haben, dieses Gebilde eine stabilisierte *de facto*-Herrschaft[5].

§ 406 Nach herkömmlicher Völkerrechtsauffassung wären diese Fälle als Bürgerkriegssituationen zu qualifizieren gewesen, mit der Folge, daß etwa das vr Gewaltverbot auf einige der größten weltpolitischen Gefahrenherde keine Anwendung finden könnte. Würden derartige

---

[2] Vgl. darüber den Fall *Banco de Bilbao v. Sancha and Rey* (1938), AD 1938/40, No. 29, S. 75.

[3] Vgl. aber *Verdross*, S. 205 ff.; *Riedel*, Recognition of Belligerency, Encyclopedia [4 (1982), S. 167 ff.]; *derselbe*, Recognition of Insurgency, ebd., S. 171 ff.

[4] *Wengler*, Der Begriff des Völkerrechtssubjektes im Lichte der politischen Gegenwart, FW 51 (1951/53), S. 113 ff.; G. *Arangio-Ruiz*, Sulla dinamica della base sociale del diritto internazionale (1954); *Frowein*, Das de facto-Regime im Völkerrecht (1968); *Balekjian*, Die Effektivität und die Stellung nicht anerkannter Staaten im Völkerrecht (1970); *Blix*, Contemporary Aspects of Recognition, RdC 130 (1970 II), S. 627 ff.

[5] *Frowein* (Anm. 4), S. 7.

Handlungseinheiten von den vr Pflichten freigestellt und von den vr Rechten ausgeschlossen, könnte das VR seine befriedende Funktion also nurmehr mangelhaft erfüllen. Nach der neueren Staatenpraxis kommt stabilisierten *de facto*-Herrschaften daher allein kraft ihrer Existenz ein gewisser Mindestbestand an vr Rechten, aber auch an Pflichten zu. Aufgrund dieser Rechtsentwicklung finden insbesondere folgende vr Grundsätze auf alle stabilisierten *de facto*-Herrschaften Anwendung[6]:

1. Ihre Gebietshoheit ist durch das vr Gewaltverbot in gleicher Weise geschützt wie die territoriale Integrität anerkannter Staaten. Umgekehrt sind aber auch sie verpflichtet, die Gebietshoheit der Staaten und anderer stabilisierter *de facto*-Herrschaften zu achten. Daher verurteilte der Sicherheitsrat am 25. Juni 1950 den Angriff Nordkoreas auf die Republik Korea als „breach of the peace"[7]. Dieser Grundsatz wird durch die „Friendly Relations"-Deklaration der Generalversammlung vom 24. Oktober 1970 bestätigt, wonach die Verletzung international festgelegter Demarkationslinien und Waffenstillstandslinien, zu deren Respektierung die Staaten vr verpflichtet sind, genauso gegen das Gewaltverbot verstößt wie die Verletzung anerkannter Staatsgrenzen, ohne daß dies jedoch den Status, die Auswirkungen oder den nur temporären Charakter solcher Linien präjudiziert[8].
2. Sie sind für die von ihnen gesetzten Unrechtstatbestände vr verantwortlich[9].
3. Sie können vr Verträge verschiedener Art abschließen, ohne daß darin ihre vr Anerkennung als neue Staaten durch die Vertragspartner (auch denjenigen eines zweiseitigen Vertrages) beschlossen liegen muß[10].

---

[6] *Frowein* (Anm. 4), S. 34 ff.

[7] Repertory of Practice of United Nations Organs II, S. 340. Zu den Kämpfen zwischen Nord- und Südvietnam hat der Sicherheitsrat nicht Stellung genommen. Die zwischen diesen Regimes bestehende Grenze konnte aber infolge der langjährigen Feindseligkeiten nicht als stabilisiert angesehen werden. Hingegen wäre militärische Gewaltanwendung zwischen der Volksrepublik China und *Taiwan* genauso als Verletzung des Gewaltverbotes zu beurteilen wie die Aggression Nordkoreas 1950. Vgl. zum vr Status Taiwans *Crawford*, The Creation of States in International Law (1979), S. 143 ff.; *Heuser*, Taiwan und Selbstbestimmungsrecht, ZaöRV 40 (1980), S. 31 ff.; A. *Manin*, AFDI 26 (1980), S. 141 ff.; *Chiu*, The International Law of Recognition and Multi-system Nations — With Special Reference to the Chinese (Mainland - Taiwan) Case, Chinese Yearbook of International Law and Affairs 1 (1981), S. 1 ff. (mit Dokumentation); *Clough*, Taiwan's International Status, ebd., S. 17 ff. Über die amerikanische „de-recognition" Taiwans vgl. unten § 880, Anm. 11.

[8] Vgl. *Mosler*, The International Society as a Legal Community, RdC 140 (1974 IV), S. 285, und unten § 479.

[9] *Frowein* (Anm. 4), S. 69 ff.

[10] Unten § 966; *Frowein* (Anm. 4), S. 94 ff.; *Lachs*, Recognition and Modern Methods of International Co-operation, BYIL 35 (1959), S. 252 ff.

4. Auch ein Austausch von Vertretern „short of recognition" ist möglich[11].
5. Ihre friedlichen Handelsschiffe dürfen nicht als flaggenlos oder gar als Piratenschiffe behandelt werden[12].

§ 407 Durch die damit beschriebene Völkerrechtspraxis löst sich auch die früher heiß umstrittene Frage, welche Rechtsstellung die noch nicht anerkannten Staaten haben[13]. Seitdem nämlich der persönliche Geltungsbereich des VR global geworden ist, wird allgemein anerkannt, daß auch die noch nicht anerkannten Staaten kein der Okkupation zugängliches staatenloses Gebiet darstellen, sondern Völkerrechtssubjekte sind, deren territoriale Integrität und politische Unabhängigkeit alle Staaten zu achten verpflichtet sind, wie aus Artikel 2 Ziff. 4 der UN-Charta klar hervorgeht, wonach dieser Schutz *jedem* Staate (any state, tout état) zusteht[14]. Es besteht jedoch keine Pflicht, einen Staat anzuerkennen, und mit ihm den Verkehr aufzunehmen.

Auch die innerstaatliche Judikatur anerkennt die inneren Staatsakte noch nicht anerkannter Staaten, insbesondere diejenigen, die Rechte von Privatpersonen begründen, wie z. B. ihre Normen über die Staatsangehörigkeit, die Verleihung von Konzessionen, Legalisierung von Urkunden oder standesamtliche Akte[15]. Hingegen können nichtaner-

---

[11] *Frowein* (Anm. 4), S. 166 ff.; *El Ganzory*, Consular Relations and Unrecognized Regimes (Teil 1), Revue Egyptienne de droit international 34 (1978), S. 101 ff.

[12] *Frowein* (Anm. 4), S. 90 ff.

[13] *Verdross*, S. 244 ff.; *Balekjian* (Anm. 4); *Bushe-Fox*, Unrecognized States, BYIL 13 (1932), S. 39 ff.; *Stierlin*, Die Rechtsstellung der nichtanerkannten Regierung im Völkerrecht (1940; auf S. 12 ff. ein Verzeichnis zahlreicher Judikate); *Piret*, La portée exterritoriale de souveraineté interne d'un gouvernement non reconnu (1959); *Erdmann*, Nichtanerkannte Staaten und Regierungen (1966).

[14] So schon Art. 3 des panamerikanischen Abkommens vom 26. Dezember 1933 über die Rechte und Pflichten der Staaten, AJIL 28 (1934), Suppl. S. 76.

[15] So schon 1808 der US Supreme Court im Falle *McIlvaine v. Coxe's Lessee*, bei *Moore*, Digest of International Law III, S. 289 ff.; dazu *Verdross*, WV II, S. 491 f. Ferner das Schweizer Bundesgericht 1905 im Fall *Ziegler g. Schaffhausen*, ZV 1 (1906), S. 280, und neuerdings im Fall *VEB Carl Zeiss Jena c. Firma Carl Zeiss Heidenheim* (unten § 879, Anm. 8); die französische Cour de Cassation am 3. Mai 1973 im Fall *G. Stroganoff-Scherbatoff c. Société Bensimon et Cie*, AFDI 22 (1976), S. 930 ff. (unter Berufung auf mehrere US-Judikate). Auch die britische Judikatur beginnt „to take notice of the laws of an unrecognized authority" (*Warbrick*, The New British Policy on Recognition of Governments, ICLQ 30 [1981], S. 581 f.); vgl. z. B. den Fall *The Hesperides*, [1978] 1 All E. R. 277. In seinem Urteil vom 18. Mai 1966 im Fall *Carl Zeiss Stiftung v. Rayner & Keeler Ltd. (No 2)* hatte das House of Lords die DDR „not as a sovereign State, but as an organization subordinate to the U. S. S. R." angesehen, ihre Hoheitsakte als „acts done with the consent of the Government of the U. S. S. R. as the Government entitled to exercise governing authority" bzw. als „acts done by subordinate bodies" der UdSSR, so daß ihnen aus diesem Grund Rechtswirkung zukomme: ILR 43, S. 23 ff., 48 f. Italienische Entscheidungen zu Hoheitsakten nichtanerkannter

kannte Staaten in zahlreichen Staaten keine Klage erheben[16]. Schon dieser Umstand zeigt uns, daß die Herausbildung einer eigenständigen originären Völkerrechtssubjektivität aller stabilisierten Territorialherrschaften deren Anerkennung als Staat oder Regierung noch lange nicht bedeutungslos macht.

§ 408 Im Ersten Weltkrieg haben die Westmächte den in ihrem Hoheitsbereich gebildeten tschechoslowakischen und polnischen Nationalausschuß teils als amtliche Organisation, teils als „de facto belligerent government"[17] in ihrem Kampf gegen die Mittelmächte anerkannt, obgleich diese Organisationen damals noch kein eigenes Staatsgebiet beherrschten[18].

§ 409 Eine gewisse Ähnlichkeit mit diesem Falle weist heute die vr Stellung *nationaler Befreiungsbewegungen* (national liberation movements) auf, die keine effektive territoriale Herrschaft ausüben[19]. Diese

---

Staaten finden sich im ItYIL 2 (1976), S. 314 ff., belgische Judikatur in der RBDI 2 (1968), S. 590 f.

[16] Vgl. dazu den Fall *Federal Republic of Germany / Kunstsammlungen zu Weimar / Grand Duchess of Saxony-Weimar v. Elicofon*, in dem 1969 die Bundesrepublik Deutschland und die Großherzogin von Sachsen-Weimar vor dem District Court for the Eastern District of New York Klage auf Herausgabe zweier Gemälde von Albrecht Dürer erhoben. Kurz darauf klagten auch die „Kunstsammlungen zu Weimar", eine juristische Person nach dem Recht der DDR, auf Rückstellung dieser Kunstschätze. Ihre Klage wurde jedoch vom District Court am 26. September 1972 abgewiesen (bestätigt vom Court of Appeals for the 2nd Circuit am 25. April 1973), weil die DDR von den Vereinigten Staaten nicht anerkannt sei und es sich bei den „Kunstsammlungen" um „an arm and agency" der DDR handle. Am 4. September 1974 erfolgte die förmliche Anerkennung der DDR durch die USA. Daraufhin wurde die Klage der „Kunstsammlungen" wieder zugelassen und der Besitzer der Gemälde am 12. Juni 1981 zu deren Herausgabe an die DDR-Einrichtung verurteilt (bestätigt am 5. Mai 1982): ILM 13 (1974), S. 117 ff., 20 (1981), S. 1122 ff., 21 (1982), S. 773 ff. Am 18. August 1982 ließ der District Ct. for the District of Delaware im Fall *Transportes Aereos de Angola v. Ronair Inc. and Jet Traders Investment Co.* auf Anregung des US-State Department die Klage eines angolanischen Staatsunternehmens zu, obwohl die USA Angola nicht anerkannt hatten: ILM 21 (1982), S. 1081 ff.

[17] *Hackworth*, Digest of International Law I, S. 319.

[18] Vgl. *Mattern*, Die Exilregierung (1953), S. 29 ff.

[19] Dazu *Ronzitti*, Le guerre di liberazione nazionale e il diritto internazionale (1974); *Lazarus*, Le statut des mouvements de libération nationale à l'Organisation des Nations Unies, AFDI 20 (1974), S. 173 ff.; *Tomuschat*, Die Befreiungsbewegungen in den Vereinten Nationen, VN 22 (1974), S. 65 ff., 110 ff.; *Duculesco*, Effet de la reconnaissance de l'état de belligérence par les tiers, y compris les organisations internationales, sur le statut juridique des conflits armés à caractère non international, RGDIP 79 (1975), S. 125 ff.; *Lombardi*, Bürgerkrieg und Völkerrecht (1976); E. *Klein*, Nationale Befreiungskämpfe und Dekolonisierungspolitik der Vereinten Nationen: Zu einigen völkerrechtlichen Tendenzen, ZaöRV 36 (1976), S. 618 ff.; *Gorelick*, Wars of National Liberation: *Jus Ad Bellum*, Case Western Reserve Journal of International Law 11 (1979), S. 71 ff.; *Tyner*, Wars of National Liberation in Africa and Palestine: Self-Determination for Peoples or for Territories?, Yale Studies in World Public Order 5 (1978), S. 234 ff.; *Ginther*, Die völker-

Rechtsentwicklung geht auf die antikolonialistische Ausprägung des Selbstbestimmungsrechts der Völker durch zahlreiche Beschlüsse der UN-Generalversammlung zurück[20]. Danach ergibt sich aus dem Selbstbestimmungsrecht nicht nur die vr Verpflichtung der Staaten, die Völker unter (insbesondere kolonialer) Fremdherrschaft halten, diese abhängigen Gemeinschaften ohne Verzug in die Unabhängigkeit zu entlassen, sondern auch ein *eigenständiger vr Status* der Völker und Gebiete "under colonial and alien domination and racist régimes" (Res. 3103 [XXVIII])[21]. Befreiungsbewegungen, die die Unterstützung der abhängigen Bevölkerung genießen und von den zuständigen Regionalorganisationen (OAU und/oder Arabische Liga) als legitime Repräsentanten dieser Gemeinschaften anerkannt worden sind[22], gelten als berechtigt, deren Selbstbestimmungsrecht mit allen notwendigen Mitteln zu verwirklichen. So hat ihnen die UN-Generalversammlung die Stellung von *Beobachtern* in UN-Gremien und auf UN-Konferenzen eingeräumt und deren Gaststaaten aufgefordert, den Befreiungsbewegungen die zur Erfüllung dieser Funktion notwendigen Privilegien und Immunitäten zu gewähren[23]. In einigen UN-Spezialorganisationen und regionalen Einrichtungen genießen Befreiungsbewegungen noch weitergehende Rechte, die bis zur Vollmitgliedschaft[24] reichen. Befreiungs-

rechtliche Stellung nationaler Befreiungsbewegungen im südlichen Afrika, ÖZöffRVR 32 (1981), S. 131 ff.; *derselbe*, Liberation Movements, Encyclopedia [3 (1982), S. 245 ff.]; *Hasbi*, Les mouvements de libération nationale et le droit international (1981); *Uibopuu*, Wars of National Liberation, Encyclopedia [4 (1982), S. 343 ff.]; *Freudenschuß*, Legal and Political Aspects of the Recognition of National Liberation Movements, Millenium: Journal of International Studies 11 (1983), S. 115 ff.

20 Vgl. unten §§ 510 ff.

21 So führt die „Friendly Relations"-Deklaration (unten §§ 451 ff.) aus, daß "[t]he territory of a colony or other non-self-governing territory has under the Charter *a status separate and distinct* from the territory of the State administering it; and such separate and distinct status under the Charter shall exist until the people of the colony or non-self-governing territory have exercised their right of self-determination in accordance with the Charter, and particularly its purposes and principles".

22 Vgl. die bei *Ginther*, ÖZöffRVR (Anm. 19), S. 142 f., wiedergegebenen Kriterien für die Anerkennung afrikanischer Befreiungsbewegungen durch das Liberation Committee der OAU. Die Palestinian Liberation Organization (PLO) wurde von der UN-Generalversammlung mit Res. 3210 (XXIX) vom 14. Oktober 1974 als „Representative of the Palestinian People" anerkannt. Vgl. *Prill*, Die Anerkennung der PLO durch die Vereinten Nationen, FW 59 (1976), S. 208 ff.

Im Herbst 1979 hat auch Österreich das palästinensische Volk und seine Vertreterin, die PLO, als partielles Völkerrechtssubjekt anerkannt und dabei die Auffassung vertreten, daß die PLO diese Völkerrechtsfähigkeit bereits vorher besessen habe; vgl. ÖZöffRVR 31 (1980), S. 335 ff.; *Benedek*, Die Anerkennung der PLO durch Österreich, ZaöRV 40 (1980), S. 841 ff.

23 Mit Res. 35/167 vom 15. Dezember 1980.

24 z. B. der PLO in der Arabischen Liga. Die FAO hat am 14. November 1977 Namibia (vertreten durch den UN-Rat für Namibia) als Vollmitglied aufgenommen: AdG vom 6. Dezember 1977, S. 21422 E.

bewegungen gelten ferner als befähigt, offizielle Beziehungen mit den sie anerkennenden Staaten zu unterhalten und vr Verträge mit diesen abzuschließen, wie auch Verträge mit der Metropolitanmacht, durch die sie aus dem früheren Staatsverband förmlich entlassen werden[25].

§ 410 Kommt diese Macht der Verpflichtung, die von ihr rechtswidrig beherrschten Gemeinschaften in die Unabhängigkeit zu entlassen, nicht nach, so haben die Repräsentanten der abhängigen Völker, die Befreiungsbewegungen, das Recht, die äußere Selbstbestimmung notfalls durch das Mittel des *nationalen Befreiungskrieges* zu erkämpfen[26]. Zur Begründung der Zulässigkeit solcher nationaler Befreiungskriege angesichts des Gewaltverbotes in Art. 2 Ziff. 4 der UN-Charta[27] werden verschiedene Argumente angeboten. So ist ausgeführt worden, daß die unterdrückte Gemeinschaft auf ihrem eigenen Gebiet, also gar nicht in ihren „internationalen Beziehungen", Gewalt anwende. Eine zweite Auffassung geht dahin, daß das Selbstbestimmungsrecht der Völker gleichberechtigt neben dem Gewaltverbot stehe, so daß auch seine gewaltsame Verwirklichung mit den Zielen der Vereinten Nationen vereinbar sei. Die in der Dritten Welt herrschende Doktrin begreift den nationalen Befreiungskrieg als nach der Charta gerechtfertigte Selbstverteidigung: Da die abhängigen Gemeinschaften nicht Bestandteil der Metropolitanmacht sind, sondern einen eigenständigen vr Status haben, sind ihre Beziehungen zum Unterdrücker internationale Beziehungen. Ein Volk, das in Ausübung seines Selbstbestimmungsrechts handelt, kann sich also zumindest dann auf das Recht der Selbstverteidigung gemäß Art. 51 der Charta berufen, wenn zur Aufrechterhaltung des Abhängigkeitsverhältnisses militärische Gewalt angewendet wird. Dagegen wird die Unterdrückung der Befreiungsbewegung durch die Metropolitanmacht als völkerrechtswidrig verurteilt, weil damit der Verwirklichung des Selbstbestimmungsrechts des abhängigen Volkes oder Gebietes entgegengetreten wird, was mit den

---

[25] Vgl. auch § 681 und § 957.

[26] So stellt die von der Generalversammlung am 14. Dezember 1974 mit Res. 3314 (XXIX) verabschiedete „Angreiferdefinition" (dazu unten § 471) fest, daß „[n]othing in this Definition ... could in any way prejudice the right to self-determination, freedom and independence, as derived from the Charter, of peoples forcibly deprived of that right ..., particularly peoples under colonial and racist régimes or other forms of alien domination; *nor the right of these peoples to struggle to that end* and to seek and receive support in accordance with the principles of the Charter ...". Noch unmißverständlicher heißt es in der Res. 3103 (XXVIII) vom 12. Dezember 1973 über die „Basic principles of the legal status of the combatants struggling against colonial and alien domination and racist régimes", daß dieser Kampf „legitimate and in full accordance with the principles of international law" sei. Weitere Beschlüsse sprechen ausdrücklich von „armed struggle", so z. B. Res. 3070 (XXVIII) und 3246 (XXIX).

[27] Dazu unten §§ 467 ff.

Zielen der Vereinten Nationen unvereinbar ist[28]. Bei nationalen Befreiungskriegen handelt es sich demnach nicht um Bürgerkriege, sondern um *internationale* bewaffnete Konflikte eigener Art, auf die das vr *ius in bello* Anwendung zu finden hat; den Befreiungskämpfern kommt Kombattantenstatus zu[29]. Diese Rechtsauffassung hat sich nunmehr in Art. 1 Abs. 4 des I. Zusatzprotokolls vom 12. Dezember 1977 zu den Genfer Rotkreuz-Abkommen durchgesetzt[30].

§ 411 Während die damit geschilderten Auswirkungen des Selbstbestimmungsrechts auf die Fragen von Völkerrechtssubjektivität und erlaubter Gewaltanwendung von der Dritten Welt und der sozialistischen Völkerrechtsdoktrin mit großem Nachdruck dem geltenden VR zugerechnet werden[31], will die wohl überwiegende Völkerrechtstheorie und -praxis der westlichen Industriestaaten nationale Befreiungsbewegungen und -kriege noch mit den klassischen Regeln über Bürgerkriege erfassen. Wenn man jedoch anerkennt, daß die Staaten das Selbstbestimmungsrecht aller Völker zu achten und zu *fördern* haben[32], dann kann zumindest das nach klassischem VR bestehende Recht der Staaten, einer fremden Regierung auf deren Ersuchen bei der Unterdrückung eines Aufstandes Hilfe zu leisten[33], nicht mehr gelten, wenn die Aufständischen anerkanntermaßen ihr Selbstbestimmungsrecht geltend machen. Versteht man ferner mit uns unter „Völkerrechtssubjekten" jene Gemeinschaften, deren Verhalten unmittelbar durch das VR geregelt wird, so begründen Beobachterstatus und weitergehende Mitwirkungsrechte der Befreiungsbewegungen in internationalen Organisationen sowie deren Vertragsfähigkeit eine partielle Völkerrechtsfähigkeit dieser Verbände bzw. der von ihnen repräsentierten Gemeinschaf-

---

[28] *Crawford*, BYIL (Anm. 2), S. 166 ff.; vgl. beispielsweise die oben § 385 zitierte Resolution 3061 (XXVIII) betr. *Guinea-Bissau* und Res. 3103 (XXVIII; vgl. Anm. 26), die jeden Versuch des Widerstandes gegen den nationalen Befreiungskampf zu einer Bedrohung des Weltfriedens und der internationalen Sicherheit erklärt.

[29] Vgl. die in der letzten Anm. angeführte Res. 3103 (XXVIII). Dazu neben dem bereits genannten Schrifttum *Abi-Saab*, Wars of National Liberation and the Laws of War, AEI 3 (1972), S. 93 ff.; *Fujita*, La guerre de libération nationale et le droit international humanitaire, Revue de droit international et de sciences diplomatiques et politiques 53 (1975), S. 81 ff.

[30] Dazu statt aller *Kussbach*, Die Rechtsstellung nationaler Befreiungsbewegungen im humanitären Völkerrecht, FS Verdross 1980, S. 499 ff.; *Abi-Saab*, Wars of National Liberation in the Geneva Conventions and Protocols, RdC 165 (1979 IV), S. 353 ff. (mit weiteren Nachweisen); *Benvenuti*, Movimenti insurrezionali e Protocolli aggiuntivi alle Convenzioni di Ginevra del 1949, RDI 64 (1981), S. 513 ff.; *Hailbronner*, International Terrorism and the Laws of War, GYIL 25 (1982), S. 169 ff.

[31] Wobei allerdings eine Reihe grundlegender Fragen unbeantwortet oder zumindest unklar bleibt, vgl. *Ginther*, Encyclopedia (Anm. 19), S. 248.

[32] Unten § 511.

[33] Unten § 501.

ten, ohne daß der Doktrin vom nationalen Befreiungskrieg gefolgt werden muß. Schließlich können nationale Befreiungsbewegungen eine solche teilweise Völkerrechtssubjektivität auch dadurch erlangen, daß sie sich durch eine einseitige Erklärung an den Depositar nach Art. 96 Abs. 3 des erwähnten I. Zusatzprotokolls zu den Genfer Konventionen den Bestimmungen dieser Konventionen und des Protokolls unterwerfen, wodurch zwischen den Konfliktsparteien bilaterale Rechte und Pflichten begründet werden, sofern auch der staatliche Gegner diesem Abkommen beigetreten ist[34].

4. Abschnitt

Der Heilige Stuhl[1]

§ 412 Seit dem frühen Mittelalter war der Heilige Stuhl (Apostolische Stuhl) als Völkerrechtssubjekt, unabhängig von der Stellung des Papstes als Souverän des früheren Kirchenstaates, anerkannt, da die Autorität des Heiligen Stuhles von keinem Staate abgeleitet ist (Ecclesiae Romanae Episcopus ... vi muneris sui suprema, plena, immediata et universali in Ecclesia gaudet ordinaria potestate, quam semper libere exercere valet: 331 CIC/1983). Als daher der Rest des Kirchenstaates am 20. September 1870 von Italien debelliert und dem Königreich einverleibt wurde, blieb die Völkerrechtssubjektivität des Heiligen Stuhles erhalten. Er behielt das aktive und passive Gesandtschaftsrecht und die Fähigkeit, Konkordate[2] mit den Staaten auf der Grundlage der *Gleichheit* abzuschließen. Das hat Italien durch das Garantiegesetz vom 13. Mai 1871 anerkannt, in dem es dem Papste die Stellung eines ausländischen Souveräns einräumte[3]. Durch den Lateran-Vertrag mit Italien vom 11. Februar 1929 wurde die Souveränität des Heiligen Stuhles auch im internationalen Bereiche bestätigt[4]. Außerdem wurde durch diesen

---

[34] So richtig *Kussbach* (Anm. 30), S. 514 f. Wie im Text auch *Barberis* (§ 375, Anm. 1), S. 239 ff., mit umfangreichen Nachweisen aus der jüngsten Praxis.

[1] J. H. *Kaiser*, Heiliger Stuhl, WV I, S. 780 ff.; *v. d. Heydte*, Die Stellung und Funktion des Heiligen Stuhles im heutigen Völkerrecht, ÖZöffR 2 (1950), S. 572 ff.; *Kunz*, The Status of the Holy See in International Law, AJIL 46 (1952), S. 308 ff.; *Verdross*, Die Stellung des Apostolischen Stuhles in der internationalen Gemeinschaft, Österreichisches Archiv für Kirchenrecht 3 (1952), S. 54 ff.; *Oechslin*, Die Völkerrechtssubjektivität des Apostolischen Stuhls und der Katholischen Kirche (1974); *Köck*, Die völkerrechtliche Stellung des Heiligen Stuhls (1975); *Cardinale*, The Holy See and the International Order (1976).

[2] Darüber § 535.

[3] *Fleischmann*, Völkerrechtsquellen (1905), S. 107 f.

[4] Aus dem Lateran-Vertrag: „L'Italia riconosce la sovranità della Santa Sede, l'assoluta e visibile independenza ... *pure* nel campo internazionale." (Hervorhebung von uns). Deutsche Übersetzung bei *Berber*, Dokumente I, S. 831 ff.

Vertrag der *Staat der Vatikanischen Stadt* (Stato della Città del Vaticano) begründet, um dem Heiligen Stuhl eine unabhängige und sichtbare territoriale Grundlage zu sichern[5]. Dieser winzige Staat steht also in einer unlöslichen Verbindung mit dem Heiligen Stuhl, da nur der Papst sein Oberhaupt sein kann, der daher auch am 7. Juni 1929 das Grundgesetz dieses Staates erlassen hat. Dennoch muß die Völkerrechtssubjektivität des Heiligen Stuhles von der des Vatikanischen Staates unterschieden werden, obwohl bisweilen beide Funktionen des Papstes miteinander verbunden sind, wie z. B. bei der Teilnahme an internationalen Kongressen und vr Verträgen.

§ 413 Durch Artikel 2 des Wiener Reglements über die diplomatische Rangordnung vom 19. März 1815 wurde die bis dahin an katholischen Höfen bestehende Übung, den Nuntius als Doyen des diplomatischen Korps anzuerkennen, bestätigt[6]. Die Wiener Konvention über die diplomatischen Beziehungen vom 18. April 1961 erweitert dieses Vorrecht, da ihr Artikel 16 Abs. 3 auch die anderen Empfangsstaaten ermächtigt, dem Nuntius diese Stellung mit Wirkung *erga omnes* einzuräumen[7]. Gegenwärtig unterhält der Heilige Stuhl diplomatische Beziehungen mit mehr als 100 Staaten und mit den Europäischen Gemeinschaften.

§ 414 Im Artikel 24 des Lateran-Vertrages erklärt der Heilige Stuhl, daß er den weltlichen Streitigkeiten fernbleiben will, „sofern nicht die streitenden Parteien gemeinsam an seine Friedensmission appellieren“[8], doch behält er sich in jedem Falle vor, seine moralische und geistige Autorität geltend zu machen. Daher hat der Heilige Stuhl nicht nur an internationalen Konferenzen über humanitäre Fragen, sondern auch zur Kodifikation des VR teilgenommen[9] und selbst den Atomsperrver-

---

[5] „... per assicurare alla Santa Sede l'assoluta e visibile independenza, garantirla una sovranità indiscutibile pure nel campo internazionale ...“. In seiner Ansprache vor der UNO am 4. Oktober 1964 bezeichnete Paul VI. den Staat der Vatikanischen Stadt als „le minimum nécessaire pour être libre d'exercer sa mission spirituelle“: Acta Apostolicae Sedis 57 (1965), S. 877. Dazu *Raffel*, Die Rechtsstellung der Vatikanstadt (1961).

[6] *Fleischmann*, Völkerrechtsquellen (1905), S. 19.

[7] „Dieser Artikel läßt die Übung *unberührt*, die ein Empfangsstaat hinsichtlich des Vorrangs des Vertreters des Heiligen Stuhls angenommen hat *oder künftig annimmt*“ (von uns hervorgehoben).

[8] So hat z. B. Leo XIII. im *Karolinen-Streit* zwischen Spanien und dem Deutschen Reich (WVD I, S. 203 f.) als Vermittler fungiert. Im Art. 3 des spanisch-peruanischen Schiedsvertrages vom 4. Januar 1930 wird der Papst als Schiedsrichter eingesetzt: Systematic Survey of Treaties for the Pacific Settlement of International Disputes (1949), S. 724. Zuletzt hat der Heilige Stuhl Argentinien und Chile seine guten Dienste im Streit um die Grenzziehung im *Beagle-Kanal* angeboten und einen Vermittlungsvorschlag gemacht; vgl. *Brouillet*, La médiation du Saint-Siège dans le différend entre l'Argentine et le Chili sur la zone australe, AFDI 25 (1979), S. 47 ff.

[9] Unten §§ 589 ff.

trag[10] ratifiziert. Der Heilige Stuhl ist Gründungsmitglied der IAEA[11] und beteiligt sich durch Beobachter an den Arbeiten der UNO und ihrer Spezialorganisationen, sowie verschiedener Regionalorganisationen[12]. Noch wichtiger ist es, daß gerade die letzten Päpste wiederholt für die menschlichen und staatlichen Grundrechte und die Erhaltung des Weltfriedens, also für die geistigen Grundlagen des VR, eingetreten sind. Von besonderer Bedeutung sind dabei die Friedensvorschläge Benedikts XV. vom 1. August 1917, die Weihnachtsbotschaft Pius XII. vom 24. Dezember 1944, sowie die Enzykliken „Pacem in terris" Johannes XXIII. vom 11. April 1963 und „Populorum progressio" Pauls VI. vom 26. März 1967[13]. Auf Grund des Motu proprio „Sollicitudo omnium ecclesiarum" vom 24. Juni 1969 haben die Nuntien auch die Aufgabe, mit den Staaten zum allgemeinen geistigen, moralischen und wirtschaftlichen Wohle der menschlichen Familie zusammenzuarbeiten.

So lebt die Funktion des Papstes, die er seit dem Ursprung der europäischen Staatengemeinschaft ausübt, als Hüter und Wahrer des Rechts zu wirken, wenngleich unter geänderten Umständen, weiter[14].

5. Abschnitt

Zwischenstaatliche internationale Organisationen[1]

§ 415 Die durch vr Willenseinigung geschaffenen internationalen Organisationen sind abgeleitete („gekorene") Völkerrechtssubjekte, wenn ihnen die vr Rechtsfähigkeit im Gründungsvertrag oder sonstigen -in-

[10] Unten § 486.

[11] Vgl. §§ 358 ff.

[12] Der Staat der Vatikanstadt ist seinerseits Mitglied etwa der ITU und UPU (oben §§ 343 ff.), doch tritt der Heilige Stuhl in diesen und anderen internationalen Organisationen heute möglichst immer als solcher auf.
Zum ganzen *Verosta*, International Organisations and the Holy See, ÖZöffR 23 (1972), S. 205 ff.; *Köck*, Rechtsfragen der Teilnahme des Heiligen Stuhles an internationalen Institutionen, Österreichisches Archiv für Kirchenrecht 25 (1974), S. 156 ff.; *derselbe*, Die multilaterale Diplomatie des Heiligen Stuhles, ebd. 32 (1981), S. 204 ff.

[13] Darüber *Verdross*, Die Entstehung der christlichen Völkerrechtslehre und ihre Entfaltung durch die Päpste sowie durch das Zweite Vatikanische Konzil, in: *Klecatsky / Marcic / Schambeck* (Hrsg.), Die Wiener rechtstheoretische Schule (1968), Bd. II, S. 2283. Deutsche Übersetzung dieser Enzykliken in der Herder Bücherei, Bde. 157 und 286.

[14] *v. d. Heydte*, Völkerrecht I (1958), S. 187; *Riedmatten*, Le catholicisme et le développement du droit international, RdC 151 (1976 III), S. 115 ff.

[1] Im Rahmen des vorliegenden Buches werden nur die wichtigsten *universellen* internationalen Organisationen, also die UNO und ihre Spezialorganisationen, dargestellt (§§ 89 ff., zu den vr Verwaltungsunionen vgl. unten §§ 949 ff.). An ergänzenden Gesamtdarstellungen des vr Organisationsrechts vgl. vor allem *Seidl-Hohenveldern*, Das Recht der Internationalen Organisationen einschließlich der Supranationalen Gemeinschaften (3. Aufl. 1979);

strument verliehen worden ist[2]. Manchmal findet diese Absicht der Gründerstaaten ihren ausdrücklichen Niederschlag in einer Generalklausel. In den meisten Fällen muß der Umfang der Völkerrechtssubjektivität einer zwischenstaatlichen internationalen Organisation jedoch aus dem gesamten Inhalt des Gründungsinstrumentes und aus allen wesentlichen Umständen des Gründungsvorganges erschlossen werden. Die Rechts- und Handlungsfähigkeit ergibt sich dann z. B. daraus, daß der Gründungsvertrag einer Organisation die Fähigkeit einräumt, vr Verträge mit Staaten oder anderen zwischenstaatlichen Organisationen abzuschließen, oder andere vr Handlungen zu setzen, also z. B. das aktive und passive Gesandtschaftsrecht auszuüben[3]. Wie der IGH in seinem Gutachten vom 11. April 1949 im Falle *Reparation for Injuries Suffered in the Service of the United Nations* ausgesprochen hat, kann die UNO auch vr Schadensersatzansprüche wegen einer völkerrechtswidrigen Verletzung ihrer Bediensteten geltend machen, obgleich die UN-Charta ihr keine solche Befugnis ausdrücklich einräumt. Sie stehe ihr aber zu "as being essential to the performance of its duties"[4]. Zu den einer internationalen Organisation ausdrücklich verliehenen Kompetenzen treten also diejenigen „implied powers", die zur Erfül-

---

ferner *Schermers*, International Institutional Law (2. Aufl. 1980); *Bowett*, The Law of International Institutions (4. Aufl. 1982); *Reuter*, Institutions internationales (7. Aufl. 1972); UNESCO (Hrsg.), Le concept d'organisation internationale (1980); *Köck / Fischer*, Grundzüge des Rechtes der Internationalen Organisationen (1981); *Monaco*, Les principes régissant la structure et le fonctionnement des organisations internationales, RdC 156 (1977 III), S. 79 ff.; ferner die allgemeinen Stichworte in der Encyclopedia [5 (1983)], insbesondere *Bindschedler*, International Organizations, General Aspects, ebd., S. 119 ff. Die Satzungen der zwischenstaatlichen internationalen Organisationen finden sich u. a. bei *Peaslee*, International Governmental Organizations (3. Aufl. in 5 Teilen, 1974 ff.).

[2] Genauer unten § 679 und zur UNO §§ 89 ff. *passim* (mit Literaturangaben). Hingegen behaupten *Seyersted* (Objective International Personality of Intergovernmental Organisations [1963], sowie oben § 2, Anm. 14) und G. *Arangio-Ruiz* (Diritto internazionale e personalità giuridica [1971], S. 186 ff.), daß das allgemeine VR den internationalen Organisationen eine — originäre — Völkerrechtssubjektivität verleihe, wenn diese effektiv als von ihren Mitgliedstaaten unabhängige Wirkungseinheiten existieren. Dazu statt aller *Seidl-Hohenveldern* (Anm. 1), S. 32 ff. Vgl. ferner *Jenks*, The Legal Personality of International Organisations, BYIL 22 (1945), S. 267 ff.; *Rama-Montaldo*, International Legal Personality and Implied Powers of International Organizations, BYIL 44 (1970), S. 111 ff.; E. *Lauterpacht*, The Development of the Law of International Organization by the Decisions of International Tribunals, RdC 152 (1976 IV), S. 377 ff. Zur kommunistischen Auffassung *Tunkin*, Völkerrechtstheorie (1972), S. 339 ff.; *derselbe*, International Law in the International System, RdC 147 (1975 IV), S. 198 ff.; *Osakwe*, Contemporary Soviet Doctrine on the Juridical Nature of Universal International Organizations, AJIL 65 (1971), S. 502 ff.; *Barberis* (§ 375, Anm. 1), S. 213 ff.

[3] Vgl. dazu das Gutachten des schweizerischen Département fédéral des affaires étrangères vom 18. März 1982, SchwJIR 38 (1982), S. 110 ff.

[4] ICJ Reports 1949, S. 182.

lung des Organisationszweckes notwendig sind[5]. Der Umfang der Völkerrechtsfähigkeit internationaler Organisationen ist demnach *funktionell* bestimmt und entsprechend unterschiedlich.

Da das von internationalen Organisationen erzeugte VR mit Ausnahme gewisser durch die UNO und ihre Spezialorganisationen gesetzter Normen[6] nur partikulärer Natur ist, kann es hier nicht näher behandelt werden.

§ 416 Diese Organisationen müssen von den *nichtstaatlichen internationalen Organisationen* (non-governmental organizations, NGO's) unterschieden werden. Darunter verstehen wir mit Karl Zemanek autonom organisierte Vereinigungen privaten Charakters, die unter den in ihrem Statut festgelegten Bedingungen Individuen und/oder Personenverbänden mehrerer Staaten zugänglich sind und ohne Absicht eines wirtschaftlichen Geschäftsbetriebes Verbandsziele von internationalem Interesse verfolgen[7]. Von den intergouvernementalen Organisationen unterscheiden sie sich also grundsätzlich durch ihren privaten Teilnehmerkreis sowie durch das Fehlen eines vr Entstehungsaktes[8]. Als Beispiele seien die Liga der Rot-Kreuz-Gesellschaften, die Interparlamentarische Union, das Internationale Olympische Komitee oder Amnesty International genannt. Derartige Organisationen sind keine Völkerrechtssubjekte, können aber von jenen zur Beratung zugezogen werden. Artikel 71 der UN-Charta bestimmt darüber, daß der Wirtschafts- und Sozialrat mit solchen Organisationen Vereinbarungen über die gegenseitige Fühlungnahme (for consultation) abschließen kann[9]. Analoge Verbindungen bestehen zwischen den NGO's und den UN-Spezialorganisationen. Sie können auf diese Weise einen „Einfluß auf das völkerrechtliche Geschehen" ausüben[10].

---

[5] Ausführlicher unten § 780, Pkt. 5.

[6] Eingehend unten §§ 625 ff.

[7] Das Vertragsrecht der internationalen Organisationen (1957), S. 123. Vgl. noch *White*, International Non-Governmental Organizations (1951); J. H. *Kaiser*, Nichtstaatliche internationale Organisationen, WV II, S. 612 ff.; *Lador-Lederer*, International Non-Governmental Organizations and Economic Entities (1963); *Stošič*, Les organisations non gouvernementales et les Nations Unies (1964); *Beatus*, Interessengruppen in internationalen Organisationen (1967); *Benvenuti*, The Nature and Features of International Non-Governmental Organizations, ItYIL 4 (1978 - 1979), S. 84 ff. Eine Aufstellung der NGO's mit Konsultativstatus bei der UNO und ihren Spezialorganisationen findet sich im „Yearbook of the United Nations"; eine Zusammenstellung aller dieser Organisationen im „Yearbook of International Organizations".

[8] In der Rechtswirklichkeit zeigen sich vielerlei Mischformen; vgl. *Seidl-Hohenveldern* (Anm. 1), S. 3. Zur IUCN unten § 682, Anm. 33.

[9] Der Wirtschafts- und Sozialrat hat bereits 1946 ein Committee on Non-Governmental Organizations eingesetzt und Durchführungsbestimmungen zu Art. 71 erlassen, vgl. die Resolutionen 288 (X) vom 27. Februar 1950 und 1296 (XLIV) vom 23. Mai 1968.

[10] *Seidl-Hohenveldern* (Anm. 1), S. 3.

6. Abschnitt

Der Souveräne Malteser-Ritterorden

§ 417 Er ist nicht nur ein seit 1113 anerkannter kirchlicher Orden auf Grund des kanonischen Rechts, sondern auch ein Völkerrechtssubjekt, das seine weltlichen Funktionen sozial-karitativer Art auf Grund einer *selbstgesetzten*, weder von der katholischen Kirche noch von einem Staate abgeleiteten Rechtsordnung ausübt[1]. Daher ist er den Staaten gleichgeordnet und sowohl vom Heiligen Stuhl wie auch von den meisten Staaten als Völkerrechtssubjekt *sui generis* anerkannt. Er verkehrte infolge seiner ursprünglichen militärischen Funktion und seiner Gebietsrechte als souveräner Partner mit den Staaten, war schon auf dem Westfälischen Friedenskongreß vertreten und ist gegenwärtig bei mehr als 40 Regierungen und verschiedenen internationalen Organisationen diplomatisch beglaubigt[2]. Der Orden hat zahlreiche vr Verträge abgeschlossen[3], vor allem über die Errichtung von Hospital- und Sozialwerken in verschiedenen Staaten, einschließlich solchen der „Dritten Welt“[4]. Natürlich steht er auch zum Internationalen Komitee vom Roten Kreuz in enger Verbindung[5]. Wie dieses befugt ihn seine funktionelle Völkerrechtssubjektivität, die Rolle einer Schutzmacht in internationalen bewaffneten Konflikten zu übernehmen[6].

Der heutige Malteserorden übte von 1310 - 1522 die Herrschaft in Rhodos aus und wurde 1530 von Karl V. mit Malta belehnt, von dort aber 1798 nach der Niederlage gegen Frankreich vertrieben[7]. Seit 1834 befindet sich die Regierung des Ordens in Rom, wo sie auf dem Adventinischen Hügel im Magistralpalast die legislative Gewalt durch das Generalkapitel, die Exekutivgewalt durch die Ordensregierung (assistiert vom Souveränen Rat) und die richterliche Gewalt durch die magistralen Tribunale ausübt[8]. Trotz des Verlustes der territorialen Souveräni-

---

[1] So *Morelli* in einem 1968 dem Großmagisterium des Ordens erstatteten Gutachten, angeführt bei *Prantner*, Malteser-Orden und Völkergemeinschaft (1974), S. 67, Anm. 36 (vgl. die Dokumentation und Bibliographie im Anhang dieses Werkes); vgl. ferner *De Fischer*, L'Ordre souverain de Malte, RdC 163 (1979 II), S. 1 ff.; *Monaco*, Osservazioni sulla condizione giuridica internazionale dell' Ordine di Malta, RDI 64 (1981), S. 14 ff. Zur Leugnung der Völkerrechtssubjektivität des Ordens vgl. § 377, Anm. 5.

[2] *Prantner* (Anm. 1), S.106.

[3] Ebendort.

[4] Dortselbst, S. 144 ff.

[5] Ebendort, S. 94 ff.

[6] Vgl. die im ÖHB 2, D 163, wiedergegebene Verbalnote vom 21. Februar 1980.

[7] *Preiser*, Malteserorden, WV II, S. 459 f.

[8] *Prantner* (Anm. 1), S. 50. Die von diesen Tribunalen innerhalb ihrer Zuständigkeit gefällten Entscheidungen sind daher wie ausländische Urteile zu behandeln. So die Corte d'appello Roma am 23. Januar 1978 im Falle *Piccoli*

tät ist die Völkerrechtssubjektivität des Ordens erhalten geblieben. Der Malteserorden hat daher einen ähnlichen vr Status wie der Heilige Stuhl von 1870 - 1929. Der Orden, seine nationalen Gliederungen und seine diplomatischen Missionen genießen daher dieselben Immunitäten wie die Staaten[9].

7. Abschnitt

Das Internationale Komitee vom Roten Kreuz[1]

§ 418 Diese Institution beruht auf keinem vr Vertrag, sondern ist ein aus höchstens 25 Schweizer Bürgern bestehender, nach Schweizer Recht gegründeter Verein mit Sitz in Genf, der sich durch Kooptierung ergänzt.

§ 419 Die Gesamtorganisation des Roten Kreuzes verfügt über folgenden Aufbau: Die Stellung der über 120 *nationalen Rotkreuzgesellschaften* (genauer: Gesellschaften des Roten Kreuzes sowie des Roten Halbmondes in arabischen und vorwiegend islamischen Staaten) richtet sich nach dem Recht der Staaten, in denen sie errichtet sind, ferner danach, ob sie vom Internationalen Komitee und von der Regierung dieser Staaten als Hilfsdienst des militärischen Sanitätsdienstes anerkannt sind[2]. In Friedenszeiten verfolgen die nationalen Gesellschaften

---

c. *Associazione dei Cavalieri italiani del Sovrano Militare Ordine di Malta*, RDI 62 (1979), S. 155 ff. (engl. Übersetzung: ItYIL 1978 - 1979, S. 133 ff.). Dazu kritisch *Paone*, Ordine di Malta e sistema giuridico internazionale, RDI (ebd.), S. 233 ff.

[9] Die Immunität des Malteserordens für seine Tätigkeit auf humanitärem Gebiet wurde am 4. Juni 1974 durch den italienischen Kassationshof im Falle *Associazione dei Cavalieri italiani dell' Ordine di Malta c. Piccoli*, und am 3. Mai 1978 im Falle *Ministero delle Finanze c. Associazione dei Cavalieri* ..., RDI 61 (1978), S. 559 ff. (engl. Übersetzung: ItYIL 1978 - 1979, S. 127 ff.) bestätigt, wo auch ausgesprochen wurde, daß sich die Immunität des Ordens von der italienischen Steuerhoheit auf seine nationalen Gliederungen, durch die der Orden seine verfassungsmäßigen Aufgaben erfüllt, erstreckt. RDI 57 (1974), S. 829 ff.

[1] *Haug*, Rotes Kreuz. Werden, Gestalt, Wirken (1966); Max *Huber*, Völkerrechtliche Grundsätze, Aufgaben und Probleme des Roten Kreuzes, SchwJIR 1 (1944), S. 11 ff.; *Ruegger*, The Juridical Aspects of the Organization of the International Red Cross, RdC 82 (1953 I), S. 481 ff.; *v. Starck*, Internationale und nationale Rechtsstellung des Roten Kreuzes, JIR 13 (1967), S. 210 ff.; *Kimminich*, Humanitäres Völkerrecht — humanitäre Aktion (1972), S. 98 ff.; *Freymond*, Guerres, revolutions, Croix-Rouge. Réflexions sur le rôle du Comité international de la Croix-Rouge (1976); *Forsythe*, Humanitarian Politics. The International Committee of the Red Cross (1977); *Bindschedler-Robert*, Red Cross, Encyclopedia [5 (1983), S. 248 ff.].

[2] Nach Art. 26 des 1. Genfer Abkommens zum Schutze der Kriegsopfer 1949 wird das Personal „der von ihrer Regierung in gehöriger Form anerkannten und ermächtigten nationalen Gesellschaften des Roten Kreuzes und anderer freiwilliger Hilfsgesellschaften“ dem durch dieses Abkommen geschützten militärischen Sanitätspersonal gleichgestellt.

Aufgaben der ersten Hilfe, Krankenpflege, Jugenderziehung und Information, und leisten soziale und ärztliche Hilfsdienste. Die nationalen Rotkreuzgesellschaften sind in einem Dachverband, der *Liga der Rotkreuzgesellschaften*, zusammengefaßt, die eine nichtstaatliche internationale Organisation darstellt[3] und insbesondere bei großen Unglücksfällen, Naturkatastrophen und Epidemien helfend eingreift[4]. Oberstes beratendes Organ des Roten Kreuzes ist die *Internationale Rotkreuzkonferenz*, die in unregelmäßigen Abständen zusammentritt und an der außer dem Komitee die Vertreter der nationalen Rotkreuzgesellschaften, der Liga der Rotkreuzgesellschaften sowie der Signatarstaaten der Genfer Abkommen zum Schutze der Kriegsopfer vom 12. August 1949 teilnehmen[5].

§ 420 Einen selbständigen vr Status hat jedoch nur das Internationale Komitee vom Roten Kreuz, da diesem vom 3. und 4. der genannten Genfer Abkommen sowie im I. Zusatzprotokoll vom 12. Dezember 1977 (Art. 5) die Stellung einer *Schutzmacht* neben oder anstelle der staatlichen Schutzmächte bei zwischenstaatlichen bewaffneten Konflikten zuerkannt wird. In dieser Eigenschaft überwacht das Komitee die korrekte Behandlung der Kriegsgefangenen und Internierten und leistet den Konfliktsparteien notfalls dabei auch materielle Hilfe. Bei Bürgerkriegen und inneren Unruhen dagegen kann das Komitee nur seine Dienste anbieten[6]. Außerdem kann es die Initiative zur Fortbildung des humanitären VR ergreifen und dessen Einhaltung überwachen. Eine Sanktionsgewalt steht ihm aber nicht zu, es kann nur an das sittliche Bewußtsein der Staaten appellieren und diese so an ihre Pflicht zur Erfüllung der humanitären Abkommen erinnern.

§ 421 Da das Internationale Komitee vom Roten Kreuz kein „titulaire de situations juridiques subjectives internationales" ist, also nicht eigene subjektive vr Ansprüche geltend machen kann, bestreitet G. Barile seine Völkerrechtssubjektivität[7]. Er geht dabei offenkundig von einer von unserer Definition (§ 375) abweichenden, engeren Begriffsbestimmung der Völkerrechtsfähigkeit aus.

---

[3] Vgl. § 416.

[4] Vgl. *Socini Leyendecker*, Le azioni di soccorso nel diritto internazionale umanitario (1979); *Morse*, Practice, Norms and Reform of International Humanitarian Rescue Operations, RdC 157 (1977 IV), S. 121 ff.

[5] *Perruchoud*, Les résolutions des conférences internationales de la Croix-Rouge (1979).

[6] Darüber *Beyerlin*, Die humanitäre Aktion zur Gewährleistung des Mindeststandards in nichtinternationalen bewaffneten Konflikten (1975). Das II. Zusatzprotokoll vom 12. Dezember 1977 hat die vr Möglichkeiten des Komitees, in solchen Situationen Hilfe zu leisten, nicht verbessert.

[7] Caractère du Comité international de la Croix-Rouge, RDI 62 (1979), S. 111 ff. (115).

8. Abschnitt

Einzelmenschen und juristische Personen

§ 422 Da wir die unmittelbar aufgrund des VR bestehende Stellung der Beamten der internationalen Organisationen schon im ersten Abschnitt besprochen haben, behandeln wir hier nur die Rechtsstellung der Menschen außerhalb dieses Bereiches[1].

A. Völkerrechtliche Berechtigung von Einzelmenschen und juristischen Personen

§ 423 Alle folgerichtigen Dualisten behaupten, daß das VR nur Staaten und andere souveräne Verbände, nicht aber auch Einzelpersonen berechtigen und verpflichten könne. Denn sie meinen, daß die durch das neuzeitliche staatliche Recht bewirkte Mediatisierung der Menschen[2] vom VR nicht durchbrochen werden kann. Diese Lehre ist eine Folgerung aus einer aprioristischen Definition des VR. Statt nämlich zu untersuchen, ob auch vr Normen in Geltung stehen, die sich unmittelbar an Einzelmenschen wenden, wird aus dieser Definition abgeleitet, daß das nicht möglich sei. Zu einer Lösung dieses Problems kann man daher nur gelangen, wenn man nicht von einer — jedem Schriftsteller freistehenden — Definition, sondern von jenen Normen, die in zwischenstaatlichen Verfahren (VGR, vr Verträge, Beschlüsse von Staatengemeinschaftsorganen) erzeugt werden, ausgeht und sich die Frage vorlegt, ob es darunter vr Normen gibt, die sich unmittelbar an Einzelmenschen wenden. Dabei kommt es natürlich nicht auf den bloßen Wortlaut solcher Normen an, da es häufig vorkommt, daß z. B. in Handels- und Niederlassungsverträgen von Individualrechten der Ausländer die Rede ist, darunter aber nur gemeint wird, daß die Vertragsstaaten den Angehörigen des anderen Partners solche Rechte einräumen sollen.

Hier muß demnach scharf zwischen einer echten Berechtigung und einer bloßen Begünstigung von Individuen unterschieden werden, die als Reflex aus der Berechtigung und Verpflichtung eines Staates entstehen kann. Schon das klassische VR enthielt gewohnheitsrechtliche

---

[1] Allgemein *Grassi*, Die Rechtsstellung des Individuums im Völkerrecht (1955); *Sperduti*, L'individu et le droit international, RdC 90 (1956 II), S. 727 ff.; *Dahm*, Die Stellung des Menschen im Völkerrecht unserer Zeit (1961); *Remec*, The Position of the Individual in International Law (1960); *Nørgaard*, The Position of the Individual in International Law (1962); G. *Arangio-Ruiz*, L'individuo e il diritto internazionale, RDI 54 (1971), S. 561 ff.; *Kimminich*, Der internationale Schutz des Einzelnen, ArchVR 15 (1971/1972), S. 197 ff.; ferner die unten §§ 1233 ff. angeführte Literatur zum vr Menschenrechtsschutz.

[2] Oben § 47.

Normen, wie diejenigen des Fremdenrechts, die zwar Rechte und Pflichten nur zwischen Staaten und anderen souveränen Gemeinschaften begründeten, deren Befolgung jedoch unmittelbar den betroffenen Einzelmenschen zugute kam. Heute hat eine immer größere Zahl von vr *Verträgen* Lebenssachverhalte des Einzelnen zum Gegenstand. Im Rahmen der innerstaatlichen Durchführung dieser Verträge[3] wird ein Teil ihrer Bestimmungen in dem Sinne unmittelbar anwendbar *(self-executing)*, daß der Einzelne vor *innerstaatlichen* Instanzen (Gerichten und Verwaltungsbehörden) Rechte daraus geltend machen kann. Dabei handelt es sich zwar um Ansprüche aus vr Verträgen, aber insofern nicht um eigentliche vr Berechtigungen, als diese Ansprüche nur durch Vermittlung des staatlichen Durchführungs-(Transformations-, Vollzugs-) Aktes oder infolge der verfassungsrechtlichen Adoption der Verträge als innerstaatliches Recht zustandekommen und auch nur vor innerstaatlichen Instanzen geltend gemacht werden können. So führt der StIGH in seinem Gutachten über die *Jurisdiction of the Courts of Danzig* (1928) aus: „[O]n ne saurait contester que l'objet même d'un accord international, dans l'intention des Parties contractantes, puisse être l'adoption, par les Parties, des règles déterminées, créant des droits et obligations pour des individus, et *susceptibles d'être appliquées par les tribunaux nationaux*[4]."

§ 424 Von einer *vr* Berechtigung von Individuen im eigentlichen Sinn kann dagegen nur dann gesprochen werden, wenn diesen durch eine Völkerrechtsnorm *unmittelbar* die Befugnis eingeräumt wird, von einem Staat *in einem vr Verfahren* ein bestimmtes Verhalten zu fordern. In diesem Sinne räumen verschiedene Verträge bestimmten Menschen das Recht ein, einen Staat vor einer vr Stelle zu belangen. Ein solches *Klagerecht* war z. B. in dem nicht in Kraft getretenen XII. Haager Abkommen 1907 über die Errichtung eines Internationalen Prisenhofes, in dem früheren Vertrag über den Zentralamerikanischen Gerichtshof (1907 - 1918), sowie in einzelnen Bestimmungen über die Gemischten Schiedsgerichte zu finden, die nach dem Ersten Weltkrieg errichtet wurden[5]. Der deutsch-polnische Staatsvertrag vom 15. Mai 1922 sah eine Klagemöglichkeit der Minderheitsangehörigen in Oberschlesien gegen ihren eigenen Staat vor[6].

§ 425 Das wichtigste gegenwärtige Beispiel findet sich im partikulären Völkerrecht in Gestalt der Europäischen Konvention zum Schutze der Menschenrechte und Grundfreiheiten vom 4. November 1950[7].

---

[3] Unten §§ 863 ff.

[4] Series B, No. 15, S. 17 f. (Hervorhebung von uns).

[5] Vgl. Art. 297 lit. e und h des Friedensvertrages von Versailles und die analogen Bestimmungen der Friedensverträge von St. Germain und Trianon.

[6] Oben § 3, Anm. 18.

Sie verleiht allen Menschen (sowie den nichtstaatlichen Organisationen und Personenvereinigungen), die sich durch die Verletzung eines in dieser Konvention anerkannten Rechtes durch einen Vertragsstaat beschwert erachten, die Befugnis, darüber bei der Europäischen Kommission für Menschenrechte *Beschwerde* zu führen, sofern der belangte Staat die Zuständigkeit dieser Kommission für Individualbeschwerden anerkannt hat (Art. 25). Die Kommission muß über die Zulässigkeit der Individualbeschwerde entscheiden und im Falle ihrer Annahme ein kontradiktorisches Untersuchungs- und Vermittlungsverfahren durchführen. Kommt es dabei nicht zu einer gütlichen Einigung, so muß sie die Angelegenheit dem Ministerkomitee des Europarates vorlegen, das in der Sache zu entscheiden hat, wenn nicht der Europäische Gerichtshof für Menschenrechte dafür zuständig ist. Im gegenwärtigen Zusammenhang ist bedeutsam, daß das den betroffenen Personen gemäß Art. 25 Abs. 1 zustehende Beschwerderecht von der innerstaatlichen Durchführung der Konvention im belangten Staate vollständig unabhängig ist und sich daher direkt aus einem vr Vertrage herleitet. Die Vertragsstaaten sind allerdings nach Art. 1 und 13 verpflichtet, die zur innerstaatlichen Anwendbarkeit der Konvention nötigen Durchführungsbestimmungen zu erlassen, die Annahme einer Beschwerde durch die Europäische Kommission für Menschenrechte ist aber von dieser Ausführung nicht abhängig. Mit einer solchen Beschwerde machen daher die in Rede stehenden Personen vr Individualrechte geltend. Dieser Gedanke kommt auch in Art. 1 dadurch zum Ausdruck, daß die Vertragsstaaten die in der Konvention aufgezählten Individualrechte nicht zu gewähren, sondern nur zu sichern haben (shall secure). Wenn daher die Kommission einen Fall dem Europäischen Gerichtshof für Menschenrechte gem. Art. 48 vorlegt, hat sie zur Frage Stellung zu nehmen, ob ein durch die Konvention anerkanntes Individualrecht verletzt wurde. Ihre Stellung ist daher eine ganz andere als die eines Staates bei einer diplomatischen Reklamation im Falle eines von einem seiner Angehörigen in einem anderen Staate völkerrechtswidrig erlittenen Schadens. Denn ein solcher Staat ist kein Anwalt seiner geschädigten Angehörigen. Er macht vielmehr *sein* Recht auf eine völkerrechtsgemäße Behandlung seiner Angehörigen geltend[8]. Hingegen ist die Kommission dazu berufen, bei der Durchsetzung von Individualrechten mitzuwirken. Dasselbe gilt für den Gerichtshof für Menschen-

---

[7] BGBl. 1952 II, S. 686; *Simma / Fastenrath*, Menschenrechte. Ihr internationaler Schutz (1979), S. 189 ff. Ende 1983 für 21 Staaten in Kraft. Weitere Beispiele für den Zugang von Individuen zu vr Entscheidungsinstanzen seit 1945 bei *Hallier*, Völkerrechtliche Schiedsinstanzen für Einzelpersonen und ihr Verhältnis zur innerstaatlichen Gerichtsbarkeit (1962). Zu den Möglichkeiten nach dem UN-Seerechtsübereinkommen 1982 siehe unten §§ 1326 ff.

[8] Vgl. unten § 1300.

rechte, wie er selbst in seinem Erkenntnis vom 27. März 1962 im Falle *De Becker* ausdrücklich anerkannt hat, wo er ausführt, daß er nicht über die abstrakte Frage zu befinden hat, ob ein Gesetz des belangten Vertragsstaates mit der Konvention in Widerspruch steht, sondern darüber, ob der Beschwerdeführer in einem seiner Rechte verletzt wurde[9]. Die Beschwerde ist daher nicht nur ein Rechtsbehelf zur Verwirklichung des objektiven Rechts, wie Quadri meint[10], sondern sie dient zur Durchsetzung von vr Individualrechten. Infolge der vr Natur dieser Rechte kann sich kein Vertragsstaat vor der Kommission oder vor dem Gerichtshof damit entschuldigen, daß er die Konvention nicht durchgeführt hat oder daß seine eigene Rechtsordnung ein bestimmtes, in der Konvention proklamiertes Recht noch nicht kennt.

§ 426 Die Universalität anstrebenden Übereinkommen zum Schutze der Menschenrechte, die im Rahmen der UNO zustandegekommen sind, lassen die Geltendmachung ihrer Verletzung durch die davon betroffenen Einzelpersonen selbst auf vr Ebene dagegen nur selten zu. Aber auch dort, wo diese Möglichkeit eröffnet wird, findet sich kein der Europäischen Konvention vergleichbares Verfahren[11]. So bestimmt das Fakultativprotokoll zu dem Internationalen Pakt über bürgerliche und politische Rechte vom 19. Dezember 1966 zwar, daß Einzelpersonen „Mitteilungen" (communications) über behauptete Verletzungen ihrer im Pakt anerkannten Menschenrechte durch die Vertragsstaaten des Protokolls an einen Ausschuß für Menschenrechte (Human Rights Committee) richten können, doch kann weder dieser Ausschuß noch eine sonstige Instanz darüber eine für den belangten Staat vr verbindliche Entscheidung treffen.

§ 427 Daneben kennt das universelle VR ein *Petitionsrecht* der Angehörigen von Treuhandgebieten[12] gemäß Art. 87 lit. b UN-Charta. Ein Petitionsrecht an einen besonderen Ausschuß räumt auch die Resolution der Generalversammlung der Vereinten Nationen Nr. 1514 (XV) vom 14. Dezember 1960 den „colonial countries and peoples" ein. Schließlich läßt sich auch das sog. „1503-Verfahren" im Rahmen der UN-Commission on Human Rights als Petitionsrecht mit dem Ziel der Abstellung schwerer und andauernder Verletzungen der Menschenrechte verstehen[13]. Ein solcher Rechtsbehelf ist jedoch von einem vr Klage- oder

---

[9] Series A, Bd. 4, S. 26.

[10] Diritto internazionale pubblico (5. Aufl. 1968), S. 41, 3.

[11] Siehe unten §§ 1240 f., 1246.

[12] Oben § 184. Ein solches Petitionsrecht hatten auch die Angehörigen der (früheren) Mandatsgebiete des Völkerbundes. Darüber das Gutachten des IGH vom 6. Juni 1955 zur *Voting Procedure on Questions Relating to Reports and Petitions Concerning the Territory of South West Africa*, ICJ Reports 1955, S. 67 ff.

Beschwerderecht streng zu unterscheiden, weil bei Petitionen kein individueller Anspruch auf Durchführung eines Verfahrens besteht. Selbst eine beschränkte Völkerrechtssubjektivität des Individuums steckt also, abgesehen von der Völkerrechtsunmittelbarkeit der internationalen Beamten, nach universellem VR noch in den Kinderschuhen.

§ 428 Aber auch die in effektiven Verfahren durchsetzbaren vr Individualrechte sind schwächer als die vr Ansprüche der Staaten. Sie beruhen einzig und allein auf vr Verträgen und können daher einvernehmlich von den Vertragsstaaten, ohne Zustimmung der berechtigten Menschen, wieder aufgehoben werden. Außerdem kann der Einzelmensch, der mit seiner Klage oder Beschwerde bei der vr Stelle durchgedrungen ist, nicht selbst die Erfüllung der Entscheidung durchsetzen. Das ist auch dann der Fall, wenn sich die Staaten verpflichtet haben, die Vollstreckung dieser vr Entscheidung im innerstaatlichen Wege anzuordnen, da bei einer Verletzung dieser Verpflichtung doch nur das zwischenstaatliche Verfahren offenbleibt[14]. Diese vr Rechte der Individuen sind daher nur voll wirksam, wenn und solange sie von Normen des *zwischenstaatlichen* Rechts getragen werden.

§ 429 Was über die grundsätzliche Möglichkeit einer unmittelbaren vr Berechtigung von natürlichen Personen ausgesagt wurde, gilt *mutatis mutandis* auch für juristische Personen des innerstaatlichen Rechts. Auch ihnen kann durch vr Vertrag die Befugnis zur Rechtsverfolgung vor internationalen Instanzen eingeräumt werden. So sieht das unter den Auspizien der Weltbank am 18. März 1965 abgeschlossene Übereinkommen zur Beilegung von Investitionsstreitigkeiten zwischen Staaten und Angehörigen anderer Staaten vor, daß auch private Investoren — meist Kapitalgesellschaften — mit Einwilligung des betreffenden Investitionslandes als Parteien in den Vergleichs- oder Schiedsgerichtsverfahren vor dem durch dieses Übereinkommen gegründeten Internationalen Zentrum zur Beilegung von Investitionsstreitigkeiten (ICSID) auftreten können[15].

---

[13] Dazu unten § 1245 und *Zuijdwijk*, Petitioning the United Nations (1982). Über das 1978 eingeführte Beschwerdeverfahren bei der UNESCO siehe oben § 316.

[14] Das wird bei der Europäischen Menschenrechtskonvention auch darin deutlich, daß das (aus weisungsgebundenen Staatenvertretern zusammengesetzte) Ministerkomitee gemäß Art. 54 dieser Konvention zur Exekution der Urteile des Menschenrechtsgerichtshofs zuständig ist.

[15] BGBl. 1969 II, S. 371; Ende 1983 81 Vertragsparteien. Dazu *Amadio*, Le contentieux international de l'investissement privé et la Convention de la Banque Mondiale du 18 Mars 1965 (1967); P. *Fischer*, Die schiedsgerichtliche Beilegung von privaten Investitionsstreitigkeiten im Lichte der Weltbankkonvention vom 18. März 1965, Verfassung und Recht in Übersee 1 (1968), S. 262 ff.; *Pirrung*, Die Schiedsgerichtsbarkeit nach dem Weltbankübereinkommen für Investitionsstreitigkeiten (1972); *Amerasinghe*, Investment Dis-

Zählt man die „internationalisierten“, „quasi-völkerrechtlichen“ Verträge“ zum VR (im weiteren Sinne), so begründen auch sie eine Völkerrechtssubjektivität der nichtstaatlichen Parteien dieser Abkommen[16].

B. Völkerrechtliche Verpflichtung von Einzelmenschen

§ 430 Auch hier muß die Situation, in der ein Individuum unmittelbar auf Grund des VR verpflichtet und dann auch zur Verantwortung gezogen werden kann, von den Fällen unterschieden werden, in denen eine Verpflichtung des Einzelnen erst durch das Dazwischentreten der staatlichen Rechtsordnung entsteht.

§ 431 So sind die *Staaten* verpflichtet, bestimmte durch ihre Organe oder ihre sonstigen Gewaltunterworfenen verwirklichte Unrechtstatbestände strafrechtlich zu verfolgen, die teils durch VGR, teils durch vr Verträge normiert werden. Diese von Einzelmenschen aus eigenem Antrieb gesetzten Unrechtstatbestände werden „Delikte wider das VR“ *(delicta iuris gentium)* genannt, im Gegensatz zu den von Staatsorganen auf Grund der eigenstaatlichen Rechtsordnung gesetzten und daher den Staaten selbst zugerechneten Unrechtstatbeständen.

§ 432 In die erste Kategorie fällt die vgr Pflicht zur Bestrafung (auch Amtsentsetzung) eines schuldigen Organs oder die angemessene Bestrafung von schuldigen Privatpersonen als Form der Genugtuung für völkerrechtswidrige Schädigungen fremder Staaten[17].

Weitere *delicta iuris gentium* sind durch *Kollektivverträge* eingeführt worden. Als solche Tatbestände sind etwa zu nennen[18]: der Skla-

---

putes, Convention and International Centre for the Settlement of, Encyclopedia [5 (1983), S. 188 ff.].

[16] Oben § 4. Vgl. aus dem Schiedsspruch im Falle *Texaco / Calasiatic v. Libya*, ILR 53, S. 458: „[S]tating that a contract between a State and a private person falls within the international legal order means that for the purposes of interpretation and performance of the contract, it should be recognized that a private contracting party has specific international capacities. But, unlike a State, the private person has only a limited capacity and his quality as a subject of international law does enable him only to invoke, in the field of international law, the rights which he derives from the contract.“ Ähnlich *Barberis* (§ 375, Anm. 1), S. 189 ff. Im *regionalen* Rahmen vgl. Art. 25 der Europäischen Menschenrechtskonvention, wo die Individualbeschwerde gegen Konventionsverletzungen auch für jede „nichtstaatliche Organisation oder Personenvereinigung“ vorgesehen ist. Vgl. des weiteren den Rechtsschutz natürlicher *und* juristischer Personen vor dem Gerichtshof der Europäischen Gemeinschaften.

[17] Darüber *Simma*, JBl. 90 (1968), S. 458 ff. (mit weiteren Angaben); *Hettinger*, Die völkerrechtliche Verpflichtung der Staaten zur Bestrafung Einzelner und das materielle Strafrecht der Bundesrepublik Deutschland (jur. Diss. München 1965).

[18] Weiterführende Angaben und Fundstellen der älteren Verträge zu den im folgenden nicht näher behandelten Fällen bei *Verdross*, S. 643 ff.

venhandel, der Frauen- und Kinderhandel, die Verbreitung unzüchtiger Veröffentlichungen, die Falschmünzerei, der Völkermord, die Luftpiraterie, Geiselnahme, verbrecherische Angriffe gegen Diplomaten und andere Vertreter fremder Staaten sowie andere Akte des Terrorismus.

§ 433 Nach der Konvention über die Verhütung und Bestrafung des *Völkermordes* vom 9. Dezember 1948[19] bildet die Ausrottung von nationalen, ethnischen, rassischen oder religiösen Gruppen ebenso wie der Versuch, die Verschwörung und die Anreizung zur Ausrottung, sowie die Teilnahme daran, ein *delictum iuris gentium*, das der Staat des Begehungsortes zu verfolgen verpflichtet ist (Art. I - VI), ohne Rücksicht darauf, ob der Unrechtstatbestand (im Frieden oder im Krieg) von einem Regierungsmitglied, von einem anderen Staatsorgan oder einer Privatperson gesetzt wurde.

Dieses als große Neuerung gepriesene Abkommen hat kaum praktische Bedeutung. Die in Rede stehenden Tatbestände sind längst allgemein als gemeine Verbrechen anerkannt und werden auch allgemein verfolgt, wenn sie von privater Hand oder untergeordneten Organen begangen werden. Wird Völkermord dagegen von einer Regierung angeordnet, dann könnte das Abkommen mangels eines vr Strafgerichtes erst nach einer revolutionären Regierungsänderung oder nach der Niederwerfung des Kriegsgegners durch den Sieger angewendet werden.

§ 434 Der Bekämpfung von Flugzeugentführungen und anderen Gewaltakten an Bord von Luftfahrzeugen sind gegenwärtig 3 multilaterale Abkommen gewidmet: das Tokioter Abkommen vom 14. September 1963 über strafbare und bestimmte andere an Bord von Luftfahrzeugen begangene Handlungen[20], das Haager Übereinkommen vom 16. Dezember 1970 zur Bekämpfung der widerrechtlichen Inbesitznahme von Luftfahrzeugen[21] sowie die Montrealer Konvention vom 23. September 1971 zur Bekämpfung rechtswidriger Handlungen gegen die Sicherheit der Zivilluftfahrt[22]. Diese Verträge verpflichten die Mitgliedstaaten, zur Verhinderung von Flugzeugentführungen, Gewaltakten und sonstigen rechtswidrigen Gefährdungen der Sicherheit von Luftfahrzeugen geeignete Maßnahmen zu ergreifen und derartige Taten streng zu bestrafen oder den Täter zwecks Strafverfolgung auszuliefern *(aut dedere aut judicare)*. Persönlicher Geltungsbereich und Effektivität der Abkommen werden allerdings durch den häufig poli-

---

[19] Text BGBl. 1954 II, S. 729; *Simma / Fastenrath*, Menschenrechte. Ihr internationaler Schutz (1979), S. 98 ff. Ende 1983 94 Vertragsparteien. Dazu *Drost*, The Crime of State, Bd. II: Genocide (1959); *Robinson*, The Genocide Convention (1960).

[20] BGBl. 1969 II, S. 121; Ende 1983 110 Vertragsparteien.

[21] BGBl. 1972 II, S. 1505; Ende 1983 für 117 Staaten in Kraft.

[22] BGBl. 1977 II, S. 1230; Ende 1983 für 116 Staaten in Kraft.

tischen Charakter der zu verfolgenden Aktivitäten entscheidend eingeschränkt[23] — ein Umstand, der einer wirksamen Bekämpfung des internationalen Terrorismus schon jeher im Wege stand[24].

§ 435 Das von der UN-Generalversammlung am 14. Dezember 1973 angenommene Übereinkommen über die Verhütung, Verfolgung und Bestrafung von Straftaten gegen vr geschützte Personen einschließlich Diplomaten[25] verstärkt und ergänzt die schon gewohnheitsrechtlich bestehende Verpflichtung der Staaten zur Verhinderung und Bestrafung verbrecherischer Angriffe auf ausländische Staatsoberhäupter, Regierungschefs und Außenminister, andere Staatenvertreter (also insbesondere Diplomaten) und Funktionäre internationaler Organisationen, die nach VR Anspruch auf erhöhten Schutz haben[26], sowie die Angehörigen dieser Personen[27].

---

[23] Die Bemühungen der ICAO um eine zusätzliche Konvention, die wirksame Sanktionen gegen Staaten ermöglichen soll, die Luftpiraten aufnehmen und weder bestrafen noch ausliefern, blieben bisher aus demselben Grund erfolglos. Daher haben die wichtigsten Industriestaaten 1978/81 vereinbart, gegen solche Staaten solidarisch vorzugehen; vgl. unten § 1343. Vgl. zum ganzen *Hailbronner*, Luftpiraterie in rechtlicher Sicht (1972); *Faller*, Gewaltsame Flugzeugentführungen aus völkerrechtlicher Sicht (1972); *Mc-Whinney* (Hrsg.), Aerial Piracy and International Law (1973); *Agrawala*, Aircraft Hijacking and International Law (1973); *Shubber*, Jurisdiction over Crimes on Board Aircraft (1973); *Schütz*, Der völkerrechtliche Rahmen zur Bekämpfung von Flugzeugentführungen und anderen Terrorakten gegen die internationale Zivilluftfahrt, ÖJZ 30 (1975), S. 225 ff.; *Philipp*, Internationale Maßnahmen zur Bekämpfung von Handlungen gegen die Sicherheit der Zivilluftfahrt (1977); *Spörri*, Die Bekämpfung der widerrechtlichen Inbesitznahme von Luftfahrzeugen durch das Haager Übereinkommen vom 16. Dezember 1970 (1979).

[24] *Blum*, State Response to Acts of Terrorism, GYIL 19 (1976), S. 223 ff.; *Evans / Murphy* (Hrsg.), Legal Aspects of International Terrorism (1978); *Oppermann*, Der Beitrag des Internationalen Rechts zur Bekämpfung des internationalen Terrorismus, FS Schlochauer, S. 495 ff.; *Hailbronner*, International Terrorism and the Laws of War, GYIL 25 (1982), S. 169 ff. Im Rahmen des Europarates wurde am 27. Januar 1977 die Europäische Konvention zur Bekämpfung des Terrorismus abgeschlossen: BGBl. 1978 II, S. 321; darüber T. *Stein*, Die Europäische Konvention zur Bekämpfung des Terrorismus, ZaöRV 37 (1977), S. 668 ff. Sie geht bei bestimmten enumerierten terroristischen Taten von einer Auslieferungspflicht ohne Zulassung des Einwandes aus, es liege ein politisches Delikt vor (vgl. aber Art. 13).

[25] BGBl. 1976 II, S. 1745 (Ende 1983 für 59 Staaten in Kraft). Dazu *Suy*, La protection des diplomates, in: Festschrift für W. Wengler (1973), I, S. 591 ff.; *Wood*, ICLQ 23 (1974), S. 79 ff.; *Bloomfield / Fitzgerald*, Crimes against Internationally Protected Persons (1975); *Przetacznik*, Protection of Officials of Foreign States according to International Law (1983).

[26] Unten § 909.

[27] In der Resolution 3166 (XXVIII), GAOR, 28th Session, Suppl. No. 30, S. 146 ff., mit der die Konvention approbiert wurde, findet sich die heftig umstrittene Feststellung, „that the provisions of the annexed Convention could not in any way prejudice the exercise of the legitimate right to self-determination and independence ... by peoples struggling against colonialism, alien domination, foreign occupation, racial discrimination and *apartheid*". Vgl. den dahingehenden Vorbehalt Burundis zur Konvention und den Widerspruch Großbritanniens: BYIL 53 (1982), S. 422 f.

§ 436 Am 17. Dezember 1979 hat die UN-Generalversammlung das Internationale Übereinkommen gegen *Geiselnahme* (in Friedenszeiten) verabschiedet[28]. Es verpflichtet seine Parteien ebenfalls, Täter grundsätzlich entweder auszuliefern oder Strafverfahren gegen sie einzuleiten, und schließt Lücken in der staatlichen Strafhoheit. Die Auslieferung unterliegt den im Recht des ersuchten Staates vorgesehenen Bedingungen, so daß eine Nichtauslieferung wegen politischer Motive[29] oder möglicher politischer Verfolgung eines Täters zulässig bleibt. Art. 12 nimmt diejenigen Geiselnahmen von dem Übereinkommen aus, die von nationalen Befreiungsbewegungen gegen Kolonialherrschaft, fremde Besetzung oder rassistische Regimes im bewaffneten Kampf zur Durchsetzung des Selbstbestimmungsrechts begangen werden, aber nur, soweit auf diese Handlungen die Genfer Konventionen 1949 über den Schutz der Kriegsopfer oder die 1977 abgeschlossenen Zusatzprotokolle, die jede Geiselnahme verbieten, Anwendung finden[30].

§ 437 Am 30. November 1973 hat die Generalversammlung eine International Convention on the Suppression and Punishment of the Crime of *Apartheid* angenommen, die diesen Tatbestand zu einem *delictum iuris gentium* stempelt[31].

§ 438 Dasselbe sieht der von der UN-Menschenrechtskommission im März 1984 mit Consensus der Generalversammlung übermittelte Entwurf einer "Convention against torture and other cruel, inhuman or degrading treatment or punishment" für die *Folter* vor[32].

Bei all diesen *delicta iuris gentium* entstehen die Pflichten der *Privatpersonen* jedoch erst dadurch, daß die Staaten in Erfüllung ihrer vr Verpflichtungen die gebotenen Strafnormen erlassen. Die Täter können

---

[28] BGBl. 1980 II, S. 1361; ILM 18 (1979), S. 1456 ff. (Ende 1983 für 22 Staaten in Kraft). Dazu *Kausch*, Das Internationale Übereinkommen gegen Geiselnahme, VN 28 (1980), S. 77 ff.; *Platz*, Internationale Konvention gegen Geiselnahme, ZaöRV 40 (1980), S. 276 ff.; *Shubber*, The International Convention Against the Taking of Hostages, BYIL 52 (1981), S. 205 ff.

[29] Vgl. unten § 1231.

[30] Darüber *Verwey*, The International Hostages Convention and National Liberation Movements, AJIL 75 (1981), S. 69 ff.

[31] Text im IJIL 14 (1974), S. 104 ff. Im Mai 1984 für 78 Staaten und Namibia in Kraft.

[32] Vgl. zu diesem Entwurf unten § 1238, Anm. 21. Diese Konvention könnte Fälle wie den des argentinischen Hauptmanns Alfredo *Astiz* verhindern, der im Falkland-Konflikt in britische Kriegsgefangenschaft geriet. Obwohl ihm schwerste Folterungen und Tötungen politischer Gefangener vorgeworfen wurden und sich sowohl die französische wie die schwedische Regierung an Großbritannien mit der Bitte wandten, ihn im Zusammenhang mit dem Verschwinden eigener Staatsangehöriger in Argentinien befragen zu dürfen, wurde er von den britischen Behörden nach Ende der Feindseligkeiten wie die übrigen Kriegsgefangenen repatriiert; vgl. International Commission of Jurists Review No. 28 (Juni 1982), S. 3 f.

hier also nicht unmittelbar auf Grund des VR, sondern erst auf Grund der staatlichen Durchführungsnormen verfolgt werden.

§ 439 Eine echte vr Verpflichtung von Einzelmenschen liegt daher nur vor, wenn ein Individuum *unmittelbar* auf Grund des VR zur Verantwortung gezogen werden kann. Der einzige Fall dieser Art nach VGR ist die Befugnis eines Staates, einen Angehörigen der feindlichen Streitkräfte wegen Verletzungen des vr Kriegsrechts (war crimes) zu bestrafen, die dieser vor seiner Gefangennahme begangen hat. Selbst in einem solchen Falle ist es aber streitig, ob diese Bestrafung unmittelbar auf Grund des VR oder nur nach den Strafgesetzen des Heimat- oder Gewahrsamsstaates erfolgen kann.

Da sich dieses Buch nur mit dem Friedensvölkerrecht befaßt, kann darauf nicht eingegangen werden[33].

§ 440 Durch das Londoner Viermächteabkommen vom 8. August 1945 über die Bestrafung der Hauptkriegsverbrecher der europäischen Achsenmächte und durch das Statut des Interalliierten Militärgerichtshofes (des späteren Nürnberger Gerichtshofes), das einen integrierenden Bestandteil des Londoner Abkommens bildet[34], wurden neben den Kriegsverbrechen auch „Verbrechen gegen die Menschlichkeit" und „Verbrechen gegen den Frieden" zu unmittelbar nach VR verfolgbaren Tatbeständen erklärt.

§ 441 Die „Verbrechen gegen die Menschlichkeit" (Art. 6 lit. c des Statuts) waren schon bisher nach den Gesetzen aller Staaten strafbar[35].

---

[33] Darüber aber *Verdross*, Die völkerrechtswidrige Kriegshandlung und der Strafanspruch der Staaten (1920); *Jescheck*, Die Verantwortlichkeit der Staatsorgane nach Völkerstrafrecht (1952); *derselbe*, War Crimes, Encyclopedia [4 (1982), S. 294 ff.]; *Dahm*, Zur Problematik des Völkerstrafrechts (1956); *derselbe*, Völkerrecht, Bd. 3 (1961), S. 280 ff.; *Hoffmann*, Strafrechtliche Verantwortung im Völkerrecht (1962); *Glaser*, Droit international pénal conventionnel (1970); *Mueller / Wise*, International Criminal Law (1965); *Triffterer*, Dogmatische Untersuchungen zur Entwicklung des materiellen Völkerstrafrechts seit Nürnberg (1966); *Bassiouni / Nanda* (Hrsg.), A Treatise on International Criminal Law (2 Bde., 1973); *Röling*, Criminal Responsibility for Violations of the Laws of War, RBDI 12 (1976), S. 8 ff., und die übrige bei *Kimminich*, Einführung in das Völkerrecht (2. Aufl. 1983), S. 493 f., angeführte Literatur.

Das United States Law of Land Warfare (1956) anerkennt in Art. 511 eine Verantwortlichkeit unmittelbar auf Grund des VR. Hingegen verlangt die Resolution 3074 (XXVIII) der Generalversammlung der UNO vom 3. Dezember 1973 eine Bestrafung auf Grund des staatlichen Rechts (Text RDI 57 [1974], S. 378 f.). Ebenso *Berber*, Lehrbuch des Völkerrechts, Bd. 2, S. 243, und *Hoffmann* (oben), S. 86 ff. Vgl. auch oben § 43.

[34] Deutsche Übersetzung in der Dokumentensammlung zum DDR-Lehrbuch 1973, Teil 1, S. 219 ff. Vgl. *Jescheck*, Nuremberg Trials, Encyclopedia [4 (1982), S. 50 ff.].

[35] *Verdross*, S. 219, 646. Die International Convention on the Suppression and Punishment of the Crime of *Apartheid* vom 30. November 1973 (§ 437) erklärt diesen Tatbestand ebenfalls zum „crime against humanity" (Art. I).

Ein Teil dieser Tatbestände wurde durch das oben besprochene Völkermordabkommen darüber hinaus in *delicta iuris gentium* verwandelt.

§ 442 Problematisch sind dagegen die „Verbrechen gegen den Frieden" i. S. des Londoner Viermächteabkommens[36]. Darunter versteht Art. 6 lit. a des Gerichtshofstatuts das Planen, Vorbereiten, Einleiten und Durchführen von Angriffskriegen, sowie eine Beteiligung an solchen Plänen. Diese Tatbestände waren früher sowohl dem VR wie dem innerstaatlichen Recht unbekannt. Der Versuch des Nürnberger Gerichtshofs, ihre Strafbarkeit durch den Hinweis auf das Verbot des Angriffskriegs im Kellogg-Pakt[37] zu begründen, geht deswegen fehl, weil dieser Pakt nur Staaten, nicht aber Individuen verpflichtet und Strafsanktionen gegen Einzelne überhaupt nicht erwähnt. Wenn das Urteil des Nürnberger Gerichtshofs ferner behauptet, daß die Einhaltung der vr Pflichten nur durch die Bestrafung der schuldigen Staatsmänner und ihrer Helfershelfer gesichert werden könne[38], so mag das *de iure condendo* richtig sein, widerspricht jedoch dem allgemeinen VR, das — Kriegsverbrechen i. e. S. ausgenommen — nicht mit Individualsanktionen, sondern nur mit Kollektivsanktionen verknüpft ist[39]. Letzteres gilt auch für das Recht der UN-Charta[40]. Ein Bruch des Londoner Vertrages und der darauf basierenden Judikatur mit der vr *lex lata* besteht auch darin, daß nicht nur jene Handlungen für strafbar erklärt werden, die der Täter auf Befehl seines militärischen Vorgesetzten begangen, sondern auch solche, die er im Auftrag seiner Regierung gesetzt hat[41]. Darunter fallen also auch jene Handlungen, die der Täter in Übereinstimmung mit seiner staatlichen Rechtsordnung begeht, während sonst der Grundsatz gilt, daß das staatliche Recht für die staat-

---

[36] *Röling*, Crimes against Peace, Encyclopedia [3 (1982), S. 132 ff.].

[37] Oben § 88.

[38] Prozeß gegen die Hauptkriegsverbrecher vor dem Internationalen Militärgerichtshof (1947), Bd. I, S. 249: „Verbrechen gegen das Völkerrecht werden von Menschen und nicht von abstrakten Wesen begangen, und nur durch Bestrafung jener Einzelpersonen, die solche Verbrechen begehen, kann den Bestimmungen des Völkerrechts Geltung verschafft werden ... Diejenigen, die solche Handlungen begangen haben, können sich nicht hinter ihrer Amtsstellung verstecken, um in geordneten Gerichtsverfahren der Bestrafung zu entgehen."

[39] Oben § 42.

[40] Vgl. Art. 39 ff.

[41] Aus dem Urteil (Anm. 38), S. 249, 250: „Es ist ... der Wesenskern des Statuts, daß Einzelpersonen internationale Pflichten haben, die über die nationalen Gehorsamspflichten hinausgehen ... Derjenige, der das Kriegsrecht verletzt, kann nicht Straffreiheit deswegen erlangen, weil er auf Grund der Staatsautorität handelte, wenn der Staat Handlungen gutheißt, die sich außerhalb der Schranken des Völkerrechts bewegen." Vgl. auch oben § 73 und das Urteil des District Court of Jerusalem vom 12. Dezember 1961 im Falle *Attorney-General of the Government of Israel v. Adolf Eichmann*, ILR 36, S. 5 ff.

lichen Organe solange rechtsverbindlich ist, bis es auf Grund eines vr Verfahrens wieder aufgehoben oder abgeändert wird[42]. Das Londoner Viermächteabkommen muß daher zweifellos als ein rückwirkendes Strafgesetz (*ex post facto*-law) aufgefaßt werden, was nicht nur durch Hans Kelsen[43] und Paul Guggenheim[44], sondern auch durch den indischen Richter Pal in seinem Sondervotum zum Urteil des „International Tribunal for the Far East"[45] im Falle *The United States of America and others v. Araki Sadao and others* klar bewiesen wurde[46]. Eine andere Frage ist es, ob die Siegermächte zur Erlassung eines derartigen rückwirkenden Strafgesetzes berechtigt waren[47].

Davon abgesehen bilden die Grundsätze der Judikatur von Nürnberg und Tokio eine bedeutsame Neuerung im VR, die sich allerdings in der Staatenpraxis erst durchsetzen muß. Eine von der International Law Commission der UNO im Auftrag der Generalversammlung bereits 1950 fertiggestellte Formulierung der Nürnberger Prinzipien blieb nämlich genauso Entwurf wie der von demselben Organ einige Jahre später ausgearbeitete "Draft Code of Offences against the Peace and Security of Mankind"[48]. Auch die "Declaration on Principles of International Law Concerning Friendly Relations and Co-operation among States in Accordance with the Charter of the United Nations" vom

---

[42] Oben § 73.

[43] Principles of International Law (1952), S. 152 f., ebenso in der 2., von *Tucker* bearbeiteten Aufl. 1966, S. 216.

[44] Traité de Droit international public II (1954), S. 42.

[45] Dieses Gericht wurde auf Grund der japanischen Kapitulation vom 2. September 1945 vom Oberbefehlshaber der Alliierten Mächte auf dem fernöstlichen Kriegsschauplatz in Analogie zum Nürnberger Gerichtshof am 19. Januar 1946 eingesetzt. Vgl. *Röling / Rüter* (Hrsg.), The Tokyo Judgement (3 Bde., 1977).

[46] *Pal*, International Military Tribunal for the Far East (1953), S. 569 ff.

[47] *Guggenheim* (Anm. 44) leitet diese Berechtigung aus der bedingungslosen Kapitulation ab, während *Tucker* (Anm. 43) bemerkt, daß das VR die Erlassung rückwirkender Strafgesetze nicht verbiete. Vgl. dazu Art. 7 Abs. 2 der Europäischen Menschenrechtskonvention und den Vorbehalt der Bundesrepublik Deutschland zu dieser Bestimmung, bei *Berber*, Dokumente I, S. 958. Nach Ansicht noch des US-Beraters bei der Pariser Friedenskonferenz 1919, D. H. *Miller* (vgl. § 80, Anm. 20), waren nur *politische sichernde* Maßnahmen (wie z. B. diejenigen gegen Napoleon I.) gegen die Urheber von Kriegen vr zulässig.

[48] Texte im ILC-Yearbook 1950 II, S. 374 ff., bzw. 1954 II, S. 149 ff. Dazu *Baxter*, The Effects of Ill-Conceived Codification and Development of International Law, FS Guggenheim (1968), S. 146 ff.; *Gross*, Some Observations on the Draft Code of Offences Against the Peace and Security of Mankind, Israel Yearbook on Human Rights 13 (1983), S. 9 ff. Gegenwärtig hat die ILC die Arbeit zu diesem Thema wieder aufgenommen, vgl. Report of the International Law Commission on the work of its thirty-fifth session, G. A. O. R., 38th session, Suppl. No. 10 (A/38/10); sowie den 1. Bericht des Special Rapporteur Doudou *Thiam*, UN Doc. A/CN. 4/364 vom 18. März 1983.
Zum ganzen *Tomuschat*, Grundpflichten des Individuums nach Völkerrecht, ArchRV 21 (1983), S. 289 ff.

24. Oktober 1970[49] führt nur aus, daß "[a] war of aggression constitutes a crime against the peace for which there is responsibility under international law", ohne zu klären, ob es sich dabei um eine Verantwortlichkeit von Aggressorstaaten oder um die individuelle Verantwortlichkeit der schuldigen Staatsmänner handelt[50].

Dazu kommt, daß nur Regierungsorgane einen Angriffskrieg planen können. Ihre Bestrafung wäre also, wie beim Völkermord, nur im Falle ihrer Beseitigung durch Revolution, Staatsstreich oder Besiegung des Angreiferstaates möglich.

§ 443 Die Resolution der Generalversammlung 3074 (XXVIII) über "Principles of international cooperation in the detention, arrest, extradition and punishment of persons guilty of war crimes and crimes against humanity" vom 3. Dezember 1973 fordert die Staaten zur Zusammenarbeit bei der Ausforschung, Bestrafung und Auslieferung von Kriegsverbrechern, sowie dazu auf, den Schuldigen kein Asyl zu gewähren[51].

9. Abschnitt

Abgrenzungen

A. Internationale juristische Personen

§ 444 Von den Völkerrechtssubjekten sind jene durch vr Verträge geschaffenen internationalen Institutionen und Unternehmen zu unterscheiden, die eine *vorwiegend privatrechtliche* „internationale Persönlichkeit" besitzen[1]. Eine solche Rechtspersönlichkeit hatte etwa das 1905 begründete und 1946 mit Errichtung der FAO aufgelöste Internationale Landwirtschaftliche Institut in Rom[2]. Die Bank für Internationalen Zahlungsausgleich (BIZ) in Basel oder das durch die Weltbankkonvention 1965 geschaffene Internationale Zentrum zur Beilegung von In-

---

[49] Unten §§ 451 ff.

[50] Unten § 483. Vgl. ferner unten § 1263 zu den „international crimes" der Staaten (Art. 19 des von der ILC 1980 provisorisch angenommenen Entwurfs über die Voraussetzungen der Staatenverantwortlichkeit).

[51] RDI 57 (1974), S. 378 f.

[1] *Verdross*, S. 191; *Seidl-Hohenveldern*, Das Recht der Internationalen Organisationen einschließlich der Supranationalen Gemeinschaften (3. Aufl. 1979), S. 48 ff. (mit Literaturnachweisen); *Wolfrum*, Plurinational Administrative Institutions, Encyclopedia [5 (1983), S. 235 ff.]; *Barberis* (§ 375, Anm. 1), S. 232 ff. Vgl. ferner die Arbeiten des Institut de Droit international über „Le droit applicable aux entreprises internationales communes, étatiques ou paraétatiques" (mit Berichten von *Seidl-Hohenveldern*), Annuaire IDI 60 I (1983), S. 1 ff.

[2] *Verdross*, S. 600.

vestitionsstreitigkeiten (ICSID)[3] bilden gegenwärtige Beispiele. Letzteres kann gemäß Art. 18 der Konvention 1965 Verträge abschließen, bewegliches und unbewegliches Vermögen erwerben und darüber verfügen sowie vor Gericht klagen und verklagt werden.

§ 445 Dazu sei ergänzend bemerkt, daß auch die Staaten sowie in der Regel die zwischenstaatlichen internationalen Organisationen auf Grund ihrer Verfassungen außer ihrer Völkerrechtssubjektivität auch eine funktionell bestimmte innerstaatliche Rechtsfähigkeit besitzen[4].

B. Inter- und transnationale Handlungseinheiten ohne Völkerrechtssubjektivität

I. Begriff

§ 446 Neben den in diesem Kapitel dargestellten Völkerrechtssubjekten sind in den letzten Jahrzehnten immer mehr nicht-hoheitliche Einrichtungen und Organisationen auf den Plan getreten, die entweder unmittelbar auf internationaler Ebene angesiedelt und tätig oder über Staatsgrenzen hinweg wirksam sind, wie multi-(oder trans-)nationale Unternehmen, nichtstaatliche internationale Organisationen („NGO's"), Massenkommunikationsmedien, Kirchen und Religionsgemeinschaften, internationale Arbeitgeber- und Arbeitnehmerorganisationen, Sport- und Parteienverbände[1]. Solche Akteure können, ohne unmittelbar Träger von vr Rechten und Pflichten zu sein, beträchtlichen Einfluß auf das vr Geschehen ausüben und umgekehrt dem Zugriff des VR auf verschiedene Weise unterliegen[2]. Dieses kann durch „internationale Verhaltensregeln für Private"[3], z. B. durch Verhaltenskodizes (codes of conduct)[4], Rahmenbedingungen für deren grenzüberschreitende Aktivitäten setzen, Staaten zur Kontrolle dieser Aktivitäten vr verpflichten und gegebenenfalls dafür verantwortlich machen, andererseits aber auch zum diplomatischen Schutz solcher Personen ermächtigen oder deren Unterstützung vorschreiben.

---

[3] Oben § 429.

[4] Ausführlich *Seidl-Hohenveldern* (Anm. 1), S. 44 ff. Zur UNO vgl. oben § 277. Zur EWG vgl. *Simma / Vedder*, Art. 211, in: *Grabitz* (Hrsg.), Kommentar zum EWG-Vertrag (Loseblattausgabe 1984).

[1] Vgl. *Hummer*, Politisch bedeutsame transnationale Akteure an oder unter der Schwelle der Völkerrechtssubjektivität, ÖHB 1, S. 189 ff. (mit umfangreichen Nachweisen). Zu den NGO's vgl. auch oben § 416.

[2] Vgl. *Hummer*, ebd.

[3] *Bryde*, Internationale Verhaltensregeln für Private — völkerrechtliche und verfassungsrechtliche Aspekte (1981).

[4] Darüber unten § 546.

II. Multi-(trans-)nationale Unternehmen[5]

§ 447 Die größten Anstrengungen auf internationaler Ebene gelten der Schaffung von Rahmenbedingungen für die Tätigkeit multi- bzw. transnationaler Unternehmen. Gemäß einer Definition der Regierungen der OECD-Mitgliedstaaten aus dem Jahre 1976 bestehen solche Unternehmen „aus Gesellschaften oder anderen Einheiten, die sich in privatem, staatlichem oder gemischtem Eigentum befinden, in verschiedenen Ländern ansässig und so miteinander verbunden sind, daß einer oder mehrere dieser Unternehmensteile in der Lage sind, einen wesentlichen Einfluß auf die Tätigkeit der anderen Teile auszuüben und insbesondere gemeinsam mit ihnen über Kenntnisse und Ressourcen zu verfügen"[6]. Dabei hat jeder ausländische Unternehmensteil die Staatszugehörigkeit seines Gastlandes.

§ 448 Die Tätigkeit der so beschriebenen Unternehmen wirft vielfältige und kontroverse Völkerrechtsfragen auf. So befürchten die Gaststaaten die Aushöhlung ihrer Entscheidungsgewalt und Selbstbestimmung durch multi-(trans-)nationale Unternehmen, die weder politisch wirksam kontrolliert noch demokratisch legitimiert sind, oder sie fassen die Unternehmen als verlängerten Arm ihres Heimatstaates auf[7]. In der Tat haben solche Gesellschaften auf die inneren Angelegenheiten insbesondere von Entwicklungsländern vielgestaltigen Einfluß genommen, der von Bestechung über politischen Druck und Boykottmaßnahmen bis zu dem Versuch ging, mißliebige Regierungen zu stürzen. Der Heimatstaat eines multi-(trans-)nationalen Unternehmens ist für derartige Umtriebe grundsätzlich vr nicht verantwortlich, es sei denn, er wäre seiner vr Pflicht nicht nachgekommen, gewaltsame Angriffe gegen fremde Staaten von seinem Hoheitsgebiet aus zu verhindern, er hätte sich des Unternehmens zur Durchführung vr verbotener Handlungen bedient oder nachweisbar mit dem Unternehmen bei dessen

---

[5] Vgl. zum folgenden das UN Doc. „Multinational Corporations in World Development", ST/ECA/190, November 1973; den Bericht der sog. „eminent persons" über „The Impact of Multinational Corporations on the Development Process and on International Relations", UN Doc. E/5500/Add. 1 (Part I 24. Mai 1974, Part II 12. Juni 1974); die Berichte der unten erwähnten UN-Commission on Transnational Corporations sowie aus dem Schrifttum *Seidl-Hohenveldern*, Multinational Enterprises and the International Law of the Future, YBWA 29 (1975), S. 301 ff.; *Wildhaber*, Multinationale Unternehmen und Völkerrecht, Berichte DGVR 18 (1978), S. 7 ff., und die weiteren Berichte von *Großfeld*, *Sandrock* und *Birk*, ebd.; *Großfeld*, Multinationale Unternehmen und nationale Souveränität, JuS 18 (1978), S. 73 ff.; C. D. *Wallace*, Legal Control of the Multinational Enterprise (1983); *Hummer* (Anm. 1), S. 189 ff. Für eine Bibliographie vgl. Multinational Enterprises and International Law: A Selected Bibliography, The International Lawyer 11 (1977), S. 69 ff.

[6] Zitiert nach *Wildhaber* (Anm. 5), S. 13 f.

[7] *Wildhaber* (ebd.), S. 25.

„interventionistischen" Übergriffen so eng zusammengearbeitet, daß ihm dieses Verhalten nach Treu und Glauben zugerechnet werden muß[8].

Dem Gaststaat steht es zwar im Rahmen seiner vr Verpflichtungen frei, die ihm geeignet erscheinenden Vorschriften über Zulassung und Kontrolle von Investitionen und Geschäftstätigkeit multi-(trans-)nationaler Unternehmen zu erlassen[9]. Wenn sein wirtschaftliches Interesse an solchen Aktivitäten groß genug ist, kann er sich andererseits aber auch zum Abschluß von Verträgen mit multinationalen Gesellschaften veranlaßt sehen, in denen ihm diese auf der Grundlage der Gleichordnung gegenübertreten und Aufgaben von „funktioneller Staatlichkeit" übernehmen[10]. Werden derartige Vereinbarungen der Beherrschung durch das nationale Recht des staatlichen Partners entzogen und durch entsprechende Rechtswahl- und/oder Schiedsklauseln „internationalisiert", so ragen sie in das VR hinein und versetzen den nichtstaatlichen Partner an die Schwelle zur Völkerrechtssubjektivität[11].

§ 449 Die vr Möglichkeiten des *Heimatstaates*, bei Verletzungen des Fremdenrechts gegenüber einem multi-(trans-)nationalen Unternehmen diplomatischen Schutz auszuüben, werden dann beschränkt sein, wenn dieses Unternehmen im Ausland nicht im eigenen Namen auftritt. In diesem Falle wird ihm entgegengehalten werden, daß die ausländischen Tochtergesellschaften multi-(trans-)nationaler Unternehmen nach der Inkorporations- oder der Sitztheorie nicht die Staatszugehörigkeit des Heimat-, sondern diejenige des Gaststaates besäßen und daß die Kontrolltheorie in dieser Hinsicht nicht zum Zuge komme[12]. Nur ausnahmsweise kann ein Staat auch für indirekte Schädigungen von Aktionären seiner Staatsangehörigkeit, die durch einen völkerrechtswidrigen Eingriff in das Gesellschaftsvermögen einer ausländischen Gesellschaft eingetreten sind, Schadensersatz fordern[13]. Hier kann Abhilfe nur durch entsprechend ausgestaltete Investitionsschutzverträge geschaffen werden[14].

---

[8] Ebd., S. 28 f. Vgl. auch unten §§ 457, 1270, 1276, 1278, 1281 ff.

[9] Darüber unten §§ 1216 ff.

[10] *Wildhaber* (Anm. 5), S. 39.

[11] Vgl. zu diesen „internationalisierten" oder „quasi-völkerrechtlichen" Verträgen oben §§ 4, 429, sowie unten § 1220. Der Schiedsspruch vom 24. März 1982 im Fall *American Independent Oil Company (Aminoil) v. Government of the State of Kuwait* hat sich mit den Beweggründen, welche die Erdölgesellschaften nach der Ölkrise 1973 veranlaßten, mit den OPEC-Mitgliedstaaten ihre Konzessionsbedingungen zu revidieren, im Zusammenhang mit der Entstehung von VGR auseinandergesetzt: ILM 21 (1982), S. 1036 f.

[12] *Wildhaber* (Anm. 5), S. 43.

[13] So der IGH im Fall der *Barcelona Traction, Light and Power Company, Ltd. (Second Phase)*, ICJ Reports 1970, S. 39. Vgl. dazu auch unten § 1304.

[14] Vgl. § 1221.

§ 450 Wollen die Staaten das Verhalten der ihre Nationalität besitzenden Muttergesellschaften im Ausland, aber auch der von diesen kontrollierten Tochtergesellschaften dadurch in den Griff bekommen, daß sie ihrem Wirtschaftsrecht extraterritoriale Wirkung beimessen, so werden sie unter Umständen auf den durchaus vr begründeten Widerstand der Gastländer stoßen[15]. Daher kommt internationalen oder zumindest international vereinheitlichten Verhaltensregeln für und gegenüber multi-(trans-)nationalen Unternehmen große Bedeutung zu. In dieser Richtung ist die Commission on Transnational Corporations des UN-Wirtschafts- und Sozialrats seit 1977 beschäftigt, einen *Verhaltenskodex* für transnationale Unternehmen (Code of Conduct on Transnational Corporations) auszuarbeiten[16]. Der Teil des Codex, der sich an die Unternehmen richtet, soll Regelungen über die Achtung von Souveränität, Recht und Entwicklungs- bzw. soziokulturellen Zielen und Wertvorstellungen der Gast- wie Heimatländer sowie das Gebot der Respektierung der Menschenrechte und der Nichteinmischung in die inneren und äußeren Angelegenheiten der Staaten[17] enthalten, ferner Bestimmungen zur inneren Entscheidungsstruktur der Unternehmen, über die Überprüfung und Neuverhandlung von Verträgen, über Zahlungsbilanz, Finanzierung, Transferpreise, Besteuerung, Verbraucher- und Umweltschutz, schließlich Informationsgebote gegenüber der Öffentlichkeit, den betroffenen Regierungen und den Gewerkschaften[18].

Für den Teil des Codex, der sich an die Staaten richtet, sind Regeln über die faire und angemessene Behandlung der multi-(trans-)nationalen Gesellschaften, über ihre Nichtdiskriminierung gegenüber nationalen Unternehmen, über die Klarheit und Stabilität der einschlägigen nationalen Politiken, Gesetze und Praktiken, über den Schutz vertraulicher Informationen, über den Kapitaltransfer, aber auch über Enteignung, Entschädigung, das dabei anzuwendende Recht sowie Gerichts- und Schiedsgerichtsbarkeit, vorgesehen[19]. Schon dieser Überblick macht deutlich, daß die Verabschiedung des Verhaltenskodex Übereinstim-

---

[15] *Wildhaber* (Anm. 5), S. 47 ff.; ferner unten §§ 1188 ff.

[16] Darüber neben der bereits genannten Literatur noch *Wälde*, Der UN-Verhaltenskodex für transnationale Unternehmen: Schritte zu einem Weltwirtschaftsrecht, RIW 24 (1978), S. 285 ff.; *Horn* (Hrsg.), Legal Problems of Codes of Conduct for Multinational Enterprises (1980); *Bryde* (Anm. 3), S. 7 ff.; *Hailbronner*, Völkerrechtliche und staatsrechtliche Überlegungen zu Verhaltenskodizes für transnationale Unternehmen, FS Schlochauer, S. 329 ff.; *Schetting*, UNO-Verhaltenskodex für transnationale Unternehmen, RIW 29 (1983), S. 287 ff. Vgl. auch unten § 546, Anm. 37.
Der Text des Entwurfs auf dem Stand vom März 1983 findet sich in ILM 23 (1984), S. 626 ff. Vgl. ebd., S. 602 ff., den Bericht über die noch „outstanding issues".

[17] Vgl. dazu die Bemerkung unten § 497.

[18] *Schetting* (Anm. 16), S. 287 f.

[19] Ebd., S. 288.

mung in einigen heiß umstrittenen Fragen des vr Fremdenrechts voraussetzt. Daher verwundert es nicht, daß die Redaktionsarbeiten überaus zäh vonstatten gehen und auch noch nicht entschieden ist, ob der Codex schließlich mit Rechtsverbindlichkeit ausgestattet oder nur als Empfehlung beschlossen werden soll[20].

Kapitel 2

Die Grundrechte und Grundpflichten der Staaten

1. Abschnitt

Allgemeines

§ 451 Wie bereits ausgeführt wurde (§§ 92 ff.), finden wir in der UN-Charta eine Aufzählung der Ziele und Grundsätze der Vereinten Nationen. Die von der Generalversammlung der UNO nach jahrelangen Arbeiten eines Sonderausschusses am 24. Oktober 1970 ohne förmliche Abstimmung mit der Resolution 2625 (XXV) angenommene "Declaration on Principles of International Law concerning Friendly Relations and Co-operation among States in Accordance with the Charter of the United Nations" (künftig „Deklaration" genannt) knüpft an jene Bestimmungen der Charta an und versucht, die in ihnen enthaltenen Gedanken zu entfalten und teilweise auch weiterzubilden[1].

---

[20] Ebd., S. 289. Vgl. auch unten § 546 und zum „soft law" unten §§ 654 ff.
Dasselbe gilt für die Frage, ob die international tätigen Unternehmen der Staatshandelsländer in den Geltungsbereich des Kodex einbezogen werden sollen.
Ein Entwurf für ein vr Abkommen zur Unterbindung „unerlaubter Zahlungen" *(Anti-Korruptionsabkommen)* liegt dem UN-Wirtschafts- und Sozialrat schon seit 1979 vor, konnte aber noch nicht verabschiedet werden; vgl. VN 32 (1984), S. 30 f.

[1] Fundstelle: AJIL 65 (1971), S. 243 ff.; deutsche Übersetzungen in *Müller / Wildhaber*, Praxis des Völkerrechts (2. Aufl. 1982), S. 493 ff.; VN 26 (1978), S. 138 ff. Zu dieser Deklaration siehe *Graf zu Dohna*, Die Grundprinzipien des Völkerrechts über die freundschaftlichen Beziehungen und die Zusammenarbeit zwischen den Staaten (1973); *Sahović* (Hrsg.), Principles of International Law Concerning Friendly Relations and Cooperation (1972); *derselbe*, Codification des principes du droit international des relations amicales et de la coopération entre les Etats, RdC 137 (1972 III), S. 243 ff.; *Houben*, Principles of International Law Concerning Friendly Relations and Co-Operation Among States, AJIL 61 (1967), S. 703 ff.; *Rosenstock*, The Declaration of Principles of International Law Concerning Friendly Relations: A Survey, ebd. 65 (1971), S. 713 ff.; G. *Arangio-Ruiz*, The Normative

Die Deklaration bezeichnet jene Grundsätze in ihrem letzten Absatz als „basic principles of international law", da sie die Grundpflichten und die ihnen entsprechenden Grundrechte der Staaten enthalten. Darunter verstehen wir jene Rechte und Pflichten, die die Staaten unmittelbar auf Grund ihrer Völkerrechtssubjektivität, "simply as international persons"[2] innehaben und ohne die ein friedliches Zusammenleben der Staaten unmöglich wäre. Die Bezeichnung „basic principles" in der Deklaration will zum Ausdruck bringen, daß es sich um solche wesentliche Grundsätze handelt, deren Befolgung die oberste Voraussetzung zur Erreichung der Ziele der UNO bildet. Ihre Änderung ist aber in demselben Verfahren möglich, das auch für alle anderen Normen der UN-Charta gilt. Gemäß Artikel 103 der Charta haben die sich aus ihr ergebenden Pflichten allerdings den Vorrang vor den aus anderen Abkommen entstandenen Verpflichtungen.

Die in diesen Grundsätzen niedergelegten Grundpflichten der Staaten gliedern sich in konkrete Handlungs- und Unterlassungspflichten sowie in die Verpflichtung der Staaten, einzeln und in Zusammenarbeit mit der UNO auf die Erreichung bestimmter Ziele hinzuarbeiten. Die ersten beiden Gruppen finden wir in den Artikeln 2 und 25, die letzte Gruppe in den Artikeln 55 und 56 UN-Charta.

§ 452 Wenn wir diese Grundpflichten mit denen des klassischen VR der nichtorganisierten Staatengemeinschaft vergleichen, so sehen wir, daß dieses außer der positiven Grundpflicht der Erfüllung der vr Abkommen nach Treu und Glauben nur Unterlassungspflichten kannte, nämlich in die Souveränitätsbereiche anderer Staaten nicht einzugreifen. Das VR der Vereinten Nationen enthält hingegen neben diesen und noch anderen konkreten Handlungs- und Unterlassungspflichten auch Verpflichtungen der zwischenstaatlichen Zusammenarbeit zur Erhaltung des Weltfriedens und anderer im Dienste dieses Hauptzieles stehenden Teilziele der UNO.

Zu beachten ist ferner, daß die UN-Charta von Pflichten der *Mitglieder* der UNO, die in Rede stehende Deklaration hingegen von Pflichten der *Staaten* schlechthin spricht. Dieser Unterschied erklärt sich vor allem daraus, daß die UNO zur Zeit ihrer Entstehung bloß 51 Staa-

---

Role of the General Assembly of the United Nations and the Declaration of Principles of Friendly Relations, RdC 137 (1972 III), S. 419 ff.; *Frowein*, Freundschaft und Zusammenarbeit unter den Staaten, EA 28 (1973), S. 79 ff.; *Neuhold*, Internationale Konflikte — verbotene und erlaubte Mittel ihrer Austragung (1977); *Scheuner*, Zur Auslegung der Charta durch die Generalversammlung. Die Erklärung über freundschaftliche Beziehungen und Zusammenarbeit der Staaten, VN 26 (1978), S. 111 ff.; *Jiménez de Aréchaga*, International Law in the Past Third of a Century, RdC 159 (1978 I), S. 86 ff.; *Folz*, Die unmittelbaren Rechte der Staaten, FS Verdross, S. 403 ff.

[2] *Oppenheim*, International Law, Bd. I (8. Aufl., bearb. v. H. *Lauterpacht*, 1955), S. 261. Vgl. auch oben § 77.

ten umfaßt hat, während sie heute nahezu universell geworden ist. Dazu kommt, daß die wenigen heute noch außerhalb dieser Organisation stehenden Staaten, wie die Schweiz, die in Rede stehenden Grundsätze anerkannt haben[3].

§ 453 Um Mißverständnisse zu vermeiden, sei festgehalten, daß unsere Prinzipiendeklaration als solche keine formelle Völkerrechtsquelle darstellt, wenngleich sie nach der Absicht ihrer Redaktoren das Ziel verfolgt, das geltende VR der UN-Charta festzustellen[4]. Jedenfalls legt unsere Deklaration den *Argumentationsrahmen* fest, innerhalb dessen die politische und rechtliche Auseinandersetzung um die in der UN-Charta niedergelegten vr Grundpflichten ausgetragen wird.

2. Abschnitt

Die gegenseitige Achtung der souveränen Gleichheit der Staaten

A. Souveräne Gleichheit und Ehre

§ 454 Gemäß Artikel 2 Ziff. 1 UN-Charta ist die Organisation auf dem Grundsatz der souveränen Gleichheit aller ihrer Mitglieder aufgebaut. Damit wird zugleich der Primat des VR anerkannt, wie der japa-

---

[3] Von der *sowjetischen* Völkerrechtswissenschaft wird die Deklaration dahin qualifiziert, daß sie im wesentlichen ein System der Grundsätze der „friedlichen Koexistenz" enthalte. Das Bestreben der Sowjetunion, die in der Deklaration zu formulierenden Prinzipien ausdrücklich als „Grundsätze der friedlichen Koexistenz" zu bezeichnen, blieb allerdings erfolglos; die umständliche Bezeichnung der mit Res. 2625 (XXV) verabschiedeten Erklärung soll gerade außer Streit stellen, daß es sich um Verhaltensgrundsätze für *alle* Staaten, unabhängig von ihrem sozialökonomischen und politischen System, handelt. Vgl. dazu *Schweisfurth*, ZaöRV 34 (1974), S. 40 f.

[4] Dazu allgemein unten §§ 634 ff. Die Deklaration selbst hält in Abs. 2 ihres General Part fest, daß „[n]othing in this Declaration shall be construed as prejudicing in any manner the provisions of the Charter or the rights and duties of Member States under the Charter or the rights of peoples under the Charter, taking into account the elaboration of these rights in this Declaration", um im nächsten Absatz salomonisch hinzuzufügen: „The principles of the Charter which are embodied in this Declaration constitute basic principles of international law . . .".

Am 20. März 1974 erklärte der niederländische Staatssekretär für auswärtige Angelegenheiten vor dem Parlament: „The UN declaration of 1970 . . . is more than a General Assembly resolution in that it was expressly meant to reflect existing principles of international law and, for that express reason, was adopted by the General Assembly by unanimous vote": NYIL 6 (1975), S. 251. Auch der niederländische Minister für Entwicklung und Zusammenarbeit berief sich in der Frage der Unterstützung der Befreiungsbewegungen auf diese Deklaration als „basis of the legality of support under international law" (ebd.).

nische Delegierte in den Verhandlungen des in Rede stehenden Special Committee klar dargelegt hat: "The very concept of sovereign equality itself is given within the framework of international law. It is obvious, therefore, that the principle of sovereign equality of States as a principle of international law can exist and be viable only when the supremacy of international law is established[1]."

Mit der angeführten Formulierung des Art. 2 Ziff. 1 der Charta wollte der erste Ausschuß der I. Kommission der Konferenz von San Francisco zum Ausdruck bringen, daß alle Mitglieder der UNO rechtlich gleichberechtigt (juridically equal), also einander koordiniert sind, keineswegs aber vollkommen gleiche Rechte haben. Das ergibt sich schon daraus, daß bloß fünf von ihnen einen ständigen Sitz im Sicherheitsrat haben[2], sowie aus der Erwägung, daß aus Verträgen nur die Vertragsteile und jene Staaten Rechte erwerben, denen der Vertrag Rechte einräumt[3]. Mit der souveränen Gleichheit ist also auch vereinbar, daß für Zwecke der Entwicklungshilfe und anderer Formen des Ausgleichs materieller Unterschiede in Verträgen und Beschlüssen internationaler Organisationen und Konferenzen zwischen verschiedenen Kategorien von Staaten differenziert und daran auch Rechtsfolgen, z. B. wirtschaftliche Privilegien für unterentwickelte Binnenstaaten, geknüpft werden[4]. Ferner verstand der genannte Ausschuß unter jener Formel, daß die Staaten alle Rechte „inherent in full sovereignty" besitzen und daher untereinander verpflichtet sind, ihre Persönlichkeit (personality) wie ihre territoriale Integrität und politische Unabhängigkeit zu achten, sowie überhaupt im gegenseitigen Verkehr alle im VR begründeten Pflichten getreulich zu erfüllen (comply faithfully)[5].

Die „full sovereignty" umfaßt nach unserer Deklaration auch das Recht jedes Staates, „frei sein politisches, soziales, wirtschaftliches und kulturelles System zu wählen und zu entfalten". Dieses Recht ist aber durch die Grundsätze des VR begrenzt, wozu auch die Achtung der Menschenrechte gehört, wie wir später sehen werden (§§ 1233 ff.).

---

[1] JAIL 13 (1969), S. 67 f. Vgl. allgemein *Leibholz*, Gleichheit der Staaten, WV I, S. 694 ff.; *Schaumann*, Die Gleichheit der Staaten (1957); *Kooijmans*, The Doctrine of the Legal Equality of States (1964); *Klein*, Sovereign Equality Among States. History of an Idea (1970); *Pechota*, Equality: Political Justice in an Unequal World, in: The Structure and Process of International Law (§ 10, Anm. 1), S. 453 ff.

[2] Oben § 151.

[3] Genauer unten §§ 758 ff.

[4] Dazu *de Lacharrière*, L'influence de l'inégalité de développement des Etats sur le droit international, RdC 139 (1973 III), S. 227 ff.; *Colliard*, Spécificité des Etats, théorie des statuts juridiques particuliers et d'inégalité compensatrice, FS Reuter, S. 153 ff.; *Feuer*, Les différentes catégories de pays en développement: Genèse. Evolution. Statut, JDI 109 (1982), S. 5 ff.

[5] U. N. C. I. O., Bd. VI, S. 457.

§ 455 Zur gegenseitigen Achtung der Persönlichkeit der Staaten gehört die Pflicht zur Achtung ihrer *Ehre*, die früher allgemein unter den staatlichen Grundrechten angeführt wurde[6], jedoch weder von der Charta noch von unserer Deklaration, wohl aber von der früheren Deklaration der Generalversammlung 2131 (XX) vom 21. Dezember 1965 über das Interventionsverbot[7] unter der Formel "recognition of the inherent dignity ... of all members of the human family" erwähnt wird[8].

B. Achtung der territorialen Integrität

§ 456 Die Achtung der territorialen Integrität der Staaten umfaßt nicht nur das später zu behandelnde Gewaltverbot des Artikels 2 Ziff. 4 UN-Charta und gewisse nachbarrechtliche Verpflichtungen[9], sondern verbietet ganz allgemein alle Staatshandlungen im Ausland, durch die in die Gebietshoheit des Territorialstaates ohne dessen Einwilligung oder ohne Vorliegen eines anderen vr Rechtstitels[10] eingegriffen wird. Darunter fallen z. B. das Eindringen von staatlichen Flugzeugen oder Schiffen in fremde Hoheitsräume mit oder ohne Spionageauftrag[11], Grenzverlet-

---

[6] *Verdross*, S. 238 f.

[7] GAOR XX, Suppl. 14, S. 11; auch ArchVR 13 (1966/1967), S. 439 f.; vgl. dazu unten §§ 490 ff.

[8] Als 1964 ein Artikel in der (amtlichen) „Izvestia“ den deutschen Bundespräsidenten Lübke beleidigte, wurde eine Entschuldigung des verantwortlichen Redakteurs dem deutschen Botschafter in Moskau überreicht und von diesem angenommen; RGDIP 68 (1964), S. 922. Ein früheres bekanntes Beispiel ist der Fall des spanischen Botschafters in den USA, Dupuy *De Lôme*, der 1897 in einem ohne seine Zustimmung in der Presse veröffentlichten Brief den US-Präsidenten beleidigt hatte, worauf sofort seine Abberufung verlangt wurde. Dazu *Verdross*, De Lôme-Fall, WV I, S. 340. Zur Beleidigung von fremden Staatshäuptern und Regierungschefs durch die Presse *Zellweger*, Die völkerrechtliche Verantwortlichkeit des Staates für die Presse (1949); *Bissonnette*, La satisfaction comme mode de réparation en droit international (1952), S. 50 ff.; *Mertens*, Liberté de presse et offense à la personne des chefs d'Etats étrangers, RBDI 1 (1965), S. 175 ff. Für Beleidigungen durch Privatpersonen bei offiziellen Anlässen haftet der Staat nur, wenn er die nötigen Schutzmaßnahmen unterlassen hat; vgl. den Fall einer tätlichen Beleidigung des britischen Regierungschefs Edward *Heath* in Brüssel am 22. Januar 1972, RBDI 10 (1974), S. 321 ff. Zum Fall des französischen Erzbischofs *Lefèbvre*, der in einer Predigt am 29. Juni 1981 in der Schweiz den Wahlsieg Präsident Mitterands als „l'oeuvre de Satan“ bezeichnete, vgl. RGDIP 86 (1982), S. 155. Vgl. allgemein *Simma*, JBl. 1968, S. 458 ff. Zur Wiedergutmachung derartiger Völkerrechtsverletzungen unten § 1299.

[9] Unten §§ 467, 1025, 1028 ff.

[10] Vgl. unten §§ 1022 ff. und die Beispiele bei *Müller / Wildhaber*, Praxis des Völkerrechts (2. Aufl. 1982), S. 284 f.

[11] Vgl. etwa den Abschuß eines amerikanischen Aufklärungsflugzeuges vom Typ „U-2“ über der Sowjetunion im Jahre 1960; dazu *Wright*, Legal Aspects of the U-2 Incident, AJIL 54 (1960), S. 842 ff.; *Lissitzyn*, Some Legal Implications of the U-2 and RB-47 Incidents, ebd. 56 (1962), S. 135 ff.; *derselbe*, The Treatment of Aerial Intruders in Recent Practice and International

zungen zur Festnahme oder Entführung einer Person im Ausland, selbst durch Geheimagenten[12], die Zustellung amtlicher Schriftstücke durch die Post an Privatpersonen im Ausland (abgesehen von bloßen Mitteilungen ohne rechtsgestaltende Wirkungen)[13] oder die amtliche Einholung (auch nicht verbotener) Auskünfte[14], aber auch staatliche Forschungsaktivitäten auf einem fremden Festlandsockel[15] und die symbolische Ausübung der Staatsgewalt durch das Tragen von Uniformen. Als zulässig wird dagegen die Unterzeichnung von Staatsverträgen oder Gesetzesbeschlüssen, eine Ordensverleihung oder die Angelobung von Regierungsmitgliedern durch ein ausländisches Staatsoberhaupt angesehen, weil solche Handlungen sich im Gebiet des Aufenthaltsstaates in keiner Weise auswirken[16].

Law, ebd. 47 (1953), S. 559 ff.; *Hailbronner*, Der Schutz der Luftgrenzen im Frieden (1972); ferner das Eindringen des sowjetischen Unterseebootes „U 137" in schwedische Hoheitsgewässer Ende 1981; dazu A. *Manin*, L'échouement du Whiskey 137 et le droit de la mer, AFDI 27 (1981), S. 689 ff. Zu den *Immunitäts*aspekten solcher Fälle vgl. unten § 1177.

[12] Vgl. darüber *Bauer*, Die völkerrechtswidrige Entführung (1968). Aus der Praxis vgl. den Notenwechsel zwischen der Schweiz und Italien in der Angelegenheit Cesare *Rossi*, ZaöRV 1, Teil II (1929), S. 280, sowie die Auseinandersetzung der Schweiz mit dem Deutschen Reich wegen der Entführung von Berthold *Jacob*, RGDIP 43 (1936), S. 638 (zu beiden Fällen auch *Müller / Wildhaber* [Anm. 10], S. 273 ff.); ferner die Entführungsfälle Adolf *Eichmann*, RGDIP 64 (1960), S. 772, und *Argoud*, ZaöRV 25 (1965), S. 295, 27 (1967), S. 188; schließlich die versuchte Entführung des südkoreanischen Oppositionsführers *Kim Dae Jung* in Tokio am 8. August 1973, RGDIP 78 (1974), S. 1112 ff.; JAIL 25 (1982), S. 84 ff.

[13] So das Eidgenössische Politische Departement am 22. August 1975 über die per Einschreiben erfolgte Zustellung von Mitteilungen der EG-Kommission an schweizerische Pharmazieunternehmen wegen Verletzung des EWG-Wettbewerbsrechts, SchwJIR 33 (1977), S. 203 ff. Ebenso der US Court of Appeals for the District of Columbia am 17. November 1980 im Falle *Federal Trade Commission v. Compagnie de Saint-Gobain-Pont-à-Mousson*, ILM 20 (1981), S. 597 ff. (Zustellung einer „Subpoena" im Ausland). Die analoge österreichische Rechtsauffassung findet sich in den Erläuterungen zum Entwurf des Zustellgesetzes: ÖZöffRVR 31 (1980), S. 328 f. In seinem Beschluß vom 22. März 1983 über den *deutsch-österreichischen Rechtshilfevertrag 1970* hat das deutsche Bundesverfassungsgericht es als „durchaus fraglich" bezeichnet, ob die Zustellung zweier Steuerbescheide des Zollamts Innsbruck in der Bundesrepublik mittels eingeschriebenen Briefs mangels vertraglicher Ermächtigung vr zulässig war: „Zustellungen dieser Art stellen Hoheitsakte auf fremdem Staatsgebiet dar und bedürfen der Zustimmung des betroffenen Staates"; BVerfGE 63, S. 372.

[14] So wiederum das Eidgenössische Politische Departement am 8. Oktober 1975, SchwJIR 33 (1977), S. 205 ff. Vgl. ferner den bei *Müller / Wildhaber* (Anm. 10), S. 281, referierten Fall der französischen Zollbeamten *Rui* und *Schultz*. Zur Problematik umfassend *Nordmann*, Die Beschaffung von Beweismitteln aus dem Ausland durch staatliche Stellen (1979).

[15] So der IGH in seiner Order vom 11. September 1976 im *Aegean Sea Continental Shelf* Case *(Interim Protection)*, ICJ Reports 1976, S. 10 f.

[16] *Seidl-Hohenveldern*, Völkerrecht (4. Aufl. 1980), S. 284. Ebenso eine in der ÖZöffRVR 30 (1979), S. 362 ff., wiedergegebene Stellungnahme des österreichischen Bundesministeriums für Auswärtige Angelegenheiten.

Der Grundsatz der Achtung der territorialen Integrität wurde vom StIGH[17] wie vom IGH[18] bestätigt.

§ 457 Die Staaten sind jedoch nicht nur verpflichtet, selbst die Gebietshoheit der anderen Staaten zu achten, sie sind auch gehalten, dafür zu sorgen, daß von ihrem Gebiet aus kein gewaltsamer Einbruch in einen fremden Hoheitsbereich durch Privatpersonen (Inländer oder Ausländer) erfolgt. Über den Umfang dieser Pflicht bestimmt das VR, daß ein Staat zwar nicht verpflichtet ist, zu verhindern, daß *einzelne* Privatpersonen seine Grenzen überschreiten, um sich einer aufständischen oder revolutionären Gruppe im Nachbarstaat anzuschließen oder dort subversive Tätigkeiten zu setzen[19]. Er hat aber mit der Sorgfalt eines ordnungsgemäß organisierten und funktionierenden Staates *(due diligence*[20]*)* darüber zu wachen, daß sein Gebiet nicht als *Stützpunkt* (Operationsbasis) gegen einen anderen Staat benützt wird[21]. Dagegen besteht keine vr Pflicht zur Verhinderung anderer als gewaltsamer Aktionen, z. B. privater gegen das Ausland gerichteter Propaganda („deeds, not words")[22].

---

[17] Im Falle *Lotus*, A 10 (1927), S. 18: „... la limitation primordiale qu'impose le droit international à l'État est celle d'exclure ... tout exercice de sa puissance sur le territoire d'un autre Etat. Dans ce sens, la juridiction est certainement territoriale; elle ne pourrait être exercée hors du territoire, sinon en vertu d'une règle permissive découlant du droit international coutumier ou d'une convention". Vgl. zum ganzen *Pocar*, L'esercizio non autorizzato del potere statale in territorio straniero (1974), und die Besprechung dieses Werkes durch *Matscher*, ÖZöffRVR 28 (1977), S. 131 ff.

[18] Im Falle *Corfu Channel, Merits*, ICJ Reports 1949, S. 35: „Entre Etats indépendants, le respect de la souveraineté territoriale est l'une des bases essentielles des rapports internationaux." Ebenso der Schiedsspruch im Falle *Palmas* vom 4. April 1928, RIAA II, S. 839: „Territorial sovereignty ... involves the *exclusive* right to display the activities of a State" (von uns hervorgehoben).

[19] Vgl. aus der österreichischen Antwortnote vom 1. August 1961 auf eine italienische Verbalnote vom 26. Juli 1961, in der Österreich die Unterstützung bzw. Nichtverhinderung terroristischer Aktivitäten in Südtirol vorgeworfen worden war: „Würde eine solche allgemeine Verhinderungspflicht für die Handlungen von einzelnen Privatpersonen anerkannt, so würde damit dem fremden Staat eine größere Sorgfaltspflicht auferlegt, als der Territorialstaat selbst in der Lage ist, anzuwenden": ÖZA 1 (1960 - 61), S. 383 ff., 391 ff.

[20] Unten §§ 1267, 1271, 1281.

[21] So der IGH in dem in Anm. 18 genannten Fall, ICJ Reports 1949, S. 22. Aus der neueren Staatenpraxis vgl. den in Anm. 19 genannten Notenwechsel zwischen Österreich und Italien 1961 sowie das österreichische Aide-mémoire vom Januar 1973 an Jugoslawien betreffend den Grenzübertritt einer kroatischen Terroristengruppe, wiedergegeben im AdG vom 13. Januar 1973, S. 17 594.

[22] Vgl. H. *Lauterpacht*, Revolutionary Activities by Private Persons Against Foreign States, AJIL 22 (1928), S. 126: „International law imposes upon the state the duty of restraining persons resident within its territory from engaging in such revolutionary activities against friendly states as amount to organized acts of force in the form of hostile expeditions against the territory of those states. It also obliges the state to repress and to discourage

§ 458 Jeder Staat darf ein völkerrechtswidriges Eindringen in seinen Hoheitsbereich gewaltsam verhindern. Nach einer alten Übung ist er jedoch verpflichtet, selbst fremden Kriegsschiffen im Falle der Seenot in seinen Gewässern Asyl zu gewähren. Das gilt sogar für Kriegsschiffe der Kriegsführenden in neutralen Gewässern[23]. Hingegen können Luftfahrzeuge, die in einer Notsituation oder irrtümlich in einen fremden Luftraum einfliegen, zur Landung oder Kursänderung angehalten werden[24].

Die neuere Staatenpraxis zeigt uns ferner, daß gegen verbotswidrig eingeflogene Luftfahrzeuge (mit Ausnahme von Kampfflugzeugen) Gewalt nur angewendet werden darf, wenn diese das *einzige* Mittel bildet, um das Flugzeug am Entkommen zu hindern[25]. Es darf also grundsätzlich nur abgeschossen werden, wenn es einem Befehl zur Landung oder Kursänderung keine Folge leistet. Ohne Warnung kann es nur abgeschossen werden, wenn es selbst das Feuer eröffnet[26].

Heute besteht jedoch eine Tendenz, Gewaltanwendung gegen harmlose unbewaffnete Privatflugzeuge, insbesondere gegen Verkehrsmaschinen, überhaupt auszuschließen[27]. Das kann aber kaum gelten, wenn sie sich in verbotenen Zonen befinden. Die Resolution 927 (X) der UN-Generalversammlung vom 14. Dezember 1955 klärt diese Frage nicht,

activities in which attempts against the life of political opponents are regarded as a proper means of revolutionary action. Apart from this, states are not bound to prohibit, on their territory, the commission of acts injurious to other states. In particular, revolutionary propaganda does not fall within the scope of revolutionary acts which a state is bound to prevent." Vgl. auch *Oppenheim*, International Law, Bd. I (8. Aufl., bearb. von H. *Lauterpacht* 1955), S. 292: „So long as International Law provides no remedy against abuses of governmental power, international society cannot be regarded as an institution for the mutual insurance of established Governments." Vgl. ferner unten §§ 490 ff. zum zwischenstaatlichen Interventionsverbot. Über die internationale Zusammenarbeit zur Bekämpfung des Terrorismus siehe oben §§ 434 ff. Zur Verletzung der Ehre fremder Staaten s. oben Anm. 8.

[23] Art. 14 der XIII. Haager Konvention 1907 über die Seeneutralität.

[24] *Hailbronner* (Anm. 11), S. 40.

[25] Dortselbst, S. 50.

[26] Ebendort. Vgl. in diesem Zusammenhang Art. 36 des am 1. März 1983 in Kraft getretenen sowjetischen Gesetzes über die Staatsgrenze der UdSSR, wonach die sowjetischen Streitkräfte „shall ... use weapons and combat equipment ... against violators of the USSR state boundary ... in the air ... in instances when the cessation of the violation or detention of the offenders can not be effectuated by other means" (englische Übersetzung nach ILM 22 [1983], S. 1074). Am 31. August 1983 haben sowjetische Militärflugzeuge eine südkoreanische Verkehrsmaschine mit 269 Menschen an Bord, die sich in den sowjetischen Luftraum verflogen hatte, abgeschossen, ohne ihr Gelegenheit zu einer Kursänderung zu geben. Vgl. die Dokumentation der Behandlung dieses Falles im UN-Sicherheitsrat und in der ICAO sowie der verschiedenen Gegenmaßnahmen in ILM 22 (1983), S. 1109 ff., wo sich auf S. 1153 ff. auch die einschlägigen Vorschriften der ICAO finden; RGDIP 88 (1984), S. 435 ff. Vgl. ferner AJIL 78 (1984), S. 244 f., und ebd., S. 213 ff., zur Reaktion der USA.

[27] *Lissitzyn* (Anm. 11), S. 587.

da sie die Staaten nur auffordert, Angriffe auf zivile Luftfahrzeuge zu vermeiden "innocently deviating from fixed plans in the vicinity of, or across, international frontiers"[28].

3. Abschnitt

Die Erfüllung der völkerrechtlichen Verpflichtungen nach Treu und Glauben

§ 459 Die UN-Charta knüpft an das klassische VR an, wenn sie in ihrer Präambel die „Achtung vor den Verpflichtungen aus Verträgen und anderen Quellen des Völkerrechts" fordert und im Artikel 2 Ziff. 2 die Mitglieder der UNO verpflichtet, die Verpflichtungen, die sie mit dieser Charta übernehmen, nach Treu und Glauben zu erfüllen (fulfil in good faith the obligations assumed by them in accordance with the present Charter, remplir de bonne foi les obligations qu'ils ont assumées aux termes de la présente Charte).

Unsere Deklaration bemerkt dazu, daß es sich um Pflichten handeln muß "valid under the generally recognized principles and rules of international law". Daher sind davon jene Verträge ausgenommen, die nach der Wiener Vertragsrechtskonvention ungültig sind[1]. Hingegen ist der Antrag, „ungleiche" Verträge als unverbindlich zu erklären, nicht durchgedrungen. Das kann aber der Fall sein, wenn diese Verträge unter Zwang zustandegekommen sind, gegen *ius cogens*[2] oder gegen Artikel 103 der UN-Charta verstoßen, der den sich aus der Charta ergebenden Verpflichtungen den Vorrang vor Pflichten einräumt, die aus anderen Abkommen entspringen.

§ 460 Alle gültigen Verpflichtungen sind „nach Treu und Glauben" zu erfüllen. Diese Formel erklärt Hans Kelsen als überflüssig, da es unmöglich sei, einen Vertrag „*mala fide*" zu erfüllen[3]. Er übersieht dabei, daß es durchaus möglich ist, einer logisch-grammatisch möglichen Auslegung eines Vertragstextes zu entsprechen, die aber dessen Zweck nicht gerecht wird. Die in Rede stehende Norm verpflichtet also, dem Geist der Verträge gemäß zu handeln. So bemerkte der Delegierte Kolumbiens auf der UN-Gründungskonferenz in San Francisco bei der Beratung über Art. 2 Ziff. 2 der UN-Charta: "If two interpretations are

---

[28] GAOR, X, Suppl. No. 19. Zum ganzen neuerdings *Bentzien*, Der unerlaubte Einflug von Luftfahrzeugen in fremdes Staatsgebiet in Friedenszeiten und seine Rechtsfolgen (1982).

[1] Dazu ausführlich unten §§ 688, 743 ff., 755, 841 ff.

[2] Unten §§ 524 ff. und zur vr Bewertung „ungleicher Verträge" § 753.

[3] *Kelsen*, The Law of the United Nations (1951), S. 89.

possible, but one allows a literal carrying out of the obligation which is not consistent with good faith it must be rejected", und der amerikanische Delegierte betonte, daß alle Verpflichtungen zu erfüllen seien, "not merely the letter of them, but the *spirit* of them"[4]. Der Geist einer Norm wiederum ergibt sich aus ihrem *Gemeinschaftsziel* (the social purpose of the law), wie der Richter am IGH Azevedo im Fall der *Conditions of Admission of a State to Membership in the United Nations* richtig ausgeführt hat[5].

Keine Bestimmung der Deklaration zum Prinzip von Treu und Glauben geht demnach über das geltende VR hinaus.

§ 461 Im Grundsatz von Treu und Glauben wurzelt auch das *Verbot des Rechtsmißbrauchs*[6]. Ein solcher liegt vor, wenn ein subjektives Recht für einen anderen Zweck ausgeübt wird, als für den es bestimmt ist[7]. Dieser Grundsatz, der zwar von einigen Schriftstellern bestritten wird, wurde vom StIGH und IGH, allerdings ohne eingehendere Auseinandersetzung, wiederholt anerkannt[8]. Auch der Sicherheitsrat hat diesen Grundsatz angewendet, indem er anläßlich des arabisch-israelischen Konfliktes seine Aufforderung an Ägypten vom 1. September 1951, Beschränkungen der Durchfahrt von Handelsschiffen mit Waren für Israel durch den Suezkanal aufzuheben, damit begründete, daß diese Maßnahmen "an abuse of the exercise of the right of visit, search and seizure" bildeten, da sie zur Selbstverteidigung nicht notwendig seien[9].

---

[4] U. N. C. I. O., Commission I, Doc. 1123, I/8, June 20, 1945, in: U. N. C. I. O. Bd. VI, S. 71 ff. (von uns hervorgehoben).

[5] ICJ Reports 1947 - 1948, S. 80. Dazu *Müller*, Vertrauensschutz im Völkerrecht (1971), S. 227 ff.

[6] Dazu *Leibholz*, Das Verbot der Willkür und des Ermessensmißbrauches im völkerrechtlichen Verkehr der Staaten, ZaöRV 1 (1929), S. 77 ff.; *Scerni*, L'abuso di diritto nei rapporti internazionali (1930); *Cheng*, General Principles of Law as Applied by International Courts and Tribunals (1953), S. 121 ff.; *Kiss*, L'abus de droit en droit international (1953); *Schwarzenberger*, Uses and Abuses of the „Abuse of Rights" in International Law, Transactions of the Grotius Society 42 (1956), S. 147 ff.; *Schüle*, Rechtsmißbrauch, WV III, S. 69 ff.; *Roulet*, Le caractère artificiel de la théorie de l'abus de droit en droit international public (1958); *Taylor*, The Content of the Rule Against Abuse of Rights in International Law, BYIL 46 (1972 - 3), S. 323 ff.

[7] Dictionnaire de la terminologie du droit international (1960), S. 4.

[8] *Certain German Interests in Polish Upper Silesia*, A 7, S. 30; *Free Zones of Upper Savoy and the District of Gex*, A/B 46, S. 167; *Fisheries*, ICJ Reports 1951. S. 142; *Nottebohm, Second Phase*, ebd. 1955, S. 26. In seiner Dissenting Opinion zu dem letzgenannten Urteil (ebd., S. 37) weist der Richter *Read* darauf hin, daß nur eine „outrageous and unconscionable" Ausübung eines Rechtes als Rechtsmißbrauch angesehen werden kann, wenn dadurch einem anderen Staat ein Schaden zugefügt wurde.

[9] *Whiteman*, Digest of International Law 3 (1964), S. 1091 f.

§ 462 Eine bedeutsame Bekräftigung hat das Prinzip von Treu und Glauben in dem UN-Seerechtsübereinkommen 1982 (§ 596) erfahren, nach dessen Art. 300 "States Parties shall fulfil in good faith the obligations assumed under this Convention and shall exercise the rights, jurisdiction and freedoms recognized. in this Convention in a manner which would not constitute an abuse of rights".

4. Abschnitt

Die friedliche Austragung aller zwischenstaatlichen Streitfälle

§ 463 In Übereinstimmung mit Artikel 2 des Kellogg-Paktes[1] verpflichtet Artikel 2 Ziff. 3 der UN-Charta alle Mitglieder der UNO, ihre internationalen Streitigkeiten durch friedliche Mittel auf solche Weise zu regeln, daß der Weltfriede, die internationale Sicherheit und die Gerechtigkeit nicht gefährdet werden. Artikel 33 UN-Charta führt diese Norm näher durch folgende Bestimmung aus: „Die Parteien einer Streitigkeit, deren Fortdauer geeignet ist, die Wahrung des Weltfriedens und der internationalen Sicherheit zu gefährden, bemühen sich zunächst um eine Beilegung durch Verhandlung, Untersuchung, Vermittlung, Vergleich, Schiedsspruch, gerichtliche Entscheidung, Inanspruchnahme regionaler Einrichtungen oder Abmachungen oder durch andere friedliche Mittel eigener Wahl."

Unsere Deklaration ergänzt diese Norm durch die Aufforderung, jene friedlichen Mittel in Anspruch zu nehmen, die den Umständen und der Natur des Streitfalles angemessen sind. Sie verpflichtet die Streitteile ferner, sich auf andere Mittel der Streiterledigung zu einigen, falls das erste gewählte Mittel zu keinem Erfolg geführt hat. Hingegen gelang es nicht, die Erwähnung der satzungsmäßigen Hauptrolle des IGH in der Beilegung von Rechtsstreitigkeiten, geschweige denn seine obligatorische Zuständigkeit, durchzusetzen[2].

---

[1] Art. 2 lautet: „The High Contracting Parties agree that the settlement or solution of all disputes or conflicts of whatever nature or whatever origin they may be, which may arise among them, shall never be sought except by pacific means."

[2] In ihren Resolutionen 3232 (XXIX) vom 12. November 1974 und 3283 (XXIX) vom 12. Dezember 1974 hat die Generalversammlung jedoch die Mitglieder der UNO aufgefordert, sich der Jurisdiktion des Gerichtshofes zu unterwerfen und davon stärker Gebrauch zu machen. Auch die vom Sonderausschuß für die Charta der Vereinten Nationen und die Stärkung der Rolle der Organisation ausgearbeitete und von der Generalversammlung Ende 1982 verabschiedete Erklärung über friedliche Streitbeilegung *(„Manila Declaration")* bekräftigt und konkretisiert Art. 36 Abs. 3 der UN-Charta (oben § 216).

Eine weitere Bestimmung gebietet den Staaten, sich während ihrer Verhandlungen jeder Verschärfung der Situation zu enthalten und die Verhandlungen auf der Grundlage der souveränen Gleichheit der Staaten und der freien Wahl der Streiterledigungsmittel, unter denen auch frei abgeschlossene Verträge über die Austragung künftiger Streitigkeiten in Betracht kommen, zu führen.

Alle diese Bestimmungen der Deklaration entsprechen dem geltenden VR.

§ 464 In den *North Sea Continental Shelf* Cases führte der IGH zur Verhandlungspflicht der Parteien eines zwischenstaatlichen Konflikts aus: "... the parties are under an obligation to enter into negotiations with a view to arriving at an agreement, and not merely to go through a formal process of negotiation as a sort of prior condition for the automatic application of a certain method of delimitation in the absence of agreement; they are under an *obligation so to conduct themselves that the negotiations are meaningful*, which will not be the case when either of them insists on its own position without contemplating any modification of it"[3]. In dem zu entscheidenden Falle ergab sich diese Verhandlungspflicht zwar auch aus speziellen Vertragsnormen, doch wies der IGH darauf hin, daß "this obligation merely constitutes a special application of a principle which underlies all international relations, and which is moreover recognized in Article 33 of the Charter of the United Nations as one of the methods for the peaceful settlement of international disputes"[4].

Im *Aegean Sea Continental Shelf* Case hat der IGH schließlich hervorgehoben, daß zwischen den Konfliktsparteien laufende Verhandlungen kein juristisches Hindernis für die Fortführung eines Gerichtsverfahrens darstellen[5].

§ 465 Können sich die Staaten auf kein Mittel der Streiterledigung einigen oder gelingt es im gewählten Verfahren nicht, den Streit beizulegen, dann kann die Streitigkeit dem Sicherheitsrat oder der Generalversammlung vorgelegt werden. Wir sind auf das Verfahren vor diesen politischen Organen im Hauptabschnitt über die Verfassung der Vereinten Nationen eingegangen (§§ 213 ff.), wo herausgearbeitet worden

---

[3] ICJ Reports 1969, S. 47 (Hervorhebung von uns). Vgl. auch die Urteile in den *Fisheries Jurisdiction* Cases, ICJ Reports 1974, S. 32 und 201, und das Urteil des Schiedsgerichtshofs für das Abkommen über deutsche Auslandsschulden vom 26. Januar 1972 über *griechische Entschädigungsforderungen gegen die Bundesrepublik Deutschland wegen Neutralitätsverletzungen im ersten Weltkrieg*, ArchVR 16 (1974/75), S. 344 f.

[4] ICJ Reports 1969, S. 47. Dazu *Reuter*, De l'obligation de négocier, FS Morelli, S. 711 ff.

[5] ICJ Reports 1978, S. 12. Ebenso im *Case Concerning United States Diplomatic and Consular Staff in Tehran*, ICJ Reports 1980, S. 23.

ist, daß diese Organe nur die Heranziehung bestimmter Schlichtungsverfahren *empfehlen* oder selbst einen Lösungs*vorschlag* machen können[6]. Es fehlt also ein Organ, das mangels einer Unterwerfung der Streitteile unter die Zuständigkeit eines Schiedsgerichtes oder des IGH den Streit bindend entscheiden könnte. Auf dieses Fehlen eines *wirksamen* Streiterledigungsverfahrens wies am 22. November 1976 auch der US-Vertreter im Sechsten Ausschuß der Generalversammlung nachdrücklich mit der Bemerkung hin, daß ein enger Zusammenhang zwischen dem Gewaltverbot in Art. 2 Ziff. 4 und der Pflicht zur friedlichen Streiterledigung gemäß Art. 2 Ziff. 3 der Charta besteht: "The Charter wisely listed the obligation to 'settle disputes by peaceful means' ahead of the prohibition of the threat or use of force because disputes must be settled if we are to avoid violence. *The two norms are part of an inseparable whole.*" Daraus ergebe sich, "that acceptance of dispute settlement procedures involving impartial third parties for future disputes is essential if we are to eliminate force as a means to settle disputes"[7].

§ 466 Im UN-Seerechtsübereinkommen 1982 (§ 596) sind auf dem Gebiet der friedlichen Beilegung zwischenstaatlicher Streitigkeiten beachtliche Fortschritte erzielt worden. Während in den Seerechtsübereinkommen 1958 lediglich eine Sonderkommission für die Erledigung gewisser Fischereistreitigkeiten vorgesehen ist und im übrigen Streitigkeiten über die Auslegung oder Anwendung der Übereinkommen nur dann unter die obligatorische Gerichtsbarkeit des IGH fallen, wenn die an einem Streit beteiligten Parteien Vertragstaaten des Fakultativen Unterzeichnungsprotokolls über die obligatorische Beilegung von Streitigkeiten[8] sind, enthält das UN-Seerechtsübereinkommen 1982 ein umfassendes und detailliertes Streitbeilegungssystem, auf das wir an anderer Stelle eingehen werden[9].

---

[6] Andererseits endet die Pflicht zur friedlichen Streitbeilegung nicht mit dem Ausbruch von Feindseligkeiten, solange der Sicherheitsrat keine militärischen Zwangsmaßnahmen angeordnet hat. So hat der Sicherheitsrat sowohl nach Ausbruch des Krieges zwischen dem Iran und dem Irak als auch nach der argentinischen Besetzung der Falklandinseln die Konfliktparteien aufgefordert, ihren Streit mit friedlichen Mitteln zu lösen. Vgl. *Clark Arend*, The Obligation to Pursue Peaceful Settlement of International Disputes During Hostilities, VJIL 24 (1983/1984), S. 97 ff.

[7] US Digest 1976, S. 685 f. (von uns hervorgehoben). Zur Reaktion der US-Regierung auf die Anrufung des IGH durch Nicaragua wegen der Verminung seiner Häfen unter US-Mitwirkung im Frühjahr 1984 siehe § 504, Anm. 42.

[8] BGBl. 1972 II, S. 1089.

[9] Unten §§ 1321, 1330.

5. Abschnitt

Das Verbot der gewaltsamen Selbsthilfe

A. Umfang und Ausnahmen (Art. 51 UN-Charta)

§ 467 Das grundsätzliche Gewaltverbot des Artikels 2 Ziff. 4 UN-Charta bildet die fundamentalste Umgestaltung im Bereiche des neuen zwischenstaatlichen Pflichtenkatalogs, da es weit über die Grundsätze der Völkerbundsatzung und des Kellogg-Paktes hinausgeht. Während nämlich jene das *„ius ad bellum"* nur *beschränkt* und dieser bloß den *Krieg* als Mittel der offensiven Selbsthilfe verboten hat, trägt Artikel 2 Ziff. 4 der Charta den UN-Mitgliedern auf, sich in ihren internationalen Beziehungen jeder Drohung mit Gewalt oder Gewaltanwendung (threat or use of force, la menace ou l'emploi de la force) zu enthalten, die gegen die territoriale Unversehrtheit oder die politische Unabhängigkeit irgend eines Staates (against the territorial integrity or political independence of any state, contre l'intégrité territoriale ou l'indépendance politique de tout Etat) gerichtet oder sonst mit den Zielen der UNO unvereinbar ist[1].

§ 468 Art. 2 Ziff. 4 schützt also nicht nur die Mitglieder der UNO, sondern auch die Nichtmitglieder. Hingegen findet er auf die Beziehungen zwischen den Parteien eines Bürgerkrieges keine Anwendung, solange die ihre Unabhängigkeit anstrebende Gruppe dieses Ziel noch nicht erreicht, also noch kein stabilisiertes Regime[2] begründet hat, da sich die Bestimmung nur auf „internationale Beziehungen" erstreckt.

---

[1] Zum folgenden *Wehberg*, L'interdiction du recours à la force, RdC 78 (1951 I), S. 1 ff.; deutsch: Krieg und Eroberung im Wandel des Völkerrechts (1953); *Waldock*, The Regulation of the Use of Force by Individual States in International Law, RdC 81 (1952 II), S. 451 ff.; *Bowett*, Self-Defence in International Law (1958); *McDougal / Feliciano*, Law and Minimum World Public Order. The Legal Regulation of International Coercion (1961); *Dahm*, Das Verbot der Gewaltanwendung nach Art. 2 (4) der UNO-Charta und die Selbsthilfe gegenüber Völkerrechtsverletzungen, die keinen bewaffneten Angriff enthalten, JIR 11 (1962; Festschrift für R. Laun), S. 48 ff.; *Brownlie*, International Law and the Use of Force by States (1963); *Wengler*, Das völkerrechtliche Gewaltverbot. Probleme und Tendenzen (1967); *Derpa*, Das Gewaltverbot der Satzung der Vereinten Nationen und die Anwendung nichtmilitärischer Gewalt (1970); *Franck*, Who Killed Article 2 (4)?, AJIL 64 (1970), S. 809 ff.; *Schaumann* (Hrsg.), Völkerrechtliches Gewaltverbot und Friedenssicherung (1971); *Schwebel*, Aggression, Intervention and Self Defense in Modern International Law, RdC 136 (1972 II), S. 411 ff.; *Žourek*, L'interdiction de l'emploi de la force en droit international (1974); *Neuhold*, Internationale Konflikte — verbotene und erlaubte Mittel ihrer Austragung (1977), S. 55 ff.; *Randelzhofer*, Use of Force, Encyclopedia [4 (1982), S. 265 ff.].

Zur Ausgestaltung des Gewaltverbotes in der UN-Praxis neben den später genannten Quellen R. *Higgins*, The Development of International Law Through the Political Organs of the United Nations (1963), S. 167 ff.

[2] Oben §§ 405 f.

Daher hindert Art. 2 Ziff. 4 die Staaten auch nicht, in ihrem Hoheitsbereich Zwangsakte gegenüber allen dort befindlichen Menschen zu setzen, außer gegenüber jenen, die eine persönliche Immunität nach Völkerrecht genießen, und innerhalb jener Schranken, die durch die Normen des humanitären Völkerrechts gesetzt werden[3].

---

[3] So sind nach dem gleichlautenden Artikel 3 der vier Genfer Abkommen vom 12. August 1949 zum Schutze der Kriegsopfer im Falle eines bewaffneten Konfliktes, der keinen internationalen Charakter hat, von jeder am Konflikt beteiligten Partei *mindestens* die folgenden Bestimmungen anzuwenden:

„1. Personen, die nicht unmittelbar an den Feindseligkeiten teilnehmen, einschließlich der Mitglieder der Streitkräfte, welche die Waffen gestreckt haben, und Personen, die durch Krankheit, Verwundung, Gefangennahme oder irgendeine andere Ursache außer Kampf gesetzt sind, werden unter allen Umständen mit Menschlichkeit behandelt, ohne jede auf Rasse, Farbe, Religion oder Glauben, Geschlecht, Geburt oder Vermögen oder auf irgendeinem anderen ähnlichen Unterscheidungsmerkmal beruhende Benachteiligung. Zu diesem Zwecke sind und bleiben in bezug auf die oben erwähnten Personen jederzeit und überall verboten

a) Angriffe auf das Leben und die Person, namentlich Tötung jeder Art, Verstümmelung, grausame Behandlung und Folterung;

b) das Festnehmen von Geiseln;

c) Beeinträchtigung der persönlichen Würde, namentlich erniedrigende und entwürdigende Behandlung;

d) Verurteilungen und Hinrichtungen ohne vorhergehendes Urteil eines ordentlich bestellten Gerichtes, das die von den zivilisierten Völkern als unerläßlich anerkannten Rechtsgarantien bietet.

2. Die Verwundeten und Kranken werden geborgen und gepflegt.
Eine unparteiische humanitäre Organisation, wie das Internationale Komitee vom Roten Kreuz, kann den am Konflikt beteiligten Parteien ihre Dienste anbieten. Die am Konflikt beteiligten Parteien werden sich andererseits bemühen, durch Sondervereinbarungen auch die anderen Bestimmungen des vorliegenden Abkommens ganz oder teilweise in Kraft zu setzen. Die Anwendung der vorstehenden Bestimmungen hat auf die Rechtsstellung der am Konflikt beteiligten Parteien keinen Einfluß."

Ende 1983 waren 154 Staaten an die Genfer Abkommen gebunden. Jeder dieser Staaten ist daher vr berechtigt, von jedem anderen Vertragsstaat die Einhaltung auch des Art. 3 zu fordern. Dieser humanitäre Mindeststandard ist durch das II. Zusatzprotokoll zu den Genfer Abkommen vom 12. Dezember 1977 ausgebaut worden: Text in AJIL 72 (1978), S. 457 ff.; deutsche Übersetzung österr. BGBl. 1982/527 (Anfang 1984 für 31 Staaten in Kraft). Zum ganzen *Siotis*, Le droit de la guerre et les conflits armés d'un caractère non-international (1958); *Farer*, The Humanitarian Laws of War in Civil Strife, RBDI 7 (1971), S. 20 ff.; *Veuthey*, Règles et principes de droit international humanitaire applicables dans la guerilla, ebd., S. 505 ff.; *Beyerlin*, Die humanitäre Aktion zur Gewährleistung des Mindeststandards in nicht-internationalen Konflikten (1975). Speziell zum II. Zusatzprotokoll *Forsythe*, Legal Management of Internal War. The 1977 Protocol on Non-International Armed Conflicts, AJIL 72 (1978), S. 272 ff.; *Partsch*, Humanität im Bürgerkrieg, FS Schlochauer, S. 515 ff.; *Cassese*, The Status of Rebels under the 1977 Geneva Protocol on Non-International Armed Conflict, ICLQ 30 (1981), S. 416 ff. Zur Frage der Anwendung des *ius in bello* auf nationale Befreiungskriege vgl. oben §§ 410 f.

Zur Frage des Eingreifens ausländischer Staaten in einen Bürgerkrieg s. unten §§ 499 ff.

§ 469 Wie schon Hans Wehberg aus der Entstehungsgeschichte der Charta nachgewiesen hat, wurde der mit „oder" beginnende Nachsatz der gerade zitierten Bestimmung in den Text aufgenommen, um dadurch zum Ausdruck zu bringen, daß die gewaltsame zwischenstaatliche Selbsthilfe absolut verboten ist[4], soweit keine konkrete Ausnahme in der Charta gemacht wird. Der Wortlaut „jede gegen die territoriale Unversehrtheit oder die politische Unabhängigkeit eines Staates gerichtete oder sonst mit den Zielen der Vereinten Nationen unvereinbare Androhung oder Anwendung von Gewalt" läßt keinen Umkehrschluß zu, demzufolge eine Gewaltanwendung in anderen Fällen unberührt bliebe. Die ausdrückliche Bezugnahme auf die territoriale Unversehrtheit und die politische Unabhängigkeit, die auf Wunsch einiger kleiner und mittlerer Mächte in den Text von Art. 2 Ziff. 4 eingefügt wurde, sollte vielmehr eine zusätzliche Garantie leisten. Eine ausdrückliche Ausnahme findet sich jedoch in Art. 51, der das "inherent right of individual or collective self-defense" (droit naturel de légitime défense, individuelle ou collective) anerkennt, wenn ein Angriff mit Waffengewalt gegen ein Mitglied der UNO erfolgt (if an armed attack occurs against a Member of the United Nations, dans le cas où un Membre des Nations Unies est l'objet d'une aggression armée). Außerdem ergibt sich aus dem Zweck des Art. 2 Ziff. 4, daß er nur eine Gewaltanwendung mit militärischer *Macht* (armed force) im Auge hat[5], bloße Grenzzwischenfälle also nicht regeln wollte. Dagegen spielt es für die Rechtfertigung der Notwehr keine Rolle, ob der militärische Angriff durch legale oder illegale Kombattanten erfolgt.

§ 470 Die Auslegung des gerade genannten Art. 51 der Charta ist aber auch noch in anderer Hinsicht streitig[6]. So meint Bowett[7], aus der Bezeichnung „inherent right" ergebe sich, daß die UN-Charta das darüber bestandene VGR rezipiert habe, das auch eine präventive Ver-

---

[4] (Anm. 1), S. 7 ff. Auch *Scheuner*, Kollektive Sicherheit, WV II, S. 245: „Das Verbot der ... Gewalt ist lückenlos, soweit nicht die Charter selbst Ausnahmen zuläßt." Daraus ergibt sich, daß der Ausdruck „territorial integrity" in Art. 2 Ziff. 4 nicht nur Gebietsverletzungen mit Aneignungsabsicht, sondern jede Verletzung der Territorialhoheit verbietet, also sowohl die territoriale Unversehrtheit wie die territoriale Unverletzlichkeit der Staaten schützt.

[5] So auch die Resolution der Generalversammlung 3314 (XXIX) vom 14. Dezember 1974 (unten Anm. 14).

[6] Dazu neben dem in Anm. 1 bereits genannten Schrifttum noch *Delivanis*, La legitime défense en droit international public moderne (1971); *Zanardi*, La legittima difesa nel diritto internazionale (1972); *Tucker*, Reprisals and Self-Defense: The Customary Law, AJIL 66 (1972), S. 586 ff.; *Malanczuk*, Countermeasures and Self-Defence as Circumstances Precluding Wrongfulness in the International Law Commission's Draft Articles on State Responsibility, ZaöRV 43 (1983), S. 705 ff., 754 ff.

[7] (Anm. 1), S. 187; ebenso *Tucker* (letzte Anm.).

teidigung im Falle einer „instant and overwhelming necessity" gestatte, sofern "no choice of means and no moment of deliberation" bestehe[8]. Dabei wird jedoch übersehen, daß Art. 51 das frühere Recht der Selbstverteidigung ausdrücklich auf den Fall eines „bewaffneten Angriffs" *eingeschränkt*[9], wodurch jede *offensive* zwischenstaatliche Selbsthilfe ausgeschlossen wird.

§ 471 Weder aus dem gerade angeführten Wortlaut des Art. 51 noch aus den „travaux préparatoires" kann dagegen mit Sicherheit erschlossen werden, ob die Verteidigung erst gegen einen Angriff zulässig wird, der bereits sein erstes Ziel erreicht hat. So legt Waldock unsere Norm dahin aus, daß sie auch eine Verteidigung gegen einen *unmittelbar bevorstehenden* Angriff gestattet[10]. In ähnlicher Weise bemerkt Ulrich Scheuner, daß die Verteidigung gegen den „unmittelbaren Aufbau eines bewaffneten Angriffes", also einen solchen „*in fieri*", erlaubt ist[11].

Um diese Streitfrage lösen zu können, muß zwischen einem Präventivkrieg und einer präventiven Verteidigung unterschieden werden. Diesen fundamentalen Unterschied hat Leo Strisower schon 1919 herausgearbeitet. Er geht dabei von der Unterscheidung zwischen dem „äußerlichen Vorgang des Kriegsbeginnes", also jenem Staate, der die Feindseligkeiten militärisch beginnt, und dem Angreifer im politischen Sinne aus, nämlich jenem Staate, „der die Lage der Dinge mittels Krieg verändern will", und dazu alle Vorbereitungen trifft. Wenn daher der Gegner gegen einen solchen bevorstehenden Angriff „präventiv den Krieg setzt", ist er doch im politischen Sinne ein Verteidiger. Strisower beleuchtet diese These durch die Annahme, daß „ein Staat an einen anderen ein Ultimatum richtet und dieser, ohne die Frist abzuwarten, seinerseits sofort den Krieg erklärt", und bemerkt hierzu, „der erstere hört gewiß nicht auf, Angreifer, und der letztere Verteidiger zu sein". Die präventive Kriegserklärung ist somit etwas anderes als ein Präventivkrieg. „Dieser bezweckt die Schwächung des Gegners, von dem vorausgesetzt wird, daß er in Zukunft den Willen zum Angriff hegen werde", die „bloße präventive Kriegserklärung setzt dagegen einen schon bevorstehenden Angriff voraus"[12]. Strisower beruft sich dabei

---

[8] So die USA im Falle des Schiffes *Caroline*. Dazu *Götz*, Caroline Fall, WV I, S. 267; *Jennings*, The Caroline and McLeod Cases, AJIL 32 (1938), S. 82 ff.

[9] So richtig *Kelsen*, The Law of the United Nations (1951), S. 792; auch *Žourek*, La définition de l'aggression, RdC 92 (1957 II), S. 755 ff. Daher kann der israelische Luftangriff auf den irakischen Atomreaktor in Tuwaitha (nahe Bagdad) am 7. Juni 1981 nicht als Selbstverteidigung angesehen werden. Vgl. ILM 20 (1981), S. 963 ff.; RGDIP 86 (1982), S. 161 ff. Dazu *D'Amato*, Israel's Air Strike upon the Iraqui Nuclear Reactor, AJIL 77 (1983), S. 584 ff.

[10] (Anm. 1), S. 498. Zum ganzen auch *Brownlie* (Anm. 1), S. 257 ff., 275 ff.

[11] Kollektive Selbstverteidigung, WV II, S. 240; ähnlich *Dahm*, Völkerrecht, Bd. 2 (1961), S. 415.

auf die Lehre des Grotius, daß zwar die bloße Furcht vor der Macht des Gegners für einen legitimen Verteidigungskrieg nicht hinreicht, wohl aber die feststehende Absicht *(animus)* jenes, zum Kriege zu schreiten[13]. Dieser Gedanke könnte nun in der Praxis der UNO aufgrund der Resolution der Generalversammlung 3314 (XXIX) vom 14. Dezember 1974 (Angreiferdefinition) eine Rolle spielen, da nach ihr zwar *prima facie* jener Staat als Angreifer gilt, der als erster gegen den Gegner eine militärische Aktion unternommen hat. Doch kann der Sicherheitsrat aus den konkreten Umständen zum Ergebnis kommen, daß der andere, den militärischen Angriff provozierende Staat als Aggressor anzusehen ist[14].

§ 472 Da Art. 51 UN-Charta nur Verteidigungsmaßnahmen gegen „bewaffnete Angriffe", also solche mit militärischen Machtmitteln (durch Truppenverbände, Kriegsschiffe oder Kampfflugzeuge) im Auge

---

[12] Der Krieg und die Völkerrechtsordnung (1919), S. 70 ff.

[13] De iure belli ac pacis, II, cap. 22, § 5, 1.
In diesem Sinne hat der Internationale Militärgerichtshof für den Fernen Osten die Kriegserklärung der Niederlande an Japan vom 8. Dezember 1941 als Selbstverteidigung anerkannt, obgleich der japanische Angriff gegen das damalige Niederländisch-Indien noch nicht begonnen hatte, aber von der kaiserlichen Konferenz vom 5. November 1941 schon vorher beschlossen worden war. Vgl. *Pal*, The International Military Tribunal for the Far East (1953), S. 497; *McDougal / Feliciano* (Anm. 1), S. 231 f.

[14] Die Angreiferdefinition bestimmt in ihrem Art. 2 wörtlich wie folgt:
„The first use of armed force by a State in contravention of the Charter shall constitute *prima facie* evidence of an act of aggression although the Security Council may, in conformity with the Charter, conclude that a determination that an act of aggression has been committed would not be justified in the light of other relevant circumstances including the fact that the acts concerned or their consequences are not of sufficient gravity." Als Angriff gilt gemäß Art. 3 c auch eine Blockade und nach Art. 3 g eine militärische Aktion von „armed bands, groups, irregulars or mercenaries" größeren Ausmaßes. Text im AJIL 69 (1975), S. 480 ff.; deutsche Übersetzung im EA 30 (1975), S. D 318 ff. Zur Problematik der Versuche um eine Definition des Angriffs vgl. *Žourek* (Anm. 1); *Wittig*, Der Aggressionsbegriff im internationalen Sprachgebrauch, in: *Schaumann* (Anm. 1), S. 33 ff.; *Röling*, The Question of Defining Aggression, in: Symbolae Verzijl (1958), S. 314 ff.; *Verosta*, Die Definition des Angriffs und die Staatenpraxis, in: Festschrift für W. Wengler (1973), I, S. 693 ff.; *Van Wynen Thomas / Thomas, Jr.*, The Concept of Aggression in International Law (1972); *Ferencz*, Defining International Aggression, The Search for World Peace (2 Bde. 1975).
Zu Entstehungsgeschichte und Inhalt der Definition vom 14. Dezember 1974 *Žourek*, Enfin une définition de l'aggression, AFDI 20 (1974), S. 9 ff.; *Randelzhofer*, Die Aggressionsdefinition der Vereinten Nationen, EA 30 (1975), S. 621 ff.; *Röling*, Die Definition der Aggression, in: Recht im Dienst des Friedens (Festschrift für Menzel, 1976), S. 387 ff.; *Meier*, Der Begriff des bewaffneten Angriffs, ArchVR 16 (1973 - 75), S. 375 ff.; *Heidelmeyer*, Die Definition der Aggression — ein Instrument für den Sicherheitsrat, VN 23 (1975), S. 108 ff.; *Rambaud*, La définition de l'aggression par l'Organisation des Nations Unies, RGDIP 80 (1976), S. 835 ff.; *Broms*, The Definition of Aggression, RdC 154 (1977 I), S. 299 ff.; *Stone*, Conflict Through Consensus. United Nations Approaches to Aggression (1977); *Rifaat*, International Aggression (1979).

hat, findet er weder auf Zwischenfälle zwischen Grenzorganen[15] noch auf Abwehrmaßnahmen gegen verbotene Einflüge fremder Flugzeuge (mit Ausnahme von Kampfflugzeugen) Anwendung[16]. Wir ersehen auch daraus, daß es *neben* den Verteidigungsmaßnahmen des Art. 51 noch andere Abwehrmaßnahmen gegen Gewaltakte oder andere verbotene Handlungen gibt, die nicht unter das Gewaltverbot des Art. 2 Ziff. 4 fallen[17].

Militärische Abwehrmaßnahmen gegen diese sog. „kleine Gewalt“[18] unterhalb der Schwelle eines bewaffneten Angriffs i. S. des Art. 51 sind also zulässig, sofern keine andere Möglichkeit der Zurückweisung besteht und die Maßnahmen verhältnismäßig bleiben[19].

§ 473 Wie wir bei der Behandlung der vr Selbsthilfe näher ausführen werden, hat die Einschränkung des Rechts der Selbstverteidigung auf den Fall einer „armed attack“ dagegen das früher bestehende Gewohnheitsrecht zum militärischen Schutz eigener Staatsangehöriger im Ausland gegen private Angriffe beseitigt[20]. Der Umstand, daß der Territorialstaat nicht fähig oder nicht gewillt ist, Gewalthandlungen gegen Ausländer zu verhindern oder abzustellen, wird zwar in der Regel seine vr Verantwortlichkeit begründen[21], erfüllt aber nicht die Merkmale eines bewaffneten Angriffs. Staatsangehörige im Ausland können also nicht etwa als „Außenpositionen“ ihres Heimatstaates betrachtet und ein Angriff auf sie mit einem Angriff auf den Hoheitsbereich dieses Staates gleichgesetzt werden[22]. Ebenso sind „humanitäre Interventio-

---

[15] Solche wurden auf der Genfer Abrüstungskonferenz 1935 ausdrücklich von der Angriffsdefinition ausgeschlossen. Vgl. Conférence pour la réduction et limitation des arméments, IX Désarmément 1935, IX, 4, Bd. 2, S. 684.

[16] So bemerkte z. B. 1960 der US-Delegierte im Sicherheitsrat im Zusammenhang mit dem *U 2*-Zwischenfall: „The presence of a light, single-engine, non-military, unarmed, one-man airplane did not constitute aggression“: UN Doc. S/4328, in: G. A. O. R. 15th Session, Suppl. No. 2 (A/4494), S. 13. Auch einzelne Spionageflüge bilden also keinen „bewaffneten Angriff“ i. S. des Art. 51. Zum ganzen *Hailbronner*, Der Schutz der Luftgrenzen im Frieden (1972), S. 43.

[17] Dazu *Kewenig*, Gewaltverbot und noch zulässige Machteinwirkung und Interventionsmittel, in: *Schaumann* (oben Anm. 1), S. 201 ff.; *Dahm* (Anm. 1), S. 59 ff.; *Hailbronner* (Anm. 16), S. 46 f.

[18] *Dahm* (Anm. 1).

[19] Dazu *Kewenig* (Anm. 17) und unten § 1343 und Anm. 18.

[20] § 1338 (mit weiteren Nachweisen).

[21] Vgl. unten §§ 1281 ff.

[22] So aber *Rolin* am 24. November 1964 im belgischen Senat, RBDI 3 (1967), S. 254, und noch prononcierter *Strebel*, Nochmals zur Geiselbefreiung in Entebbe, ZaöRV 37 (1977), S. 705 ff. Das im Text Gesagte gilt auch für Privatschiffe, die von fremden Streitkräften völkerrechtswidrig angegriffen werden. Vgl. den *Mayaguez*-Zwischenfall im Mai 1975: AJIL 69 (1975), S. 875 ff.; US Digest 1975, S. 777 ff., RGDIP 80 (1976), S. 222 ff.; *Beyerlin*, Mayaguez Incident, Encyclopedia [3 (1982), S. 253 ff.].

nen", d. h. bewaffnete Eingriffe im Ausland zum Schutz der Menschenrechte der Angehörigen des Territorialstaates, durch das Gewaltverbot ausgeschlossen[23]. Eine solche Intervention könnte heute nur mehr auf Grund eines Beschlusses des Sicherheitsrates erfolgen, durch den schwerwiegende Verletzungen der Menschenrechte der eigenen Bevölkerung als Friedensbruch oder Friedensbedrohung gemäß Art. 39 der UN-Charta qualifiziert und dagegen Zwangsmaßnahmen angeordnet oder empfohlen werden[24]. Dagegen ist Beugezwang in Gestalt nichtmilitärischer Repressalien gegen den Urheber solcher "gross and reliably attested violations of human rights and fundamental freedoms" zulässig[25].

§ 474 Art. 51 anerkennt nicht nur die individuelle Selbstverteidigung, sondern auch die kollektive Verteidigung gegen einen bewaffneten Angriff. Diese Bestimmung wurde in die UN-Charta vor allem aufgenommen, um die Verteidigungsbündnisse zu legitimieren[26]. Doch ist es allen Staaten auch ohne eine solche Bindung gestattet, einem angegriffenen Staate mit allen völkerrechtsgemäßen Mitteln beizustehen[27], wenn der Angegriffene im konkreten Fall um Hilfe gebeten oder sonstwie sein Einverständnis damit erklärt hat[28]. Die Charta erlaubt demnach sowohl die Notwehr als auch die Nothilfe. Obgleich nach dem Wortlaut des Art. 51 das Recht der *kollektiven* Verteidigung nur für den Fall vorgesehen ist, daß ein „Mitglied" der UNO angegriffen wird, so wird doch allgemein anerkannt, daß auch angegriffene Nichtmitglieder von Mitgliedstaaten verteidigt werden dürfen. So erstreckte sich z. B. die Hilfeleistungspflicht des Nordatlantikpaktes vom 4. April 1949 auf die Bundesrepublik Deutschland, und diejenige des Warschau-Paktes vom 4. April 1949 auf die DDR, längst vor Aufnahme dieser beiden Staaten in die UNO.

Das Recht der individuellen oder kollektiven Selbstverteidigung besteht aber gemäß Art. 51 nur „bis der Sicherheitsrat die zur Aufrechterhaltung des Weltfriedens und der internationalen Sicherheit

---

[23] Vgl. dazu *Beyerlin*, Humanitarian Intervention, Encyclopedia (letzte Anm.), S. 211 ff. (mit umfangreichen Literaturangaben).

[24] Vgl. §§ 232 ff.

[25] Vgl. § 1343.

[26] *Kunz*, Individual and Collective Self-defense in Art. 51 of the Charter of the United Nations, in: The Changing Law of Nations (1968), S. 563 ff.; *Delbrück*, Collective Self-Defence, Encyclopedia [3 (1982), S. 114 ff.]. Vgl. den Überblick über diese regionalen Verteidigungspakte und ihre Rechtsgrundlage bei *Verdross*, S. 554 ff., 547 ff.

[27] So auch *Goodrich / Hambro / Simons*, Charter of the United Nations (3. Aufl. 1969), S. 348, und *Brownlie* (Anm. 1), S. 330 f., gegen *Bowett* (ebd.), S. 206 f., nach dem jeder der zur kollektiven Verteidigung schreitenden Staaten Opfer des Angriffs sein muß.

[28] So *Dahm*, Völkerrecht, Bd. 2 (1961), S. 412.

erforderlichen Maßnahmen ergriffen hat". Daher müssen die in Ausübung der Selbstverteidigung ergriffenen Maßnahmen sofort dem Sicherheitsrat gemeldet werden. Stellt dieser nun den Angreifer gemäß Art. 39 fest und ordnet gegen ihn Zwangsmaßnahmen an[29], dann sind alle UNO-Mitglieder gemäß Art. 25 der Charta verpflichtet, den Anordnungen des Sicherheitsrates zu entsprechen. Kommt aber kein solcher Beschluß des Sicherheitsrates zustande und gelingt es auch sonst nicht, den Angriff zu stoppen, dann können die Feindseligkeiten in einen allgemeinen Krieg übergehen, der nur mehr durch die Normen des Kriegsrechts *(ius in bello)* begrenzt wird. Dessen war man sich schon auf der Konferenz von San Francisco bewußt, wie die folgende Erklärung des damaligen amerikanischen Delegierten zeigt: "If a major power became the aggressor, the Council had no power to prevent war. In such case the inherent right of self-defense applied, and the nations of the world must decide whether or not they would go to war[30]."

§ 475 Das Gewaltverbot erstreckt sich nach dem vorhin gesagten nicht auf Maßnahmen, die vom Sicherheitsrat angeordnet werden, da Artikel 2 Ziff. 4 nur die gewaltsame *Selbsthilfe* verbietet. Ob aber die Anwendung von Gewalt *allein* aufgrund einer Empfehlung der Generalversammlung, die diese gemäß ihrer Resolution „Uniting for peace" vom 3. November 1950[31] beschlossen hat, der UN-Charta entspricht, ist umstritten. Dagegen spricht, daß die Generalversammlung keine Zuständigkeit besitzt, das Vorliegen eines Angriffes oder anderen Friedensbruches festzustellen. Daher kann sie mangels eines dahingehenden Beschlusses des Sicherheitsrates den Staaten nur empfehlen, von ihrem Recht der kollektiven Selbstverteidigung Gebrauch zu machen[32]. Gewiß bedürfen die Staaten einer solchen Aufforderung nicht[33]. Da sie aber nach der UN-Charta zur Unterstützung des angegriffenen Staates nicht verpflichtet sind, kann eine solche von der Generalversammlung an sie gerichtete Aufforderung *praktisch* bedeutungsvoll sein. Unsere Deklaration löst auch diese Streitfrage nicht, da sie im letzten dem Gewaltverbot gewidmeten Absatz nur bemerkt, daß die Anwendung von Gewalt in jenen Fällen gestattet ist, "in which the use of force is lawful".

---

[29] Zum ganzen §§ 232 ff.

[30] U. N. C. I. O., Doc. 967/III/1/48; zitiert nach *Kelsen* (Anm. 9), S. 804, Anm. 6.

[31] GA Res. 377 (V); deutsch bei *Berber*, Dokumente I, S. 63 ff. Vgl. dazu auch oben §§ 244 ff.

[32] *Verdross*, The Charter of the United Nations and General International Law, in: *Lipsky* (Hrsg.), Law and Politics in the World Community (Festschrift für Kelsen 1953), S. 153. Ebenso der Generalsekretär der UNO im Jahresbericht vom 5. September 1957. Dazu *Kunz*, The Secretary-General on the Rôle of the United Nations, AJIL 52 (1958), S. 300 ff.

[33] *Graf zu Dohna* (§ 451, Anm. 1), S. 97.

§ 476 Die Deklaration unterläßt es ferner, den Begriff der Gewalt (force) zu definieren, den einige Delegierte des mit der Ausarbeitung der Deklaration betrauten Sonderausschusses dahin erweiternd auslegen wollten, daß auch wirtschaftliche Maßnahmen darunter fallen, während ihn andere Delegierte als „armed force“ näher zu bestimmen versucht haben. Doch sind beide Versuche gescheitert[34]. Es besteht aber kein Zweifel darüber, daß Artikel 2 Ziff. 4 nur militärische Gewalt im Auge hat, da die Präambel der UN-Charta verfügt, “that *armed force*[35] shall not be used, save in the common interest”. Die zwischenstaatliche Ausübung wirtschaftlichen Drucks bleibt demnach unter dem Gesichtspunkt des vr Interventionsverbotes zu prüfen[36].

B. Weitere Konkretisierungen in der „Friendly Relations“-Deklaration

§ 477 Neben dem bereits dargestellten finden wir in der Deklaration einige *Entfaltungen* des Inhaltes der Norm des Artikels 2 Ziff. 4, sowie verschiedene aus ihr abgeleitete *Schlußfolgerungen* und schließlich einzelne *Ergänzungen*, die sich nicht aus Artikel 2 Ziff. 4 ableiten lassen.

§ 478 Zur ersten Gruppe gehört die Bestimmung, daß eine Drohung mit Gewalt oder Gewaltanwendung eine Verletzung des VR und der UN-Charta bildet, weshalb sie weder gegen die internationalen Grenzen irgendeines Staates noch zur Austragung von Streitigkeiten, einschließlich von Grenzkonflikten, verwendet werden darf. Eine bloße Entfaltung des Artikels 2 Ziff. 4 bildet auch die Bestimmung der Deklaration, daß das Gebiet anderer Staaten weder gewaltsam besetzt, noch Gegenstand einer solchen Einverleibung (object of acquisition) sein darf, woraus der Schluß gezogen wird, daß solche Einverleibungen von keinem Staate „als rechtmäßig anerkannt“ (recognized as legal) werden dürfen. Die Deklaration knüpft dabei an die von der Völkerbundversammlung am 11. März 1932 angenommene Doktrin an, die der damalige amerikanische Staatssekretär Stimson in einer an China und Japan gerichteten Note vom 7. Januar 1932 entwickelt hatte, indem er dort bemerkte, daß die USA keine Situation und kein Abkommen anerkennen würden, die in Widerspruch zur Völkerbundsatzung oder zum

---

[34] Näheres darüber bei *Dohna* (Anm. 33), S. 54 ff. Ferner *Derpa* (Anm. 1); *Bowett*, International Law and Economic Coercion, VJIL 16 (1976 - 77), S. 245 ff.; *Lillich* (Hrsg.), Economic Coercion and the New International Economic Order (1976); *Nawaz*, Limits of Self-Defence: Legitimacy of Use of Force Against Economic Strangulation?, IJIL 16 (1976), S. 252 ff.; *Kewenig*, Die Anwendung wirtschaftlicher Zwangsmaßnahmen im Völkerrecht, Berichte DGVR 22 (1982), S. 11 ff.

[35] Von uns hervorgehoben.

[36] Unten § 491.

Kellogg-Pakt herbeigeführt werden („Stimson-Doktrin")[37]. Auch die Angreiferdefinition (Generalversammlungsresolution 3314 [XXIX] vom 14. Dezember 1974) bestimmt in ihrem Art. 5 Abs. 3: "No territorial acquisition or special advantage resulting from aggression is or shall be recognized as lawful[38]."

§ 479 In die zweite Gruppe fällt die Bestimmung, daß international festgelegte Demarkationslinien, einschließlich solcher Waffenstillstandslinien, welche die Parteien zu achten verpflichtet sind, durch das Gewaltverbot geschützt sind[39]. Eine isolierte Auslegung dieser Schlußfolgerung würde einen Staat, dessen Gebiet teilweise von einem anderen Staat völkerrechtswidrig besetzt wurde, daran hindern, ihn von dort nach Abschluß eines Waffenstillstandes wieder zu vertreiben, obgleich ein solcher Vertrag den Kriegszustand nicht beendet und daher der Angriff noch potentiell andauert. Eine solche Auslegung würde daher zum absurden Ergebnis führen, den rechtswidrigen Okkupanten zu schützen[40]. Hat sich eine bestimmte territoriale Situation, die unter Verletzung des VR zustandegekommen oder deren Völkerrechtsgemäßheit zumindest umstritten ist, jedoch über einen längeren Zeitraum hin stabilisiert, dann greift das Gewaltverbot in der Tat ein[41], so daß dem früheren territorialen Souverän eine Rückgewinnung seines Gebietes nur mehr mit friedlichen Mitteln gestattet ist.

§ 480 Eine weitere Folgerung aus Artikel 2 Ziff. 4 bildet die Bestimmung, daß auch bewaffnete Repressalien (reprisals involving the use of force) vom Gewaltverbot umfaßt werden. Dazu meint allerdings Bowett, daß *maßvolle* (reasonable) militärische Repressalien erlaubt seien, da der Sicherheitsrat solche Maßnahmen nicht verurteilt habe[42]. Diese Schlußfolgerung ist aber unbegründet, da aus einem solchen, in der Regel politisch motivierten[43], Unterlassen nicht die Rechtmäßigkeit

---

[37] AJIL 26 (1932), S. 342.

[38] Vgl. unten §§ 971, 1163.

[39] Gegen diese Bestimmung haben der ägyptische und syrische Delegierte den Vorbehalt gemacht, daß darunter jene Waffenstillstandslinien nicht fallen, die vom Sicherheitsrat angeordnet wurden. Darüber *Dohna* (Anm. 33), S. 78, Anm. 107.

[40] Daran kann auch der Vorbehalt der Deklaration nichts ändern, wonach die Ausdehnung des Gewaltverbotes auf Demarkationslinien den Status, die Auswirkungen oder den nur temporären Charakter solcher Linien nicht präjudiziert.

[41] Vgl. oben § 406 und zu dieser Frage im Zusammenhang des Nahostkonflikts *Shihata*, Destination Embargo of Arab Oil: Its Legality under International Law, AJIL 68 (1974), S. 591 ff., 607 ff.; *Rostow*, The Illegality of the Arab Attack on Israel of October 6, 1973, ebd. 69 (1975), S. 272 ff.

[42] Reprisals Involving Recourse to Armed Force, AJIL 66 (1972), S. 1 ff.; ähnlich *Tucker* (Anm. 6); zum ganzen ferner *Hester*, Gewaltverbot und Repressalien (1973); *Taulbee / Anderson*, Reprisal *Redux*, Case Western Reserve Journal of International Law 16 (1983/84), S. 309 ff.

dieser Repressalien abgeleitet werden darf. Auch die Behauptung Bowetts, daß Notwehrmaßnahmen und Repressalien oft nicht unterschieden werden können[44], ist nicht haltbar, da letztere aus selbständigen Eingriffen in ein Gut des Gegners bestehen, der dem anderen Staat ein vr Unrecht zugefügt hat, während sich die Notwehr auf die Abwehr eines *bestehenden* Angriffs beschränkt. Wenn daher ein Staat nach erfolgter Abwehr eines Angriffs des Gegners zu einem neuen Angriff gegen diesen schreitet, dann handelt er nicht in Notwehr, sondern setzt eine Repressalie, um den Gegner vor *künftigen* Angriffen abzuschrecken, oder um von ihm Wiedergutmachung zu erlangen[45]. Kommt hingegen ein Staat einem neuen, unmittelbar bevorstehenden Angriff des Gegners zuvor, dann handelt er in präventiver Notwehr, über die wir schon gesprochen haben[46]. Aus wiederholten Angriffen und Gegenangriffen kann aber leicht ein Krieg entstehen, wenn es dem Sicherheitsrat nicht gelingt, sie zu stoppen.

Eine andere Frage ist es natürlich, ob sich das in Rede stehende Repressalienverbot, das Verbot militärischen Selbstschutzes und das Verbot der präventiven Notwehr in der Praxis wird behaupten können, wenn das Sicherheitssystem der UN-Charta (§§ 213 ff. und 229 ff.) nicht wirksamer ausgestaltet werden wird. Ausdrücklich bemerkte jedoch der IGH im *Corfu Channel*-Fall (Merits), daß ein Eindringen in fremde Gewässer nicht durch diese Mängel der internationalen Organisation gerechtfertigt werden könne. Außerdem würde eine solche Ausnahme nur den mächtigsten Staaten zum Vorteil gereichen[47].

---

[43] Vgl. z. B. die 1979 formulierte Haltung des US-State Department gegenüber den israelischen Vergeltungsangriffen auf arabische Nachbarstaaten, von deren Gebiet aus Terrorangriffe gegen Israel verübt wurden: AJIL 73 (1979), S. 489 ff., 490: „While the United States has modified its initial position of willingness to isolate armed reprisals and condemn them as illegal by insisting on a *balanced condemnation* of both the provocative acts, especially acts of terrorism, and the armed reprisals, the United States has not changed its position that reprisals involving the use of force are illegal." (von uns hervorgehoben).

[44] Oben. Wie im Text dagegen *Goodrich / Hambro / Simons*, Charter of the United Nations. Commentary and Documents (3. rev. Aufl. 1969), S. 346 f.

[45] *Verdross*, S. 428. Auch das US-Department of State grenzt Notwehr und Repressalien gegeneinander ab: AJIL 68 (1974), S. 736. In seiner Stellungnahme aus dem Jahre 1979 hält es ebenfalls an der Unterscheidung fest, weist dann allerdings auf den uneinheitlichen Sprachgebrauch hin und schließt wie folgt: „Where the United States has itself possibly engaged in reprisal action involving the use of force, characterization of the action has been confused by equating it also with self-defense. These so-called reprisal incidents [im Vietnam-Konflikt; die Verf.] took place in the context of a war justified by the United States Government as collective self-defense, and on this basis, could be distinguished from the reprisal raids conducted by Israel. It is also clear that the United States has determined that patterns of attacks can constitute a level of ‚armed attack' justifying the use of force in self-defense": (Anm. 43), S. 492.

[46] Oben § 471.

§ 481 Außer den militärischen Repressalien verbietet die Deklaration auch *indirekte* Gewaltanwendung durch die Organisierung oder Unterstützung irregulärer Truppen oder bewaffneter Banden, die das Ziel verfolgen, in ein fremdes Staatsgebiet einzudringen. Daher muß auch gegen solche Angriffe die individuelle und kollektive Selbstverteidigung (Artikel 51 UN-Charta) zulässig sein[48]. Ferner untersagt die Deklaration die Organisierung, Förderung oder Unterstützung terroristischer Akte in anderen Staaten und die Herbeiführung von oder Hilfeleistung bei Bürgerkriegen, sofern dabei Gewalt angedroht oder verwendet wird (when the acts referred to in the present paragraph involve a threat or use of force). Auch diese Schlußfolgerung aus Artikel 2 Ziff. 4, in der eine Brücke zu dem später zu behandelnden Interventionsverbot geschlagen wird, entspricht dem Geiste der UN-Charta, da eine indirekte Gewaltanwendung dem Friedensziele der Satzung genauso wie eine direkte widerspricht[49].

§ 482 Ferner wird aus Artikel 2 Ziff. 4 die Pflicht der Staaten abgeleitet, sich jeder Propaganda für Angriffskriege (propaganda for wars of aggression) zu enthalten (refrain). Darunter fällt also nicht die Pflicht, eine solche Propaganda durch Privatpersonen zu verhindern[50].

§ 483 Unklar ist die Folgerung, daß für einen Angriffskrieg eine vr Verantwortlichkeit besteht, da eine solche für *jede* Verletzung des VR begründet ist, sofern es sich um die Verantwortlichkeit von Staaten handelt. Hingegen bleibt die Frage, ob auch der einen Angriffskrieg planende und ihn auslösende Staatsmann *individuell* haftet, bejahendenfalls, wem gegenüber er verantwortlich ist, unbeantwortet. Es ist aber offenkundig, daß seine Bestrafung nur im Falle der Kapitulation seiner Gemeinschaft oder seiner Auslieferung nach einer Änderung des Regimes im besiegten Staat möglich wäre[51]. Im Jahre 1976 hat sich die ILC die Auffassung zu eigen gemacht, daß (neben anderen Unrechtstatbeständen auch) eine Aggression eine Verletzung einer vr Pflicht darstellt, „so essential for the protection of fundamental interests of the international community that its breach ... constitutes an *international crime*“[52]. Sie versteht darunter jedoch nicht einen Straftatbestand i. S. der Nürnberger Prinzipien, sondern ein vr Verbrechen des Aggressor-

---

[47] ICJ Reports 1949, S. 35.

[48] Vgl. unten § 504. Ebd. auch zum US-Vorgehen gegen Nicaragua und dessen Klage vor dem IGH im April 1984.

[49] Ebenso *Dohna* (Anm. 33), S. 60 f.

[50] Vgl. *Simma*, Grenzüberschreitender Informationsfluß und domaine réservé der Staaten, Berichte DGVR 19 (1979), S. 59 ff. (mit weiterführenden Literaturangaben).

[51] Vgl. auch oben § 442.

[52] Vgl. genauer unten § 1263.

staates, ohne allerdings bisher herausgearbeitet zu haben, wie sich die Rechtsfolgen dieses „international crime“ von denjenigen eines gewöhnlichen vr Delikts unterscheiden.

§ 484 Neu ist auch die Bestimmung in der Deklaration, die jeden Staat (every state) verpflichtet, sich jeder gewaltsamen Aktion (any forcible action) zu enthalten, die das Ziel verfolgt, Völker (peoples) ihres Selbstbestimmungsrechtes zu berauben. Da Artikel 2 Ziff. 4 nur die Androhung oder Anwendung von Gewalt in den *internationalen* Beziehungen verbietet, kann der in Rede stehende Passus der Deklaration nicht aus dieser Norm der UN-Charta abgeleitet werden, solange es sich um Völker handelt, die noch keine effektive Unabhängigkeit erlangt haben. Eine andere Frage ist es, ob und inwieweit die UN-Charta ein Selbstbestimmungsrecht der Völker, insbesondere dessen gewaltsame Durchsetzung, anerkennt[53].

C. Abrüstung und Rüstungsbeschränkung

§ 485 Neu ist schließlich auch die Pflicht der Deklaration zur Aufnahme von ernstlichen Verhandlungen (negotiations in good faith) zur Erreichung einer allgemeinen *Abrüstung* unter effektiver internationaler Kontrolle[54], ebenso wie die Pflicht, das Sicherheitssystem der UNO wirksamer zu gestalten. Doch stehen diese Bestimmungen in einer indirekten Beziehung zum Gewaltverbot, da sich dieses leichter verwirklichen ließe, wenn jene Voraussetzungen erfüllt wären.

Die vr Schritte, die bis heute auf dem Weg zu einer allgemeinen Abrüstung gesetzt wurden, sind allerdings bescheiden, noch bescheidener ist mit ganz wenigen Ausnahmen die Mitwirkung der UNO an ihrem Zustandekommen. Es handelt sich dabei weniger um Verpflichtungen zu einer Abrüstung i. e. S., sondern um vertragliche Rüstungsbeschränkungen, Anwendungsverbote, Demilitarisierungsmaßnahmen und Maßnahmen eines nuklearen „Crisis management“[55].

§ 486 An *multilateralen Verträgen* sind zu nennen: das aus der Völkerbundzeit stammende Genfer Protokoll betreffend das Verbot der Anwendung von Giftgasen und bakteriologischen Mitteln vom 17. Juni

[53] Vgl. § 410.

[54] Auf dieses Endziel (ultimate objective of their efforts) weist auch Punkt 6 der „Basic Principles of Relations between the United States of America and the Union of Soviet Socialist Republics“ vom 29. Mai 1972 hin: AJIL 66 (1972), S. 922.

[55] Den vollständigsten dokumentarischen Überblick bieten *Fahl* (Hrsg.), Internationales Recht der Rüstungsbeschränkung (Lose-Blatt-Sammlung 1975 ff.); *Delbrück* (Hrsg.), Friedensdokumente aus fünf Jahrhunderten: Abrüstung — Kriegsverhütung — Rüstungskontrolle (2 Bde., 1984).

1925[56], ferner der Antarktis-Vertrag vom 1. Dezember 1959[57], der Vertrag über das Verbot von Kernwaffenversuchen in der Atmosphäre, im Weltraum und unter Wasser (Moskauer Atomteststopabkommen) vom 5. August 1963[58], der Weltraumvertrag vom 27. Januar 1967[59], der Vertrag über die Nichtweiterverbreitung von Kernwaffen (Atomsperrvertrag) vom 1. Juli 1968[60], der Vertrag über das Verbot von Kernwaffen in Lateinamerika (Vertrag von Tlatelolco) vom 14. Februar 1967[61], der Vertrag über das Verbot der Anbringung von Nuklear- und anderen Massenvernichtungswaffen auf und unter dem Meeresboden vom 11. Februar 1971[62], die Konvention über das Verbot der Entwicklung, Herstellung und Lagerung von bakteriologischen (biologischen) und Toxin-Waffen und über ihre Vernichtung vom 10. April 1972[63] und zuletzt das Übereinkommen über das Verbot der militärischen oder einer sonstigen feindseligen Nutzung umweltverändernder Techniken (Umweltkriegsübereinkommen) vom 18. Mai 1977[64]. Die Ausarbeitung einer Konvention über ein umfassendes Verbot der chemischen Waffen gestaltet sich insbesondere wegen der Schwierigkeiten der Verifizierung besonders langwierig.

§ 487 An die Seite dieser Kollektivverträge tritt eine Reihe bilateraler Abkommen und außerrechtlicher Abmachungen zwischen den Vereinigten Staaten und der Sowjetunion: das Abkommen über die Errichtung eines „Heißen Drahtes" vom 20. Juni 1963 und das Abkommen zur Verbesserung desselben vom 30. September 1971[65], die Vereinbarung über Maßnahmen zur Verringerung der Gefahr des Ausbruchs eines Atomkrieges vom 30. September 1971[66], die Vereinbarung vom 25. Mai 1972 zur Vermeidung von Zwischenfällen auf Hoher See[67], dazu

[56] *Fahl*, Nr. 7.3.5.; *Berber*, Dokumente II, S. 1946 f. (Ende 1983 104 Vertragsparteien).

[57] *Fahl*, Nr. 1; *Berber*, ebd. I, S. 857 ff. (Ende 1983 27 Vertragsparteien). Vgl. auch unten §§ 1144, 1147 ff.

[58] BGBl. 1964 II, S. 906; *Fahl*, Nr. 2; *Berber*, ebd. II, S. 1886 ff. (Ende 1983 112 Vertragsparteien).

[59] BGBl. 1969 II, S. 1967; *Fahl*, Nr. 3; *Berber / Randelzhofer*, Völkerrechtliche Verträge, S. 247 ff. (Ende 1983 83 Vertragsparteien); vgl. auch unten § 1151.

[60] BGBl. 1974 II, S. 785; *Fahl*, Nr. 5; *Berber / Randelzhofer*, ebd., S. 302 ff. (Ende 1983 119 Vertragsparteien).

[61] Deutscher Text bei *Fahl*, Nr. 4 (Mitte 1982 24 Vertragsparteien).

[62] BGBl. 1972 II, S. 326; *Fahl*, Nr. 6 (Ende 1983 72 Vertragsparteien).

[63] BGBl. 1983 II, S. 132; *Fahl*, Nr. 7 (Ende 1983 97 Vertragsparteien).

[64] ILM 16 (1977), S. 88 ff.; BGBl. 1983 II, S. 125. Ende 1983 für 42 Staaten in Kraft.

[65] Deutsch bei *Fahl*, Nr. 9. Mitte 1984 ist dieser Vertrag neuerlich „modernisiert" worden.

[66] Deutsch bei *Fahl*, Nr. 10.2.1.

[67] Deutsch ebd. 10.2.2.

das Protokoll vom 22. Mai 1973[68], der Vertrag über die Begrenzung von Systemen zur Abwehr ballistischer Raketen vom 26. Mai 1972[69], dazu das Protokoll vom 3. Juli 1974[70], das Interimsabkommen vom 26. Mai 1972 über bestimmte Maßnahmen hinsichtlich der Begrenzung von strategischen Angriffswaffen (Ergebnis der SALT I)[71], die „Basic Principles of Relations" vom 29. Mai 1972[72]; die "Basic Principles of Negotiations on the Further Limitation of Strategic Offensive Arms" vom 21. Juni 1973 (Grundlage für SALT II)[73], das Abkommen über die Verhinderung von Atomkriegen vom 22. Juni 1973[74], der Vertrag vom 3. Juli 1974 über die Begrenzung unterirdischer Kernwaffenversuche mit Protokoll[75] sowie der Vertrag vom 28. Mai 1976 über friedliche unterirdische Kernsprengungen[76]. Das Ergebnis der zweiten Verhandlungsrunde über die Begrenzung der strategischen Angriffswaffen (SALT II)[77] ist vr nicht in Kraft getreten, wurde aber offenbar lange Zeit so angewendet, als ob dies der Fall gewesen wäre[78].

§ 488 Der tatsächliche Wert der damit aufgezählten Verträge darf allerdings nicht überschätzt werden. Denn zum einen verbieten sie allzu häufig nur solche militärische und rüstungstechnische Aktivitäten, auf die die Parteien ohnehin keinen entscheidenden Wert legen, zum zweiten bleibt der Kreis der Parteien der multilateralen Abkommen in der Regel unvollständig (Fehlen Chinas, Frankreichs und der sog. „Schwellenmächte"), schließlich bekommen die Verträge durch weitreichende Rücktrittsklauseln den Charakter höchst zerbrechlicher Interessenallianzen[79].

---

[68] Deutsch ebd. 10.2.3.

[69] Deutsch ebd., Nr. 8.2.1.

[70] Deutsch bei *Fahl*, Nr. 8.2.2.

[71] Deutsch ebd. 8.2.3.

[72] Vgl. Anm. 54.

[73] AJIL 67 (1973), S. 832 f., deutsch bei *Fahl*, Nr. 8.3.3.2.

[74] AJIL 67 (1973), S. 833 f., deutsch bei *Fahl*, Nr. 10.2.4. (dazu *Ress*, ZaöRV 34 [1974], S. 207 ff.).

[75] AJIL 68 (1974), S. 805 ff., deutsch bei *Fahl*, Nr. 11.2.1. (dazu G. *Fischer*, AFDI 20 [1974], S. 153 ff.).

[76] ILM 15 (1976), S. 891 ff., deutsch im EA 31 (1976), S. D 539 ff.

[77] ILM 18 (1979), S. 1112 ff., deutsch im EA 34 (1979), S. D 368 ff.

[78] Vgl. §§ 705, 718.

[79] Zum letzten Punkt *Simma*, Das Reziprozitätselement im Zustandekommen völkerrechtlicher Verträge (1972), S. 269 ff. Aus der Literatur *Volle / Duisberg*, Probleme der internationalen Abrüstung (1964); *Forndran*, Probleme der internationalen Abrüstung (1970); *Stein*, Impact of New Weapons Technology on International Law: Selected Aspects, RdC 133 (1971 II), S. 223 ff.; *Colard*, Le désarmement (1972); *Furet*, Le désarmement nucléaire (1973), *Chappuis*, La limitation des armements en droit international public (1975); Abschreckung und Entspannung (1976); *Bothe*, Zur Dogmatik eines völkerrechtlichen Kriegsverhütungsrechts, in: *Delbrück* (Hrsg.), Völkerrecht

§ 489 Das hier entwickelte grundsätzliche Verbot der gewaltsamen Selbsthilfe wurde zwar wiederholt verletzt[80], dadurch aber nicht aufgehoben, da alle Staaten, die es verletzten, sich bemüht haben, ihr Verhalten *auf Grund der UN-Charta* zu rechtfertigen. Daher ist mangels einer gegenteiligen Rechtsüberzeugung keine „*desuetudo*" eingetreten.

6. Abschnitt

Das Interventionsverbot

A. Begriffsbestimmung, Umfang und Abgrenzungen

§ 490 Wie wir schon früher ausgeführt haben, besteht die Souveränität der Staaten in deren Eigenschaft, sich selbst zu regieren und eine unabhängige Außenpolitik zu führen[1]. Den vr Schutz dieser Eigenschaft bildet das Interventionsverbot, wonach sich die Staaten weder in die inneren noch in die äußeren Angelegenheiten anderer Staaten einmischen dürfen[2]. Das klassische VR verbot jedoch nur die „*dictatorial* interference"[3], also die Einmischung in den vorbehaltenen Bereich anderer Staaten unter Androhung oder Anwendung von *Zwang*. Soweit dieser Zwang mit militärischen Mitteln ausgeübt wird, ist er heute vom Gewaltverbot erfaßt, da diese Norm den Staaten *jede* Drohung mit Gewalt und Anwendung von Gewalt verbietet, also auch eine solche,

---

und Kriegsverhütung (1979), S. 213 ff.; *Fahl*, Rüstungsbeschränkung durch internationale Verträge (1980); *Delbrück* (Anm. 55); *Szurek*, Zones exemptes d'armes nucléaires et zones de paix dans le Tiers-Monde, RGDIP 88 (1984), S. 114 ff. Vgl. auch die periodisch erscheinenden UN Docs. „The United Nations and Disarmament" und „The United Nations Disarmament Yearbook".

[80] *Franck*, Who Killed Article 2 (4)?, AJIL 64 (1970), S. 809 ff.

[1] Oben §§ 31 ff. und §§ 379 ff.

[2] Darüber *Strisower* (oben § 81, Anm. 21), S. 108 ff.; *Mosler*, Die Intervention im Völkerrecht (1937); *Fawcett*, Intervention in International Law, RdC 103 (1961 II), S. 344 ff.; *Stanger* (Hrsg.), Essays on Intervention (1964); *Gerlach*, Die Intervention. Versuch einer Definition (1967); *Dohna* (oben § 451, Anm. 1), S. 129 ff.; *Kipp*, Zum Problem der gewaltsamen Intervention in der derzeitigen Entwicklungsphase des Völkerrechts, in: Gedächtnisschrift Hans Peters (1967), S. 393 ff.; *Oppermann*, Nichteinmischung in innere Angelegenheiten, ArchVR 14 (1969/1970), S. 321 ff.; *Vincent*, Nonintervention and International Order (1974); *Neuhold* (oben § 467, Anm. 1), S. 269 ff.; *Wehser*, Die Intervention nach gegenwärtigem Völkerrecht, in: *Simma / Blenk-Knocke* (Hrsg.), Zwischen Intervention und Zusammenarbeit (1979), S. 23 ff.; *Scheuner*, Intervention und Interventionsverbot, VN 28 (1980), S. 149 ff.; *Kunig*, Das völkerrechtliche Nichteinmischungsprinzip. Zur Praxis der Organisation der afrikanischen Einheit (OAU) und des afrikanischen Staatenverkehs (1981); *Oppermann*, Intervention, Encyclopedia [3 (1982), S. 233 ff.].

[3] *Oppenheim*, International Law, Bd. I (8. Aufl., bearb. v. H. *Lauterpacht*, 1955), S. 305.

die das Ziel verfolgt, auf die inneren oder äußeren Angelegenheiten eines anderen Staates einen völkerrechtswidrigen Druck auszuüben[4]. Damit stellt sich die Frage, ob und inwieweit Einmischungen, bei denen nichtmilitärischer, also politischer oder wirtschaftlicher Druck oder subversive Mittel, zum Einsatz gelangen, vr verboten sind.

§ 491 Die UN-Charta enthält kein ausdrückliches zwischenstaatliches Interventionsverbot, da sich Artikel 2 Ziff. 7 bloß an die Organisation richtet[5].

Die Generalversammlung hat jedoch zur Frage des Interventionsverbotes schon am 21. Dezember 1965 in ihrer "Declaration on the inadmissibility of intervention in the domestic affairs of States and the protection of their independence and sovereignty" (Res. 2131 [XX])[6] Stellung genommen, darin vor allem jede direkte oder indirekte Intervention in die inneren oder äußeren Angelegenheiten irgendeines anderen Staates verboten und daher nicht nur die bewaffnete Intervention, sondern auch "all other forms of interference or attempted threats against the personality of the State or against its political, economic and cultural elements" verurteilt. Die „Friendly Relations"-Deklaration übernimmt diese Norm in vollem Umfang und ergänzt sie durch die Bestimmung, daß auch Interventionen von Staatengruppen (group of States) eine Verletzung des VR bilden. Sie dehnt, wie schon vorher die Res. 2131 (XX), das traditionelle Interventionsverbot, das, wie eingangs erwähnt, nur Einmischungen mit Gewalt oder Androhung von Gewalt im Auge hatte, auf außermilitärische, also wirtschaftliche und politische Druckmittel aus, die das Ziel verfolgen, das politische, wirtschaftliche oder kulturelle System eines anderen Staates zu ändern oder diesen an der freien Ausübung seiner Rechte zu hindern (No State may use or encourage the use of economic, political or any other type of measures to coerce another State in order to obtain from it the subordination of the exercise of its sovereign rights and to secure from it advantages of any kind).

§ 492 Ein Wirtschaftsembargo ist danach also zwar keine Verletzung des Gewaltverbots in Art. 2 Ziff. 4 UN-Charta, wohl aber eine völkerrechtswidrige Intervention, wenn es als Druckmittel verwendet wird, um etwas zu erzwingen, worauf der eine solche Maßnahme verhängende Staat keinen Rechtsanspruch hat[7].

---

[4] Vgl. §§ 476, 1337, 1346.

[5] Dazu §§ 260 ff. Über den Unterschied des Interventionsbegriffes des allgemeinen VR von demjenigen des Art. 2 Ziff. 7 der UN-Charta vgl. *Verdross*, FS Rousseau, S. 267 ff.

[6] GAOR, XX, Suppl. 14, S. 11; auch ArchVR 13 (1966/1967), S. 439 f.

[7] Zur vr Beurteilung des Einsatzes wirtschaftlichen Drucks *David*, Quelques réflexions sur l'égalité économique des Etats, RBDI 10 (1974), S. 399 ff.;

§ 493 Bei den durch das Interventionsverbot untersagten Einmischungen muß es sich ferner um Eingriffe in Angelegenheiten handeln, die nach VR der *alleinigen* Regelung des anderen Staates überlassen sind. Daher bildet die Ausübung des diplomatischen oder konsularischen Schutzrechts zugunsten eigener Angehöriger in einem anderen Staate[8] keine verbotene Intervention, da dabei der Heimatstaat ein im VR begründetes eigenes *Recht* ausübt. Dennoch wird dieses Vorgehen oft „Intervention" genannt.

§ 494 Dasselbe gilt, wie der IGH in seinem Gutachten vom 30. März 1950 im Falle der *Interpretation of Peace Treaties with Bulgaria, Hungary and Romania*[9] festgestellt hat, auch für die Geltendmachung von Rechten aus vr Verträgen: „Interpréter ... les clauses d'un traité ne saurait être envisagé comme une question relevant essentiellement de la compétence nationale d'un Etat. C'est une question de droit international ...". Die von einer Vertragspartei erhobene Forderung nach Erfüllung eines vr Übereinkommens zum Schutze der *Menschenrechte* durch eine andere Vertragspartei kann also kein völkerrechtswidriger Eingriff in deren innere Angelegenheiten sein[10]. Aber auch gegenüber

---

Paust / Blaustein, The Arab Oil Weapon — A Threat to International Peace, AJIL 68 (1974), S. 410 ff.; die Entgegnung von *Shihata*, Destination Embargo of Arab Oil: Its Legality under International Law, ebd., S. 591 ff.; dazu wiederum *Paust / Blaustein*, The Arab Oil Weapon: A Reply and Reaffirmation of Illegality, CJTL 15 (1976), S. 57 ff. (Zu den Fakten des arabischen Embargos RGDIP 78 [1974], S. 1120 ff.); *Bowett*, International Law and Economic Coercion, VJIL 16 (1975/76), S. 245 ff.; *Lillich* (Hrsg.), Economic Coercion and the New International Economic Order (1976); *derselbe*, The Status of Economic Coercion under International Law: United Nations Norms, Texas International Law Review 12 (1977), S. 21 ff.; *Dicke*, Die Intervention mit wirtschaftlichen Mitteln im Völkerrecht (1978): *Bryde*, Die Intervention mit wirtschaftlichen Mitteln, FS Schlochauer, S. 227 ff.; *Kewenig*, Die Anwendung wirtschaftlicher Zwangsmaßnahmen im Völkerrecht, Berichte DGVR 22 (1982), S. 14 ff.; *Petersmann*, Internationale Wirtschaftssanktionen als Problem des Völkerrechts und des Europarechts, ZVglRWiss 80 (1981), S. 1 ff.

[8] Aus dem Erkenntnis des IGH im Falle *Nottebohm (Second Phase)*, ICJ Reports 1955, S. 24: „La protection diplomatique et la protection par la voie judiciaire internationale constituent une mesure de défense des droits de l'État." Unhaltbar daher die Begründung des (österr.) Obersten Gerichtshofs für die Verweigerung *diplomatischen Schutzes in Ägypten*, Urteil vom 20. September 1968, ÖHB 2, Nr. D 92.

[9] *(First Phase)*, ICJ Reports 1950, S. 70 f.

[10] Zum Thema Menschenrechte und Nichteinmischung vgl. neben der unten § 1233, Anm. 1, genannten Literatur (insbesondere der Untersuchung von *Ritterband*) noch speziell *Schachter*, Les aspects juridiques de la politique américaine en matière de droits de l'homme, AFDI 23 (1977), S. 53 ff.; *Henkin*, Human Rights and „Domestic Jurisdiction", in: *Buergenthal* (Hrsg.), Human Rights, International Law and the Helsinki Accord (1977); *Simma*, Souveränität und Menschenrechtsschutz nach westlichem Völkerrechtsverständnis, EuGRZ 4 (1977), S. 235 ff.; *Arangio-Ruiz*, Human Rights and Non-Intervention in the Helsinki Final Act, RdC 157 (1977 IV), S. 195 ff.; *Beyerlin*, Menschenrechte und Intervention, in: *Simma / Blenk-Knocke* (Hrsg.), Zwischen Intervention und Zusammenarbeit (1979), S. 157 ff.; *Buergenthal*, Domestic

Staaten, die sich solchen Verträgen nicht angeschlossen haben, bildet die bloße Aufforderung zur Achtung der Menschenrechte keine verbotene Einmischung, da Art. 56 der UN-Charta die Staaten zur Zusammenarbeit in diesem Bereich verpflichtet, die Respektierung der Menschenrechte also keine Angelegenheit mehr ist, die im vorbehaltenen Bereich der Staaten liegt[11]. Dasselbe gilt zwischen den Parteien einer entsprechenden außerrechtlichen Abmachung wie der KSZE-Schlußakte[12]. Nehmen Menschenrechtsverletzungen jedoch Umfang und Schwere eines "consistent pattern of gross and reliably attested violations" an, dann steht das vr Interventionsverbot auch weitergehenden Schritten nicht mehr im Wege[13].

Jurisdiction, Intervention, and Human Rights: The International Law Perspective, in: *Brown / MacLean* (Hrsg.), Human Rights and U. S. Foreign Policy (1979), S. 111 ff.; *Geck*, Internationaler Schutz von Freiheitsrechten und nationale Souveränität, JZ 1980, S. 73 ff.; *Bindschedler*, Der Schutz der Menschenrechte und das Verbot der Einmischung, FS Schlochauer, S. 179 ff.; *Rumpf*, Der internationale Schutz der Menschenrechte und das Interventionsverbot (1981).

[11] In diesem Sinne auch das Eidgenössische Politische Departement am 18. März 1976, SchwJIR 33 (1977), S. 242 f. Vgl. ferner den Bericht des Bundesrates über die Menschenrechtspolitik der Schweiz vom 2. Juni 1982, SchwJIR 39 (1983), S. 206 ff., 212 f. Ebenso hat die deutsche Bundesregierung wiederholt deutlich gemacht, daß sie Demarchen bei Verletzungen der Menschenrechte auch gegenüber Nichtvertragspartnern der einschlägigen Konventionen für zulässig hält; vgl. zuletzt ZaöRV 42 (1982), S. 531. Über die französische Praxis siehe z. B. AFDI 23 (1977), S. 1041 und 1068. Zur niederländischen Haltung vgl. NYIL 11 (1980), S. 193 ff. Zur Menschenrechtspolitik der USA insbesondere unter Präsident Carter vgl. die in Anm. 10 und 13 zitierten Autoren, die einen umfassenden Überblick bieten.

[12] In diesem Sinne der Außenminister der Bundesrepublik Deutschland am 3. September 1978: „ ... das Drängen auf Einhaltung der in der Schlußakte von Helsinki übernommenen Verpflichtungen [bedeutet] keine Einmischung in die inneren Angelegenheiten eines anderen Staates." ... Bulletin des Presse- und Informationsamtes der Bundesregierung Nr. 93 vom 5. September 1978, S. 872.

[13] Die zitierte Formel der ECOSOC-Resolution 1503 (XLVIII) (vgl. unten § 1245) dient in verschiedenen US-Gesetzen seit 1974 als Anknüpfungspunkt für die Versagung, Einschränkung oder Einstellung amerikanischer Wirtschafts- und Militärhilfe; vgl. *Weissbrodt*, Human Rights Legislation and U. S. Foreign Policy, Georgia Journal of International and Comparative Law 7 (1977), S. 231 ff.; S. B. *Cohen*, Conditioning U. S. Security Assistance on Human Rights Practices, AJIL 76 (1982), S. 246 ff. Über die Geeignetheit derartiger wirtschaftlicher Druckmittel *Alston*, Linking Trade and Human Rights, GYIL 23 (1980), S. 126 ff.; *derselbe*, International Trade as an Instrument of Positive Human Rights Policy, Human Rights Quarterly 4 (1982), S. 155 ff.

Der Außenminister der Bundesrepublik Deutschland wies am 3. September 1978 auf die Bemühungen der westlichen Demokratien hin, „daß jedenfalls bei systematischen und schwerwiegenden Menschenrechtsverletzungen die Berufung auf die staatliche Souveränität und das Einmischungsverbot nicht mehr zulässig ist" (Anm. 12).

Vgl. zum ganzen auch §§ 754, 1343.

§ 495 Auch das Angebot zur Leistung guter Dienste oder zur Vermittlung in einem Streitfall bildet keine verbotene Intervention, ja es darf nach Art. 3 des Haager Abkommens zur friedlichen Erledigung internationaler Streitfälle (1907) nicht einmal als „unfreundliche Handlung" angesehen werden[14].

§ 496 Keine Intervention bilden ferner freundschaftliche Ratschläge ohne Druckmittel zur Erhaltung guter zwischenstaatlicher Beziehungen, die früher „Interzessionen" genannt wurden[15]. Die Abgrenzung zwischen bloßen Beeinflussungen und autoritativen Einmischungen[16] wird aber im konkreten Fall nicht immer leicht möglich sein, da die Empfehlungen der Mächtigen oft mit verstecktem Zwang vermischt sind.

§ 497 Als Handlungseinheiten, die sich einer völkerrechtswidrigen Einmischung schuldig machen können, kommen nach geltendem VR nur Staaten und staatsähnliche Völkerrechtssubjekte, wie stabilisierte *de facto*-Herrschaften, sowie internationale Organisationen in Frage, nicht jedoch private Personen oder Körperschaften, wie Pressekonzerne, Nachrichtenagenturen, politische Parteien, Kirchen oder multinationale Unternehmen. Wie wir an anderer Stelle ausgeführt haben, sind die Staaten aber für von ihrem Territorium ausgehende *gewaltsame* Aktionen privater Gruppen gegen das Ausland vr verantwortlich, wenn sie ihrer Pflicht zur *Verhinderung* solcher Angriffe nicht oder nicht mit der gebührenden Sorgfalt nachkommen[17]. Je mehr der Territorialstaat derartige Tätigkeiten nicht lediglich hinnimmt, sondern fördert, kann er selbst den Tatbestand der subversiven Intervention erfüllen. Dagegen besteht keine vr Verpflichtung, *unabhängige* private Institutionen an Kritik oder Propaganda gegenüber fremden Staaten zu hindern, auch wenn diese vom Zielstaat als Subversion aufgefaßt wird („deeds,

---

[14] *Berber*, Dokumente II, S. 1683.

[15] *Haedrich*, Interzession, WV II, S. 147 f.

[16] Dazu *Neuhold* (§ 467, Anm. 1), S. 342 ff.; *Brauch*, Sozialwissenschaftliche Interventionsbegriffe und externe Einwirkungsphänomene im Bereich der internationalen Beziehungen, in: *Simma / Blenk-Knocke* (Anm. 10), S. 55 ff.; *Czempiel / Link* (Hrsg.), Interventionsproblematik aus politikwissenschaftlicher und wirtschaftswissenschaftlicher Sicht (1984). Eine Fallstudie bietet *Gündling*, Die deutsch-amerikanische Kontroverse um den Nuklearexport: Einmischung in innere Angelegenheiten?, in: *Simma / Blenk-Knocke* (Anm. 10), S. 121 ff. Über die Abgrenzung zwischen verbotener Einmischung und erlaubter Einflußnahme durch staatlich gesteuerte Informationsmedien *Simma*, Grenzüberschreitender Informationsfluß und domaine réservé der Staaten, Berichte DGVR 19 (1979), S. 67 ff.

Viel weiter als das hier behandelte allgemeine Interventionsverbot geht das in Art. 41 Abs. 1 des Wiener Übereinkommens über diplomatische Beziehungen kodifizierte entsprechende Verbot an die Adresse der *Diplomaten*, da es auch Einmischungen ohne Druckmittel umfaßt; vgl. § 889.

[17] Vgl. oben § 457, die in Anm. 41 zitierten Tatbestände aus der „Friendly Relations"-Deklaration und der UN-Angreiferdefinition, sowie unten § 1281.

not words"). Nur wenn diese Institutionen effektiv von einem Staat kontrolliert werden oder sonst abhängig sind, kann ihre Tätigkeit diesem Staate zugerechnet und damit zur Intervention werden, wenn sie als autoritative Einmischung erscheint[18]. Dasselbe gilt für die Einflußnahme multinationaler Unternehmen auf die inneren Angelegenheiten insbesondere von Entwicklungsländern[19]. Wenn die „Charta der wirtschaftlichen Rechte und Pflichten der Staaten"[20] also in Art. 2 (2) (b) verlangt, daß "[t]ransnational corporations shall not interfere in the internal affairs of a host State", so liegt darin keine direkte Subsumtion unter das vr Interventionsverbot[21].

§ 498 Am 9. Dezember 1981 hat die Generalversammlung mit 120 gegen 22 Stimmen meist westlicher Staaten bei 6 Enthaltungen eine neue Deklaration über die Unzulässigkeit der Intervention und Einmischung in die inneren Angelegenheiten von Staaten (Res. 36/103) verabschiedet[22], die das Interventionsverbot um eine Reihe politischer Anliegen der Entwicklungsländer zu erweitern sucht, seine Konturen dadurch jedoch völlig verwischt. Nach dieser Deklaration sollen etwa die Stärkung bestehender Militärblöcke, die Schaffung neuer Militärbündnisse oder Errichtung neuer Militärstützpunkte im Zusammenhang mit der Konfrontation der Großmächte, die Ausbildung, Finanzierung und Rekrutierung von Söldnern, der Einsatz außenwirtschaftlicher Hilfsprogramme als politisches Druckmittel oder die „Ausbeutung und verzerrte Darstellung von Menschenrechtsproblemen" Formen verbotener Einmischung darstellen, und die Staaten u. a. verpflichtet sein, die Untergrabung der politischen, wirtschaftlichen und gesellschaftlichen Stabilität anderer Staaten von ihrem Hoheitsgebiet aus oder die Verbreitung falscher und verzerrter Nachrichten über das Ausland zu verhindern. Infolge der Umstrittenheit dieser Forderungen ist nicht zu

---

[18] So auch *Wehser* (Anm. 2), S. 32 ff. Zur Beurteilung grenzüberschreitender Medientätigkeit als „Intervention" *Simma* (Anm. 16), S. 59 ff.; *Weil*, Interventions- und haftungsrechtliche Aspekte grenzüberschreitender Rundfunksendungen (1981) (mit umfangreichen weiteren Nachweisen).

[19] So spricht der Bericht einer UN-Expertengruppe über „The Impact of Multinational Corporations on Development and on International Relations", Doc. ST/ESA/6, S. 46, von der Beteiligung der ITT am Sturz der Regierung Allende in Chile 1973 als „subversive political intervention on the part of multinational corporations directed towards the overthrow or substitution of a host country's Government or the fostering of internal or international situations that stimulate conditions for such actions ..." (zitiert nach *Wehser* [Anm. 2], S. 36).

[20] Darüber § 506.

[21] Zu den multinationalen Unternehmen und den zwischenstaatlichen Bemühungen, deren Tätigkeit durch „Verhaltenskodizes" („codes of conduct") zu steuern, vgl. §§ 450, 546.

[22] Deutsche Übersetzung in VN 30 (1982), S. 182 f. Kritisch dazu *Tomuschat*, Neuformulierung der Grundregeln des Völkerrechts durch die Vereinten Nationen: Bewegung, Stillstand oder Rückschritt?, EA 38 (1983), S. 729 ff. (732 ff.).

erwarten, daß die neue Deklaration eine den Resolutionen 2131 (XX) oder 2625 (XXV) vergleichbare Bedeutung erlangen wird.

B. Die Intervention im Bürgerkrieg

§ 499 Besonders umstritten ist die Frage, welche Folgerungen aus dem vr Interventionsverbot sich für dritte Staaten in einem Bürgerkrieg ergeben[23].

§ 500 Die Staatenpraxis bis zum Beginn des Zweiten Weltkrieges zeigt uns, daß in verschiedenen Fällen von Bürgerkriegen die aufständische Organisation, die sich im Kampf gegen die bestehende Regierung behauptet und auf einem Teile des Staatsgebietes die *effektive* Herrschaft ausgeübt hat, entweder von der bestehenden Regierung oder von dritten Staaten als „kriegführende Partei" anerkannt wurde. In einem solchen Falle hatten diese Staaten die Stellung von Neutralen[24].

§ 501 Hingegen herrschte keine Einigkeit darüber, wie sich dritte Staaten mangels einer solchen Anerkennung der Aufständischen zu verhalten haben. Nach einer älteren Auffassung durften die dritten Staaten nur die bestehende Regierung auf deren Bitte hin mit Truppen und Kriegsmaterial unterstützen („intervention by invitation"), während jede außerhumanitäre Hilfe an die Aufständischen als eine Einmischung in die inneren Angelegenheiten des betroffenen Staates angesehen wurde. In diese Richtung ging noch die Panamerikanische Konvention vom 20. Februar 1928 über die Rechte und Pflichten in einem Bürgerkrieg[25].

---

[23] Darüber *Wehberg*, La guerre civile et le droit international, RdC 63 (1938 I), S. 7 ff.; *Pinto*, Les règles du droit international concernant la guerre civile, RdC 114 (1965 I), S. 451 ff.; *Castrén*, Civil War (1966); *Falk* (Hrsg.), The Vietnam War and International Law (4 Bde. 1968, 1970, 1972, 1976); *Zorgbibe*, La guerre civile (1975); *Rauschning*, Die Geltung des völkerrechtlichen Gewaltverbots in Bürgerkriegssituationen, in: *Schaumann* (Hrsg.) (§ 467, Anm. 1), S. 75 ff.; *Falk* (Hrsg.), The International Law of Civil War (1971); *Randelzhofer*, Der Bürgerkrieg, Zeitschrift für Politik 18 (1971), S. 237 ff.; *Luard* (Hrsg.), The International Regulation of Civil War (1972); J. N. *Moore*, Law and the Indo-China War (1972); *derselbe* (Hrsg.), Law and Civil War in the Modern World (1974); *Farer*, The Regulation of Foreign Intervention in Civil Armed Conflict, RdC 142 (1974 II), S. 291 ff.; *Lombardi*, Bürgerkrieg und Völkerrecht (1976); *Scheuner*, Die Haltung dritter Staaten im Bürgerkrieg, FS v. d. Heydte, Bd. 1, S. 515 ff.; *Neuhold* (§ 467, Anm. 1), S. 88 ff.; *Doehring*, Intervention im Bürgerkrieg, in: Im Dienste Deutschlands und des Rechts (Festschrift für W. G. Grewe, 1981), S. 445 ff.; *Akehurst*, Civil War, Encyclopedia [3 (1982), S. 88 ff.]; Coping with Internal Conflicts: Dilemmas in International Law (Georgia Journal of International and Comparative Law 13 [1983], Supplement).

[24] Vgl. oben § 404.

[25] *Hudson*, International Legislation, Bd. IV (1931), S. 2416.

Gegen diese Auffassung konnte jedoch eingewendet werden, daß die anerkannte Regierung nicht mehr den Willen des ganzen Staates, sondern nur mehr eines Teiles dieses Staates zum Ausdruck bringe. Eine einseitige Förderung der anerkannten Regierung durch dritte Staaten bedeute daher in Wahrheit eine Einmischung in die inneren Angelegenheiten dieses Staates. In diesem Sinne bemerkte einer der führenden englischen Völkerrechtslehrer, Hersch Lauterpacht: "In the case of civil war the duty of noninterference follows from the obligation to respect the independence of the State affected by the civil war. That independence would be denied if the ordinary obligations of neutrality were to be disregarded[26]." Dieser Grundsatz wurde von den zentralamerikanischen Staaten in den beiden Abkommen vom 20. Februar 1907 und 7. Februar 1923, in denen die Tobar-Doktrin verankert wurde, anerkannt[27]. Er wird nun durch Art. 3 des II. Zusatzprotokolls vom 12. Dezember 1977 zu den Genfer Konventionen 1949, das den Schutz der Opfer nicht-internationaler bewaffneter Konflikte zum Gegenstand hat, bestätigt[28].

§ 502 Nach der „Friendly Relations"-Deklaration fallen unter das Interventionsverbot auch die Organisierung, Unterstützung, Finanzierung oder Duldung von subversiven, terroristischen oder bewaffneten Aktivitäten, die den gewaltsamen Sturz eines auswärtigen Regimes verfolgen[29] oder in einen Bürgerkrieg in einem anderen Staate eingreifen.

Als Bürgerkrieg gelten jedoch nach Art. 1 Abs. 2 des II. Zusatzprotokolls *nicht* "situations of internal disturbances and tensions, such as riots, isolated and sporadic acts of violence and other acts of a similar nature, as not being armed conflicts". Auch Befreiungskriege in Ausübung des Selbstbestimmungsrechts gegen "colonial domination, alien occupation, and racist régimes" gelten gemäß Art. 1 Abs. 4 des I. Zusatzprotokolls vom 12. Dezember 1977 über den Schutz der Opfer in internationalen bewaffneten Konflikten *nicht* als Bürgerkriege[30]. Während aber bei den erstgenannten Konflikten der Territorialstaat zur Unterdrückung der inneren Unruhen mit allen legalen Mitteln berech-

[26] Recognition in International Law (1947), S. 229.

[27] AJIL 2 (1908), Suppl., S. 229, und 17 (1923), Suppl., S. 117 f. Zur Tobar-Doktrin vgl. auch unten § 880, Anm. 11.

[28] Text im AJIL 72 (1978), S. 502 ff. (503).

[29] Zu den diesbezüglichen Verhinderungspflichten vgl. § 457 und unten; ferner *Pimont*, La subversion dans les relations internationales contemporaines, RGDIP 76 (1972), S. 768 ff. Aus der Staatenpraxis vgl. AJIL 69 (1975), S. 382 ff. Zum Fall Nicaragua 1984 siehe § 504, Anm. 42.

[30] Vgl. oben § 410. Zum ganzen *Schindler*, The Different Types of Armed Conflicts According to the Geneva Conventions and Protocols, RdC 163 (1979 II), S. 121 ff.

tigt ist[31], sind die Kolonialmächte sowie die rassischen Minderheitsherrschaften nach unserer Deklaration verpflichtet, die Ausübung des Selbstbestimmungsrechts zu dulden, während dritte Staaten gehalten sind, dieses im Einklang mit den Zielen und Grundsätzen der UN-Charta zu fördern[32].

§ 503 Eine nähere Ausführung dieser Grundsätze finden wir in der auf Grund umfangreicher Berichte von Dietrich Schindler[33] vom Institut de Droit International beschlossenen Resolution vom 14. August 1975[34], die jede militärische, finanzielle und wirtschaftliche Unterstützung *aller* in einen Bürgerkrieg verwickelten Parteien verbietet. Wie im I. Zusatzprotokoll und in der „Friendly Relations"-Deklaration werden aber weder lokale Unruhen noch bewaffnete Konflikte zwischen politischen Gruppen, die durch eine internationale Demarkationslinie getrennt sind oder tatsächlich wie unabhängige Staaten existieren[35], noch Entkolonisierungskonflikte als Bürgerkriege gewertet[36]. Während eines Bürgerkrieges sind nach dieser Resolution humanitäre Hilfeleistungen, die Fortsetzung einer maßvollen Entwicklungshilfe und Maßnahmen auf Grund eines satzungsgemäßen Beschlusses der Vereinten Nationen erlaubt[37]. Hingegen wurde die Behandlung der Frage, wie sich die dritten Staaten bei einer gewaltsamen Geltendmachung des Selbstbestimmungsrechtes der Völker zu verhalten haben, zurückgestellt[38].

§ 504 In der Staatenpraxis hat sich der Grundsatz der Nichtintervention in Bürgerkriegen noch nicht durchgesetzt[39]. Doch neigen dritte Staaten im allgemeinen dazu, sich bei der Hilfeleistung an die anerkannte Regierung zumindest mit der Entsendung von Truppen zurückzuhalten, solange die Aufständischen nicht ihrerseits aus dem Ausland militärisch unterstützt werden[40]. Ist dies aber der Fall und nimmt die

---

[31] Art. 3 Abs. 1 des II. Zusatzprotokolls.

[32] Näheres in der oben § 409, Anm. 19 genannten Literatur.

[33] Annuaire IDI 55 (1973), S. 416 ff., 745 ff.; ebd. 56 (1975), S. 119 f.

[34] Annuaire IDI 56 (1975), S. 544 ff. Nach Abs. 4 der Präambel setzt sich diese Resolution zur Aufgabe, „de préciser les devoirs des autres États face à une guerre civile ...".

[35] Hier greift das vr Gewaltverbot ein; vgl. oben § 406.

[36] Annuaire IDI 56 (1975), S. 546, Art. I Abs. 2.

[37] Ebd., S. 548, Art. III.

[38] Ebd., S. 440.

[39] Wie strittig der ganze Fragenkomplex ist, ergibt sich schon daraus, daß die angeführte Resolution nur mit 16 Stimmen gegen 6 Gegenstimmen und 16 Enthaltungen angenommen wurde: Annuaire IDI 56 (1975), S. 474.

[40] *Farer* schlägt vor, diese Tendenz in eine Regel zu fassen, nach der „a country would be legally free to extend any type or quantity of aid other than forms of assistance which could involve its personnel in actual combat": Intervention in Civil Wars: A Modest Proposal, in: *Falk* (Hrsg.), The Vietnam War and International Law, Bd. 1 (1968), S. 509 ff. (519).

Unterstützung der Aufständischen das Ausmaß indirekter Gewaltanwendung an[41], so ist es dritten Staaten nach der UN-Charta (Art. 51) gestattet, dem solchermaßen angegriffenen Staat oder stabilisierten *de facto*-Regime in Ausübung kollektiver Verteidigung auch mit militärischen Mitteln zu Hilfe zu kommen[42].

[41] Auch unsere Deklaration schließt aus dem *Gewaltverbot* auf die Pflicht dritter Staaten, „to refrain from organizing or encouraging the organization of irregular forces or armed bands, including mercenaries, for incursion into the territory of another State"; ferner auf die Pflicht „to refrain from organizing, instigating, assisting or participating in acts of civil strife or terrorist acts in another State or acquiescing in organized activities within its territory directed towards the commission of such acts, when the acts referred to ... involve a threat or use of force" (vgl. die ähnliche Formulierung in der Entfaltung des Interventionsverbotes). Die UN-*Angreiferdefinition* (oben §§ 233, 471) qualifiziert als „act of aggression" in Art. 3 lit. g auch „[t]he sending by or on behalf of a State of armed bands, groups, irregulars or mercenaries, which carry out acts of armed force against another State of such gravity as to amount to the acts listed above [d. h. den Tatbeständen direkter Aggression, die Verf.], or its substantial involvement therein".

[42] In diesem Sinne etwa das Memorandum des US Department of State vom 4. März 1966 über die Rechtmäßigkeit der amerikanischen Hilfeleistung an Süd-Vietnam: AJIL 60 (1966), S. 565 ff. Dazu *Akehurst* (Anm. 23), S. 91 f. Im April 1984 hat die US-Regierung die Beteiligung des Geheimdienstes CIA an der Verminung nicaraguanischer Häfen durch die aufständischen „Contras" als Akt kollektiver Selbstverteidigung zu rechtfertigen versucht. Drei Tage bevor Nicaragua den IGH anrief, um eine Verurteilung dieser Aktionen zu erreichen, erklärte die US-Regierung, für die Dauer von zwei Jahren die Zuständigkeit des Gerichts für Rechtsstreitigkeiten in Zentralamerika nicht mehr anerkennen zu wollen (vgl. § 194, Anm. 20). Davon unbeeindruckt gab der IGH am 10. Mai 1984 einem Antrag Nicaraguas auf Erlaß vorsorglicher Maßnahmen statt und forderte die USA mit Stimmeneinhelligkeit seiner Richter auf, unverzüglich Handlungen aller Art zu beenden, die den Zugang zu Häfen Nicaraguas blockieren oder bedrohen, insbesondere das Verlegen von Minen. Er hielt die Parteien ferner an, sicherzustellen, daß nichts geschehe, was die Behandlung der Klage Nicaraguas im ordentlichen Verfahren erschweren oder die Erfüllung des Urteils beeinträchtigen könnte. Mit 14 gegen eine Stimme befand das Gericht, daß „[t]he right to sovereignty and to political independence possessed by the Republic of Nicaragua, like any other State of the region or of the world, should be fully respected and should not in any way be jeopardized by any military and paramilitary activities which are prohibited by the principles of international law, in particular the principle that States should refrain in their international relations from the threat or use of force against the territorial integrity or the political independence of any State, and the principle concerning the duty not to intervene in matters within the domestic jurisdiction of a State, principles embodied in the United Nations Charter and the Charter of the Organization of American States": *Military and Paramilitary Activities in and against Nicaragua*, ICJ Reports 1984, S. 168 ff. (186 f.). Zum letzten Punkt die Dissenting Opinion des Richters *Schwebel*, ebd., S. 190 ff.

7. Abschnitt

Die zwischenstaatliche Zusammenarbeit

A. Die Grundpflicht

§ 505 Außer den in Art. 2 UN-Charta angeführten *konkreten* Handlungs- und Unterlassungspflichten, von denen wir bereits die wichtigsten untersucht haben, finden wir in der Charta einzelne Pflichten, auf ein bestimmtes *Ziel* hin tätig zu werden. Art. 56 trägt nämlich den Mitgliedern der UNO auf, gemeinsam und einzeln in Zusammenarbeit mit der Organisation zu handeln, um die in Art. 55 angeführten Ziele (purposes, buts) zu erreichen. Artikel 55 lautet:

„Um jenen Zustand der Stabilität und Wohlfahrt herbeizuführen, der erforderlich ist, damit zwischen den Nationen friedliche und freundschaftliche, auf der Achtung vor dem Grundsatz der Gleichberechtigung und Selbstbestimmung der Völker beruhende Beziehungen herrschen, fördern die Vereinten Nationen:

a) die Verbesserung des Lebensstandards, die Vollbeschäftigung und die Voraussetzungen für wirtschaftlichen und sozialen Fortschritt und Aufstieg;
b) die Lösung internationaler Probleme wirtschaftlicher, sozialer, gesundheitlicher und verwandter Art, sowie die internationale Zusammenarbeit auf den Gebieten der Kultur und Erziehung;
c) die allgemeine Achtung und Verwirklichung (universal respect for and observance of, le respect universel et effectif) der Menschenrechte und Grundfreiheiten für alle (for all, pour tous) ohne Unterschied der Rasse, des Geschlechts, der Sprache oder der Religion."

Die „Friendly Relations"-Deklaration entfaltet diese Gedanken zur Pflicht *aller* Staaten zur zwischenstaatlichen Zusammenarbeit in den verschiedenen Bereichen der internationalen Beziehungen (in the various spheres of international relations), auf der Grundlage ihrer souveränen Gleichheit und Nicht-Intervention, unbekümmert ihrer verschiedenen politischen, wirtschaftlichen und sozialen Systeme, zur Erhaltung des Weltfriedens und der internationalen Sicherheit, sowie zur Förderung der allgemeinen Achtung und Wahrung der Menschenrechte und Grundfreiheiten, einschließlich der Ausschaltung aller Arten rassischer Diskriminierung und religiöser Unduldsamkeit.

Die Deklaration enthält außerdem eine an die Staaten gerichtete *Aufforderung* (States should) zur Zusammenarbeit im wirtschaftlichen, sozialen, kulturellen, wissenschaftlichen und technischen Bereich und der Förderung des wirtschaftlichen Wachstums, insbesondere jenes der

Entwicklungsländer. Diese Aufforderung zielt also auf den Ausbau des VR zu einem allgemeinen "law of international welfare" hin[1].

B. Zusammenarbeit zur Erreichung neuer sektoraler Weltordnungen

§ 506 Die westlichen Staaten bejahen die Notwendigkeit dieses Ausbaus, fordern aber, daß die Zielbestimmung der UN-Charta durch zusätzliche Normen konkretisiert werden müsse, um echte Rechtspflichten zu begründen. Dagegen postuliert die Dritte Welt, unterstützt vom sozialistischen Lager, eine generelle Pflicht zur Zusammenarbeit nach universellem VR auch ohne Dazwischentreten spezieller Verträge. Das größte Gewicht wird dabei auf Zusammenarbeit zur Verwirklichung einer *neuen internationalen Wirtschaftsordnung* gelegt, in der das Wohlstandsgefälle zwischen Nord und Süd durch eine gerechtere Verteilung der Güter abgebaut werden kann[2]. Das Grundsatzprogramm für

---

[1] So der Delegierte von Ghana in dem mit der Ausarbeitung der Deklaration betrauten Sonderausschuß, A/AC 125/SR. 34, S. 11. Näheres darüber bei *Dohna* (§ 451, Anm. 1), S. 181 ff.; *Neuhold*, Die Pflicht zur Zusammenarbeit zwischen den Staaten: Moralisches Postulat oder völkerrechtliche Norm?, FS Verdross 1980, S. 575 ff. Zur Problematik *Verwey*, Economic Development, Peace and International Law (1972); *Menzel*, Das Völkerrecht und die politisch-sozialen Grundstrukturen der modernen Welt, in: *Picht-Eisenbart* (Hrsg.), Frieden und Völkerrecht (1973), S. 401 ff.; *Petersmann*, Wachstumsgrenzen und „positiver Friede". Ihre Probleme im Bereich des Völkerrechts, Beiträge zur Konfliktforschung 1973, S. 27 ff. Vgl. auch oben § 53.

[2] Darüber *Castañeda* und *Virally*, La Charte des droits et devoirs économiques des Etats, AFDI 20 (1974), S. 31 ff. und 57 ff.; *Feuer*, Réflexions sur la Charte des droits et devoirs économiques des Etats, RGDIP 79 (1975), S. 273 ff.; *derselbe*, Les Nations Unies et le nouvel ordre économique international, JDI 104 (1977), S. 606 ff.; K. *Ipsen*, Entwicklung zur „collective economic security" im Rahmen der Vereinten Nationen?, in: Die Vereinten Nationen im Wandel (1975), S. 11 ff.; *Chandrasekhara Rao*, Charter of Economic Rights and Duties of States, IJIL 15 (1975), S. 351 ff.; *Mahiou*, Les implications du nouvel ordre économique et le droit international, RBDI 12 (1976), S. 421 ff.; *Dekker*, The New International Economic Order and the Legal Relevance of Structural Violence, ebd., S. 466 ff.; *Martin*, Le nouvel ordre économique international, RGDIP 80 (1976), S. 502 ff.; *Tomuschat*, Die Charta der wirtschaftlichen Rechte und Pflichten der Staaten. Zur Gestaltungskraft von Deklarationen der UN-Generalversammlung, ZaöRV 36 (1976), S. 444 ff.; *Petersmann*, Die Dritte Welt und das Wirtschaftsvölkerrecht, ebd., S. 492 ff.; *derselbe*, Völkerrecht und „neue" Weltwirtschaftsordnung, RIW/AWD 1976, S. 521 ff.; *derselbe*, Zur Inkongruenz zwischen völkerrechtlicher und tatsächlicher Wirtschaftsordnung, FW 59 (1976), S. 5 ff.; *derselbe*, Internationales Recht und Neue Internationale Wirtschaftsordnung, ArchVR 18 (1979/80), S. 17 ff.; *Carreau*, Le nouvel ordre économique international, JDI 104 (1977), S. 595 ff.; *Flory*, Droit international du développement (1977); *Pellet*, Le droit international du développement (1978); *Kewenig* (Hrsg.), Völkerrecht und internationale wirtschaftliche Zusammenarbeit (1978); *Bedjaoui*, Pour un nouvel ordre économique international (1979); *Meagher*, An International Redistribution of Wealth and Power: A Study of the Charter of Economic Rights and Duties of States (1979); *Erasmus*, The New International Economic Order and International Organizations (1979); *Seidl-Hohenveldern*, International

diese materielle wie institutionelle Umgestaltung der Weltwirtschaft wurde in der von der Generalversammlung (Sechste Sondertagung über Rohstoff- und Entwicklungsprobleme) am 1. Mai 1974 ohne Abstimmung angenommenen "Declaration on the establishment of a new international economic order"[3], in der diese Deklaration näher durchführenden "Charter of economic rights and duties of States" vom 12. Dezember 1974[4], sowie in der Schlußresolution der Siebten Sondertagung der Generalversammlung über Entwicklung und internationale wirtschaftliche Zusammenarbeit vom 16. September 1975 niedergelegt[5].

§ 507 Die darin formulierten Kernforderungen für eine neue internationale Wirtschaftsordnung sind seither durch zahlreiche weitere Resolutionen, Deklarationen und Konferenzbeschlüsse bekräftigt und

---

Economic „Soft Law", RdC 163 (1979 II), S. 165 ff.; *derselbe*, Règles juridiques et le conflit Nord-Sud, ÖZöffRVR 33 (1982), S. 199 ff.; Académie de droit international de La Haye. Colloque 1979: Le droit au développement au plan international (1980); Colloque 1980: Le nouvel ordre économique international (1981); The Settlement of Disputes on the New Natural Resources (Colloquium 1982); *Carreau / Juillard / Flory*, Droit international économique (2. Aufl. 1980); *Hossain* (Hrsg.), Legal Aspects of the New International Economic Order (1980); *Reinhard*, Rechtsgleichheit und Selbstbestimmung der Völker in wirtschaftlicher Hinsicht (1980); *Mayer / Raasch*, Internationales Recht der Arbeit und Wirtschaft (1980); *Akinsanya*, The United Nations Charter of Economic Rights and Duties of States, Revue Egyptienne de droit international 36 (1980), S. 51 ff.; *Verwey*, The New International Economic Order and the Realization of the Right to Development and Welfare — A Legal Survey, IJIL 21 (1981), S. 1 ff.; *Fawcett / A. Parry*, Law and International Resource Conflicts (1981); *De Vey Mestdag*, The Right to Development, NILR 28 (1981), S. 30 ff.; *Wälde*, North/South Economic Cooperation and International Economic Development Law, GYIL 23 (1980), S. 59 ff.; *Silagi*, Entwicklungsvölkerrecht und Neue Weltwirtschaftsordnung, ÖZöffRVR 32 (1981), S. 177 ff.; *Arsanjani*, International Regulation of Internal Resources (1981); *Bermejo*, Vers un nouvel ordre économique international (1982); *Picone / Sacerdoti*, Diritto internazionale dell'economia (1982); *Israel*, Le droit au développement, RGDIP 86 (1983), S. 5 ff.; *Agarwala*, The New International Economic Order, An Overview (1983); *Johnson*, The New International Economic Order, YBWA 37 (1983), S. 204 ff.; *Stemberg*, Die Charta der wirtschaftlichen Rechte und Pflichten der Staaten (1983).

An Bibliographien vgl. „Select Bibliography on the New International Economic Order", IJIL 20 (1980), S. 125 ff.; *Nawaz*, The New International Economic Order. A Bibliography (1980); The New International Economic Order: A selective bibliography, UN Doc. ST/LIB/SER. B/30 (1980); an Dokumentationen *UNITAR*, A New International Economic Order. Selected Documents 1945 - 1975 (2 Bde., ohne Datum); *Spröte*, Resolutionen zu Grundfragen des internationalen Handels und der internationalen Währungs- und Finanzbeziehungen (1980).

[3] Res. 3201 (S-VI); Text im AJIL 68 (1974), S. 798 ff., deutsche Übersetzung im EA 29 (1974), S. D 294 ff.

[4] Resolution der Generalversammlung 3281 (XXIX), mit 120 Pro-Stimmen bei 6 Gegenstimmen und 10 Stimmenthaltungen westlicher Staaten angenommen; Text im AJIL 69 (1975), S. 484 ff., deutsche Übersetzung im EA 30 (1975), S. D 364 ff.

[5] Res. 3362 (S-VII); ILM 14 (1975), S. 1523 ff.; deutsche Übersetzung im EA 30 (1975), S. D 579 ff.

näher ausgeführt worden. Sie lassen sich folgendermaßen zusammenfassen:

— Anerkennung der "permanent sovereignty over natural resources", die insbesondere das Recht auf *Enteignung und Nationalisierung* ausländischen Investitionsvermögens einschließt, wobei im Falle von Streitigkeiten über die Angemessenheit der Entschädigung nicht das VR, sondern das nationale Recht des enteignenden Staates zur Anwendung kommen soll[6];
— Verbesserung des Zugangs der industriellen Erzeugnisse (Fertigprodukte und Halbfabrikate) der Entwicklungsländer zu den Märkten der Industriestaaten durch Einräumung von *Vorzugsbedingungen* (Verzicht auf Gegenseitigkeit der Konzessionen) im internationalen *Handel*, auf tarifärem wie auf nichttarifärem Gebiet[7];
— Erhöhung der *Industrialisierung* sowie Diversifizierung und Verbesserung der industriellen Produktion in den Entwicklungsländern[8];
— Stabilisierung der *Rohstoff*preise und -exporterlöse durch Verwirklichung eines integrierten Rohstoffprogramms[9];
— Erhöhung und möglichste „Automatisierung" des Transfers von *Geld- und Sachkapital* (Entwicklungshilfe) ohne Auflagen;
— währungspolitische Reformen, insbesondere Zuteilung von Sonderziehungsrechten des Internationalen Währungsfonds zur Entwicklungsfinanzierung („link")[10];
— Lösung des Problems der *Verschuldung* der Entwicklungsländer auf den privaten Kapitalmärkten durch Ausarbeitung genereller Richtlinien für Umschuldungsaktionen[11];
— Förderung des Transfers moderner *Technologie* in die Entwicklungsländer, insbesondere durch Schaffung eines Verhaltenskodex und Reform des internationalen Patentrechts[12];
— Aufteilung von Nutzung und Erträgen außerhalb einzelstaatlicher Hoheitsbereiche gelegener Ressourcen („common heritage of man-

---

[6] Vgl. unten § 1216 und das dort angeführte Schrifttum.

[7] Vgl. oben §§ 362, 364, 368.

[8] Vgl. § 147.

[9] Oben §§ 370 ff.

[10] Oben § 326.

[11] Vgl. *Frankenberg / Knieper*, Rechtsprobleme der Überschuldung von Ländern der Dritten Welt, RIW 29 (1983), S. 569 ff.; *Adede*, Legal Trends in International Lending and Investment in the Developing Countries, RdC 180 (1983 I), S. 9 ff.

[12] Dazu *Kewenig*, Technologietransfer aus völkerrechtlicher Sicht, in: Völkerrecht und internationale wirtschaftliche Zusammenarbeit (1978), S. 71 ff.; *Ballreich*, Technologietransfer als Völkerrechtsproblem, GYIL 24 (1981), S. 329 ff.; *Kimminich*, Technology Transfer and International Law: Towards Conceptual Clarity, GYIL 25 (1982), S. 54 ff.; *Joly*, Bibliographie sur le transfert de technologie (1980).

kind") auf alle, unter besonderer Berücksichtigung der Entwicklungsländer[13];
— Kontrolle *multinationaler Unternehmen*[14];
— Förderung der Zusammenarbeit der Entwicklungsländer untereinander („collective self-reliance");
— *institutionelle* Reformen im UN-Bereich mit dem Ziel, die UNO mit der voraussehbaren Stimmenmehrheit der Entwicklungsländer zum Forum aller Fragen der internationalen wirtschaftlichen Zusammenarbeit zu machen[15].

Auf diesen Wegen soll ein kollektives Recht auf Entwicklung durch Umverteilung und systematische Vorzugsbehandlung der wirtschaftlich Schwächeren verwirklicht werden. Bisher ist dies erst ansatzweise geschehen, weitere Schritte setzen eine Kompromißbereitschaft voraus, die durch Maßlosigkeit der Forderungen, Gegensätze der politischen Vorstellungen und wirtschaftliche Rezession nicht gefördert wird. Dazu stellt sich die Frage, inwieweit eine neue internationale Wirtschaftsordnung, die unter Entwicklung vor allem industrielles Wachstum als Funktion des Außenhandels versteht und zur gerechten Verteilung solchermaßen gewonnenen Wohlstands, also zu *inner*gesellschaftlichen Reformen, schweigt, tatsächlich den Grundbedürfnissen aller Menschen und nicht nur der Bereicherung der Mächtigen dient.

§ 508 Mit den Forderungen nach einer neuen internationalen Wirtschaftsordnung eng verknüpft ist die vor allem im Schoße der UNESCO stattfindende Auseinandersetzung um die Verwirklichung einer *neuen Weltordnung für Information und Kommunikation*, durch welche die gegenwärtige Einseitigkeit des grenzüberschreitenden Informationsflusses von Nord nach Süd, das Ungleichgewicht auf dem Kommunikationssektor zwischen Industrie- und Entwicklungsländern, abgebaut, der „free flow of information" in einen „free and balanced flow" umgewandelt und damit das falsche Bild der Entwicklungsländer in den internationalen Medien korrigiert sowie die Gefahr einer kulturellen Verarmung und Überfremdung durch einen westlich dominierten Medienmarkt gebannt werden soll[16]. Zur Erreichung dieses Ziels werden zum

---

[13] Dazu *Kewenig*, Common heritage of mankind — politischer Slogan oder völkerrechtlicher Schlüsselbegriff?, FS Schlochauer, S. 385 ff.; *Kiss*, La notion de patrimoine commun de l'humanité, RdC 175 (1982 II), S. 99 ff.; *Wolfrum*, The Principle of the Common Heritage of Mankind, ZaöRV 43 (1983), S. 312 ff.; *derselbe*, Die Internationalisierung staatsfreier Räume (1984); *Goldie*, A Note on Some Diverse Meanings of „The Common Heritage of Mankind", Syracuse Journal of International Law and Commerce 10 (1983), S. 69 ff. Ferner unten §§ 1138 ff., 1149, 1152.

[14] Vgl. §§ 447 ff.

[15] Oben §§ 119, 144 ff., 175 f., 312 f., 373.

[16] Darüber die bei *Simma*, Grenzüberschreitender Informationsfluß und domaine réservé der Staaten, Berichte DGVR 19 (1979), S. 79 ff., genannten

einen der Ausbau der internationalen Zusammenarbeit und wirtschaftlich-technischen Hilfeleistung auf dem Mediensektor, zum andern die Inpflichtnahme der Massenmedien selbst wie die Begründung einer staatlichen Verantwortlichkeit für die Befolgung internationaler Verhaltensregeln auch durch private Medien angestrebt. Die westlichen Industriestaaten bejahen den erstgenannten Weg, lehnen die zweitgenannten Forderungen aber als Versuch politischer Disziplinierung der Medien und Angriff auf die vr verankerte Informationsfreiheit entschieden ab[17].

8. Abschnitt

Die Achtung und Förderung des Selbstbestimmungsrechts der Völker

§ 509 Schon die Losreißung der Niederlande von Spanien[1] sowie der nordamerikanischen Kolonien von Großbritannien zeigt uns, daß die von einem anderen Staat regierten Völker eine Selbstregierung anstreben, die sich im Falle ihrer Unterdrückung bis zum Verlangen nach Losreißung steigern kann. Einen neuen Antrieb erhielt dieser Gedanke durch die französische Revolution[2]. Während des Ersten Weltkrieges hat zunächst Lenin im Dekret der Volkskommissäre vom 2. November 1917 den Völkern Rußlands die „freie Selbstbestimmung" versprochen,

---

Quellen; ferner *Righter*, Noch eine „neue Weltordnung"? Zur Mediendeklaration der UNESCO und den Forderungen nach Kontrolle der Presse, EA 34 (1979), S. 211 ff.; *Magiera*, Eine „Neue Internationale Informationsordnung": Anfang oder Ende grenzüberschreitender Kommunikationsfreiheit?, ebd. 36 (1981), S. 579 ff.; *Bryde*, Internationale Verhaltensregeln für Private (1981), S. 47 ff.; *Sur*, Vers un nouvel ordre mondial de l'information et de la communication, AFDI 27 (1981), S. 45 ff.; International Commission for the Study of Communication Problems der UNESCO, Many Voices, One World (1980; deutsch: Viele Stimmen — eine Welt, 1981); *Condorelli*, The New International Information Order and the Law of Nations: Prospects and Problems, ItYIL 5 (1980 - 1981), S. 123 ff.; *Venkata Raman*, Towards a New World Information and Communication Order: Problems of Access and Cultural Development, in: The Structure and Process of International Law (§ 10, Anm. 1), S. 1027 ff.

Einen entscheidenden Anstoß erfuhren diese Bemühungen durch die technischen Möglichkeiten des *Satellitendirektfernsehens*, darüber unten § 1054.

[17] Infolge dieses energischen Widerstandes verfolgt die UNESCO ihre Medienpolitik seit 1981 zurückhaltender; vgl. den Bericht in der Neuen Zürcher Zeitung, Fernausgabe, vom 8. November 1983. Dennoch haben die Vereinigten Staaten ihren am 29. Dezember 1983 bekanntgegebenen Entschluß, aus der UNESCO auszutreten, auch mit den Bestrebungen der Organisation um eine neue Weltinformationsordnung begründet; vgl. oben § 318.

[1] *Frowein*, Die Entwicklung der Anerkennung von Staaten und Regierungen im Völkerrecht, Der Staat 11 (1972), S. 145 ff.

[2] *Redslob*, Völkerrechtliche Ideen der französischen Revolution (1916); *derselbe*, Le principe des nationalités, RdC 37 (1931 III), S. 5 ff.

„die bis zur Lostrennung und Bildung von selbständigen Staaten gehen kann“[3]. Am 11. Februar 1918 betonte der amerikanische Präsident Wilson, daß Völker und Provinzen nicht verschachert werden dürfen, „als ob es sich um bloße Waren und Steine in einem Spiele handeln würde“. In seiner Rede vom 4. Juli 1918 in Mount Vernon verlangte er, daß alle Gebietsfragen auf Grund der freien Annahme durch die unmittelbar betroffene Bevölkerung geregelt werden müssen[4].

§ 510 Die UN-Charta anerkennt das Selbstbestimmungsrecht der Völker (self-determination of peoples, droit des peuples ... à disposer d'eux-mêmes)[5] im Art. 1 Ziff. 2 und im Art. 55 Abs. 1 als ein *Ziel* der UNO. Sie definiert aber weder den Begriff „Volk“ (people, peuple), noch bestimmt sie den Inhalt und Umfang dieses Rechts. Auch die Entstehungsgeschichte der UN-Charta gibt darüber keine Auskunft[6]. Dasselbe gilt für die von der UN-Generalversammlung am 16. Dezember 1966 angenommenen Menschenrechtspakte, deren übereinstimmender Art. 1 lautet: “All peoples have the right of self-determination. By virtue of that right they freely determine their political status and freely pursue their economic, social and cultural development[7].”

---

[3] Dazu *Tunkin*, Völkerrechtstheorie (1972), S. 26 ff.

[4] *Kraus / Rödiger*, Urkunden zum Friedensvertrag von Versailles (1920), S. 1 ff.

[5] Zum folgenden *Decker*, Das Selbstbestimmungsrecht der Nationen (1955); *Johnson*, Self-Determination within the Community of Nations (1967); *Satpal Kaur*, Self-Determination in International Law, IJIL 10 (1970), S. 479 ff.; *Emerson*, Self-Determination, AJIL 65 (1971), S. 459 ff.; *Ermacora*, Die Selbstbestimmung im Lichte der UN-Deklaration betreffend die völkerrechtlichen Grundsätze über die freundschaftlichen Beziehungen und die Zusammenarbeit zwischen den Staaten entsprechend der Charta, IRD 1972 (Festschrift für R. Laun zum 90. Geburtstag), S. 55 ff.; *Umozurike*, Self-Determination in International Law (1972); *Rabl*, Das Selbstbestimmungsrecht der Völker (2. Aufl. 1973); *Heidelmeyer*, Das Selbstbestimmungsrecht der Völker (1973); *Calogeropoulos-Stratis*, Le droit des peuples à disposer d'eux-mêmes (1973); *Sureda*, The Evolution of the Right of Self-Determination. A Study of United Nations Practice (1973); *Doehring*, Das Selbstbestimmungsrecht der Völker als Grundsatz des Völkerrechts, Berichte DGVR 14 (1974), S. 7 ff.; P. *Sinha*, Has Self-Determination Become a Principle of International Law Today?, IJIL 14 (1974), S. 332 ff.; *Lombardi*, Bürgerkrieg und Völkerrecht (1976), bes. S. 176 ff.; *Guilhaudis*, Le droit des peuples à disposer d'eux-mêmes (1976); *Ofnatey-Kodjoe*, The Principle of Self-Determination in International Law (1977); *Reinhard*, Rechtsgleichheit und Selbstbestimmung der Völker in wirtschaftlicher Hinsicht (1980); *Alexander / Friedlander* (Hrsg.), Self-Determination: National, Regional and Global Dimensions (1980); *White*, Self-Determination: Time for a Re-Assessment?, NILR 28 (1981), S. 147 ff.; *Pomerance*, Self-Determination in Law and Practice (1982); *Thürer*, Das Selbstbestimmungsrecht der Völker, ArchVR 22 (1984), S. 113 ff. Dazu die folgenden Studien der UN-Menschenrechtskommission: *Gros-Espiell*, Le droit à l'autodétermination. Application des résolutions de l'Organisation des Nations Unies, UN Doc. E/CN. 4/Sub. 2/405/Rev. 1 (1979); *Christescu*, The Right to Self-Determination: Historical and Current Developments on the Basis of United Nations Instruments, UN Doc. E/CN. 4/Sub. 2/404/Rev. 1 (1981).

[6] Ausführlich darüber *Satpal Kaur* (Anm. 5).

§ 511 Nach unserer Deklaration haben *alle* Völker (all peoples) das *Recht*, ohne äußere Einmischung ihren politischen Status zu bestimmen und ihre wirtschaftliche, soziale und kulturelle Entwicklung zu verfolgen, welchen Anspruch alle Staaten zu achten (respect) und in Übereinstimmung mit den Grundsätzen der UN-Charta, also mit friedlichen Mitteln, zu fördern (promote) und zu unterstützen (render assistance) haben. Insbesondere haben sie den Kolonialismus in Übereinstimmung mit dem Willen der betroffenen Bevölkerung rasch zu beenden, wie es die Generalversammlung schon mit ihrer Resolution 1514 (XV) vom 14. Dezember 1960 in der "Declaration on the granting of independence to colonial countries and peoples"[8] gefordert hatte. Ausdrücklich bemerkt unsere Deklaration, daß die Kolonien sowie die sonstigen von anderen Staaten verwalteten Gebiete bis zu ihrer Emanzipation einen eigenen Status (status separate and distinct from the territory of the state administering it) besitzen. Die Deklaration sagt ferner, daß das Selbstbestimmungsrecht auf eine *dreifache* Art ausgeübt werden kann, nämlich durch Errichtung eines selbständigen Staates, durch freien Anschluß (association or integration) an einen bestehenden Staat[9] oder

---

[7] Der libanesische Delegierte in der Menschenrechtskommission der UNO hat 6 Kategorien solcher Rechtsträger herausgearbeitet, nämlich 1. souveräne Staaten, 2. Staatsvölker, die ihre Selbständigkeit verloren haben, 3. Völker, die unter einem diktatorischen Regime leben, 4. Völker, die in einem Staat leben, „but considered themselves to be absolutely different from the other elements in that country and wished to set up a separate State", 5. formell selbständige, aber von einem fremden Staat beherrschte Völker, und 6. Kolonialvölker: GAOR, 7th session, 3rd Committee, 454th meeting, 24th November 1952, S. 218, nach IJIL 10 (1970), S. 497 f., Anm. 61. Dazu kommt die in Art. 80 UN-Charta genannte Bevölkerung (people) der Mandatsländer und Treuhandgebiete. So der IGH in seinem *Namibia*-Gutachten, ICJ Reports 1971, S. 33.

Anläßlich des 1979 erfolgten Beitritts zu den UN-Menschenrechtspakten erklärte Indien zu deren Art. 1, „daß die in diesen Artikeln erscheinenden Worte ‚das Recht auf Selbstbestimmung' *nur für die Völker unter Fremdherrschaft* gelten und daß diese Worte nicht für souveräne und unabhängige Staaten oder einen Teil eines Volkes oder einer Nation gelten ..." (vgl. BGBl. 1980 II, S. 1482; von uns hervorgehoben). Gegen diese Erklärung erhob die Bundesrepublik Deutschland am 15. August 1980 „energisch Einspruch" und betonte, das Selbstbestimmungsrecht gelte für *alle* Völker und nicht nur für Völker unter Fremdherrschaft. Die Bundesregierung könne eine Auslegung, die der klaren Aussage der genannten Bestimmungen entgegenstehe, nicht als rechtsgültig betrachten; jede Einschränkung der Anwendbarkeit dieser Bestimmungen auf alle Nationen sei mit Ziel und Zweck der Pakte unvereinbar (ebd., S. 1483; auch ZaöRV 42 [1982], S. 532).

Die Generalversammlung der UNO hat das Selbstbestimmungsrecht mit Ausnahme der Fälle Ungarn 1956 (Res. 1127 [XI]), Tibet 1961 (Res. 1723 [XVI]) und Afghanistan (Res. ES-6/2; vgl. VN 28 [1980], S. 31 f.) bisher nur auf den Prozeß der Dekolonisierung bezogen.

[8] Text bei *Berber*, Dokumente I, S. 70 f.; deutsche Übersetzung in VN 10 (1962), S. 117.

[9] Auf dem Wege einer „free *association*" mit Neuseeland haben die Cook Islands (1965) und *Niue* (1974) ihr Selbstbestimmungsrecht ausgeübt; vgl. die

durch freien Übergang in einen anderen politischen Status (emergence into any other political status). Hingegen wird ein Sezessionsrecht, also ein Anspruch auf Losreißung von solchen Staaten, die sich in Übereinstimmung mit den Grundsätzen der Gleichberechtigung und des Selbstbestimmungsrechts der Völker verhalten, und daher eine das ganze Volk vertretende Regierung, ohne Diskriminierung nach Rasse, Glaube und Geschlecht besitzen, ausdrücklich verneint[10]. Alle Staaten werden daher verpflichtet, sich jeder Aktion zu enthalten, die auf eine ganze oder teilweise Zerstörung der nationalen Einheit oder der territorialen Integrität irgendeines Staates (mit einem solchen repräsentativen Regime) hinzielt oder sonst ein Volk seines Selbstbestimmungsrechts berauben würde.

§ 512 Obgleich auch unsere Deklaration das Subjekt des Selbstbestimmungsrechts, also das „Volk", nicht näher bezeichnet, so ergibt sich doch aus den bisherigen Ausführungen, daß nach der Deklaration das Selbstbestimmungsrecht nicht nur Kolonien und andere fremdregierte Gebiete, sondern auch jene Volksgruppen umfaßt, die in Staaten leben, welche Volksgruppen diskriminieren und daher keine das ganze Staatsvolk auf gleiche Weise vertretende Regierung besitzen. Ein solcher Fall wäre insbesondere gegeben, wenn einer Volksgruppe gegenüber die Gebote der Menschlichkeit verletzt würden, wie der niederländische Delegierte im Sonderausschuß näher ausgeführt hat[11]. Ein praktisches Beispiel dafür ist die Anerkennung der Losreißung von Bangla Desh von Pakistan[12]. Auch verschiedene Resolutionen der UN-Generalversammlung und des Sicherheitsrates[13] ebenso wie Art. 1 Abs. 4 des I. Zusatzprotokolls vom 12. Dezember 1977 zu den Genfer Rotkreuz-Abkom-

---

Generalversammlungsresolutionen 2064 (XX) und 3285 (XXIX). Die Form einer „free *integration*" wurde gewählt in den Fällen der beiden ehemaligen Treuhandgebiete Nordkamerun (in Nigeria) und Südkamerun (in Kamerun, beide 1961), ferner Sabali (Nordborneo) und Sarawak in Malaya 1963 (seither Malaysia).

[10] Vgl. speziell zu dieser Problematik noch *Nanda,* Self-Determination in International Law: The Tragic Tale of Two Cities — Islamabad (West Pakistan) and Dacca (East Pakistan), AJIL 66 (1972), S. 321 ff.; *derselbe,* Self-Determination Under International Law: Validity of Claims to Secede, Case Western Reserve Journal of International Law 13 (1981), S. 257 ff.; *Buchheit,* Secession. The Legitimacy of Self-Determination (1978); *Sornarajah,* Internal Colonialism and Humanitarian Intervention, Georgia Journal of International and Comparative Law 11 (1981), S. 45 ff.; *Turp,* Le droit de sécession en droit international public, CYIL 20 (1982), S. 24 ff.

[11] NYIL 1 (1970), S. 107. *Ermacora* (Anm. 5) weist u. a. darauf hin, daß die Sowjetunion erstmalig im 3. Ausschuß der XXVI. Generalversammlung die Anwendung des Selbstbestimmungsrechts außerhalb des Dekolonisierungsprozesses, nämlich auf Nordirland, anerkannt hat. Zur Auffassung der Bundesrepublik Deutschland vgl. Anm. 7.

[12] *Nanda,* AJIL (Anm. 10).

[13] Angeführt bei *Lombardi* (Anm. 5), S. 207 ff., 317 f.

men 1949 über den Schutz der Opfer internationaler bewaffneter Konflikte[14] bestätigen, daß diskriminierten Völkern ein militärisches Widerstandsrecht gegen „racist régimes“ zusteht. Damit wird umgekehrt anerkannt, daß ein Staat, der eine das ganze Volk vertretende Regierung besitzt und in dem alle Menschen und Volksgruppen die allgemeinen Menschenrechte und grundlegenden Freiheiten effektiv ausüben können, dem Grundsatz der Selbstbestimmung Rechnung trägt[15]. Es ist auch deshalb verfehlt, das Selbstbestimmungsrecht mit dem Sezessionsrecht zu identifizieren, da kleinere Volksgruppen in der Regel lediglich eine mehr oder minder ausgebaute Autonomie fordern[16].

In der *Praxis* der UNO allerdings wird ein Sezessionsrecht, von seltenen Ausnahmen abgesehen, auch dann nicht anerkannt, wenn die überwiegende Mehrheit einer Volksgruppe eine Losreißung anstrebt. So verweigerte z. B. die Resolution 31/4 der Generalversammlung vom 21. Oktober 1976 der Insel Mayotte die Sezession von der Republik der Komoren mit der Begründung, daß „die den Bewohnern der Komoren-Insel Mayotte [durch Frankreich; die Verf.] aufgezwungenen Volksabstimmungen [in denen sich die Bevölkerung für ein Verbleiben bei Frankreich und gegen einen Anschluß an die Komoren entschieden hatte; die Verf.] eine Verletzung der Souveränität des komorischen Staates und seiner territorialen Unversehrtheit darstellen“[17]. Ja, die Vereinten Nationen gehen grundsätzlich von der Fiktion aus, daß die Bevölkerung einer ehemaligen Kolonie ein „Volk“ sei, das ein einheitliches Selbstbestimmungsrecht besitze, obgleich doch bekannt ist, daß die früheren Kolonialmächte bei der Aufteilung der Kolonialgebiete keinerlei Rücksicht auf die Homogenität der Bevölkerung der einzelnen Gebiete genommen haben, da häufig einander bekämpfende Stämme zu einer Kolonie zusammengefaßt wurden[18]. Es besteht daher kein sachlicher Grund, diesen Gruppen das Selbstbestimmungsrecht zu verweigern.

§ 513 Aus unseren bisherigen Ausführungen ist zu ersehen, daß das Selbstbestimmungsrecht der Völker *zwei* verschiedene Rechte umfaßt, nämlich erstens den Anspruch auf volle Unabhängigkeit (Sezession

---

[14] AJIL 72 (1978), S. 458.

[15] Ebenso *Ermacora* (Anm. 5).

[16] Dazu *Hannum / Lillich*, The Concept of Autonomy in International Law, AJIL 74 (1980), S. 858 ff.

[17] Deutsche Übersetzung in VN 24 (1976), S. 191. Zu den Vorgängen AFDI 22 (1976), S. 964 ff.; 23 (1977), S. 1050 ff.; RGDIP 79 (1975), S. 793 ff. Am 22. November 1983 hat die Generalversammlung erneut eine Resolution angenommen, in der die Souveränität der Komoren über Mayotte „festgestellt“ wird.

[18] Vgl. zu den Grenzziehungen in Afrika *Brownlie*, African Boundaries. A Legal and Diplomatic Encyclopedia (1979); *derselbe*, Boundary Disputes in Africa, Encyclopedia [6 (1983), S. 56 ff.].

oder freiwillige Verbindung mit der früheren Verwaltungsmacht) und zweitens den Anspruch auf eine bestimmte Rechtslage innerhalb eines Staates.

Der erstgenannte Anspruch steht aber nach der Praxis der UNO nur Kolonien, Treuhandgebieten und anderen abhängigen, von der Verwaltungsmacht räumlich getrennten Territorialverbänden zu[19].

Hingegen haben *alle* Volksgruppen das Recht auf eine soziale, wirtschaftliche und kulturelle Entwicklung ohne Diskriminierung im Rahmen eines Staates.

Richtig unterscheidet daher Lombardi zwischen der *äußeren* und der *inneren* Selbstbestimmung und bemerkt dazu, daß letztere einen Aspekt der vr geschützten Menschenrechte bildet und daher auch im gleichlautenden Art. 1 der beiden UN-Menschenrechtspakte vom 19. Dezember 1966 anerkannt wird[20]. Bisher richteten sich jedoch in diesem Bereich die verschiedenen Resolutionen der Generalversammlung und des Sicherheitsrates ganz überwiegend gegen die rassische Diskriminierung der farbigen Bevölkerung in Rhodesien und Südafrika[21], während die anderen, in den Art. 1 Ziff. 3 und Art. 55 lit. c der Charta ebenfalls verbotenen und in verschiedenen Staaten vorkommenden Diskriminierungen nach Geschlecht, Sprache oder Religion von den Organen der UNO nur vereinzelt beanstandet wurden.

Die die früher erwähnte Resolution 1514 ergänzende Resolution 1541 (XV) vom 15. Dezember 1960 verfügt, daß die Entscheidung über die Art der Selbstbestimmung "should be the result of the freely expressed wishes of the territory's peoples acting with full knowledge of the change in their status, their wishes having been expressed through informed and democratic processes, impartially conducted and based on universal adult suffrage"[22].

Darauf beruft sich der IGH in seinem Gutachten über die *Western Sahara* vom 16. Oktober 1975 und fügt hinzu, dieser Grundsatz werde durch die Tatsache nicht erschüttert (is not affected), daß die Generalversammlung in einigen Fällen (Goa, Gibraltar, Falklandinseln) aus besonderen Gründen keine Volksabstimmung veranlaßt hat[23].

---

[19] Statt aller *Lombardi* (Anm. 5), S. 181 ff.

[20] Ebd.

[21] Näheres darüber ebd., S. 205 ff.

[22] Zitiert in ICJ Reports 1975, S. 33. Diese Stelle bezieht sich als solche zwar nur auf den Fall des Zusammenschlusses mit einem bestehenden Staat, aus Abs. 2 der Resolution 1541 und aus der „Friendly Relations"-Deklaration ergibt sich aber, daß der hier ausgesprochene Grundsatz *allgemeingültig* ist, was vom IGH im *Western Sahara*-Gutachten bestätigt wird (s. Text).

[23] ICJ Reports 1975, S. 33.

§ 514 Bereits im Abschnitt über die Völkerrechtssubjekte sind wir auf die Rolle eingegangen, die das Selbstbestimmungsrecht in der antikolonialistischen Ausprägung der UN-Praxis als Korrektiv des Effektivitätsprinzips bei der Entstehung neuer Staaten spielt[24]. Dort ist auch die Doktrin vom nationalen Befreiungskrieg dargestellt worden, den Gruppen "under colonial and alien domination and racist régimes" zu führen berechtigt sein sollen, wenn diese rechtswidrigen Herrschaftsformen nicht unverzüglich beendet werden[25].

Kapitel 3

Die Erzeugung des positiven Völkerrechts (Die Völkerrechtsquellen)

1. Abschnitt

Einführung

§ 515 Ebenso wie im staatlichen Recht muß auch im VR zwischen formellen und materiellen Rechtsquellen unterschieden werden.

Unter *formellen* Rechtsquellen (Rechtsentstehungsquellen) verstehen wir die Verfahren, in denen die Normen des positiven Rechts entstehen, sowie die Formen, in denen die Normen aufscheinen. *Materielle* Rechtsquellen sind hingegen jene Elemente, die auf den Inhalt der Normen einwirken, ohne selbst Recht zu sein, wie das Rechtsbewußtsein, verschiedene soziale Normen und Werte[1].

Im folgenden werden die *formellen* Völkerrechtsquellen, also die formalisierten *Erzeugungsarten und Erscheinungsformen des positiven VR*, dargestellt[2].

---

[24] Oben §§ 385 f.

[25] § 410.

[1] So auch *Tunkin*, Völkerrechtstheorie (1972), S. 193; *Jaenicke*, Völkerrechtsquellen, WV III, S. 766 f.

[2] Aus dem umfangreichen Schrifttum *Sørensen*, Les sources du droit international (1946); *Gihl*, The Legal Character and Sources of International Law, Scandinavian Studies in Law 1 (1957), S. 51 ff.; *Parry*, The Sources and Evidences of International Law (1965); *Fitzmaurice*, Some Problems Regarding the Formal Sources of International Law, in: Symbolae Verzijl (1958), S. 153 ff.; *Guggenheim*, Contribution à l'histoire des sources du droit des

§ 516 Die Verfassung der Staatengemeinschaft hat von allem Anfang an VGR und Vertrag als gleichwertige Erzeugungsarten des VR anerkannt. Daneben galten auch stets die allgemein anerkannten Rechtsgrundsätze als Völkerrechtsquelle.

Art. 38 Abs. 1 des Statuts des IGH[3] legt diesen Konsens mit folgenden Worten fest:

„Der Gerichtshof, dessen Aufgabe es ist, die ihm unterbreiteten Streitigkeiten nach dem Völkerrecht zu entscheiden, wendet an

a) internationale Übereinkünfte allgemeiner oder besonderer Natur, in denen von den streitenden Staaten ausdrücklich anerkannte Regeln festgelegt sind;
b) das internationale Gewohnheitsrecht als Ausdruck einer allgemeinen, als Recht anerkannten Übung;
c) die von den Kulturvölkern anerkannten allgemeinen Rechtsgrundsätze;
d) vorbehaltlich des Artikels 59 richterliche Entscheidungen und die Lehrmeinung der fähigsten Völkerrechtler der verschiedenen Nationen als Hilfsmittel zur Feststellung von Rechtsnormen."

Artikel 38 Abs. 1 des Gerichtshofstatuts enthält somit in den lit. a - c die Trias der allgemein anerkannten formellen Völkerrechtsquellen primärer Natur, um dann in lit. d die vr Judikatur und Doktrin in ihrer Funktion als Hilfsmittel der Rechtsfindung (Rechtserkenntnisquellen) zu benennen[4].

---

gens, RdC 94 (1958 II), S. 5 ff.; *derselbe*, Traité de Droit international public I (2. Aufl. 1967), S. 93 ff.; *Schwarzenberger*, The Inductive Approach to International Law (1965); *Rousseau*, Principes généraux du droit international public (1944), S. 105 ff.; *derselbe*, Droit international public I: Introduction et sources (1970), S. 55 ff.; *Verdross*, Die Quellen des universellen Völkerrechts (1973, dem sich die folgenden Ausführungen teilweise anschließen); *Tunkin* (Anm. 1), S. 115 ff.; *derselbe*, International Law in the International System, RdC 147 (1975 IV), S. 111 ff.; *Barberis*, Fuentes del derecho internacional (1973); Société Française pour le Droit international (Hrsg.), L'élaboration du droit international public (1975); *Strebel*, Quellen des Völkerrechts als Rechtsordnung, ZaöRV 36 (1976), S. 301 ff.; *Bos*, The Recognized Manifestations of International Law, GYIL 20 (1977), S. 9 ff.; *Jennings*, What is international law and how do we tell it when we see it?, SchwJIR 37 (1981), S. 59 ff.; *Cheng*, On the Nature and Sources of International Law, in: *derselbe* (Hrsg.), International Law: Teaching and Practice (1982), S. 203 ff.; *Onuf* (Hrsg.), Law-Making in the Global Community (1982); *Schachter*, The Nature and Process of Legal Development in International Society, in: The Structure and Process of International Law (§ 10, Anm. 1), S. 745 ff.; *van Hoof*, Rethinking the Sources of International Law (1983).

[3] BGBl. 1973 II, S. 505.

[4] Die Bezeichnung „Hilfsrechtsquellen" für Judikatur und Doktrin in ihrer Funktion als Hilfsmittel der Rechtsfindung ist irreführend. *Schwarzenberger* unterscheidet treffend zwischen „law-creating processes" einerseits und „law-determining agencies" andererseits: A Manual of International Law (5. Aufl. 1967), S. 26 ff.

§ 517 Primäre Völkerrechtsquellen sind die drei in Art. 38 Abs. 1 lit. a - c aufgezählten Erzeugungsarten insofern, als „der Entstehungsvorgang als solcher bereits ein hinreichender Geltungsgrund für die daraus sich ergebenden Rechte und Pflichten ist“[5]. Neben diesen unmittelbar aus der Verfassung der Staatengemeinschaft abgeleiteten Normenkategorien bestehen formelle Völkerrechtsquellen niedrigeren Ranges, also sekundäre Quellen, „bei denen die rechtserzeugende Wirkung des Entstehungsvorgangs auf einer primären Rechtsquelle ... beruht“[6]. Dabei handelt es sich um Normen, die *auf Grund von vr Verträgen* durch Staatengemeinschaftsorgane gesetzt werden. Sie umfassen sowohl die von internationalen Gerichten und Schiedsgerichten erzeugten individuellen Normen (Urteile und Schiedssprüche)[7], als auch die satzungsgemäß verbindlichen Beschlüsse internationaler Organisationen, die individuell-konkreten wie generell-abstrakten Inhalt haben können.

§ 518 Im Gegensatz zum innerstaatlichen Recht kennt das VR keinen Numerus Clausus der Rechtserzeugungsarten:

In allen modernen Staaten kann das durch formelle Rechtsquellen erzeugte Recht nur auf dem Weg über ebensolche formelle Rechtsquellen wieder aufgehoben oder abgeändert werden. Das gilt selbst im Falle von Revolutionen und Staatsstreichen, da auch die neue Staatsgewalt neues Recht nur durch Gesetze oder Verordnungen setzen kann. Ganz anders steht es in der Staatengemeinschaft, in der ein zentrales Gesetzgebungsorgan fehlt[8]. Zwar haben sich auch hier bestimmte *formalisierte* Verfahren der Rechtserzeugung herausgebildet, die in dem gerade behandelten Art. 38 des IGH-Statuts angeführt und in den folgenden Kapiteln eingehend dargestellt werden. Diese Verfahren hindern aber die Staaten nicht, das VR *einvernehmlich* außerhalb dieser Quellen weiterzuentwickeln, da es ihnen obliegt, die Normen des positiven VR in einem ihrem Ermessen überlassenen Verfahren weiterzubilden und den jeweiligen Bedürfnissen anzupassen[9]. Zu Recht führt Tomuschat aus, daß im VR die Frage der Bindung an ein bestimmtes

---

[5] *Jaenicke* (Anm. 1), S. 767. Ferner *Mosler*, The International Society as a Legal Community, RdC 140 (1974 IV), S. 215 ff.

[6] *Jaenicke*, ebendort.

[7] Die Entscheidungen internationaler Gerichte und Schiedsgerichte spielen also quellentheoretisch eine Doppelrolle: *erga omnes* dienen sie als Hilfsmittel zur Feststellung der *generellen* Völkerrechtsnormen, *inter partes* stellen sie eine sekundäre Völkerrechtsquelle dar, aus der für den konkreten Streitfall individuelle Normen (niedrigeren Ranges) fließen. Dazu genauer §§ 618 ff.

[8] Oben §§ 40 f.

[9] Schon *Grotius* bemerkt, daß die zwischenstaatlichen Rechte durch zwischenstaatlichen Konsens *(ex consensu)* begründet werden können. De Iure belli ac pacis (1625), Prolegomena, § 17.

Verfahren der Rechtserzeugung dem Grundsatz nach bis heute gegenstandslos ist: „Die übliche Einteilung der Rechtsquellen nach Vertrag und Gewohnheitsrecht bedeutet keine Fixierung der Wege der Rechtserzeugung auf diese beiden Modalitäten, sondern beschreibt lediglich empirisch die äußeren Formen, auf die der Rechtswille der Völkergemeinschaft bisher im wesentlichen beschränkt gewesen ist. Die Förmlichkeiten sind lediglich Indikatoren für die Existenz eines echten Rechtswillens, der jederzeit auch ein anderes Erscheinungsbild annehmen kann und damit jenes Merkmal der Unmittelbarkeit besitzt, wie es dem pouvoir constituant zugeschrieben wird[10].“ Die Völkerrechtserzeugung ist also nicht in bestimmten formalisierten Gestalten erstarrt, sondern befindet sich gewissermaßen noch in einem flüssigen Aggregatzustand. Ja gerade die neueste Judikatur zeigt uns, daß sich die Staaten *neben* der formalisierten Rechtsetzung in den Bahnen des Art. 38 auch einer unmittelbareren Rechtserzeugung bedienen, indem sie in einem ständigen Ringen, durch Anerkennung, Duldung und Bestreitung von Ansprüchen und Situationen, also in einem “process of continuous interaction, of continuous demand and response”[11], das geltende VR nicht nur feststellen, sondern auch weiterbilden[12].

§ 519 Der in diesem Prozeß sichtbar werdende Konsens bildet die *ursprüngliche* Quelle des Völkerrechts. Er führte, wie bereits dargestellt, in der Geburtsstunde des Völkerrechts *uno actu* mit und durch die gegenseitige Anerkennung der Flächenstaaten als souveräne Herrschaftsverbände zur Herausbildung der ursprünglichen staatlichen Grundrechte sowie zur Anerkennung von Verträgen, Gewohnheitsrecht und allgemeinen Rechtsgrundsätzen als weiterer formeller Erzeugungsarten des Völkerrechts[13].

Die originäre Völkerrechtsquelle des zwischenstaatlichen Konsenses liegt diesen formalisierten Erzeugungsarten aber nicht nur historisch zugrunde, sondern überlagert sie nach wie vor. Denn das durch Konsens erzeugte VR kann zwar durch Normen geändert werden, die in einer der in Art. 38 IGH-Statut aufgezählten formellen Rechtsquellen ent-

[10] *Tomuschat*, Verfassungsgewohnheitsrecht? (1972), S. 111 f. Vgl. auch *Tammes*, The Status of Consent in International Law, NYIL 2 (1971), S. 1 ff.

[11] *McDougal*, The Hydrogen Bomb Tests and the International Law of the Sea, AJIL 49 (1955), S. 356. Dazu auch unten § 585.

[12] Vgl. das Schrifttum unten § 551, Anm. 16; daneben *Falk*, New Approaches to the Study of International Law, AJIL 61 (1967), S. 477 ff., 482 f. Sehr anschaulich auch *Müller*, Vertrauensschutz im Völkerrecht (1971), S. 35 ff.; *Schütz*, Probleme der Anwendung der KSZE-Schlußakte aus völkerrechtlicher Sicht, in: *Delbrück / Ropers / Zellentin* (Hrsg.), Grünbuch zu den Folgewirkungen der KSZE (1977), S. 161 ff. Näheres über diesen Prozeß insbesondere in den Teilabschnitten über das VGR, die Deklarationen der UN-Generalversammlung und die einseitigen Rechtsgeschäfte.

[13] Oben § 75. Dazu und zum folgenden auch *Mosler* (Anm. 5), S. 31 ff., 90 ff.

standen sind. Da aber diese Normen in ihrer Anwendung zu einer neuen Auseinandersetzung zwischen den beteiligten Staaten führen können, besteht wiederum die Möglichkeit einer Neuregelung durch den unmittelbaren Konsens.

Zuzugeben ist allerdings, daß die Grenze zwischen der Rechtserzeugung in den Verfahren des Art. 38 und derjenigen durch unmittelbaren Konsens fließend ist. So kann z. B. ein vr Vertrag nicht nur durch eine förmliche Willenseinigung, sondern auch durch konkludente Handlungen zustandekommen. In diesem Sinn bemerkt der IGH in den *North Sea Continental Shelf* Cases, daß es denkbar wäre, ohne Ratifikation, durch ein "very definite, very consistent course of conduct", Partei eines ratifikationsbedürftigen multilateralen Vertrages zu werden, wenngleich eine solche Absicht nicht vermutet werden darf[14]. Dabei muß es sich jedoch um ein *positives* Verhalten handeln, aus dem sich der Wille, dem Vertrage beizutreten, erkennen läßt. „Konsens" ist aber gegenüber „Vertrag" der weitere Begriff: Zwar kommt jeder Vertrag durch Konsens zustande, aber nicht jeder Konsens erzeugt einen Vertrag, da ein solcher immer auf einer *Willenseinigung* beruht. Hingegen kann ein Konsens auch aus einem bloß *passiven* Verhalten, sich einer bestimmten Ordnung zu fügen, erschlossen werden. Eine Norm des VGR etwa kann nicht nur durch eine als Recht anerkannte allgemeine Übung, sondern auch in der Weise begründet werden, daß die Staaten eine bestimmte einseitige Regelung oder Praxis widerspruchslos hinnehmen (acquiescence). So hat der IGH im *Fisheries* Case ausgesprochen, daß eine allgemeine Duldung durch die Staatengemeinschaft (la tolérance générale de la communauté internationale) eine einseitige Festlegung der inneren Küstenmeergrenze als dem VR entsprechend anerkennen kann[15]. Auch die in anderer Weise entstandenen Normen des VGR mit universellem Geltungsanspruch binden nicht nur die Staaten, die an der Herausbildung der Norm teilgenommen, sondern ebenfalls jene, die ihr nicht widersprochen haben[16].

Ein Konsens außerhalb der Formen des Art. 38 IGH-Statut kann auch *spontan* erzielt werden. So hat der UN-Sicherheitsrat erstmalig am 29. April 1946 in Widerspruch zum klaren Wortlaut des Art. 27 Abs. 3 der Charta, wo für das Zustandekommen eines Beschlusses des Rates die Zustimmung (affirmative vote) aller ständigen Ratsmitglieder vorgeschrieben wird, einen Antrag angenommen, obgleich nicht alle ständigen Ratsmitglieder dafür gestimmt, sondern eines sich der Stimme enthalten hat[17]. Dieser Vorgang wurde allerdings durch die spätere Praxis bestätigt[18], er wurde aber *ab initio* als rechtsgültig betrachtet[19].

---

[14] ICJ Reports 1969, S. 25.

[15] ICJ Reports 1951, S. 139.

[16] Dazu unten §§ 553 ff.

Eine solche formlose Weiterbildung des VR hat jedoch das Vorliegen eines echten Konsenses zur Voraussetzung. Bei der Ermittlung des Konsenses ist überhaupt große Vorsicht geboten, da dieses Verfahren die Gefahr in sich birgt, selbst leitende Grundsätze, auf denen das VR der Vereinten Nationen beruht[20], aufzulockern und das Wesen des VR zu pervertieren.

§ 520 Der Konsens, wie er hier geschildert wird, ist demnach scharf gegenüber jenem „Consensus" abzugrenzen, dessen Anerkennung als Völkerrechtsquelle durch den IGH die beiden Kläger Äthiopien und Liberia in den *South West Africa* Cases forderten und worunter sie "an overwhelming majority, a convergence of international opinion, a predominance of view ... considerably more than a simple majority but something less than unanimity" verstanden[21]. Unser Konsens bezieht sich nicht nur auf den Inhalt, sondern auch auf die Rechtsverbindlichkeit einer Norm. Zu unterscheiden ist er ferner vom „Consensus" als einer in internationalen Organisationen und auf Staatenkonferenzen gegenwärtig vielverwendeten Methode, ohne förmliche Abstimmung zu Beschlüssen zu gelangen[22].

§ 521 Die gerade aufgezeigte Gefahr kann jedenfalls nicht dazu führen, dem unmittelbaren Konsens den Charakter einer Rechtsquelle abzusprechen. Auch aus dem Umstand, daß die auf solche Weise entstandenen Normen vom IGH nach Art. 38 seines Statuts nicht als Entscheidungsgrundlage herangezogen werden können, darf ein solcher Schluß nicht gezogen werden; ganz abgesehen davon, daß dem Gerichtshof infolge der bereits erwähnten fließenden Grenzen zwischen dem puren Konsens und den Quellen des Art. 38 die Subsumtion einer aus dieser Quelle erfließenden Norm unter eine der drei durch das Statut rezipierten Erzeugungsformen keine allzu großen Schwierigkeiten bereiten würde. Es wäre nicht das erste Mal, daß der IGH Grundsätze und Normen anwenden würde, deren Verankerung in der Quellentrias des Art. 38 aus der geschlossenen Perspektive der traditionellen Völkerrechtsdogmatik Schwierigkeiten bereitet[23].

---

[17] Ausführlich darüber *Stavropoulos*, The Practice of Voluntary Abstentions by Permanent Members of the Security Council under Art. 27, paragraph 3, of the Charter of the United Nations, AJIL 61 (1967), S. 737 ff., 742.

[18] Ebd., S. 743 ff.

[19] Andere Beispiele eines spontanen Konsenses oben § 275.

[20] Dazu oben §§ 92 ff.

[21] *South West Africa*, ICJ Pleadings, Vol. IX, S. 345. Vgl. *D'Amato*, On Consensus, CYIL 8 (1970), S. 104 ff.

[22] Dazu § 122.

[23] Vgl. zur Geschlossenheit der Quellentrias des Art. 38 die Ausführungen von *Mosler*, *Bernhardt* und *Strebel* in der ZaöRV 36 (1976), S. 41 ff., 50 ff., 322 ff.

In der nichtorganisierten Staatengemeinschaft blieb der originäre Konsens, nachdem er einmal die drei nunmehr in Art. 38 IGH-Statut kanonisierten Erzeugungsarten des Völkerrechts eingesetzt hatte, deswegen „unsichtbar“, weil ihm kein Forum zur Verfügung stand, auf dem er sich als solcher manifestieren konnte. So konnte er sich nur entweder in Verträgen niederschlagen, oder aber dadurch sichtbar werden, daß sich die Staatenpraxis allgemein nach einer bestimmten Rechtsauffassung orientierte, mit anderen Worten: in Form (Dauer, Uniformität der Übung, usw.) von Gewohnheitsrecht. Der originäre Konsens war und ist also solange nur „an seinen Taten“ (Vertrags- und andere Staatenpraxis) zu erkennen, als ihm das Medium fehlt(e), sich unmittelbar zu artikulieren. Ob dieses Medium heute in Gestalt der Vereinten Nationen, insbesondere der Generalversammlung, verwirklicht ist, wird an anderer Stelle zu untersuchen sein[24].

§ 522 Um Mißverständnisse zu vermeiden, sei schließlich angemerkt, daß unsere Anerkennung des Konsenses als originäre Völkerrechtsquelle nicht zu der Annahme verleiten darf, wir betrachteten den Staatenkonsens im Sinne des Voluntarismus als eigentlichen *Geltungsgrund* des VR[25].

§ 523 In den Erzeugungsverfahren des VR fällt den *internationalen Organisationen* heute eine immer wichtigere Rolle zu. Ihre Mitwirkung hat vielfältige Formen angenommen[26], die sich in folgender Weise systematisch aufgliedern lassen:

Die erste Kategorie umfaßt jene Erscheinungsformen, in denen internationale Organisationen einen bloßen Rahmen für die Völkerrechtsetzung *durch Staaten* bieten, dabei also mehr oder weniger weitgehende Hilfestellung leisten[27]. Davon sind jene Fälle zu unterscheiden, bei denen Staaten und internationale Organisationen *gemeinsam* vr Nor-

---

[24] §§ 634 ff.

[25] Vgl. vielmehr oben § 75. Irrig *Bleckmann*, Grundprobleme und Methoden des Völkerrechts (1982), S. 127 f., 184 ff.

[26] Dazu systematisch *Detter*, Law Making by International Organizations (1965); *Skubiszewski*, Forms of Participation of International Organizations in the Lawmaking Process, International Organization 18 (1964), S. 790 ff.; *Lachs*, Le rôle des organisations internationales dans la formation du droit international, in: Mélanges offerts à Henri Rolin (1964), S. 156 ff.; *Higgins*, The Development of International Law Through the Political Organs of the United Nations (1963); *Schwebel* (Hrsg.), The Effectiveness of International Decisions (1971); *Seidl-Hohenveldern* (oben § 415, Anm. 1), S. 217 ff.; die Vorträge und Diskussionen auf der 59. Jahrestagung der American Society of International Law 1965, ASIL Proceedings 1965, S. 1 ff.; *Bokor-Szegö*, The Role of the United Nations in International Legislation (1978); *Meng*, Das Recht der Internationalen Organisationen — eine Entwicklungsstufe des Völkerrechts (1979); *Skubiszewski*, International Legislation, Encyclopedia [5 (1983), S. 97 ff.].

[27] Dazu §§ 571, 606, 721 ff.

men erzeugen[28]. Eine dritte und letzte Kategorie schließlich beinhaltet die selbständige Erzeugung vr Normen durch internationale Organisationen, wobei diese Normen sowohl aus primären Völkerrechtsquellen (Verträgen zwischen internationalen Organisationen)[29] als auch aus sekundären Völkerrechtsquellen[30] fließen können.

Im Zusammenhang der folgenden Abschnitte wird nur die Teilnahme der UNO und der anderen universellen internationalen Organisationen an der Völkerrechtsetzung beschrieben; die viel intensiveren Erscheinungsformen dieser Rechtserzeugung, die auf regionaler Ebene, insbesondere in den Europäischen Gemeinschaften, zu finden sind, überschreiten den Rahmen des vorliegenden Buches.

2. Abschnitt

Das völkerrechtliche *ius cogens*

§ 524 Ebenso wie in allen anderen Rechtsgemeinschaften stehen auch in der Völkerrechtsgemeinschaft Normen in Geltung, die durch Absprachen im engeren Kreis nicht aufgehoben oder abgeändert werden können, weil sie zum *ordre public* dieser Gemeinschaft gehören[1].

Der Bestand derartiger Normen zwingenden Rechts war bis zum Durchbruch des Rechtspositivismus unbestritten, weil die naturrechtliche Schule die Auffassung vertreten hatte, daß dem positiven VR ein notwendiges *(ius necessarium)*, unveränderliches VR zugrunde liege[2]. Hingegen behaupteten die radikalen Rechtspositivisten, daß ein vr Vertrag jeden beliebigen Inhalt haben könne[3]. Bis in die jüngste Vergangenheit wurde diesem Problem in der Doktrin relativ wenig Beachtung geschenkt. Dennoch haben sich immer wieder Stimmen gefunden, die sich gegen die vr Gültigkeit unsittlicher Verträge aussprachen. So führte im vorigen Jahrhundert Heffter als „das erste wesentliche Erfordernis eines völkerrechtlichen Vertrages“ eine „zulässige causa“ an, und bemerkte dazu: „Wir verstehen hierunter die Möglichkeit und innere Bindekraft einer übernommenen Verbindlichkeit an sich. Nur

---

[28] Dazu unten §§ 566, 583, 629 f., 634 ff., 724 ff., 728.

[29] Vgl. unten § 728.

[30] Dazu unten §§ 626 ff., 631 ff.

[1] Zum Begriff des *ordre public* in diesem Zusammenhang *Jaenicke*, Zur Frage des internationalen Ordre public, Berichte DGVR 7 (1967), S. 77 ff. Über das Verhältnis der Begriffe *ordre public* und *ius cogens* vgl. *Mosler*, The International Society as a Legal Community, RdC 140 (1974 IV), S. 33 ff.

[2] Christian *Wolff*, Ius gentium (1764), § 5; *Vattel*, Le droit des gens (§ 12, Anm. 5), Einleitung §§ 7 - 9.

[3] Vgl. zuletzt die oben § 95, Anm. 6, genannten Autoren.

das physisch und sittlich Mögliche kann Gegenstand eines Vertrages sein. Unmöglich ist z. B. jede Verbindlichkeit, die der ***sittlichen Weltordnung widerspricht,*** namentlich auch der Bestimmung der Einzelstaaten zur Entwicklung der menschlichen Freiheit, so daß also Einführung oder Aufrechterhaltung von Sklaverei niemals gültig versprochen werden kann, so wenig als eine Verschließung des Verkehrs der Nationen für ihre gegenseitigen sittlichen oder physischen Bedürfnisse. Niemals kann auch ein Treubruch wider noch bestehende Verbindlichkeiten gegen Dritte zur Pflicht gemacht werden ... Niemals kann ferner eine Handlung oder Unterlassung wider unbestreitbare Rechte eines Dritten ... Gegenstand einer Vertragsverbindlichkeit sein ..."[4]. Ähnlich lehrte der führende italienische Völkerrechtler Anzilotti in der Zeit der Hochblüte des Rechtspositivismus, daß ein vr Vertrag ungültig ist, wenn er „auf etwas rechtlich Verbotenes gerichtet" ist, wozu „auch der Fall der sittenwidrigen Handlung" gehört, „weil auch die Gebote der Ethik rechtliche Bedeutung gewinnen können, insofern sie ausdrücklich oder stillschweigend vom Recht übernommen worden sind"[5]. In diesem Sinne entschied das nach dem alliierten Kontrollratsgesetz Nr. 10 eingesetzte US-Militärgericht im *Krupp*-Prozeß 1948 auf Ungültigkeit eines Vertrages zwischen dem Deutschen Reich und der Vichy-Regierung, durch den französische Kriegsgefangene der deutschen Rüstungsindustrie zugeteilt wurden, wegen Verstoßes gegen die guten Sitten[6].

§ 525 Den endgültigen Durchbruch in der modernen Völkerrechtstheorie verdankt das *ius cogens* der Wiener Konvention über das Recht der Verträge vom 23. Mai 1969[7] in Verbindung mit den langjährigen Vorarbeiten der International Law Commission. Nach Art. 53 dieser

---

[4] *Heffter,* Das Europäische Völkerrecht der Gegenwart (8. Aufl. 1888), S. 185 (Hervorhebung von uns).

[5] *Anzilotti,* Lehrbuch des Völkerrechts (1929), S. 257; *derselbe,* Corso di diritto internazionale (4. Aufl., nach seinem Tod hrsgg. 1955). Diese Lehre wurde vor dem 2. Weltkrieg von *v. d. Heydte, Jurt* und *Verdross* wiederaufgenommen; vgl. *v. d. Heydte,* Die Erscheinungsformen des zwischenstaatlichen Rechts; jus cogens und jus dispositivum im Völkerrecht, ZV 16 (1932), S. 461 ff.; *Jurt,* Zwingendes Völkerrecht (1933); *Verdross,* Forbidden Treaties in International Law, AJIL 31 (1937), S. 571 ff. An weiteren frühen bejahenden Stimmen vgl. *Kelsen,* Principles of International Law (1952), S. 89, 323, 344; *Cheng,* General Principles of Law as Applied by International Courts and Tribunals (1953); *Dahm,* Völkerrecht I (1958), S. 16, 443; *Berber,* Lehrbuch des Völkerrechts I (1960), S. 439; *Quadri,* Diritto internazionale pubblico (3. Aufl. 1960), S. 108 ff., 125 f.; *Miaja de la Muela, Ius cogens y ius dispositivum* en derecho internacional publico, in: Estudios juridico-sociales. Festschrift für Legaz y Lacambra (1960), Bd. II, S. 1121 ff.; *McNair,* The Law of Treaties (1961), S. 214.

[6] Vgl. Trials of War Criminals before the Nuremberg Military Tribunals under Control Council Law No. 10, Bd. IX (1950), S. 1395.

[7] Dazu § 672.

Konvention ist ein Vertrag nichtig, wenn er zum Zeitpunkt seines Abschlusses im Widerspruch zu einer zwingenden Norm des allgemeinen VR steht. Eine zwingende Norm des allgemeinen VR im Sinn der Konvention ist eine Norm "accepted and recognized by the international community of States as a whole as a norm from which no derogation is permitted and which can be modified only by a subsequent norm of general international law having the same character". Art. 64 führt in Ergänzung dazu aus, daß bei Entstehung einer *neuen* zwingenden Norm des allgemeinen VR jeder zu dieser Norm im Widerspruch stehende Vertrag nichtig wird und erlischt[8].

---

[8] Vgl. auch §§ 755, 840, 842, 845.

In Verbindung mit dem Kodifikationsvorhaben der ILC wurde die Existenz eines vr *ius cogens* nicht nur von der Kommission und ihren Berichterstattern *Lauterpacht*, *Fitzmaurice* und *Waldock*, sondern auch von zahlreichen Schriftstellern anerkannt (von denen wir hier nur jene anführen, die sich mit dieser Frage monographisch oder sonst ausführlich befaßt haben). Dazu gehören *Virally*, Réflexions sur le *„jus cogens"*, AFDI 12 (1966), S. 5 ff.; *Jaenicke* (Anm. 1); *Schwelb*, Some Aspects of International *Jus Cogens* as Formulated by the International Law Commission, AJIL 61 (1967), S. 946 ff.; *Suy*, The Concept of *Jus Cogens* in Public International Law, in: Lagonissi Conference on International Law. Papers and Proceedings II: The Question of *Jus Cogens* in International Law (1967), S. 17 ff.; *Zotiades*, Staatsautonomie und die Grenzen der Vertragsfreiheit im Völkerrecht, ÖZöffR 17 (1967), S. 90 ff.; *Scheuner*, Conflict of Treaty Provisions with a Peremptory Norm of General International Law and its Consequences, ZaöRV 27 (1967), S. 520 ff.; *derselbe*, ebd. 29 (1969), S. 28 ff.; *Marek*, Contribution à l'étude du *jus cogens* en droit international, FS Guggenheim (1968), S. 426 ff.; *Mosler*, *Ius cogens* im Völkerrecht, SchwJIR 25 (1968), S. 9 ff.; *Barberis*, La liberté de traiter des Etats et le jus cogens, ZaöRV 30 (1970), S. 19 ff.; *Diaconu*, Contribution à une étude sur les normes impératives en droit international *(jus cogens)* (1971); *Reimann*, *Ius cogens* im Völkerrecht (1971); *Schweitzer*, *Ius cogens* im Völkerrecht, ArchVR 15 (1971), S. 197 ff.; Ch. *de Visscher*, Positivisme et „jus cogens", RGDIP 75 (1971), S. 5 ff.; *Paul*, The Legal Consequences of Conflict between a Treaty and an Imperative Norm of General International Law (jus cogens), ÖZöffR 21 (1971), S. 19 ff.; *Fahmi*, Peremptory Norms as General Rules of International Law, ebd. 22 (1971), S. 383 ff.; *Nageswar Rao*, *Jus Cogens* and the Vienna Convention on the Law of Treaties, IJIL 14 (1974), S. 362 ff.; *Rozakis*, The Concept of Jus Cogens in the Law of Treaties (1976); *Whiteman*, Jus Cogens in International Law, Georgia Journal of International and Comparative Law 7 (1977), S. 609 ff.; *Ronzitti*, La disciplina dello „jus cogens" nella Convenzione di Vienna sul diritto dei trattati, C & S 15 (1978), S. 241 ff.; *Jiménez de Aréchaga*, International Law in the Past Third of a Century, RdC 159 (1978 I), S. 62 ff.; *Gomez Robledo*, Le *ius cogens* international: sa genèse, sa nature, ses fonctions, RdC 172 (1982 III), S. 9 ff.; *Alexidze*, Legal Nature of *Jus Cogens* in Contemporary International Law, ebd., S. 219 ff.; G. *Gaja*, *Jus Cogens* beyond the Vienna Convention, ebd., S. 271 ff. Vgl. daneben die allgemeine Literatur zur Wiener Vertragsrechtskonferenz und -konvention unten § 672, Anm. 3.

Zur sowjetischen Auffassung vgl. *Tunkin*, Völkerrechtstheorie (1972), S. 178 ff.; *derselbe*, International Law in the International System, RdC 147 (1975 IV), S. 85 ff.; *Schweisfurth*, Die Völkerrechtswissenschaft in der Sowjetunion, ZaöRV 34 (1974), S. 42 ff.

An skeptischen bis ablehnenden Stimmen neben den oben § 95, Anm. 6, genannten Autoren noch *Morelli*, A proposito di norme internazionali co-

§ 526 Die Wiener Konvention selbst gibt keine Auskunft darüber, welche Normen im einzelnen zum *ius cogens* gehören und damit der in Art. 53 beschriebenen höheren Bestandskraft teilhaftig werden. Nach den in der ILC geäußerten Meinungen handelt es sich dabei um Normen, die im gemeinsamen Interesse aller Staaten gelten und tief im allgemeinen Rechtsbewußtsein verankert sind[9]. Die daraus erfließenden Pflichten bestehen nicht oder nicht nur gegenüber einzelnen Staaten[10], sondern (auch) gegenüber der ganzen Staatengemeinschaft[11]. Das *ius cogens* weist daher eine absolute Geltung auf, so daß es weder durch VGR noch durch Parteienvereinbarung im engeren Kreis ausgeschaltet werden darf. Es kann entweder durch eine konkrete absolute Verbotsnorm oder in der Weise geschaffen werden, daß die UN-Charta absolute Ziele und Grundsätze anerkennt, deren Respektierung sich ein engerer Mitgliederkreis auch einvernehmlich nicht entziehen kann[12]. VR *ius cogens* kann jedoch nicht nur im Vertragswege, sondern auch als VGR oder allgemeiner Rechtsgrundsatz entstehen[13].

---

genti, RDI 51 (1968), S. 109 ff.; *Mann*, The Doctrine of Jus Cogens in International Law, in: Festschrift für Scheuner (1973), S. 399 ff.; *Rousseau*, Droit international public, Bd. I: Introduction et sources (1970), S. 150 f.; *Sztucki*, Jus Cogens and the Vienna Convention on the Law of Treaties. A Critical Appraisal (1974); *Weil* (§ 50, Anm. 35).

[9] Näher bei *Verdross*, *Jus Dispositivum* and *Jus Cogens* in International Law, AJIL 60 (1966), S. 55 ff.; *Lachs*, The Law of Treaties. Some General Reflections on the Report of the International Law Commission, FS Guggenheim (1968), S. 398 ff.; *Mosler* (§ 524, Anm. 1), S. 148 ff. Weitere Stimmen bei *Simma*, Der Beitrag von Alfred Verdross zur Entwicklung der Völkerrechtswissenschaft, FS Verdross 1980, S. 41 ff. Vgl. auch das Urteil des deutschen Bundesverfassungsgerichts vom 7. April 1965, BVerfGE 18, 448 f., wonach die „Qualität ... zwingende[r] Normen ... jenen in der Rechtsüberzeugung der Staatengemeinschaft fest verwurzelten Rechtssätzen" zuerkannt werden kann, „die für den Bestand des Völkerrechts als einer internationalen Rechtsordnung unerläßlich sind und deren Beachtung alle Mitglieder der Staatengemeinschaft verlangen können". Dazu *Riesenfeld*, AJIL 60 (1966), S. 511 ff.

[10] Nach dem Prinzip der grundsätzlichen Relativität der vr Pflichten, vgl. § 49.

[11] So auch der IGH im *Barcelona Traction*-Urteil, ICJ Reports 1970, S. 32: „[A]n essential distinction should be drawn between the obligations of a State towards the international community as a whole, and those arising vis-à-vis another State ... By their very nature the former are the concern of all States. In view of the importance of the rights involved, all States can be held to have a legal interest in their protection; they are obligations *erga omnes* ...". Dazu *Simma*, Das Reziprozitätselement im Zustandekommen völkerrechtlicher Verträge (1972), S. 161 ff., 194 ff.

[12] Zum zwingenden Recht der Charta auch oben §§ 94 ff.

[13] So der Kommentar der ILC zum späteren Art. 53, ILC-Yearbook 1966 II, S. 248: „It is not the form of a general rule of international law but the particular nature of the subject-matter with which it deals that may ... give it the character of *jus cogens*."

§ 527 Schon das unabhängig von der UN-Charta geltende, aber durch Abs. 2 ihrer Präambel rezipierte *ius cogens* des allgemeinen VR verbietet demnach etwa Abmachungen folgenden Inhalts:

1. Verträge, durch die sich zwei Staaten verpflichten würden, in die Rechte dritter Staaten einzugreifen, in denen also z. B. Beistand in einem durch das VR verbotenen Krieg vereinbart würde.
2. Verträge, in denen ein Staat verpflichtet würde, seine Freiheit soweit einzuschränken, daß er nicht mehr imstande wäre, seine vr gebotenen Aufgaben zu erfüllen[14], z. B. seine Polizei so einzuschränken, daß eine Aufrechterhaltung der öffentlichen Ordnung unmöglich würde. Seit dem Inkrafttreten der UN-Charta gehören hierher aber vor allem Verträge, durch die ein Staat genötigt würde, in seinem Hoheitsbereich die vr anerkannten fundamentalen Menschenrechte aufzuheben oder einzuschränken[15]. Daher wären alle Vereinbarungen ungültig, die diesen *Kernbereich* des humanitären VR beeinträchtigen würden. Diese Grenze besteht ganz unabhängig von der Zugehörigkeit der betrachteten Staaten zum Mitgliederkreis eines bestimmten humanitären Abkommens, da die „elementaren Grundsätze der Humanität" (considérations élémentaires d'humanité) eine absolute Geltung im VR aufweisen, wie auch der IGH in seinem Endurteil im *Corfu Channel* Case ausgesprochen hat[16]. Ein auf Aufhebung oder Beschränkung der wesentlichen Menschenrechte hinzielender Vertrag würde *contra bonos mores*[17] der modernen Völkerrechtsgemeinschaft verstoßen.

§ 528 Das vr *ius cogens* deckt sich keineswegs mit dem universellen VR; im Gegenteil: Die meisten universellen Völkerrechtsnormen sind dispositiver Natur, d. h., sie gelten nur, falls die Parteien nichts Abweichendes vereinbaren. So beruhen die diplomatischen Privilegien und Immunitäten zwar auf allgemeinem VR, aber nicht auf *ius cogens*, da Staaten untereinander diese Rechte einschränken[18] oder gar darauf ver-

---

[14] *Strisower*, Der Krieg und die Völkerrechtsordnung (1919), S. 114; *Verdross* (Anm. 9). Ebenso die Antwort Südafrikas auf den Fragebogen der Haager Kodifikationskonferenz 1930 (wiedergegeben bei *Mosler* [§ 524, Anm. 1], S. 97). Dagegen könnte ein Staat im Vertragswege in einem anderen Staat oder einer Staatenverbindung aufgehen; vgl. §§ 944 ff. Aber solange er als selbständiges Völkerrechtssubjekt bestehen bleibt, gelten die im Text beschriebenen Schranken.

[15] Vgl. oben.

[16] ICJ Reports 1949, S. 22.

[17] In seiner Separate Opinion zum Urteil des StIGH im *Oscar Chinn* Case erklärte der Richter *Schücking*, daß „... [j]amais ... la Cour n'appliquerait une convention dont le contenu serait contraire aux bonnes mœurs": A/B, No. 63, S. 149 f.

[18] Vgl. etwa die zahlreichen Vorbehalte zu Art. 37 Abs. 2 des Wiener Übereinkommens 1961 über diplomatische Beziehungen, in denen die Immu-

zichten können. Ebenso könnte ein Staat auf Schadensersatz für eine erlittene Völkerrechtsverletzung verzichten, obwohl die Staaten vr verpflichtet sind, für die von ihnen gesetzten Unrechtstatbestände Wiedergutmachung zu leisten.

§ 529 Mit der Anerkennung des Verstoßes gegen *ius cogens* als Nichtigkeits- und Endigungsgrund von vr Verträgen erschöpft die Wiener Konvention die Bedeutung des zwingenden VR für das Recht der Verträge jedoch noch nicht. Die Frage, ob eine Vertragsbestimmung zum *ius cogens* oder zum *ius dispositivum* gehört, entscheidet auch über die Zulässigkeit von Vorbehalten, der Vertragssuspendierung, -aufhebung und -abänderung im engeren Kreis, über die Erlaubtheit der Nichterfüllung von Vertragsnormen als Repressalie und der Ausübung des Rücktrittsrechts wegen Vertragsverletzung durch die Gegenseite[19], über die Teilbarkeit von Vertragsbestimmungen und die Rechtsfolgen der Ungültigkeit von Verträgen[20]; ferner — unabhängig vom Recht der Verträge — darüber, ob die Nichterfüllung einer Vertragsbestimmung eine vr Verantwortlichkeit nur gegenüber dem unmittelbar verletzten Vertragspartner oder aber gegenüber der Staatengemeinschaft als ganzer auslöst[21] und ob eine Verletzung des VR unter Berufung auf Notstand oder die Einwilligung des betroffenen Staates gerechtfertigt werden kann[22]. Ebenfalls unabhängig vom Recht der Verträge sind alle Staaten vr verpflichtet, die vom Verletzer beabsichtigten Folgen eines Verstoßes gegen *ius cogens* nicht anzuerkennen[23].

§ 530 Der Gefahr einer mißbräuchlichen Berufung auf zwingendes VR wird durch die Wiener Konvention einmal durch besondere Verfahrensvorschriften[24] und zum anderen dadurch ein Riegel vorgeschoben, daß eine Norm, um als *ius cogens i. S. der Konvention* zu gelten, gemäß Art. 53 von der Staatengemeinschaft *in ihrer Gesamtheit* (by the inter-

---

nität des Verwaltungs- und technischen Missionspersonals auch in strafrechtlicher Hinsicht auf dessen dienstliche Handlungen beschränkt wird.

[19] Vgl. den Abschnitt über das Recht der Verträge.

[20] Vgl. unten §§ 841 ff., 845 ff.

[21] Vgl. unten §§ 1262 f.

[22] Vgl. unten §§ 1290, 1292.

[23] Vgl. §§ 478, 970, 1178 ff. So schon *Jaenicke* (§ 524, Anm. 1), S. 122. Vgl. auch Art. 18 Abs. 2 des ILC-Konventionsentwurfs über Staatenverantwortlichkeit (unten § 1262, Anm. 1), wonach „an act of the State, which, at the time when it was performed, was not in conformity with what was required of it by an international obligation in force for that State, ceases to be considered an internationally wrongful act if, subsequently, such an act has become compulsory by virtue of a peremptory norm of general international law"; und schließlich Art. 29 Abs. 2 desselben Entwurfs, wonach die Einwilligung des Geschädigten bei einer Verletzung zwingenden VR keinen Rechtfertigungsgrund bilden kann.

[24] Unten §§ 755, 840.

national community of States *as a whole,* par la communauté internationale des Etats *dans son ensemble)* als eine Norm angenommen und anerkannt werden muß, die nicht abdingbar ist und nur durch eine spätere Norm des allgemeinen VR, die ebenfalls zwingenden Charakter hat, geändert werden kann. Die von uns hervorgehobenen Worte wurden dem von der ILC vorgeschlagenen Text auf der Wiener Konferenz 1968 hinzugefügt, wobei der Redaktionsausschuß betonte, "that there was no question of requiring a rule to be accepted and recognized as peremptory by all States. It would be enough if a very large majority did so; that would mean that, if one State in isolation refused to accept the peremptory character of a rule, or if that State was supported by a small number of States, the acceptance and recognition of the peremptory character of the rule by the international community as a whole would not be affected"[25].

§ 531 Die Möglichkeit der Entstehung von *partikulärem* bzw. *regionalem ius cogens* wird von der Wiener Konvention nicht erwähnt, aber auch nicht ausgeschlossen. In der Tat könnte gerade diese Spielart größere praktische Bedeutung erlangen als das universelle *ius cogens,* weil nur sehr wenige Normen die Hürde der Legaldefinition des Art. 53 zu nehmen imstande sein werden[26]. Man denke etwa an die Ausbildung eines westeuropäischen *ordre public* auf dem Sektor der Menschenrechte, insbesondere durch die Judikatur der Europäischen Kommission und des Europäischen Gerichtshofes für Menschenrechte und des Gerichtshofes der Europäischen Gemeinschaften.

3. Abschnitt

Der völkerrechtliche Vertrag

A. Vorbemerkung

§ 532 Im folgenden wird der vr Vertrag in seiner Funktion als formelle Völkerrechtsquelle vorgestellt. Die Beschreibung des *Rechts der Verträge* (law of treaties), d. h. des vr Instrumentariums, das den Abschluß, die Geltung, die Anwendung und die Auflösung der einzelnen

---

[25] Official Records, First Session, 80th meeting, 21 May 1968, S. 471 f. Kritisch dazu *Zemanek,* Das Völkervertragsrecht, ÖHB 1, S. 74. Zu den Rechtsfolgen einer „persistent objection" bei der Entstehung von VGR siehe unten § 558.

[26] So auch *Suy* (Anm. 8), S. 106; *Sztucki* (Anm. 8), S. 106 ff. *Schwarzenberger* hält überhaupt nur ein *ius cogens inter partes* für möglich: International Law as Applied by International Courts and Tribunals, Bd. I (3. Aufl. 1957), S. 427.

Verträge regelt, folgt unter dem Titel „Mehrseitige Rechtsgeschäfte" im Kapitel über die vr Hoheitsakte.

B. Begriff, Bedeutung und Arten der völkerrechtlichen Verträge

§ 533 Der bereits genannte Art. 38 des IGH-Statuts weist den Gerichtshof an, zur Lösung einer ihm unterbreiteten Streitigkeit in erster Linie „internationale Übereinkünfte allgemeiner oder besonderer Natur" zwischen den Streitteilen heranzuziehen. Der Hauptgrund für diese Reihung der vr Verträge vor VGR und allgemeinen Rechtsgrundsätzen liegt darin, daß Verträge prinzipiell *leges speciales* gegenüber den beiden nachgenannten Völkerrechtsquellen darstellen[1]. Aber auch davon abgesehen sprechen gute Gründe dafür, zuerst dem vr Vertrag die Aufmerksamkeit zuzuwenden.

Der vr Vertrag stellt heute die praktisch wichtigste unter den formellen Völkerrechtsquellen dar. Wie sehr sich in den letzten Jahrzehnten das Schwergewicht bei der Erzeugung des VR vom VGR zum Vertragsrecht verschoben hat, wird deutlich, wenn man bedenkt, daß zwischen 1500 v. Chr. und 1860 bereits etwa 8000 Friedensverträge[2], allein seit 1947 aber zwischen 30- und 40 000 Verträge abgeschlossen worden sind[3]. Während die ganz überwiegende Zahl dieser Verträge

---

[1] Unten § 643.

[2] Zahlen bei *Lachs*, Le développement et les fonctions des traités multilatéraux, RdC 92 (1957 II), S. 233, Anm. 2.

[3] Bei den *Vertragssammlungen* sind amtliche und private Zusammenstellungen zu unterscheiden.

Die bekannteste private Sammlung ist der Recueil von *Martens*, der in verschiedenen Serien die Zeit von 1761 - 1944 erfaßt. An seine Seite ist nunmehr die von *Parry* editierte „Consolidated Treaty Series" getreten, die alle zwischen 1648 und 1918 abgeschlossenen Verträge in 231 Bänden umfaßt. Für die Untersuchung von historisch-politischem Vertragsmaterial äußerst wertvoll ist der sog. *„Vertrags-Ploetz"* (Konferenzen und Verträge, bearbeitet von *Rönnefarth / Euler*, bisher 5 Bände für den Zeitraum 1492 - 1970).

Bei den amtlichen Sammlungen sind wiederum internationale und einzelstaatliche Sammlungen zu unterscheiden.

Die erste international veranstaltete amtliche Sammlung war diejenige des Völkerbundes, die *League of Nations Treaty Series* (L. N. T. S.), die insgesamt 4834 Verträge in 205 Bänden wiedergibt (dazu 9 Registerbände). In ihrer Nachfolgerin, der *United Nations Treaty Series* (U. N. T. S.; vgl. Art. 102 der UN-Charta) sind bisher über 14 000 im UN-Generalsekretariat registrierte Verträge in ca. 1000 Bänden veröffentlicht worden (dazu bisher 11 Indexbände). Beide Sammlungen geben in ihrem ersten Teil die Vertragstexte wieder, und zwar immer auch, d. h. ggf. in Übersetzungen, in englischer und französischer Sprache. Im zweiten Teil sind rechtserhebliche Angaben über die veröffentlichten Verträge enthalten. Ergänzend dazu vgl. das jährlich erscheinende UN-Dokument „Multilateral Treaties Deposited with the Secretary-General" (ST/LEG/SER. E) (bis 1981 „Multilateral treaties in respect of which the Secretary-General performs depositary functions" [ST/LEG/SER.

neue Rechte und Pflichten zwischen ihren Parteien erzeugt[4], werden im Rahmen der modernen Kodifikationsbewegung auch immer weitere Bereiche des ungeschriebenen VR in die Vertragsform umgegossen[5]. Das gesamte VR der zwischenstaatlichen Kooperation, insbesondere Existenz und Tätigkeit der zahlreichen internationalen Organisationen, steht und fällt mit den ihm zugrundeliegenden Verträgen[6].

D]), in dem sich die notwendigen Angaben über das „Leben" dieser Abkommen finden. Eine ähnlich konzipierte, aber umfassendere Zusammenstellung bieten nunmehr *Bowman / Harris*, Multilateral Treaties. Index and Current Status (1984).

Die meisten Verträge, an denen die *Bundesrepublik Deutschland* beteiligt ist, werden im Bundesgesetzblatt Teil II oder im Bundesanzeiger (auch) in deutscher Sprache veröffentlicht; der Erschließung dieser Publikationsorgane dient der alljährliche Fundstellennachweis B „Völkerrechtliche Vereinbarungen und Verträge mit der DDR". Die vom Auswärtigen Amt veranstaltete Sammlung „Verträge der Bundesrepublik Deutschland" enthält in einer Serie A die multilateralen Verträge (bisher ca. 60 Bände, dazu 4 Registerbände in Lose-Blatt-Form). Eine Serie B über die bilateralen Verträge ist bisher noch nicht begonnen worden.

In *Österreich* werden Verträge grundsätzlich im (einheitlichen) Bundesgesetzblatt publiziert; in der *Schweiz* in der Bereinigten Sammlung der Bundesgesetze und Verordnungen. Im übrigen sind die Veröffentlichungspraktiken, insbesondere die Verwaltungsabkommen betreffend, auf nationaler wie auf internationaler Ebene uneinheitlich und lückenhaft. Dazu *Sprudzs*, Treaty Sources in Legal and Political Research (1971); *derselbe*, Status of Multilateral Treaties — Researcher's Mystery, Mess or Muddle?, AJIL 66 (1972), S. 365 ff.; weiter die UN-Dokumente „Laws and Practices concerning the Conclusion of Treaties", ST/LEG/SER. B/3 (1953) und „List of Treaty Collections", ST/LEG/5 (1955). Der von *Rohn* mit Hilfe elektronischer Datenverarbeitung erstellte „World Treaty Index" (5 Bände, 2. Aufl. 1983; dazu „Treaty Profiles" 1976) erschließt die L. N. T. S., die U. N. T. S. und ca. 25 nationale Vertragssammlungen nach verschiedenen Gesichtspunkten. Für Studienzwecke sind zu nennen: *Berber* (Hrsg.), Völkerrecht. Dokumentensammlung (2 Bde. 1967); Sartorius II: Internationale Verträge — Europarecht (Lose-Blatt-Sammlung); *Schweitzer / Rudolf* (Hrsg.), Friedensvölkerrecht (2. Aufl. 1979); *Berber / Randelzhofer* (Hrsg.), Völkerrechtliche Verträge (2. Aufl. 1979); *Geiger*, Recht der internationalen Beziehungen (3. Aufl. 1982), sowie die 2. Auflage der 3 Dokumentenbände zum DDR-Völkerrechtslehrbuch.

[4] Einige britische Völkerrechtler wollen in vr Verträgen keine formelle Völkerrechtsquelle, sondern lediglich eine „source of international *obligations*" sehen; so zuerst *Fitzmaurice*, Some Problems Regarding the Formal Sources of International Law, in: Symbolae Verzijl (1958), S. 153 ff. Diese Ansicht beruht auf einem verengten Quellenbegriff, der nur generelle Völkerrechtsnormen umfaßt. Dazu auch *Bos*, The Recognized Manifestations of International Law, GYIL 20 (1977), S. 21 ff., 71 f.

[5] Dazu unten §§ 589 ff.

[6] Vgl. die beiden ersten Absätze der Präambel der Wiener Konvention über das Recht der vr Verträge vom 23. Mai 1969 (dazu ausführlich unten §§ 672 f.).

An allgemeiner Literatur vgl. neben den unter § 515, Anm. 2, genannten Werken *Bittner*, Die Lehre von den völkerrechtlichen Vertragsurkunden (1924); *Hoijer*, Les traités internationaux (2 Bände, 1928); *Frangulis*, Théorie et pratique des traités internationaux (1934); *Kraus*, Système et fonctions des traités internationaux, RdC 50 (1934 IV), S. 317 ff.; Research in International Law of the Harvard Law School. Law of Treaties, Draft Convention with

§ 534 Unter einem vr Vertrag verstehen wir eine ausdrückliche oder durch konkludente Handlungen zustandegekommene, vom VR bestimmte Willenseinigung zwischen zwei oder mehreren Staaten oder anderen Völkerrechtssubjekten, in denen sich diese zu bestimmten einseitigen oder korrespondierenden, gleichen oder verschiedenen, einmaligen oder wiederholten Leistungen, Unterlassungen oder Duldungen verpflichten.

Wesentliche Begriffsmerkmale *jedes* vr Vertrages sind daher die Völkerrechtssubjektivität der Vertragspartner[7], die *iure imperii* kontrahieren[8], sowie die Absicht der Parteien, ihre Abmachung dem VR zu unterstellen[9].

§ 535 An vr Verträgen können nicht nur Staaten, sondern auch internationale Organisationen, stabilisierte *de facto*-Herrschaften usw. teilnehmen[10]. Daher ist der häufig verwendete Ausdruck „Staatsverträge" zu eng, um alle Erscheinungsformen umfassen zu können. Auch die *Konkordate*, die der Heilige Stuhl mit den Staaten zur Regelung staats-

---

Comment, AJIL 29 (1935), Suppl., S. 653 ff.; *Kelsen*, Contribution à la théorie du traité international, Revue internationale de la théorie du droit 10 (1936), S. 253 ff.; *Vitta*, Studi sui trattati (1958); *McNair*, The Law of Treaties (1961); *Dahm*, Völkerrecht 3 (1961), S. 1 ff.; *Guggenheim / Marek*, Völkerrechtliche Verträge, WV III, S. 528 ff.; *Detter*, Essays on the Law of Treaties (1967); *Holloway*, Modern Trends in Treaty Law (1967); *Parry*, The Law of Treaties, in: *Sørensen*, (Hrsg.), Manual of Public International Law (1968), S. 175 ff.; *Schweisfurth*, Der internationale Vertrag in der modernen sowjetischen Völkerrechtstheorie (1968); *Talalajew*, Das Recht der internationalen Verträge (deutsch 1977); *Bilder*, Managing the Risks of International Agreement (1981); *Simma*, Consent: Strains in the Treaty System, in: The Structure and Process of International Law (§ 10, Anm. 1), S. 485 ff.

An Bibliographien vgl. A Select Bibliography on the Law of Treaties, in: UN Legislative Series, ST/LEG/SER. B/3: Laws and Practices Concerning the Conclusion of Treaties (1953), S. 141 ff.; Centre for Studies and Research of the Hague Academy of International Law 1968: Current Problems of the Law of Treaties (hektographiert); A Selected Bibliography on the Law of Treaties, UN Doc. A/CONF. 39/4 (Arbeitsunterlage der Wiener Konferenz 1968/69); IJIL 13 (1973), S. 668 ff.

[7] Über Ausnahmefälle von multilateralen Verträgen, an denen neben Völkerrechtssubjekten auch Nichtvölkerrechtssubjekte teilnehmen, vgl. §§ 297, Anm. 3, 682, Anm. 33.

[8] Vgl. *Seidl-Hohenveldern*, Völkerrecht (4. Aufl. 1980), S. 45 f.

[9] Vgl. Art. 2 Abs. 1 lit. a der Wiener Konvention: „... an international agreement ... governed by international law", in Verbindung mit dem Kommentar der ILC zu dem entsprechenden Draft Article 2 ihres Entwurfs 1966, ILC-Yearbook 1966 II, S. 189: „... the element of intention is embraced in the phrase ‚governed by international law' ...". Dazu *Widdows*, What is an Agreement in International Law?, BYIL 50 (1979), S. 117 ff., sowie der Großteil der unten §§ 540 ff. zu Abgrenzungsfragen, insbesondere zu den „gentlemen's agreements", angeführten Literatur. Ferner das Rundschreiben des US-State Department über die Merkmale vr Verträge, wiedergegeben im US Digest 1976, S. 263 ff.

[10] Genauer unten §§ 674, 679 f., 681.

kirchenrechtlicher Angelegenheiten abschließt, sind heute allgemein als vr Verträge anerkannt[11].

§ 536 Unsere Verträge weisen verschiedene Bezeichnungen auf. Sie können nicht nur „Staatsverträge" (z. B. österreichischer Staatsvertrag vom 15. Mai 1955), „Abkommen", „Übereinkommen", sondern auch „Abmachungen", „Notenwechsel", „Briefwechsel", „Memoranden", „Konventionen", „Procès-verbaux", „Modus vivendi", „Deklarationen" (z. B. Pariser Seerechtsdeklaration 1856)[12], „Punktationen" (z. B. Olmützer Punktationen 1850), „Akte" (z. B. Kongo-Akte 1885, Genfer Generalakte 1928), „Protokolle" (wie das Londoner Protokoll 1871 über die Pflicht zur Vertragstreue), „Pakte", „Satzungen", „Statute", „Verfassungen" o. ä. genannt werden[13]. Diese Verschiedenheit in der Nomenklatur ist als solche ohne vr Bedeutung[14], jedoch finden sich in der Staatenpraxis gewisse Regelmäßigkeiten in der Benennung, z. B. der Gründungsverträge internationaler Organisationen oder feierlich abgeschlossener politischer Verträge, die an bestimmte Verfahrensarten des Vertragsabschlusses geknüpft sind.

Natürlich kann eine Einteilung der vr Verträge auch nach ihrem Gegenstand erfolgen und demnach, jedoch ebenfalls *per se* ohne recht-

---

[11] Vgl. *Köck* (§ 412, Anm. 1), S. 316 ff.; *derselbe*, Rechtliche und politische Aspekte von Konkordaten (1983); *Ridder*, Konkordat, WV II, S. 274 ff.; *Morelli*, Cours général de droit international public, RdC 89 (1956 I), S. 535 f.; *Catalano*, Problematica giuridica dei concordati (1963); *Monaco*, Manuale di diritto internazionale pubblico (2. Aufl. 1971), S. 278; *Scheuner*, Die internationalen Beziehungen der Kirchen und das Recht auf freien Verkehr, in: *Friesenhahn / Scheuner / Listl* (Hrsg.), Handbuch des Staatskirchenrechts der Bundesrepublik Deutschland, Bd. 2 (1975), S. 333. Dagegen sind die Konkordate für *Zweifel*, Die rechtliche Natur der Vereinbarungen zwischen den Staaten und dem Apostolischen Stuhle (1948) „Verträge *sui generis*". Auch *Wengler*, Völkerrecht (1964), Bd. I, S. 289 ff., bestreitet die vr Natur der Konkordate, da diese Verträge „einer selbständigen Rechtsordnung" seien (S. 292, Anm. 1). Da es keine Legaldefinition des VR gibt (oben §§ 1 ff.), ist auch eine solche Konstruktion möglich, obgleich es uns besser erscheint, den Begriff des VR zu einem „ius inter potestates" zu erweitern, statt dem VR ein „Quasi-VR" an die Seite zu stellen.

An Dokumentationen vgl. *Schöppe*, Konkordate seit 1800. Originaltext und deutsche Übersetzung der geltenden Konkordate (1964); *derselbe*, Neue Konkordate und konkordatäre Vereinbarungen. Abschlüsse in den Jahren 1964 bis 1969 (1970).

[12] Die „Deklarationen" genannten Verträge dürfen nicht mit ebenso bezeichneten, meist grundsätzliche Fragen betreffenden Beschlüssen von Organen internationaler Organisationen, z. B. der UN-Generalversammlung, verwechselt werden. Zu letzteren unten §§ 634 ff.

[13] Weitere Beispiele bei *Satow*, A Guide to Diplomatic Practice (4. Aufl., hrsgg. von *Bland*, 1957), S. 324 ff.; *Blix / Emerson* (Hrsg.), The Treaty Maker's Handbook (1973), S. 270 ff.; *Myers*, The Name and Scope of Treaties, AJIL 51 (1957), S. 574 ff.

[14] So auch der StIGH im Fall des *Customs Régime between Germany and Austria*, A/B 41, S. 47.

liche Bedeutung, zwischen Handels-, Konsular-, Luftfahrts-, kriegsrechtlichen und humanitären Abkommen, Friedensverträgen usw. unterschieden werden.

§ 537 Die ältere Völkerrechtslehre unterschied ferner zwischen rechtsgeschäftlichen Verträgen (traités-contrats, contractual treaties), in denen einzelne konkrete Leistungen versprochen, und Vereinbarungen (traités-lois, law-making treaties), in denen generelle Normen festgelegt werden[15]. Diese Einteilung und ihre Verknüpfung mit vr Konsequenzen, etwa in Fragen der Vertragsauslegung und -beendigung, wird heute zu Recht als fragwürdig abgelehnt, da die meisten vr Verträge sowohl Züge eines Rechtsgeschäftes als auch Vereinbarungselemente enthalten. Das VR kennt also noch keine dem innerstaatlichen Gesetz analoge besondere Form für die Erzeugung genereller Normen.

Unter *rechtssoziologischen* Gesichtspunkten prägt das Interesse der beteiligten Völkerrechtssubjekte an *Gegenseitigkeit* das Zustandekommen, den Inhalt und die Erfüllung aller vr Verträge, sowohl derjenigen, die, wie ein Handels- oder Konsularvertrag, die wechselseitigen Beziehungen ihrer Parteien regeln, als auch, wenngleich in abgewandelter Form, solcher, die ihre Parteien zu einer bestimmten Behandlung der eigenen Angehörigen verpflichten, wie Abkommen humanitärer Natur[16].

§ 538 Die Wiener Konvention 1969 über das Recht der vr Verträge[17] unterscheidet zwischen *bilateralen* (zweiseitigen) und *multilateralen* (mehrseitigen, Kollektiv-)Verträgen[18]. Als Unterart der zweiten Kategorie berücksichtigt sie, ohne diese Bezeichnungen zu gebrauchen, in Art. 20 Abs. 2 die sog. „beschränkt multilateralen“ oder *„plurilateralen“*

---

[15] Dazu *Partsch*, Vereinbarungstheorie, WV III, S. 489 ff.; *Gihl*, International Legislation (1937), S. 46 ff.; *Castanos*, Les rapports de la volonté dans les traités-lois et les traités-contrats, in: Mélanges Sériades (1961), Bd. II, S. 351 ff.; *Simma*, Das Reziprozitätselement im Zustandekommen völkerrechtlicher Verträge (1972), S. 84 ff.

[16] Eingehend *Simma* (Anm. 15), *passim*, und unten §§ 753 f.

[17] Unten § 672.

[18] Vgl. *Dehaussy*, Le problème de la classification des traités et le projet de convention établi par la Commission du droit international des Nations Unies, FS Guggenheim (1968), S. 305 ff.; *Virally*, Sur la classification des traités. A propos du projet d'articles de la Commission du droit international, C & S 13 (1969), S. 16 ff.

Zur Entstehungsgeschichte der multilateralen Verträge aus Bündeln bilateraler Verträge *Lachs* (Anm. 2), S. 237 ff.; *Mosconi*, La formazione dei trattati (1968), S. 117 ff.; *Verzijl*, International Law in Historical Perspective, Bd. VI (1973), S. 142 ff.; *Marek*, Contribution à l'étude de l'histoire du traité multilatéral, FS Bindschedler, S. 17 ff. Vgl. ebd. auch zu den sog. „Halbkollektivverträgen“ (traités mi-collectifs), bei denen sich eine Mehrzahl von Staaten in zwei Gruppen gegenübersteht, wie z. B. bei den Pariser Vorortefriedensverträgen 1919. Dazu auch *Reuter*, Introduction au droit des traités (1972), S. 15 f.

Verträge, deren persönlicher Geltungsbereich nach ihrem Ziel und Zweck auf eine kleinere Zahl von Staaten beschränkt ist[19]. Im Verlauf der Ausarbeitung der Wiener Konvention wurden diesen plurilateralen Verträgen die „*general* multilateral treaties" (of a law-making character) gegenübergestellt, die auf einen universellen Geltungsbereich abzielen, weil sie Normen des allgemeinen VR kodifizieren oder nach Gegenstand und Zweck für die Gesamtheit der Staaten von Interesse sind[20]. Den politischen Hintergrund dieser juristischen Konstruktion bildete die von afro-asiatischen und kommunistischen Staaten verfochtene „All-Staaten-Doktrin", die die Aufwertung der nur teilweise als Staaten anerkannten *de facto*-Regimes auf internationaler Ebene zum Ziele hat. Um diesen Effekt zu vermeiden, fand die Kategorie der „general multilateral treaties" keine Aufnahme in den Text der Wiener Konvention. Die Vertragsrechtskonferenz verabschiedete aber eine Deklaration über die universelle Teilnahme an der Wiener Konvention, in der die UN-Generalversammlung aufgefordert wird, ebendies zu ermöglichen, und in der die Überzeugung ausgedrückt wird, daß die „general multilateral treaties" zur universellen Teilnahme offenstehen sollten[21]. In der Tat ist es widerspruchsvoll, allgemein verbindliche Normen neu festlegen oder kodifizieren zu wollen, zugleich aber bestimmte Staaten von diesem Unternehmen auszuschließen, da dadurch das angestrebte Ziel, wirklich universelle Normen zu vereinbaren, vereitelt wird.

Als dritte Unterart der multilateralen Verträge werden in Art. 5 der Wiener Konvention jene genannt, welche die Gründungsurkunde einer internationalen Organisation bilden[22], oder die im Schoß einer internationalen Organisation angenommen werden. Inwieweit diese Unterscheidungen der Wiener Konvention auch von praktischem Gewicht sind, wird bei der Behandlung des Rechts der Verträge beleuchtet werden.

---

[19] Dazu neben *Dehaussy* und *Virally* (Anm. 18) noch *Puente Egido*, Consideraciones en torno a la noción de tratado multilateral restringido, ZaöRV 29 (1969), S. 12 ff.; *Jacqué*, Eléments pour une théorie de l'acte juridique en droit international public (1972), S. 436 ff. Vgl. auch § 733.

[20] Dazu statt aller *Czerwinski*, Das Universalitätsprinzip und die Mitgliedschaft in den internationalen universalen Verträgen und Organisationen (1974); *Lukashuk*, Parties to Treaties — The Right of Participation, RdC 135 (1972 I), S. 285 ff.

[21] Deutsche Übersetzung in der Dokumentation zum DDR-Lehrbuch „Völkerrecht" (2. Aufl. 1980), Bd. 2, S. 658. Dazu *Verosta*, Die Vertragsrechts-Konferenz der Vereinten Nationen 1968/69 und die Wiener Konvention über das Recht der Verträge, ZaöRV 29 (1969), S. 681 ff.

[22] Dazu *Rosenne*, Is the Constitution of an International Organization an International Treaty?, C & S 12 (1966), S. 21 ff.; *Amaducci*, La nature juridique des traités constitutifs des organisations internationales (1971).

§ 539 Dort wird sich auch die Bedeutung einer Klassifizierung der *multilateralen* Verträge nach deren *Erfüllungsstruktur* erweisen[23]. Während nämlich die Bestimmungen einer ersten Gruppe von Kollektivverträgen jeweils zwischen Paaren von Vertragsparteien angewendet werden[24], vollzieht sich die Erfüllung einer zweiten Gruppe gleichzeitig und untrennbar zwischen sämtlichen Vertragsstaaten[25]. Eine dritte Spielart mehrseitiger Verträge schließlich wird überhaupt nicht *zwischen* ihren Parteien, sondern gleichsam „nach innen" erfüllt[26].

C. Abgrenzungen[27]

§ 540 Die nach VR abgeschlossenen Abkommen müssen von den *privatrechtlichen* Verträgen unterschieden werden, die ein Staat aufgrund der eigenen Rechtsordnung oder der seines Vertragspartners, etwa zum Ankauf eines Grundstückes für die Errichtung eines Missionsgebäudes, abschließt[27a]. Auch die grenzüberschreitende Zusammenarbeit von Gebietskörperschaften führt immer häufiger zum Abschluß derartiger Verträge und zu außerrechtlichen Absprachen[28].

§ 541 Ebensowenig gehören die *zwischen Gliedstaaten* eines Bundesstaates abgeschlossenen Verträge, die ihre Verbindlichkeit aus der ge-

[23] *Simma* (Anm. 15), S. 63 f., 66, 153 ff., 205 ff.; *Bleckmann*, Probleme der Anwendung multilateraler Verträge (1974), S. 47 ff., 66 ff.; *Reuter*, Introduction au droit des traités (1972), S. 47 f., Ziff. 81.

[24] Als Beispiel seien die Wiener Konventionen über diplomatische bzw. konsularische Beziehungen genannt.

[25] Wie beim Atomteststoppvertrag vom 5. August 1963 oder bei einem Abkommen über das Verbot der Herstellung bestimmter Waffen. Diese Erscheinungsform der sog. „*integralen*" Verträge überschneidet sich mit den früher genannten „plurilateralen" Verträgen.

[26] Wie z. B. die Europäische Menschenrechtskonvention 1950 oder das Abkommen über die politischen Rechte der Frau 1953.

[27] Zum folgenden *Wengler*, Die Abgrenzung zwischen völkerrechtlichen und nichtvölkerrechtlichen Normen im internationalen Verkehr, in: Legal Essays. A Tribute to Frede Castberg (1963), S. 332 ff.; *derselbe*, Rechtsvertrag, Konsensus und Absichtserklärung im Völkerrecht, JZ 31 (1976), S. 193 ff.; *Baxter*, International Law in „Her Infinite Variety", ICLQ 29 (1980), S. 549 ff.; *Bothe*, Legal and Non-Legal Norms — A Meaningful Distinction in International Relations?, NYIL 11 (1980), S. 65 ff.; *Bilder*, Managing the Risks of International Agreement (1981), S. 24 ff.
Zum internationalen „soft law" vgl. auch unten §§ 654 ff.

[27a] Vgl. *Verhoeven*, Traités ou contrats entre Etats? Sur les conflits de lois en droit des gens, JDI 111 (1984), S. 5 ff.

[28] Dazu *Bothe*, Rechtsprobleme grenzüberschreitender Planung, Archiv des öffentlichen Rechts 102 (1977), S. 68 ff.; G. *Burdeau*, Les accords conclus entre autorités administratives ou organismes publics de pays différents, FS Reuter (1981), S. 103 ff.; *Schlögel*, Grenzüberschreitende interkommunale Zusammenarbeit (1982); *Beyerlin*, Transfrontier Cooperation between Local or Regional Authorities, Encyclopedia [6 (1983), S. 350 ff.]. Vgl. die Entscheidung des deutschen Bundesverfassungsgerichts über den *Kehler Hafen-Vertrag* (1953), BVerfGE 2, S. 347 ff.

samtstaatlichen Rechtsordnung herleiten, zum VR. Das Recht der vr Verträge kann auf derartige Abkommen höchstens *per analogiam* Anwendung finden[29].

§ 542 Die Verträge, die zwischen Staaten und ausländischen *Privatpersonen* auf der Basis der Gleichheit abgeschlossen werden, sind bereits besprochen worden[30].

§ 543 In manchen Fällen stimmen Völkerrechtssubjekte ihr Verhalten ausdrücklich auf der Basis der Gegenseitigkeit ab, ohne dabei einen vr Vertrag abzuschließen, wie dies etwa in der Spätphase des Kalten Krieges in Gestalt der sogenannten „Politik des gegenseitigen Beispiels" zwischen USA und Sowjetunion, oder zwischen Österreich und Italien durch den „Operationskalender" zur schrittweisen Beilegung des Südtirolkonflikts geschah[31].

§ 544 Auch die *„gentlemen's agreements"*, d. s. persönliche politische Absprachen zwischen Staatsmännern verschiedener Staaten, wie die Atlantic Charter 1942 oder die Beschlüsse von Jalta und Potsdam 1945, begründen keine vr Verpflichtungen dieser Staaten, sondern nur eine moralische Bindung der Staatsmänner, sofern aus dem Inhalt oder aus den Umständen hervorgeht, daß sie aussschließlich eine persönliche Verpflichtung übernehmen wollten, sich für ein bestimmtes Verhalten einzusetzen[32].

§ 545 In gleicher Weise sind *politische Absichtserklärungen* und zwischenstaatliche *außerrechtliche Abmachungen* wie z. B. die Schlußakte der Konferenz über Sicherheit und Zusammenarbeit in Europa (KSZE) vom 1. August 1975, im Vorfeld vr Vertragsverpflichtungen angesiedelt, wenngleich gerade letztere Akte über weite Strecken hin lediglich Grundsätze und Normen bekräftigt, die für ihre Unterzeichnerstaaten als Mitglieder der UNO und anderer Verträge und Organisationen im engeren Kreis bereits vr verbindlich sind[33]. Als weitere Beispiele für

---

[29] Dazu näher unten § 945 und ebd., Anm. 3.

[30] Oben §§ 4, 429.

[31] Genauer *Simma* (Anm. 15), S. 77 ff. Vgl. ferner das in § 804, Anm. 4, genannte Beispiel (formlose Weiteranwendung von SALT I).

[32] *Münch*, Unverbindliche Abmachungen im zwischenstaatlichen Bereich, in: Festschrift für Andrassy (1968), S. 218 ff.; *derselbe*, Non-binding Agreements, ZaöRV 29 (1969), S. 1 ff.; *Rotter*, Die Abgrenzung zwischen völkerrechtlichem Vertrag und außerrechtlicher zwischenstaatlicher Abmachung, in: Internationale Festschrift für Verdross (1971), S. 413 ff.; E. *Lauterpacht*, Gentleman's Agreements, FS Mann, S. 381 ff.; *Schachter*, The Twilight Existence of Nonbinding International Agreements, AJIL 71 (1977), S. 296 ff.; *Bilder* (Anm. 27), S. 24 ff.

[33] Text der KSZE-Schlußakte etwa im Bulletin des Presse- und Informationsamtes der Bundesregierung Nr. 102 vom 15. August 1975, S. 96 ff. Dazu *Tunkin*, International Law in the International System, RdC 147 (1975 IV),

nichtvölkerrechtliche „politische“ Abmachungen seien das Moskauer Memorandum über die österreichische Neutralität 1955, die zwischen Nixon und Brežnev 1973 vereinbarten „Basic Principles of Negotiation on the Further Limitation of Strategic Offensive Arms“ (Grundlage für SALT II), das Abkommen von Camp David 1978 zwischen Israel und Ägypten oder die Londoner Richtlinien der „Nuclear Suppliers Group“ über den Export von Nukleartechnologie 1976 genannt[34]. Derartige Abmachungen können in ihrem äußerlichen Erscheinungsbild vr Verträgen täuschend ähnlich sehen. So wird im Rahmen der COST („Coopération européenne dans le domaine de la Recherche Scientifique et Technique“ zwischen den europäischen OECD-Mitgliedstaaten) neben Verträgen und Entschließungen auch das Instrument „gemeinsamer Absichtserklärungen“ über die Durchführung bestimmter Forschungsaktionen eingesetzt, die von einigen Teilnehmerstaaten wegen ihrer Form und ihrer präzisen Formulierungen als vr Verträge behandelt und demgemäß einem innerstaatlichen Genehmigungsverfahren unterworfen wurden[35], bis ihr „soft law“-Charakter 1980 durch Einfügung eines Abschnitts 5 in das für zukünftige gemeinsame Absichtserklärungen ausgearbeitete „Formularabkommen“ außer Streit gestellt wurde, wonach diese Erklärungen ausschließlich empfehlenden Charakter haben und „keine vr verbindliche Wirkung entfalten“ können.

§ 546 Ebenfalls nicht um vr Verträge, sondern um zwischenstaatlich abgesprochene Empfehlungen an Staaten und private Wirtschaftstreibende handelt es sich bei den *Verhaltenskodizes (codes of conduct)*, mit denen insbesondere transnationale Unternehmen unter stärkere Kontrolle der nationalen Rechtsordnungen gebracht und an gemeinsame wirtschafts-, entwicklungs- und sozialpolitische Zielsetzungen gebunden werden sollen. So wurde am 22. April 1980 durch eine von der Generalversammlung der Vereinten Nationen eingesetzte Verhandlungskonferenz ein „Kodex über wettbewerbsbeschränkende Geschäftspraktiken“ angenommen; im Rahmen der UNCTAD wurde ein Verhaltenskodex über den Technologietransfer entworfen[36]; eine UN-Kommission über

---

S. 71 ff.; *Schweisfurth*, Zur Frage der Rechtsnatur, Verbindlichkeit und völkerrechtlichen Relevanz der KSZE-Schlußakte, ZaöRV 36 (1976), S. 681 ff.; *Schütz* (oben § 518, Anm. 12).

[34] Zu all diesen und weiteren Beispielen *Bothe* (Anm. 27).

[35] Vgl. etwa die Beurteilung durch das österreichische Bundesministerium für Auswärtige Angelegenheiten, ÖZöffRVR 28 (1977), S. 325 f.; ferner *Jabloner / Okresek*, Theoretische und praktische Anmerkungen zu Phänomenen des „soft law“, ÖZöffRVR 34 (1983), S. 229 ff. Die Bundesrepublik Deutschland versah ihre Unterzeichnung der gemeinsamen Absichtserklärung zur Durchführung der COST-Aktion 501 mit der „Berlin-Klausel“. Zur Haltung der Schweiz vgl. SchwJIR 39 (1983), S. 181.

[36] Text auf dem Stand vom 6. Mai 1980 in ILM 19 (1980), S. 773 ff. Vgl. auch oben § 145.

transnationale Unternehmen ist mit der Ausarbeitung eines allgemeinen Verhaltenskodex für solche Unternehmen beschäftigt[37]. Die Technik der Verhaltenskodizes bleibt aber nicht auf das internationale Wirtschaftsrecht beschränkt, wie der von der UN-Generalversammlung am 17. Dezember 1979 verabschiedete „Code of Conduct for Law Enforcement Officials" (Res. 34/169) zeigt.

§ 547 Im außerrechtlichen Bereich angesiedelt sind schließlich auch die internationalen Vereinbarungen regierender *kommunistischer Parteien,* wie z. B. die am 3. August 1968 zwischen der Tschechoslowakei, Bulgarien, der DDR, Polen, der Sowjetunion und Ungarn zustandegekommene sog. „Preßburger Vereinbarung"[38].

§ 548 Solche politischen Abmachungen sind vom *pactum de contrahendo*[39] wie vom *pactum de negotiando*[40] zu unterscheiden, die beide vr Bindungen begründen. Jener Vertrag verpflichtet seine Parteien, ein Abkommen über einen bestimmten Gegenstand abzuschließen, während dieser ihnen nur auferlegt, Verhandlungen nach Treu und Glauben mit dem Ziel zu führen, eine für beide Teile annehmbare Einigung zu erreichen. In beiden Fällen müssen die Verhandlungen im Geiste der Grundsätze geführt werden, die in jenen Verträgen enthalten sind oder ihnen zugrunde liegen[41].

---

[37] Darüber *Horn* (Hrsg.), Legal Problems of Codes of Conduct for Multinational Enterprises (1980); *Francioni*, International Codes of Conduct for Multinational Enterprises: An Alternative Approach, ItYIL 3 (1977), S. 143 ff.; *Hailbronner*, Völkerrechtliche und staatsrechtliche Überlegungen zu Verhaltenskodizes für transnationale Unternehmen, FS Schlochauer, S. 329 ff.; *Baade*, The Legal Effect of Codes of Conduct for Multinational Enterprises, GYIL 22 (1979), S. 11 ff.; *Bryde*, Internationale Verhaltensregeln für Private — völkerrechtliche und verfassungsrechtliche Aspekte (1981).

[38] Dazu statt aller *Schweisfurth*, Zur völkerrechtlichen Bedeutung internationaler Vereinbarungen regierender politischer (kommunistischer) Parteien, ZaöRV 36 (1976), S. 586 ff.

[39] *Marion*, La notion de „pactum de contrahendo" dans la jurisprudence internationale, RGDIP 78 (1974), S. 351 ff. Ein Beispiel bildeten die „kompromissarischen Klauseln" in älteren Schiedsgerichtsverträgen, vgl. *Verdross*, S. 421 f.

[40] *Hahn*, Das Pactum de negotiando als völkerrechtliche Entscheidungsnorm, AWD 1972, S. 489 ff. Gegen die Unterscheidung *Beyerlin*, Pactum de contrahendo und pactum de negotiando im Völkerrecht, ZaöRV 36 (1976), S. 407 ff. Eine klare Unterscheidung wird aber auch noch in dem Urteil des Schiedsgerichtshofes für die deutschen Auslandsschulden vom 26. Januar 1972 betreffend *griechische Entschädigungsforderungen gegen die Bundesrepublik Deutschland wegen Neutralitätsverletzungen im ersten Weltkrieg* getroffen: ArchVR 16 (1973 - 1975), S. 344.

[41] Vgl. dazu die Schiedssprüche vom 4. März 1925 im *Tacna-Arica*-Streitfall zwischen Chile und Peru, RIAA II, S. 930, und vom 16. November 1957 im Falle des *Lac Lanoux*, RIAA XII, S. 307 (wo einige Beispiele einer gegen die *bona fides* verstoßenden Verhandlungsmethode angeführt werden); das Urteil des IGH über den *North Sea Continental Shelf*, ICJ Reports 1969, S. 47, den in der letzten Anm. genannten Schiedsspruch, S. 344 f., 350, sowie den

Das *pactum de contrahendo* stellt eine Unterart des Vorvertrags[42] dar, der bei Vorliegen eines entsprechenden Bindungswillens seiner Parteien genauso verpflichtet wie jeder andere vr Vertrag. Verträge dieser Art sind auch die Vorfriedensverträge, in denen die Grundlagen des abzuschließenden Friedensvertrages festgelegt werden, wie z. B. im Notenwechsel zwischen der damaligen deutschen Reichsregierung und den USA vom 3. Oktober bis 5. November 1918[43].

4. Abschnitt

Das völkerrechtliche Gewohnheitsrecht

A. Theorien über seine Entstehung

§ 549 Mangels eines zentralen vr Rechtsetzungsorgans kommt dem VGR in der Staatengemeinschaft eine viel bedeutsamere Rolle zu als im innerstaatlichen Bereich[1]. Erst in der letzten Zeit ist es gegenüber dem vr Vertrag etwas in den Hintergrund getreten[2].

Aminoil-Schiedsspruch vom 24. März 1982, der folgende „general principles that ought to be observed in carrying out an obligation to negotiate" nennt: „good faith as properly to be understood; sustained upkeep of the negotiations over a period appropriate to the circumstances; awareness of the interests of the other party; and a persevering quest for an acceptable compromise"; ILM 21 (1982), S. 1014.

[42] Dazu *Fois*, L'accordo preliminare nel diritto internazionale (1974).

[43] *Kraus / Rödiger*, Urkunden zum Friedensvertrag von Versailles vom 28. Juni 1919, I, S. 4 ff., in: *Schücking*, Kommentar zum Friedensvertrage (1920). Dazu *Kunz*, Die Revision der Pariser Friedensverträge. Eine völkerrechtliche Untersuchung (1932), S. 190 ff.

[1] Aus der jüngsten Literatur *D'Amato*, The Concept of Custom in International Law (1971); *Günther*, Zur Entstehung von Völkergewohnheitsrecht (1970); *Schweitzer*, Das Völkergewohnheitsrecht und seine Geltung für neuentstehende Staaten (1969); *Simma*, Das Reziprozitätselement in der Entstehung des Völkergewohnheitsrecht (1970); *Thirlway*, International Customary Law and Codification (1972); *Zemanek*, Die Bedeutung der Kodifizierung des Völkerrechts für seine Anwendung, in: Internationale Festschrift für A. Verdross (1971), S. 565 ff.; *Wolfke*, Custom in Present International Law (1964); *Bernhardt*, Ungeschriebenes Völkerrecht, ZaöRV 36 (1976), S. 50 ff.; *Akehurst*, Custom as a Source of International Law, BYIL 47 (1974 - 1975), S. 1 ff.; *Bleckmann*, Zur Feststellung und Auslegung von Völkergewohnheitsrecht, ZaöRV 37 (1977), S. 504 ff.; *derselbe*, Die Praxis des Völkergewohnheitsrechts als konsekutive Rechtsetzung, FS Mosler, S. 89 ff.; *Bos*, The Identification of Custom in International Law, GYIL 25 (1982), S. 9 ff.; *Cheng*, Custom: The Future of General State Practice in a Divided World, in: The Structure and Process of International Law (§ 10, Anm. 1), S. 513 ff. Diese Untersuchungen vermitteln einen guten Überblick über das umfangreiche ältere Schrifttum. Vgl. daneben auch noch die allgemeine Literatur zu den Quellen des VR oben § 515, Anm. 2.

[2] Vgl. §§ 589 ff.

Zu der Frage, welche Voraussetzungen vorliegen müssen, um die Geltung einer Norm des VGR feststellen zu können, sind verschiedene Theorien entwickelt worden[3].

§ 550 Einige Autoren haben die Auffassung vertreten, daß die *bloße Übung* der Staaten VGR erzeugen kann. So wurde vor der historischen Rechtsschule entweder nur eine alte Übung oder eine mit der Vernunft übereinstimmende Übung *(recta consuetudo)* zur Annahme einer vgr Norm verlangt[4]. Der erste Schriftsteller, der das VR ausschließlich aus der Erfahrung der (europäischen) Staatenpraxis ableitet, Johann Jakob Moser, bemerkt, daß die Staaten neben den Verträgen „das Herkommen oder die Gewohnheiten unter mehreren europäischen Staaten" als Völkerrechtsquelle anerkennen[5]. Von einer Rechtsüberzeugung ist bei ihm nicht die Rede. Auch Kelsen und Guggenheim haben dieses subjektive Erfordernis anfänglich geleugnet[6], ihre Auffassungen aber später revidiert[7].

§ 551 Heute wird allgemein anerkannt, daß nur jene Übung VGR begründet, die vom Rechtsbewußtsein *(opinio iuris sive necessitatis)* getragen wird. Darüber hinaus besteht jedoch wenig Übereinstimmung.

1. Nach der *Vertragstheorie* kommt das VGR durch einen stillschweigenden Vertrag *(pactum tacitum)* zustande. Diese Lehre finden wir schon bei Hugo Grotius, Christian Wolff und Emer de Vattel[8]; später bei Triepel, der die vgr Normen auf eine durch konkludente Handlungen entstandene Vereinbarung zurückführt[9]. Die Vertragstheorie ist von der kommunistischen Völkerrechtstheorie wieder aufgenommen worden, die daher zum Ergebnis kommt, daß Normen des VGR

---

[3] Zum folgenden *Verdross*, Entstehungsweisen und Geltungsgrund des universellen völkerrechtlichen Gewohnheitsrechts, ZaöRV 29 (1969), S. 635 ff.

[4] *Guggenheim*, Contribution à l'histoire des sources du droit des gens, RdC 94 (1958 II), S. 5 ff.; *derselbe*, Les deux éléments de la coutume en Droit international, in: Etudes en l'honneur de G. Scelle (1950), Bd. I, S. 275 ff. Zur Herausbildung der *consuetudo* als Völkerrechtsquelle *von der Heydte*, Die Geburtsstunde des souveränen Staates (1952), S. 135 ff.

[5] Versuch des neuesten europäischen Völkerrechts in Friedens- und Kriegszeiten I (1777). Vorläufige Abhandlung: Von den Normen, danach sich die europäischen Souveraines in ihren Staatshandlungen zu richten pflegen, § 5: Herkommen.

[6] *Kelsen*, Théorie du droit international coutumier, Revue internationale de la théorie du droit, Nouvelle Série 1 (1939), S. 253 ff.; *Guggenheim* (Anm. 4).

[7] *Kelsen*, Principles of International Law (2. Aufl., hrsgg. v. *Tucker*, 1966), S. 450 f.; *Guggenheim*, Traité de Droit international public I (2. Aufl. 1967), S. 103 ff.

[8] Fundstellen und Zitate bei *Verdross* (Anm. 3), S. 636 f.

[9] Völkerrecht und Landesrecht (1899), S. 30; *derselbe*, Les rapports entre le droit interne et le droit international, RdC 1 (1923 I), S. 73 ff.

nur diejenigen Staaten verpflichten können, die ihnen zugestimmt haben[10].

2. Nach der *Anerkennungstheorie* liegt der Staatenpraxis eine präexistente Norm zugrunde, die dann durch die ihr entsprechende Übung, aber ohne Schöpfungswillen, zu einer Gewohnheitsrechtsnorm gestaltet wird[11].
3. Die beiden erstgenannten Theorien werden nicht selten miteinander *verbunden*. So meint Anzilotti, daß eine Norm des VGR durch einen stillschweigenden Vertrag dann entsteht, wenn Staaten eine Norm in der Überzeugung anwenden, dazu rechtlich verpflichtet zu sein[12].
4. Nach der von Ago entwickelten Theorie des *„diritto spontaneo"* entstehen die vgr Normen spontan im Rechtsbewußtsein der Staaten und werden durch die Übung lediglich in ihrer Geltung bestätigt[13].
5. Nach der heute herrschenden Lehre wird VGR in der Regel durch eine gleichförmige Übung mit *allmählich hinzutretender Rechtsüberzeugung* gebildet[14].
6. Eine neue Erweiterung der klassischen Theorie des *„pactum tacitum"* zur *Konsenstheorie* kommt zum Ergebnis, daß eine Norm des VGR auch durch eine *einseitige* Setzung eines bestimmten Verhaltens durch einen oder mehrere Staaten entstehen kann, wenn dieses Verhalten in der Folge durch ausdrückliche Zustimmung, konkludente Handlungen oder bloße Hinnahme seitens der betroffenen Staaten, also durch einen schließlichen Konsens, der seinen Ausdruck in einer allgemeinen[15] Übung findet, zum Inhalt einer vgr Norm wird[16].

---

[10] Statt aller *Tunkin*, Völkerrechtstheorie (1972), S. 143 ff.; *derselbe*, Remarks on the Juridical Nature of Customary Norms of International Law, California Law Review 49 (1961), S. 419 ff.; *derselbe*, International Law in the International System, RdC 147 (1975 IV), S. 124 ff.; DDR-Lehrbuch, Teil 1 (2. Aufl. 1981), S. 201 ff. Die Vertragstheorie wird aber nicht von allen sowjetischen Völkerrechtlern mit gleicher Strenge vertreten; vgl. etwa *Lukashuk*, Customary Norms in Contemporary International Law (russ.), Soviet Year-Book of International Law 1978, S. 99 f. (engl. Zusammenfassung). Dazu unsere Kritik unten § 558, Anm. 18.

[11] *Heilborn*, Grundbegriffe des Völkerrechts (1912), S. 38; *derselbe*, Les sources du droit international, RdC 11 (1926 I), S. 20 ff.

[12] Lehrbuch des Völkerrechts (1929), S. 53; *derselbe*, Corso di diritto internazionale (4. Aufl. 1955), S. 71 ff.

[13] Scienza giuridica e diritto internazionale (1950); Science juridique et droit international, RdC 90 (1956 II), S. 857 ff., 932 ff.

[14] *Kelsen* und *Guggenheim* (Anm. 7); weitere Vertreter bei *Verdross* (Anm. 3), S. 640.

[15] Beachte dazu §§ 553 ff.

[16] *Suy*, Les actes juridiques unilatéraux en droit international public (1962), S. 245 ff.; 250 ff.; ähnlich *MacGibbon*, Customary International Law and Acquiescence, BYIL 33 (1957), S. 115 ff.; *Simma* (Anm. 1), S. 39 ff. Auch

Es wird nun zu untersuchen sein, inwieweit diese verschiedenen Theorien in der Staatenpraxis und insbesondere in der Judikatur des StIGH und des IGH Bestätigung erfahren.

B. Die Elemente des Völkergewohnheitsrechts

I. Art. 38 Abs. 1 lit. b des IGH-Statuts

§ 552 Art. 38 Abs. 1 lit. b des Gerichtshofstatuts nennt „das internationale Gewohnheitsrecht als Ausdruck einer allgemeinen, als Recht anerkannten Übung" (international custom, as evidence of a general practice accepted as law, la coutume internationale comme preuve d'une pratique générale acceptée comme étant le droit) als formelle Völkerrechtsquelle.

Diese Formulierung wird allgemein als wenig glücklich bezeichnet, da nicht das VGR ein Zeugnis für das Bestehen einer allgemeinen Praxis darstelle, sondern umgekehrt eine solche Praxis den Bestand von entsprechendem VGR erweise[1]. Begnügt man sich jedoch nicht mit einer wörtlichen Auslegung, die den Sinn unserer Bestimmung undeutlich läßt, sondern greift auf die Entstehungsgeschichte des Statuts des (ehemaligen) StIGH zurück[2], so zeigt sich, daß das vom Völkerbundrat zur Ausarbeitung dieses Statuts eingesetzte Komitee durchaus die zutreffende Auffassung vertrat[3], da es darüber einig war, daß eine Norm des (allgemeinen) VGR nur als bestehend angenommen werden kann,

---

die Anschauungen *McDougals* und seiner Schule zur Gewohnheitsrechtsbildung lassen sich dieser neuen Konsenstheorie eingliedern; vgl. z. B. The Hydrogen Bomb Tests and the International Law of the Sea, AJIL 49 (1955), S. 356 f. *McDougal* begreift das VR nicht als relativ statisches Normengebilde, sondern als einen kontinuierlichen, der Wertmaximierung dienenden Prozeß autoritativer Entscheidungen, von Ansprüchen und Gegenansprüchen, deren Behandlung durch die nationalen und internationalen „decision-makers" ein Spektrum von „shared expectations" über „gesolltes" zwischenstaatliches Verhalten laufend gestaltet: International Law, Power and Policy: A Contemporary Conception, RdC 82 (1953 I), S. 137 ff.; *derselbe*, Some Basic Theoretical Concepts About International Law. A Policy-Oriented Framework of Inquiry, Journal of Conflict Resolution 4 (1960), S. 337 ff.; *derselbe* (in Zusammenarbeit mit *Lasswell* und *Reisman*), The World Constitutive Process of Authoritative Decision, in: *Falk / Black* (Hrsg.), The Future of the International Legal Order, Bd. I: Trends and Patterns (1969), S. 73 ff.; *derselbe / Reisman*, International Law in Policy-Oriented Perspective, in: The Structure and Process of International Law (§ 10, Anm. 1), S. 103 ff.; *Reisman*, International Lawmaking: A Process of Communication, ASIL Proceedings 1981, S. 101 ff. Dazu *Schreuer*, New Haven Approach und Völkerrecht, in: *derselbe* (Hrsg.), Autorität und internationale Ordnung (1979), S. 63 ff.

[1] Zahlreiche Stimmen bei *Günther*, Zur Entstehung von Völkergewohnheitsrecht (1970), S. 64.

[2] Art. 32 lit. a der Wiener Konvention über das Recht der Verträge, unten § 779.

[3] Vgl. *Günther* (Anm. 1), S. 63 f.

wenn eine allgemein als Recht anerkannte Übung vorliegt. Auf diese Erfordernisse ist nun näher einzugehen.

II. Das objektive Element: die allgemeine Praxis

§ 553 Was ist unter einer „*allgemeinen*, als Recht anerkannten Übung" zu verstehen? Die Antwort auf diese Frage wird durch einen Vergleich der lit. b mit lit. a des Art. 38 des Gerichtshofstatuts erleichtert. Dort werden den vr Verträgen, „in denen von den *streitenden Staaten ausdrücklich anerkannte* Regeln festgelegt sind" (rules expressly recognized by the contesting states, des règles expressément reconnues par les Etats en litige), die Normen des allgemeinen VGR gegenübergestellt, die nicht gerade von den Streitteilen, sondern eben nur „allgemein" (in einem noch zu klärenden Sinn) angenommen sein müssen.

§ 554 Diese Auslegung wird durch die vr Judikatur bestätigt, die niemals gefragt hat, ob gerade die Streitteile eine in Rede stehende Norm des allgemeinen[4] VGR akzeptiert haben, sondern bloß, ob sie *im allgemeinen* anerkannt ist[5].

§ 555 So prüfte der StIGH im Falle des französischen Schiffes *Lotus*, das auf Hoher See einen türkischen Dampfer fahrlässig gerammt hatte und dessen Kapitän daraufhin in der Türkei vor Gericht gestellt worden war, nicht, ob die von Frankreich behauptete Gewohnheitsrechtsnorm, daß nur der Flaggenstaat zur Verfolgung solcher Delikte zuständig sei, auch von den Streitteilen anerkannt wurde, sondern bloß, ob eine dahingehende Regel aus übereinstimmender innerstaatlicher Judikatur abgeleitet werden kann, was der Gerichtshof verneinte[6].

Ebenso hat der IGH im Falle *Nottebohm* nicht untersucht, ob gerade die beiden Streitteile (Guatemala und Liechtenstein) die Norm anerkannt hatten, daß das diplomatische Schutzrecht[7] nur zugunsten jener Staatsangehörigen ausgeübt werden darf, die eine tatsächliche Anknüpfung zum Heimatstaat aufweisen. Er hat bloß geprüft, ob sich diese Norm aus der Staatenpraxis, der Judikatur und der Doktrin ableiten läßt (Selon la pratique des Etats, les décisions arbitrales et judiciaires

---

[4] Anders ist die Situation beim *partikulären* Völkergewohnheitsrecht. Dazu §§ 567 f.

[5] Vgl. neben der oben § 549, Anm. 1, angeführten Literatur speziell *Hagemann*, Die Gewohnheit als Völkerrechtsquelle in der Rechtsprechung des Internationalen Gerichtshofes, SchwJIR 10 (1953), S. 61 ff.; *Barberis*, L'élément matériel de la coutume internationale d'après la Cour de la Haye (1922 - 1966), NTIR 14 (1967), S. 367 ff.; *Skubiszewski*, Elements of Custom and the Hague Court, ZaöRV 31 (1971), S. 810 ff.

[6] A 10, S. 28. Zur heutigen Rechtslage unten § 1184.

[7] Unten §§ 1226 ff.

et les opinions doctrinales, la nationalité est un lien juridique ayant à sa base un fait social de rattachement, une solidarité effective ...)[8].

§ 556 *Positiv* versteht der IGH im *Asylum* Case unter einer allgemeinen Praxis eine von der *opinio iuris* begleitete „dauernde und einheitliche Übung" (un usage constant et uniforme)[9]. Was damit gemeint ist, wird durch folgende Fälle beleuchtet:

Im *Fisheries* Case zwischen Großbritannien und Norwegen hatte der Gerichtshof u. a. zu prüfen, ob nach einer Norm des allgemeinen VR nur jene Buchten, deren Öffnung 10 Seemeilen nicht überschreitet, zum Gebiet des Uferstaates gehören, wie es in verschiedenen Gesetzen und bilateralen Verträgen vorgesehen ist. Das Gericht verneinte die Geltung einer solchen Norm des allgemeinen VGR mit der Begründung, daß in anderen Staaten davon verschiedene Regelungen zu finden seien, und kam so zum Ergebnis, daß „la règle des dix milles n'a pas acquis l'autorité d'une règle générale de droit international"[10].

In den *North Sea Continental Shelf* Cases hatte der IGH darüber zu entscheiden, ob die in Art. 6 des Genfer Abkommens 1958 über den Festlandsockel enthaltene Bestimmung, nach der, mangels einer Einigung zwischen Nachbarstaaten und vorbehaltlich besonderer Umstände, die Regel der Äquidistanz zur Abgrenzung des Sockels Anwendung findet[11], eine Norm des allgemeinen VGR geworden sei. Der Gerichtshof

---

[8] ICJ Reports 1955, S. 23. In seinem Rechtsgutachten über die *German Settlers in Poland* beruft sich der StIGH auf eine „quasi-universelle" Praxis, B 6, S. 36; im *Lotus*-Fall spricht er von „usages acceptés généralement comme consacrant des principes de droit", A 10, S. 18. Wie R. *Geiger* aufzeigt, hat das deutsche Bundesverfassungsgericht zur Überwindung der Schwierigkeit, für die Feststellung von konkreten Normen des VGR allgemeine Praxis und Rechtsüberzeugung zu belegen, in seinen besonders ausführlich begründeten Entscheidungen zur Staatenimmunität (vgl. unten §§ 1169 ff.) ein dreistufiges Verfahren angewandt: Das Gericht sucht zunächst diejenige möglichst konkrete Regel, die sich evident auf eine umfassende Staatenpraxis stützen kann (z. B. *ne impediatur legatio, par in parem non habet imperium*). Bedarf es einer Norm spezielleren Inhalts (etwa über den Umfang der Immunität), so wird diese durch *teleologische Auslegung* des allgemeinen, fraglos geltenten Satzes im Hinblick auf den konkreten Fall gewonnen. Als dritter Schritt folgt dann die „Gegenprobe", d. h. die Beantwortung der Frage, ob das bisherige Ergebnis nicht durch eine entgegenstehende besondere Regel des allgemeinen VGR widerlegt wird. Erst auf dieser letzten Stufe kommt es somit auf die Einzelheiten der Voraussetzungen für die Entstehung von VGR an. Vgl. *Geiger*, Zur Lehre vom Völkergewohnheitsrecht in der Rechtsprechung des Bundesverfassungsgerichts, AÖR 103 (1978), S. 382 ff. (401 ff.).

[9] ICJ Reports 1950, S. 276. Ebenso aus dem Beschluß des deutschen Bundesverfassungsgerichts vom 13. Dezember 1977 im *Botschaftskonten*-Fall, BVerfGE 46, 367: „Um eine allgemeine Regel des Völkerrechts ... zu bekunden, müßte es sich ... um eine gefestigte Praxis handeln, die von den Staaten allgemein in der Überzeugung geübt wird, dazu von Völkerrechts wegen verpflichtet zu sein."

[10] ICJ Reports 1951, S. 131. Vgl. auch § 1060.

[11] Dazu § 1119.

verneinte diese Frage und bemerkte dazu, daß diese Regel auch keine in Herausbildung begriffene Norm dieser Art darstelle. Er anerkannte jedoch, daß eine vertragliche Bestimmung über den Kreis der Vertragsteile hinaus zu einer Norm des VGR werden kann. Dazu sei vor allem erforderlich, daß „the provision concerned should, at all events potentially, be of a fundamentally norm-creating character such as could be regarded as forming the basis of a general rule of law"[12], was bei der Äquidistanzregel zwar *in abstracto* möglich wäre, *in concreto* aber nicht angenommen werden könne, da sie gemäß Art. 6 des Schelfabkommens nur subsidiär gilt.

Außerdem könne sich eine bloße Vertragsbestimmung nur durch „a very widespread and representative participation" an dem betreffenden Abkommen, *einschließlich der besonders interessierten Staaten*, zu einer Norm des allgemeinen VGR ausweiten[13]. Dieser Gedanke wird wie folgt näher ausgeführt: „Although the passage of only a short period of time is not necessarily, or of itself, a bar to the formation of a new rule of customary international law on the basis of what was originally a purely conventional rule[14], an indispensable requirement would be that within the period in question, short though it might be, *State practice, including that of States whose interests are specially affected, should have been both extensive and virtually uniform* in the sense of the provision invoked; — and should moreover have occurred in such a way as to show a general recognition that a rule of law or legal obligation is involved[15]."

Im vorliegenden Fall fanden sich unter den damals 39 Staaten, welche die Konvention ratifiziert hatten, weniger als die Hälfte jener Staaten, die einen Festlandsockel erforschen oder ausbeuten. Der IGH hielt diese Teilnahme für „hardly sufficient", um eine allgemeine Übung zu begründen[16].

[12] ICJ Reports 1969, S. 41 f.

[13] Ebd., S. 42.

[14] Dazu näher § 571.

[15] ICJ Reports 1969, S. 43 (Hervorhebung von uns). Zur Problematik der Gewohnheitsrechtsentstehung aus Verträgen *D'Amato* (§ 549, Anm. 1); *derselbe*, Treaties as a Source of General Rules of International Law, Harvard International Law Club Journal 3 (1961/62), S. 1 ff.; *derselbe*, Manifest Intent and the Generation by Treaty of Customary Rules of International Law, AJIL 64 (1970), S. 892 ff.; *Baxter*, Multilateral Treaties as Evidence of Customary International Law, BYIL 41 (1965/66), S. 275 ff.; *derselbe*, Treaties and Custom, RdC 129 (1970 I), S. 25 ff.; *Doehring*, Gewohnheitsrecht aus Verträgen, ZaöRV 36 (1976), S. 77 ff.; Ph. *Manin*, Le juge international et la règle générale, RGDIP 80 (1976), S. 7 ff.; *Scheuner*, Internationale Verträge als Elemente der Bildung von völkerrechtlichem Gewohnheitsrecht, FS Mann, S. 409 ff.

Zur Bedeutung des Festlandsockelurteils für die vr Quellenlehre allgemein *Marek*, Le problème des sources du droit international dans l'arrêt sur le plateau continental de la mer du Nord, RBDI 6 (1970), S. 44 ff.

§ 557 Diese in den *Continental Shelf Cases* entwickelten Voraussetzungen für die Entstehung allgemeinen VGR gelten auch dann, wenn eine solche Norm nicht an einen Vertrag anknüpft. Danach kann die anfängliche Übung auch nur einiger weniger Staaten allgemeines VGR zur Entstehung bringen, *wenn* sich die überwältigende Mehrheit der Staaten den in dieser Übung zum Ausdruck gelangenden Rechtsbehauptungen in der Folge ausdrücklich oder stillschweigend anschließt. In umgekehrter Richtung ist der Auffassung Tunkins zu folgen, wonach „the position of the majority of States, including States of different socio-economic systems does exercise a strong influence on the position of those States which still hesitate to accept an emerging customary norm of international law. There are, therefore, important sociological factors in favour of a legal assumption that if an overwhelming majority of States including States of different socio-economic systems, recognised a customary norm the rest of the States may be considered as having tacitly accepted such a norm if there is no proof to the contrary"[17].

§ 558 Das Urteil des IGH im *Fisheries* Case enthält andererseits den wichtigen Grundsatz, daß ein Staat, der sich im Zuge der Herausbildung einer Norm des allgemeinen VGR von Anfang an ihrer Anwendung *beharrlich widersetzt* hat[18], zwar *nicht ihre Entstehung verhindern,* wohl aber erreichen kann, daß er durch sie *nicht gebunden* wird, da diese Norm ihm gegenüber „inopposable" ist. Selbst wenn die früher angeführte Zehn-Meilen-Regel für die Breite von Buchten allgemeines

---

[16] ICJ Reports 1969, S. 42. Zu diesem Problem und zu anderen negativen Einflüssen von Verträgen auf inhaltlich identisches VGR siehe *Baxter*, RdC (Anm. 15), S. 64 ff., 92 ff.

[17] International Law in the International System, RdC 147 (1975 IV), S. 131.

[18] *Brownlie* spricht treffend von einem „persistent objector": Principles of Public International Law (3. Aufl. 1979), S. 10. Dieser trägt allerdings für die Beharrlichkeit seines Widerspruchs die Beweislast. *Fitzmaurice* verlangt „open dissent, expressly manifested at the time of the formation of the rule, and consistently maintained subsequently": The General Principles of International Law, Considered from the Standpoint of the Rule of Law, RdC 92 (1957 II), S. 100.

Wir ersehen daraus, daß auch eine gewohnheitsrechtliche Bindung durch Konsens, wenngleich nicht durch einen „stillschweigenden Vertrag", entsteht. Zwar beruht jeder Vertrag auf einem Konsens, aber nicht umgekehrt, da ein Vertrag immer eine durch Erklärungen oder konkludente Handlungen erzielte Willenseinigung (consent) voraussetzt, während ein Konsens auch aus einem passiven Verhalten, aus einer widerspruchslosen Duldung erschlossen werden kann. Richtig sagt daher *Tammes*, The Status of Consent in International Law, NYIL 2 (1971), S. 11, ein „tacit consent" sei eine „contradictio in terminis".

Der Grundsatz, daß ein Staat, der gegen eine bestimmte Rechtsentwicklung beharrlich auftritt, an die von ihm abgelehnten Völkerrechtsnormen nicht gebunden werden kann, erlangt durch die tiefen Interessengegensätze in der heutigen Staatengemeinschaft immer größere Bedeutung. Er gilt für *alle* Quellen des positiven VR, darunter auch für den formlosen Konsens.

VR geworden wäre, führt der Gerichtshof nämlich aus, so wäre sie dennoch „inopposable à la Norvège, celle-ci s'étant toujours élevée contre toute tentative de l'appliquer à la côte norvégienne"[19]. Eine solche Norm gilt demnach zwar für die *anderen* Staaten als allgemeines VGR, es bleibt ihr aber versagt, eine Norm des schlechthin *universellen* VR zu werden, wenn ihr noch *vor ihrer allgemeinen Durchsetzung* von einzelnen Staaten widersprochen wurde, es sei denn, dieser Widerspruch wird später aufgehoben.

§ 559 Was die *Erscheinungsformen* der Staatenpraxis anbetrifft, die bei Vorliegen der weiteren Voraussetzungen zur Entstehung von VGR führen kann, so umfassen sie einerseits Rechtsakte und Rechtsbehauptungen staatlicher Organe, andererseits aber auch faktische Verhaltensweisen derselben, wie die Vornahme oder Unterlassung einer Verhaftung, die Ausbeutung von Bodenschätzen oder den Einsatz militärischer Mittel[20].

III. Das subjektive Element: die Anerkennung der Übung als Recht

§ 560 Art. 38 Abs. 1 lit. b verlangt zur Herausbildung einer vgr Norm neben einer „allgemeinen" Übung im soeben dargestellten Sinne deren Anerkennung „als Recht" *(opinio iuris sive necessitatis)*. Auch dieses Erfordernis wird durch die Judikatur des StIGH und des IGH näher erläutert[21]; am ausführlichsten wiederum im Urteil in den *Continental Shelf* Cases, wo der IGH klarstellt, daß *zwei* Voraussetzungen vorliegen

---

[19] ICJ Reports 1951, S. 131. Zum norwegischen Standpunkt vgl. ICJ Pleadings, Fisheries, Vol. I, S. 382f. Vgl. auch die Dissenting Opinions der Richter *Lachs* und *Sørensen* zum Schelfurteil, ICJ Reports 1969, S. 238, 247 f., sowie die Separate Opinion des Richters *Gros* im *Nuclear Tests* Case, ICJ Reports 1974, S. 286 ff. Der Grundsatz ist auch vom deutschen Bundesverfassungsgericht im *Botschaftskonten*-Fall (1977) anerkannt worden: BVerfGE 46, 389. Aus dem Schrifttum *Brownlie* (Anm. 17); *Barberis* (Anm. 5), S. 377 ff.; *Suy*, Les actes juridiques unilatéraux en droit international public (1962), S. 247 f., 261 f.; *Sørensen*, Principes de Droit international public, RdC 101 (1960 III), S. 44; *Rousseau*, Droit international public I (1970), S. 326 f.; *Akehurst* (§ 549, Anm. 1), S. 23 ff.; *Mosler*, The International Society as a Legal Community, RdC 140 (1974 IV), S. 132 f.; *Unger*, Völkergewohnheitsrecht — objektives Recht oder Geflecht bilateraler Beziehungen. Seine Bedeutung für einen „persistent objector" (1978).

[20] An dieses faktische Verhalten müssen dann allerdings vr Argumente anknüpfen, damit sich eine *opinio iuris* manifestieren kann. Zum ganzen materialreich *Akehurst*, S. 1 ff., 10. Zum Abstimmungsverhalten in der Generalversammlung vgl. unten § 637.

[21] Dazu neben der oben § 549, Anm. 1, genannten Literatur speziell *Hagemann* (Anm. 5); *Skubiszewski* (ebd.), S. 839 ff.; *Barberis*, L'*opinio juris* comme élément constitutif de la coutume d'après la Cour de la Haye, RDI 50 (1967), S. 563 ff.; *Duisberg*, Das subjektive Element im Völkergewohnheitsrecht unter besonderer Berücksichtigung der Rechtsprechung des Internationalen Gerichtshofes, JIR 12 (1965), S. 140 ff.; *Marek* (Anm. 15), S. 55 f.

müssen, um eine Vertragsnorm in VGR zu verwandeln, nämlich „[n]ot only must the acts concerned amount to a settled practice, but they must also be such, or be carried out in such a way, as to be evidence of a belief that this practice is rendered obligatory by the existence of a rule of law requiring it. The need for such a belief, i. e., the existence of a subjective element, is implicit in the very notion of *the opinio juris sive necessitatis*. The States concerned must therefore feel that they are conforming to what amounts to a legal obligation“[22]. Und weiter: „The frequency, or even habitual character of the acts is not in itself enough. There are many international acts, e. g., in the field of ceremonial and protocol, which are performed almost invariably, but which are motivated only by considerations of courtesy, convenience or tradition, and not by any sense of legal duty[23].“

Der Gerichtshof beruft sich dabei auf das früher angeführte Urteil im *Lotus* Case, in dem bereits ausgeprochen wurde, daß die bloße Unterlassung der Setzung bestimmter Akte nicht hinreicht, um eine vgr Unterlassungspflicht zu begründen. Dazu wäre auch erforderlich, daß „l'abstention était motivée par la conscience d'un devoir de s'abstenir“[24].

Ebenso hat der IGH im *Asylum* Case die Existenz eines diplomatischen Asylrechts im (regional-südamerikanischen) VGR mit der Begründung abgelehnt, daß „des considérations de convenance ou de simple opportunité politique semblent avoir déterminé l'Etat territorial à reconnaître l'asile sans que cette décision lui fût dictée par le sentiment d'un devoir juridique quelconque“[25].

§ 561 Während der IGH demnach an dem subjektiven Element der *opinio iuris* festhält, ist dieses Erfordernis in der Lehre mit verschiedenen Argumenten in Zweifel gezogen worden[26].

§ 562 Vor allem wurde eingewendet, daß das Rechtsbewußtsein ein innerseelisches Erlebnis sei, das eine juristische Person wie der Staat nicht haben könne.

---

[22] ICJ Reports 1969, S. 44. Vgl. auch ebd., S. 28, 41, 46.

[23] Ebd., S. 44. Der Gerichtshof zieht damit die in der Lehre allgemein anerkannte Grenze zwischen Völker(gewohnheits)recht und Courtoisie. Dazu oben § 6 und unten § 582.

[24] A 10, S. 28.

[25] ICJ Reports 1950, S. 286. Auch im Sachurteil über das *Right of Passage over Indian Territory* verneinte der IGH ein derartiges Recht militärischer Verbände, da die Praxis nicht von der *opinio iuris* begleitet war, ICJ Reports 1960, S. 42 f.

[26] Der Wandel in den Anschauungen von *Kelsen* und *Guggenheim* ist bereits oben § 550 erwähnt worden. Aus jüngster Zeit vgl. *Virally*, The Sources of International Law, in: *Sørensen* (Hrsg.), Manual of Public International Law (1968), S. 133 ff.; *Günther* (Anm. 1), S. 149 ff.; *Müller*, Vertrauensschutz im Völkerrecht (1971), S. 82 ff. Zum ganzen auch *Zemanek* (§ 549, Anm. 1), S. 573 ff.; *Akehurst* (ebd.), S. 31 ff.

Dieses Argument erscheint gekünstelt. Die Organe, die, für den Staat handeln und VR anwenden, sind Menschen. Nur um *ihr* Rechtsbewußtsein und um jenes der Experten, die ihnen in Völkerrechtsfragen zur Seite stehen, geht es.

Ähnliches gilt für den Einwand, daß das Rechtsbewußtsein als innerseelischer Vorgang kaum nachzuweisen sei. Denn dabei wird übersehen, daß es sich bei der Ermittlung einer Norm des VGR nicht um einen psychologischen Befund, sondern immer nur um die Deutung von Erklärungen, Duldungen oder Unterlassungen der maßgeblichen Organe drehen kann, die uns über deren Rechtsauffassung Auskunft geben. „[W]hat matters is statements, not beliefs“[27]. So berufen sich die zuständigen Organe der Außenpolitik zur Rechtfertigung faktischer Verhaltensweisen, zur Begründung eines Anspruchs oder zur Abwehr eines solchen auf von ihnen behauptete vgr Normen oder bestreiten eine vom Gegner herangezogene Norm, innerstaatliche Gerichte legen ihren Entscheidungen von ihnen angenommene Gewohnheitsrechtsregeln zugrunde, in den Erläuterungen von Gesetzesvorlagen, Motivenberichten usw. finden sich vr Ausführungen. Stets handelt es sich um *äußere* Vorgänge, die auf ein bestimmtes Rechtsbewußtsein hinweisen[28]. Dieses

---

[27] *Akehurst* (letzte Anm.), S. 36.

[28] Der Zugang zu den Erscheinungsformen der solcherart eine bestimmte Staatenpraxis begleitenden Rechtsüberzeugung (diplomatische Korrespondenz, nationale Gesetzgebung, Instruktionen, Noten, Farbbücher, Rechtsgutachten; zur Praxis nationaler Gerichte vgl. § 622, Anm. 15), um daraus induktiv Geltung und Inhalt vgr Normen zu erschließen, bereitet der Völkerrechtswissenschaft große Schwierigkeiten. Vgl. dazu das von *Hudson* erstellte Working Paper zu Art. 24 des Statuts der International Law Commission, UN Doc. A/CN. 4/16, ILC-Yearbook 1950 II, S. 24 ff.; *Green*, The Raw Materials of International Law, ICLQ 29 (1980), S. 187 ff. Allerdings wird diese Arbeit heute durch die Veröffentlichung einer wachsenden Anzahl sog. „Digests“, d. s. Repertorien der vr Praxis einzelner Staaten, wesentlich erleichtert. Bahnbrechend waren hier die *USA*, wo bereits 1877 ein Digest der US-Völkerrechtspraxis von *Cadwalader* und 1886 *Whartons* International Law Digest (3 Bände) erschien, gefolgt von *Hackworth*, Digest of International Law (7 Bände, 1 Registerband, 1940 - 43) und zuletzt *Whiteman*, Digest of International Law (14 Bände, 1 Registerband, 1963 - 72). Ab 1973 erscheint jedes Jahr ein Ergänzungsband zu diesen Werken (Digest of United States Practice in International Law). Vgl. ferner United States Code Annotated. Title 22: Foreign Relations and Intercourse (3 Bde., 1979, mit jährl. Ergänzung).

Für *Großbritannien* liegen vor: *Smith*, Great Britain and the Law of Nations (2 Bände 1932 und 1935); *McNair*, International Law Opinions (3 Bände 1956); *Parry / Collier*, Foreign Relations Law, in: Halsbury's Laws of England, 4. Aufl., Bd. 18 (1977), S. 712 ff. *Parry*, British Digest of International Law, ist im Erscheinen begriffen (bisher 5 Bände). Ebenfalls periodisch erscheint E. *Lauterpacht* (Hrsg.), British Practice in International Law.

Für *Frankreich* vgl. *Kiss*, Répertoire de la pratique française en matière de droit international public (1962 - 1972, 6 Bände, 1 Registerband). Für die *Niederlande* International Law in the Netherlands (3 Bde., 1978 - 1980). In *Italien* wurde 1970 mit der Veröffentlichung der „Prassi italiana di diritto

Rechtsbewußtsein *kann* sich auch darin zeigen, daß ein Staat gegen das Verhalten eines anderen Staates Repressalien androht oder durchführt, weil er damit zum Ausdruck bringt, daß sein Gegner eine Rechtsnorm verletzt hat[29].

§ 563 Ernster ist der Einwand, daß das Rechtsbewußtsein jener Staaten, die als erste den Bestand einer Norm des VGR behaupten und damit eine allgemeine Praxis einleiten, auf einem Irrtum beruhen muß, da die Norm ja erst durch eben diese allgemeine Übung entstehen kann[30].

Es kann aber durchaus zu einer bestimmten Übung allmählich die Überzeugung hinzutreten, eine *im Werden befindliche* Norm zu beobachten. Durch ihre wiederholte Anwendung kann zuletzt das Bewußtsein entstehen, zu einem entsprechenden Verhalten verpflichtet zu sein, da es nun von den anderen Staaten erwartet wird[31]. In anderen Fällen wiederum[32] manifestiert sich die *opinio iuris* als schließliche *Willens*übereinstimmung, den Inhalt einer anfänglich nicht aus Rechtsüberzeugung, sondern aus Erwägungen der Nützlichkeit, Billigkeit etc. befolgten Praxis zukünftig als Recht anzusehen[33].

---

internazionale" seit 1861 begonnen (bisher 7 Bände). Ein *schweizerischer* Digest (5 Bde., die Zeit von 1914 - 1939 umfassend) ist 1976 erschienen. Ein *österreichischer* Digest wird von *Verosta* vorbereitet.

Ein Repertorium der *deutschen* Völkerrechtspraxis soll im Rahmen der Fontes Iuris Gentium veröffentlicht werden. Einen Ersatz bis dahin bieten die periodisch publizierten Übersichten über die Praxis der Bundesrepublik Deutschland in der ZaöRV.

Überhaupt enthalten die wichtigsten vr *Zeitschriften und Jahrbücher* Zusammenstellungen der Völkerrechtspraxis ihrer Herkunftsländer.

Das Hauptproblem all dieser Veröffentlichungen liegt in dem oft beträchtlichen Zeitraum zwischen den Ereignissen und ihrer Wiedergabe (auch bei den Periodika 1 - 4 Jahre). Wichtig daher für den Bearbeiter aktuellster Praxis das wöchentlich erscheinende *Archiv der Gegenwart*, die *International Legal Materials* (6-mal jährlich) und die von *Rousseau* erstellte *Chronique des faits internationaux* in der RGDIP.

Zur Dokumentation der UNO-Praxis vgl. oben § 89, Anm. 1; § 116, Anm. 1.

Zum Beweiswert sogenannter „deklaratorischer" *Verträge* für die Geltung entsprechenden VGR vor allem *Baxter*, RdC (Anm. 15), S. 36 ff.

Zu den Fundstellen der vr Judikatur siehe §§ 618, Anm. 3; 620, Anm. 10.

[29] Verfehlt ist es allerdings, daraus zu folgern, daß *nur* aus der Androhung oder Anwendung von Sanktionen erkannt werden kann, ob eine Übung zu einer Norm des VGR geworden ist, da Rechtsbehauptungen in der Regel ohne Hinweis auf Sanktionen erhoben werden. So aber *Barberis* (Anm. 21).

[30] Vgl. *Kunz*, The Nature of Customary International Law, AJIL 47 (1953), S. 667; *Kelsen* (§ 550, Anm. 6), S. 263 ff.

[31] So *Balladore Pallieri*, Diritto internazionale pubblico (8. Aufl. 1962), S. 75; *Sereni*, Diritto internazionale I (1956), S. 126.

[32] Dazu unten §§ 577 ff.

[33] Vgl. *Fitzmaurice*, The General Principles of International Law, Considered from the Standpoint of the Rule of Law, RdC 92 (1957 II), S. 103, und die oben § 551, Anm. 16, genannten Autoren.

In der Regel treten neue Rechtsbehauptungen auch gar nicht im rechtsleeren Raum auf[34], sondern Staaten berufen sich auf irgendein allgemeines Rechtsprinzip oder eine andere Rechtsnorm, um daraus konkrete Völkerrechtsnormen abzuleiten. Diese setzen sich dann in der Praxis durch, weil sie allgemein als vernünftige(re) und angemessen(er)e Lösungen einer Streitfrage angesehen werden. So berief sich Hugo Grotius zur Begründung der Meeresfreiheit auf den schon von römischen Juristen anerkannten Grundsatz, daß die Benutzung der Hohen See „hominibus commune" sei[35]. Diese Behauptung trug schließlich über die von dem englischen Kronjuristen John Selden verfochtene Gegenmeinung, wonach die Hohe See eine „res nullius" und daher okkupierbar sei[36], den Sieg davon. In ähnlicher Weise stützte sich die Truman-Proklamation 1945 über den Festlandsockel auf die Rechtsbehauptung der Kontiguität[37]. Auch die in dem Pariser Luftrechtsabkommen 1919 anerkannte Herrschaft jedes Staates über seinen Luftraum[38] ging von der mittelalterlichen Rechtsbehauptung „dominus terrae est dominus coeli ac inferorum" aus.

§ 564 Ein weiterer Einwand gegen das Erfordernis der *opinio iuris* geht dahin, daß sich StIGH und IGH nur scheinbar auf sie berufen, in Wahrheit aber nur prüfen, ob eine andauernde, allgemeine Praxis vorliegt.

Diese Kritik beruht auf einem Mißverständnis. Es ist zwar richtig, daß diese Gerichtshöfe in erster Linie die Praxis untersuchen, sie erschließen aber auch aus ihr, ob die übenden Organe durch ihr Verhalten zum Ausdruck bringen, eine bereits geltende oder im Werden begriffene Norm anzuwenden. So hat der StIGH im *Lotus* Case geprüft, ob die Staaten, deren Schiffskapitäne auf Hoher See eine Kollision verschuldeten, dagegen protestierten, daß diese Personen von anderen Staaten als vom Flaggenstaat zur Verantwortung gezogen wurden. Aus der Unterlassung des Protestes zog der StIGH dann den Schluß, daß keine *opinio iuris* über die ausschließliche Zuständigkeit des Flaggenstaates zur Verfolgung solcher Handlungen nachweisbar war[39].

§ 565 Schließlich betont der IGH in den *Continental Shelf* Cases, daß eine bloße Praxis zur Bildung von VGR schon deshalb nicht hinreichen

---

[34] Wie dies bei der am 20. Dezember 1961 einstimmig beschlossenen Resolution der UN-Generalversammlung 1721 (XVI) über den Weltraum der Fall war.

[35] Mare liberum (anonym erschienen 1608), De jure belli ac pacis (1625), II, 3, § 9.

[36] Mare clausum seu de dominio maris (1685). Siehe unten § 1125.

[37] Unten § 1155.

[38] Unten § 1050.

[39] A 10, S. 29.

kann, da auch verschiedene Regeln des Protokolls und der Courtoisie „almost invariably" geübt werden[40]. Was diese Praktiken von der allgemeinen Übung einer Gewohnheitsrechtsnorm unterscheidet, ist eben das Fehlen ihrer „Anerkennung als Recht" i. S. des IGH-Statuts[41].

Dasselbe gilt für die *„Ground Rules" des nuklearen Krisenmanagement* zwischen den Militärblöcken in Ost und West[42], d. s. bestimmte Verhaltensmuster zur Verhinderung atomarer Auseinandersetzungen, die von der Schaffung verbesserter Nachrichtenverbindungen zwischen den Supermächten bis zur gegenseitigen Respektierung „negativer Einflußsphären" reichen sollen und die in den letzten Jahrzehnten mit einiger Regelmäßigkeit geübt worden sind[43]. Vor allem wegen des Mangels einer *opinio iuris* ist es verfehlt, mit verschiedenen Autoren[44] hier von einem neuen „Zwischen-Block-Gewohnheitsrecht" zu sprechen, da sich auch die beiden Supermächte und ihre Blöcke in ihren gegenseitigen Beziehungen ausnahmslos auf die UN-Charta, andere zwischen ihnen geltende Verträge und die allgemein anerkannten Normen des zwischen*staatlichen* Gewohnheitsrechts berufen.

§ 566 Ebensowenig wie eine auch noch so intensive gleichförmige Übung allein VGR erzeugen kann, reicht auch die bloße Rechtsüberzeugung dafür aus. Aus diesem Grund ist der Versuch verfehlt, die Verabschiedung gewisser Deklarationen mit „normativem" Inhalt durch die UN-Generalversammlung *per se* als Erzeugung von „instant", „pressure cooked" oder „hothouse custom" anzusehen[45]. In diesem Sinne sagt der IGH in seinem Urteil vom 18. Juli 1966 im Fall *South West Africa (Second Phase)*, daß humanitäre Erwägungen zwar die Grundlage von Rechtsnormen sein können, aber erst dann zu Recht werden, wenn sie „a sufficient expression in legal form" finden[46]. Das gilt auch für die

---

[40] ICJ Reports 1969, S. 44.

[41] Vgl. *Verdross*, Die Quellen des universellen Völkerrechts (1973), S. 108.

[42] Dazu *Simma*, Das Reziprozitätselement in der Entstehung des Völkergewohnheitsrechts (1970), S. 67 ff., und die dort genannte umfangreiche Literatur; ferner *Kliesow*, Crisis Management und Völkerrecht (jur. Diss. Freiburg 1972); J. H. *Kaiser*, Crisis Management, in: *Picht / Eisenbart* (Hrsg.), Frieden und Völkerrecht (1973), S. 623 ff.; *Neuhold*, Internationale Konflikte — verbotene und erlaubte Mittel ihrer Austragung (1977), S. 258 ff.

[43] Im Gefolge der amerikanisch-sowjetischen Annäherung haben sie z. T. Aufnahme in vr Verträge gefunden; vgl. § 487.

[44] Vgl. die Angaben bei *Simma* (Anm. 42), S. 69 f.

[45] Darüber *Cheng*, United Nations Resolutions on Outer Space: „Instant" International Customary Law?, IJIL 5 (1965), S. 23 ff.; *Jennings*, Recent Developments in the International Law Commission: Its Relation to the Sources of International Law, ICLQ 13 (1964), S. 385 ff.; *derselbe*, General Course on Principles of International Law, RdC 121 (1967 II), S. 334 f.; *Parry*, The Sources and Evidences of International Law (1965), S. 59 ff.; und unten § 571.

[46] ICJ Reports 1966, S. 34.

Umwandlung anderer sozialer Normen in Rechtsnormen, da positives Recht nur werden kann, was ein bestimmtes Rechtserzeugungsverfahren durchlaufen hat oder von ihm als geltend vorausgesetzt wird.

Dabei soll natürlich weder geleugnet werden, daß von der Generalversammlung proklamierte Grundsätze bei Vorliegen der notwendigen Voraussetzungen zu VGR werden können, noch daß die modernen internationalen Organisationen, insbesondere die UNO, durch Erleichterung und Intensivierung der zwischenstaatlichen Kommunikation und Artikulierung der *opinio iuris* wesentlich zur *Beschleunigung* der Gewohnheitsrechtsbildung beitragen[47].

IV. Besonderheiten des partikulären, regionalen und bilateralen Völkergewohnheitsrechts

§ 567 Im vorletzten Unterabschnitt ist geklärt worden, daß wir dann von einer Norm des *universellen* VGR sprechen können, wenn sich zur Zeit ihrer Herausbildung kein Staat ihrer Anwendung widersetzt hat. Ist der persönliche Geltungsbereich der Norm lediglich durch einen oder einzelne „persistent objectors" eingeschränkt[48], so läßt sich noch von *allgemeinem* VGR sprechen. Bildet sich Gewohnheitsrecht aber nur innerhalb einer kleineren, geographisch, historisch, kulturell, politisch o. ä. abgegrenzten Gruppe von Staaten, so haben wir *partikuläres* VGR vor uns. Ist diese Staatengruppe durch die gemeinsame Zugehörigkeit zu einer Region bestimmt, dann wird von regionalem VGR gesprochen, z. B. im lateinamerikanischen Bereich[49]. Derartiges partikuläres/regionales VGR darf jedoch nicht universellem zwingendem VR *(ius cogens)* widersprechen[50] und nicht in die Rechte jener Staaten ein-

---

[47] Vgl. die Dissenting Opinions des Richters *Tanaka* im Falle *South West Africa* (1966), ICJ Reports 1966, S. 291, und in den *North Sea Continental Shelf* Cases, ICJ Reports 1969, S. 177; *Müller* (Anm. 26), S. 242 ff.; *Simma*, Methodik und Bedeutung der Arbeit der Vereinten Nationen für die Fortentwicklung des Völkerrechts, in: Die Vereinten Nationen im Wandel (1975), S. 79 ff., 91 f.; *Bokor-Szegö*, Le rôle du droit coutumier dans le droit international contemporain, Acta Juridica Academiae Scientiarum Hungaricae 15 (1973), S. 311 ff.

[48] Vgl. § 558.

[49] Vgl. *Alvarez*, Le droit international américain (1910); *Moreno Quintana*, El sistema internacional americano (1925); *Yepes*, El Panamericanismo y el derecho internacional (1930); *Puig*, Les principes du droit international public américain (1954).

[50] Oben §§ 94 ff., 524 ff. In diesem Sinne machte die Bundesrepublik Deutschland 1974 vor dem IGH im *Fisheries Jurisdiction* Case geltend, daß „a new rule of customary law cannot emerge without the consent or at least the acquiecence of virtually all those States whose interests could be affected by the new rule. The Court has made the participation of the interested States an indispensable condition in those cases where the new rule has already been embodied in the general law-making convention. The Court's ruling must apply ... with even greater force to those cases where it is

greifen, die weder der betreffenden Staatengruppe angehören, noch sich deren Rechtsbehauptungen fügen[51].

§ 568 Nach der Judikatur des IGH reicht zur Begründung von Normen des partikulären/regionalen VGR eine „allgemeine" als Recht anerkannte Praxis nicht aus. Wegen ihres engen Geltungsbereiches müssen diese Normen vielmehr von *allen* Staaten anerkannt werden, die sie verpflichten sollen. So sagt der IGH im *Asylum* Case, daß regionales (lateinamerikanisches) VGR, „une prétendue coutume régionale ou locale, propre aux Etats de l'Amérique latine", nur durch eine dauernde und einheitliche Übung entstehen könnte, die von den *betroffenen* Staaten praktiziert wurde: „La Partie qui invoque *une coutume de cette nature* doit prouver qu'elle s'est constituée de telle manière qu'elle est devenue obligatoire pour l'autre Partie. Le Gouvernement ... doit prouver que la règle dont il se prévaut est conforme à un usage constant et uniforme, pratiqué par *les Etats en question* ..."[52].

§ 569 Natürlich gilt diese Qualifizierung auch für das *bilaterale (lokale)* VGR. Ein solches erschloß der IGH im Fall des *Right of Passage over Indian Territory* aus der dauernden und einheitlichen Duldung des Transits von Privatpersonen zwischen portugiesischen Enklaven während eines Zeitraums von über 125 Jahren. Dabei führte der Gerichtshof aus: „[India] objected ... that no local custom could be established between only two States. It is difficult to see why the number of States between which a local custom may be established on the basis of long practice must necessarily be larger than two. The Court sees no reason why long continued practice between two States accepted by them as regulating their relations should not form the basis of mutual rights and obligations between the two States[53]."

Paul Guggenheim lehnt allerdings ein bilaterales VGR ab und meint, daß es sich dabei um einen durch konkludente Handlungen abgeschlossenen vr Vertrag handle[54]. Er übersieht dabei, daß ein solcher nur durch

---

contended that an existing rule of customary law had changed by subsequent practice, because here not only interests but established rights of other States are affected" (zitiert nach *Mosler*, The International Society as a Legal Community, RdC 140 [1974 IV], S. 133).

[51] Unten § 585.

[52] ICJ Reports 1950, S. 276 f. (Hervorhebungen von uns). Der IGH hat diese Ansicht im Fall der *Rights of Nationals of the United States of America in Morocco* bestätigt: ICJ Reports 1952, S. 200. Dazu *D'Amato*, The Concept of Special Custom in International Law, AJIL 63 (1969), S. 211 ff.; *Akehurst* (§ 549, Anm. 1), S. 28 ff.

[53] ICJ Reports 1960. S. 39.

[54] Lokales Gewohnheitsrecht, ÖZöffR 11 (1961), S. 327 ff.; Traité de Droit international public, Bd. I (2. Aufl. 1967), S. 109. Vgl. ferner dazu *Cohen-Jonathan*, La coutume locale, AFDI 7 (1961), S. 119 ff.; *Dominicé*, Coutume

eine Willenseinigung zustande kommen kann (§ 534), während zur Entstehung einer Norm des VGR eine widerspruchslose Duldung (acquiescence) hinreicht (§ 519).

§ 570 Da der IGH auch das regionale und bilaterale VGR unter Bezugnahme auf Art. 38 Abs. 1 lit. b seines Statuts anwendet, darf die dort geforderte „Allgemeinheit" der Praxis und Rechtsüberzeugung also nicht absolut auf die gesamte Völkerrechtsgemeinschaft bezogen werden, sondern nur *relativ* auf den Kreis der Rechtsgenossen, der durch eben die betrachtete Norm gebunden wird. Ihr Vorhandensein muß nach durchaus verschiedenen Maßstäben untersucht werden[55].

V. Die Dauer und Intensität der Übung

§ 571 Die ältere Auffassung verlangte zur Herausbildung einer Norm des VGR eine länger andauernde Übung[56]. Diese Auffassung entspricht jedoch nicht mehr den Gegebenheiten der hochorganisierten und -technisierten internationalen Beziehungen von heute. In diesem Sinne ist auch für den IGH — wie bereits ausgeführt[57] — nicht die lange Dauer der Praxis, sondern nur der Umstand entscheidend, ob diese Praxis „extensive and virtually uniform" war. Dies steht durchaus im Einklang mit Art. 38 Abs. 1 lit. b des Gerichtshofstatuts, da dort über die Dauer der notwendigen Übung nichts ausgesagt wird. Gleichwohl vergeht immer eine *bestimmte* Zeit, bis sich eine intensive und einheitliche Übung entfaltet hat[58]. Wir haben bereits darauf hingewiesen, daß daher

---

bilatérale et droit de passage sur territoire suisse, SchwJIR 19 (1962), S. 71 ff.; *Francioni*, La consuetudine locale nel diritto internazionale, RDI 54 (1971), S. 396 ff.

[55] Vgl. dazu auch unten § 855.

[56] So heißt es in der Dissenting Opinion des Richters *Negulesco* zum Rechtsgutachten des StIGH über die *Jurisdiction of the European Commission of the Danube* (1927), B 14, S. 105: „La doctrine et la jurisprudence internationales sont d'accord pour reconnaître qu'il faut l'existence d'un *usage immémorial* ..." (Hervorhebung von uns).

In seiner Untersuchung zu Art. 24 des ILC-Statuts fordert *Hudson* eine „continuation or repetition of the practice over *a considerable period of time*": UN Doc. A/CN. 4/16, wiedergegeben im ILC-Yearbook 1950 II, S. 24 ff. (Zitat S. 26; Hervorhebung von uns). Im gleichen Sinne auch noch *Wengler*, Völkerrecht (1964), Bd. I, S. 174; *Jaenicke*, Völkerrechtsquellen, WV III, S. 769; *Münch*, Das Urteil des Internationalen Gerichtshofes vom 20. Februar 1969 über den deutschen Anteil am Festlandsockel in der Nordsee, ZaöRV 29 (1969), S. 464, nach dem die *vetustas* den „Begriffskern" des Gewohnheitsrechts bildet; und das deutsche Bundesverfassungsgericht: BVerfGE 15, 35; 16, 33.

[57] Vgl. oben § 556. Dazu *Marek* (Anm. 15), S. 58 ff., und *Barberis* (Anm. 5), S. 380.

[58] Sehr kurz war dieser Zeitraum z. B. bei der Bildung der Gewohnheitsrechtsnorm über die ausschließliche Hoheit der Staaten im Luftraum über ihrem Territorium; dazu *Brierly* anläßlich der Beratung der in Anm. 56 erwähnten Untersuchung *Hudsons* durch die ILC, ILC-Yearbook 1950 I, S. 5.

die Annahme eines durch gewisse Deklarationen der UN-Generalversammlung geschaffenen „instant custom“ abgelehnt werden muß[59]. Ein „plötzlich“ entstandenes VGR ist ein Unding, da es ein auf der Übung beruhendes Recht ohne Übung nicht geben kann. Allerdings schafft die „parlamentarische Diplomatie“[60] in der UN-Generalversammlung wie auch in den übrigen UN-Organen und anderen internationalen Organisationen ein Forum, auf dem der gewohnheitsrechtsbildende Prozeß zwischenstaatlicher Aktion und Reaktion ungleich dynamischer abläuft als in den traditionellen Formen der bilateralen Diplomatie[61].

§ 572 Die vom IGH verlangte „Dichte“ und Einheitlichkeit der Praxis läßt sich nicht abstrakt bestimmen. So wird eine Übung, die darauf abzielt, eine bislang anerkannte Regel des VR abzulösen, intensiver und in sich widerspruchsfreier sein müssen als Staatenpraxis, die VGR im bisher rechtsfreien Raum schafft. Der — wenn auch weniger intensiven — Praxis einer repräsentativen Anzahl von Staaten wird höhere Beweiskraft für die Entstehung von VGR zukommen als wiederholten Übungshandlungen einiger weniger Staaten[62].

VI. Derogierendes Völkergewohnheitsrecht

§ 573 Auf vgr Wege können nicht nur neue Normen geschaffen, sondern auch Normen aufgehoben *(desuetudo)* oder abgeändert werden.

§ 574 In einigen Fällen stellt sich das Verhalten des Staates, das eine neue Praxis einleitet[63], ob es sich nun von vornherein auf eine Rechtsbehauptung stützt oder nicht, zunächst als Völkerrechtsverletzung dar, da es (noch) einer allgemein anerkannten *lex lata* widerspricht. In der Folge kommt es ganz auf die Reaktion der übrigen Staaten an. Halten sie an der alten Übung und Rechtsüberzeugung fest, dann bleibt das widersprechende Verhalten ein Völkerrechtsbruch. Schließen sie sich jedoch dieser neuen Praxis an und ändert sich ihre *opinio iuris* entsprechend, so ist nunmehr die neue Übung als Recht anerkannt und damit eine neue Norm des VGR entstanden[64], die je nach ihrem persönlichen Geltungsbereich universell, allgemein oder aber partikulär sein kann[65]. In dem Stadium, in dem die Geltung der alten Norm, das Ver-

[59] Vgl. § 566 und die dort angeführten Stimmen.

[60] *Jessup*, Parliamentary Diplomacy, RdC 89 (1956 I), S. 185 ff.

[61] Vgl. oben § 566.

[62] *Akehurst* (§ 549, Anm. 1), S. 12 ff.

[63] Des „subsequent objector“ in der Terminologie *Brownlies* (Anm. 18), S. 11.

[64] Dazu *Suy* (Anm. 19), S. 263.

[65] Zu Möglichkeit und Konsequenzen einer „persistent objection“ gegen diesen Abänderungsprozeß gilt das unter § 558 Gesagte. Neues VGR *partikulärer* Natur tritt hier entweder an die Stelle alten ebenfalls partikulären

trauen in ihre Befolgung, erschüttert erscheint, die neue Norm sich aber noch nicht gefestigt hat, begegnet die Rechtsanwendung größten Schwierigkeiten[66]. Möglich ist allerdings, daß die neue Praxis auch den Interessen der übrigen Staaten an einer Rechtsänderung so weitgehend entgegenkommt, daß der Widerspruch der neuen Rechtsbehauptung zum alten Recht gar keine praktische Rolle mehr spielt, weil sich die allgemeine Rechtsauffassung so rasch im Sinn der neuen Auffassung ändert. Die Entwicklung der Festlandsockeldoktrin seit der Truman-Proklamation 1945 oder der Wirtschaftszonen bietet hierfür ein überaus anschauliches Beispiel[67].

§ 575 In anderen Fällen kann der Anstoß für eine Praxisänderung darin liegen, daß die auf der früheren Übung beruhende Norm zu weit formuliert worden war. So wurde bis gegen Ende des vorigen Jahrhunderts allgemein angenommen, daß kein Staat der Jurisdiktion eines anderen Staates unterworfen sein kann, da sie einander gleichgeordnet sind *(non enim una civitas potest facere legem super alteram, quia par in parem non habet imperium)*[68]. Diese Formulierung der in Rede stehenden Norm wurde jedoch zu einer Zeit vorgenommen, in der die Staaten nur als Träger von Hoheitsrechten auftraten oder bloß solche Geschäfte privatrechtlicher Natur tätigten, die, wie der Kauf von Waffen, eng mit der Ausübung hoheitlicher Gewalt verbunden waren. Als die Staaten dann später in größerem Umfang an normalen Handelsgeschäften teilnahmen, begann die Judikatur einer wachsenden Zahl von Staaten allmählich zwischen hoheitlichen Handlungen *(acta jure imperii)* und privatwirtschaftlicher Tätigkeit *(acta jure gestionis)* zu unterscheiden und letztere von der staatlichen Immunität auszunehmen[69]. Dabei handelt es sich in Wahrheit also nicht um die Herausbil-

---

VGR oder es löst die Einheit einer früheren allgemeinen oder universellen Regelung *dispositiven* Charakters (dazu §§ 524 ff.) in eine Mehrzahl partikulärer Völkerrechts„kreise" auf.

[66] *Zemanek* (§ 549, Anm. 1), S. 569; *Baade*, Intertemporales Völkerrecht, JIR 7 (1956), S. 235 ff.; *Bleckmann*, Völkergewohnheitsrecht trotz widersprüchlicher Praxis?, ZaöRV 36 (1976), S. 374 ff.; *Akehurst* (§ 549, Anm. 1), S. 21 ff. Man denke etwa an die Bemessung der Entschädigung bei der Nationalisierung ausländischen Vermögens. Dazu *Dolzer*, New Foundations of the Law of Expropriation of Alien Property, AJIL 75 (1981), S. 564 f. Im *Aminoil*-Schiedsspruch vom 24. März 1982 ist den auf massiven Druck der OPEC-Staaten im Gefolge der Ölkrise 1973 hin erfolgten Änderungen von Erdölkonzessionen und bei der Nationalisierung solcher Konzessionen zustandegekommener Entschädigungsregelungen die Fähigkeit zur Abänderung von VGR unter die Standards der Generalversammlungsresolution 1803 (XVII) aus dem Jahre 1962 abgesprochen worden: ILM 21 (1982), S. 1036 f.

[67] Dazu unten §§ 1112 ff. und *Simma*, Das Reziprozitätselement in der Entstehung des Völkergewohnheitsrecht (1970), S. 56 ff.

[68] Unten § 1168.

[69] Dieser Übergang zur restriktiven Staatenimmunität ließ im angelsächsischen Bereich am längsten auf sich warten, vollzog sich in den letzten

dung einer neuen Regel, sondern bloß um die Korrektur der Formulierung einer Norm, die in ihrer ursprünglichen Breite durch die Staatenpraxis gar nicht gedeckt war.

§ 576 Bleibt hingegen die allgemeine Rechtsüberzeugung bestehen, dann vermag eine ihr widersprechende Praxis weder geltendes VGR aufzuheben noch neues VGR zu schaffen. So konnten weder die völkerrechtswidrigen Flächenbombardements des Zweiten Weltkriegs den Grundsatz des Kriegsrechts, der eine direkte Beschießung nur von militärischen Objekten und bewaffneten Formationen zuläßt[70], noch der unbeschränkte U-Bootkrieg die einschlägigen Grundsätze des Seekriegsrechts[71] aufheben, da weder die Kriegführenden noch die Neutralen neue Rechtsbehauptungen aufstellten, die den Ansatzpunkt für eine dahingehende Entwicklung des vgr *ius in bello* hätten bilden können[72]. Aus denselben Gründen haben auch die wiederholten Verletzungen des zwischenstaatlichen Gewaltverbotes der UN-Charta keine neue Norm des VGR hervorgebracht[73]. Diese Beispiele zeigen uns, wie wichtig es ist, an der *opinio iuris* für die Bildung des VGR festzuhalten.

C. Verschiedene Erzeugungsarten des Völkergewohnheitsrechts

§ 577 Die Geschichte des VR zeigt uns, daß vgr Normen auf verschiedene Weise entstehen können[1].

Jahren aber auch dort (vgl. unten §§ 1169 ff.). In der Entscheidung des britischen Court of Appeals im *Trendtex* Case, [1977] 2 WLR 356, bemerkte *Lord Denning* dazu anschaulich (S. 367): „Are we to wait till every other country save England recognizes the change? Ought we not to act now? Whenever a change is made someone some time has to make the first move. One country alone may start the process. Others may follow. At first a trickle, then a stream, last a flood. England should not be left behind on the bank ... We must take the current when it serves, or lose our ventures: Julius Caesar. Act IV. sc. III."

[70] *Randelzhofer*, Flächenbombardement und Völkerrecht, FS v. d. Heydte, S. 471 ff.

[71] *Verdross*, S. 473 ff.; *Whiteman*, Digest of International Law 10 (1968), S. 644 ff.

[72] Die Kriegführenden suchten die Nichterfüllung dieser Normen vielmehr als Kriegsrepressalie zu rechtfertigen; vgl. *Whiteman*, ebd., S. 879 ff. Dazu *Stone*, Legal Controls of International Conflict (1954), S. 353 ff.; *Karlshoven*, Belligerent Reprisals (1971), S. 115 ff.

[73] Zum Gewaltverbot oben §§ 467 ff. Zum Problem seiner Effektivität *Simma*, Das Reziprozitätselement im Zustandekommen völkerrechtlicher Verträge (1972), S. 140 ff., und die dort genannten Stimmen. Zur Effektivität des VR allgemein oben §§ 68 ff.

[1] Zum folgenden *Verdross*, Entstehungsweisen und Geltungsgrund des universellen völkerrechtlichen Gewohnheitsrechts, ZaöRV 29 (1969), S. 642 ff.; *Simma*, Das Reziprozitätselement in der Entstehung des Völkergewohnheitsrechts (1970), S. 30 ff.

§ 578 Es kann ein *allgemeiner Rechtsgrundsatz* von der Staatenpraxis aufgenommen und weiterentwickelt werden. So hat diese aus dem antik-mittelalterlichen *„ius gentium"* vor allem den Grundsatz der *bona fides* rezipiert[2]. Damit untrennbar verknüpft ist die normative Grundlage des Rechts der vr Verträge, der Satz *pacta sunt servanda,* sowie die Normen, die dessen immanente Grenzen abstecken, wie der Grundsatz *inadimplenti non est adimplendum* und die (richtig verstandene) *Clausula rebus sic stantibus.* Diese Normen fanden zunächst mehr oder weniger spontan Aufnahme in das VGR und sind schließlich in die Wiener Konvention über das Recht der Verträge eingegangen[3].

§ 579 Andere Normen wurden von der Staatenpraxis aus der noch nicht national aufgespaltenen *Jurisprudenz* übernommen, wie das im vorigen Teilabschnitt dargestellte Prinzip *par in parem non habet imperium,* sowie die Grundsätze der Meeresfreiheit[4] und der Unverletzlichkeit der Gesandten[5].

In diesen beiden erstgenannten Gruppen war die Staatenpraxis schon bei den ersten Anwendungsfällen vom Bewußtsein geleitet, an damals allgemein anerkannte Rechtsgrundsätze anzuknüpfen. Das ist jedoch keineswegs überwiegend der Fall. Meistens entsteht die Rechtsüberzeugung *allmählich* in der Staatenpraxis, wie einige der nun zu schildernden Entstehungsweisen von VGR zeigen werden[6].

§ 580 Viele Regeln kamen dadurch zustande, daß zunächst in *bilateralen vr Verträgen* enthaltene Normen auch ohne solche Verträge als rechtsverbindlich angesehen wurden[7].

So finden sich verschiedene Normen des Diplomatenrechts zuerst in bilateralen Verträgen auf der Basis der Gegenseitigkeit. Ebenso entwickelte sich im 19. Jahrhundert aus vielen Handels-, Niederlassungs- und Konsularverträgen ein im VGR verankertes Fremdenrecht, das einen Mindeststandard für Ausländer anerkennt[8]. Bestimmte vgr Regeln der Seeneutralität, die sog. „Alabama Rules", entwickelten sich aus dem US-britischen Vertrag von Washington vom 8. Mai 1871[9].

---

[2] Oben §§ 60 ff., 459 ff.

[3] Art. 26, 60, 62; unten §§ 811 ff., 828 ff.

[4] Unten § 1124.

[5] Unten §§ 900 ff.

[6] Vgl. dazu auch die Dissenting Opinion des Richters *Lachs* in den *Continental Shelf* Cases, ICJ Reports 1969, S. 231.

[7] Dazu das Schrifttum oben § 556 in Anm. 15; vor allem *Baxter*, Treaties and Custom, RdC 129 (1970 I), S. 75 ff.

[8] Unten §§ 1213 f. In den *Fisheries Jurisdiction* Cases (Sachurteile) beruft sich der IGH zur Stützung seiner Annahme auf VGR beruhender präferentieller Fischereirechte bestimmter Küstenstaaten außerhalb der 12-Seemeilen-Grenze auf eine Anzahl bi- und multilateraler Verträge, ICJ Reports 1974, S. 195.

Diese Variante der Bildung von VGR aus vr Verträgen ist allerdings mit besonderer Vorsicht zu betrachten. So existieren heute hunderte von Auslieferungsverträgen weitgehend gleichförmigen Inhalts, ohne daß sich daraus eine vgr Auslieferungspflicht hätte entwickeln können[10]. Dasselbe gilt für die vertraglichen Verpflichtungen zur gerichtlichen oder schiedsgerichtlichen Beilegung zwischenstaatlicher Konflikte oder für die in zahlreichen Luftverkehrsabkommen enthaltenen Beschränkungen der Herrschaft des Territorialstaates über seinen Luftraum[11]. Die bloße Tatsache übereinstimmender Verträge kann also noch kein VGR erzeugen.

§ 581 Allgemeines VGR kann sich auch aus *mehrseitigen Verträgen*[12] entwickeln, indem die darin vereinbarten Normen über den Kreis der Vertragsparteien hinaus vgr anerkannt werden[13]. So sind z. B. die auf dem Wiener Kongreß 1815 vereinbarten Normen über die diplomatische Rangordnung in das VGR aufgenommen und schließlich durch die Wiener Konvention über die diplomatischen Beziehungen bestätigt worden[14]. Auch die Normen der Haager Landkriegsordnung sind, soweit sie nicht schon früher vgr Natur gewesen waren, seither in das VGR eingegangen, was u. a. der Nürnberger Militärgerichtshof hervorgehoben hat[15]. Als derartige Kristallisationspunkte für Rechtsüberzeugung und Staatenpraxis können sich auch noch nicht in Kraft befindliche Konventionsentwürfe, Ergebnisse internationaler Staatenkonferenzen und sogar rechtspolitische Vorschläge nichtstaatlicher Organisationen erweisen[16].

---

[9] *Baxter* (Anm. 7), S. 78 f.

[10] Der Hauptgrund dafür scheint der zu sein, daß zahlreiche innerstaatliche Gesetze eine Auslieferung ohne vertragliche Verpflichtung nicht zulassen, so daß sich eine vertragsunabhängige *opinio necessitatis* nicht herausbilden konnte; so z. B. *Akehurst*, International Affairs 50 (1974), S. 115. Vgl. ferner unten §§ 1230 f.

[11] Dazu *Guggenheim*, Traité de Droit international public I (2. Aufl. 1967), S. 105 f. Art. XI Abs. 2 des Indus Water Treaty vom 19. September 1960, UNTS 419, S. 125, legt ausdrücklich fest, daß „[n]othing in this Treaty shall be construed by the Parties as in any way establishing any general principle of law or any precedent".

[12] Insbesondere aus „*general* multilateral treaties"; vgl. § 538.

[13] Dazu die oben § 556, Anm. 15, genannte Literatur, vor allem *Baxter* (Anm. 7), S. 57 ff.; ferner *Jennings*, Treaties as „Legislation", in: Jus et Societas. Essays in Tribute to Wolfgang Friedmann (1979), S. 159 ff. In Art. 38 der Wiener Konvention über das Recht der Verträge ist diese Möglichkeit ausdrücklich anerkannt worden. Dazu unten § 771.

[14] Unten § 893.

[15] AJIL 41 (1947), S. 248. Zur Ansicht des Militärgerichtshofs im „*High Command Case*" (*US v. von Leeb et al.*) über die analoge vgr Anerkennung einiger Bestimmungen des Genfer Kriegsgefangenenabkommens 1929 vgl. *Baxter* (Anm. 7), S. 59 f. Wie bereits dargestellt (§ 556), hat der IGH in den *Continental Shelf* Cases zu den Voraussetzungen einer derartigen vgr Anerkennung von Vertragsbestimmungen ausführlich Stellung genommen.

Von einer solchen Ausweitung ist der umgekehrte Fall zu unterscheiden, daß eine Norm des VGR vertraglich kodifiziert wird[17]. So hatten z. B. die meisten Regeln der Haager Landkriegsordnung, des Genfer Übereinkommens über die Hohe See[18] oder der Wiener Konvention über das Recht der Verträge schon vorher vgr Charakter, während die durch jene Verträge neu geschaffenen Normen entweder später vgr anerkannt wurden[19] oder eine solche Rezeption erwarten lassen.

§ 582 VGR kann sich auch durch allmähliche Rezeption *außerrechtlicher Normen* bilden.

Eine bloß aus *Courtoisie* geübte Regel wird zu einer Norm des VGR, wenn die Überzeugung aufkommt, daß ihre Anerkennung als Recht für den internationalen Verkehr notwendig geworden ist *(opinio necessitatis)*. Dies geschah etwa mit den Zollprivilegien der diplomatischen Vertreter[20].

Analoges gilt für die vgr Rezeption von Grundsätzen der *Billigkeit*. So haben verschiedene Staaten in Kriegszeiten die der Küstenfischerei dienenden kleinen Fischerboote zunächst aus Gründen der Billigkeit vom Seebeuterecht ausgenommen. Seit dem 16. Jahrhundert finden sich solche Befreiungen in einzelnen Edikten und Verträgen. Erst allmählich ist aber dann der Gedanke in das *allgemeine* Bewußtsein getreten, daß ein solches Verhalten aus Gründen der Menschlichkeit geboten ist, da solche Fischer in der Regel ihr Leben notdürftig vom Fischfang fristen[21]. So hat der US-Supreme Court in den Fällen der beiden Fischerboote *The Paquete Habana* und *Lola* (1900) unterinstanzliche Urteile, die diese Schiffe zur Prise erklärten, mit der Begründung aufgehoben, daß sich die alte Übung, Fischerboote vom Prisenrecht auszunehmen, „gradually" zu einer Norm des VGR entwickelt hat[22].

---

[16] Vgl. *Lee*, The Law of the Sea Convention and Third States, AJIL 77 (1983), S. 541 ff.; *Schweisfurth*, The Influence of the Third United Nations Conference on the Law of the Sea on International Customary Law, ZaöRV 43 (1983), S. 566 ff.; *Bernhardt*, Der Einfluß der UN-Seerechtskonvention auf das geltende und künftige internationale Seerecht, in: *Delbrück* (Hrsg.), Das neue Seerecht (1984), S. 213 ff. Ferner § 591, Anm. 8.

[17] Unten §§ 589 ff.

[18] Unten §§ 1124 ff.

[19] Daraus erklärt sich, daß das gerade genannte Urteil des US-Militärgerichtshofs vom 1. Oktober 1946 beide Momente verbindet, indem es über die Haager Landkriegsordnung ausführt: „The rules of land warfare expressed in the Convention were recognized by all civilized nations and were regarded as being declaratory of the laws and customs of war." Zur „Drittwirkung" von Kodifikationskonventionen *Zemanek* (§ 549, Anm. 1), S. 590 ff.; *Jennings* (§ 515, Anm. 1).

[20] Unten § 900.

[21] Vgl. *Böhmert*, Fischerboote, WV I, S. 525.

[22] *Deák* (Hrsg.), American International Law Cases I (1971), S. 88 ff. Diese Norm ist dann durch Art. 3 des XI. Haager Abkommens 1907 über gewisse

Die Entstehung von VGR kann aber auch an zwischenstaatliche außerrechtliche Abmachungen, „gentlemen's agreements" oder Verhaltenskodizes (codes of conduct) mit nur empfehlendem Charakter[23] anknüpfen, wenn die beteiligten Staaten die ursprüngliche Absicht, ihren Konsens nicht in VR verfestigen zu wollen, aufgeben und das vorgesehene Verhalten nunmehr mit echter *opinio iuris* praktizieren. An den Nachweis dieser Rechtsüberzeugung wird jedoch ein besonders strenger Maßstab anzulegen sein[24].

§ 583 Ebenso können die in einer *Deklaration der UN-Generalversammlung* oder einer anderen internationalen Organisation proklamierten Grundsätze zu Normen des VGR werden, indem sich die Staatenpraxis einheitlich und beständig nach ihnen orientiert[25]. Hier kommt also zunächst eine Rechtsüberzeugung zustande, die dann durch die Praxis bestätigt wird, während es bei der vorher genannten Entstehungsart gerade umgekehrt liegt, da dort zu einer Übung später die *opinio iuris sive necessitatis* hinzutritt.

Aber auch aus *anderen (konkreten) Beschlüssen* und Verfahrensweisen der Organe internationaler Organisationen kann VGR entstehen, das die Verfassungsverträge dieser Organisationen abändern und ergänzen[26], aber auch das allgemeine VR fortbilden[27] kann, *wenn* diese Übung allgemein[28], insbesondere von all denjenigen Staaten, „whose interests are specially affected"[29], ausdrücklich oder durch widerspruchslose Hinnahme als neues Recht anerkannt wird. Dies darf insbesondere in den Fällen nicht aus dem Auge verloren werden, in denen die vgr Verankerung einer Organpraxis behauptet wird, die (im Gegensatz etwa zur Abänderung von Art. 27 Abs. 3 der UN-Charta über den Abstimmungsmodus im Sicherheitsrat)[30] über den internen Organisations-

---

Beschränkungen in der Ausübung des Beuterechts im Seekrieg kodifiziert worden.

[23] Vgl. zu diesen Normen im Vorhof des VR oben §§ 544 ff.

[24] Dies übersieht *Baade*, The Legal Effects of Codes of Conduct for Multinational Enterprises, GYIL 22 (1979), S. 11 ff.

[25] Unten § 637.

[26] Dazu *Seidl-Hohenveldern*, Das Recht der Internationalen Organisationen einschließlich der Supranationalen Gemeinschaften (3. Aufl. 1979), S. 222 ff.; *Müller*, Vertrauensschutz im Völkerrecht (1971), S. 244 ff.; *Virally*, The Sources of International Law, in: *Sørensen* (Hrsg.), Manual of Public International Law (1968), S. 139 f.; *Schachter*, The Quasi-Judicial Rôle of the Security Council and the General Assembly, AJIL 58 (1964), S. 960 ff.; *Higgins*, zuletzt: The United Nations and Lawmaking: The Political Organs, ASIL Proceedings 1970, S. 37 ff. Zur Möglichkeit der Änderung der UN-Charta auf diesem Wege oben § 275.

[27] *Müller* (Anm. 26), S. 253 f.; *Schachter* und *Higgins* (Anm. 26).

[28] Im oben §§ 553 ff. geklärten Sinn.

[29] *North Sea Continental Shelf*, ICJ Reports 1969, S. 43.

[30] § 153.

bereich hinauswirkt[31]. Die zur Entstehung von VGR führende Anerkennung einer Organpraxis als Recht ist aber von einem „estoppel" zu unterscheiden, der es einem Staat wegen seines früheren Verhaltens verwehren kann, die Unverbindlichkeit oder gar Rechtswidrigkeit einer derartigen Praxis geltend zu machen[32].

§ 584 In einzelnen Fällen entstanden Normen des VGR durch die allgemeine Übernahme von Grundsätzen, die sich im *innerstaatlichen Recht* entwickelt hatten. Ein älteres Beispiel dafür bildet der Beschluß des französischen Conseil d'Etat vom 20. November 1806 betreffend die Ausübung der Staatsgewalt des Uferstaates über die sein Küstenmeer durchfahrenden fremden Handelsschiffe[33], der dann durch die allgemeine Übung und schließlich auch vertraglich (Art. 10 und 20 des Genfer Übereinkommens 1958 über das Küstenmeer und die Anschlußzone) bestätigt wurde[34]. Dieser Beschluß beruhte zunächst nur auf innerstaatlichem Recht. Da er aber die Strafgewalt über fremde Schiffe zum Gegenstand hatte, bildete er zugleich den ersten Akt eines Verfahrens, das mit dem Erlaß identischer Regelungen durch andere Staaten zur Entstehung von VGR führte.

Dieses Beispiel, und mit noch größerer Deutlichkeit das Zustandekommen der vgr Regeln über die Staatenimmunität[35], stellt endgültig klar, daß VGR durch die Übung nicht nur der Organe der auswärtigen Gewalt, sondern *aller Staatsorgane,* also auch anderer Verwaltungsorgane, der Legislative, wie der Gerichtsbarkeit, entstehen kann. Die erstgenannte Meinung wurde besonders entschieden von denjenigen Autoren verfochten, die das VGR auf eine stillschweigende Vereinbarung *(pactum tacitum)* zurückführen, entsprach jedoch niemals der Staatenpraxis[36].

Die an anderer Stelle beschriebene Entwicklung der Festlandsockeldoktrin durch eine wahre Kettenreaktion auf die Proklamation des US-Präsidenten Truman vom 28. September 1945[37] illustriert ebenfalls die Entstehungsmöglichkeit von VGR aus innerstaatlichen Normen. Der

---

[31] *Conforti,* Le rôle de l'accord dans le système des Nations Unies, RdC 142 (1974 II), S. 226 ff., spricht aus diesem Grund der weitgehenden Auflösung der Zuständigkeitsgrenzen der UNO und deren Peacekeeping Operations eine vgr Grundlage ab (dazu oben §§ 248 ff., 260 ff.).

[32] Dazu *Müller* (Anm. 23), S. 249, und zum Estoppel-Grundsatz allgemein unten § 615.

[33] *Guggenheim* (Anm. 11), S. 110 f.

[34] Vgl. unten § 1074.

[35] Dazu §§ 1168 ff.

[36] Vgl. *Akehurst* (§ 549, Anm. 1), S. 8 ff.; *Mosler,* The International Society as a Legal Community, RdC 140 (1974 IV), S. 159 f.

[37] Unten § 1114; *Simma* (Anm. 1), S. 56 ff.

IGH hat sie im bereits besprochenen *Fisheries* und *Nottebohm* Case anerkannt.

§ 585 Schließlich sind verschiedene Normen des VGR *streitgeboren.* Am Ausgangspunkt ihres Entstehungsvorgangs stehen einander widersprechende Rechtsbehauptungen und darauf gestützte Ansprüche. In dem folgenden dialektischen Prozeß[38] können dann entweder bestimmte Ansprüche durch „tolérance générale“[39] allgemein anerkannt werden oder es kann ein Ausgleich zwischen den einander widerstreitenden Interessen zustande kommen.

Beispiele der ersten Art liefert uns der Grundsatz der Meeresfreiheit, der sich gegen den Anspruch einzelner Seemächte auf Beherrschung bestimmter Meeresteile im VGR durchgesetzt hat und heute auch vertraglich verankert ist[40], ferner die von Norwegen initiierte Verwendung von „straight baselines“ zur Bestimmung der inneren Küstenmeergrenze[41].

Hingegen entstanden die Normen des VGR über das Seebeuterecht durch einen *Ausgleich* zwischen den Ansprüchen der Kriegführenden auf Unterbindung des neutralen Handels mit ihren Gegnern und den Ansprüchen der neutralen Staaten auf freien Handelsverkehr[42]. Ein weiteres Beispiel der zweiten Art von brennender Aktualität bieten die gegensätzlichen Rechtsbehauptungen über Ausmaß und Modalitä-

---

[38] Anschaulich *McDougal*, The Hydrogen Bomb Tests and the Law of the Sea, AJIL 49 (1955), S. 357: „[A] process of continuous interaction, of continuous demand and response, in which the decision-makers of particular nation states unilaterally put forward claims of the most diverse and conflicting character ..., and in which other decision-makers, external to the demanding state and including both national and international officials, weigh and appraise these competing claims in terms of the interests of the world community and of the rival claimants, and ultimately accept or reject them.“

Dennoch wäre es irrig, ein solches Verfahren als die einzige Methode der Erzeugung von Normen des VGR zu betrachten, da sich viele von ihnen, wie bereits gezeigt, durchaus harmonisch entfaltet haben, weil gleichgerichtete Interessen vorlagen; vgl. *Simma* (Anm. 1), S. 31, Anm. 71. Der IGH spricht in seinen Sachurteilen in den *Fisheries Jurisdiction* Cases vom vr Seerecht richtig als dem „product of mutual accommodation, reasonableness and co-operation“: ICJ Reports 1974, S. 23 und 192. Dazu *Hafner*, Die Gefährdung der Freiheit der Hochseefischerei; das Urteil im isländischen Fischereistreit im Lichte der 3. Seerechtskonferenz der Vereinten Nationen, in: *Bernhardt / Rudolf* (Hrsg.), Die Schiffahrtsfreiheit im gegenwärtigen Völkerrecht (1975), S. 195 ff.

[39] So der IGH im *Fisheries* Case, ICJ Reports 1951, S. 138.

[40] Genauer unten § 1125.

[41] Unten § 1070; *Verdross*, Die Quellen des universellen Völkerrechts (1973), S. 117 f.

[42] Statt aller *Oppenheim*, International Law (hrsgg. von *Lauterpacht*), Bd. II (7. Aufl. 1952), S. 799 ff.

ten der vr Entschädigungspflicht bei Nationalisierungen[43]. Dieses Beispiel zeigt uns, welch entscheidende Rolle der „claims and tolerances"-Prozeß auch bei der Abänderung von VGR spielt (§ 574).

§ 586 Die Methode der Erzeugung von VGR im Kampf zwischen widerstreitenden Rechtsbehauptungen verdeutlicht auch, daß die Anerkennung einer Übung als Recht i. S. des IGH-Statuts nicht nur ausdrücklich, sondern auch dergestalt erfolgen kann, daß sich die anderen Staaten einem proklamierten oder praktizierten Anspruch *widerspruchslos fügen*, obgleich sie dagegen Stellung nehmen könnten. Eine solche widerspruchslose Hinnahme wird von der Völkerrechtslehre[44] und auch vom IGH[45] als „acquiescence" bezeichnet. Staaten, die sich derart passiv verhalten, obgleich eine Reaktion notwendig und zu erwarten wäre[46], haben sich verschwiegen, mit der Konsequenz, daß ihr späterer Widerspruch nicht mehr rechtserheblich ist, sie also vom Geltungsanspruch der neuen Gewohnheitsrechtsnorm nicht mehr befreit[47].

§ 587 Stellen wir die damit beschriebenen Erzeugungsarten des VGR den verschiedenen, eingangs geschilderten Auffassungen gegenüber, die in der Völkerrechtslehre dazu vertreten worden sind, so kommen wir zu dem Ergebnis, daß jene unterschiedlichen Prozesse nicht über den Leisten einer einzigen Theorie geschlagen werden können. Jedoch vermögen alle diese Theorien, soweit sie das subjektive Element der Rechtsüberzeugung anerkennen, zur Klärung der Entstehungsweise *bestimmter* vgr Normen beizutragen[48].

---

[43] Dazu unten §§ 1216 ff.

[44] *Waelbroeck*, L'acquiescement en droit des gens, RDI 44 (1961), S. 38 ff.; *MacGibbon*, Customary International Law and Acquiescence, BYIL 33 (1957), S. 115 ff.; *derselbe*, The Scope of Acquiescence in International Law, BYIL 31 (1954), S. 143 ff.; *Suy*, Les actes juridiques unilatéraux en droit international public (1962), S. 61 f.; *Müller*, Vertrauensschutz im Völkerrecht (1971), S. 35 ff.; *Akehurst* (§ 549, Anm. 1), S. 38 ff.

[45] Im Fall des *Temple of Preah Vihear*, ICJ Reports 1962, S. 23.

[46] Über die Bedingungen, unter denen *Protest* die Bildung von VGR oder zumindest eine Bindung des protestierenden Staates verhindern kann, *Akehurst* (§ 549, Anm. 1), S. 39 f. So wird es auf „the number of protests, the vehemence of the protests, the subsequent actions of the parties, the importance of the interests affected and the effluxion of time" ankommen (*O'Connell*, zit. bei *Akehurst* ebd.).

[47] Zur *rechtzeitigen* „persistent objection" s. § 558. Der zuletzt beschriebene Entstehungsprozeß schließt mit dem Element der Praxis in fließendem Übergang an die Völkerrechtserzeugung durch formlosen Konsens an; vgl. dazu oben §§ 518 ff.

[48] *Agos* Theorie der „spontanen Rechtserzeugung" findet eine gewisse Bekräftigung in der Art und Weise, wie der IGH in den *North Sea Continental Shelf* Cases Abgrenzungskriterien für Schelfanteile herausgearbeitet hat. Dazu *Meessen*, Völkerrechtliche Grundsätze des internationalen Kartellrechts (1975), S. 65 ff.; *Simma* (Anm. 1), S. 35.

§ 588 Die *vr Judikatur* ist für das VGR in doppelter Weise bedeutsam. Zum ersten hat sie, wie vorstehend immer wieder gezeigt worden ist, zur theoretischen Klärung der Voraussetzungen seiner Entstehung entscheidend beigetragen. Zum zweiten stellt sie die Geltung zweifelhafter Normen außer Streit. So sind verschiedene Sätze des VGR erst durch die internationale Judikatur anerkannt (rezipiert) worden, obgleich der schiedsrichterliche oder richterliche Spruch nur im konkreten Fall und *inter partes* Recht schafft[49]. Zur Begründung ihrer Ansprüche berufen sich Staaten häufig auf vr Judikate, die in Streitfällen zwischen anderen Staaten ergangen sind. So hat z. B. erst das Erkenntnis des IGH vom 9. April 1949 im *Corfu Channel* Case den Grundsatz sichergestellt, daß auch fremden Kriegsschiffen die Durchfahrt durch Meerengen, die dem internationalen Schiffsverkehr dienen, ohne Erlaubnis des oder der Uferstaaten gestattet ist[50]. Ebenso sind verschiedene Normen des VGR über Inhalt und Umfang der Wiedergutmachungspflichten, sowie über die Notwendigkeit der Erschöpfung des innerstaatlichen Rechtsweges vor einer diplomatischen Reklamation erst durch die vr Judikatur klar herausgearbeitet und abgegrenzt worden[51].

D. Die Kodifikation des Völkergewohnheitsrechts

§ 589 Unter der Kodifikation des VGR versteht man seine Umgießung in Schriftform[1]: Das ungeschriebene VR soll dadurch systematisch formuliert, präzisiert und auf eine sicherere Grundlage gestellt werden. In der Praxis ist damit immer auch eine Weiterentwicklung und Ergänzung der vgr Normen, also Rechtsschöpfung verbunden, worauf später eingegangen wird.

---

[49] So richtig *Guggenheim*, Traité de Droit international public I (2. Aufl. 1967), S. 112. Vgl. zum ganzen *Nawaz*, Are Judicial Decisions of the International Court of Justice a Source of International Law?, IJIL 19 (1979), S. 526 ff. Ferner unten §§ 618, 620.

[50] ICJ Reports 1949, S. 28. Dazu unten §§ 1081 ff.

[51] Darüber eingehend §§ 1294 ff.

[1] Vgl. neben den bereits unter § 549, Anm. 1, genannten Arbeiten von *Thirlway* und *Zemanek* noch *Kägi*, Kodifikation, WV II, S. 228 ff. (mit umfangreichen Literaturangaben); Charles *de Visscher*, La codification du droit international, RdC 6 (1925 I), S. 329 ff.; *Ago*, La codification du droit international et les problèmes de sa réalisation, FS Guggenheim, S. 93 ff.; *Marek*, Thoughts on Codification, ZaöRV 31 (1971), S. 489 ff.; *Dhokalia*, The Codification of Public International Law (1970); *Mowtschan*, Kodifizierung und Weiterentwicklung des Völkerrechts (1974); *Geck*, Völkerrechtliche Verträge und Kodifikation, ZaöRV 36 (1976), S. 96 ff.; *Martens*, Probleme der Entwicklung des Völkerrechts durch multilaterale internationale Verträge und Kodifikationen, FW 59 (1976), S. 189 ff.; *Morgenstern*, International Legislation at the Crossroads, BYIL 49 (1978), S. 101 ff.

§ 590 Bestrebungen, das VR durch Kodifikation fortzuentwickeln, finden wir auf privater wie staatlicher Ebene seit dem Beginn des 19. Jahrhunderts[2]. So wurden, um nur die wichtigsten Schritte zu nennen, auf dem Wiener Kongreß 1814/15 Regelungen über die Schiffahrt auf internationalen Strömen, die Abschaffung des Sklavenhandels und die Rangordnung diplomatischer Vertreter geschaffen. Die Pariser Seerechtsdeklaration 1856, die Genfer Rotkreuzkonventionen 1864 und 1906 und insbesondere die Haager Abkommen von 1899 und 1907 bildeten das Kriegs- und Neutralitätsrecht weiter. Ebenfalls auf den Haager Konferenzen kam der erste Kollektivvertrag über die friedliche Erledigung internationaler Streitfälle zustande. Dagegen ist die Londoner Erklärung über das Seekriegsrecht 1909 nie geltendes VR geworden. Unter den Kodifikationsbestrebungen der Völkerbundzeit ist die Haager Konferenz 1930 erwähnenswert, die sich mit dem Recht der Staatsangehörigkeit, der Territorialgewässer und der Verantwortlichkeit für Verletzungen des vr Fremdenrechts befaßte, aber nur in der erstgenannten Materie zu Teilergebnissen führte. Von großer Bedeutung waren ferner die beiden Genfer Abkommen vom 27. Juli 1929 über die Verbesserung des Loses der Verwundeten und Kranken der Heere im Felde sowie über die Behandlung der Kriegsgefangenen, die nach dem Zweiten Weltkrieg durch vier Genfer Konventionen vom 12. August 1949 über den Schutz der Kriegsopfer ausgebaut wurden. Diese Konventionen wiederum wurden durch zwei Zusatzprotokolle vom 12. Dezember 1977 an das geänderte Konfliktsbild angepaßt[3].

Aus den regionalen Kodifikationsvorhaben ragten diejenigen der Panamerikanischen Union hervor.

§ 591 Im Rahmen der *Vereinten Nationen*[4] sind die Generalversammlung und der Wirtschafts- und Sozialrat mit ihren Unterorga-

---

[2] Zur Geschichte der *privaten* Kodifikationsbemühungen vgl. die „Note on the Private Codification of Public International Law" des UN-Generalsekretariats, UN Doc. A/AC. 10/25 (1947), wiedergegeben im AJIL 41 (1947), Suppl., S. 138 ff. Davon verdienen die Arbeiten des *Institut de Droit international* und der *International Law Association* (beide 1873 gegründet) besondere Beachtung. Zur Geschichte der *offiziellen* Kodifikation vor dem Tätigkeitsbeginn der UNO vgl. die folgenden Dokumente des UN-Generalsekretariats: Historical Survey of the Development of International Law and its Codification by International Conferences, A/AC. 10/5 (1947), und: Outline of the Codification of International Law in the Inter-American System with Special Reference to the Methods of Codification, A/AC. 10/8 (1947), wiedergegeben im AJIL 41 (1947), Suppl. S. 29 ff. bzw. 116 ff.

[3] Vgl. österr. BGBl. 1982/527 (Anfang 1984 für 38 [I.] bzw. 31 [II. Zusatzprotokoll] in Kraft).

[4] *Steinberger*, Bemühungen zur Kodifizierung und Weiterbildung des Völkerrechts im Rahmen der Organisation der Vereinten Nationen, ZaöRV 28 (1968), S. 617 ff.; *Schwelb*, Neue Etappen der Fortentwicklung des Völkerrechts durch die Vereinten Nationen, ArchVR 13 (1966/1967), S. 1 ff.; *Kussbach*, Die Weiterbildung des Völkerrechts — eine friedenserhaltende Funk-

nen[5] mit der Kodifikation und Weiterbildung des VR betraut. Bei der Kodifikation des VGR spielt von diesen Unterorganen die *International Law Commission* (ILC) die wichtigste Rolle[6]. Diese 1947 geschaffene Kommission besteht seit Ende 1981 aus 34 von der Generalversammlung gewählten, aber nicht weisungsgebundenen Experten. Sie hat die Generalversammlung bei deren Aufgabe zu unterstützen, „die fortschreitende Entwicklung des Völkerrechts sowie seine Kodifizierung zu begünstigen" (Art. 13 Abs. 1 lit. a der Charta). Die ILC kommt ihrem Auftrag überwiegend durch die Ausarbeitung von Konventionsentwürfen nach, die dann von der Generalversammlung entweder diplomatischen Staatenkonferenzen zur abschließenden Behandlung übermittelt[7] oder von ihr selbst verabschiedet werden. Von den auf diese Weise zustandegekommenen Kodifikationsverträgen seien als die wichtigsten die vier Genfer seerechtlichen Übereinkommen 1958, sowie die Wiener Konventionen über diplomatische Beziehungen (1961), konsularische Beziehungen (1963), das Recht der vr Verträge (1969), die Vertretung von Staaten in ihren Beziehungen zu universellen internationalen Organisationen (1975) und die Staatennachfolge in vr Verträge (1978) und Vermögen (1983) genannt[8].

---

tion der Vereinten Nationen, ÖZA 11 (1971), S. 67 ff.; *Weissberg*, United Nations Movements Toward World Law, ICLQ 24 (1975), S. 460 ff.

[5] An solchermaßen tätigen ständigen Unterorganen vgl. neben der ILC die Menschenrechtskommission mit ihren Unterkommissionen, den Weltraumausschuß mit seinem juristischen Unterausschuß, sowie die UN Commission on International Trade Law (UNCITRAL). An temporären Ausschüssen vgl. z. B. die Ausschüsse zur Definition der Aggression, zur Erörterung der Prinzipien des Völkerrechts über die freundschaftlichen Beziehungen und die Zusammenarbeit zwischen den Staaten in Übereinstimmung mit der Charta, sowie den Meeresbodenausschuß und den Abrüstungsausschuß.

[6] Zur ILC *Briggs*, The International Law Commission (1965); *Thode*, International Law Commission — Entstehungsgeschichte, Organisation, Arbeitsweise und Tätigkeit (jur. Diss. Kiel 1972); *Ramcharan*, The International Law Commission (1977); *El Baradei / Franck / Trachtenberg*, The International Law Commission: The Need for a New Direction (UNITAR 1981), AJIL 76 (1982), S. 630 ff. Zu ihren Aufgaben *Rosenne*, The International Law Commission, 1949 - 59, BYIL 36 (1960), S. 104 ff.; *Lauterpacht*, Codification and Development of International Law, AJIL 49 (1955), S. 16 ff.; *Liang*, The General Assembly and the Progressive Development and Codification of International Law, ebd. 42 (1948), S. 66 ff.; *Jennings* (§ 566, Anm. 45); *Briggs*, Reflections on the Codification of International Law by the International Law Commission and by Other Agencies, RdC 126 (1969 I), S. 233 ff.

Die Tätigkeit der ILC läßt sich anhand der ILC-Yearbooks verfolgen, deren Vol. I die Sitzungsprotokolle, Vol. II die Arbeitsergebnisse, darunter vor allem den jährlichen Bericht an die Generalversammlung (seit einigen Jahren als Vol. II Part Two), wiedergibt. Auch im JIR (GYIL) und im AFDI werden die ILC-Arbeiten periodisch referiert.

[7] *Daudet*, Les Conférences des Nations Unies pour la codification du droit international (1968).

[8] Eine Übersicht über sämtliche Arbeitsergebnisse findet sich in der UN-Publikation „The Work of the International Law Commission" (3. Aufl. 1980).

§ 592 Art. 15 des ILC-Statuts[9] versteht dabei unter „fortschreitender Entwicklung“ (progressive development) des VR die Vorbereitung von Konventionsentwürfen auf Sachgebieten, die noch nicht vr geregelt sind oder wo das VR durch die Staatenpraxis noch nicht hinreichend entwickelt worden ist, und unterscheidet davon die „Kodifikation“ (i. e. S.) als die präzisere Formulierung und Systematisierung der Völkerrechtsnormen auf jenen Gebieten, auf denen es bereits eine ausgiebigere Staatenpraxis, Judikatur und wissenschaftliche Behandlung gibt. Diese Zweiteilung hat sich seit jeher als unpraktikabel erwiesen, weil bereits der Prozeß der ordnenden Erkenntnis von VGR ohne rechtsschöpferische Ergänzung unmöglich ist[10]. Bei der Arbeit der ILC geht es aber immer über eine solche „Restatement“-Funktion hinaus auch bewußt um die Konsolidierung des bisher ungeschriebenen VR durch seine inhaltliche Anpassung an die geänderten Bedürfnisse der heutigen universell gewordenen Staatengemeinschaft. Daher vermeidet die Kommission in ihren Berichten regelmäßig eine Festlegung darauf, nach welchen der beiden Methoden sie im einzelnen vorgegangen ist[11].

Zwischen der Verabschiedung durch die Staatenkonferenzen oder der Annahme durch die Generalversammlung und dem vr Inkrafttreten der Kodifikationsverträge vergeht allerdings eine meist beträchtliche Zeitspanne. Weiter bleibt der persönliche Geltungsbereich der Mehrzahl dieser Verträge unbefriedigend. Da diese Mängel immer fühlbarer werden, befaßt sich die Generalversammlung gegenwärtig mit einer umfassenden „Review of the multilateral treaty-making process“; vgl. den Bericht des Generalsekretärs vom August 1980, UN Doc. A/35/312 mit Addenda 1 und 2, und dessen Diskussion im Sechsten Ausschuß der Generalversammlung. Zur Problematik schon früher *Ago*, The final stage of the codification of international law, Memorandum im ILC-Yearbook 1968 II, S. 171 ff.; ferner die UNITAR-Studie „Toward Wider Acceptance of UN Treaties“ (1971) und *Rauschning*, Abschluß allgemeiner völkerrechtlicher Konventionen unter gegenwärtigen Bedingungen, Die Öffentliche Verwaltung 1975, S. 772 ff. Zur gegenwärtigen „Review“ *Hafner*, Bemerkungen zur Überprüfung des Gestaltungsprozesses internationaler multilateraler Verträge, ÖZöffRVR 32 (1981/82), S. 241 ff. Der schleppende Ablauf des „multilateral treaty-making process“ wirft die schwierige Frage auf, welche Wirkung die Kodifizierung von VGR in einem Vertrag auf seine weitere Geltung als Gewohnheitsrecht hat. Dazu *Zemanek* (oben § 549, Anm. 1), S. 587 ff., und *Baxter* (§ 580, Anm. 7). Andererseits beeinflussen auch noch nicht förmlich geltende Kodifikationskonventionen beträchtlich Staatenpraxis wie Wissenschaft, so daß sie als eine neue Art der „herrschenden Lehre“ angesehen werden können. Dazu auch *Eustathiades*, Conventions de codification non ratifiées, in: Festschrift für Wengler (1973), Bd. I, S. 77 ff.; *Geiger*, Die zweite Krise der völkerrechtlichen Rechtsquellenlehre, ÖZöffRVR 30 (1979), S. 215 ff.; *Lee* (§ 581, Anm. 16).

9 Text in der in der vorigen Anm. genannten UN-Publikation.

10 Vgl. die Ausführungen der Kommission im ILC-Yearbook 1956 II, S. 255 f.

11 z. B. in ihrer Einleitung zu den Draft Articles on the Law of Treaties, ILC-Yearbook 1966 II, S. 177. Dagegen läßt sich im Rahmen der UNO die Tendenz feststellen, die ILC mit der Kodifikation und Entwicklung der relativ unpolitischen Bereiche des VR der Koexistenz zu befassen, während die Formulierung von Prinzipien und Normen zum ersten politisch brisanter

§ 593 Die Kodifikation des VGR bringt rechtspolitisch nicht nur Vorteile. Seine Festschreibung in Vertragsform kann die Dynamik der weiteren Rechtsentwicklung hemmen. Dieser Gesichtspunkt gewinnt noch an negativem Gewicht, wenn die Kodifikation auf dem Niveau des kleinsten gemeinsamen Nenners der dabei vertretenen Rechtsauffassungen erfolgt, um einen möglichst universellen Kreis von Vertragsstaaten zu gewinnen. Gerade in den Organen und auf den Konferenzen der UNO, wo mit Mehrheitsbeschlüssen oder Consensus (§ 122) operiert wird, kommt eine Einigung auf generell-abstrakte Normen oft nur durch ganz konkrete, aber mehr oder weniger sachfremde politische Tauschgeschäfte zustande[12]. Unüberwindliche Interessengegensätze führen nicht selten zur Aufnahme dilatorischer Formelkompromisse, die rechtspolitisch wertlos, ja gefährlich sind, oder zur Erhebung von schwerwiegenden Vorbehalten, durch welche der Kodifikationsvertrag in ein Bündel bilateraler Rechtsbeziehungen verschiedenen Inhalts aufgesplittert wird[13]. Insbesondere mißglückte Kodifikationsversuche und langandauerndes Zögern zahlreicher und wichtiger Staaten mit der Ratifikation der Kodifikationsverträge können die Rechtssicherheit dadurch erschüttern, daß sie eine bisher als allgemein erscheinende *opinio iuris* aufweichen.

§ 594 Diese und weitere Argumente mahnen mit Recht zur Vorsicht, können aber die grundsätzliche Erwünschtheit, ja Notwendigkeit von Kodifikation, insbesondere aber fortschrittlicher Entwicklung des VGR nicht widerlegen. Durch die Erweiterung des Kreises der Völkerrechtssubjekte und die Intensivierung der internationalen Beziehungen bedingt, bereitet die Ermittlung vgr Normen immer größere Mühe; ganz zu schweigen von den Schwierigkeiten der Feststellung und Inhaltsbestimmung des VGR auf kontroversen und im Fluß befindlichen Gebie-

---

Natur (wie zuletzt im Seerecht, bei der Definition der Aggression oder bei der Ausarbeitung der „Friendly Relations"-Deklaration) und zum zweiten auf dem Gebiet des VR der Kooperation (vgl. oben § 53) anderen Ausschüssen übertragen wird, die meist aus weisungsgebundenen Staatenvertretern zusammengesetzt sind. So lag z. B. die Vorbereitung der 3. UN-Seerechtskonferenz (1973 - 1982) beim UN-Meeresbodenausschuß (1967 - 1973). Nach Auffassung der überwiegenden Mehrheit der Staaten sollten die Genfer Seerechtsübereinkommen 1958 nicht durch Völkerrechtsexperten revidiert, sondern auf einer diplomatischen Konferenz unter Beteiligung der gesamten Staatengemeinschaft ausgehandelt werden. Im UN-Meeresbodenausschuß waren demgemäß bis zu 90 Staaten vertreten und an der 3. UN-Seerechtskonferenz nahmen zeitweise bis zu 154 Staaten teil.

[12] Dazu scharf *Briggs*, RdC (Anm. 6), S. 310. Beispiele von der Wiener Vertragsrechtskonferenz bei *Simma*, Das Reziprozitätselement im Zustandekommen völkerrechtlicher Verträge (1972), S. 242 ff. Dazu und zum folgenden auch *Simma*, Consent: Strains in the Treaty System (§ 10, Anm. 1).

[13] Darüber *Teboul*, Remarques sur les réserves aux conventions de codification, RGDIP 86 (1982), S. 679 ff.

ten[14]. Dazu kommt, daß beim gegenwärtigen technologischen Entwicklungsstand sowohl die Weitergeltung mancher traditioneller Regeln des VGR (z. B. die Freiheit der Meere) als auch die Bildung neuen VGR (wie z. B. der Festlandsockeldoktrin) überwiegend individualistischen staatlichen Interessen entgegenkommt, während eine Normierung im wohlverstandenen Gemeininteresse nur auf dem Vertragswege erfolgen kann[15]. Entscheidend ist jedoch folgende Überlegung: Die Ausweitung der ursprünglich europäisch-amerikanischen zu einer universellen Völkerrechtsgemeinschaft[16] wie die Zunahme ihrer Interdependenz[17] sind Hand in Hand mit einem schweren Verlust an Einheitlichkeit des Wertbewußtseins dieser Gemeinschaft gegangen. Die dadurch verursachte Divergenz der Meinungen auch über Legitimität und Funktion des VGR hat nun zur Folge, daß allein der Rechtssatzform des vr Vertrages heute allgemeine und vorbehaltlose Anerkennung zuteil wird. Die rechtspolitische Konsequenz muß die Forderung nach möglichst weitgehender „Außerstreit-Stellung" des ungeschriebenen VR durch seine Kodifikation unter Berücksichtigung der fortschreitenden Entwicklung sein. Dazu tritt eine bedeutsame Legitimationswirkung, weil bei den Kodifikationsbestrebungen der UNO die Staaten der Dritten Welt an der Neuformulierung immer weiterer Bereiche des westlich geprägten VR in voller Gleichberechtigung mit den „alten" Staaten teilnehmen können[18]. Setzen sie sich dabei jedoch mit ihrer numerischen Überlegenheit über schutzwürdige Interessen dieser Staaten hinweg, wie dies insbesondere bei der Ausgestaltung der Wiener Übereinkommen 1975, 1978 und 1983 geschah[19], so verfehlt auch die „fortschreitende Entwicklung" des VR ihren Zweck, weil sie nur wirksam eintreten kann, wenn sie von *allen* maßgeblichen Staatengruppen auf der Grundlage eines *do ut des* akzeptiert wird.

---

[14] Vgl. § 574. Einen Überblick über das gegenwärtige VR im Hinblick auf seine noch umfassendere Kodifikation bietet das vom UN-Generalsekretär erstellte Working Paper „Survey of International Law", UN Doc. A/CN. 4/245, vom 23. April 1971, abgedruckt im ILC-Yearbook 1971 II, Part Two, S. 1 ff.

[15] Aus diesem Grund ist heute die Feststellung unrichtig, daß das VGR „in the long run ... corresponds better to the genuine needs of the international community", wie *Marek* (Anm. 1), S. 498, meint.

[16] Oben §§ 27 f.

[17] *Zemanek*, Zwischenabhängigkeit, WV III, S. 896 f.; Hans *Huber*, Weltweite Interdependenz. Gedanken über die grenzüberschreitenden gesellschaftlichen Verhältnisse und die Rückständigkeit des Völkerrechts (1968).

[18] So auch die ILC in der Begründung für ihren 1962 gefaßten Beschluß, das Recht der vr Verträge nicht in Gestalt eines juristisch unverbindlichen Kodex, sondern eines Konventionsentwurfes zu formulieren: ILC-Yearbook 1962 II, S. 161; 1966 II, S. 176.

[19] Darüber §§ 934 ff., 974, 997.

§ 595 Während wir im vorhergehenden unter „Kodifikation" in beiden der im ILC-Statut unterschiedenen Spielarten die vertragliche Normierung solcher Verhaltensregeln verstanden haben, die — zumindest rudimentär — vorher bereits als VGR oder als allgemeine Rechtsgrundsätze gegolten haben, bezeichnen andere Autoren mit diesem Ausdruck auch die reine *inhaltliche Erweiterung* des VR durch Ausarbeitung von Kollektivverträgen auf Gebieten, auf denen bisher keine, oder jedenfalls keine praktisch brauchbaren, vr Sachnormen existierten. Dieser erweiterte Begriff umfaßt u. a. also auch die Vertragswerke über Rüstungskontrolle, Rüstungsbeschränkung[20] und Fragen des *ius in bello*, über die Vereinheitlichung der nationalen Rechte z. B. durch die Haager Konventionen zum internationalen Privatrecht und Zivilprozeßrecht und die zahlreichen multilateralen Abkommen, die von den vr Verwaltungsunionen, den Spezialorganisationen und Sonderorganen der UNO wie den verschiedenen Regionalorganisationen[21] und speziellen Konferenzen zur Regelung aller nur denkbaren Fragen ausgearbeitet werden.

§ 596 Die bisher thematisch umfangreichste und bedeutendste Konferenz, die von der UN-Generalversammlung mit der Kodifizierung und fortschreitenden Entwicklung des Völkerrechts beauftragt wurde, war die 3. UN-Seerechtskonferenz (UNCLOS III)[22]. Sie wurde in langjährigen Beratungen vorbereitet (1967 - 1973), benötigte zur Verabschiedung des UN-Seerechtsübereinkommens 1982 (320 Artikel, 9 Anlagen)[23] elf Ses-

---

[20] Oben § 486.

[21] So hat allein der Europarat bisher über 100 Konventionen ausgearbeitet, die in der „European Treaty Series" (ETS) veröffentlicht werden.

[22] Vgl. Official Records, Third United Nations Conference on the Law of the Sea, 15 Bde. (1975 ff.); *Platzöder*, Dokumente der Dritten Seerechtskonferenz der Vereinten Nationen, 29 Bde. (1976 ff.); *dieselbe*, Third United Nations Conference on the Law of the Sea: Documents (1982 ff.).

Zum Verlauf und zu den Ergebnissen der Konferenz vgl. *Stevenson / Oxman*, AJIL 68 (1974), S. 1 ff.; 69 (1975), S. 1 ff.; *Oxman*, ebd. 71 (1977), S. 247 ff.; 72 (1978), S. 57 ff.; 73 (1979), S. 1 ff.; 74 (1980), S. 1 ff.; 75 (1981), S. 211 ff.; 76 (1982), S. 1 ff.; *Jaenicke*, Die Dritte Seerechtskonferenz der Vereinten Nationen — Grundprobleme im Überblick, ZaöRV 38 (1978), S. 438 ff.; *derselbe*, Die Dritte Seerechtskonferenz der Vereinten Nationen, NJW 1983, S. 1936 ff.; R.-J. *Dupuy*, L'océan partagé. Analyse d'une négociation (1979); *Eitel*, Seerechtsreform und Internationale Politik, AÖR 107 (1982), S. 100 ff.; *Allott*, Power Sharing in the Law of the Sea, AJIL 77 (1983), S. 1 ff.; *Monnier*, La troisième Conférence des Nations Unies sur le droit de la mer, SchwJIR 39 (1983), S. 9 ff. Vgl. ferner die unter § 1058, Anm. 5, genannten neuesten Gesamtdarstellungen des vr Seerechts.

[23] Text angenommen am 30. April 1982 (129 Pro-, 4 Gegenstimmen, 18 Enthaltungen), zur Unterzeichnung aufgelegt in Montego Bay am 10. Dezember 1982; UN Doc. A/CONF. 62/122 (mit Corrigenda). Wiedergegeben in ILM 21 (1982), S. 1261 ff. (Schlußakte ebd. 1245 ff.); in United Nations (Hrsg.), The Law of the Sea. United Nations Convention on the Law of the Sea, with Index and Final Act of the Third United Nations Conference on the Law

sionen (1973 - 1982) und setzte die Vorbereitungskommission zur Errichtung der Internationalen Meeresbodenbehörde und des Internationalen Seerechtsgerichts ein. Die Vorbereitungskommission hat 1983 in Kingston/Jamaika ihre Tätigkeit aufgenommen und wird bis zum Abschluß der ersten Session der Versammlung der Internationalen Meeresbodenbehörde bestehen[24]. Für die 3. UN-Seerechtskonferenz und für die Vorbereitungskommission wurden spezielle Verfahrensregeln ausgehandelt[25]. Die Verfahrensregeln der Konferenz beruhten auf dem von der UN-Generalversammlung beschlossenen „Gentlemen's Agreement" und bestanden aus einer Kombination von Consensus- und Abstimmungsverfahren. Damit wurde bewirkt, daß einerseits alle Anstrengungen zur Erzielung eines auf möglichst breiter Zustimmung beruhenden Verhandlungsergebnisses gemacht werden und andererseits die Verabschiedung des UN-Seerechtsübereinkommens 1982 durch Mehrheitsentscheidung erfolgen, also nicht durch Minderheiten verhindert werden konnte. Für die Vorbereitungskommission wurden diese Verfahrensregeln weitgehend übernommen. Eine Reihe besonders wichtiger Entscheidungen der Vorbereitungskommission (Finanzierungs- und Tiefseebergbaufragen) müssen im Consensus-Verfahren getroffen werden, wobei „Consensus" als „the absence of any formal objection" definiert wird[26].

---

of the Sea (1983); bei *Platzöder / Vitzthum* (Hrsg.), Seerecht. Law of the Sea (1984), S. 69 ff. (Konventionstext), 307 ff. (Schlußakte und Resolutionen). Bei Drucklegung war noch keine amtliche deutsche Übersetzung zugänglich. An Literatur zum UN-Seerechtsübereinkommen vgl. neben den in Anm. 22 genannten Stimmen zur Konferenz das in § 1058, Anm. 5, angeführte neueste allgemeine seerechtliche Schrifttum; ferner *Caflisch*, La Convention des Nations Unies sur le droit de la mer adoptée le 30 avril 1982, SchwJIR 39 (1983), S. 39 ff.

[24] Zum „Follow-up" von UNCLOS III vgl. den Bericht des UN-Generalsekretärs an die Generalversammlung vom 18. November 1983, UN Doc. A/38/570, ILM 22 (1983), S. 1322 ff.

[25] Darüber die in § 700, Anm. 4 und 6, genannte Literatur; ferner *Treves*, Devices to Facilitate Consensus: The Experience of the Law of the Sea Conference, ItYIL 2 (1976), S. 39 ff.; *derselbe*, Une nouvelle technique dans la codification du droit international: le Comité de rédaction de la Conférence sur le droit de la mer, AFDI 27 (1981), S. 65 ff.; *Lévy*, La Conférence des Nations Unies sur le droit de la mer (Histoire d'une négociation singulière) (1983).

[26] Vgl. UN Doc. LOS/PCN/WP 15, vom 7. September 1983.

5. Abschnitt

Die allgemeinen Rechtsgrundsätze

A. Historische Einführung

§ 597 Im ersten Hauptabschnitt ist bereits darauf hingewiesen worden, daß das mit der Herausbildung der modernen Staatengemeinschaft entstandene VR keine radikale Neuschöpfung darstellt, sondern an Übungen der früheren lehensrechtlichen Ordnung und an damals allgemein anerkannte Rechtsgrundsätze anknüpfte[1]. Diese Rechtsgrundsätze finden wir teils schon bei den antiken Autoren, vorwiegend aber im kanonischen Recht, in der Glosse und bei den Kommentatoren, deren Hauptvertreter Bartolus und Baldus die Grundgedanken der römischen Jurisprudenz in den sogenannten *„regulae iuris"* zusammenfaßten[2]. Ein Teil dieser Regeln wurde in der Folge von der Staatenpraxis rezipiert. Ebenso anerkannte die mittelalterliche Schiedsgerichtsbarkeit eine auch die Staaten verpflichtende *justitia* und *aequitas* und daraus abgeleitete allgemeine Rechtsgrundsätze als Rechtsquellen[3].

§ 598 Als dann nach einer langen Unterbrechung mit dem Abschluß des Jay Treaty 1794 zwischen Großbritannien und den USA die moderne Schiedsgerichtsbarkeit einsetzte, knüpfte diese an die Tradition an, ihren Entscheidungen nicht nur Normen des Vertrags- und VGR zugrundezulegen, sondern darüber hinaus auch Rechtsgrundsätze anzuwenden, die von diesen beiden Rechtsquellen noch nicht rezipiert worden waren.

So befand die auf Grund des Jay Treaty eingesetzte Gemischte Kommission 1797 im Fall des US-Schiffes *Neptune*, daß eine sonst verbotene

---

[1] Vgl. *Guggenheim*, Jus gentium, jus naturale, jus civile et la Communauté internationale issue de la divisio regnorum intervenue au cours des 12e et 13e siècles, C & S 7 (1955), S. 1 ff.

[2] *Stein*, Regulae juris (1966). Auf deren Bedeutung für die Herausbildung des modernen VR weist erstmalig *Verdross*, Die Quellen des universellen Völkerrechts (1973), S. 121, hin. Dazu gehören die Grundsätze *pacta sunt servanda*, die *clausula rebus sic stantibus* (Bartolus zu Digesten 12, 4, 8), *qui tacet consentire videtur* (de regulis juris. Bonifacius VIII, regula 43), *nemo potest ad impossibile obligari* (regula 6), *quod semel placuit amplius displicere non potest* (regula 21) und *mutare consilium non potest in alterius detrimentum* (regula 33). Diese und ähnliche Formeln wurden später zum allgemeinen Rechtsgrundsatz *venire contra factum proprium non valet* oder *allegans contraria non est audiendus* zusammengefaßt, der dem Estoppel-Prinzip des englischen Rechts entspricht. In Verbindung damit stehen die Rechtsgrundsätze *nemo ex suo delicto meliorem suam conditionem facere potest* und *nullus commodum capere potest de sua propria iniuria.*

[3] *de Taube*, Les origines de l'arbitrage international. Antiquité et Moyen Age, RdC 42 (1932 IV), S. 91 ff.; *Kipp*, Völkerordnung und Völkerrecht im Mittelalter (1950).

Beschlagnahme von Lebensmitteln auf fremden Handelsschiffen entschuldigt werden kann, wenn eine absolute und unwiderstehliche Notwendigkeit vorliegt[4]. Die Kommission anerkannte also den allgemeinen Rechtsgrundsatz des Notstandes auch als Grundsatz des VR, obgleich weder eine vgr Norm dieses Inhalts nachweisbar war (und ist), noch eine Vertragsnorm darüber bestand[5].

Im Jahre 1861 wendete der in einem Streit zwischen Großbritannien und Portugal über einen Anspruch zugunsten der britischen Firma *Yuille, Shortridge & Co.* als Schiedsgericht angerufene Hamburger Senat das gemeinrechtliche Verbot des *ultra alterum tantum*, nach dem die Pflicht zur Zahlung von Zinsen aufhört, sobald diese die Höhe des Kapitals erreichen, auf den zwischenstaatlichen Sachverhalt an[6].

Im Spruch des Haager Schiedsgerichtshofes im Fall der *Indemnité russe* (1912) ging es um die Frage, ob ein Staat zur Zahlung von Verzugszinsen verpflichtet ist. Die Türkei hatte eingewendet, daß dahingehende privatrechtliche Normen auf zwischenstaatliche Beziehungen nicht anwendbar seien. Der Schiedsgerichtshof wies diese Einwendung mit der Bemerkung zurück, daß diese Grundsätze auch zwischen Staaten gelten, „à moins d'établir l'existence d'une coutume internationale contraire"[7]. Auch die Frage, in welchem Augenblick die Verzugszinsen zu laufen beginnen, beurteilte der Schiedsgerichtshof nach den allgemeinen Rechtsgrundsätzen. Während nämlich Rußland Zahlung ab Fälligkeit der Schuld gefordert hatte, anerkannte der Schiedsgerichtshof, daß auch zwischen den Staaten der aus dem römischen Recht stammende und von den meisten europäischen Rechtsordnungen übernommene Grundsatz gelten müsse, daß die Pflicht zur Zahlung von Verzugszinsen erst mit der erfolgten Mahnung durch den Gläubiger beginne[8].

Im selben Fall bejahte der Haager Schiedsgerichtshof außerdem die Anwendbarkeit des allgemeinen Rechtsgrundsatzes der höheren Gewalt (force majeure) auch auf zwischenstaatliche Vertragsschulden, wenn deren Zahlung den Bestand des Staates gefährden oder seine innere oder äußere Lage schwer beeinträchtigen würde[9].

Weitere Schiedssprüche aus dieser Epoche brachten u. a. allgemeine Rechtsgrundsätze in der Frage der Rechtsverweigerung und der Fixie-

---

[4] *La Pradelle / Politis*, Recueil des arbitrages internationaux I, S. 137 ff.

[5] Zu Art. 33 des ILC-Entwurfs über die vr Verantwortlichkeit der Staaten siehe unten § 1290.

[6] *La Pradelle / Politis* (Anm. 4) II, S. 105 ff.

[7] RIAA XI, S. 441.

[8] Ebendort, S. 442 f.

[9] Ebendort, S. 443.

rung der Höhe zwischenstaatlicher Entschädigungssummen zur Anwendung[10].

B. Art. 38 Abs. 1 lit. c des IGH-Statuts

I. Entstehungsgeschichte

§ 599 Art. 38 Abs. 1 lit. c seines Statuts weist nunmehr den IGH an, außer Vertragsrecht und VGR auch „die von den Kulturvölkern anerkannten allgemeinen Rechtsgrundsätze" (the general principles of law recognized by civilized nations, les principes généraux de droit reconnus par les nations civilisées) anzuwenden. Mit dieser Vorschrift wurde der Katalog der Völkerrechtsquellen in keiner Weise erweitert, sondern lediglich ein durch die gerade illustrierte ständige schiedsgerichtliche Praxis anerkannter Rechtszustand kodifiziert.

Art. 38 Abs. 1 lit. c geht auf einen Vorschlag des Präsidenten des vom Völkerbundrat zur Ausarbeitung des Statuts des StIGH eingesetzten Komitees, Descamps, zurück. Dieser hatte zunächst angeregt, als subsidiäre Völkerrechtsquelle „la norme de la justice objective" anzuerkennen, soweit sie in der übereinstimmenden maßgeblichen Doktrin und im rechtlichen Gewissen der zivilisierten Völker ihren Niederschlag gefunden hat[11]. Diese Ausdrucksweise wurde jedoch von den

---

[10] *Fabiani*-Fall (1896), bei *La Fontaine*, Pasicrisie internationale (1902), S. 356, 364 f.; Fall der *Delagoa Bay Railway Co.* (1900); ebendort, S. 402; Fall der Schiffe *Cape Horn Pigeon, J. Hamilton Lewis, C. H. White, Kate and Anna* (1902), referiert bei *La Pradelle / Politis* (Anm. 6), S. 285. Weitere Beispiele bei *Rousseau*, Principes généraux du droit international public (1944), S. 901 ff.; *Cheng*, General Principles of Law as Applied by International Courts and Tribunals (1953); *Mosler*, The International Society as a Legal Community, RdC 140 (1974 IV), S. 136 ff.

Aus dem umfangreichen Schrifttum über die allgemeinen Rechtsgrundsätze neben den gerade genannten Werken *Verdross*, Die Verfassung der Völkerrechtsgemeinschaft (1926), S. 57 ff.; *derselbe*, Die allgemeinen Rechtsgrundsätze im Völkerrecht, Kelsen-Festschrift 1931, S. 362 ff.; *derselbe*, Les principes généraux du droit dans la jurisprudence internationale, RdC 52 (1935 II), S. 195 ff.; *derselbe*, Les principes généraux du droit dans le système des sources du droit international public, FS Guggenheim, S. 521 ff.; *derselbe*, RdC, Livre jubilaire 1923 - 1973, S. 83 ff.; *Verosta*, Die allgemeinen Rechtsgrundsätze in der Staatenpraxis, ÖJZ 5 (1950), S. 101 ff.; H. *Lauterpacht*, Private Law Sources and Analogies in International Law (1927); *McNair*, The General Principles of Law Recognized by Civilized Nations, BYIL 33 (1957), S. 1 ff.; *Guggenheim*, Traité de Droit international public I (2. Aufl. 1967), S. 291 ff.; *Seidl-Hohenveldern*, Die Rolle der Rechtsvergleichung im Völkerrecht, in: Völkerrecht und rechtliches Weltbild. Verdross-Festschrift 1960, S. 253 ff.; *Lammers*, General Principles of Law Recognized by Civilized Nations, in: Essays on the Development of the International Legal Order (in memory of H. F. van Panhuys, 1980), S. 53 ff.; *Vitanyi*, Les positions doctrinales concernant le sens de la notion de „principes généraux de droit reconnus par les nations civilisées", RGDIP 86 (1982), S. 48 ff.

[11] Procès-verbaux of the Proceedings of the Committee, S. 324. Darüber *Bos*, The Recognized Manifestations of International Law, GYIL 20 (1977), S. 33 ff.

anderen Mitgliedern des Redaktionskomitees als zu unklar empfunden und durch die Formel „les principes généraux de droit reconnus par les nations civilisées" ersetzt[12].

Damit wollte das Komitee zwei Gedanken aussprechen: Einmal, daß Vertragsrecht und VGR das VR nicht erschöpfen, weshalb eine ergänzende Rechtsquelle notwendig ist; zum zweiten, daß der Gerichtshof auch in diesem Falle keine volle Freiheit bei der Rechtsfindung hat, sondern an Rechtsgrundsätze gebunden ist, die schon eine *Objektivierung* erfahren haben[13]. Schließlich war auch das Komitee der Überzeugung, daß durch seinen Vorschlag keine neue Rechtsquelle eingeführt, sondern bloß die bisherige Praxis der vr Judikatur bestätigt würde[14].

§ 600 In der Völkerbundzeit war streitig, ob die allgemeinen Rechtsgrundsätze nur eine Entscheidungsquelle für den StIGH bilden sollten[15], oder ob sie überhaupt für den internationalen Verkehr gelten. Diese Streitfrage ist durch das (neue) Statut des IGH im Sinne der zweitgenannten Auffassung entschieden worden, da die Einleitung des Art. 38 Abs. 1 nun bestimmt: „Der Gerichtshof, *dessen Aufgabe es ist, die ihm unterbreiteten Streitigkeiten nach dem Völkerrecht zu entscheiden,* wendet an ...". Daraus ergibt sich, daß *alle* im Art. 38 angeführten Rechtsquellen, also auch die allgemeinen Rechtsgrundsätze, *allgemein verbindlich* sind. Dieser Schluß wird durch die Präambel der UN-Charta bestätigt, die den Staaten vorschreibt, ihre Verpflichtungen „aus Verträgen und *anderen Quellen* des Völkerrechts" zu erfüllen. Mit diesen anderen Quellen können nur die in Art. 38 Abs. 1 lit. b und c angeführten Normenarten gemeint sein.

II. Auslegung

§ 601 Die Mitglieder des Redaktionskomitees verstanden unter den allgemeinen Rechtsgrundsätzen i. S. des Art. 38 Abs. 1 lit. c Rechtsgrundsätze, die von allen zivilisierten Nationen *in foro domestico* anerkannt werden, wie die Grundsätze der *bona fides* und der Rechtskraft[16], also Grundsätze, welche die Grundlage des nationalen Rechts bilden (prin-

---

[12] Ebendort, S. 334.

[13] Das Komitee lehnte damit den Vorschlag einiger Staaten ab, den Gerichtshof zu ermächtigen, rechtsetzend tätig zu werden, wenn Vertrags- und Gewohnheitsrecht zur Entscheidung eines Streitfalles nicht ausreichen: Institut für ausländisches öffentliches Recht und Völkerrecht (Hrsg.), Statut et règlement de la Cour permanente de justice internationale (1934), S. 274.

[14] Procès-verbaux, S. 310 und 316.

[15] So *Anzilotti,* Corso di diritto internazionale (1923), S. 63 f. Diese Ansicht wurde noch nach Inkrafttreten des IGH-Statuts von *Morelli* vertreten: Nozioni di diritto internazionale (7. Aufl. 1967), S. 46.

[16] *Lord Phillimore,* Procès-verbaux, S. 335.

cipes qui sont à la base du droit national)[17], sowie leitende, unbestrittene Grundsätze (principes de droit supérieurs de toute controverse)[18].

§ 602 Aus diesen „travaux préparatoires“ wie aus dem Wortlaut des Art. 38 Abs. 1 lit. c ergibt sich also, daß der IGH auf zwischenstaatliche Streitigkeiten niemals übereinstimmende Rechtsnormen der verschiedenen Staaten *als solche*, sondern nur jene Rechtsgrundsätze anwenden kann, die die *Grundlage* des übereinstimmenden innerstaatlichen (Privat- und öffentlichen) Rechts bilden *und* auf den zwischenstaatlichen Verkehr *übertragbar* sind, oder die in anderer Weise von den „Kulturvölkern“ anerkannt werden[19]. Unter letzteren Begriff fallen heute jedenfalls alle Mitglieder der UNO und der anderen universellen internationalen Organisationen, so daß die Unterscheidung zwischen „Kultur-“ und anderen Völkern für unsere Zwecke hinfällig geworden ist. Da nach Art. 9 des Statuts des IGH auf dessen Richterbank die „hauptsächlichen Rechtssysteme der Welt“ vertreten sein sollen, kann angenommen werden, daß ein allgemeiner Rechtsgrundsatz jedenfalls dann vom Gericht anzuwenden ist, wenn er in diesen Systemen einen Ausdruck gefunden hat[20].

In dieser Herausschälung der auf den völkerrechtlichen Verkehr anwendbaren Grundsätze aus der Masse des *in foro domestico* rechtsvergleichend ermittelten Normenmaterials liegt eine bedeutende rechtsschöpferische Funktion der internationalen Gerichtsbarkeit.

§ 603 Die kommunistische Völkerrechtslehre wendet gegen diese Auslegung *a priori* ein, daß es zwischen den „kapitalistischen“ und „sozialistischen“ Rechtssystemen keine übereinstimmenden Rechtsgrundsätze geben könne[21]. Diese doktrinäre Überspitzung der Gegensätze wird aber schon dadurch widerlegt, daß das von beiden Rechtssystemen anerkannte VR auf den innerstaatlichen Rechtsordnungen aufruht[22] und

---

[17] *La Pradelle*, ebendort, S. 345.

[18] *Fernandez*, ebendort.

[19] So schon *Verdross*, RdC 52 (1935 II) (Anm. 10), S. 224. In diesem Sinne berief sich der Schiedsrichter Max *Huber* im Falle *Island of Palmas* auf die „general principles of arbitral procedure between Staates“: RIAA II, S. 866. Instruktiv auch die Dissenting Opinion des Richters *Tanaka* zum Urteil im Fall *South West Africa, Second Phase*, ICJ Reports 1966, S. 294 ff.

[20] Im konkreten Fall wird es natürlich besonders auf die Verankerung eines Rechtsgrundsatzes in den Rechtsordnungen der Streitparteien ankommen. Dazu unten.

[21] Vgl. *Tunkin*, Völkerrechtstheorie (1972), S. 223 ff.; *derselbe*, „General Principles of Law“ in International Law, in: Internationale Festschrift für A. Verdross (1971), S. 523 ff.; *derselbe*, International Law in the International System, RdC 147 (1975 IV), S. 102. Dazu *Sinagra*, I principi generali di diritto nelle concezioni socialiste del diritto internazionale, C & S 15 (1978), S. 417 ff.

[22] Dazu oben §§ 71 ff.

daher gar nicht bestehen könnte, wenn es nicht zwischen diesen auch übereinstimmende Rechtsgrundsätze gäbe.

Durch die gemeinsame menschliche Natur und die daraus erwachsende Gleichartigkeit fundamentaler Lebensbedürfnisse wird immer ein Minimum an gemeinsamen Wertmaßstäben aufrechterhalten bleiben, die sich juristisch in universell übereinstimmenden Rechtsgrundsätzen niederschlagen[23].

Es muß aber als richtig anerkannt werden, daß sich der Bestand an wirklich allgemein anerkannten Rechtsgrundsätzen durch die ideologische Aufsplitterung der Staatengemeinschaft wesentlich verringert hat. Bei dieser Sachlage gewinnen neben den universal geltenden allgemeinen Rechtsgrundsätzen solche *regionaler* Natur an Bedeutung, wie etwa im Rahmen der Europäischen Gemeinschaften oder im Kreis der Mitgliedstaaten der Europäischen Menschenrechtskonvention. Unter besonderen Umständen können auch *bilateral* geltende Grundsätze aus der Betrachtung der Rechtsordnungen zweier an einem Konflikt beteiligten Staaten gewonnen und auf den Streitfall angewendet werden[24].

§ 604 Richtig ist ferner, daß aus dem innerstaatlichen Recht nur allgemeine Grundsätze, nicht aber ihre „Ausgestaltungen im einzelnen, die sie in den Landesrechtsordnungen erfahren haben“[25], übernommen werden können. Daher entsteht erst durch eine Anwendung jener Grundsätze auf einen zwischenstaatlichen Sachverhalt eine konkrete Norm des VR.

---

[23] *Verdross,* S. 12 f.; *derselbe,* Die Wertgrundlagen des Völkerrechts, ArchVR 4 (1953/54), S. 129 ff.

[24] In diesem Sinne auch *Bernhardt,* Die Auslegung völkerrechtlicher Verträge insbesondere in der neueren Rechtsprechung internationaler Gerichte (1963), S. 158; *Seidl-Hohenveldern,* The Austrian-German Arbitral Tribunal (1972), S. 72 f.; *Bothe,* Die Bedeutung der Rechtsvergleichung in der Praxis internationaler Gerichte, ZaöRV 36 (1976), S. 292. Dagegen *Sørensen,* Principes de droit international public, RdC 101 (1960 III), S. 31.

[25] *Mosler,* Rechtsvergleichung vor völkerrechtlichen Gerichten, Verdross-Festschrift 1971 (Anm. 21), S. 404. Vgl. auch aus der Separate Opinion des Richters *McNair* zum Rechtsgutachten über den *International Status of South West Africa,* ICJ Reports 1950, S. 148: „The way in which international law borrows from this source is not by means of importing private law institutions ‚lock, stock and barrel‘, ready-made and fully equipped with a set of rules.“
Da der IGH im Falle seiner Zuständigkeit zur Entscheidung eines Streitfalles die Anwendung eines außerhalb des VR entstandenen Rechtsgrundsatzes auf einen vr Sachverhalt vorzunehmen hat, steckt in der von *Anzilotti* und *Morelli* (Anm. 15) vertretenen Theorie ein richtiger Kern. Sie übersieht aber, daß auch die Staaten eine solche Anwendung vornehmen können und tatsächlich vornehmen, wenn sie sich zur Stützung ihrer Rechtsansicht auf allgemeine Rechtsgrundsätze berufen.

§ 605 Bei den allgemeinen Rechtsgrundsätzen i. S. des IGH-Statuts handelt es sich nach dem Gesagten also *nicht* um originäre vr Grundsätze, die auf dem Weg über Verträge oder VGR allgemeine Anerkennung gefunden haben, wie die sowjetische Völkerrechtslehre behauptet[26], sondern um eine dritte selbständige Rechtsquelle. „Völkerrechtliche Rechtsgrundsätze" (general principles of *international* law) sind nichts anderes als im Vertrags- und Gewohnheitsrecht verkörperte Prinzipien[27] ohne eigenständigen Rechtsquellencharakter[28]. Daß die allgemeinen Rechtsgrundsätze nicht darunter fallen, ergibt sich schon daraus, daß sie in Art. 38 nach dem Vertrags- und Gewohnheitsrecht aufgezählt werden, wodurch sie als selbständige Völkerrechtsquelle anerkannt sind.

§ 606 Wenngleich das Redaktionskomitee bei der Formulierung des Art. 38, wie beschrieben, zunächst jene Rechtsgrundsätze im Auge hatte, die *in foro domestico* anerkannt sind, schließt die Fassung dieser Bestimmung andere Arten der Objektivierung dieser Grundsätze nicht aus. Die äußere Form, in der deren allgemeine Anerkennung erfolgt, ist also gleichgültig[29]. So sind in den letzten Jahren allgemeine Rechtsgrundsätze außerhalb der nationalen Rechtsordnungen in der Weise entstanden, daß sich die Staaten in der UN-Generalversammlung durch inhaltlich übereinstimmende einseitige Erklärungen oder durch formlosen zwischenstaatlichen Konsens zu neuen Rechtsgrundsätzen bekennen, noch bevor diese in das VGR oder Vertragsrecht eingegangen sind[30].

---

[26] Vgl. neben den in Anm. 21 genannten Autoren den Überblick bei *Schweisfurth*, Der internationale Vertrag in der modernen sowjetischen Völkerrechtstheorie (1968), S. 42 ff. Anderer Ansicht *Herczegh*, General Principles of Law and the International Legal Order (1969), bes. S. 125.

[27] Vgl. z. B. die in §§ 451 ff. analysierte „Declaration on Principles of International Law concerning Friendly Relations and Co-operation among States in Accordance with the Charter of the United Nations" oder Art. 26 des Europäischen Übereinkommens zur friedlichen Beilegung von Streitigkeiten 1957, BGBl. 1961 II, S. 82.

[28] Klar *Jaenicke*, Völkerrechtsquellen, WV III, S. 770 f. Ferner *Mosler*, Völkerrecht als Rechtsordnung, ZaöRV 36 (1976), S. 42 ff.; *Virally*, Le rôle des „principes" dans le développement du droit international, FS Guggenheim, S. 531 ff. Von diesen *beiden* Kategorien zu unterscheiden sind schließlich die „allgemeinen [bzw. „allgemein anerkannten"] Regeln" des VR i. S. von Verfassungsbestimmungen wie Art. 25 des Bonner Grundgesetzes, Art. 9 des österreichischen Bundes-Verfassungsgesetzes oder Art. 8 der DDR-Verfassung. Diese Bestimmungen dienen unbestrittenermaßen der innerstaatlichen Durchführung des VGR. Ob auch die allgemeinen Rechtsgrundsätze i. S. des Art. 38 Abs. 1 lit. c von ihnen inkorporiert werden, ist umstritten; vgl. *Rudolf*, Völkerrecht und deutsches Recht (1967), S. 255 ff., einerseits und *Doehring*, Die allgemeinen Regeln des völkerrechtlichen Fremdenrechts und das deutsche Verfassungsrecht (1963), S. 125 ff., andererseits.

[29] So schon *Verdross*, Die Verfassung der Völkerrechtsgemeinschaft (1926), S. 62; *derselbe*, RdC 52 (1935 II), S. 228.

Diese auf internationaler Ebene spontan entstandenen allgemeinen Rechtsgrundsätze müssen also von jenen unterschieden werden, die aus dem staatlichen Recht rezipiert werden. Die erste Gruppe gewinnt an Bedeutung, während die *in foro domestico* anerkannten allgemeinen Rechtsgrundsätze für den Bereich des VR als eigene Rechtsquelle immer weniger werden, da die meisten von ihnen schon zu Normen des Gewohnheits- oder Vertragsrechts geworden sind[31]. Der eigentlichen Funktion getreu, die sie seit der Geburtsstunde des modernen VR gehabt haben, werden sie ihre Rolle aber auch weiterhin besonders dort spielen, wo *neuartige* der Regelung bedürftige transnationale Sachverhalte auftreten, wie im internationalen Wirtschaftsrecht oder im internen Recht der internationalen Organisationen[32]. In diesen Bereichen bilden die allgemeinen Rechtsgrundsätze auch heute noch die Nabelschnur, durch die der höhere Entwicklungsstand der innerstaatlichen Rechtsordnungen für das VR fruchtbar gemacht werden kann[33].

C. Die Heranziehung der allgemeinen Rechtsgrundsätze

§ 607 Nach verbreiteter Auffassung ist es Aufgabe der allgemeinen Rechtsgrundsätze, ein „non liquet" zu verhindern. Dieser auch vom Redaktionskomitee des Gerichtshofstatuts vertretenen Meinung[34] kann jedoch nicht beigepflichtet werden. Eine Unmöglichkeit der Entscheidung (non liquet) ist nur ganz ausnahmsweise denkbar, etwa dann, wenn ein Schiedsgericht beauftragt würde, einen Grenzstreit aus-

---

[30] Genauer unten §§ 634 ff. Zum formlosen Konsens als ursprüngliche, die Rechtserzeugungsformen des Art. 38 überlagernde Völkerrechtsquelle oben §§ 518 ff.

[31] So hat die Wiener Konvention über das Recht der Verträge die ursprünglichen allgemeinen Rechtsgrundsätze *pacta sunt servanda, inadimplenti non est adimplendum, rebus sic stantibus, allegans contraria non est audiendus* und *nemo commodum capere potest ex iniuria sua propria* kodifiziert; vgl. §§ 811 ff., 818, 828 ff., 846 und unten Anm. 58.

[32] *Friedmann*, The Changing Structure of International Law (1964), S. 188 ff.; *Jenks*, The Common Law of Mankind (1958). Zu den sog. „quasivölkerrechtlichen Verträgen" oben § 4.

[33] Eine wissenschaftlichen Ansprüchen genügende Inhaltsbestimmung der allgemeinen Rechtsgrundsätze wird durch die Rechtsvergleichung erst seit wenigen Jahrzehnten versucht. Vgl. *Lorenz*, Rechtsvergleichung als Methode zur Konkretisierung der allgemeinen Grundsätze des Rechts, JZ 1962, S. 269 ff.; *Kötz*, Allgemeine Rechtsgrundsätze als Ersatzrecht, Rabels Zeitschrift 34 (1970), S. 663 ff.; *Rheinstein / von Borries*, Einführung in die Rechtsvergleichung (1974), S. 115 ff. (mit weiteren Angaben); *Bothe* (Anm. 24); *Strebel*, Einwirkungen nationalen Rechts auf das Völkerrecht, ZaöRV 36 (1976), S. 168 ff.; *Hailbronner*, Ziele und Methoden völkerrechtlich relevanter Rechtsvergleichung, ebd., S. 190 ff.; *Butler* (Hrsg.), International Law in Comparative Perspective (1980). Allgemein *Bülck*, Betrachtungen über ein Völkerhandelsrecht, ZHR 131 (1968), S. 150 ff.

[34] Procès-verbaux, S. 296 und 318.

schließlich auf Grund von Grenzverträgen zu entscheiden, und solche Grenzverträge nicht vorliegen oder diese über das strittige Gebiet keine Angaben enthalten[35]. In aller Regel könnte aber jeder Streit auch ohne allgemeine Rechtsgrundsätze rechtlich entschieden werden. In einem solchen Fall müßten alle Ansprüche abgewiesen werden, die keine Stütze im Vertragsrecht oder im VGR finden[36], weil eine (durch den Nachweis einer Völkerrechtsnorm widerlegbare) Vermutung immer für die Freiheit der Staaten spricht[37]. Könnten demnach die allgemeinen Rechtsgrundsätze nur in den mehr konstruierten als praktischen Fällen einer „Lückenhaftigkeit" von Vertragsrecht und Gewohnheitsrecht herangezogen werden, so wären sie für das VR nahezu bedeutungslos.

§ 608 Richtig verstanden weist Art. 38 den Gerichtshof an, zunächst zu prüfen, ob der von der klagenden Partei geltend gemachte Anspruch in einem Vertrag zwischen den Streitparteien verankert ist. Ist das nicht der Fall, so ist weiter zu fragen, ob der Anspruch im VGR eine Stütze findet. Liegt auch keine vgr Norm vor, so hat das Gericht schließlich *noch* zu untersuchen, ob der Klage nicht auf Grund eines allgemeinen Rechtsgrundsatzes stattgegeben werden kann. Art. 38 Abs. 1 lit. c ermächtigt demnach den IGH, einem Anspruch stattzugeben, der bei *alleiniger* Anwendung von Vertrags- und Völkergewohnheitsrecht abgewiesen werden müßte[38]. Die allgemeinen Rechtsgrundsätze gehen somit dem gerade genannten Prinzip der Freiheit der Staaten vor[39], da die beklagte Partei nur frei ist, wenn auch kein allgemeiner Rechtsgrundsatz zur Begründung des klägerischen Anspruchs herangezogen werden kann. Ebenso kann sich die *beklagte* Partei zur Abweisung

---

35 Derartige Lücken spielen praktisch keine Rolle, weil die Staaten, *wenn* sie ein Schiedsgericht einsetzen, regelmäßig eine Entscheidung unter allen Umständen wollen und daher dem Schiedsgericht auch die nötigen Vollmachten zur Entscheidung des Streitfalles einräumen, es also z. B. ermächtigen, unklare oder unvollständige Normen zu ergänzen. Zum Problem der Lücken im VR allgemein H. *Lauterpacht*, Some Observations on the Prohibition of „Non Liquet" and the Completeness of the Law, in: Symbolae Verzijl (1958), S. 196 ff.; *Stone, Non Liquet* and the Function of Law in the International Community, BYIL 35 (1959), S. 124 ff.; *Siorat*, Le problème des lacunes en Droit International (1959); *Fitzmaurice*, The Problem of Non Liquet, FS Rousseau, S. 89 ff.

36 s. auch Procès-verbaux, S. 319.

37 So der StIGH im Falle *Lotus*, A 10, S. 18: „Restrictions upon the independence of States cannot ... be presumed". Zu dieser Vermutung kritisch *Bleckmann*, Analogie im Völkerrecht, ArchVR 17 (1977/1978), S. 167 ff.; *derselbe*, Die Handlungsfreiheit der Staaten, ÖZöffR 29 (1978), S. 173 ff.; *Meessen*, Völkerrechtliche Grundsätze des internationalen Kartellrechts (1975), S. 74 ff., und die dort genannten weiteren Stimmen.

38 So auch *Guggenheim*, Traité de Droit international public I (2. Aufl. 1967), S. 296 f. S. ferner die Dissenting Opinion *Tanakas* zum *Südwestafrika*-Urteil 1966 (Anm. 19).

39 Vgl. *Guggenheim* (ebd.), S. 297.

eines im Vertragsrecht oder VGR begründeten Anspruchs auf einen allgemeinen Rechtsgrundsatz berufen. Die Heranziehung des allgemeinen Rechtsgrundsatzes der höheren Gewalt (force majeure) durch den Haager Schiedsgerichtshof im Fall der *Indemnité russe* und die Anerkennung des Notstandes als ebensolcher Grundsatz im *Neptune*-Fall verdeutlichen diese Funktion.

Die „general principles" kommen also grundsätzlich *subsidiär* zur Anwendung. Das bedeutet jedoch nicht, daß die gleichzeitige Heranziehung mehrerer oder aller drei Völkerrechtsquellen unmöglich ist. Gerade um dem Gerichtshof dies zu ermöglichen, wurde die in der ursprünglichen Fassung des Art. 38 enthaltene Klausel, daß die darin angeführten Rechtsquellen „en ordre successif" anzuwenden seien, im Verlauf der Beratungen im Völkerbund gestrichen. Die in Art. 38 enthaltene Reihenfolge der Völkerrechtsquellen bringt nur zum Ausdruck, daß die *lex specialis* (Vertrags- und/oder Völkergewohnheitsrecht) der *lex generalis* (allgemeiner Rechtsgrundsatz) vorgeht[40]. Besteht daher ein auf den Streitfall anwendbarer, rechtsverbindlicher Vertrag, dann ist er in erster Linie maßgebend. In Ermangelung eines Vertrages muß das VGR herangezogen werden. Nur wenn auch keine solche Norm nachweisbar ist, kann der Fall auf Grund der allgemeinen Rechtsgrundsätze entschieden werden.

§ 609 Andererseits kann die gleichzeitige Heranziehung eines Vertrages, von Normen des VGR und allgemeinen Rechtsgrundsätzen etwa dann notwendig sein, wenn die Gültigkeit dieses Vertrages wegen eines Willensmangels oder eines behaupteten Verstoßes gegen die guten Sitten bestritten wird[41].

§ 610 Neben der damit beschriebenen *ergänzenden* Aufgabe haben die allgemeinen Rechtsgrundsätze auch die Funktion, bei der *Auslegung* zweifelhafter Vertragsnormen mitzuhelfen[42].

Die allgemeinen Rechtsgrundsätze durchleuchten somit die ganze Völkerrechtsordnung.

---

[40] Procès-verbaux, S. 337.

[41] Für die Willensmängel gilt dies in Streitfällen, an denen auch Nichtvertragsstaaten der Wiener Konvention über das Recht der Verträge beteiligt sind.

[42] In diesem Sinn auch H. *Lauterpacht*, The Development of International Law by the International Court (1958), S. 158 ff.

D. Die Rolle der allgemeinen Rechtsgrundsätze seit dem Inkrafttreten des Gerichtshofstatuts

I. Bestätigung durch völkerrechtliche Verträge

§ 611 Seit Inkrafttreten des StIGH-Statuts wurden die allgemeinen Rechtsgrundsätze in zahlreichen Schiedsabkommen und Schiedsklauseln als subsidiäre Völkerrechtsquelle bestätigt[43]. Das deutsch-portugiesische Schiedsgericht im Falle *Naulilaa* vertrat die Ansicht, daß *jedes* Schiedsgericht mangels einer abweichenden Regelung im Schiedsvergleich die in Art. 38 Abs. 1 des StIGH-Statuts aufgeführten Rechtsquellen, also auch die allgemeinen Rechtsgrundsätze, anzuwenden hat[44].

§ 612 Eine bedeutsame Rolle spielen die „allgemeinen Rechtsgrundsätze, die den Rechtsordnungen der Mitgliedstaaten gemeinsam sind" (Art. 215 Abs. 2 EWG-Vertrag) heute in der Judikatur des *Gerichtshofs der Europäischen Gemeinschaften,* der sie insbesondere zur Gewährleistung eines gemeinschaftsrechtlichen Grundrechtsschutzes heranzieht[45].

§ 613 Daß die allgemeinen Rechtsgrundsätze aber nicht nur Entscheidungsgrundlagen für den IGH, andere vr Gerichte und Schiedsgerichte, sondern *auch die Staaten verpflichtende* Völkerrechtsquellen bilden, wurde durch die 3. Kommission der Haager Kodifikationskonferenz 1930 im Art. 2 des Abkommensentwurfs über die Wiedergutmachung von Schäden, die Privatpersonen im Ausland erlitten haben, bestätigt, wo statuiert wird, daß dahingehende Verpflichtungen auch auf Grund von allgemeinen Rechtsgrundsätzen bestehen[46].

II. Anwendung in der völkerrechtlichen Judikatur

§ 614 In seinem Schiedsspruch vom 1. Mai 1925 in der *Affaire des biens britanniques au Maroc espagnol* hat Max Huber die bis dahin nur im innerstaatlichen Recht anerkannte Rechtsfigur der Verpflichtungen

---

[43] Vgl. z. B. Art. 5 des deutsch-schweizerischen Schiedsvertrages 1921 (unten § 1322, Anm. 33), und aus jüngerer Zeit Art. 11 des Übereinkommens über die Regelung der Wasserentnahmen aus dem Bodensee vom 30. April 1966, Text ebd. I, S. 1640. Weitere Beispiele bei *Habicht,* Post-War Treaties for the Pacific Settlement of International Disputes (1931), S. 150, 208, 240, 259, 383, 433, 458, 502, und in den UNO-Veröffentlichungen „Systematic Survey of Treaties for the Pacific Settlement of International Disputes 1928 - 1948" (1948), „A Survey of Treaty Provisions for the Pacific Settlement of International Disputes 1949 - 1962" (1966).

[44] RIAA II, S. 1016.

[45] Dazu *Lecheler,* Der Europäische Gerichtshof und die allgemeinen Rechtsgrundsätze (1971).

[46] Société des Nations: Actes de la Conférence pour la codification du droit international, Séances des commissions IV (1930), S. 235.

„*quasi ex contractu*" zur Begründung einer Zahlungspflicht für eine ohne Requisition, ohne Kriegsnotwendigkeit und ohne Zustimmung des Eigentümers erfolgte Beschlagnahme einer Wohnung herangezogen[47]. Während des Verfahrens hatte Max Huber festgehalten, „qu'il s'inspiréra entièrement des principes juridiques qui garantissent la plus entière impartialité et objectivité et qui sont à la base de toute procédure judiciaire et arbitrale"[48].

Ein auf Grund des Friedensvertrages mit Bulgarien 1919 eingesetztes französisch-bulgarisches Schiedsgericht hat den Grundsatz der Verjährung von Forderungen mangels eigener vr Normen aus der übereinstimmenden innerstaatlichen Gesetzgebung mit dem Hinweis übernommen, daß es sich dabei um ein Prinzip handle, „qui est à la base du droit commun et de tous les systèmes de jurisprudence civilisés"[49].

Der allgemeine Rechtsgrundsatz, daß sich niemand an fremdem Schaden bereichern darf *(nemo cum damno alterius locupletior fieri debet)*[50], wurde erstmals in dem gerade angeführten Schiedsspruch Max Hubers herangezogen, in dem eine grundsätzlich anerkannte Zahlungspflicht infolge einer durch die Begründung des spanischen Protektorates eingetretenen Steigerung der Grundstückspreise verneint wurde[51]. Im Falle *Goldenberg c. Etat allemand* hat der Einzelschiedsrichter die Frage, was unter einer durch das VR verbotenen Handlung zu verstehen sei, dahin beantwortet, daß nach ständiger Praxis das „droit des gens" nicht nur das geschriebene VR, sondern auch das VGR sowie „les principes généraux reconnus par les nations civilisées" umfasse[52].

Eine Anwendung des allgemeinen Rechtsgrundsatzes des Verbotes der ungerechtfertigten Bereicherung[53] erfolgte durch den Schiedsspruch vom 2. September 1930 in der *Lena Goldfields Arbitration* auf die einseitige Aufhebung eines Konzessionsvertrages[54]. Auch das Verwaltungsgericht des Völkerbundes hat diesen Grundsatz am 7. März 1934 im Falle *Schumann v. Secretariat of the League of Nations* gebilligt[55].

---

[47] RIAA II, S. 682.

[48] Rapports, La Haye 1925, S. 27.

[49] Nach *Blühdorn*, Le fonctionnement et la jurisprudence des tribunaux arbitraux mixtes crées par les Traités de Paris, RdC 41 (1932 III), S. 194 ff.

[50] *Grotius*, De iure belli ac pacis (1625), II, 10.

[51] RIAA II, S. 682.

[52] RIAA II, S. 908 f.

[53] *Schreuer*, Unjustified Enrichment in International Law, AJCL 22 (1974), S. 281 ff. (und das dort angeführte umfangreiche Schrifttum).

[54] AD 1929/30, No. 1.

[55] AD 1933/34, No. 203. Hingegen bemerkt der US-Commissioner in seiner Dissenting Opinion im Falle *Dickson Car Wheel Comp. v. United Mexican States* (1931), RIAA IV, S. 676, „that the theory of unjust enrichment as such has not yet been transplanted to the field of international law ...".

Der einen „quasi-völkerrechtlichen" (Konzessions-)Vertrag[56] betreffende Schiedsspruch vom 15. März 1963 im Falle *Sapphire International Petroleum Ltd. c. National Iranian Oil Co.*[57] hat die Prinzipien *pacta sunt servanda, inadimplenti non est adimplendum*[58], den Grundsatz der Achtung wohlerworbener Rechte und den Grundsatz, daß der Schadensersatz sowohl das *damnum emergens* wie das *lucrum cessans* umfassen muß, als allgemeine Rechtsgrundsätze herangezogen.

In seinem Urteil im Fall der *Factory at Chorzów* erklärte der StIGH, daß ein Staat einem anderen die Nichterfüllung einer Verpflichtung nicht vorwerfen kann, wenn jener ihn in rechtswidriger Weise daran gehindert hat[59], und bestätigte damit den schon von der Schiedsgerichtsbarkeit anerkannten Rechtsgrundsatz *nullus commodum capere potest de sua propria iniuria*[60].

Im Falle des *Temple of Preah Vihear* hat der IGH den Willensmangel des Irrtums nach den allgemeinen Rechtsgrundsätzen beurteilt[61].

In seinem Sachurteil im *Corfu Channel*-Fall ließ sich der Gerichtshof bei der Verwertung indirekter Beweise von den in allen Rechtssystemen geltenden Grundsätzen (moyens de preuve indirecte ... admis dans tous les systèmes de droit) leiten[62]. Er folgte damit einer etablierten Praxis, weil die vr Judikatur schon vorher häufig übereinstimmende Beweisregeln des innerstaatlichen Rechts herangezogen hatte.

---

[56] Dazu oben § 4.

[57] *Lalive*, Un récent arbitrage suisse entre un organisme d'État et une société privée étrangère, SchwJIR 19 (1962), S. 273 ff.; *Verdross*, Zwei Schweizer Schiedssprüche über quasi-völkerrechtliche Verträge, ebd. 21 (1964), S. 22.

[58] Diese Regel wurde auch von den StIGH-Richtern *Hudson* und *Anzilotti* in ihrer Separate bzw. Dissenting Opinion zum Urteil über die *Diversion of Water from the Meuse* (1937) als allgemeiner Rechtsgrundsatz angesehen, vgl. A/B 70, S. 50 bzw. 77; dazu *Simma*, ÖZöffR 20 (1970), S. 35 ff. Über ihre Verankerung im VGR und in der Wiener Konvention 1969 s. ebd. und unten §§ 811 ff. Wenn der IGH in seinem *Namibia*-Gutachten von einem „general principle of law that a right of termination on account of breach must be presumed to exist" spricht (ICJ Reports 1971, S. 47, § 96), so steht dies im Gegensatz zu seiner vorhergehenden — korrekten — Aussage, daß Art. 60 der Wiener Konvention heute auf VGR beruht (ebd., § 94). Dazu *Briggs*, AJIL 68 (1974), S. 55 f.

[59] A 9, S. 31.

[60] Dazu *Fitzmaurice*, The General Principles of International Law, Considered from the Standpoint of the Rule of Law, RdC 92 (1957 II), S. 117 f. In einer Reihe von Fällen hat der StIGH den Grundsatz des Verbotes des Rechtsmißbrauchs (abus de droit) herangezogen; vgl. *Certain German Interests in Polish Upper Silesia*, A 7, S. 30; *Free Zones* Case, Order, A 24, S. 12; Urteil im *Free Zones* Case, A/B 46, S. 167.

[61] ICJ Reports 1962, S. 26.

[62] ICJ Reports 1949, S. 18. Zum ganzen *Sandifer*, Evidence Before International Tribunals (rev. Aufl. 1975).

§ 615 Zu den allgemeinen Rechtsgrundsätzen rechnet der Richter Alfaro in seiner Separate Opinion zum Urteil 1962 im bereits genannten *Temple* Case auch das Estoppel-Prinzip (preclusion, forclusion). Spezifisch vr Ausprägungen des Prinzips werden in dieser Individual Opinion beispielhaft belegt[63]. Der Estoppel-Grundsatz hat in der jüngeren Judikatur des IGH besondere Bedeutung erlangt, neben der Entscheidung im *Temple* Case vor allem im Urteil über den *North Sea Continental Shelf*. Dort führt der Gerichtshof aus, daß die Bundesrepublik Deutschland an die nach Art. 6 Abs. 2 des Genfer Übereinkommens 1958 über den Festlandsockel subsidiär anzuwendende Äquidistanzregel auch als Nichtvertragspartei gebunden wäre, wenn sie durch ihr Verhalten andauernd und deutlich den Anschein erweckt hätte, diese Regel zu akzeptieren und wenn außerdem die Prozeßgegner (Dänemark und die Niederlande) im Vertrauen auf dieses Verhalten einen Schaden erlitten hätten[64]. Grundgedanke des Estoppel-Prinzips ist also, daß ein Staat an Erwartungen gebunden ist, die er durch sein Verhalten erweckt hat und auf die ein anderer Staat nach Treu und Glauben vertrauen konnte[65]. Dabei kann es sich auch um ein passives Verhalten handeln, wenn unter den konkreten Umständen ein Protest erwartet werden durfte. Estoppel setzt voraus, daß eine Partei im Vertrauen auf Zusicherungen oder konkludente Verhaltensweisen der anderen Partei sich zu rechtlich erheblichem Handeln verleiten ließ, das ihr zum Schaden gereichen würde, wenn die andere Partei später einen gegenteiligen Standpunkt einnehmen dürfte. Die typische Rechtswirkung des Prinzips liegt darin, daß unter diesen Voraussetzungen eine Partei mit einer Behauptung nicht gehört werden kann, und zwar ganz abgesehen davon, ob im übrigen Anhaltspunkte für die Richtigkeit der Behauptung vorliegen oder nicht[66]. Der Estoppel-Grundsatz kann nicht mit den Rechtsfiguren der Anerkennung oder „acquiescence" erklärt werden, da er gerade dann von Bedeutung ist, wenn es

---

[63] ICJ Reports 1962, S. 39 ff.

[64] ICJ Reports 1969, S. 25. Vgl. auch aus dem Urteil über die *Barcelona Traction, Light and Power Company, Limited, Preliminary Objections*, ICJ Reports 1964, S. 24; sowie in den Sachurteilen in den *Fisheries Jurisdiction* Cases, ICJ Reports 1974, S. 28 ff., 197 ff.

[65] Ähnlich *Müller*, Vertrauensschutz im Völkerrecht (1971), S. 9 ff.; ferner *MacGibbon*, Estoppel in International Law, ICLQ 7 (1958), S. 468 ff.; *Menzel*, Estoppel, WV I, S. 441; *Cahier*, Le comportement des Etats comme source de droits et obligations, FS Guggenheim, S. 237 ff.; *Dominicé*, A propos du principe de l'estoppel en droit des gens, ebd., S. 327 ff.; *Vallée*, Quelques observations sur l'estoppel en droit des gens, RGDIP 77 (1973), S. 949 ff.; *Martin*, L'estoppel en droit international public (1979).

[66] *Müller* (letzte Anm.), S. 10. Ebenso das Schweizerische Bundesgericht in seiner Entscheidung vom 2. Juli 1980 im *Nufenen*-Fall *(Kanton Wallis g. Kanton Tessin):* BGE 106 I b 154; *Müller / Wildhaber*, Praxis des Völkerrechts (2. Aufl. 1982), S. 218 ff. (223).

zweifelhaft ist, ob ein Staat bestimmte Zustände anerkannt hat, aber sein Verhalten derart war, daß er die Entstehung einer Verpflichtung *bona fide* nicht bestreiten kann[67].

Derselbe Grundsatz wurde vom Europäischen Gerichtshof für Menschenrechte im Falle *De Wilde, Ooms und Versyp* („Landstreicherei") in seinem Erkenntnis vom 18. Juni 1971 zur Entscheidung der Frage herangezogen, in welchem Zeitpunkt Einreden des belangten Staates noch berücksichtigt werden können[68].

§ 616 An die Rolle der allgemeinen Rechtsgrundsätze als Bindeglieder zwischen dem positiven VR und den allgemeinen sittlichen Grundsätzen der Menschheit erinnert der IGH schließlich im *Corfu Channel*-Urteil, wo er von „certains principes généraux et bien connus, tels que des *considérations élémentaires d'humanité*" spricht, „plus *absolues* encore en temps de paix qu'en temps de guerre"[69] und später in der *Barcelona Traction*-Entscheidung, in der der Gerichtshof auf die Normen des zwingenden VR und die daraus erfließenden Verpflichtungen *erga omnes* hinweist und fortfährt: „Such obligations derive, for example, in contemporary international law ... from the *principles and rules* concerning the basic rights of the human person ..."[70]. Damit sind Rechtsgrundsätze angesprochen, deren Geltung vom Völkergewohnheits- und Vertragsrecht vorausgesetzt wird[71], da das positive VR auf das allgemeine Wohl der Menschheit hinzielt.

---

[67] Richtig *Fitzmaurice* in seiner Separate Opinion zum Urteil im *Temple*-Fall, ICJ Reports 1962, S. 63.

[68] Publications de la Cour européenne des Droits de l'Homme, Série A, 1971, S. 30 ff. Zur Heranziehung allgemeiner Rechtsgrundsätze durch den Straßburger Gerichtshof *Mosler* (Anm. 25), S. 391 ff.

[69] ICJ Reports 1949, S. 22 (Hervorhebung von uns).

[70] ICJ Reports 1970, S. 32 (Hervorhebung von uns). Vgl. auch die in Anm. 19 zitierte Dissenting Opinion des Richters *Tanaka* zum Urteil im Fall *South West Africa, Second Phase*, ICJ Reports 1966, S. 298: „[I]t is undeniable that in Article 38, paragraph 1 (c), some natural law elements are inherent. It extends the concept of the source of international law beyond the limit of legal positivism ...".

[71] Dazu *Verdross*, S. 23 f., 154; *derselbe*, Statisches und dynamisches Naturrecht (1971), S. 51 f., 89 f. Zur Verankerung der Menschenrechte in den allgemeinen Rechtsgrundsätzen vgl. *Kaufman-Hevener / Mosher*, General Principles of Law and the UN Convenant on Civil and Political Rights, ICLQ 27 (1978), S. 596 ff.

6. Abschnitt

Die Rolle von Judikatur und Doktrin

§ 617 Nach der Aufzählung der drei besprochenen formellen Völkerrechtsquellen ersten Ranges führt Art. 38 Abs. 1 in lit. d „richterliche Entscheidungen und die Lehrmeinung der fähigsten Völkerrechtler der verschiedenen Nationen als *Hilfsmittel zur Feststellung von Rechtsnormen*“[1] (as subsidiary means for the determination of rules of law, comme moyens auxiliaires de détermination des règles de droit) an. Mit dieser Kennzeichnung ist die Bedeutung von Judikatur und Doktrin für die Entstehung, Inhaltsbestimmung und Anwendung des VR jedoch nur unvollständig beschrieben.

A. Die völkerrechtliche Judikatur

§ 618 Für die Urteile des IGH verweist Art. 38 Abs. 1 lit. d auf Art. 59 des Statuts, nach dem die Entscheidungen des Gerichtshofs für die Streitparteien *(inter partes)*, und zwar in bezug auf den Fall verbindlich sind, über den entschieden wurde. *Inter partes* stellen seine Urteile demnach eine formelle (sekundäre) Völkerrechtsquelle für den konkreten Fall dar[2]. Das Statut kennt des weiteren keine starre Bindung des Gerichtshofs an seine Vorentscheidungen nach Art des anglo-amerikanischen Rechts *(stare decisis)*. Dennoch beruft sich der IGH häufig auf frühere eigene Entscheidungen, auf die Judikatur des StIGH wie auch auf frühere Schiedssprüche und hat zu zahlreichen Völkerrechtsfragen eine ständige Spruchpraxis entwickelt[3]. Obwohl die Urteile des IGH

---

[1] Amtliche deutsche Übersetzung (BGBl. 1973 II, S. 505). Die amtliche österreichische Übersetzung bezeichnet sie als „die gerichtlichen Entscheidungen und die Lehren der anerkanntesten Autoren der verschiedenen Völker“.

[2] So auch *Jaenicke*, Völkerrechtsquellen, WV III, S. 771.

[3] Dazu statt aller *Bernhardt*, Homogenität, Kontinuität und Dissonanzen in der Rechtsprechung des Internationalen Gerichtshofes, ZaöRV 33 (1973), S. 1 ff.

Systematisch erschlossen wird die Judikatur der beiden Weltgerichtshöfe in den Fontes Juris Gentium, Series A. Sectio I: Handbuch der Entscheidungen des Ständigen Internationalen Gerichtshofs (Bände 1 - 4), Handbuch der Entscheidungen des Internationalen Gerichtshofs (Bände 5 und 6, die Jahre 1947 - 1975 umfassend); die Judikatur des IGH auch in dem von *Hambro* u. a. herausgegebenen Repertorium „The Case Law of the International Court“ (umfaßt bisher die Entscheidungen bis einschließlich 1972 in 11 Bänden, dazu 2 Bände Bibliographie). Der anfänglich unter Leitung von *Guggenheim* veröffentlichte Répertoire des décisions et des documents de la procédure écrite et orale de la Cour Permanente de Justice Internationale et de la Cour internationale de Justice (bisher 3 Bde. zum StIGH: über VR und Landesrecht, Völkerrechtsquellen und Völkerrechtssubjekte) erschließt im Ge-

rechtlich nur *inter partes* und seine Gutachten grundsätzlich überhaupt nicht verbindlich sind, hat seine Judikatur doch eine Autorität, über die sich die Staatenpraxis nicht leicht hinwegsetzen kann[4]: Schon die in diesem Buch herangezogenen Schiedssprüche zeigen uns, daß die vr Schiedsgerichtsbarkeit verschiedene Streitfragen des VR geklärt hat. Während auf diese Weise aber nur einzelne Rechtsfragen gelöst wurden, erstrecken sich die Entscheidungen des StIGH und des IGH auf nahezu alle Abschnitte des VR, wie in den darüber bestehenden großen Sammelwerken anschaulich gemacht wird[5]. Dort werden nämlich aus der Judikatur dieser Gerichtshöfe die in ihr enthaltenen Rechtssätze herausgeschält und in der Ordnung eines Systems des VR vorgeführt. Jeder, der diese, auch in unserem Buch verwerteten, Judikate studiert, kann sich leicht überzeugen, daß sie einen wesentlichen Beitrag zur Erkenntnis und zur Fortbildung des VR leisten.

Ihre *Erkenntnisfunktion* ergibt sich daraus, daß es die Aufgabe der internationalen Gerichte ist, zwischen einander widersprechenden Ansprüchen der Streitteile eine objektive Entscheidung darüber zu fällen, welche ihrer Thesen der Völkerrechtsordnung entspricht. Zwar finden wir in der diplomatischen Praxis auch kollektive Stellungnahmen der Staaten zu konkreten vr Fragen, wie z. B. die Londoner Erklärung vom

---

gensatz zu den beiden vorgenannten Sammlungen auch die Parteienvorbringen (Serie C bzw. ICJ Pleadings). Das Schrifttum zu dieser Judikatur wird erfaßt in der vom Gerichtshof veröffentlichten „Bibliography of the International Court of Justice".

[4] *Fitzmaurice*, Some Problems Regarding the Formal Sources of International Law, in: Symbolae Verzijl (1958), S. 171 f. Vgl. ebd.: „... When an advocate before an international tribunal cites a juridical opinion, he does so because it supports his argument, or for its illustrative value, or because it contains a particularly felicitous or apposite statement of the point involved, and so on. When he cites an arbitral or judicial decision he does so for these reasons also, but there is a difference — for, additionally, he cites it as something *which the tribunal cannot ignore*, which it is bound to take into consideration and (by implication) which it ought to follow unless the decision can be shown to have been clearly wrong, or distinguishable from the extant case, or in some way legally or factually inapplicable. Equally the tribunal, while it may well treat juridical opinion as something which is of interest but of no direct authority, and which the tribunal is free to disregard, will not usually feel free to ignore a relevant decision, and will normally feel obliged to treat it as something that must be accepted, or else — for good reason — rejected, but which must in any event be taken fully into account".

[5] Zu den *amtlichen Sammlungen* siehe § 186, Anm. 1. An kommentierten Zusammenstellungen für Studienzwecke vgl. *Eisemann / Coussirat-Coustere / / Hur*, Petit manuel de la jurisprudence de la Cour internationale de justice (2. Aufl. 1971); *Syatauw*, Decisions of the International Court of Justice, A Digest (2. Aufl. 1969); *Verzijl*, The Jurisprudence of the World Court, Bd. I: The Permanent Court of International Justice (1965), Bd. II: The International Court of Justice (1966); *Marek* (Hrsg.), A Digest of the Decisions of the International Court (1974 ff.).

19. Februar 1831[6]. In der Regel sind aber die Staaten in Streitfällen bloße Parteien, die subjektive Rechtsbehauptungen aufstellen. Wenn es ihnen daher nicht gelingt, eine einvernehmliche Lösung zu finden, kann nur eine vr Entscheidungsinstanz aussprechen, welche Rechtsbehauptung im VR verankert ist.

§ 619 Die Entscheidungen des IGH sind aber nicht nur eine formelle (sekundäre) Völkerrechtsquelle für die Parteien konkreter Streitfälle und wichtige Beweismittel für Geltung und Inhalt von Normen des Vertrags- und Gewohnheitsrechts wie der allgemeinen Rechtsgrundsätze, sondern auch eine *materielle* Völkerrechtsquelle, da oft erst durch ein solches Judikat außer Streit gestellt wird, ob sich eine von den Parteien behauptete Norm herausgebildet hat oder nicht. Die *weiterbildende* Funktion der vr Judikatur wird dort besonders offenkundig, wo diese neue, weder von der Völkerrechtslehre noch von der Praxis geklärte Rechtsfragen zu beantworten hat[7].

Einzelne Entscheidungen der beiden Gerichtshöfe wurden zwar von der Völkerrechtslehre kritisiert[8], wie dies hinsichtlich der innerstaatlichen Judikatur üblich ist. Ihre überwiegende Zahl wurde aber von der Doktrin übernommen, durch die nachfolgende Staatenpraxis oder durch vr Verträge bestätigt[9] und so dem *allgemeinen* VR einverleibt. Auch die ILC hat sich in ihren Kodifikationsvorschlägen wiederholt auf die vr Judikatur gestützt.

§ 620 Für die Rolle der Entscheidungen internationaler *Schiedsgerichte* als Recht *inter partes*, Beweismittel und materielle Völkerrechtsquellen gilt das über den IGH Gesagte sinngemäß[10].

---

[6] Über die vr Kontinuität der Staaten trotz revolutionärer Veränderungen ihrer inneren Ordnung (§§ 390 f.).

[7] Dazu *Guggenheim*, Traité de Droit international public I (2. Aufl. 1967), S. 112, und allgemein H. *Lauterpacht*, The Development of International Law by the International Court (1958); *Brownlie*, Principles of Public International Law (2. Aufl. 1973), S. 19 ff.; *Friedmann*, The International Court of Justice and the Evolution of International Law, ArchVR 14 (1969/1970), S. 305 ff. Zur Auslegung vr Judikate vgl. *Bos*, The Interpretation of International Judicial Decisions, REDI 33 (1981), S. 11 ff.

Meessen weist am Beispiel der *Continental Shelf* Cases anschaulich nach, wie der IGH „im Wege der Problemerörterung durch vorsichtige Fortentwicklung und Konkretisierung allgemeiner Rechtsgrundsätze und derjenigen Grundsätze des Völkerrechts, die eine Abstraktion vorhandener völkerrechtlicher Regeln darstellen", auch neuartige Rechtsfragen lösen kann: Völkerrechtliche Grundsätze des internationalen Kartellrechts (1975), S. 65 ff. Vgl. auch § 588.

[8] So z. B. die Entscheidung des StIGH im *Lotus*-Fall und die Urteile des IGH in den Fällen *Nottebohm* und *South West Africa (Second Phase)*.

[9] Insbesondere in der Wiener Konvention über das Recht der Verträge (§ 672) finden wir zahlreiche Beispiele.

[10] Die Entscheidungen des *Haager Schiedsgerichtshofs* werden vor allem in dem Band der Fontes Juris Gentium „Handbuch der Entscheidungen des

§ 621 Andererseits wäre es unzutreffend, die Tragweite der Tätigkeit internationaler Gerichte und Schiedsgerichte für die Konkretisierung des VR mit der Bedeutung gleichzustellen, die der Gerichtsbarkeit im modernen Rechtsstaat für die Erkenntnis und Anwendung des nationalen Rechts zukommt. Dazu ist die Praxis internationaler Gerichte und Schiedsgerichte aus welchen Gründen auch immer zu dünn gesät[11]. Die Normkonkretisierung erreicht im zwischenstaatlichen Bereich die Stufe der vr *Entscheidung* nur ausnahmsweise, die Anwendung des VR bleibt meist auf der Stufe mehr oder weniger gegensätzlicher *Selbstbeurteilungen* von Rechten und Pflichten stehen[12].

§ 622 Zu dieser gleichsam nur vorletzten Stufe[13] gehört auch die reichlicher fließende Judikatur *nationaler Gerichte* über vr Fragen. Sie erfüllt vom Gesichtspunkt der Quellenlehre aus eine Doppelfunktion: Einerseits stellen gleichförmige Entscheidungen in Völkerrechtsfragen eine Spielart jener Staatenpraxis dar, die unter bestimmten Voraussetzungen zur Entstehung von VGR führen kann[14]; andererseits bilden auch sie wichtige Hilfsmittel zur Bestimmung vr Normen, ja unter Umständen ebenfalls materielle Völkerrechtsquellen im eingangs geklärten Sinn. Die Eignung nationaler Judikatur für letzteren Zweck hängt ganz davon ab, in welchem Maß die Gerichte Objektivität gegenüber nationalen Eigeninteressen bewahren können[15].

Ständigen Schiedshofs 1902 - 1928" erschlossen, wo die wichtigsten Urteilspassagen auch in deutscher Sprache wiedergegeben sind.

Die wichtigste Fundstelle für die *übrigen* Schiedssprüche sind die von der UNO herausgegebenen „Reports of International Arbitral Awards" (RIAA, bisher 18 Bde.). Vgl. ferner *Stuyt*, Survey of International Arbitrations, 1794 - 1970 (1972).

[11] Dazu *Hoffmann* und *Seidl-Hohenveldern*, Die Grenzen rechtlicher Streiterledigung im Völkerrecht und in Internationalen Organisationen, Berichte DGVR 9 (1969), S. 1 ff.; *Bernhardt*, Internationale Gerichte und Schiedsgerichte in der gegenwärtigen Weltordnung, EA 28 (1973), S. 363 ff.; *Jenks*, The Prospects of International Adjudication (1964); *Katz*, The Relevance of International Adjudication (1968); *Grieves*, Supranationalism and International Adjudication (1969). Vgl. auch oben §§ 225 f.

[12] Vgl. aus dem Schiedsgutachten vom 9. Dezember 1978 über das *Air Services Agreement of 27 March 1946 (United States v. France)*, ILR 54, S. 303 ff., 337: „Under the rules of present-day international law, and unless the contrary results from special obligations arising under particular treaties, ..., each State establishes for itself its legal situation vis-à-vis other States." Zum Unterschied zwischen vr Selbstbeurteilung und Entscheidung *Verdross*, S. 121; *Gross*, States as Organs of International Law and the Problem of Autointerpretation, in: Law and Politics in the World Community. Kelsen-Festschrift 1953, S. 59 ff.

[13] Dazu auch oben § 73.

[14] Die entgegengesetzte Ansicht *Berbers* (Lehrbuch des Völkerrechts I, [2. Aufl. 1975], S. 45 ff.; vgl. auch oben § 584.) ist abzulehnen. Man denke nur an die vgr Normen über die Stellung fremder Staaten vor inländischen Gerichten (§§ 1169 ff.), die sich jedenfalls in Staaten mit Gewaltenteilung gar nicht anders entwickeln konnten, als durch die Praxis eben dieser Gerichte.

B. Die Völkerrechtslehre

§ 623 Die Doktrin ist keine formelle Quelle des VR. In den Anfängen des modernen VR stellte sie allerdings eine *materielle* Völkerrechtsquelle von großer Bedeutung dar, da damals mangels positiver Normen die Völkerrechtslehre, insbesondere Grotius und Vattel, häufig zur Begründung vr Ansprüche herangezogen wurde[16]. Heute dient die Doktrin einmal, wie in Art. 38 des IGH-Statuts hervorgehoben, als Beweismittel zur Feststellung von Rechtsnormen. So hat sich der StIGH im Falle *Lotus*[17] und der IGH im Falle *Nottebohm*[18] zur Ermittlung einer Norm des VGR auch auf die Doktrin gestützt. Insbesondere

---

[15] Dazu *Friedmann*, General Course in Public International Law, RdC 127 (1969 II), S. 72 ff.; allgemeiner *von Münch*, Zur Objektivität in der Völkerrechtswissenschaft, ArchVR 9 (1961/1962), S. 1 ff.; *Reut-Nicolussi*, Unparteilichkeit im Völkerrecht (1940).

Beim Aufsuchen nationaler Judikatur zu bestimmten vr Problemen können einmal die *amtlichen Sammlungen* der Gerichtsentscheidungen herangezogen werden. Praktischer ist die Konsultierung *privater* Sammlungen, die sich auf die Wiedergabe der vr Entscheidungen beschränken und diese auch meist systematisch auswerten.

Für *Deutschland* wird die letztinstanzliche Rechtsprechung zu vr Fragen in den Fontes Juris Gentium, Series A, Sectio II, zusammengestellt, die gegenwärtig die Zeit von 1879 bis 1975 in 7 Bänden erfassen. Noch jüngere Entscheidungen (auch von Gerichten der unteren Instanzen) finden sich in jährlichen Zusammenstellungen in der ZaöRV.

Für zahlreiche *ausländische* Staaten werden ebenfalls neben den (allgemeinen) amtlichen Sammlungen spezielle Zusammenstellungen der laufenden Judikatur in Völkerrechtsfragen entweder in Zeitschriften bzw. Jahrbüchern oder in selbständigen Serien veröffentlicht. Vgl. etwa *Parry* (Hrsg.), British International Law Cases, Commonwealth International Law Cases; *Deák* (Hrsg.), American International Law Cases; *Capotorti / Sperduti / Ziccardi* (Hrsg.), La giurisprudenza italiana in materia internazionale.

Die Sammlung „Annual Digest of Public International Law Cases" (AD), seit 1950 als „International Law Reports" (ILR) bezeichnet, kompiliert die Judikatur internationaler *und* nationaler Gerichte ab 1919 auf *weltweiter* Ebene (hrsgg. v. E. *Lauterpacht;* bisher etwa 60 Bände, dazu 2 Registerbände).

[16] Dazu und zur Rolle der Völkerrechtsdoktrin allgemein oben §§ 9 ff. Ferner *François*, L'influence de la doctrine des publicistes sur le développement du droit international, in: Mélanges Gidel (1961), S. 275 ff.; *Bülck*, Die Dogmatik im Völkerrecht, IRD 1972 (Festschrift für R. Laun zum 90. Geburtstag), S. 29 ff.; *Schwarzenberger*, The Province of the Doctrine of International Law, Current Legal Problems 9 (1956), S. 235 ff.; *Schüle*, Methoden der Völkerrechtswissenschaft, Berichte DGVR 3 (1959), S. 1 ff.; F. *Münch*, Zur Aufgabe der Lehre im Völkerrecht, FS Guggenheim, S. 49 ff.; *Bleckmann*, Die Funktionen der Lehre im Völkerrecht (1981); *Lachs*, Teachings and Teaching of International Law, RdC 151 (1976 III), S. 161 ff.; *derselbe*, The Teacher in International Law (1982).

Einen Überblick über die vr Zeitschriftenliteratur bietet die 2-mal jährlich erscheinende, vom Max-Planck-Institut für ausländisches öffentliches Recht und Völkerrecht in Heidelberg herausgegebene Bibliographie „Public International Law".

[17] A 10, S. 26, allerdings mit der Einschränkung „quelle que puisse être par ailleurs sa valeur".

[18] ICJ Reports 1955, S. 23.

zur Beantwortung der Frage, ob eine bestimmte Staatenpraxis von einer allgemeinen Rechtsüberzeugung getragen wird, kann die *communis opinio doctorum* als Beweismittel dienen.

§ 624 Die Bedeutung der Völkerrechtslehre erschöpft sich aber auch heute nicht in dieser Hilfestellung. Die Doktrin ist am *soziologischen* Prozeß der Entstehung des VR in intensivster Weise beteiligt. Denn wie schon eingangs festgehalten wurde[19], begnügt sie sich nicht mit der bloßen Beschreibung und Systematisierung des positiven Rechtsstoffes. Sie kann zum einen die Erzeugung der Rechtsnormen aus der Erkenntnis der soziologischen Grundlagen und Bedürfnisse vorbereiten, zum anderen die in den positiven Normen enthaltenen Rechtsgedanken weiterdenken und auf diese Weise die Entwicklung des VR fördern[20]. Völkerrechtslehre und Völkerrechtspraxis sind somit untrennbar aufeinander angewiesen. Die technischen Möglichkeiten ihrer gegenseitigen Befruchtung sind in den letzten Jahren durch die Verbesserung des wissenschaftlichen Zugangs zur Staatenpraxis[21] und durch „Organisation der herrschenden Lehre" im Rahmen der UNO[22] beträchtlich gesteigert worden.

7. Abschnitt

Durch Beschlüsse universeller internationaler Organisationen erzeugte Normen

§ 625 Was die Mitwirkung internationaler Organisationen an der Völkerrechtsetzung angeht, so wird an anderer Stelle beschrieben, auf welche Weise solche Organisationen bei der Erzeugung von Normen des Vertrags- und Gewohnheitsrechts sowie bei der Anerkennung allgemeiner Rechtsgrundsätze *durch die Staaten* Hilfestellung leisten[1]. Auch Beispiele für die *gemeinsame* Rechtserzeugung durch Staaten und internationale Organisationen werden dort angeführt. Schließlich wird auch

---

[19] Oben §§ 9 ff.

[20] Die Entwicklung des Luftkriegsrechts auf der Grundlage der von einer Expertenkommission 1923 ausgearbeiteten „Haager Luftkriegsregeln" bildet dafür ein gutes Beispiel. Vgl. *Verdross*, S. 478 f. Auch die von der International Law Association (ILA) 1966 verabschiedeten „Helsinki Rules on the Uses of Waters of International Rivers" (Report of the 52nd Conference, S. 484 ff.) haben die vr Staatenpraxis vielfach beeinflußt.

[21] Vgl. § 562, Anm. 28, und *Mosler*, Repertorien der nationalen Praxis in Völkerrechtsfragen — eine Quelle zur Erschließung des allgemeinen Völkerrechts?, FS Guggenheim, S. 460 ff.

[22] Dazu oben §§ 591 ff. Die Arbeiten der International Law Commission stellen heute wohl das wichtigste wissenschaftliche Hilfsmittel i. S. von Art. 38 Abs. 1 lit. d dar.

[1] Vgl. §§ 571, 606, 721 ff.

von *selbständiger* Völkerrechtsetzung durch internationale Organisationen die Rede sein[2]. Alle diese Fälle betreffen *primäre* Völkerrechtsquellen im eingangs geklärten Sinn. Hier bleibt somit noch jene *sekundäre* Völkerrechtsquelle zu untersuchen, die in der Erzeugung von (generell-abstrakten wie individuell-konkreten) Normen durch *Beschlüsse* universeller internationaler Organisationen besteht; um sekundäre Quellen (Quellen niedrigeren Ranges) handelt es sich bei diesen Beschlüssen deshalb, weil ihre rechtserzeugende Wirkung ausschließlich auf einer primären Völkerrechtsquelle, meist auf einer dahingehenden Ermächtigung im Gründungsvertrag der Organisationen, beruht[3]. Abschließend ist der Stellenwert gewisser Resolutionen der UN-Generalversammlung im vr Rechtsquellenkatalog wegen der aktuellen Bedeutung dieser Frage systematisch zu klären.

A. Generell-abstrakte Normen

I. Internes Organisationsrecht[4]

§ 626 Es umfaßt vor allem die von den internationalen Organisationen beschlossenen *Verfahrensordnungen,* welche die Vorgangsweise bei der Antragstellung, Beratung und Abstimmung innerhalb ihrer Organe regeln und in diesem Rahmen auch Rechte und Pflichten der Staaten begründen. So sind alle Hauptorgane der UNO berechtigt, ihre Geschäftsordnungen autonom zu beschließen[5]. Analoges gilt für die Organe der Spezialorganisationen. Bei der Einsetzung von *Hilfsorganen* wird deren Wirkungskreis und Verfahrensordnung generell-abstrakt festgelegt.

---

[2] Vgl. §§ 566, 583, 721 ff. und 728.

[3] Genauer *Seidl-Hohenveldern,* Das Recht der Internationalen Organisationen einschließlich der Supranationalen Gemeinschaften (3. Aufl. 1979), S. 217 ff.; *Meng,* Das Recht der Internationalen Organisationen — eine Entwicklungsstufe des Völkerrechts (1979).

[4] Dazu *Bernhardt / Miehsler,* Qualifikation und Anwendungsbereich des internen Rechts internationaler Organisationen, Berichte DGVR 12 (1973), S. 7 ff.; *Seidl-Hohenveldern* (Anm. 3), S. 227 ff.; *Cahier,* Le droit interne des organisations internationales, RGDIP 67 (1963), S. 563 ff.; *Jenks,* The Proper Law of International Organisations (1962); *Balladore Pallieri,* Le droit interne des organisations internationales, RdC 127 (1969 II), S. 1 ff.; *Detter,* Law Making by International Organizations (1965), S. 44 ff.; *Durante,* L'ordinamento interno delle Nazioni Unite (1964).

[5] Auf Grund von Art. 21, 30, 32 (2. Satz), 72, 90, 93 Abs. 2 der UN-Charta, Art. 30 des IGH-Statuts. Fundstellen bei *Goodrich / Hambro / Simons,* Charter of the United Nations (3. Aufl. 1969). Aus der Literatur *Detter* (Anm. 4), S. 44 ff.; *Conforti,* The Legal Effect of Non-Compliance with Rules of Procedure in the U. N. General Assembly and Security Council, AJIL 63 (1969), S. 479 ff.

§ 627 Daneben finden wir von internationalen Organisationen erlassene generelle Anordnungen, welche die Rechte und Pflichten ihrer *Beamten* zum Gegenstand haben: das „interne Staatengemeinschaftsrecht" i. e. S.[6]. So ist die UN-Generalversammlung nach Art. 101 der Charta zuständig, „Regelungen" (regulations) über die Anstellung der UNO-Beamten zu erlassen[7]. Nach Art. 32 Abs. 5 des Statuts beschließt sie Vorschriften über die Besoldung, Zulagen und Entschädigungen der *Richter* am IGH[8] und gemäß Art. 32 Abs. 7 des Statuts die Reglements über deren Ruhegehälter und Reisegebühren[9]. Auch die entsprechenden Normen für den Kanzler werden von ihr erlassen (Art. 32 Abs. 6 und 7 des Statuts)[10].

§ 628 Schließlich erläßt die Generalversammlung auf der Grundlage des Amtssitzabkommens zwischen der UNO und den Vereinigten Staaten[11] sog. „Headquarters Regulations" für ihren Sitz in New York[12].

II. „Quasi-legislative" Kompetenzen auf technischem Gebiet[13]

§ 629 Unter „Quasi-Legislative" wird hier jene Technik verstanden, durch welche die Bindung der Mitgliedstaaten einer internationalen Organisation an von dieser beschlossene Normen mit der Einschränkung eintritt, daß jeder betroffene Staat die Verbindlichkeit solcher Vorschriften für sich durch ausdrückliche Erklärung ausschließen kann (System des *„contracting out"*)[14]. In Umkehrung des sonst geltenden

---

[6] *Verdross*, Règles générales du droit international de la paix, RdC 30 (1929 V), S. 311. Zum internationalen Beamtenrecht *Seidl-Hohenveldern* (Anm. 3), S. 129 ff., 287 ff.; *Akehurst*, The Law Governing Employment in International Organizations (1967); *Hammarskjöld*, The International Civil Servant in Law and in Fact (1961); *Detter* (Anm. 4), S. 90 ff.; *Plantey*, Droit et pratique de la fonction publique internationale (1977); *Meron*, Status and Independence of the International Civil Servant, RdC 167 (1980 II), S. 285 ff.

[7] Dies ist durch Res. 590 (VI) vom 2. Februar 1952 (mit späteren Revisionen) geschehen. Die Generalversammlung hat auf Grund dieser Bestimmung auch das *Verwaltungsgericht* der UNO errichtet (§ 143). Vgl. dazu das Rechtsgutachten des IGH über den *Effect of Awards of Compensation Made by the United Nations Administrative Tribunal*, ICJ Reports 1954, S. 61, und oben § 209.

[8] Vgl. z. B. ICJ Yearbook 1982 - 1983, S. 160 ff.

[9] Ebd., S. 163 ff.

[10] Ebd., S. 167 f.

[11] Oben § 278.

[12] *Seidl-Hohenveldern* (Anm. 3), S. 263, 295.

[13] Allgemein Hans *Huber*, Die internationale Quasilegislative, SchwJIR 27 (1971), S. 9 ff.; *Dahm*, Völkerrecht, Bd. 3 (1961), S. 173 ff., die unter dem Begriff der „Quasi-Legislative" allerdings eine Reihe von Phänomenen zusammenfassen, die in dem vorliegenden Buch unter verschiedene Gliederungspunkte fallen.

[14] Dazu *Seidl-Hohenveldern* (Anm. 3), S. 242 f.; ausführlicher *Detter* (Anm. 4), S. 228 ff.; *Alexandrowicz*, The Law-Making Functions of the

Prinzips wird staatliches Stillschweigen dabei als Annahme gewertet und damit eine wesentliche Vereinfachung und Beschleunigung der Normsetzung erzielt.

§ 630 Dieses Verfahren wird heute vor allem in einigen Spezialorganisationen der UNO zur Erzeugung von Rechtsvorschriften auf technischem Gebiet angewendet.

1. Der Rat der *Internationalen Zivilluftfahrtorganisation* (ICAO)[15], also ihr aus 33 Mitgliedern zusammengesetztes engeres Gremium, kann nach Art. 54 lit. l des (Gründungs-)Abkommens von Chicago 1944 mit $^{2}/_{3}$-Mehrheit „Internationale Richtlinien" (standards) zur Erhöhung der Sicherheit des Luftverkehrs beschließen, zu Annexen des Abkommens erklären und den Mitgliedstaaten vorlegen. Nach Art. 90 des Abkommens von Chicago treten diese Normen drei Monate nach Vorlage oder nach Ablauf einer vom Rat festgesetzten längeren Frist in Kraft, es sei denn, daß inzwischen die Mehrheit der Mitgliedstaaten der ICAO dem Rat ihre Ablehnung mitgeteilt hat. In diesem Fall tritt die Richtlinie für keinen Staat in Kraft.
   Hat eine „Internationale Richtlinie" diese Hürde genommen, so bleibt den Mitgliedstaaten noch die Möglichkeit eines individuellen „contracting out". In diesem Fall haben sie nach Art. 38 des Abkommens der Organisation die Unterschiede zwischen ihren innerstaatlichen Rechtsvorschriften und der Richtlinie anzuzeigen.
2. Nach Art. 21 der Satzung der *Weltgesundheitsorganisation* (WHO)[16] ist deren Vollversammlung befugt, „Vorschriften" (regulations) über Seuchenbekämpfung, Standardisierung diagnostischer Verfahren und Medikamente usw. zu beschließen (u. U. mit einfacher Mehrheit, vgl. Art. 60 der Satzung). Gemäß Art. 22 der Satzung treten diese Vorschriften nach Bekanntgabe der Annahme durch die Vollversammlung für *alle* Mitglieder in Kraft, es sei denn, daß ein

---

Specialised Agencies of the United Nations (1973), S. 40 ff., 152 ff.; *Saba*, L'activité quasi-législative des institutions spécialisées des Nations Unies, RdC 111 (1964 I), S. 603 ff.; *Yemin*, Legislative Powers in the United Nations and Specialized Agencies (1969); *Leive*, International Regulatory Regimes: Case Studies in Health, Meteorology and Food (1976; zu WHO und WMO).

Bei den solcherart erzeugten Normen handelt es sich nicht um vr Verträge, wie *Seidl-Hohenveldern* (a.a.O. und „Völkerrecht" [4. Aufl. 1980], S. 74) und *Huber* (Anm. 13), S. 28 f., anzunehmen scheinen, sondern um *auf Grund* vertraglicher Ermächtigung durch *Beschluß* zustandegekommene Normen. Insofern wäre der von *Alexandrowicz* (S. 46, Anm. 3) vorgeschlagene Terminus „opting out" zutreffender als die mißverständliche Bezeichnung „contracting out". Richtig auch *Skubiszewski* (§ 523, Anm. 26), S. 803 f.

[15] §§ 339 ff. Zum Text *Buergenthal*, Law-Making in the International Civil Aviation Organization (1969); J. *Erler*, Rechtsfragen der ICAO (1967), S. 107 ff.

[16] §§ 320 ff. Zum Text *von Rom*, Der bei Ausbleiben staatlicher Ablehnung verbindliche Mehrheitsbeschluß der Weltgesundheitsorganisation (1968).

Mitgliedstaat dem Generaldirektor der WHO innerhalb einer in der Bekanntmachung festgesetzten Frist mitteilt, daß er die Vorschrift ablehnt, oder Vorbehalte dazu macht[17].

3. Der (alle Mitgliedstaaten umfassende) Kongreß der *Weltorganisation für Meteorologie* (WMO)[18] kann gemäß Art. 9 der Satzung Beschlüsse über die Standardisierung insbesondere der Wetterbeobachtung fassen, die von allen Mitgliedern „nach besten Kräften" durchzuführen sind. Stellt ein Mitglied jedoch fest, daß es eine Bestimmung einer derartigen vom Kongreß angenommenen fachlichen Entschließung nicht durchführen kann, so hat es dem Generalsekretär der WMO unter Angabe der Gründe mitzuteilen, ob es diese Bestimmung nur vorläufig nicht oder überhaupt nicht durchführen kann[19].

B. Konkrete Anordnungen

§ 631 Von den gerade beschriebenen, auf den technischen und internen Bereich beschränkten Ausnahmen abgesehen, können durch bloßen Beschluß *universeller* internationaler Organisationen auf Grund ihrer *bisherigen* Verfassungen keine generellen Normen erzeugt werden[20].

§ 632 Dagegen werden alle diese Organisationen durch ihre Verfassungsverträge zur Erlassung *einzelner konkreter* Anordnungen ermächtigt, die sich beinahe ausnahmslos (zum Sicherheitsrat s. u.) auf den organisationsinternen Bereich beschränken[21]. So kann die *Generalversammlung* der UNO etwa in folgenden, z. T. an anderer Stelle näher beschriebenen[22] Angelegenheiten allein oder im Zusammenwirken mit

---

[17] In den nach diesen Verfahren zustandegekommenen Internationalen Gesundheitsvorschriften wird das Verfahren bei der Geltendmachung von Vorbehalten geregelt; dazu *Alexandrowicz* (Anm. 14), S. 56 ff.

[18] §§ 349 ff. Zum Text *Alexandrowicz* (Anm. 14), S. 56 ff.; *Detter* (Anm. 4), S. 228 ff.

[19] Hinzuweisen ist ferner auf das unter den Auspizien der IMO (oben §§ 352 ff.) am 9. April 1965 abgeschlossene Übereinkommen zur Erleichterung des internationalen Seeverkehrs, dessen Art. VIII ein „opting out" aus den (nicht-vertraglichen) „Normen" im Anhang zu dem Übereinkommen ermöglicht: *Alexandrowicz* (Anm. 14), S. 61 ff., der zusätzlich noch einige „marginal cases" quasi-legislativer Normsetzung durch UN-Spezialorganisationen und von diesen eingesetzte Organe beschreibt, ebd., S. 70 ff. Ein weiteres „opting out"-Verfahren enthält die Walfangkonvention vom 2. Dezember 1946 (Art. V Abs. 3); vgl. *Rüster / Simma*, International Protection of the Environment. Treaties and Related Documents, Bd. VII (1976), S. 3498 ff.

[20] Zur Frage der behaupteten Rechtsetzungskompetenz der UN-Generalversammlung s. den folgenden Abschnitt.

[21] Dazu *Tammes*, Decisions of International Organs as a Source of International Law, RdC 94 (1958 II), S. 337 ff.

[22] Oben §§ 129 ff.

dem Sicherheitsrat unmittelbar rechtsverbindliche Beschlüsse fassen: Aufnahme und Ausschluß von Mitgliedern (Art. 4 und 6 der Charta), Suspendierung von Mitgliedschaftsrechten (Art. 5), Wahlen (Art. 23 Abs. 2, 61, 86, 97), Genehmigung von Verträgen (Art. 63 und 85), Genehmigung des UN-Budgets (Art. 17), Einsetzung von Hilfsorganen (Art. 22), Erteilung von Weisungen an unterstellte Organe (Art. 68 und 87). Der *Sicherheitsrat* besitzt die Kompetenz zur Erlassung verbindlicher Entscheidungen einmal im Rahmen von Kap. VII der Charta bei Bedrohung oder Bruch des Friedens und bei Angriffshandlungen[23], daneben u. a. in folgenden Fällen: Untersuchung von Streitigkeiten und Situationen (Art. 34), Durchsetzung von Urteilen des Internationalen Gerichtshofes (Art. 94 Abs. 2), Bestellung von Hilfsorganen und Erteilung von Weisungen an diese (Art. 29)[24].

Wir haben bereits erwähnt, daß durch allgemeine (ausdrückliche oder stillschweigende) Annahme der in solchen Beschlüssen zum Ausdruck kommenden Rechtsgedanken seitens der Staaten VGR entstehen oder fortgebildet werden kann[25].

§ 633 Auch die Internationale Meeresbodenbehörde ist zur Wahrnehmung ihrer Aufgaben mit vielfältigen Befugnissen nach innen und außen ausgestattet (Art. 160 und 162 des UN-Seerechtsübereinkommens 1982 [§ 596]). Die Vormerkung von Bergbaufeldern, der Abschluß von Bergbauverträgen, die Erteilung von Produktionsgenehmigungen und die Bergbautätigkeiten des Unternehmens der Internationalen Meeresbodenbehörde gehören zu den Aufgaben und Befugnissen, die auch Wirkung gegenüber Nicht-Vertragsstaaten entfalten werden.

C. Deklarationen der UN-Generalversammlung: eine neue formelle Völkerrechtsquelle?[26]

§ 634 In den letzten Jahren hat die Generalversammlung eine Reihe von, meist „Deklarationen" genannten, Resolutionen beschlossen, die

[23] Oben §§ 159, 232 ff.

[24] § 162.

[25] Oben § 583.

[26] Aus dem umfangreichen Schrifttum vor allem *Vallat*, The Competence of the United Nations General Assembly, RdC 97 (1959 II), S. 230 ff.; *Verdross*, Kann die Generalversammlung der Vereinten Nationen das Völkerrecht weiterbilden?, ZaöRV 26 (1966), S. 690 ff.; *Conforti*, La funzione dell'accordo nel sistema delle Nazioni Unite (1968); *derselbe*, Le rôle de l'accord dans le système des Nations Unies, RdC 142 (1974 II), S. 203 ff.; *Castañeda*, Legal Effects of United Nations Resolutions (1969); *derselbe*, Valeur juridique des resolutions des Nations Unies, RdC 129 (1970 I), S. 211 ff.; *Golsong / Ermacora*, Das Problem der Rechtsetzung durch internationale Organisationen (insbesondere im Rahmen der UN), Berichte DGVR 10 (1971), S. 1 ff. (mit zahlreichen weiterführenden Literaturhinweisen) und die Diskussion ebd., S. 197 ff.; *Tunkin*, Völkerrechtstheorie (1972), S. 194 ff.; *derselbe*, Inter-

nach Meinung nicht nur einiger Autoren[27], sondern auch einer Anzahl von Staaten[28] neue generelle Völkerrechtsnormen darstellen sollen.

national Law in the International System, RdC 147 (1975 IV), S. 62 ff., 142 ff.; *Arangio-Ruiz*, The Normative Role of the General Assembly of the United Nations and the Declaration of Principles of Friendly Relations, RdC 137 (1972 II), S. 444 ff.; *Simma*, Methodik und Bedeutung der Arbeit der Vereinten Nationen für die Fortentwicklung des Völkerrechts, in: Die Vereinten Nationen im Wandel (1975), S. 92 ff.; *Frowein*, Der Beitrag der internationalen Organisationen zur Entwicklung des Völkerrechts, ZaöRV 36 (1976), S. 147 ff.; *Tomuschat*, Die Charta der wirtschaftlichen Rechte und Pflichten der Staaten. Zur Gestaltungskraft von Deklarationen der UN-Generalversammlung, ebd., S. 444 ff.; *Bos*, The Recognized Manifestations of International Law, GYIL 20 (1977), S. 65 ff.; *Schreuer*, Recommendations and the Traditional Sources of International Law, ebd., S. 77 ff.; *Miehsler*, Zur Autorität von Beschlüssen internationaler Organisationen, in: *Schreuer* (Hrsg.), Autorität und internationale Ordnung (1979), S. 35 ff.; *Geiger*, Die zweite Krise der völkerrechtlichen Rechtsquellenlehre, ÖZöffRVR 30 (1979), S. 215 ff.; R. *Khan*, The Legal Status of the Resolutions of the UN General Assembly, IJIL 19 (1979), S. 552 ff.; *Seidl-Hohenveldern*, International Economic „Soft Law", RdC 163 (1979 II), S. 165 ff.; *Bothe*, Legal and Non-Legal Norms — A Meaningful Distinction in International Relations?, NYIL 11 (1980), S. 65 ff.; *Bruha*, Die Definition der Aggression (1980); *Thierry*, Les résolutions des organes internationaux dans la jurisprudence de la Cour internationale de Justice, RdC 167 (1980 II), S. 385 ff.; *Schachter*, The Crisis of Legitimation in the United Nations, Nordisk Tidsskrift for International Ret 50 (1981), S. 3 ff.; ferner *Skubiszewski* und *Simma*, in: Fünftes deutsch-polnisches Juristen-Kolloquium, Bd. 2: Die Bedeutung der Resolutionen der Generalversammlung der Vereinten Nationen (1981), S. 13 ff., 45 ff.; *Agrawala*, The Role of General Assembly Resolutions as Trend-setters of State Practice, IJIL 21 (1981), S. 513 ff.

In der internationalen Rechtsprechung hat sich bislang nur der Schiedsspruch R. J. *Dupuys* im Falle *Texaco Overseas Petroleum Co./California Asiatic Oil Co. v. The Government of the Libyan Arab Republic* vom 19. Januar 1977, ILR 53 (1979), S. 483 ff., mit unserem Problem eingehend auseinandergesetzt.

[27] *Sloan*, The Binding Force of a „Recommendation" of the General Assembly of the United Nations, BYIL 25 (1948), S. 1 ff.; *Asamoah*, The Legal Significance of the Declarations of the General Assembly of the United Nations (1966); *Schwelb*, Neue Etappen der Fortentwicklung des Völkerrechts durch die Vereinten Nationen, ArchVR 13 (1966/1967), S. 1 ff.; *Falk*, On the Quasi-Legislative Competence of the General Assembly, AJIL 60 (1966), S. 782 ff.; *derselbe*, The Status of Law in International Society (1970), S. 126 ff.; *Jennings*, Recent Developments in the International Law Commission: Its Relation to the Sources of International Law, ICLQ 13 (1964), S. 385 ff.; *Sohn*, The Development of the Charter of the United Nations, in: *Bos* (Hrsg.), The Present State of International Law (1973), S. 50 ff.; *Elias*, Modern Sources of International Law, in: Transnational Law in a Changing Society. Essays in Honor of Philip C. Jessup (1972), S. 51: „If there is unanimity in the Assembly during the vote, all are bound, provided the subject falls within the Assembly's competence. If the vote is divided, then those states that vote for a particular resolution by the requisite majority are bound on the grounds of consent and of estoppel. Those that abstain are also bound on the ground of acquiescence, and tacit consent, since an abstention is not a negative vote; while those that vote against the resolution should be regarded as bound by the democratic principle that the majority view should always prevail. ... To hold otherwise would be contrary to the democratic principle that, if every state has had its say, the requisite majority must have its way."

Als Paradebeispiele derartiger Generalversammlungsbeschlüsse „normativer“ Natur werden genannt: die Allgemeine Erklärung der Menschenrechte vom 10. Dezember 1948, Res. 217 (III); die „Declaration on the Granting of Independence to Colonial Countries and Peoples“ vom 14. Dezember 1960, Res. 1514 (XV); die „Declaration on Permanent Sovereignty over Natural Resources“ vom 14. Dezember 1962, Res. 1803 (XVII); die „Declaration on the Elimination of all Forms of Racial Discrimination“ vom 20. November 1963, Res. 1904 (XVIII); die „Declaration of Legal Principles Governing the Activities of States in the Exploration and Use of Outer Space“ vom 13. Dezember 1963, Res. 1962 (XVIII); die „Declaration on the Inadmissibility of Intervention in the Domestic Affairs of States and the Protection of their Independence and Sovereignty“ vom 21. Dezember 1965, Res. 2131 (XX); ferner die bereits ausführlich besprochene „Declaration on Principles of International Law concerning Friendly Relations and Co-operation among States in Accordance with the Charter of the United Nations“ vom 24. Oktober 1970, Res. 2625 (XXV); die „Declaration of Principles Governing the Sea-bed and the Ocean Floor, and the Subsoil Thereof Beyond the Limits of National Jurisdiction“ vom 17. Dezember 1970, Res. 2749 (XXV); die „Basic Principles of the Legal Status of the Combatants Struggling against Colonial and Alien Domination and Racist Regimes“ vom 12. Dezember 1973, Res. 3103 (XXVIII), oder schließlich die am 12. Dezember 1974 angenommene „Charter of Economic Rights and Duties of States“, Res. 3281 (XXIX)[29].

Dabei entzündet sich die Diskussion besonders an jenen Sätzen dieser Deklarationen, die im Widerspruch zu Normen des Vertrags- oder Gewohnheitsrechts stehen oder über deren Inhalt hinausgehen.

§ 635 Solche Deklarationen der UN-Generalversammlung könnten nur dann für die Mitgliedstaaten verbindliche Völkerrechtsnormen erzeugen, wenn dieses Organ dazu zuständig wäre, da jedes Organ nur innerhalb seiner Zuständigkeit rechtsgültig handeln kann. Die UN-Charta verleiht der Generalversammlung gegenüber den Mitglied-

---

[28] So stimmten in dem von der Generalversammlung zur Formulierung der „Principles of International Law concerning Friendly Relations“ (dazu §§ 451 ff.) eingesetzten Sonderausschuß im Frühjahr 1966 22 von 31 Staaten einem Beschluß zu, nach dem die von der Generalversammlung 1965 mit Res. 2131 (XX) angenommene Nichteinmischungsdeklaration (oben § 491) „ein authentisches und genau definiertes Prinzip des Völkerrechts“ darstellen soll, weil diese Deklaration wegen der Anzahl der Staaten, die ihr zugestimmt haben, der Weite und Tiefe ihres Inhalts und insbesondere des Fehlens jeglicher Opposition eine universelle Rechtsüberzeugung wiedergibt: UN. Docs. A/AC. 125/3 und A/6230, § 341.

[29] Die Texte sämtlicher Generalversammlungsresolutionen finden sich bei *Djonovich* (Hrsg.), United Nations Resolutions (1973 ff.), eine Auswahl der wichtigsten aus den Jahren 1949 - 1974 (I. - XXVIII. Session) in der Dokumentation „Resolutionen der Generalversammlung der UNO“ (1975).

staaten, von einigen bereits besprochenen Ausnahmen im organisationsinternen Bereich abgesehen[30], aber nur die Befugnis zu *Empfehlungen* (Art. 11 - 14)[31].

Eine *Erweiterung* der Zuständigkeit der Generalversammlung könnte zwar nicht nur durch eine förmliche Satzungsänderung (Art. 108 und 109 der Charta), sondern auch durch formlosen Staatenkonsens oder auf vgr Wege erfolgen[32]. Da aber eine förmliche Änderung der UN-Charta nur durch eine Ratifizierung des Änderungsbeschlusses der Generalversammlung oder einer allgemeinen Revisionskonferenz durch zwei Drittel der Mitgliedstaaten einschließlich aller ständigen Mitglieder des Sicherheitsrates möglich ist, muß angenommen werden, daß auch eine formlose Erweiterung der Zuständigkeit der Generalversammlung nur eintreten kann, wenn ihr wenigstens zwei Drittel der Mitgliedstaaten einschließlich aller ständigen Sicherheitsratsmitglieder zustimmen[33] oder sich ihr später widerspruchslos (also durch „acquiescence") fügen[34]. Eine Verfassungs*wandlung* der UN-Charta darf also nur angenommen werden, wenn diese Voraussetzungen vorliegen, da bei der Gründung der UNO ein Antrag, der Generalversammlung gesetzgeberische Gewalt zu verleihen, ausdrücklich abgelehnt wurde[35]. Es würde daher gegen die *bona fides* verstoßen, einem Mitgliedstaat eine Norm im Widerspruch zum Text der Charta oder zum allgemeinen VR auferlegen zu wollen.

Eine Erweiterung der Zuständigkeit der Generalversammlung um die behauptete Rechtsetzungskompetenz ist jedoch bisher weder auf

---

[30] Oben §§ 626 ff.

[31] Der Umstand, daß Resolutionen der Generalversammlung grundsätzlich als Empfehlungen nicht rechtsverbindlich sind, verhindert natürlich nicht, daß ihnen ganz allgemein gewisse Wirkungen zu eigen sind, wie sie vom Richter Sir H. *Lauterpacht* im *South West Africa Voting Procedure* Case beschrieben worden sind: „Whatever may be the content of the recommendation and whatever may be the nature and circumstances of the majority by which it has been reached, it is nevertheless a legal act of the principal organ of the United Nations which Members of the United Nations are under a duty to treat with a degree of respect appropriate to a Resolution of the General Assembly."

Dieser Respekt schließe die „consideration" der Resolution „in good faith" ein: ICJ Reports 1955, S. 120. Des weiteren kann unter gewissen Umständen ein Staat „estopped" sein, sich auf die rechtliche Unwirksamkeit einer Resolution zu berufen, an deren Zustandekommen er mitgewirkt oder für deren Erfüllung er sich eingesetzt hat: *Müller*, Vertrauensschutz im Völkerrecht (1971), S. 251 ff., sowie die Separate Opinion von Sir Gerald *Fitzmaurice* zum IGH-Rechtsgutachten über *Certain Expenses of the United Nations*, ICJ Reports 1962, S. 210 f.

[32] Dazu oben § 275.

[33] Vgl. *Verdross* (Anm. 26), S. 695.

[34] Vgl. oben §§ 583, 585. Auch *Schwarzenberger*, The Inductive Approach to International Law (1965), S. 163.

[35] UN Doc. 507, II/2/22, U. N. C. I. O. 9, S. 70.

förmlichem Weg noch durch eine Verfassungswandlung im gerade beschriebenen Sinn erfolgt. Daher können die in Rede stehenden Deklarationen der UN-Generalversammlung *als solche keine formellen Völkerrechtsquellen* sein[36].

§ 636 Aus diesem Ergebnis folgt jedoch keineswegs, daß diese Deklarationen oder andere Resolutionen der Generalversammlung rechtlich bedeutungslos sind. Solche Akte legen oft den *Argumentationsrahmen* für künftige Auseinandersetzungen um das geltende Recht entscheidend fest, haben also eine bedeutsame Klärungsfunktion[37]. Außerdem kann die Generalversammlung durch diese Akte die UN-Charta mit verbindlicher Wirkung für ihren Organisationsbereich *auslegen*[38]. Ferner können diese Beschlüsse *materielle Rechtsquellen* darstellen, welche die Bildung und inhaltliche Gestaltung neuen VR vorbereiten helfen[39], und schließlich *Elemente oder Etappen der anerkannten vr Rechtserzeugungsverfahren*, also der Quellen im *formellen* Sinn[40].

§ 637 So können Deklarationen der Generalversammlung *in fieri* begriffene Normen des VGR konsolidieren oder die Herausbildung solcher Normen einleiten und beschleunigen, wenn die von diesen Beschlüssen als Ausdrucksformen einer *opinio iuris* proklamierten Grundsätze durch nachfolgende Staatenpraxis innerhalb und außerhalb der Organisation bestätigt werden[41]. Das Abstimmungsverhalten der Staa-

---

[36] Ebenso *Golsong* (Anm. 26), S. 39, 48 und *passim; Müller*, Vertrauensschutz im Völkerrecht (1971), S. 250 ff.; *Seidl-Hohenveldern* (Anm. 3), S. 194; L. *Gross*, The International Court of Justice and the United Nations, RdC 120 (1967 I), S. 374 ff.; *Tunkin*, RdC (§ 634, Anm. 26), S. 152; sowie die Stellungnahmen des US-State Department vom 25. April 1975, AJIL 69 (1975), S. 863, und vom 11. November 1977, ebd. 72 (1978), S. 377 f.; ferner der österreichischen Regierung, ÖZöffRVR 28 (1977), S. 342, und der niederländischen Regierung, NYIL 12 (1981), S. 178 ff.

[37] *Frowein* (Anm. 26), S. 164 ff. Vgl. z. B. unsere Darstellung der Grundrechte und -pflichten der Staaten anhand der Res. 2625 (XXV).

[38] *Golsong* (Anm. 22), S. 18 ff. Dazu auch oben § 272. Zu einer für die *Mitglieder* verbindlichen Interpretation der Charta oder gar zu deren authentischer Interpretation ist die Generalversammlung (allein) allerdings nicht in der Lage.

[39] *Colliard* spricht in diesem Zusammenhang treffend von „pré-droit“: Institutions des relations internationales (6. Aufl. 1974), S. 276. Vgl. auch unten §§ 654 ff.

[40] So auch *Golsong*, ebd.

[41] In diesem Sinne auch eine Stellungnahme der Rechtsabteilung des UN-Generalsekretariats aus dem Jahre 1962: Danach ist eine „Deklaration“ ein förmliches und solemnes Dokument, das gegenüber gewöhnlichen Empfehlungen eine stärkere Erwartung zum Ausdruck bringt, daß sich die Mitgliedstaaten danach richten werden. „Consequently, in so far as the expectation is gradually justified by State practice, a declaration may, *by custom*, become recognized as laying down rules binding upon States“: UN Doc. E/CN. 4/L. 160, zitiert nach *Golsong* (Anm. 26), S. 12, Hervorhebung von uns. Dazu *Schwebel*, The Effect of Resolutions of the U. N. General Assembly on Customary International Law, ASIL Proceedings 1979, S. 301 ff. Vgl.

ten allein darf also noch nicht als ausreichende Praxis i. S. von Art. 38 IGH-Statut angesehen werden. Im übrigen gelten auch für diese Entstehungsart von Gewohnheitsrecht die an anderer Stelle geschilderten strengen Anforderungen an die Allgemeinheit einer Staatenpraxis, so daß der beharrliche Widerspruch insbesondere derjenigen Staaten, deren Interessen durch die in einer Deklaration enthaltenen Rechtsbehauptungen besonders betroffen sind, entweder die Entstehung einer Gewohnheitsrechtsnorm überhaupt oder zumindest die Bindung des dissentierenden Staates daran verhindert[42].

§ 638 Der Inhalt derartiger Deklarationen kann ferner in *völkerrechtliche Verträge* aufgenommen werden. So führte die Allgemeine Erklärung der Menschenrechte vom 10. Dezember 1948 nach langen Beratungen in der UN-Menschenrechtskommission[43] zu den beiden am

---

ferner *Bailey*, Making International Law in the United Nations, ASIL Proceedings 1967, S. 239: „A resolution on the record may today, in point of law, look like only a recommendation, or even a mere ‚voeu'. But it is to be remembered that propaganda can create pressure; that pressure can create practice; and that practice can create law." Über den Aufbau derartigen politischen Drucks vgl. *Bleicher*, The Legal Significance of Re-Citation of General Assembly Resolutions, AJIL 63 (1969), S. 444 ff.

Der US Court of Appeals for the 2nd Circuit vertrat am 30. Juni 1980 im Falle *Filartiga v. Peña-Irala* die Auffassung, das Verbot der Folter sei heute u. a. durch allgemeine Anerkennung der Universal Declaration of Human Rights vom 10. Dezember 1948 vgr verankert: AJIL 75 (1981), S. 149 ff.

Falsch wäre es dagegen, die Verabschiedung der hier besprochenen Resolutionen *per se* als Erzeugung von „instant custom" anzusehen; vgl. oben § 566 und die dort genannten Autoren.

Von der Frage der Gewohnheitsrechtsbildung mit Hilfe unserer Resolutionen ist die Möglichkeit zu unterscheiden, daß diese Beschlüsse als Beweismittel für die Geltung vgr Normen verwendet werden. Im ersten Fall sind die Resolutionen Elemente des vgr Rechtserzeugungsverfahrens, im zweiten Fall dagegen bloße Erkenntnismittel, ob dieses Verfahren Ergebnisse gezeigt hat und wie deren Inhalt lautet. Dazu genauer *Golsong* (ebd.), S. 28 ff.; *Baxter*, Treaties and Custom, RdC 129 (1970 I), S. 69 ff.

[42] So kritisierte der US-Vertreter im Sechsten Ausschuß der Generalversammlung am 11. November 1977 die Feststellung der ILC, das Prinzip der dauernden Souveränität über Naturreichtümer sei durch die Res. 3201 und 3281 der Generalversammlung bzw. ihrer Sechsten Sondertagung 1974 „weiterentwickelt" (developed) worden, wie folgt: „[T]he resolutions of the Sixth Special Session cannot be said to have developed international law on the points at issue, for, on those very points, my government and other Members of this Assembly expressed the most vigorous and precise disagreement. My government and others took particular care to state that those resolutions had no effect on the international law of matters which are comprehended by the concept of permanent sovereignty over natural wealth and resources. As to the Charter of Economic Rights and Duties of States, the situation, if anything, is clearer still. Sixteen states voted against key provisions of the article on permanent sovereignty and expropriation and nineteen voted for a substitute Western amendment; seventeen industrialized democracies voted for its deletion of article 16. To suggest that those resolutions ‚developed' the principle of permanent sovereignty is accordingly baffling, . . .": AJIL 72 (1978), S. 377 f

[43] § 173.

16. Dezember 1966 von der Generalversammlung angenommenen Internationalen Menschenrechtspakten[44]; die Resolution 1721 (XVI) vom 20. Dezember 1961[45] und 1962 (XVIII) vom 13. Dezember 1963 als die wichtigsten aus einer ganzen Kette einschlägiger Entschließungen nach Arbeiten des juristischen Unterausschusses des Committee on the Peaceful Uses of Outer Space der Generalversammlung zum Weltraumvertrag vom 27. Januar 1967[46]. Ebenso fanden Grundgedanken der eingangs genannten Res. 3103 (XXVIII) über die Kombattanteneigenschaft von Angehörigen nationaler Befreiungsbewegungen Aufnahme in das I. Zusatzprotokoll 1977 zu den Genfer Rotkreuzabkommen und Elemente der Meeresbodendeklaration 1970, Res. 2749 (XXV), wurden im Seerechtsübereinkommen 1982 verankert[47].

§ 639 Zum dritten können die in Deklarationen proklamierten Grundsätze dadurch zu *allgemeinen Rechtsgrundsätzen* i. S. von Art. 38 Abs. 1 lit. c des IGH-Statuts werden, daß die Staaten diese Prinzipien vor, während und nach der Abstimmung in der Generalversammlung durch inhaltlich übereinstimmende einseitige Erklärungen[48] oder anderweitig hergestellten zwischenstaatlichen *Konsens*[49] als vr verbindlich anerkennen. Ein solcher Konsens kommt aber nur zustande, wenn alle Staaten sowohl den Inhalt einer Deklaration als auch die unmittelbare Rechtsverbindlichkeit dieses Inhalts ausdrücklich anerkennen oder zumindest zu erkennen geben, daß sie sich widerspruchslos fügen (acquiescence). Die bloße Annahme einer Deklaration durch die Generalversammlung, und mag sie auch einstimmig erfolgen, genügt dazu nicht, weil dieser Beschluß nach der Charta lediglich den Charakter einer Empfehlung hat und der Organisation, nicht den Mitgliedstaaten zugerechnet wird.

Schließt sich die *Praxis* der Staaten in der Folge den so geschaffenen Rechtsgrundsätzen an, so kann deren Inhalt in das VGR übergehen. Kommt die für die Gewohnheitsrechtsentstehung erforderliche qualifi-

---

[44] Unten §§ 1236 ff.

[45] Dazu *Zemanek*, in: *Verdross*, S. 303 f.

[46] Unten § 1151.

[47] Darüber unten §§ 1138 ff.

[48] Derartige Erklärungen gaben z. B. die USA, Großbritannien und die Sowjetunion anläßlich der Verabschiedung der gerade genannten Weltraumdeklaration 1962 (XVIII) ab. Vgl. *Schwelb* (Anm. 27), S. 38 f.; *Zemanek*, The United Nations and the Law of Outer Space, YBWA 19 (1965), S. 199 ff.

[49] Dazu *Simma*, Die Vereinten Nationen im Wandel (Anm. 26), S. 97 ff.; Deutsch-polnisches Juristen-Kolloquium (ebd.), S. 57 ff.
Von der Methode der Völkerrechtserzeugung durch formlosen Konsens (dazu allgemein §§ 518 ff.) ist die Verfahrensweise des *Consensus* zur Beschlußfassung in internationalen Organisationen und auf Staatenkonferenzen unter Vermeidung förmlicher Abstimmungen zu unterscheiden. Dazu oben § 122.

zierte Praxis[50] nicht zustande, so bleibt der durch formlosen Konsens erzeugte Rechtsgrundsatz als solcher so lange in Geltung, als er nicht durch eine anderslautende *Rechts*norm (Vertrag, VGR, neuer formloser Konsens) aufgehoben oder abgeändert wird. Während die nachfolgende Praxis jedoch für die Entstehung von entsprechendem VGR *konstitutiv* ist, bildet sie für Bestehen und Inhalt der durch formlosen Konsens geschaffenen Völkerrechtsnormen ein bloßes *Beweis*mittel.

Zusammenfassend ist festzuhalten, daß die in einer Deklaration der UN-Generalversammlung verkündeten Normen zu neuem VR nur dadurch werden können, daß sie entweder in das Völkergewohnheits- oder in das Völkervertragsrecht eingehen oder aber durch unmittelbaren Konsens als allgemeine Rechtsgrundsätze anerkannt werden.

In Verfolg unserer eingangs aufgestellten Systematik der Mitwirkung internationaler Organisationen bei der Erzeugung von VR handelt es sich dann um Fälle der *gemeinsamen* Rechtsschöpfung durch die UNO und ihre Mitgliedstaaten.

8. Abschnitt

Die Rangordnung der Völkerrechtsquellen[1]

A. Innerhalb der einzelnen Quellen

§ 640 Die Fragen der Vertragskonkurrenz sowie der Abänderung oder Suspendierung von *vr Verträgen* durch nachfolgende Vereinbarung werden im Abschnitt über die mehrseitigen Rechtsgeschäfte Behandlung finden[2]. Hier soll nur soviel vorweggenommen werden, daß infolge der grundsätzlichen Gleichrangigkeit der vr Verträge auf die Kollision vertraglicher Verpflichtungen mit demselben persönlichen Geltungs-

[50] Oben §§ 553 ff. Von der im Text vertretenen Auffassung ist die Meinung *Bin Chengs* zu unterscheiden, wonach eine *opinio iuris* das alleinige konstitutive Element für die Entstehung von VGR sei, die Praxis dagegen nur „purely evidentiary" (oben § 566, Anm. 45 [S. 36]). Diese Auffassung ist einmal aus den ebd. erwähnten Gründen abzulehnen, zum anderen, weil im VGR „both of these elements operate independently to qualify each other" (*D'Amato*, On Consensus, CYIL 8 [1970], S. 111 f.). Die *opinio iuris* „anerkennt" die bloße Praxis als Recht; „[d]ie gewohnheitsrechtliche Norm ist das Ergebnis der rechtlichen Interpretation einer faktischen Übung": *Müller*, Vertrauensschutz im Völkerrecht (1971), S. 86.

[1] Allgemein *Heinz*, Zur Systematik der Völkerrechtsquellen und der Einteilung des Völkerrechts, ÖZöffR 21 (1971), S. 197 ff.; *Akehurst*, The Hierarchy of the Sources of International Law, BYIL 47 (1974 - 1975), S. 273 ff.; *Bos*, The Hierarchy Among the Recognized Manifestations („Sources") of International Law, FS Miaja de la Muela, Bd. I, S. 363 ff.; *Monaco*, Observations sur la hiérarchie des sources du droit international, FS Mosler, S. 599 ff.

[2] Unten §§ 786 ff., 792 ff., 808 f.

bereich oder einem weiteren der späteren Norm die Regeln *lex posterior derogat legi priori* und *lex specialis derogat legi generali* Anwendung finden. Die Möglichkeiten der Änderung multilateraler Verträge im engeren Kreis werden zum einen durch die Erfüllungsstruktur der Pflichten aus dem weiteren Vertrag[3], zum anderen dadurch bestimmt, ob es sich bei diesen Verpflichtungen um *ius cogens* oder *ius dispositivum* handelt[4]. Die auf allgemeinem VR beruhenden Rechtsfolgen der Mißachtung dieser Schranken sind verschieden: Während eine Pflichtenkollision im ersten Falle den Eintritt der vr Verantwortlichkeit gegenüber den verletzten Parteien des früheren Abkommens zur Folge hat, ist der spätere Vertrag im zweiten Falle darüber hinaus nichtig.

§ 641 Rangunterschiede zwischen vr Verträgen können ferner durch die Vereinbarung von *Vorrangklauseln* eingeführt werden. So bestimmt Art. 103 der UN-Charta: „Widersprechen sich die Verpflichtungen von Mitgliedern der Vereinten Nationen aus dieser Charta und ihre Verpflichtungen aus anderen internationalen Übereinkünften, so haben die Verpflichtungen aus dieser Charta Vorrang[5]." Nach dem Wortlaut des Art. 103 gilt diese Bestimmung auch für Verträge zwischen Mitgliedern und Nichtmitgliedern der UNO. Art. 103 räumt ferner *allen* Pflichten aus der UN-Charta Priorität vor entgegenstehenden Vertragsnormen ein, während das *ius cogens* der Charta auf das zwischenstaatliche Gewaltverbot und die dieses ergänzenden Normen, sowie auf das Gebot zur Respektierung der grundlegenden Menschenrechte und des Selbstbestimmungsrechts der Völker beschränkt ist[6]. Andererseits sind auch hier die Rechtsfolgen verschieden: Während ein Vertrag, der gegen *ius cogens* verstößt, nichtig ist, sind die Parteien eines Abkommens, dessen Inhalt im Widerspruch zur UN-Charta steht, lediglich verpflichtet, den Normenkonflikt zugunsten der Pflichten aus der Charta aufzulösen. Zwischen dem Charakter einer Vertragsnorm als *ius cogens* und ihrem vertraglich vereinbarten Vorrang muß also scharf unterschieden werden[7].

§ 642 Auch die Normen des VGR weisen untereinander grundsätzlich den gleichen Rang auf und sind damit der *lex posterior*-Regel unterworfen[8]. Aber auch hier werden die Derogationsmöglichkeiten inner-

[3] Dazu §§ 539, 788, 794.

[4] Dazu oben §§ 524 ff.

[5] Zahlreiche weitere Beispiele bei *Sztucki*, Jus Cogens and the Vienna Convention on the Law of Treaties (1974), S. 36 ff. und bei *Blix / Emerson* (Hrsg.), The Treaty Maker's Handbook (1973), S. 210 ff.

[6] Vgl. *Sztucki*, ebd., S. 40 f., und oben §§ 94 ff.

[7] So auch die ILC in ihrem definitiven Bericht über das Recht der Verträge, ILC-Yearbook 1966 II, S. 248.

[8] Oben §§ 573 ff.

halb einer engeren Staatengruppe dadurch beschränkt, daß späteres regionales oder sonstwie partikuläres VGR weder zu den Normen zwingenden Gewohnheitsrechts in Widerspruch stehen noch die Rechte jener Staaten berühren darf, welche die frühere Praxis und Rechtsüberzeugung beibehalten.

B. Vertrag und Völkergewohnheitsrecht

§ 643 Für die Rangordnung dieser beiden Quellen gilt analog, was zuvor über das Verhältnis von Normen derselben Entstehungsform gesagt wurde: Wenn beide Normen den gleichen Geltungsbereich oder die spätere einen weiteren aufweist, gilt die *lex posterior*-Regel, d.h. eine spätere Vertragsnorm derogiert einer früheren Norm des VGR und eine spätere Norm des VGR einer früheren Vertragsnorm. Ferner geht die spezielle Vertragsnorm einer *lex generalis* in Gestalt von VGR oder eines allgemeinen Rechtsgrundsatzes vor. Die Rechtmäßigkeit der vgr Abänderung eines Vertrages oder der vertraglichen Änderung von VGR im *engeren* Kreis bestimmt sich einmal danach, ob die weitere Norm zwingenden Rechts ist oder nicht. Ferner können durch eine engere Norm die Rechte der übrigen Beteiligten der weiteren Norm nicht verändert werden. Diese können daher auch von den Adressaten der engeren Norm die Erfüllung der durch die weitere Norm begründeten Pflichten fordern.

C. Die Stellung der allgemeinen Rechtsgrundsätze

§ 644 Hier müssen wir zwei Arten von allgemeinen Rechtsgrundsätzen unterscheiden. Zur ersten Kategorie gehören jene, die sich aus dem Inhalt des übereinstimmenden Rechts der Kulturvölker ergeben, wie z. B. gewisse Grundsätze des Schadensersatzrechts und des Notstandes[9].

Da diese allgemeinen Rechtsgrundsätze gemäß Art. 38 des IGH-Statuts als *leges generales* gegenüber den spezielleren Normen des Vertrags- und Gewohnheitsrechts grundsätzlich subsidiär zur Anwendung gelangen[10], ist ihre direkte Kollision mit den anderen formellen Rechtsquellen unmöglich.

§ 645 Daneben gelten aber auch allgemeine Rechtsgrundsätze, die vom VGR und Vertragsrecht *vorausgesetzt* werden, wie die vom IGH im *Corfu Channel*-Fall erwähnten „considérations élémentaires d'humanité“[11] oder die Forderungen der *bona fides*[12]. Diese zweite Kategorie

---

[9] Eingehend oben §§ 599 ff.

[10] Vgl. oben §§ 607 ff.

[11] ICJ Reports 1949, S. 22. Vgl. auch das Urteil im *Barcelona Traction*-Fall, ICJ Reports 1970, S. 32.

ist zwingender Natur mit der Folge, daß widersprechendes VGR oder Vertragsrecht nicht gültig entstehen kann[13].

D. Primäre und sekundäre Völkerrechtsquellen

§ 646 Die Normen, die auf Grund von vr Verträgen durch Staatengemeinschaftsorgane erzeugt werden[14], sind diesen Verträgen insofern im Rang untergeordnet, als ihre Gültigkeit von der dort erteilten Ermächtigung abhängt. Der Kollisionsfall mit *anderen* Völkerrechtsnormen ist damit aber noch nicht generell entschieden: Seine Lösung muß im Wege der Auslegung der vertraglichen Ermächtigung gesucht werden. So genießt ein im Rahmen von Kapitel VII der Charta gefaßter Beschluß des UN-Sicherheitsrates, mit dem die Nichtanwendung von Verträgen als Zwangsmaßnahme gegen einen Aggressor verfügt wird, infolge Art. 2 Ziff. 5, 25 und 103 der Charta den Vorrang vor diesen Vertragsnormen[15]. Andererseits hat der Gerichtshof der Europäischen Gemeinschaften in seinem Urteil vom 12. Dezember 1972 im Fall der *International Fruit Company* entschieden, daß die Gültigkeit des sekundären Gemeinschaftsrechts im Verfahren nach Art. 177 EWG-Vertrag auch an einer Bestimmung des VR gemessen werden kann, wenn diese Bestimmung die Gemeinschaft bindet und ein Recht der Gemeinschaftsangehörigen begründet, sich vor Gericht auf sie zu berufen[16].

---

[12] Oben §§ 60 ff., 459 ff.

[13] In diesem Sinn schon *von der Heydte* (oben § 524, Anm. 5); neuerdings *Mosler*, The International Society as a Legal Community, RdC 140 (1974 IV), S. 149 f.; *Brownlie*, Principles of Public International Law (3. Aufl. 1979), S. 514: „[T]he specific content of norms of this kind involves the irrelevance of protest, recognition, and acquiescence; prescription cannot purge this type of illegality."

[14] Dazu oben §§ 625 ff.

[15] Vgl. auch Art. 75 der Wiener Konvention über das Recht der Verträge, wonach deren Bestimmungen keine mit einem Vertrag zusammenhängenden Verpflichtungen berühren, welche sich für einen Aggressor infolge von Maßnahmen ergeben können, die auf den Angriff dieses Staates hin im Einklang mit der UN-Charta getroffen wurden.

Zur Frage der Rechtfertigung einer vom Sicherheitsrat angeordneten Vertragssuspendierung *Simma* (§ 811, Anm. 16), S. 10 f., und die dort genannten Autoren, ferner *Dugard*, The Legal Effect of United Nations Resolutions on Apartheid, The South African Law Journal 83 (1966), S. 56 ff.; *derselbe*, The Simonstown Agreement: South Africa, Britain and the United Nations, ebd. 85 (1968), S. 142 ff. In seinem Rechtsgutachten vom 21. Juni 1971 über die *Legal Consequences for States of the Continued Presence of South Africa in Namibia (South West Africa) notwithstanding Security Council Resolution 276 (1970)* vertrat der IGH die Ansicht, daß die Staaten zur Nichtanwendung gewisser Verträge mit Südafrika auch auf Grund einer Resolution des Sicherheitsrats verpflichtet seien, die auf Kapitel VII der Charta nicht Bezug nahm: ICJ Reports 1971, S. 55. Dazu mit Recht kritisch *Kewenig* (§ 159, Anm. 22); ferner oben § 159.

[16] Verbundene Rechtssachen 21 - 24/72, Sammlung der Rechtsprechung des Gerichtshofes, Bd. XVIII (1972), S. 1219 ff.

E. Die Rangordnung im innerstaatlichen Bereich

§ 647 Das gegenseitige Rangverhältnis der Völkerrechtsquellen auf vr Ebene ist von jenem Rang scharf zu unterscheiden, den diese Normen nach ihrer Überführung in den landesrechtlichen Bereich im innerstaatlichen Recht haben[17].

Diese innerstaatliche Normenhierarchie kann sich von der zwischenstaatlichen stark unterscheiden. So räumt das Grundgesetz der Bundesrepublik Deutschland dem VGR *en bloc* den Vorrang vor den Gesetzen ein, während es die vr Verträge den Gesetzen und Verordnungen gleichstellt; die österreichische Bundesverfassung dagegen kennt auch Verträge im Verfassungsrang, weist dem VGR nach herrschender Auffassung aber die Stufe einfacher Gesetze zu. Das *gegenseitige* Rangverhältnis der Völkerrechtsquellen im innerstaatlichen Bereich tritt an Bedeutung allerdings gegenüber der Frage zurück, welcher Rang diesen Quellen gegenüber dem *Landesrecht* zukommt.

9. Abschnitt

Der zeitliche Geltungs- und Anwendungsbereich des Völkerrechts

§ 648 Unter dem zeitlichen *Geltungsbereich* versteht man jenen Zeitraum, in dem die Normen in Geltung stehen. Da dieser mit der Entstehung der Verbindlichkeit der Normen beginnt und mit ihrem Außerkrafttreten endet, behandeln wir dieses Problem bei der Darstellung der Erzeugung der positiven Völkerrechtsnormen.

§ 649 Hingegen ist der zeitliche *Anwendungsbereich* der Normen jener Zeitraum, in dem sich Sachverhalte ereignen, auf welche die Normen Anwendung finden[1]. Er betrifft also die Frage, welche Normen im Falle ihrer Änderung in der Zeit auf einen bestimmten Sachverhalt anzuwenden sind. Den dieses Problem regelnden Rechtsbereich bezeichnet man als *intertemporales Recht*[2].

---

[17] Unten §§ 859 ff.

[1] *Zitelmann*, Geltungsbereich und Anwendungsbereich der Gesetze, in: Festgabe für K. Bergbohm (1919), S. 207 ff., 230 ff.

[2] Aus der aufgrund der Berichte von Max *Sorensen* (Annuaire IDI 55 [1973], S. 1 ff., 50 ff., 85 ff.) beschlossenen Resolution des Institut de droit international vom 11. August 1975: „Le problème intertemporel général ... concerne la délimitation du domaine d'application des normes dans le temps": Annuaire IDI 56 (1975), S. 339 ff., 536. Vgl. zum ganzen neben den genannten Berichten *Baade*, Intertemporales Völkerrecht, JIR 7 (1958), S. 229 ff.; *Krause-Ablaß*, Intertemporales Völkerrecht (1970); *Tavernier*, Recherches sur l'application dans le temps des actes et des règles en droit international public

§ 650 Es ist allgemein anerkannt, daß die Begründung eines subjektiven Rechts oder eines Rechtsverhältnisses nach den Normen zu beurteilen ist, die zur Zeit ihrer Begründung in Geltung standen. Dieser allgemeine Rechtsgrundsatz[3] gilt auch im VR, sofern die Parteien nichts anderes verfügen, indem sie z. B. dem von ihnen eingesetzten Schiedsgericht die Anwendung bestimmter Normen vorschreiben[4]. Dieser Grundsatz wird durch die Staatenpraxis und die ständige Judikatur anerkannt. So sagt schon der Schiedsspruch vom 7. Oktober 1899 im *britisch-venezolanischen Grenzstreit,* daß die Erwerbung des strittigen Gebietes „at the time of the acquisition" zu beurteilen ist[5].

Ebenso erklärt der Haager Schiedsgerichtshof am 23. Oktober 1909 im Fall *Grisbadarna,* daß zur Abgrenzung der Küstengewässer zwischen Norwegen und Schweden „il faut avoir recours aux principes de droit en vigueur à cette époque"[6], nämlich auf den Zeitpunkt der gegenseitigen Abgrenzung des „territoire maritime" zwischen diesen beiden Staaten.

Der beschriebene Grundsatz gilt nach der Staatenpraxis in der Regel auch für die Beurteilung der Unrechtstatbestände, da auch auf diese grundsätzlich die zur Zeit ihrer Setzung geltenden Normen Anwendung finden[7].

§ 651 In seinem Schiedsspruch vom 4. April 1928 im Falle der Insel *Palmas* hat Max Huber diesen Grundsatz bestätigt und dabei ergänzt, daß der Fortbestand eines einmal begründeten Rechtes (in concreto die territoriale Souveränität) im Falle einer Änderung der einschlägigen Völkerrechtsnorm „must be appreciated in the light of the law contemporary with it"[8]. Bei dieser Ergänzung handelt es sich aber keineswegs um eine Ausnahme vom leitenden Grundsatz, sondern um eine bloße Anwendung des diesen beherrschenden Gedankens, daß jedes Rechtsverhältnis nach den Normen zu beurteilen ist, die ihm zeitlich entsprechen *(tempus regit actum)*[9]. Das ergibt sich mit voller Klarheit

(1970); *Nascimento e Silva,* Le facteur temps et les traités, RdC 154 (1977 I), S. 221 ff.; *Elias,* The Doctrine of Intertemporal Law, AJIL 74 (1980), S. 285 ff.

[3] Näheres bei *Baade* (vorhergehende Anm.).

[4] Wie es z. B. im *Alabama*-Fall geschehen ist. Darüber *Bauer,* Alabama-Fall, WV I, S. 20 f.

[5] *Martens,* N. R. G. (2ème série) XXIX, S. 586 f.

[6] RIAA XI, S. 159.

[7] Beispiele bei *Krause-Ablaß* (Anm. 2), S. 29 ff., 63 ff. Dortselbst, S. 54 ff., über die Ausnahmen von diesem Grundsatz. Darüber auch oben § 442.

[8] RIAA II, S. 845.

[9] Diesen Grundsatz hat auch der StIGH im Falle *Certain German Interests in Polish Upper Silesia,* Merits, A 7, S. 41, und der IGH in den Fällen *Fisheries,* ICJ Reports 1951, S. 142, und *Rights of Nationals of the United States of America in Morocco,* ICJ Reports 1952, S. 183 f., 188 f., herangezogen.

aus der folgenden Stelle des Schiedsspruches: „As regards the question which of different legal systems prevailing at successive periods is to be applied in a particular case (the so-called intertemporal law), a distinction must be made between the creation of rights and the existence of rights. The *same principle* which subjects the act creative of a right to the law in force at the time the right arises, demands that the existence of the right, in other words its continued manifestation, shall follow the condition required by the evolution of law[10]." Auch die in Anm. 2 angeführte Resolution des Institut de Droit international betont, daß mangels einer abweichenden Regelung durch die Parteien „tout acte et toute situation doivent être appreciés à la lumière des règles de droit qui en sont contemporaines"[11]. Dieselbe Resolution hat die Anwendung dieses Grundsatzes auf verschiedene Situationen herausgearbeitet[12].

§ 652 Diese Vorschläge stimmen grundsätzlich mit jenen Normen überein, welche die ILC in ihrer Session 1976 für die Frage der zeitlichen Anwendung der Völkerrechtsnormen auf *völkerrechtswidrige Tatbestände* beschlossen hat[13]. Darüber hinaus hat die ILC folgende zwei Regeln in Anwendung des Hauptgrundsatzes näher herausgearbeitet:

1. Wenn ein durch eine vr Norm gebotener oder verbotener Gesamtakt (a composite act) aus verschiedenen *selbständigen* Handlungen oder Unterlassungen besteht, die als einzelne keine Völkerrechtsverletzung begründen, z. B. eine erst aus einer Serie von Maßnahmen erkennbare diskriminierende Praxis bei der Behandlung von Ausländern, dann liegt ein Unrechtstatbestand nur vor, wenn die verbietende Norm während der ganzen Dauer des verbotenen Aktes in Geltung stand[14].
2. Wenn hingegen zur Erfüllung einer vr Verpflichtung ein in einem bestimmten Zeitpunkt zu setzender, aus verschiedenen *unselbständigen* Bestandteilen zusammengesetzter Akt (a complex act) erforderlich ist, z. B. ein Antrag der Regierung, ein Beschluß des Parlaments und seine Ratifikation durch das Staatsoberhaupt, liegt ein

---

[10] RIAA II, S. 845 (Hervorhebung von uns). In dem vom IGH 1953 entschiedenen Falle *Minquiers and Ecrehos* haben sich beide Streitteile auf dieses Judikat berufen. Näheres bei *Baade* (Anm. 2), S. 244 f., und *Krause-Ablaß* (ebd.), S. 112.

[11] Annuaire 56 (1975), S. 536.

[12] Dortselbst. Zum Problem *Krause-Ablaß* (Anm. 2), S. 85 f., und *Tavernier* (ebd.).

[13] ILC-Yearbook 1976 II, Part Two, S. 87 ff. (Draft Articles 24 - 26). Dazu W. *Karl*, The Time Factor in State Responsibility, GYIL (im Druck).

[14] Dortselbst, Draft Article 18 Abs. 4 und 25 Abs. 2.

Unrechtstatbestand auch dann vor, wenn nicht der ganze Akt während der Geltungsdauer einer solchen Verpflichtung vollständig gesetzt, also erst nach Ablauf dieses Zeitraumes vollendet wurde[15].

Schließlich sei auf die Ausführungen des Richters De Castro in seiner Dissenting Opinion zum Fall *Western Sahara* über das intertemporale VR hingewiesen, wo gesagt wird, daß dieses ursprüngliche Kolonialgebiet durch Art. 73 UN-Charta die Stellung eines nicht-autonomen Gebietes erlangt habe und im Laufe der Entwicklung des VR zur Selbstbestimmung reif geworden sei. Daher sei nun die Rechtsstellung dieses Gebietes nach den neuen Normen zu beurteilen[16].

§ 653 Das Problem des intertemporalen VR umfaßt auch die ausnahmsweise Rückwirkung vr Verträge[17], ferner die Auslegung der von ihnen verwendeten Begriffe bei einer Rechtsänderung, sowie die Bedeutung der Herausbildung einer neuen Norm des *ius cogens*[18]. Auf diese Fragen kann erst bei der Darstellung des Vertragsrechts eingegangen werden[19].

10. Abschnitt

Internationales „soft law“?

§ 654 Seit einigen Jahrzehnten werden auf zwischenstaatlicher Ebene immer mehr Verhaltensregeln erzeugt und angewendet, die weder von dem herkömmlichen Begriff der formellen Quellen des Völkerrechts erfaßt noch mit einer aus vr Verträgen abgeleiteten Rechtsverbindlichkeit ausgestattet werden[1]. So haben wir eingangs die vr Verträge von einer ganzen Reihe äußerlich verwandter Regelungsinstrumente (gentlemen's agreements, Absichtserklärungen, außerrechtliche Abmachungen, Verhaltenskoordination auf Gegenseitigkeit, Codes of conduct) abgegrenzt, die Verhaltenserwartungen ohne vr Bindung schaffen[2]. An anderer Stelle haben wir die Resolutionen der UN-Generalversammlung dargestellt und sind der Frage nachgegangen, ob durch

[15] Dortselbst, Draft Article 18 Abs. 5 und 25 Abs. 3. Dazu *Salmon*, Le fait étatique complexe: une notion contestable, AFDI 28 (1982), S. 709 ff.

[16] ICJ Reports 1975, S. 168 f.

[17] Dazu neben der in Anm. 2 genannten Literatur noch *Woodhouse*, The Principle of Retroactivity in International Law, Grotius Society Transactions 41 (1955), S. 69 ff.; *Bindschedler-Robert*, De la rétroactivité en droit international public, FS Guggenheim, S. 184 ff.; *Bleckmann*, Die Nichtrückwirkung völkerrechtlicher Verträge, ZaöRV 33 (1973), S. 38 ff.

[18] *Krause-Ablaß* (Anm. 2), S. 118 ff.

[19] Unten §§ 755, 782.

[1] Vgl. die Unterscheidung oben § 517.

[2] Oben §§ 540 ff. (mit umfangreichen Nachweisen).

bestimmte Beschlüsse dieser Art („Deklarationen") das VR weitergebildet werden kann[3].

Für derartige Verhaltensregeln, die außerhalb der in Art. 38 IGH-Statut kanonisierten Formen entstehen, hat sich die Bezeichnung „soft law" eingebürgert. Dieser Terminus ist unglücklich, weil er den Eindruck erweckt, als ob Völkerrechtsnormen unterschiedliche Grade von Rechtsverbindlichkeit aufweisen könnten[4]. „Soft law" ist aber gerade kein VR i. S. der herkömmlichen Quellenlehre.

§ 655 Seine zunehmende Häufigkeit und Vielfalt hat verschiedene Gründe. So haben vr Verträge und VGR ein relativ geringes Innovationspotential[5], weil die Rechtserzeugung durch diese Quellen umständlich und langsam abläuft. Daher wird ein Konsens über neue Entwicklungslinien, völkerrechtspolitische Leitvorstellungen, Standards und Programme oft zuerst in außerrechtlicher, gleichsam provisorischer Gestalt, als „pré-droit"[6] formuliert und seine Beständigkeit erprobt, bevor sein harter Kern schließlich in die Vertragsform gegossen wird. Diese Vorreiterfunktion kam bzw. kommt vr unverbindlichen Regeln etwa im internationalen Menschenrechts- und Umweltschutz, im See- und Weltraumrecht oder bei der Verwirklichung einer neuen internationalen Wirtschaftsordnung zu[7]. In solchen und in anderen Fällen können außerrechtliche Vereinbarungen und Beschlüsse ohne Rechtsverbindlichkeit ganz bewußt als Alternative zu vr „harten" Normen eingesetzt werden, um die Vorläufigkeit oder Lückenhaftigkeit einer Einigung zu betonen, um festzuhalten, daß nicht alle Beteiligten den Regelungsgegenstand als einer vr Normierung zugänglich ansehen, oder aber auch, um der Exekutive die Umgehung verfassungsrechtlicher Schranken zu ermöglichen, die für das Vertragsschlußverfahren gezogen wurden.

§ 656 Daß internationales „soft law" nicht rechtsverbindlich ist, bedeutet beileibe nicht, daß ihm in der Praxis keine *Autorität* zukommt[8].

---

3 Oben §§ 634 ff. (mit weiterführenden Angaben).

4 Vgl. die berechtigte Kritik von *Weil* (§ 50, Anm. 35).

5 *Schreuer*, Die innerstaatliche Anwendung von internationalem „soft law" aus rechtsvergleichender Sicht, ÖZöffRVR 34 (1983), S. 243.

6 Vgl. § 636, Anm. 39.

7 Manchmal auch die Rolle eines trojanischen Pferdes vor den Mauern des traditionellen Völkerrechtsverständnisses!

8 Zu dieser Kategorie *Miehsler*, Zur Autorität von Beschlüssen internationaler Institutionen, in: *Schreuer* (Hrsg.), Autorität und internationale Ordnung (1979), S. 35 ff., der Gedanken von *Schachter*, Towards a Theory of International Obligation, VJIL 8 (1968 - 69), S. 300 ff., und R. *Higgins*, Complience with United Nations Decisions on Peace and Security and Human Rights Questions, in: *Schwebel* (Hrsg.), The Effectiveness of International Decisions (1971), S. 32 ff., weiterführt. Vgl. ferner *Schütz*, Probleme der An-

Es kann staatliches Verhalten genauso steuern wie VR i. e. S.[9], insbesondere, wenn es mit einem institutionalisierten „Sanktions"-Mechanismus bewehrt ist[10]. Auch auf das innerstaatliche Recht kann es einwirken, sei es, daß es durch gesetzgeberische Maßnahmen oder Kundmachung inkorporiert, sei es, daß es ohne Inkorporierung angewandt oder doch berücksichtigt wird[11]. Diese Annäherung von „soft law" an VR in Form und Funktion kann so weit gehen, daß selbst die Schöpfer solcher Normen die Grenze zur eigentlichen Rechtsbindung nicht mehr klar zu ziehen vermögen[12].

§ 657 Die damit geschilderte Gemengelage vr verbindlicher und unverbindlicher Regeln[13] birgt, insbesondere wenn in ihrer wissenschaft-

---

wendung der KSZE-Schlußakte aus völkerrechtlicher Sicht, in: *Delbrück / Ropers / Zellentin* (Hrsg.), Grünbuch zu den Folgewirkungen der KSZE (1977), S. 160 ff.; *Tammes*, Soft Law, in: Essays on International & Comparative Law in Honour of Judge Erades (1983), S. 187 ff.; *Hailbronner*, Entwicklungstendenzen des Wirtschaftsvölkerrechts (1983); *Thürer*, „Soft law" — eine neue Form von Völkerrecht?, Neue Zürcher Zeitung vom 24. Juli 1984, Fernausgabe Nr. 169, S. 23.

[9] Besonders anschaulich *Schreuer*, Recommendations and the Traditional Sources of International Law, GYIL 20 (1977), S. 104 f.:

„International practice, however, shows a constant reliance on the recommendations type of decisions of international organizations. State organs, including domestic courts, international judicial bodies and political international organs frequently rely on them and apply them to specific situations. Furthermore there is an evident reluctance openly to contravene recommendations such as resolutions of the United Nations General Assembly. Whenever possible, States confronted with recommendations will not attempt to rely on an assertion of their legal irrelevance, but will either deny violations, assert the inapplicability of a recommendation to the specific case or will claim that the particular recommendation was irregular or *ultra vires*. Comparison with other types of international prescription sometimes suggests that the effectiveness of some recommendations does not fall short of certain treaty provisions or customary rules." (Fußnotenziffern weggelassen).

[10] Wie z. B. die „Declaration on the granting of Independence to colonial countries and peoples", Res. 1514 (XV) und die zahllosen weiteren Anti-Kolonialismus-Resolutionen der UN-Generalversammlung in Gestalt ihres „Committee of Twenty-Four" (Dekolonisierungsausschusses).

[11] Dazu *Schreuer* (Anm. 5) und die weiteren in § 867, Anm. 40, genannten Arbeiten dieses Autors; ferner *Bryde*, Internationale Verhaltensregeln für Private — völkerrechtliche und verfassungsrechtliche Aspekte (1981).

[12] Vgl. das von *Jabloner / Okresek*, Theoretische und praktische Anmerkungen zu Phänomenen des „soft law", ÖZöffRVR 34 (1983), S. 217 ff. (229 ff.), geschilderte Beispiel der gemeinsamen Absichtserklärungen im Rahmen der COST (auch oben § 545).

[13] Sie kann zusätzlich zu den oben und an anderen Stellen unseres Buches beschriebenen Erscheinungsformen auch als „soft law" im Gewand formellen VR auftreten, wenn vr Verträge neben oder gar anstatt klarer Verpflichtungen bloße Programmsätze, Verwendungszusagen, Absichtserklärungen o. ä. enthalten; vgl. *Jabloner / Okresek* (Anm. 12), S. 226 ff.; *Simma*, Consent: Strains in the Treaty System, in: The Structure and Process of International Law (§ 10, Anm. 1), S. 489 ff., m. w. N.

lichen Verarbeitung, wie dies häufig geschieht, der politische Wunsch zum Vater des Gedankens wird, ohne Zweifel die Gefahr, das VR mit einer bloßen „normativité relative“[14] zu infizieren. Andererseits aber schließt sich hier nur der Kreis zu unserer eingangs getroffenen Beobachtung, daß das VR keinen Numerus clausus der Rechtserzeugungsarten kennt und daß es die Staaten in der Hand haben, Erwartungen über gesolltes Verhalten durch ganz beliebige Mittel aller denkmöglichen normativen „Härtegrade“ zu erzeugen[15].

11. Abschnitt

Die Billigkeit

§ 658 Wir müssen zwischen der innerrechtlichen und der außerrechtlichen Billigkeit unterscheiden. So bezieht sich Art. 38 Abs. 2 des IGH-Statuts, wo dem Gerichtshof die Befugnis eingeräumt wird, „mit Zustimmung der Parteien ex aequo et bono zu entscheiden“, nur auf die *außerrechtliche* Billigkeit[1]. Hingegen wies der IGH in seinem Urteil in den *North Sea Continental Shelf* Cases vom 20. Februar 1969 auf die dem VR *immanente* Billigkeit mit der Bemerkung hin, daß es Völkerrechtsnormen gibt, die selbst die Mitberücksichtigung von Gesichtspunkten der Billigkeit fordern, wie z. B. bei Grenzziehungen[2]. Der Ge-

---

[14] *Weil*, vgl. oben Anm. 4.

[15] Oben §§ 518 ff.

[1] So der StIGH im Fall der *Free Zones of Upper Savoy and the District of Gex*, A 24, S. 10. Die in Art. 38 Abs. 2 geforderte Zustimmung ist dem (St)IGH noch niemals erteilt worden.

[2] ICJ Reports 1969, S. 46 ff. Dazu *Bardonnet*, Equité et frontières terrestres, FS Reuter, S. 35 ff. Vgl. auch das Erkenntnis des IGH vom 15. Dezember 1949 im Falle *Corfu Channel, Assessment of the Amount of Compensation*, ICJ Reports 1949, S. 249. Auf die im VR enthaltene Billigkeit weist der IGH ferner in den beiden *Fisheries Jurisdiction* Cases (Sachurteile vom 25. Juli 1974, ICJ Reports 1974, S. 33 und 202) bei der Frage der Abgrenzung zwischen den „preferential fishing rights“ des Küstenstaates und der anderen am Fischfang interessierten Staaten außerhalb der Zwölfmeilenzone hin.

Auch der Schiedsspruch über die *Abgrenzung des Festlandsockels im Ärmelkanal zwischen Großbritannien und Frankreich* vom 30. Juni 1977 setzt sich mit der Frage auseinander, worin „an equitable delimitation“, eine Grenzziehung „in accordance with equitable principles“, sowie „equity ... in the particular circumstances of the present case“ bestehe, und ob sich das Äquidistanzprinzip trotz der besonderen geographischen Umstände des Falles als Maßstab für „a ‚just‘ or ‚equitable‘ delimitation in the Atlantic region“ eigne, obwohl der Kompromiß vom 10. Juli 1975 eine Entscheidung des Schiedsgerichts (nur) nach VR forderte: ILM 18 (1979), S. 443 ff. Noch weitergehend dann das Urteil des IGH vom 24. Februar 1982 im Case concerning the *Continental Shelf (Tunisia/Libyan Arab Jamahiriya)*, ICJ Reports 1982, S. 18 ff. Vgl. zu diesen seerechtlichen Entscheidungen auch unten § 1119 und die dort angegebene Literatur. Siehe ferner den *Aminoil*-Schiedsspruch vom richtshof führte aus: „Whatever the legal reasoning of a court of justice, its decisions must by definition be just, and therefore in that sense equitable. Nevertheless, when mention is made of a court dispensing justice or declaring the law, what is meant is that the decision finds its objective justification in considerations lying not outside but within the rules, and in this field it is precisely a rule of law that calls for the application of equitable principles[3]."

§ 659 Besonders eindrucksvoll hat die Billigkeit im UN-Seerechtsübereinkommen 1982 (§ 596) Eingang gefunden: In seiner Präambel erkennen die Vertragsstaaten die „equitable and efficient utilization" der Meeresvorkommen an und erklären sich bereit, zu einer „just and equitable" internationalen Wirtschaftsordnung beizutragen. Die Lösung von Konflikten über die Zuweisung von Rechten und Jurisdiktion in der ausschließlichen Wirtschaftszone soll auf der Grundlage von „equity" erfolgen (Art. 59). Bei der Abgrenzung der ausschließlichen Wirtschaftszone bzw. des Festlandsockels zwischen Staaten mit gegenüberliegenden oder aneinander angrenzenden Küsten ist eine der Billigkeit entsprechenden Lösung („equitable solution") herbeizuführen (Art. 74 Abs. 1 bzw. Art. 83 Abs. 1). Gem. Art. 82 haben Küstenstaaten hinsichtlich der Ausbeutung des Festlandsockels jenseits von 200 Seemeilen Zahlungen und Leistungen an die Internationale Meeresbodenbehörde zu entrichten, die „on the basis of equitable criteria" an Entwicklungsländer verteilt werden. Schließlich wird die Internationale Meeresbodenbehörde für „equitable sharing" der finanziellen und sonstigen wirtschaftlichen Gewinne aus den Tiefseebergbauaktivitäten jenseits der Grenzen nationaler Jurisdiktion Sorge tragen (Art. 140 Abs. 2).

---

24. März 1982, ILM 21 (1982), S. 1016 f. Zur (zentralen) Rolle der Billigkeit in der Wiener Staatennachfolgekonvention 1983 vgl. unten §§ 1000, 1008.

[3] ICJ Reports 1969, S. 48. Vgl. aus der Literatur *Strupp*, Le droit du juge international de statuer selon l'équité, RdC 33 (1930 III), S. 357 ff.; *Habicht*, Le pouvoir du juge international de statuer *„ex aequo et bono"*, RdC 49 (1934 III), S. 281 ff.; *Jenks*, The Prospects of International Adjudication (1964), S. 316 ff.; *Degan*, L'équité et le droit international (1970); Charles *de Visscher*, De l'équité dans le règlement arbitral ou judiciaire des litiges du droit international public (1972); *Strasser*, Evolution de la conception de l'équité dans la jurisprudence de la Cour internationale?, Annuaire AAA 42/43 (1972/73), S. 64 ff., und die übrigen Arbeiten ebd., S. 70 ff.; *Pirotte*, La notion d'équité dans la jurisprudence récente de la CIJ, RGDIP 77 (1973), S. 92 ff.; *Akehurst*, Equity and General Principles of Law, ICLQ 25 (1976), S. 801 ff.

Kapitel 4

Die völkerrechtlichen Hoheitsakte[1]

1. Abschnitt

Gemeinsamkeiten

§ 660 Die vr Hoheitsakte gliedern sich in Rechtsgeschäfte, Rechtshandlungen, andere erlaubte Akte[2] sowie verbotene Akte (Unrechtstatbestände)[3]. Solche Akte können nur von Völkerrechtssubjekten, die zur Setzung von Hoheitsakten befugt sind, und nur von Menschen gesetzt werden, die das VR als Organe dieser Rechtssubjekte anerkennt. Das vr Vertragsrecht und die Grundsätze über das vr Unrecht haben darüber verschiedene, später zu untersuchende Normen herausgebildet, die aber auch auf einseitige Rechtsgeschäfte und andere einseitige Rechtsakte Anwendung finden.

Ebenso gelten die im Vertragsrecht anerkannten Willensmängel[4] für einseitige Rechtsgeschäfte, soweit sie auf diese überhaupt anwendbar sind. In beiden Bereichen gilt ferner der Grundsatz der Formfreiheit. Auch die Schiedsgerichte und der IGH brauchen auf Formfragen weniger Gewicht zu legen als die staatlichen Organe nach innerstaatlichem Recht[5].

Weiter müssen alle vr Rechtsakte einen möglichen und zulässigen Inhalt haben. Sie dürfen also weder ein unmögliches Ziel verfolgen[6], noch gegen das *ius cogens* verstoßen.

---

[1] *Dahm,* Völkerrecht, Bd. 3 (1961), S. 1 ff.; *Sereni,* Diritto internazionale, Bd. III (1962): Atti internazionali, S. 1275 ff.; *Morelli,* Nozioni di diritto internazionale (7. Aufl. 1967), S. 269 ff. („Fatti giuridici"); *Jacqué,* Eléments pour une théorie de l'acte juridique en droit international public (1972); *Gounelle,* La motivation des actes juridiques en droit international public (1979).

[2] Vgl. insbesondere §§ 532 ff., 873 ff., 944 ff.

[3] Vgl. §§ 1262 ff.

[4] Unten §§ 743 ff.

[5] So der StIGH im Fall der *Mavrommatis Palestine Concessions,* A 2, S. 34: „La Cour ... n'est pas tenue d'attacher à des considérations de forme la même importance qu'elles pourraient avoir dans le droit interne." Ausführlich neuerdings der IGH in den beiden *Nuclear Tests* Cases, ICJ Reports 1974, S. 267 f. und 473: „With regard to the question of form, it should be observed that this is not a domain in which international law imposes any special or strict requirements. Whether a statement is made orally or in writing makes no essential difference, for such statements made in particular circumstances may create commitments in international law, which does not require that they should be couched in written form. Thus the question of form is not decisive" (unter Berufung auf die Zuständigkeitsentscheidung im Fall des *Temple of Preah Vihear,* ICJ Reports 1961, S. 31).

Völkerrechtliche Form*vorschriften* sind natürlich sowohl für die Staaten als auch für internationale Entscheidungsinstanzen rechtsverbindlich.

Schließlich können alle Hoheitsakte auch durch Stellvertreter, also durch ein vom zuständigen Völkerrechtssubjekt dazu ermächtigtes anderes Völkerrechtssubjekt gesetzt werden[7], wie z. B. die Vertretung nach außen[8] oder die Ausübung des diplomatischen oder konsularischen Schutzrechts[9].

§ 661 Völkerrechtliche Akte können nicht nur von Völkerrechtssubjekten, sondern auch von Staatengemeinschaftsorganen (§§ 941 ff.) sowie von nichtorganisierten Staatengruppen auf internationalen Konferenzen vorgenommen werden, indem sie bestimmte Kollektiverklärungen beschließen oder Vertragstexte vereinbaren und authentifizieren[10].

2. Abschnitt

Einseitige Rechtsgeschäfte

A. Ihr Unterschied zu anderen einseitigen Rechtsakten

§ 662 Neben den zwei- und mehrseitigen Rechtsgeschäften kennt das VR einseitige Rechtsgeschäfte, durch die zwar keine generellen vr Normen, wohl aber konkrete Rechte und Pflichten begründet werden können.

Einseitige Rechtsgeschäfte sind Willenserklärungen eines einzelnen Staates oder einer organisierten Staatengemeinschaft, durch welche die von diesen Rechtssubjekten *gewollten* Rechtsfolgen im Rahmen des allgemeinen VR ausgelöst werden[1]. Ihre Verbindlichkeit beruht auf dem Grundsatz des VR, der die Staaten ermächtigt, Verpflichtungen zu

---

[6] In diesem Sinne bemerkt der IGH im Fall des *Temple of Preah Vihear (Preliminary Objections)*, ICJ Reports 1961, S. 31: „... aucun vice ne saurait être plus fondamental que celui qui consiste à renouveler une déclaration [über die Erneuerung der Zuständigkeit des nicht mehr bestehenden StIGH] dépourvue d'objet".

[7] *Sereni*, La représentation en droit international, RdC 73 (1948 II), S. 69 ff.; *Thévenaz*, La Suisse, état mandataire, SchwJIR 6 (1949), S. 9 ff.; *Daoudi*, La représentation en droit international public (1980).

[8] Dazu §§ 686 ff., 877 ff.

[9] Dazu §§ 1226 ff.

[10] *Sereni* (Anm. 1), S. 1365 ff.

[1] *Pfluger*, Die einseitigen Rechtsgeschäfte im Völkerrecht (1936); *Biscottini*, Atti unilaterali nel diritto internazionale (1951); *Kiss*, Les actes unilatéraux dans la pratique française du droit international, RGDIP 65 (1961), S. 317 ff.; *Suy*, Les actes juridiques unilatéraux en droit international public (1962); *Venturini*, La portée et les effets juridiques des attitudes et des actes unilatéraux des Etats, RdC 112 (1964 II), S. 367 ff.; *Leutert*, Einseitige Erklärungen im Völkerrecht (1979); *Pinto*, Tendances de l'élaboration des formes écrites du droit international, in: L'élaboration du droit international public (oben § 515, Anm. 2), S. 17 ff.

übernehmen und über ihre subjektiven Rechte (bis zur Selbstauflösung) zu verfügen[2].

§ 663 Die einseitigen Rechtsgeschäfte müssen von anderen einseitigen Hoheitsakten unterschieden werden[3], die Erklärungen (Deklarationen), Mitteilungen (Notifikationen) oder Rechtshandlungen (actes de fait, atti materiali), wie z. B. die Besetzung staatenlosen Gebietes[4], die Dereliktion[5] oder die Geschäftsführung ohne Auftrag[6], sein können und die mit einer vom VR selbst vorgesehenen Rechtsfolge verknüpft sind.

Erklärungen können entweder bloße politische Erklärungen ohne Rechtsfolgen oder Willenserklärungen sein, die Rechte und Pflichten erzeugen, wie z. B. eine Kriegserklärung, da mit ihr die im VR festgelegten Rechte und Pflichten der Kriegführenden wirksam werden[7].

In Erklärungen kann auch das *Versprechen* zu einem bestimmten Verhalten ausgedrückt werden, worauf wir gleich zurückkommen[8].

Auch Mitteilungen (Notifikationen) können mit Rechtsfolgen verbunden sein, wie z. B. die Notifikation des Kriegszustandes an dritte Staaten[9], da sich diese nach erhaltener Notifikation keinesfalls mehr auf Unkenntnis des Kriegszustandes berufen können.

B. Verschiedene Arten

§ 664 Die einseitigen Rechtsgeschäfte gliedern sich in *selbständige* und von anderen Rechtsgeschäften *abhängige*.

In die zweite Gruppe fallen verschiedene Akte des Vertragsverfahrens, wie Offerte und Annahme, Ratifikation, Vorbehalt, Beitritt und Kündigung, die im Anschluß behandelt werden[10]. Dazu gehört auch die

---

[2] *Venturini* (Anm. 1), S. 394 f. Die einseitigen Rechtsgeschäfte sind also keine Quellen des Völkerrechts, sondern „sources of international *obligations*". Zutreffend *Bos*, The Recognized Manifestations of International Law, GYIL 20 (1977), S. 71 f.

[3] *Sauer*, Grundlehre des Völkerrechts (1955), S. 162; *Berber*, Lehrbuch des Völkerrechts I (2. Aufl. 1975), S. 434; *Venturini* (Anm. 1), S. 410 ff.; *Cahier*, Le comportement des Etats comme source de droits et d'obligations, FS Guggenheim, S. 237 ff.

[4] Unten §§ 1154 f.

[5] Ebd.

[6] *Krüger*, Geschäftsführung ohne Auftrag für die Völkergemeinschaft, in: Festschrift für Bilfinger (1954), S. 169 ff.; *Dahm*, Völkerrecht, Bd. 3, S. 163 f.

[7] *Verdross*, S. 446.

[8] Auch einzelne Verträge wurden als „Deklarationen" bezeichnet, z. B. die Pariser Seerechtsdeklaration vom 16. April 1856 oder die (nicht ratifizierte) Londoner Seerechtsdeklaration vom 26. Februar 1909.

[9] Art. 2 des 3. Haager Abkommens 1907 über den Beginn der Feindseligkeiten. Allgemein *Cansacchi*, La notificazione internazionale (1943).

[10] Unten §§ 672 ff.

Anerkennung der Zuständigkeit des IGH gemäß Artikel 36 seines Statuts, da diese Anerkennung nur gegenüber jenen Staaten wirksam wird, die eine analoge Erklärung abgeben[11].

§ 665 *Selbständige* einseitige Rechtsgeschäfte sind nicht annahmebedürftig, wohl aber empfangsbedürftig. Sie wirken also nur gegenüber jenen Staaten, denen sie zur Kenntnis gebracht wurden. Rechtsgeschäfte dieser Art sind:

I. Die Anerkennung[12]

§ 666 Sie bildet das wichtigste einseitige Rechtsgeschäft, da durch sie Zustände aller Art, wie die Entstehung eines neuen Staates, der Erwerb eines Gebietes oder eine Grenzlinie außer Streit gestellt oder beliebige Ansprüche als rechtmäßig erklärt werden können, solange diese Zustände oder Ansprüche nicht gegen das vr *ius cogens* verstoßen[13]. Solche Anerkennungen sind an keine bestimmte Form gebunden, sie können auch durch konkludente Handlungen[14], ja selbst durch die passive Hinnahme eines Zustandes (acquiescence) erfolgen[15].

II. Der Protest[16]

§ 667 Er bildet das Gegenstück zur Anerkennung, da durch ihn die Rechtmäßigkeit einer Sachlage bestritten wird. Die Erhebung eines Protests ist aber nur nötig, wenn eine Stellungnahme erwartet werden

---

[11] Oben § 187.

[12] *Charpentier*, La reconnaissance internationale et l'évolution du droit des gens (1956); *Venturini*, Il riconoscimento nel diritto internazionale (1946); *Bindschedler*, Die Anerkennung im Völkerrecht, ArchVR 9 (1961/1962), S. 377 ff.; *von der Heydte*, Einige Aspekte der Anerkennung im Völkerrecht, in: Internationale Festschrift für Alfred Verdross 1971, S. 129 ff., und die weitere unten § 961, Anm. 1, genannte Literatur.

[13] Vgl. *Brownlie*, Principles of Public International Law (3. Aufl. 1979), S. 514.

[14] So sagt z. B. der IGH am 12. April 1960 im Fall des *Right of Passage over Indian Territory*, ICJ Reports 1960, S. 39, daß die Souveränität Portugals „over the villages [der Marathas] was recognized ... in fact and by implication ...". Ähnlich im Fall des *Temple of Preah Vihear* am 15. Juni 1962, ICJ Reports 1962, S. 33: „Both Parties, by their conduct, recognized the line ...".

[15] Im *Fisheries* Case hat der IGH am 18. Dezember 1951 aus dem langen Schweigen der Staaten zu der von Norwegen einseitig vorgenommenen Regelung der Innengrenze seines Küstenmeeres den Schluß gezogen, daß diese dem VR nicht widerspricht, ICJ Reports 1951, S. 139. Dazu *MacGibbon*, The Scope of Acquiescence in International Law, BYIL 31 (1954), S. 143 ff. Die acquiescence ist also kein selbständiges Rechtsgeschäft, sondern eine Art, in der eine Anerkennung erfolgen kann.

[16] *Kunz*, Protest, WV II, S. 810; *MacGibbon*, Some Observations on the Part of Protest in International Law, BYIL 30 (1953), S. 293 ff.

kann[17]. Unterläßt es ein Staat, einen durch die Sachlage gebotenen Protest zu erheben, kann er später seinen behaupteten Anspruch nicht mehr geltend machen, da er durch die Unterlassung des Protestes „estopped" ist[18]. Schon der StIGH hat im Falle *Lotus* aus der Unterlassung von Protesten gegen strafrechtliche Kompetenzvorschriften über die Verfolgung von Ausländern, die auf Hoher See einen Schiffszusammenstoß verschuldet haben, gefolgert, daß diese Normen dem VR nicht widersprechen[19]. Doch genügt in der Regel ein formaler Protest nicht, um einen Anspruch aufrechtzuerhalten, er muß unter Umständen mit Nachdruck vertreten und wiederholt erhoben werden[20].

III. Der Verzicht[21]

§ 668 Jeder Staat kann nicht nur auf eigene Rechte[22], sondern kraft seiner Personalhoheit auch auf Rechte seiner Angehörigen gegenüber fremden Staaten verzichten[23]. Ein Verzicht bedarf entweder einer ausdrücklichen Erklärung oder schlüssiger Handlungen[24]. Den einseitigen Rechtsgeschäften wird er nur zugezählt, wenn das aufgegebene Recht nicht auf ein anderes Völkerrechtssubjekt übertragen wird. Keinesfalls darf das Vorliegen eines Verzichts vermutet werden[25].

---

[17] So *Max Huber* im Schiedsspruch über die Insel *Palmas* vom 4. April 1928, RIAA II, S. 843: „The question whether the silence of a third power ... can exercise any influence on the rights of this power ... is a question the answer to which may depend on the nature of such rights."

[18] Vgl. die oben § 615, Anm. 65, angegebene Literatur.

[19] A 10, S. 29.

[20] In diesem Sinne hat das amerikanisch-mexikanische Schiedsgericht am 15. Juni 1911 im Falle *Chamizal* die behauptete Ersitzung eines Gebietsstreifens mit der Begründung abgelehnt, daß dessen Kontrolle durch US-Organe „have been constantly challenged and questioned": *Hackworth*, Digest of International Law I, S. 441. Weitere Beispiele bei *Ferrier*, Le conflit des îles Paracels et le problème de la souveraineté sur le îles inhabitées AFDI 21 (1975), S. 175 ff., 185 f.

[21] *Cavaglieri*, Alcune osservazioni sul concetto di rinuncia, RDI 12 (1928), S. 3 ff.; *Tomasi di Vignano*, La rinuncia in diritto internazionale (1960); *Engelhardt*, Verzicht, WV III, S. 587 f.

[22] So der Schiedsspruch *Borels* im Falle *The Kronprins Gustav Adolf* vom 18. Juli 1932, RIAA II, S. 1299: „A renunciation to a right or a claim is not to be presumed. It must be shown by conclusive evidence ...".

[23] Vgl. z. B. Art. 77 Abs. 4 des Friedensvertrages mit Italien vom 4. Februar 1947 und Art. 23 Abs. 3 und 27 Abs. 2 des Staatsvertrages mit Österreich vom 15. Mai 1955. So auch der (britische) Privy Council in den Fällen *The Blonde* (1932), und *The Bathori* (1933), bei Lord *McNair*, Legal Effects of War (3. Aufl. 1948), S. 391 ff.; sowie der italienische Kassationshof am 22. Februar 1953 im Falle *Soc. Ilva c. Cavinato*, RDI 36 (1953), S. 453 ff.

[24] So der Haager Schiedsgerichtshof im russisch-türkischen Streitfall über die *Indemnité russe* am 11. Februar 1912, *Schücking*, Das Werk vom Haag I/3 (1914), S. 311 f.

[25] So der in Anm. 22 angeführte Schiedsspruch, sowie der IGH im Falle *Certain Norwegian Loans*, ICJ Reports 1957, S. 26: „L'abandon ne saurait être présumé ... il doit être déclaré expressément ...".

IV. Das Versprechen

§ 669 Ob dieses ein einseitiges oder ein zweiseitiges (annahmebedürftiges) Rechtsgeschäft darstellt, ist streitig. Als erster bejaht Bosco die Einseitigkeit des Versprechens, da für ihn der Grundsatz „promissio est obligatio“ das leitende Prinzip des VR bildet[26]. Hingegen hält Quadri an der Lehre von Grotius[27] fest, daß ein Versprechen erst mit der Annahme durch die Adressaten verbindlich wird[28]. In der Staatenpraxis finden wir darüber keine eindeutige Stellungnahme, da die zur Begründung der Einseitigkeit des Versprechens häufig herangezogenen Erklärungen einiger Staaten über den Minderheitenschutz im Völkerbund von diesem verlangt oder angenommen wurden[29]. Dasselbe gilt für die Versprechungen (assurances), welche Südafrika am 9. April 1946 gegenüber der UN-Generalversammlung und später gegenüber einzelnen Organen der UNO über die Weiterführung des Mandates in Südwestafrika gemacht und die der IGH als rechtsverbindlich erklärt hat[30]. Auch die Erklärung des norwegischen Außenministers Ihlen vom 22. Juli 1919 im *Ostgrönland*-Fall war kein einseitiges Versprechen, sondern eine Antwort auf eine dänische Demarche[31]. Die ägyptische Erklärung vom 24. April 1957 über den Suezkanal erfolgte in Erfüllung des Abkommens von Konstantinopel von 1888, wurde aber vom Generalsekretär der UNO als einseitige Erklärung gemäß Art. 102 der Charta registriert[32]. Die vom polnischen Prozeßvertreter im Fall *Certain German Interests in Polish Upper Silesia* vor dem StIGH abgegebene und von ihm als verbindlich angesehene Erklärung, „de ne pas exproprier des parties déterminées de biens-fonds“, wiederholt nur eine bereits übernommene Verpflichtung seiner Regierung[33]. Klar bezeichnet

---

[26] Il fondamento giuridico del valore obbligatorio del diritto internazionale, Rivista di diritto pubblico (1938), S. 662 ff. Ebenso anerkennt *Balladore Pallieri*, Diritto internazionale pubblico (8. Aufl. 1962), S. 326, die Verbindlichkeit eines Versprechens (promessa), wenn sich aus der Erklärung ein klarer Verpflichtungswille ergibt. Vgl. ferner *Wengler*, Völkerrecht I (1964), S. 307; *Carbone*, Promessa e affidamento nel diritto internazionale (1967); *Fiedler*, Zur Verbindlichkeit einseitiger Versprechen im Völkerrecht, GYIL 19 (1976), S. 35 ff.; *Rubin*, The International Legal Effects of Unilateral Declarations, AJIL 71 (1977), S. 1 ff.; *Sicault*, Du caractère obligatoire des engagements unilatéraux en droit international public, RGDIP 83 (1979), S. 633 ff.; *Jacqué*, A propos de la promesse unilatérale, FS Reuter, S. 327 ff.

[27] De iure belli ac pacis, II, cap. XI, § 14.

[28] La promessa nel diritto internazionale, DI 18 (1964), S. 91. Ebenso *Morelli* (§ 660, Anm. 1), S. 289.

[29] *Quadri*, Diritto internazionale pubblico (5. Aufl. 1968), S. 569 f.

[30] ICJ Reports 1962, S. 340; ebd. 1971, S. 39.

[31] A/B 53, S. 71 ff.: „a reply of this nature ... is binding ...“.

[32] U. N. T. S. 265, S. 300 ff. Dazu *Venturini* (Anm. 1), S. 400.

[33] Gleichwohl scheint sich aus dem Erkenntnis des StIGH zu ergeben, daß er die Einseitigkeit dieser Verpflichtung anerkannt hat: A 7, S. 13.

erst Art. 6 lit. a des Statuts des Nürnberger Militärtribunals (Annex zum Londoner Vertrag vom 8. August 1945 über die Bestrafung der Hauptkriegsverbrecher) auch jene Angriffskriege für strafbar, die unter Verletzung von *Zusicherungen* (assurances) unternommen wurden[34]. Die Frage der Verbindlichkeit des Versprechens ist auch anläßlich der Notifikation des österreichischen Bundesverfassungsgesetzes vom 26. Oktober 1955 über die immerwährende Neutralität der Republik Österreich an die anderen Mächte aktuell geworden[35].

§ 670 Die überwiegende Lehre anerkennt die Verbindlichkeit eines Versprechens, wenn der versprechende Staat eine solche begründen wollte und die anderen Staaten ihr Verhalten nach dieser Erklärung orientiert haben. Die Verbindlichkeit des Versprechens besteht also, um das Vertrauen, das andere Staaten einer solchen Erklärung entgegenbringen, zu schützen[36].

Diese Rechtsauffassung wird durch die Urteile des IGH vom 20. Dezember 1974 in den *Nuclear Tests* Cases bestätigt[37], wo ausdrücklich an-

---

[34] *Suy* (Anm. 1), S. 131 f.

[35] *Verdross*, Die immerwährende Neutralität Österreichs (1977), S. 30 ff.; *De Nova*, Considerazioni sulla neutralità permanente dell' Austria, C & S 8 (1957), S. 1 ff.; *Suy* (Anm. 1), S. 133 ff.; *Favre*, Principes du droit des gens (1974), S. 197. Da *diese* Notifikation mit dem Ersuchen um Anerkennung verbunden war, zielte sie auf das Zustandekommen *zweiseitiger* Rechtsgeschäfte ab.

[36] So *Fitzmaurice*, The Law and Procedure of the International Court of Justice 1951 - 4: Treaty Interpretation and Other Treaty Points, BYIL 33 (1957), S. 230; *Venturini* (Anm. 1), S. 404; *Müller*, Vertrauensschutz im Völkerrecht (1971), S. 20 ff. (und die dort angeführte weitere Literatur).

[37] Australia v. France und New Zealand v. France, ICJ Reports 1974, S. 267 und 472: „It is well recognized that *declarations made by way of unilateral acts*, concerning legal or factual situations, *may have* the effect of creating legal obligations ... *When* it is the *intention* of the State making the declaration that it should become bound according to its terms, that intention confers on the declaration the character of a legal undertaking, the State being thenceforth legally required to follow a course of conduct consistent with the declaration. An undertaking of this kind, if *given publicly, and with an intent to be bound*, even though not made within the context of international negotiations, is *binding*. In these circumstances, nothing in the nature of a *quid pro quo nor any subsequent acceptance of the declaration*, nor even any reply or reaction from other States, is required for the declaration to take effect, since such a requirement would be inconsistent with the strictly unilateral nature of the juridical act by which the pronouncement by the State was made" (Hervorhebungen von uns). Eine Ergänzung finden diese Ausführungen in der im ersten Hauptabschnitt zitierten Urteilspassage über die *bona fides* (§ 62, Anm. 56). Vgl. dazu nunmehr auch *Carbone*, Promise in International Law: A Confirmation of Its Binding Force, ItYIL 1 (1975), S. 166 ff., und die in Anm. 26 angeführten zum Teil kritischen Stimmen von *Fiedler, Rubin, Sicault* und *Jacqué*. *Bleckmann*, Anmerkungen zum Nordirland-Fall des Europäischen Gerichtshofs für Menschenrechte, EuGRZ 6 (1979), S. 188, weist auf das einseitige Versprechen Großbritanniens hin, bestimmte Vernehmungstechniken einzustellen. Zur Bindungswirkung von Kommuniqués *Bernhardt*, Das Urteil des Internatio-

erkannt wurde, daß solche Erklärungen, *unabhängig* von der Annahme durch die betroffenen Staaten, auf Grund der *bona fides* verbindlich sind, wenn sich aus der Erklärung ergibt, daß sich der Staat zu einem bestimmten Verhalten verpflichten wollte.

§ 671 Im Verlauf der (10.) Außerordentlichen Tagung der UN-Generalversammlung über Abrüstung (Mai/Juni 1978) verkündeten die USA und die Sowjetunion eine sog. „negative Sicherheitsgarantie" zugunsten der Nichtkernwaffenstaaten. So erklärte der US-Außenminister: „The United States will not use nuclear weapons against any non-nuclear-weapon State party to the Treaty on the Non-Proliferation of Nuclear Weapons or any comparable internationally binding commitment not to acquire nuclear explosive devices, except in the case of an attack on the United States, its territories or armed forces, or its allies, by such a State allied to a nuclear-weapon State, or associated with a nuclear-weapon State in carrying out or sustaining the attack[38]." Ähnlich versprach der sowjetische Außenminister: „From the rostrum of the UN special session our country declares that the Soviet Union will never use nuclear weapons against those States which renounce the production and acquisition of such weapons and do not have them on their territories[39]." Auf der Tagung des Abrüstungskomitees 1980 gab der Vertreter Österreichs dazu folgende Erklärung ab: „Austria has taken note with satisfaction of the respective unilateral declarations issued by the Governments of nuclear-weapon States. ... and considers these declarations to be binding upon the respective nuclear Powers under international law[40]."

In einer Botschaft an die (12.) Außerordentliche Tagung der Generalversammlung über Abrüstung Mitte 1982 erklärte der sowjetische Staats- und Parteichef Brežnev die vr Verpflichtung der Sowjetunion, nicht als erste Kernwaffen einzusetzen. Diese Verpflichtung gelte vom Augenblick ihrer Verkündung an[41].

---

nalen Gerichtshofs im Ägäis-Streit, FS Schlochauer, S. 176 f. Vgl. ferner das Rechtsgutachten des Eidgenössischen Politischen Departements vom 2. April 1979 über eine Erklärung von Bundesrat (Außenminister) *Petitpierre* aus dem Jahre 1946, in welcher der UNO und ihren Beamten die Meistbegünstigung in bezug auf Privilegien und Immunitäten versprochen wurde: SchwJIR 39 (1983), S. 182 ff.

[38] UN Doc. A/S-10/AC. 1/30, wiedergegeben bei *Hafner*, Die österreichische diplomatische Praxis zum Völkerrecht 1980/81, ÖZöffRVR 32 (1981), S. 301.

[39] Ebd., S. 301 f. (wo sich auch die Texte entsprechender Erklärungen Chinas, Großbritanniens und Frankreichs finden).

[40] CD/PV. 89, S. 19, bei *Hafner* (Anm. 38), S. 304, Anm. 5 a. Im Jahre 1981 schlug Österreich u. a. vor, die Frage der Verbindlichkeit dieser Versprechen zum Gegenstand eines Rechtsgutachtens des IGH zu machen; vgl. ebd., S. 304. Zum ganzen *Rosas*, Negative Security Assurances and Non-Use of Nuclear Weapons, GYIL 25 (1982), S. 199 ff.

3. Abschnitt

Mehrseitige Rechtsgeschäfte (Verträge)

A. Das Recht der Verträge

§ 672 Das Recht der vr Verträge (law of treaties) beruhte bis vor kurzem auf VGR und einigen allgemeinen Rechtsgrundsätzen[1]. Dazu gesellten sich bestimmte Verfahrensweisen, denen die Staatenpraxis aus bloßen Nützlichkeitserwägungen, ohne *opinio iuris*, folgte. Nach langjährigen Vorarbeiten der ILC[2] wurde jedoch von der 1968/69 auf Beschluß der UN-Generalversammlung zusammengetretenen Wiener Vertragsrechtskonferenz am 22. Mai 1969 das *Wiener Übereinkommen über das Recht der vr Verträge* (Vienna Convention on the Law of Treaties) angenommen und am 23. Mai zur Unterzeichnung aufgelegt[3]. Das Überein-

---

[41] VN 30 (1982), S. 171. Darüber ausführlich *Meyrowitz*, Le débat sur le non-recours en premier aux armes nucléaires et la déclaration soviétique du 15 juin 1982, AFDI 28 (1982), S. 147 ff.

[1] Vgl. das oben § 533, Anm. 6, angeführte Schrifttum, sowie die ebd. genannten Bibliographien.

[2] Die Kommission unterbreitete der Generalversammlung 1966 ihren endgültigen Bericht in Gestalt von 75 „draft articles" mit Kommentar, vgl. ILC-Yearbook 1966 II, S. 173 ff.

Über die Heranziehbarkeit der ILC-Materialien zur Auslegung der Wiener Konvention vgl. *Briggs*, The *Travaux Préparatoires* of the Vienna Convention on the Law of Treaties, AJIL 65 (1971), S. 705 ff.

[3] UN Doc. A/CONF. 39/27; englischer und französischer Text in der ZaöRV 29 (1969), S. 711 ff. Eine amtliche deutsche Übersetzung findet sich im österreichischen BGBl. 1980/40 (in der gleichlautenden Fassung der dazugehörigen Regierungsvorlage übernommen in *Berber / Randelzhofer*, Völkerrechtliche Verträge [2. Aufl. 1979], S. 98 ff.), sowie in der Bundestags-Drucksache 10/1004 vom 13. Februar 1984.

Zur Entstehungsgeschichte der Konvention *Rosenne*, The Law of Treaties. A Guide to the Legislative History of the Vienna Convention (1970); *Wetzel / Rauschning* (Hrsg.), Die Wiener Vertragsrechtskonvention. Materialien zur Entstehung der einzelnen Vorschriften (1978). An Literatur zur Konferenz und Konvention vgl. *Ago*, Droit des traités à la lumière de la Convention de Vienne, RdC 134 (1971 III), S. 297 ff.; *Capotorti*, Il diritto dei trattati secondo la Convenzione di Vienna, in: S. I. O. I. (Hrsg.), Convenzione di Vienna sul diritto dei trattati (1969), S. 9 ff.; *Elias*, The Modern Law of Treaties (1974); *Fischer / Köck*, Das völkerrechtliche Vertragsrecht im Lichte der Ergebnisse der ersten Session der Wiener Vertragsrechtskonferenz der Vereinten Nationen, ÖJZ 23 (1968), S. 505 ff.; *dieselben*, Das Recht der völkerrechtlichen Verträge nach der zweiten Session der Wiener Vertragsrechtskonferenz der Vereinten Nationen, ÖZA 9 (1969), S. 275 ff.; *Fleischhauer*, Die Wiener Vertragsrechtskonferenz, JIR 15 (1971), S. 202 ff.; *De la Guardia / Delpech*, El Derecho de los tratados y la Convención de Viena (1970); *Kearney / Dalton*, The Treaty on Treaties, AJIL 64 (1970), S. 495 ff.; *Maresca*, Il diritto dei trattati. La convenzione codificatrice di Vienna del 23 maggio 1969 (1971); *Nahlik*, La Conférence de Vienne sur le droit des traités. Une vue d'ensemble, AFDI 15 (1969), S. 24 ff.; *Nascimento e Silva*, Conferencia de Viena sôbre o direito dos tratados (1971); *Neuhold*, Die Wiener Vertragsrechtskonvention kommen ist gemäß seinem Art. 84 am 27. Januar 1980 in Kraft getreten[4]. Obwohl die Konvention gemäß ihrem Art. 4 formell nur auf Verträge Anwendung findet, die nach ihrem Inkrafttreten für die beteiligten Staaten abgeschlossen werden[5], gestaltet sie die Praxis des Rechts der vr Verträge auch zwischen denjenigen Staaten, die sich ihr noch nicht förmlich angeschlossen haben. Auch der IGH hat sich schon zu wiederholten Malen auf ihre Bestimmungen berufen[6]. Dies hat seinen Grund darin, daß die Wiener Konvention überwiegend schon bisher geltendes VGR kodifiziert[7] und daneben Regeln formuliert, die der neuesten Staatenpraxis wie auch — im Sinne einer richtig verstandenen „fortschreitenden Entwicklung" des VR[8] — den geänderten Bedürfnissen der universell gewordenen Staatengemeinschaft entsprechen[9]. Im übrigen bleibt das Recht der Verträge auch nach dem Inkraftreten der Wiener Konvention im VGR eingebettet, was ausdrücklich aus dem letzten Absatz ihrer Präambel hervorgeht, wonach die Regeln des VGR weiterhin für alle Fragen gelten, die in der Konvention nicht normiert sind[10].

1969, ArchVR 15 (1971/1972), S. 1 ff.; *Reuter*, La Convention de Vienne sur le droit des traités (1970); *derselbe*, Introduction au droit des traités (1972); *Sinclair*, The Vienna Convention on the Law of Treaties (1973); *Verosta* (oben § 538, Anm. 21).

[4] Ende 1983 44 Vertragsstaaten.

[5] Dazu *Rosenne*, The Temporal Application of the Vienna Convention on the Law of Treaties, Cornell International Law Journal 4 (1970/71), S. 1 ff.

[6] Darüber *Briggs*, Unilateral Denunciation of Treaties: The Vienna Convention and the International Court of Justice, AJIL 68 (1974), S. 51 ff. Vgl. neben dort besprochenen Fällen noch *Aegean Sea Continental Shelf*, ICJ Reports 1978, S. 39 (zu Art. 2, 3 und 11 der Konvention). Ferner die Schiedssprüche über die Grenzziehung im *Beagle-Kanal* (1977), ILM 17 (1978), S. 646 (zu Art. 31); über die Abgrenzung des Festlandsockels im *Ärmelkanal* (1977), ILM 18 (1979), S. 414 ff. (zum Vorbehaltsregime der Konvention); über die *Young-Anleihe* (unten § 775, Anm. 5) sowie der *Aminoil*-Schiedsspruch, ILM 21 (1982), S. 1004 ff. Der Europäische Gerichtshof für Menschenrechte hat sich in seinem Urteil im *Golder*-Fall (1975) eingehend mit den Interpretationsregeln der Konvention auseinandergesetzt: Série A, Vol. 18, S. 5 ff.

[7] Vgl. ihren Art. 4. Für eine genauere Untersuchung vgl. *Verdross*, Die Quellen des universellen Völkerrechts (1973), S. 92 ff.

[8] Vgl. oben § 592.

[9] In welch hohem Maße dies der Fall ist, zeigt die Tatsache, daß die Wiener Konferenz den Konventionstext mit nur einer Gegenstimme (Frankreich) und 19 Stimmenthaltungen annahm, wobei sich diese Stellungnahmen nur gegen einzelne Normen richteten. Zur französischen Haltung vgl. *Deleau*, Les positions françaises à la Conférence de Vienne sur le droit des traités, AFDI 15 (1969), S. 7 ff.

[10] Dazu *Sinclair* (Anm. 3), S. 6 ff. Dasselbe trifft für die subsidiäre Weitergeltung einschlägiger allgemeiner Rechtsgrundsätze (Art. 38 Abs. 1 lit. c des IGH-Statuts) zu. Zum ganzen noch *Vierdag*, The Law Governing Treaty Relations between Parties to the Vienna Convention on the Law of Treaties and States not Party to the Convention, AJIL 76 (1982), S. 779 ff.

§ 673 Das Wiener Übereinkommen findet gemäß seinem Art. 1 nur auf Verträge zwischen *Staaten* Anwendung. Art. 3[11] stellt jedoch klar, daß diese sachliche Einschränkung weder die vr Gültigkeit von Verträgen zwischen Staaten und anderen Völkerrechtssubjekten[12] oder zwischen solchen anderen Völkerrechtssubjekten, noch die Anwendung jener in der Konvention niedergelegten Regeln berührt, denen diese Verträge auf Grund des allgemeinen VR unterworfen sind[13].

§ 674 Die wichtigste Gruppe unter den von der Konvention nicht erfaßten vr Verträgen stellen die Verträge mit oder zwischen *internationalen Organisationen* dar[14]. Während die erste Variante zur *gemeinsamen* Völkerrechtserzeugung durch Staaten und Organisationen führt, haben wir es im zweiten Fall mit der *selbständigen* Erzeugung von vertraglichem VR durch internationale Organisationen zu tun. Die ILC hat 1982 den Entwurf einer Konvention über das Recht dieser Verträge verabschiedet, die an die Seite des Wiener Übereinkommens über das Recht der zwischenstaatlichen Verträge treten soll und sich inhaltlich so eng wie möglich an dieses anschließt[15]. Dagegen findet das Wiener

---

[11] Die im folgenden herangezogenen Artikel sind solche des Wiener Übereinkommens über das Recht der vr Verträge, sofern nichts abweichendes angegeben ist.

[12] Dazu *Wengler*, Agreements of States with Other Parties than States in International Relations, RHDI 8 (1955), S. 113 ff.

[13] Aus diesem Grund konnte sich der IGH in seinem *Namibia*-Gutachten 1971 bezüglich des Rücktrittsrechts von dem zwischen Südafrika und dem Völkerbund abgeschlossenen Mandatsvertrag wegen Verletzung desselben auf Art. 60 der Wiener Konvention berufen. Vgl. unten §§ 811 ff.

[14] Vgl. an allgemeiner Literatur G. *Arangio-Ruiz*, Rapporti contrattuali fra Stati ed organizzazioni internazionale, Archivio giuridico „Filippo Serafini" 139 (1950), S. 7 ff.; *Dupuy*, Le Droit des relations entre les Organisations internationales, RdC 100 (1960 II), S. 457 ff.; *Karunatilleke*, Essai d'une classification des accords conclus par les Organisations internationales entre elles ou avec des Etats, RGDIP 75 (1971), S. 12 ff.; *Monaco*, Coordinamento tra enti internazionali, RDI 40 (1957), S. 181 ff.; *Seidl-Hohenveldern*, Rechtsbeziehungen zwischen Internationalen Organisationen und den einzelnen Staaten, ArchVR 4 (1953/1954), S. 30 ff.; *Socini*, Gli accordi internazionali delle organizzazioni inter-governative (1962); *Geiser*, Les Effets des Accords conclus par les Organisations Internationales (1977). Vgl. ferner die unter § 523, Anm. 26, angeführte Literatur und die „Selected Bibliography" in dem UN Doc. A/CN. 4/277, ILC-Yearbook 1974 II, Part Two, S. 3 ff.

[15] Vgl. Report of the International Law Commission on the work of its thirty-fourth session, G. A. O. R.: 37th session, Suppl. No. 10 (A/37/10), S. 6 ff. Über das Verhältnis dieser Normen zu den Regeln der Konvention 1969 siehe ebd., S. 14 ff., ferner *Zemanek* (Hrsg.), Agreements of International Organizations and the Vienna Convention on the Law of Treaties, ÖZöffR, Supplement 1 (1971); *derselbe*, Agreements Concluded by International Organizations and the Vienna Convention on the Law of Treaties, University of Toledo Law Review 1971 (Gedächtnisnummer für Josef L. Kunz), S. 145 ff.; *Reuter*, Le droit des traités et les accords internationaux conclus par les organisations internationales, in: Festschrift für Ganshof van der Meersch (1972), Bd. I, S. 195 ff.; schließlich die beiden Berichte von *Dupuy* über

Übereinkommen nach seinem Art. 5 auf jeden Vertrag, der die *Gründungsurkunde* einer internationalen Organisation bildet, sowie auf jeden *im Rahmen* einer internationalen Organisation angenommenen Vertrag Anwendung, unbeschadet jedoch aller einschlägigen Vorschriften und anerkannten Praktiken der Organisation, die demnach als *leges speciales* vorgehen[16].

Im folgenden werden wir uns vor allem mit der Ordnung der zwischenstaatlichen Verträge beschäftigen, wie sie in der Wiener Konvention ausgestaltet ist, daneben aber auch auf die wichtigsten Besonderheiten hinweisen, die sich aus der Teilnahme der internationalen Organisationen am Völkerrechtsverkehr ergeben.

B. Die Vertragsfähigkeit[1]

I. Staaten

§ 675 Gemäß Art. 6 besitzt *jeder* Staat die Fähigkeit, Verträge zu schließen. Weist ein Territorialverband die Merkmale eines souveränen Staates auf[2], so kommt ihm die Vertragsfähigkeit als „geborenes" Völkerrechtssubjekt unabhängig von seiner Anerkennung zu[3].

§ 676 Von der Vertragsfähigkeit als einem Aspekt der Völkerrechtsfähigkeit ist die Fähigkeit zum Vertragsschluß als Teil der vr *Handlungs*fähigkeit zu unterscheiden. Art. 6 bezieht sich auch auf diese. Eine in den Beratungen der ILC zunächst im Hinblick auf Protektoratsverhältnisse vorgesehene zusätzliche Bestimmung, wonach „[c]apacity to conclude treaties may be limited by the provisions of a treaty relating to that capacity"[4], wurde später fallengelassen, weil einige Kommissionsmitglieder Protektorate als kolonialistische Relikte ansahen und andere

„L'application des règles du droit international général des traités aux accords conclus par les Organisations internationales" an das Institut de Droit international, Annuaire IDI 55 (1973), S. 214 ff., 335 ff.

Gemäß Res. 38/139 der UN-Generalversammlung soll eine Kodifikationskonferenz zu diesem Thema — jedoch nicht vor 1985 — einberufen werden. Es fragt sich allerdings, ob der Vertragspraxis der internationalen Organisationen nicht besser damit gedient wäre, den ILC-Entwurf zu vr unverbindlichen „terms of reference" zu erklären.

[16] Vgl. *Rosenne* (oben § 538, Anm. 22); *Gonzáles Campos*, La aplicación del futuro Convenio sobre Derecho de los Tratados a los acuerdos vinculados con Organizaciones Internacionales, in: Gedächtnisschrift de Luna (1968), S. 212 ff.

[1] *Lukashuk*, Parties to Treaties — The Right of Participation, RdC 135 (1972 I), S. 231 ff.; J. *Huber*, Le droit de conclure des traités internationaux (1951); *Parry* (§ 533, Anm. 6), S. 180 ff.

[2] Vgl. oben §§ 31 ff., 378 ff.

[3] Von dieser Vertragsfähigkeit ist die *Berechtigung* zu unterscheiden, an einem konkreten (multilateralen) Vertrag teilzunehmen; dazu § 538.

[4] ILC-Yearbook 1962 I, S. 193.

Mitglieder der Überzeugung waren, daß gerade die Vertragsschlußfähigkeit zu den „unveräußerlichen" Rechten des souveränen Staates zähle[5].

§ 677 Ob die vr Vertragsschlußfähigkeit eines Staates im Falle der Übertragung ausschließlicher Vertragsschlußkompetenzen durch die Mitgliedstaaten einer „supranationalen" Einrichtung auf diese beschränkt wird, ist umstritten. Art. 6 der Wiener Konvention steht einer derartigen Beschränkung nicht entgegen, weil gemäß ihrem Art. 5 die „einschlägigen Vorschriften der Organisation", zu denen auch die Bestimmungen über die Kompetenzverteilung zwischen der Organisation und ihren Mitgliedstaaten zählen, den Regeln der Konvention vorgehen. Nach der am Beispiel der Europäischen Gemeinschaften entwickelten *Kompetenztheorie* schränkt die Übertragung der Vertragsschlußkompetenz die vr Handlungsfähigkeit der Mitgliedstaaten grundsätzlich mit Wirkung gegenüber Dritten ein[6], während die Anhänger der *Vertragskonfliktstheorie* diese Drittwirkung bestreiten, vielmehr im Falle kompetenzwidrig geschlossener Verträge eines Mitgliedstaates mit einem Drittstaat die allgemeinen vr Regeln über den Konflikt zwischen einander widersprechenden Verträgen anwenden wollen. Danach ist auch ein kompetenzwidrig geschlossener Vertrag vr gültig[7].

§ 678 Der ILC-Entwurf 1966 über das Recht der Verträge[8] enthielt außerdem die Bestimmung, daß die Vertragsfähigkeit der *Gliedstaaten eines Bundesstaates* (federal union) von der Bundesverfassung abhängt[9]. Diese Norm fand jedoch keine Aufnahme in den Text der Wiener Konvention, da die Rechtsstellung solcher Gliedstaaten zu verschieden ist, um eine einheitliche Beurteilung zu erlauben[10]. Tatsächlich liegt die Fähigkeit zum Abschluß vr Verträge bei Bundesstaaten ganz überwie-

---

[5] Vgl. *Geiger*, Die völkerrechtliche Beschränkung der Vertragsschlußfähigkeit von Staaten (1979), S. 160 ff.

[6] z. B. *Bleckmann*, Europarecht (2. Aufl. 1978), S. 230.

[7] z. B. *Seidl-Hohenveldern*, Das Recht der Internationalen Organisationen einschließlich der Supranationalen Gemeinschaften (3. Aufl. 1979), S. 80 ff. Zum ganzen eingehend *Geiger* (Anm. 5), *passim*.

[8] Oben § 672, Anm. 2.

[9] Dazu *Steinberger*, Constitutional Subdivisions of States or Unions and their Capacity to Conclude Treaties, ZaöRV 27 (1967), S. 411 ff.

[10] Vgl. *Bernhardt*, Der Abschluß völkerrechtlicher Verträge im Bundesstaat (1957); *Kunz*, Die Staatenverbindungen (1929), S. 659 ff.; *Mallmann*, Völkerrecht und Bundesstaat, WV III, S. 640 ff.; *Hendry*, Treaties and Federal Constitutions (1955); *Ghosh*, Treaties and Federal Constitutions (1961); *Bernier*, International Legal Aspects of Federalism (1973), S. 33 ff.; *Wildhaber*, Treaty-Making Power and Constitution (1971), S. 278 ff.; *Lukashuk* (Anm. 1), S. 257 ff.; *Blumenwitz*, Der Schutz innerstaatlicher Rechtsgemeinschaften beim Abschluß völkerrechtlicher Verträge (1972); *Di Marzo*, Component Units of Federal States and International Agreements (1980).

gend beim Gesamtstaat (so z. B. in Österreich[11], Mexiko, Brasilien und *de facto* auch in den USA)[12]. In anderen Fällen besitzen die Gliedstaaten daneben eine beschränkte Vertragsfähigkeit, wie die Länder der Bundesrepublik Deutschland nach Art. 32 Abs. 3 Grundgesetz[13] oder die Kantone der Schweiz nach Art. 8 und 9 der Bundesverfassung[14]. In beiden Fällen spielt sie praktisch nur eine geringe Rolle. *De iure* weiterreichend ist die Vertragsfähigkeit der Unionsrepubliken der Sowjetunion, von denen die Ukraine und Weißrußland sogar zu den Gründungsmitgliedern der UNO gehören[15].

Die Vertragsfähigkeit von Gliedstaaten kann entweder unmittelbar auf Grund des VR oder auf Grund der Verfassung des Oberstaates bestehen[16]. Im letzten Falle handelt es sich um eine bloße Dezentralisierung der auswärtigen Gewalt des Gesamtstaates, der diese Zuständigkeiten auch wieder aufheben kann, es sei denn, daß sich die Vertragsfähigkeit eines Gliedstaates effektiv durchgesetzt hat und auf diese Weise *vr* verankert wurde.

II. Internationale Organisationen[17]

§ 679 Während sich die Vertragsfähigkeit der souveränen Staaten automatisch aus ihrer Existenz als solche und grundsätzlich im vollen

---

[11] *Öhlinger*, Der völkerrechtliche Vertrag im staatlichen Recht (1973), S. 159 ff.

[12] So der US Supreme Court am 3. Mai 1937 im Falle *United States v. Belmont*, AD 1935 - 1937, No. 15.

[13] Vgl. neben der in Anm. 10 genannten Schrift von *Bernhardt* noch *Mosler*, Die auswärtige Gewalt im Verfassungssystem der Bundesrepublik Deutschland, in: Festschrift für Bilfinger (1954), S. 243 ff.; *Reichel*, Die auswärtige Gewalt nach dem Grundgesetz für die Bundesrepublik Deutschland vom 23. Mai 1949 (1967), S. 151 ff.; *Rudolf*, Internationale Beziehungen der deutschen Länder, ArchVR 13 (1966/1967), S. 53 ff.; *derselbe*, Völkerrechtliche Verträge über Gegenstände der Landesgesetzgebung, in: Rechtsfragen im Spektrum des Öffentlichen (Festschrift f. H. Armbruster, 1976), S. 59 ff.; *Randelzhofer*, Innerstaatlich erforderliche Verfahren für das Wirksamwerden der von der Exekutive abgeschlossenen völkerrechtlichen Vereinbarungen, AÖR, Beiheft 1 (1974), S. 18 ff.

[14] *His*, De la compétence des cantons suisses de conclure des traités internationaux, Revue de droit international et de législation comparée 10 (1929), S. 454 ff.; *Wildhaber* (Anm. 10), S. 310 ff. (mit reichen Literaturangaben).

[15] *Verdross*, Die Völkerrechtssubjektivität der Gliedstaaten der Sowjetunion, ÖZöffR 1 (1948), S. 212 ff.; *Schweisfurth*, Der internationale Vertrag in der modernen sowjetischen Völkerrechtstheorie (1968), S. 71 ff.; *Lukashuk* (oben Anm. 1), S. 259 ff.; *Uibopuu*, Die Völkerrechtssubjektivität der Unionsrepubliken der UdSSR (1975).

[16] *Verdross*, S. 195 f.

[17] Neben dem unter § 674, Anm. 14 und 15, genannten allgemeinen Schrifttum *Carroz-Probst*, Personnalité juridique internationale et capacité de conclure des traités de l'O. N. U. et des institutions spécialisées (1953); *Seyersted*

Umfange ergibt, muß sie den zwischenstaatlichen internationalen Organisationen besonders *verliehen* werden[18]. Dies kann durch *ausdrückliche* Bestimmungen des Gründungsvertrages genereller[19] wie spezieller[20] Natur oder ohne eine solche vertragliche Grundlage in der Weise geschehen, daß eine Organisation im Rahmen ihres Organisationszwecks, in Gebrauchnahme der aus ihrer funktionellen Rechtspersönlichkeit erfließenden „implied powers"[21], bestimmte Verträge abschließt und diese Praxis von den Mitgliedstaaten gebilligt wird, weil sie zur Erfüllung der satzungsmäßigen Aufgaben der Organisation notwendig ist. So hat z. B. die UNO ihr Amtssitzabkommen mit den Vereinigten Staaten[22] oder zahlreiche Verträge über technische Hilfe ohne besondere Ermächtigung in der Charta abgeschlossen[23].

§ 680 Von der allgemeinen Vertragsfähigkeit zwischenstaatlicher Organisationen ist die Beitrittsmöglichkeit solcher Organisationen im Einzelfall zu unterscheiden. Die Frage, ob und welche zwischenstaatlichen Organisationen Parteien eines bestimmten Vertrages werden können, bedarf — wie auch bei Staaten und anderen Völkerrechtssubjekten — einer entsprechenden Regelung in eben diesem Vertrag. So ist z. B. in Art. 20 des Übereinkommens vom 17. November 1980 über die künftige

---

(§ 415, Anm. 2); *Chiu*, The Capacity of International Organizations to Conclude Treaties and the Special Legal Aspects of the Treaties so Concluded (1966); *Kasme*, La capacité de l'Organisation des Nations Unies de conclure des traités (1960); *Parry*, The Treaty-Making Power of the United Nations, BYIL 26 (1949), S. 108 ff.; *Schneider*, Treaty-Making Power of International Organizations (1959); *Zemanek*, Das Vertragsrecht der internationalen Organisationen (1957); *derselbe*, International Organizations, Treaty-Making Power, Encyclopedia [5 (1983), S. 168 ff.]; *Lukashuk* (oben Anm. 1), S. 267 ff. Zur älteren UN-Praxis grundlegend *Rosenne*, United Nations Treaty Practice, RdC 86 (1954 II), S. 275 ff.

[18] Nur *Seyersted* (a.a.O.) vertritt die Gegenmeinung von einer originären, objektiven Rechtsfähigkeit und damit auch Vertragsschlußkompetenz internationaler Organisationen. Art. 6 des ILC-Entwurfs über Verträge mit oder zwischen internationalen Organisationen lautet: „The capacity of an international organization to conclude treaties is governed by the relevant rules of that organization"; vgl. den Bericht der Kommission über ihre Session 1982 (oben § 674, Anm. 15), S. 41.

[19] Vgl. z. B. Art. 6 Abs. 2 des Vertrages über die Gründung der Europäischen Gemeinschaft für Kohle und Stahl (*Berber*, Dokumente I, S. 391 ff.): „Im zwischenstaatlichen Verkehr hat die Gemeinschaft die für die Durchführung ihrer Aufgaben und Erreichung ihrer Ziele erforderliche Rechts- und Geschäftsfähigkeit."

[20] z. B. in den Art. 43, 57 und 63 UN-Charta.

[21] Dazu unten § 780, Pkt. 5.

[22] Dazu § 278.

[23] Der Gerichtshof der *Europäischen Gemeinschaften* hat sich über deren Vertragsschlußkompetenzen und über das Verhältnis dieser Kompetenzen zur „treaty-making power" der Mitgliedstaaten seit 1971 in einer Reihe von Urteilen und Rechtsgutachten geäußert. Vgl. statt aller *Vedder*, Die auswärtige Gewalt des Europa der Neun (1980).

multilaterale Zusammenarbeit auf dem Gebiet der Fischerei im Nordostatlantik[24] der Beitritt der Europäischen Wirtschaftsgemeinschaft ausdrücklich vorgesehen. Art. XXII des Übereinkommens vom 24. Oktober 1978 über die künftige multilaterale Zusammenarbeit auf dem Gebiet der Fischerei im Nordwestatlantik[25] stellt hingegen in bezug auf die Beitrittsmöglichkeit der EWG auf ihre Teilnahme an den Vertragsverhandlungen ab. Eine Beitrittsklausel besonderer Art enthält das UN-Seerechtsübereinkommen 1982 (§ 596). In Art. 1 - 8 Anlage IX wird nicht nur die Beitrittsmöglichkeit bestimmter zwischenstaatlicher Organisationen — Organisationen, denen die Mitgliedstaaten Zuständigkeiten für die unter das Seerechtsübereinkommen fallenden Angelegenheiten übertragen haben (z. B. EWG) — sondern auch der Umfang ihrer Teilnahme sowie ihrer Rechte und Pflichten geregelt. Die Teilnahme einer zwischenstaatlichen Organisation am Seerechtsübereinkommen bewirkt keine Verstärkung der Vertretung ihrer Mitgliedstaaten, etwa bei der Beschlußfassung. Die in Frage kommenden Organisationen nehmen die Rechte und Pflichten aus dem Übereinkommen nur in solchen Angelegenheiten wahr, für die ihre Mitgliedstaaten Zuständigkeiten übertragen und diese den Vertragsstaaten und dem Verwahrer des Übereinkommens im einzelnen notifiziert haben. Insoweit haben die Mitgliedstaaten dieser Organisationen keine Rechte und Pflichten aus dem UN-Seerechtsübereinkommen 1982 (Subsidiaritätsprinzip). Zur Beilegung von Streitigkeiten über die Auslegung oder Anwendung des Übereinkommens stehen den unter Anlage IX fallenden zwischenstaatlichen Organisationen die in Art. 287 genannten Mittel mit Ausnahme des IGH zur Verfügung.

Unterschiedliche Meinungen gibt es schließlich in der Frage, welche Organisationen auf welche Art und Weise an einer zukünftigen Konvention über das Recht der Verträge mit oder zwischen internationalen Organisationen (§ 674) teilnehmen sollen.

III. Andere Völkerrechtssubjekte

§ 681 Neben den Staaten und internationalen Organisationen sind auch andere Völkerrechtssubjekte in der Lage, vr Verträge abzuschließen[26]. So vor allem die *stabilisierten de facto-Herrschaften*, denen die neuere Völkerrechtspraxis die Fähigkeit zugesteht, sowohl an Kollektivverträgen teilzunehmen als auch zweiseitige Abkommen abzuschließen, ohne daß darin notwendig ihre vr Anerkennung als Staaten oder

---

[24] ABl. EG 1981 Nr. L 227/36.

[25] ABl. EG 1978 Nr. L 378/30.

[26] *Lukashuk* (Anm. 1), S. 278 ff.; *Lissitzyn*, Territorial Entities other than Independent States in the Law of Treaties, RdC 125 (1968 III), S. 1 ff.

Regierungen beschlossen liegt[27]. Auch *de facto* unabhängig gewordene Kolonialgebiete haben vor ihrer förmlichen Entlassung aus dem Kolonialverband mit dem Mutterstaat vr Verträge abgeschlossen, so etwa im Jahre 1974 die portugiesischen Kolonien Guinea-Bissau und Cap Verde, Mozambique sowie São Tome und Principe[28]. Die Mitgliedschaft im Völkerbund stand auch den „Kolonien mit voller Selbstverwaltung" offen (Art. 1 Abs. 2 der Satzung). Wie bereits erwähnt, handelt es sich bei den vom *Heiligen Stuhl* abgeschlossenen Konkordaten ebenfalls um vr Verträge[29]; daneben nimmt dieser auch an verschiedenen multilateralen Vertragswerken teil[30]. Auch der Souveräne *Malteser-Ritterorden* hat einige vr Abkommen geschlossen[31].

§ 682 Die bisher anzutreffenden Fälle einer Völkerrechtssubjektivität von Individuen[32] schließen die Vertragsfähigkeit nicht ein, wenngleich die zwischen Staaten und ausländischen Privatpersonen (meist großen multinationalen Konzernen) auf der Basis juristischer Gleichheit zustandegekommenen Konzessionsverträge der einseitigen Disposition des staatlichen Partners in ähnlicher Weise entzogen sind wie ein vr Vertrag, so daß hier von „quasi-vr" Verträgen oder „VR im weiteren Sinn" gesprochen werden kann[33].

C. Formen des Vertragsabschlusses

§ 683 Da nach allgemeinem VR vollkommene Formfreiheit für alle vr Hoheitsakte besteht[1], können Verträge nicht nur in schriftlicher Form geschlossen werden, sondern auch mündlich[2] oder durch Zeichen[3] zu-

---

[27] Oben § 406. Reiches Material bei *Frowein*, Das de facto-Regime im Völkerrecht (1968), S. 94 ff.; *Bot*, Nonrecognition and Treaty Relations (1968).

[28] Unten § 957 und ebd. Anm. 4.

[29] Oben § 535.

[30] Oben § 414.

[31] Oben § 417.

[32] Dazu oben §§ 422 ff.

[33] Oben § 4. Die Statuten der International Union for Conservation of Nature and Natural Resources (IUCN) wurden 1948 in Gestalt eines multilateralen vr Vertrages neben Staaten auch von „public services, organizations, institutions and associations concerned with these matters" (Präambel) angenommen: *Rüster / Simma*, International Protection of the Environment. Treaties and Related Documents, Bd. I, S. 7. Zur World Tourism Organization (WTO) siehe oben § 297, Anm. 3.

[1] Vgl. oben § 660.

[2] Dazu *Müller*, Vertrauensschutz im Völkerrecht (1971), S. 104 (mit weiteren Nachweisen). Ob die vom StIGH bejahte Verbindlichkeit der sog. *„Ihlen-Erklärung"* aus dem Jahre 1919 (benannt nach ihrem Urheber, dem damaligen norwegischen Außenminister), die zum dänisch-norwegischen Prozeß um den *Legal Status of Eastern Greenland* (Urteil: A/B 53, S. 22 ff. [1933]) führte, auf ihrer Eigenschaft als mündlich zustandegekommener Vertrag oder auf

stande kommen. Seit der Herausbildung der Konferenzdiplomatie haben mündliche Abmachungen wieder eine größere Bedeutung erlangt. Sie werfen allerdings schwierige Beweisprobleme sowie die Frage auf, ob derartige Absprachen auf eine vr Bindung abzielen oder vielmehr als bloße „gentlemen's agreements" anzusehen sind[4].

§ 684 Daneben ist auch ein Vertragsschluß durch *konkludente Handlungen* (durch ein „very definite, very consistent course of conduct") möglich[5]. Diese Fälle zeigen, daß die Grenze zwischen der formalisierten Rechtserzeugung in den Bahnen des Art. 38 IGH-Statut und der Erzeugung des VR durch formlosen zwischenstaatlichen Konsens fließend ist[6].

§ 685 Die Wiener Konvention regelt zwar nur in Schriftform abgeschlossene Verträge[7], bemerkt aber in Art. 3 ausdrücklich, daß dadurch weder die Rechtsverbindlichkeit nichtschriftlicher Abkommen noch deren Unterwerfung unter jene Normen der Konvention berührt wird, die bereits gewohnheitsrechtlich gelten. Darüber hinaus weist die Konvention selbst an zahlreichen Stellen auf den bloß dispositiven Charakter ihrer Formvorschriften hin oder formuliert diese und verwandte Bestimmungen von vornherein so, daß den Vertragsparteien verschiedene Möglichkeiten konkreterer Gestaltung offen bleiben (vgl. z. B. Art. 7 Abs. 1, 10 - 17, 20 Abs. 4 und 5, 22, 24 Abs. 1, 25, 28, 29, 31 Abs. 2 bis 4, 39, 40, 44, 45 lit. b, 56 Abs. 1 lit. a)[8].

---

dem Estoppel-Prinzip beruht, ist umstritten: *Müller*, S. 13 ff. Vgl. früher den Schiedsspruch vom 17. August 1889 im Falle *Deutsche Gesellschaft Witu*, bei *Verdross*, Die Verfassung der Völkerrechtsgemeinschaft (1926), S. 49.

Zum ganzen *Decleva*, Gli accordi taciti internazionali (1957) und *Giuliano*, Diritto internazionale (1974), Bd. I, S. 355 f.

[3] z. B. Abschluß einer Waffenruhe durch Fahnensignale.

[4] Dazu oben § 544. Zum Vertragsabschluß durch ein *gemeinsames Kommuniqué* der IGH im *Aegean Sea Continental Shelf* Case, ICJ Reports 1978, S. 39; dazu *Wengler*, NJW 1979, S. 470. Davon ist der Fall zu unterscheiden, daß mündliche Abmachungen *protokolliert* werden. Ein solches Protokoll hat lediglich deklaratorische Bedeutung; vgl. *Dahm*, Völkerrecht, Bd. 3 (1961), S. 73, Anm. 23. Als die türkische Regierung Ecevit Mitte 1974 den Mohnanbau in mehreren Provinzen freigab, berief sich die USA auf eine Zusage des früheren Ministerpräsidenten Erim in einem Gespräch mit Präsident Nixon im März 1972, gegen die Lieferung von Kriegsmaterial den Mohnanbau zur Verhinderung des Opiumschmuggels in die USA vollständig zu unterbinden: Neue Zürcher Zeitung, Fernausgabe vom 8. Juli 1974; AdG 42 (1972), S. 16977 D, ebd. 44 (1974), S. 18807 B; RGDIP 79 (1975), S. 542 ff.

[5] So der IGH in den *North Sea Continental Shelf* Cases, ICJ Reports 1969, S. 25. Dazu *Müller* (Anm. 2), S. 164 ff.; *Dahm*, Völkerrecht, Bd. 3 (1961), S. 73 f.

[6] Dazu oben §§ 518 ff.

[7] Art. 2 Abs. 1 lit. a.

[8] *Haak*, „Unless the treaty otherwise provides" and Similar Clauses in the International Law Commission's 1966 Draft Articles on the Law of Treaties, ZaöRV 27 (1967), S. 540 ff.

D. Zum Abschluß befugte Organe

I. Vertragsschluß durch Staaten

1. *Die Erklärung des Vertragswillens nach außen*

§ 686 Von der Frage, welche Rechtssubjekte die Fähigkeit zum Abschluß von vr Verträgen besitzen, ist jene zu unterscheiden, welche staatlichen Organe nach VR zu einem solchen Abschluß legitimiert sind.

§ 687 Grundsätzlich bezeichnet das VR diese Organe nicht selbst, sondern überläßt ihre Berufung der innerstaatlichen Rechtsordnung der Vertragsstaaten[1]. Dabei ist nicht deren Wortlaut, sondern die tatsächlich wirksame Verfassung maßgebend (Grundsatz der Effektivität)[2]. Dies ist von besonderer Bedeutung in Einparteienstaaten, wenn der Parteichef auch Staatsfunktionen ausübt, ohne Staatsoberhaupt oder Regierungschef zu sein[3].

Nach dem in der Praxis der UNO entwickelten VR besteht jedoch die Vermutung, daß die Staatsoberhäupter, Regierungschefs und Außenminister zum endgültigen Abschluß von vr Verträgen befugt sind, ohne eine Vollmacht vorweisen zu müssen, während alle übrigen Organe eine besondere Vollmacht[4] brauchen, sofern nicht aus den Umständen hervorgeht, daß sie auch ohne eine solche Vollmacht zum Abschluß ermächtigt sind. Art. 7 bestätigt diese Regel und ergänzt sie durch die Bestimmung, daß die Missionschefs zur Annahme des Textes[5] eines

---

[1] Dazu der (allerdings veraltete) Band der UN-Legislative Series ST/LEG/SER.B/3: Laws and Practices concerning the Conclusion of Treaties (1952). Weitere Beispiele im „Treaty Maker's Handbook" (§ 536, Anm. 13), S. 13 ff. Aus dem Schrifttum *Wildhaber* (§ 678, Anm. 10); P. *de Visscher*, De la conclusion des traités internationaux (1943); *Holloway*, Modern Trends in Treaty Law (1967), S. 105 ff.; *Parry* (oben § 533, Anm. 6), S. 185 ff.; *Müller* (§ 683, Anm. 2), S. 191 ff. (mit umfangreichen weiterführenden Angaben). Besonders ausführliche Regelungen enthält das in Ausführung der Verfassung der UdSSR vom 7. Oktober 1977 seit 1. September 1978 in Kraft stehende „Gesetz über das Verfahren des Abschlusses, der Durchführung und der Kündigung internationaler Verträge der UdSSR", deutsche Übersetzung in Jahrbuch für Ostrecht 1978, 2. Halbband, S. 253 ff. Dazu *Schweisfurth*, Die Neuregelung der Vertragsgewalt (Treaty-Making Power) in der Sowjetunion, ZaöRV 41 (1981), S. 366 ff.

[2] So auch *Guggenheim*, Traité de Droit international public, Bd. I (2. Aufl. 1967), S. 140. Vgl. ferner die oben § 75 in Anm. 30 zitierte Entscheidung des StIGH im Fall der *Serbian Loans*.

[3] Der US-Präsident schließt allein sog. „executive agreements" (von oft erheblicher politischer Bedeutung) ab, obgleich nach dem Wortlaut der US-Verfassung alle Staatsverträge der Zustimmung des Senats bedürfen. Dazu *Byrd*, Treaties and Executive Agreements in the United States (1960), und den vom US District Court, D. of Kansas, am 30. Dezember 1977 entschiedenen Fall *Robert Dole v. Jimmy Carter*, The International Lawyer 12 (1978), S. 209 ff. (Versuch, die Rückgabe der Stephanskrone an Ungarn zu verhindern).

[4] Vgl. die Beispiele im „Treaty Maker's Handbook" (Anm. 1), S. 34 ff.

Vertrages zwischen Entsende- und Empfangsstaat ebenfalls *ex officio* zuständig sind. Dasselbe gilt für die staatlichen Vertreter bei einer internationalen Konferenz oder Organisation bezüglich der dort ausgearbeiteten Vertragstexte.

Schon nach altem VGR sind ferner die militärischen Befehlshaber befugt, im Kriege Waffenruhen und Kapitulationen (nicht aber auch allgemeine Waffenstillstandsverträge) ohne besondere Vollmacht abzuschließen[6].

§ 688 Alle von nichtermächtigten Organen in einem Vertragsverfahren gesetzten Akte sind nichtig (without legal effect), sofern sie nicht nachträglich durch die Zustimmung der kompetenten Organe rückwirkend saniert werden (Art. 8).

2. *Beschränkungen der „treaty-making power" durch das innerstaatliche Recht*

§ 689 Zur Zeit des Absolutismus wurden die Staatsoberhäupter als Inhaber eines *ius repraesentationis omnimodae* angesehen. Sie konnten daher auch Staatsverträge allein abschließen.

Im Laufe des 19. Jhdts. gingen dann die meisten Staatsverfassungen dazu über, nach dem Vorbild der US-Verfassung von 1787[7] die Befugnis des Staatsoberhauptes und anderer Exekutivorgane zum Abschluß von vr Verträgen, oder zumindest von Verträgen bestimmter Art, an die Zustimmung der Volksvertretung oder einer Kammer (in den USA des Senates) zu binden[8], vom Ergebnis einer Volksabstimmung abhängig zu machen[9] oder einzelne Gegenstände, wie z. B. die Grundrechte oder den

---

[5] Dazu § 700.

[6] Vgl. *Ridder*, Waffenstillstand, WV III, S. 791 ff.; *Dedijer*, On Military Conventions (1961); bestätigt etwa durch § 483 des US-Law of Land Warfare (1956).

[7] Vgl. *Henkin*, Foreign Affairs and the Constitution (1972). Nach dem US-System von „checks and balances" zwischen Exekutive und Legislative auch in der auswärtigen Gewalt können hochpolitische Verträge im Senat auf die Atmosphäre einer Stierkampfarena stoßen, vgl. z. B. die Auseinandersetzung um die Panamakanal-Verträge 1977, wiedergegeben im US Digest 1978, S. 689 ff.

[8] Vgl. Art. 59 Abs. 2 des Bonner Grundgesetzes und Art. 50 des österreichischen B.-VG.

[9] In Österreich unterliegen Staatsverträge den Bestimmungen über das obligatorische bzw. fakultative Referendum (Art. 44 Abs. 2 B.-VG.). Noch weitergehend Art. 89 Abs. 4 der schweizerischen Bundesverfassung; dazu *Guggenheim* (Anm. 2), S. 146 ff. Allgemein *Cassese* (Hrsg.), Parliamentary Control over Foreign Policy (1980).
Hingegen hat Großbritannien an der Norm des *common law* festgehalten, daß der Krone allein die „treaty-making power" gegenüber dem Ausland zukommt, während der Vertragsinhalt nur durch ein Gesetz in die innerstaatliche Rechtsordnung eingebaut werden kann. Vgl. dazu unten § 851.

territorialen Bestand des Staates, der „treaty-making power" überhaupt zu entziehen.

Diese Entwicklung warf die Frage auf, ob eine durch das zuständige (vgl. oben) Organ den anderen Vertragsteilen gegenüber abgegebene Erklärung zum Vertragsabschluß die vr Pflicht zur Vertragserfüllung auch dann begründet, wenn diese Erklärung unter Verletzung der innerstaatlichen Rechtsordnung erfolgt[10].

§ 690 Die sog. *„Irrelevanztheorie"* meint dazu, daß verfassungsrechtliche Schranken vr unerheblich seien, da für das VR bloß die nach außen hin abgegebene Erklärung des zuständigen Organs maßgebend sein könne, weil dem Vertragspartner die Erforschung des fremden Verfassungsrechts weder möglich noch zumutbar sei[11].

Hingegen vertritt die *„Relevanztheorie"* die Auffassung, daß solche Beschränkungen auch von vr Bedeutung seien, da das VR zur Entscheidung dieser Frage auf das innerstaatliche Recht verweise[12].

Eine vermittelnde Meinung (*„Evidenztheorie"*) geht von der Überlegung aus, daß die Relevanz jeder Verletzung innerstaatlichen Rechts für die zwischenstaatliche Ebene die vr Verkehrssicherheit unerträglich schwächen würde, daß es aber aus demselben Grund genauso untragbar wäre, wenn das VR vor jeder Verfassungsverletzung die Augen schlösse. Daher sollte eine Mißachtung innerstaatlicher Vorschriften nach den Geboten des *Vertrauensschutzes* dem betroffenen Staat nur dann einen Grund für die nachträgliche Anfechtung eines Vertrages liefern können, wenn sein Vertragspartner diesen Mangel erkannte oder nach Treu und Glauben hätte erkennen müssen[13].

Die vr Judikatur zu unserer Frage ist spärlich und uneinheitlich. So verteidigt einerseits der Schiedsspruch vom 3. August 1912 im Falle der *Interprétation d'une disposition de la convention de commerce entre la France et la Suisse et du procès-verbal signés à Berne le 20 Octobre 1906*[14] ebenso wie das als Schiedsspruch anerkannte Gutachten Max

---

[10] Dazu vor allem *Blix*, Treaty-Making Power (1960); *Geck*, Die völkerrechtlichen Wirkungen verfassungswidriger Verträge (1963); *Ferrari Bravo*, Diritto internazionale e diritto interno nella stipulazione dei trattati (1964); *Wildhaber* (Anm. 1), S. 146 ff.; *Müller* (ebd.), S. 198 ff., die einen vollständigen Überblick über das ältere Schrifttum geben.

[11] Vor allem *Anzilotti*, Corso di diritto internazionale (4. Aufl. 1955), S. 227 f.; *Bittner*, Die Lehre von den völkerrechtlichen Vertragsurkunden (1924), S. 101 ff., 277; *Blix* und *Geck* (letzte Anm.).

[12] Vor allem *Triepel*, Völkerrecht und Landesrecht (1899), S. 236 ff.

[13] *Verdross*, S. 163; *Dahm*, Völkerrecht, Bd. 3 (1961), S. 21 ff.; *Balladore Pallieri*, La formation des traités dans la pratique internationale contemporaine, RdC 74 (1949 I), S. 465 ff.; *Müller* (Anm. 1), S. 200 ff. (mit weiteren Literaturangaben).

[14] RIAA XI, S. 411 ff.

Hubers vom 1. Mai 1925 in der *Affaire des biens britanniques au Maroc espagnol*[15] die erstgenannte Meinung, während sich der Schiedsspruch des US-Präsidenten Cleveland vom 22. März 1888 zwischen Costa Rica und Nicaragua der zweitgenannten Theorie anschließt[16].

Aus der Staatenpraxis sind uns nur zwei Fälle bekannt, in denen ein Staat die Vertragserfüllung abgelehnt hat, weil die verfassungsmäßige parlamentarische Genehmigung nicht erfolgt war. So hat Transvaal den Schiedsspruch vom 17. Oktober 1871 über die *Gisements diamantifères du Griqualand occidental* nicht anerkannt, weil er auf Grund eines vom Parlament nicht genehmigten Schiedsvergleichs ergangen war[17]. Aus demselben Grund hat Rumänien die Gültigkeit des ratifizierten und bereits veröffentlichten Handelsvertrages mit Österreich vom 14. August 1920 verneint[18].

§ 691 Die Wiener Vertragsrechtskonvention löst unser Problem im Sinne der oben geschilderten Mittelmeinung („Evidenztheorie")[19]. Eingangs hält ihr Art. 27 den Grundsatz fest, daß sich eine Vertragspartei nicht auf ihr innerstaatliches Recht berufen kann, um die Nichterfüllung eines Vertrages zu rechtfertigen[20]. Die einzige Ausnahme davon wird in Art. 46 wie folgt formuliert:

„(1) A State may not invoke the fact that its consent to be bound by a treaty has been expressed in violation of a provision of its internal

---

[15] RIAA II, S. 724. Auch die Haltung des StIGH in seinen Urteilen vom 7. Juni 1932 im *Free Zones* Case (A/B 46, S. 170), und vom 5. April 1933 im *Eastern Greenland* Case (A/B 53, S. 71) deutet in diese Richtung, vgl. *Verdross*, S. 162 f.

[16] *Moore*, Digest of International Arbitrations II, S. 1964 ff. Vgl. ferner den Fall *Georges Pinson* (1928), RIAA V, S. 327.

[17] *La Pradelle / Politis*, Recueil des arbitrages internationaux II, S. 703.

[18] *Verdross* (§ 683, Anm. 2), S. 53.

[19] Vgl. *Geck*, The Conclusion of Treaties in Violation of the Internal Law of a Party, ZaöRV 27 (1967), S. 429 ff.; *Müller* (Anm. 1), S. 203 ff.; *Wildhaber* (Anm. 1), S. 146 ff.; *derselbe*, Provisions of Internal Law Regarding Competence to Conclude Treaties, VJIL 8 (1967/68), S. 94 ff.; *Hostert*, Droit international et droit interne dans la Convention de Vienne sur le droit des traités du 23 mai 1969, AFDI 15 (1969), S. 92 ff.; *Kearney*, Internal Limitations on External Commitments. Article 46 of the Treaties Convention, The International Lawyer 4 (1969/70), S. 1 ff.; *Cahier*, La violation du droit interne relative à la compétence pour conclure des traités comme cause de nullité des traités, RDI 54 (1974), S. 226 ff.; *Meron*, Article 46 of the Vienna Convention on the Law of Treaties (*Ultra vires* Treaties): Some Recent Cases, BYIL 49 (1978), S. 175 ff.

[20] So auch der StIGH 1932 in seinem Rechtsgutachten über die Behandlung der *Polish Nationals in Danzig*, A/B 44, S. 24: „[A] State cannot adduce as against another State its own Constitution with a view to evading obligations incumbent upon it under international law ...". Vgl. ferner das Urteil im *Free Zones* Case 1932, A/B 46, S. 167, und die Entscheidung der US-italienischen Conciliation Commission vom 24. September 1956 im Falle *Treves v. Italian Republic*, RIAA XIV, S. 262 ff.

law regarding competence to conclude treaties as invalidating its consent unless that violation was manifest and concerned a rule of its internal law of fundamental importance.

(2) A violation is manifest if it would be objectively evident to any State conducting itself in the matter in accordance with normal practice and in good faith."

Nach diesem Artikel kann also nicht die Verletzung jeder beliebigen Bestimmung des innerstaatlichen Rechts einen Grund für die Anfechtung eines Vertrages bilden, sondern nur die Verletzung einer solchen Norm, welche die Zuständigkeit zum Abschluß von Verträgen zum Gegenstand hat. Darunter fallen einerseits die Normen über die Zuständigkeit zur *Erklärung* des Vertragswillens nach außen, andererseits die Vorschriften über die innerstaatliche *Bildung* dieses Willens (z. B. Erfordernis der parlamentarischen Zustimmung), daneben aber auch *materiell*-verfassungsrechtliche Beschränkungen der „treaty-making power", wie wir sie eingangs geschildert haben. Die Einbeziehung dieser letztgenannten Normengruppe (also etwa des Grundrechtskatalogs einer Verfassung) wird in der Lehre überwiegend abgelehnt; unserer Meinung nach jedoch zu Unrecht[21]. Die International Law Commission stellte im Kommentar zu Art. 43 ihres Entwurfs 1966 (dem heutigen Art. 46) ausdrücklich fest, daß die von ihr vorgeschlagene Regelung sämtliche von uns angeführten Kategorien innerstaatlichen Verfassungsrechts betreffe[22] und schloß sich damit der Auffassung ihres Spezialberichterstatters Waldock an[23]. Aus der Diskussion unseres Artikels auf der Wiener Konferenz ist eine Ablehnung dieser Konzeption nicht

---

[21] Wie im Text *Cahier* (Anm. 19), S. 226 f.; *Müller* (Anm. 1), S. 206 ff.

[22] Vgl. ILC-Yearbook 1966 II, S. 240: „Constitutional limitations affecting the exercise of the treaty-making power take various forms ... Some constitutions seek to preclude the executive from entering into treaties, or particular kinds of treaties, except with the previous consent of a legislative organ; some provide that treaties shall not be effective as law within the State unless ‚approved' or confirmed in some manner by a legislative organ; *others contain fundamental laws which are not susceptible of alteration except by a special procedure of constitutional amendment and which in that way indirectly impose restrictions upon the power of the executive to conclude treaties* ... The question which arises under this article is how far *any of* these constitutional limitations may affect the validity under international law of a consent to a treaty given by a State agent ostensibly authorized to declare that consent ..." (Hervorhebungen von uns).

[23] ILC-Yearbook 1965 II, S. 71: „The Commission was fully aware that constitutional restrictions upon the competence of the executive to conclude treaties are not limited to procedural provisions regarding the exercise of the treaty-making power but may also result from provisions of substantive law entrenched in the constitution. It is also the understanding of the Special Rapporteur that the Commission intended the words ‚the fact that a provision of the internal law ... regarding competence to enter into treaties has not been complied with' [so der Wortlaut des Entwurfs 1963, die Verf.] to cover both forms of restrictions on competence."

zu entnehmen. Dasselbe gilt für die Judikatur und Staatenpraxis. Unsere Auslegung entspricht auch besser dem Sinn und Zweck von Art. 46. Es sei an den Fall gedacht, daß ein Vertrag auf massive Weise in ein verfassungsrechtlich geschütztes Grundrecht eingreifen würde, das auf vr Ebene nicht verbürgt ist (dessen Verletzung also nicht etwa als Verstoß gegen *vr ius cogens* die Nichtigkeit des Vertrages zur Folge hätte), wie insbesondere die Garantie des Privateigentums[24].

Art. 46 verlangt ferner, daß die Verletzung des innerstaatlichen Rechts eine Norm von *grundlegender* Bedeutung betreffen und so *offenkundig* sein muß, daß sie jedem Staat objektiv *einsichtig* wird, der sich nach der bestehenden Praxis und im guten Glauben verhält[25].

Die Erfüllung all dieser Voraussetzungen wird nur selten eintreten. Art. 46 könnte etwa Anwendung finden, wenn in einer parlamentarischen Monarchie oder Republik das Staatsoberhaupt ohne Genehmigung des Regierungschefs oder des Ministerrates einen Vertrag endgültig abschließen würde und der Gegenpartei diese Tatsache bekannt war, da es sich dabei um einen fundamentalen Grundsatz handelt und jedermann weiß, daß in solchen Staatsformen das Staatsoberhaupt nicht allein kontrahieren kann. Noch klarer wird die Unentbehrlichkeit der in Art. 46 verkörperten Ausnahme von der grundsätzlichen vr Unerheblichkeit innerstaatlicher Beschränkungen, wenn zunächst in aller Öffentlichkeit auf die verfassungsrechtliche Notwendigkeit der parlamentarischen Genehmigung eines bestimmten Abkommens hingewiesen, dieses aber dann trotz seiner Ablehnung durch das Parlament ratifiziert worden wäre.

Art. 46 bildet daher auch eine Einschränkung des Art. 7 Abs. 2 lit. a, der, wie oben erwähnt, das Staatsoberhaupt, den Regierungschef, und den Außenminister *grundsätzlich* zum endgültigen Vertragsabschluß legitimiert[26].

---

[24] So hat der deutsche Bundesgerichtshof am 10. März 1978 dem Bundesverfassungsgericht gemäß Art. 100 Abs. 1 Bonner Grundgesetz das Zustimmungsgesetz zu dem mit Österreich am 19. Dezember 1967 abgeschlossenen *Salzburger-Flughafen-Vertrag* (BGBl. 1974 II, S. 13) zur Prüfung vorgelegt, weil er den Vertrag wegen Verstoßes gegen Art. 14 Abs. 1 Satz 1 Grundgesetz (Eigentumsgarantie) und wegen seiner Unvereinbarkeit mit der rechtsstaatlichen Ordnung der Bundesrepublik für verfassungswidrig hält; vgl. Deutsches Verwaltungsblatt 1979, S. 226 ff.

[25] Diese Präzisierung der „Offenkundigkeit" in Abs. 2 des Art. 46 wurde auf der Wiener Konferenz beschlossen. Die ILC hatte die Meinung vertreten, „that it would be impracticable and inadvisable to try to specify in advance the cases in which a violation of internal law may be held to be ‚manifest', since the question must depend to a large extent on the particular circumstances of each case", ILC-Yearbook 1966 II, S. 242. Dazu *Simma*, Der Grundvertrag und das Recht der völkerrechtlichen Verträge, AÖR 100 (1975), S. 22 f.

[26] *Geck* (Anm. 19), S. 439; *Hostert* (ebd.), S. 108; *Mosler* (§ 517, Anm. 5), S. 56. Anders *Müller* (Anm. 1), S. 196 f. Am 17. Februar 1981 hinterlegte Italien

§ 692 Die Geltendmachung des in Art. 46 umschriebenen Ungültigkeitsgrundes ist nach der Wiener Konvention bestimmten *Verfahrensregeln* unterworfen, auf die wir später eingehen werden[27].

§ 693 Ist die Verletzung einer, wenngleich grundlegenden, Bestimmung des innerstaatlichen Rechts nicht offenkundig und nicht objektiv einsichtig, dann kann jeder Staat darauf vertrauen, daß das gemäß Art. 7 zum Vertragsabschluß zuständige Organ des Verhandlungspartners auch innerstaatlich ermächtigt war. Er kann daher eine auf Art. 46 gestützte Anfechtung des Vertrages zurückweisen.

Schließlich kann auch eine i. S. von Art. 46 mangelhafte Erklärung saniert werden, wenn sie entweder von den zur innerstaatlichen Bildung des Vertragswillens zuständigen Organen nachträglich genehmigt oder wenn ihr von diesen nach Kenntnisnahme nicht widersprochen wird[28].

II. Vertragsschluß durch internationale Organisationen[29]

§ 694 Die Antwort auf die Frage, welche Organe einer internationalen Organisation zum Abschluß vr Verträge befugt sind, ist in erster Linie dem Gründungsinstrument der Organisation zu entnehmen. So wird der UN-Sicherheitsrat durch Art. 43 der Charta ermächtigt, Son-

---

seine Ratifikationsurkunde zum Protokoll Nr. 4 vom 16. September 1963 zur Europäischen Menschenrechtskonvention, das damit zwischen Italien und den übrigen Vertragsparteien in Kraft trat. Am 10. März 1981 ersuchte der Ständige Vertreter Italiens beim Europarat dessen Generalsekretär als Depositar, den Mitgliedern des Europarats zu notifizieren, daß Italien bei der Hinterlegung der Ratifikationsurkunde insofern ein Fehler unterlaufen sei, als die Hinterlegung vor Absolvierung des innerstaatlichen Genehmigungsverfahrens erfolgte. Die Hinterlegung der Ratifikationsurkunde sei deshalb als „zurückgenommen" anzusehen; vgl. *Hafner*, Die österreichische diplomatische Praxis zum Völkerrecht 1980/81, ÖZöffRVR 32 (1981), S. 305. Das österreichische Bundeskanzleramt (Verfassungsdienst) vertrat dazu die Auffassung, daß die Vorschrift der italienischen Verfassung über die Mitwirkung des Parlaments beim Abschluß vr Verträge wohl als Bestimmung von grundlegender Bedeutung i. S. des Art. 46 angesehen werden müsse, problematisch sei allerdings, ob die Verletzung dieser Bestimmung „offenkundig" sei. Es bleibe wohl kein anderer Weg, Italien aus seiner vr Verpflichtung zu entlassen, als die zumindest stillschweigende Zustimmung der anderen Vertragsparteien des Protokolls zu der italienischen Erklärung vom 10. März 1981 (*Hafner*, S. 305 f.).

[27] Unten §§ 838 ff.

[28] *Verdross*, S. 163. Vgl. auch Art. 45, dazu unten § 846.

[29] Dazu neben der bereits oben § 674, Anm. 14 und 15, § 679, Anm. 17, genannten Literatur die Art. 7, 27 und 46 des von der ILC 1982 verabschiedeten Konventionsentwurfs über „Treaties concluded between States and international organizations or between two or more international organizations" (Fundstelle oben § 674, Anm. 15); ferner *Capotorti*, Sulla competenza a stipulare degli organi di unioni, C & S 7 (1955), S. 143 ff.; *Detter*, The Organs of International Organizations Exercising Their Treaty-Making Power, BYIL 38 (1962), S. 421 ff.

derabkommen mit einzelnen Staaten oder Staatengruppen über die Beistellung nationaler Streitkräfte zur Durchführung von Zwangsmaßnahmen abzuschließen[30]. Der Wirtschafts- und Sozialrat ist nach Art. 63 der Charta zum Abschluß der „relationship agreements" mit den UN-Spezialorganisationen zuständig, wobei die Genehmigung der Generalversammlung einzuholen ist[31]. Derartige ausdrückliche Bestimmungen über die „treaty-making power" bilden jedoch die Ausnahme; meistens sehen zwar die Gründungsverträge den Abschluß bestimmter Abkommen durch die Organisation vor oder ergibt sich die Notwendigkeit dazu aus der Erfüllung der Satzungspflichten, ohne daß aber die abschlußbefugten Organe benannt werden. In diesen Fällen ist die Kompetenz zum Vertragsabschluß danach zu bestimmen, welches Organ nach der tatsächlich wirksamen Verfassung der Organisation zur Erfüllung der Aufgabe zuständig ist, die den Vertragsgegenstand bildet; sollen andere (z. B. untergeordnete) Organe tätig werden, so bedürfen sie einer Ermächtigung des primär berufenen Organs[32].

§ 695 Bei Verletzung der so umrissenen internen Zuständigkeitsordnung ist eine Vertragsanfechtung in Analogie zu Art. 46 der Wiener Konvention möglich, wobei allerdings zumindest den Mitgliedern der Organisation tiefergehende Kenntnisse von deren „Verfassungs"-recht und -wirklichkeit zugemutet werden dürfen als zwischen staatlichen Vertragspartnern[33]. In diesem Sinne bestimmt Art. 27 Abs. 2 des ILC-Entwurfs 1982 über Verträge mit oder zwischen internationalen Organisationen[34]: „An international organization party to a treaty may not invoke the rules of the organization as justification for its failure to perform the treaty", um dann in Art. 46 folgende Ausnahme zu formulieren: „. . .3. An international organization may not invoke the fact that its consent to be bound by a treaty has been expressed in violation of the rules of the organization regarding competence to conclude treaties as invalidating its consent unless that violation was manifest . . . 4. In the case of paragraph 3, a violation is manifest if it is or ought to

---

[30] Dazu § 238.

[31] Oben § 297.

[32] Vgl. aus der Studie des UN-Generalsekretariats: The Practice of the United Nations, the Specialized Agencies and the International Atomic Energy Agency concerning their Status, Privileges and Immunities, Doc. A/CN. 4/L. 118 and Add. 1 & 2, ILC-Yearbook 1967 II, S. 221: „The treaty-making capacity possessed by the Organization may only be exercised ... upon the basis of authorization contained, expressly or impliedly, in the provisions of the Charter; or in resolutions adopted by one of the principal organs on which Member States are represented."

[33] So auch *Zemanek*, University of Toledo Law Review (§ 674, Anm. 15), S. 168 ff. Zum ganzen ausführlich *Neuhold* im ÖZöffR-Supplement 1971 (ebd.), S. 199 ff., 252 ff.

[34] Oben § 674, Anm. 15.

be within the knowledge of any contracting State or any contracting organization".

E. Das Verfahren des Vertragsabschlusses

I. Arten des Vertragsabschlusses

§ 696 Das Vertragsverfahren kann ein einfaches (einphasiges), zusammengesetztes (mehrphasiges) oder gemischtes sein[1].

§ 697 Es ist *einfach*, wenn der Vertrag endgültig durch diejenigen Organe abgeschlossen wird, die den Vertragstext ausgehandelt haben. Ein solches Verfahren ist nicht nur zwischen Staatsoberhäuptern autoritärer Staaten, sondern auch zwischen demokratischen Staaten möglich, da die Unterhändler durch vr Normen oder auf Grund einer besonderen Vollmacht zum endgültigen Abschluß legitimiert sein können[2] und eine wachsende Anzahl von Staatsverfassungen eine derartige Vorgangsweise vorsieht[3]. Durch die Intensivierung des zwischenstaatlichen Verkehrs hat diese Verfahrensart große Bedeutung erlangt.

---

[1] Zum folgenden, neben dem früher, insbesondere oben § 687, Anm. 1, genannten Schrifttum noch *Basdevant*, La conclusion et la rédaction des traités et des instruments diplomatiques autres que les traités, RdC 15 (1926 V), S. 539 ff.; *Jones*, Full Powers and Ratification (1949); *Balladore Pallieri*, La formation des traités dans la pratique internationale contemporaine, RdC 74 (1949 I), S. 465 ff.; *Mosconi*, La formazione dei trattati (1968); *Treviranus*, Neue Verfahren zur Vereinfachung und Beschleunigung des Zustandekommens von multilateralen Verträgen, FW 59 (1976), S. 51 ff.

Da das zusammengesetzte Verfahren des Abschlusses multilateraler Verträge sehr viel Zeit beansprucht und der Teilnehmerkreis der allermeisten wichtigen Konventionen zu wünschen übrig läßt, befaßt sich die UN-Generalversammlung gegenwärtig mit einer „Review of the multilateral treaty-making process"; vgl. Res. 32/48 vom 30. Dezember 1977, den darin angeforderten Bericht des UN-Generalsekretärs über die Techniken und Verfahren bei der Ausarbeitung multilateraler Verträge vom 27. August 1980 (UN Doc. A/35/312 mit Addenda 1 und 2) und die Diskussionen im Sechsten Ausschuß. Darüber *Hafner*, Bemerkungen zur Überprüfung des Gestaltungsprozesses internationaler multilateraler Verträge, ÖZöffRVR 32 (1982), S. 241 ff.

[2] Oben § 687. Vgl. *Chayet*, Les accords en forme simplifiée, AFDI 3 (1957), S. 3 ff.; *Smets*, La conclusion des accords en forme simplifiée (1969); *Hamzeh*, Agreements in Simplified Form — Modern Perspective, BYIL 43 (1968/69), S. 179 ff.; *Marchisio*, Sulla competenza del governo a stipulare in forma semplificata i trattati internazionali, RDI 58 (1975), S. 533 ff.

[3] So kann der österreichische Bundespräsident gemäß Art. 66 Abs. 2 der österreichischen Bundesverfassung die Bundesregierung oder einzelne Minister generell zum Abschluß von Regierungs-, Ressort- oder Verwaltungsübereinkommen ermächtigen. Er hat von dieser Ermächtigung in einer Entschließung aus dem Jahre 1920 Gebrauch gemacht. In der Bundesrepublik Deutschland gelten nach ständiger *Praxis* Bundesregierung und einzelne Fachminister als stillschweigend ermächtigt, an Stelle des Bundespräsidenten Regierungs- und Ressortübereinkommen abzuschließen.

Das einfache Verfahren kann auch dann angewendet werden, wenn die notwendige parlamentarische Zustimmung zu einem Vertrag im voraus erteilt worden ist; vgl. *Seidl-Hohenveldern*, Völkerrecht (4. Auflage 1980), S. 53, 58, 65 (mit Beispielen).

§ 698 Bei dem früher vorwiegend geübten *mehrphasigen* Verfahren wird zunächst der Vertragstext durch die Unterhändler unter Vorbehalt der Genehmigung durch das zum endgültigen Vertragsabschluß befugte Organ vereinbart. Diese Billigung wird *Ratifikation* genannt, wenn sie durch das oberste, durch die Staatsverfassung dazu bestimmte Organ, in der Regel durch das Staatsoberhaupt, erfolgt. Doch besteht nach allgemeinem VR keine Verpflichtung, einen ausgehandelten Vertrag zu ratifizieren. Die so umrissene Bedeutung der Ratifikation hat sich erst im vorigen Jahrhundert mit der Einführung der demokratischen Kontrolle auch der auswärtigen Gewalt herausgebildet, während sie in der Zeit des Absolutismus in Analogie zum Privatrecht nur eine Bestätigung dafür war, daß der Unterhändler seine Vollmacht nicht überschritten hatte. Als vr, nach außen hin gerichteter Akt ist die Ratifikation von der *parlamentarischen* Genehmigung eines Vertrages wohl zu unterscheiden, die oft ebenfalls „Ratifikation" genannt wird, die aber nur ein mögliches Glied in der Bildung des staatlichen Vertragswillens darstellt und als solches der vr Ratifikation vorausgeht.

Erfolgt die Genehmigung durch einen Minister oder ein nachgeordnetes (untergeordnetes) Organ in weniger feierlicher Form, so spricht man von einer Annahme (acceptance, acceptation) eines durch Unterhändler vereinbarten Vertragstextes. Eine solche Annahme kann auch für einen durch Notenwechsel abgeschlossenen Vertrag vereinbart werden. Die zunehmende Differenzierung innerstaatlicher Organe macht also zusammengesetzte Verfahren weit über die der parlamentarischen Mitwirkung bedürftigen Verträge hinaus erforderlich.

§ 699 Ein *gemischtes* Verfahren liegt vor, wenn der Vertragstext auf der einen Seite durch einen (etwa wegen des Erfordernisses einer parlamentarischen Zustimmung) nicht zum endgültigen Abschluß befugten Unterhändler, auf der anderen Seite aber durch ein dazu legitimiertes Organ vereinbart wurde. In einem solchen Fall braucht der Vertrag nur durch den erstgenannten Staat ratifiziert oder angenommen zu werden. So bestimmt Art. 43 Abs. 3 der UN-Charta, daß ein vom Sicherheitsrat mit einem UN-Mitgliedstaat abgeschlossenes Übereinkommen bloß von diesem Staat ratifiziert werden muß, um rechtsverbindlich zu werden.

II. Die verschiedenen Akte des Vertragsabschlusses

1. Annahme des Vertragstextes

§ 700 Die Annahme des Vertragstextes erfolgt durch die Zustimmung der Unterhändler aller Vertragsteile (Art. 9 Abs. 1 des Wiener Übereinkommens). Auf einer internationalen Konferenz genügt dafür nach der gegenwärtigen Praxis, der sich das Wiener Übereinkommen angeschlossen hat (Art. 9 Abs. 2), eine Zweidrittelmehrheit der anwesenden und abstimmenden Staaten, sofern die Konferenz nicht mit ebensolcher Mehrheit eine abweichende Regelung beschließt[4]. In den Vertragsverhandlungen selbst wird immer häufiger, der Praxis der UN-Organe folgend[5], mit dem *Consensus*-Verfahren gearbeitet, das förmliche Abstimmungen vermeidet[6]. Am Ende großer Konferenzen wird üblicherweise eine *Schlußakte* (final act, acte finale) verabschiedet, die den Verfahrensablauf schildert und dessen Ergebnisse nach Art einer notariellen Urkunde zusammenfaßt[7].

§ 701 Wird der Vertragstext von einer internationalen Organisation beschlossen, so findet auf die Beschlußfassung das jeweilige Organisationsrecht Anwendung[8].

2. Authentifizierung des Vertragstextes

§ 702 Darunter versteht man jenen Vorgang, durch den die Endgültigkeit und Richtigkeit des beschlossenen Vertragstextes festgelegt wird *(ne varietur).* Danach ist eine Modifizierung des Vertragsinhaltes nur mehr *einzelnen* Parteien durch Erklärung von Vorbehalten in Übereinstimmung mit den Regeln des Wiener Übereinkommens möglich[9]. Die Authentifizierung muß von der Annahme des Vertragstextes unterschieden werden[10], da letztere auch durch eine Resolution eines Organs

---

[4] Dazu ausführlich *Sohn,* Voting Procedures in United Nations Conferences for the Codification of International Law, AJIL 69 (1975), S. 310 ff.; *Eustis,* Procedures and Techniques of Multinational Negotiation: The LOS III Model, VJIL 17 (1976/77), S. 217 ff.; *Limpert,* Verfahren und Völkerrecht Völkerrechtliche Probleme des Verfahrens von Kodifikationskonferenzen der Vereinten Nationen (1984).

Art. 9 greift nicht ein, wenn eine für die internationale Konferenz verbindliche frühere Vorschrift bereits eine Regelung für die Annahme des Vertragstextes enthält. So bleiben etwa die Einstimmigkeitsregeln der Berner und der Pariser Union von Art. 9 unberührt; dazu *Kunz-Hallstein,* Die Genfer Konferenz zur Revision der Pariser Verbandsübereinkunft zum Schutze des gewerblichen Eigentums, GRUR 1981, S. 137 ff.

[5] Vgl. § 122 und die dort angeführten Quellen.

[6] Vgl. ebd. und zum Verfahren auf Konferenzen neben der in Anm. 4 genannten Literatur noch *Buzan,* Negotiating by Consensus: Developments in Technique at the United Nations Conference on the Law of the Sea, AJIL 75 (1981), S. 324 ff.

[7] Vgl. z. B. die Schlußakte der Wiener Vertragsrechtskonferenz, UN Doc. A/CONF. 39/26, Official Records: Documents of the Conference, A/CONF. 39/11/Add. 2, S. 281 ff. Während das Ergebnis dieser Konferenz — das Wiener Übereinkommen — jedoch von ihrer Schlußakte getrennt angenommen wurde, stellt die Schlußakte der Konferenz über Sicherheit und Zusammenarbeit in Europa vom 1. August 1975 zugleich das förmliche Instrument dar, in dem die Resultate der KSZE verankert wurden.

[8] Vgl. auch unten §§ 721 ff.

[9] Dazu ausführlich §§ 730 ff.

[10] So auch die ILC im Kommentar zu Art. 9 ihres Entwurfs 1966, ILC-Yearbook 1966 II, S. 195. Der Text des Wiener Übereinkommens selbst wurde

einer internationalen Organisation, z. B. der UN-Generalversammlung, erfolgen oder der Text bloß in einer Sprache angenommen worden, aber in mehreren Sprachen authentisch sein kann[11].

Die Festlegung des authentischen Vertragstextes richtet sich nach dem Verfahren, das die beteiligten Staaten innerhalb oder außerhalb des Vertrages vereinbart haben (Art. 10 lit. a). In der Regel erfolgt sie durch die Unterzeichnung des Vertragsentwurfs, dessen Unterzeichnung *ad referendum* oder Paraphierung (Art. 10 lit. b)[12].

§ 703 Die *Unterzeichnung* (Signatur) ist auch insofern bedeutsam, als vr Verträge immer nach ihrer Unterzeichnung datiert werden. Bei den meisten multilateralen Verträgen wird den Staaten, gleichgültig, ob sie an der zur Ausarbeitung des Vertrages einberufenen Konferenz oder an der Annahme des Vertragstextes durch eine internationale Organisation teilgenommen haben oder nicht, die Möglichkeit zur Unterzeichnung auch noch nach Ende dieser Vorgänge, innerhalb einer bestimmten Frist, eingeräumt („signature différée")[13].

Bilaterale Verträge werden in der Regel im Alternat unterzeichnet, d. h. in zwei authentischen Originalen mit verschiedener Reihenfolge der Signaturen selbst. Bei einem multilateralen Vertrag dagegen erfolgt die Unterzeichnung regelmäßig nur in einem Exemplar, und zwar in der alphabetischen Reihenfolge der Signatarstaaten.

Eine Unterzeichnung *ad referendum* gilt solange als bedingt, als sie nicht durch das zuständige Staatsorgan bestätigt ist (Art. 12 Abs. 2 lit. b).

§ 704 Die bloße *Paraphierung* eines Vertragstextes (Abzeichnung mit den Paraphen, d. h. Initialen der Unterhändler, daher der englische Ausdruck „initialling") soll im allgemeinen den besonders vorläufigen Charakter einer vertraglichen Einigung betonen. In diesem Fall wird der Abkommenstext später förmlich unterzeichnet. Die Paraphierung

---

beispielsweise am 22. Mai 1969 angenommen und am darauffolgenden Tag zur Unterzeichnung aufgelegt.

[11] Andererseits kommt es vor, daß Verträge in verschiedenen Sprachen unterzeichnet werden, aber nicht alle diese Sprachen als authentisch, sondern eine oder mehrere davon als lediglich „offiziell" vereinbart werden, wie z. B. der italienische Text des Friedensvertrages mit Italien 1947; vgl. ILC-Yearbook 1966 II, S. 224.

[12] Diese Vorschrift erwähnt ferner die Möglichkeit der Festlegung des authentischen Wortlauts durch die Aufnahme des auf einer internationalen Konferenz beschlossenen, aber noch nicht unterzeichneten Vertragstextes in die *Schlußakte* (final act, acte finale) der Konferenz.

[13] Vgl. z. B. Art. 81 der Wiener Konvention. Aus politischen Gründen wird manchmal die Möglichkeit eröffnet, einen multilateralen Vertrag an *mehreren Orten* zu unterzeichnen, so zuerst das Moskauer Atomteststopabkommen vom 5. August 1963; vgl. auch § 715.

kann aber auch von vornherein als volle Unterzeichnung des Vertrages gelten, wenn die an den Verhandlungen teilnehmenden Staaten dies vereinbart haben (Art. 12 Abs. 2 lit. a).

§ 705 Unterzeichnet ein Staat einen Vertragstext mit bloßer Authentifizierungsabsicht[14], so tritt dadurch selbstverständlich keine Bindung an den Vertrag ein. Ein solcher Staat ist aber, solange er seine Absicht nicht klar zu erkennen gegeben hat, nicht Partei des in Rede stehenden Vertrages zu werden, vr verpflichtet, sich aller Handlungen zu enthalten, die Ziel und Zweck dieses Vertrages vereiteln würden (Art. 18 lit. a)[15]. Diese Norm ist einer der Anwendungsfälle des *Vertrauensschutzes* im VR, nach dem ein Staat unter bestimmten Umständen an die Erwartungen gebunden ist, die er mit seinem Verhalten bei anderen Völkerrechtssubjekten erweckt[16]. Sie wurde jüngst auch von den Vereinigten Staaten und der Sowjetunion bekräftigt, die sich auf der Grundlage strikter Gegenseitigkeit so an das vertragliche Ergebnis von SALT II gehalten haben, als ob dieses Abkommen ratifiziert worden wäre[17].

---

[14] Vgl. §§ 707 ff.

[15] Dazu neben den Konventionsmaterialien *Bernhardt*, Völkerrechtliche Bindungen in den Vorstadien des Vertragsschlusses, ZaöRV 18 (1957/58), S. 652 ff.; *Morvay*, The Obligation of a State not to Frustrate the Object of a Treaty Prior to its Entry into Force, ebd. 27 (1967), S. 451 ff.; *McNair*, The Law of Treaties (1961), S. 199 ff.; *Cot*, La bonne foi et la conclusion des traités, RBDI 4 (1968), S. 140 ff.; *Nisot*, L'article 18 de la Convention de Vienne sur le droit des traités, ebd. 6 (1970), S. 498 ff.; *Hassan*, Good Faith in Treaty Formation, VJIL 21 (1981), S. 443 ff.; *Cahier*, L'obligation de ne pas priver un traité de son objet et de son but avant son entrée en vigueur, in: Mélanges Fernand Dehousse (1979), Bd. I, S. 31 ff.; *Vassali di Dachenhausen*, La culpa in contrahendo nel diritto internazionale (1983); *Müller*, Vertrauensschutz im Völkerrecht (1971), S. 154 ff. Anschauliche Beispiele ebd., S. 156, und im Harvard Research (§ 533, Anm. 6), S. 781 f.

Das durch den Friedensvertrag von Lausanne eingesetzte griechisch-türkische Schiedsgericht anerkannte am 26. Juli 1928 im Falle *A. A. Megalidis c. Etat turc*, „qu'il est de principe que déjà avec la signature d'un traité et avant sa mise en vigueur, il existe pour les parties contractantes une obligation de ne rien faire qui puisse nuire au traité en diminuant la portée de ses clauses ...": Recueil des décisions des tribunaux arbitraux mixtes institués par les traités de paix, Bd. 8, S. 386 ff., 395 (auch AD 1927 - 1928, No. 272). Der Vorschlag der ILC, das Frustrationsverbot schon im Stadium der Vertrags*verhandlungen* eingreifen zu lassen, wurde auf der Wiener Konferenz abgelehnt, vgl. *Müller*, S. 160 f.; *Hassan*, S. 470 ff.

[16] *Müller*, ebd., S. 163 f. und *passim*.

[17] Vgl. *Bilder*, Managing the Risks of International Agreement (1981), S. 238; *Turner*, Legal Implications of Deferring Ratification of SALT II, VJIL 21 (1981), S. 747 ff. Ein derartiges Vorgehen ist einerseits mit einer außerrechtlich abgestimmten oder vereinbarten Verhaltenskoordination verwandt, die wir an anderer Stelle (§§ 543 ff.) von vr Verträgen abgegrenzt haben, andererseits berührt es das Problem der vorläufigen Anwendung von Verträgen, dazu unten § 718.

3. *Einholung der parlamentarischen Genehmigung*

§ 706 Fordert das Verfassungsrecht der beteiligten Staaten die parlamentarische Zustimmung zum Vertragsabschluß, so hat die Regierung diese nunmehr einzuholen. Nach *allgemeinem* VR besteht jedoch keine Verpflichtung zu einer derartigen Vorlage[18]. Ebensowenig ist die Exekutive *vr* verpflichtet, einen vom Parlament genehmigten Vertrag anschließend zu ratifizieren[19]. Da der endgültige Vertragstext zum Zeitpunkt der Vorlage bereits feststeht, haben die Parlamente der Unterzeichnerstaaten keine Möglichkeit, diesen Text zu ändern. Inwieweit sie ihre Regierungen zur Abgabe bestimmter Vorbehalte oder interpretativer Erklärungen verpflichten können, hängt von der jeweiligen Verfassung ab[20].

4. *Endgültige Zustimmung zum Vertragsabschluß*

§ 707 Die Zustimmung eines Staates, durch einen Vertrag gebunden zu sein, kann durch Unterzeichnung, Notenwechsel, Ratifikation, Annahme, Genehmigung, Beitritt, oder auf eine andere vereinbarte Art ausgedrückt werden (Art. 11)[21].

---

[18] So auch *Berber*, Lehrbuch des Völkerrechts, Bd. I (2. Aufl. 1975), S. 456; *Dahm*, Völkerrecht, Bd. 3 (1961), S. 79 (mit weiteren Nachweisen). Dagegen kann diese Verpflichtung durch besondere Vertragsbestimmungen oder die Satzungen internationaler Organisationen begründet werden, wie z. B. durch Art. 19 der Verfassung der ILO (unten § 725).

[19] *Hassan* (Anm. 15), S. 456 ff. So unterließ die italienische Regierung die Hinterlegung der Ratifikationsurkunde zum Brüsseler Abkommen über die Feststellung der mütterlichen Abstammung nichtehelicher Kinder vom 12. September 1962, obwohl das Parlament seine Zustimmung erteilt hatte und das Vertragsgesetz bereits verkündet worden war, offenbar weil man erst zu diesem Zeitpunkt entdeckte, daß durch eine Bindung an dieses Abkommen das in Italien erforderliche Mutterschaftsanerkenntnis entfallen wäre (vgl. *Jayme*, NJW 1979, S. 2426 Anm. 9).

[20] In der Bundesrepublik Deutschland sind die gesetzgebenden Körperschaften auch dazu nicht in der Lage, sie können einen Vertragstext nur *en bloc* annehmen oder ablehnen; vgl. die „ultima ratio" des Vorspruchs zum Zustimmungsgesetz zum deutsch-französischen Freundschaftsvertrag vom 22. Januar 1963, BGBl. 1963 II, S. 705. Zur Rechtslage in Österreich vgl. das in ÖZöffRVR 33 (1982), S. 346 ff. (349 ff.) abgedruckte Gutachten des Bundeskanzleramtes - Verfassungsdienst und das im ÖHB 2, S. 92 ff., wiedergegebene Beispiel der Umwandlung einer von der Bundesregierung vorgesehenen interpretativen Erklärung in einen Vorbehalt durch den Nationalrat. Weitergehende Möglichkeiten hat der US-Senat, vgl. die bei *Meron* (§ 691, Anm. 19) geschilderten Vorgänge um die Panamakanal-Verträge 1977. Als Beispiele für die *Verweigerung* der parlamentarischen Genehmigung seien die Ablehnung des Friedensvertrages von Versailles durch den US-Senat und diejenige des Vertrages zur Gründung einer Europäischen Verteidigungsgemeinschaft durch die französische Nationalversammlung im Jahre 1954 genannt.

[21] Dazu *Bolintineanu*, Expression of Consent to be Bound by a Treaty in the Light of the 1969 Vienna Convention, AJIL 68 (1974), S. 672 ff. Textbei-

§ 708 Die *Unterzeichnung* gilt (im Gegensatz zur Unterzeichnung mit bloßer Authentifizierungsabsicht) dann als endgültige Zustimmung, wenn ihr der Vertragstext oder die beteiligten Staaten in anderer Weise diese Rechtsfolgen zuerkennen, ebenso wenn sich eine solche Folge aus der Vollmacht der Unterhändler oder aus einer Erklärung während der Verhandlungen ergibt. Analoges gilt für eine Paraphierung, der vereinbarungsgemäß die Wirkung einer Unterzeichnung zukommen soll, und für eine bestätigte Unterzeichnung *ad referendum* (Art. 12).

§ 709 Hingegen muß zur Unterzeichnung noch die *Ratifikation* hinzutreten, wenn der Vertragstext dies vorsieht (z. B. Art. 110 Abs. 1 UN-Charta oder Art. 82 der Wiener Konvention) oder wenn es in anderer Weise vereinbart wurde, sowie dann, wenn die Unterzeichnung unter Vorbehalt der Ratifikation erfolgt ist oder wenn sich ein solcher Vorbehalt aus der Vollmacht oder aus einer Erklärung während der Vertragsverhandlungen ergibt (Art. 14 Abs. 1)[22].

Die Ratifikation erfolgt durch Unterfertigung einer förmlichen Urkunde, in der Regel seitens des Staatsoberhauptes[23].

§ 710 Der Ratifikation ist die *Annahme* (acceptance, acceptation) sowie die *Genehmigung* (approval, approbation) gleichgestellt (Art. 14 Abs. 2). Diese weniger feierlichen Spielarten der Zustimmung seitens eines dazu befugten Staatsorgans haben sich in der jüngsten Staatenpraxis für jene Fälle des mehrphasigen Vertragsschlußverfahrens herausgebildet, in denen die Ratifikation durch das Staatsoberhaupt verfassungsrechtlich nicht notwendig ist[24].

§ 711 Ein unter Vorbehalt der Ratifikation abgeschlossener Vertrag kann auch ohne förmliche Ratifikation rechtsverbindlich werden, wenn sich aus dem klaren und dauernden Verhalten eines Unterzeichnerstaates ergibt, daß er den Vertrag annimmt, und sein Partner im Vertrauen darauf dazu bewogen wurde, seine Einstellung zu seinem Nachteil zu ändern, oder sonst irgendeinen Schaden erlitten hat[25].

---

spiele im „Treaty Maker's Handbook" (§ 536, Anm. 12), S. 51 ff., 75 ff., und in dem UN-Doc. ST/LEG/6: „Handbook of Final Clauses".

[22] Dazu *Nicopoulos*, L'acte de ratification et sa place dans la procédure diplomatique de la conclusion des traités (1942); *Jones* (Anm. 1); *Freymond*, La ratification des traités et le problème des rapports entre le droit international et le droit interne (1947); *Sette Camara*, The Ratification of International Treaties (1949); *Blix*, The Requirement of Ratification, BYIL 30 (1953), S. 352 ff., 380.

[23] Siehe z. B. Art. 59 Abs. 1 Grundgesetz, Art. 65 Abs. 1 österr. B.-VG.

[24] Die Bezeichnungen „acceptance" und „approval" werden aber auch verwendet, um den Beitritt zu einem „offenen" Vertrag (s. unten) zu erklären. Vgl. dazu den Kommentar der ILC zu Art. 11 ihres Entwurfes 1966, ILC-Yearbook 1966 II, S. 198 f.

§ 712 Im Falle eines *Notenwechsels* kommt die Bindung durch den Austausch der Noten oder in jener Weise zustande, die von den Vertragsstaaten vereinbart wurde (Art. 13)[26].

§ 713 Ein Staat kann auch dadurch Vertragspartner werden, daß er einem zwischen anderen Staaten unter Vorbehalt der Ratifikation (Annahme, Genehmigung) vereinbarten und authentifizierten oder bereits endgültig abgeschlossenen Vertrag beitritt. Ein solcher *Beitritt* (accession, adhésion)[27] ist aber nur möglich, wenn der Vertrag dies vorsieht (sog. Beitrittsklausel) oder wenn ein solches Recht in anderer Weise zwischen den ursprünglichen Vertragsstaaten vereinbart wurde, was auch noch nach Abschluß des Vertrages geschehen kann (Art. 15). Obwohl es rechtspolitisch wünschenswert ist, bestimmte multilaterale Verträge, z. B. auf dem Gebiet der Kodifikation des VR oder der Abrüstung, *allen* Staaten zur Teilnahme offenzuhalten, steht die Entscheidung darüber also allein den ursprünglichen Vertragsstaaten zu[28]. Ermöglicht eine Beitrittsklausel allen oder einer bestimmten Kategorie von Staaten, durch einseitige Erklärung (Notifikation) Vertragspartei zu werden, so sprechen wir von einem „offenen Vertrag".

Die Möglichkeit eines Beitritts noch vor Inkrafttreten des Vertrages ist heute allgemein anerkannt[29].

Desgleichen kann nach der Völkerbunds- und UN-Praxis[30] auch eine Beitrittserklärung unter dem Vorbehalt der Ratifikation abgegeben werden, da ein Beitritt unter dem Gesichtspunkt der parlamentarischen Kontrolle nicht anders zu beurteilen ist als eine Teilnahme am Vertragsschlußverfahren von allem Anfang an.

Der Beitritt zu einem Vertrag, der die Gründungsurkunde einer internationalen Organisation bildet, unterliegt den Spezialvorschriften des betreffenden Organisationsrechts[31].

---

[25] So der IGH in den *North Sea Continental Shelf* Cases, ICJ Reports 1969, S. 25 f., wo jedoch festgehalten wird, daß der Eintritt einer derartigen Bindung „is not lightly to be presumed". Vgl. dazu mit weiterem Material *Müller* (Anm. 15), S. 164 ff.

[26] Dazu neben der in Anm. 2 genannten Literatur *Weinstein*, Exchange of Notes, BYIL 29 (1952), S. 205 ff. Beim Notenwechsel handelt es sich also zwar ganz überwiegend, aber nicht etwa begriffsnotwendig, um eine Form des einfachen Vertragsschlußverfahrens.

[27] Dazu statt aller *Köck*, Der Beitritt zu völkerrechtlichen Verträgen, ÖZöffR 20 (1970), S. 217 ff. (mit umfangreichen Hinweisen).

[28] Dazu auch oben § 538. Beispiele im „Treaty Maker's Handbook" (§ 536, Anm. 15), S. 90 ff., und bei *Bilder*, Managing the Risks of International Agreement (1981), S. 65 ff.

[29] Kommentar der ILC zu Art. 12 ihres Entwurfs 1966, ILC-Yearbook 1966 II, S. 199. Siehe z. B. Art. 83 und 84 der Wiener Konvention selbst.

[30] Vgl. die Angaben im ILC-Yearbook 1966 II, S. 199.

[31] Zur UNO vgl. § 105.

5. *Austausch oder Hinterlegung der Ratifikationsurkunden und Notifizierung der Ratifikation*

§ 714 Wenn die Einigung der Vertragsstaaten durch die Ratifikation oder eine andere förmliche Zustimmungsart zustandekommt und der Vertrag nichts anderes vorsieht, so tritt die Bindung erst durch den Austausch der Ratifikationsurkunden oder deren Hinterlegung bei einer vereinbarten Stelle, die Depositar genannt wird, oder durch die Notifikation der erfolgten Ratifikation an die anderen Vertragsstaaten oder den Depositar ein (Art. 16).

Der *Austausch* der Ratifikationsurkunden ist nur bei zweiseitigen Verträgen üblich.

Im Falle der *Hinterlegung* (Deponierung) der Ratifikations-, Annahme-, Genehmigungs- oder Beitrittsurkunden zu einem multilateralen Vertrag erfolgt die Bindung mit dem Akte der Hinterlegung beim Depositar, obgleich natürlich bis zur Verständigung der anderen Vertragsteile durch ihn noch einige Zeit verstreicht[32], während bei einer bloßen *Notifikation* über die erfolgte Ratifizierung der Zeitpunkt ihres Einlangens maßgeblich ist.

§ 715 Als *Depositar*[33] wird in der Regel die Präsidialmacht, also jener Staat, auf dessen Gebiet der Vertrag abgeschlossen wurde, der Generalsekretär der UNO[34] oder derjenige einer Spezialorganisation bestimmt (Art. 76 Abs. 1). Es können aber auch mehrere Staaten als Depositare vorgesehen sein (ebd.), wie dies z. B. beim Atomteststopabkommen vom 5. August 1963 und den weiteren seither abgeschlossenen Kollektivverträgen zur Abrüstung und Rüstungsbeschränkung[35] der Fall war, wo man einen möglichst universellen Mitgliederkreis erreichen und deshalb die Teilnahme auch jenen Staaten ermöglichen wollte, die als solche nicht allgemein anerkannt sind.

Der Depositar hat alle auf den Vertrag bezüglichen Mitteilungen und Urkunden entgegenzunehmen, auf ihre gehörige Form zu überprüfen und zu verwahren, den Vertrag registrieren zu lassen und den Vertragspartnern alle für sie wichtigen Mitteilungen zu machen oder zu

---

[32] Dazu der IGH im Falle *Right of Passage over Indian Territory, Preliminary Objections*, ICJ Reports 1957, S. 170 f.

[33] *Dehaussy*, Le dépositaire de traités, RGDIP 56 (1952), S. 489 ff.; *Frowein*, Some Considerations Regarding the Function of the Depositary, ZaöRV 27 (1967), S. 533 ff.; *Rosenne*, The Depositary of International Treaties, AJIL 61 (1967), S. 923 ff.; *derselbe*, More on the Depositary of International Treaties, ebd. 64 (1970), S. 838 ff.

[34] Dazu das UN Doc. ST/LEG/7: Summary of the Practice of the Secretary-General as Depositary of Multilateral Agreements, und: UN Juridical Yearbook 1976, S. 209 ff.

[35] Vgl. oben § 486.

übermitteln (Art. 77)[36]. Er übt seine Tätigkeit *unparteiisch,* also ohne eigene politische Wertung dieser Mitteilungen, aus (Art. 76 Abs. 2).

III. Das Inkrafttreten von Verträgen

§ 716 Von der Bindung an einen Vertrag durch Perfektionierung des Abschlußverfahrens ist das *Inkrafttreten* eines Vertrages zu unterscheiden[37].

Die beiden Vorgänge fallen zeitlich nicht notwendig zusammen.

§ 717 So finden vr Verträge zwar nach dem Hauptgrundsatz des intertemporalen Rechts, wonach jeder Akt und jede Situation nach jenen Normen zu beurteilen ist, die zur Zeit ihrer Setzung oder ihres Bestandes gegolten haben, nur auf Sachverhalte Anwendung, die zeitlich ihrem Inkrafttreten nachfolgen; durch eine entsprechende Vertragsbestimmung oder eine anderweitige Vereinbarung kann aber eine *Rückwirkung* des Vertrages oder einzelner seiner Bestimmungen verfügt werden (Art. 28). In diesem Sinne bestimmte Art. 17 des Friedensvertrages von Lausanne vom 24. Juli 1923, daß der Verzicht der Türkei auf ihre Rechte auf Ägypten und den Sudan, ebenso wie die Annexion Zyperns durch Großbritannien, bis zum 5. Nov. 1914 zurückwirkte[38].

In ihrer Entscheidung vom 11. Januar 1961 über die Zulässigkeit der österreichischen Beschwerde gegen Italien im *Pfunders*-Fall glaubte die Europäische Menschenrechtskommission, die Bestimmungen der Europäischen Menschenrechtskonvention wegen deren „caractère objectif“ auf einen Sachverhalt anwenden zu können, der zeitlich zwar nach der italienischen, aber vor der österreichischen Ratifikation der Konvention lag[39].

§ 718 Unter denselben Voraussetzungen (Vereinbarung innerhalb oder außerhalb des Vertrags) kann ein Abkommen auch *vorläufig (provisorisch) angewendet* werden (Art. 25 Abs. 1)[40]. Zu einer solchen Ver-

[36] Beispiele im „Treaty Maker's Handbook“ (§ 536, Anm. 15), S. 246 ff.

[37] So richtig ebd., S. 75: „‚Becoming binding‘ designates the moment when consent becomes irrevocable and ... ‚Becoming operative‘ designates the moment when obligations under a treaty are to be performed.“

[38] Zum ganzen oben §§ 648 ff.

[39] Entscheidungswortlaut im Yearbook of the European Convention on Human Rights 1961, S. 117 ff. Dazu *Simma,* Das Reziprozitätselement im Zustandekommen völkerrechtlicher Verträge (1972), S. 179 ff. (mit weiteren Hinweisen); *Drzemczewski,* The Sui Generis Nature of the European Convention on Human Rights, ICLQ 29 (1980), S. 54 ff.; und unten § 754.

[40] *Krenzler,* Die vorläufige Anwendung völkerrechtlicher Verträge (1963); *Vignes,* Une notion ambiguë: la mise en application provisoire des traités, AFDI 18 (1972), S. 181 ff.; *Picone,* L'applicazione in via provvisoria degli accordi internazionali (1973). Beispiele im „Treaty Maker's Handbook“ (§ 536, Anm. 15), S. 84 ff., sowie in dem UN-Doc. A/AC. 138/88: Examples of precedents of provisional application, pending their entry into force, of multi-

einbarung kommt es meist dann, wenn ein zeitraubendes parlamentarisches Genehmigungsverfahren bevorsteht. Im Ergebnis wird dadurch ein Vertrag in einem einphasigen Verfahren in Kraft gesetzt, der verfassungsrechtlich der Zustimmung des Gesetzgebers bedürfte, die Mitwirkung des Parlaments also zu einem bloßen Formalakt degradiert[41]. Für den Fall, daß das Parlament nachträglich seine Zustimmung verweigert, sieht Art. 25 Abs. 2 vor, daß die vorläufige Anwendung wieder endet, wenn der Staat seine Absicht notifiziert, nicht Vertragspartei zu werden[42].

§ 719 Haben die Parteien keine andere Regelung getroffen, so tritt ein Vertrag in Kraft, sobald die Zustimmung *aller* Verhandlungsstaaten vorliegt, durch den Vertrag gebunden zu sein (Art. 24 Abs. 2)[43]. Die meisten großen multilateralen Verträge bestimmen aber, daß sie in Kraft treten, wenn eine bestimmte Anzahl von Ratifikations- oder Beitrittsurkunden hinterlegt worden ist[44]. Staaten, die einen solchen Vertrag ratifiziert haben, noch bevor diese Zahl erreicht wurde[45], sind bis zum Inkrafttreten des Vertrags und unter der Voraussetzung, daß sich dieser Zeitpunkt nicht ungebührlich verzögert, verpflichtet, sich aller Handlungen zu enthalten, die Ziel und Zweck des Vertrages vereiteln würden (Art. 18 lit. b)[46].

---

lateral treaties (Bericht des Generalsekretärs an den UN-Meeresbodenausschuß im Zusammenhang mit der 3. Seerechtskonferenz, vom 12. Juni 1973). Vgl. ferner die Auskunft des US-State Department vom 30. Juni 1980, wo über das Verhältnis zwischen der vorläufigen Anwendung eines Vertrages und dem Verbot der Vereitelung seines Zieles und Zweckes gemäß Art. 18 des Wiener Übereinkommens (§ 705) wie folgt ausgeführt wird: „There is no direct relationship between provisional application and the obligation of treaty partners not to take actions prior to ratification that would defeat the object and purpose of the treaty. Provisional application means that treaty terms are applied temporarily pending final ratification. The obligation not to defeat the object and purpose of the treaty prior to ratification could, in theory, necessitate preratification application of provisions, if any, where non-application from the date of signature would defeat the object and purpose of the treaty. Such provisions are rare. In the majority of cases the obligation not to defeat the object and purposes of the treaty means a duty to refrain from taking steps that would render impossible future application of the treaty when ratified": AJIL 74 (1980), S. 931 ff. (933).

[41] *Öhlinger*, Vertragsabschlußverfahren, in: Lexikon des Rechts 4/1160 (1982), S. 9.

[42] Vgl. aus dem *Aminoil*-Schiedsspruch vom 24. März 1982, ILM 21 (1982), S. 1004 ff.

[43] Dazu *Lewan*, Which States Must be Bound Before a Multilateral Treaty Enters into Force if Nothing is Specified?, ZaöRV 29 (1969), S. 536 ff.

[44] z. B. Art. 84 Abs. 1 der Wiener Konvention.

[45] Vgl. z. B. die Ratifikation der beiden UN-Menschenrechtspakte vom 19. Dezember 1966, deren Inkrafttreten das Vorliegen von 35 Ratifikationsurkunden erforderte, durch die Bundesrepublik Deutschland als 25. Staat Ende 1973, BGBl. 1973 II, S. 1533, 1569.

[46] Vgl. oben § 705 und die dort genannte Literatur.

Erklärt ein Staat seine endültige Zustimmung zum Vertragsabschluß erst nach dem Zeitpunkt des Inkrafttretens dieses Vertrages, so tritt der Vertrag für diesen Staat zu eben diesem Zeitpunkt in Kraft, sofern er nichts anderes vorsieht (Art. 24 Abs. 3)[47]. Schon mit der Annahme des Vertragstextes gelten dagegen jene Normen, welche die Festlegung des authentischen Wortlauts, die Zustimmung von Staaten, durch den Vertrag gebunden zu sein, die Art und den Zeitpunkt seines Inkrafttretens, Vorbehalte, die Aufgaben des Depositars und sonstige notwendigerweise vor dem Inkrafttreten des Vertrages zu beantwortende Fragen betreffen (der sog. „service du traité“: Art. 24 Abs. 4).

§ 720 Für das *innerstaatliche* Inkrafttreten vr Verträge können noch weitere Voraussetzungen zu erfüllen sein[48].

IV. Abschluß zwischenstaatlicher Verträge unter Mitwirkung universeller internationaler Organisationen

§ 721 Die wachsende Bedeutung auch der universellen internationalen Organisationen im Völkerrechtsleben wird auch durch die Zunahme der Fälle sichtbar, in denen diese Organisationen ihren Mitgliedstaaten beim Vertragsabschluß Hilfestellung leisten oder sogar am förmlichen Rechtserzeugungsverfahren teilnehmen[49].

Nach der Intensität ihrer Mitwirkung lassen sich folgende Spielarten unterscheiden:

§ 722 Manche internationalen Organisationen empfehlen ihren Mitgliedstaaten (oder bestimmten Mitgliedern), *außerhalb* der Organisation abgeschlossene Verträge zu unterzeichnen und zu ratifizieren[50].

§ 723 In anderen Fällen berufen internationale Organisationen *Staatenkonferenzen* zur Ausarbeitung vr Verträge ein und stellen dafür in ihrem Rahmen erarbeitete Vertragsentwürfe sowie ihren technischen Apparat zur Verfügung. Die derart zustandegekommenen Verträge sind rechtlich von der Organisation völlig unabhängig[51]. So wurden die

---

[47] Siehe z. B. Art. 84 Abs. 2 der Wiener Konvention selbst.

[48] Dazu *Seidl-Hohenveldern* (Anm. 3), S. 72, und unten § 856.

[49] Dazu das bereits oben § 523, Anm. 26, § 629, Anm. 13 und 14, genannte Schrifttum, insbesondere *Seidl-Hohenveldern*, Das Recht der Internationalen Organisationen einschließlich der Supranationalen Gemeinschaften (3. Aufl. 1979), S. 229 ff. Speziell zur UNO noch *Han*, International Legislation by the United Nations (1971).

[50] So empfahl die UN-Generalversammlung den Kernwaffenstaaten in einer Reihe von Resolutionen mit wachsendem Nachdruck die Unterzeichnung und Ratifizierung des Zusatzprotokolls II zu dem lateinamerikanischen Atomsperrvertrag (Vertrag von Tlatelolco); vgl. *Fahl*, Internationales Recht der Rüstungsbeschränkung (1975), Nr. 4.3.4.

[51] Unter Umständen mit Ausnahme ihres persönlichen Geltungsbereiches; vgl. die sog. „*Wiener Formel*“ z. B. in Art. 81 der Vertragsrechtskonvention.

wichtigsten Übereinkommen zur Kodifizierung des Völkerrechts, darunter die Wiener Konvention über das Recht der Verträge 1969, auf Konferenzen beschlossen, die von der UN-Generalversammlung veranstaltet wurden[52].

Die IMO beruft zur Verabschiedung aller von ihr ausgearbeiteten Verträge über technische und Sicherheitsfragen der Handelsschiffahrt Konferenzen ein (Art. 3 ihres Statuts). Im Gegensatz zur UNO hat sie in der Folge jedoch die Kontrolle über Erfüllung und insbesondere Weiterentwicklung dieser Verträge auszuüben[53].

Bei den nunmehr zu beschreibenden und in Art. 5 der Wiener Konvention erfaßten Erscheinungsformen stellt ein Beschluß der Organisation einen förmlichen Bestandteil des Vertragsschlußverfahrens dar, so daß wir Fälle *gemeinsamer* Völkerrechtserzeugung durch Staaten und internationale Organisationen vor uns haben.

§ 724 So kann die *Annahme des Vertragstextes* durch Beschluß eines Organs einer internationalen Organisation erfolgen, wie z. B. die einstimmige Annahme der beiden UN-Menschenrechtspakte durch die Generalversammlung mit Res. 2200 (XXI) am 16. Dezember 1966 oder die Annahme des Vertrages über das Verbot bakteriologischer und Toxin-Waffen mit der Generalversammlungsresolution 2826 (XXVI) vom 16. Dezember 1971. Die diesen Beschlüssen zugrunde liegenden Vertragsentwürfe werden zumeist von Unterorganen der jeweiligen Organisation (z. B. ILC, UN-Menschenrechtskommission) ausgearbeitet. Die Vornahme der *weiteren* Akte des Vertragsabschlusses (Unterzeichnung, Ratifikation, Beitritt usw.) kann den Staaten dagegen auch hier nur empfohlen werden[54].

§ 725 Gewichtiger ist die Teilnahme internationaler Organisationen am Zustandekommen vr Verträge in den Fällen, in denen nicht nur die Annahme, sondern *auch die Authentifizierung* von Vertragstexten durch Organisationsbeschluß erfolgt, so daß die Staaten als solche nur mehr ihre endgültige Zustimmung zum Vertragsabschluß abzugeben haben. Verbreitet ist dieses Verfahren für die förmliche *Abänderung*

---

[52] Vgl. oben § 591 und *Daudet*, Les Conférences des Nations Unies pour la codification du droit international (1968).

[53] Dazu *Alexandrowicz*, The Law-Making Functions of the Specialised Agencies of the United Nations (1973), S. 68 f.

[54] Wird der Generalsekretär der Organisation zum Depositar bestimmt, so legt das beschließende Organ selbst den Vertrag zur Unterzeichnung (meist ab einem späteren Zeitpunkt) auf (wie bei dem im Text erstgenannten Beispiel am 19. Dezember 1966). Sieht das Abkommen dagegen einen oder mehrere Staaten als Depositarmächte vor, so ersucht die Resolution üblicherweise diese Staaten, den Vertrag zum frühestmöglichen Zeitpunkt zur Unterzeichnung aufzulegen. Bei dem im Text zweitgenannten Beispiel war dies am 10. April 1972 der Fall.

der Gründungsverträge internationaler Organisationen[55]. So können die UNO (Art. 108 der Charta) und ihre Spezialorganisationen Satzungsänderungen mit Mehrheit beschließen, die keiner Unterzeichnung, sondern nur mehr der Ratifikation bedürfen. Eine grundlegende Revision der UN-Charta bleibt dagegen einer „Allgemeinen Konferenz" der Mitglieder vorbehalten, für deren Beschlüsse jedoch das oben Gesagte analog gilt.

Das Abkommen über die Privilegien und Immunitäten der UNO[56] wurde von der Generalversammlung gemäß Art. 105 Abs. 3 der Charta am 13. Februar 1946 beschlossen und den UN-Mitgliedern „zum Beitritt vorgeschlagen"[57].

Verträge, die nicht den internen Bereich der Organisationen normieren, kommen nach dem hier beschriebenen Verfahren in einigen Spezialorganisationen zustande. So werden (neben den Empfehlungen auch) die Übereinkommen der ILO[58] von der Allgemeinen (Arbeits-)Konferenz mit $^{2}/_{3}$-Mehrheit der anwesenden Delegierten beschlossen, wobei sich diese Delegierten nur zur Hälfte aus Staatenvertretern, zur anderen Hälfte jedoch aus Vertretern der Arbeitnehmer- und Arbeitgeberorganisationen zusammensetzen. Die so beschlossenen Vertragstexte werden nur vom Präsidenten der Konferenz oder vom Generaldirektor des Internationalen Arbeitsamtes unterzeichnet (Art. 19 Abs. 2 und 4 der Verfassung der ILO) und allen Mitgliedern „im Hinblick auf ihre Ratifikation mitgeteilt" (Art. 19 Abs. 5 lit. a). Analoge Bestimmungen finden sich in den Satzungen der UNESCO (Art. IV Abs. 4), WHO (Art. 19) und FAO (Art. XIV), wo allerdings nur Staatenvertreter an den Beschlüssen teilnehmen.

§ 726 Während es nach allgemeinem VR einem Staat freisteht, ob er einen von ihm unterzeichneten Vertrag ratifiziert oder nicht, üben die gerade genannten UN-Spezialorganisationen auf ihre Mitglieder einen gewissen *Druck* aus, die Verpflichtungen aus den in ihrem Rahmen verabschiedeten Verträgen endgültig zu übernehmen. So sind die Regierungen aller ILO-Mitgliedstaaten verpflichtet, die von der Allgemeinen Konferenz beschlossenen Übereinkommen binnen Jahresfrist der zuständigen staatlichen Stelle zur Entscheidung über die inner-

---

[55] Dazu neben dem bereits genannten Schrifttum *Schwelb*, The Amending Procedure of Constitutions of International Organizations, BYIL 31 (1954), S. 49 ff.; *Zacklin*, The Amendment of the Constitutive Instruments of the United Nations and Specialized Agencies (1968).

[56] Oben § 278.

[57] Im übrigen ist umstritten, ob die UNO selbst Partei des Abkommens ist; vgl. *Reuter*, Introduction au droit des traités (1972), S. 42, Ziff. 69, und die dazugehörige Anmerkung, S. 96, Anm. 107.

[58] Dazu §§ 303 ff., 1258 f.

staatliche Durchführung vorzulegen und dem Generaldirektor des Internationalen Arbeitsamtes darüber *Bericht* zu erstatten (Art. 19 Abs. 5 lit. b und c, noch weitergehend ebd. lit e; ähnlich Art. IV Abs. 4 und Art. VIII UNESCO, Art. 20 WHO, Art. XI Abs. 1 FAO). Dennoch haben es die Staaten auch hier noch in der Hand, durch Untätigbleiben keine vr Bindung an den Vertrag entstehen zu lassen.

Dieses Prinzip (Notwendigkeit des „contracting in") wird durch die Verfahrenstechnik des „contracting out" umgekehrt, die aber, wie bereits beschrieben[59], von universellen internationalen Organisationen (ICAO, WHO und WMO) nicht zum Abschluß von vr Verträgen, sondern zur Erzeugung sekundärer Völkerrechtsnormen auf dem *Beschlußwege* verwendet wird.

§ 727 Die weitestgehenden Einschränkungen der einzelstaatlichen Entscheidungsfreiheit bei Vertragsabschluß unter Mitwirkung universeller internationaler Organisationen finden sich wieder in den Vorschriften über die Abänderung von deren Satzungen. So treten Änderungen der UN-Charta gemäß Art. 108 für *alle* Mitgliedstaaten in Kraft, wenn sie von zwei Dritteln der Mitglieder einschließlich aller ständigen Mitglieder des Sicherheitsrates ratifiziert worden sind, wobei allerdings die überstimmten Staaten das Recht zum Austritt aus der Organisation haben[60]. Das Prinzip des Mehrheitsbeschlusses von Satzungsänderungen und deren Inkrafttreten bei Ratifikation durch eine Mehrheit der Mitglieder ist auch bei den Spezialorganisationen allgemein verbreitet; unterschiedliche Regelungen finden sich dagegen über die Rechtslage der überstimmten Minderheit. Einige Verfassungen folgen dem Beispiel der UN-Charta und statuieren eine Bindung aller Mitglieder (Art. 36 ILO, Art. VIII IBRD, Art. XVII IMF [in beiden Fällen mit wichtigen Ausnahmen, bei denen Einstimmigkeit erforderlich ist], Art. 73 WHO, Art. 28 c WMO, Art. XIII Abs. 1 UNESCO [siehe auch unten], Art. XVIII C IAEA). Andere Verfassungen lassen für die nichtratifizierenden Staaten bestimmte Nachteile eintreten (z. B. Art. 31 Abs. 2 UPU[61]) oder sehen nach Ablauf einer bestimmten Frist die Möglichkeit ihres Ausschlusses aus der Organisation vor (Art. 94 lit. b ICAO, Art. 52 IMO). Bei einer dritten Gruppe von Spezialorganisationen schließlich können gewisse Satzungsänderungen (solche, die den Mitgliedern keine neuen Verpflichtungen auferlegen: Art. XIII Abs. 1 UNESCO, Art. XX Abs. 2 FAO; Änderungen der Vollzugsordnungen: Art. 7 Abs. 2 (1) (a) und Abs. 4 (2) ITU) unmittelbar durch Mehrheitsbeschluß des zuständigen Organs in Kraft gesetzt werden.

---

[59] Oben §§ 629 ff.

[60] § 112.

[61] Dazu *Skubiszewski*, IO 18 (1964), S. 794.

Durch derartige Prozeduren wird nicht nur das Einstimmigkeitsprinzip, sondern auch die Mitwirkungsbefugnis der Parlamente beschränkt, weil ein in seiner ursprünglichen Fassung vom Parlament genehmigter Vertrag auf eine Weise abgeändert wird, die sich der parlamentarischen Kontrolle weitgehend entzieht[62].

V. Vertragsabschluß durch internationale Organisationen[63]

§ 728 Die Vertragspraxis der modernen internationalen Organisationen hat Verfahren entwickelt, die sehr weitgehend den bei Verträgen der Staaten verwendeten entsprechen. Auch hier kann das Vertragsschlußverfahren entweder *einphasig* oder *mehrphasig* sein. In die erste Kategorie fallen beispielsweise die nach Art. 43 der Charta vom Sicherheitsrat abzuschließenden Beistandsabkommen, während die vom Wirtschafts- und Sozialrat mit den Spezialorganisationen ausgehandelten „relationship agreements" der Genehmigung durch die Generalversammlung bedürfen. Mehrphasige Vertragsschlußverfahren sind ferner in Art. XV der FAO-Satzung und Art. 26 der Verfassung der IMO vorgesehen.

§ 729 Zur Frage der Berechtigung und Verpflichtung der *Mitgliedstaaten* einer internationalen Organisation durch die von dieser abgeschlossenen vr Verträge bestimmt Art. 36 *bis* des von der ILC 1982 verabschiedeten Konventionsentwurfs über Verträge mit oder zwischen internationalen Organisationen:

„Obligations and rights arise for States members of an international organization from the provisions of a treaty to which that organization is a party when the parties to the treaty intend those provisions to be the means of establishing such obligations and according such rights and have defined their conditions and effects in the treaty or have otherwise agreed thereon, and if

(a) the States members of the organization, by virtue of the constituent instrument of that organization or otherwise, have unanimously agreed to be bound by the said provisions of the treaty; and

(b) the assent of the States members of the organization to be bound by the relevant provisions of the treaty has been duly brought to the knowledge of the negotiating States and negotiating organizations[64]."

---

[62] *Öhlinger*, Vertragsabschlußverfahren, in: Lexikon des Rechts 4/1160 (1982), S. 11.

[63] Dazu die oben § 674, Anm. 14 und 15, § 679, Anm. 17, genannte Literatur, ferner die Art. 7 ff. des ILC-Konventionsentwurfs 1982 über „Treaties concluded between States and international organizations or between two or more international organizations" (oben § 674, Anm. 15).

[64] Report of the International Law Commission on the work of its thirty-fourth session, G. A. O. R.: 37th session, Suppl. No. 10 (A/37/10), S. 87 (mit ausführlichem Kommentar).

Diese auf die Praxis der Europäischen Gemeinschaften zugeschnittene Bestimmung wirft insbesondere bei Amtssitzabkommen schwierige Fragen auf.

VI. Vorbehalte zu völkerrechtlichen Verträgen[65]

§ 730 Ein Staat kann bei der Unterzeichnung, Ratifikation, Annahme oder Genehmigung eines Vertrags oder anläßlich des Beitritts zu einem Vertrag[66] die Erklärung abgeben, daß er die Rechtswirkung einzelner Vertragsbestimmungen in der Anwendung auf sich ausschließen oder abändern will (Art. 2 Abs. 1 lit. d).

§ 731 Ein solcher Vorbehalt (reservation, réserve) ist gemäß Art. 19 zulässig, sofern der Vertragstext Vorbehalte nicht überhaupt oder doch solche bestimmten Inhalts verbietet (unter die der betrachtete Vorbehalt fällt)[67], oder aber bei Schweigen des Textes der Vorbehalt mit Ziel und Zweck des Vertrages vereinbar ist[68]. Letztere Frage unterliegt

---

[65] Dazu neben der bereits genannten allgemeinen Literatur zum Recht der Verträge und seiner Kodifikation noch *Bentz*, La validité des réserves aux traités internationaux multilatéraux (1954); *Vitta*, Le riserve nei trattati (1957); *Holloway*, Les réserves dans les traités internationaux (1958); *Kappeler*, Les réserves dans les traités internationaux (1958); *Bishop*, Reservations to Treaties, RdC 103 (1961 II), S. 245 ff.; *Tomuschat*, Admissibility and Legal Effects of Reservations to Multilateral Treaties, ZaöRV 27 (1967), S. 463 ff.; *Holloway*, Modern Trends in Treaty Law (1967), S. 729 ff. (Spezialbibliographie); *Ruda*, Reservations to Treaties, RdC 146 (1975 III), S. 95 ff.; *Bowett*, Reservations to Non-Restricted Multilateral Treaties, BYIL 48 (1976 - 1977), S. 67 ff.; *Imbert*, Les réserves aux traités multilatéraux (1979); *King Gamble*, Reservations to Multilateral Treaties: A Macroscopic View of State Practice, AJIL 74 (1980), S. 372 ff.; *Kyongun Koh*, Reservations to Multilateral Treaties: How International Legal Doctrine Reflects World Vision, Harvard International Law Journal 23 (1982), S. 71 ff.; *Treviranus*, Vorbehalte zu mehrseitigen Verträgen — Wohltat oder Plage?, GYIL 25 (1982), S. 515 ff.

Über Vorbehalte zum Wiener Übereinkommen selbst vgl. *Sztucki*, Some Questions Arising from Reservations to the Vienna Convention on the Law of Treaties, GYIL 20 (1977), S. 277 ff.

[66] Über die Möglichkeit, einen Vorbehalt auch noch nach der Ratifikation zu erklären, siehe das Gutachten des UN-Generalsekretärs im UN Juridical Yearbook 1978, S. 199 f. Über die Erklärung von Vorbehalten anläßlich des Eintritts eines Neustaates in einen vom Gebietsvorgänger abgeschlossenen multilateralen Vertrag vgl. ÖZöffRVR 29 (1978), S. 300 ff.

[67] Vgl. z.B. Art. 19 des Genfer Fischereiübereinkommens vom 29. April 1958 und Art. 12 des Genfer Übereinkommens über den Festlandsockel vom selben Tage. Weitere Beispiele im „Treaty Maker's Handbook", S. 186 ff. In Fällen ausdrücklicher Vorbehaltsverbote werden von den Vertragsstaaten häufig interpretative Erklärungen abgegeben (dazu unten § 736). Art. 309 des UN-Seerechtsübereinkommens 1982 (§ 596) verbietet einerseits alle Vorbehalte, die nicht ausdrücklich in einzelnen seiner Bestimmungen zugelassen werden, läßt aber andererseits gewisse „harmonisierende Erklärungen" zu; vgl. § 736. Dazu *Jennings* (§ 515, Anm. 2), S. 83 ff.

[68] Aus diesem Grund ist das vr *ius cogens* absolut „vorbehaltsfest". Vgl. *Thirlway* (§ 449, Anm. 1), S. 122 f.

allerdings der *Selbstbeurteilung* der Beteiligten, da die Wiener Konvention dafür kein Streiterledigungsverfahren vorsieht.

§ 732 Die *Rechtswirkungen* eines Vorbehalts waren lange umstritten. Einfach ist die Lage bei zweiseitigen Verträgen, da bei ihnen jeder Vorbehalt als Vorschlag zu einem neuen Vertrag mit geändertem Inhalt zu betrachten ist, der vom Verhandlungspartner angenommen oder abgelehnt werden kann[69]. Hingegen ist bei mehrseitigen Verträgen zu prüfen, unter welchen Voraussetzungen Vorbehalte wirksam sein können.

Vor dem Zweiten Weltkrieg vertrat die überwiegende Staatenpraxis (mit Ausnahme von Lateinamerika) die Auffassung, daß ein Vorbehalt nur rechtswirksam sei, wenn er von allen anderen Vertragsteilen angenommen wurde *(Integritätsprinzip)*. Später wurde gegen diese Anschauung der Einwand erhoben, daß es im allgemeinen Interesse der Staatengemeinschaft liegen müsse, eine möglichst große Zahl von Staaten an multilateralen Vertragswerken teilnehmen zu lassen *(Universalitätsprinzip)*. Im Sinne dieses zweiten Prinzips hat der IGH in seinem Gutachten über *Reservations to the Genocide Convention* 1951 mit Stimmenmehrheit die Auffassung vertreten, daß ein Staat, der einen Vorbehalt gemacht hat, Vertragspartner werden kann, auch wenn nicht alle anderen Vertragsteile seinen Vorbehalt angenommen haben, sofern dieser mit Gegenstand und Zweck des Vertrages vereinbar ist. Ein Vertragsteil, der dies verneint, hat aber die Möglichkeit, den Staat, der den Vorbehalt erhoben hat, nicht als Vertragspartner zu betrachten[70]. Die UN-Generalversammlung hat demgemäß 1952 den Generalsekretär angewiesen, in allen Fällen, in denen er als Depositar fungiert, den Vertragsstaaten die bei ihm angemeldeten Vorbehalte mitzuteilen und ihnen die Entscheidung darüber zu überlassen, welche Folgerungen sie daraus ziehen wollen[71]. Ein Staat, der einen Vorbehalt erhoben hat, wird jedenfalls Vertragspartei gegenüber allen anderen Staaten, die den Vorbehalt nicht abgelehnt haben.

§ 733 Die *Wiener Konvention* schließt sich dieser neuesten Staatenpraxis weitgehend an:

---

[69] So genehmigte der US-Senat die Panamakanal-Verträge 1977 mit verschiedenen „amendments", „conditions", „reservations" und „understandings" (ILM 17 [1978], S. 827 ff.), die z. T. echte und sehr gewichtige Vorbehalte darstellen, jedoch von Panama akzeptiert wurden (allerdings auf eine Weise, welche die Problematik von Art. 46 des Wiener Übereinkommens aufwirft; dazu *Meron* [§ 691, Anm. 19]).

[70] ICJ Reports 1951, S. 15 ff.

[71] Vgl. das in Anm. 34 genannte UN Doc. ST/LEG/7, § 80. Ausführlich zu der im Text geschilderten Entwicklung auch der Schlußbericht der ILC, ILC-Yearbook 1966 II, S. 203 ff.

1. Ein durch einen Vertrag *ausdrücklich zugelassener* Vorbehalt bedarf der nachträglichen Annahme durch die anderen Vertragsstaaten nur, wenn der Vertrag dies verfügt (Art. 20 Abs. 1).
2. Sofern aus der begrenzten Zahl der Verhandlungsstaaten sowie aus Zweck und Ziel eines Vertrages hervorgeht, daß die Anwendung des Vertrages in seiner Gesamtheit zwischen allen Vertragsparteien eine wesentliche Voraussetzung für die Übernahme der Vertragspflichten durch jede Partei ist, also bei sog. „beschränkt multilateralen" oder „*plurilateralen*" Verträgen, bedarf ein Vorbehalt der Annahme durch alle Vertragsparteien (Art. 20 Abs. 2).
3. Handelt es sich um den Gründungsvertrag einer *internationalen Organisation*, so wird ein Vorbehalt nur mit Zustimmung ihres zuständigen Organs wirksam (Art. 20 Abs. 3).
   Die beiden letztgenannten Vorschriften stellen den Restbestand der alten Integritätstheorie dar.
4. In allen anderen Fällen, und sofern der Vertrag nichts anderes vorsieht, wird der den Vorbehalt erhebende Staat Vertragspartei im Verhältnis zu allen Staaten, die den Vorbehalt *annehmen*[72]. Erhebt ein Staat Einspruch gegen einen Vorbehalt, so wird er dennoch Vertragspartner des Vorbehaltsstaates, es sei denn, er bringt seine gegenteilige Absicht eindeutig zum Ausdruck (Art. 20 Abs. 4). Die Entstehung vertraglicher Beziehungen muß nach der Wiener Konvention im Gegensatz zur bisherigen Praxis also noch zusätzlich zur Ablehnung eines Vorbehalts *ausdrücklich abgewehrt* werden. Diese Regelung geht von der Erwägung aus, daß die Staaten häufig an Vorbehalten Kritik üben, ohne den Willen zu bekunden, deswegen das Zustandekommen einer Vertragsbindung scheitern zu lassen[73].
   Sofern der Vertrag nichts anderes verfügt, gilt ein Vorbehalt als angenommen, wenn ein Staat innerhalb von 12 Monaten nach Notifikation des Vorbehalts an ihn oder zum Zeitpunkt seiner endgültigen Zustimmung zum Vertrag, je nachdem, welcher Zeitpunkt der spätere ist, keine Einwendungen erhoben hat (Art. 20 Abs. 5). Diese Vermutung kann also widerlegt werden.

---

[72] Zum Beginn der Bindungswirkung von vr Verträgen für Vorbehaltsstaaten vgl. das Rechtsgutachten des Inter-American Court of Human Rights vom 24. September 1982 über *The Effect of Reservations on the Entry into Force of the American Convention (Arts. 74 and 75)*, ILM 22 (1983), S. 37 ff., AJIL 77 (1983), S. 640 ff.; deutsch in EuGRZ 11 (1984), S. 202 ff.

[73] Die Abwehr der Entstehung vertraglicher Beziehungen infolge Ablehnung eines Vorbehaltes kann auch nur bestimmte *Teile* des Vertrages betreffen; vgl. den bei *Sinclair*, The Vienna Convention on the Law of Treaties (1973), S. 49, geschilderten Einspruch der USA gegen einen syrischen Vorbehalt zum Wiener Übereinkommen.

5. Ein Vorbehalt modifiziert den Vertragsinhalt zwischen dem Staat, der den Vorbehalt angebracht und jenen Staaten, die ihn ausdrücklich angenommen oder ihm nicht widersprochen haben, in dem von ihm erfaßten Ausmaß. Der Vorbehalt kann also auch von diesen Staaten gegenüber seinem Urheber geltend gemacht werden, denn wer sich bestimmten Vertragspflichten durch einen Vorbehalt entzogen hat, kann seinerseits nicht verlangen, im Einklang mit den vom Vorbehalt erfaßten Vertragsbestimmungen behandelt zu werden (Prinzip der *Gegenseitigkeit,* Art. 21 Abs. 1). Auch in dem Fall, daß ein Staat zwar einem Vorbehalt, aber nicht der Entstehung vertraglicher Beziehungen mit dessen Urheber überhaupt widersprochen hat, finden die Bestimmungen, auf die sich der Vorbehalt bezieht, in dem darin vorgesehenen Ausmaß zwischen den beiden Staaten keine Anwendung (Art. 21 Abs. 3)[74].

Hingegen bleibt der ursprüngliche Vertragsinhalt zwischen den anderen Staaten *inter se* aufrecht.

Dieser Mechanismus der reziproken Rechtsverkürzung, der nach der Wiener Konvention allgemein eingreifen soll, kann jedoch nur bei inhaltlicher Gegenseitigkeit der vertraglichen Rechte und Pflichten wirken, und auch dann nur bei denjenigen multilateralen Verträgen, die zwischen ihren Parteien bilateral angewendet werden, wie z. B. die Wiener Konventionen über diplomatische und konsularische Beziehungen oder ein Rechtshilfeabkommen. Er versagt dagegen bei Verträgen, die, wie die Konventionen zum Schutze der Menschenrechte, nicht eigentlich *zwischen* ihren Parteien angewendet werden, oder bei denjenigen sog. „integralen" Verträgen, deren Erfüllung sich gleichzeitig und untrennbar zwischen allen Parteien vollzieht, wie etwa bei einem Abkommen über das Verbot der Herstellung bestimmter Waffen. Die bereits besprochene Sonderregelung des Art. 20 Abs. 2 berücksichtigt diese Fälle nur ungenügend, weil sie nur bei integralen Verträgen mit beschränkter Mitgliederzahl eingreift, während solche Verträge durchaus Universalität anstreben können[75].

---

[74] Vgl. den Schiedsspruch über die *Abgrenzung des Festlandsockels in der Kanalzone zwischen Frankreich und Großbritannien* vom 30. Juni 1977, ILM 18 (1979), S. 412 ff. Dazu und zum folgenden ausführlich *Simma,* Das Reziprozitätselement im Zustandekommen völkerrechtlicher Verträge (1972), S. 59 ff., 152 ff. (mit weiteren Nachweisen und Beispielen); *Majoros,* Le régime de réciprocité de la Convention de Vienne et les réserves dans les Conventions de la Haye, JDI 101 (1974), S. 73 ff.; *Decaux,* La réciprocité en droit international (1980), S. 63 ff.; sowie das Rechtsgutachten des Eidgenössischen Departments für auswärtige Angelegenheiten vom 18. Juni 1981 über die Wirkung des Widerspruchs gegen Vorbehalte zu Art. 27 der Wiener Konvention über diplomatische Beziehungen, die Unverletzlichkeit des diplomatischen Kuriergepäcks betreffend, SchwJIR 38 (1982), S. 88 ff.

[75] Dazu auch *Reuter* (Anm. 57), S. 92 f., Ziff. 133.

§ 734 Die Wiener Konvention führt ferner einige *Verfahrensvorschriften* ein. Danach müssen alle Vorbehalte sowie ihre Annahme und Ablehnung schriftlich geäußert werden und sind sämtlichen Vertragsparteien sowie anderen Staaten, die Vertragsparteien zu werden berechtigt sind, mitzuteilen (Art. 23 Abs. 1). Ein bei Vertragsunterzeichnung erhobener Vorbehalt muß, um wirksam zu werden, anläßlich der endgültigen Zustimmung zum Vertrag (Ratifikation, Annahme, Genehmigung) bestätigt werden (Art. 23 Abs. 2).

§ 735 Schließlich kann ein Vorbehalt, sofern der Vertrag nichts anderes bestimmt, jederzeit und selbst dann (schriftlich) *zurückgezogen* werden, wenn er bereits angenommen wurde[76]. Dasselbe gilt für die Zurücknahme eines Einspruchs gegen einen Vorbehalt (Art. 22). Diese Norm bildet eine Ausnahme vom Hauptgrundsatze, daß vr Bindungen nicht einseitig gelöst werden können. Die Staatenpraxis hat sie aber gebilligt, um die Erhebung von Vorbehalten soweit als möglich einzuschränken.

§ 736 Erklärt ein Staat, eine oder mehrere Vertragsbestimmungen nur in einer bestimmten Auslegung annehmen zu wollen, so spricht man auch von einer *interpretativen Erklärung* („understanding [short of reservation]")[77]. Eine solche Erklärung geht dann über eine bloße Verdeutlichung des Standpunktes dieses Staates hinaus und wird zum (Interpretations)-Vorbehalt, wenn sie die Rechtswirkung von Vertragsbestimmungen auszuschließen oder abzuändern beabsichtigt[78]. Die Unterscheidung zwischen diesen beiden Formen kann im Einzelfall sehr schwierig sein[79]. Von interpretativen Erklärungen, die eine bestimmte

---

[76] So hat die Schweiz Anfang 1982 ihren den Freiheitsentzug auf dem Gebiet des Fürsorgewesens betreffenden Vorbehalt zu Art. 5 der Europäischen Menschenrechtskonvention zurückgenommen, nachdem das schweizerische Zivilgesetzbuch entsprechend geändert worden war.

[77] Vgl. die Begriffsbestimmung durch das US-State Department, wiedergegeben im US Digest 1977, S. 376: „The term ‚understanding' is used to designate a statement which is not intended to modify or limit any of the treaty provisions. It may clarify, or interpret one or more provisions of the treaty, or incorporate a statement of policy or procedure." Dazu und zum folgenden *Bowett* (§ 730, Anm. 65), S. 68 ff.; *McRae*, The Legal Effect of Interpretative Declarations, BYIL 49 (1978), S. 155 ff.

[78] Vgl. den Kommentar der ILC zu Art. 2 Abs. 1 lit. d ihres Entwurfs 1966, ILC-Yearbook 1966 II, S. 189 f.

[79] Dazu das US-State Department, US Digest 1977, S. 376: „On occasion it may be difficult to distinguish clearly between an understanding and a reservation. The one may gradually shade into the other and it becomes a matter for the parties themselves to decide ... [T]he label is not conclusive. The other party or parties to a treaty may view as a reservation what we have called an understanding, or vice-versa." Ein anschauliches Beispiel für diese Schwierigkeiten bieten die auf Drängen des Senats bei der Ratifikation der Panamakanal-Verträge 1977 erklärten „amendments", „conditions", „reservations" und „understandings" (ILM 17 [1978], S. 827 ff.) und die

Vertragsauslegung bewirken sollen, sind Erklärungen zu unterscheiden, die darauf abzielen, Gesetze und sonstige Vorschriften eines Vertragsstaates mit den Bestimmungen des betreffenden Vertrages in Einklang zu bringen. Art. 310 des UN-Seerechtsübereinkommens 1982 (§ 596) sieht derartige „harmonisierende Erklärungen" ausdrücklich vor, um Staaten eine Vertragsmitgliedschaft zu erleichtern, die über das UN-Seerechtsübereinkommen 1982 hinausreichende Rechte beanspruchen (z. B. 200-Seemeilen-Küstenmeere, Notifikation oder Genehmigung der Durchfahrt fremder Kriegsschiffe im Küstenmeer). Ein *allgemeiner* Vorbehalt zugunsten des innerstaatlichen Rechts wäre dagegen unzulässig, weil er die Mindestanforderungen an inhaltliche Bestimmtheit und damit Überprüfbarkeit unterschritte.

§ 737 Wendet sich ein Staat weder gegen den Inhalt noch gegen den Anwendungsbereich eines Vertrages, sondern erklärt er lediglich, daß seine Zustimmung zu einem Vertrag nicht dahingehend verstanden werden darf, daß er sich dadurch mit einer außerhalb des Vertrages entstandenen faktischen oder rechtlichen Lage abfinde oder seine Haltung dazu ändere, so liegt eine *Rechtsverwahrung* vor[80].

---

als Reaktion darauf der Ratifizierungsurkunde Panamas beigeschlossene Stellungnahme (darüber AJIL 78 [1984], S. 204 ff.). S. auch US Digest 1976, S. 214 ff. Anschaulich ferner das in § 706, Anm. 20, genannte österreichische Beispiel.

McRae (Anm. 77) weist anhand der Staatenpraxis nach, daß eine interpretative Erklärung wie ein Vorbehalt zu behandeln ist, wenn sie, objektiv betrachtet, den Vertragsinhalt begrenzt oder modifiziert und ihre (stillschweigende) Annahme durch den oder die Vertragspartner eine Bedingung der eigenen Zustimmung zum Vertrag sein soll. Liegen diese Voraussetzungen nicht vor, so liefere die Erklärung nur einen Gesichtspunkt für die Vertragsauslegung, soweit dabei auf die *travaux préparatoires* zurückzugreifen ist.

In ihrem Bericht vom 5. Mai 1982 im Fall *Temeltasch* hat die Europäische Menschenrechtskommission eine „interpretative Erklärung" der Schweiz zu Art. 6 Abs. 3 lit. e der Europäischen Menschenrechtskonvention (Dolmetscherkosten in Strafverfahren betreffend) als echten Vorbehalt i. S. des Art. 64 EMRK angesehen, nachdem sie zuvor ihre Kompetenz zur Überprüfung der Vereinbarkeit von Vorbehalten mit diesem Artikel bejaht hatte. Vgl. den Auszug aus dem Kommissionsbericht in der ZaöRV 43 (1983), S. 834 ff. Dazu *Kühner*, ebd., S. 828 ff.; *Wagner / Wildhaber*, Der Fall Temeltasch und die auslegenden Erklärungen der Schweiz, EuGRZ 10 (1983), S. 145 ff.; *Imbert*, Les réserves à la Convention européenne des droits de l'homme devant la Commission de Strasbourg (Affaire Temeltasch), RGDIP 87 (1983), S. 580 ff.

[80] *Seidl-Hohenveldern* (Anm. 3), S. 78. Gebräuchlich sind solche Rechtsverwahrungen etwa zur Klarstellung, daß die gemeinsame Teilnahme an einem multilateralen Vertrag nicht als Anerkennung eines bisher nicht anerkannten Staatswesens gewertet werden darf. Vgl. die Beispiele im „Treaty Maker's Handbook", S. 267 ff., und die Erklärungen der deutschen Bundesregierung beim Abschluß der Ostverträge (Moskauer und Warschauer Vertrag) 1970, daß ihre Auffassung zum völkerrechtlichen Status Deutschlands, einschließlich dessen Fortbestands in den Grenzen vom 31. Dezember 1937, unverändert bleibe; siehe *Verdross / Simma / Geiger*, Territoriale Souveränität und Gebietshoheit. Zur völkerrechtlichen Lage der Oder-Neiße-Gebiete

§ 738 Das Rechtsinstitut des Vorbehaltes soll es einem Staat ermöglichen, Partei eines Kollektivvertrages auch dann zu werden, wenn ihm dessen Inhalt nicht zur Gänze annehmbar erscheint. Dieses Ziel kann auch auf anderen Wegen erreicht werden, z. B. in der Weise, daß ein allgemein annehmbarer Pflichtenbestand gemeinsam mit einer *Fakultativklausel* vertraglich festgelegt wird, die es den willigen Staaten anheimstellt, noch weitergehende Verpflichtungen auf sich zu nehmen[81].

Eng verwandt damit ist die Methode der Aufspaltung vertraglicher Vereinbarungen in (etwa materiellrechtliche) Hauptinstrumente und dazugehörige *Fakultativprotokolle* (etwa zur Beilegung von Streitigkeiten über die Auslegung und Anwendung des materiellen Rechts)[82].

Eine dritte Möglichkeit, von der z. B. in Art. 20 der Europäischen Sozialcharta vom 18. Oktober 1961 Gebrauch gemacht wurde[83], besteht darin, die Vertragsstaaten aus der Summe der Vertragspflichten von vornherein eine Anzahl *auswählen* zu lassen, die ihnen annehmbar erscheint.

Schließlich kann der Weg der *Bilateralisation* multilateraler Verträge beschritten werden, der darin besteht, daß zuerst ein seinen Regelungsgegenstand erschöpfender Kollektivvertrag ausgearbeitet wird, worauf dann mit geeigneten Partnern bilaterale Vereinbarungen über die möglichst vollständige Anwendung des Kollektivvertrages *inter partes* abgeschlossen werden[84].

(1980), S. 77 ff.; *Blumenwitz*, Die Ostverträge im Lichte des internationalen Vertragsrechts (1982), S. 25 ff., 36 ff.

[81] Die bekannteste Fakultativklausel finden wir in Art. 36 Abs. 2 des IGH-Statuts; dazu § 187. An weiteren Beispielen seien die Art. 25 und 46 der Europäischen Menschenrechtskonvention, Art. 41 Abs. 1 des UN-Paktes über bürgerliche und politische Rechte 1966 sowie Art. 45 der Amerikanischen Menschenrechtskonvention vom 22. November 1969 (Text in ILM 9 [1970], S. 673 ff.) genannt.

[82] Vgl. z. B. die Fakultativprotokolle über die „obligatorische" Beilegung von Streitigkeiten aus der Wiener Diplomaten- und Konsularkonvention. Dazu kritisch *Briggs*, Reflections on the Codification of International Law by the International Law Commission and by Other Agencies, RdC 126 (1969 I), S. 267 ff.; *derselbe*, AJIL 61 (1967), S. 983 ff.

[83] *Simma / Fastenrath* (Hrsg.), Menschenrechte — ihr internationaler Schutz (1979), S. 264 ff.

[84] Diese Methode wurde auf der Session 1960 der Haager Privatrechtskonferenz eingeführt. Vgl. dazu *Majoros*, Systeme der „Bilateralisation" von multilateralen Konventionen, Zeitschrift für Rechtsvergleichung 14 (1973), S. 4 ff.

VII. Registrierung und Veröffentlichung der Verträge[85]

§ 739 Gemäß Art. 102 Abs. 1 UN-Charta, bestätigt durch Art. 80 der Wiener Konvention, sind alle von UN-Mitgliedern nach dem Inkrafttreten der Charta abgeschlossenen vr Verträge, also auch solche mit Nichtmitgliedern, sobald wie möglich beim Sekretariat der UNO zu registrieren und von diesem zu veröffentlichen. Vorläufer dieser Bestimmung war Art. 18 der Völkerbundsatzung, der, aus der von Präsident Wilson geteilten Überzeugung geschaffen, daß Geheimdiplomatie und Geheimverträge wesentlichen Anteil am Ausbruch des Ersten Weltkrieges hatten, die Verpflichtung zur Registrierung und Veröffentlichung aller von Bundesmitgliedern abgeschlossenen Verträge begründete. Keiner vr Abmachung sollte vor ihrer Eintragung rechtsverbindlich sein. Diese strenge Sanktion wurde jedoch aus theoretischen wie praktischen Gründen einschränkend ausgelegt[86]. In Übernahme der so entwickelten Auffassung bestimmt nunmehr Art. 102 Abs. 2 der Charta, daß sich keine Vertragspartei *vor einem Organ der UNO* (also auch dem IGH) auf einen noch nicht registrierten Vertrag berufen kann[87]. Ein solcher Vertrag ist aber dennoch gültig.

§ 740 Nach der Praxis des UN-Generalsekretariats werden auch einseitige Erklärungen, wie die Unterwerfungserklärung gemäß Art. 36 Abs. 2 des IGH-Statuts[88], registriert, nicht aber Verträge zwischen Staaten und Privatpersonen oder solche mit nichtstaatlichen internationalen Organisationen. Verträge zwischen Nichtmitgliedern der UNO werden unter bestimmten Voraussetzungen zur Registrierung zugelassen. Verträge, bei denen die UNO Vertragspartei oder Depositar ist, werden von amtswegen, die anderen auf Verlangen eines Vertragsteiles registriert. Dabei prüft das UN-Generalsekretariat nicht, ob nach Ansicht aller Parteien überhaupt ein vr Vertrag vorliegt und ob sämtliche Beteiligten die Registrierung wünschen[89]. Tatsächlich wird jedoch ein beträcht-

---

[85] Dazu *Geck*, Registrierung von Verträgen, WV III, S. 96 ff.; *derselbe*, Die Registrierung und Veröffentlichung völkerrechtlicher Verträge, ZaöRV 22 (1962), S. 113 ff. Die wichtigsten einschlägigen Vorschriften finden sich im „Treaty Maker's Handbook", S. 258 ff.

[86] Genauer *Verdross*, S. 167 f.

[87] Ausnahmen bei *Brandon*, The Validity of Non-Registered Treaties, BYIL 29 (1952), S. 186 ff.

[88] Oben § 187. Diese Erklärungen werden manchmal auch im innerstaatlichen Recht wie Verträge behandelt; so wurde z. B. die Unterwerfungserklärung der Republik Österreich vom 28. April 1971 vom österreichischen Parlament wie ein politischer, gesetzändernder oder -ergänzender Staatsvertrag genehmigt und im BGBl. (249/1971) kundgemacht.

[89] *Seidl-Hohenveldern* (Anm. 3), S. 71, und die ebd. genannten, im AJIL 57 (1963), S. 264 ff., wiedergegebenen „Regulations" der Generalversammlung. Der Umstand, daß eine zwischenstaatliche Abmachung gemäß Art. 102 registriert wurde, darf demnach höchstens als ein Anhaltspunkt, aber keines-

licher Teil der registrierungspflichtigen Verträge von ihren Parteien nicht zur Eintragung angemeldet[90].

Für die Eintragung der Verträge bestehen zwei Register. Im ersten werden die Verträge chronologisch aufgezählt und im Anhang die Vertragstexte verwahrt. Das zweite Register enthält für jeden Vertrag eine besondere Seite, auf der auch die Beitritte, Vorbehalte, Kündigungen und andere rechtserhebliche Angaben vermerkt werden.

§ 741 Die Veröffentlichung der registrierten Verträge erfolgte beim Völkerbund in der *League of Nations Treaty Series* (L. N. T. S.), heute in der *United Nations Treaty Series* (U. N. T. S.)[91].

§ 742 Ein besonderes Registrierungsverfahren besteht bei verschiedenen anderen internationalen Organisationen, wie z. B. bei der ICAO oder IAEA, für die im Rahmen dieser Organisationen angenommenen Verträge[92].

F. Willensmängel

I. Einführung

§ 743 Ein vr Vertrag setzt, wie jeder Vertrag, eine Willenseinigung der Vertragsparteien über einen bestimmten Gegenstand voraus. Ein gültiger Vertrag ist daher gar nicht zustandegekommen, wenn entweder überhaupt keine Willenseinigung über den Vertragsinhalt vorliegt oder der vereinbarte Inhalt zu unbestimmt ist, um erkennen zu lassen, was die Vertragsteile gewollt haben[1]. Ein Vertrag kann aber auch *nichtig* oder *anfechtbar* sein, wenn die Willensübereinstimmung mit rechtserheblichen Willensmängeln behaftet ist, da in einem solchen Falle ein *Widerspruch zwischen dem erklärten und dem tatsächlichen Willen* eines Vertragsteiles besteht[2]. Als solche Willensmängel werden im VR Irrtum, Betrug, Bestechung und Zwang anerkannt.

---

falls als Beweis für ihren vr Vertragscharakter gewertet werden. In der KSZE-Schlußakte (oben § 545) wurde ausdrücklich festgehalten, daß sie „nicht registrierbar nach Artikel 102 der Charta der Vereinten Nationen" sei.

[90] Dazu *Lillich*, AJIL 65 (1971), S. 771 ff.

[91] Näheres § 533, Anm. 3. Seit 1979 werden bestimmte bilaterale Verträge nicht mehr *in extenso* veröffentlicht. Vgl. *Tabory*, Recent Developments in United Nations Treaty Registration and Publication Practices, AJIL 76 (1982), S. 350 ff.

[92] Satzungsbestimmungen im „Treaty Maker's Handbook", S. 262.

[1] Dazu unten § 756.

[2] Zum folgenden neben dem bereits oben § 533, Anm. 6, § 672, Anm. 3, genannten Schrifttum *Wenner*, Willensmängel im Völkerrecht (1940); *Vitta*, La validité des traités internationaux (1940); *Nahlik*, The Grounds of Invalidity and Termination of Treaties, AJIL 65 (1971), S. 736 ff.; *Elias*, Problems Concerning the Validity of Treaties, RdC 134 (1971 III), S. 333 ff.

Zu *Bedingungen* und *Verfahren* der Geltendmachung von Willensmängeln sowie zu den *Rechtsfolgen* der Ungültigkeit vr Verträge siehe unten §§ 838 ff.

II. Irrtum

§ 744 Ein beim Abschluß eines Vertrages unterlaufener Irrtum liefert einen Anfechtungsgrund, wenn sich der Irrtum auf eine Tatsache oder Situation bezieht, die bei Vertragsabschluß als bestehend vorausgesetzt wurde und die eine wesentliche Grundlage für die Zustimmung des betroffenen Staates gebildet hat (Art. 48 Abs. 1)[3]. Dies gilt jedoch nicht, wenn der betroffene Staat durch sein eigenes Verhalten zu dem Irrtum beigetragen hat oder nach den Umständen mit der Möglichkeit eines Irrtums rechnen mußte (Art. 48 Abs. 2)[4]. Auch ein bloßer redaktioneller Irrtum berührt die Gültigkeit des Vertrages nicht (Art. 48 Abs. 3). Solche Redaktionsfehler, ebenso wie unrichtige Übersetzungen, können einvernehmlich verbessert werden (Art. 79).

Vertragsanfechtungen wegen Irrtum ereignen sich in der Praxis selten, da die Staaten bei Vertragsabschlüssen in der Regel mit großer Sorgfalt vorgehen. Als Beispiel sei auf den Fall der Verwendung einer fehlerhaften Landkarte beim Abschluß eines Grenzvertrages hingewiesen. Wegen der strengen Voraussetzungen einer solchen Anfechtung haben sie die wenigen damit befaßten Gerichte und Schiedsgerichte regelmäßig verworfen[5].

§ 745 Art. 48 deckt auch den Fall der anfänglichen natürlichen *Unmöglichkeit* einer vertraglichen Leistung, wie sie z. B. vorläge, wenn sich ein Staat zur Auslieferung einer Person verpflichten würde, die ohne Wissen der Vertragsparteien bereits gestorben ist.

III. Betrug

§ 746 Art. 49 erklärt den Willensmangel des Betruges (fraud, dol) zum Anfechtungsgrund, nach dem allgemeinen Rechtsgrundsatz *fraus omnia corrumpit*[6]. Darunter wird ein solches Verhalten verstanden, das vorsätzlich einen Irrtum des anderen Vertragsteiles herbeiführt.

---

[3] An Spezialliteratur *Saulle*, In tema di errore nei trattati internazionali, RDI 42 (1959), S. 607 ff.; *dieselbe*, L'errore negli atti giuridici internazionali (1963); *Oraison*, L'erreur dans les traités (1972); *Schulte-Beerbühl*, Irrtum bei völkerrechtlichen Verträgen nach der Wiener Vertragsrechtskonvention (1982).

[4] So auch der IGH im Sachurteil über den *Temple of Preah Vihear*, ICJ Reports 1962, S. 26.

[5] Vgl. die Schiedssprüche in den Fällen *Oyapoc* (1900) und der *Insel Timor* (1914), bei *Wenner* (Anm. 2), S. 392, 397; sowie das in der vorhergehenden Anm. genannte Urteil des IGH im *Temple* Case.

[6] Dazu *Oraison*, Le dol dans la conclusion des traités, RGDIP 75 (1971), S. 617 ff.

IV. Bestechung

§ 747 Hat ein Verhandlungsstaat die Zustimmung eines anderen Staates zu einem Vertrag mittelbar oder unmittelbar durch Bestechung des Vertreters dieses Staates herbeigeführt, so kann dieser Staat den Vertrag anfechten (Art. 50).

V. Zwang[7]

§ 748 Hier müssen folgende zwei Arten unterschieden werden:

1. *Zwang gegen einen Staatenvertreter*

Zwang gegen die Person des abschließenden Organs wurde in der Staatenpraxis immer als rechtserheblich anerkannt. In diesem Sinne bestimmt Art. 51, daß die Zustimmung eines Staates, durch einen Vertrag gebunden zu sein, wenn sie durch Zwang gegen seinen Vertreter mittels gegen diesen gerichteter Handlungen oder Drohungen herbeigeführt wurde, die Nichtigkeit des Vertrages zur Folge hat[8].

2. *Zwang gegen einen Staat als solchen*

Zwar wird auch hier die Drohung an ein Staatsorgan gerichtet, der angedrohte Zwang betrifft jedoch nicht den privaten Bereich dieses Organs, sondern ein staatliches Rechtsgut[9].

§ 749 Die frühere Lehre hat dazu die Auffassung vertreten, daß ein so gearteter Zwang nicht rechtserheblich sei, da sonst jeder aufgezwungene Friedensvertrag ungültig wäre. Dabei wurde übersehen, daß Zwang entweder zur Durchsetzung eines vr Anspruchs oder ohne einen solchen ausgeübt werden kann, weshalb zwischen rechtmäßigem und rechtswidrigem Zwang unterschieden werden muß[10]. Daher konnte der

---

[7] Ein Überblick über die ältere Literatur findet sich bei *Verdross*, S. 168 f. Aus dem neueren Schrifttum (insbesondere zu den Entwürfen der ILC und zur Regelung in der Wiener Konvention) vgl. *Bothe*, Consequences of the Prohibition of the Use of Force, ZaöRV 27 (1967), S. 507 ff.; *Stone*, De Victoribus Victis: The International Law Commission and Imposed Treaties of Peace, VJIL 8 (1967 - 68), S. 356 ff.; *derselbe*, Approaches to the Notion of International Justice, in: *Falk / Black* (Hrsg.), The Future of the International Legal Order, Bd. I: Trends and Patterns (1969), S. 372 ff.; *Bindschedler*, Völkerrechtliche Verträge und Zwang, REDI 21 (1968, Gedächtnisschrift für de Luna), S. 161 ff.; *Brosche*, Zwang beim Abschluß völkerrechtlicher Verträge (1974); *Tenekides*, Les effets de la contrainte sur les traités à la lumière de la Convention de Vienne du 23 mai 1969, AFDI 20 (1974), S. 79 ff.; *Malawer*, Imposed Treaties and International Law (1977); *Napoletano*, Violenza e trattati nel diritto internazionale (1977).

[8] Historische Beispiele bei *Brosche* (letzte Anm.), S. 18 f.

[9] *Verdross*, S. 170. In vielen Fällen werden sich die beiden Formen des Zwanges verbinden; so die ILC, Yearbook 1966 II, S. 246, zu den Umständen des Abschlusses des deutsch-tschechischen Abkommens vom 15. März 1939.

[10] So lehrt schon *Grotius*, daß zwar die Friedensverträge grundsätzlich verbindlich sind, daß aber niemand verpflichtet sei, einen Vertrag zu erfüllen, der durch eine ungerechte Drohung oder durch Gewaltanwendung, die

Sieger in einem rechtmäßigen Krieg Zwang zur Durchsetzung seiner Ansprüche anwenden, sofern er nicht vertraglich, z. B. durch einen Vorfriedensvertrag, auf bestimmte Ansprüche verzichtet hatte.

§ 750 Durch die Entwicklung des umfassenden Verbotes zwischenstaatlicher Gewaltanwendung wurde der früheren Lehre *grundsätzlich* der Boden entzogen[11]. Den ersten Ansatz zu diesem Wandel bildet die bereits an anderer Stelle erwähnte „*Stimson-Doktrin*“ und ihre Anerkennung durch die Völkerbundversammlung 1932[12]. Durch Art. 2 Ziff. 4 der UN-Charta wurde dann jede zwischenstaatliche gewaltsame Selbsthilfe mit Ausnahme von Notwehr und Nothilfe (Art. 51 UN-Charta), also auch ein Zwang zur Durchsetzung von Rechten, verboten. Seither ist jeder Vertrag nichtig, der durch einen unter Verletzung der Grundsätze der Charta gegen einen Staat ausgeübten oder angedrohten Zwang herbeigeführt wurde[13]. Dies wird nunmehr durch Art. 52 der Wiener Konvention bestätigt. Aus der Fassung dieses Artikels ergibt sich, daß die darin formulierte Norm auch für Nichtmitglieder der UNO verbindlich ist, da dort nicht von einer Verletzung der UN-Charta, sondern der in der UN-Charta niedergelegten Grundsätze des VR gesprochen wird, die allgemein anerkannt sind. Die Norm des Art. 52 wird noch durch den Hinweis der Präambel unterstrichen, daß der Grundsatz der freien Zustimmung zu vr Verträgen (free consent) allgemein anerkannt ist.

§ 751 Von dieser Norm besteht jedoch eine Ausnahme, da Art. 75 verfügt, daß das Wiener Übereinkommen „keine mit einem Vertrag zusammenhängenden Verpflichtungen [berührt], welche sich für einen Aggressorstaat infolge von Maßnahmen ergeben können, die auf die Aggression des betreffenden Staates hin im Einklang mit der Satzung der Vereinten Nationen getroffen wurden“. Ein im Zuge einer Zwangsmaßnahme gemäß Kapitel VII der Charta einem Angreiferstaat auf-

---

gegen die vereinbarte Treue verstößt, erzwungen wurde: De iure belli ac pacis (1625), II, cap. XVII, § 17 - 19, und III, cap. XIX, §§ 11, 12. In dem einen „quasi-vr“ Konzessionsvertrag betreffenden *Aminoil*-Schiedsspruch vom 24. März 1982 wurde der zur Nichtigkeit führende Zwang wie folgt qualifiziert: „. . . it is not just pressure of any kind that will suffice to bring about a nullification. There must be a constraint invested with particular characteristics, which the legal systems of all countries have been at pains to define in terms either of the absence of any other possible course than that to which the consent was given, or of the illegal nature of the object in view, or of the means employed“: ILM 21 (1982), S. 1007 f.

[11] Vgl. auch §§ 80 f., 1337 (vr Beurteilung des Krieges), §§ 467 ff. (Gewaltverbot), §§ 490 ff. (Interventionsverbot), §§ 478, 750, 971 (gewaltsame Gebietsveränderungen), §§ 969 ff. (Untergang von Staaten).

[12] Unten § 971.

[13] So schon vor der Wiener Konvention *Verdross*, S. 170 f. Zustimmend auch der IGH im Zuständigkeitsurteil über die *Fisheries Jurisdiction*, ICJ Reports 1973, S. 59.

erlegter Vertrag ist also verbindlich. Haben jedoch die betroffenen Staaten vor oder nach Abschluß des Waffenstillstandes ein Abkommen über die Grundzüge des abzuschließenden Friedensvertrages geschlossen, dann wäre ein auferlegter Friedensvertrag, der Forderungen enthält, die durch dieses Abkommen nicht gedeckt sind, völkerrechtswidrig, da die in Art. 75 vorgesehene Ausnahmebestimmung vom Hauptgrundsatz (Art. 52) keine Anwendung findet, wenn mit dem Angreiferstaat ein „pactum de contrahendo" zustandegekommen ist, da ein solches, wie jeder vr Vertrag, gemäß Art. 26 *bona fide* zu erfüllen ist.

§ 752 Art. 2 Ziff. 4 der UN-Charta verbietet nur die Anwendung oder Androhung von militärischen Zwangsmitteln[14]. Ein auf der Wiener Vertragsrechtskonferenz gestellter Antrag, auch *durch wirtschaftlichen oder politischen Druck* erreichte Verträge als anfechtbar zu erklären, wurde abgelehnt. Eine von dieser Konferenz beschlossene und in ihre Schlußakte aufgenommene Deklaration verurteilt jedoch feierlich „the threat or use of pressure *in any form*, whether military, political or economic", um einen Staat zur Annahme einer Verpflichtung zu bewegen, die im Widerspruch zu den Prinzipien der souveränen Gleichheit der Staaten und der Freiheit des Konsenses steht[15].

G. Der Vertragsinhalt

I. Gegenseitigkeit der Rechte und Pflichten und „ungleiche Verträge"[1]

§ 753 Streng formal gesehen sind alle vr Verträge von Gegenseitigkeit geprägt: Sie gelten zwischen ihren Parteien. Ob sie darüber hinaus eine Reziprozität der Rechte und Pflichten begründen, ist eine andere Frage. Bejahendenfalls muß wiederum danach unterschieden werden, ob dieser Gegenseitigkeit auf normativer Ebene eine faktische Ausgewogenheit von Vorteilen und Belastungen entspricht oder nicht.

---

[14] Dazu oben § 476.

[15] Vgl. Official Records, Documents of the Conference, UN Doc. A/CONF. 39/11/Add. 2, S. 285 (Hervorhebung von uns).

Zur Entstehungsgeschichte *Simma*, Das Reziprozitätselement im Zustandekommen völkerrechtlicher Verträge (1972), S. 243 ff. (mit zahlreichen Nachweisen). Zum Problem *Murphy* (Jr.), Economic Duress and Unequal Treaties, VJIL 11 (1970 - 71), S. 51 ff. Wie die Deklaration der Wiener Konferenz schon die Nichteinmischungsdeklaration der UN-Generalversammlung vom 21. Dezember 1965, Res. 2131 (XX); später die „Friendly Relations"-Deklaration vom 24. Oktober 1970, Res. 2625 (XXV) (zu beiden § 491) und zuletzt die „Charter of Economic Rights and Duties of States", Res. 3281 (XXIX) vom 12. Dezember 1974, Art. 32.

[1] Dazu *Simma* (vorhergehende Anm.), S. 68 ff. und *passim* (mit weiteren Nachweisen); *Decaux*, La réciprocité en droit international (1980), S. 17 ff.

Das allgemeine VR enthält kein Gebot des Inhalts, daß vr Verträge zu ihrer Gültigkeit ein derartiges Gleichgewicht von Leistungen und Gegenleistungen verwirklichen müssen. Die Ausgestaltung des Vertragsinhaltes unterliegt der freien Entscheidung der beteiligten Staaten. Daraus ergibt sich, daß sog. „ungleiche Verträge" nicht wegen der Unausgewogenheit ihrer Rechte und Pflichten als solcher, sondern höchstens wegen der *Bedingungen* angefochten werden können, unter denen diese Ungleichheit zustandekam, also etwa wegen völkerrechtswidrigen Zwanges zum Vertragsabschluß[2]. Die Erfüllung *nachträglich* „ungleich" gewordener Verträge könnte nur unter besonders schwerwiegenden Umständen unter Berufung auf die *Clausula rebus sic stantibus* eingestellt werden[3]. Dessenungeachtet bietet Gegenseitigkeit der Vorteile aus einem vr Vertrag die wirksamste Garantie seiner getreuen Befolgung[4].

§ 754 Während herkömmliche vr Verträge gegenseitige Beziehungen normieren, fehlt dem Typus der Verträge zum Schutze der *Menschenrechte* dieses Element einer eigentlichen *Zwischen*staatlichkeit des geregelten Lebenssachverhalts ganz oder doch überwiegend. Solche Übereinkommen dienen dem Schutz von Einzelnen oder Gruppen gegen die Staatsgewalt oder ordnen deren Tätigwerden zugunsten dieser gerade nicht wegen der Zugehörigkeit der zu Schützenden zu einer anderen Vertragspartei an, wie es dem Leitgedanken des traditionellen Fremdenrechts entspräche[5]. Vielmehr übernehmen die Vertragsstaaten hier vr Verhaltenspflichten auch, ja vor allem, zugunsten ihrer eigenen Angehörigen[6]. Diese Besonderheit hat einige Autoren bewogen, menschenrechtliche Vertragspflichten als „objektive" oder „absolute" Verpflichtungen zu charakterisieren, die weder auf juristischer Ebene noch unter praktischen Gesichtspunkten irgendwelchen Reziprozitätserwägungen unterworfen seien[7].

Der Umstand, daß es den Parteien solcher Verträge nicht darum geht, sich — gleichsam auf dem Tauschwege — Begünstigungen zuzugestehen, darf jedoch nicht zu voreiligen Schlüssen verleiten. Der IGH hat

---

[2] Oben §§ 748 ff.

[3] Unten §§ 828 ff. In seinen Zuständigkeitsurteilen in den *Fisheries Jurisdiction* Cases vom 2. Februar 1973 hat der IGH ein dahingehendes isländisches Argument abgelehnt; vgl. ebd.
Aus der neueren Staatenpraxis vgl. die Argumentation des Iran anläßlich des am 19. April 1969 erfolgten Rücktritts von einem 1937 mit dem Irak abgeschlossenen Vertrag über die Grenzziehung und Schiffahrt auf dem *Schatt-el-Arab*, wiedergegeben unten § 836.

[4] *Simma* (§ 752 Anm. 15), S. 130 ff.

[5] Darüber unten § 1209.

[6] Vgl. *Simma* (§ 752, Anm. 15), S. 161 ff., 168 f.

[7] Vgl. die Nachweise ebd.

in seinem Urteil 1966 im *South West Africa* Case unter ausdrücklichem Hinweis auf humanitäre Verträge festgehalten, daß „ a legal right or interest need not necessarily relate to anything material or ‚tangible', and can be infringed even though no prejudice of a material kind has been suffered ... States may be entitled to uphold some general principle even though the particular contravention of it alleged has not affected their own material interests"[8]. Auch Verträge zum Schutz der Menschenrechte begründen also gegenseitige Rechte und Pflichten zwischen den Parteien *ut singuli*[9], und zwar dergestalt, daß jeder Vertragsstaat allen anderen Parteien gegenüber zur Vertragserfüllung verpflichtet und umgekehrt auch berechtigt ist, von jeder anderen Partei Erfüllung zu verlangen, wobei ihm zur Durchsetzung dieses Anspruchs neben vertraglich vereinbarten Sicherungsverfahren notfalls alle Mittel erlaubter Selbsthilfe zur Verfügung stehen[10].

---

[8] *South West Africa, Second Phase,* ICJ Reports 1966, S. 32.

[9] In ihrer Entscheidung vom 11. Januar 1961 über die Zulässigkeit der Beschwerde Österreichs gegen Italien im *Pfunders*-Fall vertrat die Europäische Menschenrechtskommission die Auffassung, daß „[E]n concluant la Convention, les États Contractants n'ont pas voulu se concéder des droits et obligations réciproques utiles à la poursuite de leurs intérêts nationaux respectifs, mais réaliser les objectifs et idéaux du Conseil de l'Europe, tels que les énonce le Statut, et instaurer un ordre public communautaire ...

[L]es obligations souscrites par les États Contractants dans la Convention ont éssentiellement un caractère objectif, du fait qu'elles visent à protéger les droits fondamentaux des particuliers contre les empiètements des États Contractants, plutôt qu'à créer des droits subjectifs et réciproques entre ces derniers ... [L]e caractère objectif desdits engagements apparaît également dans le mécanisme érigé dans la Convention pour en garantir le respect ... [U]n État Contractant, lorsqu'il saisit la Commission en vertu de l'article 24, ne doit donc pas être considéré comme agissant pour faire respecter ses droits propres, mais plutôt comme soumettant à la Commission une question qui touche à l'ordre public de l'Europe": Yearbook of the European Convention on Human Rights 1961, S. 139, 141.

Demgegenüber erklärte der Europäische Gerichtshof für Menschenrechte in seinem Urteil vom 18. Januar 1978 im Falle *Irland g. Großbritannien:* „A la différence des traités internationaux de type classique, la Convention *déborde* le cadre de la simple réciprocité entre États contractants. *En sus* d'un réseau d'engagements synallagmatiques bilatéraux, elle crée des obligations objectives qui, ... bénéficient d'une garantie collective": Series A, No. 25, S. 90 f. (Hervorhebungen von uns).

[10] In diesem Sinne *Arangio-Ruiz,* Human Rights and Non-Intervention in the Helsinki Final Act, RdC 157 (1977 IV), S. 240 f., 242, 246 ff., 303 ff.; *Simma,* Zur bilateralen Durchsetzung vertraglich verankerter Menschenrechte: Aktivlegitimation und zulässige Mittel nach allgemeinem Völkerrecht, in: *Schreuer* (Hrsg.), Autorität und internationale Ordnung (1979), S. 129 ff.; *derselbe / Steiner,* Völkerrechtliche Möglichkeiten der Durchsetzung vertraglich garantierter Menschenrechte für Deutsche gegenüber den Staaten Osteuropas, in: *Simma / Steiner / Kriele,* Menschenrechte für Deutsche in Osteuropa (1980), S. 33 ff.; *derselbe,* Fragen der zwischenstaatlichen Durchsetzung vertraglich vereinbarter Menschenrechte, FS Schlochauer, S. 635 ff.: *Decaux,* La réciprocité en droit international (1980), S. 325 ff.; E. *Klein,* Statusverträge im Völkerrecht (1980), S. 53 ff., 225 ff.; *Henkin,* in: *derselbe* (Hrsg.), The International Bill of Rights (1981), S. 15, 17; *Lattanzi,* Garanzie

II. Verträge unter Verletzung des völkerrechtlichen ius cogens

§ 755 Wie schon ausgeführt wurde[11], bestimmt Art. 53 der Wiener Konvention, daß jeder Vertrag nichtig ist, der im Zeitpunkt seines Abschlusses einer zwingenden Norm des allgemeinen VR widerspricht. Ferner verfügt Art. 64, daß ein anfänglich gültiger Vertrag nichtig wird und erlischt, wenn eine ihm widersprechende Norm des *ius cogens* entsteht.

Die herausragende Bedeutung dieses Nichtigkeits- bzw. Endigungsgrundes wurde unter anderem durch die Festlegung eines eigenen Streiterledigungsverfahrens (Art. 66 lit. a[12]) und besonders weitgehender Rechtsfolgen der Ungültigkeit (Art. 44 Abs. 5 und 71)[13] unterstrichen.

III. Die Bestimmtheit des Vertragsinhalts

§ 756 Wir haben bereits im vorhergehenden Abschnitt darauf hingewiesen, daß ein gültiger vr Vertrag nicht zustandekommen kann, wenn der vereinbarte Inhalt zu unbestimmt ist, um erkennen zu lassen, was die Vertragsteile gewollt haben. Andererseits finden sich in vr Verträgen, insbesondere in solchen hochpolitischer Natur, sehr häufig unbestimmte, mehrdeutige oder verschwommene Begriffe, die von den Parteien sehr wohl gewollt sind. Zu solchen „dilatorischen Formelkompromissen"[14] wird nämlich Zuflucht genommen, um trotz unbehebbarer Uneinigkeit in konkreten Fragen zu einem erwünschten Vertragsabschluß

---

dei diritti dell'uomo nel diritto internazionale generale (1983); *Ritterband* (§ 1233, Anm. 1). Ebenso Tentative Draft No. 3 des Restatement of the Foreign Relations Law of the United States (Revised), vgl. AJIL 76 (1982), S. 656.

Vgl. ferner die tiefschürfenden Auseinandersetzungen mit der Frage, welche Staaten bei der Verletzung verschiedener Typen von „objective regimes" zu welchen Gegenmaßnahmen berechtigt sein sollen, in den Berichten *Riphagens* an die ILC zum zweiten Teil des Kodifikationsprojekts Staatenverantwortlichkeit (1980 ff.); zuletzt im 4. Bericht, UN Doc. A/CN.4/366/Add. 1, vom 15. April 1983, S. 16 ff.; sowie die im 5. Bericht, UN Doc. A/CN. 4/380 (1984) vorgeschlagenen Art. 5 lit. d und e und 9 Abs. 1.

Zum ganzen auch unten §§ 814, 1343.

[11] Oben § 525.

[12] Unten § 840.

[13] Unten §§ 842, 846.

[14] Der Ausdruck stammt von Carl *Schmitt:* Verfassungslehre (1928), S. 31 ff.: „Man könnte sie Scheinkompromisse nennen, weil sie keine durch beiderseitiges Nachgeben gewonnene sachliche Entscheidung treffen, sondern ihr Wesen gerade darin besteht, diese Entscheidung hinauszuschieben und zu vertagen. Der Kompromiß besteht dann nämlich darin, eine Formel zu finden, die allen widersprechenden Forderungen genügt und in einer mehrdeutigen Redewendung die eigentlichen Streitpunkte unentschieden läßt. Sie enthält also nur ein äußerliches sprachliches Nebeneinander sachlich unvereinbarer Inhalte" (ebd., S. 31 f.). Vgl. auch *Bilder,* Managing the Risks of International Agreement (1981), S. 37 ff.

gelangen zu können[15]. Die vertragliche Rücksichtnahme auf einen Dissens im Vertragsschlußverfahren kann sich bis zu einem „agreement to disagree" steigern, d. h. bis zu der ausdrücklichen vertraglichen Festlegung, daß sich die Vertragsteile in bestimmten Punkten nach wie vor uneinig sind und an ihren unterschiedlichen Auffassungen festhalten wollen[16].

Auf diese Fälle der Infizierung vr Vereinbarungen mit „soft law"-Charakteristika[17] die strengen Maßstäbe moderner Privatrechtsordnungen anzuwenden und demgemäß die Unverbindlichkeit der durch solche Eigenarten geprägten Verträge oder Vertragsbestimmungen anzunehmen, wäre verfehlt. Ebenso verfehlt wäre der Versuch, durch die in Art. 31 Abs. 1 der Vertragsrechtskonvention genannten Auslegungsmittel[18] *einen* bestimmten Norminhalt festlegen zu wollen. Dagegen kommt hier dem Verhalten der Parteien *nach Vertragsabschluß* für die Auslegung entscheidende Bedeutung zu[19].

H. Verträge zugunsten und zulasten Dritter

I. Der leitende Grundsatz

§ 757 Art. 34 der Wiener Konvention stellt die allgemeine Regel auf, daß ein vr Vertrag für einen Drittstaat ohne dessen Zustimmung weder Rechte noch Pflichten begründet: *Pacta tertiis nec nocent nec prosunt.*

Es fragt sich, ob von diesem Leitsatz Ausnahmen bestehen[1].

---

[15] Dazu *Iklé*, How Nations Negotiate (1964), S. 7 ff.; *Grewe*, Spiel der Kräfte in der Weltpolitik (1970), S. 553 ff. Einen wahren Tummelplatz derartiger Formulierungen stellen die Ostverträge der Bundesrepublik Deutschland und das Viermächte-Abkommen über Berlin 1971 dar; vgl. die Angaben bei *Simma*, Consent: Strains in the Treaty System, in: The Structure and Process of International Law (§ 10, Anm. 1), S. 491 ff.

Ebenso wie in vr Verträgen finden dilatorische Formelkompromisse auch in *Beschlüssen internationaler Organisationen* Anwendung. Das wohl berühmteste Beispiel bildet die Resolution des UN-Sicherheitsrates 242 (1967) über den Nahostkonflikt; vgl. dazu *Brügel*, Die Resolutionen 242 und 338, EA 29 (1974), S. 123 ff., und oben § 159.

[16] Bekannte Beispiele bilden der sog. „Luxemburger Kompromiß" vom 29. Januar 1966 über die Beschränkung der Anwendung von Mehrheitsbeschlüssen im Rat der Europäischen Gemeinschaften (dazu statt aller *Ipsen*, Europäisches Gemeinschaftsrecht [1972], S. 497 ff.), sowie die Ausklammerung der „nationalen Frage" aus dem Grundvertrag zwischen der Bundesrepublik Deutschland und der Deutschen Demokratischen Republik (dazu *Simma* [letzte Anm.], S. 493; *derselbe*, Der Grundvertrag und das Recht der völkerrechtlichen Verträge, AÖR 100 [1975], S. 14 ff.).

[17] Vgl. oben §§ 654 ff.

[18] Oben §§ 776 ff.

[19] Dazu Art. 31 Abs. 3 lit. b der Wiener Konvention und zu dem nicht in den Konventionstext aufgenommenen Art. 38 des ILC-Entwurfs 1966 („Modification of treaties by subsequent practice") unten § 793.

II. Verträge zugunsten Dritter[1]

§ 758 Hier muß zwischen einer bloßen *Begünstigung* und einer echten *Berechtigung* dritter Staaten unterschieden werden. So ist es zweifelhaft, ob Art. III des zwischen den Vereinigten Staaten und Großbritannien am 18. November 1901 abgeschlossenen sog. Hay-Pauncefote-Vertrags, der den Schiffen aller Staaten erlaubt, in Friedenszeiten den Panama-Kanal zu benutzen[3], dritten Staaten ein subjektives Recht darauf einräumen oder sie bloß (in einer Art Reflexwirkung der Rechte der Parteien) begünstigen will. Die Vereinigten Staaten haben 1977 im Zusammenhang mit dem Abschluß der neuen Kanalverträge ihre Auffassung bekräftigt, daß es sich bei dem Hay-Pauncefote-Vertrag um keinen echten Vertrag zugunsten Dritter handle[4].

Dagegen räumen *Beitrittsklauseln* in offenen Verträgen den durch sie eingeladenen Staaten ein *Recht* zum Beitritt ein[5].

§ 759 Ein Vertrag kann aber einem dritten Staat auch eine Berechtigung einräumen, ohne ihn zu ermächtigen, dem Vertrage beizutreten. So anerkannte der StIGH in seinem Urteil vom 7. Juni 1932 über die *Free Zones of Upper Savoy and the District of Gex*, daß die Erklärung der europäischen Mächte vom 20. November 1815 zugunsten der daran nicht beteiligten Schweiz ein Recht auf Zurücknahme der französischen Zollinie hinter die politische Grenze des Bezirkes Gex, also ein Recht auf diese Freizone schaffen wollte, auf das sich die Schweiz sollte berufen können. Der Gerichtshof fügte aber hinzu, daß die Einräumung eines solchen subjektiven Rechtes nicht vermutet werden darf (cannot be lightly presumed). Es besteht nur, wenn sich aus Verträgen oder sonstwie ergibt, daß die Vertragsstaaten ein derartiges Recht begründen wollten[6].

---

[1] Dazu *Kojanec*, Trattati e terzi stati (1961); *Braud*, Recherches sur l'Etat tiers en droit international public, RGDIP 72 (1968), S. 17 ff.; *Rozakis*, Treaties and Third States: a Study in the Reinforcement of the Consensual Standards in International Law, ZaöRV 35 (1975), S. 1 ff.; *Cahier*, Le problème des effets des traités à l'égard des Etats tiers, RdC 143 (1974 III), S. 589 ff.; *Wetzel*, Verträge zugunsten und zu Lasten Dritter nach der Wiener Vertragsrechtskonvention (1973); *Lee*, The Law of the Sea Convention and Third States, AJIL 77 (1983), S. 541 ff.

[2] Dazu neben dem in Anm. 1 angeführten Schrifttum *Jiménez de Aréchaga*, Treaty Stipulations in Favor of Third States, AJIL 50 (1956), S. 338 ff.

[3] Text bei *Berber*, Dokumente I, S. 1450 ff.

[4] US Digest 1978, S. 700 ff. Vgl. ebd., S. 1065, wonach Großbritannien den Hay-Pauncefote-Vertrag durch den Vertrag über dauernde Neutralität und Betrieb des Panama-Kanals 1977 (unten § 1037) nicht als verletzt ansieht.

[5] Eine solche Klausel enthält z. B. die Konvention von Konstantinopel vom 29. Oktober 1888 über die Benutzung des Suezkanals, Text bei *Berber*, Dokumente I, S. 1463 ff. Vgl. auch oben § 713.

[6] Series A/B, No. 46, S. 147 f.

§ 760 Dabei erhebt sich die Frage, in welchem Augenblick ein solches Recht entsteht. In der ILC waren die Auffassungen darüber geteilt. Einige ihrer Mitglieder vertraten die Meinung, daß mit dem Inkrafttreten des Vertrages auch das in ihm dritten Staaten gewährte Recht begründet werde. Dagegen wurde von anderen Kommissionsmitgliedern geltend gemacht, daß ein solches Recht erst mit seiner Annahme durch den dritten Staat entstehe, da man keinem Staate ein Recht gegen seinen Willen auferlegen könne[7]. Von einer solchen Auferlegung kann jedoch keine Rede sein, da es dem dritten Staat ja freisteht, von dem ihm eingeräumten Recht Gebrauch zu machen oder nicht. Art. 36 der Wiener Konvention löst diesen Streit durch eine Kompromißformel. Danach wird ein Drittstaat durch eine Vertragsbestimmung berechtigt, wenn die Vertragsparteien beabsichtigen, dadurch dem Drittstaat oder einer Staatengruppe, zu der er gehört, oder allen Staaten ein Recht einzuräumen, und der Drittstaat dem *zustimmt.* Sofern der Vertrag nichts anderes vorsieht, wird die Zustimmung aber *vermutet,* solange nicht das Gegenteil erkennbar wird. Art. 37 Abs. 2 läßt folgerichtig den *Widerruf* oder die *Änderung* eines solchen Rechts ebenfalls nur mit Zustimmung des dritten Staates zu, da ein mit seinem Willen begründetes Recht nicht einseitig modifiziert werden kann. So ist sicher, daß ein Vertrag, der dritten Staaten ein Recht zum Beitritt einräumt, nicht mehr ohne deren Willen geändert werden kann[8], sobald sie dem Vertrag beigetreten sind[9].

§ 761 Daneben gibt es jedoch vr Verträge, die dritten Staaten Rechte einräumen, ohne ihre Zustimmung oder Ablehnung abzuwarten. So bestimmt Art. 35 Abs. 2 der Charta, daß ein Nichtmitglied der UNO die Aufmerksamkeit des Sicherheitsrats oder der Generalversammlung unter bestimmten Bedingungen auf jeden Streitfall lenken kann, in dem es Partei ist. Damit wird diesen Staaten ein Anspruch gegenüber den genannten UN-Organen eingeräumt, ohne von ihnen eine Stellungnahme dazu zu fordern, da eine *Inanspruchnahme* dieser Ermächtigung in einem konkreten Streitfall von einer *Annahme* des Art. 35 Abs. 2 der Charta deshalb unterschieden werden muß, weil jene die Geltung dieser Norm zur Voraussetzung hat.

Da dieses den Nichtmitgliedern der UNO eingeräumte Recht ohne ihre Zustimmung ausschließlich auf Grund der UN-Charta besteht, kann es auch ohne ihre Zustimmung abgeändert oder aufgehoben werden.

---

[7] Bericht 1966, ILC-Yearbook 1966 II, S. 228 f.

[8] Dazu unten § 794.

[9] Ein Beitritt kann aber nicht i. S. des Art. 36 vermutet werden, sondern muß sich aus einer ausdrücklichen Erklärung ergeben.

§ 762 Durch einen Vertrag können auch *Individuen* vr Rechte eingeräumt werden. Aber auch hier muß scharf zwischen einer echten Berechtigung und einer bloßen Begünstigung von Einzelmenschen unterschieden werden, die als Reflex aus den Rechten und Pflichten der Vertragsstaaten entstehen kann. Echte vr Individualrechte bestehen gegenwärtig vor allem auf Grund der Europäischen Menschenrechtskonvention 1950[10].

§ 763 Enthält ein Vertrag eine *Meistbegünstigungsklausel* (most-favored-nation clause, clause de la nation la plus favorisée), so wirken gewisse spätere Verträge seiner Parteien mit anderen Staaten ähnlich wie Verträge zugunsten Dritter. Die Meistbegünstigungsklausel bestimmt, daß sich die Vertragsstaaten gegenseitig jene Rechte einräumen, die sie einem dritten Staat zugestanden haben oder während der Geltungsdauer des Vertrages zugestehen werden[11]. Sie bezieht sich überwiegend auf den Wirtschaftsverkehr, findet aber auch auf anderen Gebieten Anwendung (diplomatische und konsularische Vorrechte, Fremdenrecht, Verkehrswesen usw.). Die Meistbegünstigung kann durch solche Klauseln entweder *unbedingt* (heute allgemein üblich) oder nur unter der Voraussetzung eingeräumt werden, daß der Vertragspartner dieselbe oder eine gleichwertige Gegenleistung gewährt wie der meistbegünstigte Staat (*bedingte* Meistbegünstigung)[12].

Von der wirtschaftsrechtlichen Meistbegünstigung wurden üblicherweise der kleine Grenzverkehr, Zollunionen und Freihandelszonen sowie Präferenzsysteme auf der Basis einer engeren nationalen, kulturellen oder wirtschaftlichen Verbindung (Nachbarrechts- und Regionalklauseln, Commonwealth-Präferenzen usw.) ausgenommen. Nach dem

---

[10] Zum ganzen oben § 3 und eingehender § 425.

[11] Aus dem umfangreichen Schrifttum statt aller *Dahm*, Völkerrecht, Bd. 2 (1961), S. 592 ff.; *Jaenicke*, Meistbegünstigungsklausel, WV II, S. 497 ff.; *Pescatore*, La clause de la nation la plus favorisée dans les conventions multilatérales, Rapport provisoire und Rapport définitif für das Institut de Droit international, Annuaire IDI 53 I (1969), S. 1 ff.; *Sauvignon*, La clause de la nation la plus favorisée (1972); *Decaux*, La réciprocité en droit international (1980), S. 185 ff.

Die ILC hat im Jahre 1978 auf der Grundlage von Berichten ihrer Special Rapporteurs *Ustor* und *Ushakov* 30 Draft Articles on Most Favoured-Nation Clauses verabschiedet und der UN-Generalversammlung vorgelegt (ILC-Yearbook 1978 II, Part Two, S. 8 ff.), die wegen der wirtschaftspolitischen Umstrittenheit des Gegenstandes noch nicht entschieden hat, ob dieser Entwurf in eine Konvention münden soll.

[12] Sind sich die Parteien über die Gleichheit der Gegenleistung nicht einig, so nimmt die bedingte Klausel den Charakter eines *pactum de contrahendo* an, dazu oben § 548. In aller Regel wird die Meistbegünstigung auf *Gegenseitigkeit* gewährt. Historische Ausnahmen fanden sich in „ungleichen" Verträgen mit außereuropäischen Staaten oder etwa im Friedensvertrag von Versailles.

Zweiten Weltkrieg hat das GATT die Gewährung der Meistbegünstigung multilateralisiert[13].

III. Verträge zulasten Dritter[14]

§ 764 Nach Art. 35 der Wiener Konvention können Vertragsbestimmungen zu Lasten dritter Staaten nur mit deren (schriftlicher) Zustimmung begründet und gemäß Art. 37 Abs. 1 auch nur auf diese Weise wieder modifiziert werden. Dies ist grundsätzlich allgemein anerkannt[15].

§ 765 In der Völkerrechtslehre ist jedoch umstritten, ob von dieser Regel *Ausnahmen* bestehen.

Vor allem wird darauf hingewiesen, daß durch verschiedene vr Verträge *neue Staaten* (die Republik Krakau durch Art. 6 der Wiener Kongreßakte vom 9. Juni 1815, die Freie Stadt Danzig durch die Art. 100 ff. des Friedensvertrages von Versailles 1919, das Freie Territorium von Triest durch Art. 21 des Friedensvertrages mit Italien vom 10. Februar 1947, Zypern durch die Verträge von Zürich und London 1959/60) geschaffen und mit bestimmten Pflichten ohne ihre Zustimmung belastet wurden. Diese Gebilde konnten jedoch nur begründet werden, weil ihr Gebiet zu diesem Zeitpunkt der *Verfügungsgewalt* der Vertragsteile unterstellt war. Sie mußten sich daher der ihnen von diesen Staaten einvernehmlich abgesteckten Ordnung fügen, um überhaupt ins Leben treten und existieren zu können. Für die unbeteiligten dritten Staaten stellt sich die Lage wie in den Normalfällen der Staatsentstehung dar: Sie müssen die Völkerrechtssubjektivität und die Grundrechte des neuen Gebildes respektieren, auch wenn sie es nicht als Staat anerkennen.

---

[13] Dazu oben §§ 362 f. Der ILC-Entwurf 1978 berücksichtigt die Tendenz zur Auflösung dieses GATT-Grundsatzes der allgemeinen Meistbegünstigung zugunsten einer „positiven Diskriminierung" der Entwicklungsländer (vgl. oben §§ 362, 454) in seinem Art. 23, wonach sich ein begünstigter Staat nicht auf die Meistbegünstigungsklausel berufen kann, um in den Genuß der Vorzugsbehandlung zu kommen, die ein entwickelter Staat einem Entwicklungsland als Drittstaat im Rahmen *allgemeiner Präferenzsysteme* gewährt, wie sie von den Europäischen Gemeinschaften und den Vereinigten Staaten auf Drängen der UNCTAD errichtet wurden. Gemäß Art. 24 gewährt eine Meistbegünstigungsklausel einem entwickelten Staat keinen Anspruch auf eine handelspolitische Vorzugsbehandlung, die ein Entwicklungsland einem anderen Entwicklungsland einräumt. Nach Art. 30 soll die Schaffung neuer Völkerrechtsregeln zugunsten der Entwicklungsländer von dem Entwurf unberührt bleiben.

[14] Dazu neben dem in Anm. 1 angeführten Schrifttum *Kelsen,* Traités internationaux à la charge des Etats tiers, in: Mélanges Mahaim (1935), Bd. II, S. 164 ff.; *Ballreich,* Völkerrechtliche Verträge zu Lasten Dritter, in: Festschrift für Bilfinger (1954), S. 1 ff.; *derselbe,* WV III, S. 544 ff.; *Pahr,* Der Vertrag zu Lasten Dritter im Völkerrecht, ÖZöffR 6 (1955), S. 600 ff.; *Lachs* (oben § 533, Anm. 2), S. 313 ff.

[15] Auch vom StIGH in dem bereits im vorhergehenden Unterabschnitt erwähnten *Free Zones* Case, A/B, No. 46, S. 141.

Als weitere Ausnahme wird der Grundsatz angeführt, daß ein Gebietsnachfolger an jene Verträge seines Gebietsvorgängers gebunden ist, die einen *bestimmten Gebietsteil* betreffen[16]. So hat der StIGH in dem bereits erwähnten *Free Zones* Case anerkannt, daß Frankreich als Gebietsnachfolger Sardiniens das durch die Verträge von 1815/16 geschaffene Regime zu respektieren habe (que doit respecter la France, comme ayant succédé ... dans la souveraineté sur ledit territoire)[17]. In ähnlicher Weise hat die vom Völkerbund zur Feststellung der Rechtslage der *Aalandsinseln* eingesetzte Juristenkommission ausgesprochen, daß Verträge, die objektive Ordnungen (un véritable droit objectif, de vrais statuts politiques) errichten, über die Vertragsstaaten hinaus wirksam sind[18]. Die (noch nicht in Kraft getretene) Wiener Konvention über die Staatennachfolge in vr Verträge vom 23. August 1978 erkennt dagegen in ihren Art. 11 ff. nur die Weitergeltung der Grenzverträge sowie jener territorialen Servituten an, die im Interesse des betroffenen Gebietes, aller Staaten oder einer Staatengruppe begründet wurden[19]. Auch die Verträge, die für internationale Wasserstraßen und Kanäle (z. B. Panama-, Suez-, Kieler Kanal)[20] eine Nutzungsordnung festlegen, werden oft als vr Verträge zulasten Dritter genannt.

Ferner ist unbestritten, daß ein Staat auf dem Gebiet eines anderen Staates die Paß- und Zollkontrolle zu Lasten seiner Angehörigen durch einen dritten Staat zu dulden hat, wenn diesem ein dahingehendes Recht auf einem Grenzbahnhof oder während der Fahrt vom Territorialstaat vertraglich eingeräumt wurde.

Als weitere Beispiele für vr Verträge zulasten Dritter werden vertragliche Beschränkungen der territorialen Souveränität, Zessionsverträge, Verträge, durch welche die Handlungsfähigkeit eines Staates beschnitten wird, und schließlich Verträge über die Gründung internationaler Organisationen angeführt.

§ 766 In all diesen Fällen handelt es sich jedoch nicht um Pflichten, die für einen Staat aus einem Vertrag *inter alios* erwachsen. Die Frage ist hier vielmehr, ob und inwieweit dritte Staaten verpflichtet sind, die

---

[16] Dazu genauer §§ 988 ff.

[17] (Anm. 15), S. 145.

[18] Journal officiel des Völkerbundes, Spec. Supplement 3 (Oktober 1920), S. 17 ff.; dazu Lord *McNair*, A Note on Pacta Tertiis, in: Festschrift für J. P. A. François (1959), S. 188 ff. Diese Auffassung knüpft an Gedankengänge des früheren „droit public de l'Europe" an, wonach die durch das Europäische Konzert beschlossenen „international settlements" für die gesamte damalige Staatengemeinschaft verbindlich sein sollten; vgl. unten §§ 988 ff. Dazu grundlegend E. *Klein*, Statusverträge im Völkerrecht. Rechtsfragen territorialer Sonderregime (1980).

[19] Unten §§ 990 ff.

[20] Dazu unten §§ 1035 ff.

durch gültige vr Verträge dritter Staaten begründeten *Zustände* zu respektieren.

§ 767 Von einer derartigen Verpflichtung ist einmal für den Fall der Gebietszession auszugehen, der eine unmittelbare rechtsändernde Wirkung *erga omnes* kraft VGR zukommt[21]. Das gleiche gilt für die Zuerkennung von Völkerrechtssubjektivität an universelle internationale Organisationen. In diesem Sinne führt das Rechtsgutachten des IGH vom 11. April 1949 über *Reparation for Injuries Suffered in the Service of the United Nations* aus, daß die Gründerstaaten der UNO ein neues Völkerrechtssubjekt mit Rechtspersönlichkeit *erga omnes* begründen konnten, das auch gegenüber den Nichtmitgliedern diplomatische Reklamationen zugunsten seiner Bediensteten erheben kann[22].

§ 768 In anderen Fällen folgt die „Drittwirkung" einer vertraglich getroffenen gebietsbezogenen Regelung *ipso iure* aus der Verfügungsberechtigung derjenigen Vertragspartei, der die (*erga omnes* wirkende) territoriale Souveränität bzw. die Gebietshoheit über das betreffende Gebiet zusteht[23].

§ 769 In den übrigen Bereichen hat sich eine *ipso iure*-„Drittwirkung" vertraglich begründeter Zustände noch nicht eindeutig entwickelt. Dritte Staaten brauchen solche vertraglichen Regelungen also nur gegen sich wirken zu lassen, wenn sie sie vorher (ausdrücklich oder stillschweigend) anerkannt haben. Dies gilt etwa für vertragliche Beschränkungen der staatlichen Handlungsfähigkeit[24], aber auch für die — meist multilateralen — Verträge, die im allgemeinen Interesse eine gebietsbezogene Ordnung errichten, die *erga omnes* wirksam sein soll *(Statusverträge)*, wie der Antarktisvertrag 1959[25], das Meeresboden-(Tiefseebergbau-)Regime des UN-Seerechtsübereinkommens 1982[26] oder die Statusbestimmungen in den vr Verträgen über den Weltraum[27].

§ 770 Wie E. Klein nachweist, tritt die Verbindlichkeit einer solchen territorialen Ordnung für Dritte, soweit sie für diese neue Rechtspflichten begründen will[28], nicht automatisch ein, „diese beruht viel-

---

[21] So der Schiedsspruch vom 24. März 1922 in der *Affaire des frontières colombo-vénézuéliennes*, RIAA I, S. 279. Ferner *Verdross*, Staatsgebiet, Staatengemeinschaftsgebiet, Staatengebiet, NZIR 37 (1927), S. 299 f., und unten § 1157.

[22] ICJ Reports 1949, S. 178 f., 185.

[23] Zu diesen Begriffen ausführlich unten §§ 1038 ff. Zum Text *Geiger*, Die völkerrechtliche Beschränkung der Vertragsschlußfähigkeit von Staaten (1979), S. 220 ff.

[24] Vgl. *Geiger* (letzte Anm.), S. 226 ff. Zu Art. 6 der Wiener Vertragsrechtskonvention oben §§ 675 ff.

[25] Dazu unten §§ 1147 f.

[26] Unten §§ 1138 ff.

[27] Unten §§ 1151 f.

mehr auf der Zuerkennung der von den Parteien in Anspruch genommenen Kompetenz zur Regelung einer Angelegenheit des allgemeinen Interesses durch die übrigen, am Vertrag nicht beteiligten Staaten. Gegenüber den zuerkennenden Staaten verfügen die Vertragsparteien über eine von der bloßen Ordnungs*behauptung* zu einer völkerrechtlichen Kompetenz erstarkte Regelungsbefugnis *erga omnes*. Die im Vertrag erhobene Gemeinwohlbehauptung in Verbindung mit der Mitwirkung des zur Regelung territorial Zuständigen verpflichtet die Nichtvertragsstaaten zur abwehrenden Reaktion, ohne die von der Zuerkennung der in Anspruch genommenen Befugnis durch ihre Seite auszugehen ist"[29].

Wir ersehen daraus, daß die vom Hauptgrundsatz behaupteten Ausnahmen auch im Falle der Statusverträge bloße Scheinausnahmen sind.

Was die Mittel anbetrifft, mit denen die Unterwerfung dritter Staaten unter ein *inter alios* begründetes territoriales Regime herbeigeführt werden soll, so versteht es sich, daß sie sich im Rahmen des VR halten müssen. In diesem Sinne verpflichtet Art. X des Antarktisvertrages dessen Parteien, „geeignete, *im Einklang mit der Charta der Vereinten Nationen stehende* Anstrengungen zu unternehmen, um zu verhindern, daß in der Antarktis eine Tätigkeit entgegen den Grundsätzen oder Zielen dieses Vertrags aufgenommen wird"[30].

§ 771 Ebensowenig liegt eine Ausnahme von der *Pacta tertiis*-Regel vor, wenn der Inhalt eines Vertrages über den Kreis der Vertragsstaaten hinaus eine *gewohnheitsrechtliche Anerkennung* erlangt (Art. 38). Unter welchen Voraussetzungen ein solcher Prozeß stattfinden kann, ist an anderer Stelle untersucht worden[31].

§ 772 Hingegen können durch vr Verträge *Einzelmenschen* unmittelbar verpflichtet werden[32]. So ist durch Art. 100 der Charta den Beamten der UNO ein bestimmtes Verhalten vorgeschrieben, das durch Disziplinarmaßnahmen sanktioniert wird (internes Staatengemeinschaftsrecht)[33].

---

[28] D. h. für dritte Staaten nicht bloß einen „Adressatenwechsel" zur Folge hat wie etwa ein Zessionsvertrag; vgl. *Klein*, Statusverträge im Völkerrecht (1980), S. 184 ff.

[29] *Klein*, S. 345.

[30] Dazu *Bilder*, Managing the Risks of International Agreement (1981), S. 71. Nach *Mosler* „it may be that the interest either of the whole community of States or of the States of a certain region in the maintenance of such a status is so clear that much can be said in favour of there being *an obligation to acquiesce in it*": The International Society as a Legal Community, RdC 140 (1974 IV), S. 236.

[31] Oben §§ 556, 581. Vgl. ferner *Rozakis* (Anm. 1), S. 25 ff.; *Akehurst*, Custom as a Source of International Law, BYIL 47 (1974 - 1975), S. 44 ff., 49 ff.

[32] Dazu eingehend oben §§ 439 ff.

[33] Oben §§ 208, 627.

§ 773 Gemäß Art. 75 berührt das Wiener Übereinkommen „keine mit einem Vertrag zusammenhängenden Verpflichtungen, welche sich für einen Aggressorstaat infolge von Maßnahmen ergeben können, die auf die Aggression des betreffenden Staates hin im Einklang mit der Satzung der Vereinten Nationen getroffen wurden“[34].

I. Die Auslegung völkerrechtlicher Verträge[1]

1. Einführung

§ 774 Auch im VR müssen wir zwischen der *authentischen* Auslegung, der *judiziellen* Auslegung durch internationale Gerichte und Schiedsgerichte, sowie der *individuellen* Auslegung durch die Parteien vr Verträge unterscheiden, zu der auch die Vertragsinterpretation durch nationale Gerichte zählt[2].

§ 775 Da es im VR kein zentrales Gesetzgebungsorgan gibt, kann eine *authentische* Auslegung nur durch das Einvernehmen der Vertragsstaaten vorgenommen werden[3]. Auf eine solche Auslegung weist Art. 31

---

[34] Zu dieser auf östliches Drängen unter Hinweis auf das „Potsdamer Abkommen“ 1945 hin beschlossenen Bestimmung, die wie ein erratischer Block die politische Neutralität der Wiener Konvention durchbricht, vgl. oben § 751; ferner *Wetzel* (Anm. 1); *Blumenwitz*, Die Ostverträge im Lichte des internationalen Vertragsrechts (1982), S. 13 ff.; sowie die Denkschrift zur Wiener Vertragsrechtskonvention, Bundestags-Drucksache 10/1004 vom 13. Februar 1984, S. 47.

[1] Dazu neben der bereits genannten allgemeinen Literatur zum Recht der Verträge *Neri*, Sull' interpretazione dei trattati nel diritto internazionale (1958); *Bentivoglio*, La funzione interpretativa nell'ordinamento internazionale (1958); Ch. *de Visscher*, Problèmes d'interprétation judiciaire en droit international public (1963); *Bernhardt*, Die Auslegung völkerrechtlicher Verträge insbesondere in der neueren Rechtsprechung internationaler Gerichte (1963); *derselbe*, Interpretation and Implied (Tacit) Modification of Treaties, ZaöRV 27 (1967), S. 491 ff.; *Degan*, L'interprétation des accords en droit international (1963); *Berlia*, Contribution à l'interprétation des traités, RdC 114 (1965 I), S. 283 ff.; *Tammelo*, Treaty Interpretation and Practical Reason (1967); *McDougal / Lasswell / Miller*, The Interpretation of Agreements and World Public Order (1967); dazu *Fitzmaurice*, *Vae Victis* or Woe to the Negotiators! Your Treaty or Our „Interpretation“ of It?, AJIL 65 (1971), S. 358 ff.; *Haraszti*, Some Fundamental Problems of the Law of Treaties (1973), S. 113 ff.; *Müller*, Vertrauensschutz im Völkerrecht (1971), S. 119 ff.; *Sur*, L'interprétation en droit international public (1974); *Yasseen*, L'interprétation des traités d'après la Convention de Vienne sur le droit des traités, RdC 151 (1976 III), S. 1 ff.; *Bos*, Theory and Practice of Treaty Interpretation, NILR 27 (1980), S. 3 ff.

Diese Werke gewähren einen vollständigen Überblick über das umfangreiche ältere Schrifttum und die Diskussion im Rahmen des Institut de Droit international.

[2] Zu letzterer *Schreuer*, The Interpretation of Treaties by Domestic Courts, BYIL 45 (1971), S. 255 ff., und in größerem Zusammenhang, *Ress* und *Schreuer*, Wechselwirkungen zwischen Völkerrecht und Verfassung bei der Auslegung völkerrechtlicher Verträge, Berichte DGVR 23 (1982), S. 7 ff., 61 ff.

Abs. 3 lit. b der Wiener Konvention hin, der vorsieht, daß zur Auslegung eines Vertrages jede spätere Übereinkunft der Vertragsparteien über die Auslegung oder Anwendung seiner Bestimmungen zu berücksichtigen ist.

Für die authentische Interpretation kann es kaum einschränkende Regeln geben, da die Grenze zwischen einer solchen Auslegung und der Änderung vertraglicher Normen fließend ist[4]. Hingegen hat die Praxis der internationalen Gerichte und Schiedsgerichte eine Reihe von *Regeln* für die übrigen Auslegungsarten herausgebildet. Eine Vereinbarung der Staaten darüber finden wir erstmalig in den Art. 31 - 33 der Konvention. Obgleich diese Bestimmungen im wesentlichen die bisherige Praxis kodifizieren, sind sie schon deshalb von großer Bedeutung, weil sie außer Streit stellen, daß es sich bei den Auslegungsregeln um Rechtsnormen handelt[5].

II. Die allgemeine Auslegungsregel

§ 776 Art. 31 trägt die Überschrift „General rule of interpretation" und bestimmt in Abs. 1, daß ein Vertrag nach Treu und Glauben, in Übereinstimmung mit der gewöhnlichen, seinen Bestimmungen in ihrem Zusammenhang zukommenden Bedeutung und im Lichte seines

---

[3] So der StIGH in seinem Gutachten vom 6. Dezember 1923 im Falle *Jaworzina*, Series B, No. 8, S. 37: „... suivant une doctrine constante, le droit d'interpréter authentiquement une règle juridique appartient à celui-là seul qui a le pouvoir de la modifier ou de la supprimer ...". Dazu *Voïcu*, De l'interprétation authentique des traités internationaux (1968). *Seidl-Hohenveldern*, Völkerrecht (4. Aufl. 1980), S. 87 f., nennt als Beispiel die authentische Interpretation des deutsch-chilenischen Kulturabkommens vom 20. November 1956 durch einen Notenwechsel vom 13. April 1959.

Internationale Organisationen können ihre Geschäftsordnungen durch Beschluß authentisch interpretieren, sofern sie zu ihrer Erlassung allein zuständig sind.

Davon zu unterscheiden ist die Befugnis gewisser internationaler (insbesondere Finanz-)Organisationen, Bestimmungen ihrer Gründungsverträge verbindlich zu interpretieren; darüber die Angaben bei *Schreuer*, Berichte DGVR (letzte Anm.), S. 77 ff.

[4] Dazu *Karl*, Vertragsauslegung — Vertragsänderung, in: *Schreuer* (Hrsg.), Autorität und internationale Ordnung (1979), S. 9 ff.; *derselbe*, Vertrag und spätere Praxis im Völkerrecht (1983), *passim*. Eine Norm zur Eindämmung allzu großzügiger authentischer Interpretation kann in Art. 102 Abs. 2 der UN-Charta (§ 739) gesehen werden, der zwar nicht der Interpretation, wohl aber deren Durchsetzung Grenzen zieht.

[5] Die Auslegungsregeln der Wiener Konvention spielten bereits vor deren Inkrafttreten und auch zwischen Staaten, die sie (noch) nicht ratifiziert haben, eine wichtige Rolle in der Staatenpraxis und Judikatur. So wurden sie vom Europäischen Gerichtshof für Menschenrechte 1975 im Falle *Golder* herangezogen; vgl. Urteil vom 21. Februar 1975, Série A, Vol. 18, S. 5 ff.; ferner von dem Schiedsgerichtshof für das Abkommen über deutsche Auslandsschulden in seiner Entscheidung vom 16. Mai 1980 über die *Young-Anleihe;* deutscher Text im GYIL 23 (1980), S. 414 ff. Dazu *Seidl-Hohenveldern*, ebd. 401 ff.

Zieles und Zweckes auszulegen ist. Eine besondere Bedeutung eines Ausdrucks darf nur angenommen werden, wenn feststeht, daß die Vertragsparteien dies beabsichtigt haben (Art. 31 Abs. 4).

Art. 31 huldigt also der *objektiven* Auslegungsmethode. Er lehnt damit die ältere, den psychologischen Willen der Vertragsteile erforschende, subjektive Interpretationsmethode ab, begnügt sich andererseits aber nicht damit, den Konsens allein aus dem Vertragswortlaut zu ermitteln (*textuelle* Methode), sondern ordnet auch die Berücksichtigung des Vertragszweckes an (*teleologische* Methode). Art. 31 schließt also auch eine funktionelle Auslegung nicht aus, wenn es der Gegenstand des Vertrages erfordert.

§ 777 Außerdem ist zu beachten, daß Gegenstand der Auslegung nicht der isolierte Vertragstext, sondern der Vertragstext in seinem *Zusammenhang (Kontext)* ist. Dieser Kontext umfaßt auch die Präambel eines Abkommens und seine allfälligen Anlagen (Annexe)[6], sowie a) jede sich auf den Vertrag beziehende Übereinkunft, die zwischen allen Parteien anläßlich des Vertragsabschlusses getroffen wurde; und b) jede Urkunde, die von einer oder mehreren Parteien anläßlich des Vertragsabschlusses abgefaßt und von den anderen Parteien als eine sich auf den Vertrag beziehende Urkunde angenommen (accepted) wurde (Art. 31 Abs. 2).

§ 778 Gemäß Art. 31 Abs. 3 müssen außer dem Kontext in gleicher Weise berücksichtigt werden:

a) jede spätere Übereinkunft zwischen den Vertragsparteien über die Auslegung des Vertrags oder die Anwendung seiner Bestimmungen,
b) jede spätere Praxis bei der Anwendung des Vertrags, aus der die Übereinstimmung der Vertragsparteien über seine Auslegung hervorgeht[7], und
c) alle auf den Vertragsgegenstand anwendbaren Normen des VR.

§ 779 Hingegen können die *Vorarbeiten* (travaux préparatoires) zu einem Vertrag[8] sowie die *Umstände*, unter denen er zustandekam, ge-

---

[6] Wie z. B. auch die im Zusammenhang mit dem Abschluß eines Grenzvertrages errichteten amtlichen Karten.

[7] Diese Übereinstimmung braucht nach dem Schiedsspruch vom 22. April 1977 über die Grenzziehung im *Beagle-Kanal* zwischen Argentinien und Chile nicht in ein förmliches Abkommen zu münden; vgl. AFDI 23 (1977), S. 429. Zu den zahlreichen Übereinkünften rund um die SALT-Verträge zwischen den Vereinigten Staaten und der Sowjetunion vgl. *Bruha*, Die normative Struktur des SALT-Prozesses, GYIL 24 (1981), S. 166 ff.

Zum ganzen jüngst umfassend *Karl*, Vertrag und spätere Praxis im Völkerrecht (1983), bes. S. 123 ff., 184 ff., 353 ff.

[8] Bei multilateralen Verträgen ist ein Rückgriff auf die travaux préparatoires überhaupt nur zulässig, wenn alle Vertragsteile an der Abfassung des Textes beteiligt oder den beigetretenen Staaten die Materialien vor ihrem

mäß Art. 32 als „*supplementary* means of interpretation" nur *subsidiär* herangezogen werden, d. h. entweder um die unter Anwendung der primären Mittel des Art. 31 erfolgte Auslegung des Vertragstextes zu bestätigen, oder um dessen Sinn zu ermitteln, wenn der Text mehrdeutig oder dunkel ist, oder wenn seine Auslegung durch die Mittel des Art. 31 zu einem offensichtlich sinnwidrigen oder unvernünftigen Ergebnis führt[9].

Ein solcher Fall wird aber nur äußerst selten eintreten, da eine bloß wenig befriedigende Auslegung des Vertragstextes nicht von ihm abzugehen erlaubt.

III. Weitere, in die Wiener Konvention nicht aufgenommene Regeln

§ 780 Die reiche Praxis der Schiedsgerichte, des StIGH und des IGH hat noch weitere Auslegungsregeln herausgearbeitet. Die wichtigsten davon sind folgende:

1. Unklare Formulierungen sind zu Lasten jenes Teiles auszulegen, der sie vorgeschlagen hat (also *contra proferentem*)[10].
2. Einschränkungen der staatlichen Freiheit sind in Zweifelsfällen restriktiv (einschränkend) zu interpretieren *(in dubio mitius)*[11]. Eine

---

Beitritt zugänglich gemacht worden waren. So der StIGH im Urteil über die *Territorial Jurisdiction of the International Commission of the River Oder* (1929), Series A, No. 23, S. 42, und im Rechtsgutachten über die *Jurisdiction of the European Commission of the Danube* (1927), Series B, No. 14, S. 32.

[9] So auch der IGH in seinem Gutachten zur *Competence of the General Assembly for the Admission of a State to the United Nations*, ICJ Reports 1950, S. 8. Vorher schon der StIGH im Gutachten zum *Polish Postal Service in Danzig* (1925), Series B, No. 11, S. 39. Dazu H. *Lauterpacht*, Les travaux préparatoires et l'interprétation des traités, RdC 48 (1934 II), S. 713 ff.; *Haraszti* (Anm. 1), S. 120 ff.; *Mehrish*, Travaux Préparatoires as an Element in the Interpretation of Treaties, IJIL 11 (1971), S. 39 ff.
Die damit geschilderte hierarchische Überordnung des Vertrages über die Vorarbeiten wurde von *McDougal* vor (vgl. neben der in Anm. 1 genannten Arbeit noch: The International Law Commission's Draft Articles upon Interpretation: Textuality „*Redivivus*", AJIL 61 [1967], S. 992 ff.) und auf der Wiener Konferenz 1968 (Wortlaut der Stellungnahme im AJIL 62 [1968], S. 1021 ff.) mit dem Hinweis heftig bekämpft, daß eine Unterscheidung zwischen den primären und subsidiären Auslegungsmitteln die Erforschung der Erwartungen der Parteien (expectations of the parties) in unzulässiger Weise einschränke. Die Mehrheit der Delegierten entschied sich jedoch für die von der ILC vorgeschlagene Fassung. Vgl. zum ganzen auch *Hummer*, „Ordinary" versus „Special" Meaning, ÖZöffR 26 (1975), S. 87 ff.

[10] So der StIGH im Falle der *Brazilian Loans* (1929), Series A, No. 21, S. 114: „[C]'est une règle bien connue ... que, là où l'on constate une ambiguïté, il faut les prendre *contra proferentem*."

[11] So der StIGH 1925 im Falle *Mossul (Interpretation of Article 3, Paragraph 2, of the Treaty of Lausanne)*, Series B, No. 12, S. 25: „[I]f the wording of a treaty provision is not clear, in choosing between several admissible interpretations, the one which involves the minimum of obligations for the Parties should be adopted." Ebenso die Schiedssprüche im Falle der Schiffe *Kronprins Gustaf Adolf* und *Pacific*, RIAA II, S. 1239 ff.

solche Auslegung darf aber nicht dazu dienen, eine vertraglich vorgesehene Beschränkung unwirksam zu machen[12].

3. Eine Auslegung darf nicht dazu führen, einen Vertrag oder einen seiner Teile seiner vollen Wirksamkeit zu berauben („effet utile“; *ut res magis valeat quam pereat*). Andererseits darf die Anwendung dieser Maxime jedoch dem Vertrag nicht einen Sinn geben, der seinem Wortlaut und Geist widerspricht[13].

4. Zweifelhafte Vertragsbestimmungen sind „völkerrechtskonform“[14], d. h. im Licht des *allgemeinen* VR, sowie im Sinne jener Grundsätze auszulegen, die den Gegenstand beherrschen, dem der Vertrag angehört[15].

5. Verträge, welche die Verfassung einer *internationalen Organisation* bilden, sind aus ihren Zielen, also teleologisch-funktionell auszulegen. Die internationalen Organisationen dürfen im Rahmen ihres Aufgabenbereiches auch solche Mittel einsetzen, die ihnen zwar nicht ausdrücklich eingeräumt worden, die aber zur Erreichung des Organisationszweckes notwendig und nicht vertraglich ausgeschlossen sind („*implied powers*“-Regel)[16]. So anerkannte der IGH in

---

[12] So der StIGH 1923 im Fall des „*S. S. Wimbledon*“, Series A, No. 1, S. 25: „Ce serait une singulière interprétation que de faire dire à un traité exactement le contraire de ce qu'il dit.“

[13] So der StIGH 1923 im *Wimbledon* Case (letzte Anm.), S. 24 f., und im Rechtsgutachten über die *Acquisition of Polish Nationality* (1923), Series B, No. 7, S. 17; der IGH im Fall der *Interpretation of Peace Treaties with Bulgaria, Hungary and Romania (Second Phase)*, ICJ Reports 1950, S. 229.

[14] So der IGH im Zuständigkeitsurteil über das *Right of Passage over Indian Territory*, ICJ Reports 1957, S. 142, und im *Namibia*-Gutachten, ICJ Reports 1971, S. 47. Ferner der Schiedsrichter *Verzijl* im Falle *Georges Pinson (France) v. United Mexican States*, RIAA V, S. 422. Dazu *Uibopuu*, Interpretation of Treaties in the Light of International Law, Annuaire AAA 40 (1970), S. 1 ff.

[15] So der StIGH über die *Territorial Jurisdiction of the International Commission of the River Oder* (1929), Series A, No. 23, S. 26: „... recours aux principes qui régissent la matière à laquelle le texte a trait“; der IGH im Falle *Right of Passage over Indian Territory (Preliminary Objections)*, ICJ Reports 1957, S. 142, sowie im *Namibia*-Gutachten, ICJ Reports 1971, S. 47; der Schiedsspruch im *Baer* Case (1951), RIAA XIV, S. 406; und das deutsche Bundesverfassungsgericht im *Botschaftskonten*-Fall (1977), BVerfGE 46, S. 361 f.

[16] Dazu *Rouyer-Hameray*, Les compétences implicites des organisations internationales (1962); *Hexner*, Interpretation by Public International Organizations of Their Basic Instruments, AJIL 53 (1959), S. 341 ff.; *Gordon*, The World Court and the Interpretation of Constitutive Treaties, AJIL 59 (1965), S. 794 ff.; *Rama-Montaldo*, International Legal Personality and Implied Powers of International Organizations, BYIL 44 (1970), S. 111 ff.; *Khan*, The Implied Powers of the United Nations (1970); *Seidl-Hohenveldern* (Anm. 3), S. 86; *derselbe*, Das Recht der Internationalen Organisationen einschließlich der Supranationalen Gemeinschaften (3. Aufl. 1979), S. 248 ff.; *Tunkin*, International Law in the International System, RdC 147 (1975 IV), S. 185 ff.; *Lauterpacht*, The Development of the Law of International Organization by the

seinem Rechtsgutachten über *Reparation for Injuries Suffered in the Service of the United Nations* (1949) ein Recht der UNO, für in ihrem Dienst erlittene Schäden vr Ersatzansprüche selbst gegen Nichtmitgliedstaaten geltend zu machen, auch ohne ausdrückliche Grundlage in der Charta, weil „[u]nder international law, the Organization must be deemed to have those powers which, though not expressly provided in the Charter, are conferred upon it by *necessary implication* as being essential to the performance of its duties"[17]. In dem 1962 erstatteten Rechtsgutachten über *Certain Expenses of the United Nations* bejahte der Gerichtshof die Frage, ob es sich bei den Kosten der friedenserhaltenden Operationen der UNEF am Suezkanal und der ONUC im Kongo[18] um „Ausgaben der Organisation" i. S. von Art. 17 Abs. 2 der UN-Charta handle, u. a. mit folgender Bekräftigung seiner früheren Judikatur: „The primary place ascribed to international peace and security [unter den Zielen der UNO] is natural, since the fulfilment of the other purposes will be dependent upon the attainment of that basic condition. These purposes are broad indeed, but neither they nor the powers conferred to effectuate them are unlimited. Save as they have entrusted the Organization with the attainment of these common ends, the Member States retain their freedom of action. But when the Organization takes action which warrants the assertion that it was appropriate for the fulfilment of one of the stated purposes of the United Nations, the presumption is that such action is not *ultra vires* the Organization[19]."

§ 781 Die ILC und ihr folgend die Wiener Vertragsrechtskonferenz haben diese Auslegungsregeln nicht in die Konvention aufgenommen, da sie keine allgemeine Gültigkeit haben. Sie sind nur insoweit an-

---

Decisions of International Tribunals, RdC 152 (1976 IV), S. 377 ff.; *Simon*, L'interprétation judiciaire des traités d'organisations internationales (1981).

[17] ICJ Reports 1949, S. 182 (Hervorhebung durch uns), unter Berufung auf das Rechtsgutachten des StIGH über die *Competence of the ILO to Regulate Incidentally the Personal Work of the Employer* (1926), Series B, No. 13, S. 18.

[18] Dazu oben §§ 250, 252.

[19] ICJ Reports 1962, S. 168. Vgl. ferner die Fälle *International Status of South West Africa*, ICJ Reports 1950, S. 136 f.; *Effect of Awards of Compensation Made by the United Nations Administrative Tribunal*, ICJ Reports 1954, S. 56 ff. Besonders hervorzuheben ist die Anwendung der „implied powers"-Regel durch den *Gerichtshof der Europäischen Gemeinschaften* bei der Bestimmung der impliziten Vertragsschließungskompetenzen der Gemeinschaften; dazu statt aller *Vedder*, Die auswärtige Gewalt des Europa der Neun (1980).

Über die Grenzen der „implied powers"-Lehre vgl. die schweizerische Stellungnahme zur Frage, ob der Verwaltungsrat der Europäischen Patentorganisation in München auf dem Beschlußwege die Berufsbezeichnung „Europäischer Patentanwalt" einführen könnte, SchwJIR 36 (1980), S. 155 ff.

wendbar, als sie durch den Konsens der Vertragsparteien gedeckt sind oder mangels eines solchen als Hilfsmittel herangezogen werden müssen, um zu einer vernünftigen Auslegung zu gelangen. Sie haben also keine eigenständige Bedeutung. Aus eben diesen Gründen haben es ILC und Konferenz abgelehnt, für „general multilateral treaties of a law-making character"[20] eigene Auslegungsregeln aufzunehmen, da auch bei diesen Übereinkommen der Sinn aus dem ganzen Vertragswerk heraus zu ermitteln ist. Dasselbe gilt für Verträge, durch die internationale Organisationen begründet werden, da die Notwendigkeit ihrer gerade beschriebenen funktionellen Auslegung nur aus ihrem im konkreten Vertragswerk zum Ausdruck gelangten Ziel und Zweck erschlossen werden kann[21].

§ 782 In seinem Rechtsgutachten vom 21. Juni 1971 über die *Legal Consequences for States of the Continued Presence of South Africa in Namibia (South West Africa) notwithstanding Security Council Resolution 276 (1970)* hat der IGH die Ansicht vertreten, daß die in Art. 22 der Völkerbundsatzung ausgesprochene Pflicht des Mandatars, für „das Wohlergehen und die Entwicklung (well-being and development)" der betroffenen Völker zu sorgen, nicht wie es 1919 angemessen gewesen wäre, sondern „evolutiv" (evolutionary) ausgelegt werden müsse, unter Berücksichtigung der großen seither erfolgten Veränderungen[22]. Dieser Rechtsansicht ist beizupflichten, da das Wohlergehen eines Volkes von den *jeweiligen* Umständen abhängt. Hingegen kann diesem Gutachten nicht ohne weiteres zugestimmt werden, wenn es ganz allgemein bemerkt, daß *jedes* internationale Instrument im Rahmen des gesamten Rechtssystems, das im Zeitpunkt der *Auslegung* dieses Vertrags in Geltung steht, interpretiert und angewendet werden müsse[23]. Ähnlich hat der Gerichtshof in seinem Urteil im *Aegean Sea Continental Shelf* Case erklärt, daß ein Vorbehalt Griechenlands zur Genfer Generalakte 1928[24], wonach insbesondere „les différends ayant trait au statut territorial de la Grèce" von der gerichtlichen Streiterledigung ausgenommen wurden, „must be interpreted in accordance with the rules of international law as they exist today, and not as they existed in 1931 [als der Vorbehalt

---

[20] Dazu oben § 538.

[21] Zum ganzen *Lang*, Les règles d'interprétation codifiées par la Convention de Vienne sur le Droit des Traités et les divers types de traités, ÖZöffR 24 (1973), S. 113 ff.

[22] ICJ Reports 1971, S. 31 f.

[23] Ebd.: „... an international instrument has to be interpreted and applied within the framework of the entire legal system, prevailing at the time of the interpretation. ... In the domain to which the present proceedings relate, ... the *corpus iuris gentium* has been considerably enriched, and this the Court, if it is faithfully to discharge its functions, may not ignore".

[24] Vgl. unten § 1323.

erklärt wurde]. It follows that in interpreting and applying reservation (b) with respect to the present dispute the Court has to take account of the evolution which has occurred in the rules of international law concerning a coastal State's rights of exploration and exploitation over the continental shelf"[25].

Eine solche „dynamische" Interpretationsmethode bildet den Gegenpol zu der traditionellen Auffassung, wonach die Auslegung stets den Parteiwillen zum Zeitpunkt des Vertragsabschlusses zu ermitteln hat[26]. Diese starre Bindung an den historischen Parteiwillen verkennt, daß der Konsens der Parteien über Ziel und Zweck eines Vertrages mit dessen Abschluß keineswegs „versteinert". Art. 31 Abs. 3 des Wiener Übereinkommens sieht daher, wie bereits geschildert, in lit. a und b spätere Übereinkünfte und spätere Praxis der Parteien zur Interpretation und Anwendung eines Vertrages als primäre Auslegungsmittel an. Dadurch wird die Verbindung zum Parteiwillen nicht abgebrochen. Dies wird durch das nachfolgende Gebot der Konvention, in gleicher Weise auch „any relevant rules of international law applicable in the relations between the parties" (lit. c) zu berücksichtigen, noch betont. Im Gegensatz dazu läuft die vom IGH in den beiden gerade geschilderten Judikaten verwendete Auslegungsmethode Gefahr, sich vom — historischen oder auch aktuellen — Konsens der Vertragsparteien völlig zu lösen und den Inhalt aller Verträge dem Wandel des VR anzupassen, ohne Rücksicht darauf, ob dies in der Absicht der Parteien steht.

Um die Frage nach der Zulässigkeit dieser Methode beantworten zu können[27], muß in jedem Einzelfall zunächst geprüft werden, ob es sich bei den auszulegenden Begriffen um solche handelt, die nach allge-

---

[25] ICJ Reports 1978, S. 34 f. Der IGH folgerte daraus, daß der griechische Vorbehalt auch Fragen des Festlandsockels und seiner Abgrenzung erfasse, nach dem Grundsatz der Gegenseitigkeit (oben) auch von der Türkei geltend gemacht werden könne, und seine eigene Zuständigkeit nach der Generalakte ausschließe. Dazu kritisch *Bernhardt*, Das Urteil des Internationalen Gerichtshofs im Ägäis-Streit, FS Schlochauer, S. 174 ff. Vgl. ferner *Elias*, The Doctrine of Intertemporal Law, AJIL 74 (1980), S. 296 ff., und E. *Klein*, Statusverträge im Völkerrecht (1980), S. 338 ff.

[26] So der StIGH 1925 im *Mossul*-Fall *(Interpretation of Article 3, Paragraph 2, of the Treaty of Lausanne)*, Series B, No. 12, S. 24:

„The facts subsequent to the conclusion of the Treaty of Lausanne can only concern the Court in so far as they are calculated to throw light on the intention of the Parties at the time of the conclusion of that Treaty."

Vgl. aber auch noch die Entscheidung des Schiedsgerichtshofs für das Abkommen über deutsche Auslandsschulden im Falle der *Young-Anleihe* (1980), GYIL 23 (1980), S. 437.

[27] Darüber die Berichte von Max *Sørensen* über „Le problème dit du droit intertemporel dans l'ordre international" an das Institut de Droit international und die Beratungen ebd.: Annuaire IDI 55 (1973), S. 13 ff., 61 ff., 89 ff.; 56 (1975), S. 343 ff. (Resolution des Institut: 536 ff.); ferner die oben § 649, Anm. 2, genannte Literatur zum intertemporalen Recht.

meiner Auffassung, aber auch nach dem Willen der Parteien, offen, evolutiv, in dem Sinne sind, daß sich ihr Inhalt einem Wandel der Verhältnisse und rechtlichen Wertungen angleichen muß, wie dies bei dem Gebot der Völkerbundsatzung an die Mandatare, für „well-being and development" der eingeborenen Bevölkerung Sorge zu tragen, der Fall ist. So klare Fälle sind jedoch selten. Meist wird es zweifelhaft sein, ob die Vertragspartner die evolutive Anpassung eines Begriffsinhalts durch spätere Auslegung beabsichtigten oder zumindest in Kauf nahmen[28]. Dieser Zweifel kann nur mit Hilfe der anerkannten Interpretationsmethoden behoben werden[29]. Als Brücken zum evolutiven Verständnis eines Begriffs werden dabei einmal die Berücksichtigung der nachfolgenden Praxis der Parteien wie auch aller in deren Beziehungen anwendbaren Normen des VR (Art. 31 Abs. 3), und zum zweiten die allgemeine Auslegungsregel dienen können, daß jeder vr Vertrag nach Treu und Glauben und im Lichte seines Zieles und Zweckes auszulegen ist (Art. 31 Abs. 1 des Wiener Übereinkommens)[30].

Eine „dynamische" Vertragsauslegung, die sich nicht mehr auf diese Regeln stützen kann, wird die Staaten wohl noch stärker als bisher abhalten, ihre Vertragsstreitigkeiten dem IGH vorzulegen.

Gesonderter Betrachtung bedürfen allerdings jene Verträge zum Schutz der *Menschenrechte*, in denen sich die Parteien verpflichten, ihr innerstaatliches Recht und dessen Anwendung an einem gemeinsamen humanitären Standard auszurichten[31]. Die bisherige Diskussion um Möglichkeiten und Grenzen „dynamischer" Auslegung knüpft denn auch neben dem *Namibia*-Gutachten des IGH — in dem es ebenfalls um das Verständnis einer humanitären Verpflichtung ging — an zwei Entscheidungen des Europäischen Gerichtshofs für Menschenrechte an[32]:

[28] In der Terminologie *Sørensens* (ebd. in Anlehnung an *Reuter*): Ob der Begriff einen „renvoi à contenu fixe" oder einen „renvoi mobile" enthält.

Frowein, Die Europäische Menschenrechtskonvention in der neueren Praxis der Europäischen Kommission und des Europäischen Gerichtshofs für Menschenrechte, EuGRZ 7 (1980), S. 235, bemerkt zu Recht, daß ein Vertrag, der Grundregeln für das Verhalten von Staaten untereinander statuiert und lange in Kraft bleiben soll, wohl eher evolutiv interpretiert werden darf als ein Abkommen mit kurzer Laufzeit oder ein solches, das selbst eine erleichterte Anpassung an geänderte Bedingungen vorsieht.

[29] So auch die Resolution 1975 des Institut de Droit international, Annuaire 56, S. 538 f.: „Wherever a provision of a treaty refers to a legal or other concept without defining it, it is appropriate to have recourse to the usual methods of interpretation in order to determine whether the concept concerned is to be interpreted as understood at the time when the provision was drawn up or as understood at the time of its application ..."

[30] Ebenso die ILC, vgl. Yearbook 1966 II, S. 219, 222.

[31] Vgl. zu diesen Verträgen oben § 754.

[32] Vgl. *Sørensen*, Do the Rights Set Forth in the European Convention on Human Rights in 1950 Have the Same Significance in 1975?, in: Proceedings of the 4th International Colloquy about the European Convention

In seinem Urteil im Falle *Tyrer* hob der Straßburger Gerichtshof hervor, daß die Europäische Menschenrechtskonvention „is a living instrument, which ... must be interpreted in the light of present-day conditions", deshalb könne er nicht umhin, bei der Prüfung, ob eine gerichtlich verhängte und durch Polizeibeamte vollstreckte Prügelstrafe auf der Insel Man durch Art. 3 der Konvention verboten sei, die in der Kriminalpolitik der Mitgliedstaaten des Europarates entwickelten und heute allgemein anerkannten Standards zu berücksichtigen[33].

Im Falle *Marckx* hatte der Gerichtshof die Vereinbarkeit belgischen Rechts, nach dem eine Mutter mit ihrem unehelichen Kind erst durch besondere Anerkennung verwandt wird, mit Art. 8 und 14 der Konvention zu prüfen. Er gab zwar eingangs zu, daß „at the time when the Convention ... was drafted, it was regarded as permissible and normal in many European countries to draw a distinction ... between the ‚illegitimate' and the ‚legitimate' family", verwies dann jedoch auf seine Entscheidung *Tyrer* und fuhr fort: „In the instant case, the Court cannot but be struck by the fact that the domestic law of the great majority of the member States of the Council of Europe has evolved and is continuing to evolve, in company with the relevant international instruments, towards full juridical recognition of the maxim *‚mater semper certa est'*"[34].

In der Tat *kann* ein Vertrag, der, wie die Europäische Menschenrechtskonvention, mit dem Ziel abgeschlossen wurde, „to establish a common public order of the free democracies of Europe with the object of safeguarding their common heritage of political traditions, ideals, freedom and the rule of law"[35], gar nicht anders als unter Berücksichtigung der Weiterentwicklung dieses Menschenrechtsverständnisses auf nationaler wie internationaler Ebene ausgelegt und angewendet werden, soll er sein Ziel erreichen, die Durchsetzung der Menschenrechte voranzutreiben. Die Auslegung eines solchen Vertrages im Lichte seines Zieles und Zweckes (Art. 31 Abs. 1 des Wiener Übereinkommens) muß daher eine evolutiv-dynamische im gerade geklärten Sinn sein[36].

---

on Human Rights, 5 - 8 November 1975, S. 83 ff.; *Waldock*, Die Wirksamkeit des Systems der Europäischen Menschenrechtskonvention, EuGRZ 6 (1979), S. 599 ff.; *derselbe*, The Evolution of Human Rights Concepts and the Application of the European Convention on Human Rights, FS Reuter, S. 535 ff.; *Frowein* (Anm. 28), S. 234 f.; *Drzemczewski* (§ 717, Anm. 39), S. 57 ff.

[33] *Tyrer v. United Kingdom*, Series A, No. 26 (1978), S. 15 f.

[34] *Marckx v. Belgium*, Series A, No. 31 (1979), S. 19.

[35] So die Europäische Menschenrechtskommission im *Pfunders*-Fall; vgl. oben § 754, Anm. 9.

[36] Vgl. *Mosler*, L'influence du droit national sur la Convention européenne de droits de l'homme, in: Miscellanea W. J. Ganshof van der Meersch (1972), Bd. 1, S. 521 ff.; *derselbe*, Problems of Interpretation in the Case Law of the European Court of Human Rights, in: Essays on the Development of the

IV. Die Auslegung mehrsprachiger Verträge[37]

§ 783 Wenn ein vr Vertrag in *mehreren gleich authentischen,* d. h. gleichermaßen verbindlichen Sprachen (Art. 33 Abs. 1) abgefaßt ist[38], so wird gemäß Art. 33 Abs. 3 vermutet, daß die Ausdrücke des Vertrags in jedem authentischen Wortlaut dieselbe Bedeutung haben, weil sich erst aus der Gesamtheit der Texte der vereinbarte Vertragsinhalt ergibt. Aus eben diesem Grund darf sich ein innerstaatliches Rechtsanwendungsorgan nicht damit begnügen, einen Vertrag nur anhand der Fassung in der (authentischen) Landessprache auszulegen. Alle Texte sind *für alle Vertragsparteien* in gleicher Weise verbindlich[39].

Deckt ein Vergleich der authentischen Wortlaute einen *Bedeutungsunterschied* auf, muß also zunächst der Versuch gemacht werden, mit Hilfe der allgemeinen Auslegungsregeln der Art. 31 und 32 den gemeinsamen Sinn zu ermitteln. Gelingt dies nicht, dann ist nach Art. 33 Abs. 4 diejenige Bedeutung zugrundezulegen, die unter Berücksichtigung von Vertragsziel und -zweck die verschiedenen Texte am besten miteinander in Einklang bringt. Anders ist es nur, wenn der Vertrag selbst bestimmt oder seine Parteien sonstwie festlegen, daß bei Abweichungen ein bestimmter Wortlaut vorgehen soll (Art. 33 Abs. 1, letzter Halbsatz, sog. „führende Sprache")[40].

International Legal Order (in memory of H. F. van Panhuys, 1980), S. 149 ff. (158 ff.); *Waldock*, EuGRZ (Anm. 32), S. 600, und die Auseinandersetzung der Europäischen Menschenrechtskommission mit den Interpretationsregeln des Wiener Übereinkommens im *Golder* Case (1975): European Court of Human Rights, Series B, No. 16, S. 9 ff.

[37] Vgl. statt aller *Rudolf*, Die Sprache in der Diplomatie und internationalen Verträgen (1972); *Mössner*, Die Auslegung mehrsprachiger Staatsverträge, ArchVR 15 (1971/1972), S. 273 ff.; *Hilf*, Die Auslegung mehrsprachiger Verträge. Eine Untersuchung zum Völkerrecht und zum Staatsrecht der Bundesrepublik Deutschland (1973); *Tabory*, Multilingualism in International Law and Institutions (1980); *Rosenne*, The Meaning of „Authentic Text" in Modern Treaty Law, FS Mosler, S. 759 ff., alle mit umfangreichen weiteren Nachweisen.

[38] Vgl. etwa Art. 111 UN-Charta und Art. 85 der Wiener Konvention. Weitere Sprachenklauseln im „Treaty Maker's Handbook", S. 254 ff. Im US Digest 1977, S. 401 ff., findet sich ein Beispiel für die nachträgliche Festsetzung einer authentischen Sprache.

[39] *Hilf* (Anm. 37), S. 231 f.

[40] In voller Übereinstimmung mit diesen Regeln führt das Urteil des Europäischen Gerichtshofes für Menschenrechte im Falle *Wemhoff* aus: „[V]or zwei gleichermaßen authentische Textfassungen ein und desselben Vertrages gestellt, die nicht völlig übereinstimmen, hat der Gerichtshof ... der Textstelle den Sinn beizulegen, der von beiden Fassungen soweit als möglich gedeckt ist. Da es sich hier [bei der Europäischen Menschenrechtskonvention] um einen Vertrag mit normativem Inhalt handelt, ist es andererseits erforderlich, die Auslegung zu wählen, die dem Ziel des Vertrages am nächsten kommt und die am besten geeignet ist, seinen Zweck zu verwirklichen, und nicht die, welche die Verpflichtungen der Parteien in größerem Maße begrenzen würde": *Golsong / Petzold / Furrer* (Hrsg.), Entscheidungen des Europäi-

§ 784 Eine Übersetzung in die Landessprache des rechtsanwendenden innerstaatlichen Organs, die *nicht* gleichzeitig von den Vertragsparteien als authentisch vereinbart wurde, hat gegenüber den fremdsprachigen authentischen Texten zurückzutreten[41]. Dasselbe gilt für einen lediglich „*offiziellen*" Text eines mehrsprachigen Vertrages[42].

§ 785 Nicht übernommen hat die Wiener Konvention die u. a. vom StIGH 1924 im Falle der *Mavrommatis Palestine Concessions* ausgesprochene Regel, nach der bei Verschiedenheit gleich authentischer Texte stets die engere Auslegung gewählt werden soll, da nur sie mit allen Texten vereinbar ist[43]. Ebenso hat die Konvention den Gedanken, als letzten Ausweg den *Urtext*, also jenen Text als maßgeblich zu betrachten, in dem der Vertrag redigiert wurde, nicht rezipiert, da alle diese Auslegungsregeln keine *allgemeine* Geltung haben, sondern nur mögliche Elemente zur Erforschung des Vertragssinnes bilden[44].

J. Vertragskonkurrenz und Vertragsänderung

I. Die Anwendung aufeinanderfolgender Verträge über denselben Gegenstand[1]

§ 786 Wir haben bereits im Abschnitt über die Rangordnung der Völkerrechtsquellen festgehalten, daß infolge der grundsätzlichen Gleichrangigkeit der vr Vertragspflichten deren Kollision *inter partes* nach der *lex posterior*- und *lex specialis*-Regel zu beurteilen ist[2]. Art. 30 Abs. 3 der Wiener Konvention bestätigt und präzisiert dieses Ergebnis, indem er festlegt, daß bei Aufeinanderfolgen zweier Verträge über denselben Gegenstand zwischen *denselben Parteien* der frühere Vertrag nur mehr insoweit Anwendung findet, als er mit dem späteren Vertrag vereinbar ist. Die Worte „über denselben Gegenstand" (relat-

schen Gerichtshofes für Menschenrechte (Deutsche Übersetzung), Bd. 1, S. 126. In Übereinstimmung mit Art. 33 Abs. 4 auch der Schiedsgerichtshof für das Abkommen über deutsche Auslandsschulden in seinem Spruch über die *Young-Anleihe* (1980), GYIL 23 (1980), S. 435 ff., 450 ff.

[41] *Hilf* (Anm. 37), S. 234. Zur Praxis der Gerichte in dieser Frage auch *Schreuer* (§ 858, Anm. 19), S. 70 ff.

[42] Vgl. oben § 702, Anm. 11.

[43] Series A, No. 2, S. 19.

[44] Vgl. aus dem ILC-Report 1966, Yearbook 1966 II, S. 225 f.

[1] Vgl. dazu die oben § 649, Anm. 2, genannten Schriften von *Baade*, *Krause-Ablaß* und *Tavernier*, ferner *Jenks*, The Conflict of Law-Making Treaties, BYIL 30 (1953), S. 401 ff.; *Sørensen*, The Modification of Collective Treaties Without the Consent of all the Contracting Parties, Nordisk Tidsskrift for International Ret 9 (1938), S. 150 ff.; F. *Klein*, Vertragskonkurrenz, WV III, S. 555 ff.; *Zuleeg*, Vertragskonkurrenz im Völkerrecht. Teil I: Verträge zwischen souveränen Staaten, GYIL 20 (1977), S. 246 ff.; *Dowrick*, Overlapping International and European Laws, ICLQ 31 (1982), S. 59 ff.

[2] Oben § 640.

ing to the same subject-matter, Art. 30 Abs. 1) sollen dabei auch zum Ausdruck bringen, daß die beiden Verträge ihren (identischen) Regelungsgegenstand mit dem gleichen Grad an Konkretheit normieren, und lassen so die Anwendbarkeit der Regel *generalia specialibus non derogant* unberührt[3].

Ob der frühere Vertrag als mit dem späteren *vereinbar* gelten soll, ist durch Anwendung der im vorhergehenden Abschnitt geschilderten Auslegungsmethoden aus dem Parteiwillen zu ermitteln.

Diese Auslegung kann auch ergeben, daß die Vertragsparteien den späteren Vertrag als eine abschließende Neuregelung seines Gegenstandes betrachten oder daß die Bestimmungen des späteren Vertrags mit denen des früheren in solchem Maße unvereinbar sind, daß die beiden Verträge eine gleichzeitige Anwendung nicht zulassen. In diesem Falle ist der frühere Vertrag als *beendet* oder — bei entsprechender Absicht der Parteien — als *suspendiert* anzusehen (Art. 59).

§ 787 Schwierigere Probleme ergeben sich, wenn *nicht alle* Parteien des früheren Vertrages auch Parteien des späteren, inhaltlich abweichenden Vertrages werden und damit die Rechte der an dem späteren Vertrag nicht teilnehmenden Staaten geschützt werden müssen.

Die Wiener Konvention hat dabei vor allem die Konkurrenz zwischen Verpflichtungen aus einem früheren *multilateralen* Vertrag und denjenigen aus einem späteren (bi- oder multilateralen) Vertrag im engeren Kreise im Auge und bestimmt für diesen Fall, daß zwischen den Staaten, die Parteien beider Verträge sind, das vorhin in § 786 Gesagte gelten soll, während zwischen den Vertragsparteien beider Verträge und den Parteien nur eines Vertrages derjenige Vertrag weitergilt, dem beide Staaten angehören (Art. 30 Abs. 4).

§ 788 Diese Lösung ist aber nur für diejenigen Kollektivverträge brauchbar, die zwischen ihren Parteien jeweils paarweise angewendet werden[4].

So könnte zwischen zwei Vertragsstaaten eines multilateralen Auslieferungsabkommens durchaus eine von diesem Abkommen abweichende Regelung vereinbart werden, ohne daß die Parteien dieses späteren bilateralen Vertrages gegenüber den übrigen Parteien des mul-

---

[3] So der Expert Consultant der Konferenz, Sir Humphrey *Waldock*, auf eine britische Anfrage; vgl. Official Records, Second Session, UN Doc. A/CONF. 39/11/Add. 1, S. 253, wo dieser auch klärt, daß sich die zeitliche Reihenfolge zweier Verträge nach dem Zeitpunkt ihrer *Annahme* und nicht ihres Inkrafttretens richtet, wogegen die Wirksamkeit des im Text geschilderten Art. 30 mit dem Zeitpunkt beginnt, ab dem ein Staat an den zweiten Vertrag vr gebunden ist.

[4] So auch *Reuter*, Introduction au droit des traités (1972), S. 130 f. Auch die ILC war sich dieses Problems bewußt, vgl. ILC-Yearbook 1966 II, S. 216 f.

tilateralen Vertrages deshalb in Schwierigkeiten geraten müßten. Dagegen könnte die Anwendung eines bilateralen Vertrages, in dem sich zwei Parteien des Moskauer Atomteststopabkommens vom 5. August 1963 gegenseitig das Recht zugestehen, Versuchsexplosionen von Kernwaffen mit geringer Sprengkraft in der Atmosphäre, im Weltraum oder unter Wasser durchzuführen, nicht ohne Verletzung des Moskauer Abkommens erfolgen, weil dieser multilaterale Vertrag Pflichten statuiert, deren Erfüllung sich untrennbar zwischen allen Parteien vollzieht. Auch hier zeigt sich demnach die praktische Bedeutung der *Erfüllungsstruktur* bei Kollektivverträgen[5].

Die Wiener Konvention trägt der damit beschriebenen Schwierigkeit in Art. 30 Abs. 5 in der Weise Rechnung, daß die Regelung des Abs. 4 u. a. unbeschadet eines etwaigen Rücktrittsrechtes der durch den engeren Vertrag verletzten Staaten und unbeschadet aller Fragen der vr Verantwortlichkeit wegen Vertragsverletzung gelten soll[6].

Diese Bestimmungen finden ihre notwendige Ergänzung in dem später zu beschreibenden Art. 41 über die Bedingungen für eine Abänderung von Kollektivverträgen durch Übereinkünfte *inter se*.

Ein bekanntes Beispiel aus der Staatenpraxis bildet das Verhältnis der Pariser Donaukonvention vom 23. Juli 1921 zur Belgrader Donaukonvention vom 18. August 1948, die das Mitspracherecht von Nichtuferstaaten beseitigte und gegen den Widerstand nichtkommunistischer Vertragsstaaten des früheren Übereinkommens abgeschlossen wurde. Die USA, Frankreich und Großbritannien erklärten daraufhin in parallelen Noten an die Signatarstaaten der neuen Belgrader Konvention, daß sie die Beschränkung ihrer und der Rechte gewisser anderer Staaten durch diese Konvention als unwirksam und nach wie vor die Pariser Donaukonvention 1921 als für die ganze Donau in Kraft stehend betrachten[7].

Einen weiteren Fall der Konkurrenz zwischen multilateralen Verträgen bietet das internationale Stromschiffahrtsrecht mit dem Verhältnis der Mannheimer Rheinschiffahrtsakte 1868, der auch die Schweiz angehört, zu den Bestimmungen des EWG-Vertrages über die gemeinsame Verkehrspolitik[8].

---

[5] Dazu oben § 539 und im Abschnitt über die Wirkung von Vorbehalten § 733.

[6] Dazu auch unten §§ 811 ff.

[7] *Whiteman*, Digest of International Law 9 (1968), S. 1136 ff.; ferner unten § 1035 und das ebd. in Anm. 3 und 9 genannte Schrifttum.

[8] Darüber F. *Meissner*, Das Recht der Europäischen Wirtschaftsgemeinschaft im Verhältnis zur Rheinschiffahrtsakte von Mannheim (1973) und das Gutachten des Gerichtshofs der Europäischen Gemeinschaften vom 26. April 1977 über den geplanten *europäischen Stillegungsfonds für die Binnenschiffahrt*, Slg. 1977, S. 741 ff.

§ 789 Legt ein weiterer Vertrag Normen *zwingenden* Rechts fest, so wäre ein späterer widersprechender Vertrag im engeren Kreise nicht nur ein völkerrechtliches Unrecht, sondern darüber hinaus nichtig[9].

§ 790 Wenn es sich schließlich um die Konkurrenz zweier *bilateraler* Verträge handelt, wenn also zwischen zwei Staaten ein Vertrag abgeschlossen wird, der mit einem früheren Vertrag in Widerspruch steht, den einer von ihnen mit einem dritten Staat abgeschlossen hat, so sind beide Verträge rechtsverbindlich, da sie einen verschiedenen persönlichen Geltungsbereich aufweisen. Doch ist jener Staat, der beide Verträge abgeschlossen hat, dem Partner des früheren Vertrages gegenüber verpflichtet, alle erlaubten Mittel anzuwenden, um die Erfüllung dieses früheren Vertrages sicherzustellen[10].

Ebensowenig wäre der zweite Vertrag nichtig, wenn durch den ersten Vertrag die Handlungsfähigkeit eines Partners des zweiten Vertrages zum Abschluß eines solchen Abkommens beschränkt worden ist, weil solche Beschränkungen der vr Handlungsfähigkeit dritten Staaten gegenüber nur Wirksamkeit erlangen können, wenn sie von diesen anerkannt worden sind[11].

§ 791 Bestimmt ein Vertrag ausdrücklich, daß er einem früher oder später geschlossenen Vertrag untergeordnet oder nicht als mit diesem unvereinbar anzusehen ist, so hat dieser andere Vertrag Vorrang (Art. 30 Abs. 2). So legt etwa Art. 30 des Genfer Übereinkommens über die Hohe See vom 29. April 1958 oder Art. 73 der Wiener Konsularkonvention vom 24. April 1963 fest, daß diese Übereinkommen andere Verträge hinsichtlich der Beziehungen zwischen deren Parteien unberührt lassen[12]. Umgekehrt kann ein Vertrag den Vorrang seiner Verpflichtungen gegenüber anderen vr Verträgen seiner Parteien festlegen. Sind

---

[9] Oben §§ 525, 529. So auch *Reuter* (Anm. 4), S. 142.

[10] So auch die Entscheidung des Zentralamerikanischen Gerichtshofes vom 9. März 1917 im Streitfall zwischen El Salvador und Nicaragua über den *Bryan-Chamorro-Vertrag* (Nicaraguas mit den Vereinigten Staaten) vom 5. August 1914: „[T]he Government of Nicaragua ... is under the obligation to reëstablish and maintain the legal status that existed prior to the Bryan-Chamorro Treaty between the litigant republics ...". Text der Entscheidung im AJIL 11 (1917), S. 674 ff. (696).

[11] Vgl. oben §§ 769 f.

[12] Weitere Beispiele im Kommentar der ILC zu Draft Article 26, ILC-Yearbook 1966 II, S. 214 f., und im „Treaty Maker's Handbook", S. 217 ff. Derartige Klauseln spielen auch in den vertraglichen Ergebnissen der Ostpolitik der Bundesrepublik Deutschland eine wichtige Rolle; vgl. dazu K. *Ipsen*, Sinn und Rechtsfolgen der Artikel 4 der Ostverträge („Nichtberührung früherer Vereinbarungen"), in: Ostverträge — Berlin-Status — Münchener Abkommen — Beziehungen zwischen der BRD und der DDR (Kieler Symposium 1971), S. 83 ff.; *Kimminich*, Der Moskauer Vertrag vom 12. August 1970 — eine völkerrechtliche Analyse (1972), S. 83 ff.; *Blumenwitz*, Die Unberührtheitsklausel in der Deutschlandpolitik, in: Festschrift für Berber (1973), S. 83 ff.

jedoch an diesen anderen Verträgen auch Nichtvertragsstaaten des vorrangigen Abkommens beteiligt, darf die Respektierung der Vorrangklausel in den Beziehungen *inter se* die Rechte dieser Staaten nicht beeinträchtigen. In diesem Sinne bestimmt etwa Art. 234 EWG-Vertrag eingangs, daß dieser Vertrag die Rechte und Pflichten aus Übereinkünften, die vor seinem Inkrafttreten zwischen EWG-Mitgliedstaaten und dritten Staaten abgeschlossen wurden, nicht berührt, um dann jedoch hinzuzufügen: „Soweit diese Übereinkünfte mit diesem Vertrag nicht vereinbar sind, wenden der oder die betreffenden Mitgliedstaaten alle geeigneten Mittel an, um die festgestellten Unvereinbarkeiten zu beheben. Erforderlichenfalls leisten die Mitgliedstaaten zu diesem Zweck einander Hilfe; sie nehmen gegebenenfalls eine gemeinsame Haltung ein[13]." Eine Sonderstellung nimmt dabei Art. 103 der UN-Charta ein, der in Art. 30 Abs. 1 der Wiener Konvention deren Regelung ausdrücklich übergeordnet wird[14].

II. Die Änderung von Verträgen

1. Allgemeines

§ 792 Alle Verträge können durch das Einvernehmen ihrer Parteien wieder abgeändert werden (Art. 39). Da im VR Formfreiheit besteht[15], können schriftlich abgeschlossene Verträge auch durch formlosen zwischenstaatlichen Konsens modifiziert werden[16]. In gleicher Weise können sich die Vertragsstaaten *einvernehmlich* über alle Bestimmungen eines Vertrages, die für den Fall seiner Abänderung gelten sollen, hinwegsetzen.

§ 793 In diesem Sinne hatte der von der ILC ausgearbeitete Konventionsentwurf 1966 in seinem Art. 38 vorgesehen, daß „[a] treaty may be modified by subsequent practice in the application of the treaty establishing the agreement of the Parties to modify its provisions"[17].

Diese Bestimmung stützte sich vor allem auf den Schiedsspruch zwischen Frankreich und den Vereinigten Staaten vom 22. Dezember 1963

[13] Vgl. dazu das Urteil des Gerichtshofs der Europäischen Gemeinschaften vom 14. Oktober 1980 im Fall *Burgoa*, Rechtssache 812/79, Slg. 1980, S. 2787 ff.; ferner das bereits erwähnte Gutachten des Gerichtshofes über den *europäischen Stillegungsfonds für die Binnenschiffahrt*, Slg. 1977, S. 741 ff.

[14] Dazu oben §§ 94, 641.

[15] Oben § 660.

[16] Dazu oben §§ 518 ff. Zur Änderung der UN-Charta oben §§ 273 ff.

[17] ILC-Yearbook 1966 II, S. 236. Dazu *Menzione*, La modificazione dei trattati per via della condotta successiva delle parti, DI 25 (1971), S. 440 ff.; *Müller*, Vertrauensschutz im Völkerrecht (1971), S. 171 ff.; *Cot*, La conduite subséquente des parties à un traité, RGDIP 70 (1966), S. 632 ff.; *Karl*, Vertrag und spätere Praxis im Völkerrecht (1983).

über die *Interprétation de l'accord aérien du 27 mars 1946*[18]. Eine vertragswidrige Routenänderung und Erhöhung der Flugfrequenz durch eine private amerikanische Gesellschaft war von den französischen Behörden durch längere Zeit widerspruchslos geduldet worden. Unter Bezugnahme auf das Urteil des IGH im Falle des *Temple of Preah Vihear* (1962)[19] fand das Schiedsgericht: „Une telle conduite peut en effet entrer en ligne de compte non pas simplement comme un moyen utile aux fins de l'interprétation de l'Accord [so heute Art. 31 Abs. 3 lit. b der Wiener Konvention[20]] mais comme quelque chose de plus: à savoir comme source possible d'une modification postérieure, découlant de certains actes ou de certaines attitudes et touchant la situation juridique des Parties et les droits que chacune d'entre elles pourraient légitimement faire valoir[21]."

Dabei darf allerdings nicht übersehen werden, daß diese Interpretation der Praxis in concreto durch das Einvernehmen der Streitteile gedeckt war, da der Präsident des Schiedsgerichts während des Verfahrens bei diesen angefragt hatte, ob das Schiedsgericht auch formlose Übereinkommen sowie das nachfolgende Verhalten der Parteien berücksichtigen dürfe[22].

Auf der Wiener Konferenz wurde Art. 38 des ILC-Entwurfs abgelehnt[23], vor allem deshalb, weil die Wiener Konvention nur in schriftlicher Form abgeschlossene Verträge zum Gegenstand hat[24].

Daraus darf aber nicht der falsche Schluß gezogen werden, daß ein Vertrag durch spätere Praxis nicht geändert werden kann, da Art. 3 der Konvention die Geltung formloser Verträge nicht bestreitet. Nachfolgende Praxis kann jedoch nur dann eine Vertragsänderung bewirken, wenn aus dem Verhalten der *zuständigen* Organe ein neuer Konsens erschlossen werden kann, da sonst untergeordnete Organe in der Lage wären, förmlich, z. B. unter Mitwirkung des Parlaments, abge-

---

[18] Text der Entscheidung in der RGDIP 69 (1965), S. 189 ff.

[19] In diesem Fall, einem Grenzstreit zwischen Kambodscha und Thailand, hatte der IGH im Verhalten der Parteien die Möglichkeit einer stillschweigenden Vereinbarung über die Auslegung eines Grenzvertrages gesehen und zur Heranziehung einer fehlerhaften Landkarte festgestellt: „[T]he Parties at that time adopted an interpretation of the treaty settlement which caused the map line, in so far as it may have departed from the line of the watershed, to prevail over the relevant clause of the treaty", ICJ Reports 1962, S. 34.

[20] Oben § 778.

[21] RGDIP 69 (1965), S. 249.

[22] Ebd., S. 193.

[23] Official Records, First Session, UN Doc. A/CONF. 39/11, 37th and 38th meeting, S. 207 f.

[24] Vgl. z. B. die Stellungnahme des finnischen Delegierten ebd., 37th meeting, S. 207 f.

schlossene Verträge abzuändern[25]. Doch kann natürlich das beharrliche Schweigen der obersten Organe zu einem solchen Verhalten als widerspruchslose Hinnahme (acquiescence) gewertet werden[26].

2. *Besonderheiten der Änderung multilateraler Verträge*[27]

§ 794 Art. 40 der Wiener Konvention bestimmt vorbehaltlich einer anderweitigen Regelung in einem konkreten Vertragsinstrument, daß jeder Vorschlag auf Abänderung mehrseitiger Verträge allen Vertragsparteien zu notifizieren ist, da diese einen Anspruch darauf haben, an der Entscheidung über einen solchen Vorschlag, an den neuen Vertragsverhandlungen und am Abschluß des neuen Vertrages teilzunehmen (Abs. 2). Staaten, die berechtigt sind, dem ursprünglichen Vertrag beizutreten, haben auch das Recht, Parteien des geänderten Vertrages zu werden (Abs. 3). Dieser bindet natürlich jene Parteien des ursprünglichen Vertrages nicht, die der Änderung nicht zustimmen. Auf die Beziehungen zwischen diesen Staaten und den Vertragsstaaten der geänderten Übereinkunft ist nach wie vor der ursprüngliche Vertrag anzuwenden (Abs. 4 zweiter Satz, der auf Art. 30 Abs. 4 lit. b verweist); ob eine solche Aufsplitterung überhaupt durchführbar ist, richtet sich wiederum nach der Erfüllungsstruktur der beiden Verträge[28]. Staaten, die dem geänderten Übereinkommen nach seinem Inkrafttreten beitreten, werden, falls sie keine gegenteilige Erklärung abgeben, Vertragsparteien dieses neuen Vertrages gegenüber dessen Parteien, gegenüber den Vertragsparteien, die sich der Änderung nicht angeschlossen haben, aber Vertragsparteien des ursprünglichen Abkommens (Abs. 5). In diesem Sinne verfügt schon das revidierte Haager Landkriegsabkommen vom 18. Oktober 1907[29] in seinem Art. 4, daß dieses zwischen seinen Vertragsstaaten Anwendung findet, während das frühere Abkommen von 1899 zwischen jenen Vertragsteilen dieser Konvention in Kraft bleibt, die nicht Vertragsstaaten der neuen Konvention werden, ebenso zwischen ihnen und jenen Parteien der ersten Konvention, die auch das zweite Abkommen ratifiziert haben.

---

[25] So zahlreiche Stellungnahmen auf der Wiener Konferenz, vgl. die Official Records (Anm. 23).

[26] So der IGH im *Temple* Case (Anm. 19).

[27] Dazu neben dem in Anm. 1 genannten Schrifttum *Giraud*, Modification et terminaison des traités collectifs, Exposé préliminaire für das Institut de Droit international, Annuaire IDI 49 I (1961), S. 5 ff., und die weitere Behandlung dieses Themas durch das Institut; ferner *Dixit*, Amendment or Modification of Treaties, IJIL 10 (1970), S. 37 ff.; *Bilder*, Managing the Risks of International Agreement (1981), S. 92 ff. Zahlreiche Beispiele für Änderungs*klauseln* im „Treaty Maker's Handbook", S. 225 ff.

[28] Oben § 788.

[29] Text bei *Berber*, Dokumente II, S. 1892 ff.

§ 795 Während der damit geschilderte Art. 40 Verfahren und Wirkungen von Abänderungen regelt, die auf eine Teilnahme aller Vertragsparteien zumindest angelegt sind, legt Art. 41 die *Bedingungen* fest, unter denen multilaterale Verträge *im engeren Kreis* modifiziert werden dürfen. Eine solche Abänderung ist danach nur gestattet, wenn

1. der Vertrag eine solche Möglichkeit vorsieht (Abs. 1 lit. a), oder wenn
2. die Änderung nicht durch den Vertrag verboten ist, doch unter der Voraussetzung, daß sie die anderen Vertragsparteien weder in dem Genuß vertraglicher Rechte noch in der Erfüllung ihrer Verpflichtungen beeinträchtigt, und außerdem
3. keine Bestimmung umfaßt, von der *inter partes* nicht abgewichen werden kann, ohne dadurch Ziel und Zweck des ganzen Vertrages zu vereiteln (Abs. 1 lit. b). Als Beispiel weist der ILC-Kommentar auf Abrüstungs- und Neutralitätsverträge hin[30].

Diese Regelung trägt der verschiedenartigen Erfüllungsstruktur multilateraler Verträge Rechnung und stellt so eine notwendige Ergänzung des früher behandelten Art. 30 Abs. 4 dar, der sich nicht mit den Bedingungen der Erlaubtheit von *inter se*-Abkommen, sondern mit der Anwendung einmal geschlossener aufeinander folgender Verträge über denselben Gegenstand befaßt[31].

§ 796 Wird ein Abkommen *inter se* unter Verletzung der in Art. 41 wiedergegebenen Schranken abgeschlossen, so ist es nur nichtig, wenn es gegen zwingendes VR verstößt[32].

In allen anderen Fällen ist es *inter partes* rechtsverbindlich, wie der StIGH im *Oscar Chinn* Case (1934) ausgesprochen hat[33]. Doch sind natürlich jene Staaten, die einen Vertrag verletzen, indem sie einen anderen damit unvereinbaren Vertrag abschließen, vr *verantwortlich*, was die bereits an anderer Stelle erwähnte Pflicht auslöst, alle nötigen Schritte zu unternehmen, um die Kollision der Vertragspflichten zugunsten der Parteien des verletzten Vertrages aufzulösen[34]. Die Wiener Konvention geht auf diese Folgen nicht ein, weil sie gemäß ihrem Art. 73 u. a. alle Fragen der vr Verantwortlichkeit unberührt läßt[35].

---

[30] ILC-Yearbook 1966 II, S. 235. Vgl. ferner Art. 73 Abs. 2 der Wiener Konsularkonvention 1963.

[31] Vgl. oben § 787.

[32] Oben §§ 524 ff., 640, 755.

[33] Series A/B, No. 63, S. 80. Die von den Richtern *Schücking* und *van Eysinga* in ihren Sondervoten (ebd., S. 131 ff. und 148 ff.) vertretene Auffassung, daß ein solcher Vertrag nichtig sei, geht also zu weit.

[34] Vgl. auch den Kommentar der ILC zu Art. 26 ihres Entwurfs, ILC-Yearbook 1966 II, S. 217.

[35] Siehe aber unten §§ 1294 ff.

§ 797 Schließlich sei darauf hingewiesen, daß die Abänderung von Verfassungsverträgen internationaler Organisationen[36] sowie mancher *im Rahmen* derartiger Organisationen angenommener Verträge unter erleichterten Bedingungen möglich ist[37]. Analoges gilt auch für andere multilaterale Abkommen insbesondere technischen Inhalts oder die Annexe dazu, die einer raschen Anpassung an geänderte Anwendungsbedingungen bedürfen.

So richtet sich beispielsweise das Verfahren zur Änderung der auf Universalität angelegten Convention on the Prevention of Marine Pollution by Dumping of Wastes and Other Matter vom 29. Dezember 1972[38] (Art. XV) nach den gerade geschilderten allgemeinen Regeln, während für die Abänderung der drei Annexe zu diesem Vertrag ein modifiziertes „contracting-out"-Verfahren vorgesehen ist[39].

§ 798 Bemerkenswert sind auch die in Art. 155 des UN-Seerechtsübereinkommens 1982 (§ 596) der Überprüfungskonferenz für das Tiefseebergbauregime eingeräumten Möglichkeiten, die ursprünglichen Bestimmungen und einschlägigen Anlagen dieses Übereinkommens durch Mehrheitsbeschlüsse zu ändern. Wir werden sie im Abschnitt über den Meeresboden (§ 1141) darstellen.

3. *Die Vertragsrevision*

§ 799 Ein Teil der Völkerrechtslehre, aber auch verschiedene Kollektivverträge unterscheiden zwischen Vertragsänderungen, die nur einzelne Bestimmungen betreffen, und einer Vertragsrevision, durch die eine *umfassende* Anpassung des Vertragsinhalts an geänderte Bedingungen erfolgen soll. So enthält z. B. Kapitel XVIII der UN-Charta (mit der Überschrift „Änderungen") einerseits den Art. 108, der das Verfahren bei Änderungen der Charta im gerade geklärten engeren Sinne regelt, und andererseits in Art. 109 eine Vorschrift, welche die Einberufung einer Revisionskonferenz und das weitere Verfahren bei Satzungsrevisionen normiert[40]. Rechtstechnisch stellt aber auch die Vertragsrevision eine Änderung des betroffenen Vertrages dar, so daß es

---

[36] Dazu oben § 727.

[37] Zu beiden Fällen vgl. Art. 5 des Wiener Übereinkommens.

[38] Konventionstext bei *Rüster / Simma*, International Protection of the Environment. Treaties and Related Documents, Bd. II (1975), S. 537 ff.

[39] Zahlreiche weitere Beispiele im „Treaty Maker's Handbook", S. 225 ff. Vgl. ferner Art. VIII der am 1. November 1974 in London abgeschlossenen International Convention for the Safety of Life at Sea, ILM 14 (1975), S. 963 ff.; und zum ganzen jüngst *Skala*, Internationale technische Regeln und Standards zum Umweltschutz (1982). Zum Verfahren des „contracting out" vgl. oben §§ 629 f.

[40] Zahlreiche weitere Beispiele im „Treaty Maker's Handbook", S. 240 ff.

die ILC und ihr folgend die Wiener Konferenz mit Recht ablehnten, dafür gesonderte Regeln vorzuschlagen[41].

§ 800 Revisionsklauseln in politisch oder wirtschaftlich bedeutsamen Verträgen und die Vereinbarung institutionalisierter Revisionsverfahren mit generellem Anwendungsbereich bilden wichtige Mittel des sog. „*Peaceful Change*“, d. h. der Veränderung des Status quo auf internationaler Ebene ohne Gewaltanwendung[42]. In diesem Sinne ermächtigte der vielumstrittene Art. 19 der Völkerbundsatzung die Völkerbundversammlung, „die Bundesmitglieder ... von Zeit zu Zeit ... zu einer Nachprüfung der unanwendbar gewordenen Verträge und solcher internationalen Verhältnisse auf[zu]fordern, deren Aufrechterhaltung den Weltfrieden gefährden könnte“. Ein solcher Beschluß bedurfte der Einstimmigkeit. In der Praxis des Völkerbundes erwies sich der auf die *Erhaltung* des (insbesondere durch die Friedensverträge 1919 geschaffenen) Status quo gerichtete Art. 10 der Völkerbundsatzung als stärker[43].

Heute kann die *Generalversammlung* nach Art. 14 der UN-Charta (vorbehaltlich deren Art. 12 über den Vorrang des Sicherheitsrates) „Maßnahmen zur friedlichen Bereinigung jeder Situation empfehlen, gleichviel wie sie entstanden ist, wenn diese Situation nach ihrer Auffassung geeignet ist, das allgemeine Wohl oder die freundschaftlichen Beziehungen zwischen Nationen zu beeinträchtigen“. Die Generalversammlung kann also auch die Revision eines Vertrages, und zwar mit Stimmenmehrheit, empfehlen. Dabei darf aber nicht einfach dem Stärkeren nachgegeben werden, sondern es gilt auch hier, Recht *und Gerechtigkeit* zu wahren (Präambel, Art. 1 Ziff. 1, Art. 2 Ziff. 3 UN-Charta).

§ 801 Nahezu ständige Revisions- und Überprüfungsmöglichkeiten sieht das UN-Seerechtsübereinkommen 1982 (§ 596) vor. Das Tiefsee-

---

[41] Vgl. ILC-Yearbook 1966 II, S. 232.
Die vr Literatur konzentriert sich wegen deren größerer politischer Bedeutung auf die Revision von Verträgen, behandelt dabei aber notwendig die verfahrensrechtlichen Aspekte *aller* Vertragsänderungen mit, so daß das folgende Schrifttum auch zur Ergänzung der oben in den Anm. 1 und 27 genannten Arbeiten dienen kann: *Kunz*, Die Revision der Pariser Friedensverträge (1932); *Escher*, Die Revision der internationalen Vereinbarungen (1947); *Yakemtchouk*, La révision des traités multilatéraux en Droit International, RGDIP 60 (1956), S. 337 ff.; *Hoyt*, The Unanimity Rule in the Revision of Treaties (1959); *Leca*, Les techniques de révision des conventions internationales (1961); *Grewe*, Revision von Verträgen, WV III, S. 110 ff.; *Guarino*, La revisione dei trattati (1971).
Zur Revision der UN-Charta siehe auch oben §§ 273 ff.

[42] *Grewe*, Peaceful Change, WV II, S. 752 ff.; *Mosler*, The International Society as a Legal Community, RdC 140 (1974 IV), S. 294 ff.

[43] Vgl. oben § 87.

bergbauregime kann auf schriftlichen Antrag eines Vertragsstaates durch Beschlüsse von Versammlung und Rat der Internationalen Meeresbodenbehörde jederzeit geändert werden (Art. 314). Alle fünf Jahre nach Inkrafttreten des Übereinkommens findet eine Überprüfung des Tiefseebergbauregimes statt (Art. 154) und 15 Jahre nach Beginn der ersten kommerziellen Produktion von Tiefseebodenvorkommen wird eine Überprüfungskonferenz (Art. 155) einberufen. Die übrigen Teile des UN-Seerechtsübereinkommens 1982 können jederzeit in einem vereinfachten Verfahren (Art. 313) geändert werden. Mindestens die Hälfte der Vertragstaaten kann 10 Jahre nach Inkrafttreten des Übereinkommens die Einberufung einer Konferenz zur Änderung des Vertragswerkes verlangen (Art. 312).

K. Die Aufhebung und Suspendierung von Verträgen

I. Überblick

§ 802 Ein vr Vertrag kann entweder aus Gründen, die er selbst vorsieht, oder durch eine später zwischen denselben Vertragsteilen zustandegekommene Willensübereinstimmung oder aber unmittelbar aus Gründen des allgemeinen VR aufgehoben oder suspendiert werden[1].

Die Wiener Konvention normiert einmal solche *materielle* Aufhebungs- oder Suspendierungsgründe (Art. 54 ff.), statuiert einige *Bedingungen* für deren Geltendmachung (Art. 42 ff.), stellt bestimmte *Verfahrensregeln* dafür auf (Art. 65 ff.) und regelt schließlich die *Rechtsfolgen* der Vertragsbeendigung und -suspendierung (Art. 43, 69 ff.). Die drei letztgenannten Normengruppen der Konvention umfassen auch die bei *Ungültigkeit* eines Vertrages zur Anwendung gelangenden Vorschriften, deren Gründe wir bereits kennengelernt haben[2].

---

[1] An Spezialliteratur zur Gesamtheit dieser Gründe vgl. neben den einschlägigen Konventionsmaterialien der Jahre 1957 ff. *McNair*, La terminaison et la dissolution des traités, RdC 22 (1928 II), S. 461 ff.; *Perlowski*, Les causes d'extinction des obligations internationales contractuelles (1928); *Tobin*, The Termination of Multipartite Treaties (1933); den Bericht *Girauds* an das Institut de Droit international (§ 794, Anm. 27); *Rosenne*, Terminaison des traités collectifs, Rapport provisoire und Rapport définitif an das Institut de Droit international, Annuaire IDI 52 I (1967), S. 5 ff.; *Nahlik* (§ 743, Anm. 2); *Capotorti*, L'extinction et la suspension des traités, RdC 134 (1971 III), S. 415 ff.; *Haraszti* (§ 774, Anm. 1), S. 229 ff.; *David*, The Strategy of Treaty Termination (1975).

Aus dem oben § 533, Anm. 6, genannten Schrifttum zum gesamten Vertragsrecht am ertragreichsten Harvard Research, AJIL 29 (1935), S. 977 ff.; *McNair*, S. 493 ff.; *Dahm*, S. 125 ff.; ferner *Rousseau*, Principes généraux du droit international public (1944), S. 506 ff.

[2] Verletzung innerstaatlicher Bestimmungen über die Zuständigkeit zum Abschluß von Verträgen: §§ 686 ff., Willensmängel: §§ 743 ff., Verstoß gegen *ius cogens:* §§ 524 ff. und § 755.

§ 803 Wenn die Konvention schließlich in ihrem Art. 42 festlegt, daß die Gültigkeit eines Vertrages oder der staatlichen Zustimmung zu einem Vertrag nur gemäß ihren Bestimmungen angefochten und desgleichen die Kündigung, Beendigung oder Suspendierung von Verträgen nur in Anwendung der Normen eben dieser Verträge oder der Konvention vorgenommen werden darf, so ist dabei ihr Art. 73 nicht aus den Augen zu verlieren, nach dem die Wiener Konvention Fragen der Staatennachfolge, der vr Verantwortlichkeit und des Ausbruchs von Feindseligkeiten, auch wenn sie für die Geltung und Anwendung vr Verträge von Bedeutung sind, unberührt läßt. Diese Beschränkung ist für das folgende Kapitel besonders wichtig. So sind etwa die Fragen der höheren Gewalt, des Notstandes oder des Repressalienrechts als Rechtfertigungsgründe für die Nichterfüllung eines Vertrages weiterhin nach VGR und den allgemeinen Rechtsgrundsätzen zu beurteilen. Des weiteren hat die ILC die Zusammenhänge zwischen Verträgen und VGR nur in einzelnen Aspekten behandelt, weil eine umfassende Berücksichtigung dieser Problematik die Grenzen einer Kodifikation des Rechts der vr Verträge gesprengt hätte[3].

II. Vertragsaufhebung und -suspendierung im Einvernehmen der Parteien

1. Auf Grund von Bestimmungen des betroffenen Vertrages

§ 804 Viele Verträge werden von vornherein nur für einen bestimmten Zeitraum abgeschlossen und erlöschen daher mit dem Ende der vereinbarten Geltungsdauer automatisch, sofern diese nicht verlängert wird[4]. Andere Verträge bestimmen, daß sie nach Ablauf der vereinbarten Dauer weitergelten, wenn sie nicht vorher gekündigt werden. Ferner gibt es Verträge, die auf unbestimmte Zeit abgeschlossen werden, aber eine Kündigungs- oder Revisionsklausel enthalten. Schließlich finden wir Verträge, die bis zum Eintritt eines bestimmten Ereignisses in Geltung bleiben[5].

[3] Vgl. aus der Einleitung der ILC zu ihrem Bericht 1966, ILC-Yearbook 1966 II, S. 176 f.
Die Frage, ob die Wiener Konvention die Gründe für die Beendigung und Suspendierung von Verträgen *erschöpfend* regelt, wurde im Institut de Droit international in Verbindung mit den Berichten *Rosennes* (Anm. 1) diskutiert, vgl. ebd.

[4] Die Vertragsparteien sind jedoch nicht gehindert, sich weiterhin auf der Basis strikter Gegenseitigkeit so an den Inhalt eines formell außer Kraft getretenen Abkommens zu halten, als ob es für sie noch rechtsverbindlich wäre; vgl. die bei *Bilder*, Managing the Risks of International Agreement (1981), S. 28 und 238, erwähnten „parallel unilateral policy declarations" der Vereinigten Staaten und der Sowjetunion, nach Ende der Laufzeit von SALT I (am 3. Oktober 1977) dessen Bestimmungen weiter anzuwenden.

Die Wiener Konvention anerkennt diese Möglichkeiten in Art. 54 lit. a (Vertragsbeendigung) und Art. 57 lit. a (Vertragssuspendierung).

§ 805 In ihrem Art. 55 stellt sie klar, daß ein multilateraler Vertrag nicht schon deshalb erlischt, weil die Zahl seiner Parteien unter die für sein Inkrafttreten erforderliche Zahl sinkt[6].

§ 806 Verträge, die auf unbestimmte Zeit abgeschlossen werden und weder eine Kündigungsklausel noch eine andere Bestimmung über ihr Erlöschen enthalten, unterliegen grundsätzlich weder der Kündigung noch dem Rücktritt[7], soweit sich nicht aus der Art des Vertrages oder aus anderen Umständen ergibt, daß die Parteien eine Kündigung oder einen Rücktritt zulassen wollten (Art. 56). So wird vermutet, daß Bündnisverträge auch mangels entsprechender Klauseln gekündigt werden können, sofern kein gegenteiliger Konsens der Parteien nachweisbar ist[8].

§ 807 Ob Verträge, durch die allgemeine Normen des VR vereinbart werden (general multilateral treaties of a law-making character, traités

---

[5] Eine Übersicht über diese verschiedenen Arten der Vertragsauflösung geben das UN Doc. ST/LEG/6, „Handbook of Final Clauses", S. 54 ff.; *Blix / Emerson* (Hrsg.), The Treaty Maker's Handbook (1973), S. 96 ff., 104 ff.; *Bilder* (letzte Anm.), S. 52 ff.

[6] Mindestens zwei müssen jedoch immer vorhanden sein, vgl. *Simma*, Das Reziprozitätselement im Zustandekommen völkerrechtlicher Verträge (1972), S. 55 f.

Manche Verträge bestimmen ausdrücklich, daß sie außer Kraft treten, wenn ihr Mitgliederkreis eine bestimmte Zahl unterschreitet: Treaty Maker's Handbook, S. 101 f.

[7] Zum Gebrauch der Termini „denunciation" (Kündigung) und „termination" (Beendigung, Rücktritt) in der Konvention vgl. die Auskunft des Expert Consultant der Wiener Konferenz, Official Records, Documents of the Conference, UN Doc. A/CONF. 39/11/Add. 2, S. 275, wonach von einer Vertragsbeendigung durch „denunciation" dann gesprochen wird, wenn sich das Recht dazu ausdrücklich oder stillschweigend aus dem Vertrag selbst ergibt, während der Ausdruck „termination" bei Berufung auf einen Vertragsauflösungsgrund nach allgemeinem VR Verwendung findet.

[8] Vgl. den Kommentar der ILC zu Art. 53 ihres Entwurfs, ILC-Yearbook 1966 II, S. 250 f.; ferner *Triggiani*, La denuncia dei trattati fondata sulla loro natura, C & S 15 (1978), S. 469 ff.; *Widdows*, The Unilateral Denunciation of Treaties Containing no Denunciation Clause, BYIL 53 (1982), S. 83 ff.

In seinen Zuständigkeitsurteilen vom 2. Februar 1973 in den *Fisheries Jurisdiction* Cases lehnte der IGH ein isländisches Argument, daß eine Schiedsklausel auch ohne ausdrückliche Kündigungsmöglichkeit ihrer Natur nach einseitig aufgekündigt werden könne, mit der Begründung ab, daß es sich bei den umstrittenen Klauseln in den Verträgen Islands mit Großbritannien und der Bundesrepublik Deutschland nicht eigentlich um Verpflichtungen „of a permanent nature or ... binding the parties in perpetuity" handle, sondern um Bestimmungen, deren Wirksamkeit bis zum Eintritt eines konkreten und von den Parteien einkalkulierten Streitfalles aufschiebend bedingt war: ICJ Reports 1973, S. 14 ff., 59 ff.

Zur Abgrenzung des implizierten Kündigungsrechtes von der *Clausula rebus sic stantibus* vgl. auch *Müller*, Vertrauensschutz im Völkerrecht (1971), S. 221 ff.

normatifs)[9], mangels einer Kündigungsklausel gekündigt werden können, ist streitig[10]. Einige der großen nach Ende des Zweiten Weltkrieges abgeschlossenen Konventionen dieser Art, nämlich die vier Genfer Abkommen über das Seerecht (1958), sowie die drei Wiener Übereinkommen über das Diplomaten- (1961), Konsular- (1963) und Vertragsrecht (1969) enthalten keine Kündigungsklausel, wohl aber etwa das Abkommen über den Völkermord (1948), die vier Genfer Abkommen zum Schutze der Kriegsopfer (1949) und deren zwei Zusatzprotokolle (1977). Dieser Unterschied dürfte sich u. a. daraus erklären, daß die erstgenannten Abkommen im wesentlichen[11] nur das bisher geltende VGR kodifizieren, während die zweitgenannten Verträge teilweise neues VR setzen[12]. Eine Kündigung oder ein Rücktritt von einem Vertrag der ersten Kategorie wäre auch insofern wirkungslos, als die Bindung an inhaltlich mit den Vertragspflichten übereinstimmende Normen des VGR durch ein solches Vorgehen nicht berührt wird (Art. 43)[13].

2. *Auf Grund nachfolgender Übereinkunft*

§ 808 Auch wenn ein Vertrag darüber keine Bestimmungen enthält, kann die Beendigung eines Vertrages, der Rücktritt einer Vertragspartei oder die Suspendierung eines Vertrages gegenüber allen oder einzelnen seiner Parteien doch jederzeit *einvernehmlich* geschehen (Art. 54 lit. b, 57 lit. b, 59). Dieses Einvernehmen ist an keine Form gebunden[14].

§ 809 Hingegen ist die Suspendierung eines multilateralen Vertrages zwischen einzelnen Vertragsparteien *inter se* nur zulässig, wenn eine solche Maßnahme entweder im Vertrag vorgesehen oder durch ihn nicht verboten ist, sofern sie nicht in die vertraglichen Rechte oder in die Erfüllung der vertraglichen Pflichten der anderen Parteien eingreift und außerdem mit Ziel und Zweck des Vertrages nicht unvereinbar ist (Art. 58)[15].

---

[9] Oben § 538.

[10] Vgl. den Kommentar der ILC (Anm. 8).

[11] Vgl. oben §§ 589 ff.

[12] Dies übersieht der ILC-Kommentar (Anm. 8).

[13] Dazu *Baxter*, Treaties and Custom, RdC 129 (1970 I), S. 51 ff., und unten § 844.

[14] So zu Recht das Gutachten des Eidgenössischen Politischen Departements vom 12. März 1979, SchwJIR 36 (1980), S. 166 ff.

[15] Zu der damit angesprochenen Erfüllungsstruktur mehrseitiger Verträge oben §§ 539, 733, 788, 794, und im folgenden Teilabschnitt über das Rücktrittsrecht wegen Vertragsverletzung.

III. Aufhebungs- und Suspendierungsgründe nach allgemeinem Völkerrecht

§ 810 Während bei Vorliegen einiger dieser Gründe die davon betroffenen Verträge *ipso iure* außer Kraft treten (vgl. §§ 820 - 826), gewähren andere (§§ 811 ff., 818, 828 ff.) bestimmten Vertragsstaaten die *Möglichkeit*, einen Vertrag aufzuheben oder zu suspendieren.

Der Fall des Außerkrafttretens eines Vertrages durch Abschluß eines neuen Vertrages zwischen denselben Vertragsparteien ist bereits im Unterabschnitt II eingehend untersucht worden.

1. Rücktritt wegen Vertragsverletzung[16]

§ 811 Wird ein Vertrag in schwerwiegender Weise verletzt, so räumt das VR der oder den dadurch betroffenen Parteien das Recht ein, unter bestimmten Voraussetzungen ihre eigenen vertraglich geschuldeten Leistungen gegenüber dem Verletzer einzustellen *(inadimplenti non est adimplendum, exceptio non adimpleti contractus)*. Diese Gegenmaßnahme beruht auf dem Gedanken, daß es einem Staat nicht zugemutet werden kann, einen Vertrag gegenüber einer anderen Vertragspartei weiter zu erfüllen, die ihren Vertragspflichten ihm gegenüber nicht mehr nachkommt. Eben dadurch unterscheidet sich das Rücktrittsrecht von einer Repressalie[17], die auch in der Aussetzung der Vertragserfüllung bestehen kann, dann jedoch nicht in erster Linie der Wiederherstellung eines Gleichgewichts der vertraglichen Vorteile und Lasten, sondern als Mittel des Beugezwangs gegenüber der vertragsbrüchigen Partei zur Durchsetzung des Wiedergutmachungsanspruchs dient[18].

---

[16] Dazu neben dem in Anm. 1 genannten Schrifttum *Sinha*, Unilateral Denunciation of Treaty Because of Prior Violations of Obligations by Other Party (1966); *Bilder*, Breach of Treaty and Response Thereto, ASIL Proceedings 1967, S. 193 ff.; *Schwelb*, Termination or Suspension of the Operation of a Treaty as a Consequence of Its Breach, IJIL 7 (1967), S. 309 ff.; *Wright*, The Termination and Suspension of Treaties, AJIL 61 (1967), S. 1000 ff.; *Nisot*, L'exception „non adimpleti contractus" en droit international, RGDIP 74 (1970), S. 668 ff.; *Simma*, Reflections on Article 60 of the Vienna Convention on the Law of Treaties and Its Background in General International Law, ÖZöffR 20 (1970), S. 5 ff.; *derselbe*, Zum Rücktrittsrecht wegen Vertragsverletzung nach der Wiener Konvention von 1969, FS v. d. Heydte, S. 615 ff.; *Decaux*, La réciprocité en droit international (1980), S. 233 ff., 257 ff.; *Bilder*, Managing the Risks of International Agreement (1981), S. 160 ff.; *Pisillo Mazzeschi*, Risoluzione e sospensione dei trattati per inadempimento (1984).

[17] Dazu unten §§ 1342 ff. Das Repressalienrecht wird gemäß Art. 73 durch die Wiener Konvention nicht berührt. Dazu *Simma*, ÖZöffR (letzte Anm.), S. 52 ff., und *Reuter*, Introduction au droit des traités (1972), S. 184 ff.

[18] Vgl. unten § 1342. Wegen dieser Verschiedenheit der *sedes materiae* unterliegen Rücktrittsrecht wegen Vertragsverletzung und Repressalienrecht auch verschieden ausgestalteten vr Regimes, auf die bei *Simma*, ÖZöffR (Anm. 16), S. 11 ff., 19 ff. und 52 ff., näher eingegangen wird.

Die Befugnis zur Aufhebung oder Suspendierung eines Vertrages als Rechtsfolge seiner Verletzung wurde von der Doktrin seit altersher jedenfalls grundsätzlich anerkannt[19]. Die vr Judikatur dagegen ist spärlich[20]. Der IGH hat unseren Grundsatz erstmals in seinem *Namibia*-Gutachten 1971 unter Bezugnahme auf die Wiener Konvention bestätigt[21]. Die bisher gründlichste Auseinandersetzung damit findet sich in dem Schiedsgutachten vom 9. Dezember 1978 über das *Air Services Agreement of 27 March 1946 (United States v. France)*[22]. Die Staatenpraxis beruft sich zwar auf das Leistungsverweigerungsrecht, doch vermitteln diese Fälle deshalb kein eindeutiges Bild, weil nur allzuoft angebliche gegnerische Vertragsverletzungen als Vorwand dienten, um lästig gewordene Vertragspflichten abzuschütteln[23]. Derartige Mißbräuche zeigen mit besonderer Deutlichkeit, welche Gefahren die Anwendung so einleuchtender und in den innerstaatlichen Rechtsordnungen so allgemein anerkannter Rechtsgrundsätze wie desjenigen des funktionellen Synallagma in den zwischenstaatlichen Rechtsbeziehungen mit ihrem Mangel zentraler Organe[24] mit sich bringt.

§ 812 So bedeutet es einen echten Fortschritt, wenn Art. 60 Abs. 1 der Wiener Konvention bestimmt, daß eine *erhebliche* Verletzung (und nur

---

[19] Vgl. die Belege bei *Simma*, ebd., S. 27 und *passim*.

[20] Vgl. den Schiedsspruch des US-Präsidenten *Coolidge* vom 4. März 1925 im *Tacna-Arica* Case zwischen Chile und Peru, RIAA II, S. 921 ff., 929; die Dissenting Opinion *Anzilottis* zum Urteil des StIGH im *Diversion of Water from the Meuse* Case (1937), Series A/B, No. 70, S. 50, sowie die Individual Opinion *Hudsons* zum selben Urteil, ebd., S. 77.

[21] ICJ Reports 1971, S. 46 ff. (unter Heranziehung des damals noch nicht in Kraft getretenen Art. 60 der Wiener Konvention; ebenso dann im Fall des *Appeal Relating to the Jurisdiction of the ICAO Council* zwischen Indien und Pakistan, ICJ Reports 1972, S. 62 ff., 67 f.).

[22] ILR 54, S. 335 ff. Dazu *Fisler Damrosch*, Retaliation or Arbitration — or Both?, The 1978 United States — France Aviation Dispute, AJIL 74 (1980), S. 785 ff.

Der Beitrag der *innerstaatlichen* Judikatur besteht lediglich aus einer Anzahl *obiter dicta*, in denen ein Rücktrittsrecht in *abstracto* anerkannt, dann aber — zu Recht — ausgeführt wird, daß eine Vertragsverletzung keineswegs *ipso iure* zur Aufhebung des betroffenen Abkommens führt, sondern dem Verletzten nur ein Recht dazu gibt, wovon im konkreten Fall kein Gebrauch gemacht worden sei, so daß das Gericht den Vertrag weiterhin anzuwenden habe. Vgl. *Simma*, ÖZöffR (Anm. 16), S. 30 f. (mit weiteren Nachweisen).

[23] Eine Übersicht über diese Praxis findet sich bei *Simma*, ÖZöffR (Anm. 16), S. 34 f., 40 f.; die meisten Fälle werden bei *Sinha* (ebd.) näher geschildert. Vgl. auch die bei *Simma*, Das Reziprozitätselement im Zustandekommen völkerrechtlicher Verträge (1972), S. 263 ff., FS v. d. Heydte (Anm. 16), S. 616 f.; und schließlich: Termination and Suspension of Treaties: Two Recent Austrian Cases, GYIL 21 (1978), S. 76 ff., geschilderten weiteren Fälle aus der jüngeren Vergangenheit. Zur Vermischung des Prinzips *inadimplenti non est adimplendum* mit dem Gedanken der *Clausula rebus sic stantibus* vgl. Das Reziprozitätselement (oben), S. 266 f.

[24] Dazu oben §§ 40 f.

eine solche) eines *zweiseitigen* Vertrages durch eine Vertragspartei den anderen Vertragsteil berechtigt, diese Verletzung *als Grund* für die Beendigung oder Suspendierung des ganzen Vertrages oder eines seiner Teile *geltend zu machen* (invoke ... as a ground, invoquer ... comme motif)[25]. Der Vertragsbruch als solcher hat also weder das Erlöschen des Vertrages zur Folge, noch ermächtigt er den verletzten Vertragspartner, den Vertrag einseitig aufzuheben. Er gibt dieser Partei nur das Recht, jenes *Verfahren* einzuleiten, das die Konvention für die Geltendmachung der von ihr normierten Ungültigkeits-, Aufhebungs- und Suspendierungsgründe vorsieht, und auf das wir später eingehen werden[26].

§ 813 Einer differenzierteren Regelung bedurften die Rechtsfolgen der wesentlichen Verletzung *multilateraler* Verträge. Hier gilt es wiederum, auf die verschiedenartige Erfüllungsstruktur solcher Verträge[27] Rücksicht zu nehmen, damit die Leistungsverweigerung nicht mit dem Grundsatz der Relativität der vr Pflichten wie Unrechtsfolgen[28] in Konflikt gerät und ihrerseits die vertraglichen Rechte dritter Staaten verletzt. Die Wiener Konvention löst dieses Problem in fortschreitender Entwicklung des VR[29] wie folgt:

1. Im *Einvernehmen aller* Vertragsparteien (außer dem Verletzer) kann der Kollektivvertrag entweder nur im Verhältnis zwischen ihnen und dem vertragsbrüchigen Staat oder auch untereinander ganz oder teilweise suspendiert oder aufgehoben werden (Art. 60 Abs. 2 lit. a). Im ersten Fall wird der Verletzer vom Vertrag ausgeschlossen, die zweite Variante hat jene Situation im Auge, in der die Verletzung eines mehrseitigen Vertrages dessen Fortbestand überhaupt wertlos macht, etwa weil der Vertragserfüllung gerade durch den nunmehrigen Verletzer entscheidendes Gewicht zukam. Die Maßnahmen nach Art. 60 Abs. 2 lit. a exemplifizieren die Eigenschaft der Abkommensparteien als „Herren ihrer Verträge". Sie sind auf Kollektivverträge aller Erfüllungsstrukturen anwendbar.

---

[25] Dazu *Briggs*, Unilateral Denunciation of Treaties: The Vienna Convention and the International Court of Justice, AJIL 68 (1974), S. 51 ff.

[26] Unten §§ 838 ff. Zur Möglichkeit einer *provisorischen* Vertragssuspendierung vor und während der Gebrauchnahme von Mitteln friedlicher Streiterledigung äußert sich das Schiedsgutachten über das US-französische *Air Services Agreement of 27 March 1946*, ILR 54, S. 339 ff.

[27] Bisher angesprochen unter §§ 539, 733, 788, 794.
Zum folgenden auch *Reuter* (Anm. 17); *Klein*, Statusverträge im Völkerrecht (1980), S. 227 ff., sowie aus den Berichten *Riphagens* an die ILC zum zweiten Teil des Kodifikationsprojektes Staatenverantwortlichkeit: 1. Bericht, ILC-Yearbook 1980 II, Part One, S. 119 ff.; 3. Bericht, UN Doc. A/CN. 4/354/ Add. 1 (1982), S. 27 ff.; 4. Bericht, A/CN. 4/366/Add. 1 (1983), S. 11 ff., 24 ff.

[28] Dazu oben § 49.

[29] Dazu oben § 592.

2. Eine *einzelne* Vertragspartei, die durch die Vertragsverletzung *besonders betroffen* (specially affected, spécialement atteinte) wurde[30], kann diese als Grund für die *Suspendierung* (nicht Beendigung) des ganzen Vertrages oder eines Teiles davon (nur) im Verhältnis zum Urheber der Vertragsverletzung in dem oben erwähnten Verfahren geltend machen (Art. 60 Abs. 2 lit. b). Diese Bestimmung ist auf jene multilateralen Verträge anwendbar, die zwischen ihren Parteien jeweils bilateral zur Anwendung kommen. So könnte Staat A gegenüber dem vertragsbrüchigen Staat B etwa die Erfüllung von Regeln des Wiener Übereinkommens über diplomatische Beziehungen aussetzen, ohne dadurch in die Rechte der Vertragspartei C eingreifen zu müssen.
3. Eine derartige Aufgliederung eines Kollektivvertrages in ein Bündel paarweiser Beziehungen ist bei *„integralen"* Verträgen unmöglich[31]. Für solche Fälle bestimmt Art. 60 Abs. 2 lit. c, daß jede Vertragspartei außer derjenigen, die sich der erheblichen Vertragsverletzung schuldig gemacht hat, diese Verletzung als Grund für die gänzliche oder teilweise Suspendierung des Vertrags in bezug auf sich selbst (hier aber notwendig *erga omnes*) geltend machen kann, wenn der Vertrag so beschaffen ist, daß eine erhebliche Verletzung seiner Bestimmungen durch eine Vertragspartei die Lage jeder Vertragspartei bei der weiteren Erfüllung des Vertrages grundlegend verändern würde. Als Beispiel führt der Kommentar der ILC die Abrüstungsverträge an[32].

§ 814 Unwirksam müssen die in Art. 60 vorgesehenen Reaktionen auf Vertragsbruch dagegen bei bestimmten multilateralen Verträgen bleiben, die nicht eigentlich „zwischen" ihren Parteien erfüllt werden. So wäre es absurd, würde eine Vertragspartei des Abkommens über die politischen Rechte der Frau vom 31. März 1953 als Reaktion auf dessen Verletzung durch eine andere Partei den Frauen seiner eigenen Nationalität das Wahlrecht aberkennen. Analoges gilt für die Europäische Menschenrechtskonvention. Gegen die Verletzung solcherart strukturierter Verträge kann Abhilfe nur durch den Einsatz anderer vr Selbsthilfemittel oder durch Vereinbarung von Vertragsbestimmungen ge-

[30] Zur Entstehungsgeschichte dieser unklaren Formulierung, deren Ersetzung durch den Terminus „injured" von dem ILC-Mitglied *Verdross* vergeblich angestrebt wurde, *Simma* (Anm. 16), S. 68 ff. Im 5. Bericht *Riphagens* an die ILC, UN Doc. A/CN. 4/380 (1984), findet sich nunmehr in Art. 5 eine differenzierte Bestimmung des Begriffs „injured State", die *mutatis mutandis* (vgl. Art. 16 desselben Berichts) auch für die Deutung der „besonderen Betroffenheit" i. S. des Art. 60 Abs. 2 lit. b herangezogen werden kann (vgl. lit. d).

[31] Vgl. die Verweise in Anm. 27.

[32] ILC-Yearbook 1966 II, S. 255. Vgl. nunmehr auch Art. 11 Abs. 1 lit. a in Verbindung mit Art. 13 des 5. Berichts *Riphagens* (Anm. 30).

schaffen werden, die den durch eine Abkommensverletzung betroffenen *Individuen* wirksame Rechtsbehelfe zur Verfügung stellen, von denen ohne staatliche Mithilfe Gebrauch gemacht werden kann[33].

Andere humanitäre Verträge dagegen, wie z. B. die Genfer Abkommen zum Schutz der Kriegsopfer 1949, sind stets gefährdet, in den Strudel der durch Art. 60 kanalisierten negativen Gegenseitigkeit zu geraten[34]. Auf sie zielt der auf Antrag der Schweiz in den Konventionstext aufgenommene Art. 60 Abs. 5 ab, nach dem die durch die vorangehenden Absätze zugelassenen Beendigungs- und Suspendierungsmaßnahmen keine Anwendung auf Bestimmungen über den Schutz der menschlichen Person in Verträgen humanitärer Art finden dürfen, insbesondere auf Bestimmungen, die alle Arten von Repressalien gegen die geschützten Personen verbieten[35]. In analoger Weise ist auch das übrige *ius cogens* vom Anwendungsbereich des Art. 60 ausgenommen[36].

§ 815 Während es früher streitig war, ob nur eine wesentliche oder jede Vertragsverletzung ein Rücktritts- oder Suspendierungsrecht begründet, läßt die Wiener Konvention die Anwendung des Art. 60 nur bei einer „erheblichen" Verletzung eines Vertrages (material breach, violation substantielle) zu[37]. Eine solche liegt gemäß Art. 60 Abs. 3 entweder in einer nach der Konvention[38] nicht zulässigen Ablehnung des ganzen Vertrages oder in der Verletzung einer für die Erreichung des Vertragszwecks oder -ziels wesentlichen Bestimmung (a provision es-

---

[33] Zur normativen und völkerrechtssoziologischen Beurteilung der verschiedenen Typen multilateraler Verträge unter dem Gesichtspunkt ihrer Verletzung eingehend *Simma*, Das Reziprozitätselement im Zustandekommen völkerrechtlicher Verträge (1972), S. 194 ff.

[34] Zur präzisen Abgrenzung dieser Verträge vgl. *Simma*, ebd., S. 173 f., 211 ff.

[35] Dazu *Daniel José*, La Convention de Vienne de 1969 sur le droit des traités et le droit humanitaire, Revue internationale de la Croix-rouge 1972, S. 401 ff.; *Schwelb*, The Law of Treaties and Human Rights, ArchVR 16 (1973 - 1975), S. 1 ff.; *derselbe*, in: Toward World Order and Human Dignity (Festschrift für McDougal, 1976), S. 262 ff. Vgl. auch Art. 11 Abs. 1 lit. c des 5. Berichts *Riphagens* (Anm. 30).

[36] So auch *Reuter* (Anm. 17), S. 141, und der im 5. Bericht *Riphagens* an die ILC (Anm. 30) vorgeschlagene Art. 12 lit. b; dazu auch unten § 1343 und Anm. 17. Zum Rücktritt von Verträgen, die deklaratorisch VGR wiedergeben, siehe Art. 43 der Konvention.

[37] Das Schiedsgericht im Fall des US-französischen *Air Services Agreement of 27 March 1946* (oben Anm. 22) scheint dagegen von der Zulässigkeit einer Vertragssuspendierung auch bei weniger schwerwiegenden Verletzungen auszugehen, solange die Proportionalitätsschranke gewahrt bleibt; vgl. *Fisler Damrosch* (ebd.), S. 790 f.; *Simma*, ÖZöffR 1970, S. 59 f.

[38] Hier ist hinzuzufügen: oder nach anderen Normen des VR. Vgl. oben § 803. Eine *berechtigte* Berufung auf einen Ungültigkeits-, Endigungs- oder Suspendierungsgrund nach der Konvention oder nach VGR (z. B. Vertragssuspendierung als Repressalie) darf demnach von der Gegenpartei nicht als Vertragsbruch behandelt werden.

sential to the accomplishment of the object or purpose of the treaty, une disposition essentielle pour la réalisation de l'objet ou du but du traité)[39].

§ 816 Ob ein Staat einen Vertragsbruch als Grund für die Verweigerung der Erfüllung des ganzen Vertrages oder nur von Teilen davon geltend macht, liegt nach dem Wortlaut des Art. 60 in seinem Ermessen. Dessenungeachtet bleibt auch das Rücktrittsrecht wegen Vertragsverletzung dem Grundsatz der *Proportionalität* aller vr Unrechtsfolgen unterworfen[40]. In unserem Zusammenhang bedeutet dies, daß der Verletzte dem Vertragsbrüchigen *nur* jene vertraglichen Leistungen verweigern darf, welche die Gegenleistung *(quid pro quo)* für die ausgebliebenen Zugeständnisse der Gegenpartei verkörpern[41].

In Übereinstimmung mit eben diesem Grundsatz läßt sich umgekehrt auch die in Wortlaut und Entstehungsgeschichte des Art. 60 unbeantwortet gebliebene Frage bejahen, ob die Verletzung eines Vertrages den dadurch geschädigten Partner unter Umständen zur Beendigung oder Suspendierung der Erfüllung eines anderen Vertrages berechtigen kann[42].

---

[39] Allerdings können auch solche wesentliche Vertragsbestimmungen nur unwesentlich verletzt werden. In diesem Sinne sah Art. 20 des zweiten Berichts *Waldock* vor, daß „[a] material breach of a treaty results from ... a breach so substantial as to be tantamount to setting aside any provision ... the failure to perform which is not compatible with the effective fulfilment of the object and purpose of the treaty". ILC-Yearbook 1963 II, S. 73.

[40] Die Proportionalitätsschranke wird auch in dem Schiedsgutachten über das US-französische *Air Services Agreement of 27 March 1946* betont, vgl. ILR 54, S. 338: „It is generally agreed that all counter-measures must, in the first instance, have some degree of equivalence with the alleged breach."
Im gleichen Sinn der im 5. Bericht *Riphagens* an die ILC (Anm. 30) vorgeschlagene Art. 9 Abs. 2, sowie die Ausführungen dazu im 1. Bericht, S. 112 ff., 121 ff. Vgl. auch unten § 1343.

[41] Vgl. eingehend *Simma*, ÖZöffR (Anm. 16), S. 21 f., 78 f. Setzt der Verletzte dagegen die Erfüllung eines vr Vertrages als *Repressalie* aus, so kann er sein Repressalienobjekt (abgesehen von anderen vr Verbotsnormen) nach dem Gesichtspunkt größtmöglicher Wirksamkeit als Mittel des Beugezwanges auswählen: *Simma*, ebd.

[42] Ebenso *McNair*, The Law of Treaties (1961), S. 571; ausführlich *Simma*, ÖZöffR (Anm. 16), S. 22; *derselbe*, Das Reziprozitätselement im Zustandekommen völkerrechtlicher Verträge (1972), S. 234 ff.
Als anschauliches Beispiel für den im Text angesprochenen synallagmatischen Zusammenhang mehrerer Verträge sei das Verhältnis zwischen den deutsch-polnischen Vereinbarungen über die pauschale Abgeltung von Rentenansprüchen sowie die Gewährung eines Finanzkredits vom 9. Oktober 1975 einerseits und dem Protokoll über Ausreisen aus Polen in die Bundesrepublik Deutschland vom selben Tage andererseits angeführt; Texte im EA 30 (1975), S. D 658 ff. So heißt es in der Stellungnahme der deutschen Bundesregierung vom 16. Februar 1976 (Bulletin des Presse- und Informationsamtes der Bundesregierung 1976, Nr. 20, S. 198): „Die Volksrepublik Polen könnte von ihrer Zusage nicht wieder abrücken, ohne damit das Fundament anzugreifen, auf dem die Rentenregelung und das Finanzkreditabkommen beruhen." Als weiteres Beispiel läßt sich die in der Deklaration von Bonn am 17. Juli 1978 abgesprochene Suspendierung aller Flugverbindungen mit

§ 817 Schließlich stellt Art. 60 Abs. 4 klar, daß die vorstehend geschilderte allgemeine Regelung des Rücktrittsrechts jene speziellen *Vertragsbestimmungen* unberührt läßt, die bei einer Vertragsverletzung zur Anwendung gelangen sollen. Darunter fallen einmal Vorschriften über die Beilegung von Streitigkeiten über Vertragsauslegung und -anwendung[43], andererseits *leges speciales* gegenüber den allgemeinen Regeln des Art. 60, die entweder die Reaktionen der betroffenen Staaten voraussehbarer machen und dadurch von Vertragsverletzungen abschrecken oder die Reaktionen darauf so eindämmen sollen, daß es nicht zu einer Eskalation negativer Gegenseitigkeit und damit zum Zusammenbruch des ganzen Vertragswerkes kommen kann[44].

Staaten nennen, die ihren Vertragspflichten zur Auslieferung oder Bestrafung von Flugzeugentführern nicht nachkommen; vgl. *Chamberlain*, Collective Suspension of Air Services with States which Harbour Hijackers, ICLQ 32 (1983), S. 616 ff., sowie unten § 1343 und Anm. 3.

[43] Vgl. dazu das Urteil des IGH vom 18. August 1972 im indisch-pakistanischen Streitfall über einen *Appeal Relating to the Jurisdiction of the ICAO Council*, ICJ Reports 1972, S. 53 f.

[44] Vgl. *Simma*, ÖZöffR (Anm. 16), S. 82. Derartige Auffangbestimmungen finden sich insbesondere in wirtschaftsrechtlichen Verträgen; vgl. z. B. Art. XIX des GATT (bei *Simma*, ebd., S. 39). Zahlreiche weitere Beispiele bei *Blix / Emerson* (Hrsg.), The Treaty Maker's Handbook (1973), S. 136 ff. Die *leges speciales* in Verfassungsverträgen internationaler Organisationen über den Ausschluß von Mitgliedern, die Suspendierung von Mitgliedschaftsrechten usw. bleiben bereits kraft Art. 5, letzter Halbsatz, der Konvention unberührt. Das geschriebene und ungeschriebene Verfassungsrecht der Organisationen geht demnach als *lex specialis* Art. 60 vor. So dürfte ein Mitgliedstaat der Europäischen Wirtschaftsgemeinschaft, der eine Vertragsverletzung durch ein anderes Mitglied oder durch ein Gemeinschaftsorgan behauptet, diese Verletzung nicht als Grund für die Beendigung oder Suspendierung von Bestimmungen des EWG-Vertrages geltend machen, da dieser für einen solchen Fall das Verfahren nach Art. 169 ff. vorsieht, das zu einem Urteil des Gerichtshofs der Europäischen Gemeinschaften führt. Stellt der Gerichtshof eine Vertragsverletzung fest und ergreift der vertragsbrüchige Staat (oder das vertragsbrüchige Gemeinschaftsorgan) die Maßnahmen, die sich aus dem Urteil ergeben (vgl. Art. 171 EWG-Vertrag), so hat die gemeinschaftsrechtliche *lex specialis* ihre Aufgabe erfüllt. Zieht der Schuldige aber nicht die gebotenen Konsequenzen aus dem Urteil, gegebenenfalls auch nicht aus einem zweiten, das seine Verletzung nunmehr auch des Art. 171 feststellt, dann wird das Eingebettetsein auch „supranationaler“ Organisationen mit Ansätzen zu einer Verfassungsgerichtsbarkeit in das allgemeine Völkerrecht darin offenbar, daß dem verletzten Mitgliedstaat nunmehr u. a. ein Suspensionsrecht wegen Vertragsbruch durch die Gegenpartei zur Verfügung steht. Macht der Verletzte davon Gebrauch, hat er selbstverständlich auch die Schranken des Leistungsverweigerungsrechts zu respektieren. Dieser Hinweis ist deswegen bedeutungsvoll, weil der Großteil der Verpflichtungen aus dem EWG-Vertrag zu jener Kategorie der „integralen“ Pflichten zu zählen ist, deren Erfüllung nur unter äußerst erschwerten Bedingungen, d. h. nach Art. 60 Abs. 2 lit. a oder lit. c, verweigert werden darf. Die herrschende europarechtliche Lehre leugnet allerdings die Anwendbarkeit vr Unrechtsfolgen und Gegenmaßnahmen weitgehend, vgl. zuletzt *Everling*, Sind die Mitgliedstaaten der Europäischen Gemeinschaft noch Herren der Verträge?, FS Mosler, S. 173 ff. (181 ff.); *Schwarze*, Das allgemeine Völkerrecht in den innergemeinschaftlichen Rechtsbeziehungen, Europarecht 18 (1983), S. 1 ff.; *Kar-*

2. *Nachträgliche Unmöglichkeit der Erfüllung*

§ 818 Eine Vertragspartei kann gemäß Art. 61 Abs. 1 die Unmöglichkeit der Erfüllung als Grund für die Beendigung oder den Rücktritt von einem Vertrag geltend machen, wenn sich die Unmöglichkeit aus dem *endgültigen* Verschwinden oder der Vernichtung eines zur Ausführung des Vertrages unerläßlichen Gegenstandes ergibt. Dies wäre etwa beim Untergang einer Insel, bei der Vernichtung eines Dokuments oder Kunstwerkes oder beim Ableben einer auszuliefernden Person der Fall[45]. Ist die Vertragserfüllung einer Partei nur *vorübergehend* unmöglich, z. B. infolge einer Mißernte oder eines Produktionsausfalls, so kann sie dies nur als Grund für die Suspendierung des Vertrages geltend machen.

Die Unmöglichkeit der Erfüllung kann jedoch nach Art. 61 Abs. 2 in Bestätigung eines allgemeinen Rechtsgrundsatzes als Rücktritts- oder Suspendierungsgrund eines Vertrages nicht geltend gemacht werden, wenn sie durch die Verletzung einer vertraglichen oder anderen vr Verpflichtung gegenüber einer anderen Partei dieses Abkommens selbst herbeigeführt wurde *(nemo commodum capere potest ex iniuria sua propria)*.

§ 819 Neben dieser in der Wiener Konvention normierten natürlichen (absoluten) Unmöglichkeit kennt die Staatenpraxis noch den Tatbestand der *moralischen* Unmöglichkeit (übermäßigen Belastung)[46]. Dabei handelt es sich um Situationen, in denen die Leistung zwar nicht schlechthin unmöglich wäre, wohl aber den Bestand des Staates gefährden oder die Erfüllung seiner wesentlichen Staatsaufgaben unmöglich machen würde. In einem solchen Falle wäre die Nichterfüllung eines Vertrages solange gerechtfertigt, als die Existenzgefährdung andauert. Eine allgemeine Formulierung dieses Rechtsgrundsatzes der *höheren Gewalt* (force majeure) erfolgte durch den Haager Schiedsgerichtshof am 11. November 1912 im russisch-türkischen Streitfall über die *Indemnité russe*[47].

---

penstein, Rz. 19 - 23 zu Art. 171, in: *Grabitz* (Hrsg.), Kommentar zum EWG-Vertrag (Loseblattausgabe, 1984); ferner A. *Weber*, Schutznormen und Wirtschaftsintegration (1982), S. 446 ff.

Zu vertraglichen und organisationsrechtlichen *leges speciales* bzw. „self-contained regimes" vgl. auch die Berichte *Riphagens* an die ILC zum zweiten Teil des Kodifikationsprojekts Staatenverantwortlichkeit; den von ihm im 2. Bericht (UN Doc. A/CN. 4/344 [1981]) vorgeschlagenen Art. 2, Art. 3 seines 3. Berichts (§ 1340, Anm. 22), den von der ILC 1983 vorläufig angenommenen Art. 2, nunmehr übernommen als Art. 2 des 5. Berichts (Anm. 30), ferner Art. 4, 11 Abs. 2, 12 lit. a, 14 und 15 dieses Berichts (dazu unten § 1309).

[45] Weitere Beispiele im Kommentar der ILC, ILC-Yearbook 1966 II, S. 256. Zur *anfänglichen* natürlichen Unmöglichkeit siehe oben § 745.

[46] Vgl. auch unten § 1289 und zur Abgrenzung gegenüber der *Clausula rebus sic stantibus* unten § 831.

3. *Verzicht auf alle Vertragsrechte*

§ 820 Ein bilateraler Vertrag erlischt, wenn ein Vertragsteil auf alle ihm aus dem Vertrage zustehenden Rechte verzichtet, sofern er alle ihm daraus erwachsenden Pflichten erfüllt hat[48]. So ist der zwischen dem Deutschen Reich und der Sowjetunion am 3. März 1918 abgeschlossene Friedensvertrag von Brest-Litowsk durch den im Waffenstillstandsvertrag mit den Alliierten vom 11. November 1918 und in Art. 116 des Friedensvertrages von Versailles ausgesprochenen deutschen Verzicht auf sämtliche Vertragsrechte erloschen[49].

4. *Herausbildung einer neuen Norm des Völkergewohnheitsrechts oder des ius cogens*

§ 821 Ein vr Vertrag erlischt nach allgemeinem VR durch die Herausbildung einer neuen, ihm inhaltlich *widersprechenden* Norm des VGR[50].

§ 822 Ein solcher Fall kann auch mit der Bildung einer neuen zwingenden Gewohnheitsrechtsnorm *(ius cogens superveniens)* eintreten. Die Wiener Konvention regelt diesen Erlöschungsgrund in dem bereits genannten Art. 64[51]. So sind die früheren Verträge über den Sklavenhandel dadurch außer Kraft getreten, daß das auf dem Wiener Kongreß beschlossene diesbezügliche Verbot über den Kreis der Kongreßmächte hinaus allgemein als zwingend anerkannt wurde[52].

5. *Desuetudo*

§ 823 Wird ein völkerrechtlicher Vertrag oder eine einzelne Vertragsbestimmung auf vgr Wege nicht, wie im vorangehenden Fall, durch abweichende Sachnormen ersetzt, sondern ersatzlos *aufgehoben*, so sprechen wir von *desuetudo* (obsolescence)[53]. Dieser Endigungsgrund wurde

---

[47] RIAA XI, S. 443.

[48] Vgl. auch oben § 668.

[49] Vgl. *Schieder*, Brest-Litowsk-Friede von 1918, WV I, S. 245 ff., und zum Text die Entscheidung des Reichsgerichts vom 23. Mai 1925, RGZ 111, 40, auch in NZIR 36 (1926), S. 408.

[50] *Capotorti* (Anm. 1), S. 516 f.

[51] Vgl. oben §§ 524 ff., 755.

[52] So auch die ILC, vgl. ILC-Yearbook 1966 II, S. 261. Näher unten §§ 1208, 1260.

[53] So auch *Capotorti* (Anm. 1), S. 517. Siehe weiter oben §§ 573 ff. Ferner *Brierly*, Some Considerations on the Obsolescence of Treaties, Transactions of the Grotius Society 11 (1925), S. 11 ff.; *Guggenheim*, Traité de Droit International public I (2. Aufl. 1967), S. 112 f., 225; *McNair*, The Law of Treaties (1961), S. 516 ff.; *Rousseau*, Droit international public I (1970), S. 217 f.; *Schwarzenberger*, International Law as Applied by International Courts and Tribunals I (3. Aufl. 1957), S. 535 ff.

durch den Schiedsspruch des Hamburger Senats vom 21. Oktober 1861 im Falle *Yuille, Shortridge & Co.* anerkannt. Dort wurde hervorgehoben, daß ein Vertrag nur durch konstante Nichtanwendung seitens der Regierungen der Abkommensparteien außer Kraft treten kann und nicht etwa schon dadurch, daß sich Privatpersonen nicht mehr auf seine Normen berufen[54]. In seiner Entscheidung vom 13. März 1973 im Fall *Amend v. Land Tirol* hat der österreichische Verfassungsgerichtshof das Außerkrafttreten von Bestimmungen über den Ausländergrundverkehr in einem deutsch-österreichischen Handelsvertrag aus dem Jahre 1930 durch *desuetudo* angenommen, weil „sowohl seitens der Republik Österreich als auch der BRD Akte gesetzt und ein Verhalten gepflogen [wurde], die erkennen lassen, daß beide Staaten die den Grundstücksverkehr betreffenden Bestimmungen des Handelsvertrages ... für nicht anwendbar halten“[55].

6. *Vollständige Erfüllung*

§ 824 Ob die vollständige Erfüllung eines Vertrages dessen Erlöschen mit sich bringt, ist streitig[56]. Der bejahenden Ansicht steht eine Auffassung gegenüber, die zwischen den Vertragsnormen und den daraus erfließenden Pflichten mit der Konsequenz unterscheidet, daß auch die vollständige und endgültige Erfüllung der letzteren an der Geltung der zugrunde liegenden Vertragsbestimmungen nichts ändern kann[57]. Diese Auffassung bildet auch den Grund für das Schweigen der Wiener Konvention[58].

Ein Teil der Völkerrechtslehre sieht diesen Vorgang als Fall der Vertragsänderung oder -aufhebung im *stillschweigenden Einvernehmen* der Parteien (oben §§ 792 f., 808) an; vgl. z. B. Harvard Research in International Law: Law of Treaties, Draft Convention with Comment, AJIL 29 (1935), Suppl. S. 1163 ff.; *Haraszti*, Some Fundamental Problems of the Law of Treaties (1973), S. 291 f. Zum ganzen jüngst *Karl*, Vertrag und spätere Praxis im Völkerrecht (1983).

[54] *La Pradelle / Politis*, Recueil des arbitrages internationaux II, S. 105 (vgl. auch ebd., S. 113 ff.).

[55] Sammlung der Entscheidungen des Verfassungsgerichtshofs Nr. 7014/1973; JBl. 96 (1974), S. 86 ff. Darüber *Simma*, Termination and Suspension of Treaties: Two Recent Austrian Cases, GYIL 21 (1978), S. 90 ff. (ebd., S. 93 f., über die Behandlung der *desuetudo* durch die ILC und ihre systematische Einordnung im Wiener Übereinkommen. Zum Schicksal von Draft Article 38 über die Abänderung von Verträgen durch nachfolgende Praxis oben § 793).

[56] Dazu *Capotorti* (Anm. 1), S. 525 ff.; *Hofbauer*, L'exécution, cause d'extinction du traité international, Revue de droit international et de législation comparée 20 (1937), S. 92 ff.

[57] Vgl. z. B. Art. 17 Abs. II lit. A Pkt. X des Zweiten Berichts von *Fitzmaurice* über das Recht der Verträge, ILC-Yearbook 1957 II, S. 30.

[58] Für den *umgekehrten* Fall legt Art. 70 der Konvention fest, daß die Beendigung eines Vertrags die zuvor durch dessen Durchführung begründeten Rechte und Pflichten der Parteien und ihre dadurch geschaffene Rechtslage (z. B. die Zugehörigkeit eines bestimmten Gebiets) nicht berührt.

7. *Untergang eines Vertragsteiles*

§ 825 Geht ein Vertragsteil unter, so erlöschen alle mit ihm abgeschlossenen bilateralen Verträge[59]. Hat ein derartiger Vertrag einen besonderen vr Status eines Gebietes begründet, so erlischt dieser mit Vertragsbeendigung, wenn er sich inzwischen nicht zu VGR verfestigt hat[60]. Ob Nachfolgestaaten nach allgemeinem VR verpflichtet sind, in bestimmte Verträge ihres Gebietsvorgängers einzutreten, ist keine Frage des Rechts der Verträge, sondern der *Staatensukzession*, mit der wir uns an anderer Stelle beschäftigen[61].

8. *Kriegsausbruch*[62]

§ 826 Da der Kriegsausbruch *alle* friedlichen Beziehungen zwischen den Kriegführenden unterbricht, *erlöschen* zwischen ihnen alle zweiseitigen, solche Beziehungen regelnden Verträge, insbesondere also die Handelsverträge und allfällige politische Verträge, während die multilateralen Verträge, die friedliche Beziehungen (auch) zwischen den nunmehrigen Kriegsgegnern zum Gegenstand haben, auf die Dauer des Krieges zwischen diesen Staaten *suspendiert* werden. Hingegen finden jene vr Verträge im Kriege überhaupt erst Anwendung, die das Verhalten der Kriegführenden gegeneinander und gegenüber Neutralen regeln[63].

Aus Gründen der Rechtssicherheit wurden in die Vertragswerke, welche die beiden Weltkriege beendeten, Listen jener zwei- und mehr-

---

[59] So die Entscheidung des deutschen Reichsgerichts vom 13. August 1936, RGSt 70, 286: „Durch die Aufhebung der Staatsgewalt der deutschen Länder sind auch die von ihnen abgeschlossenen Staatsverträge erloschen." Vgl. ferner aus der Dissenting Opinion der Richter *Spender* und *Fitzmaurice* zum Urteil *South West Africa, Preliminary Objections*, ICJ Reports 1962, S. 495: „We do not accept the view that a treaty can be ‚partyless'."

[60] Vgl. *Klein*, Statusverträge im Völkerrecht (1980), S. 300 ff. In welchen Rechtszustand das betreffende Gebiet „zurückfällt", muß im Einzelfall geprüft werden. So hat Namibia seit dem Rücktritt der UNO vom Mandatsvertrag durch Res. 2145 (XXI) vom 27. Oktober 1966 gemäß Ziff. 2 dieser Resolution bis zur Erlangung der Unabhängigkeit einen (neuen) „internationalen Status" *sui generis;* vgl. *Klein* (ebd.), S. 303 f.

[61] Unten §§ 975 ff.

[62] Dazu *Rühland*, Zur Theorie und Praxis des Einflusses des Kriegsbeginns auf Staatsverträge, NZIR 32 (1924), S. 74 ff.; *McNair*, Les effets de la guerre sur les traités, RdC 59 (1937 I), S. 529 ff.; *derselbe*, The Law of Treaties (1961), S. 693 ff.; *Ränk*, Einwirkung des Krieges auf die nichtpolitischen Staatsverträge (1949); F. *Klein*, Kriegsausbruch und Staatsverträge, JIR 3 (1950/51), S. 26 ff.; *Curti Gialdino*, Gli effetti della guerra sui trattati (1959); *Delbrück*, War, Effect on Treaties, Encyclopedia [4 (1982), S. 310 ff.].

[63] So zuletzt die Entscheidung der italienisch-amerikanischen Vergleichskommission vom 20. September 1958 im Falle *Flegenheimer*, RIAA XIV, S. 358 f.: „... treaties ... are cancelled by the outbreak of war ... with the exception of treaties concluded in contemplation of war and of collective treaties which are merely interrupted between the belligerent States".

seitigen Verträge aufgenommen, die nach Friedensschluß zwischen den ehemaligen Kriegsparteien wieder gelten sollten, und zahlreiche bilaterale Abkommen über die Wiederanwendung von Vorkriegsverträgen abgeschlossen.

§ 827 Dagegen hat der bloße Abbruch der diplomatischen oder konsularischen Beziehungen zwischen zwei Staaten keinen Einfluß auf die zwischen ihnen geltenden Verträge, es sei denn, der Bestand solcher Beziehungen ist eine unabdingbare Voraussetzung für die Anwendung eines Vertrages (Art. 63).

9. Grundlegende Änderungen der bei Vertragsabschluß gegebenen Umstände (Clausula rebus sic stantibus)[64]

§ 828 Der Rechtsgrundsatz *omnis conventio intellegitur rebus sic stantibus* bildet den in Theorie und Praxis weitaus umstrittensten Auflösungsgrund vr Verträge.

§ 829 Eine ältere *subjektive* Theorie geht davon aus, daß die *Clausula rebus sic stantibus* eine stillschweigende Vertragsbedingung darstelle. Die Vertragsstaaten haben danach beim Vertragsabschluß das Vorhandensein bestimmter Umstände zur ausdrücklichen oder stillschweigenden Voraussetzung des Vertrages gemacht. Fallen diese Umstände weg, dann verliert der Vertrag seine Geltung, da er ja nach der Absicht der Vertragsparteien nur für die Zeit ihres Bestandes gelten sollte. So anerkennt Hugo Grotius unsere Klausel, sofern der beim Abschluß des Vertrages gegebene Zustand den einzigen Beweggrund für den Vertrag gebildet hat[65]. Nach Emer de Vattel kann sie angerufen

---

[64] An Spezialliteratur dazu vgl. E. *Kaufmann*, Das Wesen des Völkerrechts und die Clausula rebus sic stantibus (1911); *Wackernagel*, Zur Lehre von der einseitigen Auflösung völkerrechtlicher Verträge, in: Festgabe Speiser (1926); *Reut-Nicolussi*, Zur Problematik der Heiligkeit der Verträge. Eine Studie über die Clausula rebus sic stantibus im Völkerrecht (1931); *Hill*, The Doctrine of *Rebus sic stantibus* in International Law (1934); *Berger*, Zur Klausel „rebus sic stantibus“, ÖZöffR 4 (1952), S. 27 ff.; *Schaumann*, Clausula rebus sic stantibus, WV I, S. 289 ff.; *van Bogaert*, Le sens de la clause „rebus sic stantibus“ dans le droit des gens actuel, RGDIP 70 (1966), S. 49 ff.; *Poch de Caviedes*, De la clause „rebus sic stantibus“ à la clause de révision dans les conventions internationales, RdC 118 (1966 II), S. 109 ff.; *Lissitzyn*, Treaties and Changed Circumstances (Rebus Sic Stantibus), AJIL 61 (1967), S. 895 ff.; *Schwelb*, Fundamental Change of Circumstances, ZaöRV 29 (1969), S. 39 ff.; *Müller*, Vertrauensschutz im Völkerrecht (1971), S. 210 ff.; *Back Impallomeni*, Il principio *rebus sic stantibus* nella Convenzione di Vienna sul diritto dei trattati (1974); *David* (Anm. 1); *Haraszti*, Treaties and the Fundamental Change of Circumstances, RdC 146 (1975 III), S. 1 ff.; *Köck*, Altes und Neues zur Clausula rebus sic stantibus, FS Verosta, S. 79 ff.; *Bilder*, Managing the Risks of International Agreement (1981), S. 101 ff.; *Sico*, Gli effetti del mutamento delle circostanze sui trattati internazionali (1983).

[65] De iure belli ac pacis (1625), II, 16, § 25.

werden, wenn es sicher und offenkundig ist, daß der Versprechende einen bestimmten Zustand ins Auge gefaßt und das Versprechen nur im Hinblick auf diesen abgegeben hat[66]. Auch Anzilotti meint, es handle sich bei der Anwendung der *Clausula* um die Frage der Auslegung von Willenserklärungen, aus denen sich ergeben müsse, ob die Vertragsstaaten bestimmte Verhältnisse zur Voraussetzung der Übernahme gewisser Verpflichtungen gemacht haben[67].

Die Richtigkeit dieser Ausführungen kann gewiß nicht bestritten werden, da die Geltungsdauer jedes Vertrages zunächst aus ihm selbst erschlossen werden muß. Damit ist aber unser Problem noch keineswegs gelöst, denn es erhebt sich die Frage, wie es bei einer Änderung der Geschäftsgrundlage eines Vertrages steht, wenn uns der Vertragsinhalt darüber keine Auskunft gibt, weil die Vertragsstaaten diesen Fall eben *nicht* bedacht haben.

§ 830 Eine neuere Spielart der subjektiven Theorie antwortet darauf, daß es sich bei der Anwendung der *Clausula* nicht um eine gewöhnliche Interpretation i. S. der Ermittlung der tatsächlichen Parteiabsichten, sondern um eine *ergänzende* Auslegung des Vertrages handelt, bei der zu fragen ist, welche Erwartungen die Parteien vernünftigerweise und nach Treu und Glauben unter den gegebenen Umständen und im Hinblick auf Sinn und Zweck des Vertrages mit dem Vertragsabschluß verbinden durften[68].

Diese objektivierende Betrachtung nähert sich in der Tat dem eigentlichen Kern der *Clausula*-Problematik, die auf das Aufsuchen objektiver Merkmale hinausläuft, welche bei Veränderungen der Umstände als Prüfungsmaßstab dienen können.

---

[66] Le droit des gens (§ 12, Anm. 5), II, 17, § 296.

[67] Lehrbuch des Völkerrechts (1929), S. 351 ff. In diesem Sinne auch die Entscheidung des schweizerischen Bundesgerichts vom 10. Februar 1928 im Falle *Kanton Thurgau g. Kanton St. Gallen*, BGE 54 I 188 (auch ZaöRV 1, Teil 2 [1929], S. 817), wo im Anschluß an ein früheres Urteil vom 17. Februar 1882 (*Luzern g. Aargau*, BGE 8, 43) in analoger Anwendung von VR auf interkantonale Beziehungen erwogen wird, ob ein Rücktrittsrecht vom Vertrag angenommen werden könne, „wenn eine Veränderung solcher Umstände eingetreten ist, die *nach dem erkennbaren Willen der Parteien* ... die stillschweigende Bedingung ... bildeten" (Hervorhebung von uns).

[68] So *Müller* (Anm. 64), S. 213, der im Anschluß an angelsächsische Anhänger dieser Meinung (vgl. ebd., S. 212 f.) anschaulich von einer „reasonable expectations"-Theorie spricht. In diesem Sinne umschreibt das (private) „Restatement (Second) of the Foreign Relations Law of the United States" (hrsgg. vom American Law Institute 1965), § 153 Abs. 1, die Voraussetzung der Anwendung der *Clausula* als „a substantial change ... in a state of facts ... of such importance to the achievement of the objectives of the agreement that the parties would not have intended the obligations to be applicable under the changed circumstances".

§ 831 In dieser Richtung meint Erich Kaufmann, daß ein solcher Grund vorliege, wenn die Erfüllung des Vertrages die *Selbsterhaltung* einer Vertragspartei gefährden würde[69]. Für einen solchen Fall bedarf es aber unserer Klausel gar nicht, da das Vorliegen höherer Gewalt (force majeure) einen selbständigen Beendigungs- oder Suspendierungsgrund bildet[70].

§ 832 Nach der richtig verstandenen *objektiven* Theorie handelt es sich bei der *Clausula rebus sic stantibus* weder um eine tatsächliche, noch um eine subintellegierte Vertragsklausel, sondern um einen objektiven vr Grundsatz, bei dessen Anwendung es nicht darauf ankommt, was die Vertragsteile beim Vertragsabschluß tatsächlich gewollt haben, sondern vielmehr darauf, ob bei einer objektiven Beurteilung der Sachlage angenommen werden kann, daß sich die Vertragsstaaten auch für den Fall des Eintritts solcher Umstände verpflichtet *hätten*, wenn die Möglichkeit einer solchen Änderung von ihnen bei Vertragsabschluß bedacht worden *wäre*. Die entscheidende Frage geht also dahin, ob sich die Umstände nach Vertragsabschluß so wesentlich geändert haben, daß den Parteien die Erfüllung des Vertrages *bona fide* nicht mehr zugemutet werden kann[71].

§ 833 Auch die Konvention bekennt sich zur objektiven Theorie[72]. Nach ihrem Art. 62 kann eine *grundlegende* Änderung der beim Vertragsabschluß gegebenen Umstände, die von den Vertragsparteien *nicht vorausgesehen* wurde, nicht als Grund für die Aufhebung oder Suspendierung eines Vertrages geltend gemacht werden, es sei denn

a) das Vorhandensein jener Umstände bildete eine *wesentliche Grundlage für die Zustimmung* der Vertragsparteien, durch den Vertrag gebunden zu sein, und

b) die Änderung der Umstände würde das Ausmaß (the extent, la portée) der auf Grund des Vertrages noch zu erfüllenden *Verpflichtungen tiefgreifend* (radically, radicalement) *umgestalten*.

---

[69] Vgl. das in Anm. 64 genannte Werk.

[70] Dazu oben §§ 818 ff.

[71] So auch das deutsche Bundesverfassungsgericht in seinem (2.) *Coburg*-Urteil vom 30. Januar 1973, BVerfGE 34, 232: „Nur wenn sich die Verhältnisse, die im Zeitpunkt des Vertragsschlusses bestanden haben, mittlerweile grundlegend geändert haben und angesichts dieser Veränderung das Festhalten am Vertrag oder an einer Einzelvereinbarung innerhalb des Vertrags für den Verpflichteten unzumutbar geworden ist, ist Raum für seine [d. h. des *Clausula*-Gedankens] Anwendung."

[72] Die ILC hat die subjektive Theorie entschieden abgelehnt, vgl. ihren Kommentar im ILC-Yearbook 1966 II, S. 258, und aus diesem Grunde sogar den Begriff *Clausula rebus sic stantibus* in ihrem Entwurf vermieden. *Müller* (Anm. 64), S. 214 f., bezeichnet den Standpunkt der Kommission anschaulich als „undue burden"- (im Gegensatz zur „reasonable expectations"-) Theorie.

Gemäß Art. 62 Abs. 2 darf auch eine grundlegende Änderung der Umstände nicht als Aufhebungs- oder Suspendierungsgrund geltend gemacht werden, wenn der Vertrag eine *Grenze* festlegt oder wenn die Vertragspartei, die sich auf eine solche Änderung berufen will, diese durch Vertragsbruch oder eine sonstige Verletzung einer vr Pflicht gegenüber einer anderen Vertragspartei selbst herbeigeführt hat *(nemo commodum capere potest ex iniuria sua propria).*

§ 834 Andererseits hat die Konvention die Beschränkung der Umstandsklausel auf unkündbare Verträge abgelehnt, da ihre Heranziehung auch notwendig sein kann, wenn die vertraglich vorgesehene Kündigung erst in einem späteren Zeitpunkt möglich wäre[73].

Schwerer wiegt, daß es die ILC und ihr folgend die Wiener Konferenz abgelehnt haben, einen bloßen Wandel der allgemeinen *politischen* Umstände, unter denen ein Vertrag abgeschlossen wurde, von der Anwendung des Konventionsartikels schlechthin auszunehmen[74].

Ein gewisses Korrektiv dazu bildet jedoch die Tatsache, daß auch die Umstandsklausel nicht zur einseitigen Vertragsauflösung, sondern nur zur *Geltendmachung* der grundlegenden Veränderungen in dem später zu beschreibenden Verfahren berechtigt[75].

§ 835 Die damit beschriebene Kodifikation der *Clausula* stellt einen großen Fortschritt dar, da sie die Voraussetzungen ihrer Anrufung klar umschreibt und sehr streng faßt. Das war um so notwendiger, als die vr Judikatur zu unserer Frage äußerst spärlich ist. Vor dem StIGH wurde die Klausel zwar in einigen Fällen geltend gemacht, vom Gerichtshof aber weder anerkannt noch abgelehnt[76].

Der IGH hat zur *Clausula* erstmals in seinen Zuständigkeitsurteilen vom 2. Februar 1973 über die *Fisheries Jurisdiction* im Streit zwischen Großbritannien / Bundesrepublik Deutschland und Island Stellung genommen, dabei Art. 62 der Wiener Konvention „in many re-

---

[73] Vgl. den Kommentar der ILC zu Draft Article 59, ILC-Yearbook 1966 II, S. 259.

[74] Kritisch dazu *Müller* (Anm. 64), S. 220 f., der beispielhaft auf das Problem der rechtlichen Begründung des Rückzugs Frankreichs aus der militärischen Integration der NATO im Jahre 1966 hinweist. Vgl. dazu ausführlich E. *Stein / Carreau*, Law and Peaceful Change in a Subsystem: „Withdrawal" of France from the North Atlantic Treaty Organization, AJIL 62 (1968), S. 577 ff. Zur Frage eines impliziten Kündigungsrechts bei bestimmten (z. B. Bündnis-)Verträgen siehe § 806.

[75] Dazu §§ 838 ff.

[76] *Nationality Decrees Issued in Tunis and Morocco*, Series C, No. 2, S. 187, 188, 208, 209; *Denunciation of the Treaty of 2 November 1865 between China and Belgium*, Series C, No. 16 - I, S. 52; *Free Zones of Upper Savoy and the District of Gex*, Series A/B, No. 46, S. 156 ff. (die Argumente Frankreichs und der Schweiz in der Series C, No. 58, S. 109 ff., 405 ff.).

spects ... as a codification of existing customary law on the subject of the termination of a treaty relationship on account of change of circumstances" bezeichnet[77], diese Bestimmung dann auf den Zuständigkeitsstreit angewandt und zu Recht erkannt, daß „the apprehended dangers for the vital interests of Iceland, resulting from changes in fishing techniques, cannot constitute a fundamental change with respect to the lapse or subsistence of the *compromissory clause* [in den Notenwechseln mit Großbritannien und der Bundesrepublik aus dem Jahre 1961] establishing the Court's jurisdiction"[78]. Außerdem habe Island vor Eintritt der von ihm behaupteten Änderung der Umstände (verbreitete Anerkennung exklusiver Fischereizonen der Art, wie sie Island in den genannten Verträgen zugestanden worden waren[79]) Vorteile aus diesen Verträgen gezogen und müsse diese daher nunmehr seinerseits weiter erfüllen, denn „in the case of a treaty which is in part executed and in part executory, in which one of the parties has already benefited from the executed provisions of the treaty, it would be particularly inadmissible to allow that party to put an end to obligations which were accepted under the treaty by way of *quid pro quo* for the provisions which the other party has already executed"[80].

Vereinzelte Entscheidungen innerstaatlicher Gerichte haben die Umstandsklausel im Prinzip anerkannt, die Zulässigkeit ihrer Anwendung im konkreten Fall jedoch immer verneint[81].

§ 836 In der Staatenpraxis ist die *Clausula* häufig angerufen worden.

Am bekanntesten ist der *Pontus*-Fall, d. i. die am 31. Oktober 1870 erfolgte Lossage Rußlands von den Bestimmungen des Pariser Friedens vom 30. März 1856 über die Neutralisierung des Schwarzen Meeres und die Beschränkungen der russischen Streitkräfte an dessen Küsten[82]. Auf Grund des Widerspruches einiger Signatarmächte des Pariser Friedens wurden Verhandlungen eingeleitet, bei denen sich Rußland mit seinen Revisionswünschen durchsetzen konnte, im sog. Londoner Protokoll vom 17. Januar 1871 jedoch von den Teilnehmerstaaten anerkannt wurde „que c'est un principe essentiel du droit des gens qu'aucune d'elles ne peut se délier des engagements d'un traité ni en modifier les stipulations qu'à la suite de *l'assentiment des Parties contrac-*

---

77 ICJ Reports 1973, S. 18, 63.

78 Ebd., S. 20, 64 (Hervorhebung von uns).

79 Vgl. dazu unten §§ 1089 ff., 1100 ff.

80 Ebd., S. 18, 62. Vgl. aber auch § 843.

81 Siehe die Zusammenstellung im ILC-Kommentar, S. 287, Anm. 253, und die Übersicht im Harvard-Research (oben § 533, Anm. 6), S. 1102 ff.

82 Der Text der Zirkularnote des russischen Außenministers Fürst *Gortschakow* findet sich bei *Simma*, Das Reziprozitätselement im Zustandekommen völkerrechtlicher Verträge (1972), S. 260 f.

tantes, au moyen d'une entente amicale"[83]. Der so formulierte Grundsatz ist durch Art. 62 und die Verfahrensregeln der Vertragsrechtskonvention neuerlich bestätigt worden.

Am 13. Dezember 1932 erklärte die französische Deputiertenkammer, daß die Einstellung der deutschen Reparationszahlungen Frankreich seinerseits einen Anspruch auf Revision vertraglicher Zahlungspflichten gegenüber den Vereinigten Staaten einräume[84].

1939, kurz nach Ausbruch des Zweiten Weltkrieges, teilten sieben kriegführende Staaten, darunter Frankreich und Großbritannien, dem Generalsekretär des Völkerbundes mit, daß sie die Zuständigkeit des StIGH für Streitigkeiten, die im Zusammenhang mit dem Kriege entstehen könnten, nicht mehr anerkennen wollten, obgleich sie sich der obligatorischen Gerichtsbarkeit des StIGH gemäß Art. 36 Abs. 2 des Statuts ohne dahingehende Vorbehalte unterworfen hatten. Durch diese Schritte wurde neutralen Staaten die Möglichkeit verwehrt, allfällige Neutralitätsverletzungen vor den Gerichtshof zu bringen. In seiner Begründung stellte Großbritannien fest, daß „the position to-day shows clearly that the Covenant [die Völkerbundsatzung] has ... completely broken down in practice, that the whole machinery for the preservation of peace has collapsed, and that the conditions in which His Majesty's Government accepted the Optional Clause [Art. 36 Abs. 2 des StIGH-Statuts] no longer exist"[85].

Am 9. August 1941 suspendierten die Vereinigten Staaten ihre Verpflichtungen aus der International Loadline Convention 1930, da der allgemeine Friedenszustand die Grundlage dieses Vertrages gewesen sei und die veränderten Umstände eine stärkere als die vertraglich zulässige Beladung der Handelsschiffe notwendig machten. In der amerikanischen Proklamation hieß es: „[I]t is an implicit condition to the binding effect of the Convention that those conditions envisaged by it should continue without such material change as has in fact occurred; and ... under approved principles of international law it has become, by reason of such changed conditions, the right of the United States of America to declare the Convention suspended and inoperative[86]."

---

[83] Text bei *Rousseau*, Droit international public I (1970), S. 227; dazu *Verdross*, S. 182.

[84] ZaöRV 4 (1934), S. 143 ff., 145: „Considérant: Qu'en vertu d'un principe reconnu du droit international public, les traités et conventions doivent être exécutés *sic rebus stantibus*, Que la circonstance déterminante du règlement intervenu en matière de dettes, entre la France et les Etats-Unis, était incontestablement le régime des payements que la France était en droit d'attendre de l'Allemagne en vertu des traités existants ..., La Chambre déclare que, les circonstances déterminantes ayant été intégralement modifiées ..., les accords intervenus sur les dettes ont perdu leur force exécutoire..."

[85] Journal Officiel 20 (1939), S. 408.

Gegen diese Vorgangsweise wurde von keinem Vertragsstaat der Konvention Protest eingelegt[87].

Aus jüngerer Zeit ist schließlich die am 19. April 1969 erfolgte Ankündigung des Rücktritts des Iran von dem am 4. Juli 1937 mit dem Irak abgeschlossenen Vertrag über die Grenzziehung zwischen diesen beiden Staaten und die Regelung der Schiffahrt auf der Schatt-al-Arab-Wasserstraße zu nennen[88], in der es u. a. heißt: „[I]t must be borne in mind that among the reasons given by the international law for the abrogation of agreements without a time limit ... is the principle of Rebus Sic Stantibus. This principle is based upon the supposition that any agreement is entered into on the condition that the special situation existing in the time of the signing of that agreement remains unchanged ... [I]t must be noted that the Frontier Treaty ... was concluded in a time when the British colonial system was at its height of power, and was keeping Iraq under its protecting wings, using force and bringing pressure upon Iran to sign that treaty ... At the present time when the period of colonialism has ended and the conditions prevailing in ... the time under which the treaty was signed, have also been changed, the effects and the results emanating from colonialism must also vanish with it[89]."

Schließlich haben die Niederlande am 16. Dezember 1982 als Reaktion auf die Folterung und Ermordung von Gegnern der militärischen Machthaber in Surinam die Erfüllung ihres anläßlich der Entlassung dieser Kolonie in die Unabhängigkeit am 25. November 1975 abgeschlossenen Vertrages über Entwicklungszusammenarbeit mit der Begründung ausgesetzt, „daß die derzeit in Surinam herrschenden Umstände sich fundamental von den Umständen unterscheiden, die zur Zeit des Abschlusses der betreffenden Übereinkommen galten. Es ist evident, daß die Vertragschließenden Parteien seinerzeit diese Änderung der Umstände nicht vorhergesehen haben und zugleich, daß die seinerzeit herrschenden Umstände eine essentielle Voraussetzung für den Abschluß dieser Übereinkommen bildeten"[90].

---

[86] Text wiedergegeben bei *Lissitzyn* (Anm. 64), S. 908 f.

[87] Ebd., S. 909, Anm. 35.

[88] Vgl. die Dokumentation in ILM 8 (1969), S. 478 ff., und in der RGDIP 74 (1970), S. 171 ff.

[89] ILM (ebd.), S. 483 f. Vgl. zum politischen Hintergrund dieses Vorgangs und zu den weiteren Ereignissen bis zum iranisch-irakischen Krieg seit September 1980 *Amin*, The Iran-Iraq Conflict: Legal Implications, ICLQ 31 (1982), S. 167 ff.; dazu die völkerrechtssoziologischen Beobachtungen über die Bestandskraft von Verträgen ohne Ausgewogenheit des Inhalts bei *Simma* (Anm. 82), S. 252 ff.

[90] Zitiert nach *Lindemann*, Die Auswirkungen der Menschenrechtsverletzungen in Surinam auf die Vertragsbeziehungen zwischen den Niederlanden und Surinam, ZaöRV 44 (1984), S. 64 ff. (68, Anm. 19).

§ 837 Bei der Umstrittenheit der Umstände, welche die meisten ihrer Anwendungsfälle begleiten, wird leicht verständlich, warum die *Clausula* oft als eine Gefahrenquelle für die vr Rechtssicherheit beurteilt wird. In der Tat wird ihr Mißbrauch so lange nicht ausgeschlossen werden können, als nicht ein Gericht regelmäßig über ihre Anrufung entscheidet. Eine solche obligatorische Gerichtsbarkeit wird auch durch das Wiener Übereinkommen nicht begründet. Ihr Fehlen bildet jedoch eine bedauerliche allgemeine Schwäche des VR.

L. Verfahren, Rechtsfolgen und Bedingungen der Geltendmachung eines Ungültigkeits-, Aufhebungs- oder Suspendierungsgrundes

I. Die Verfahrensregeln der Konvention[1]

§ 838 Macht eine Vertragspartei einen Grund für die Ungültigkeit, Aufhebung oder Suspendierung eines vr Vertrages geltend, so hat sie den anderen Vertragsparteien (im Falle eines multilateralen Vertrages demnach sämtlichen Vertragspartnern) ihren Anspruch unter Angabe der beabsichtigten Maßnahmen und der Gründe dafür zu notifizieren (Art. 65 Abs. 1)[2]. Diese Notifikation bedarf der Schriftform (Art. 67 Abs. 1).

---

[1] Dazu neben der bereits angeführten Literatur zur Konvention *Caicedo Castilla*, Les tendances politiques exprimées au sein de la deuxième session de la Conférence de Vienne sur le droit des traités, RGDIP 73 (1969), S. 790 ff.; *Dupuy*, Codification et règlement des différends. Les débats de Vienne sur les procédures de reglement, AFDI 15 (1969), S. 70 ff.; *Mosconi*, La Convenzione di Vienna e le controversie sull'invalidità e l'estinzione dei trattati, DI 24 (1970), S. 252 ff.; *Rosenne*, The Settlement of Treaty Disputes under the Vienna Convention of 1969, ZaöRV 31 (1971), S. 1 ff.; *David*, Faits Accomplis in Treaty Controversies, The International Lawyer 6 (1972), S. 88 ff.; *Briggs* (§ 812, Anm. 25). Über die *verfassungsrechtliche* Frage, ob die Beendigung eines seinerzeit unter Mitwirkung des Parlaments abgeschlossenen Vertrages durch die Exekutive allein oder wiederum nur mit parlamentarischer Zustimmung erfolgen darf, vgl. *Bayer*, Die Aufhebung völkerrechtlicher Verträge im deutschen parlamentarischen Regierungssystem (1969); *Ziccardi Capaldo*, La competenza a denunciare i trattati internazionali (1983). Ein Beispiel von großem politischem Widerhall bildete die Kündigung des am 2. Dezember 1954 mit Zustimmung des amerikanischen Senats abgeschlossenen Mutual Defense Treaty zwischen den Vereinigten Staaten und der Republik China (Taiwan) Ende 1978 im Gefolge der Anerkennung der Volksrepublik China als alleinige *de iure*-Regierung Chinas, deren Verfassungskonformität schließlich vom US-Supreme Court am 13. Dezember 1979 im Falle *Goldwater v. Carter* als nichtjustiziabel beurteilt wurde. Vgl. das ausführliche Gutachten des State Department vom 15. Dezember 1978, wiedergegeben im US Digest 1978, S. 734 ff.; ferner *Henkin*, Litigating the President's Power to Terminate Treaties, AJIL 73 (1979), S. 647 ff., und zum Hergang AJIL 73 (1979), S. 277 ff.; 74 (1980), S. 441 ff.; ILM 18 (1979), S. 1488 ff.; 19 (1980), S. 239 ff.

[2] Unbeschadet des später zu behandelnden Art. 45 (§ 846) ist ein Staat, der diese Notifikation noch nicht vorgenommen hat, nicht daran gehindert,

Erhebt innerhalb einer Frist, die — außer in besonders dringenden Fällen — nicht weniger als drei Monate seit Empfang der Notifikation betragen darf, keine Vertragspartei Einspruch[3], so darf der notifizierende Vertragsstaat die angekündigte Maßnahme durchführen (Art. 65 Abs. 2). Die Ungültigkeits-, Aufhebungs- oder Suspendierungserklärung muß jedoch durch eine den anderen Vertragsparteien übermittelte *Urkunde* vorgenommen werden. Trägt diese Urkunde weder die Unterschrift des Staatsoberhauptes noch diejenige des Regierungschefs oder Außenministers, so kann der Staatsvertreter, der die Erklärung übermittelt, zur Vorlage einer Vollmacht aufgefordert werden (Art. 67 Abs. 2). Eine Notifikation oder eine Urkunde des beschriebenen Inhalts kann jederzeit zurückgenommen werden, bevor sie wirksam wird (Art. 68).

§ 839 Hat dagegen eine andere Vertragspartei Einspruch erhoben, dann entsteht zwischen den Beteiligten ein Streit, der nach den vr Normen über die friedliche Beilegung zwischenstaatlicher Streitigkeiten (§§ 1312 ff.), also mit den in Art. 33 der UN-Charta genannten Mitteln, ausgetragen werden muß (Art. 65 Abs. 3).

§ 840 Während der Konventionsentwurf der ILC über diesen Verweis nicht hinausging, fügte die Wiener Vertragsrechtskonferenz weitergehende Verfahrensvorschriften hinzu, ohne die die Ausgestaltung der materiellrechtlichen Konventionsbestimmungen über Vertragsungültigkeit, -beendigung oder -suspendierung für die Mehrzahl der Teilnehmerstaaten eine unannehmbare Gefährdung der vr Rechtssicherheit mit sich gebracht hätte[4]. Die Konvention sieht nunmehr für den Fall, daß innerhalb von zwölf Monaten nach Erhebung eines Einspruchs keine Lösung nach Art. 65 Abs. 3 erzielt worden ist, folgende Verfahren vor:

1. Behauptet ein Vertragsteil, daß ein Vertrag einer Norm des *ius cogens* widerspricht (Art. 53 und 64), dann kann er, wenn der oder

---

eine solche Notifikation als Antwort gegenüber einer anderen Vertragspartei abzugeben, die Vertragserfüllung fordert oder eine Vertragsverletzung behauptet (Art. 65 Abs. 5).

[3] Nach diesem Wortlaut haben im Falle eines multilateralen Vertrages nicht nur die durch den im Text beschriebenen Vorgang unmittelbar betroffenen, sondern *alle* Vertragsparteien ein Einspruchsrecht. Diese Regelung könnte politisch höchst unliebsame Folgen haben und erscheint nur bei „integralen" Verträgen mit nicht in bilaterale Beziehungen aufspaltbarer Erfüllungsstruktur angemessen. Vgl. dazu *Mosconi* (Anm. 1), S. 278; *Rosenne* (ebd.), S. 28 ff., und in größerem Zusammenhang *derselbe*, Bilateralism and Community Interest in the Codified Law of Treaties, in: Transnational Law in a Changing Society. Essays in Honor of Philip C. Jessup (1972), S. 202 ff.

[4] Zu den Vorgängen auf der Konferenz 1969 *Simma*, Das Reziprozitätselement im Zustandekommen völkerrechtlicher Verträge (1972), S. 245 ff. (mit weiteren Nachweisen).

die anderen Vertragsparteien dies bestreiten, den Streit dem IGH zur Entscheidung vorlegen, sofern sich die Streitteile nicht auf ein Schiedsgericht einigen (Art. 66 lit. a)[5].

2. In allen anderen Fällen kann jede Streitpartei durch einen Antrag an den UN-Generalsekretär ein Vergleichsverfahren in Gang setzen (Art. 66 lit. b), das in einem Anhang zur Konvention näher geregelt ist. Danach unterbreitet der Generalsekretär den Streit einer 5-köpfigen Vergleichskommission, die innerhalb von 12 Monaten einen Lösungsvorschlag zu erstellen hat, der die Streitteile nicht bindet (Abs. 6 des Anhangs).

II. Rechtsfolgen der Ungültigkeit, Aufhebung und Suspendierung völkerrechtlicher Verträge[6]

§ 841 Ein Vertrag, dessen Ungültigkeit wegen Verletzung innerstaatlicher Normen über den Vertragsabschluß, Irrtum, Betrug, Bestechung, Zwang oder infolge Widerspruchs gegen eine zur Zeit des Abschlusses geltende Norm des vr *ius cogens* in dem gerade geschilderten Verfahren festgestellt wird, ist *nichtig.*

Nichtigkeit eines Vertrages bedeutet, daß er *ab initio* rechtsunwirksam ist (Art. 69 Abs. 1). Sind jedoch, gestützt auf einen solchen Vertrag, Handlungen vorgenommen worden, so kann jeder Vertragsstaat — mit Ausnahme jener, die sich eines zur Ungültigkeit führenden Betrugs, einer Bestechung oder verbotenen Zwangsausübung schuldig gemacht haben — von jedem anderen Vertragsstaat die Wiederherstellung des früheren Zustandes verlangen, so weit dies möglich ist (Abs. 2 lit. a und 3). Vor der Geltendmachung der Ungültigkeit in gutem Glauben gesetzte Akte werden von der Nichtigkeit des Vertrages nicht automatisch mitbetroffen (Abs. 2 lit. b). Ist bei einem multilateralen Vertrag nur die Zustimmung eines einzelnen Vertragspartners mit Nichtigkeit

---

[5] Da diese Bestimmung neues Recht schafft, ist sie natürlich nur zwischen jenen Staaten rechtsverbindlich, welche die Konvention ratifiziert haben, ohne einen diesbezüglichen Vorbehalt zu erklären. Vgl. dazu *Simma* (vorhergehende Anm.), S. 59, Anm. 30.

[6] An Spezialliteratur dazu vgl. *Verdross*, Anfechtbare und nichtige Staatsverträge, ZöffR 15 (1935), S. 289 ff.; *Guggenheim*, La validité et la nullité des actes juridiques internationaux, RdC 74 (1949 I), S. 195 ff.; *derselbe*, Traité de Droit international public I (2. Aufl. 1967), S. 181 ff.; *Dhokalia*, Nullity or Invalidity of Treaties, IJIL 9 (1969), S. 177 ff.; *Cahier*, Les caractéristiques de la nullité en droit international et tout particulièrement dans la Convention de Vienne de 1969 sur le droit des traités, RGDIP 76 (1972), S. 645 ff.; *Frowein*, Zum Begriff und zu den Folgen der Nichtigkeit von Verträgen im Völkerrecht, in: Festschrift f. Ulrich Scheuner (1973), S. 107 ff.; *Rozakis*, The Law on Invalidity of Treaties, ArchVR 16 (1973 - 75), S. 150 ff.; *derselbe*, The Conditions of Validity of International Agreements, RHDI 26 - 27 (1973 - 1974), S. 221 ff.; *Morelli*, Aspetti processuali della invalidità dei trattati, RDI 57 (1974), S. 5 ff.

behaftet, so finden die obigen Normen nur im Verhältnis zwischen diesem Staat und den anderen Vertragsparteien Anwendung (Art. 70 Abs. 2).

§ 842 Tiefergreifende Rechtsfolgen hat die Verletzung von *ius cogens:* Widerspricht ein Vertrag von vornherein einer zwingenden Norm (Art. 53), dann müssen, soweit möglich, alle Folgen der auf Grund eines solchen Vertrages gesetzten Handlungen beseitigt und die gegenseitigen Beziehungen der beteiligten Staaten mit dieser zwingenden Norm in Einklang gebracht werden (Art. 71 Abs. 1). Wird hingegen ein Vertrag erst später durch *ius cogens superveniens* nichtig, dann erlischt die Pflicht zur Vertragserfüllung erst mit diesem Zeitpunkt, während die vorher begründeten Rechte, Pflichten und Zustände aufrecht bleiben können, soweit sie nicht der neuen zwingenden Norm widersprechen (Art. 71 Abs. 2).

§ 843 Die Folgen der Nichtigkeit eines Vertrages treten damit grundsätzlich mit Wirkung *ex tunc,* d. h. mit Rückwirkung auf den Zeitpunkt der Vertragsentstehung, *nie* jedoch *automatisch* ein, da immer das im vorangegangenen Teilabschnitt geschilderte Verfahren durchlaufen werden muß, also nicht nur bei Vorliegen eines Anfechtungs-, sondern auch eines absoluten Nichtigkeitsgrundes[7].

Im Gegensatz zu dieser grundsätzlichen *ex tunc*-Wirkung der Folgen der Nichtigkeit eines Vertrages erlöschen oder ruhen die Vertragspflichten bei erfolgreicher Geltendmachung eines *Aufhebungs- oder Suspendierungsgrundes* mit Wirkung *ex nunc,* d. h. erst vom Zeitpunkt der Wirksamkeit dieser Maßnahmen an, sofern der Vertrag oder die Vertragsparteien nichts anderes vorsehen. Die vor Beendigung oder Suspendierung des Vertrags durch dessen Erfüllung begründeten Rechte und Pflichten der Vertragsparteien und ihre dadurch geschaffene Rechtslage werden also nicht berührt (Art. 70 Abs. 1, 72 Abs. 1). Die Anwendung dieser Regel wird dann problematisch sein, wenn eine Vertragspartei oder Gruppe von Vertragsparteien den Vertrag weitgehend erfüllt hat, während die vertraglich geschuldeten Leistungen der Gegenseite noch ausstehen[8]. Während der Suspendierung dürfen die

---

[7] Dritte Staaten und internationale Organisationen können dagegen die Nichtigkeit eines Vertrages wegen Anwendung rechtswidrigen Zwanges oder Verletzung von *ius cogens* auch ohne vorhergehendes Verfahren geltend machen; vgl. *Frowein,* Die Verpflichtungen erga omnes im Völkerrecht und ihre Durchsetzung, FS Mosler, S. 260 ff.

[8] Vgl. *Simma* (§ 811, Anm. 16), S. 64; *Jennings,* General Course on Principles of International Law, RdC 121 (1967 II), S. 578 f.: „[T]he loss lies where it falls"; ferner das vom IGH in den *Fisheries Jurisdiction* Cases (Zuständigkeitsurteilen) geäußerte und oben § 835 zitierte Bedenken. Über Möglichkeiten, das damit beschriebene Risiko zu mindern, *Bilder* (§ 828, Anm. 64), S. 166 ff. Vgl. z. B. Art. XII (B) (5) des US-österreichischen Abkommens über

Parteien die Wiederanwendbarkeit des Vertrages nicht vereiteln (Art. 72 Abs. 2).

§ 844 Die Ungültigkeit, Kündigung, Beendigung oder Suspendierung eines vr Vertrages ändert selbstverständlich nichts daran, daß ein Staat diejenigen in diesem Vertrag enthaltenen Pflichten weiter erfüllen muß, die unabhängig davon auch *gewohnheitsrechtlich* oder in *allgemeinen Rechtsgrundsätzen* verankert sind (Art. 43).

III. Bedingungen der Geltendmachung eines Ungültigkeits-, Aufhebungs- oder Suspendierungsgrundes

§ 845 Grundsätzlich kann nach Art. 44 nur der *ganze* Vertrag in dem bereits besprochenen Verfahren als nichtig erklärt, gekündigt, aufgehoben oder suspendiert werden, einzelne seiner *Teile* nur dann, wenn diese von den anderen Bestimmungen getrennt angewendet werden können, es sei denn, daß sich aus dem Vertrag oder sonstwie ergibt, daß gerade die Annahme dieser Bestimmungen die wesentliche Voraussetzung der Zustimmung der anderen Vertragsteile zum Vertragsabschluß gebildet hat oder daß die weitere Anwendung der übrigen Bestimmungen aus anderen Gründen unbillig (unjust) wäre[9]. Doch soll eine Teilung des Vertrages gemäß Art. 44 Abs. 5 dann ausgeschlossen sein, wenn er unter rechtswidrigem Zwang zustande kam (Art. 51, 52) oder einer Norm des *ius cogens* widerspricht (Art. 53). Auch die Ausübung des Rücktrittsrechts wegen Vertragsverletzung (Art. 60) wird nicht durch Art. 44 beschränkt[10].

§ 846 Gemäß Art. 45 kann sich ein Staat auf die sonst anerkannten Gründe, nach den Art. 46 bis 50 oder 60 und 62 die Nichtigkeit eines Vertrages, dessen Aufhebung oder Suspendierung geltend zu machen, nicht länger berufen, wenn er nach Kenntnisnahme des Anfechtungs-, Aufhebungs- oder Suspendierungsgrundes der Weitergeltung des betroffenen Vertrages *ausdrücklich zugestimmt* hat oder wenn infolge seines Verhaltens eine *widerspruchslose Hinnahme* der Weitergeltung (having acquiesced, ayant acquiescé) angenommen werden muß. Dieser Grundsatz, *allegans contraria non est audiendus*, wurde vom IGH zu wiederholten Malen anerkannt[11]. Er besagt, daß ein Staat, der eine be-

---

Zusammenarbeit bei der friedlichen Nutzung der Kernenergie vom 11. Juli 1969; (österr.) BGBl. 1970/85.

[9] Vgl. die bei *Simma* (ebd.), S. 31, Anm. 95, genannte Literatur und Rechtsprechung.

[10] Dazu *Simma* (ebd.), S. 77 ff., und oben § 816.

[11] *Arbitral Award Made by the King of Spain on 23 December 1906*, ICJ Reports 1960, S. 213 f.; *Temple of Preah Vihear* (Sachurteil), ICJ Reports 1962, S. 23 ff.; siehe auch die Sondervoten der Richter *Alfaro* und *Fitzmaurice* zum zweitgenannten Urteil, ebd., S. 39 ff., 62 ff., und die Joint Dissenting

stimmte Erklärung abgegeben hat, oder aus dessen Verhalten eine bestimmte Stellungnahme erschlossen werden kann, auf die ein anderer Staat vertrauen konnte, gehindert (estopped) ist, später zum Nachteil dieses anderen Staates eine gegenteilige Haltung einzunehmen *(venire contra factum proprium non valet)*[12]. Diese Ausnahmen gelten jedoch nicht, wenn der Vertrag erzwungen wurde oder gegen das *ius cogens* verstößt. Man muß also auch hier zwischen *absoluter* und *relativer* Nichtigkeit von vr Verträgen unterscheiden.

Kapitel 5

Die innerstaatliche Durchführung völkerrechtlicher Pflichten

Vorbemerkung

§ 847 Nachdem wir an anderer Stelle bereits die grundsätzliche Ergänzungsbedürftigkeit des VR durch das staatliche Recht hervorgehoben (§§ 45 f.) und die verschiedenen Theorien dargestellt haben, die über das Verhältnis von VR und Landesrecht entwickelt worden sind (§§ 71 ff.), ist im folgenden, im Anschluß an die Behandlung der Völkerrechtsquellen und vr Hoheitsakte, noch auf die Art und Weise der innerstaatlichen Durchführung der vr Normen einzugehen. Unsere Darlegungen werden sich dabei jedoch auf einen knappen Überblick beschränken, weil diese Frage streng genommen nicht vr, sondern *verfassungsrechtlicher* Natur ist[1].

Opinion von vier IGH-Richtern zum Urteil in den *Nuclear Tests* Cases, ICJ Reports 1974, S. 357.

[12] Dazu ausführlicher oben § 615.

[1] Aus dem umfangreichen Schrifttum vgl. neben den oben § 71, Anm. 2 und 3, genannten Werken von *Triepel* und *Anzilotti* noch *Walz*, Völkerrecht und staatliches Recht (1933); *Morelli*, L'adattamento del diritto interno al diritto internazionale in alcune recenti costituzioni, RDI 25 (1933), S. 3 ff.; Paul *de Visscher*, Les tendances internationales des constitutions modernes, RdC 80 (1952 I), S. 511 ff.; *Mosler*, L'application du droit international public par les tribunaux nationaux, ebd. 91 (1957 I), S. 619 ff.; *Guggenheim*, Völkerrecht und Landesrecht, WV III, S. 651 ff.; *derselbe*, Völkerrechtliche Schranken im Landesrecht (1955); *Seidl-Hohenveldern*, Transformation or Adoption of International Law into Municipal Law, ICLQ 12 (1963), S. 88 ff.; Die Anwendung des Völkerrechts im innerstaatlichen Recht (Bericht von *Partsch* über die Arbeiten einer Studienkommission der Deutschen Gesellschaft für Völkerrecht, 1964); *Lardy*, La force obligatoire du droit international en droit interne (1966); *Rudolf*, Völkerrecht und deutsches Recht (1967); *Strebel*, Das Völkerrecht als Gegenstand von Verweisungen und

1. Abschnitt

Die einzelnen Methoden der innerstaatlichen Durchführung des Völkerrechts

A. Deren Notwendigkeit

§ 848 Das VR trägt in der Regel nicht selbst für die Vollziehung seiner Normen Sorge, sondern bedarf wesensgemäß der Ergänzung durch staatliches Recht: Es überträgt seine Durchführung den verpflichteten

---

Begriffsübernahmen, von Kollisionsregeln und Rezeption im nationalen Recht, ZaöRV 28 (1968), S. 503 ff.; *Oliver*, The Enforcement of Treaties by a Federal State, RdC 141 (1974 I), S. 331 ff.; *Pau*, Note sull'esecuzione dei trattati, RDI 58 (1975), S. 509 ff.; *Verdross*, Diritto internazionale e diritto interno secondo le costituzioni tedesche e austriache, RDI 59 (1976), S. 5 ff.; *Calamia*, Stipulazione dei trattati e adattamento nelle costituzioni più recenti, ebd., S. 710 ff.; *derselbe*, L'adattamento del diritto interno al diritto internazionale consuetudinario nelle più recenti costituzioni, ebd. 60 (1977), S. 59 ff.; *Münch*, Vertrag und Gesetz: Einige aktuelle und historische Randbemerkungen, FS v. d. Heydte, S. 363 ff.

Zur Stellung des VR im Recht der Bundesrepublik Deutschland neben den gerade erwähnten Arbeiten von *Partsch* und *Rudolf* noch *Kraus*, Der deutsche Richter und das Völkerrecht, in: Festschrift f. R. Laun (1953), S. 223 ff.; *Mosler*, Das Völkerrecht in der Praxis der deutschen Gerichte (1957); *Pigorsch*, Die Einordnung völkerrechtlicher Normen in das Recht der Bundesrepublik Deutschland (1959); *Menzel*, Die Geltung internationaler Verträge im innerstaatlichen Recht, in: *Dölle* (Hrsg.), Deutsche Landesreferate zum VI. Internationalen Kongreß für Rechtsvergleichung in Hamburg (1962), S. 401 ff.; *Boehmer*, Der völkerrechtliche Vertrag im deutschen Recht (1965); *Kimminich*, Das Völkerrecht in der Rechtsprechung des Bundesverfassungsgerichts, AÖR 93 (1968), S. 485 ff.; *Bayer*, Die Aufhebung völkerrechtlicher Verträge im deutschen parlamentarischen Regierungssystem (1969); *Zieger / Krech* (Hrsg.), Bezüge des Staats- und Verfassungsrechts zum Völkerrecht (Textbuch 1972); *Randelzhofer*, Innerstaatlich erforderliche Verfahren für das Wirksamwerden der von der Exekutive abgeschlossenen völkerrechtlichen Vereinbarungen, AÖR-Beiheft 1: Deutsche öffentlich-rechtliche Landesberichte zum IX. Internationalen Kongreß für Rechtsvergleichung in Teheran (1974), S. 18 ff.; *Bleckmann*, Grundgesetz und Völkerrecht. Ein Studienbuch (1975); *Simma*, Droit international coutumier et droit interne selon la Loi fondamentale, in: *Bothe / Vinuesa* (Hrsg.), Völkerrecht und Landesrecht (1982), S. 117 ff.; *Geiger*, Grundgesetz und Völkerrecht (1985).

Zur Lage in Österreich neben den einschlägigen Abschnitten bei *Adamovich*, Handbuch des österreichischen Verfassungsrechts (6. Aufl., neubearb. von *Adamovich* jun., 1971) und R. *Walter*, Österreichisches Bundesverfassungsrecht (1972) noch *Seidl-Hohenveldern*, Relation of International Law to Internal Law in Austria, AJIL 49 (1955), S. 451 ff.; *Hellbling*, Die Ausstrahlungen des Völkerrechts auf die österreichische Bundesverfassung, in: Kelsen-Festschrift 1971, S. 55 ff.; *Öhlinger*, Der völkerrechtliche Vertrag im staatlichen Recht. Eine theoretische, dogmatische und vergleichende Untersuchung am Beispiel Österreichs (1973); *Binder*, Das Völkerrecht im österreichischen Staatsrecht, ZaöRV 35 (1975), S. 282 ff.; *Rack*, Das Völkerrecht im staatlichen Recht (1979); *Köck* und *Rotter*, in: *Schambeck* (Hrsg.), Das österreichische Bundes-Verfassungsgesetz und seine Entwicklung (1980), S. 739 ff., 771 ff.

Zur Lage in der Schweiz J.-F. *Aubert*, L'autorité, en droit interne, des traités internationaux. Zeitschrift für schweizerisches Recht 2 (1962), S.

Staaten, die es durch ihre Organe zur Anwendung zu bringen haben. Dabei bleibt nach *allgemeinem* VR den Staaten die Entscheidung darüber überlassen, auf welche Weise sie die Erfüllung ihrer vr Pflichten bewerkstelligen wollen[2]. Bezweckt eine Völkerrechtsnorm Rechtswirkungen im *innerstaatlichen* Bereich, so muß ihr Inhalt in die innerstaatliche Rechtsordnung eingeführt („inkorporiert") werden, um durch die staatlichen Organe erfüllt werden zu können[3].

Dieses Ziel kann auf verschiedenen Wegen erreicht werden:

B. Die individuelle (spezielle) Durchführung des Völkerrechts

§ 849 Nach dieser ersten Methode muß jede *einzelne* Völkerrechtsnorm durch ein eigenes Gesetz, eine eigene Verordnung o. ä. innerstaatlich durchgeführt werden, um von den Gerichten und Verwaltungsbehörden angewendet werden zu können. Der vr Rechtsbefehl wird dabei also in eine eigenständige, vom VR formal unabhängige Norm des Landesrechts umgegossen (transformiert).

---

265 ff.; *Dominicé*, Le droit international coutumier dans l'ordre juridique suisse, in: Mémoires publiées par la Faculté de Droit de Genève, No. 27 (1969), S. 29 ff.; *Müller*, Völkerrecht und schweizerische Rechtsordnung, in: *Riklin / Haug / Binswanger* (Hrsg.), Handbuch der schweizerischen Außenpolitik (1975), S. 223 ff.; *Müller / Wildhaber*, Praxis des Völkerrechts (2. Aufl. 1982), S. 53 ff.

Zu den Vereinigten Staaten *Glennon / Franck* (Hrsg.), United States Foreign Relations Law: Documents and Sources (bisher 5 Bde., 1980 ff.).

Zur Rechtslage in der UdSSR vgl. *Uibopuu*, Völkerrecht und Landesrecht in sowjetischer Theorie und Praxis, Jahrbuch für Ostrecht XV (1974), S. 39 ff.; das „Gesetz über das Verfahren des Abschlusses, der Durchführung und der Kündigung internationaler Verträge der UdSSR" von 1978 (deutsch im Jahrbuch für Ostrecht 1978, 2. Halbband, S. 253 ff.), dazu *Schweisfurth* (§ 687, Anm. 1) und *Uibopuu*, International Law and Municipal Law in Soviet Doctrine and Practice, FS Verdross 1980, S. 661 ff.

Auch die umfangreiche Literatur über die (in unserem Buch nicht behandelte) innerstaatliche Durchführung des Rechts der Europäischen Gemeinschaften enthält nicht selten einführende oder vergleichende Darstellungen unserer Problematik.

Über die innerstaatlichen Wirkungen von „soft law" vgl. *Schreuer*, Die innerstaatliche Anwendung von „soft law" aus rechtsvergleichender Sicht, ÖZöffRVR 34 (1983), S. 243 ff.

[2] In vr *Verträgen* finden sich dagegen nicht selten eingehendere Vorschriften über die Art und Weise ihrer innerstaatlichen Erfüllung; vgl. z. B. Art. 10 des österreichischen Staatsvertrages vom 15. Mai 1955, bei *Berber*, Dokumente II, S. 2227 ff.

[3] In diesem Sinne weist das Gutachten des StIGH zum *Exchange of Greek and Turkish Populations*, Series B, Nr. 10, S. 20, hin auf „un principe allant de soi, d'après lequel un Etat qui a valablement contracté des obligations internationales est tenu d'apporter à sa législation les modifications nécessaires pour assurer l'exécution des engagements pris". Dieses Prinzip findet seine Ergänzung in dem heute auch in Art. 27 der Wiener Konvention über das Recht der Verträge niedergelegten Grundsatz, daß sich kein Staat der Erfüllung seiner vr Verpflichtungen unter Hinweis auf sein Landesrecht entziehen kann; vgl. oben §§ 689 ff.

I. Völkergewohnheitsrecht

§ 850 Für die innerstaatliche Durchführung des VGR ist diese Methode sehr schlecht geeignet, da sich der Inhalt des VGR in steter Weiterentwicklung befindet. Sie ist vor allem während der Zeit des Absolutismus angewendet worden, doch finden wir eine ähnliche Vorgangsweise wieder in den modernen Diktaturen.

II. Vertragsrecht

§ 851 Zur innerstaatlichen Durchführung der vr Verträge wird die spezielle Transformation im gerade beschriebenen Sinne heute noch u. a. in Großbritannien angewendet, wo der Abschluß von vr Verträgen zwar eine Prärogative der Krone bildet, jeder Eingriff in die Rechtsstellung der Bürger aber eines Akts des Parlaments bedarf. Demgemäß bleibt grundsätzlich[4] auch jeder vr in Kraft getretene Vertrag so lange innerstaatlich unbeachtlich, bis das Parlament durch ein besonderes Gesetz seine Bestimmungen zu innerstaatlichem Recht erklärt[5].

Da das britische (ungeschriebene) Verfassungsrecht die Mitwirkung des Parlaments nur in einer begrenzten Zahl von Fällen vorschreibt, ist Großbritannien auf vr Ebene an zahlreiche Verträge gebunden, die im landesrechtlichen Bereich mangels entsprechender Gesetze nicht durchgeführt werden könnten. Dieses Auseinanderklaffen von vr und innerstaatlicher Verpflichtung führt die Gefahr von Vertragsverletzungen infolge Nicht- oder zu späten Tätigwerdens des Gesetzgebers mit sich[6].

---

[4] Vgl. die bei *Akehurst*, A Modern Introduction to International Law (1970), S. 63, genannten Ausnahmen.

[5] So wurde beispielsweise die am 1. September 1964 von Großbritannien ratifizierte Wiener Konvention über diplomatische Beziehungen durch den am 31. Juli 1964 beschlossenen und am 1. Oktober 1964 in Kraft getretenen Diplomatic Privileges Act, 1964, innerstaatlich durchgeführt (Text bei *Parry*, British Digest of International Law, Bd. VII [1965], S. 972 ff.). Vgl. *McNair*, When Do British Treaties Involve Legislation?, BYIL 9 (1928), S. 59 ff.

[6] Sehr anschaulich der auch von *Seidl-Hohenveldern*, Völkerrecht (4. Aufl. 1980), S. 55 f., geschilderte Fall *Republic of Italy v. Hambros Bank, Ltd., and Gregory* (ILR 1950, Nr. 1): In einem Regierungsübereinkommen hatten Großbritannien und Italien vereinbart, daß der britische Feindvermögensverwalter das gesamte bei Inkrafttreten des Friedensvertrages mit Italien (15. September 1947) in Großbritannien befindliche italienische Privateigentum auf die italienische Regierung übertragen und den Geldwert dieses Vermögens zum Zweck der Begleichung italienischer Schulden auf ein Sonderkonto der Bank of England einzahlen sollte. Das Übereinkommen trat vr in Kraft, es erging aber kein Gesetz, das den Vertragsinhalt innerstaatlich anwendbar gemacht hätte. Aus diesem Grund entschied ein britisches Gericht 1950, daß weder der Feindvermögensverwalter, der in der Folge den Erlös von Privatvermögen des Königs von Italien nicht an die Bank of England, sondern an Hambros Bank bezahlt, noch Hambros Bank, die diese Gelder 1949 den Erben des Königs und nicht der italienischen Republik ausgehändigt

C. Die generelle Durchführung des Völkerrechts

§ 852 Nach dieser Methode wird den vr Normen in Bausch und Bogen der Weg in die staatliche Rechtsordnung freigegeben.

I. Völkergewohnheitsrecht

§ 853 Der Anwendung dieser Technik auf das vr Gewohnheitsrecht hat schon Blackstone die folgende klassische Formulierung gegeben: „The law of nations wherever any question arises which is properly the object of its jurisdiction is here adopted, in its full extent, by the common law and is held to be a part of the law of the land[7]." Dem VGR wird danach also automatisch und *en bloc* innerstaatlich Geltung eingeräumt. In den Staaten mit Common Law-Tradition, daneben aber z. B. auch in der Schweiz, geschieht dies auf Grund ungeschriebenen Verfassungsrechts, während eine Anzahl moderner Verfassungen zu diesem Zweck ausdrückliche Generalklauseln enthalten.

Die erste Verfassungsbestimmung dieser Art bildete Art. 4 der Weimarer Reichsverfassung, nach dem die allgemein anerkannten Regeln des Völkerrechts als bindende Bestandteile des deutschen Reichsrechts galten[8].

---

hatte, rechtswidrig gehandelt hatten. Vgl. auch *Mann*, The Consequences of an International Wrong in International and National Law, BYIL 48 (1976-1977), S. 20 ff.

[7] *Blackstone*, Commentaries on the Laws of England IV (1769), Kap. V, S. 20. Zur heutigen Lage in Großbritannien vgl. H. *Lauterpacht*, Is International Law a Part of the Law of England?, Transactions of the Grotius Society 25 (1939), S. 51 ff.; *Lefébure*, The Application of International Law in the English Courts, ZaöRV 17 (1956/57), S. 568 ff. Zur Lage in den Vereinigten Staaten *Bishop*, International Law (3. Aufl. 1971), S. 78 ff.

[8] Diese Formulierung des Regierungsentwurfes der Weimarer Verfassung wurde bei der ersten Lesung im deutschen Verfassungsausschuß folgendermaßen abgeändert: „Für die Beziehungen des Deutschen Reiches zu auswärtigen Staaten sind die Staatsverträge, die allgemein anerkannten Regeln des Völkerrechts und, wenn das Reich in den Völkerbund eintritt, dessen Bestimmungen maßgebend" (Protokoll der 3. Sitzung des Verfassungsausschusses vom 6. März 1919). Eine solche Bestimmung könnte den Anschein erwecken, als ob die *internationale* Geltung des VR von den Staatsverfassungen abhängig sei. Aber auch wenn man diese Formulierung als Unterwerfung des innerstaatlichen Rechts unter das VR deutet, bleibt sie rechtlich überflüssig, da die *internationale* Geltung des VR ausschließlich von der Verfassung der Völkerrechtsgemeinschaft (vgl. §§ 75 ff.), nicht aber von der Verfassung irgendeines Staates abhängig ist. Durch die Staatsverfassungen kann nur die innerstaatliche Vollziehung des VR geregelt werden.

Nachdem der Verfassungsausschuß von *Verdross* auf diesen seinen Irrtum aufmerksam gemacht worden war (Reichsrecht und internationales Recht. Eine Lanze für Art. 3 des Regierungsentwurfes der deutschen Verfassung, Deutsche Juristenzeitung 1919, Sp. 291 ff.; vgl. das Protokoll der 36. Sitzung des Verfassungsausschusses vom 3. Juni 1919, S. 12), kehrte er nicht nur zum Text der Regierungsvorlage zurück, sondern erklärte auch durch seinen Vorsitzenden *Hausmann*, daß er die gleichzeitige Bindung an das VR „nach innen und nach außen" wünsche (ebd.).

Seinem Beispiel folgten u. a. Art. 9 (jetzt: 9 Abs. 1) des österreichischen Bundes-Verfassungsgesetzes 1920 („Die allgemein anerkannten Regeln des Völkerrechtes gelten als Bestandteile des Bundesrechtes"), Art. 7 der spanischen republikanischen Verfassung 1931 („Der spanische Staat wird die universellen Normen des Völkerrechts befolgen, indem er sie in sein nationales Recht eingliedert"), Art. 8 Abs. 1 der Verfassung der Deutschen Demokratischen Republik 1968 („Die allgemein anerkannten, dem Frieden und der friedlichen Zusammenarbeit der Völker dienenden Regeln des Völkerrechts sind für die Staatsmacht und jeden Bürger verbindlich"), sowie in noch völkerrechtsfreundlicherer Fassung Art. 25 Bonner Grundgesetz („Die allgemeinen Regeln des Völkerrechts sind Bestandteil des Bundesrechtes. Sie gehen den Gesetzen vor und erzeugen Rechte und Pflichten unmittelbar für die Bewohner des Bundesgebietes") und am ausführlichsten der (allerdings praktisch bedeutungslose) Art. 67 der Hessischen Verfassung von 1946 („Die Regeln des Völkerrechtes sind bindende Bestandteile des Landesrechts, ohne daß es ihrer ausdrücklichen Umformung in Landesrecht bedarf. Kein Gesetz ist gültig, das mit solchen Regeln oder mit einem Staatsvertrag in Widerspruch steht")[9].

§ 854 Durch diese Verfassungsbestimmungen wird das *universelle (allgemeine)*[10] VGR mit seinem *jeweiligen* Inhalt in die innerstaatliche Rechtsordnung übernommen[11]. Die Schwierigkeiten, die sich aus einer solchen fortlaufenden Übernahme für die Rechtsanwendung insbesondere dann ergeben, wenn den allgemeinen Regeln des VR außerdem noch der Vorrang vor entgegenstehendem Landesrecht eingeräumt wird, lassen sich durch ein *Vorabentscheidungsverfahren* zur Normenverifikation mildern, wie es Art. 100 Abs. 2 Bonner Grundgesetz für den Fall vorsieht, daß in einem Rechtsstreit Zweifel über Geltung und Inhalt einer vgr Norm auftauchen[12]. Dennoch bietet auch eine derartige Rege-

[9] Anders formuliert Art. 10 Abs. 1 der italienischen Verfassung 1947 („Die italienische Rechtsordnung paßt sich den allgemein anerkannten Regeln des Völkerrechts an") und Abs. 14 der Präambel der Verfassung der französischen Vierten Republik von 1947 („Die Französische Republik betrachtet getreu ihren Überlieferungen die Regeln des Völkerrechts für sich als bindend").

[10] Dazu oben § 567.

[11] Ob auch die allgemeinen Rechtsgrundsätze i. S. des Art. 38 Abs. 1 lit. c des IGH-Statuts durch diese Generalklauseln in das Landesrecht inkorporiert werden, ist streitig; vgl. die Hinweise oben § 605, Anm. 28. Die fortlaufende Übernahme des VGR mit seinem jeweiligen Inhalt auch in das *englische* Recht trotz dessen *stare decisis*-Regel wurde 1977 vom britischen Court of Appeals im *Trendtex* Case bejaht; vgl. oben § 575, Anm. 69, und dazu *Schreuer*, The Applicability of Stare Decisis to International Law in English Courts, NILR 25 (1978), S. 234 ff.

[12] „Ist in einem Rechtsstreite zweifelhaft, ob eine Regel des Völkerrechtes Bestandteil des Bundesrechtes ist und ob sie unmittelbar Rechte und Pflichten für den Einzelnen erzeugt, so hat das Gericht die Entscheidung des Bundesverfassungsgerichtes einzuholen."

lung keine vollständige Gewähr für die Vermeidung zwischenstaatlicher Streitigkeiten, da das entscheidungsbefugte Verfassungsgericht den Bestand einer vgr Norm verneinen, der dadurch betroffene fremde Staat aber weiterhin behaupten kann, daß diese Norm gilt. Eine rechtliche Lösung kann in einem solchen Fall nur in einem *vr* Verfahren erzielt werden.

§ 855 Ob auch das *partikuläre / regionale* VGR[13] durch die beschriebenen verfassungsrechtlichen Generalklauseln in den innerstaatlichen Bereich übernommen wird, ist streitig. Unseres Erachtens ist diese Frage zu bejahen, da gerade diese auf einer engeren Bindung beruhenden Völkerrechtsnormen in den Rechtsordnungen der beteiligten Staaten eine bedeutsame Rolle spielen können und auch der IGH Art. 38 Abs. 1 lit. b seines Statuts, wo ebenfalls nur von einer „*allgemeinen* als Recht anerkannten Übung" die Rede ist, ohne Zögern in diesem weiten Sinne auslegt[14].

II. Vertragsrecht

§ 856 Die generelle Übernahme vr Verträge in die innerstaatliche Rechtsordnung erfolgt im Gegensatz zum VGR nicht auf Grund einer im voraus und pauschal erteilten Ermächtigung, sondern jeweils durch einen auf einen bestimmten Vertrag bezüglichen Vorgang, dem die staatliche Verfassung ausdrücklich oder stillschweigend diese Wirkung zuschreibt. Bei Verträgen, deren Abschluß der Mitwirkung des Parlaments bedarf, ist dieser Akt in der parlamentarischen Zustimmung in Gesetzes- (so Art. 59 Abs. 2 des Bonner Grundgesetzes) oder anderer Form (z. B. Art. 50 des österreichischen Bundes-Verfassungsgesetzes, Art. 85 Ziff. 5 der schweizerischen Bundesverfassung), verbunden mit der Publikation des Vertragstextes, zu erblicken, bei nicht genehmigungsbedürftigen Verträgen in einem Anwendungsbefehl in Gestalt einer Rechtsverordnung oder Verwaltungsvorschrift (Bundesrepublik Deutschland) oder in der bloßen Kundmachung des Vertrages (Österreich). Bei besonders wichtigen Verträgen kann die Inkorporation in das Landesrecht sogar eine Volksabstimmung voraussetzen[15]. Anders als bei der Methode der individuellen (speziellen) Durchführung erfolgt

---

[13] Oben §§ 567 f.

[14] Vgl. oben § 570; *Zemanek* (§ 549, Anm. 1), S. 580 f.; *Simma*, ÖZöffR 24 (1973), S. 199 f.; dagegen (Art. 25 Bonner Grundgesetz betreffend) *Rudolf* (Anm. 1), S. 275 ff.; *derselbe*, Die innerstaatliche Anwendung partikulären Völkergewohnheitsrechts, in: Internationale Festschrift für Alfred Verdross (1971), S. 435 ff.

[15] Vgl. Art. 89 Abs. 3 und 5 der schweizerischen Bundesverfassung (Zur Praxis *Müller / Wildhaber* [§ 847, Anm. 1], S. 58 f.) oder das österreichische B-VG für Verträge, die leitende Verfassungsprinzipien ändern; vgl. *Öhlinger* (ebd.), S. 211 ff.

die hier geschilderte generelle Übernahme der Verträge ohne Veränderung ihrer Form, in ihrem vr Wortlaut.

§ 857 Auf die Gefahren der erstgenannten Methode haben wir bereits hingewiesen. Andererseits bringt auch die globale Übernahme eines Vertrages Schwierigkeiten mit sich, wenn er sich in der staatlichen Rechtsordnung systematisch-rechtstechnisch wie ein Fremdkörper ausnimmt, dem inländische Organe und Rechtsunterworfene unsicher gegenüberstehen. In diesen Fällen kann das Instrument eines *Erfüllungsvorbehaltes* Abhilfe schaffen, wie es durch eine Novelle aus dem Jahre 1964 in die österreichische Verfassung eingebaut worden ist: Gemäß Art. 50 Abs. 2 B.-VG. kann der Nationalrat anläßlich der Genehmigung eines Vertrages beschließen, daß dieser Vertrag durch Erlassung von Gesetzen zu erfüllen ist. In analoger Weise können die zum Abschluß eines Verwaltungsabkommens befugten Organe dessen Erfüllung auf dem Verordnungswege anordnen (Art. 65 Abs. 1, 66 Abs. 2)[16].

III. Transformationstheorie, Vollzugslehre und Adoptionsprinzip

§ 858 Während bei der individuellen (speziellen) Durchführung des VR im innerstaatlichen Bereich eigenständige landesrechtliche Normen geschaffen werden, durch welche die vr Verhaltensgebote verwirklicht werden, also eine echte Transformation des VR in Landesrecht stattfindet, läßt die Methode der generellen Durchführung vr Pflichten verschiedene Deutungen zu:

a) Die sog. *Transformationstheorie* geht davon aus, daß Völkerrechtsnormen als solche in der Regel innerstaatlich nicht angewendet werden können, sondern zuvor einer Umgießung (Transformation) in Landesrecht bedürfen, durch die ihr Geltungsgrund abgeändert und ihr persönlicher Geltungsbereich auf neue Adressaten erstreckt wird[17]. Demgemäß erblickt sie in den beschriebenen verfassungsrechtlichen Generalklauseln und Anwendungsbefehlen „generelle Transformatoren", die das VGR *en bloc*, die vr Verträge in jedem Einzelfalle in staatliches Recht verwandeln[18]. Allerdings bleiben die Völkerrechtsnorm und die entsprechende inhaltsgleiche Norm des innerstaatlichen Rechts in der Praxis der generellen Durchführung des VR weitgehend miteinander verknüpft. So tritt z. B. die inner-

---

[16] Die Bezeichnung dieser Methode als „spezielle Transformation" ist irreführend, da neben dem Beschluß eines Erfüllungsgesetzes oder der Anordnung einer Erfüllungsverordnung auch hier eine innerstaatliche Übernahme des Vertrages in Bausch und Bogen (mit bestimmten Rechtswirkungen) erfolgt. Näher dazu *Öhlinger* (Anm. 1), S. 147 ff.

[17] Zur Kritik dieses dualistischen Ausgangspunktes vgl. §§ 73 ff.

[18] Die ausführlichste Darstellung dieser Lehre findet sich bei ihrem Vertreter *Rudolf* (Anm. 1), bes. S. 158 ff.

staatliche Rechtsnorm trotz ihres vom VR gelösten Geltungsgrundes erst dann in Kraft, wenn der entsprechende Vertrag vr in Kraft tritt. Erlischt die vr Geltung eines Vertrages oder einer Gewohnheitsrechtsnorm, verliert auch das entsprechende Landesrecht ohne weiteres seine Gültigkeit. Bei der Auslegung werden die vr Interpretationsgrundsätze mitberücksichtigt.

Eine befriedigendere Erklärung dieses Zusammenhanges bietet

b) die *Vollzugstheorie:*

Zwar bedarf es auch nach ihr staatlichen Handelns, um eine Völkerrechtsnorm innerstaatlich vollziehbar zu machen. Dieser Akt hat jedoch keine Transformationsfunktion, sondern nur die Bedeutung eines Vollzugsbefehles, der die Anwendung der Völkerrechtsnorm *als solcher* innerstaatlich freigibt. Verträge und VGR behalten also ihren vr Geltungsgrund, alle Fragen ihrer Auslegung und Anwendung beantworten sich selbstverständlich nach dem VR[19]. Die Aufspaltung der vr Normen in ein vr Original und ein landesrechtliches Spiegelbild wird vermieden.

c) Das *Adoptionsprinzip:*

Die meisten Verfassungsbestimmungen und -praktiken über die innerstaatliche Durchführung vr Gebote lassen sich mit beiden vorgenannten Theorien vereinen. In seiner Untersuchung über die Stellung des vr Vertrages im *österreichischen* Recht hat Öhlinger[20] allerdings nachgewiesen, daß die österreichische Verfassung den „Staatsvertrag" als solchen von vornherein als eine auch innerstaatliche Rechtssatzform vorsieht, deren verfassungsrechtliches Erzeugungsverfahren durch die Kundmachung des Vertrages abgeschlossen wird (Adoptionsprinzip). Die Frage, ob der „Staatsvertrag" als innerstaatliche Rechtssatzform mit jener des VR identisch oder (im Sinne der Transformationstheorie) dem Geltungsgrund nach davon zu unterscheiden ist, hat demnach hier keine praktische Bedeutung.

---

[19] Vgl. die Darstellung in den oben Anm. 1 genannten Arbeiten von *Partsch*, *Seidl-Hohenveldern* und *Boehmer*. Zur Auslegungspraxis nationaler Gerichte *Schreuer*, Wechselwirkungen zwischen Völkerrecht und Verfassung bei der Auslegung völkerrechtlicher Verträge, Berichte DGVR 23 (1982), S. 65 ff.

[20] Siehe Anm. 1.

2. Abschnitt

Der Rang des Völkerrechts in der innerstaatlichen Rechtsordnung

§ 859 Wenn ein Staat vr Normen innerstaatlich durchführt, so ist für deren Geltungskraft und Durchsetzungsvermögen im Falle der Kollision mit inhaltlich widersprechendem Landesrecht entscheidend, welcher Rang dem (transformierten oder als solches geltenden) VR im Stufenbau der staatlichen Rechtsordnung zukommt. Auch diese Einstufung überläßt das VR grundsätzlich dem innerstaatlichen Recht. Sie kann entweder auf Grund ausdrücklicher Verfassungsgebote oder bei Schweigen der geschriebenen Verfassung durch die staatliche Organpraxis erfolgen.

§ 860 Das VR kann einmal gegenüber anderslautendem Landesrecht *zurücktreten.* So obsiegen vor den englischen Gerichten wie auch vor den Gerichten der meisten anderen Common Law-Staaten Gesetze und bindende Präzedenzentscheidungen ohne Rücksicht auf die zeitliche Reihenfolge über widersprechendes VGR[21]. Zur Vermeidung dieser Konsequenz sind die Gesetze jedoch, wenn irgend möglich, so auszulegen, daß sie dem VR nicht widersprechen[22]. Dieses Gebot der *völkerrechtskonformen Auslegung* des innerstaatlichen Rechts beansprucht über den Bereich des Common Law hinaus allgemeine Geltung[23].

§ 861 Das VR kann ferner der innerstaatlichen Rechtsquellenhierarchie *koordiniert (eingeordnet)* werden. So stehen die vr Verträge im Recht der Bundesrepublik Deutschland im Rang von Gesetzen und Verordnungen. Die österreichische Bundesverfassung kennt darüber hinaus noch verfassungsändernde und -ergänzende Staatsverträge oder einzelne Vertragsbestimmungen, die den Rang von Bundesverfassungsrecht besitzen, dem VGR teilt sie nach wohl herrschender Auffassung den Rang einfacher Gesetze zu. In diesen Fällen entscheidet sich ein

[21] Vgl. z. B. die Entscheidung des schottischen High Court of Justiciary im Falle *Mortensen v. Peters* (1906), bei *Briggs*, The Law of Nations (2. Aufl. 1953), S. 52 ff., und das Judicial Committee of the Privy Council im Fall *Chung Chi Cheung v. The King* (1938), Law Reports, A. C. (1939), 160, 168. Durch diese Praxis verliert die Eingliederung des VGR als „part of the law of the land" (oben Anm. 7) viel von ihrer Völkerrechtsfreundlichkeit. Das bereits erwähnte Urteil des britischen Court of Appeals im Fall *Trendtex Trading Corporation v. Central Bank of Nigeria* aus dem Jahre 1977 (oben § 575, Anm. 69) hat diese starre Haltung jedoch entscheidend aufgelockert.

[22] Vgl. die bei *O'Connell*, International Law (1965), Bd. I, S. 52 ff., angeführte Judikatur.

[23] Dazu *Morgenstern*, Judicial Practice and the Supremacy of International Law, BYIL 27 (1950), S. 42 ff.; *Ress*, Wechselwirkungen zwischen Völkerrecht und Verfassung bei der Auslegung völkerrechtlicher Verträge, Berichte DGVR 23 (1982), S. 36 ff. („Harmonisierungsstrategien").

Normenkonflikt, der auch bei Befolgung des oben genannten Auslegungsprinzips nicht behoben werden kann[24], nach der Regel *lex posterior derogat legi priori:* einer vr Norm kann durch eine spätere, inhaltlich widersprechende staatliche Norm gleicher oder höherer Rangstufe, die sich an denselben Adressaten wendet, die innerstaatliche Geltung entzogen werden und umgekehrt[25]. Die vr Geltung bleibt von der Verdrängung im innerstaatlichen Bereich natürlich unberührt. Die Gefahr von Völkerrechtsverletzungen liegt auf der Hand.

§ 862 Die völkerrechtsfreundlichste Einstufung besteht in der ausdrücklichen Einräumung eines *Vorrangs* gegenüber widersprechendem Landesrecht.

Zugunsten der allgemeinen Regeln des VR findet sich eine solche Vorrangklausel in Art. 25 des Bonner Grundgesetzes, dessen Text wir bereits wiedergegeben haben.

Häufiger sind Vorrangklauseln zugunsten vr Verträge. So bestimmte Art. 26 der Verfassung der französischen Vierten Republik von 1946: „Die ordnungsgemäß ratifizierten und veröffentlichten diplomatischen Verträge haben Gesetzeskraft selbst in dem Falle, daß sie französischen Gesetzen entgegenstehen, ohne daß es zur Sicherung ihrer Anwendung andere gesetzgeberische Bestimmungen brauchte als diejenigen, die zur

---

[24] Dazu das deutsche Bundesverfassungsgericht im *Saar*-Urteil vom 4. Mai 1955: „Solange die Auslegung eines völkerrechtlichen Vertrages noch offen ist, muß bei der verfassungsrechtlichen Prüfung des Vertragsgesetzes unter mehreren Auslegungsmöglichkeiten derjenigen der Vorzug gegeben werden, bei der der Vertrag vor dem Grundgesetz bestehen kann" (BVerfGE 4, 157 [168]; bekräftigt im *Grundvertrags*-Urteil vom 31. Juli 1973, BVerfGE 36, 14).

[25] So bezüglich der „allgemein anerkannten Regeln des Völkerrechtes" (VGR) der (österr.) Verfassungsgerichtshof noch am 24. Juni 1954, Slg. 2680. Diese Auslegung wird aber von verschiedenen Schriftstellern bekämpft. So ist dem VGR nach *Ermacora* (Der Verfassungsgerichtshof [1956], S. 354) im Bereich der österreichischen Rechtsordnung der Rang von einfachen oder Verfassungsgesetzen jeweils danach zuzumessen, ob die vgr geregelten Materien nach den Bestimmungen der Bundesverfassung durch einfache Gesetze oder nur mittels Verfassungsrecht geregelt werden könnten. Da Art. 9 Abs. 1 B.-VG. das VGR *ständig* in die österreichische Rechtsordnung überführt (vgl. § 854), könne ihm durch eine österreichische *lex posterior* aber auch unabhängig davon nie derogiert werden, weil die Völkerrechtsnorm automatisch immer wieder auflebe. Vgl. auch *Adamovich* (Anm. 1), S. 53 ff.; *Walter* (ebd.), S. 169 ff.; *Rill*, Der Rang der allgemein anerkannten Regeln des Völkerrechts, ÖZöffR 10 (1960), S. 439 ff.; *Rotter*, Die allgemein anerkannten Regeln des Völkerrechts im österreichischen Verfassungsrecht, ÖZöffR 27 (1976), S. 1 ff.

Wie im Text auch die Rechtslage in den USA, vgl. *O'Connell* (Anm. 22), S. 68 ff.; *Dahm*, Völkerrecht, Bd. I (1958), S. 60 f., und die dort genannte Judikatur.

Die schweizerische Praxis ist schwankend, vgl. die in Anm. 1 genannte Literatur und aus der Judikatur einerseits die Entscheidung des Bundesgerichts im Falle *Frigerio c. EVED* (1968), BGE 94 I 669, und andererseits im Fall *Schubert* (1973), BGE 99 I b 39, SchwJIR 30 (1974), S. 110; dazu die kritische Anmerkung von *Wildhaber*, ebd., S. 195 ff.

Sicherung ihrer Ratifizierung nötig gewesen sein könnten." Art. 28 fügte hinzu: „Da die ordnungsgemäß ratifizierten und veröffentlichten Verträge einen höheren Rang als die innerstaatlichen Gesetze haben, können sie nur durch eine vorschriftsgemäße und auf diplomatischem Weg vorzunehmende Kündigung aufgehoben, abgeändert oder suspendiert werden." Heute lautet Art. 55 der Verfassung der Fünften Republik von 1958: „Die ordnungsgemäß ratifizierten oder genehmigten Verträge und Abkommen erlangen mit ihrer Veröffentlichung einen höheren Rang als die Gesetze, vorausgesetzt, daß diese Verträge oder Abkommen auch von der anderen Vertragspartei angewendet werden[26]." Gleichlautende Bestimmungen finden sich in einer Anzahl nach französischem Muster gestalteter afrikanischer Verfassungen.

Am weitesten in der Sicherung des Vorrangs vertraglicher Pflichten geht jedoch wohl die niederländische Verfassung, in deren Text unter dem Eindruck der europäischen Integration 1953 u. a. folgende Normen Aufnahme fanden: „Innerhalb des Königreichs geltende gesetzliche Vorschriften finden keine Anwendung, sofern diese Anwendung nicht vereinbar ist mit allgemeinverbindlichen Bestimmungen von Verträgen, die vor oder nach dem Zustandekommen der Vorschriften eingegangen wurden" (Art. 66); „Wenn die Entwicklung der internationalen Rechtsordnung es erfordert, kann in einem Vertrag von Bestimmungen des Grundgesetzes abgewichen werden" (Art. 63, 1. Satz); „Die Verfassungsmäßigkeit von Verträgen unterliegt nicht der richterlichen Nachprüfung" (Art. 60 Abs. 3).

Nur sehr selten finden wir dagegen Verfassungsbestimmungen, die Gewohnheitsrechts- *und* Vertragsnormen mit einem Vorrang bekleiden, wie dies in dem bereits zitierten Art. 67 der Hessischen Verfassung von 1946 oder in Art. 28 der griechischen Verfassung von 1975 der Fall ist („Die allgemein anerkannten Regeln des Völkerrechts wie auch inter-

---

[26] Zu Bedeutung und Tragweite dieser Gegenseitigkeitsbedingung *Ress*, Der Rang völkerrechtlicher Verträge nach französischem Verfassungsrecht, ZaöRV 35 (1975), S. 456 ff.; die Entscheidung Nr. 80 - 126 D C des Conseil constitutionnel vom 30. Dezember 1980, wiedergegeben in der RGDIP 85 (1981), S. 601 ff. (mit Kommentar von *Decaux*); sowie das Urteil des Conseil d'Etat vom 29. Mai 1981 im Fall *Rekhou et Ministre du Budget c. Mme Bellil*, ebd. 86 (1982), S. 407 ff. (mit Kommentar von *Blumann*). In ihrer Entscheidung vom 18. Juni 1979 im Falle *Soc. Immobiliare Soblim c. Russel* hat die italienische Corte costituzionale die Auffassung des Tribunale di Roma, die Regeln der Wiener Konvention über diplomatische Beziehungen betreffend die zivilrechtliche Immunität diplomatischer Vertreter stünden im Widerspruch zur italienischen Verfassung (Gleichheitssatz, Rechtswegegarantie usw.), mit der Begründung abgelehnt, daß der behauptete Konflikt zwischen den in der Wiener Konvention kodifizierten Normen des VGR und den verfassungsrechtlichen Garantien „sia soltanto apparente e risolubile applicando il principio di *specialità*", weil der Grundsatz *ne impediatur legatio* von der italienischen Verfassung ebenfalls garantiert werde: RDI 62 (1979), S. 797 ff. (801; Hervorhebung von uns); engl. Übersetzung ItYIL 3 (1978 - 79), S. 145 ff.

nationale Verträge ... sind ein integraler Teil des griechischen innerstaatlichen Rechts und gehen jeder entgegenstehenden gesetzlichen Bestimmung vor")[27].

3. Abschnitt

Die Anwendbarkeit des Völkerrechts im innerstaatlichen Bereich[28]

§ 863 Führt ein Staat Normen des VR in den innerstaatlichen Rechtsbereich ein, so begründet er dort deren *Geltung*, sei es, daß die vr Geltung von Verträgen oder VGR in diesen Bereich erstreckt (Vollzugstheorie, Adoptionsprinzip) oder die Völkerrechtsnorm in Landesrecht umgegossen wird (Transformationstheorie)[29]. Damit ist die Voraussetzung dafür geschaffen, daß eine Völkerrechtsnorm innerstaatlich überhaupt Rechtswirkungen entfalten, *angewendet* werden kann.

§ 864 Diese Anwendung kann auf mannigfaltige Weise erfolgen. So kann ein vr Vertrag Grundlage für den Erlaß eines Gesetzes oder einer Verordnung sein, von einem Gericht zur völkerrechtskonformen Auslegung einer innerstaatlichen Rechtsvorschrift oder als Maßstab eines Normenkontrollverfahrens herangezogen werden. Eine auf vr Ebene erzeugte Norm kann aber auch unmittelbar, d. h. ohne konkretisierendes Dazwischentreten des Landesrechts, die Grundlage für Entscheidungen von Gerichten und Verwaltungsbehörden über Rechtsverhältnisse von Privatpersonen bilden. In diesem Fall ist sie *unmittelbar anwendbar („self-executing")*[30].

Diese Eigenschaft kann sich in einer ersten Stufe so zeigen, daß eine Völkerrechtsnorm, mag sie auch den Staat zum Adressaten haben, als

---

[27] Dazu *Fatouros*, International Law in the New Greek Constitution, AJIL 70 (1976), S. 492 ff.; *Calamia*, RDI 1977 (oben § 847, Anm. 1), S. 67.

[28] Dazu neben dem Großteil des in Anm. 1 genannten Schrifttums (insbesondere *Öhlinger*, S. 133 ff.) *Bleckmann*, Begriff und Kriterien der innerstaatlichen Anwendbarkeit völkerrechtlicher Verträge (1970); *Koller*, Die unmittelbare Anwendbarkeit völkerrechtlicher Verträge und des EWG-Vertrages im innerstaatlichen Bereich (1971); *Zuleeg*, Die innerstaatliche Anwendbarkeit völkerrechtlicher Verträge am Beispiel des GATT und der Europäischen Sozialcharta, ZaöRV 35 (1975), S. 341 ff.; *Verhoeven*, La notion d'„applicabilité directe" du droit international, RBDI 15 (1980), S. 243 ff.
Die Diskussion auch dieser Frage hat durch das *europarechtliche* Schrifttum und die Judikatur des Gerichtshofs der Europäischen Gemeinschaften neue Impulse erhalten.

[29] Näher oben § 858.

[30] Das Begriffspaar „self-executing" — „non-self-executing" ist in bezug auf vr Verträge in der Verfassungspraxis der Vereinigten Staaten entwickelt worden; vgl. dazu *McNair*, The Law of Treaties (1961), S. 79 ff.; *Russotto*, L'application des traités self-executing en droit americain (1969).

Bestandteil des innerstaatlichen *objektiven* Rechts in einem Verfahren entscheidungserheblich wird. Die unmittelbare Anwendbarkeit einer derartigen Norm vermag sich aber noch dahingehend zu steigern, daß eine Privatperson auf ihrer Grundlage einen Anspruch gegenüber einer anderen Privatperson oder gegenüber dem Staat geltend machen, daraus also ein *subjektives* Recht ableiten kann (unmittelbare Anwendbarkeit i. e. S.).

Diese Abstufung ist vom deutschen Bundesverfassungsgericht in seinem Beschluß vom 13. Dezember 1977 im *Botschaftskonten*-Fall herausgearbeitet worden. Die in diesem Beschluß festgestellte allgemeine Regel des VR über die Grenzen der Zwangsvollstreckung gegen fremde Staaten[31], so führte das Gericht aus, begründe ausschließlich Rechte und Pflichten im vr Verhältnis der Staaten untereinander, nicht jedoch subjektive Rechte oder Pflichten privater Einzelner im Hoheitsbereich der Bundesrepublik Deutschland. Davon sei jedoch zu unterscheiden, daß die bewußte allgemeine Regel des VR kraft Art. 25 Satz 1 Grundgesetz als solche mit ihrer jeweiligen vr Tragweite Bestandteil des objektiven, in der Bundesrepublik geltenden Rechts sei und je nach Sachlage Rechtswirkungen für oder gegen private Einzelne haben könne, etwa dergestalt, daß im Hinblick auf das Bestehen oder Nichtbestehen der deutschen Gerichtsbarkeit ein von ihnen angestrengtes Vollstreckungsverfahren oder die Art und Weise einer Vollstreckungsmaßnahme zulässig oder unzulässig sein können[32].

---

[31] Dazu unten § 1175.

[32] BVerfGE 46, S. 362 f.: „... Vorlagen nach Art. 100 II GG sind auch dann zulässig, wenn die völkerrechtliche Regel ihrem Inhalt nach nicht geeignet ist, unmittelbar Rechte und Pflichten für den Einzelnen zu erzeugen, sondern sich nur an Staaten oder ihre Organe als Normadressaten wendet ... Wenn Art. 25 S. 2, 100 II GG davon sprechen, daß die allgemeinen Regeln des Völkerrechts Rechte und Pflichten unmittelbar für den Einzelnen erzeugen, so sind damit einmal jene Fälle gemeint, in denen eine allgemeine Regel des Völkerrechts selbst nach ihrem Inhalt und Adressatenkreis unmittelbar, d. h. ohne einen weiteren normativen Akt etwa des innerstaatlichen Gesetzes- oder Verordnungsrechts, mithin bereits auf der Ebene des allgemeinen Völkerrechts subjektive Rechte oder Pflichten des privaten Einzelnen begründen. Aus Ziel und Zweck der Art. 25, 100 II GG ergibt sich indes, daß über diese Art allgemeiner Regeln hinaus für ein Vorlageverfahren auch jene allgemeinen Regeln des Völkerrechts in Betracht kommen, die nach ihrem Regelungsgehalt und Adressatenkreis subjektive Rechte oder Pflichten des privaten Einzelnen auf der Ebene des Völkerrechts nicht begründen oder verändern, sondern sich dort ausschließlich an Staaten oder sonstige Völkerrechtssubjekte richten. Kraft des generellen Rechtsanwendungsbefehls, den Art. 25 S. 1 GG erteilt hat, sind auch diese Art allgemeiner Regeln des Völkerrechts in ihrer jeweiligen Tragweite als Bestandteil des Bundesrechts mit Vorrang vor den Gesetzen von allen rechtsetzenden und rechtsanwendenden Organen der Bundesrepublik Deutschland als Normen objektiven Rechts zu beachten und je nach Maßgabe ihres Tatbestands und Regelungsgehalts anzuwenden. Der private Einzelne — wie der fremde Staat — kann sich im Hoheitsbereich der Bundesrepublik Deutschland im Rahmen des jeweiligen

§ 865 Im VGR lassen sich nur vereinzelte Beispiele unmittelbar anwendbarer Regeln finden, etwa über die Staatenimmunität oder die direkte vr Verantwortlichkeit der Kriegsverbrecher. Aber auch ein Großteil der vr Verträge bedarf der Konkretisierung und Präzisierung durch innerstaatliche Rechtssätze, um durch Gerichte und Verwaltungsbehörden vollzogen werden zu können. So sind z. B. die arbeits- und sozialrechtlichen Übereinkommen, die im Rahmen der ILO ausgearbeitet werden, ausnahmslos Aufträge an den nationalen *Gesetzgeber*, vr Verpflichtungen durch Ausgestaltung des Landesrechts zu erfüllen. Erst auf Grund entsprechender innerstaatlicher Gesetze kann der Vertragsinhalt von den nationalen Gerichten und Verwaltungsbehörden berücksichtigt werden und somit eine Privatperson einen darauf gegründeten Anspruch gegen den Staat oder eine andere Person durchsetzen. Auch Auslieferungsverträge gelten nach einhelliger deutscher Rechtsprechung als nicht „self-executing" i. e. S.[33].

Die generelle Durchführung solcher Abkommen begründet zwar deren innerstaatliche Geltung, aber keine unmittelbare Anwendbarkeit[34].

Praktische Schwierigkeiten bereitet nun, daß neben die Verträge, die eine unmittelbare Anwendbarkeit von vornherein ausdrücklich oder durch ihre inhaltliche Gestaltung ausschließen (wie die genannten ILO-Übereinkommen, die UN-Charta oder ein Bündnisvertrag), und solche, deren Auslegung unschwierig zum entgegengesetzten Ergebnis führt, eine große Zahl von Verträgen tritt, deren Zuordnung zu einer dieser beiden Kategorien schwierige Auslegungsprobleme aufwirft. So lassen vr Verträge häufig offen, welches staatliche Organ zu ihrer Durchführung berufen ist; „[d]ie Skala der denkbaren innerstaatlichen ‚Adressaten' kann somit vom Verfassungsgesetzgeber bis zur Privatperson reichen"[35]. Der Inhalt anderer Verträge wiederum ist, aus welchen

Verfahrensrechts auch auf diese allgemeinen Regeln des Völkerrechts ebenso „berufen" wie auf sonstiges objektives Recht, wiewohl sie in diesem Rahmen auch ohne solche Berufung von Amts wegen zu beachten sind. Sie können sich — je nach ihrem Inhalt und in der Regel als Vorfrage — auf das rechtliche Begehren des Einzelnen als objektives Recht auswirken und damit entscheidungserheblich sein. In diesem Sinne können auch sie Rechtswirkungen für und gegen den Einzelnen erzeugen. ...".

[33] Vgl. ZaöRV 41 (1981), S. 161.

[34] Die in der Bundesrepublik Deutschland herrschende Lehre und Rechtsprechung versteht im Gegensatz zur hier vertretenen Auffassung die unmittelbare Anwendbarkeit einer Vertragsnorm als eine Voraussetzung ihrer innerstaatlichen Geltung in dem Sinne, daß überhaupt nur die unmittelbar anwendbaren Vertragsbestimmungen einer Transformation oder Adoption fähig sein sollen (Nachweise bei *Randelzhofer* [Anm. 1], S. 32 f.; dazu kritisch *Bleckmann* [Anm. 28], S. 61 ff.). Das im folgenden Text besprochene Auslegungsproblem stellt sich dabei *in der Sache* gleichermaßen, nur wird dann (auch) nach der innerstaatlichen Geltung gefragt, während diese für uns außer Frage steht.

[35] *Öhlinger* (Anm. 1), S. 134.

Gründen auch immer[36], so unbestimmt oder mehrdeutig, daß es zweifelhaft wird, ob ihre unmittelbare Anwendung durch die Gerichte und Verwaltungsbehörden dem rechtsstaatlichen Gebot der hinreichenden gesetzlichen Bestimmtheit der Tätigkeit der Organe der Vollziehung gerecht wird.

§ 866 Leistet der Gesetzgeber hier im konkreten Fall keine Hilfestellung[37], so müssen die Gerichte und Verwaltungsbehörden selbst entscheiden, ob und wie ein vr Vertrag unmittelbar anzuwenden ist. Dabei haben sie nach der Erfüllung bestimmter subjektiver und objektiver Bedingungen zu fragen. Die *subjektive* Voraussetzung ist dann erfüllt, wenn der Wille der Vertragsparteien auf die Anwendung des Vertrages durch Gerichte und Verwaltungsbehörden ohne Einschaltung staatlicher Rechtsetzung gerichtet ist[38]. Aber auch dann, wenn ein dahingehender Parteiwille zweifelsfrei ermittelt werden kann, hängt die unmittelbare Anwendbarkeit einer Vertragsbestimmung von gewissen *objektiven* Voraussetzungen ab, welche die jeweilige staatliche Rechtsordnung und Gerichtspraxis aus Gründen der Rechtssicherheit und Rechtsstaatlichkeit entwickelt hat[39]. Entspricht eine vertragliche Norm diesen Bedingungen nicht, so bedarf es zu ihrer innerstaatlichen Anwendbarkeit der Einschaltung von Gesetzen oder Verordnungen. Mit der weitgehenden Ablehnung der subjektiven Interpretationsmethode durch die Wiener Vertragsrechtskonvention tritt die Bedingung, daß die unmittelbare Anwendbarkeit in der Absicht der Vertragsstaaten gelegen sein muß, gegenüber dem Kriterium der objektiven *Geeignetheit* einer Vertrags-

---

[36] Oben § 756 ist auf politische Gründe hingewiesen worden. Ein anderer Grund liegt darin, daß ein vr Vertrag unter Berücksichtigung der Rechtsordnungen mehrerer Staaten zustandekommt, vgl. *Öhlinger*, ebd., S. 135.

[37] In der Bundesrepublik etwa durch entsprechende Durchführungsbestimmungen im Zustimmungsgesetz (vgl. beispielsweise das Zweite Kapitel des Zustimmungsgesetzes vom 22. Mai 1975 zum Washingtoner Artenschutzübereinkommen vom 3. März 1973, BGBl. 1975 II, S. 773), in Österreich durch Anordnung eines Erfüllungsgesetzes (dazu § 857 und Anm. 16).

[38] Vgl. das oben § 423 genannte Gutachten des StIGH über die *Jurisdiction of the Courts of Danzig* (1928), Series B, Nr. 15, S. 17 f. Im gleichen Sinne der deutsche Bundesgerichtshof am 24. Mai 1955, BGHZ 17, 313: „... die in solchen Verträgen enthaltenen Vorschriften [können] unmittelbar privatrechtliche Wirkungen ausüben, wenn Inhalt, Zweck und Fassung der einzelnen Vorschrift mit voller Klarheit die Annahme zuläßt, daß eine solche Wirkung gewollt sei ...". Ferner die Entscheidung des U. S. Court of Appeals for the Fifth Circuit im Falle *United States v. Postal*, 589 F 2d 862 (5th Cir. 1979), in der Art. 6 des Genfer Übereinkommens über die Hohe See 1958 (unten § 1129) der „self-executing"-Charakter abgesprochen wurde. Dazu kritisch *Riesenfeld*, The Doctrine of Self-Executing Treaties and *U. S. v. Postal:* Win at Any Price?, AJIL 74 (1980), S. 892 ff.

[39] In Österreich wird diese Voraussetzung in der *hinreichenden Bestimmtheit* des Vertragsinhalts gesehen, wofür die Judikatur des Verfassungsgerichtshofs zu Art. 18 B.-VG. (Legalitätsprinzip) den Maßstab bildet, vgl. *Öhlinger* (Anm. 1), S. 141 ff.

norm, unmittelbare Wirkungen zu entfalten, jedoch ganz unabhängig von derartigen innerstaatlichen Geboten zurück.

4. Abschnitt

Die innerstaatliche Durchführung der durch Beschluß universeller internationaler Organisationen erzeugten Normen

§ 867 Im Kapitel über die Erzeugungsarten des VR ist dargestellt worden, daß auch die Organe universeller internationaler Organisationen in gewissen Fällen durch Beschluß verbindliche Normen setzen können, die wir als aus einer sekundären Völkerrechtsquelle fließend bezeichnet haben[40].

Auch diese Normen schreiben grundsätzlich nur ein bestimmtes Ergebnis vor und überlassen es den verpflichteten Staaten, mit welchen juristischen Mitteln sie dieses Ergebnis erreichen wollen. Ist der Beschluß im innerstaatlichen Rechtsbereich zu erfüllen, so haben die Staaten genauso wie bei den primären Völkerrechtsquellen die Wahl zwischen der individuellen (speziellen) und der generellen Durchführung. Allerdings fehlen verfassungsrechtliche Regeln hier weitgehend. Eine bemerkenswerte Ausnahme bildet die niederländische Verfassung, nach deren Art. 67 Abs. 2 die Beschlüsse vr Organisationen mit allgemein verbindlichem Inhalt nicht nur mit ihrer Bekanntmachung wirksam werden, sondern auch den Gesetzen vorgehen[41].

---

[40] Oben §§ 517, 523, 625 ff. Die weitaus intensivste und praktisch bedeutsamste Erscheinungsform dieser Rechtserzeugung finden wir allerdings in den hier nicht weiter behandelten Europäischen Gemeinschaften. Demgemäß beschäftigt sich auch die Literatur beinahe ausschließlich mit der Stellung des (hier: sekundären) *Gemeinschaftsrechts* im innerstaatlichen Bereich. Zu *unserem* Thema siehe *Seidl-Hohenveldern* (§ 415, Anm. 1), S. 254 ff.; *Schermers* (ebd.), §§ 1346 ff.; E. *Lauterpacht*, Implementation of Decisions of International Organizations through National Courts, in: *Schwebel* (Hrsg.), The Effectiveness of International Decisions (1971), S. 57 ff.; *Skubiszewski*, Recommendations of the United Nations and Municipal Courts, BYIL 46 (1972 - 3), S. 353 ff.; *Schermers*, The Namibia Decree in National Courts, ICLQ 26 (1977), S. 81 ff.; *Schreuer*, Die Behandlung internationaler Organakte durch staatliche Gerichte (1977); *derselbe*, The Relevance of United Nations Decisions in Domestic Litigation, ICLQ 27 (1978), S. 1 ff.; *derselbe*, Decisions of International Institutions Before Domestic Courts (1981); *Henkin*, Resolutions of International Organizations in American Courts, in: Essays on the Development of the International Legal Order (in memory of H. F. van Panhuys, 1980), S. 199 ff.

[41] Eine *vr* Vorrangklausel findet sich in Art. III Sect. 8 des Amtssitzabkommens zwischen den USA und der UNO vom 26. Juni 1947 (Text bei *Berber*, Dokumente I, S. 50 ff.). Danach gilt zwar auch im UN-„headquarters district" grundsätzlich die amerikanische Rechtsordnung. Stehen jedoch de-

§ 868 Im übrigen ist die Praxis der Durchführung solcher Beschlüsse in der nationalen Rechtsordnung nicht nur von Staat zu Staat, sondern — wohl wegen der Neuartigkeit der dabei auftretenden Rechtsprobleme — auch innerhalb der einzelnen Staaten uneinheitlich[42].

Die Resolution des UN-Sicherheitsrates 232 (1966) vom 16. Dezember 1966, mit der zum ersten Mal in der Geschichte der UNO (nichtmilitärische) Zwangsmaßnahmen, nämlich ein Wirtschaftsboykott Südrhodesiens, angeordnet wurden, und die ihr folgenden, dieses Embargo jeweils verschärfenden Sicherheitsratsbeschlüsse sind von den teilnehmenden Staaten i. S. unserer Unterscheidung individuell (speziell) durchgeführt worden, indem von gesetzlichen Verordnungsermächtigungen Gebrauch gemacht oder Ausfuhrbewilligungen verweigert wur-

---

ren Vorschriften im Widerspruch zu einer von der UNO beschlossenen „headquarters regulation", dann „[n]o federal, state or local law or regulation of the United States ... shall, to the extent of such inconsistency, be applicable within the headquarters district". Streitigkeiten über die Anwendung dieser Bestimmung können einem Schiedsgericht unterbreitet werden. Bis zu dessen Entscheidung wird die US-Rechtsnorm in dem von der UNO geforderten Umfang nicht angewendet.

[42] So ist die *Bundesrepublik Deutschland* z. B. den Internationalen Gesundheitsvorschriften der WHO (§ 630) „beigetreten". Diesem Vorgang haben Bundestag und Bundesrat durch ein Gesetz zugestimmt. Die Vorschriften wurden in Bausch und Bogen im BGBl. Teil II veröffentlicht. Gleichzeitig wurde die Exekutive zur Anpassung bestimmter Verordnungen an die WHO-Vorschriften ermächtigt. Analog wurde mit deren Änderungen verfahren (vgl. Fundstellennachweis B, Mehrseitige Verträge, unter dem 25. 5. 1951). Den ebenfalls auf „quasi-legislativem" Wege zustande gekommenen Internationalen Richtlinien und Empfehlungen der ICAO (ebd.) kommt die Bundesrepublik dagegen von vornherein mittels entsprechender Durchführungsverordnungen zum Luftverkehrsgesetz nach, vgl. J. *Erler*, Rechtsfragen der ICAO (1967), S. 152.

In der *österreichischen* Praxis wurden Vertragsbestimmungen, die Organe internationaler Organisationen zu verbindlichen Beschlüssen ermächtigen, bis 1981 als „verfassungsändernde Staatsverträge" in den Rang von Bundesverfassungsrecht erhoben und damit als verfassungsrechtliche Grundlage selbständiger, auch innerstaatlich verbindlicher Rechtsquellen betrachtet; vgl. *Schreuer*, Beschlüsse internationaler Organe im österreichischen Staatsrecht, ZaöRV 37 (1977), S. 468 ff. Im Jahre 1981 wurde dem Art. 9 B.-VG. ein Absatz 2 mit folgendem Wortlaut angefügt: „Durch Gesetz oder durch einen gemäß Art. 50 Abs. 1 zu genehmigenden Staatsvertrag können einzelne Hoheitsrechte des Bundes auf zwischenstaatliche Einrichtungen und ihre Organe übertragen und kann die Tätigkeit von Organen fremder Staaten im Inland sowie die Tätigkeit österreichischer Organe im Ausland im Rahmen des Völkerrechts geregelt werden." Zu dieser in ihrem ersten Teil an Art. 24 Bonner Grundgesetz erinnernden Bestimmung *Schreuer*, Der neue Art. 9 Abs. 2 der Österreichischen Bundesverfassung: Übertragung von Hoheitsrechten auf internationale und ausländische Organe, ZaöRV 42 (1982), S. 93 ff., und die Dokumentation in der ÖZöffRVR 32 (1981/82), S. 310 ff. Die Frage des Ranges und der Anwendbarkeit der auf dieser Grundlage ergehenden Rechtsakte wird, da generelle verfassungsrechtliche Aussagen fehlen, in Analogie zu den vr Verträgen gelöst (vgl. *Öhlinger*, Rechtsfragen des Freihandelsabkommens zwischen Österreich und der EWG, ZaöRV 34 [1974], S. 683 ff.). Zum ganzen auch *Schreuer*, Die Beschlüsse internationaler Organisationen, ÖHB 1, S. 92 f.

den[43]. Ebenso wird bei der Durchführung der Resolution 418 (1977) verfahren, mit welcher der Sicherheitsrat ein für alle Staaten bindendes Waffenembargo gegen die Republik Südafrika verhängt hat[44]. Die Sanktionsbeschlüsse des Sicherheitsrates selbst wurden dementsprechend in einer Reihe innerstaatlicher Gerichtsentscheidungen als nicht unmittelbar anwendbar bezeichnet[45].

5. Abschnitt

Die innerstaatliche Durchführung der Entscheidungen internationaler Gerichte und Schiedsgerichte

§ 869 Bedarf es zur Vollstreckung eines internationalen Gerichtsurteiles oder Schiedsspruchs des Tätigwerdens der Organe einer *Prozeßpartei* im innerstaatlichen Bereich, so ist dieser Staat vr verpflichtet, die Durchführung der Entscheidung in seiner nationalen Rechtsordnung sicherzustellen, wobei ihm mangels konkreter vr Anordnungen ebenfalls überlassen bleibt, ob er die individuellen Normen des Urteils oder Schiedsspruchs ohne weiteres zum „part of the law of the land" erklären oder aber ihre Erfüllung durch Erlaß oder Änderung innerstaatlicher Rechtsnormen, Wiederaufnahme eines Gerichtsverfahrens, Zahlung einer Entschädigung o. ä. bewerkstelligen will[46].

---

[43] Vgl. zur Bundesrepublik Deutschland und zu Österreich die Berichte von *v. Schenck*, ZaöRV 29 (1969), S. 267 f., 282 ff., und *Zemanek*, ebd. 28 (1968), S. 27 f.; ferner *Schreuer*, Die Behandlung internationaler Organakte durch staatliche Gerichte (1977), S. 204 ff.

[44] Über das österreichische Vorgehen siehe ÖZöffRVR 29 (1978), S. 322 ff., 325 ff.

[45] Vgl. vor allem die Entscheidungen des U. S. Court of Appeals for the District of Columbia Ct. in den Fällen *Diggs v. Shultz* (1972; dazu *Schreuer* [Anm. 40], S. 205 f.), *Diggs v. Richardson* (1976; vgl. US Digest 1976, S. 50 f.) und *Kangai v. Vance* (1978; siehe AJIL 73 [1979], S. 297 f.), sowie das von *Schreuer* (ebd., S. 206 f.) geschilderte Urteil des High Court of Australia im Fall *Bradley v. Commonwealth of Australia and The Postmaster-General* (1973).

[46] Dazu *Seidl-Hohenveldern*, Internationale Präjudizentscheidungen zur Auslegung völkerrechtlicher Verträge, in: Internationale Festschrift für Alfred Verdross (1971), S. 483 f.; *Partsch* (Anm. 1), S. 113 ff.; *Schindler*, Die innerstaatlichen Wirkungen der Entscheidungen der europäischen Menschenrechtsorgane, in: Festschrift für M. Guldener (1973), S. 273 ff.; *Schreuer*, The Implementation of International Judicial Decisions by Domestic Courts, ICLQ 24 (1975), S. 153 ff.; *derselbe* (Anm. 42); *Giardina*, La mise en oeuvre au niveau national des arrêts et des décisions internationaux, RdC 165 (1979 IV), S. 233 ff.; *Mosler*, Supra-National Judicial Decisions and National Courts, Hastings International and Comparative Law Review 4 (1981), S. 425 ff.; *Ress*, Die Europäische Menschenrechtskonvention und die Vertragsstaaten: Die Wirkungen der Urteile des Europäischen Gerichtshofes für Menschenrechte im innerstaatlichen Recht und vor innerstaatlichen Gerichten, in:

Von der Haltung der Staatsverfassung zum VR im innerstaatlichen Bereich hängt auch die Bindungswirkung unserer Entscheidungen für die Organe der Streitparteien *unabhängig* von der Frage der Vollstreckung ab: Da diese Urteile und Schiedssprüche verbindlich festlegen, worin die aus den primären Quellen des VR erfließenden Pflichten der Staaten im Einzelfall bestehen, werden sie für diesen Fall jener Rangstufe teilhaftig, die den durch sie konkretisierten Völkerrechtsnormen (Verträgen, VGR, allgemeinen Rechtsgrundsätzen) in den Rechtsordnungen der Parteien zukommt.

§ 870 Dagegen kommt den Entscheidungen internationaler Gerichte und Schiedsgerichte außerhalb des konkreten Falles und in den Rechtsordnungen *dritter Staaten* keine förmliche Bindungswirkung zu. Doch spielen sie auch bei jeder Anwendung des VR durch innerstaatliche Organe ihre früher beleuchtete Rolle als Beweismittel für dessen Geltung und Inhalt wie auch als materielle Völkerrechtsquellen[47].

6. Abschnitt

Die völkerrechtliche Kontrolle

§ 871 Die staatliche Durchführung vr Normen wird in wachsendem Maße durch Staatengemeinschaftsorgane kontrolliert[48]. Dabei kann zwischen einer *beobachtenden* und einer *berichtigenden* Kontrolle unter-

---

Maier (Hrsg.), Europäischer Menschenrechtsschutz. Schranken und Wirkungen (1982), S. 227 ff. Vgl. auch unten §§ 1295 ff.

[47] Oben §§ 618 f. Dazu *Schreuer*, The Authority of International Judicial Practice in Domestic Courts, ICLQ 23 (1974), S. 681 ff.; *derselbe* (Anm. 40); *derselbe*, Wechselwirkungen zwischen Völkerrecht und Verfassung bei der Auslegung völkerrechtlicher Verträge, Berichte DGVR 23 (1982), S. 75 ff.

[48] Darüber *Kaasik*, Le contrôle en droit international (1933); *Berthoud*, Le contrôle international de l'exécution des conventions collectives (1946); *Kopelmanas*, Le contrôle international, RdC 77 (1950 II), S. 55 ff.; *Hahn*, Internationale Kontrollen, ArchVR 7 (1958/1959), S. 88 ff.; *derselbe*, Der Maßstab der internationalen Aufsicht im Friedensvölkerrecht, JIR 10 (1961), S. 2 ff.; *derselbe*, Internationale Kontrollen, WV II, S. 66 ff.; *van Asbeck*, Quelques aspects du contrôle international non-judiciaire de l'application par les gouvernements de conventions internationales, in: Varia Juris Gentium (Festschrift François 1959), S. 27 ff.; *Merle*, Le contrôle exercé par les organisations internationales sur les activités des Etats membres, AFDI 5 (1959), S. 411 ff.; *Landy*, The Effectiveness of International Supervision. Thirty Years of I. L. O. Experience (1966); *Wittig*, Die Kontrolle der atomaren Rüstungen (1967); *Zanghi*, La funzione di controllo negli enti internazionali (1966); *Rideau*, Juridictions internationales et contrôle du respect des traités constitutifs des organisations internationales (1969); *Cassese*, Il controllo internazionale (1971); G. *Fischer* / *Vignes* (Hrsg.), L'inspection internationale (1976); *Bilder*, Managing the Risks of International Agreement (1981), S. 106 ff.

schieden werden[49]. Während sich das mit der Aufsicht betraute Organ bei der ersten Art mit der Einholung, Sammlung und ggf. Weitergabe von Auskünften und Berichten begnügt, umfaßt die berichtigende Kontrolle die Befugnis, das Ergebnis der Beobachtungen mit Rechtsfolgen zu verknüpfen, die von Empfehlungen über Entscheidungen bis zur Verhängung von Zwangsmaßnahmen gegenüber rechtswidrig handelnden Staaten reichen können.

§ 872 In der gegenwärtigen organisierten Staatengemeinschaft lassen sich zahlreiche Beispiele für solche vr Kontrolltätigkeiten anführen. So haben die meisten Flußkommissionen Kontrollaufgaben zu erfüllen[50]. Die ILO hat die Durchführung des internationalen Arbeits- und Sozialrechts zu überwachen[51]. Der UN-Hochkommissar für Flüchtlinge ist mit der Kontrolle des Schutzes jener Personen betraut[52]. Ebenfalls im Rahmen der UNO sind verschiedene Untersuchungsverfahren und Berichtssysteme zum Schutze der Menschenrechte in Gebrauch oder vorgesehen[53], die sich allerdings an Wirksamkeit mit dem Rechtsschutzsystem der Europäischen Menschenrechtskonvention nicht messen können[54]. Die IAEA kontrolliert die friedliche Verwendung der Kernenergie[55]. Der UN-Treuhandrat überwacht die Verwaltung der Treuhandgebiete[56]. Die Anwendung der Genfer Abkommen 1949 über den Schutz der Kriegsopfer steht unter der Kontrolle der Schutzmächte oder des Internationalen Komitees vom Roten Kreuz[57].

---

[49] Terminologie bei *Hahn* (a.a.O.).
[50] Vgl. § 1035.
[51] Oben § 306.
[52] §§ 1254 ff.
[53] Dazu unten §§ 1240 ff.
[54] Zur Europäischen Konvention vgl. § 425.
[55] Oben § 359.
[56] Oben § 184.
[57] Dazu §§ 420, 933.

Kapitel 6

Die Organe des völkerrechtlichen Verkehrs

1. Abschnitt

Allgemeines[1]

§ 873 Da alle Rechtsgemeinschaften nur durch Menschen handeln können, muß auch das VR jene Menschen bestimmen, die im Namen der Staaten sowie verschiedener Staatengemeinschaften im zwischenstaatlichen Bereich verbindliche Akte setzen können. Jene nennt man „nationale", diese „internationale" Organe. Wir bezeichnen die zweite Kategorie als Staatengemeinschaftsorgane, da diese immer durch das Zusammenwirken von Staaten begründet werden.

§ 874 Das VR kann seine Organe direkt oder indirekt dadurch bestimmen, daß es ihre Bestellung einem innerstaatlichen Verfahren überträgt, wobei zu beachten ist, daß das VR nur effektiv wirksame Rechtsordnungen im Auge hat. Als Organe eines Staates gelten daher nur jene Menschen, die tatsächlich die Macht ausüben *(qui actu regunt)*[2].

§ 875 Eine indirekte Bestellung erfolgt in der Regel bei der Schaffung von Staatengemeinschaftsorganen. So sind z. B. die UN-Generalversammlung, der Sicherheitsrat, Wirtschafts- und Sozialrat und Treuhandrat aus Menschen zusammengesetzt, die auf Grund der Rechtsordnungen der Mitgliedstaaten ernannt werden[3].

Hingegen liegt eine direkte Berufung eines Staatengemeinschaftsorganes durch das VR vor, wenn ein vr Vertrag, z. B. ein Schiedsgerichtsvertrag, selbst jene Menschen bezeichnet, die zusammen das Organ, also z. B. das Schiedsgericht bilden, wie im französisch-britischen Schiedsvergleich vom 10. Februar 1975 über die gegenseitige Abgrenzung des Festlandsockels in der Kanalzone[4].

§ 876 Die Organe beider Gruppen können entweder Individualorgane oder aus mehreren Menschen zusammengesetzte Kollektivorgane sein. So ist z. B. ein Staatspräsident sowie der Generalsekretär der UNO ein

---

[1] *Favilli*, Sulla teoria degli organi in diritto internazionale (1949); *Meyer-Lindenberg*, Organe des völkerrechtlichen Verkehrs, WV II, S. 668 ff. (mit reichen Literaturangaben).

[2] Zur Situation in Einparteistaaten *Bogdan*, The International Legal Status of Governing Political Parties in One-Party States, GYIL 22 (1979), S. 335 ff.

[3] Vgl. auch oben § 46.

[4] RGDIP 80 (1976), S. 677.

Individualorgan. Die meisten Staatengemeinschaftsorgane sind aber Kollektivorgane.

2. Abschnitt

Nationale Organe

A. Zentrale Organe: die Regierung i. S. des Völkerrechts

§ 877 Da die Staaten nach außen hin als handelnde Einheiten auftreten, müssen sie wenigstens ein Organ für den auswärtigen Verkehr haben. Dieses ist meistens das Staatsoberhaupt, das aber in allen Demokratien nur auf Antrag oder mit Zustimmung der Regierung oder wenigstens des Außenministers handeln kann. Staatsoberhaupt ist in der Regel eine Einzelperson (Monarch oder Präsident), in der Schweiz ein Kollegium, nämlich der Bundesrat. Selbst in Monarchien kann aber nicht der Monarch, sondern nur die Regierung zum auswärtigen Verkehr berufen sein, wie z. B. in Japan und Schweden.

Gemäß Art. 7 Abs. 2 lit. a der Wiener Vertragsrechtskonvention vom 23. Mai 1969 sind nicht nur Staatshäupter, sondern auch Regierungschefs und Außenminister zum endgültigen Abschluß von vr Verträgen, ohne eine Vollmacht vorlegen zu müssen, zuständig. Eine Bindung ihres Heimatstaates an einen von ihnen abgeschlossenen Vertrag tritt jedoch gemäß Art. 46 derselben Konvention dann nicht ein, wenn das abschließende Organ seine innerstaatliche Vertragskompetenz offenkundig überschritten hat, wie bereits ausgeführt wurde[1].

Die angeführte vr Zuständigkeit mit ihren Grenzen erstreckt sich analog auf einseitige Rechtsgeschäfte und andere einseitige Staatsakte[2].

§ 878 Die Gesamtheit der nach außen hin auftretenden zentralen Organe eines Staates bildet seine *Regierung* im Sinne des VR (zum Unterschied von der „Regierung" nach innerstaatlichem Recht)[3]. Der Kreis jener Organe hat sich seit der Herausbildung von Verwaltungsabkommen, Ressortübereinkommen o. ä.[4] erweitert.

§ 879 Die Regierung vertritt ihren Staat unabhängig von ihrer Anerkennung durch dritte Staaten und unabhängig von der Art ihrer Ent-

---

[1] Oben §§ 689 ff.

[2] Oben §§ 662 ff. Vgl. auch die in § 671, Anm. 37 (Ende), erwähnte schweizerische Praxis. Zum ganzen *Zehetner*, Staatliche Außenvertretungsbefugnis im Völkerrecht, ZaöRV 37 (1977), S. 244 ff. Zur Rechtsstellung abgesetzter Staatsoberhäupter vgl. *Decaux*, Le statut du Chef d'Etat déchu, AFDI 26 (1980), S. 101 ff.

[3] *Strebel*, Der völkerrechtliche Begriff der Regierung, ÖZöffR 7 (1956), S. 309 ff.; *Ballarino*, Il governo dello Stato nel diritto internazionale (1961).

[4] Oben § 697.

stehung. Daher ist auch eine durch Revolution oder Staatsstreich zur Macht gelangte Regierung Vertreterin des Staates, sofern sie das ganze Staatsgebiet oder dessen größten Teil mit Aussicht auf Dauer effektiv beherrscht[5]. Bis zu ihrer Anerkennung durch andere Staaten wird sie häufig als „generelle *de facto*-Regierung" (im Gegensatz zur entmachteten *de jure*-Regierung oder zu einer bloßen „lokalen *de facto*-Regierung") bezeichnet. Die Handlungen einer generellen *de facto*-Regierung werden aber schon vor ihrer Anerkennung dem Staate zugerechnet. Daher ist jeder Staat *auch* für die von einer solchen Regierung oder in ihrem Auftrage begangenen Völkerrechtsverletzungen verantwortlich[6].

Ebenso bleiben früher abgeschlossene vr Verträge aufrecht, wenngleich unter Umständen ihre Anwendung suspendiert werden kann, da die Nichtanerkennung einer *de facto*-Regierung zur Folge hat, daß der normale diplomatische Verkehr unterbrochen wird. Hingegen können mit einem solchen Staat keine neuen Abmachungen getroffen werden, solange die neue Regierung noch nicht anerkannt wurde. Wohl aber ist es möglich, daß ein Staat, dessen Regierung von einzelnen Staaten anerkannt, von anderen hingegen noch nicht anerkannt wurde, an einem multilateralen Vertrag teilnimmt, an dem auch Staaten der zweiten Art beteiligt sind. Außerdem kann eine nicht (mehr) anerkannte Regierung keine Klage im Ausland erheben[7]. Dagegen werden die inneren Staatsakte derartiger Regierungen von der Judikatur überwiegend anerkannt[8].

---

[5] So der Schiedsspruch der amerikanisch-mexikanischen General Claims Commission vom 31. März 1926 im Fall *G. W. Hopkins*, AJIL 21 (1927), S. 164 f., wo ausgeführt wird, daß die Verbindlichkeit der Handlungen der Huerta-Regierung „will depend upon its real control and paramountcy at the time of the act over a major portion of the territory and a majority of the people of Mexico". Zum ganzen materialreich *Bundu*, Recognition of Revolutionary Authorities: Law and Practice of States, ICLQ 27 (1978), S. 18 ff.
Auch die Frage, welche nationalen Organe im Falle innerer Unruhen berechtigt sind, fremde Truppen zu Hilfe zu rufen, ist nach dem Effektivitätskriterium zu beantworten; vgl. die militärische Intervention der USA in *Grenada* im Oktober 1983, AdG 53 (1983), S. 27152 ff.; RGDIP 88 (1984), S. 484 ff., und die unten § 1338, Anm. 14, genannten Stellungnahmen dazu.

[6] So grundlegend der Schiedsrichter William H. *Taft* am 18. Oktober 1923 im Falle der Verantwortlichkeit Costa-Ricas für Handlungen der *Tinoco-Regierung*, RIAA I, S. 375 ff., 381 ff. Dazu *Silvanie*, Responsibility of States for Acts of Insurgent Governments, AJIL 33 (1939), S. 78 ff.

[7] Vgl. die Entscheidung des US Court of Appeals for the Eighth Circuit im Fall *Republic of Vietnam v. Pfizer Inc.*, 556 F. 2d 892 (1977), zusammengefaßt im US Digest 1977, S. 30 ff.; auch AJIL 72 (1978), S. 152 f.

[8] Aus der Entscheidung des schweizerischen Bundesgerichts im Fall *VEB Carl Zeiss Jena c. Firma Carl Zeiss Heidenheim*, BGE 91 II 117 (1965), S. 126 f.: „Die Nichtanerkennung der DDR hat nicht zur Folge, daß der schweizerische Zivilrichter ihre Gesetze und die Verfügungen ihrer Behörden als nicht erlassen zu erachten hätte. Die DDR ist in international-privatrechtlicher Hinsicht als selbständiges Rechtsgebiet zu behandeln. Das bedeutet keineswegs, daß der schweizerische Zivilrichter sie damit als Staat anerkenne ...

§ 880 Die Anerkennung einer generellen *de facto*-Regierung erfolgt in der Regel formlos durch Fortsetzung der diplomatischen Beziehungen, insbesondere wenn sich der Machtwechsel rasch vollzieht. In der Praxis einer wachsenden Anzahl von Staaten werden überhaupt nur mehr Staaten, nicht aber Regierungen anerkannt[9], so daß das vr Institut der Anerkennung von Regierungen heute an Bedeutung verloren hat. Wurden die diplomatischen Beziehungen jedoch einmal durch einen Bürgerkrieg unterbrochen, dann dauert es oft längere Zeit, bis die neue Regierung anerkannt wird, da abgewartet werden muß, bis sie sich dauerhaft durchgesetzt und als fähig und gewillt erwiesen hat, die vr Pflichten zu erfüllen[10]. Hingegen wird in der Regel die demokratische Legitimität der neuen Regierung als Voraussetzung ihrer Anerkennung nicht verlangt, wenngleich dazu einzelne Ansätze vorliegen[11].

Die Aufgabe des Richters beschränkt sich darauf, einen privatrechtlichen Streit zu entscheiden, und soweit dabei nach den schweizerischen Kollisionsnormen ausländisches Recht maßgebend ist, muß er auch das im Gebiete eines nicht anerkannten Staates geltende Recht als tatsächliche Gegebenheit hinnehmen und es — soweit dem der Vorbehalt der öffentlichen Ordnung nicht entgegensteht — anwenden." Zum ganzen *Nedjati*, Acts of Unrecognised Governments, ICLQ 30 (1981), S. 388 ff. Vgl. ferner oben § 407.

[9] Diese Haltung nehmen u. a. ein: *Belgien:* RBDI 11 (1975), S. 351, 12 (1976), S. 338 f., Revue du Ministère des affaires étrangères 1974, S. 44 f.: „Une fois qu'un Etat est reconnu, la question de la reconnaissance du gouvernement ne se pose pas"; die *Niederlande:* NYIL 6 (1975), S. 252 f., 7 (1976), S. 230 f.; sowie die *Schweiz:* SchwJIR 37 (1981), S. 225: „[E]n règle générale la Suisse reconnaît les Etats et non les gouvernements qui y exercent le pouvoir." Auch *Großbritannien* folgt nunmehr dieser Praxis. So teilte der britische Außenminister Lord Carrington im April 1980 dem House of Lords mit: „... we have decided that we shall no longer accord recognition to Governments ... We have ... concluded that there are practical advantages in following the policy of many other countries in not according recognition to Governments. Like them, we shall continue to decide the nature of our dealings with régimes which come to power unconstitutionally in the light of our assessment of whether they are able themselves to exercise effective control of the territory of the State concerned and seem likely to do so." (zitiert nach *Warbrick*, The New British Policy on Recognition of Governments, ICLQ 30 [1981], S. 574 f.; vgl. auch BYIL 50 [1979], S. 294 ff.; 52 [1981], S. 376 ff.). Die *französische* Praxis beschränkt sich in der Regel darauf, die Mitteilung der neuen Regierung über ihre Machtübernahme und ihre Absicht, die vr Verpflichtungen einzuhalten, zur Kenntnis zu nehmen (accuser réception): AFDI 20 (1974), S. 1032, 21 (1975), S. 1086 f. Zur neuen Tendenz kritisch *Peterson*, Recognition of Governments Should Not be Abolished, AJIL 77 (1983), S. 31 ff.

[10] So z. B. der US-Staatssekretär *Stimson* am 6. Februar 1931, bei *Woolsey*, The Recognition of the Government of El Salvador, AJIL 28 (1934), S. 325.

[11] So haben sich z. B. die zentralamerikanischen Staaten am 20. Februar 1907 vertraglich verpflichtet, eine durch Staatsstreich oder Revolution zur Macht gelangte Regierung erst nach ihrer Bestätigung durch Volkswahlen anzuerkennen. Diese auf den Außenminister von Ecuador, *Tobar*, zurückgehende sogenannte *Tobar-Doktrin* ist jedoch 1932 durch Kündigung des Vertrags außer Kraft getreten. Darüber *Woolsey* (Anm. 10), S. 324, und *Marshall Brown*, The Legal Effects of Recognition, AJIL 44 (1950), S. 622. Im Gegensatz dazu verwarf die 1930 formulierte, nach ihrem Urheber, einem

§ 881 Wenn die Regierung eines vom Feind besetzten Gebietes ins Ausland flüchtet, kann sie mit Zustimmung des Gastlandes die Personalhoheit über die Angehörigen ihres Staates ausüben. Sie kann ihnen z. B. Pässe ausstellen und sie gegenüber anderen Staaten schützen, sowie diese Personen zum Militärdienst heranziehen oder die ihnen gehörenden Schiffe requirieren[12]. Eine solche *Exilregierung* darf jedoch diese Befugnisse im Gastland nur bis zur Beendigung des Krieges ausüben. Dann muß sie sich entweder als Regierung ihres Heimatstaates durchsetzen oder abtreten. Der Souveräne Malteser-Ritterorden[13] war seit 1824, nach Verlust seines Staatsgebietes, spätestens bis zur Anerkennung der Unabhängigkeit Maltas seitens des Ordens durch Aufnahme der diplomatischen Beziehungen am 18. Oktober 1966[14] eine auf

mexikanischen Außenminister, benannte *Estrada-Doktrin* jede Anerkennung von Regierungen als beleidigende und in die inneren Angelegenheiten fremder Staaten eingreifende Praxis. Vgl. *Jessup*, The Estrada Doctrine, AJIL 25 (1931), S. 719. Die Vereinigten Staaten setzten die Anerkennung und ihre Verweigerung traditionell als außenpolitisches Instrument zum Zweck der Billigung oder Mißbilligung neuer Regierungen ein, wobei sie nach Lage des Falles deren verfassungsrechtliche Legitimität oder aber Effektivität ins Treffen führten. Dazu *Krakau*, Missionsbewußtsein und Völkerrechtsdoktrin in den Vereinigten Staaten von Amerika (1967), S. 430 ff. Die neuere Anerkennungspolitik der USA gleicht sich jedoch der in Anm. 9 beschriebenen Haltung an; vgl. *Galloway*, Recognizing Foreign Governments: The Practice of the United States (1978), und kritisch dazu *Peterson* (Anm. 9). Am 1. Januar 1979 anerkannten die Vereinigten Staaten die Regierung der Volksrepublik China „as the sole legal Government of China" mit der Maßgabe, daß sie „cultural, commercial, and other unofficial relations with the people of Taiwan" aufrechterhalten werden: AJIL 73 (1979), S. 277 ff. Die Rechtsfolgen der damit vorgenommenen „derecognition" Taiwans wurden im einzelnen durch den Taiwan Relations Act vom 10. April 1979 (ILM 18 [1979], S. 873 ff.) festgelegt. Sie stellen Taiwan in entscheidenden Bereichen so, „as if derecognition had not occurred": AJIL 73 (1979), S. 669 ff.

Seit der XXIX. UN-Generalversammlung (1974) wird die Vollmacht der südafrikanischen Regierung mangels demokratischer Legitimation nicht mehr anerkannt (vgl. auch § 114, Anm. 16). Eine Schwalbe macht aber noch keinen Sommer, da zahlreiche Mitgliedstaaten der UNO keine Regierung haben, welche die Mehrheit ihrer Bevölkerung hinter sich hat. Dazu der US-Botschafter bei der UNO *Scali*, AJIL 69 (1975), S. 386 ff.

[12] So der Supreme Court of New York am 13. November 1942 im Falle *Fields v. Predionica J. Tkanica*, AJIL 40 (1946), S. 197. Vgl. dazu *Jumeau*, Le refuge du gouvernement national à l'étranger (1941); *Oppenheimer*, Governments and Authorities in Exile, AJIL 36 (1942), S. 568 ff.; *Mattern*, Die Exilregierung (1953); *Tommasi di Vignano*, Note sui governi in exilio, Rivista di studi politici internazionali 25 (1958), S. 479 ff.; *Schaumann*, Exilregierung, WV I, S. 498 f. Da durch Art. 4 Abs. 2 des (III.) Genfer Abkommens vom 12. August 1949 über die Behandlung der Kriegsgefangenen die organisierten *Widerstandsbewegungen* unter gewissen Bedingungen als legitime Kombattanten anerkannt sind, kann eine Exilregierung auch im besetzten Gebiet durch solche Gruppen vr Kriegshandlungen vornehmen, wie dies z. B. nach der Besetzung Frankreichs im Zweiten Weltkrieg der Fall war. In diesem Sinne das Tribunal correctionnel de Verdun am 13. Dezember 1974 im Falle *Grandval c. Lefin*, RGDIP 79 (1975), S. 861 ff.

[13] Oben § 417.

[14] *Prantner*, Malteser-Orden und Völkergemeinschaft (1974), S. 207.

italienischem Territorium residierende Exilregierung. In diesem Falle wurde aber niemals eine staatliche Zuständigkeit über frühere Staatsangehörige in Anspruch genommen, so daß keinerlei Kollisionen mit dem Gebietsnachfolger eintreten konnten.

B. Dezentralisierte Organe

I. Staatsorgane im Ausland

§ 882 Bis zum Ende des Ersten Weltkrieges wurde die Vertretung eines Staates im Ausland nahezu ausschließlich durch diplomatische Vertreter, die bei anderen Staaten beglaubigt waren, besorgt. Seither treten außerdem häufig zentrale Organe (Staatshäupter oder Regierungsmitglieder) unmittelbar zusammen[15], insbesondere anläßlich der jährlichen Generalversammlung der UNO. Daneben finden wir eigens für eine bestimmte Aufgabe ernannte diplomatische Vertreter *ad hoc* (special missions)[16].

§ 883 Ständige diplomatische Vertretungen gibt es erst seit dem Mittelalter. Die erste ständige Gesandtschaft war die der Könige von Aragon beim Heiligen Stuhl. Erst in der Neuzeit hat sich die Errichtung ständiger Gesandtschaften allgemein durchgesetzt[17]. Es besteht aber keine vr Pflicht zur Begründung solcher Missionen.

Von den diplomatischen Vertretern müssen die Konsuln unterschieden werden. Ihr Ursprung liegt in den Handelsgerichten Südosteuropas im frühen Mittelalter. Deren Mitglieder (consuls-marchands) wurden von den ortsansässigen Kaufleuten zur Entscheidung ihrer Streitfälle gewählt. Daher nannte man sie *„consules electi"*. Als jene Kaufleute in der Zeit der Kreuzzüge Handelsniederlassungen im Orient gründeten, brachten sie ihre Konsuln mit. So entstand im Orient die Konsulargerichtsbarkeit, die in der Neuzeit durch Verträge zwischen christlich-europäischen Staaten und der Türkei sowie einzelnen asiatischen Staaten verstaatlicht und ausgebaut wurde. Seither werden die Konsuln von ihren Regierungen ernannt und entsandt (consules missi)[18].

---

[15] *Virally*, La conférence au sommet, AFDI 5 (1959), S. 7 ff.; *Pambou Tchivounda*, La Conférence au sommet (1980).

[16] Dazu eingehend §§ 885 ff.

[17] An allgemeiner Literatur dazu *Bergsträsser*, Diplomatie, WV I, S. 359 ff. (mit zahlreichen weiteren Angaben); *Grewe*, Spiel der Kräfte in der Weltpolitik (1970), S. 153 ff.; *Krekeler*, Die Diplomatie (1965); *End*, Erneuerung der Diplomatie (1969).

[18] *Freudenberg*, Konsularrecht, WV II, S. 281 ff. (mit Literaturangaben). Über ihre letzten Reste der IGH am 27. August 1952 im Fall der *Rights of Nationals of the United States of America in Morocco*, ICJ Reports 1952, S. 176 ff.

Die Konsulargerichtsbarkeit (über die im Ausland lebenden Angehörigen des Entsendestaates) ist seit dem Ende des Ersten Weltkrieges allmählich verschwunden[19]. Einen Rest davon bildet die Befugnis der Konsuln, in deren Wirkungsbereich ein Seehafen liegt, Streitigkeiten, die an Bord eines Handelsschiffes eigener Flagge entstehen, zu entscheiden (Art. 5 lit. 1 der Wiener Konsularkonvention 1963). Geblieben ist auch die Aufgabe der Konsuln, ihre Staatsangehörigen bei den lokalen Behörden des Empfangsstaates zu schützen und ihnen auch sonst beizustehen. Durch neuere Verträge ist ihre Zuständigkeit auf andere Bereiche ausgedehnt worden, worauf später eingegangen werden wird[20].

§ 884 Einzelne diplomatische Handlungen können durch Befehlshaber von Truppenkörpern im Ausland vorgenommen werden, nämlich der Abschluß von Verträgen über Waffenruhen, über die Übergabe von Festungen in Kriegszeiten o. ä.

II. Ständige Missionen[21]

1. Ihre Rechtsgrundlage

§ 885 Das Diplomatenrecht bildet einen der ältesten Teile des VGR. Einige seiner Einrichtungen, wie das Beglaubigungsschreiben (s. unten), gehen auf das byzantinische Recht zurück. Auch der intensive diplomatische Verkehr zwischen den italienischen Stadtstaaten im Mittelalter war für seine Entwicklung von besonderer Bedeutung. Dieses vgr Diplomatenrecht wurde durch das Wiener Übereinkommen vom 18. April 1961 (das am 24. April 1964 in Kraft getreten ist)[22] kodifiziert und

---

[19] *Sasse*, Konsulargerichtsbarkeit, WV II, S. 178 ff.

[20] § 921.

[21] Dazu die Literatur in Anm. 17; ferner *Cahier*, Le droit diplomatique contemporain (2. Aufl. 1964); *Hardy*, Modern Diplomatic Law (1968); *Satow*, A Guide to Diplomatic Practice (4. Aufl., hrsgg. v. *Bland*, 1957); *Blischtschenko / Durdenewski*, Das Diplomaten- und Konsularrecht (1966); *Nascimento e Silva*, Diplomacy in International Law (1972); *Sen*, A Diplomat's Handbook of International Law and Practice (1965); *Blischtschenko*, Diplomatenrecht (1975); *Denza*, Diplomatic Law (1976). Eine laufende Darstellung der Staatenpraxis findet sich in der von *Rousseau* verfaßten „Chronique des faits internationaux" in der RGDIP. Der IGH setzte sich mit Grundfragen des Diplomatenrechts im Fall des *United States Diplomatic and Consular Staff in Tehran (United States of America v. Iran)* auseinander: ICJ Reports 1980, S. 3 ff. In seiner Anordnung vorsorglicher Maßnahmen im selben Fall am 15. Dezember 1979 führte der IGH aus, daß „[t]here is no more fundamental prerequisite for the conduct of relations between States than the inviolability of diplomatic envoys and embassies, so that throughout history nations of all creeds and cultures have observed reciprocal obligations for that purpose": ICJ Reports 1979, S. 19.

[22] BGBl. 1964 II, S. 958; *Berber*, Dokumente I, S. 865 ff. (Ende 1983 142 Vertragsparteien). Die in diesem Abschnitt herangezogenen Artikel beziehen

teilweise weitergebildet. Es regelt aber nicht alle einschlägigen Fragen. Daher bestimmt der letzte Absatz seiner Präambel, daß die Regeln des VGR auch weiterhin für alle Fragen gelten sollen, die nicht ausdrücklich in diesem Übereinkommen geregelt sind.

2. *Aufnahme der diplomatischen Beziehungen*

§ 886 Gemäß Art. 2 kann diese ebenso wie die Errichtung diplomatischer Missionen nur im gegenseitigen Einvernehmen der Staaten erfolgen[23]. Ein Staat kann nach Notifikation an die Empfangsstaaten die Beglaubigung *eines* Missionschefs oder die Bestellung eines Mitglieds des diplomatischen Personals für *mehrere* Staaten vornehmen, sofern keiner dieser Staaten ausdrücklich Einspruch erhebt (Art. 5). Es können auch mehrere Staaten dieselbe Person bei *einem* Staate als Missionschef beglaubigen, wenn dieser Staat keinen Einspruch erhebt (Art. 6).

§ 887 Jede diplomatische Mission steht unter der Leitung eines Missionschefs, dem das andere diplomatische Personal, das Verwaltungs- und technische Personal (Archivare, Schreibkräfte) unter Leitung des Kanzlers, sowie das Dienstpersonal zugeteilt ist.

Die Mitglieder des diplomatischen Personals sollen grundsätzlich Angehörige des Entsendestaates sein. Angehörige des Empfangsstaates bedürfen dazu dessen (jederzeit widerruflicher) Zustimmung. Dasselbe Recht kann sich der Empfangsstaat für Angehörige dritter Staaten vorbehalten, sofern sie nicht auch gleichzeitig Angehörige des Entsendestaates sind (Art. 8). Mangels einer abweichenden Vereinbarung kann der Empfangsstaat gemäß Art. 11 verlangen, daß der Personalstand jeder Mission in Grenzen gehalten wird, die *er* für normal hält, und die Zulassung von Bediensteten einer bestimmten Kategorie, jedoch ohne Diskriminierung, ablehnen.

3. *Diplomatische Funktionen*

§ 888 Diplomaten sind Organe des Entsendestaates im Empfangsstaat mit der Aufgabe, jenen in allen laufenden Angelegenheiten zu vertreten, seine Interessen und diejenigen seiner Angehörigen innerhalb der Grenzen des VR zu schützen, freundschaftliche Beziehungen zwischen

---

sich auf dieses Abkommen, sofern nichts Abweichendes angegeben ist. An Schrifttum dazu *Bindschedler*, Die Wiener Konvention über die diplomatischen Beziehungen, SchwJIR 18 (1961), S. 29 ff.; *Colliard*, La Convention de Vienne sur les relations diplomatiques, AFDI 7 (1961), S. 3 ff.; *Zemanek*, Die Wiener Diplomatische Konferenz, ArchVR 9 (1961/1962), S. 398 ff.; *Suy*, La Convention de Vienne sur les Relations diplomatiques, ÖZöffR 12 (1962/1963), S. 86 ff.; ferner die in der letzten Anm. genannte neueste Literatur.

[23] Zur Umwandlung der Botschaften Libyens in „Volksbüros" 1979/80 vgl. AJIL 74 (1980), S. 921 ff. (US-Haltung) und ÖZöffRVR 31 (1980), S. 331 ff. (österreichische Haltung).

den beiden Staaten zu fördern, sowie deren wirtschaftliche, kulturelle und wissenschaftliche Beziehungen auszubauen und zur Erreichung dieser Ziele mit der Regierung des Empfangsstaates zu verhandeln (Art. 3)[24]. Da in diesen Zuständigkeiten die Wahrnehmung konsularischer Aufgaben eingeschlossen ist (Art. 3 Abs. 2), besteht bei vielen Missionen eine Konsularabteilung[25]. Gemäß Art. 7 Abs. 2 lit. b der Wiener Konvention über das Recht der Verträge[26] sind die Missionschefs, und nach lit. c desselben Artikels auch die Vertreter bei einer internationalen Konferenz oder Organisation oder bei einem Organ derselben, für die Annahme eines Vertragstextes (aber nicht zum endgültigen Abschluß) nach VR legitimiert, ohne eine besondere Vollmacht vorlegen zu müssen.

§ 889 Die Diplomaten dürfen sich aber nach Art. 41 Abs. 1 nicht in die inneren Angelegenheiten des Empfangsstaates einmischen (interfere). Dieses Verbot geht viel weiter als das Interventionsverbot der UN-Charta[27], da es auch Einmischungen ohne Druckmittel umfaßt.

4. Beginn und Ende der diplomatischen Mission

§ 890 Nach einer alten, durch Art. 4 bestätigten Übung muß der Entsendestaat vor der Ernennung eines Missionschefs beim Empfangsstaat dessen Zustimmung darüber einholen, ob ihm die in Aussicht genommene Person als Missionschef genehm ist. Man nennt das die Einholung des „agrément" (agreement). Dieses kann ohne Angabe von Gründen verweigert werden (Art. 4 Abs. 2), da es sich um eine Vertrauensfrage handelt. Insbesondere kann jeder Staat die Ernennung eines eigenen Staatsangehörigen als Missionschef eines anderen Staates zurückweisen.

Die amtliche Tätigkeit des Missionschefs beginnt entweder mit der Übergabe und Übernahme des Beglaubigungsschreibens (lettre de créance) oder mit der offiziellen Mitteilung seines Eintreffens im Empfangsstaat, verbunden mit der Zustellung einer Abschrift des Beglaubigungsschreibens an das Außenamt des Empfangsstaates (Art. 13).

---

[24] Gemäß einem Beschluß des (österr.) Obersten Gerichtshofs vom 17. Februar 1982 gehört die Teilnahme an einer Diplomatenjagd zum Dienst i. S. von Art. 3 Abs. 1: ÖZöffR 33 (1982), S. 314 ff.

[25] Nach Art. 3 der Wiener Konvention über die konsularischen Beziehungen (dazu unten) können konsularische Funktionen auch von diplomatischen Missionen im Rahmen dieser Konvention ausgeübt werden.

[26] Oben § 687.

[27] Oben §§ 490 ff. Aus der Staatenpraxis vgl. die „Entführung" koreanischer Staatsangehöriger aus der Bundesrepublik Deutschland im Jahre 1967 unter Mitwirkung der koreanischen Botschaft, ZaöRV 30 (1970), S. 665, und die vr Beurteilung durch *Doehring*, ebd. 28 (1968), S. 587 ff. Zur Verfolgung von Regimegegnern durch die libyschen „Volksbüros" vgl. AJIL 74 (1980), S. 923 ff.

§ 891 Hingegen beginnt die amtliche Funktion der übrigen Missionsmitglieder erst mit ihrem Dienstantritt, sofern der Absendestaat nicht davon benachrichtigt wurde, daß die in Rede stehende Person nicht genehm ist. Eine vorherige Einholung des „agrément" ist bei zugeteilten Beamten nicht vorgesehen. Doch kann der Empfangsstaat gemäß Art. 7 bei Militär-, Marine- und Luftwaffenattachés[28] eine vorherige Mitteilung ihrer Namen „zwecks Zustimmung" verlangen. Auch bei anderen zugeteilten Personen kann er vor oder nach Betreten seines Gebietes ohne Angabe von Gründen dem Missionschef gemäß Art. 9 Abs. 1 notifizieren, daß der betreffende Diplomat *„persona non grata"* oder daß ihm die betreffende Person nicht genehm ist, worauf diese abzuberufen ist. Im Weigerungsfalle kann der Empfangsstaat es gemäß Art. 9 Abs. 2 ablehnen, die betreffende Person weiterhin als Mitglied der Mission anzuerkennen[29].

§ 892 Die diplomatische Tätigkeit des Missionschefs erlischt durch seine Abberufung, seinen Tod, sowie durch Abbruch der diplomatischen Beziehungen (mit oder ohne Kriegsausbruch). Der Empfangsstaat kann ihn aber auch „jederzeit ohne Angabe von Gründen" zur *„persona non grata"* erklären (Art. 9 Abs. 1).

Die diplomatischen Vorrechte dauern jedoch länger an, wie später ausgeführt werden wird[30].

---

[28] K. *Ipsen*, Der Militärattaché, völkerrechtliche Stellung und gegenwärtige Staatenpraxis, JIR 15 (1971), S. 152 ff.

[29] So schon vorher das OLG Darmstadt am 20. Dezember 1926, NZIR 39 (1928 - 1929), S. 284; sowie das House of Lords am 3. Juli 1928 im Falle *Engelke v. Musmann*, ZaöRV 1, Teil 2 (1929), S. 150, und das Schweizer Bundesgericht am 22. Oktober 1949 im Falle *Vitianu*, SchwJIR 7 (1950), S. 153. Dazu *Giese* in dem Rechtsgutachten: „Persona non grata" und „Bona fides" als unwesentliche Voraussetzungen der Exterritorialität, Ergänzungsheft zur ZV 13 (1926), S. 3 ff.; *Heyland*, dortselbst 14 (1928), S. 597 ff. Im Urteil über *United States Diplomatic and Consular Staff in Tehran* hat der IGH herausgearbeitet, daß diese Möglichkeit das „systemimmanente" Hilfsmittel gegen Verletzungen des an die Diplomaten gerichteten Interventionsverbotes bzw. deren Verpflichtung zur grundsätzlichen Beachtung der Rechtsvorschriften des Empfangsstaates (z. B. durch Spionage) bildet, so daß das vr Diplomatenrecht diesbezüglich „a self-contained régime" darstellt: ICJ Reports 1980, S. 38 ff. (40). Zur Frage, ob dadurch die Anwendung anderer vr Sanktionen ausgeschlossen wird, vgl. den 2. Bericht *Riphagens* an die ILC über Staatenverantwortlichkeit, UN Doc. A/CN. 4/344 (1981), S. 12 f., sowie Art. 12 lit. a seines 5. Berichts, UN Doc. A/CN. 4/380 (1984).

[30] § 910. Zum Abbruch der diplomatischen Beziehungen allgemein *Papini / Cortese*, La rupture des relations diplomatiques et ses conséquences (1972). Zur Auflösung des libyschen „Volksbüros" in Washington im Mai 1981 vgl. AJIL 75 (1981), S. 937 ff.

5. Diplomatische Rangordnung

§ 893 Sie wurde durch das Wiener Reglement 1815[31], das durch das Aachener Protokoll 1818 ergänzt wurde, zum ersten Mal vertraglich geregelt. Nach der Wiener Diplomatenkonvention 1961 (Art. 14) sind die Missionschefs nunmehr in drei Klassen eingeteilt:

1. *Botschafter*, denen die (päpstlichen) *Nuntien* und andere gleichrangige Missionschefs gleichgestellt sind.
2. *Gesandte, Minister* und (päpstliche) *Internuntien*, die ebenso wie die Angehörigen der ersten Klasse beim Staatsoberhaupt beglaubigt werden.
3. *Geschäftsträger* (chargés d'affaires), die beim Außenminister beglaubigt werden. Diese müssen vom Geschäftsträger *ad interim* (chargé des affaires), nämlich jenem Mitglied des diplomatischen Personals unterschieden werden, das den Missionschef bei dessen Abwesenheit oder Verhinderung vertritt. Mangels eines solchen Diplomaten kann mit Zustimmung des Empfangsstaates ein Mitglied des Verwaltungs- und technischen Personals mit der Leitung der laufenden Verwaltungsaufgaben betraut werden (Art. 19).

Innerhalb jeder Klasse richtet sich die Rangfolge des Missionschefs nach dem Tage der Übergabe seines Beglaubigungsschreibens oder der Notifizierung seiner Ankunft, verbunden mit der Übergabe einer amtlichen Abschrift dieses Schreibens („lokale Anciennität", Art. 13 und 16). Eine Ausnahme davon finden wir nur in Art. 16 Abs. 3, wonach jeder Empfangsstaat dem Vertreter des Heiligen Stuhls den Vorrang vor anderen Vertretern derselben Klasse auch künftighin einräumen *kann*, soweit das nicht schon der bisherigen Übung entspricht[32]. Die Staaten vereinbaren die Klasse ihrer Missionschefs (Art. 15). Diese ist aber nur mehr für die Rangordnung bei Empfängen und für Fragen der Etikette von Bedeutung (Art. 14 Abs. 2)[33].

§ 894 Die Gesamtheit der bei einem Staate beglaubigten ordentlichen diplomatischen Vertreter bildet das *Diplomatische Korps* (corps diplomatique), an dessen Spitze das rangälteste Mitglied oder der Nuntius (s. oben) als *Doyen* steht.

---

[31] *Parry*, Consolidated Treaty Series, Bd 64, S. 2.

[32] Oben § 413.

[33] Dazu *Satow* (oben Anm. 21); *Wood / Serres*, Diplomatic Ceremonial and Protocol (1970). Zur Zeit der absoluten Monarchie galt nur der Botschafter als Vertreter des Monarchen und konnte daher als *„alter ego"* direkt mit dem Monarchen des Empfangsstaates verkehren.

6. *Vorrechte der Mission*[34]

§ 895 Die Räumlichkeiten der Mission, ihre Einrichtungen sowie darin befindliche Gegenstände und Beförderungsmittel sind „unverletzlich", d. h. sie dürfen nur mit Zustimmung des Missionschefs betreten und durchsucht werden. Sie genießen Immunität von jeder Durchsuchung, Beschlagnahme, Pfändung oder Vollstreckung[35] (Art. 22). Ebenso sind die Archive und Schriftstücke der Mission, „wo immer sie sich befinden", jederzeit unverletzlich (Art. 24).

Von dieser Norm finden wir in Art. 31 Abs. 2 der Wiener Konvention über die konsularischen Beziehungen 1963 sowie in Art. 25 der Konvention über die Spezialmissionen 1969 eine *Ausnahme*, da dort bestimmt wird, daß im Falle von Feuer oder einer anderen ernsten Gefahr die Zustimmung des Missionschefs zum Betreten dieser Räume vermutet werden kann, wenn es nicht möglich war, seine ausdrückliche Zustimmung darüber einzuholen.

Da diese Normen später als Art. 22 der Diplomatenkonvention vereinbart wurden, erhebt sich die Frage, ob Art. 22 nunmehr im Sinne jener späteren Normen ausgelegt werden darf. Diese Frage ist zu verneinen, da eine analoge Anwendung des Art. 25 der Konvention über die Spezialmissionen auf die ständigen diplomatischen Vertretungen durch Art. 23 der jüngsten Wiener Konvention über die Vertretung von Staaten bei universellen internationalen Organisationen (§§ 934 ff.) ausgeschlossen wird. Dieser Artikel bestimmt nämlich in seinem Abs. 1 ausdrücklich: „The premises of the mission shall be inviolable. The agents of the host State may not enter them, except with the consent of

---

[34] Dazu neben der bereits in Anm. 21 genannten Literatur *Strisower*, L'exterritorialité et ses principales applications, RdC 1 (1923 I), S. 233 ff.; *van Praag*, Juridiction et droit international public (1915, Ergänzungsband 1935); *Hurst*, Les immunités diplomatiques, RdC 12 (1926 II), S. 119 ff.; *Giuliano*, Les relations et immunités diplomatiques, RdC 100 (1960 II), S. 81 ff.; *Wilson*, Diplomatic Privileges and Immunities (1967). Reiches Material in den Bänden ST/LEG/SER.B/7 und 13 der UN Legislative Series: Laws and Regulations regarding Diplomatic and Consular Privileges and Immunities (1958), Supplement 1963. Für die Ausgestaltung dieser Normen war und ist der Gedanke der Gegenseitigkeit von besonderer Bedeutung; vgl. oben §§ 64 ff. Zu ihrer innerstaatlichen Durchführung in der Bundesrepublik Deutschland vgl. das ausführliche Rundschreiben des Bundesministeriums des Inneren vom 14. März 1975 betreffend Diplomaten und andere bevorrechtigte Personen, GMBl. 1975, S. 337 ff., ZaöRV 37 (1977), S. 734 ff.

[35] In seiner Entscheidung vom 13. Dezember 1977 im Fall des *philippinischen Botschaftskontos* hat das deutsche Bundesverfassungsgericht aus dem Grundsatz *ne impediatur legatio* die Folgerung gezogen, daß Forderungen aus einem laufenden, allgemeinen Bankkonto der Botschaft eines fremden Staates, das im Gerichtsstaat besteht und zur Deckung der Ausgaben und Kosten der Botschaft bestimmt ist, nach allgemeinem VGR nicht der Zwangsvollstreckung durch den Gerichtsstaat unterliegen: BVerfGE 46, S. 344, 398 ff. Vgl. auch unten § 1175. In der US-Praxis genießen Bankauszüge ausländischer Missionen keine Immunität: US Digest 1976, S. 196.

the head of mission." In Ausnahmefällen wird aber dessen Zustimmung dennoch *vermutet* werden können. So hat sich der sowjetische Delegierte auf der Wiener Konferenz, die zur Annahme der neuen Konvention führte, zwar gegen die Aufnahme einer Ausnahmebestimmung in den Konventionstext ausgesprochen, da eine solche leicht mißbraucht werden könnte, jedoch hinzugefügt: „In exceptional circumstances of fire or other disaster seriously endangering public safety, missions, including missions established by his country, would, if they could not cope with the situation themselves, obviously request the assistance of the authorities of the host State[36]."

Die Unverletzlichkeit der Mission schließt die Vornahme aller Arten von Hoheitsakten durch den Empfangsstaat, darunter insbesondere von Zustellungen, aus.

Außer dieser grundsätzlichen Enthaltungspflicht ist der Empfangsstaat verpflichtet, „alle geeigneten Maßnahmen zu ergreifen, um die Räumlichkeiten der Mission vor jedem Eindringen oder jeder Beschädigung zu schützen" (Art. 22).

Die Mission ist berechtigt, die Flagge und die Hoheitszeichen des Entsendestaates an den Räumlichkeiten der Mission, einschließlich der Residenz des Missionschefs, und an den Beförderungsmitteln zu führen (Art. 20). Ihre Räumlichkeiten gehören jedoch nicht zum Staatsgebiet des Entsendestaates, sondern des Empfangsstaates. Die frühere Bezeichnung „Exterritorialität" erklärt sich nur daraus, daß man unter *„territorium"* auch die Territorialgewalt verstand. Ein in den Räumlichkeiten der Mission begangenes Verbrechen ist also im Empfangsstaat begangen[37].

Die angeführte Immunität besteht jedoch nur für die diplomatischen Zwecken dienenden *tatsächlich benützten* Räume, außer wenn es sich um eine bloß vorübergehende Unterbrechung handelt. Der bloße Er-

---

[36] UN Doc. A/CONF. 67/SR. 6 vom 11. März 1975. In dem in Anm. 34 genannten Rundschreiben (V. A. 4.) heißt es dazu: „Ist wegen der Dringlichkeit der Maßnahmen (Gefährdung von Menschenleben oder erheblicher Sachwerte Dritter) ein sofortiges Eingreifen der Feuerwehr geboten [und die Zustimmung des Missionschefs nicht rechtzeitig zu erhalten; die Verf.], so ist der verantwortliche Leiter des Einsatzes nach pflichtmäßigem Ermessen berechtigt und verpflichtet anzuordnen, daß die von Diplomaten und anderen bevorrechtigten Personen benutzten Grundstücke von den zur Brandbekämpfung oder Hilfeleistung eingesetzten Kräften betreten werden, damit die notwendigen Maßnahmen durchgeführt werden können." Diese Maßnahmen haben sich auf das unbedingt Erforderliche zu beschränken. Dabei ist möglichst zu vermeiden, daß die eingesetzten Kräfte mit den Archiven der Mission in Berührung kommen, sofern diese als solche kenntlich sind.

[37] So z. B. das Reichsgericht am 8. November 1934, ZaöRV 6 (1936), S. 408 f., im Falle *Sirdar Khan* („afghanischer Gesandtschaftsfall"); die Cour de cassation am 16. Mai 1934 im Fall *Pacory*, ZaöRV 4 (1934), S. 946; das Zivilgericht Rom am 3. Mai 1935 im Fall *Trenta c. Ragonesi*, dortselbst 6 (1936), S. 165 f.

werb eines Gebäudes für künftige Missionszwecke genügt daher für die Begründung einer solchen Immunität nicht. Die Immunität erlischt also, wenn ein Missionsgebäude dauernd seinem ursprünglichen Zweck entfremdet wird[38].

§ 896 Die Wiener Diplomatenkonvention enthält keine Verpflichtung des Empfangsstaates, seinen Angehörigen den Zugang zu ausländischen Missionen zu gestatten. Er kann diese Personen vor Betreten einer Mission also kontrollieren. Auch ein diplomatisches *Asyl*recht kennt die Wiener Diplomatenkonvention nicht. Da sie aber ein Eindringen in Räumlichkeiten der Mission verbietet, wird dadurch ein Flüchtling wenigstens vorübergehend indirekt geschützt. Doch ist, jedenfalls bei gemeinen Verbrechen, der Empfangsstaat berechtigt, die Beendigung der Asylgewährung zu verlangen[39]. Hingegen zeigt uns die Staatenpraxis, daß bei politischen Umbrüchen politisch gefährdeten Personen unter Duldung des Empfangsstaates häufig Asyl in Missionen gewährt wird[40]. Die japanische Regierung vertrat allerdings noch am 20. Juli

---

[38] So u. a. das Kammergericht Berlin am 25. Februar 1955 im Falle des früheren *lettischen Missionsgebäudes*, JIR 7 (1956), S. 399; das Oberste Rückerstattungsgericht für Berlin am 10. Juli 1959 in den Fällen *Tietz g. Bulgarien* und *Cassirer g. Japan*, AJIL 54 (1960), S. 165 ff.

[39] So der IGH im Falle *Haya de la Torre*, ICJ Reports 1951, S. 82.

[40] Lord *McNair*, Extradition and Exterritorial Asylum, BYIL 28 (1951), S. 172 ff.; *Ronning*, Diplomatic Asylum. Legal Norms and Political Reality in Latin American Relations (1965); *Francioni*, Asilo diplomatico (1973). Über die *französische* Praxis nach dem Sturz der Regierung Allende in Chile AFDI 20 (1974), S. 1034; ferner *Dupuy*, La position française en matière d'asile diplomatique, ebd. 22 (1976), S. 743 ff. Die *belgische* Regierung hat in diesem Falle die lateinamerikanischen Vertragsnormen über die Gewährung des Asyls analog angewendet: RBDI 11 (1975), S. 242. Der *niederländische* Außenminister hat seinen Botschafter in Chile ermächtigt, „to grant temporary shelter to non-Dutch citizens, whenever he considered, with a reasonable amount of certainty, that *the lives of the persons were in acute danger* as a result of their *political activities or attitudes*": NYIL 6 (1975), S. 283 (von uns hervorgehoben). Nach einem Rechtsgutachten des *schweizerischen* Politischen Departements vom 12. Februar 1971 wird ein „refuge temporaire" aus Gründen der Humanität jenen Personen gewährt, deren Leben gefährdet ist oder die vor Gerichten verfolgt werden, „qui n'offrent aucune garantie d'une procédure régulière". Es muß aber aufgehoben werden, wenn diese Gründe wegfallen: SchwJIR 32 (1976), S. 138 ff. *Österreich* gab dem UN-Generalsekretär gegenüber am 2. September 1975 eine Stellungnahme ab, wonach das diplomatische Asyl „is only justifiable under special circumstances: where a person is in immediate serious danger, or where a State persecutes the person concerned in a manner incompatible with minimum standards of human rights": ÖZöffRVR 27 (1976), S. 360 f.; vgl. auch ebd. 32 (1981), S. 322 f. *Italien* vertrat 1975 im Sechsten Ausschuß der Generalversammlung die Auffassung, „that diplomatic asylum should be granted in cases of compelling urgency": ItYIL 2 (1976), S. 427 f. In einer ausführlichen Stellungnahme des *US-Department of State* vom 29. April 1980 heißt es: „First, the United States does not grant asylum at its embassies or at other installations within the territorial jurisdiction of a foreign state ... At the same time, U. S. embassies are authorized to grant temporary

1967 die Auffassung, daß der Missionschef auch bei politischen Delikten zur Herausgabe des Flüchtlings verpflichtet sei[41]. Da jedoch die Mitglieder der UNO gemäß Art. 56 der Charta verpflichtet sind, zur Förderung der Menschenrechte zusammenzuarbeiten, entspricht es dem Geiste der Charta, ein diplomatisches Asylrecht zu gewähren, wenn die Gefahr einer Verletzung der Menschenrechte, z. B. einer willkürlichen Verhaftung oder Verurteilung ohne ein ordnungsgemäßes Verfahren, besteht, wenngleich kein subjektives Recht auf Asylgewährung nachweisbar ist.

§ 897 Ein weiteres Vorrecht der diplomatischen Missionen bildet das „Depeschenrecht"[42]. Es umfaßt nach Art. 27 den freien Verkehr ihrer amtlichen Korrespondenz mit ihren Regierungen und den anderen Missionen und Konsulaten des Entsendestaates, einschließlich der Unverletzlichkeit dieser Korrespondenz und des Kuriergepäcks. Dieses darf weder geöffnet noch zurückgehalten werden[43]. Es darf aber „nur diplomatische Schriftstücke oder für den amtlichen Gebrauch bestimmte Gegenstände enthalten"[44]. Der Kurier muß vom Empfangsstaat bei der Wahrnehmung seiner Aufgabe geschützt werden. Er genießt persönliche Unverletzlichkeit[45]. Das Errichten und Betreiben einer Funksendean-

---

refuge for humanitarian reasons in extreme or exceptional circumstances, when the life or safety of a person is put in immediate danger, such as pursuit by a mob ... When the period of active danger to the individual has ended, temporary refuge is to be terminated after the embassy obtains authorization from the Department": AJIL 75 (1981), S. 142 ff.

[41] JAIL 15 (1971), S. 134 f. Vgl. dazu die Auffassung des IGH im *Asylum* Case, ICJ Reports 1950, S. 284, wo er auf Grund des Vertrages von Havanna vom 20. Februar 1928 bemerkt: „En principe ..., l'asile ne peut être opposé à l'action de la justice. Il n'y a d'exception à ce principe que si, sous le couvert de la justice, l'arbitraire se substitue au règne de la loi ... L'asile protège le criminel politique contre toutes mesures que le pouvoir prendrait ... contre ses adversaires politiques et dont le caractère extra-légal serait manifeste."

[42] *Berber*, Lehrbuch des Völkerrechts, I (2. Aufl. 1975), S. 285. Der „status of the diplomatic courier and the diplomatic bag not accompanied by diplomatic courier" wird gegenwärtig von der ILC mit dem Ziel einer Ergänzung der einschlägigen Konventionen untersucht, vgl. ILC-Yearbooks 1978 ff.

[43] Zur weitergehenden Regelung in der Wiener Konsularkonvention unten § 926. Die elektronische Durchleuchtung von deklariertem Kuriergut als Sicherheitsmaßnahme auf Flughäfen (vgl. BYIL 51 [1980], S. 422) wurde vom österreichischen Außenministerium als mit Art. 27 vereinbar angesehen: ÖZöffRVR 32 (1981), S. 321 f.

Zur Wirkung von Vorbehalten, die eine Öffnung des Diplomatengepäcks vorsehen, und von Widersprüchen dagegen vgl. das Gutachten des Eidgenössischen Departements für Auswärtige Angelegenheiten vom 18. Juni 1981, SchwJIR 38 (1982), S. 88 ff.

[44] Vgl. dazu den Fall der versuchten Entführung des israelischen Staatsangehörigen *Mordechai Louk* aus Italien durch ägyptische Diplomaten in einem als Kuriergepäck deklarierten Behälter, RGDIP 69 (1965), S. 470 ff.

[45] *v. Haeften*, Kuriere, WV II, S. 384 ff.

lage in einer Mission ist jedoch nur mit Zustimmung des Empfangsstaates gestattet (Art. 27 Abs. 1).

§ 898 In älteren Systemen des VR wird schließlich noch das sog. „Kapellenrecht" angeführt[46]. Man verstand darunter das Recht jeder Mission, innerhalb des Missionsgebäudes und nur für ihre Mitglieder auch einen sonst durch die Landesgesetze verbotenen Gottesdienst abhalten zu lassen. Die ILC hat es aber nicht als notwendig erachtet, dieses Recht in ihren Entwurf der Diplomatenrechtskonvention aufzunehmen, da es keinem Staate verboten ist, innerhalb seines Missionsgebäudes eine solche, in die Ordnung des Empfangsstaates nicht eingreifende Tätigkeit entfalten zu lassen.

§ 899 *Positiv* hat der Empfangsstaat der Mission „jede Erleichterung zur Wahrnehmung ihrer Aufgaben" zu gewähren (Art. 25)[47].

Die Gebühren und Kosten, welche eine Mission für Amtshandlungen einhebt, sind von allen Steuern und Abgaben befreit (Art. 28).

Ausnahmen von diesen Normen kennt die Wiener Konvention nicht.

7. *Vorrechte der Missionsmitglieder und ihrer Angehörigen im Empfangsstaat*[48]

§ 900 Um den Diplomaten die Möglichkeit zu geben, ihr Amt in voller Freiheit auszuüben, räumt ihnen das VR bestimmte Vorrechte ein, wenngleich der Missionschef und alle anderen Mitglieder der Mission grundsätzlich verpflichtet sind, die Gesetze und anderen Rechtsvorschriften des Empfangsstaates zu beachten (Art. 41 Abs. 1). Nur *einzelne* dieser Normen finden auf sie überhaupt keine Anwendung. Sie sind nämlich gemäß Art. 34 von allen staatlichen, regionalen und kommunalen Personal- und Realsteuern oder -abgaben befreit. Ausgenommen hiervon sind die normalerweise im Preis von Waren oder Dienstleistungen enthaltenen indirekten Steuern, Steuern und sonstige Abgaben von privatem, im Hoheitsgebiete des Empfangsstaates gelegenem unbeweglichem Vermögen (es sei denn, daß der Diplomat dieses im Auftrag des Entsendestaates für Zwecke der Mission in Besitz hat), Erbschaftsteuern,

[46] Auch noch bei *Satow* (Anm. 21) (Right of Chapel), S. 403 ff.

[47] In einem Urteil vom 22. Januar 1971 hat das deutsche Bundesverwaltungsgericht verneint, daß sich aus diesem Grundsatz eine vgr Pflicht des Empfangsstaats zur Einräumung von Parkraum auf öffentlichen Straßen zugunsten von CD-Fahrzeugen ableiten lasse: Monatsschrift für deutsches Recht 1971, S. 516 f. Im gleichen Sinne das eidgenössische Politische Departement in einem Gutachten aus dem Jahr 1972, SchwJIR 33 (1977), S. 212 ff.

[48] Vgl. neben der bereits in Anm. 21 und 34 genannten Literatur *Malintoppi*, Su l'esenzione giurisdizionale degli agenti diplomatici, RDI 37 (1954), S. 118 ff.

die der Empfangsstaat erhebt (abgesehen von der Erbschaftsteuer für im Empfangsstaat gelegenes bewegliches Vermögen, das der Verstorbene als Mitglied der Mission dort innehatte; Art. 39 Abs. 4), Steuern und sonstige Abgaben von privaten, aus inländischen Quellen stammenden Einkünften (Kapitalanlagen oder Gewerbebetrieben) und schließlich Gebühren und sonstige Abgaben, die als Vergütung für bestimmte Leistungen, wie z. B. Beurkundungen, erhoben werden[49]. Nur der Entsendestaat und der Missionschef sind gemäß Art. 23 „hinsichtlich der in ihrem Eigentum stehenden und der von ihnen gemieteten bzw. gepachteten Räumlichkeiten der Mission von allen staatlichen, regionalen und kommunalen Steuern oder sonstigen Abgaben befreit, soweit diese nicht als Vergütung für bestimmte Dienstleistungen erhoben werden". Die Diplomaten sind ferner nach Art. 35 von allen persönlichen Dienstleistungen und militärischen Auflagen (Einquartierungen, Beschlagnahmen usw.) befreit. Art. 33 befreit die Diplomaten weiter von den Vorschriften des Empfangsstaates über soziale Sicherheit auch für ihre privaten Hausangestellten, die weder Angehörige des Empfangsstaates noch dort ansässig sind. Eine weitere teilweise Ausnahme von der Rechtsordnung des Empfangsstaates, die sich aus einer Regel der Courtoisie entwickelt hat, bildet die den Diplomaten in Art. 36 zuerkannte zollfreie Einfuhr von Gegenständen für den amtlichen und persönlichen Gebrauch. Bei triftigen Verdachtsgründen eines Mißbrauches kann dieses Gepäck jedoch in Anwesenheit des Diplomaten oder eines Vertreters kontrolliert werden[50].

§ 901 Die übrigen Teile der Rechtsordnung des Empfangsstaates sind auch für die Diplomaten rechtsverbindlich[51], sie können aber grundsätz-

---

[49] Dazu *Zeileissen*, Die abgabenrechtlichen Privilegien in den diplomatischen und konsularischen Beziehungen (1971).

[50] So wurde etwa 1976 eine umfangreiche Schmuggeltätigkeit nordkoreanischer Diplomaten aufgedeckt: AdG 46 (1976), S. 20557 f., RGDIP 81 (1977), S. 507 ff.

[51] Vgl. das in der ÖZöffRVR 32 (1981), S. 320 f., wiedergegebene Gutachten des Völkerrechtsbüros im österreichischen Außenministerium. Der Empfangsstaat kann daher die Diplomaten zum Abschluß von Versicherungsverträgen gegen *Verkehrsunfälle* zum Schutze dritter Personen verpflichten, indem er die Erlaubnis zur Verwendung bestimmter Verkehrsmittel vom Abschluß solcher Verträge abhängig macht. So das US-Department of Justice, AJIL 73 (1979), S. 127: „Under existing international law a host state may impose reasonable conditions upon *anyone* operating motor vehicles in its territory" (von uns hervorgehoben). Das amerikanische Durchführungsgesetz zur Wiener Diplomatenkonvention, der Diplomatic Relations Act 1978, führte, dem Beispiel zahlreicher Staaten folgend, eine obligatorische Haftpflichtversicherung für Diplomaten ein; vgl. ebd., S. 125 ff., und AJIL 75 (1981), S. 939 ff. Zur Durchsetzung dieser Verpflichtung vgl. AJIL 78 (1984), S. 435 f. Im Fall *X c. Département de justice et police du Canton de Genève* führte das Verwaltungsgericht des Kantons Genf am 15. Juni 1977 aus, daß einem Diplomaten der *Führerschein entzogen* werden kann „dont la manière de conduire constitue un danger pour la sécurité publique": SchwJIR

lich nicht im normalen Wege (Richterspruch, Exekution, Verwaltungszwang) durchgesetzt werden, da diese Personen Immunität von der Gerichtsbarkeit des Empfangsstaates (Art. 31) und von seiner Zwangsgewalt *auch für ihre Privathandlungen* genießen (Art. 29). Ihre Privatwohnungen und ihre Korrespondenz sind ebenso wie die Räumlichkeiten der Mission unverletzlich (Art. 30)[52].

Diese Vorrechte wurden früher unter der Bezeichnung „Exterritorialität" zusammengefaßt. Diese wurde aber aufgegeben, da sie die falsche Vorstellung erweckt, daß die von den privilegierten Personen gesetzten Tatbestände als außerhalb des Gebietes des Empfangsstaates gesetzt fingiert werden, was nicht der Fall ist, obgleich die meisten Staaten eine Gerichtsbarkeit gegen die von ihnen entsandten Diplomaten für die von diesen im Ausland gesetzten Tatbestände in ihrem Hoheitsbereich vorsehen. Dennoch handelt es sich um Tatbestände, die rechtlich am Tatorte gesetzt wurden. Daher ist auch der Dienstort des Diplomaten sein Finanzdomizil[53].

§ 902 Von der zivilgerichtlichen und verwaltungsgerichtlichen (nicht auch von der strafrechtlichen) Immunität bestehen jedoch einige *Ausnahmen*. So sind nach Art. 31 dingliche Klagen „in bezug auf privates, im Hoheitsgebiet des Empfangsstaates gelegenes unbewegliches Vermögen", ferner Klagen in Nachlaßsachen und Klagen im Zusammenhang mit einem freien Beruf oder einer im Empfangsstaat ausgeübten gewerblichen Tätigkeit zulässig. Dabei ist Art. 42 zu beachten, nach dem ein Diplomat keinen Beruf und keine gewerbliche Tätigkeit im Empfangsstaat ausüben darf, die auf persönlichen Gewinn gerichtet ist[54]. In solchen Fällen sind auch Vollstreckungshandlungen gegen einen Diplomaten gestattet, wenn „sie durchführbar sind, ohne die Unverletzlich-

---

34 (1978), S. 145. Nach Ansicht des schweizerischen Politischen Departements (ebd., S. 145 f.) ist eine solche Maßnahme zulässig, „lorsque souvient dans la personne de l'agent diplomatique une circonstance qui aurait fait obstacle à la délivrance du permis", wie z. B. schlechte Gesundheit oder Trunksucht. Hingegen ist der Führerscheinentzug als Strafe für ein begangenes Delikt wegen der Immunität der Diplomaten von der Strafgerichtsbarkeit unzulässig. Damit im wesentlichen übereinstimmend die Haltung des österreichischen Außenministeriums, vgl. ÖZöffRVR 30 (1979), S. 368 ff.: Rechtmäßigkeit der Abnahme des Führerscheins z. B. bei offensichtlicher Fahruntüchtigkeit, u. U. auch der Entziehung der Lenkerberechtigung, deren zwangsweise Durchsetzung allerdings nur unter besonders gravierenden Umständen als letzter Ausweg in Frage kommt. Zum ganzen auch noch *Hatano*, Traffic Accidents and Diplomatic Immunity, JAIL 12 (1968), S. 18 ff.

[52] Nach Ansicht des eidgenössischen Politischen Departements kann die Befugnis zum Betreten der Privatwohnung eines Diplomaten vom Wohnungsinhaber erteilt werden: SchwJIR 32 (1976), S. 148 ff.

[53] So das Gutachten des eidgenössischen Politischen Departements vom 12. Mai 1972, SchwJIR 33 (1977), S. 216 f.

[54] Dazu SchwJIR 33 (1977), S. 226 ff. Dieses Verbot gilt nicht für die Familienangehörigen diplomatischer Vertreter.

keit seiner Person oder seiner Wohnung zu beeinträchtigen" (Art. 31 Abs. 3). Außerdem ist eine Widerklage, „die mit der Hauptsache in unmittelbarem Zusammenhang steht", zulässig (Art. 32 Abs. 3)[55]. Aus Billigkeitsgründen ist ferner die Verurteilung eines Diplomaten in die Kosten eines von ihm angestrengten und verlorenen Prozesses erlaubt, ebenso die Einlegung eines Rechtsmittels durch eine von einem Diplomaten verklagte und in der Unterinstanz verurteilte Privatperson[56]. Schließlich bleibt gegen einen Diplomaten der Rechtsweg im Entsendestaat zulässig (Art. 31 Abs. 4).

§ 903 Ein Diplomat ist auch nicht verpflichtet, als Zeuge auszusagen (Art. 31 Abs. 2), darf aber dazu eingeladen werden.

§ 904 Dieselben Vorrechte genießen nach Art. 37 die zum Haushalt eines Diplomaten gehörenden Familienangehörigen[57], wenn sie nicht Angehörige des Empfangsstaates sind, während die Mitglieder des Verwaltungs- und technischen Personals einer Mission und deren Familienangehörige, wenn sie weder Angehörige des Empfangsstaates noch dort ständig ansässig sind, zwar eine strafrechtliche Immunität genießen, jedoch für ihre Privathandlungen der Zivil- und Verwaltungsgerichtsbarkeit des Empfangsstaates unterworfen sind (Art. 37 Abs. 2)[58].

§ 905 Mitglieder des dienstlichen Hauspersonals der Mission, die weder Angehörige des Empfangsstaates noch dort ständig ansässig sind, genießen nur Immunität in bezug auf ihre in Ausübung ihrer dienstlichen Tätigkeit vorgenommenen Handlungen, sowie Steuerfreiheit für ihre Dienstbezüge und Befreiung von den Vorschriften über die soziale Sicherheit (Art. 37 Abs. 3), während private Hausangestellte von Missionsmitgliedern, die weder Angehörige des Empfangsstaates noch dort ständig ansässig sind, bloß Befreiung von Steuern und anderen Abgaben auf die Bezüge aus ihrem Arbeitsverhältnis, andere Vorrechte aber nur in dem vom Empfangsstaat zugelassenen Umfang genießen. Dieser darf

[55] Aus einem Beschluß des österreichischen Obersten Gerichtshofs vom 3. März 1977 (wiedergegeben in ÖZöffRVR 28 [1977], S. 304 ff. [308]): „Der Begriff der ‚Widerklage' ist nicht nach der Verweisung des erhobenen Anspruches in ein bestimmtes gerichtliches Verfahren zu beurteilen, sondern bloß nach dem *Zusammenhang* der gegenseitig erhobenen Ansprüche" (Hervorhebung von uns). Daher ist ohne Bedeutung, „ob ein Anspruch nach inländischem Recht im Prozeß oder in einem außerstreitigen Verfahren erhoben wird" (ebd.).

[56] Beispiele bei *van Praag* (Anm. 34), S. 271.

[57] Dazu gehört auch der Lebensgefährte (époux de fait) einer Diplomatin, da Art. 37 das Schwergewicht auf den gemeinsamen Haushalt legt. So das eidgenössische Politische Departement am 13. Juli 1976, SchwJIR 33 (1977), S. 224 f. Zum ganzen *O'Keefe*, Privileges and Immunities of the Diplomatic Family, ICLQ 25 (1976), S. 329 ff.

[58] Diese Vorrechte wurden durch zahlreiche Vorbehalte noch weiter eingeschränkt.

jedoch seine Hoheitsgewalt über sie „nur so ausüben, daß er die Mission bei der Wahrnehmung ihrer Aufgaben nicht ungebührlich behindert" (Art. 37 Abs. 4).

§ 906 Der Entsendestaat (nicht aber die betroffenen Personen) kann gemäß Art. 32 auf die Immunität von der Gerichtsbarkeit (einschließlich der Strafgerichtsbarkeit) des Empfangsstaates *verzichten*. Daher ist eine Klausel in einem privatrechtlichen Vertrag, in der ein Diplomat einwilligt, auf seine Immunität zu verzichten, nichtig[59]. Ein Verzicht auf die gerichtliche Immunität erstreckt sich nicht automatisch auf die Exekution, hierfür ist ein besonderer Verzicht erforderlich[60].

§ 907 Ein Diplomat, der Angehöriger des Empfangsstaates (agent diplomatique regnicole) ist oder dort seinen gewöhnlichen Wohnsitz hat, genießt nur eine Immunität für seine dienstliche Tätigkeit, sofern ihm der Empfangsstaat nicht zusätzliche Rechte einräumt (Art. 38 Abs. 1).

Andere Personen, die mit den Diplomaten in Verbindung stehen, wie z. B. eine Versicherungsgesellschaft, bei der sie gegen Verkehrsunfälle oder andere Schäden versichert sind, haben keinerlei Immunität[61].

§ 908 Da die generellen Normen des Empfangsstaates für die Diplomaten grundsätzlich verbindlich sind, dürfen *rechtswidrige Angriffe* diplomatischer Vertreter sowohl von Privatpersonen als auch von Organen des Empfangsstaates *abgewehrt* werden[62]. Staatliche Zwangsakte

---

[59] Ebenso ein Gutachten des schweizerischen Politischen Departements vom 17. November 1967, SchwJIR 31 (1975), S. 267. Hingegen bedarf ein Diplomat, der im Empfangsstaat eine Klage erheben will, dazu keiner Ermächtigung seiner Regierung. Ein diesbezügliches Verbot seiner Regierung ist vr unerheblich. So der Haager Local Court am 23. Juni 1976 im Falle *J. A. Helinski v. B. B. t'Hart*, NYIL 8 (1977), S. 279 ff.

[60] Vgl. *Melander*, Waiver of Immunity, Nordisk Tidsskrift for International Ret 45 (1976), S. 22 ff.

[61] So das Tribunal de Commerce de Bruxelles am 23. November 1970 im Falle *W. Bonne & Cie.*, RBDI 9 (1973), S. 679 f.; vgl. auch Section 7 des US Diplomatic Relations Act 1978, AJIL 73 (1979), S. 127 (direct actions against insurers of members of diplomatic missions and their families). Keine Immunität genießt daher auch der Direktor eines einer diplomatischen Mission dienenden Pressebüros. So das Tribunal correctionnel de Paris am 24. April 1973 im Falle *Ligue internationale contre le racisme et l'antisémitisme c. Legagneux*, RGDIP 78 (1974), S. 529 ff. Dasselbe gilt für staatliche Kulturinstitute, Außenhandelsbüros, Handelskammern o. ä.

[62] So auch die ILC in ihren Beratungen über den Entwurf der Diplomatenrechtskonvention, ILC-Yearbook 1958 II, S. 97, wonach die persönliche Unverletzlichkeit „does not exclude in respect of the diplomatic agent either measures of self-defence or, in exceptional circumstances, measures to prevent him from committing crimes or offences". Im *Tehran* Case führt der IGH aus, daß diese Unverletzlichkeit „[n]aturally ... does not mean ... that a diplomatic agent caught in the act of committing an assault or other offence may not, on occasion, be briefly arrested by the police of the receiving State in order to prevent the commission of the particular

gegen die privilegierten Personen sind also, abgesehen von den bereits angeführten Ausnahmen des Art. 31 Abs. 3 oder im Falle eines Verzichts auf die Immunität von der Exekution, *ausschließlich* zur *Verhinderung* von strafbaren Handlungen (nicht aber zur Bestrafung) zulässig[63]. Diese Personen dürfen daher nicht zu einer Blutprobe gezwungen werden[64]. Hingegen dürfte ein Abschleppen von verbotswidrig parkenden Kraftfahrzeugen zulässig sein, da dadurch die diplomatische Tätigkeit nicht behindert wird.

§ 909 Neben den Enthaltungspflichten des Empfangsstaates besteht für ihn die *aktive* Verpflichtung, die Diplomaten mit gebührender Achtung zu behandeln und alle geeigneten Maßnahmen zu treffen, um jeden Angriff auf ihre Person, Freiheit oder Würde zu verhindern (Art. 29)[65]. Zur näheren Durchführung dieser Norm wurde am 14. Dezember 1973 von der UN-Generalversammlung die 1977 in Kraft getretene Convention on the Prevention and Punishment of Crimes Against Internationally Protected Persons, Including Diplomatic Agents, angenommen[66], welche die Vertragsstaaten zur Zusammenarbeit bei der Verfolgung und Bestrafung von Angriffen gegen solche Personen oder deren Entführung verpflichtet.

§ 910 Die Vorrechte und Immunitäten stehen gemäß Art. 39 den Berechtigten von dem Zeitpunkt an zu, in dem sie in den Empfangsstaat zum Dienstantritt einreisen[67], oder wenn sie schon vorher dort sind,

---

crime“: ICJ Reports 1980, S. 40. Das bereits zitierte Rundschreiben des deutschen Bundesinnenministeriums (oben Anm. 34) folgert daraus, daß die Anwendung von Gewalt gegen Diplomaten ausnahmsweise zulässig ist „zum eigenen Schutz des Betroffenen“ und „bei konkreter Gefahr für Leben oder Gesundheit anderer Personen“ (V. A. 2). Zu den Möglichkeiten, gegen Diplomaten wegen ihres Verhaltens im Straßenverkehr vorzugehen, oben § 901, Anm. 51.

[63] So die US-Entscheidungen in den Fällen *District of Columbia v. Vinard L. Paris*, AJIL 33 (1939), S. 787 ff., und *Rose v. The King*, AJIL 42 (1948), S. 945 ff.

[64] SchwJIR 23 (1966), S. 105.

[65] *Miehsler*, Die Unverletzlichkeit des Diplomaten, JBl. 92 (1970), S. 337 ff.; *Poulantzas*, Some Problems of International Law Connected with Urban Guerilla Warfare, AEI 3 (1972), S. 137 ff.; *Sztucki*, Some Reflections on the Von Spreti Case, Nordisk Tidsskrift for International Ret 40 (1970), S. 15 ff.; *Juillard*, Les enlèvements de diplomates, AFDI 17 (1971), S. 205 ff.; *Suy*, La Protection des diplomates, Wengler-Festschrift (1973), Bd. I, S. 591 ff. Diese besondere Schutzpflicht wurde auch vom IGH im *Tehran* Case hervorgehoben; vgl. z. B. ICJ Reports 1980, S. 32 f. Über ihre Grenzen bei der Geiselnahme von Diplomaten neben der gerade angeführten Literatur das in der ÖZöffRVR 31 (1980), S. 330 f., wiedergegebene Gutachten des österreichischen Außenministeriums. Zum ganzen *Przetacznik*, Protection of Officials of Foreign States according to International Law (1983).

[66] Vgl. oben § 435.

[67] Diese Vorrechte genießen auch nur vorübergehend *tatsächlich* beschäftigte Diplomaten, selbst wenn sie vom Empfangsstaat nicht in die Diploma-

vom Zeitpunkt der Notifikation ihrer Ernennung. Sie erlöschen mit der Ausreise oder nach Ablauf einer hierfür gewährten angemessenen Frist. Nur für die dienstlichen Handlungen besteht die gerichtliche Immunität weiter. Kehrt daher eine solche Person in den Empfangsstaat als Privatperson zurück, oder verbleibt sie nach Ablauf der Ausreisefrist dort, dann untersteht sie der Gerichtsbarkeit des früheren Empfangsstaates auch für jene Privathandlungen, die sie zur Zeit ihrer Immunität gesetzt hat, da diese die Gerichtsbarkeit zwar für die Zeit ihrer Dauer hemmt, die Verbindlichkeit der Rechtsnormen des Empfangsstaates aber nicht aufhebt[68].

§ 911 Gemäß Art. 26 gewährt schließlich der Empfangsstaat „allen Mitgliedern der Mission volle Bewegungs- und Reisefreiheit in seinem Hoheitsbereich" (mit Ausnahme von Verbotszonen aus Gründen der nationalen Sicherheit)[69].

§ 912 Alle diese Normen zeigen uns, daß der ganze diplomatische Verkehr auf dem Vertrauen aufgebaut wird, daß sowohl der Entsendewie auch der Empfangsstaat die diesem Verkehr gezogenen vr Grenzen loyal einhalten. Überschreiten sie diese *mala fide,* dann muß es notwendigerweise zu Kollisionen zwischen ihnen kommen. Da solche auch durch eine Differenzierung zwischen den Staaten entstehen können,

---

tenliste aufgenommen wurden. So der US District Court, District of Columbia, am 29. Juli 1974 im Falle *Renchard v. Humphreys & Harding, Inc.*, AJIL 69 (1975), S. 181 f.

[68] Ebenso das in der Anm. 63 zuerst angeführte Judikat; sowie *Dickinson v. Del Solar Mobile and General Insurance Co. Ltd.*, bei *Hudson,* Cases on International Law (2. Aufl. 1936), S. 805, und das Eidgenössische Politische Departement in seiner Stellungnahme vom 12. Mai 1961, SchwJIR 21 (1964), S. 171. Über die Dauer der Immunität südvietnamesischer Diplomaten nach Untergang ihrer Regierung vgl. US Digest 1975, S. 243 f.

Im Lichte unserer Ausführungen wird deutlich, daß sich die Immunität der diplomatischen Vertreter und die Immunität der *Staaten* (vgl. unten §§ 1168 ff.) wie zwei Kreise verhalten, die sich teilweise überschneiden: Nach der *„Tiefe"* der Exemtion geht die Immunität fremder Staaten weiter, weil sie diese von der Gebietshoheit des Territorialstaates vollständig ausnimmt, während die diplomatische Immunität grundsätzlich nur die ordentliche Vollziehung der generellen Normen hemmt, an die der ausländische Diplomat sehr wohl gebunden ist. In der Frage des *Umfanges* der Immunität ist es dagegen umgekehrt: Während fremden Staaten als solchen nach neuerer Entwicklung Immunität nur mehr für hoheitliches Handeln zugestanden wird, sind die diplomatischen Vertreter grundsätzlich *auch und gerade für ihre Privathandlungen* von der Vollziehung des Empfangsstaates ausgenommen. Dieser Unterschied wird durch eine funktionelle Betrachtung verständlich: Während es möglich wäre, einen ausländischen Diplomaten bei Nichtgewährung der Immunität für *acta iure gestionis* durch den Einsatz des empfangsstaatlichen Vollzugsapparates in der Erfüllung seiner hoheitlichen Aufgaben entscheidend zu behindern, ist diese Gefahr bei einem Staat, der sich im Ausland aufs fiskalische Parkett begeben hat, nicht gegeben.

[69] Vgl. *Perrenoud,* Les restrictions à la liberté de déplacement des diplomates, RGDIP 57 (1953), S. 444 ff.; RGDIP 88 (1984), S. 463 f.

verbietet Art. 47 dem Empfangsstaat jede diskriminierende Behandlung von Staaten. Als solche gilt aber weder eine bilaterale Erweiterung der in der Wiener Diplomatenkonvention anerkannten Rechte noch deren restriktive Interpretation gegenüber einem sie ebenfalls restriktiv auslegenden Staat[70]. Daher finden wir in verschiedenen Rechtsordnungen Ermächtigungen an die Regierung, notfalls auf dem Verordnungswege solche einschränkenden Maßnahmen durchzuführen[71].

Die Resolution der Generalversammlung 2531 (XXIV) vom 8. Dezember 1969 empfiehlt den Staaten, in Zivilrechtssachen auf die diplomatische Immunität zu verzichten[72].

8. Rechtsstellung der amtlichen Korrespondenz, der Kuriere und der Diplomaten in dritten Staaten

§ 913 Die amtliche Korrespondenz und die Kuriere genießen gemäß Art. 40 Abs. 3 „im Durchreiseverkehr, einschließlich der verschlüsselten Nachrichten, die gleiche Freiheit und den gleichen Schutz wie im Empfangsstaat“[73].

§ 914 Diplomaten, die, um ihr Amt anzutreten oder um in ihren Heimatstaat zurückzukehren, das Gebiet eines dritten Staates durchreisen oder sich dort befinden[74], sowie ihre sie begleitenden oder getrennt reisenden Familienangehörigen genießen in diesem Staate Unverletzlichkeit und alle sonstigen für die Reise erforderlichen Immunitäten (Art. 40 Abs. 1)[75]. Die Durchreise des Verwaltungs-, technischen und Hauspersonals darf nicht behindert werden (Art. 40 Abs. 2).

---

[70] Gleichlautend Art. 72 der Konsularkonvention und Art. 49 der Konvention über Special Missions. Dazu *Malintoppi*, L'elemento della reciprocità nel trattamento delle missioni diplomatiche, RDI 39 (1956), S. 532 ff.; *Hardy* (Anm. 21), S. 83 ff.; *Simma*, Das Reziprozitätselement im Zustandekommen völkerrechtlicher Verträge (1972), S. 123 ff.; *Decaux*, La réciprocité en droit international (1980), S. 145 ff.

[71] Vgl. Section 3.(1) des britischen Diplomatic Privileges Act, 1964 (Text in *Parry*, British Digest of International Law VII [1965], S. 972 ff.), und in der Bundesrepublik Art. 2 des Zustimmungsgesetzes zur Wiener Konvention, BGBl. 1964 II, S. 957.

[72] G. A. O. R., 24th session, Suppl. No. 30 (A/7630), S. 106.

[73] Diese Normen werden gegenwärtig von der ILC näher entfaltet, vgl. oben § 897 und Anm. 42.

[74] *Straub*, Die Rechte des Gesandten auf Reisen vor der Beglaubigung und nach der Abberufung, NZIR 51 (1935), S. 1 ff.; *Yeh-Sao-Hang*, Les privilèges et immunités des agents diplomatiques à l'égard des Etats tiers (1938); *Zemanek*, Der durchreisende Gesandte, ÖZöffR 4 (1952), S. 530 ff.

[75] Eine Immunität von der Zivilgerichtsbarkeit kann daraus nicht abgeleitet werden. Hingegen gewährt das panamerikanische Abkommen über die diplomatischen Vorrechte vom 20. Dezember 1928, ebenso wie der Lateranvertrag zwischen Italien und dem Heiligen Stuhl vom 11. Februar 1929 in Art. 12 Abs. 2, den durchreisenden diplomatischen Vertretern alle diplomatischen Vorrechte.

III. Spezialmissionen[76]

§ 915 Die am 8. Dezember 1969 mit der Resolution 2530 (XXIV) der UN-Generalversammlung beschlossene und am 16. Dezember 1969 zur Unterzeichnung aufgelegte Konvention über Spezialmissionen[77] schließt sich eng an die gerade besprochene Wiener Diplomatenkonvention an und erklärt ebenfalls im letzten Absatz ihrer Präambel, daß für die von ihr nicht behandelten Fragen das bisherige VGR in Geltung bleibt.

§ 916 Unter einer Spezialmission (special mission) versteht dieses Abkommen eine zwischen zwei oder mehreren Staaten vereinbarte und einvernehmlich wieder auflösbare „temporary mission" zur Erfüllung bestimmter Aufgaben (Art. 1 - 6, 13, 20). Wie das Landgericht Düsseldorf in seinem Urteil vom 10. März 1983 im Fall *Tabatabai* zu Recht betont, setzt „die wirksame Errichtung einer Spezialmission in jedem Fall eine *Vereinbarung* der beteiligten Staaten über eine zu erfüllende *bestimmte* Aufgabe (Funktion) der Spezialmission" voraus[78]. Die meisten Normen der Konvention 1969 sind nahezu wörtlich der Wiener Konvention über die diplomatischen Beziehungen nachgebildet, so Art. 10 über die Staatsangehörigkeit der Missionsmitglieder; Art. 12 über die Möglichkeit, ein Mitglied jederzeit zur *„persona non grata"* oder als „not acceptable" zu erklären; Art. 19 über das Recht der Flaggen- und Wappenführung; ferner Art. 25 und 26 über die Unverletzlichkeit der Missionsräume und der Archive. Diese Räume dürfen nur mit Zustimmung des Missionsleiters oder der Leitung der diplomatischen Mission betreten werden. Neu ist, daß diese Zustimmung „may be assumed in case of fire or other disaster that seriously endangers public safety", sofern es nicht möglich war, vorher die ausdrückliche Zustimmung zu erhalten (Art. 25). Folgende Normen entsprechen wieder den analogen Bestimmungen der Diplomatenkonvention: Art. 28 über die Befugnis

---

[76] *Waters*, The ad hoc Diplomat (1963); *Bartoš*, Le statut des missions spéciales de la diplomatie ad hoc, RdC 108 (1963 I), S. 431 ff.; *Maresca*, Le missioni speciali (1975).

[77] Text im ArchVR 16 (1973 - 75), S. 60 ff.; Ende 1983 noch nicht in Kraft. Die in diesem Teilabschnitt angeführten Artikel beziehen sich auf diese Konvention. Dazu neben dem in der letzten Anmerkung genannten Werk von *Maresca* noch *M. Rosaria Donnarumma*, La Convention sur les missions spéciales, RBDI 8 (1972), S. 34 ff.

[78] Wiedergabe des Urteils in EuGRZ 10 (1983), S. 440 ff. (Zitat S. 445, von uns hervorgehoben). Ebd., S. 159 ff., die beiden Haftentscheidungen vom 24. Februar und 7. März 1983. Dazu *Wolf*, Die völkerrechtliche Immunität des ad hoc-Diplomaten, EuGRZ 10 (1983), S. 401 ff. Während das Landgericht der Ansicht war, die Außenministerien der Bundesrepublik Deutschland und des Iran hätten eine solche Mission lediglich fingiert, um Tabatabai der Strafverfolgung zu entziehen, ging der Bundesgerichtshof in seiner Revisionsentscheidung vom 27. Februar 1984 vom Bestehen einer ernstgemeinten Abrede aus und hob das Urteil des Landgerichts Düsseldorf auf: Wortlaut der Entscheidung in EuGRZ 11 (1984), S. 273 ff.; s. auch NJW 1984, S. 2048 ff.

der Mission, mit ihrer Regierung und anderen Dienststellen ungehindert, auch durch Kuriere, zu verkehren, einschließlich deren Unverletzlichkeit; Art. 47 über die Pflicht der Missionsmitglieder zur Befolgung der Rechtsnormen des Empfangsstaates und der Nichteinmischung in dessen innere Angelegenheiten; Art. 29 über die persönliche Unverletzlichkeit der Missionsmitglieder und die Pflicht des Empfangsstaates, sie „with due respect" zu behandeln; Art. 30 über die Unverletzlichkeit ihrer Wohnungen und Schriftstücke; Art. 31 über ihre gerichtliche Immunität, jedoch mit der weiteren Ausnahme, daß gegen diese Personen Klagen zulässig sind „for damages arising out of an accident caused by a vehicle used outside the official functions of the person concerned"; Art. 39 über die ihren Familienangehörigen zustehenden Privilegien und Immunitäten; Art. 36, 37, 38 und 40 über die Einschränkung dieser Rechte für Angehörige des Empfangsstaates, des Verwaltungs- und technischen Personals sowie der Hausangestellten; Art. 41 über den Verzicht auf die gerichtliche Immunität und die Voraussetzungen einer Widerklage; Art. 43 über die Dauer der Immunität; Art. 32 über die Befreiung von der Sozialgesetzgebung und Art. 33 und 34 über die Befreiung von Steuern, Abgaben und persönlichen Dienstleistungen; Art. 27 über ihre Bewegungsfreiheit; Art. 48 über das Verbot einer auf Gewinn gerichteten Tätigkeit im Empfangsstaat; Art. 49 über die Nichtdiskriminierung der Staaten und Art. 42 über die Rechtsstellung der Missionsmitglieder bei der Durchreise durch Drittstaaten.

§ 917 Eine Sondernorm ist Art. 21, der anerkennt, daß den Staatshäuptern, Regierungsmitgliedern, Außenministern und anderen Personen hohen Ranges (of high rank) sowohl im Empfangsstaat wie in dritten Staaten außer den bereits angeführten Vorrechten auch jene zustehen, die im allgemeinen VR begründet sind (ohne daß diese jedoch angegeben werden).

IV. Konsularische Vertretungen[79]

§ 918 Bis zum Abschluß der Wiener Konvention über die konsularischen Beziehungen vom 24. April 1963 (in Kraft getreten am 19. März 1967)[80] war das Konsularrecht vorwiegend durch zahlreiche bilaterale

---

[79] *Lee*, Consular Law and Practice (1961); *Žourek*, Le statut et les fonctions des consuls, RdC 106 (1962 II), S. 357 ff.; *Dinstein*, Consular Immunity from Judicial Process (1966); *Ahmad*, L'institution consulaire et le droit international (1973); *Maresca*, Les relations consulaires et les fonctions du consul en matière de droit privé, RdC 134 (1971 III), S. 105 ff.; *Marcantonatos*, Les relations consulaires au terme de la Convention de Vienne (1974); G. *Hecker*, Handbuch der konsularischen Praxis (1982).

[80] BGBl. 1969 II, S. 1587; *Berber*, Dokumente I, S. 884 ff.; Sartorius II Nr. 326 (Ende 1983 108 Vertragsparteien). Dazu *Torres Bernardez*, La Conférence des Nations Unies sur les relations consulaires, AFDI 9 (1963), S. 78 ff.;

Konsular- und Niederlassungsverträge, sowie durch einige wenige Normen des VGR geregelt. Erst die genannte Konvention bildet eine allgemeine und umfassende Normierung dieser Materie. Doch ist auch sie nicht erschöpfend, weshalb der letzte Satz ihrer Präambel bestimmt, daß für alle Fragen, die in ihr nicht ausdrücklich geregelt sind, die Normen des VGR weiterhin gelten. Außerdem läßt dieses Übereinkommen gemäß Art. 73 die bisherigen bilateralen Abkommen unberührt und hindert die Staaten auch nicht, darüber neue Übereinkünfte zu schließen, welche die Normen der Wiener Konvention „bestätigen, ergänzen, vervollständigen oder deren Geltungsbereich erweitern".

§ 919 Konsularische Vertreter, die entweder Berufskonsuln oder Honorarkonsuln sein können, sind Organe des Entsendestaates im Empfangsstaat zur „Wahrnehmung konsularischer Aufgaben" (Art. 1 Abs. 1 lit. d)[81].

§ 920 Ebenso wie die diplomatischen Beziehungen beruhen auch die Aufnahme konsularischer Beziehungen (Art. 2), die Errichtung einer konsularischen Vertretung (Art. 4) und die Zulassung des Leiters einer konsularischen Vertretung (Art. 10) auf einem Übereinkommen zwischen zwei Staaten. Die Zustimmung zur Aufnahme diplomatischer Beziehungen schließt jedoch, mangels einer gegenteiligen Feststellung, die Zustimmung zur Aufnahme der konsularischen Beziehungen ein, während ein Abbruch jener Beziehungen den Abbruch der konsularischen Beziehungen nicht automatisch zur Folge hat (Art. 2). Der Leiter einer konsularischen Vertretung erhält vom Entsendestaat ein Bestallungsschreiben, das dem Empfangsstaat übermittelt oder dessen Inhalt ihm notifiziert wird (Art. 11), worauf der Konsul zur Wahrnehmung seiner Aufgaben durch eine Ermächtigung des Empfangsstaates, die als *„Exequatur"* bezeichnet wird, zugelassen wird (Art. 12).

§ 921 Die konsularischen Aufgaben bestanden früher, abgesehen von der bereits erwähnten Konsulargerichtsbarkeit, hauptsächlich im Schutze der Angehörigen des Entsendestaates im Empfangsstaat und in der Förderung der wirtschaftlichen Beziehungen zwischen diesen Staaten. Durch neuere bilaterale Verträge und insbesondere durch die Wiener Konvention über die konsularischen Beziehungen wurde der Kreis dieser Aufgaben erweitert. Darüber bestimmt Art. 5 lit. a, daß die konsularischen Vertreter nicht nur die Interessen der Angehörigen des Entsendestaates im Empfangsstaat, sondern auch die Interessen des Ent-

---

Herndl, Die Wiener Konsularkonferenz 1963, ArchVR 11 (1963), S. 417 ff.; *Lee*, Vienna Convention on Consular Relations (1966); sowie die Botschaft des Schweizerischen Bundesrates an die Bundesversammlung anläßlich der Genehmigung der Konvention, SchwJIR 22 (1965), S. 187 ff.

[81] Die in diesem Teilabschnitt herangezogenen Artikel beziehen sich auf die Wiener Konvention über die konsularischen Beziehungen.

sende*staates* innerhalb der vr zulässigen Grenzen zu schützen haben. Sie sind dabei aber verpflichtet, die Gesetze und sonstigen Rechtsvorschriften des Empfangsstaates zu beachten und sich nicht in dessen innere Angelegenheiten einzumischen (Art. 55 Abs. 1).

In die erste Gruppe fällt die Ausstellung von Reisepässen und Sichtvermerken (Visa), ferner die Ausübung standesamtlicher, notarieller und ähnlicher Verwaltungsaufgaben innerhalb der Grenzen der Rechtsordnung des Empfangsstaates, weiter die Hilfeleistung in Vormundschafts-, Pflegschafts- und Nachlaßsachen[82], sowie die Aufgabe, die Angehörigen des Entsendestaates vor den Gerichten und Behörden des Empfangsstaates zu vertreten oder für ihre angemessene Vertretung zu sorgen und für sie vorsorgliche Maßnahmen zu erwirken, all dies im Rahmen der Gesetze des Empfangsstaates (Art. 5 lit. i). Gemäß Art. 36 sind die konsularischen Vertreter befugt, „mit Angehörigen des Entsendestaates zu verkehren und sie aufzusuchen". Dasselbe Recht haben diese Personen im Verhältnis zu ihren konsularischen Vertretungen. Diese sind auch berechtigt, jene Personen in der Untersuchungs- oder Strafhaft zu sprechen, mit ihnen zu korrespondieren und für ihre Vertretung zu sorgen, sofern der Betroffene dagegen keinen ausdrücklichen Einspruch erhebt (Art. 36 Abs. 1 lit. c)[83]. Hingegen ist die Zustellung von gerichtlichen Akten und die Einvernahme von Zeugen im Empfangsstaat durch konsularische Funktionäre nur auf Grund von vr Verträgen oder der Rechtsordnung des Empfangsstaates zulässig[84].

In die zweite Gruppe fällt die Förderung der Entwicklung kommerzieller, wirtschaftlicher, kultureller, wissenschaftlicher und anderer freundschaftlicher Beziehungen zwischen dem Entsende- und Empfangsstaat, die Unterrichtung der eigenen Regierung über diese Verhältnisse im Empfangsstaat, die Zustellung von Urkunden und Rechtshilfeersuchen, die Aufsicht über die eigenen See- und Binnenschiffe

---

[82] Aber nur auf Ersuchen der Erben, da der Konsul die *individuellen* Rechte zu schützen hat. So das schweizerische Politische Departement am 25. August 1977, SchwJIR 34 (1978), S. 134 ff.

[83] *Menon*, The Right of Consuls to Protect Their Imprisoned Fellow-Nationals, IJIL 4 (1964), S. 301 ff. Ähnliche Bestimmungen finden wir in bilateralen Konsularabkommen: AJIL 57 (1963), S. 411 ff. Eine nähere Ausführung darüber finden wir in dem Gutachten des eidgenössischen Politischen Departements vom 6. September 1972, SchwJIR 33 (1977), S. 234 f.

Zu den Auseinandersetzungen zwischen der Bundesrepublik Deutschland und Drittstaaten, die mit der DDR Konsularverträge schlossen und darin eine eigene DDR-Staatsbürgerschaft anerkannten, vgl. *Hailbronner*, Deutsche Staatsangehörigkeit und diplomatischer Schutz durch die BRD, JZ 1975, S. 596 ff.; *Frowein*, Das Individuum als Rechtssubjekt im Konsularrecht, FS Mann, S. 367 ff.; *Zieger*, Deutsche Staatsangehörigkeit und Drittstaaten, ebd., S. 505 ff.; *v. Mangoldt*, Zur Einheit der deutschen Staatsangehörigkeit im Spiegel jüngerer Konsularverträge, ArchVR 22 (1984), S. 138 ff.

[84] So die Gutachten des schweizerischen Politischen Departements vom 14. Februar 1967 und 30. Juli 1968, SchwJIR 31 (1975), S. 257 ff.

und Luftfahrzeuge, die Prüfung ihrer Dokumente, sowie die Beilegung von „Streitigkeiten zwischen dem Kapitän, Offizieren und Mannschaften" (Art. 5 lit. l)[85].

§ 922 Alle diese Handlungen kann ein Konsul grundsätzlich nur in seinem Konsularbezirk vornehmen, mit Zustimmung des Empfangsstaates aber auch außerhalb desselben (Art. 6). In einem Staat, wo der Entsendestaat nicht diplomatisch vertreten ist, kann ein Konsul mit Zustimmung des Empfangsstaates beauftragt werden, diplomatische Amtshandlungen vorzunehmen. Er erwirbt dadurch aber keine diplomatischen Vorrechte (Art. 17 Abs. 1). Vertritt er jedoch den Entsendestaat diplomatisch bei einer internationalen Organisation, so genießt er alle Vorrechte, die solchen Delegierten zustehen (Art. 17 Abs. 2)[86].

§ 923 Viele andere Normen der Wiener Konsularkonvention sind denen der Diplomatenkonvention nachgebildet, so Art. 23 über das Recht des Empfangsstaates, einen Konsul zur *„persona non grata"* und einen ihm zugeteilten Beamten als nicht genehm zu erklären; Art. 22 über die Staatsangehörigkeit der Konsuln; Art. 19 über die Bestellung der Mitglieder einer konsularischen Vertretung; Art. 25 über die Beendigung ihrer dienstlichen Tätigkeit; Art. 8 über die Wahrnehmung konsularischer Aufgaben *für* einen dritten Staat und Art. 7 *in* einem dritten Staat; Art. 18 über die Bestellung derselben Person durch zwei oder mehrere Staaten; Art. 57 Abs. 1 über das Verbot einer privaten Erwerbstätigkeit und Art. 34 über die Bewegungsfreiheit.

§ 924 Die Leiter konsularischer Vertretungen sind in folgende vier *Klassen* eingeteilt: 1. Generalkonsuln, 2. Konsuln, 3. Vizekonsuln, und 4. Konsularagenten (Art. 9). Innerhalb jeder Klasse richtet sich die Rangordnung der Leiter konsularischer Vertretungen gemäß Art. 16 nach dem Tage, an dem ihnen das Exequatur erteilt wurde, oder nach dem Tage ihrer vorläufigen Zulassung. Wurde diese zwei oder mehreren Personen am selben Tage gewährt, so bestimmt sich die Rangfolge nach dem Tage des Empfanges der Bestallungsurkunde oder deren Notifikation. Wahlkonsuln, die eine konsularische Vertretung leiten, sind den eine solche Vertretung leitenden Berufskonsuln nachgeordnet.

§ 925 Auch konsularische Vertretungen haben das Recht zur Führung der Nationalflagge und des Staatswappens (Art. 29), ihre Räume und Archive sind unverletzlich (Art. 31 und 33). Diese Räume dürfen nur mit Zustimmung des Missionsleiters oder der Chefs der konsularischen Vertretung betreten werden. Diese wird jedoch „bei Feuer oder einem

---

[85] Vgl. auch die Beschreibung der „welfare and whereabouts services" der US-Konsuln im AJIL 74 (1980), S. 162 ff.

[86] Dazu ausführlich §§ 934 ff.

anderen Unglück [other disaster], wenn sofortige Schutzmaßnahmen erforderlich sind", vermutet (Art. 31 Abs. 2). Darunter fällt wohl auch die Gefährdung von Menschen durch drohende Angriffe[87]. Eine Beschlagnahme der konsularischen Räumlichkeiten ist „für Zwecke der Landesverteidigung oder des öffentlichen Wohles", jedoch nur gegen eine sofortige, angemessene und wirksame Entschädigung zulässig (Art. 31 Abs. 4).

Die einem Berufskonsul dienenden konsularischen Räume sind von allen staatlichen, regionalen und kommunalen Steuern, nicht aber von Vergütungen für Dienstleistungen befreit (Art. 32 Abs. 1). Die Befreiung erstreckt sich auch nicht auf Abgaben oder Steuern, die von einer Person zu entrichten sind, die mit dem Entsendestaat Verträge abgeschlossen hat (Art. 32 Abs. 2).

§ 926 Die konsularischen Vertretungen können gemäß Art. 35 ebenso wie die diplomatischen Missionen mit der eigenen Regierung, ihren diplomatischen und konsularischen Vertretungen, „wo immer sie sich befinden", mit allen geeigneten Mitteln, auch durch Kuriere, verkehren. Das Kuriergepäck, das ausschließlich für den Amtsgebrauch bestimmte Schriftstücke enthalten darf, darf grundsätzlich weder geöffnet noch zurückgehalten werden. Haben jedoch die zuständigen Behörden des Empfangsstaates triftige Gründe zur Annahme eines Mißbrauchs des Kuriergepäckes, so können sie verlangen, daß ein ermächtigter Vertreter des Entsendestaates dieses in ihrer Gegenwart öffnet. Wird dieses Verlangen abgelehnt, so kann das ungeöffnete Gepäck vom Empfangsstaat an seinen Ursprungsort zurückbefördert werden[88].

§ 927 Die Konsuln sind wie die Diplomaten mit gebührender Achtung zu behandeln und gegen jeden Angriff auf ihre Person zu schützen (Art. 40). Sie können aber wegen eines schweren Verbrechens in Untersuchungshaft genommen werden (Art. 41 Abs. 1). Mit Ausnahme dieses Falles dürfen sie nur in Ausführung einer rechtskräftigen gerichtlichen Entscheidung in ihrer persönlichen Freiheit beschränkt werden (Art. 41 Abs. 2). Sie sind verpflichtet, vor Gericht in einem gegen sie gerichteten Strafverfahren zu erscheinen, müssen dann aber mit „gebührender

---

[87] So ausdrücklich Art. 8 Abs. 4 des US-japanischen Konsularabkommens vom 22. März 1963 (JAIL 9 [1965], S. 269 ff.) für den Fall, „that the authorities of the receiving state have probable cause to believe that a crime involving violence to persons or property has been, or is being or is about to be committed in the consular office". Zum ganzen *Satyadeva Bedi*, Inviolability of Consular Premises, IJIL 15 (1975), S. 93 ff.

[88] Diese Regelung ist zweckmäßiger als Art. 27 der Diplomatenkonvention. Ob sie auf das diplomatische Kuriergepäck analog angewendet werden darf, erscheint uns dennoch zweifelhaft. Die USA haben dahingehende Vorbehalte Kuwaits und Bahreins zur Diplomatenkonvention am 2. Juli 1974 abgelehnt, AJIL 69 (1975), S. 145 f. Zur Problematik auch RGDIP 87 (1983), S. 193 f.

Achtung" behandelt werden (Art. 41 Abs. 3). Gemäß Art. 44 können sie auch in einem Gerichts- oder Verwaltungsverfahren als Zeugen geladen werden. Sie sind aber nicht verpflichtet, über dienstliche Angelegenheiten auszusagen oder amtliche Schriftstücke vorzulegen. Ihre Vernehmung kann in ihrer Wohnung oder in ihren Amtsräumen erfolgen. Ebenso wie Bedienstete des Verwaltungs- und technischen Personals genießen sie eine gerichtliche Immunität nur für „Handlungen, die sie in Wahrnehmung konsularischer Aufgaben vorgenommen haben" (Art. 43 Abs. 1)[89]. Gegen sie sind aber Zivilklagen aus Verträgen, sofern diese nicht ausdrücklich oder sonst erkennbar im Auftrage ihrer Regierung abgeschlossen wurden, sowie Schadensersatzklagen wegen eines im Empfangsstaat durch Land-, Wasser- oder Luftfahrzeuge verursachten Schadens zulässig (Art. 43 Abs. 2)[90]. Art. 45 über den Verzicht auf die Immunität ist der entsprechenden Norm der Wiener Diplomatenkonvention nachgebildet.

§ 928 Konsuln und Bedienstete des Verwaltungs- und technischen Personals mit ihren Familienmitgliedern und Mitglieder des Hauspersonals genießen dieselbe Befreiung von Steuern, Zöllen, persönlichen Dienstleistungen und von der Sozialversicherung wie die Mitglieder diplomatischer Missionen, deren Angehörige und private Bedienstete (Art. 49, 50, 52, 48). Sie sind auch von der Ausländermeldepflicht, Aufenthaltsgenehmigungspflicht und der Verpflichtung zur Erlangung einer Arbeitserlaubnis befreit (Art. 46 und 47). Gemäß Art. 57 gelten jedoch diese Vorrechte und Immunitäten weder für Familienmitglieder eines Mitglieds einer konsularischen Vertretung noch für Bedienstete des Verwaltungs- und technischen Personals oder des Dienstpersonals, sofern diese Personen im Empfangsstaat eine private Erwerbstätigkeit ausüben. Die Familienmitglieder und Privatbediensteten des Verwaltungs- und technischen sowie des Dienstpersonals genießen ebenfalls keine Vorrechte und Immunitäten.

§ 929 Die Normen über die Pflichten der dritten Staaten gegenüber den fremden Konsuln (Art. 54) sind jenen der Diplomatenkonvention analog gestaltet, ebenso wie die Normen über die Nichtdiskriminierung der Staaten (Art. 72).

§ 930 Einige Sondernormen finden wir über die *Honorar-* oder *Wahlkonsuln.* Das sind Privatpersonen, in der Regel Angehörige des Emp-

---

[89] Dazu gehören nach dem Urteil des italienischen Kassationshofes im Falle *Rubin c. Console della Repubblica di Panama* vom 7. Juli 1977 auch jene Aktivitäten, die mit der Organisation ihres Amts notwendigerweise verbunden sind, wie z. B. Dienstverträge mit einer amtlich bestellten Übersetzerin in fremde Sprachen: RDI 61 (1978), S. 564 ff.

[90] Dazu das Gutachten des schweizerischen Politischen Departements vom 17. November 1967, SchwJIR 31 (1975), S. 267.

fangsstaates oder Personen, die dort ständig ansässig sind, die neben ihrem Hauptberufe konsularische Funktionen im Namen des Entsendestaates ausüben. Diese genießen gemäß Art. 17 „lediglich Immunität von der Gerichtsbarkeit und persönliche Unverletzlichkeit in bezug auf die in Wahrnehmung ihrer Aufgaben vorgenommenen Amtshandlungen", sofern ihnen der Empfangsstaat nicht freiwillig zusätzliche Rechte gewährt. Der Empfangsstaat darf jedoch die Wahrnehmung ihrer konsularischen Aufgaben „nicht ungebührlich behindern".

§ 931 Konsularische Aufgaben können, wie bereits ausgeführt wurde[91], durch eine diplomatische Mission wahrgenommen werden, deren Mitglieder auch in einem solchen Falle die diplomatischen Vorrechte behalten (Art. 70).

V. Diplomatische und konsularische Vertretung durch andere Staaten[92]

§ 932 Jeder Staat *kann* seine Vertretung bei einem dritten Staate den Organen eines anderen Staates mit dessen Zustimmung auf Dauer oder für einen bestimmten Fall übertragen. So wird z. B. das Fürstentum Liechtenstein bei dritten Staaten seit 1919 durch die Schweiz überall dort vertreten, wo es keine eigene Vertretung unterhält[93].

§ 933 *Notwendig* wird eine solche Vertretung im Falle eines Abbruches der diplomatischen Beziehungen oder im Kriegsfall. Sie wird oft einem dauernd neutralen Staate anvertraut[94]. Einen solchen Staat bezeichnet man als „Schutzmacht". Diese kann nur jene Rechte geltend machen, die dem vertretenen Staate zustehen. Um diese Rechte ausüben zu können, bedarf es auch der Zustimmung jenes Staates, bei dessen Regierung der Schutz ausgeübt werden soll, da zwar kein Staat eine solche Vertretung grundsätzlich ausschließen darf, keineswegs aber verpflichtet ist, jeden beliebigen Staat als Schutzmacht anzunehmen[95]. Diese Auffassung wird durch Art. 8 Abs. 3 der Wiener Konvention über

---

[91] § 888.

[92] *Escher*, Der Schutz der Staatsangehörigen im Ausland durch fremde Gesandtschaften und Konsulate (1929); *Sereni*, La rappresentanza nel diritto internazionale (1936); *Franklin*, Protection of Foreign Interests (1947); *Janner*, La Puissance protectrice en droit international (1948); *Bertschy*, Die Schutzmacht im Völkerrecht (1952); *Doehring*, Schutzmacht, WV II, S. 218 ff.; *Laitenberger*, Die Schutzmacht, GYIL 21 (1978), S. 180 ff.

[93] *Schindler*, Liechtenstein, WV II, S. 419 f.

[94] *Bouffanais*, Les consuls en temps de guerre et de troubles (1933); *Schindler* (sen.), Vertretung fremder Interessen durch die Schweiz, SchwJIR 1 (1944), S. 130 ff. Ende 1973, im Jom-Kippur-Krieg, hat die Schweiz z. B. die Interessen von 27 Staaten als Schutzmacht vertreten; während des Zweiten Weltkrieges nahm sie 260 derartige Vertretungen für insgesamt 43 Staaten wahr.

[95] So z. B. *Janner* (Anm. 92), S. 16; *Doehring* (ebd.), S. 221.

die diplomatischen Beziehungen und Art. 8 über die konsularischen Beziehungen bestätigt, da jene Norm dem Empfangsstaat das Recht einräumt, eine solche Vertretung von seiner Zustimmung abhängig zu machen, während diese ihn ermächtigt, dagegen Einspruch zu erheben.

VI. Missionen und Delegationen bei universellen internationalen Organisationen

§ 934 Die am 14. März 1975 zur Unterzeichnung aufgelegte (aber noch nicht in Kraft getretene) „Vienna Convention on the Representation of States in Their Relations with International Organizations of a Universal Character“[96] ist der bereits dargestellten Wiener Konvention über die diplomatischen Beziehungen nachgebildet. Sie unterscheidet sich jedoch von ihr durch folgende Hauptmerkmale:

§ 935 Die Konvention regelt nicht nur die vr Stellung der ständigen diplomatischen Vertretungen bei solchen Organisationen (Art. 5 - 41), sondern auch die der Delegationen zu einem Organe oder einer Konferenz der Organisation (Art. 42 - 70).

§ 936 Ständige Missionen bei solchen Organisationen können in der Regel nur deren Mitgliedstaaten errichten. Nichtmitglieder können sich durch „permanent observer missions“ vertreten lassen, wenn es die

---

[96] UN Doc. A/CONF. 67/16 vom 14. März 1975; Text im AJIL 69 (1975), S. 730 ff. Dazu die Konferenzmaterialien: United Nations Conference on the Representation of States in Their Relations with International Organizations, Official Records, Vol. I: Summary Records, Vol. II: Documents of the Conference, UN Docs. A/CONF. 67/18 und A/CONF. 67/18/Add. 1. Die Konvention beruht auf Vorarbeiten der ILC; vgl. die Draft Articles im ILC-Yearbook 1971 II, Part One, S. 275 ff.

Aus dem Schrifttum vgl. neben den bereits oben § 276, Anm. 1, angeführten Arbeiten zur UNO und ihren Spezialorganisationen noch allgemein *Perrin*, Les privilèges et immunités des représentants des Etats auprès des organisations internationales, RGDIP 60 (1956), S. 193 ff.; *Goy*, Le droit d'accès au siège des Organisations internationales, ebd. 66 (1962), S. 357 ff.; Carnegie Endowment for International Peace (Hrsg.), Les missions permanentes auprès des organisations internationales (1971 ff.); *von Plehwe*, Internationale Organisationen und die moderne Diplomatie (1972); *Kaufmann*, Conference Diplomacy (1968); *Michaels*, International Privileges and Immunities, A Case for a Universal Statute (1971). Zur Konvention 1975 *Ritter / El Erian*, AFDI 21 (1975), S. 445 ff.; *Staehelin*, SchwJIR 31 (1975), S. 52 ff.; *Fennessy*, The 1975 Vienna Convention on the Representation of States in Their Relations with International Organizations of a Universal Character, AJIL 70 (1976), S. 62 ff.; *Köck*, Multinational Diplomacy and Progressive Development of International Law, ÖZöffRVR 28 (1977), S. 51 ff.; *Lang*, Das Wiener Übereinkommen über die Vertretung von Staaten in ihren Beziehungen zu internationalen Organisationen universellen Charakters, ZaöRV 37 (1977), S. 43 ff.; *Nascimento e Silva*, Privileges and Immunities of Permanent Missions to International Organizations, GYIL 21 (1978), S. 9 ff.; *Maresca*, La diplomazia plurilaterale (1979); *Sette Camara*, U.N. and International Law-Making ..., in: *Cassese* (Hrsg.), UN Law/Fundamental Rights (1979), S. 91 ff.; *El Erian*, Encyclopedia [5 (1983), S. 392 ff.].

Organisationsnormen gestatten (Art. 5 Abs. 2, Art. 7). Derartige Beobachtermissionen genießen dann die gleiche Rechtsstellung wie ständige Missionen[97]. Hingegen wird die Entsendung *aller* Delegationen von den Normen der Konvention beherrscht (Art. 42).

§ 937 Die Bestellung aller Missions- oder Delegationsmitglieder (einschließlich des Leiters) kann ohne Einholung eines „agrément"[98] erfolgen (Art. 9 und 43), Notifikationspflichten des Entsendestaates bestehen dabei nur gegenüber der Organisation, die dann ihrerseits den Gaststaat zu verständigen hat (Art. 15 und 47). Der Gaststaat hat auch keine Möglichkeit, ein Mitglied zur *„persona non grata"* zu erklären[99]. Staatsangehörige des Gastlandes dürfen jedoch nur mit dessen (jederzeit widerrufbarer) Zustimmung zu diplomatischen Mitgliedern einer Vertretung, Delegation oder „permanent observer mission" ernannt werden. Eine solche Zustimmung wird vermutet, wenn dagegen nach Notifikation kein Einwand erhoben wird (Art. 73).

§ 938 Die Rangordnung der ständigen Vertreter, Delegierten und Beobachter richtet sich nach der alphabetischen Reihenfolge ihrer Staaten (Art. 17 und 49).

§ 939 Die Privilegien und Immunitäten all dieser Personen im Gastland sind grundsätzlich den diplomatischen Rechten nachgebildet (Art. 23 - 41, 54 - 70). Sie sind zu gewähren, sobald die berechtigte Person das Territorium des Gaststaates betritt, um an ihren Posten zu gelangen; eine vorherige Notifikation an diesen Staat ist nicht erforderlich. Die Räumlichkeiten der Vertretung sind unverletzlich[100]. Außerdem soll die Organisation nötigenfalls dem Entsendestaat wie dem Gastland bei der Erfüllung von deren Rechten und Pflichten behilflich sein (Art. 22 und 53). Gemäß Art. 77 sind alle Personen, die Vorrechte und Immunitäten genießen, verpflichtet, die Rechtsvorschriften des Gastlandes zu beachten. Sie dürfen sich nicht in dessen innere Angelegenheiten einmischen. Verletzt eine solche Person die Strafgesetze des Gaststaates in schwerer

---

[97] In ihrer Resolution 35/167 vom 15. Dezember 1980, RDI 64 (1981), S. 470 f., fordert die UN-Generalversammlung die Gaststaaten von internationalen Organisationen, die von der Arabischen Liga oder der OAU anerkannten *nationalen Befreiungsbewegungen* Beobachterstatus einräumen, zur Gewährung der notwendigen Privilegien und Immunitäten an diese Beobachtermissionen auf.

[98] Oben § 890.

[99] So hatte z. B. die Schweiz keine vr Handhabe, sich der Anfang 1983 erfolgten Bestellung des chilenischen Generals *Carrasco*, der durch sein unmenschliches Vorgehen gegen Anhänger von Präsident Allende nach dem Militärputsch vom September 1973 bekannt geworden war, zum Vertreter seines Landes bei der UNO in Genf — also etwa auch zum Beobachter bei der UN-Menschenrechtskommission —, zu widersetzen; vgl. RGDIP 87 (1983), S. 904 f.

[100] Dazu auch oben § 895.

und offensichtlicher Weise oder mischt sie sich derart in die inneren Angelegenheiten des Sitzstaates ein, ohne dabei in Wahrnehmung von Aufgaben der Mission, Delegation oder Beobachtermission zu handeln, so hat der Entsendestaat entweder auf ihre Immunität zu verzichten oder sie abzuberufen bzw. für ihre Abreise zu sorgen. Diese Bestimmung ist zwar nicht so auszulegen „as prohibiting the host State from taking such measures as are necessary for its own protection", doch dürfen derartige Abwehrmaßnahmen erst nach angemessener Konsultierung des Entsendestaates getroffen werden, damit diese Schritte die normale Arbeit der Mission, Delegation oder Beobachtermission nicht behindern. Obwohl der Entsendestaat den Umfang seiner Missionen und Delegationen in Grenzen halten muß, die „reasonable and normal" sind (Art. 14 und 46), hat das Gastland kein ausdrücklich normiertes Einspruchsrecht bei Überschreitung dieser Grenzen, wie es die Diplomaten- und Konsularkonvention kennen. Dieser und die übrigen Unterschiede zu den früheren Konventionen, die insgesamt die Entsendestaaten gegenüber den Gaststaaten in für diese kaum erträglichem Maße begünstigen[101], ergeben sich aus dem Prinzip, daß Rechtsbeziehungen zwischen Entsende- und Gaststaat nicht unmittelbar, sondern nur unter Einschaltung der Organisation bestehen.

§ 940 Einen gewissen Fortschritt gegenüber den früheren verwandten Konventionen bedeutet es, daß gemäß Art. 84 unserer Konvention im Falle einer zwischenstaatlichen Streitigkeit über ihre Anwendung bei Verlangen auch nur eines Teiles eine *Konsultationspflicht* vorgesehen ist. Auf Verlangen einer Partei muß auch die Organisation zu diesen Konsultationen eingeladen werden. Wird der Streit auf diese Weise nicht binnen eines Monats beigelegt, so kann er gemäß Art. 85 von jedem Streitteil einer dreiköpfigen „conciliation commission" vorgelegt werden, die mangels einer Einigung der Parteien diesen „as soon as possible" mit Stimmenmehrheit einen Lösungsvorschlag (recommendations) unterbreiten soll. Dieser Vorschlag bindet die Parteien nicht, es sei denn, sie stimmten ihm zu. Jeder Partei steht es aber frei, einseitig zu erklären, daß sie sich entsprechend dem Lösungsvorschlag der Kommission verhalten wolle. Zur Erleichterung ihrer Aufgabe kann die Versöhnungskommission der betroffenen Organisation empfehlen, ein Rechtsgutachten des IGH einzuholen, sofern diese dazu grundsätzlich befugt ist[102].

[101] Diese Unausgewogenheit führte dazu, daß sich bei der Schlußabstimmung über die Konvention die USA, Kanada, Großbritannien, Frankreich, Österreich und die Schweiz, also nahezu alle Sitzstaaten der darin angesprochenen Organisationen der Stimme enthielten.

[102] § 187. Zu diesem Verfahren *Villani*, ItYIL 4 (1978 - 1979), S. 31 ff.

3. Abschnitt

Staatengemeinschaftsorgane

§ 941 Staatengemeinschaftsorgane werden von zwei oder mehreren Staaten *zusammen* zur Besorgung gemeinsamer Angelegenheiten berufen. Sie üben ihre Tätigkeit entweder als *Organe einer internationalen Organisation*[1] aus, wie z. B. der UN-Sicherheitsrat, die Generalversammlung, der UN-Generalsekretär, der IGH oder die ILC, oder aber als *selbständige* Staatengemeinschaftsorgane, wie z. B. der (frühere) StIGH, die Institutionen des GATT, ein vertraglich eingesetztes Schiedsgerichte, eine Grenzkommission oder die Organe, die durch das UN-Seerechtsübereinkommen 1982 (§ 596) eingesetzt werden.

§ 942 Nach ihren *Funktionen* lassen sich die Staatengemeinschaftsorgane in Erzeugungsorgane genereller Völkerrechtsnormen[2], Untersuchungs- und Vermittlungsorgane[3], Entscheidungsorgane[4] und Organe der vr Verwaltung einteilen, wobei wir unter „vr Verwaltung" jede Tätigkeit verstehen, die nicht unter die zuvor genannten Aufgaben fällt.

§ 943 Diese Verwaltungstätigkeit von Staatengemeinschaftsorganen kann *politischer*, wie beim Völkerbund und heute bei der UNO und den politischen Regionalorganisationen gemäß Kapitel VIII der Charta, oder *unpolitischer* Natur sein, wie diejenige der Organe der UN-Spezialorganisationen und der Verwaltungsunionen[5].

Während *mittelbare* Verwaltung, wie sie etwa von den beiden zuletztgenannten Organisationskategorien ausgeübt wird, die Vorbereitung, Koordination und Beaufsichtigung, daneben seltener auch die verbindliche Festlegung einzelstaatlicher Tätigkeiten zum Inhalt hat[6],

---

[1] Oben § 415.

[2] Darüber ausführlich §§ 625 ff. und die einschlägigen Abschnitte in Kapitel 4.

[3] Darüber §§ 213 ff., 1315 ff.

[4] Ausführlich §§ 186 ff., 1318, 1322 ff.

[5] Das Begriffspaar „politische — unpolitische Verwaltung" bezeichnet dabei die *grundsätzliche* Intention der beteiligten Staaten. In der Praxis verwischt sich diese Trennungslinie nur allzu oft; vgl. *Claude*, Swords into Plowshares (4. Aufl. 1971), S. 398 ff.

[6] Vgl. die ausführliche Darstellung dieser Tätigkeiten im einzelnen bei *Verdross*, S. 597 ff.; *Dahm*, Völkerrecht 2 (1961), S. 579 ff.; *Seidl-Hohenveldern*, Das Recht der Internationalen Organisationen einschließlich der Supranationalen Gemeinschaften (3. Aufl. 1979), S. 313 ff.; *Sørensen*, Institutionalized International Co-operation in Economic, Social and Cultural Fields, in: *Sørensen* (Hrsg.), Manual of Public International Law (1968), S. 605 ff.; *Köck / Fischer*, Grundzüge des Rechtes der Internationalen Organisationen (1981). Vgl. über die Tätigkeit der UN-Spezialorganisationen ferner oben §§ 295 ff.

umfaßt die — noch seltenere — *unmittelbare*[7] wie auch die *supranationale*[8] Verwaltung die Erlassung von Verwaltungsakten, die unmittelbar, d. h. ohne Dazutun der Heimat- bzw. Aufenthaltsstaaten, auch für Einzelmenschen verbindlich sind. Ein frühes Beispiel dafür bilden die Verordnungen der bis 1938 bestehenden Europäischen Donaukommission, die auf der Seedonau die Flußschiffahrt und die notwendigen Verbesserungsarbeiten verwaltete.

Kapitel 7

Die Staatenverbindungen

1. Abschnitt

Ihre verschiedenen Arten

§ 944 Da die Staaten nach allgemeinem VR sowie auch im Rahmen der UNO beliebige Verbindungen eingehen können, solange diese mit der UN-Charta vereinbar sind, bildet jede Staatenverbindung[1] eine *vr Individualität,* die primär nach ihren eigenen Normen zu beurteilen ist. Im Laufe der Geschichte haben sich jedoch verschiedene Arten solcher Verbindungen herausgebildet, die bestimmte typische Merkmale aufweisen.

§ 945 In dieser Richtung muß zunächst zwischen den staatsrechtlichen und den vr Staatenverbindungen unterschieden werden.

Staatsrechtliche Staatenverbindungen können entweder durch Dezentralisierung eines Staates auf Grund seiner Verfassung oder in der Weise entstehen, daß sich souveräne Staaten zu einem neuen Staat zusammenschließen, wobei seine Glieder eine partielle Völkerrechtssubjektivität gegenüber dritten Staaten behalten können.

---

[7] *Verdross,* S. 590 ff.

[8] *Zemanek,* in *Verdross,* S. 355 f. und 594 ff.

[1] G. *Jellinek,* Die Lehre von den Staatenverbindungen (1882); *Kelsen,* Allgemeine Staatslehre (1925), S. 193 ff.; *Kunz,* Die Staatenverbindungen (1929); *Bindschedler,* Rechtsfragen der europäischen Einigung (1954), S. 22 ff.; *derselbe,* Internationale Organisation (Grundfragen), WV II, S. 70 ff.; *Mokre,* Staatenverbindungen zwischen Staatsrecht und Völkerrecht, ÖZöffR 7 (1956), S. 228 ff.; *Sereni,* Le organizzazioni internazionali (1959, auch Bd. II/2 seines Lehrbuchs „Diritto internazionale", 1960); *Nawiasky,* Staatenverbindungen, WV III, S. 313 ff.; *Boutros-Ghali,* Contribution à une théorie générale des alliances (1963); *Riklin,* Die Europäische Gemeinschaft im System der Staatenverbindungen (1972). Ferner § 415, Anm. 1.

Eine staatsrechtliche Staatenverbindung unterscheidet sich von einer völkerrechtlichen dadurch, daß bei ihr die Verfassung des Gesamtstaates die Beziehungen zwischen den Gliedstaaten erschöpfend regelt[2]. Das ist auch dann der Fall, wenn zwischen diesen, mangels einer abweichenden Regelung durch die geschriebene Verfassung, etwa auf Vertragsbeziehungen oder die Nutzung von Grenzgewässern, gewohnheitsrechtlich oder *per analogiam* Normen des VR angewendet werden, sofern diese Normen ihre Verbindlichkeit aus der gesamtstaatlichen Rechtsordnung herleiten[3].

Hingegen liegt eine *völkerrechtliche* Staatenverbindung vor, wenn die Beziehungen zwischen den Gliedern entweder bloß vom allgemeinen VR beherrscht werden, oder wenn die durch den Bundesvertrag begründete Verfassung die Beziehungen zwischen den Staaten nur teil-

---

[2] *Verdross*, Zur neuesten Lehre von den Staatenverbindungen, NZIR 35 (1925 - 26), S. 257 ff.

[3] Im Gegensatz zum früheren Staatsgerichtshof für das Deutsche Reich (vgl. den Fall der *Donauversinkung* unten § 1028, Anm. 29) hat das Bundesverfassungsgericht im (2.) *Coburg*-Urteil vom 30. Januar 1973 die Auffassung vertreten, daß heute das Verhältnis der deutschen Länder im Bundesstaat lückenlos durch das Bundesverfassungsrecht geregelt sei: BVerfGE 34, 231 f. Wenig später hat es jedoch im *Grundlagenvertrags*-Urteil vom 31. Juli 1973 ausgeführt, daß sich in einem Bundesstaat, falls eine Regelung in der Bundesverfassung fehlt, die Beziehungen zwischen den Gliedstaaten nach den Regeln des Völkerrechts bemessen: BVerfGE 36, 24.

Das schweizerische Bundesgericht wendet in ständiger Rechtsprechung auf interkantonale Streitigkeiten bei Fehlen innerstaatlicher Normen VR *per analogiam* an; so zuletzt die vr Regeln über die Bestimmung und den Verlauf von Staatsgrenzen in seinem ausführlich begründeten Urteil im Falle *Nufenen (Kanton Wallis g. Kanton Tessin)* vom 2. Juli 1980; BGE 106 I b 154 ff., SchwJIR 37 (1981), S. 229 ff.; *Müller / Wildhaber*, Praxis des Völkerrechts (2. Aufl. 1982), S. 218 ff.

Die zur Schlichtung von Grenzstreitigkeiten zwischen den *argentinischen* Provinzen eingesetzte Comisión Nacional de Límites Interprovinciales betrachtet sich verfassungsrechtlich als ermächtigt, VR subsidiär anzuwenden; vgl. z. B. ihr Dictamen vom 16. Dezember 1980 über die *Grenze zwischen Catamarca und Tucumán*, Anuario de Derecho Internacional Publico (Buenos Aires) 1 (1981), S. 178 ff. (182). Aus dem Schrifttum vgl. *Kunz*, International Law by Analogy, AJIL 45 (1951), S. 329 ff.; *Cowles*, International Law as Applied between Subdivisions of Federations, RdC 74 (1949 I), S. 659 ff.; *Ibrahim*, The Application of International Law in Disputes between Member States of Federal Unions (1952); *Schaumann* und *Schneider*, Verträge zwischen Gliedstaaten im Bundesstaat, Veröffentlichungen der Vereinigung der Deutschen Staatsrechtslehrer 19 (1961), S. 1 ff. und 86 ff.; *Mallmann*, Völkerrecht und Bundesstaat, WV III, S. 640 ff.; *Bleckmann*, Völkerrecht im Bundesstaat?, SchwJIR 29 (1973), S. 9 ff.; *derselbe*, Grundgesetz und Völkerrecht (1975), S. 337 ff.; *Bothe*, Völkerrecht und Bundesstaat. Gedanken zu einem juristischen Gegenverkehr, FS Mosler (1983), S. 111 ff.

Nach Art. 15 a des österreichischen B.-VG. (eingefügt durch eine Verfassungsnovelle 1974) sind auf Verträge zwischen Bund und Ländern, sowie auf Vereinbarungen der Länder untereinander „die Grundsätze des völkerrechtlichen Vertragsrechtes" anzuwenden. Dazu *Rill*, Gliedstaatsverträge (1972); *Öhlinger*, Verträge im Bundesstaat (1978); *derselbe*, Die Anwendung des Völkerrechts auf Verträge im Bundesstaat (1982).

weise regelt und alle anderen Belange weiterhin der *direkten* Normierung des allgemeinen VR überläßt. Eine solche Regelung bestand z. B. im Deutschen Bund (1815 - 1866), der nach der Wiener Kongreßakte vom 9. Juni 1815 ein „völkerrechtlicher Verein der deutschen Fürsten und Souveräne zwecks Erhaltung des äußeren und inneren Friedens Deutschlands und der deutschen Staaten", nach innen „eine Gemeinschaft selbständiger, unter sich unabhängiger Staaten mit wechselseitigen gleichen Vorrechten und Vertragsobliegenheiten", nach außen hin aber „eine in politischer Einheit verbundene Gesamtheit" gewesen war[4]. Vr Staatenbünde waren ferner der nordamerikanische Bund (1778 bis 1789) und die Schweizerische Eidgenossenschaft (1815 - 1848). Da solche partikuläre Staatenbünde heute nicht mehr vorhanden sind, braucht auf sie nicht näher eingegangen zu werden.

§ 946 Die vr Staatenverbindungen können entweder Gesamtorgane zur Besorgung gemeinsamer Aufgaben aufweisen (*organisierte* Staatenverbindungen, heute als „internationale Organisationen" bezeichnet[5]) oder sich bei der Verfolgung ihrer Zwecke ausschließlich der Organe der Mitgliedstaaten bedienen (*nichtorganisierte* Staatenverbindungen), wie z. B. Verteidigungsallianzen. Heute finden wir aber auch Verteidigungsbündnisse, die organisiert sind, wie z. B. der Nordatlantik-Pakt (NATO) vom 4. April 1949[6] und der Warschauer Pakt vom 14. Mai 1955[7]. Die vr Staatenverbindungen können ferner je nach ihrem Ziel *politischer* oder *unpolitischer* Natur sein. So sind die bereits angeführten Staatenbünde ebenso wie die Allianzen politische, hingegen die später zu besprechenden Verwaltungsunionen primär unpolitische Staatenverbindungen.

§ 947 Schließlich unterscheidet man zwischen Staatenverbindungen auf der Grundlage der *Gleichheit* und solchen auf der Grundlage der *Ungleichheit*. Diese sind jedoch mit dem Grundsatz der souveränen Gleichheit aller Staaten (Art. 2 Ziff. 1 UN-Charta) unvereinbar. Staatenverbindungen auf der Grundlage der Ungleichheit waren die Protektorate[8] und die Quasi-Protektorate[9], die jedoch nahezu alle der Ge-

---

[4] Übernommen aus den Art. 1 - 11 der deutschen Bundesakte vom 8. Juni 1815, nachdem schon Art. 6 Abs. 2 des Pariser Friedensvertrages vom 30. Mai 1814 bestimmt hatte: „Die Staaten Deutschlands werden unabhängig und durch ein föderatives Band vereinigt sein": *Fleischmann*, Völkerrechtsquellen (1905), S. 2.

[5] Vgl. oben § 415.

[6] *Berber*, Dokumente I, S. 760 ff.

[7] Ebd., S. 811 ff.

[8] Diese beruhten auf einem Vertrage zwischen dem Protektorstaat und dem protegierten Staat, durch den jenem die Befugnis eingeräumt wurde, die Außenpolitik des protegierten Staates entweder zu führen (*vollständiges* Protektorat) oder bloß zu kontrollieren (*abgeschwächtes* Protektorat). In die

schichte angehören[10]. Allerdings bestehen noch verschiedene *verschleierte* abgeschwächte Protektorate und Quasi-Protektorate, die sich aus der Abhängigkeit einiger Satellitenstaaten von einer Großmacht ergeben, jedoch nur schwer zu erfassen und juristisch zu beurteilen sind.

§ 948 Die wichtigsten Staatenverbindungen sind gegenwärtig, abgesehen von der universellen UNO und ihren Spezialorganisationen, die ebenfalls auf Universalität angelegten Verwaltungsunionen und die „supranationalen" Organisationen[11]. Da diese nur dem europäischen VR angehören, überschreiten sie den Rahmen dieses Buches. Dasselbe gilt für die zahlreichen anderen politischen und technischen Regionalorganisationen[12].

2. Abschnitt

Die Verwaltungsunionen

§ 949 Die Verwaltungsunionen haben sich seit der Mitte des vorigen Jahrhunderts herausgebildet[1]. Sie stellten die vr Antwort auf die zahlreichen Probleme dar, die sich durch den technischen Fortschritt des

---

erste Gruppe fielen z. B. die Protektorate Frankreichs über Tunis auf Grund der Verträge von Casr-el-Bardo vom 12. Mai 1881 und La Marsa vom 8. Juni 1883, sowie über Marokko auf Grund des Vertrages von Fez vom 30. März 1912. Ein abgeschwächtes Protektorat ist noch dasjenige Indiens über Bhutan auf Grund des Vertrages vom 8. August 1949. Vgl. auch oben §§ 396 f. (mit Literaturangaben); ferner *Geiger*, Die völkerrechtliche Beschränkung der Vertragsschlußfähigkeit von Staaten (1979), S. 77 ff.

[9] In diesen wurde einem Staat die Befugnis eingeräumt, in die inneren Angelegenheiten eines anderen, von ihm abhängigen Staates im Falle einer Störung von dessen innerer Ordnung einzugreifen. Das Musterbeispiel dafür war der sog. „Platt-Vertrag" zwischen den Vereinigten Staaten und Kuba vom 22. Mai 1903, der 1934 aufgehoben wurde. Mit einer Anzahl anderer mittelamerikanischer Staaten bestanden ähnliche (ebenfalls in der Völkerbundzeit wieder aufgehobene) Verträge. Dazu *Ginther*, Der Satellitenstaat, ÖZA 9 (1969), S. 3 ff.

[10] Eine Ausnahme bildet das indische Protektorat über Bhutan (vgl. Anm. 8).

[11] *Zemanek*, Supranationale Institutionen, Staatslexikon 7 (1962), S. 894 ff.; *derselbe*, in: *Verdross*, S. 355 f.; *Jaenicke*, Supranationale Organisation, WV III, S. 423 ff.; *Roselieb*, Zur Frage der Supranationalität, ÖZöffR 12 (1962/63), S. 461 ff.; *Steiger*, Staatlichkeit und Überstaatlichkeit (1966); H. P. *Ipsen*, Europäisches Gemeinschaftsrecht (1972), S. 67 ff.

[12] Dazu *Zemanek*, in: *Verdross*, S. 541 ff., 602 ff.; *Menzel*, Regionale Abkommen, WV III, S. 89 ff.; *Siegler* (Hrsg.), Politische, militärische, wirtschaftliche Zusammenschlüsse und Pakte der Welt (11. Aufl. 1973); und die oben § 943, Anm. 6 genannten Quellen.

[1] *Reinsch*, Public International Unions: Their Work and Organization (2. Aufl. 1916); *Bülck*, Verwaltungsgemeinschaften, internationale, WV III, S. 564 ff. (mit reichen Literaturangaben); *Claude*, Swords into Plowshares (4. Aufl. 1971), S. 34 ff.; *Mangone*, A Short History of International Organization (1954); *Köck / Fischer*, Grundzüge des Rechtes der Internationalen Organisationen (1981), S. 90 ff.; *Wolfrum*, International Administrative Unions, Encyclopedia [5 (1983), S. 42 ff.].

19. Jahrhunderts stellten und nicht mehr isoliert von einzelnen Staaten gelöst werden konnten. Mit ihnen beginnt, von einigen Vorläufern auf dem Gebiet der internationalen Flußverwaltung abgesehen[2], die unpolitische Organisation der Staatengemeinschaft, die mit der Gründung der UNO durch die Errichtung zahlreicher Spezialorganisationen und Sonderorgane weiter ausgebaut wurde und wird[3].

§ 950 Die erste Verwaltungsunion wurde durch die am 17. Mai 1865 von 20 europäischen Staaten in Paris abgeschlossene Telegraphenkonvention errichtet, die am 1. Januar 1866 in Kraft getreten, seither wiederholt den fortschreitenden Bedürfnissen angepaßt und schließlich zum „Internationalen Fernmeldevertrag" (zuletzt vom 25. Oktober 1973) ausgebaut wurde, der seine Mitglieder zur Internationalen Fernmeldeunion (ITU) vereinigt[4].

Der Telegraphenunion folgte am 1. Juni 1878 der aus dem „Allgemeinen Postverein" (1874) hervorgegangene Weltpostverein (heute UPU)[5].

Nach dem Zweiten Weltkrieg wurden diese beiden Verwaltungsunionen nach Revision ihrer Gründungsverträge mit der UNO in Verbindung gebracht und dadurch in Spezialorganisationen umgewandelt.

An weiteren Verwaltungsunionen (die auch heute noch diesen Status besitzen) sind als wichtigste zu nennen[6]: die Union für Maße und Gewichte (1875); die Union zum Schutze des gewerblichen Eigentums („Pariser Union", 1883); die Union zum Schutze von Werken der Literatur und Kunst („Berner Union", 1886)[7]; die Union für internationale Eisenbahntransporte (1890); das Internationale Institut für die Vereinheitlichung des Privatrechts (UNIDROIT, 1926).

Nach dem Ersten Weltkrieg wurde durch die Friedensverträge von 1919 die Internationale Arbeitsorganisation (ILO) gegründet, die einen höheren Integrationsgrad als die herkömmlichen Verwaltungsunionen aufwies und nach dem Zweiten Weltkrieg ebenfalls in eine Spezialorganisation der UNO umgewandelt wurde[8].

§ 951 Alle Verwaltungsunionen verfolgen das Ziel, bestimmte Verwaltungszweige der verbundenen Staaten zu koordinieren (*mittelbare*

---

[2] Dazu unten § 1035.

[3] Dazu ausführlich oben §§ 139 ff., 169 ff., 295 ff.

[4] Oben §§ 346 ff.

[5] Oben §§ 343 ff.

[6] Einen Überblick bietet das „Yearbook of International Organizations". Die Satzungen finden sich bei *Peaslee*, International Governmental Organizations (3. Aufl. in 5 Teilen, 1974 ff.).

[7] Zu diesen beiden Verbänden siehe oben §§ 355 ff. (WIPO).

[8] Oben §§ 303 ff.

Verwaltung)[9]. Zu diesem Zweck haben sie eine alle Mitglieder umfassende *Delegiertenversammlung* (Generalkonferenz, Kongreß o. ä.), die periodisch zusammentritt und gemeinsame Richtlinien, Empfehlungen sowie Satzungsänderungen beschließen kann, die der Ratifikation durch die Mitgliedstaaten bedürfen, ferner ein ständiges *Büro* oder *Sekretariat*, das als Vermittlungsstelle fungiert und einzelne technische Aufgaben zu erfüllen hat[10]. Zwischen diesen Organen steht meist ein *Verwaltungs(Exekutiv-)rat* für laufende Angelegenheiten, der aus einem engeren Mitgliederkreis zusammengesetzt ist.

Diese grundsätzliche organisatorische Dreigliederung ist seit über hundert Jahren konstant geblieben und wurde, mit gewissen Ergänzungen und Abwandlungen, auch in den UN-Spezialorganisationen verwirklicht[11].

Kapitel 8

Die völkerrechtliche Abgrenzung der staatlichen Souveränitätsbereiche

1. Abschnitt

In zeitlicher Hinsicht

A. Die Entstehung von Staaten[1]

§ 952 Wie die einzelstaatlichen Rechtsordnungen Normen darüber enthalten, in welchem Augenblick ein Mensch oder eine innerstaatliche Gemeinschaft zum Rechtssubjekt wird, so bestimmt auch das VR, welche Voraussetzungen vorliegen müssen, damit der Tatbestand eines souveränen Staates gegeben ist. Dagegen wird in der Regel eingewendet, daß die Entstehung von Staaten ein geschichtlicher und soziologischer Vorgang sei. Diese unbestreitbare Tatsache steht jedoch mit der

---

[9] Oben § 943.

[10] Dazu *Ranshofen-Wertheimer*, The International Secretariat: A Great Experiment in International Administration (1945); *Siotis*, Essai sur le Sécrétariat international (1963).

[11] *Claude* (Anm. 1). Dazu ausführlich die oben § 415, Anm. 1, angeführten Gesamtdarstellungen, und *Zemanek*, Das Vertragsrecht der internationalen Organisationen (1957), S. 31 ff.

[1] Dazu neuerdings *Crawford*, The Creation of States in International Law (1979); *Seton-Watson*, Nations and States. An Enquiry into the Origins of Nations and the Politics of Nationalism (1977).

obigen Behauptung ebensowenig im Widerspruch, wie der Umstand, daß die Entstehung des Menschen ein biologischer Vorgang ist. In beiden Fällen handelt es sich nur darum, daß die Rechtsordnung an das Vorliegen einer biologischen oder gesellschaftlichen Gegebenheit Rechtsfolgen knüpft. Da nun aber diese Rechtsfolgen an bestimmte Tatbestände geknüpft sind, muß die Rechtsordnung bestimmen, *welche* Tatbestandsmerkmale vorliegen müssen, damit bestimmte Rechtsfolgen eintreten. Sie muß also aus dem Flusse des tatsächlichen Geschehens einzelne Merkmale herausheben und dadurch zusammenfassen, daß sie an sie eine Rechtsfolge knüpft. Damit wird aber der zunächst gesellschaftliche Tatbestand „Staat" in einen *völkerrechtlichen* Tatbestand umgewandelt.

§ 953 Da nun aber das VR diesen gesellschaftlichen Tatbestand voraussetzt, ist es keineswegs verwunderlich, daß sich der gesellschaftliche und völkerrechtliche Staatsbegriff weitgehend decken. Dieser Begriff ist aber viel schärfer als jener abgegrenzt. Während nämlich der gesellschaftliche Staatsbegriff dauerhafte und vorübergehende Rechtsgemeinschaften, seßhafte menschliche Verbände und Nomadenstämme umfassen und von der Unterordnung unter das VR vollkommen absehen kann, zeigt uns die Staatenpraxis, daß als souveräne Staaten im Sinne des VR nur jene vollständigen und dauerhaften menschlichen Gemeinschaften angesehen werden, die eine volle und wirksame Selbstregierung besitzen und ausschließlich dem VR unterworfen sind.

§ 954 Ein Staat im Sinne des VR kann einmal dadurch entstehen, daß sich eine Bevölkerungsgruppe auf staatenlosem Gebiet zu einer von keinem anderen Staat abgeleiteten Gemeinschaft verbunden hat. Auf diese Weise haben noch im vorigen Jahrhundert aus Amerika heimgekehrte Neger den Staat Liberia gegründet[2].

§ 955 Mehrere Staaten können sich ferner zu einem neuen Staat *zusammenschließen*, wie z. B. die deutschen Staaten zum Deutschen Reich am 18. Januar 1871.

§ 956 Verschiedene Staaten sind durch *Losreißung* vom Mutterland entstanden, wie die Niederlande durch Losreißung von Spanien, die USA von England, die meisten lateinamerikanischen Staaten von Spanien, Brasilien von Portugal, die Balkanstaaten von der Türkei.

§ 957 Eine Loslösung vom Mutterland kann auch durch *Entlassung* des neugebildeten Staates aus dem früheren Staatsverband erfolgen. So wurden z. B. Eire sowie verschiedene britische Kolonien durch je einen Akt des britischen Parlaments aus der britischen Oberhoheit ent-

---

[2] Staatslexikon (6. Aufl.), Bd. V (1960), S. 379, 382.

lassen[3]. Eine solche Entlassung kann auch in der Weise erfolgen, daß der Mutterstaat mit Organen des *„nasciturus“* einen Vertrag abschließt, in dem er ihm die territoriale Souveränität über das aufgegebene Gebiet überträgt[4].

In all diesen Fällen entsteht jedoch der neue Staat erst mit der Begründung einer neuen effektiven, völkerrechtsunmittelbaren Staatsgewalt.

§ 958 Dasselbe gilt, wenn eine Staatengruppe einen neuen Staat gründen will, z. B. die Freie Stadt Danzig[5] oder den Staat Libyen[6], da eine solche Staatengruppe nur durch vorbereitende Schritte und Hilfeleistungen zur Gründung des neuen Staates *beitragen* kann. Entstanden ist er erst, wenn sich die neue völkerrechtsunmittelbare Staatsgewalt effektiv durchgesetzt hat. So ist beispielsweise der im Friedensvertrag mit Italien von 1947 vorgesehene neue Staat „Territorio Libero di Trieste“ niemals voll wirksam geworden, da sein Territorium zwischen Italien und Jugoslawien aufgeteilt wurde[7].

§ 959 Neue Staaten können auch im räumlichen Bereiche eines sich auflösenden Staates, z. B. des Kaiserreiches Österreich im Herbst 1918 (bei gleichzeitiger Auflösung der Realunion Österreich-Ungarn), ins Leben treten. Doch entstehen auch sie nicht automatisch durch den Zerfall *(dismembratio)* des alten Staates, sondern durch die Herausbildung neuer Staatsgewalten auf einem staatenlos gewordenen Gebiete.

§ 960 Schließlich kann ein Staat durch die Aufhebung eines Mandats des Völkerbundes oder einer Treuhandschaft der Vereinten Nationen zu existieren beginnen[8].

---

[3] z. B. durch den Indian Independence Act vom 18. Juli 1947, den Ireland Act vom 2. Juni 1949, den Ghana Independence Act vom 6. März 1957. Indien und Ghana, sowie auch andere ehemalige Kolonien, blieben aber Mitglieder des „Commonwealth of Nations“: *Honig*, Commonwealth of Nations, WV I, S. 294 f.

[4] So z. B. im Vertrag zwischen den Niederlanden und Indonesien vom 2. November 1949, Art. 1: „The Kingdom of the Netherlands unconditionally and irrevocably transfers complete sovereignty over Indonesia to the Republic of the United States of Indonesia ...“, ArchVR 3 (1951/1952), S. 96. Vgl. aus jüngerer Zeit den Vertrag zwischen Portugal und den Befreiungsbewegungen von São Tomé und Principe über die Unabhängigwerdung dieser Kolonien vom 26. November 1974, ILM 14 (1975), S. 39 ff. Analoge Abkommen über Guinea-Bissau und Cap Verde sowie über Mozambique sind ebd. 13 (1974), S. 1244 ff. und S. 1467 ff., das Abkommen mit den angolanischen Befreiungsbewegungen vom 15. Januar 1975 im EA 30 (1975), S. D 293 ff., wiedergegeben.

[5] Durch Art. 100 ff. des Vertrages von Versailles vom 28. Juni 1919.

[6] Durch eine Resolution der Generalversammlung der UNO vom 21. November 1949 auf Grund von Art. 23 des Friedensvertrages mit Italien (1947).

[7] Vgl. *Scheuba-Lischka*, Triest, WV III, S. 459 ff.

[8] Oben § 181.

B. Die Anerkennung neuer Staaten

§ 961 In der früheren Völkerrechtslehre war das Problem der Anerkennung neuer Staaten heftig umstritten, da die *konstitutive* und die *deklarative* Theorie einander gegenüber standen[1]. Jene behauptete, daß ein neuer Staat erst mit der Anerkennung durch bestehende Staaten zum Völkerrechtssubjekt wird, während die andere Theorie, die sich allmählich durchgesetzt hat, lehrt, daß die Anerkennung nur feststellt, daß ein Gebilde vorliegt, das alle Merkmale eines Staates im Sinne des VR aufweist[2]. Daher dürfen die Staaten erst zur Anerkennung eines neuen Staates schreiten, wenn diese Voraussetzungen tatsächlich vorliegen[3]. Würde also eine Anerkennung eines Gebildes (als Staat), das sich vom Mutterstaate losgerissen hat, noch vor dem endgültigen Abschluß der Kampfhandlungen erfolgen, so läge eine unzulässige Einmischung in die Angelegenheiten dieses Staates vor.

Die konstitutive Theorie konnte zu einer Zeit vertreten werden, als die Völkerrechtsgemeinschaft noch nicht universell war, da damals die Anerkennung eines Staates mit seiner Aufnahme in diese Gemeinschaft eng verbunden war. Seitdem diese aber global geworden ist, wurde es offenkundig, daß auch noch nicht anerkannte Staaten und

---

[1] Umfangreiche Literatur bei *Verdross*, S. 245 f.; s. ferner *Bindschedler*, Die Anerkennung im Völkerrecht, ArchVR 9 (1961/1962), S. 377 ff.; *Blix*, Contemporary Aspects of Recognition, RdC 130 (1970 II), S. 587 ff.; *Salmon*, La reconnaissance d'état (1971); *Frenzke*, Die kommunistische Anerkennungslehre (1972); *Frowein*, Die Entwicklung der Anerkennung von Staaten und Regierungen im Völkerrecht, Der Staat 11 (1972), S. 145 ff.; *Verhoeven*, La reconnaissance internationale dans la pratique contemporaine (1975); *Crawford* (Anm. 1); *derselbe*, The Criteria for Statehood in International Law, BYIL 48 (1976 - 1977), S. 93 ff.; *Brownlie*, Recognition in Theory and Practice, in: The Structure and Process of International Law (§ 10, Anm. 1), S. 627 ff.

[2] So der Schiedsspruch vom 1. August 1929 im Falle der *Deutschen Continental-Gas-Gesellschaft*, ZaöRV II, Teil 2 (1930), S. 21: „... la reconnaissance d'un Etat est, non pas constitutive, mais simplement *déclarative*. L'Etat existe de par lui-même et la reconnaissance n'est que la *constatation* de cette existence ..." (Hervorhebungen von uns). *Dagegen* allerdings die abweichende Meinung des Schiedsrichters *Bruns*, der noch meint, daß die anerkennenden Staaten den anerkannten Staaten „*confèrent* la qualité de personne juridique" (von uns hervorgehoben).

[3] In diesem Sinne die oben § 384 wiedergegebenen Stellungnahmen der USA, der Schweiz und der Bundesrepublik zur Staatsqualität von Guinea-Bissau. Ebenso die französische Praxis, vgl. AFDI 20 (1974), S. 1064. Klar auch der schweizerische Bundesrat am 10. März 1977: „La reconnaissance d'un nouvel Etat ne peut avoir lieu qu'à certaines conditions. La notion d'Etat au sens du droit international repose ... sur l'existence de trois éléments constitutifs: territoire, population et gouvernement. L'élément ‚gouvernement' renferme une double exigence: sur le plan interne, le gouvernement de l'Etat doit exercer le pouvoir suprême au nom de la communauté soumise à son autorité, alors que, sur le plan international, il doit être indépendant de tout autre Etat": SchwJIR 34 (1978), S. 81. Ebenso SchwJIR 36 (1980), S. 172. Zur Haltung Italiens gegenüber dem Vietkong 1975 ItYIL 2 (1976), S. 410 f.

andere stabilisierte *de facto*-Herrschaften Anspruch auf Achtung ihrer territorialen Integrität und inneren Ordnung haben[4].

Dagegen macht allerdings Kelsen geltend, daß erst im Anerkennungsverfahren festgestellt werden könne, ob ein neuer Staat vorliegt, da es nur „festgestellte" Tatsachen gebe (there are only facts ascertained by the competent authorities in a procedure determined by law)[5]. Dabei übersieht er, daß alle Rechtsordnungen auch *notorische* Tatsachen anerkennen[6]. Richtig ist aber, daß in zweifelhaften Fällen erst die Anerkennung den Bestand eines neuen Staates außer Streit stellt und daß dieser erst mit seiner Anerkennung die volle vr Handlungsfähigkeit gewinnt[7].

§ 962 Die Staatenpraxis unterscheidet zwischen der *„de facto-"* und der *„de jure"*-Anerkennung und versteht unter jener eine *vorläufige* Anerkennung, die oft vorgenommen wird, wenn der neue Staat noch nicht vollkommen konsolidiert ist[8]. Ihr folgt dann die *„de jure"*-Anerkennung, sobald der Bestand des neuen Staates als gesichert gelten kann[9]. Doch wird auch eine solche Anerkennung hinfällig, wenn sich die neue Staatsordnung nicht zu behaupten vermag. In einem solchen Fall ist daher ein Widerruf der Anerkennung möglich.

§ 963 Mit der *„de jure"*-Anerkennung wird in der Regel die *Aufnahme der diplomatischen Beziehungen* verbunden. Dieser Akt ist natürlich konstitutiver Natur, da durch ihn neue Rechtsverhältnisse begründet werden, die über die bloße gegenseitige Achtung der territorialen Integrität und inneren Ordnung hinausgehen.

---

[4] So schon Art. 3 des panamerikanischen Abkommens über die Rechte und Pflichten der Staaten vom 26. Dezember 1933. Auch Art. 2 Ziff. 4 UN-Charta erstreckt sich auf nicht anerkannte Staaten und andere stabilisierte *de facto*-Herrschaften (vgl. oben § 406). Ebenso die „explanatory note" zu Art. 1 der Resolution der Generalversammlung Nr. 3314 (XXIX) vom 14. Dezember 1974 (Aggressionsdefinition).

[5] Principles of International Law (2. Aufl., hrsgg. von *Tucker*, 1966), S. 388; ebenso schon im AJIL 35 (1941), S. 605 ff.; zustimmend *Guggenheim*, Traité de Droit international public I (1953), S. 192.

[6] So berief sich der Schiedsrichter Max *Huber* im Falle *Island of Palmas* auf „facts which are notorious for the tribunal", RIAA II, S. 841.

[7] Zu der am Selbstbestimmungsrecht der Völker in seiner antikolonialistischen Ausprägung orientierten Anerkennungs- bzw. Nichtanerkennungspolitik der Vereinten Nationen vgl. §§ 385 f. Ob sie so konsequent verfolgt wird, daß bereits von einer Vermutung gegen die Aussicht auf Dauerhaftigkeit unter Verstoß gegen vr Verbote (Selbstbestimmungsrecht, Gewaltverbot) gebildeter Territorialeinheiten gesprochen werden kann, erscheint uns zweifelhaft.

[8] *Cochran*, De Facto and De Jure Recognition: Is There a Difference?, AJIL 62 (1968), S. 457 ff.

[9] *Briggs*, Recognition of States: Some Reflections on Doctrine and Practice, AJIL 43 (1949), S. 117 ff.

§ 964 Von der Anerkennung eines Staates ist die Anerkennung seiner *Regierung* zu unterscheiden, da ein Staat anerkannt sein kann, ohne in einem bestimmten Zeitpunkt eine allgemein anerkannte Regierung zu besitzen[10]. Doch fällt die Anerkennung eines neuen Staates mit der Anerkennung seiner zur Zeit der Anerkennung vorhandenen Regierung notwendigerweise zusammen.

§ 965 Die Anerkennung ist ein *einseitiges*, aber *empfangsbedürftiges* Rechtsgeschäft[11], das nur zwischen dem anerkennenden und dem anerkannten Staate rechtswirksam ist. Sie ist selbst dann ein einseitiges Rechtsgeschäft, wenn sie in einen Vertragstext aufgenommen wird[12]. Eine Rechtspflicht zur Anerkennung ist nicht nachweisbar[13]. Daher kann diese auch von der Erfüllung gewisser Bedingungen abhängig gemacht werden, wie von einer befriedigenden Regelung der Sukzessionsproblematik oder der Respektierung der Gleichberechtigung und Selbstbestimmung der eingeborenen Bevölkerung.

§ 966 Die Anerkennung eines neuen Staates kann nicht nur durch eine Erklärung, sondern auch durch konkludente Handlungen, z. B. durch Aufnahme der diplomatischen Beziehungen allein, erfolgen. Hingegen bildet die bloße gemeinsame Teilnahme an einem Kollektivvertrag noch keine Anerkennung, da daraus der Wille zur Anerkennung eines neuen Staates nicht erschlossen werden kann[14]. Dasselbe gilt für den Abschluß eines bilateralen Vertrages, wenn dabei klargestellt wird,

---

[10] Dazu oben §§ 879 f. Als Beispiel sei Kampuchea seit 1979 genannt.

[11] Oben § 666.

[12] z. B. Art. 1 des Vertrages zwischen den Niederlanden und Indonesien (§ 957, Anm. 4): „The Kingdom of the Netherlands ... recognizes said Republic ... as an independent and sovereign State."

Gegen die Qualifizierung der Anerkennung als einseitiges Rechtsgeschäft wendet *Verhoeven* (Anm. 1), S. 692 ff., ein, daß die Anerkennung eines neuen Staates häufig durch Angebot und Annahme (offre et acceptation) zustandekomme. Dabei wird aber übersehen, daß schon die Einleitung von Verhandlungen mit dem neuen Staate über *diese* Frage dessen formlose Anerkennung begründet, die dann im Vertragswege förmlich *bestätigt* wird.

[13] So das US-Department of State am 1. November 1976: „In the view of the United States, international law does not require a state to recognize another entity as a state; it is a matter for the judgment of each state whether an entity merits recognition as a state": AJIL 71 (1977), S. 337. Ebenso der schweizerische Bundesrat, vgl. SchwJIR 34 (1978), S. 82; 36 (1980), S. 172: „La reconnaissance d'un Etat par les autres membres de la communauté internationale n'est ni une obligation pour ceux-ci ni un droit pour celui-là. Chaque Etat examine souverainement si, de son point de vue et pour ce qui le concerne, les conditions dont le droit des gens fait dépendre l'existence de l'Etat sont réunies. Toutefois, même s'il considère que tel est le cas, il demeure libre de reconnaître ou non le nouvel Etat. Car la reconnaissance, si elle déploie des effets juridiques, est aussi un acte qui répond à des considérations politiques."

[14] So das Gutachten des Legal Adviser des US-State Department vom 12. August 1963, AJIL 58 (1964), S. 171.

daß die vertragliche Bindung nicht als konkludente Anerkennung gewertet werden darf[15].

§ 967 Ob die Aufnahme eines Staates in die Vereinten Nationen eine Anerkennung durch alle Mitglieder bewirkt, ist umstritten[16]. Da aber nur „Staaten" in die Organisation aufgenommen werden können (Art. 4) und der Aufnahmebeschluß für alle Mitglieder verbindlich ist[17], ergibt sich, daß auch jene Staaten, die dem neuen Mitglied die Anerkennung verweigern und sich daher gegen seine Aufnahme ausgesprochen haben, diesem gegenüber alle Verpflichtungen aus der UN-Charta erfüllen müssen. Dadurch tritt die Frage der Anerkennung an praktischer Bedeutung gegenüber derjenigen der Mitgliedschaft in der UNO zurück[18].

§ 968 Ob innerstaatliche *Gerichte* von der Existenz eines fremden Staates erst nach dessen Anerkennung durch die eigene Regierung ausgehen dürfen, bestimmt sich nach dem jeweiligen staatsrechtlichen Verhältnis zwischen vollziehender Gewalt und Gerichtsbarkeit. So sind die deutschen und österreichischen Gerichte, anders als etwa die britischen[19], nicht verpflichtet, der Anerkennungspraxis der Exekutive zu folgen, sondern können in freier Beweiswürdigung darüber entscheiden, ob ein noch nicht anerkanntes Gebilde bereits ein Staat i. S. des VR ist. In diesem Sinne hat das deutsche Reichsgericht nach dem Ersten Weltkrieg entschieden, daß Polen und die Tschechoslowakei trotz ihrer

[15] Man denke etwa an den Grundvertrag zwischen den beiden deutschen Staaten vom 21. Dezember 1972. Dazu *Meissner*, Formen stillschweigender Anerkennung im Völkerrecht (1966); *Bot*, Nonrecognition and Treaty Relations (1968), bes. S. 67 ff.; *Frowein*, Das de facto-Regime im Völkerrecht (1968), S. 96 ff.; *Loudwin*, Die konkludente Anerkennung im Völkerrecht (1983).

[16] Bejahend die belgische Revue du Ministère des affaires étrangères 1974, S. 43: „Lorsque nous votons délibérément aux Nations unies en faveur de l'admission d'un Etat que nous n'avons pas reconnu directement, *cela équivaut à une reconnaissance tacite (de jure)*" (von uns hervorgehoben). Dazu *Crawford*, The Creation of States in International Law (Anm. 1), S. 129 ff.; *Tabata*, Admission to the United Nations and Recognition of States, JAIL 5 (1961), S. 1 ff.; *Higgins*, The Development of International Law Through the Political Organs of the United Nations (1963), S. 131 ff.

[17] Ebenso das schweizerische Politische Departement am 28. Dezember 1960, SchwJIR 20 (1965), S. 80, und *Guggenheim* (Anm. 5), S. 192.

[18] Richtig *Higgins* (Anm. 16), S. 164 ff. Vgl. auch *Blix* (Anm. 1). Zum ganzen ausführlich *Alexy*, Die Beteiligung an multilateralen Konferenzen, Verträgen und internationalen Organisationen als Frage der indirekten Anerkennung von Staaten, ZaöRV 26 (1966), S. 495 ff.

[19] Vgl. aus der Entscheidung des House of Lords im Fall *Carl Zeiss Stiftung v. Rayner and Keeler, Ltd.* (No. 2) [1966] 2 All E. R. 536, 544: „It is a firmly established principle that the question whether a foreign state, ruler or government is or is not sovereign is one on which our courts accept as conclusive information provided by Her Majesty's Government: no evidence is admissible to contradict that information." Dazu *Herdegen*, Erklärungen der englischen Krone vor Gerichten in auswärtigen Fragen, ZaöRV 40 (1980), S. 782 ff.

Nichtanerkennung seitens des Deutschen Reiches als Staaten anzusehen seien[20].

C. Der Untergang von Staaten

§ 969 Staaten können als Völkerrechtssubjekte durch Zusammenschluß zu einem neuen Staate, durch Aufteilung ihres Gebietes auf mehrere Staaten (3. Teilung Polens 1795), durch Aufgehen in einem bestehenden Staate (Korea in Japan 1910)[1], durch endgültigen Zerfall ihrer Ordnung (Kaiserreich Österreich 1918), durch Aussterben ihrer Bevölkerung[2], Untergang ihres Gebietes (z. B. eines Inselstaates), aber auch durch den bloßen Verlust ihrer Völkerrechtsunmittelbarkeit untergehen, da sie dadurch zu einem Glied eines souveränen Staates herabsinken. Hingegen wird die Völkerrechtssubjektivität eines Staates weder durch Revolutionen noch durch Staatsstreiche unterbrochen, wie bereits bemerkt wurde[3].

§ 970 Auch die bloße *Debellierung* eines Staates bewirkt noch nicht seinen Untergang, solange sein Bestand von der Staatengemeinschaft aufrecht erhalten wird[4]. Schon vor der Geltung der UN-Charta war allgemein anerkannt, daß eine während eines Krieges vorgenommene Annexion auch eines ganz besetzten Staates vr unwirksam ist[5]. Das Gewaltverbot der UN-Charta hat diese Rechtslage nur bestätigt. Für eine

---

[20] Urteile vom 29. Juni 1920, RGSt 55, 81 (82), und 10. Mai 1921, RGSt 56, 4 (6); bei *Seidl-Hohenveldern*, Völkerrecht (4. Aufl. 1980), S. 146 f. Ebenso haben es deutsche Gerichte Ende 1966 abgelehnt, im Auftrag *Rhodesiens* nach dessen Unabhängigkeitserklärung in München gedruckte *Banknoten* auf britisches Ersuchen als Falschgeld anzusehen, und haben eine auf Antrag der Reserve Bank of Rhodesia in London erfolgte Beschlagnahme dieser Banknoten wieder aufgehoben; vgl. die Nachweise bei *Schramm*, Völkerrechtliche Aspekte des Rhodesien-Konfliktes (jur. Diss. Bonn 1970), S. 40 f. Unzutreffend *Bleckmann*, Grundgesetz und Völkerrecht (1975), S. 255 f. Vgl. auch oben § 407.

[1] *Frowein*, Der Eingliederungsvertrag im Völkerrecht und im Staatsrecht, ZaöRV 30 (1970), S. 1 ff.

[2] *Sereni*, Diritto internazionale II, Teil 4 (1958), S. 382, weist auf die Möglichkeit der Vernichtung der Bevölkerung durch eine Atombombe hin.

[3] Oben §§ 390 ff. Das hat auch der Schiedsrichter *Borel* am 18. April 1925 in der *Affaire de la dette publique ottomane* anerkannt, RIAA I, S. 573.

[4] *Raestad*, La cessation des Etats d'après le droit des gens, Revue de droit international et de législation comparé 79 (1939), S. 441 ff.; *Schätzel*, Die Annexion im Völkerrecht (1920) und ArchVR 2 (1950), S. 1 ff.; *Verosta*, Die internationale Stellung Österreichs 1938 - 1947 (1947); *Bentivoglio*, La „debellatio" nel diritto internazionale (1948); *Scheuner*, Die Annexion im modernen Völkerrecht, FW 49 (1949), S. 81 ff.; *Ziccardi Capaldo*, Le situazioni territoriali illegittime nel diritto internazionale (1977); *Bindschedler*, Annexation, Encyclopedia [3 (1982), S. 19 ff.]; *Kussbach*, Conquest, ebd., S. 119 ff.; *Meyn*, Debellatio, ebd., S. 145 ff.

[5] *Sereni* (Anm. 2), S. 381, bezeichnet diese Norm als „regola certissima del diritto internazionale". Zur Möglichkeit der *Ersitzung* eroberter und besetzter Gebiete siehe unten § 1163.

„occupatio quasi-bellica“ gilt dasselbe, da Art. 2 Ziff. 4 der Charta *jede* Art zwischenstaatlicher Gewaltanwendung verbietet.

§ 971 Am 7. Januar 1932 erklärte der US-Staatssekretär Stimson in einer Note an China und Japan, die Vereinigten Staaten hätten nicht die Absicht, „to recognize any situation, treaty or agreement which may be brought about by means contrary to the Covenant and obligations of the Pact of Paris“[6]. Im Anschluß daran forderte eine Resolution der Völkerbundversammlung vom 11. März 1932 die Bundesmitglieder auf, „keinen Vertrag oder keine Abmachung anzuerkennen, die durch Mittel erreicht wurden, die im Widerspruch zur Völkerbundsatzung oder zum Kellogg-Pakt stehen“. Diese sog. *Stimson-Doktrin* wurde durch die Resolution 2625 (XXV) der Generalversammlung der UNO vom 24. Oktober 1970, sowie durch Art. 5 Abs. 3 ihrer Resolution 3314 (XXIX) vom 14. Dezember 1974 (Aggressionsdefinition) bestätigt[7]. Leider hat sich die darin zum Ausdruck kommende Rechtsansicht in wichtigen Fällen als unwirksam erwiesen, da verschiedene Staaten unter Verletzung der UN-Charta vorgenommene Annexionen anerkannt haben[8].

D. Die Staatennachfolge

I. Begriff, Arten und Rechtsgrundlage[1]

§ 972 Das VR der Staatennachfolge (Staatensukzession) regelt den Übergang von Rechten und Pflichten des Gebietsvorgängers auf den Gebietsnachfolger. Die Staatennachfolge knüpft also daran an, daß ent-

---

6 AJIL 26 (1932), S. 342.

7 Unten § 1163. Dazu *Zivier*, Die Nichtanerkennung im modernen Völkerrecht (1969); *Zimmer*, Gewaltsame territoriale Veränderungen und ihre völkerrechtliche Legitimation (1971); *Meng*, Stimson Doctrine, Encyclopedia [4 (1982), S. 230 ff.].

8 Andererseits weigern sich die Vereinigten Staaten (neben anderen westlichen Staaten) noch heute, die 1940 erfolgte völkerrechtswidrige Einverleibung der drei baltischen Staaten Estland, Lettland und Litauen in die Sowjetunion anzuerkennen, vgl. US Digest 1975, S. 331 f., 1976, S. 273 f. Zur Reaktion der UNO auf die israelische Annexion der Golan-Höhen Ende 1981 siehe unten § 1163, Anm. 12.
Zum Fall Kampuchea vgl. oben § 110.

1 Zum ganzen Max *Huber*, Die Staatensukzession (1898); *Schönborn*, Staatensukzessionen (1913); *Guggenheim*, Beiträge zur völkerrechtlichen Lehre vom Staatenwechsel (Staatensukzession) (1925); *Castrén*, Succession in International Law (1950); *derselbe*, Aspects récents de la Succession d'Etats, RdC 78 (1951 I), S. 385 ff.; *Zemanek*, State Succession After Decolonization, RdC 116 (1965 III), S. 187 ff.; *O'Connell*, State Succession in Municipal Law and International Law (2 Bde. 1967); *derselbe*, Recent Problems of State Succession in Relation to New States, RdC 130 (1970 II), S. 95 ff.; *Bedjaoui*, Problèmes récents de succession d'Etats dans les Etats nouveaux, ebd., S. 455 ff.; UN Legislative Series: Materials on Succession of States, UN Doc. ST/LEG/SER. B/14 (1967); Materials on Succession of States in Respect of Matters other than Treaties, UN Doc. ST/LEG/SER. B/17 (1978).

weder ein Gebietsteil von einem Staat auf einen bestehenden oder neuen Staat übergeht oder daß sich mehrere Staaten zu einem neuen Staat zusammenschließen, oder aber, daß ein Staat untergeht und dessen ganzes Gebiet in einem anderen aufgeht oder zwischen mehreren Staaten aufgeteilt wird; kurz: an „the replacement of one State by another in the responsibility for the international relations of territory"[2]. Hingegen bildet die Nachfolge einer durch Revolution oder Staatsstreich entstandenen neuen Regierung in Rechte und Pflichten, die ihre Vorgängerin für den Staat erworben oder übernommen hatte, keine Staatensukzession, da in einem solchen Falle die vr Staatsidentität erhalten bleibt[3].

Der folgende Teilabschnitt umfaßt die Staatennachfolge in vr Verträge, in das Staatsvermögen, die Staatsschulden, die Staatsangehörigen, sowie in die Wiedergutmachungspflichten und -forderungen des Gebietsvorgängers.

§ 973 Die Lehre von der Staatennachfolge bildet den umstrittensten Teil des VR. Da sich die Ereignisse, durch die sie ausgelöst wird, nur relativ selten und unter ganz verschiedenen Umständen, in der Regel nach großen Kriegen, heute im Rahmen der Dekolonisierung, ereignen, konnten sich darüber nur wenige allgemeingültige Normen herausbilden. Die von Fall zu Fall vorgenommenen konkreten vertraglichen Regelungen überragen daher die darüber bestehenden dispositiven Normen des allgemeinen VR.

§ 974 Bei dieser Sachlage ist es grundsätzlich zu begrüßen, daß die ILC zu diesem Problem zwei Konventionsentwürfe ausgearbeitet hat, die der Staatennachfolge in vr Verträge einerseits, in einige der „matters other than treaties" andererseits gewidmet sind[4]. Der erste Entwurf aus dem Jahre 1974[5] wurde von einer in zwei Sessionen 1977/1978 in Wien abgehaltenen Staatenkonferenz mit geringen Änderungen als „Vienna Convention on Succession of States in Respect of Treaties" am 22. August 1978 angenommen und am 23. August 1978 zur Unterzeichnung aufgelegt[6]; der zweite von der ILC 1981 verabschiedete Ent-

---

[2] So die Legaldefinition in Art. 2 (1) der beiden im folgenden angeführten Wiener Konventionen.

[3] Oben §§ 390 ff.

[4] Der erstgenannte Entwurf geht auf 5 Berichte von *Waldock* und einen Bericht von *Vallat*, der zweitgenannte auf 13 Berichte von *Bedjaoui* zurück.

[5] ILC Yearbook 1974 II, Part One, S. 162 ff.

[6] UN Doc. A/CONF. 80/31; wiedergegeben in ILM 17 (1978), S. 1488 ff.; AJIL 72 (1978), S. 971 ff.; ZaöRV 39 (1979), S. 279 ff.; Ende 1983 noch nicht in Kraft. Konferenzmaterialien: United Nations Conference on Succession of States in Respect of Treaties. Official Records, Vols. I - III, UN Docs. A/CONF. 80/16 und Add. 1, 2.

wurf[7] von einer 1983 ebenfalls in Wien tagenden Konferenz am 7. bzw. 8. April 1983 als „Vienna Convention on the Succession of States in Respect of State Property, Archives and Debts"[8].

Wir legen diese Übereinkünfte unserer Darstellung zugrunde, obwohl sie noch nicht in Kraft getreten sind und angesichts der Art und Weise, wie sie über eine bloße Kodifikation i. e. S. hinaus in „fortschreitender Entwicklung" des VR[9] — jedoch weitestgehend *post festum* — die im Rahmen der Dekolonisierung auftretenden Sukzessionsprobleme privilegierenden Sonderregelungen unterwerfen, Skepsis gegenüber ihrer Annahme durch einen repräsentativen Staatenkreis angebracht ist[10].

II. Nachfolge in völkerrechtliche Verträge

1. Allgemeines

§ 975 Die Vienna Convention on Succession of States in Respect of Treaties[11] findet unmittelbar nur auf Verträge Anwendung, die zwischen Staaten in Schriftform geschlossen wurden. Verträge von Staaten mit anderen Völkerrechtssubjekten, insbesondere internationalen Organisationen, oder zwischen diesen sind nicht erfaßt (Art. 3). Die Konvention regelt ferner gemäß ihrem Art. 6 nur Sukzessionsfälle, die in Übereinstimmung mit dem Völkerrecht einschließlich der UN-Charta

---

[7] Report of the International Law Commission on the work of its thirty-third session, G. A. O. R. 36th session, Suppl. No. 10 (A/36/10), S. 35 ff.

[8] UN Doc. A/CONF. 117/14, wiedergegeben in ILM 22 (1983), S. 306 ff.

[9] Vgl. oben § 592.

[10] Vgl. die Kritik bei *Fiedler*, Die Konventionen zum Recht der Staatensukzession: Ein Beitrag der ILC zur Entwicklung eines „modern international law"?, GYIL 24 (1981), S. 9 ff.

[11] Zur Wiener Konferenz 1977/78 und ihrem Ergebnis vgl. den Bericht des Konferenzpräsidenten *Zemanek*, Die Wiener Konvention über die Staatennachfolge in Verträge, FS Verdross, S. 719 ff.; ferner *Treviranus*, Die Konvention der Vereinten Nationen über Staatensukzession bei Verträgen, ZaöRV 39 (1979), S. 259 ff.; *O'Connell*, Reflections on the State Succession Convention, ebd., S. 725 ff.; *Sinclair*, Some Reflections on the Vienna Convention on Succession of States in respect of Treaties, in: Essays in Honour of Erik Castrén (1979), S. 149 ff.; *Bello*, Reflections on Succession of States in the Light of the Vienna Convention on Succession of States in Respect of Treaties 1978, GYIL 23 (1980), S. 296 ff.; *Poeggel / Meißner / Poeggel*, Staatennachfolge in Verträge (1980); *Fiedler* (Anm. 9). Aus dem allgemeineren Schrifttum *Mervyn Jones*, State Succession in the Matter of Treaties, BYIL 24 (1947), S. 360 ff.; *Jenks*, State Succession in Respect of Law-Making Treaties, BYIL 29 (1952), S. 105 ff.; *Keith*, Succession to Bilateral Treaties by Seceding States, AJIL 61 (1967); S. 521 ff.; *Mochi Onory*, La succession d'Etats aux traités (1968); *Udokang*, Succession of New States to International Treaties (1972); *Gonçalves Pereira*, La succession d'états en matière de traité (1969); *Menon*, International Practice as to Succession of New States to Treaties of Their Predecessors, IJIL 10 (1970), S. 459 ff.; *Chen*, State Succession Relating to Unequal Treaties (1974); *Maresca*, La successione internazionale nei trattati (1983).

erfolgt sind, also *nicht* jene, die im Widerspruch zum vr Gewaltverbot stehen, wie es in der „Friendly Relations"-Deklaration der UN-Generalversammlung entfaltet worden ist, in der es heißt: „No territorial acquisition resulting from the threat or use of force shall be recognized as legal[12]." Für die von der Konvention nicht geregelten Fragen bleibt nach ihrer Präambel, letzter Satz, das VGR weiterhin in Geltung.

Die im folgenden zitierten Artikel sind dieser Konvention entnommen, die gem. Art. 49 am 30. Tage nach dem Einlangen von 15 Ratifikations- oder Beitrittsurkunden in Kraft treten wird. Jeder Vertragsstaat kann aber die Erklärung abgeben, ihre Bestimmungen endgültig oder provisorisch auf den Fall seiner eigenen, vor dem Inkrafttreten der Konvention erfolgten Staatennachfolge gegenüber jenen Staaten anzuwenden, die dieses Angebot annehmen (Art. 7).

2. Zessionen

§ 976 In allen Fällen des Überganges eines Gebietes von einem Staat auf einen anderen gilt der Grundsatz der *beweglichen Vertragsgrenzen* (moving treaty frontiers). Er besagt, daß sowohl der Gebietsvorgänger als auch der Gebietsnachfolger trotz Verkleinerung oder Vergrößerung ihres Staatsgebietes grundsätzlich nur an die von ihnen abgeschlossenen Staatsverträge für den Bereich ihres verkleinerten oder vergrößerten Gebietes gebunden sind. Unsere Konvention bestätigt dieses gewohnheitsrechtliche Prinzip, sofern seine Anwendung nicht mit Ziel und Zweck des Vertrages unvereinbar ist, oder die Bedingungen für seine Durchführung radikal ändert (Art. 15).

3. Entstehung neuer Staaten durch Abtrennung von Gebietsteilen eines bestehenden Staates oder durch dessen Zergliederung (dismembratio)

§ 977 Unsere Konvention regelt in Art. 34 beide Sukzessionsfälle nach denselben Grundsätzen. Diese Bestimmung lautet wie folgt:

„Succession of States in cases of separation of parts of a State

1. When a part or parts of the territory of a State separate to form one or more States, whether or not the predecessor State continues to exist:

(a) any treaty in force at the date of the succession of States in respect of the entire territory of the predecessor State continues in force in respect of each successor State so formed;

(b) any treaty in force at the date of the succession of States in respect only of that part of the territory of the predecessor State which has become a successor State continues in force in respect of that successor State alone.

---

[12] Darüber oben §§ 467 ff.

2. Paragraph 1 does not apply if:
(a) the States concerned otherwise agree; or
(b) it appears from the treaty or is otherwise established that the application of the treaty in respect of the successor State would be incompatible with the object and purpose of the treaty or would radically change the conditions for its operation[13]."

§ 978 Diese Auffassung entspricht Gedankengängen des früheren *„ius publicum europaeum"*, das nicht als „zwischenstaatliches", sondern als „gemeinsames", in bestimmten Räumen geltendes Recht angesehen wurde. So wurde auf der Londoner Konferenz vom 20. Dezember 1830 und 19. Februar 1831 einstimmig die Auffassung vertreten, daß Belgien nach Auflösung der durch Art. 65 der Wiener Kongreßakte vom 9. Juli 1815 begründeten Vereinigung mit den Niederlanden an die von diesem Staat übernommenen Verpflichtungen gebunden sei, da „les évènements qui font naître en Europe un Etat nouveau, ne lui donnent pas le droit d'altérer le système général dans lequel il entre"[14]. Daran knüpfte das 8. Protokoll des Berliner Kongresses vom 28. Juni 1878 an: „Le Président [Bismarck] regarde comme de *droit commun* qu'une province séparée d'un Etat ne puisse s'affranchir des traités auxquels elle a été jusqu'alors soumise[15]." Es besteht aber darüber in den Fällen von Loslösungen eines Gebietsteiles keine einheitliche Staatenpraxis[16]. Dennoch entschied sich die große Mehrheit der Konferenz für die automatische Nachfolge, wohl auch, um Sezessionen nicht zu begünstigen.

§ 979 Das damit geschilderte Prinzip der *Kontinuität* der Vertragspflichten gilt nach der Konvention 1978 jedoch nur für Fälle des einvernehmlichen Ausscheidens oder der Losreißung *außerhalb* des Prozesses der Dekolonisierung. Ein „newly independent State" findet sich in einer ungleich günstigeren Lage. Unter einem solchen Staat versteht die Konvention in Art. 2 Abs. 1 lit. f „a successor State the territory of which immediately before the date of the succession of States was a dependent territory for the international relations of which the predecessor State was responsible". Die Definition umfaßt neben früheren Kolonien also auch unabhängig gewordene Mandats- und Treuhandgebiete sowie Protektorate. Ein solcher Staat beginnt sein Dasein grundsätzlich[17] „with a clean slate" *(tabula rasa)*, also ohne vertragliche Bindungen:

---

[13] Der ergänzende Art. 35 bestimmt die grundsätzliche Weitergeltung von Verträgen für fortbestehende „Rumpfstaaten" im Falle einer Sezession.

[14] *Martens*, Nouveau Recueil, Bd. XIV (1826 - 1832), S. 199.

[15] *Martens*, Nouveau Recueil Général, 2e Série, Bd. 3, S. 330, 343 (von uns hervorgehoben).

[16] Vgl. aus der 1. Auflage des vorliegenden Buches, S. 490 ff.

[17] Vgl. die Ausnahmen unten §§ 988 ff.

„A newly independent State is not bound to maintain in force, or to become a party to any treaty by reason only of the fact that at the date of the succession of States the treaty was in force in respect of the territory to which the succession of States relates" (Art. 16).

Diese verschiedene Behandlung normaler Losreißungen und kolonialer Emanzipationen geht vom Gedanken aus, daß nur in jenen Fällen auch der losgerissene Gebietsteil am Abschluß des Vertrages des Mutterstaates mitgewirkt hat, was aber natürlich nur dann zutrifft, wenn Delegierte des in Rede stehenden Gebietsteils am Abschluß des Vertrages teilnehmen konnten und ihm zugestimmt haben.

§ 980 Art. 17 ermächtigt jedoch im Einklang mit bereits bestehendem VGR die „newly independent States", grundsätzlich allen *multilateralen* Verträgen, die nicht auf einen engeren Staatenkreis beschränkt sind, durch eine schriftliche Notifikation an den Depositar oder mangels eines solchen an die Vertragsstaaten (Art. 38) *beizutreten*. Die Notifikation wirkt auf den Tag der Unabhängigkeit zurück (Art. 23). Sie gilt auch gegenüber multilateralen Verträgen, die keine Beitrittsklausel enthalten oder bei denen diese Möglichkeit etwa durch Zeitablauf erloschen ist. Die Art. 18 und 19 erlauben ferner die Fortführung mehrseitiger Verträge, die zwar vom Vorgängerstaat angenommen, jedoch noch nicht in Kraft bzw. unterzeichnet, aber noch nicht ratifiziert waren. Die vorläufige Anwendung von bi- wie multilateralen Verträgen setzt die Zustimmung der Vertragspartner voraus (Art. 27 - 29). Hat der Vorgängerstaat Vorbehalte erklärt, so wird zwar vermutet, daß sie für den Neustaat weitergelten, dieser kann sie aber auch zurückziehen oder — innerhalb der Schranken der Wiener Vertragsrechtskonvention[18] — abändern. Ebenso kann er neue Vorbehalte erklären (Art. 20). Diese Regelung widerspricht zwar dem allgemeinen Rechtsgrundsatz *nemo plus iuris transferre potest quam ipse habet*[19], doch gibt sie dem Neustaat, „der als Nachfolger zunächst in die vertraglichen Schuhe des Vorgängers treten muß", die Möglichkeit, „etwaigen Wundstellen beim Laufen durch entsprechend placierte Vorbehaltspflaster vorzubeugen"[20]. Das damit umrissene umfassende, im Verfahren vereinfachte Beitrittsrecht[21] ist nur ausgeschlossen, wenn die Teilnahme des Neustaates an einem Vertrag entweder mit dessen Ziel und Zweck unvereinbar wäre oder die Bedingungen seiner Anwendung grundlegend änderte (Art. 17 Abs. 2). Seine großzügige Ausgestaltung läßt sich als *„free choice doctrine"* treffend kennzeichnen[22].

---

[18] Oben §§ 731, 733.

[19] *Zemanek* (Anm. 11), S. 733.

[20] *Treviranus* (ebd.), S. 270.

[21] *Zemanek* (Anm. 11), S. 732.

[22] *Treviranus* (ebd.), S. 267 f.

§ 981 Hingegen bleibt gem. Art. 24 ein das Gebiet eines „newly independent State“ betreffender *bilateraler* Vertrag zwischen ihm und einem dritten Staat nur in Geltung, falls dies ausdrücklich vereinbart wird oder aus dem Verhalten beider Parteien erschlossen werden kann. Gegenüber dem Gebietsvorgänger gilt er allein deshalb jedoch nicht (Art. 25). Ebensowenig berühren Änderungen oder die Beendigung eines solchen Vertrages zwischen dessen ursprünglichen Parteien die zwischen dem Neustaat und dem Dritten fortgesetzten Vertragsbeziehungen (Art. 26).

4. *Zusammenschlüsse von Staaten (Fusion)*[23]

§ 982 Wenn zwei oder mehrere souveräne Staaten in einem bestehenden oder neugebildeten Staate vollständig aufgehen, erlöschen nach der älteren Staatenpraxis die von jenen abgeschlossenen vr Verträge mit dritten Staaten. So erklärte schon der italienische Minister Pinelli im Parlament am 11. Juni 1863, gestützt auf ein Gutachten des „Consiglio diplomatico“, daß nach einem unbestrittenen Grundsatz des VR eine der Erlöschungsarten der vr Verträge das Aufhören der politischen Existenz eines Vertragsteiles bildet, sofern der Vertrag nicht auf ein anderes Vertragssubjekt durch einen besonderen Akt (un fatto speciale) übertragen wird[24]. Aus diesem Grunde hat das Königreich Italien alle von seinen Gebietsvorgängern abgeschlossenen Verträge als erloschen betrachtet und den Geltungsbereich der von Sardinien (das sich allmählich zum Königreich Italien entfaltete) abgeschlossenen Verträge nach dem Grundsatz der beweglichen Vertragsgrenzen[25] auf das ganze Königreich ausgedehnt[26]. Ebenso haben das deutsche Reichsgericht[27] und der indische Supreme Court[28] ausgesprochen, daß die von den untergegangenen Glied- oder Vasallenstaaten abgeschlossenen Verträge mit ihnen erloschen sind.

§ 983 Die Wiener Konvention 1978 hat sich aber dieser Auffassung *nicht* angeschlossen, sondern trotz der Spärlichkeit entsprechender

---

[23] Dazu allgemein *Biscottini*, L'annessione e la fusione di Stati, RDI 25 (1940), S. 133 ff.; *Rauschning*, Das Schicksal völkerrechtlicher Verträge bei der Änderung des Status ihrer Partner (1963); *Geers*, Vereinigung von Staaten und völkerrechtliche Verträge (1973).

[24] La prassi italiana di diritto internazionale, Prima serie (1861 - 1887), Bd. I (1970), S. 224.

[25] Vgl. § 976.

[26] La prassi italiana (Anm. 24), S. 217 ff.

[27] RGSt 70, S. 287 (im Falle der Auslieferungsverträge mit Frankreich).

[28] Im Falle *Babu Ram Saksena v. the State*, ILR 1950, Case No. 4, S. 11 ff.; weitere indische Judikate im selben Sinn bei *Agrawala*, Law of Nations as Interpreted and Applied by Indian Courts and Legislature, IJIL 2 (1962), S. 446, wo auch richtig zwischen dem vollständigen Untergang eines Staates und seiner Erhaltung als partielles Völkerrechtssubjekt unterschieden wird.

Staatenpraxis für Zusammenschlüsse, die nicht zur Entstehung eines „newly independent State" führen, im Art. 31 ebenfalls das Prinzip der *Kontinuität* (automatischen Nachfolge) verankert:

„1. When two or more States unite and so form one successor State, any treaty in force at the date of the succession of States in respect of any of them continues in force in respect of the successor State unless:

(a) the successor State and the other State party or States parties otherwise agree; or

(b) it appears from the treaty or is otherwise established that the application of the treaty in respect of the successor State would be incompatible with the object and purpose of the treaty or would radically change the conditions for its operation.

2. Any treaty continuing in force in conformity with paragraph 1 shall apply only in respect of the part of the territory of the successor State in respect of which the treaty was in force at the date of the succession of States unless:

(a) in the case of a multilateral treaty not falling within the category mentioned in article 17, paragraph 3, the successor State makes a notification that the treaty shall apply in respect of its entire territory;

(b) in the case of a multilateral treaty falling within the category mentioned in article 17, paragraph 3, the successor State and the other States parties otherwise agree; or

(c) in the case of a bilateral treaty, the successor State and the other State party otherwise agree.

3. Paragraph 2 (a) does not apply if it appears from the treaty or is otherwise established that the application of the treaty in respect of the entire territory of the successor State would be incompatible with the object and purpose of the treaty or would radically change the conditions for its operation."

Durch Zusammenschluß außerhalb des Dekolonisierungskontexts entstandene Nachfolgestaaten werden also grundsätzlich *ipso iure* an die bisher für die Gebietsvorgänger geltenden zwei- und mehrseitigen Verträge mit Wirkung für die jeweiligen Teilgebiete gebunden. Durch einseitige Erklärung können sie diese Bindung auf ihr Gesamtgebiet erstrecken, bei bilateralen Verträgen allerdings nur mit Zustimmung der anderen Vertragspartei.

§ 984 Im Gegensatz dazu hat gemäß Art. 30 ein durch Fusion zwei oder mehrerer bis dahin abhängiger Gebiete entstandener „newly independent State" auch hier die Wahl, sein Dasein mit einer *tabula rasa* zu beginnen oder für die Fortführung der multilateralen Verträge zu optieren:

„1. Articles 16 to 29[29] apply in the case of a newly independent State formed from two or more territories.

2. When a newly independent State formed from two or more territories is considered as or becomes a party to a treaty by virtue of article 17, 18, or 24 and at the date of the succession of States the treaty was in force, or

---

[29] Vgl. oben §§ 979 ff.

consent to be bound had been given, in respect of one or more, but not all, of those territories, the treaty shall apply in respect of the entire territory of that State unless:

(a) it appears from the treaty or is otherwise established that the application of the treaty in respect of the entire territory would be incompatible with the object and purpose of the treaty or would radically change the conditions for its operation;

(b) in the case of a multilateral treaty not falling under article 17, paragraph 3, or under article 18, paragraph 4, the notification of succession is restricted to the territory in respect of which the treaty was in force at the date of the succession of States, or in respect of which consent to be bound by the treaty had been given prior to that date;

(c) in the case of a multilateral treaty falling under article 17, paragraph 3, or under article 18, paragraph 4, the newly independent State and the other States parties or, as the case may be, the other contracting States otherwise agree; or

(d) in the case of a bilateral treaty, the newly independent State and the other State concerned otherwise agree.

3. When a newly independent State formed from two or more territories becomes a party to a multilateral treaty under article 19 and by the signature or signatures of the predecessor State or States it had been intended that the treaty should extend to one or more, but not all of those territories, the treaty shall apply in respect of the entire territory of the newly independent State unless:

(a) it appears from the treaty or is otherwise established that the application of the treaty in respect of the entire territory would be incompatible with the object and purpose of the treaty or would radically change the conditions for its operation;

(b) in the case of a multilateral treaty not falling under article 19, paragraph 4, the ratification, acceptance or approval of the treaty is restricted to the territory or territories to which it was intended that the treaty should extend; or

(c) in the case of a multilateral treaty falling under article 19, paragraph 4, the newly independent State and the other States parties or, as the case may be, the other contracting States otherwise agree."

Entscheidet sich der „newly independent State" dafür, in multilaterale Verträge der Vorgänger einzutreten, so gelten diese also grundsätzlich für sein gesamtes Gebiet. Daraus, wie auch aus der „Normal"-Regelung des Art. 31 können sich schwer zu lösende Konflikte miteinander unvereinbarer Verträge ergeben, für die die Konvention eine Lösung schuldig bleibt[30].

§ 985 Von dem Zusammenschluß mehrerer Staaten zu einem neuen Staat, dessen Rechtsfolgen von der Konvention geregelt werden, muß der Zusammenschluß zu einer *vr Staatenverbindung* unterschieden

[30] Vgl. *Treviranus* (Anm. 11), S. 270, 272 f. Ebd. Anm. 19 der Text einer Resolution, mit der die Konferenz diese Lücke durch die Empfehlung zu füllen versucht, „that if a uniting of States gives rise to incompatible obligations or rights under treaties, the successor State und the other States parties to the treaties in question make every effort to resolve the matter by mutual agreement".

werden, da im zweiten Falle die Vertragssubjekte, wenngleich mit eingeschränkten Zuständigkeiten, weiterbestehen bleiben, so daß überhaupt keine Staatennachfolge vorliegt. Es tritt lediglich die Staatenverbindung als neues Vertragssubjekt an ihre Seite, wie z. B. bei der Gründung des Deutschen Bundes am Wiener Kongreß 1815. Wenn sich hingegen zwei oder mehrere Staaten zu einem Staat zusammenschließen, muß wiederum unterschieden werden, ob sie im neuen Staate untergehen, oder als partielle Völkerrechtssubjekte erhalten bleiben, wie z. B. die Kantone der Schweiz oder die deutschen Länder[31]. Ist letzteres der Fall, dann gelten die von ihnen abgeschlossenen Verträge weiter, soweit sie nicht mit der Verfassung des Oberstaates unvereinbar sind.

5. Überleitungsabkommen und -erklärungen

§ 986 Ein solches Abkommen (devolution agreement) zwischen der Kolonialmacht und ihrer in Emanzipation befindlichen Kolonie, das den Übergang von Rechten und Pflichten, die auf Verträgen der Kolonialmacht mit dritten Staaten beruhen und das koloniale Gebiet mitumfassen, auf den neuen Staat vorsieht, begründet *als solches* gem. Art. 8 keine Vertragspflichten des Neustaates gegenüber dritten Staaten, da ein solcher Vertrag für diese eine *res inter alios acta* bildet.

§ 987 Art. 9 stellt klar, daß einseitige Sukzessionserklärungen der Nachfolgestaaten dritte Staaten ebensowenig binden können[32].

6. Territoriale Regime

§ 988 Zu dieser Gruppe gehören vor allem Grenzverträge, ferner Transitrechte, Flußregime, Verträge über Flotten- und Luftstützpunkte oder die Entmilitarisierung bestimmter Gebiete. Man spricht hier in der Regel von Staatsservituten, realen, territorialen, dispositiven Rechten, auch Statusverträgen, „treaties in rem" oder „treaties running with the land", und versteht darunter jene, die auf einem bestimmten Gebietsteil „lokalisiert" oder „radiziert" sind. Alle diese Bezeichnungen sind jedoch nur bildliche Ausdrücke für verschiedene räumliche Abgrenzungen oder Beschränkungen der territorialen Souveränität eines Staates[33], da alle vr Rechte und Pflichten nur zwischen Völkerrechtssubjekten bestehen, nicht aber an einem Gebiet „haften" können.

§ 989 Unsere Konvention nimmt die Nachfolge in solche Regimes[34] von ihrer sonstigen Differenzierung zwischen kolonialen und nichtkolonialen Sukzessionsfällen aus, unterwirft also „newly independent States" und andere Nachfolgestaaten denselben Vorschriften.

---

[31] Oben § 395.

[32] Vgl. die Quellenangaben zu diesen Instrumenten bei *Zemanek* (Anm. 11), S. 724 f.

[33] Dazu unten §§ 1022 ff.

§ 990 Art. 11 bestimmt, in Übereinstimmung mit der Staatenpraxis, daß Grenzverträge sowie Verträge, die ein Grenzregime betreffen, durch eine Gebietsnachfolge *nicht* betroffen werden.

§ 991 Hingegen bestand bisher keine einheitliche Regelung für andere territoriale Regime[35]. So hat der StIGH im Fall der *Free Zones of Upper Savoy and the District of Gex* anerkannt, daß bestimmte von Sardinien vertraglich übernommene Beschränkungen der Zollhoheit auf den Gebietsnachfolger Frankreich übergegangen sind[36]. Auch die im Völkerbund eingesetzte Juristenkommission zur Feststellung der Rechtslage der Aalandsinseln vertrat die Auffassung, daß Finnland als Gebietsnachfolger Rußlands an die von diesem Staat übernommenen Verpflichtungen, auf diesen Inseln weder Befestigungen noch Land- oder Flottenstützpunkte zu errichten, also an diese „international settlements relating to its territory", gebunden ist[37]. Hingegen ist die neuere Praxis in diesen Fragen nicht einheitlich[38]. Der französisch-marokkanische Notenwechsel vom 20. Mai 1956 etwa lehnte den Übergang der von Frankreich als Protektorstaat den Vereinigten Staaten in Marokko vertraglich eingeräumten militärischen Stützpunkte auf das unabhängig gewordene Marokko ab[39]. Diese Ablehnung wurde jedoch damit begründet, daß der damals von Frankreich protegierte Staat Marokko vor Abschluß dieses Vertrages nicht konsultiert worden war. Außerdem handelte es sich nicht um eine Gebietsnachfolge, sondern um eine Nachfolge in die Zuständigkeit zum Abschluß von Staatsverträgen.

Für den grundsätzlichen Übergang *aller* räumlichen Beschränkungen der territorialen Souveränität auf den Gebietsnachfolger spricht bei Gebietsabtretungen die Erwägung, daß kein Staat an einen anderen mehr Rechte übertragen kann, als er selbst hat *(nemo plus iuris transferre potest quam ipse habet)*[40]. In diesem Sinne bestimmte Art. II des zwischen Sardinien und Frankreich am 24. März 1860 abgeschlossenen Vertrages über die Abtretung Savoyens, dessen nördlicher Teil durch Art. 92 der Wiener Kongreßakte vom 9. Juni 1815 zugunsten der

---

[34] Wie auch die Anwendung des Prinzips der „beweglichen Vertragsgrenzen"; vgl. § 976.

[35] Zum folgenden auch E. *Klein*, Statusverträge im Völkerrecht (1980), S. 305 ff.

[36] A/B 46, S. 145.

[37] Journal officiel des Völkerbundes, Spec. Suppl. 3 (Oktober 1920), S. 18.

[38] Darüber *Zemanek* (Anm. 1), S. 239 ff., und ILC-Yearbook 1972 II, S. 298 ff.

[39] *Zemanek* (ebd.), S. 239; *Rowny*, Le protectorat international et la succession aux traités, RGDIP 73 (1969), S. 89 ff.

[40] Auf diesen Grundsatz beruft sich der Schiedsspruch Max *Hubers* vom 4. April 1928 im *Island of Palmas* Case, RIAA II, S. 842: „Spain could not transfer more rights than she herself possessed."

Schweiz neutralisiert worden war: „Il est ... entendu que Sa Majesté le Roi de Sardaigne ne peut transférer les parties neutralisées de la Savoie qu'aux conditions auxquelles il les possède lui même ..[41]". Anders steht es, wenn eine originäre Erwerbung der Gebietshoheit durch den Gebietsnachfolger vorliegt, da zur Begründung von räumlichen Bindungen solcher Nachfolgestaaten eine allgemeine Norm des VR nachgewiesen werden müßte.

§ 992 Die Konvention anerkennt in Art. 12 nur die Weitergeltung jener territorialen Regimes, die im Interesse des betroffenen Gebietes, einer Staatengruppe oder aller Staaten begründet wurden:

„1. A succession of States does not as such affect:

(a) obligations relating to the use of any territory, or to restrictions upon its use, established by a treaty for the benefit of any territory of a foreign State and considered as attaching to the territories in question;

(b) rights established by a treaty for the benefit of any territory and relating to the use, or to restrictions upon the use, of any territory of a foreign State and considered as attaching to the territories in question.

2. A succession of States does not as such affect:

(a) obligations relating to the use of any territory, or to restrictions upon its use, established by a treaty for the benefit of a group of States or of all States and considered as attaching to that territory;

(b) rights established by a treaty for the benefit of a group of States or of all States and relating to the use of any territory, or to restrictions upon its use, and considered as attaching to that territory.

3. The provisions of the present article do not apply to treaty obligations of the predecessor State providing for the establishment of foreign military bases on the territory to which the succession of States relates[42]."

Solche räumlichen Beschränkungen gehen natürlich auf den oder die Gebietsnachfolger nur über, wenn sie auf gültigen Verträgen beruhen (Art. 14). Doch ist die Geltendmachung der *Clausula rebus sic stantibus* bei Grenzverträgen durch Art. 62 Abs. 2 lit. a der Wiener Vertragsrechtskonvention ausgeschlossen[43].

§ 993 Die in Art. 12 vorgenommene Normierung der Staatensukzession in territoriale Regimes war für die Entwicklungsländer nur „im Paket" mit der Ergänzung des (mit Art. 12 Abs. 1 und 2 identischen) ILC-Entwurfs um den zusätzlichen Abs. 3 und der Aufnahme eines neuen Art. 13 annehmbar[44]. Art. 12 Abs. 3 nimmt die Nachfolge in Verpflichtungen aus militärischen Stützpunktverträgen vom strikten Kontinuitätsprinzip aus und unterstellt sie den Regelungen der einzel-

---

[41] La prassi italiana di diritto internazionale, Prima serie (1861 - 1887), Bd. I (1970), S. 261; ähnlich schon *Vattel*, Le droit des gens (1758), III, ch. 13, § 203.

[42] Zur Formulierung „*attaching* to the territories in question", oben § 988 und ebenfalls kritisch *Zemanek* (Anm. 11), S. 726 f.

[43] Oben § 833.

[44] Zu den Vorgängen auf der Konferenz *Zemanek* (Anm. 11), S. 728 f.

nen Sukzessionsfälle. Dies ist insofern folgerichtig, als bei solchen Verträgen nicht der sachliche, sondern der persönliche und politische Charakter, die Abhängigkeit von einer ganz bestimmten Außen- und Sicherheitspolitik, ausschlaggebend ist[45].

Im neuen Art. 13 finden wir einen Vorbehalt zugunsten des Grundsatzes der dauernden Souveränität der Staaten über ihre nationalen Ressourcen[46], der aber — wie Zemanek richtig bemerkt — in *diesem* Zusammenhang schwer verständlich ist, da es „kaum wirtschaftliche Konzessionen ... in der Form von Staatsverträgen" gibt[47].

7. *Mitgliedschaftsrechte in internationalen Organisationen*

§ 994 Gemäß ihrem Art. 4 findet die Wiener Konvention 1978 auch auf die Sukzession in Gründungsverträge internationaler Organisationen und in Verträge, die in deren Rahmen angenommen werden, Anwendung, wobei jedoch im ersten Fall spezielle Bestimmungen über den Erwerb der Mitgliedschaft und in beiden Fällen alle einschlägigen Vorschriften dieser Organisation vorgehen.

Das Problem ist erstmalig 1947 anläßlich der Aufnahme Pakistans in die UNO aktuell geworden, als zu beurteilen war, ob der neue Staat Pakistan, der früher ein Teil des britischen Dominions „Indien" gewesen war, automatisch mit Indien ursprüngliches Mitglied der UNO geworden war, oder in diese neu aufgenommen werden mußte. Aufgrund eines Rechtsgutachtens des Sechsten Ausschusses der Generalversammlung hat diese entschieden, daß im Falle der Abtretung eines Gebietes von dem eines Mitgliedes der UNO keine Nachfolge in dessen Mitgliedschaftsrechte eintritt, so daß ein so entstandener Staat um die Aufnahme in die UNO ansuchen muß[48]. Zemanek meint jedoch, daß von dieser Praxis zwei Ausnahmen gemacht wurden. Einmal sei Syrien nach seinem Ausscheiden aus der VAR ohne förmlichen Aufnahmebeschluß 1961 wieder in die UNO aufgenommen worden[49]. Das ist richtig, aber kein Beweis für die Nachfolge in Mitgliedschaftsrechte, da auch eine formlose Aufnahme möglich ist[50]. Eine solche ist offenbar erfolgt, da Syrien vor der Gründung der VAR schon Mitglied der UNO

---

[45] *Zemanek*, ebd., S. 729.

[46] Resolution der UN-Generalversammlung 1803 (XVI) vom 14. Dezember 1962; Art. 1 Abs. 2 des Internationalen Paktes über die bürgerlichen und politischen Rechte (§ 1236); wiederholt in der Charta der wirtschaftlichen Rechte und Pflichten der Staaten vom 12. Dezember 1974, Resolution 3281 (XXIX) (§§ 507, 1223).

[47] (Anm. 11), S. 729. Vgl. auch *Sinclair* (ebd.), S. 168 ff.

[48] ILC-Yearbook 1962 II, S. 103, Doc. A/CN. 4/149.

[49] *Zemanek* (Anm. 1), S. 248 ff.

[50] Oben § 107.

gewesen war und daher eine neuerliche Prüfung der Aufnahmevoraussetzungen[51] entbehrlich erschien, wenngleich wir Zemanek beipflichten, daß die Behauptung, die syrische Mitgliedschaft in der UNO habe während der Zugehörigkeit zur VAR „geruht", unhaltbar ist[52]. Auch die förmliche Aufnahme der beiden Gebietsnachfolger der „Federation of Mali", nämlich der Republik Mali (früher französischer Sudan) und des Senegal, in die UNO bestätigt das Hauptprinzip, da keine Abtrennung eines Gebietsteils, sondern der Zerfall einer losen Staatenverbindung vorlag, und daher keine Nachfolge der beiden Gebietsnachfolger in Mitgliedschaftsrechte der Föderation anerkannt wurde.

§ 995 Dieselbe Praxis befolgen auch die anderen internationalen Organisationen, soweit ihre Verfassungen ein förmliches Aufnahmeverfahren vorsehen. Sonst begnügt man sich mit einer Notifikation an den Depositar[53]. Da aber kein Anspruch auf eine solche Nachfolge besteht, kann sie nur wirksam werden, wenn von den betroffenen Staaten kein Widerspruch erhoben wird. Auf besondere Regelungen in einzelnen internationalen Organisationen kann hier nicht eingegangen werden[54].

§ 996 Die Konvention enthält schließlich einige Normen über das Verfahren zur Beilegung von Streitfällen. Falls die Parteien nichts anderes vereinbaren, kann jeder Vertragsstaat *einseitig* ein — demnach obligatorisches — *Vergleichsverfahren* (Art. 42 und Annex) einleiten, das dem der Wiener Vertragsrechtskonvention (Art. 66 lit. b und Annex) nachgebildet ist und mit einer Empfehlung der Vergleichskommission gem. Ziff. 6 des Annexes abschließt[55].

III. Nachfolge in Vermögenswerte

1. Allgemeines

§ 997 Die Nachfolge in Vermögenswerte des Gebietsvorgängers wird durch Verträge von Fall zu Fall geregelt. Aus der Staatenpraxis lassen sich zwar einige allgemeine, leitende Grundsätze ableiten, die teils die persönlichen Rechte der Nachfolgestaaten, teils jene zum Gegenstand haben, welche die Heimatstaaten für ihre Angehörigen nach VR beanspruchen können. Diese Grundsätze bedürfen jedoch in der Regel einer näheren Ausführung durch konkrete Normen, um anwendbar zu sein. Durch die Dekolonisierung, in deren Verlauf über 100 Staaten ihre

---

51 Oben § 105.

52 (Anm. 1), S. 249.

53 ILC-Yearbook 1972 II, S. 232 ff.

54 Näheres darüber ebd., S. 13 ff. Zum ganzen auch *Schermers*, Succession of States and International Organizations, NYIL 6 (1975), S. 103 ff.

55 Näheres darüber bei *Zemanek* (Anm. 11), S. 737 f.

Unabhängigkeit erlangten, sind diese Rechtsfragen so bedeutsam wie umstritten geworden. Die Auseinandersetzung darüber, welches Maß an „progressive development" des VR der Staatennachfolge den besonderen Bedürfnissen der „newly independent states" angemessen ist, hat nicht nur die Arbeiten der ILC geprägt, sondern drückt auch der „Vienna Convention on the Sucession of States in Respect of State Property, Archives and Debts" vom 8. April 1983 ihren Stempel auf: Dieses Übereinkommen, dessen Text auf einer von nur 90 Staaten beschickten Konferenz mit 54 (Dritte Welt, Ostblock, Türkei) gegen 11 Stimmen (westliche Staaten) bei ebenfalls 11 Enthaltungen angenommen und am Tag der Auflegung zur Unterzeichnung von keinem einzigen Staat signiert wurde, klammert die praktisch wichtigste Frage — Nachfolge in Staatsschulden gegenüber privaten Gläubigern — aus seinem Regelungsbereich aus und begünstigt im übrigen aus der Dekolonisierung hervorgegangene Nachfolgestaaten in einer für Gebietsvorgänger und Drittstaaten weitgehend unannehmbaren Weise, mit dem Ziel, die rechtlichen Wirkungen des Kolonialstatus möglichst rückwirkend zu beseitigen[56]. Wegen dieses Fehlens inhaltlicher Ausgewogenheit und auch deswegen, weil der Dekolonisierungsprozeß, auf den sie zugeschnitten wurde, beinahe abgeschlossen ist, wird der Konvention wohl die Bedeutung versagt bleiben, die frühere Kodifikationsverträge erlangen konnten.

§ 998 Die Konvention 1983 ist nach einem einführenden Teil mit allgemeinen Bestimmungen in drei identisch aufgebaute Abschnitte über staatliches Aktivvermögen, Archive und Staatsschulden gegliedert, in denen die Rechtsfolgen der verschiedenen Anlaßfälle der Staatensukzession auf diese Bereiche normiert werden.

Wie die Konvention 1978 will auch sie nur völkerrechtskonforme Sukzessionsfälle regeln (Art. 3). Die Bestimmungen über das Inkrafttreten, den zeitlichen Anwendungsbereich und die Möglichkeit, das Übereinkommen auf dem Zeitpunkt des Inkrafttretens vorausgehende Sukzessionsfälle anzuwenden (Art. 4), entsprechen ebenfalls denen der Konvention über die Staatennachfolge in vr Verträge. Dasselbe gilt für das System der Streiterledigung (Teil V).

2. *Staatliches Aktivvermögen*

§ 999 Früher wurde zwischen dem hoheitlichen Vermögen (domaine public), also den *öffentlichen* Gebäuden, Festungen, Straßen, Banken,

---

[56] An Kommentaren bisher *Seidl-Hohenveldern*, Das Wiener Übereinkommen über Staatennachfolge in Vermögen, Archive und Schulden von Staaten, ÖZöffRVR 34 (1983), S. 173 ff.; *Streinz*, Succession of States in Assets and Liabilities — A New Régime? The 1983 Vienna Convention on Succession of States in Respect of State Property, Archives and Debts, GYIL 26 (1983), S. 198 ff.

Archiven, Bibliotheken usw. einerseits und dem Fiskalvermögen (domaine privé) des Gebietsvorgängers andererseits unterschieden und mangels einer abweichenden vertraglichen Regelung eine entschädigungslose Übergabe an den Gebietsnachfolger nur für das erstere auf seinem Gebiete befindliche Vermögen anerkannt[57].

Die Konvention hat aber auf Grund der neueren Praxis diese Unterscheidung aufgegeben und verfügt den entschädigungslosen (Art. 11) Übergang des *ganzen* auf dem Gebiete des Gebietsnachfolgers gelegenen Staatsvermögens des Gebietsvorgängers, wenn nichts anderes vereinbart wird.

Daher umfaßt gem. Art. 8 das auf den Gebietsnachfolger übergehende Vermögen des Gebietsvorgängers folgende Werte: „property, rights and interests which, at the date of the succession of States, were, according to the internal law of the predecessor State, owned by that State". Dazu gehören auch Forderungsrechte (debt-claims), die dem Gebietsvorgänger gegenüber einem Drittstaat zustehen[58]. Umgekehrt kann die Staatennachfolge als solche Vermögensrechte dritter Staaten, die auf dem betroffenen Gebiet gelegen sind, nicht beeinträchtigen (Art. 12). Der Übergang des Vermögens erfolgt zum Zeitpunkt der Staatensukzession, es sei denn, daß die beteiligten Staaten oder eine geeignete internationale Instanz (an appropriate international body) etwas anderes festlegen (Art. 10). Dabei obliegt dem Gebietsvorgänger eine besondere Sorgfaltspflicht (Art. 13).

§ 1000 Im Falle des *Übergangs* eines Gebietes von einem Staat auf einen anderen, also vor allem bei einer Zession, geht mangels einer abweichenden Vereinbarung zwischen Gebietsvorgänger und Gebietsnachfolger das auf dem abgetretenen Gebiete gelegene unbewegliche Vermögen des Gebietsvorgängers und sein mit seiner Tätigkeit in bezug auf dieses Gebiet verbundenes bewegliches Vermögen, ob es sich dort befindet oder nicht[59], auf den Gebietsnachfolger über (Art. 14).

Wenn sich zwei oder mehrere Staaten zu einem neuen Staate *zusammenschließen (Fusion),* geht das staatliche Vermögen jener auf den neuen Staat über (Art. 16). Inwieweit dabei etwaige Gliedstaaten in

---

[57] So noch das UN-Tribunal in Libyen am 31. Januar 1953, RIAA XII, S. 366: „Private state property does not become part of the property of the successor state unless there is a ‚special provision' to that effect."

[58] Vgl. aus dem Kommentar der ILC zu ihrem Entwurf 1981 (Anm. 7), S. 161.

[59] ILC-Entwurf 1981 (ebd.), S. 62. Vgl. auch ebd., S. 55 f.: „Succession of States in respect of State property is governed, irrespective of the specific category of succession by one key criterion ...: the *linkage* of such property to the territory ... [B]ehind this principle lies the further principle of the actual *viability* of the territory to which the succession of States relates" (von uns hervorgehoben).

diese Rechte eintreten, muß von der Verfassung des Nachfolgestaates entschieden werden.

Entsteht ein neuer Staat durch *Losreißung* eines Gebietsteiles vom Mutterland, so geht mangels einer abweichenden Vereinbarung das auf dem Gebiete des neuen Staates gelegene unbewegliche Vermögen des Gebietsvorgängers sowie dessen mit seiner Aktivität im losgerissenen Gebiet verbundenes bewegliches Vermögen auf den neuen Staat über, das andere dort befindliche bewegliche Vermögen des Gebietsvorgängers „in an equitable proportion"[60]. Diese Regelung gilt auch dann, wenn sich das losgerissene Gebiet mit einem anderen Staate zusammenschließt (Art. 17).

Wenn ein Staat durch *Zergliederung* untergeht *(dismembratio)*, so geht, falls nicht anders vereinbart, das unbewegliche Vermögen des untergegangenen Staates, das auf dem Gebiet eines der neuentstandenen Staaten liegt, sowie das mit der Tätigkeit des Vorgängerstaates in bezug auf eben dieses Gebiet verbundene bewegliche Vermögen auf den betreffenden Nachfolgestaat über, das übrige bewegliche und das außerhalb seines Gebietes liegende unbewegliche Vermögen auf die Gesamtheit der Neustaaten „in equitable proportions" (Art. 18).

§ 1001 Einen viel weitergehenden Zugriff auf die Vermögenswerte des Gebietsvorgängers sollen nach Art. 15 jedoch in allen Fällen die *„newly independent States"* haben, also jene Nachfolgestaaten, deren Gebiete unmittelbar vor der Sukzession vom Vorgängerstaat im internationalen Bereich abhängig waren (Art. 2 Abs. 1 lit. e):

„1. When the successor State is a newly independent State:

(a) immovable State property of the predecessor State situated in the territory to which the succession of States relates shall pass to the successor State;

(b) immovable property, having belonged to the territory to which the succession of States relates, situated outside it and having become State property of the predecessor State during the period of dependence, shall pass to the successor State;

(c) immovable State property of the predecessor State other than that mentioned in subparagraph (b) and situated outside the territory to which the succession of States relates, to the creation of which the dependent territory has contributed, shall pass to the successor State in proportion to the contribution of the dependent territory;

(d) movable State property of the predecessor State connected with the activity of the predecessor State in respect of the territory to which the succession of States relates shall pass to the successor State;

---

[60] Der Kommentar der ILC zu ihrem Entwurf 1981 versteht darunter die *rechtsimmanente* Billigkeit i. S. des Urteils des IGH in den *North Sea Continental Shelf* Cases (oben § 658). Dazu *Seidl-Hohenveldern* (Anm. 56), S. 189 f.

(e) movable property, having belonged to the territory to which the succession of States relates and having become State property of the predecessor State during the period of dependence, shall pass to the successor State;

(f) movable State property of the predecessor State, other than the property mentioned in subparagraphs (d) and (e), to the creation of which the dependent territory has contributed, shall pass to the successor State in proportion to the contribution of the dependent territory.

2. When a newly independent State is formed from two or more dependent territories, the passing of the State property of the predecessor State or States to the newly independent State shall be determined in accordance with the provisions of paragraph 1.

3. When a dependent territory becomes part of the territory of a State, other than the State which was responsible for its international relations, the passing of the State property of the predecessor State to the successor State shall be determined in accordance with the provisions of paragraph 1.

4. Agreements concluded between the predecessor State and the newly independent State to determine succession to State property of the predecessor State otherwise than by the application of paragraphs 1 to 3 shall not infringe the principle of the permanent sovereignty of every people over its wealth and natural resources."

An dieser Bestimmung fällt gegenüber den bereits dargestellten zum ersten auf, daß ihre Subsidiarität gegenüber konkreten Vereinbarungen in der Formulierung soweit als möglich zurückgedrängt wird. Solche Vereinbarungen sollen wiederum durch das Prinzip der dauernden Souveränität aller Völker über ihre Reichtümer und Naturschätze begrenzt werden, das offenbar zum *ius cogens* gerechnet wird[61].

Ferner fügt Art. 15 den in den übrigen Bestimmungen verwendeten Vermögenskategorien, in die eine Nachfolge stattfindet, zwei neue Begriffe hinzu: nämlich die des außerhalb des Vorgängerstaates gelegenen unbeweglichen sowie des wo immer befindlichen beweglichen Vermögens, das entweder vor der Entstehung des Abhängigkeitsverhältnisses „zu einem Gebiet gehört"[62] hat und während der Abhängigkeit, auf welche Art auch immer[63], Staatsvermögen des Vorgängerstaates geworden ist, oder zu dessen Bildung das abhängige Gebiet beigetragen hat, weshalb ein Übergang „in proportion to the contribution" erfolgen soll. Mit der erstgenannten Umschreibung streben die Entwicklungsländer

---

[61] Vgl. §§ 507, 524 ff., 1220 Anm. 19, 1223; *Seidl-Hohenveldern* (Anm. 56), S. 177 f., 186 ff.

[62] Art. 15 spricht hier absichtlich nicht von „State property", sondern nur von „property": „This is intended to widen the scope of the provision in order to include the property which, prior to the period of dependence, belonged to the territory of the successor newly independent State, whether that territory, during the pre-dependence period was an independent State or an autonomous entity of other form, such as a tribal group or a local government" (ILC-Kommentar [Anm. 7], S. 81). Aus analogen Gründen verwendet die Konvention den unscharfen Begriff „belonging"; vgl. *Streinz* (Anm. 56), S. 228 f.

[63] Vgl. die Nachweise bei *Streinz* (ebd.), S. 233.

eine Verpflichtung zur (entschädigungslosen und lastenfreien) Rückstellung aller vr Wertobjekte, Kunstwerke, historischen Denkmäler und anderen Kulturgüter an die ehemaligen Kolonialgebiete an[64], wie sie in dieser Breite und Unbedingtheit von den Adressaten solcher Forderungen nicht akzeptiert werden kann. Aber auch die zweitgenannte Formulierung öffnet eine Büchse der Pandora, so wenn etwa im Kommentar zum ILC-Entwurf 1981 gefragt wird, ob dekolonisierte Nachfolgestaaten unter Berufung auf diese Bestimmung nicht einen angemessenen Anteil an den Kapitaleinlagen ihrer ehemaligen Verwaltungsmächte bei der Weltbank fordern könnten[65].

3. *Staatsarchive*

§ 1002 Sie gehören zwar zum staatlichen Aktivvermögen im gerade behandelten Sinne. Wegen ihrer besonderen Problematik in Sukzessionsfällen und der Verbindung der Materie mit den umfassenden Bemühungen der UNESCO um den Schutz des nationalen kulturellen Erbes[66], widmet ihnen die Konvention 1983 jedoch einen eigenen Teil (Art. 19 - 31).

Art. 20 versteht unter Staatsarchiven „all *documents* of whatever date and kind, produced or received by the predecessor State in the exercise of its functions which, at the date of the succession of States, belonged to the predecessor State according to its internal law and were preserved by it directly or under its control as archives for whatever purpose".

Der Begriff „documents" ist dabei im weitest möglichen Sinne zu verstehen; er umfaßt also das gesamte Material, ob in Schrift- oder anderer Form, „which contains authentic data which may serve scientific, official and practical purposes"[67].

§ 1003 Die Aufteilung solcher Archive zwischen Gebietsnachfolger und -vorgänger bei dessen Fortbestehen bzw. auf mehrere Nachfolgestaaten soll sich, falls vertraglich nicht anders vereinbart, in erster Linie danach richten, welcher dieser Staaten das Archivmaterial für die „normal administration" des Gebietes benötigt, dessen territorialer Souverän gewechselt hat; im übrigen danach, welches Gebiet das Archivmaterial unmittelbar, ausschließlich oder doch hauptsächlich betrifft (relates to; vgl. Art. 27 - 31: sog. „Betreffsprinzip"). Ein „newly independent State" folgt darüber hinaus in jene Archive nach, die vor der

---

[64] Kommentar zum ILC-Entwurf 1981 (Anm. 7), S. 81; weitere markante Aussagen in dieser Richtung bei *Streinz* (Anm. 56), S. 228.

[65] ILC-Kommentar (Anm. 7), S. 82.

[66] Vgl. den ILC-Kommentar 1981 (ebd.), S. 99 ff.

[67] Ebd., S. 105.

Entstehung des Abhängigkeitsverhältnisses zu seinem Gebiet gehört haben und dann Archive des Vorgängerstaates geworden sind. Ist solches Material während der Abhängigkeit zerstreut worden, so hat der Vorgängerstaat mit dem Neustaat bei der Wiederauffindung zusammenzuarbeiten. Der Gebietsvorgänger soll dem Nachfolger ferner in besonderen Abmachungen jenen Teil seines Archivmaterials übertragen, der für das von der Staatensukzession betroffene Gebiet „von Interesse" ist (Art. 28)[68]. In allen Fällen außer bei einer Fusion haben die Vorgänger- die Nachfolgestaaten (bzw. bei Auflösung eines Staates die einzelnen Nachfolger sich gegenseitig) mit dem bestmöglichen Beweismaterial über Rechte an dem Gebiet, das Gegenstand der Staatennachfolge ist, oder dessen Grenzen oder für die Aufklärung der Bedeutung übergegangener Dokumente zu versorgen und den Nachfolgestaaten Reproduktionen desjenigen bei ihnen verbliebenen Archivmaterials zur Verfügung zu stellen, das mit den Interessen eines solchen Gebietes verbunden ist. Den Übergang von Archiven betreffende Vereinbarungen zwischen Vorgänger- und Nachfolgestaaten bzw. zwischen letzteren „shall not infringe the right of the peoples of those States to development, to information about their history and to their cultural heritage" (Art. 28 Abs. 7, 30 Abs. 3, 31 Abs. 4).

4. *Staatsschulden*[69]

a) Zwischenstaatliche Schulden und Anleihen gegenüber privaten Gläubigern

§ 1004 Die Art. 32 - 41 der Wiener Konvention regeln die Nachfolge in Staatsschulden. Unter diesen versteht die Konvention aber nur solche finanzielle Verpflichtungen des Vorgängerstaates, die gegenüber einem anderen Staat, einer internationalen Organisation oder einem anderen Völkerrechtssubjekt bestehen (Art. 33)[70], während die so praktisch bedeutsame wie heftig umstrittene Frage der Nachfolge in Staatsschulden gegenüber *ausländischen privaten* Gläubigern — wie bereits

---

[68] Aus der jüngsten Staatenpraxis vgl. die Übergabe von Staatsarchiven betreffend die französische Präsenz in Algerien 1830 - 1962 durch Frankreich an letzteren Staat: RGDIP 86 (1982), S. 325 ff.

[69] Darüber allgemein *Schmidt*, Der Übergang der Staatsschulden bei Gebietsabtretungen (1913); *Sack*, La succession aux dettes publiques d'Etat, RdC 23 (1928 III), S. 149 ff.; *Feilchenfeld*, Public Debts and State Succession (1931); *O'Connell*, Secured and Unsecured Debts in the Law of State Succession, BYIL 28 (1951), S. 204 ff.; *van Hecke*, Problèmes juridiques des emprunts internationaux (1964). Beispiele aus der neuesten Praxis bei *Zemanek*, State Succession after Decolonization, RdC 116 (1965 III), S. 255 ff., sowie in den Berichten *Bedjaouis* an die ILC und deren Entwürfen.

[70] Wir bezeichnen sämtliche Spielarten der Einfachheit halber im folgenden als zwischenstaatliche Schulden. Zum Text *Seidl-Hohenveldern* (Anm. 56), S. 191 ff.

eingangs erwähnt — ausgeklammert bleibt. Die Definition der ILC hatte ursprünglich neben den zwischenstaatlichen Schulden auch noch „any other financial obligation chargeable to a State" mitumfaßt, doch fielen diese Worte der zweiten Lesung 1979 zum Opfer[71]. Nunmehr bestimmt Art. 6 des allgemeinen Teiles der Konvention, daß „[n]othing in the present Convention shall be considered as prejudging in any respect any question relating to the rights and obligations of natural or juridical persons" (vgl. auch Art. 36). Ferner stellt die Präambel klar, daß für die von der Konvention nicht geregelten Fragen das VGR maßgeblich bleibt. Auch aus diesem Grund werden wir im folgenden stets auch das einschlägige VGR heranziehen und daher jene Anleihen ausscheiden, bei denen die Gläubiger des Gebietsvorgängers zu Angehörigen des oder der Gebietsnachfolger geworden sind, da grundsätzlich kein Staat eigenen Angehörigen gegenüber *vr* verpflichtet ist.

b) Die Regeln im einzelnen

§ 1005 Da sowohl zwischenstaatliche Schulden als auch diejenigen Schulden eines Staates, die gegenüber ausländischen privaten Gläubigern bestehen, *persönliche* Verpflichtungen zwischen dem Schuldner und dem Gläubiger sind, können sie natürlich durch eine Gebietsnachfolge als solche nicht auf den oder die Nachfolgestaaten übergehen. Ein solcher Übergang kann nur eintreten, wenn er entweder zwischen ihnen *mit Zustimmung des Gläubigers* vereinbart wurde oder wenn eine *vr* Norm einen solchen Übergang vorschreibt.

§ 1006 Eine solche Norm ist im Falle des *Weiterbestandes des Gebietsvorgängers* für allgemeine Staatsschulden im VGR nicht nachweisbar[72]. Es haftet daher grundsätzlich dieser allein für die von ihm übernommenen finanziellen Verpflichtungen.

§ 1007 Nur jene Schulden, die ausschließlich im Interesse eines Gebietsteiles (Land, Kolonie, Gemeinde), z. B. bei der Weltbank, eingegangen wurden (bezügliche Schulden, „localized debts"[73]), oder für welche Objekte im abgetretenen Gebiet zur Sicherstellung verpfändet

[71] Vgl. darüber den Kommentar der ILC zu ihrem Entwurf 1981 (Anm. 7), S. 158, 176 f.; *Streinz* (Anm. 56), S. 212 f.

[72] So schon *Bismarck*, Fontes juris gentium, Series B, Sectio I, Tomus I, Pars 1: Handbuch der diplomatischen Korrespondenz der europäischen Staaten 1856 - 1871, S. 599; ferner der Schiedsspruch *Borels* vom 18. April 1925 betr. die *Répartition des annuités de la Dette publique ottomane*, RIAA I, S. 531, 573: „il n'est pas possible, malgré les précédents déjà existants, de dire que la Puissance cessionnaire d'un territoire est, de plein droit, tenue d'une part correspondante de la dette publique de l'Etat dont il faisait partie jusqu'alors".

[73] Vgl. aus dem Kommentar der ILC zu ihrem Entwurf 1981 (Anm. 7), S. 168: „... a ‚*localized debt*' is a *State* debt which is used specifically by the State in a clearly defined portion of territory".

wurden (dettes hypothécaires), gehen *ipso iure* auf den Gebietsnachfolger nach dem Grundsatz *res transit cum suo onere* über[74].

Wurde hingegen die finanzielle Verpflichtung von einer Untergliederung des Gebietsvorgängers (mit finanzieller Autonomie) eingegangen („local debt“[75]), dann liegt kein Problem der Staatennachfolge vor, da in der Person des Schuldners keine Änderung eintritt[76]. Doch ist der Gebietsnachfolger zur Achtung der Rechte der ausländischen Gläubiger nach den Normen des vr Fremdenrechts[77] verpflichtet.

§ 1008 Obwohl die ILC zugibt, daß die Verpflichtung des Gebietsnachfolgers, bezügliche, „lokalisierte“ Schulden (im Gegensatz zur allgemeinen Staatsschuld) zu übernehmen, in der Praxis fest verankert ist[78], hat sie diese Norm nicht in ihren endgültigen Entwurf aufgenommen[79], sondern versucht, dem Problem durch die Einführung von Billigkeitskriterien gerecht zu werden. In diesem Sinne schreibt die Konvention in Art. 37 vor, daß im Fall einer Gebietsabtretung die Schuldenfragen durch Vereinbarung geregelt werden, mangels einer solchen Vereinbarung jedoch ein angemessener Teil (an equitable proportion) der allgemeinen zwischenstaatlichen Staatsschuld auf den Gebietsnachfolger übergehen soll, und zwar unter besonderer Berücksichtigung des Verhältnisses zwischen den vom Gebietsvorgänger übernommenen Vermögenswerten und dessen Staatsschuld[80].

In derselben Weise regelt Art. 40 die Schuldennachfolge im Falle der Bildung eines neuen Staates durch Losreißung von Gebietsteilen von einem weiterbestehenden Staate.

Anders jedoch, wenn der Gebietsnachfolger ein „newly independent State“ ist (Art. 38):

„1. When the successor State is a newly independent State, no State debt of the predecessor State shall pass to the newly independent State, unless an agreement between them provides otherwise in view of the link between

---

[74] So das deutsche Reichsgericht am 14. April 1932, ZaöRV 4 (1934), S. 420 ff.

[75] Vgl. aus dem ILC-Kommentar (Anm. 73): „. . . a *local debt* can be said to be a debt: (a) which is contracted by a territorial authority inferior to the State; (b) to be used by that authority in its own territory; (c) which territory has a degree of financial autonomy; (d) with the result that the debt is identifiable“.

[76] So auch die ILC; vgl. aus ihrem Kommentar S. 165 ff.

[77] Darüber unten §§ 1216 ff.

[78] ILC-Kommentar 1981 (Anm. 7), S. 204.

[79] Ebd., S. 205. Der eigentliche Grund dürfte darin liegen, daß es schwerer gefallen wäre, die „newly independent States“ von sämtlichen Schulden zu befreien (unten), wenn die Kommission eine Pflicht zur Übernahme „lokalisierter Schulden“ für die „normalen“ Sukzessionsfälle anerkannt hätte: *Streinz* (Anm. 56), S. 215.

[80] Vgl. den Kommentar der ILC zu Art. 35 ihres Entwurfs 1981 (Art. 37 der Konvention), S. 205.

the State debt of the predecessor State connected with its activity in the territory to which the succession of States relates and the property, rights and interests which pass to the newly independent State.

2. The agreement referred to in paragraph 1 shall not infringe the principle of the permanent sovereignty of every people over its wealth and natural resources, nor shall its implementation endanger the fundamental economic equilibria of the newly independent State."

Ein solcher Staat soll sein Leben also auch in finanzieller Hinsicht mit einer *tabula rasa* beginnen, es sei denn, er übernimmt freiwillig, aber auch dann innerhalb der von Art. 38 errichteten, seinem Ermessen weithin überlassenen Grenzen einen Anteil an der Staatsschuld des Gebietsvorgängers. Diese Regelung, eine der umstrittensten der Konvention, wurde von der ILC als besonders progressive Weiterentwicklung des VR angesehen und mit der drückenden Schuldenlast der meisten Entwicklungsländer, deren geringer Finanzkraft, und dem Selbstbestimmungsrecht der Völker auch in wirtschaftlicher Hinsicht begründet[81].

§ 1009 Schließen sich zwei oder mehrere Staaten zu einem *neuen Staate* zusammen, so gehen deren zwischenstaatliche Schulden gem. Art. 39 auf den neuen Staat über. Die Aufteilung dieser Schulden auf allfällige Gliedstaaten bleibt dem innerstaatlichen Recht überlassen.

Im Falle der Auflösung eines Staates *(dismembratio)* gehen dessen zwischenstaatliche Schulden gem. Art. 40 in einem angemessenen Verhältnis auf die Gebietsnachfolger über, sofern diese keine andere Regelung vereinbaren.

Diese Bestimmungen bilden eine Kodifikation des VGR. Doch geht dieses darüber hinaus, da nach ihm diese Regelung auch für die Übernahme von Schulden gilt, die gegenüber ausländischen *privaten* Gläubigern bestehen[82].

§ 1010 Grundsätzlich ausgenommen von der Pflicht zur Übernahme sind jedoch schon nach VGR in allen Fällen die „odious debts" („dettes odieuses")[83].

---

[81] ILC-Kommentar 1981, S. 224 ff.; *Seidl-Hohenveldern* (Anm. 56), S. 182, 184, 186 ff.

[82] Vgl. den Schiedsspruch vom 1. Oktober 1869 in den Fällen *Sarah Campbell* und *W. Ackers Cage*, bei *La Pradelle / Politis*, Recueil des arbitrages internationaux II (1856 - 1872), S. 552 ff.; ebenso der österreichische Verfassungsgerichtshof am 11. März 1919, Sammlung der Erkenntnisse I (1919), No. 2 und 5.

[83] So erklärte die provisorische tschechoslowakische Regierung am 18. Oktober 1918 in Paris, die tschechoslowakische Nation sei bereit, einen Teil der allgemeinen österreichisch-ungarischen Anleihen zu übernehmen, mit Ausnahme der Kriegsanleihen: *Hackworth*, Digest of International Law I, S. 543. Vgl. ferner die französisch-italienische Vergleichskommission am 1. Juli 1954, No. 176, RIAA XIII, S. 631: „les dettes contractées par l'Etat cédant en vue

Darunter versteht Mohammed Bedjaoui in seinem 9. Bericht an die ILC aus dem Jahre 1977 „a) All debts contracted by the predecessor State with a view to attaining objectives contrary to the major interests of the successor State or of the transferred territory; b) all debts contracted by the predecessor State with an aim and for a purpose not in conformity with international law and, in particular, the principles of international law embodied in the Charter of the United Nations[84]."

Die unter a) angeführte Definition entspricht im wesentlichen dem VGR, da auch dieses die zu politischen Zwecken aufgenommenen Schulden jedenfalls dann als „dettes odieuses" angesehen hat, wenn sie den wesentlichen Interessen der Gebietsnachfolger widersprachen, ihnen daher ihre Übernahme nicht zugemutet werden konnte, wie aus den in der Fußnote 83 angeführten Beispielen klar hervorgeht.

Die Konvention statuiert die Nichtübernahme solcher Schulden zwar nicht ausdrücklich. Die ILC war jedoch der Meinung, daß die für die einzelnen Sukzessionsfälle formulierten Regeln dieses Prinzip einschließen[85].

c) Verwaltungsschulden

§ 1011 Dabei handelt es sich um finanzielle Verpflichtungen des Gebietsvorgängers, die nicht aus Anleihen stammen, also um solche, die entweder aufgrund von Gesetzen bestehen, wie Pensionsansprüche, oder um Verpflichtungen aus Verwaltungsverträgen, z. B. Lieferungsverträgen oder Bauverträgen[86]. Sie sind den „bezüglichen" Finanzschulden gleichgestellt. Dasselbe gilt für Entschädigungsansprüche für eine vom Gebietsvorgänger vorgenommene Enteignung von Vermögenswerten, sofern es sich dabei nicht um solche handelt, die zur Bekämpfung von Befreiungsbewegungen (der emanzipierten Kolonie) erfolgt sind, da diese auch als „dettes odieuses" gelten[87]. Da der sachliche Geltungsbereich der Wiener Konvention 1983 nur zwischenstaatliche Schulden umfaßt (vgl. § 1004), wird die Nachfolge in die meisten Verwaltungsschulden auch weiterhin nach VGR beurteilt werden müssen.

---

de la guerre ou en vue de l'acroissement d'un territoire d'abord annexé, puis ensuite libéré, ne sauraient lier l'Etat successeur ou restauré". Dieser Grundsatz gilt natürlich auch im Falle einer *Dismembratio*.

[84] ILC-Yearbook 1977 II (Part One), S. 70.

[85] ILC-Kommentar 1981 (Anm. 7), S. 175.

[86] Vgl. die Beispiele ebd., S. 171.

[87] In diesem Sinne einige französische Judikate, AFDI 20 (1974), S. 982 f.

5. *Das auf dem Gebiete der Gebietsnachfolger befindliche ausländische Privatvermögen*[88]

§ 1012 Im Gutachten vom 10. September 1923 über *German Settlers in Poland* bemerkt der StIGH: „Des droits privés, acquis conformément au droit en vigueur, ne deviennent point caducs à la suite d'un changement de souveraineté[89]." Dieser von der ständigen Judikatur der Schiedsgerichte[90] bestätigte Grundsatz besagt, daß die im Bereich des oder der Gebietsnachfolger befindlichen und aufgrund der Rechtsordnung des Gebietsvorgängers erworbenen Privatrechte durch den Gebietswechsel als solchen nicht berührt werden. Eine ganz andere Frage ist es jedoch, ob der Gebietsnachfolger nach VR berechtigt ist in solche Rechte einzugreifen, die ausländischen Privatpersonen zustehen, da grundsätzlich kein Staat eigenen Angehörigen gegenüber durch das VR gebunden wird[91]. Ausländische Privatrechte haben die Nachfolgestaaten aber grundsätzlich zu achten[92], da das vr Fremdenrecht auch die Gebietsnachfolger verpflichtet. Daher können sie in ausländische Privatrechte grundsätzlich nur unter den an anderer Stelle dargestellten Voraussetzungen dieses Fremdenrechts eingreifen[93].

§ 1013 Es erhebt sich jedoch die Frage, ob sich darüber für ehemalige, zur Selbstregierung gelangte *Kolonialvölker* abweichende Normen herausgebildet haben. Wie bereits erwähnt, ist die Diskussion darüber so kontrovers, daß die Konvention 1983 das Problem ausklammert. Die Praxis ist nicht einheitlich. So hat Frankreich in Verträgen mit ehemaligen Kolonien den Grundsatz sichergestellt, daß keine Enteignungen ohne angemessene, vorher vereinbarte Entschädigungen durchgeführt

---

[88] *Gidel*, Des effets des annexions sur les concessions (1904); *Mosler*, Wirtschaftskonzessionen bei Änderung der Staatshoheit (1948); *O'Connell*, Economic Concessions in the Law of State Succession, BYIL 27 (1950), S. 93 ff.; *Seidl-Hohenveldern*, Dekolonisierung, Politik und positives Recht, JZ 1964, S. 489 ff.; *Bedjaoui* (Anm. 1), S. 455 ff.; *Zemanek* (ebd.), S. 282 ff.; *Reinhard*, Rechtsgleichheit und Selbstbestimmung der Völker in wirtschaftlicher Hinsicht (1980); *Barde*, La notion des droits acquis en droit international public (1981).

[89] B 6, S. 36.

[90] Vgl. z. B. die Schiedssprüche vom 24./27. Juli 1956 über die *Concession des phares de l'Empire ottoman*, RIAA XII, S. 236, und die französisch-italienische Vergleichskommission am 9. Oktober 1953, RIAA XIII, S. 516.

[91] In bezug auf eigene Angehörige kämen nur die vr Grundsätze über den Schutz der Menschenrechte in Betracht, die aber auf universeller Ebene keinen Eigentumsschutz kennen (vgl. unten §§ 1214, 1238 Pkt. 10).

[92] Dieses „principe du respect des droits acquis" bildet einen Teil „du droit international commun". So der StIGH am 25. Mai 1926 in seinem Urteil über *Certain German Interests in Polish Upper Silesia*, A 7, S. 42. Es gilt auch für die Gebietsnachfolger, ebd., S. 31. Vgl. auch die in der Anm. 90 angeführten Schiedssprüche.

[93] Dazu unten §§ 1216 ff.

werden dürfen, konnte ihn aber in seinen früheren Protektoratsgebieten Nordafrikas nicht durchsetzen[94]. Ein besonderes Problem bilden die maßlosen Konzessionen, welche die Kolonialmächte ihren Angehörigen gewährt haben und die von den neuen Staaten als gegen ihre öffentliche Ordnung verstoßend abgelehnt werden[95]. Grundsätzlich anerkennt jedoch auch die von der UN-Generalversammlung am 14. Dezember 1960 mit Res. 1514 (XV) angenommene „Declaration on the Granting of Independence to Colonial Countries and Peoples" eine Entschädigungspflicht „based upon the principle of mutual benefit, and international law"[96].

§ 1014 Von den vermögensrechtlichen Ansprüchen müssen die öffentlichen Rechte einschließlich der öffentlichen Dienstverhältnisse unterschieden werden, die nach VR von keinem Gebietsnachfolger fortgesetzt werden müssen[97].

IV. Keine Nachfolge in die Staatsangehörigkeit[98]

§ 1015 Sofern zwischen dem Gebietsvorgänger und dem Gebietsnachfolger keine Vereinbarung darüber vorliegt, welche Angehörigen jenes Staates die Staatsangehörigkeit dieses Staates erlangen, kann jeder Nachfolgestaat selbst bestimmen, welche Personen seine Staatsangehörigkeit *ex lege* erlangen oder aufgrund eines etwa vereinbarten Optionsrechts erwerben können. Eine Auferlegung der Staatsangehörigkeit ohne Zustimmung der betroffenen Personen ist aber nur zulässig, wenn eine inländische Anknüpfung[99] vorliegt.

---

[94] *Zemanek* (Anm. 1), S. 285 f.

[95] *Bedjaoui* (Anm. 1), S. 528 ff.

[96] Text bei *Berber*, Dokumente I, S. 70 f. Dazu das Gutachten von *Dölle / Reichert-Facilides / Zweigert*, Internationalrechtliche Betrachtungen zur Dekolonisierung (1964); kritisch dazu *Seidl-Hohenveldern* (Anm. 88). Vgl. ferner *Schwarzenberger*, Decolonisation and the Protection of Foreign Investments, Current Legal Problems 20 (1967), S. 213 ff.

[97] So z. B. die indische Entscheidung *Cipriano Negredo v. Union of India*, IJIL 9 (1969), S. 436: „... when one State is absorbed in another, whether by its cession, conquest merger, or integration, all contracts of service between the prior government and its servants are automatically terminated".

[98] H. J. *Jellinek*, Der automatische Erwerb und Verlust der Staatsangehörigkeit durch völkerrechtliche Vorgänge, zugleich ein Beitrag zur Lehre von der Staatensukzession (1951); *Breunig*, Staatsangehörigkeit und Entkolonisierung (1974).
Die im folgenden behandelten Probleme der Nachfolge in die Staatsangehörigkeit sowie in Wiedergutmachungsansprüche und -pflichten wurden von der ILC aus ihrem Kodifikationsvorhaben zur Staatennachfolge vorerst ausgeklammert.

[99] Unten §§ 1192 ff.

V. Keine Nachfolge in Wiedergutmachungsansprüche und Wiedergutmachungspflichten des Gebietsvorgängers[100]

§ 1016 Solche Ansprüche und Pflichten sind höchstpersönlicher Natur und können daher als solche nicht auf den oder die Gebietsnachfolger übergehen.

§ 1017 Der aus dem römischen Recht stammende Grundsatz der Nichtnachfolge in *Wiedergutmachungspflichten (actio personalis moritur cum persona)* wurde erstmalig durch die Schiedssprüche des American and British Arbitration Tribunal im Falle *Robert E. Brown (United States) v. Great Britain* am 23. November 1923[101] und im Falle *F. H. Redward and Others (Great Britain) v. USA* (Hawaiian Claims) am 10. November 1925[102] bestätigt. Dagegen scheint allerdings der Schiedsspruch vom 24./27. Juli 1956 zwischen Frankreich und Griechenland über die *Concession des pharcs de l'Empire ottoman* zu sprechen, da er diesen Grundsatz kritisiert. Bei näherem Zusehen zeigt sich aber, daß das Schiedsgericht die Verantwortung Griechenlands für das Verhalten seines Gebietsvorgängers Kreta nur angenommen hat, weil jener Staat das Verschulden Kretas gedeckt hatte[103]. Es handelte sich in diesem Falle also nicht um die Nachfolge in eine Wiedergutmachungspflicht, sondern um eine Verantwortlichkeit für eigenes Verhalten. So ist z. B. der Nachfolgestaat verantwortlich, wenn er eine von seinem Gebietsvorgänger verhängte völkerrechtswidrige Verhaftung fortsetzt, eine völkerrechtswidrige Beschlagnahme nicht aufhebt oder ein völkerrechtswidriges gerichtliches Urteil bestätigt.

Ebensowenig wird der angeführte Grundsatz durch eine Bemerkung im Erkenntnis des IGH vom 2. Dezember 1963 im *Northern Cameroons* Case erschüttert, die den Fortbestand der Wiedergutmachungspflicht des Treuhänders nach Aufhebung einer Treuhandschaft annimmt[104], da es sich in einem solchen Fall überhaupt um keine Staatennachfolge handelt, sondern darum, daß der schuldige Treuhänder für *sein* Verhalten verantwortlich bleibt.

Der Grundsatz der Nichtnachfolge in Wiedergutmachungspflichten gilt auch für „Quasi-Delikte"[105].

---

[100] *Hurst*, State Succession in Matters of Tort, BYIL 5 (1924), S. 163 ff.; *Monnier*, La succession d'Etats en matière de responsabilité internationale, AFDI 8 (1962), S. 65 ff.

[101] RIAA VI, S. 120 ff., 130.

[102] RIAA VI, S. 158: „... the legal unit which did the wrong no longer exists, and legal liability for the wrong has been extinguished with it".

[103] RIAA XII, S. 155 ff., 197 f.: „la Grèce a ... maintenue en vigueur et ainsi sanctionné la pratique illégale sous sa propre responsabilité ...".

[104] ICJ Reports 1963, S. 35: „... it may be contended that if during the life of the Trusteeship the Trustee was responsible for some act ..., a claim of reparation would not be liquidated by the termination of the Trust".

Hingegen ist der Gebietsnachfolger zur Bezahlung einer Entschädigung für eine im Interesse des Landes durch den Gebietsvorgänger vorgenommene Enteignung verpflichtet, da es sich dabei um keine Unrechtsfolge, sondern um eine Gegenleistung handelt.

§ 1018 Die Erhebung von *Wiedergutmachungsansprüchen* durch den Gebietsnachfolger ist dagegen schon deshalb unmöglich, da jeder Staat nur zugunsten jener Personen Reklamationen erheben kann, die zur Zeit ihrer völkerrechtswidrigen Behandlung bereits seine Staatsangehörigen waren, weil jede solche Reklamation eine Verletzung des klagenden *Staates* in der Person eines seiner Angehörigen zur Voraussetzung hat[106]. Daher kann der Gebietsnachfolger keine Ansprüche geltend machen, die nur der Gebietsvorgänger zugunsten *seiner* Angehörigen hatte und im Falle seines Weiterbestandes auch weiterhin hat.

2. Abschnitt

Die völkerrechtliche Abgrenzung der staatlichen Souveränitätsbereiche in räumlicher Hinsicht

A. Vorbemerkungen

§ 1019 Unter dem *räumlichen Zuständigkeitsbereich* einer Rechtsordnung kann ein Doppeltes verstanden werden. Entweder kann damit jener Raum gemeint sein, in dem die *Tatbestände* gesetzt werden können, die von einer Rechtsordnung geregelt sind (z. B. zivilrechtliche Rechtsgeschäfte, strafbare Handlungen), oder aber der Raum, in dem die *Rechtsfolgen* (gerichtliche Urteile, Verwaltungsakte, Strafvollzug, Exekution) verhängt werden dürfen. Diese Räume können, brauchen aber keineswegs zusammenfallen, da die Rechtsordnung bestimmen kann, daß Tatbestände, die im Raume A + B gesetzt werden, nur im Raume A mit Zwangsfolgen verknüpft werden dürfen. Daher müssen

---

[105] So die belgischen Judikate vom 30. Januar 1962 im Falle *Creplet c. Etat belge et Societé des Forces Hydro-Electriques de la colonie* und vom 14. Januar 1963 im Falle *Pittacos c. Etat belge* (bestätigt durch die Cour d'appel de Bruxelles am 1. Dezember 1964): „les dettes quasi délictuelles nées avant le démembrement d'un Etat restent à charge de l'Etat démembré": RBDI 1 (1965), S. 517 ff.

[106] So z. B. der StIGH am 28. Februar 1939 im Falle der *Panevezys-Saldutiskis Railway*, A/B 76, S. 16 f.: „Ce droit ne peut nécessairement être exercé qu'en faveur de son national ... Lorsqu'un dommage a été causé au national d'un pays tiers, une réclamation à raison de ce dommage ne tombe pas dans le domaine de la protection diplomatique ..." Bloß der Richter *van Eysinga* vertrat die abweichende Meinung, daß bei einem Gebietswechsel der Wiedergutmachungsanspruch auf den Gebietsnachfolger übergehe: A/B 76, S. 30 ff. Eine solche Ausnahme vom Hauptprinzip würde zwar der Billigkeit entsprechen, ist jedoch positivrechtlich nicht nachweisbar.

die beiden Räume streng unterschieden werden. Der *Lotus*-Fall beleuchtet dies besonders anschaulich:

Der französische Postdampfer „Lotus" war auf hoher See mit dem türkischen Handelsschiff „Boz-Court" zusammengestoßen. Nach Ankunft der „Lotus" in Istanbul wurde der für die Kollision verantwortliche französische Schiffsoffizier verhaftet und verurteilt. Frankreich behauptete nun, die Türkei sei zur Verfolgung dieser Tat nicht zuständig, da sich der Zusammenstoß auf hoher See ereignet habe. Der StIGH, dem der Streitfall zur Entscheidung vorgelegt wurde, hat in seinem Urteil vom 7. September 1927 jedoch richtig hervorgehoben, daß aus dem Grundsatz der Meeresfreiheit, der den Staaten verbietet, auf hoher See Zwangsakte gegen fremde Schiffe vorzunehmen, keineswegs gefolgert werden kann, daß die Staaten auch auf *eigenem Gebiet* jene Handlungen nicht verfolgen dürfen, die sich auf hoher See ereignet haben.

Der Gerichtshof führte zum räumlichen Zuständigkeitsbereich der staatlichen Rechtsordnungen u. a. aus:

„... la limitation primordiale qu'impose le droit international à l'Etat est celle d'exclure — sauf l'existence d'une règle permissive contraire — tout exercice de sa puissance *sur* le territoire d'un autre Etat. Dans ce sens, la juridiction est certainement territoriale ... Mais il ne s'ensuit pas que le droit international défend à un Etat d'exercer, *dans son propre territoire*, sa juridiction dans toute affaire où il s'agit de faits qui se sont passés à l'étranger ... Loin de défendre d'une manière générale aux Etats d'étendre leurs lois et leur juridiction à des personnes, des biens et des actes hors du territoire, il [das VR] leur laisse, à cet égard, *une large liberté*, qui n'est limitée que dans quelques cas par des règles prohibitives; pour les autres cas, chaque Etat *reste libre* d'adopter les principes qu'il juge les meilleurs et les plus convenables"[1].

Nennt man nun den ein bestimmtes Verhalten vorschreibenden Rechtssatz den primären Rechtssatz, hingegen den die Zwangsfolge festlegenden Rechtssatz den Sanktionsrechtssatz, dann ergibt sich, daß zwischen dem räumlichen Geltungsbereich der primären Rechtssätze

---

[1] A 10, S. 18 f. (Hervorhebungen von uns). Dieselbe Unterscheidung finden wir in einer Entscheidung des deutschen Bundessozialgerichts vom 11. Oktober 1973, ZaöRV 37 (1977), S. 310. Aus dem Schrifttum *Habscheid / Rudolf*, Territoriale Grenzen der staatlichen Rechtsetzung, Berichte DGVR 11 (1973), S. 7 ff.; 47 ff.; *Mann*, The Doctrine of Jurisdiction in International Law, RdC 111 (1964 I), S. 1 ff.; *Wengler*, Völkerrechtliche Schranken der Gebietshoheit, IRD 1972, S. 263 ff.; *Akehurst*, Jurisdiction in International Law, BYIL 46 (1972 - 3), S. 145 ff.; *Kegel / Seidl-Hohenveldern*, Zum Territorialitätsprinzip im internationalen öffentlichen Recht, in: Festschrift für M. Ferid (1978), S. 233 ff.; *Bowett*, Jurisdiction: Changing Patterns of Authority Over Activities and Resources, in: The Structure and Process of International Law (§ 10, Anm. 1), S. 555 ff.

und dem räumlichen Geltungsbereich der Sanktionsrechtssätze zu unterscheiden ist. Im erstgenannten Bereich haben die Staaten „jurisdiction to prescribe", im zweitgenannten auch „jurisdiction to enforce"[2]. Daraus folgt nun aber, daß für die *Abgrenzung der Staatsräume* nur der *zweite* Begriff des räumlichen Zuständigkeitsbereichs in Frage kommt, den wir den *räumlichen Souveränitäts-(Herrschafts-)Bereich* nennen wollen.

§ 1020 Ein Staat ist nach *allgemeinem* VR nicht verpflichtet, in seinem räumlichen Herrschaftsbereich „die Vornahme oder Vollstreckung von Hoheitsakten eines anderen Staates durch dessen Organe zu dulden ... oder dafür — im Wege der Rechtshilfe — seine Hand zu reichen; das Völkerrecht *verbietet* freilich solche Duldung oder Mithilfe auch nicht; es stellt sie den Staaten frei"[3]. *In praxi* wird diese Handlungsfreiheit allerdings durch zahlreiche *Rechtshilfeabkommen* in Zivil-, Straf- und Verwaltungssachen zugunsten internationaler Zusammenarbeit eingeschränkt[4]. Ohne vertragliche Grundlage stellt derartige Rechtshilfe einen Akt der Courtoisie dar[5].

§ 1021 Eine andere Frage ist, inwieweit über eine Vollstreckung i. e. S. hinaus die Feststellungs- oder Gestaltungswirkung, die sich fremde Hoheitsakte nach dem Recht ihres Ursprungsstaates beimessen, nach allgemeinem VR bei der Regelung oder Entscheidung grenzüberschreitender Sachverhalte zu respektieren ist[6]. Die pauschale Nichtanerkennung der Hoheitsakte fremder Staaten würde deren Zuständigkeit zur Normierung ihrer inneren Angelegenheiten[7] in Frage stellen, eine ebenso pauschale vr Pflicht zur Anerkennung hingegen die Souveränität des anderen Staates. Daher ist bei der Bestimmung einer vr Pflicht zur Respektierung fremder Hoheitsakte zu unterscheiden, ob diese Hoheitsakte ihre Rechtswirkung zunächst im Ursprungsland oder von vornherein (auch) im Ausland entfalten sollen[8], vor allem jedoch,

[2] So die einprägsame Formulierung in Section 6 des vom American Law Institute herausgegebenen Restatement, Second, of the Foreign Relations Law of the United States (1965).

[3] Bundesverfassungsgericht, Beschluß vom 22. März 1983 über den *Deutsch-österreichischen Rechtshilfevertrag 1970*, BVerfGE 63, S. 361.

[4] Vgl. statt aller *Geiger*, Legal Assistance between States in Administrative Matters, Legal Assistance between States in Civil Matters, Legal Assistance between States in Criminal Matters, Encyclopedia [Instalment 9 (im Druck)].

[5] Dazu oben § 6.

[6] Dazu *Geiger*, Grundgesetz und Völkerrecht (1985), § 71, ferner *Geck*, Anerkennung fremder Hoheitsakte, WV I, S. 55 ff.; *Beitzke*, Extraterritoriale Wirkung von Hoheitsakten, ebd., S. 504 f.; *Dahm*, Völkerrecht, Bd. I (1958), S. 261 ff. (mit weiteren Nachweisen).

[7] Vgl. oben §§ 260 ff.

[8] In diesem Sinne unterscheidet *Dahm* (Anm. 6) zwischen mittelbarer und unmittelbarer Auslandswirkung.

ob es sich bei der Kompetenz zur Vornahme eines bestimmten Hoheitsaktes nach VR um eine ausschließliche Kompetenz handelt oder ob diese Kompetenz mit der Zuständigkeit anderer Staaten konkurriert, die ebenfalls eine sinnvolle Anknüpfung an den geregelten Sachverhalt aufzuweisen haben[9].

Ist der fremde Staat zur Vornahme des Hoheitsaktes *ausschließlich* zuständig, weil nur zu seiner Rechtsordnung ein sinnvoller Anknüpfungspunkt vorliegt, so muß die Wirkung dieses Hoheitsaktes (z. B. einer Ehescheidung von Ausländern in ihrem Heimatstaat, einer Beamtenernennung oder einer Rekrutierung zu den Streitkräften mit der Folge der Erlangung des Kombattentenstatus) im inländischen Recht hingenommen werden[10]. Diese Regel erfährt allerdings dann eine Ausnahme, wenn der betreffende ausländische Hoheitsakt gegen das VR[11] oder gegen den inländischen *ordre public*[12] verstößt. Ebensowenig besteht eine vr Pflicht zur Anerkennung eines ausländischen Hoheitsaktes, wenn dieser Akt noch nicht endgültig vollzogen ist, wie im Fall eines ausländischen Verbotsgesetzes[13].

Konkurriert die fremde Kompetenz zur Vornahme eines Hoheitsaktes dagegen mit einer entsprechenden inländischen Kompetenz, weil der zu regelnde Sachverhalt auch zum Inland eine ausreichend enge Beziehung aufweist, so besteht von vornherein keine vr Pflicht zur Respektierung des ausländischen Hoheitsaktes[14]. Auf die Lösung der Konkurrenzprobleme selbst werden wir an anderer Stelle eingehen (§§ 1183 ff.).

---

[9] *Geiger* (Anm. 6). Vgl. auch unten §§ 1183 ff.

[10] Vgl. auch die weiteren Beispiele unten § 1185.

[11] Vgl. unten §§ 1179 ff., 1262 ff.

[12] Wobei der *ordre public* auch als „Einbruchstelle" der *nationalen Grundrechte* in die Prüfung der Rechtmäßigkeit ausländischer Hoheitsakte verstanden werden kann; vgl. die *Spanier*-Entscheidung des deutschen Bundesverfassungsgerichts vom 4. Mai 1971, BVerfGE 31, 58 (86).

Von der Unterwerfbarkeit fremder Hoheitsakte unter eine derartige Prüfung, von deren Ergebnis ihre Anerkennung abhängig gemacht wird, ist die gerichtliche *Immunität* fremder Staaten für solche Akte zu unterscheiden; darüber unten §§ 1168 ff.

[13] Vgl. oben § 1020 und *Geiger* (Anm. 6) mit Beispielen aus der deutschen Rechtsprechung.

[14] *Geiger* (letzte Anm.). Zur „Spaltungstheorie" vgl. unten § 1218.

B. Die ausschließliche räumliche Zuständigkeit der Staaten und ihre Grenzen

I. Allgemeines

§ 1022 Jeder Staat entfaltet seine Haupttätigkeit auf seinem Staatsgebiet. Daraus darf aber nicht der falsche Schluß gezogen werden, daß er nach VR nur dort Amtshandlungen vornehmen darf, sofern ihm keine erlaubende Völkerrechtsnorm gestattet, auch auswärts Hoheitsakte zu setzen. In Wahrheit steht es gerade umgekehrt, da jeder Staat in *allen* Räumen solche Akte setzen darf, in denen keine ausschließliche räumliche Zuständigkeit eines anderen Staates begründet ist oder eine andere Verbotsnorm in Geltung steht.

Eine andere Staaten grundsätzlich ausschließende räumliche Zuständigkeit hat jeder Staat nur auf seinem Staatsgebiet[1], auf seinen Kriegsschiffen (denen die anderen im Hoheitsdienst stehenden Schiffe gleichgestellt sind)[2] und militärischen Luftfahrzeugen[3].

Der Küstenstaat muß jedoch nach altem VGR dulden, daß der Flaggenstaat auch auf seinen durch das fremde Küstenmeer durchfahrenden Handelsschiffen die Befehls- und Strafgewalt zur Aufrechterhaltung von Ruhe und Ordnung an Bord ausübt. Ebenso muß der Territorialstaat, auf dessen Gebiet sich mit seiner Zustimmung Truppenkörper eines anderen Staates befinden, nach allgemeinem VR dulden, daß dieser dort die Kommandogewalt über seine bewaffnete Macht ausübt[4]. Dasselbe gilt in bezug auf durchfliegende fremde Militärflugzeuge.

§ 1023 Andere Beschränkungen der territorialen Souveränität können durch vr Verträge begründet werden. Die weitestgehende Beschränkung dieser Art bildet die im nächsten Teilabschnitt behandelte Einräumung des Rechtes, auf einem Teil eines fremden Staatsgebietes die volle Gebietshoheit auszuüben. Man spricht in einem solchen Falle von einer „Verwaltungszession".

§ 1024 Ein Staat kann aber einen anderen Staat auch nur ermächtigen, einzelne räumliche Zuständigkeiten auf seinem Gebiet auszuüben, wie z. B. einen Flotten- oder Luftstützpunkt zu errichten[5] oder die Paß-

---

[1] Vgl. den StIGH im Falle *Lotus* (§ 1019, Anm. 1).

[2] Art. 9 des Genfer Abkommens vom 29. April 1958 über die Hohe See, *Berber / Randelzhofer*, Völkerrechtliche Verträge (1979), S. 224.

[3] Vgl. schon Art. 32 des Pariser Luftrechtsabkommens vom 13. Oktober 1919: „L'aéronef militaire, à moins de stipulation contraire, jouira, en principe, des privilèges habituellement accordés aux bâtiments de guerre étrangers."

[4] *Ruini*, I corpi di truppe all'estero nel diritto internazionale generale, C & S 8 (1957), S. 253 ff.

[5] *Flory*, Les bases militaires à l'étranger, AFDI 1 (1955), S. 3 ff.; *Rumpf*, Military Bases on Foreign Territory, Encyclopedia [3 (1982), S. 260 ff.].

und Zollkontrolle auf einem Grenzbahnhof vorzunehmen[6]. Solche Beschränkungen der territorialen Souveränität nennt man *aktive Staatsservituten.* Die Übertragung dieses aus dem römischen Privatrecht stammenden Begriffes „Servitut" ins VR wird vielfach abgelehnt, obgleich er vom Haager Schiedshof im *North Atlantic Coast Fisheries* Case anerkannt wurde[7]. Die Bezeichnung „Servitut" ist auch entbehrlich, wenn man erkennt, daß es sich dabei um *einzelne räumliche Zuständigkeiten auf einem fremden Gebiete,* also um dort ausgeübte *Territorialrechte* handelt, die *erga omnes* wirksam sind[8]. Zwar verpflichten die diese Rechte erzeugenden Verträge nur die Vertragsteile, die durch sie begründeten und tatsächlich ausgeübten territorialen Zuständigkeiten müssen aber innerhalb der Grenzen des vr Fremdenrechts[9] von allen Staaten hingenommen werden. So muß z. B. jeder Staat dulden, daß seine Angehörigen an einem Grenzbahnhof von jenem Staat kontrolliert werden, der dazu vom Territorialstaat ermächtigt wurde, obgleich nicht dessen Staatsgewalt, sondern die des kontrollierenden Staates ausgeübt wird. Das gilt um so mehr, als nach der Staatenpraxis die Ausübung der normalen Staatsgewalt durch einen anderen als den Territorialstaat gegenüber Ausländern selbst dann anerkannt wird, wenn diese Zuständigkeit ohne Ermächtigung des Territorialstaates ausgeübt wird[10].

---

[6] z. B. Art. 6 und 7 der österreichisch-schweizerischen Übereinkunft über den Zolldienst in St. Margarethen und Buchs vom 30. April 1947, (österr.) BGBl. 117/1948. Über den Zolldienst in Basel vgl. das französisch-schweizerische Abkommen vom 20. Juni 1928; über die französisch-italienischen Grenzbahnhöfe in Modane und Ventimiglia vom 29. Januar 1951: RDI 37 (1954), S. 426.

[7] RIAA XI, S. 181 f.: „... a servitude in International law predicates an *express grant of a sovereign right* ... on the express evidence of an International contract" (von uns hervorgehoben). Dazu *Reid,* International Servitudes in International Law and Practice (1932); *Váli,* Servitudes of International Law (2. Aufl. 1958).

[8] So zutreffend das schweizerische Counter-Memorial im Falle der *Free Zones of Upper Savoy and the District of Gex,* C 17, I, vol. 3, S. 1654: „... les droits réels, en droit international, sont ceux qui se rapportent au territoire et qui, par essence, valent *erga omnes*".

Dazu *Ubertazzi,* Studi sui diritti reali nell'ordine internazionale (1949); *Barile,* I diritti assoluti nell'ordinamento internazionale (1951); *Sperduti,* Sovranitá territoriale, atti di disposizione di territori ed effettivitá nel diritto internazionale (1959), S. 402 ff. Ferner oben §§ 765 ff. und 988 ff.

[9] Unten §§ 1209 ff.

[10] So wurde der amerikanische Botschafter in Paris anläßlich der Besetzung der Ruhr durch Frankreich am 5. März 1923 vom Department of State angewiesen, die dortige französische Verwaltung gegenüber Amerikanern, soweit sie ohne Diskriminierung ausgeübt wird, hinzunehmen, da „neutral States are permitted by international law to accept this result and irrespective of the merits of the occupant's cause ..."; *Hackworth,* Digest of International Law I. S. 146.

§ 1025 Außer diesen fremden Staaten eingeräumten aktiven Staatsservituten, denen ein *Dulden (pati)* des Territorialstaates entspricht, gibt es solche, die von ihm ein *Nichtdulden*, also ein *facere* fordern. So darf ein Staat nach VR nicht dulden (not to allow knowingly), daß sein Gebiet dazu benutzt wird, um von ihm aus völkerrechtswidrige Handlungen vorzunehmen (to be used for acts contrary to the rights of other States)[11]. Ebenso darf ein Staat nach VR nicht dulden, daß auf seinem Gebiete eine Anlage errichtet wird, deren Emissionen geeignet sind, Leben oder Eigentum der Bewohner eines Nachbarstaates *ernstlich* zu gefährden[12]. Diese Verhinderungspflichten bilden eine der Wurzeln des *Umweltschutzes* mit vr Mitteln, auf den wir noch ausführlicher eingehen werden[13]. Sie verkörpern konkrete Anwendungen des Grundsatzes der guten Nachbarschaft, der in der Präambel der UN-Charta verankert ist. Auf ihn beruft sich der Bericht des Schweizer Bundesrates aus dem Jahre 1952 über den Fall des Elektrizitätswerkes Rheinau mit der Bemerkung: „Le principe des rapports de bon voisinage étant une *règle positive* du droit international général . . ."[14].

§ 1026 Schließlich finden wir Beschränkungen der territorialen Souveränität, die den Territorialstaat nach VR zu einem *Unterlassen (non facere)* verpflichten. Sie gliedern sich in persönliche und räumliche Beschränkungen.

§ 1027 In die *erste* Gruppe fallen jene Normen des universellen VR, die den Territorialstaat verpflichten, die Setzung bestimmter Hoheitsakte gegenüber jenen Personen zu unterlassen, die das Vorrecht der „Exterritorialität"[15] genießen. Dazu gehören die Staaten als Träger von

---

[11] So der IGH im *Corfu Channel* Case, ICJ Reports 1949, S. 22. Daher erklärt Art. 3 f der Resolution der UN-Generalversammlung Nr. 3314 (XXIX) vom 14. Dezember 1974 (§§ 233, 471) auch jenen Staat zum „Aggressor", der einem anderen Staat sein Gebiet zum Angriff gegen einen dritten Staat zur Verfügung stellt.

[12] So das amerikanisch-kanadische Schiedsgericht am 11. März 1941 im Falle *Trail Smelter*, RIAA III, S. 1965; vgl. unten § 1030.

[13] Unten §§ 1029 ff.

[14] SchwJIR 10 (1953), S. 200 (von uns hervorgehoben). Auf diesen Grundsatz hat sich auch die österreichische Bundesregierung gegenüber Ungarn anläßlich der Errichtung von Minensperren in der Nähe der Grenze berufen; Wiener Zeitung vom 27. November 1949. Er wird auch durch die *kommunistische* Völkerrechtslehre anerkannt, vgl. DDR-Völkerrechtslehrbuch, Teil 1 (2. Aufl. 1981), S. 264. An allgemeiner Literatur vgl. ferner *Thalmann*, Grundprinzipien des modernen zwischenstaatlichen Nachbarrechts (1951); *Andrassy*, Les relations internationales de voisinage, RdC 79 (1951 II), S. 77 ff.; *von der Heydte*, Das Prinzip der guten Nachbarschaft im Völkerrecht, in: Verdross-Festschrift 1960, S. 133 ff.; *Costanza*, Gli Stati contermini nel diritto internazionale (1975); *Pop*, Voisinage et bon voisinage en droit international (1980).

[15] *Strisower*, L'exterritorialité et ses principales applications, RdC 1 (1923 I), S. 223 ff.; *Verosta*, Exterritorialität, WV I, S. 499 ff. (und die dort ange-

Hoheitsrechten[16], Staatsoberhäupter, Regierungschefs und Außenminister (mit ihrem Gefolge und ihren Familienangehörigen) bei offiziellem Aufenthalt im Ausland[17], Kriegsschiffe sowie andere im Hoheitsdienst stehende Staatsschiffe[18], Militärluftfahrzeuge[19], ferner Truppenkörper[20], diplomatische Vertreter[21], internationale Organisationen, sowie die Staatenvertreter bei ihnen und bei internationalen Konferenzen[22], Konsuln[23] und höhere Beamte internationaler Organisationen für Amtshandlungen[24]. „Exterritorialität" bedeutet aber nicht, daß die privilegierten Personen so behandelt werden, als ob sie sich im Ausland befänden, sondern nur, daß gegen sie und die ihrem Dienst gewidmeten Räume gerichtete Hoheitsakte einschließlich von Zwangsmaßnahmen grundsätzlich unzulässig und auch einzelne Gesetze des Territorialstaates auf sie nicht anwendbar sind[25]. Die letztgenannte Ausnahme gilt insofern für alle Ausländer, als sie durch jene Normen nicht gebunden werden, die Konfiskationen anordnen (abgesehen von solchen, die als Unrechtsfolge oder zur Abwendung von Gefahren verhängt werden), oder die ein Treueverhältnis voraussetzen[26].

Bei der „Exterritorialität" handelt es sich also um bestimmte *Exemtionen von der lokalen Staatsgewalt.* Daher verwenden die neueren Verträge die Bezeichnung „Immunität" oder „Unverletzlichkeit" anstelle dieses früheren Terminus[27].

---

führte Literatur). Über die Entstehung dieses Begriffes *van Praag,* Juridiction et Droit international public (1915).

[16] Dazu unten §§ 1168 ff.

[17] So z. B. der Supreme Court von New South Wales am 22. September 1943 im Falle *Wright v. Cantrell,* AD 1943 - 5, No. 37; ebenso das US Department of State im Falle *Thomas W. Kendall et al. v. The Kingdom of Saudi Arabia et al.,* AJIL 60 (1966), S. 100 ff. Vgl. ferner die Entscheidung des US District Court, Northern District of Ohio, vom 7. Dezember 1978 im Falle *Kilroy v. Windsor (Prince Charles, the Prince of Wales) et al.,* US Digest 1978, S. 641 ff. Weiteres Material im IJIL 12 (1972), S. 263 ff.; AJIL 77 (1983), S. 305 ff.

[18] So schon der US Supreme Court 1812 im Falle *The Schooner Exchange v. M'Faddon,* bei *Briggs,* The Law of Nations. Cases, Documents and Notes (2. Aufl. 1953), S. 413 ff.

[19] Vgl. oben Anm. 3.

[20] *Barton,* Foreign Armed Forces: Qualified Jurisdictional Immunity, BYIL 31 (1954), S. 341 ff.; *Baxter,* Jurisdiction Over Visiting Forces and the Development of International Law, ASIL Proceedings 1958, S. 174 ff.

[21] Vgl. §§ 900 ff.

[22] Vgl. oben §§ 915 ff., 934 ff.

[23] Vgl. §§ 927 f.

[24] §§ 281 ff.

[25] §§ 900 f.

[26] Vgl. unten § 1225.

[27] So z. B. die Wiener Konvention über die diplomatischen Beziehungen vom 18. April 1961.

Den Enthaltungspflichten des Territorialstaates entspricht jedoch in der Regel kein Recht der exterritorialen Personen, ihrerseits gerichtliche Akte oder Zwangsmaßnahmen im Ausland zu setzen. Ein solches Recht besteht nur in bezug auf Kriegsschiffe, militärische Flugzeuge und Truppenkörper, sowie auf die durch ein fremdes Küstenmeer durchfahrenden Handelsschiffe, wie bereits ausgeführt wurde.

§ 1028 *Räumliche* Unterlassungspflichten des Territorialstaates können sowohl durch vr Verträge als auch durch VGR begründet werden. Man nennt sie *passive Staatsservituten*. In die erste Gruppe fällt z. B. die Verpflichtung zur Entmilitarisierung bestimmter Gebiete. In die zweite Gruppe fallen jene Unterlassungspflichten von grundsätzlicherer Bedeutung, die aus dem bereits erwähnten Prinzip der guten Nachbarschaft abgeleitet werden. So hat sich im *internationalen Wassernutzungsrecht* gegenüber der früher verbreiteten Territorialitätstheorie, die behauptet, daß jeder Staat auf seinem Gebiet beliebige Änderungen an seinen Gewässern vornehmen könne[28], allmählich das Prinzip durchgesetzt, daß kein Staat den natürlichen Wasserlauf eines mehrere Staaten durchfließenden oder sie durchquerenden Stroms in einer Weise verändern darf, welche die Interessen der Anliegerstaaten *empfindlich* beeinträchtigen könnte[29]. Diese auf dem Gedanken der hydrogra-

---

[28] So noch 1907 der US Supreme Court im Falle *State of Kansas v. State of Colorado et al.*, bei *Scott* (Hrsg.), Judicial Settlement of Controversies between States of the American Union, Bd. II (1918), S. 1525 ff. (sog. *„Harmon-Doktrin"*); dazu *Krakau*, Die Harmon-Doktrin (1966).

[29] So der frühere deutsche Staatsgerichtshof am 18. Juni 1927 im Falle der *Donauversinkung*, bei *Lammers / Simons*, Die Rechtsprechung des Staatsgerichtshofes I (1920 - 28), S. 187. Zum ganzen *Decleva*, L'utilizzazione delle acque nel diritto internazionale (1939); *Berber*, Die Rechtsquellen des internationalen Wassernutzungsrechts (1955); *Dintelmann*, Die Verunreinigung internationaler Binnengewässer insbesondere in Westeuropa aus der Sicht des Völkerrechts (1965); *Garretson / Hayton / Olmstead* (Hrsg.), The Law of International Drainage Basins (1967); *Teclaff*, The River Basin in History and Law (1967); die Beiträge von *Bourne*, *Florio*, *von der Heydte* und *Manner* in der Berber-Festschrift (1973); *Bélanger*, L'utilisation des eaux des fleuves internationaux à des fins agricoles, RGDIP 81 (1977), S. 386 ff.; *Barberis*, Los recursos naturales compartidos entre Estados y el Derecho internacional (1979); *Chauhan*, Settlement of International Water Law Disputes in International Drainage Basins (1981); *Teclaff / Utton*, International Groundwater Law (1981); *Zacklin / Caflisch* (Hrsg.), The Legal Regime of International Rivers and Lakes (1981). Zu den Haftungsaspekten *Handl*, Interessenausgleich und völkerrechtliche Haftung für die Verunreinigung internationaler Wasserläufe, in: Wertung und Interessenausgleich im Recht (Festschrift f. Wilburg, 1975), S. 245 ff.

Umfangreiches Material über die Nutzung internationaler Gewässer findet sich auch in Band ST/LEG/SER. B/12 der UN Legislative Series: Legislative Texts and Treaty Provisions concerning the Utilization of International Rivers for Other Purposes than Navigation (1963), sowie in dem ergänzenden Bericht des UN-Generalsekretariats über „Legal Problems relating to Non-navigational Uses of International Water Courses", Doc. A/CN. 4/274 (2 Bde.) vom 25. März 1974 (Bibliographie in Bd. II, Annex, S. 4 ff.). Vgl. ferner das phischen *Kohärenz* eines solchen Gewässers einschließlich seiner Grundwasserströme („drainage basin") basierende Norm wurde durch den Schiedsspruch vom 16. November 1957 im Falle des Sees *Lanoux* bestätigt[30]. Als „equitable utilization" bildet sie das Leitprinzip der von der International Law Association (ILA) 1966 verabschiedeten „Helsinki Rules on the Uses of Waters of International Rivers"[31]. Ein Unterlassen hat auch das Abkommen vom 30. April 1966 zwischen der Bundesrepublik Deutschland, Österreich und der Schweiz über die Regelung der Wasserentnahme aus dem Bodensee zum Gegenstand, da sich darin die Vertragsstaaten verpflichten, bei künftigen Wasserentnahmen die berechtigten Interessen der anderen Anliegerstaaten nicht übermäßig zu beeinträchtigen[32]. Mit diesen „non-navigational uses of international watercourses" befaßt sich gegenwärtig auch die International Law Commission der UNO, mit dem Ziel, einen multilateralen Rahmenvertrag für konkrete, bestimmte Wasserläufe betreffende Abkommen auszuarbeiten[33].

II. Internationaler Umweltschutz[1]

§ 1029 Die Staaten als souveräne Territorialgemeinschaften sind zwar grundsätzlich innerhalb der Grenzen ihres Gebietes in ihren Handlun-

---

UN Doc. „Management of International Water Resources: Institutional and Legal Aspects", ST/ESA/5 (1975), das FAO-Dokument „Systematic Index of International Water Resources Treaties, Declarations, Acts and Cases by Basin" (Legislative Study No. 15, 1978); sowie den Vertrag zwischen Indien und Bangladesch vom 5. November 1977 über die Wasserentnahme aus dem Ganges: ILM 17 (1978), S. 103 ff.

[30] RIAA XII, S. 281 ff. Über eine analoge Anwendung dieses Grundsatzes auf unterirdische, Staatsgrenzen überschreitende Gas- und Ölquellen *Lagoni*, Oil and Gas Deposits across National Frontiers, AJIL 73 (1979), S. 215 ff.

[31] International Law Association, Report of the 52nd Conference 1966, S. 484 ff.

[32] *Berber*, Dokumente I, S. 1637 ff. Dazu *Simma*, in: „Der Staatsbürger" vom 22. April 1968; *Diez*, Die Zusammenarbeit am Bodensee in völkerrechtlicher Sicht, Zeitschrift für Wasserrecht 12/13 (1973/74), S. 342 ff.; allgemein *Dräger*, Die Wasserentnahme aus internationalen Binnengewässern (1970).

[33] Vgl. die drei Berichte des Special Rapporteur *Schwebel:* A/CN. 4/320, ILC-Yearbook 1979 II, Part One, S. 143 ff.; A/CN. 4/332 und Add. 1, ebd. 1980 II, Part One, S. 159 ff.; A/CN. 4/348 und Corr. 1. Im Jahre 1982 wurde *Evensen* zum neuen Special Rapporteur für diesen Gegenstand gewählt. Vgl. seinen ersten Bericht, UN Doc. A/CN. 4/367 and Corr. 1 (1983).

[1] Vgl. an allgemeinerer Literatur zum folgenden *Bothe*, Umweltschutz als Aufgabe der Rechtswissenschaft, Völkerrecht und Rechtsvergleichung, ZaöRV 32 (1972), S. 483 ff.; *von Münch*, Umweltschutz im Völkerrecht, ArchVR 15 (1971/1972), S. 385 ff.; *Rauschning*, Umweltschutz als Problem des Völkerrechts, EA 27 (1972), S. 567 ff.; *Hargrove* (Hrsg.), Law, Institutions, and the Global Environment (1972), S. 129 ff.; *Quick*, Umweltaktivität zwischenstaatlicher Organisationen (1973); *Steiger*, Welt und Umwelt. Zur Fortbildung des internationalen Handlungssystems und des Völkerrechts, in: Festschrift für

gen frei. Wie wir bereits ausgeführt haben[2], ist diese Freiheit jedoch nicht unbeschränkt, da jeder Staat mit anderen Staaten räumlich koexistiert und deren territoriale Integrität selbst genauso respektieren muß, wie er sich diese Achtung von den Nachbarn erwartet. Die frühere Völkerrechtslehre hat diese Beschränkungen aus dem Grundsatz des Rechtsmißbrauches *(sic utere tuo iure ut alienum non laedas)* abzuleiten versucht. Einer solchen Ausnahmenorm bedarf es aber in diesem Bereiche nicht, da der Ausübung der territorialen Souveränität eben bestimmte immanente Grenzen gesetzt sind, die sich aus der Verflechtung der Staaten ergeben. Aus dem Sachzwang zur guten Nachbarschaft erfließt nicht nur die bereits erwähnte Sozialbindung bei der Nutzung („equitable utilization", „equitable apportionment") mehreren Staaten gemeinsamer Gewässer und anderer natürlicher Ressourcen[3], sondern auch die Verpflichtung jedes Staates, auf seinem Gebiet keine Handlungen oder Maßnahmen vorzunehmen, zu fördern oder zu dulden, die auf dem Gebiet eines Nachbarstaates nicht unerhebliche, nicht übliche Umweltschäden verursachen oder mit großer Wahrscheinlichkeit verursachen können. Kommt er dieser Pflicht nicht nach, macht er sich dafür

---

U. Scupin (1974), S. 343 ff.; *Barros / Johnston*, The International Law of Pollution (1974); *Teclaff / Utton* (Hrsg.), International Environmental Law (1974); *Kiss* (Hrsg.), The Protection of the Environment and International Law. Hague Academy of International Law — Colloquium 1973 (1975); *Götz / Rauschning / Zieger* (Hrsg.), Umweltschutz und internationale Wirtschaft (1975); *Ballenegger*, La pollution en droit international (1975); *Kiss*, Survey of Current Developments in International Environmental Law (1976); *derselbe*, The International Protection of the Environment, in: The Structure and Process of International Law (§ 10, Anm. 1), S. 1069 ff.; P. M. *Dupuy*, La responsabilité internationale des Etats pour les dommages d'origine technologique et industrielle (1976); *Prieto / Nocedal* (Hrsg.), Legal Protection of the Environment in Developing Countries (1976); *Levin*, Protecting the Human Environment. Procedures and Principles for Preventing and Resolving International Controversies (UNITAR 1977); *Schneider*, World Public Order of the Environment: Towards an International Ecological Law and Organization (1979); *Lang*, Haftung und Verantwortlichkeit im internationalen Umweltschutz, FS Verdross 1980, S. 517 ff.; *Bothe* (Hrsg.), Trends in Environmental Policy and Law (1980); *Boardman*, International Organization and the Conservation of Nature (1981); *Springer*, The International Law of Pollution (1983); *Kay / Jacobson* (Hrsg.), Environmental Protection: The International Dimension (1983). Literatur zum Meeresumweltschutz unten § 1077, Anm. 25.

An Dokumentationen vgl. *Rüster / Simma* / (ab Bd. XVIII) *Bock*, International Protection of the Environment: Treaties and Related Documents (30 Bände und ein Registerband, 1975 - 1983); *Burhenne* (Hrsg.), Internationales Umweltrecht. Multilaterale Verträge (Lose-Blatt-Sammlung, 1976 ff.).

[2] §§ 1025, 1028. Vgl. ferner oben §§ 456 f.

[3] Vgl. dazu die vom UNEP-Governing Council am 19. Mai 1978 verabschiedeten „Draft Principles of Conduct in the Field of the Environment for the Guidance of States in the Conservation and Harmonious Utilization of Natural Resources Shared by Two or More States": ILM 17 (1978), S. 1091 ff. Dazu *Barberis*, Los recursos naturales compartidos entre estados y el derecho internacional (1979).

vr verantwortlich[4]. Die UN-Umweltkonferenz in Stockholm 1972[5] hat diese Verpflichtung in Prinzip Nr. 21 ihrer Deklaration über die Umwelt des Menschen mit folgenden Worten bekräftigt: „Die Staaten haben nach Maßgabe der Charta der Vereinten Nationen und der Grundsätze des Völkerrechts das souveräne Recht zur Ausbeutung ihrer eigenen Hilfsquellen nach Maßgabe ihrer eigenen Umweltpolitik, sowie die Pflicht, dafür zu sorgen, daß durch Tätigkeiten innerhalb ihres Hoheits- oder Kontrollbereichs der Umwelt in anderen Staaten oder in Gebieten außerhalb ihres nationalen Hoheitsbereichs kein Schaden zugefügt wird[6]."

---

[4] Vgl. neben den einschlägigen Ausführungen in dem bereits in § 1025, Anm. 14 und oben Anm. 1 angeführten Schrifttum noch *Bramsen*, Transnational Pollution and International Law, Nordisk Tidsskrift for International Ret 42 (1972), S. 153 ff.; *Randelzhofer / Simma*, Das Kernkraftwerk an der Grenze. Eine „ultrahazardous activity" im Schnittpunkt von internationalem Nachbarrecht und Umweltschutz, in: Festschrift für F. Berber (1973), S. 389 ff.; *Wildhaber*, Die Öldestillerieanlage Sennwald und das Völkerrecht der grenzüberschreitenden Luftverschmutzung, SchwJIR 31 (1975), S. 97 ff.; *Handl*, Territorial Sovereignty and the Problem of Transnational Pollution, AJIL 69 (1975), S. 50 ff.; *derselbe*, Balancing of Interests and International Liability for the Pollution of International Watercourses: Customary Principles of Law Revisited, CYIL 13 (1975), S. 156 ff.; *derselbe*, An International Legal Perspective on the Conduct of Abnormally Dangerous Activities in Frontier Areas: The Case of Nuclear Power Plant Siting, Ecology Law Quarterly 7 (1978), S. 1 ff.; E. *Klein*, Umweltschutz im völkerrechtlichen Nachbarrecht (1976); *Springer*, Towards a Meaningful Concept of Pollution in International Law, ICLQ 26 (1977), S. 531 ff.; *Rest*, Internationaler Umweltschutz und Haftung (1978); *Fröhler / Zehetner*, Rechtsschutzprobleme bei grenzüberschreitenden Umweltbeeinträchtigungen (3 Bde., 1979 - 1981); *Rauschning*, Allgemeine Völkerrechtsregeln zum Schutz gegen grenzüberschreitende Umweltbeeinträchtigungen, FS Schlochauer, S. 557 ff.; *Steiger / Bruha*, Internationale Regelungen grenzüberschreitender Einwirkungen auf die Qualität der Binnengewässer, in: Fünftes deutsch-polnisches Juristen-Kolloquium, Bd. 1: Umweltschutz, insbesondere im Flußrecht (1981), S. 105 ff.; *Klöpfer / Kohler*, Kernkraftwerk und Staatsgrenze (1981); *Bothe / Prieur / Ress* (Hrsg.), Rechtsfragen grenzüberschreitender Umweltbelastungen (1984); *Wolfrum*, Die grenzüberschreitende Luftverschmutzung im Schnittpunkt von nationalem Recht und Völkerrecht, DVBl. 99 (1984), S. 493 ff.

Ferner folgende Veröffentlichungen der OECD: Problems in Transfrontier Pollution (1974); Economics of Transfrontier Pollution (1976); Legal Aspects of Transfrontier Pollution (1978); Environmental Protection in Frontier Regions (1979); Compensation for Pollution Damage (1981); Transfrontier Pollution and the Role of States (1981).

[5] Dazu *Sohn*, The Stockholm Declaration on the Human Environment, Harvard International Law Journal 14 (1973), S. 423 ff.; *Kiss / Sicault*, La Conférence des Nations Unies sur l'environnement, AFDI 18 (1972), S. 603 ff. Die Dokumente der Konferenz finden sich bei *Rüster / Simma* (Anm. 1), Bd. I, S. 118 ff.; in deutscher Übersetzung in: Beiträge zur Umweltgestaltung, Bd. A 10: Stockholmer Resultate (1973).

[6] Stockholmer Resultate, S. 166 (Originaltext bei *Rüster / Simma* [ebd.], S. 120). Die UN-Generalversammlung hat in ihrer Resolution 2996 (XXVII) vom 15. Dezember 1972 einhellig außer Streit gestellt, daß Grundsatz Nr. 21 „lay[s] down the basic rules governing this matter" (Text bei *Rüster / Simma* [ebd.], S. 151). In ihrer Resolution 2995 (XXVII) selben Datums betont die

§ 1030 Schon am 11. März 1941 hatte ein amerikanisch-kanadisches Schiedsgericht im Falle *Trail Smelter* festgestellt, daß „under the principles of international law ... no State has the right to use or permit the use of its territory in such a manner as to cause injury by fumes in or to the territory of another or the properties or persons therein, when the case is of serious consequence and the injury is established by clear and convincing evidence"[7], und Kanada zum Ersatz des Schadens verurteilt, den die Abgase einer in Britisch-Kolumbien stehenden Zink- und Bleischmelze im Staate Washington anrichteten. Neben der Geltendmachung von Schadensersatzansprüchen kann der verletzte Staat aber auch verlangen, daß die grenzüberschreitende Umweltverschmutzung derart abgebaut wird, daß ihm keine erheblichen Schäden mehr erwachsen[8]. In Ergänzung dessen sind heute Normen des VGR im Entstehen begriffen, wonach die Staaten verpflichtet sind, neue oder zusätzliche grenzüberschreitende Umweltbelastungen mit „due diligence"[9] auf den geringsten Stand zu begrenzen, der nach der ihnen zur Verfügung stehenden Technik erreichbar ist, und die Belastung gemeinsamer Umweltmedien angemessen aufzuteilen[10].

§ 1031 Bereits als vgr gesichert gelten kann schließlich die Pflicht, einen potentiell betroffenen Nachbarstaat über neue und zusätzliche Umweltbelastungen rechtzeitig zu *informieren* und in Notstandsfällen zu warnen. Eine darüber hinausgehende *Konsultationspflicht,* d. h. eine vr Verpflichtung des Staates, der eine Quelle zukünftiger Verschmutzung oder Gefährdung in Grenznähe errichten oder zulassen will, mit dem Nachbarstaat in Verhandlungen einzutreten, in deren Verlauf dessen Wünsche und Vorstellungen in Rechnung zu stellen, angemessen zu berücksichtigen sind, ist zwar in einer Reihe zwei- und mehrseitiger Verträge statuiert worden[11], jedoch — zumindest außerhalb des Kreises der OECD-Mitgliedstaaten — noch nicht im VGR verankert. Aber auch

---

Generalversammlung, daß „in the exploration, exploitation and development of their natural resources States must not produce significant harmful effects in zones situated outside their national jurisdiction" (Text bei *Rüster / Simma* [ebd.], S. 149).

[7] RIAA III, S. 1905 ff. (1965). Dazu *Madders*, Trail Smelter Arbitration, Encyclopedia [2 (1981), S. 276 ff.].

[8] So auch der Schiedsspruch *Trail Smelter*, vgl. RIAA III, S. 1966 ff.

[9] Vgl. § 1267.

[10] Statt vieler *Rauschning* (Anm. 4), S. 566 ff.

[11] Insbesondere in der Skandinavischen Umweltschutzkonvention vom 19. Februar 1974 (*Rüster / Simma* [Anm. 1], Bd. 1, S. 70 ff.), sowie in dem im Rahmen der ECE (oben § 172) ausgearbeiteten Übereinkommen über weiträumige grenzüberschreitende Luftverunreinigung vom 13. November 1979; Text ebd. Bd. XXVIII, S. 341 ff., bzw. BGBl. 1982 II, S. 373 ff. (Ende 1983 für 28 Staaten in Kraft). Vgl. *Kirgis*, Jr., Prior Consultation in International Law. A Study of State Practice (1983); *Bruha*, Internationale Regelungen zum Schutz vor technisch-industriellen Umweltnotfällen, ZaöRV 44 (1984), S. 1 ff.

bei Aufnahme solcher Verhandlungen steht dem Nachbarstaat kein Vetorecht gegen die Errichtung einer umweltschädigenden Anlage jenseits seiner Grenze zu.

Die Entwicklung nachbarrechtlicher Verfahrenspflichten ist besonders durch die OECD vorangetrieben worden[12], die ihre Mitgliedstaaten auch aufgefordert hat, der von einer Umweltbelastung auf dem eigenen Gebiet betroffenen Bevölkerung eines Nachbarstaates den gleichen Zugang zu den umweltrechtlichen Verwaltungs- und Gerichtsverfahren zu eröffnen wie inländischen Rechtssuchenden[13].

§ 1032 Der nachbarrechtliche Ansatz im internationalen Umweltschutz hat den Vorteil, daß er sich auf die Gegenseitigkeitsmechanismen des traditionellen vr Koexistenzrechts stützen kann[14]. Andererseits reicht ein *noli me tangere* zwischen Grenznachbarn für einen wirksamen Umweltschutz bei weitem nicht aus. Zwar verliert das einschlägige Nachbarrecht, wie gerade geschildert, seine ursprünglich rein haftungsrechtliche Prägung allmählich durch den Ausbau von Präventions- und Verfahrenspflichten. Es muß aber dort versagen, wo Umweltbelastungen nicht zwischen bestimmten unmittelbar betroffenen Staaten „isolierbar" und zurechenbar auftreten, sondern wo es um die Bekämpfung weiträumiger Schadensursachen und den Schutz *gemeinsamer* Räume und Ressourcen, wie der Hohen See, der Atmosphäre oder der Ozonschicht geht, oder wo sich einzeln vielleicht noch tolerierbare Umweltbelastungen aus vielen Staaten zur Bedrohung summieren, wie bei der radioaktiven Strahlung und den Abwässern. Über drei Viertel der Erdoberfläche liegen außerhalb der „nationalen" Umwelt; der „saure Regen" macht vor den Staatsgrenzen ebenso wenig halt wie der Ölteppich nach einem Tankerunfall. In all diesen Fällen muß vorbeugende Gefahrenabwehr multilateral vereinbart und organisiert werden. Aber auch eine rationelle und verantwortungsbewußte Nutzung der Naturschätze sowie die Erhaltung gefährdeter Tier- und Pflanzenarten ist nur durch planmäßige internationale Zusammenar-

---

[12] Ausgehend von der Empfehlung des OECD-Rates vom 14. November 1974 über Grundsätze für die grenzüberschreitende Umweltbelastung: *Rüster / Simma* (Anm. 1), Bd. 1, S. 316 ff., deutsch im EA 30 (1975), S. D 86 ff. Die einzelnen Studien und Beschlüsse finden sich in den in Anm. 4 zitierten Veröffentlichungen.

[13] Dieser Zugang wurde noch am 30. Mai 1969 im *Salzburger Flughafen*-Fall den deutschen Grenznachbarn vom österreichischen Verwaltungsgerichtshof unter Berufung auf ein striktes Territorialitätsprinzip verweigert: Erkenntnisse und Beschlüsse des Verwaltungsgerichtshofes (Administrativrechtlicher Teil) 1969, S. 264, Nr. 7582 (A); auch JDI 99 (1972), S. 647. Zur Rechtslage in der Bundesrepublik *Oppermann / Kilian*, Gleichstellung ausländischer Grenznachbarn im deutschen Umweltverfahren? (1981). Zur Lage in der Schweiz *Wildhaber* (Anm. 4), S. 114.

[14] Dazu oben §§ 64 ff.

beit zu erreichen. Schließlich müssen die einzelstaatlichen Umweltschutzmaßnahmen harmonisiert und koordiniert werden, damit sie den internationalen Handel und Verkehr nicht nachhaltig stören oder Verschmutzungsquellen nicht einfach in „großzügigere" Standorte, z. B. in die eine rasche Industrialisierung anstrebenden Entwicklungsländer, verlagert werden können.

Diesen Herausforderungen ist das VR durch den Abschluß zahlreicher Verträge[15] und umfangreiche Umweltaktivitäten internationaler Organisationen[16] entgegengetreten. Die Hauptarbeit wird dabei auf regionaler Ebene geleistet. Der Ausbau eines über periphere Maßnahmen hinausgehenden, wirklich effektiven Umweltrechts schreitet aber auch dort nur zögernd voran. Ebenso wie beim vr Schutz der Menschenrechte zeigt sich, daß echte Fortschritte auf internationaler Ebene einen einigermaßen funktionierenden *nationalen* Umweltschutz voraussetzen.

§ 1033 Die wichtigsten Verträge zum Schutz der Meeresumwelt vor Verschmutzung werden wir bei der Behandlung des Seerechts anführen. An weiteren umweltrechtlichen Abkommen von grundsätzlicherer Bedeutung seien das Übereinkommen vom 3. März 1973 über den internationalen Handel mit gefährdeten Arten freilebender Tiere und Pflanzen (Washingtoner Artenschutzübereinkommen)[17], das Übereinkommen vom 13. November 1979 über weiträumige grenzüberschreitende Luftverunreinigung[18], das Übereinkommen über das Verbot der militärischen oder einer sonstigen feindseligen Nutzung umweltverändernder Techniken vom 18. Mai 1977[19], das UNESCO-Übereinkommen vom 23. November 1972 zum Schutz des Kultur- und Naturerbes der Welt[20], das Internationale Übereinkommen vom 2. Dezember 1946 zur Regelung des Walfangs (mit Protokoll vom 19. Dezember 1956)[21], das Übereinkommen vom 2. Februar 1971 über Feuchtgebiete, insbesondere als Lebensraum für Wasser- und Wattvögel, von internationaler Bedeutung[22], die Skandinavische Umweltschutzkonvention vom 19. Februar

---

[15] So enthält die vollständigste Dokumentation zum internationalen Umweltschutz (*Rüster / Simma / Bock* [Anm. 1]) über 200 multilaterale und mehr als 800 bilaterale Abkommen.

[16] Darüber *Quick* (Anm. 1), *Boardman* (ebd.); *Kay / Skolnikoff* (Hrsg.), World Eco-Crisis: International Organizations in Response (1972).

[17] BGBl. 1975 II, S. 773 (über die Änderungen der Anhänge vgl. Fundstellennachweis B); *Rüster / Simma* (Anm. 1), Bd. V, S. 2228 ff. Ende 1983 für 81 Parteien in Kraft.

[18] Fundstellen in Anm. 11.

[19] BGBl. 1983 II, S. 125, *Rüster / Simma* (Anm. 1), Bd. XV, S. 7905 ff. Ende 1983 für 42 Staaten in Kraft.

[20] BGBl. 1977 II, S. 213; *Rüster / Simma* (Anm. 1), Bd. XIV, S. 7238 ff. Ende 1983 für 74 Staaten in Kraft.

[21] BGBl. 1982 II, S. 558; *Rüster / Simma* (Anm. 1), Bd. VI, S. 3498 ff. Ende 1983 für 23 Staaten in Kraft.

1974[23] und die African Convention on the Conservation of Nature and Natural Resources vom 15. September 1968[24] genannt. Daneben weisen viele Verträge mit primär anderen oder umfassenderen Zielsetzungen eine umweltrechtliche Komponente auf, so die meisten Fischereiverträge oder die Übereinkommen über Abrüstung und Rüstungsbeschränkung[25], der Weltraum- und der Antarktisvertrag[26]. Das Gesamtbild des vr Umweltschutzes wäre aber unvollständig, würden nicht die Programme und Beschlüsse internationaler Organisationen einbezogen, die dem Abschluß entsprechender Abkommen in der Regel vorausgehen oder solche gar funktionell ersetzen oder als Leitlinie für die Ausgestaltung nationaler Rechtsvorschriften dienen.

§ 1034 Im Gefolge der Stockholmer Umwelt-Konferenz hat die UN-Generalversammlung mit Resolution 2997 (XXVII) vom 15. Dezember 1972[27] die organisatorischen Voraussetzungen für die Durchführung eines *United Nations Environment Programme* UNEP) zur Vervollständigung und Koordinierung aller Umweltaktivitäten der UN-Familie[28] geschaffen: Ein *Governing Council*, der aus 58 von der Generalversammlung auf 3 Jahre gewählten Staaten besteht[29], hat die zwischenstaatliche Zusammenarbeit im Umweltschutz zu fördern, die Richtlinien festzulegen, nach denen alle Umweltprogramme, die im Rahmen der UNO und ihrer Spezialorganisationen in Angriff genommen werden, durchzuführen sind, und über die Verwirklichung seiner Pläne jährlich der Generalversammlung über den Wirtschafts- und Sozialrat Bericht zu erstatten. Als Exekutivorgan dient ein *Environment Secretariat* mit Sitz in Nairobi, das vom Executive Director des UNEP geleitet wird. Daneben wurde ein *Environment Fund* eingerichtet, der aus freiwilligen Beiträgen der Staaten gespeist wird. Die Aufgaben eines ebenfalls 1972 geschaffenen speziellen Environment Coordination Board sind inzwischen vom UN-Administrative Committee on Co-ordination (ACC)[30] übernommen worden.

---

[22] BGBl. 1976 II, S. 1265; *Rüster / Simma* (Anm. 1), Bd. V, S. 2161 ff. Ende 1983 für 34 Staaten in Kraft.

[23] Fundstelle in Anm. 11.

[24] *Rüster / Simma* (Anm. 1), Bd. V, S. 2037 ff.

[25] Darüber oben § 486.

[26] Siehe § 1151.

[27] Text in *Rüster / Simma* (Anm. 1), Bd. I, S. 152 ff.

[28] Dazu P. M. *Dupuy*, United Nations Environment Programme, Encyclopedia [5 (1983), S. 319 ff.].

[29] Die Gründungsresolution legte dabei folgenden Schlüssel fest: 16 Sitze für afrikanische, 13 für asiatische, 6 für osteuropäische, 10 für lateinamerikanische und 13 für westeuropäische und andere Staaten. Diese Mehrheitsverhältnisse haben auch beim UNEP eine Konzentration auf die Interessen der Dritten Welt bewirkt.

[30] Vgl. § 174.

III. Beschränkungen der Territorialhoheit zugunsten des internationalen Verkehrs

§ 1035 Neben den bereits besprochenen aktiven Staatsservituten, die den Territorialstaat zu einem Dulden fremder *Hoheitsakte* auf seinem Gebiete verpflichten, finden wir Beschränkungen der Territorialhoheit zugunsten von *Privatschiffen*. Darunter fallen — abgesehen von dem später zu behandelnden Durchfahrtsrecht durch das Küstenmeer (§§ 1074 f.) — vor allem jene vr Verträge, die den Handelsschiffen ein Durchfahrtsrecht auf *„internationalen Strömen"* einräumen. Darunter versteht man jene schiffbaren Flüsse, die mehrere Staaten durchfließen oder trennen und in das Meer münden[1].

Den ersten Ansatz zu einer *europäischen* Regelung dieses Gegenstandes bilden die Art. 108 - 117 der Wiener Kongreßakte vom 9. Juni 1815, wo der Grundsatz anerkannt wurde, daß auf solchen Strömen die Handelsschiffahrt für *jedermann* frei sein soll (ne pourra, sous le rapport du commerce, être interdite à personne)[2]. Da jedoch dieser Grundsatz für jeden Strom der genannten Art erst einer Durchführung durch besondere Verträge bedurfte, nennt man diese Flüsse auch „konventionelle" Ströme. Eine solche Durchführung erfolgte durch Art. 15 des Pariser Friedensvertrages von 1856 für die *Donau*, deren Regime zu einem Teil des „öffentlichen europäischen Rechts" erklärt wurde[3], ferner durch die Mannheimer Rheinschiffahrtsakte vom 17. Oktober 1868 (zuletzt revidiert 1963) für den *Rhein*[4], und durch Art. 13 - 25 der Berliner General-

---

[1] Die umfangreiche ältere Literatur wird bei *Verdross*, S. 606, angegeben. Dazu noch *Colliard*, Évolution et aspects actuels du régime juridique des fleuves internationaux, RdC 125 (1968 III), S. 337 ff. (Bibliographie S. 440 ff.); *Vitányi*, The International Regime of River Navigation (1979).

[2] *Fleischmann*, Völkerrechtsquellen (1905), S. 15.

[3] Ebd., S. 53 f. Durch Art. 16 ff. wurden eine *Uferstaaten*kommission und eine *Europäische* Kommission eingesetzt, diese für das Mündungsgebiet, mit der Zuständigkeit, dieses Gebiet unmittelbar zu verwalten (vgl. oben § 943, durch den Vertrag von Sinaia vom 18. August 1936 eingeschränkt), und jene für den Oberlauf, mit der Aufgabe der Ausarbeitung einer Schiffahrtsordnung und mit lediglich mittelbaren Verwaltungsbefugnissen. Eine nähere Regelung finden wir in der Pariser Donaukonvention vom 23. Juli 1921, *Martens*, Nouveau Recueil Général, 3e Série, Bd. 12, S. 606 ff., welche die Uferstaatenkommission (für die Binnendonau) durch eine Internationale Donaukommission ersetzte, in der auch Nichtuferstaaten vertreten waren. Zum ganzen *Wegener*, Die internationale Donau (1951); *Gorove*, Law and Politics of the Danube (1964); *Concetti*, Il regime internazionale della navigazione danubiana (1970); *Pichler*, Die Donaukommission und die Donaustaaten: Kooperation und Integration (1973).

[4] *Fleischmann* (Anm. 2), S. 81 f.; *Berber*, Dokumente I, S. 1501 ff. Sie revidiert die schon vor dem Wiener Kongreß bestandene Rheinschiffahrtsordnung in ihrer Fassung vom 31. März 1831 (*Mainzer* Rheinschiffahrtsakte). Die Schiffahrt ist nach ihr der Kontrolle der internationalen Zentralkommission für die Rheinschiffahrt unterstellt, die Rechtsetzungs-, Verwaltungs- und Rechtsprechungsfunktionen ausübt. Darüber *Scheuner*, Rhein, WV III, S. 117 ff. (mit ausführlichen Literaturhinweisen). Das 2. Zusatz-

akte vom 26. Februar 1885 für den *Kongo*, dessen Schiffahrtsakte ebenfalls als „Bestandteil des internationalen öffentlichen Rechts" anerkannt wurde[5]. Durch Art. 327 ff. des Friedensvertrages von Versailles 1919 wurden dann die *Elbe* (von der Mündung der Moldau an), die *Moldau* (von Prag abwärts), und durch Art. 18 des Vertrages der Hauptmächte mit Polen vom 28. Juni 1919 die *Memel* (von Grodno an), die *Donau* (von Ulm abwärts), die *Oder* (von der Mündung des Oppa an), sowie die *Weichsel* einschließlich des Bug und Narew für „international" erklärt. Das bedeutet, daß dort der Grundsatz der Freiheit der Handelsschiffahrt und die Gleichberechtigung der Flaggen unter Kontrolle einer internationalen Kommission in Geltung steht, nicht aber, daß diese Flüsse aus der Territorialhoheit eximiert wurden.

Eine *universelle* Regelung des Stromschiffahrtsrechts wurde auf der Verkehrskonferenz von Barcelona (1921) versucht. Das von ihr beschlossene Abkommen vom 20. April 1921, dessen Statut „on the Régime of Navigable Waterways of International Concern" alle „Wasserstraßen von internationaler Bedeutung" umfassen sollte, ist aber nur von wenigen Staaten ratifiziert worden[6]. Es gibt daher heute weder ein vertragliches noch ein gewohnheitsrechtliches Stromschiffahrtsrecht von allgemeiner Geltung[7]. Somit muß für jeden einzelnen Strom die Rechtslage auf Grund der bestehenden Verträge und Rechtsvorschriften der Uferstaaten ermittelt werden.

Nach dem Zweiten Weltkrieg wurde die gerade angeführte Regelung des Vertrages von Versailles, die durch die Note der damaligen Reichsregierung vom 14. November 1936 einseitig aufgekündigt worden war, mit gewissen Einschränkungen wiederhergestellt[8]. Die Pariser Frie-

---

protokoll zur Mannheimer Rheinschiffahrtsakte vom 17. Oktober 1979 (BGBl. 1980 II, S. 870) will diese rechtzeitig an Entwicklungen anpassen, die insbesondere die Fertigstellung des Rhein-Main-Donau-Kanals erwarten läßt, und schränkt das bis dahin zumindest allen Uferstaaten zustehende Recht zum Transport von Waren und Personen auf seine Vertragsparteien und andere EG-Mitgliedstaaten ein; für Schiffe aller anderen Staaten gilt ein Verbot mit Erlaubnisvorbehalt: ZaöRV 42 (1982), S. 520 f.; *Vitányi* (Anm. 19).

[5] *Fleischmann* (Anm. 2), S. 201 ff. Diese räumte auf dem Kongo und auf dem Niger „den Kauffahrteischiffen aller Nationen" freie Durchfahrt und vollkommene Gleichheit ein.

[6] *Berber*, Dokumente I, S. 1515 ff. Dazu *Krüger*, Verkehrskonferenz von Barcelona, WV III, S. 513 f. Zum Stand der Ratifikationen vgl. UN Doc. ST/LEG/SER. E/1, S. 684.

[7] Ebenso *Dahm*, Völkerrecht I, S. 626, und *Vitányi* (Anm. 1), S. 129 ff. Nach einer am 25. Mai 1977 geäußerten Ansicht des Schweizer Bundesrates besteht jedoch, „selon un principe reconnu en droit des gens, la liberté de navigation ... sur *toutes les eaux frontières*": SchwJIR 34 (1978), S. 124 (von uns hervorgehoben).

[8] Näheres bei *Dahm*, ebd., S. 622. Über die Elbe wurde ein Vertrag zwischen der Tschechoslowakei und der DDR abgeschlossen; vgl. *Böhme*, Die völkerrechtliche Stellung der Elbe. ... (1959), S. 120 f.

densverträge vom 10. Februar 1947 mit Bulgarien (Art. 34), Ungarn (Art. 38) und Rumänien (Art. 36) wiederholen den Grundsatz der allgemeinen Freiheit und Gleichbehandlung aller Handelsschiffe auf der Donau. Nach der am 18. August 1948 von den sozialistischen Donaustaaten abgeschlossenen Belgrader Konvention steht die Schiffahrtsfreiheit ebenfalls allen Staaten auf der Grundlage der Gleichheit in bezug auf Hafen- und Schiffahrtsgebühren und der Bedingungen für die Handelsschiffahrt (unter Vorbehalt der Cabotage) zu[9]. Dieser Vertrag wurde von den Westmächten abgelehnt, die die Donaukonvention vom 23. Juli 1921 als weitergeltend betrachten[10]. Hingegen ist Österreich der Konvention 1948 am 7. Januar 1960 beigetreten[11]. Die Bundesrepublik Deutschland ist der Belgrader Konvention nicht beigetreten, entsendet jedoch Beobachter zu den Sitzungen der Donaukommission in Budapest[12]. Durch den am 27. Oktober 1956 zwischen der Bundesrepublik Deutschland, Frankreich und Luxemburg abgeschlossenen Vertrag über die Schiffbarmachung der Mosel erfolgte eine Internationalisierung auch dieses Stromes[13].

§ 1036 Auch das Zugangsrecht fremder Schiffe zu *Seehäfen*[14] besteht regelmäßig nur auf Grund von Verträgen. Auf der vom Völkerbund einberufenen Genfer Verkehrskonferenz 1923 wurde das Übereinkommen und Statut vom 9. Dezember 1923 über die internationale Rechtsordnung der Seehäfen und ein Zeichnungsprotokoll abgeschlossen[15]. Es sieht die Gleichbehandlung der Schiffe aller Vertragsstaaten, ihrer Waren und ihrer Reisenden in Seehäfen vor, die üblicherweise von Seeschiffen angelaufen werden und dem Außenhandel dienen. Das

---

Zur Neuregelung der Schiffahrt in Afrika vgl. nunmehr den Nigervertrag vom 26. Oktober 1963 (*Berber*, Dokumente I, S. 1634 ff.), sowie den Vertrag zur Einsetzung einer Niger-Kommission vom 25. November 1964 (Zusammenfassung in dem in § 1028, Anm. 29, genannten UN Doc. A/CN. 4/274, S. 85 ff.); dazu *Schreiber*, Vers un nouveau régime international du fleuve Niger, AFDI 9 (1963), S. 866 ff.; *derselbe*, ebd. 10 (1964), S. 813 ff.; *Yakemtchouk*, Le régime international des voies d'eau africaines, RBDI 5 (1969), S. 480 ff.

[9] *Berber*, Dokumente I, S. 1553 ff.; österr. BGBl. 40/1960. Dazu neben der bereits genannten Literatur *Seidl-Hohenveldern*, Die Belgrader Donaukonvention von 1948, ArchVR 7 (1958/1959), S. 253 ff.; *derselbe*, Donau, WV I, S. 393 ff.

[10] Dazu auch oben § 788.

[11] U. N. T. S. 351, S. 378.

[12] Die Belgrader Donaukonvention will zwar den Schiffsverkehr bis Ulm regeln, kann aber die Bundesrepublik Deutschland als Nichtvertragspartei nicht verpflichten: vgl. ÖZöffRVR 31 (1980), S. 342 ff.

[13] Vertragstext BGBl. 1956 II, S. 1838.

[14] *Laun*, Le régime international des ports, RdC 15 (1926 V), S. 1 ff.; *Krüger*, Seehäfenordnung, WV III, S. 228 f. Über das Zugangsrecht der Binnenstaaten zum Meer vgl. unten § 1135.

[15] RGBl. 1928 II, S. 22; *Berber*, Dokumente I, S. 1430 ff. Ende 1983 für 35 Staaten in Kraft.

Vertragswerk findet keine Anwendung auf Fischereifahrzeuge samt ihrem Fang sowie auf Kriegsschiffe, Schiffe des Polizei- und Aufsichtsdienstes und auf alle anderen Schiffe, die Staatsgewalt ausüben oder ausschließlich den Zwecken der See-, Militär- oder Luftstreitkräfte eines Landes dienen. Nach VGR besteht jedoch ein Recht, fremde Häfen im Falle von Seenot anzulaufen[16]. Dieses Recht kann als eine Konkretisierung des die Völkerrechtsordnung beherrschenden Grundsatzes der Humanität angesehen werden[17]. Daneben beruht es auf der Einsicht der Schiffahrtsnationen, auf gegenseitige Hilfeleistungen angewiesen zu sein. Umstritten ist allerdings, ob einem in Seenot geratenen Schiff, von dem eine erhebliche Gefahr ausgeht (z. B. brennenden oder leckgeschlagenen Tankern) dieses Recht verwehrt werden darf.

§ 1037 Nach Art. 1 d des bereits angeführten Statuts von Barcelona sind den internationalen Strömen jene *Kanäle*[18] gleichgestellt, die zur Ergänzung solcher natürlicher Wasserstraßen dienen. Alle anderen Kanäle, darunter auch jene, die zwei Meeresteile miteinander verbinden, können dieser Ordnung im Vertragsweg oder durch einseitige Erklärungen unterstellt werden. Kommt keine vr Regelung zustande, so unterstehen solche Kanäle der ausschließlichen Gebietshoheit des Territorialstaates[19].

Die Durchfahrt durch den *Suezkanal* wird durch das Abkommen von Konstantinopel vom 29. Oktober 1888 geregelt. Es neutralisiert den Kanal und garantiert allen Staaten die Freiheit der Schiffahrt für Handels- und Kriegsschiffe in Friedens- und Kriegszeiten[20]. Die Benutzung des Suezkanals wurde zwar durch den ägyptisch-israelischen Konflikt vorübergehend gehemmt, ohne daß jedoch die Geltung des Abkommens aufgehoben wurde.

---

[16] *Krüger*, Seenot, WV III, S. 237 f. Dazu *v. Münch*, Ari-Fall, WV I, S. 85.

[17] Oben § 63.

[18] *Böhmert*, Kanäle, WV II, S. 187 ff.; *Lador-Lederer*, Die Debatte um den Rechtsstatus internationaler Meerengen und Kanäle, JIR 11 (1962), S. 213 ff.; *Baxter*, The Law of International Waterways (1964); *Wehser*, Die Durchfahrt durch die interozeanischen Kanäle, in: *Bernhardt / Rudolf* (Hrsg.), Die Schiffahrtsfreiheit im gegenwärtigen Völkerrecht, Berichte DGVR 15 (1975), S. 55 ff.

[19] Daher steht es der Bundesrepublik Deutschland frei, den *Rhein-Main-Donau-Kanal* einem nationalen Regime zu unterstellen. Vgl. dazu *Jaenicke*, Die neue Großschiffahrtsstraße Rhein-Main-Donau (1973); *Zemanek*, Die Schiffahrtsfreiheit auf der Donau und das künftige Regime der Rhein-Main-Donau-Großschiffahrtsstraße, ÖZöffR, Suppl. 4 (1976); *Kippels*, Der völkerrechtliche Status des zukünftigen Europakanals und seine Auswirkungen auf das Rhein- und Donau-Regime (1978); *Vitányi*, Legal Problems in Connection with the Deep-Draught Rhine-Main-Danube Navigable Waterway after the Additional Protocol to the Act of Mannheim, ZaöRV 41 (1981), S. 731 ff.

[20] *Fleischmann* (Anm. 2), S. 220 ff.; *Berber*, Dokumente I, S. 1463 ff. (Vgl. auch oben § 669 und Anm. 32.

Die Durchfahrt durch den *Panamakanal*, die ebenfalls den Handels- und Kriegsschiffen aller Staaten im Frieden wie im Krieg offensteht, wurde zuerst durch das amerikanisch-britische Abkommen vom 18. November 1901 *(Hay - Pauncefote - Treaty)*[21] geregelt. Dieser Vertrag neutralisierte den Kanal nach dem Muster des Abkommens von Konstantinopel. Am 7. September 1977 haben die USA und Panama einen Panama Canal Treaty abgeschlossen, der (unter Aufhebung des Hay-Varilla-Vertrages vom 18. November 1903[22]) die Gebietshoheit Panamas in der Kanalzone wiederherstellte, während die frühere Gebietshoheit der USA durch einzelne bis Ende 1999 geltende Betriebs-, Benützungs- und Verteidigungsrechte ersetzt wurde[23]. Durch den gleichzeitig auf unbeschränkte Dauer abgeschlossenen Vertrag über die dauernde Neutralität und den Betrieb des Kanals, der allen Staaten zum Beitritt offensteht, wurde auch Panama zur Neutralisierung des Kanals unter Garantie der beiden Vertragsstaaten verpflichtet, „in order that both in time of peace and in time of war it shall remain secure and open to peaceful transit by the vessels of all nations on terms of entire equality ... and so that the Canal ... shall not be the target of reprisals in any armed conflict between other nations of the world" (Art. II)[24].

Der *Nord-Ostsee-Kanal* (Kieler Kanal) wurde durch Art. 380 des Friedensvertrages von Versailles 1919 den Handels- und Kriegsschiffen aller mit Deutschland in Frieden befindlichen Staaten auf der Basis der Gleichberechtigung geöffnet[25]. Diese Internationalisierung wurde am 14. November 1936 durch das Deutsche Reich aufgehoben[26], ohne daß anfängliche Proteste aufrechterhalten worden wären[27].

---

[21] *Fleischmann* (Anm. 2), S. 321 f.; *Berber*, Dokumente I, S. 1452. Ob der Hay-Pauncefote-Vertrag ein echter Vertrag zugunsten Dritter ist, ist umstritten. Vgl. oben § 758.

[22] Genauer unten § 1041.

[23] Fundstellen ebd.

[24] Text AJIL 72 (1978), S. 238 ff. Großbritannien hat diesen Vertrag mit dem Hay-Pauncefote-Vertrag für vereinbar erklärt: US Digest 1978, S. 1065. Zum ganzen *Grubmayr*, Die immerwährende Neutralität und der Panama-Kanal, ÖZA 21 (1981), S. 198 ff.

[25] Vgl. dazu den vom StIGH 1923 entschiedenen Fall der *S. S. „Wimbledon"*, Series A, No. 1.

[26] Text der deutschen Note: RGBl. 1936 II, S. 361; ÖHB 2, D 268.

[27] *Böhmert*, Kieler Kanal, WV II, S. 220 ff.; *v. Münch*, Die gegenwärtige Situation der Ostsee und die Zusammenarbeit zwischen den Anliegerstaaten, AöR 103 (1978), S. 538 ff. Zum *St. Lawrence Seaway* siehe *Baxter* (Anm. 18), S. 91 ff.

C. Territoriale Souveränität und Gebietshoheit

§ 1038 Die modernen Staaten sind, wie bereits ausgeführt wurde, vorwiegend souveräne Gebietskörperschaften, die auf einem Teil der Erdoberfläche die grundsätzlich alleinige, andere Staaten ausschließende Herrschaft ausüben. Daher bildet das Staatsgebiet den „Ausgangspunkt für die Regelung der meisten Fragen, welche die internationalen Beziehungen betreffen"[1]. Die Herrschaft eines Staates in einem bestimmten Gebiet nennt man *Gebietshoheit*.

Das VR knüpft an diese Tatsache an, da sich die Staaten gegenseitig als souveräne, auf einem bestimmten Gebiet herrschende Gemeinschaften anerkennen. Dadurch anerkennen sie zugleich, daß jedem Staat ein *Recht* auf das von ihm beherrschte Gebiet zusteht. Man nennt ihn den Territorialstaat oder territorialen Souverän.

§ 1039 Den wichtigsten Inhalt des Rechts der territorialen Souveränität bildet das Recht auf Ausübung der Gebietshoheit. So sagt Max Huber in seinem Schiedsspruch *Island of Palmas:* „Independence in regard to a portion of the globe is the *right* to exercise therein, to the exclusion of any other State, the functions of a State[2]." Diese *räumliche* Zuständigkeit erschöpft aber die territoriale Souveränität nicht, da sie außerdem die *sachliche* Zuständigkeit umfaßt, über das Gebiet durch Zessionsverträge, „Verwaltungszessionen"[3] oder durch die Einräumung von „aktiven Staatsservituten"[4] gegenüber anderen Staaten zu verfügen. Es ist also irreführend, die *bloße* räumliche Zuständigkeit als „souveraineté territoriale", „territorial sovereignty", zu bezeichnen, da diese nur einen Teil der territorialen Souveränität ausmacht. So würde es sich empfehlen, die Gebietshoheit mit „suprematie territoriale", „territorial supremacy" zu übersetzen.

Außerdem muß zwischen dem in der territorialen Souveränität begründeten Recht auf Ausübung der Gebietshoheit und der Tatsache der Gebietshoheit selbst unterschieden werden, da diese auch rechtswidrig ausgeübt werden kann.

§ 1040 Aus diesen Gründen ist die Abtretung der territorialen Souveränität streng von der bloßen Einräumung des Rechts auf Ausübung der Gebietshoheit zu trennen, was zunächst die folgenden Beispiele für den ersten Vorgang beleuchten mögen: Art. IX des Vertrages der USA mit Spanien vom 11. April 1899 über die Abtretung der Philippinen

---

[1] So Max *Huber* in seinem Schiedsspruch im *Island of Palmas* Case, RIAA II, S. 838; ähnlich der IGH im *Corfu Channel* Case, ICJ Reports 1949, S. 35.

[2] RIAA II, S. 838 (von uns hervorgehoben).

[3] Oben § 1023.

[4] Ebd.

spricht vom „territory over which Spain ... relinquishes or cedes her sovereignty"[5]. In der Erklärung des amerikanischen Präsidenten über die Unabhängigkeit der Philippinen vom 4. Juli 1946 lesen wir: „The United States of America hereby withdraws and surrenders all rights of ... sovereignty ... in and over the territory and people of the Philippines ..."[6]. Art. 1 des Vertrages zwischen den Niederlanden und Indonesien vom 2. November 1949 verfügt: „The Kingdom of the Netherlands unconditionally and irrevocably *transfers complete sovereignty* over Indonesia to the Republic of the United States of Indonesia ..."[7]. Ähnlich bestimmt Art. 6 des Friedensvertrages mit Italien vom 10. Februar 1947: „Italy hereby cedes to France in full sovereignty the former Italian territory ... defined in Article 2[8]."

§ 1041 Einen ganz anderen Inhalt haben jene Verträge, die eine „Verwaltungszession" zum Gegenstand haben. So wurden 1898 vom Deutschen Reich und Großbritannien mit China „Pachtverträge" auf 99 Jahre und von Rußland mit China solche auf 25 Jahre abgeschlossen, durch welche diese Staaten ermächtigt wurden, in bestimmten Häfen samt dem dazugehörigen Hinterland die volle Gebietshoheit auszuüben, während die Übertragung dieses Rechts an andere Staaten nur mit Zustimmung Chinas zulässig war[9]. Am 12. März 1940 „verpachtete" Finnland der Sowjetunion die Halbinsel Hangö auf 30 Jahre[10]. Im Friedensvertrag mit Finnland vom 10. Februar 1947 tauschte die Sowjetunion, in Übereinstimmung mit dem Waffenstillstandsvertrag vom 19. September 1944[11], Hangö auf 50 Jahre gegen das Gebiet und die Küstengewässer von Porkkala Udd ein (Art. 4)[12]. Am 19. September 1955 hat die Sowjetunion dann wieder auf dieses Recht verzichtet[13]. Auf Grund des Berliner Vertrages vom 13. Juli 1878 (Art. 25) hat Österreich-Ungarn das Recht erworben, die beiden türkischen Provinzen Bosnien und Herzegowina ohne zeitliche Begrenzung „zu besetzen und zu verwalten"[14]. Als dann die Doppelmonarchie am 5. Oktober 1908 ihre „Souve-

---

[5] *Hackworth*, Digest of International Law III (1942), S. 127.

[6] *Whiteman*, Digest of International Law II (1963), S. 212.

[7] ArchVR 3 (1951/1952), S. 96 (von uns hervorgehoben).

[8] UNTS 49, S. 131.

[9] *Kirchschläger*, Pachtgebiete, WV II, S. 709. In dem Kiautschou betreffenden Vertrag vom 6. März 1898 übertrug China dem Deutschen Reich die „Ausübung der Gebietshoheit in diesem Raume" während der Pachtdauer unter Vorbehalt „aller Rechte der Souveränität" (Art. 1): *Fleischmann*, Völkerrechtsquellen (1905), S. 287 f.

[10] AJIL 34 (1940), Suppl. S. 127 ff.

[11] Ebd. 39 (1945), Suppl. S. 85 ff.

[12] UNTS 48, S. 203.

[13] UNTS 226, S. 187.

[14] *Fleischmann*, Völkerrechtsquellen (1905), S. 156. In Durchführung dieser Bestimmung wurde am 21. April 1879 ein österreichisch-türkisches Abkom-

ränität" über die Gebiete einseitig proklamierte, hagelte es Proteste gegen diese Rechtsverletzung, obgleich Österreich-Ungarn die alleinige und volle Gebietshoheit unter völliger Ausschließung der Türkei seit 1879 ausgeübt hatte, so daß deren Souveränität über diese Gebiete auf ein *nudum ius* eingeschrumpft war. Gleichwohl konnte Österreich-Ungarn die Anerkennung seiner territorialen Souveränität über diesen Raum erst im Vertrag vom 26. Februar 1909 mit der Türkei gegen Bezahlung von 54 Millionen Goldkronen erreichen[15]. Besonders aufschlußreich ist der Hay-Varilla-Vertrag vom 18. November 1903 zwischen den USA und Panama, durch den die USA das Recht erwarben, in der Panamakanal-Zone „in perpetuity" (Art. 2) die volle Gebietshoheit so auszuüben, „if it were the sovereign of the territory ... to the entire exclusion of the exercise by the Republic of Panama of any such sovereign rights, power or authority" (Art. 3)[16]. Gleichwohl ist Panama der territoriale Souverän über die Kanalzone geblieben. Diese Rechtslage wurde von beiden Vertragsparteien anerkannt[17]. Die weitere Entwicklung zeigt uns nun, daß zwischen der Einräumung des beschriebenen Rechts auf Ausübung der Gebietshoheit und der Übertragung der territorialen Souveränität durch einen Zessionsvertrag ein gewaltiger Unterschied besteht. Während in diesem Falle das betroffene Gebiet dem Zessionär endgültig einverleibt wird, kann in jenem Falle das verbliebene *nudum ius* zu neuem Leben erwachen, indem sich das in ihm wurzelnde Recht auf Ausübung der Gebietshoheit wieder entfaltet. So wurde am 7. Februar 1974 zwischen den Vereinigten Staaten und Panama ein neuer Vertrag abgeschlossen, der die Souveränität Panamas über die Kanalzone mit folgenden Worten bestätigt: „The Panamanian territory in which the canal is situated shall be returned to the jurisdiction of the Republic of Panama ...[18]." Die Erfüllung dieses Versprechens bringt der am 7. September 1977 abgeschlossene Panama Canal Treaty, der das 1903 begründete völkerrechtliche Regime über den Kanal aufhebt[19] und durch eine Neuregelung ersetzt. Diese geht

---

men abgeschlossen, das den Weiterbestand der türkischen Souveränität über diese Gebiete anerkennt. Darin hieß es u. a.: „Le nom de Sa Majesté le Sultan *continuera* à être prononcé dans les prières publiques des musulmans comme dans le passé. En tant qu'il serait d'usage de hisser le *drapeau ottoman* sur les minarets, cet usage sera respecté." *Martens*, Nouveau Recueil Général, 3e Série, Bd. 4, S. 422 (Hervorhebung von uns).

[15] *Martens*, Nouveau Recueil Général, 3e Série, Bd. 2, S. 661 ff. Über die Anerkennung durch die anderen Vertragsstaaten des Berliner Kongresses s. *Strupp*, Documents pour servir à l'histoire du droit des gens, Bd. II, S. 34 ff.

[16] *Martens*, ebd., Bd. 31, S. 599 (von uns hervorgehoben). Dazu *Woolsey*, The Sovereignty of the Panama Canal Zone, AJIL 20 (1926), S. 117 ff.

[17] Vgl. die Belege im US Digest 1977, S. 594; ebd. 1978, S. 801 ff.

[18] AJIL 68 (1974), S. 516 f.

[19] Vgl. ebd. 72 (1978), S. 225: „Art. I: Upon its entry into force this Treaty

von dem Gedanken aus, daß die Republik Panama im Art. 3 als der „territorial sovereign" über die Kanalzone den Vereinigten Staaten bis zum 31. Dezember 1999 nur mehr einzelne „rights to manage, operate and maintain the Panama Canal" einräumt[20]. Obgleich nun keine einzige dieser Vertragsbestimmungen von einer Rückübertragung des 1903 den Vereinigten Staaten eingeräumten Rechts auf Ausübung der Gebietshoheit in der Kanalzone an Panama spricht, so besteht doch kein Zweifel darüber, daß mit Aufhebung des Hay-Varilla-Vertrages die Gebietshoheit Panamas automatisch wieder auflebte.

Durch Art. 3 des Friedensvertrages der USA mit Japan vom 8. September 1951 hat Japan den Vereinigten Staaten das Recht eingeräumt, in der Inselgruppe Okinawa die volle gesetzgebende, richterliche und administrative Gewalt ohne zeitliche Begrenzung auszuüben. Doch hat der amerikanische Unterhändler auf der Friedenskonferenz von San Francisco, J. F. Dulles, ausdrücklich erklärt, daß die „residual sovereignty" über Okinawa bei Japan verblieben ist[21]. Durch den Vertrag vom 17. Juni 1971 wurden alle diese Beschränkungen der japanischen Souveränität wieder aufgehoben[22].

In diesem Zusammenhang sei auch erwähnt, daß die Siegermächte des Zweiten Weltkrieges nach der Debellation des Großdeutschen Reiches in ihrer Erklärung vom 5. Juni 1945 nicht die territoriale Souveränität, sondern nur die „supreme authority" über diesen Raum in Anspruch genommen haben[23].

Durch den Abschluß der Verträge von Moskau vom 12. August 1970 und Warschau vom 7. Dezember desselben Jahres hat die Bundesrepublik Deutschland die volle Gebietshoheit der Sowjetunion und Polens über die Gebiete östlich der Oder und der Lausitzer Neiße, die am 31. Dezember 1937 zum Deutschen Reich gehörten, hingenommen,

---

terminates ... a) The Istmian Canal Convention ... signed at Washington, November 18, 1903 ...".

[20] Dortselbst, S. 225 ff. Der Text dieses und der weiteren Verträge vom 7. September 1977 findet sich auch in ILM 16 (1977), S. 1021 ff., sowie im US Digest 1978, S. 1027 ff. Deutsche Übersetzung im EA 32 (1977), S. D 640 ff. Nach Ablauf der in Art. XI Panama Canal Treaty vereinbarten Übergangszeit von 30 Monaten ist die Kanalzone am 1. April 1982 unter die volle Gebietshoheit Panamas zurückgekehrt: AdG vom 1. April 1982, S. 25473 C.

[21] Vgl. *Ishimoto,* Article 3 of the Treaty of Peace with Japan and the Agreement on the Reversion of Okinaa, JAIL 16 (1972), S. 15 f.

[22] Ausführlich darüber *Ishimoto,* ebd., S. 21 ff. In dem Territorialkonflikt zwischen Japan und China um die etwa 500 km südlich von Okinawa gelegenen Senkaku-Inseln, die in die beiden im Text genannten Vertragswerke miteinbezogen wurden, haben die Vereinigten Staaten den seinerzeit von J. F. *Dulles* formulierten Rechtsstandpunkt wiederholt: vgl. Neue Zürcher Zeitung, Fernausgabe Nr. 131 vom 10./11. Juni 1979, S. 6.

[23] Text der Erklärung im Amtsblatt des Kontrollrats in Deutschland, Ergänzungsblatt Nr. 1 vom 30. April 1946, S. 7.

ohne dadurch ihre Rechtsauffassung aufzugeben, wonach die Frage der territorialen Souveränität über die Oder-Neiße-Gebiete nur Gegenstand einer friedensvertraglichen Regelung für Deutschland als Ganzes sein könne[24].

§ 1042 Unsere Unterscheidung zwischen territorialer Souveränität und Gebietshoheit[25] wird durch das Erkenntnis des StIGH vom 8. Oktober 1937 im *Lighthouse* Case bestätigt. In diesem Fall war zwischen Griechenland und Frankreich strittig, ob die Inseln Kreta und Samos vor 1913 noch unter der territorialen Souveränität der Türkei standen, so daß sich diese noch durch Konzessionsverträge verpflichten konnte, oder ob diese Inseln damals so autonom waren, daß die türkische Souveränität bereits als erloschen gelten mußte. Der Gerichtshof verneinte dies mit folgender Begründung: „Malgré son autonomie, la Crète n'avait pas cessé de faire partie de l'Empire ottoman. S'il est vrai que le Sultan avait dû y admettre d'importants restrictions à l'exercice de ses droits de souveraineté, *cette souveraineté même* ... n'avait pas cessé de lui appartenir[26]."

Wir ersehen daraus, daß die territoriale Souveränität auch ohne Ausübung der Gebietshoheit bestehen kann. Es ist hingegen unmöglich, zwischen der Gebietshoheit und ihrer Ausübung zu unterscheiden[27], da jeder Staat immer nur seine *eigene* Gebietshoheit ausübt, mag er auch das *Recht* zu ihrer Ausübung auf fremdem Gebiet vertraglich erworben haben. Die angeführten Beispiele zeigen uns, daß die übliche Bezeichnung „Verwaltungszession" für diese Verträge zu eng ist, da sie über die Übertragung von Verwaltungsfunktionen weit hinausgehen. Gleichwohl ist es unrichtig, sie „verschleierte Zessionen" oder „reine Fiktionen" zu nennen[28], da die zu einem *nudum ius* eingeschrumpfte territoriale Souveränität automatisch wieder zur vollen

---

[24] Darüber ausführlich *Verdross / Simma / Geiger*, Territoriale Souveränität und Gebietshoheit. Zur völkerrechtlichen Lage der Oder-Neiße-Gebiete (1980).

[25] Erstmalig *Verdross*, Territoriale Souveränität und Gebietshoheit in der (früheren) skandinavischen Zeitschrift „Ius gentium" (1949), S. 247 ff. Zustimmend *Verosta*, Gebietshoheit und Gebietserwerb im Völkerrecht, ÖJZ 9 (1954), S. 241. Vgl. auch *Suy*, Réflexions sur la distinction entre la souveraineté et la compétence territoriale, in: Internationale Festschrift für Verdross (1971), S. 493 ff. Zur geschichtlichen Entwicklung des Begriffs, der territorialen Souveränität aus dem Römischen Recht *Donati*, Stato e territorio (1924), S. 48 ff., 89.

[26] A/B 71, S. 103 (von uns hervorgehoben). In seinem Urteil im *Minquiers and Ecrehos* Case (1953) sowie im *Namibia*-Gutachten (1971) hat der IGH die Unterscheidung zwischen der territorialen Souveränität und der Gebietshoheit als Vorfrage anderer Probleme behandelt; vgl. *Verdross / Simma / Geiger* (Anm. 24), S. 15 ff.

[27] *Dahm*, Völkerrecht I (1958), S. 544, Anm. 1.

[28] *Perrinjaquet*, Des annexions déguisées de territoires, RGDIP 16 (1909), S. 316 ff.; *Berber*, Lehrbuch des Völkerrechts I (2. Aufl. 1975), S. 310.

Entfaltung gelangt, wenn sich der „Verwaltungszessionar" zurückzieht. Das beweist uns, daß im *nudum ius* das Recht auf Ausübung der Gebietshoheit *potentiell* erhalten bleibt.

Aus der Möglichkeit des Einschrumpfens der territorialen Souveränität auf ein *nudum ius* darf jedoch nicht gefolgert werden, daß jene den bloß negativen Inhalt haben könne, andere Staaten auszuschließen, da — wie Max Huber in seinem Schiedsspruch *Island of Palmas* bemerkt hat — die Abgrenzung der räumlichen Zuständigkeiten zwischen den Staaten auch der positiven Aufgabe dient, den Bewohnern des Gebietes im vom VR vorgeschriebenen Mindestmaß Schutz zu gewähren (the minimum of protection of which international law is the guardian)[29], weil im Falle der Übertragung des Rechts auf Ausübung der Gebietshoheit an einen anderen Staat auch diese Schutzpflichten, sowie alle anderen mit der Gebietshoheit verknüpften Rechtspflichten, auf ihn übergehen[30].

§ 1043 Trotz dieser notwendigen Unterscheidung zwischen der territorialen Souveränität und der Gebietshoheit darf nicht übersehen werden, daß die territoriale Souveränität originär nur durch die dauernde und ungestörte Ausübung der Gebietshoheit erworben werden kann, desgleichen, daß sie verloren geht, wenn die Gebietshoheit weder vom Okkupanten selbst dauernd ausgeübt[31] noch das Recht auf ihre Ausübung einem anderen Staat unter Vorbehalt der Souveränität übertragen wird oder ihm im Falle einer kriegerischen Okkupation auf Grund des VR vorübergehend zukommt.

§ 1044 Verträge wie die gerade angeführten bringen natürlich jene Schriftsteller in Verlegenheit, für die sich die territoriale Souveränität in der Gebietshoheit erschöpft, da sie von diesem Standpunkt aus behaupten müssen, daß der „Verwaltungszessionar" mit der Ausübung der Gebietshoheit der territoriale Souverän des ihm zur Verwaltung überlassenen Gebietes geworden sei. Sie meinen aber, daß sich ein solcher Vertrag von einem normalen Zessionsvertrag dadurch unterscheide, daß er mit der Verpflichtung verbunden sei, das übernommene Gebiet dem früheren Souverän wieder zu übergeben[32]. Eine solche Verpflichtung sucht man jedoch in den in Rede stehenden Verträgen vergebens. Selbst wenn es aber zulässig wäre, in diese eine solche Pflicht hineinzulegen („Legt ihrs nicht aus, so legt was unter", Goethe, Zahme

[29] RIAA II, S. 839.

[30] Das gilt sogar dann, wenn ein Staat ein fremdes Gebiet ohne Genehmigung des territorialen Souveräns besetzt. Darüber *Hackworth*, Digest of International Law I, S. 146 (über die Pflichten Frankreichs gegenüber den Angehörigen der USA während der Ruhrbesetzung).

[31] Zur Okkupation unten § 1154.

[32] *Quadri*, Diritto internazionale pubblico (5. Aufl. 1968), S. 639, 719.

Xenien), so wäre das doch für alle nicht befristeten Verträge zwecklos, da eine Pflicht zur Rückstellung ohne Angabe des Endtermines bedeutungslos ist.

§ 1045 Die territoriale Souveränität über ein bestimmtes Gebiet kann auch mehreren Staaten *zusammen*, also einer Staatengemeinschaft zukommen. In einem solchen Falle spricht man in der Regel von einem „Kondominium“ oder „Koimperium“, welche Begriffe oft vermengt werden. Zu ihrer Unterscheidung dringt man ebenfalls erst vor, wenn man die territoriale Souveränität und die Gebietshoheit auseinanderhält. Denn ebenso wie ein Staat entweder territorialer Souverän oder nur Inhaber der Gebietshoheit sein kann, so können auch mehrere Staaten zusammen über ein bestimmtes Gebiet als Souveräne herrschen oder dort nur die Gebietshoheit ausüben. Im ersten Falle liegt ein „Kondominium“, im zweiten Falle ein „Koimperium“ vor. Wir bezeichnen jenes als *Staatengemeinschaftsgebiet*[33] und dieses als *Gemeinherrschaft*[34].

§ 1046 Ein Staatengemeinschaftsgebiet war von 1864 - 66 Schleswig-Holstein. Denn es unterstand damals der gemeinsamen Souveränität Österreichs und Preußens, denen es gemeinsam von Dänemark zediert worden war. Bis zu seiner Aufhebung im Jahre 1980 bestand ein Kondominium Großbritanniens und Frankreichs über die Neuen Hebriden (nunmehr das unabhängige Vanuatu), da zwar die britischen und französischen Staatsangehörigen nur ihren Heimatstaaten unterstanden, die Eingeborenen aber einer von ihnen gemeinsam ausgeübten Hoheitsgewalt. Auch die Verfügung über diese Inselgruppe stand ihnen nur gemeinsam zu[35].

Schwer zu bestimmen ist die Rechtsstellung von *Andorra*, das als feudaler Überrest seit 1278 unter der „co-souveraineté“ des spanischen Bischofs von Urgel und der französischen Grafen von Foix (seit 1589

---

[33] *Verdross*, Staatsgebiet, Staatengemeinschaftsgebiet und Staatengebiet, NZIR 37 (1927), S. 293 ff.; *Coret*, Le condominium (1960); *Beck*, Die Internationalisierung von Territorien (1962).
Die Herrschaft über ein derartiges Gebiet kann entweder durch Staatengemeinschaftsorgane oder dadurch ausgeübt werden, daß die beteiligten Staaten die Verwaltung untereinander räumlich aufteilen (vgl. z. B. die „Vollzugsbereiche“ und „Ausschließlichkeitszonen“ im Bodenseeschiffahrtsvertrag vom 1. Juni 1973, BGBl. 1975 II, S. 1405).

[34] Richtig unterscheidet zwischen ihnen der Bericht des Schweizer Bundesrates vom 30. April 1952, SchwJIR 10 (1953), S. 245.

[35] Auf Grund eines Abkommens vom 6. August 1914, das erst 1922 ratifiziert wurde. Vgl. *Honig*, Neue Hebriden, WV II, S. 581; *Benoist*, Le condominium des Nouvelles-Hébrides et la Société Mélanésienne (1972); *O'Connell*, The Condominium of the New Hebrides, BYIL 43 (1968/69), S. 71 ff. Zu den Vorgängen des Jahres 1980 vgl. BYIL 51 (1980), S. 395 ff.; RGDIP 85 (1981), S. 188.

der französischen Krone, später des französischen Präsidenten) stand[36]. Nach der französischen Judikatur bildet es gegenwärtig ein Kondominium, da Frankreich neben Spanien als „co-souverain“ bezeichnet wird[37]. Andorra ist also weder ein Staat noch ein anderes Subjekt des VR, wie die französische Judikatur wiederholt ausgesprochen hat[38].

§ 1047 Hingegen scheinen die 1939 von Großbritannien und den USA gemeinsam als Luftstützpunkte besetzten pazifischen Inseln Canton und Enderbury nur unter dem Koimperium dieser Mächte gestanden zu sein, da ihre dortige Tätigkeit als „joint control“ bezeichnet wurde und die beiderseitigen Souveränitätsansprüche vorbehalten blieben[39]. Sicher war die Zone von *Tanger* von 1924 bis 1956 nur ein Koimperium einiger Mächte, da der Sultan von Marokko der territoriale Souverän geblieben ist[40].

Ein vorübergehendes Koimperium haben auch die vier Großmächte über die von Italien auf Grund des Art. 23 des Friedensvertrages von 1947 abgetretenen Kolonien ausgeübt, da sie diese während des Zweiten Weltkrieges besetzten Gebiete bis zur territorialen Neuordnung verwalten konnten. Das beweist uns neuerlich, daß die Gleichung „territorial supremacy or sovereignty“[41] verfehlt ist. Vergeblich versucht ein Teil der Völkerrechtslehre, diesen juristisch klaren Sachverhalt dahin umzudeuten, daß ein Staat, der auf seine territoriale Souveränität zu verzichten erklärt, obgleich er sie schon vorher durch den Verlust der effektiven Herrschaft verloren habe, in Wahrheit nur auf seine Ansprüche auf Wiedererlangung der verlorenen Gebiete verzichte[42]. Diese Konstruktion ist offenkundig unhaltbar, da ein Staat nach dem rechtsverbindlichen Verlust seiner territorialen Souveränität über bestimmte Gebiete auf keinerlei Ansprüche mehr verzichten kann, da ja diese den Weiterbestand seiner territorialen Souveränität zur Voraussetzung haben.

---

[36] *Rousseau*, Les Vallées d'Andorre, in: Symbolae Verzijl (1958), S. 337 ff.; *Schindler*, Andorra, WV I, S. 45 f. (und die dort angeführte Literatur); *Bélinguier*, La condition juridique des Vallées d'Andorre (1970).

[37] So der Conseil d'Etat am 1. Dezember 1933 im Falle *Le Nickel*, AD 1933/4, No. 21.

[38] AFDI 9 (1963), S. 989; ebd. 18 (1972), S. 976.

[39] AJIL 33 (1939), S. 521 f.

[40] O. *Steiner*, Tanger, WV III, S. 433 ff. (und die dort angeführte Literatur).

[41] *Kelsen*, Principles of International Law (2. Aufl. 1966, hrsgg. von *Tucker*), S. 317.

[42] So *Quadri* (Anm. 32), S. 637.

D. Das Staatsgebiet

I. Allgemeines

§ 1048 Die Kompetenztheorie[1] bezeichnet das Staatsgebiet als den räumlichen Geltungsbereich der staatlichen Rechtsordnungen. Diese staatsrechtliche Definition ist aber für das VR unzureichend, da das Staatsgebiet nicht nur der normale Herrschaftsbereich der Staaten, sondern auch ein Zuständigkeitsbereich ist, über den sie als handelnde souveräne Gemeinschaften untereinander verfügen können[2]. Da nur das VR die staatlichen Souveränitätsbereiche gegeneinander abgrenzt, ist das Staatsgebiet jener Raum, über den einem Staat nach VR die territoriale Souveränität[3] zukommt.

1. Seine Gliederung

§ 1049 Das Staatsgebiet i. e. S. gliedert sich in das *Landgebiet* (einschließlich Riffe, ständige Hafenanlagen, trockenfallende Erhebungen, Felsen, Inseln) samt Exklaven[4], in die Eigengewässer (Binnenseen, Binnenmeere, Flüsse, Kanäle)[5], in die inneren Gewässer (tiefe Einbuchtungen und Einschnitte der Küste, Deltas, Flußmündungen, Buchten)[6], in die Archipelgewässer[7], in das Küstenmeer[8], in den über dem Landgebiet (einschließlich Eigengewässer) und über den Hoheitsgewässern (innere Gewässer, Archipelgewässer, Küstenmeer)[9] befindlichen *Luftraum*, sowie den beherrschbaren *Raum unter der Erdoberfläche*. Letzterer bildet ebenso wie der Luftraum eine Pertinenz des Landgebietes, kann daher nicht Gegenstand einer selbständigen Verfügung sein.

---

[1] *Radnitzky*, Die rechtliche Natur des Staatsgebietes, AÖR 20 (1906), S. 313; *Henrich*, Theorie des Staatsgebietes (1922); *Kelsen*, Allgemeine Staatslehre (1923), S. 137; *derselbe*, Principles of International Law (2. Aufl., hrsgg. von *Tucker* 1966), S. 312. Nahestehend *Suy*, Réflexions sur la distinction entre la souveraineté et la compétence territoriale, in: Internationale Festschrift für Alfred Verdross (1971), bes. S. 501 ff.

[2] Grundlegend *Donati*, Stato e territorio (1924). Vgl. neuerdings *Shaw*, Territory in International Law, NYIL 13 (1982), S. 61 ff.

[3] Vgl. den vorangehenden Teilabschnitt.

[4] Dazu materialreich *Brintzinger*, Versuch über Exklaven und Enklaven, in: Festschrift für Menzel (1976), S. 487 ff.

[5] Unten § 1057.

[6] Unten §§ 1058 ff.

[7] Unten §§ 1064 ff.

[8] Unten §§ 1069 ff.

[9] Der auch für Hoheitsgewässer verwendete Ausdruck „Küstengewässer" (territorial waters, eaux territoriales) umfaßt die inneren Gewässer und das Küstenmeer.

2. *Der Luftraum*

§ 1050 Nach Art. 1 des Pariser Luftrechtsabkommens vom 13. Oktober 1919 steht der Luftraum unter der „souveraineté complète et exclusive" des Territorialstaates. Diese Norm wurde durch Art. 1 des Abkommens von Chicago über die internationale Zivilluftfahrt vom 7. Dezember 1944 bestätigt[10] und ist seither ins universelle VGR eingegangen. Ein *Durchflugsrecht* durch einen fremden Luftraum besteht auf Grund des Abkommens von Chicago nur für *private* Luftfahrzeuge, die nicht im planmäßigen Verkehr eingesetzt sind. Dagegen darf nach Art. 6 dieses Abkommens ein *planmäßiger* internationaler Fluglinienverkehr (scheduled air service) über oder in das Hoheitsgebiet eines Staates nur mit dessen Erlaubnis betrieben werden.

Die gleichzeitig mit dem Abkommen von Chicago abgeschlossene Vereinbarung über den Durchflug im Internationalen Fluglinienverkehr (International Air Transit Services Agreement) legt dafür die Freiheit des Überflugs (ohne Landung) und die Freiheit der technischen Landung (z. B. zum Auftanken) fest[11]. Während diese Vereinbarung den Großteil der Staaten bindet, werden die weiteren Freiheiten, nämlich Passagiere, Post und Fracht aus dem Registerstaat des Luftfahrzeuges in einen anderen Staat zu verbringen, aus letzterem in den Registerstaat zu befördern, sowie diese Dienstleistungen zwischen anderen Staaten als dem Registerstaat zu erbringen, nicht auf multilateralem Wege[12], sondern durch eine große Zahl bilateraler Verträge eingeräumt, in denen die Routen, Frequenzen und Transportkapazitäten festgelegt werden. Die *privat*rechtlichen Fragen des Zivilluftverkehrs sind im Warschauer Abkommen vom 12. Oktober 1929 zur Vereinheitlichung von Regeln über die Beförderung im internationalen Luftverkehr normiert[13].

Dagegen dürfen *Staatsluftfahrzeuge* (solche im Militär-, Zoll- und Polizeidienst) das Hoheitsgebiet eines anderen Staates nur auf Grund einer besonderen Vereinbarung oder einer Ermächtigung und nur nach

---

[10] „Die Vertragsstaaten erkennen an, daß jeder Staat über seinem Hoheitsgebiet volle und ausschließliche Lufthoheit besitzt": *Berber*, Dokumente I, S. 72 ff.; BGBl. 1956 II, S. 411. Siehe auch oben §§ 339 ff. (zur ICAO). Zum folgenden *Cheng*, The Law of International Air Transport (1962); *Johnson*, Rights in Air Space (1965); *Berezowsky*, Le développement progressif du droit aérien, RdC 128 (1969 III), S. 1 ff.; *Heere*, International Bibliography of Air Law 1900 - 1971 (1972); *Mateesco-Matte*, Traité de droit aérien-aéronautique (3. Aufl. 1980); *Ballarino*, Diritto aeronautico (1983).

[11] BGBl. 1956 II, S. 442. (Ende 1983 95 Vertragsparteien.)

[12] Ebenfalls am 7. Dezember 1944 wurde zwar eine Vereinbarung über den Internationalen Lufttransport (International Air Transport Agreement) unterzeichnet, in der alle fünf im Text beschriebenen „Freiheiten der Luft" verankert sind, doch hat dieses Abkommen keine Bedeutung erlangt.

[13] Seither mehrfach geändert und ergänzt; vgl. Fundstellennachweis B.

Maßgabe der darin festgelegten Bedingungen überfliegen oder dort landen[14].

Die Staaten sind ferner berechtigt, aus Gründen der militärischen Notwendigkeit oder öffentlichen Sicherheit innerhalb vernünftiger Grenzen *Luftsperrgebiete* zu errichten. Unter außergewöhnlichen Umständen oder während der Zeit eines Notstandes oder im Interesse der öffentlichen Sicherheit dürfen sie das Überfliegen ihres Hoheitsgebietes oder von Teilen davon mit sofortiger Wirkung auch jenen fremden Luftfahrzeugen verbieten, die eine allgemeine oder besondere Durchflugerlaubnis besitzen[15].

3. Der „Ätherraum": Regeln für den grenzüberschreitenden Informationsfluß

§ 1051 Anders als der Luftraum gehört der Ätherraum nicht zum Staatsgebiet, da er nicht als beherrschbar gilt.

§ 1052 Jeder Staat hat also grundsätzlich das Recht, Funkwellen (auch) über die Staatsgrenzen hinweg auszustrahlen, ohne daß dieser Informationsfluß der vorherigen Zustimmung der dadurch betroffenen Staaten bedarf. Dieser im VGR verankerten *Funksendefreiheit* steht das Recht jedes Staates gegenüber, ihm schädliche Sendungen auf seinem Gebiet zu stören[16]. Um von diesen Prinzipien ausgehend einen möglichst reibungslosen Rundfunkverkehr zu ermöglichen, müssen die Wellenlängen einvernehmlich aufgeteilt, Störungen auf ein Mindestmaß reduziert und die Grenze zwischen erlaubten und unerlaubten Sendeinhalten bestimmt werden. Die erstgenannte technische Voraussetzung wird von der auf der Rechtsgrundlage des Internationalen Fernmeldevertrages tätigen Internationalen Fernmeldeunion (ITU) geschaffen[17]. Dagegen sind die inhaltlichen Schranken des grenzüber-

---

[14] Art. 3 des Abkommens von Chicago.

[15] Art. 9 des Abkommens von Chicago. Über Maßnahmen gegen unerlaubt eingeflogene Luftfahrzeuge vgl. oben § 458.

[16] Vgl. dazu und zum folgenden *Joeden*, Die Funksendefreiheit der Staaten, JIR 3 (1950/51), S. 85 ff., ebd. 4 (1952/53), S. 71 ff.; *Gorenflos*, Die internationale Funkwellenverteilung als Rechtsproblem, ebd. 8 (1957/58), S. 127 ff.; Société Française pour le Droit international (Hrsg.), La circulation des informations et le droit international (1978); L. *Gross*, International Law Aspects of the Freedom of Information and the Right to Communicate, in: *Horton* (Hrsg.), The Third World and Press Freedom (1978), S. 55 ff.; *Kolosov*, Massenkommunikation und Völkerrecht (russisch, 1974); *Frowein* und *Simma*, Das Problem des grenzüberschreitenden Informationsflusses und des „domaine réservé", Berichte DGVR 19 (1979), S. 1 ff. und 39 ff.; *Weil*, Interventions- und haftungsrechtliche Aspekte grenzüberschreitender Rundfunksendungen (1981); *Ploman* (Hrsg.), International Law Governing Communications and Information: A Collection of Basic Documents (1982); *Mengel*, Internationale Organisationen und transnationaler Datenschutz (1984).

[17] Darüber *Evensen*, Aspects of International Law relating to Modern Radio Communications, RdC 115 (1965 II), S. 471 ff.; D. D. *Smith*, International

schreitenden Informationsflusses heiß umstritten[18]. Die westlichen Staaten führen dabei neben der traditionellen Funksendefreiheit heute ein Individualrecht auf aktive und passive *Informationsfreiheit* ohne Rücksicht auf Staatsgrenzen ins Treffen, wie es in der Allgemeinen Deklaration der Menschenrechte 1948 formuliert und dann auch in Art. 19 des Internationalen Pakts über die bürgerlichen und politischen Rechte 1966 verankert wurde[19]. Sie lehnen eine pauschale Verantwortlichkeit für staatsunabhängige Medien ab. Als Schranken der privaten grenzüberschreitenden Informationsvermittlung, für deren Respektierung sie vr einstehen müssen, lassen sie nur das Verbot des Aufrufs zu Gewalttaten gegen bestimmte ausländische Staatsorgane und zum Völkermord, das Verbot rassistischer Propaganda sowie die Pflicht zur Achtung der Ehre fremder Staaten gelten[20].

§ 1053 Gegen diesen „free flow of informations" setzen sich die sozialistischen Staaten mit der Behauptung eines praktisch unbegrenzten Verbotes auch privater Propaganda zur Wehr. Sie qualifizieren jede mehr oder weniger unerwünschte Information aus dem Westen, ob aus staatlicher oder privater Quelle, als völkerrechtswidrige Einmischung[21] in ihre inneren Angelegenheiten. Diese Vorwürfe können sich jedoch insofern nicht auf geltendes VR stützen, als das dort statuierte Interventionsverbot zum einen nur Staaten und andere Völkerrechtssub-

---

Telecommunications Control (1969); *Leive*, International Telecommunications and International Law: The Regulation of the Radio Spectrum (1970); International Institute of Communications (Hrsg.), Telecommunications. National Policy and International Agreement (1977). Ferner die oben § 346, Anm. 72, angeführte Literatur zur ITU.

[18] Vgl. *Simma*, Grenzüberschreitender Informationsfluß und domaine réservé der Staaten (Anm. 16), bes. S. 49 ff.; *Streinz*, Meinungs- und Informationsfreiheit zwischen Ost und West (1981).

[19] Art. 19 lautet wie folgt:

„(1) Jedermann hat das Recht auf unbehinderte Meinungsfreiheit.

(2) Jedermann hat das Recht auf freie Meinungsäußerung, dieses Recht schließt die Freiheit ein, ohne Rücksicht auf Staatsgrenzen Informationen und Gedankengut jeder Art in Wort, Schrift oder Druck, durch Kunstwerke oder andere Mittel eigener Wahl sich zu beschaffen, zu empfangen und weiterzugeben.

(3) Die Ausübung der in Absatz 2 vorgesehenen Rechte ist mit besonderen Pflichten und einer besonderen Verantwortung verbunden. Sie kann daher bestimmten, gesetzlich vorgesehenen Einschränkungen unterworfen werden, die erforderlich sind

a) für die Achtung der Rechte oder des Rufs anderer;

b) für den Schutz der nationalen oder der öffentlichen Sicherheit, der öffentlichen Ordnung (ordre public), der Volksgesundheit oder der öffentlichen Sittlichkeit."

(Text in *Simma / Fastenrath* [Hrsg.], Menschenrechte. Ihr internationaler Schutz [1979], S. 29. Vgl. ferner „Korb 3" der KSZE-Schlußakte [darüber oben § 545; Text bei *Simma / Fastenrath*, S. 296 f.]).

[20] *Simma* (Anm. 1), S. 44 ff., 62. Vgl. auch oben § 455.

[21] *Simma*, ebd., S. 51 ff. (mit weiteren Nachweisen).

jekte als Adressaten kennt, die Informationstätigkeit effektiv staatsunabhängiger Medien also gar nicht erfaßt, zum zweiten nur jene Angelegenheiten schützt, die ihrem Wesen nach zum vorbehaltenen Wirkungsbereich der Staaten gehören, und zum dritten nicht jede Beeinflussung, sondern nur den Einsatz echter Druckmittel ausschließt[22]. Der Berufung auf vr Informationsfreiheit als in Art. 19 des UN-Paktes anerkanntes Menschenrecht setzen die sozialistischen Staaten eine Auslegung der dort enthaltenen nationalen Regelungsvorbehalte, d. h. der Ermächtigung zu gesetzlichen Einschränkungen insbesondere aus Gründen der nationalen Sicherheit und öffentlichen Ordnung, sowie des Propagandaverbotes in Art. 20 desselben Paktes entgegen, die diese Ausnahmen zur Regel macht und Art. 19 völlig aushöhlt[23].

§ 1054 Die Entwicklung des *Satellitendirektfernsehens* hat der damit geschilderten medienpolitischen Auseinandersetzung neue Brisanz verliehen[24]. Die Weltfunkverwaltungskonferenz 1977 (WARC - 77) der Internationalen Fernmeldeunion schuf den (seit 1979 vr verbindlichen) technischen Rahmen für den Hörfunk- und Fernsehdirektempfang über Satelliten, indem sie den Staaten „Parkplätze" für ihre Satelliten im geostationären Orbit zuwies, allen außeramerikanischen Staaten Sendefrequenzen zuteilte und die Ausleuchtungszonen für eine (nur) nationale Versorgung festlegte. Diese Vorschriften lassen mit Ausnahme der technisch unvermeidbaren Überdeckung (overspill) einen die Grenzen des Sendestaates überschreitenden Satellitendirektfunk nur bei Vorliegen einer Vereinbarung über die gemeinsame Versorgung mehrerer Staaten (durch sog. „superbeams") zu. Dennoch dauert im Rahmen der UNO, insbesondere im juristischen Unterausschuß des Weltraumausschusses der Generalversammlung, die politische Diskussion darüber an, ob aus Funksende- und Informationsfreiheit das Recht der Staaten

[22] Ebd., S. 59 ff., 63 ff.

[23] Ebd., S. 58 f. (mit weiteren Nachweisen); *Streinz* (Anm. 18), S. 17 ff., 157 ff., 199 ff.; *Seidl-Hohenveldern*, Nationale Regelungsvorbehalte nach Völkerrecht, in: Satellitenfernsehen und deutsches Rundfunksystem (1983), S. 13 ff.

[24] Darüber neben dem bei *Simma* (Anm. 16), S. 73, Anm. 115, angeführten Schrifttum noch *Magiera*, Direct Broadcasting by Satellite and a New International Information Order, GYIL 24 (1981), S. 288 ff.; *Hagelin*, Prior Consent or the Free Flow of Information over International Satellite Radio and Television: A Comparison and Critique of U. S. Domestic and International Broadcast Policy, Syracuse Journal of International Law and Commerce 8 (1981), S. 265 ff. (vgl. auch die Symposiumspapiere ebd., S. 321 ff.); *Delbrück*, Direkter Satellitenrundfunk und nationaler Regelungsvorbehalt (1982); *Mateesco-Matte*, Aerospace Law: Telecommunications Satellites, RdC 166 (1980 I), S. 119 ff.; *derselbe*, Droit aérospatial. Les télécommunications par satellites (1982); Satellitenfernsehen und deutsches Rundfunksystem (1983); *Rudolf / Abmeier*, Satellitendirektfunk und Informationsfreiheit, ArchVR 21 (1983), S. 1 ff.; *Malanczuk*, Das Satellitendirektfernsehen und die Vereinten Nationen, ZaöRV 44 (1984), S. 257 ff.

abgeleitet werden kann, auch von Satelliten aus ohne vorherige Zustimmung („prior consent") direkt in andere Staaten zu senden bzw. senden zu lassen, oder ob dies eine Vereinbarung zwischen den betroffenen Staaten voraussetzt, ferner welche inhaltlichen Schranken solchen Fernsehsendungen gezogen sein und wie weit die Verantwortlichkeit des Sendestaates für die von seinem Hoheitsbereich ausgehenden grenzüberschreitenden Sendungen gehen soll. Nach zehnjährigen Vorarbeiten hat die Generalversammlung am 10. Dezember 1982 in ihrer Resolution 37/92 mit 107 Stimmen von Ostblock- und Entwicklungsländern bei 13 Gegenstimmen und 13 Enthaltungen „Principles Governing the Use by States of Artificial Earth Satellites for International Direct Television Broadcasting" verabschiedet, nach denen Staaten nicht nur für ihre eigene Sendetätigkeit, sondern auch für diejenige von Privatpersonen unter ihrer Jurisdiktion verantwortlich sein „sollten" (should). Satellitendienste zur internationalen Fernsehdirektübertragung sollen nur nach Konsultationen zwischen Sende- und Empfängerstaaten „and on the basis of agreements and/or arrangements in conformity with the relevant instruments of the International Telecommunication Union" sowie mit den Prinzipien der Resolution errichtet werden. Damit schließt sich die Resolution praktisch der Forderung nach „prior consent" der Empfangsstaaten an. Ihre Prinzipien sind als Grundlage für eine noch auszuarbeitende Konvention gedacht[25].

Auf die Bemühungen um eine „Neue Weltinformationsordnung" sind wir bereits an früherer Stelle eingegangen[26].

II. Die Grenzen des Staatsgebietes i. e. S. auf der Erdoberfläche

§ 1055 In der Gegenwart sind die meisten Staatsgrenzen auf der Erdoberfläche durch Grenzverträge zwischen den Nachbarstaaten festgelegt. Entsteht daher über den Grenzverlauf ein Streit, so muß in aller Regel allein auf die vorhandenen Verträge zurückgegriffen werden, da die darüber bestehenden Karten zumeist kein anerkanntes Beweismittel bilden[1]. Mangels einer abweichenden Regelung besteht die Ver-

---

[25] Text der Resolution 37/92 in ILM 22 (1983), S. 451 ff.; AJIL 77 (1983), S. 733 ff.; deutsche Übersetzung in VN 31 (1983), S. 66 f. Dazu *Schönbeck* und *Eilers*, Zeitschrift für Luft- und Weltraumrecht 32 (1983), S. 17 ff. und 257 ff.; *Malanczuk* (Anm. 24), S. 286 ff.

[26] Oben § 508.

[1] So der StIGH in seinem Gutachten vom 6. Dezember 1923 im Falle *Jaworzina*, B 8, S. 23; ebenso die Schiedssprüche in den Fällen *Honduras Borders*, RIAA II, S. 1325, und *Island of Palmas*, RIAA II, S. 852. Zum ganzen *Boggs*, International Boundaries (1940); *Jones*, Boundary-Making (1945); *Luard* (Hrsg.), The International Regulation of Frontier Disputes (1970); *Cukwurah*, The Settlement of Boundary Disputes in International Law (1967); Charles *de Visscher*, Problèmes de confins en droit international public

mutung[2], daß bei Grenzflüssen die Staatsgrenze längs der Mittellinie des Flusses verläuft, wenn es sich um nichtschiffbare Flüsse handelt, hingegen längs des Talweges (downway), d. i. der Mitte der Schiffahrtsrinne, bei schiffbaren Strömen. Verändert der Fluß seinen Lauf nur allmählich, folgt die Grenze der jeweiligen Mittellinie oder dem jeweiligen Talweg, während bei plötzlichen Änderungen des Flußbettes *(alveus derelictus)* die Grenze des verlassenen Flußbettes bis zu einer neuen vertraglichen Regelung erhalten bleibt[3].

Auch bei Grenzbrücken verläuft die Grenze mangels einer abweichenden Regelung[4] längs der Mittellinie. Bei *Grenzseen* finden wir in der Regel eine Realteilung zwischen den Uferstaaten längs der Mittellinie oder des Talweges, so beim Genfer See[5], dem Lago Maggiore und den Seen zwischen den Vereinigten Staaten und Kanada. Dagegen ist der Grenzverlauf auf dem Obersee des *Bodensees* zwischen den Anrainerstaaten umstritten[6].

(1969); *Munkman*, Adjudication and Adjustment. International Judicial Decision and the Settlement of Territorial and Boundary Disputes, BYIL 46 (1972 - 3), S. 1 ff.; S. P. *Sharma*, International Boundary Disputes and International Law (1976); *Brownlie*, African Boundaries. A Legal and Diplomatic Encyclopedia (1980); *Day* (Hrsg.), Border and Territorial Disputes (1982); Société Française pour le Droit International (Hrsg.), La frontière (1980); *Bardonnet*, Les frontières terrestres et la relativité de leur tracé (Problèmes juridiques choisis), RdC 153 (1976 V), S. 9 ff.

2 *Cansacchi*, Le presunzioni nel diritto internazionale (1939); *Grossen*, Les présomptions en droit international public (1954).

3 So die Schiedssprüche im Falle *El Chamizal* vom 15. Juni 1911, AJIL 5 (1911), S. 785 ff., auch bei *Briggs*, The Law of Nations, Cases, Documents and Notes (2. Aufl. 1953), S. 259; sowie im *Boundary Dispute Between Argentina and Chile* (Schiedsspruch vom 24. November 1966), AJIL 61 (1967), S. 1075. Vgl. ferner die US-Judikatur in den Fällen *Nebraska v. Iowa*, bei *Moore*, Digest I, S. 271; *Arkansas v. Tennessee*, bei *Hackworth*, Digest of International Law I, S. 417; AD 1938 - 40, S. 115, No. 43.

4 So bestimmte Art. 66 des Friedensvertrages von Versailles, daß alle von Elsaß-Lothringen über den Rhein führenden Brücken „Eigentum des französischen Staates" sind.

5 *Pondaven*, Le statut international du Lac Léman, RGDIP 78 (1974), S. 60 ff.

6 Der Untersee ist seit 1854, der „Konstanzer Trichter" seit 1878 zwischen Deutschland und der Schweiz vertraglich entlang der Mittellinie geteilt, der Überlinger See ist anerkanntermaßen deutsches Staatsgebiet. In bezug auf den Obersee hält die Schweiz am Grundsatz der Realteilung entlang der Mittellinie fest, während Österreich die Auffassung vertritt, der See bilde ein Kondominium (vgl. §§ 1045 ff.) der Uferstaaten, nur die „Halde", bis zur 25-Meter-Tiefenlinie gehöre zum Staatsgebiet der Anrainer. Die Bundesrepublik Deutschland hat sich auf keine dieser beiden Ansichten festgelegt. Auch die Judikatur zeigt kein einheitliches Bild. So liegt dem Urteil des Bayerischen Verwaltungsgerichtshofs vom 20. Februar 1963 im Fall der Besteuerung von *Vergnügungsfahrten auf dem Bodensee* (ArchVR 12 [1964/1965], S. 218 ff.) die „Kondominiumstheorie" zugrunde; das Schweizerische Bundesgericht dagegen hat diese Auffassung in seinem Urteil vom 17. Juni 1975 im Falle *Bachmann c. Kanton St. Gallen* (BGE 101 I a 269) abgelehnt. Die Ufer-

Was *Grenzgebirge* anbetrifft, so hat sich noch keine einheitliche Regelung durchgesetzt[7], wenngleich die Wasserscheide *(divortio aquarum)* oft die Staatsgrenze bildet. Mit der Abgrenzung des Landgebietes zum Meere werden wir uns in einem späteren Teilabschnitt beschäftigen.

§ 1056 Wenn keine Grenzverträge bestehen oder wenn sie lückenhaft sind, werden die Staatsgrenzen durch den *dauernden* und *unbestrittenen* Besitzstand bestimmt (Grundsatz der Effektivität). Dieser Grundsatz wird durch die ständige vr Judikatur bestätigt[8]. Die ausführlichste Darstellung darüber findet sich im schon wiederholt herangezogenen Schiedsspruch *Island of Palmas,* wo der Schiedsrichter Max Huber ausführt:

„If ... no conventional line of sufficient topographical precision exists or if there are gaps in the frontiers otherwise established, or if a conventional line leaves room for doubt, or if ... the question arises whether a title is valid *erga omnes,* the actual continuous and peaceful display of State functions is in case of dispute the sound and natural criterium of territorial sovereignty[9]."

---

staaten haben zwar inzwischen für gewisse Nutzungen des Sees wie Schifffahrt, Fischerei oder Wasserentnahme, vertragliche Regimes vereinbart, ohne die Grenzfrage zu präjudizieren (vgl. z. B. Art. 1 [2] des Übereinkommens über die Schiffahrt auf dem Bodensee vom 1. Juni 1973, [dt.] BGBl. 1975 II, S. 1405, und aus den Erläuterungen zur [österr.] Regierungsvorlage, Nr. 1014 der Beil. zu den sten. Prot. des Nationalrates, XIII. GP, S. 9 f.), doch läßt dieser Rechtszustand immer noch zahlreiche Probleme ungelöst. Vgl. zum ganzen H. *Huber,* Gebietshoheit und Grenzverlauf am Bodensee, SchwJIR 21 (1964), S. 192 ff.; *Berchtold,* Die Hoheitsgrenzen am Bodensee, JBl. 87 (1965), S. 401 ff.; *Riva,* L'exercice des droits de souveraineté sur le lac de Constance, SchwJIR 24 (1967), S. 43 ff.; *Brintzinger,* Hoheitsrechte am Bodensee, JIR 15 (1971), S. 448 ff.; *Kurz,* Die Hoheitsverhältnisse auf dem Bodensee und der neue Bodensee-Schiffahrtsvertrag, BayVBl. 1972, S. 313 ff., 396 ff.; *Graf-Schelling,* Die Hoheitsverhältnisse am Bodensee unter besonderer Berücksichtigung der Schiffahrt (1978); *derselbe / Schenk,* Le régime juridique du lac de Constance, in: *Zacklin / Caflisch* (Hrsg.), The Legal Regime of International Rivers and Lakes (1981), S. 97 ff.; *Dipla,* Le tracé de la limite sur les lacs internationaux, SchwJIR 36 (1980), S. 9 ff.; *Müller / Wildhaber,* Praxis des Völkerrechts (2. Aufl. 1982), S. 226 ff.

Allgemein zu Grenzseen *Pondaven,* Les lacs-frontière (1972).

[7] So der Schiedsspruch vom 23. September 1874 im Falle der *Alpe Cravairole,* vgl. *La Pradelle / Politis,* Recueil des arbitrages internationaux, Bd. III, S. 497 ff.

[8] So schon die Schiedssprüche in den Fällen der *Alpe Cravairole* (Anm. 7), *Honduras Borders* (Anm. 1, S. 1328 f.) und *Guiana Boundary,* RIAA XI, S. 21. Ebenso verschiedene innerstaatliche Judikate. Darüber *Verdross,* Die Verfassung der Völkerrechtsgemeinschaft (1926), S. 271, Anm. 1. Aus jüngster Zeit das Urteil des Schweizerischen Bundesgerichts vom 2. Juli 1980 im *Nufenen*-Fall (*Kanton Wallis g. Kanton Tessin;* BGE 106 I b 154; SchwJIR 37 [1981], S. 229 ff.; *Müller / Wildhaber* [Anm. 6], S. 218 ff.), in dem VR analog angewendet wurde (dazu oben § 945).

[9] RIAA II, S. 840.

Eine Grenzlinie kann also auch durch widerspruchslose Hinnahme fremder Staatstätigkeit während längerer Zeit konkludent anerkannt werden *(acquiescence)*[10]. In diesem Fall hat der Nachbarstaat das betreffende Gebiet durch Ersitzung erworben[11]. Um diesen Titel in einem vr Verfahren erfolgreich geltend machen zu können, wird er in der Regel nachweisen müssen, daß seine Ausübung von Hoheitsrechten bis zum Ausbruch der Streitigkeit, die zu dem Verfahren geführt hat, vom Gegner hingenommen worden ist („critical date")[12].

Das Ausmaß der für den Gebietserwerb notwendigen staatlichen Tätigkeit im fraglichen Gebiet hängt von den Umständen ab. In dicht besiedelten Gebieten ist ein höherer Grad erforderlich als in dünn besiedelten Gebieten[13]. So verlangte der StIGH in Ostgrönland bloß *einige* effektive Ausübungsakte der Staatsgewalt[14]. Ja, der Schiedsspruch vom 9. Februar 1931 im Falle *Island of Clipperton* begnügt sich

---

[10] So auch das gerade genannte Urteil: *Müller / Wildhaber*, S. 222 f. „Leading case" ist das Urteil des IGH im Falle des *Temple of Preah Vihear*, ICJ Reports 1962, S. 6 ff. Vgl. oben §§ 586, 615. Bei der Beurteilung, ob sich ein Staat auf diese Weise verschwiegen hat, kann es auch auf seine Reaktion gegenüber kartographischem Material ankommen, welches das umstrittene Gebiet als zum Gegner gehörig ausweist: Dazu der IGH im *Temple* Case, S. 22 ff.; sowie in den Fällen *Minquiers and Ecrehos*, ICJ Reports 1953, S. 71, und *Sovereignty over Certain Frontier Land*, ebd. 1959, S. 227. Vgl. ferner den Schiedsspruch über die Grenzziehung zwischen Argentinien und Chile im *Beagle-Kanal* (1977), ILM 17 (1978), S. 634 ff. Dazu neben dem bereits in Anm. 1 angeführten Schrifttum noch F. *Münch*, Karten im Völkerrecht, in: Gedächtnisschrift für F. Klein (1977), S. 335 ff.

[11] Vgl. unten § 1162.

[12] Vgl. das Urteil des IGH über *Minquiers and Ecrehos*, ICJ Reports 1953, S. 59 f., und aus dem Plädoyer des britischen Prozeßvertreters *Fitzmaurice* in diesem Fall, ICJ Pleadings, *Minquiers and Ecrehos*, Bd. II, S. 61: „... the critical date in a dispute about sovereignty over territory is the date by reference to which — by reference, that is to say, to the situation existing at which — the merits of the parties' claims should be adjudged. It is ... the date on which the situation is deemed to have become crystallized or ... frozen. The acts of the parties after that date cannot alter the legal position, so as either to improve or prejudice the claim of either party". Vgl. ferner das *Nufenen*-Urteil, *Müller / Wildhaber* (Anm. 6), S. 223. Aus der Literatur *Brownlie*, Principles of Public International Law (3. Aufl. 1979), S. 133 f. (mit weiteren Nachweisen) und kritisch *Mengel*, Der entscheidungsrelevante Zeitpunkt für die völkerrechtliche Beurteilung von Streitigkeiten territorialer Souveränität, GYIL 24 (1981), S. 92 ff.

[13] So der Schiedsspruch im Falle *Island of Palmas* (Anm. 9); der StIGH im Falle des *Legal Status of Eastern Greenland*, A/B 53, S. 28; der IGH im Falle *Minquiers and Ecrehos*, ICJ Reports 1953, S. 56 f., 71, und ausführlich in seinem Gutachten über die *Western Sahara*, ICJ Reports 1975, S. 42 ff. Vgl. ferner den Schiedsspruch vom 19. Februar 1968 im Falle des *Rann von Kutch*, RIAA XVII.

[14] Im Erkenntnis vom 5. April 1933 über den *Legal Status of Eastern Greenland*, A/B 53, S. 46: „... l'intention et la volonté d'agir en qualité de souverain, et *quelque manifestation ou exercice effectif* de cette autorité" (von uns hervorgehoben).

bei unbewohnten bzw. nur vorübergehend bewohnten Gebieten mit einer symbolischen Besitzergreifung, wie der Hissung der Staatsflagge[15]. Hingegen genügt die bloße Entdeckung eines Gebietes zum Gebietserwerb nicht. Sie begründet höchstens ein *Vor*recht auf Besetzung (inchoate title), die in einer angemessenen Zeit nachfolgen muß, um einen Gebietserwerb herbeizuführen[16].

III. Die Eigengewässer und inneren Gewässer*

1. *Eigengewässer*

§ 1057 Zu den Eigengewässern zählen Binnenseen, Binnenmeere, Flüsse und Kanäle. Als *Binnenseen* und *Binnenmeere* werden in der Regel größere Wasserflächen bezeichnet, die vollständig von Land umschlossen sind (z. B. Chiemsee, Bodensee, Genfer See, Baikalsee, die Großen Seen Nordamerikas, Viktoria-See, Kaspisches Meer). Binnenseen und Binnenmeere gehören zum Staatsgebiet des Uferstaates[1]. Ausnahmsweise werden aber auch große Süß- und Brackwasserflächen, die durch eine enge Öffnung mit dem Meer verbunden sind, als Binnenmeere bezeichnet und vom Uferstaat als Staatsgebiet beansprucht (z. B. Asowsches Meer)[2]. Flüsse und Kanäle gehören ebenfalls zum Staatsgebiet. Kanäle sind künstlich geschaffene Wasserstraßen und verbinden Eigengewässer (z. B. Rhein-Main-Donau-Kanal)[3] oder zwei Meere (Kieler Kanal, Korfu-Kanal, Panamakanal, Suezkanal)[4].

2. *Innere Gewässer*

§ 1058 Unter den inneren Gewässern (internal waters, eaux intérieures) eines Staates werden sämtliche Meeresgebiete zwischen seiner Küste (tiefe Einbuchtungen und Einschnitte der Küste, Deltas, Fluß-

[15] ZaöRV 3, Teil 2 (1933), S. 1. Dazu *Dickinson*, The Clipperton Island Case, AJIL 27 (1933), S. 130 ff. Über die britische Besitzergreifung der *Rockall*-Inseln im Nordatlantik vgl. RGDIP 81 (1977), S. 1173 ff.

[16] So die Schiedssprüche in den Fällen *Guiana Boundary* vom 6. Juni 1904, RIAA XI, S. 21, und *Island of Palmas*, RIAA II, S. 843. Dazu *von der Heydte*, Discovery, Symbolic Annexation and Virtual Effectiveness in International Law, AJIL 29 (1935), S. 448.

* Die folgenden §§ 1057 - 1083 und 1124 - 1149 sowie die §§ 466, 596, 633, 659, 680, 798, 801, 1321 und 1330 gehen auf Entwürfe von Renate Platzöder, die §§ 1084 - 1123 auf Entwürfe von Bernd Rüster zurück. Sie sind von mir in Gemeinschaft mit den Genannten überarbeitet und ergänzt worden. B. S.

[1] Über die Grenzziehung zwischen zwei oder mehreren Uferstaaten vgl. oben § 1055.

[2] Vgl. *Giuliano*, I diritti e gli obblighi degli Stati, Bd. I (1956), S. 262 f.

[3] Vgl. § 1037, Anm. 19.

[4] Vgl. § 1037.

mündungen, Buchten) und der Basislinie[5] verstanden. Die Souveränität des Küstenstaates erstreckt sich bei den inneren Gewässern ebenso wie beim Küstenmeer auf den Luftraum darüber und auf den dazugehörigen Meeresboden und Meeresuntergrund[6]. Die inneren Gewässer gehören, wie das Küstenmeer, zum Staatsgebiet. Auch in den Archipelgewässern übt der Küstenstaat Souveränität aus (Art. 1 und 2 Küstenmeerübereinkommen 1958, Art. 2 und 49 UN-Seerechtsübereinkommen 1982 [§ 596]). Die Tatsache, daß der Küstenstaat in bestimmten Meeres-

---

[5] Dazu § 1070.

Zu den hier und im folgenden besprochenen maritimen *Grenzen* vgl. *Swarztrauber*, The Three-Mile Limit of Territorial Seas (1972); *Klemm*, Allgemeine Abgrenzungsprobleme verschiedener seerechtlich definierter Räume, ZaöRV 38 (1978), S. 512 ff.; *Apollis*, Les frontières maritimes en droit international (1979); *Voelckel*, Aperçu de quelques problèmes techniques concernant la détermination des frontières maritimes, AFDI 25 (1979), S. 693 ff.; *Caflisch*, Les zones maritimes sous juridiction nationale, leurs limites et leur délimitation, RGDIP 84 (1980), S. 68 ff.; *Jagota*, Maritime Boundary, RdC 171 (1981 II), S. 81 ff.; *Alexander*, Baseline Delimitations and Maritime Boundaries, VJIL 23 (1982/83), S. 503 ff.; *McDorman / Beauchamp / Johnston*, Maritime Boundary Delimitation. An Annotated Bibliography (1983).

An allgemeiner seerechtlicher Literatur vgl. *McDougal / Burke*, The Public Order of the Oceans (1962); *Colombos*, Internationales Seerecht (1963); *Bowett*, The Law of the Sea (1967); *Brown*, The Legal Regime of Hydrospace (1971); *Friedmann*, The Future of the Oceans (1971); R. J. *Dupuy*, The Law of the Sea. Current Problems (1974); *Bernhardt / Rudolf* (Hrsg.), Die Schiffahrtsfreiheit im gegenwärtigen Völkerrecht (1975); *Florio*, Spazi marini e principi di diritto internazionale (1977); *Oda*, The Law of the Sea in our Time, Bd. I: New Developments 1966 - 1975 (1977); Institut für Staat und Recht der Akademie der Wissenschaften der UdSSR, Modernes Seevölkerrecht (dt. Übersetzung; Bd. 1 1978, Bd. 2 1981); *Eckert*, The Enclosure of Ocean Resources. Economics and the Law of the Sea (1979); *O'Connell / Shearer*, The International Law of the Sea (Bd. 1 1982, Bd. 2 1984); *Rauch*, Die Sowjetunion und die Entwicklung des Seevölkerrechts (1982); *Churchill / Lowe*, The Law of the Sea (1983); *Anand*, Origin and Development of the Law of the Sea (1983); *Rozakis / Stephanou* (Hrsg.), The New Law of the Sea (1983); *Bardonnet / Virally* (Hrsg.), Le nouveau droit international de la mer (1983); *Wolfrum*, Die Internationalisierung staatsfreier Räume (1984); *Delbrück* (Hrsg.), Das neue Seerecht (1984); International Organizations in Marine Affairs (Marine Policy 8 [1984], Heft 2).

Ferner *Papadakis*, International Law of the Sea: A Bibliography (1980); *Jenisch*, Bibliographie des deutschen Schrifttums zum Internationalen Seerecht 1945 - 1981 (1982); *Lagoni*, Die seerechtliche Forschung und Lehre in der Bundesrepublik Deutschland, ArchVR 20 (1982), S. 199 ff.

Für eine Materialsammlung vgl. *Oda*, The International Law of the Ocean Development: Basic Documents, Bd. I 1972, Bd. II 1975, Bd. III 1979 (Loseblattsammlung); ferner *Lay / Churchill / Nordquist / Welch / Simmonds*, New Directions in the Law of the Sea (11 Bde., 1973 - 1981, dann als Loseblattsammlung von *Simmonds* hrsgg. fortgesetzt).

Eine Zusammenstellung der vr (relevanten) Judikatur zum Seerecht gibt *Simmonds*, Cases on the Law of the Sea (1976 ff.).

Zu den UNCLOS-Materialien siehe oben § 596. Reiches Anschauungsmaterial in *Couper* (Hrsg.), The Times Atlas of the Oceans (1983).

[6] So Art. 1 Abs. 1 des Küstenmeerübereinkommens 1958 (Text bei *Berber / Randelzhofer*, Völkerrechtliche Verträge [2. Aufl. 1979], S. 213 ff.); Art. 2 Abs. 1 und 2 sowie Art. 8 Abs. 1 des UN-Seerechtsübereinkommens 1982 (§ 596).

zonen Souveränität, souveräne Rechte bzw. sonstige Hoheitsrechte (jurisdiction, juridiction) ausübt, schließt jedoch nicht aus, daß auch anderen Staaten in diesen Bereichen aufgrund VR bestimmte Rechte zukommen, deren Ausübung wiederum mit bestimmten Pflichten verbunden ist. So erfolgt die Benutzung innerer Gewässer durch fremde Schiffe (Durchfahrt, Aufsuchen von Reeden, An- und Auslaufen von Häfen) auf der Grundlage von Verträgen. In den Fällen, wo die Festlegung einer geraden Basislinie dazu führt, daß Gebiete, die vorher nicht als innere Gewässer galten, nunmehr in diese einbezogen werden, besteht gemäß Art. 8 Abs. 2 des UN-Seerechtsübereinkommens 1982 das Recht auf friedliche Durchfahrt.

3. *Buchten*[7]

§ 1059 Das VR unterscheidet Buchten, deren Küsten einem einzigen Staat und Buchten, deren Küsten zwei oder mehreren Staaten gehören. In Art. 7 Abs. 2 des Küstenmeerübereinkommens 1958 und in Art. 10 Abs. 2 des UN-Seerechtsübereinkommens 1982 wird eine Bucht, deren Küsten einem *einzigen* Staat gehören, als ein deutlich erkennbarer Einschnitt definiert, dessen Länge in einem solchen Verhältnis zur Breite seiner Öffnung steht, daß er von Land umschlossene Gewässer enthält und mehr als eine bloße Krümmung der Küste darstellt. Ein Einschnitt gilt jedoch nur dann als Bucht, wenn seine Fläche so groß oder größer ist als die eines Halbkreises, dessen Durchmesser die quer über die Öffnung des Einschnitts gezogene Linie bildet. Gem. Art. 7 Abs. 3 bzw. Art. 10 Abs. 3 der genannten Übereinkommen ist für Meßzwecke die Fläche eines Einschnitts die Fläche zwischen der Niedrigwassermarke entlang der Küste des Einschnitts und einer die Niedrigwassermarken seiner natürlichen Öffnungspunkte verbindenden Linie. Hat ein Einschnitt infolge des Vorhandenseins von Inseln mehr als eine Öffnung, so wird der Halbkreis so gezogen, daß die Summe der über die verschiedenen Öffnungen gezogenen Linien seinen Durchmesser bildet. Inseln innerhalb eines Einschnitts werden dessen Wasserfläche zugerechnet.

§ 1060 Ist die Entfernung zwischen den Niedrigwassermarken der natürlichen Öffnungspunkte einer Bucht nicht größer als 24 Seemeilen, so kann eine Linie zwischen diesen beiden Niedrigwassermarken gezogen werden; die so eingeschlossenen Gewässer gelten als innere Gewässer[8]. Diese 24-Seemeilen-Regel kann heute als eine Norm des allge-

---

[7] Dazu *Mochot*, Le régime des baies et golfes en droit international (1938); *Strohl*, The International Law of Bays (1963); *Bouchez*, The Regime of Bays in International Law (1964).

[8] So Art. 7 Abs. 4 bzw. Art. 10 Abs. 4 der genannten Übereinkommen.

meinen VR gelten. Zwar wurde die Maximalentfernung „*inter fauces terrae*“ in verschiedenen innerstaatlichen Regelungen und zwischenstaatlichen Verträgen auf 10 Seemeilen festgelegt[9]. Der Haager Schiedshof hat jedoch im Fall der *North Atlantic Coast Fisheries* am 3. September 1910[10] die Annahme dieser 10-Meilen-Regel den Streitteilen (Großbritannien und Vereinigte Staaten) unter Bezugnahme auf die neueren Verträge lediglich „empfohlen“, sie also keineswegs als eine allgemein verbindliche Norm anerkannt. Noch klarer hat der IGH am 18. Dezember 1951 im *Fisheries* Case zwischen Großbritannien und Norwegen ausgesprochen, daß über die maximale Öffnungsbreite einer zum Staatsgebiet gehörigen Bucht überhaupt keine allgemeine vr Norm in Geltung steht (la pratique des Etats ne permet de formuler aucune règle générale de droit)[11]. Schon früher hatte der Haager Schiedshof bemerkt, daß diese Regelung von verschiedenen Umständen, wie der Art der Bucht, ihrer Verteidigungsmöglichkeit und den wirtschaftlichen Interessen des Uferstaates abhängt[12]. Daher sagt der IGH im *Fisheries*-Urteil, daß der Küstenstaat „apparaît comme le mieux placé pour apprécier les conditions locales qui peuvent dicter le choix“[13]. Aus diesem Grund obliegt es zunächst dem Küstenstaat, diese Entscheidung vorzunehmen. Sie wird jedoch nur dann vr verbindlich, wenn sie den konkreten Bedürfnissen (aux besoins pratiques et aux exigences locales) entspricht. Dem Ermessen des Küstenstaates sind also sachliche Grenzen gezogen[14].

Im Falle von Buchten, deren Küsten zu einem Staat gehören und bei denen die Entfernung zwischen den Niedrigwassermarken der natürlichen Öffnungspunkte größer als 24 Seemeilen ist, wird gem. Art. 7 Abs. 5 und Art. 10 Abs. 5 der Übereinkommen 1958 und 1982 eine gerade Basislinie[15] von 24 Seemeilen innerhalb der Bucht derart gezogen, daß mit einer Linie dieser Länge die größtmögliche Wasserfläche eingeschlossen wird.

§ 1061 Auf sog. „*historische*“ *Buchten* und auf Fälle, in denen das System gerader Basislinien gem. Art. 4 und Art. 7 der genannten

---

[9] *Dahm*, Völkerrecht, Bd. 1 (1958), S. 658.

[10] *Schücking*, Das Werk vom Haag. Die gerichtlichen Entscheidungen, 1. Bd., 2. Teil (1917), S. 489.

[11] ICJ Reports 1951, S. 131. Ebenso das Erkenntnis vom 7. Juli 1928 des (früheren) deutschen Staatsgerichtshofes über die Hoheits- und Fischereirechte in der Lübecker Bucht, bei *Lammers / Simons*, Die Rechtsprechung des Staatsgerichtshofes I (1920 - 28), S. 220 ff. Dazu *Wenzel*, Die Hoheitsrechte in der Lübecker Bucht (1926).

[12] *Schücking* (Anm. 10), S. 489.

[13] ICJ Reports 1951, S. 131.

[14] ICJ Reports 1951, S. 132 f.

[15] Vgl. § 1070.

Übereinkommen angewandt wird[16], finden die vorstehend geschilderten Bestimmungen allerdings keine Anwendung.

Weder das Küstenmeerübereinkommen 1958 noch das UN-Seerechtsübereinkommen 1982 enthält eine Definition der „historischen" Bucht. Als solche gilt eine Bucht, deren Zugehörigkeit zum Staatgebiet des Küstenstaates seit langem hingenommen wurde, obwohl ihre Öffnung die vr anerkannte Maximalbreite überschreitet[17], wie im Fall der Delaware-Bucht (USA), der Hudson-Bucht (Kanada) oder der Bucht von Riga (UdSSR). Buchten, die bisher nicht als „historisch" galten, können als derartige anerkannt werden[18]. Denn jede Bucht bildet eine Individualität, bei der zunächst die Auffassung des Küstenstaates zu berücksichtigen und dann zu prüfen ist, ob diese von den anderen Staaten widerspruchslos hingenommen (acquiescence) oder ausdrücklich anerkannt wurde[19].

§ 1062 In Buchten, deren Küsten *zwei oder mehreren* Staaten gehören, gilt das Regime des Küstenmeeres[20]; wo in solchen Fällen die Breite der Bucht die doppelte Küstenmeerbreite[21] überschreitet, greift das Regime der Hohen See[22] bzw. das Regime der ausschließlichen Wirtschaftszone ein[23]. Bei Buchten, deren Küsten zwei Staaten gehören, bildet entweder der Talweg oder die Mittellinie bzw. eine zwischen

---

[16] Der Küstenstaat kann seine inneren Gewässer bei Vorliegen von tiefen Einbuchtungen und Einschnitten der Küste (Golfen, Sunden, Fjorden), von Inselketten, die sich in unmittelbarer Nähe seiner Küste erstrecken (z. B. nordfriesische Inseln, Lofoten), sowie gem. Art. 7 Abs. 2 des UN-Seerechtsübereinkommens 1982 auch im Falle von Deltas (z. B. Donau, Mississippi, Nil) und anderer natürlicher Gegebenheiten, wo die Küstenlinie sehr veränderlich ist (z. B. Ganges, Bramaputra), durch ein System gerader Basislinien begrenzen.

[17] Näheres darüber bei *Held*, Baien und Buchten, WV I, S. 138 ff.; *Blum*, Historic Titles in International Law (1964).

[18] Ähnlich *Giuliano* (Anm. 2), S. 261. So hat China die innerhalb von 12 Seemeilen, jedoch außerhalb gerader Basislinien liegenden Gewässer, inklusive der Bucht Pohai und der Straße von Chiungchow zu Eigengewässern erklärt: *Kaminski*, Chinesische Positionen zum Völkerrecht (1973), S. 252.

[19] So auch der US Supreme Court am 23. Juni 1975 im Falle *United States v. State of Alaska*, unter Berufung auf sein früheres Judikat im Falle *United States v. Louisiana* (*Louisiana Boundary* Case 1969), AJIL 70 (1976), S. 140 ff. Libyen beansprucht seit 1973 die Große Syrte als historische Bucht. Dieser Rechtsbehauptung sind insbesondere die Vereinigten Staaten energisch entgegengetreten, was am 19. August 1981 einen schweren Luftzwischenfall zur Folge hatte. Vgl. dazu RGDIP 78 (1974), S. 1177 ff.; 86 (1982), S. 145 ff.; 87 (1983), S. 667 f.; 88 (1984), S. 244; *Francioni*, The Gulf of Sirte Incident (United States v. Libya) and International Law, ItYIL 5 (1980/81), S. 85 ff.

[20] Darüber §§ 1073 ff.

[21] Gemäß Art. 3 des UN-Seerechtsübereinkommens 1982 beträgt die Breite des Küstenmeeres maximal 12 Seemeilen.

[22] Vgl. §§ 1124 ff.

[23] §§ 1103 ff.

den beiden Küstenstaaten vereinbarte Linie die gemeinsame Grenze der Staatsgebiete[24]. Dies alles gilt jedoch nur dann, wenn sich keine andere Regelung *in concreto* durchgesetzt hat[25]. So üben z. B. El Salvador, Honduras und Nicaragua über die Fonseca-Bucht eine Art Gemeinherrschaft aus[26].

IV. Inseln[1]

§ 1063 Unter einer Insel ist natürlich entstandenes Landgebiet zu verstehen, das von Wasser umgeben ist und bei Flut über den Wasserspiegel hinausragt (Art. 10 Abs. 1 Küstenmeerübereinkommen 1958 und Art. 121 UN-Seerechtsübereinkommen 1982 [§ 596]). Mit Ausnahme der Inseln, die im Geltungsbereich des Antarktisvertrages[2] liegen (südlich des 60. Grades südlicher Breite), sind alle Inseln Staatsgebiet. Gem. Art. 10 Abs. 2 des Küstenmeerübereinkommens 1958 und Art. 1 des Festlandsockelübereinkommens 1958 finden Küstenmeer- und Festlandsockelregime auf Inseln Anwendung. Art. 121 Abs. 2 des UN-Seerechtsübereinkommens 1982 bestimmt, daß Inseln wie Festland behandelt werden und Küstenmeer, Anschlußzone, ausschließliche Wirtschaftszone und Festlandsockel haben können. In Art. 121 Abs. 3 findet sich jedoch eine Einschränkung für Felsen, die nicht für die menschliche Besiedlung geeignet sind oder kein wirtschaftliches Eigenleben führen können. Für solche Felsen können lediglich Küstenmeer und Anschlußzone beansprucht werden. Von dieser Vorschrift sind allerdings nur solche Felsen betroffen, die nicht in das System von Basislinien eingeschlossen werden können, also nicht Teil einer Inselkette (Art. 7) oder Teil eines Archipels (Art. 47) sind.

---

[24] Art. 12 Küstenmeerübereinkommen 1958; Art. 15 UN-Seerechtsübereinkommen 1982.

[25] Dazu *Held* (Anm. 17), S. 139 f.

[26] So die Entscheidung des (früheren) Zentralamerikanischen Gerichtshofes vom 9. März 1917, AJIL 11 (1917), S. 674 ff.; *Hackworth*, Digest of International Law I, S. 702 ff.

[1] Darüber *Bowett*, The Legal Regime of Islands in International Law (1979); *Symmons*, The Maritime Zones of Islands in International Law (1979). Zur Auseinandersetzung über die Charakterisierung der *Eddystone Rocks* südlich von Plymouth als Inseln oder als bloße „low-tide elevations" vgl. aus dem Schiedsspruch über die *Abgrenzung des Festlandsockels im Ärmelkanal* vom 30. Juni 1977, ILM 18 (1979), S. 431 ff. Zu *künstlichen* Inseln vgl. unten §§ 1078, 1106, 1122, 1127.

[2] Unten §§ 1144, 1147 ff.

V. Archipelgewässer[1]

§ 1064 Der Begriff „Archipelgewässer“ (archipelagic waters, eaux archipélagiques) geht auf die altgriechische Bezeichnung für das östliche Mittelmeer „aigaion pelagos“, das mit zahlreichen Inseln durchsetzte ägäische Meer, zurück. Die Anerkennung eines besonderen vr Regimes für inter-insulare Gewässer von Archipelstaaten ist aber erst ein Ergebnis der 3. UN-Seerechtskonferenz (Art. 46 - 54 Seerechtsübereinkommen 1982 [§ 596]). Indonesien hatte zwar bereits auf der UN-Seerechtskonferenz 1958 einen Sonderstatus für die Meere, die Meerengen und den Luftraum zwischen seinen ca. 13 000 Inseln gefordert, um die physische Trennung zwischen den zahlreichen Inseln, Regionen und ethnischen Gruppen zu überbrücken[2], damals jedoch keine Unterstützung erhalten[3], weil das indonesische Anliegen als ein nicht regelungsbedürftiges Sonderproblem angesehen wurde. 1960 erhob Indonesien sein Archipelprinzip der „unity of land, water and people“ zum Verfassungsgesetz[4] und konnte Fidschi, Mauritius und die Philippinen als Mitstreiter gewinnen. Diese vier Staaten forderten dann im UN-Meeresbodenausschuß die vr Anerkennung von drei Archipel-Prinzipien (Definition des Archipelstaates, Archipelbasislinien und Souveränität über die Archipelgewässer, sowie ein Regime der friedlichen Durchfahrt für fremde Schiffe)[5].

§ 1065 Das Archipelstaaten-Regime des UN-Seerechtsübereinkommens 1982 definiert den „Archipelstaat“ nunmehr als einen Staat, der ganz durch einen oder mehrere Archipele und gegebenenfalls durch andere Inseln gebildet wird. Im Sinne des Übereinkommens ist ein „Archipel“ eine Gruppe von Inseln einschließlich von Inselteilen, wobei die dazwischenliegenden Gewässer und andere natürliche Bestandteile (natural features) untereinander so eng verbunden sein müssen, daß diese Inseln, Gewässer und Bestandteile eine echte geographische, wirt-

---

[1] Zum folgenden *Marston*, International Law and „Mid-Ocean“ Archipelagos, AEI 4 (1973), S. 171 ff.; *Amerasinghe*, The Problem of Archipelagoes in the International Law of the Sea, ICLQ 23 (1974), S. 539 ff.; *Rodgers*, Mid-ocean Archipelagos and International Law (1981); *Sturies*, Archipelgewässer (1981); *Pueyo Losa*, El Archipiélago Oceánico: Regulación jurídico-marítima internacional (1981); *O'Connell / Shearer*, The International Law of the Sea, Bd. I (1982), S. 236 ff.

[2] Vgl. *Leifer / Nelson*, Conflict of Interests in the Straits of Malacca, International Affairs 49 (1973), S. 190 ff.

[3] United Nations Conference on the Law of the Sea, Official Records, Vol. III: First Committee, UN Doc. A/CONF. 13/39 (1958), S. 43 f.

[4] Vgl. auch den Vorbehalt Indonesiens zum Übereinkommen über die Hohe See 1958 und den Widerspruch verschiedener Staaten (darunter auch der Bundesrepublik Deutschland) dagegen: BGBl. 1975 II, S. 843 ff.

[5] Dazu *Platzöder / Vitzthum*, Wirtschaftszonen und Archipelstaaten, Verfassung und Recht in Übersee 7 (1974), S. 296 f.

schaftliche und politische Einheit bilden. Ein Archipel liegt ferner vor, wenn die in Frage stehende Inselgruppe von alters her als solches betrachtet worden ist (Art. 46). Von dieser Definition sind also Staaten ausgeschlossen, deren Staatsgebiet aus Festland, Archipelen und Inseln (z. B. Dänemark, Griechenland, Italien, Kanada, Portugal, Spanien, USA) bzw. aus Archipelen besteht, die keine „echte Einheit" bilden.

§ 1066 Ein Archipelstaat kann sog. „gerade *Archipel-Basislinien*" ziehen, d. h. die äußersten Punkte der äußersten Inseln und trockenfallenden Riffe des Archipels durch gerade Linien verbinden, sofern davon die Hauptinseln und ein Gebiet umschlossen sind, in dem das Verhältnis der Wasserfläche zur Landfläche einschließlich der Atolle zwischen 1 zu 1 und 9 zu 1 beträgt (Art. 47 Abs. 1). Staaten wie Australien, Großbritannien, Irland, Island und Japan können demnach also keine Archipel-Basislinien ziehen, weil bei ihnen das Wasser/Landverhältnis unter 1 zu 1 liegt. Bei den meisten Inselstaaten des Pazifik wiederum ist das Wasser/Landverhältnis größer als 9 zu 1, so daß diese Staaten das System von Archipel-Basislinien ebenfalls nicht anwenden können. Die Länge gerader Archipel-Basislinien ist grundsätzlich auf höchstens 100 Seemeilen begrenzt; jedoch dürfen bis zu 3 % der Gesamtzahl der einen einzelnen Archipel umschließenden Basislinien diese Länge überschreiten und bis zu 125 Seemeilen lang sein (Art. 47 Abs. 2). Weitere Einschränkungen ergeben sich aus Art. 47 Abs. 3 - 7.

§ 1067 Die Gewässer, die von den Archipel-Basislinien umschlossen sind, werden als *Archipelgewässer* bezeichnet. Der Archipelstaat übt über seine Archipelgewässer, über den dazugehörigen Luftraum sowie über den Boden und Untergrund dieser Gewässer und über die darin enthaltenen Naturvorkommen Souveränität aus (Art. 49 Abs. 1 - 3). Wie alle anderen Küstenstaaten können auch Archipelstaaten innere Gewässer, Küstenmeer, Anschlußzone, ausschließliche Wirtschaftszone und Festlandsockel beanspruchen. Diese Zonen werden von den Archipel-Basislinien aus bemessen und begrenzt (Art. 48 und 50).

§ 1068 Rechte und Pflichten in Archipelgewässern sind in den Art. 51 - 54 des Übereinkommens 1982 niedergelegt. Danach ist der Archipelstaat verpflichtet, bestehende Übereinkünfte mit anderen Staaten zu achten, herkömmliche Fischereirechte und andere rechtmäßige Tätigkeiten der unmittelbar angrenzenden Nachbarstaaten anzuerkennen und Rücksicht auf die vorhandenen, von anderen Staaten gelegten unterseeischen Kabel zu nehmen. Schiffe aller Staaten genießen das Recht der friedlichen Durchfahrt wie im Küstenmeer (Art. 17 - 32). Ein Archipelstaat kann aber Verkehrswege (sea lanes) und darüberliegende Flugstrecken (air routes) bestimmen, die für die ununterbrochene und zügige Durchfahrt fremder Schiffe durch seine Archipelgewässer und das angrenzende Küstenmeer wie für den ununterbrochenen und zügigen Durchflug fremder Luftfahrzeuge durch den darüberliegenden Luftraum geeignet sind. In diesem Fall gilt ein der Transitpassage für internationale Meerengen ähnliches Regime (Art. 39, 40, 42 und 44). Solche Verkehrswege und Flugstrecken, die also die Archipelgewässer und das angrenzende Küstenmeer durchqueren, haben alle üblichen internationalen Durchgangswege (passage routes) einzuschließen. Sie werden durch eine Reihe fortlaufender Mittellinien bestimmt, die von den Ausgangspunkten der Durchgangswege zu den Endpunkten führen. Schiffe und Luftfahrzeuge dürfen während Durchfahrt bzw. Durchflug von diesen Mittellinien nicht um mehr als 25 Seemeilen auf jeder Seite abweichen und sich dabei den Küsten nicht um weniger als 10 % der Entfernung zwischen den nächstgelegenen Punkten auf Inseln am Rand des Verkehrswegs nähern. Bestimmt allerdings ein Archipelstaat keine Verkehrswege oder Flugstrecken, so kann das Recht der Durchfahrt auf Archipel-Verkehrswegen bzw. des Durchflugs auf den üblicherweise benutzten internationalen Verkehrswegen und Flugstrecken ausgeübt werden.

VI. Das Küstenmeer

§ 1069 Seit unvordenklichen Zeiten haben am Meer gelegene Staaten aus wirtschaftlichen Interessen (Küstenschiffahrt, Fischerei und Tierfang) und um sich vor fremden Kriegsschiffen zu schützen einen an ihre Küste angrenzenden Meeresstreifen beansprucht und ihrer Souveränität unterworfen[1]. Gem. Art. 1 Abs. 1 des Küstenmeerübereinkommens 1958 und Art. 2 Abs. 1 des UN-Seerechtsübereinkommens 1982 (§ 596) erstreckt sich die Souveränität eines Staates jenseits seines Landgebietes und seiner inneren Gewässer (im Fall eines Archipelstaates jenseits seiner Archipelgewässer) auf einen angrenzenden Meeresstreifen, der als Küstenmeer (territorial sea, eaux territoriales) bezeichnet wird, unter Einschluß des darüber befindlichen Luftraums und des darunter liegenden Bodens und Untergrunds[2]. Die Souveränität des Küstenstaats

---

[1] *Grotius*, De iure belli ac pacis (1625), II, cap. III, § 13/2; *Bynkershoek*, Quaestionum juris publici libri duo, I, cap. VIII; *Gidel*, Le droit international public de la mer, Bd. 3 (La mer territoriale et la zone contigüe, 1934); *Cansacchi*, L'occupazione dei mari costieri (1936); *Oudendijk*, Status and Extent of Adjacent Waters (1970); *Swarztrauber*, The Three-Mile Limit of Territorial Seas (1972); *O'Connell / Shearer*, The International Law of the Sea, Bd. I (1982), S. 60 ff. Für weitere seerechtliche Literatur vgl. oben § 1058, Anm. 5. Für eine Zusammenstellung der innerstaatlichen Rechtsvorschriften und Vertragsnormen über Küstenmeer, Anschlußzone, Festlandsockel, Hohe See usw. vgl. die Bände ST/LEG/SER. B/1, 2, 6, 15, 16, 18 und 19 der UN Legislative Series (1951 - 1980).

[2] Art. 2 Küstenmeerübereinkommen 1958; Art. 2 Abs. 2 UN-Seerechtsübereinkommen 1982.

ist allerdings nach Maßgabe der genannten Übereinkommen und sonstiger Regeln des VR auszuüben (Art. 1 Abs. 2 bzw. Art. 2 Abs. 3).

1. *Die Grenzen des Küstenmeeres*[3]

§ 1070 Das Küstenmeer hat eine innere (landwärtige) und eine äußere (seewärtige) Grenze.

Die *landwärtige Grenze* des Küstenmeeres wird durch die Basislinie bzw. ein System von Basislinien gebildet. Basislinien werden vom Küstenstaat im Einklang mit dem VR festgelegt[4] und in Seekarten eingetragen. Grundsätzlich sind zwei Typen von Basislinien zu unterscheiden, nämlich die *normale Basislinie* und die *gerade Basislinie*. Die normale Basislinie ist die Niedrigwasserlinie entlang der Küste[5]. Unter einer geraden Basislinie (straight baseline, ligne droite) ist eine Linie zu verstehen, die geeignete Punkte (Landpunkte, ständige Hafenanlagen, Punkte entlang der äußersten seewärtigen Erstreckung der Niedrigwasserlinie, trockenfallende Erhebungen, auf denen Leuchttürme oder ähnliche ständig über den Wasserspiegel hinausragende Anlagen errichtet sind, trockenfallende Erhebungen, die zum Zweck der Ziehung von Basislinien allgemeine internationale Anerkennung gefunden haben, sowie trockenfallende Riffe) miteinander verbindet[6]. Gerade Basislinien können in Fällen von tiefen Einbuchtungen und Einschnitten der Küste, von der Küste vorgelagerten Inselketten, bei Deltas, Flußmündungen und („historischen" und anderen) Buchten sowie zur Begrenzung von Archipelgewässern angewendet werden. Obergrenzen für die Länge gerader Basislinien bestehen nur für nicht-„historische" Buchten (24 Seemeilen)[7] und für Archipelgewässer (100 bzw. 125 Seemeilen)[8]. Der Verlauf gerader Basislinien darf nicht erheblich von der allgemeinen Richtung der Küste bzw. vom allgemeinen Umriß des Archipels abweichen[9]. Ein Staat darf das System gerader Basislinien oder Archi-

[3] Vgl. darüber die oben § 1058, Anm. 5, genannte Spezialliteratur, ferner *Voelckel*, Lignes de base dans la Convention de Genève sur la mer territoriale, AFDI 19 (1973), S. 820 ff.

[4] So der IGH im *Fisheries* Case, ICJ Reports 1951, S. 132: „... la validité de la délimitation à l'égard des Etats tiers relève du droit international".

[5] Art. 3 Küstenmeerübereinkommen 1958; Art. 5 Seerechtsübereinkommen 1982. Der IGH hat diese Regelung bereits im *Fisheries* Case als grundsätzliche Norm des allgemeinen VR anerkannt, da sie die günstigste für den Küstenstaat ist und das Küstenmeer als *Pertinenz* des Landgebietes (comme accessoire du territoire terrestre) einsichtig macht: ICJ Reports 1951, S. 128.

[6] Art. 4 Küstenmeerübereinkommen 1958; Art. 7 Seerechtsübereinkommen 1982. Vgl. *Marston*, Low-Tide Elevations and Straight Baselines, BYIL 46 (1972/1973), S. 405 ff.

[7] Oben § 1060.

[8] Oben § 1066.

[9] Art. 4 Abs. 2 Küstenmeerübereinkommen 1958; Art. 7 Abs. 3 Seerechtsübereinkommen 1982.

pel-Basislinien allerdings nicht so anwenden, daß dadurch das Küstenmeer eines anderen Staates von der Hohen See oder einer ausschließlichen Wirtschaftszone abgeschnitten wird („cut-off-Regel")[10]. Art. 14 des UN-Seerechtsübereinkommens 1982 sieht ausdrücklich vor, daß der Küstenstaat die in Art. 5 bis 11 und 13 vorgesehenen Verfahren zur Bestimmung von Basislinien kombinieren darf. Damit wird dem Küstenstaat bei der Festlegung seiner inneren Gewässer, d. h. zugleich bei der Bestimmung der seewärtigen Ausdehnung seines Staatsgebietes, ein erheblicher Ermessensspielraum zugebilligt.

Die äußere Grenze des Küstenmeeres wird in der Regel durch eine Linie gebildet, auf der jeder Punkt vom nächstgelegenen Punkt der Basislinie um die Breite des Küstenmeeres entfernt ist[11]. Reeden, die Schiffen üblicherweise zum Laden, Entladen und Ankern dienen, und die anderenfalls ganz oder teilweise außerhalb der äußeren Grenze des Küstenmeeres gelegen wären, können in das Küstenmeer einbezogen werden[12]. Nur in diesem Falle kann das Küstenmeer Ausbuchtungen erfahren.

§ 1071 Was die *Küstenmeerbreite* anbetrifft, so finden sich in den Rechtsordnungen der Küstenstaaten sowie in bilateralen Verträgen verschiedene Regelungen. Ursprünglich war der Grundsatz der „Kanonenschußweite" (damals etwa 3 Seemeilen) weitverbreitet, dem Bynkershoek im Jahre 1703 folgende klassische Formulierung gegeben hat: „*Imperium terrae finitur, ubi finitur armorum potestas.*[13]" Seit dem Ende des 18. Jahrhunderts hat sich dann vielfach eine Küstenmeerbreite von drei Seemeilen (5.556 km) durchgesetzt. Die Dreimeilenzone war aber niemals allgemein anerkannt. So haben die skandinavischen Staaten immer eine Viermeilenzone beansprucht. Rußland hat seit 1912 eine Zwölfmeilenzone in Anspruch genommen und gegenüber einem amerikanischen Protest damit begründet, daß diese Grenze der vr anerkannten Kanonenschußweite entspreche[14].

Auch auf den ersten beiden UN-Seerechtskonferenzen 1958 und 1960 ist es (wie schon 1930) nicht gelungen, eine einheitliche Regelung zu

---

[10] Art. 4 Abs. 5 bzw. Art. 7 Abs. 6.

[11] Art. 6 bzw. Art. 4.

[12] Art. 9 bzw. Art. 12.

[13] Anm. 1; sowie *derselbe*, De Dominio Maris Dissertatio (1703), Kap. 2. Dazu *Walker*, The Territorial Waters: The Cannon Shot Rule, BYIL 22 (1945), S. 210 ff.; *O'Connell*, The Equivalence of the Nautical League and the Cannon-Shot in the Law of Nations, in: Berber-Festschrift (1973), S. 367 ff. Die Kanonenschußweite wird noch von *Martens* in seinem Schiedsspruch vom 25. Februar 1897 im Falle *Costa Rica Packet* angewendet: *La Fontaine*, Pasicrisie internationale (1902), S. 509 (la portée du canon à partir de la laisse de la basse mer).

[14] *Hackworth*, Digest of International Law 1, S. 635.

vereinbaren. Doch bestimmt Art. 24 Abs. 2 des Küstenmeerübereinkommens 1958 zumindest, daß die Anschlußzone sich nicht weiter als 12 Seemeilen über die Basislinie hinaus erstrecken darf. Da lediglich die Maximalbreite, nicht jedoch eine Minimalbreite der Anschlußzone festgelegt wurde, kann hieraus geschlossen werden, daß Staaten *de lege lata* ihr Küstenmeer über drei Seemeilen hinaus bis zu einer Maximalbreite von 12 Seemeilen ausdehnen dürfen. Erst das UN-Seerechtsübereinkommen 1982 legt die Küstenmeerbreite ausdrücklich auf maximal 12 Seemeilen fest (Art. 3). Obwohl sich die Zwölfseemeilenzone in der (einseitigen) Staatenpraxis weitgehend durchgesetzt hat (bis März 1983 ist sie von 83 Staaten eingeführt worden), kann sie nicht als eine allgemein anerkannte Norm des VR angesehen werden. Denn immerhin hielten zu diesem Zeitpunkt noch 18 Staaten an der Dreiseemeilenzone fest, darunter bedeutende Seemächte, Langküsten- und Meerengenstaaten; 27 weitere Staaten beanspruchten über die Zwölfseemeilenzone hinausgehende Küstenmeere (bis zu 200 Seemeilen)[15].

§ 1072 Die Abgrenzung des Küstenmeeres zwischen Staaten mit gegenüberliegenden oder aneinander angrenzenden Küsten ist zwischen diesen zu vereinbaren. Bei Fehlen einer Vereinbarung ist keiner der Staaten berechtigt, sein Küstenmeer über die Mittellinie auszudehnen, es sei denn, historische Rechtstitel oder andere besondere Umstände machten es erforderlich, die Küstenmeere auf andere Weise abzugrenzen (Art. 12 Abs. 1 des Küstenmeerübereinkommens 1958 und Art. 15 des UN-Seerechtsübereinkommens 1982).

2. Rechte und Pflichten im Küstenmeer

§ 1073 Das vr Regime des Küstenmeeres wurde erstmals in dem Übereinkommen über das Küstenmeer und die Anschlußzone 1958 kodifiziert. Der Küstenstaat ist danach verpflichtet, seine Souveränität im Küstenmeer nach Maßgabe dieses Übereinkommens und der anderen Regeln des VR auszuüben (Art. 1 Abs. 2).

§ 1074 Die wesentlichste Einschränkung der küstenstaatlichen Souveränität ist das Recht auf *friedliche Durchfahrt* (innocent passage, passage inoffensif) für Schiffe aller Staaten, d. h. Küsten- und Binnen-

---

[15] Angaben nach der Aufstellung in dem unten § 1100, Anm. 7, genannten Dokument der Westeuropäischen Union.

Bei den Anhängern der Dreiseemeilenzone handelt es sich um Australien, Belgien, Belize, Bundesrepublik Deutschland, Dänemark, DDR, Großbritannien, Irland, Jordanien, Katar, Kiribati, Nicaragua, Niederlande, St. Lucia, St. Vincent, Singapur, Tuvalu, USA. 2 Staaten beanspruchen Küstenmeere von vier Seemeilen Breite: Finnland, Norwegen; 6 Staaten solche von 6 Seemeilen Breite: Dominikanische Republik, Griechenland, Israel, Libanon, Sao Tomé und Principe, Türkei (in der Ägäis).

staaten (Art. 14 - 23 des Übereinkommens 1958). Unter Durchfahrt ist die Fahrt durch das Küstenmeer zum Zwecke des Durchquerens ohne Einlaufen in innere Gewässer oder zum Zwecke des Einlaufens in innere Gewässer oder zum Zwecke des Auslaufens von inneren Gewässern auf die Hohe See zu verstehen (Art. 14 Abs. 2). Stoppen und Ankern ist dabei nur zulässig, sofern es zum normalen Schiffsverkehr gehört oder infolge höherer Gewalt oder Seenot erforderlich ist (Art. 14 Abs. 3). Eine Durchfahrt gilt als friedlich, solange sie nicht den Frieden, die Ordnung oder die Sicherheit des Küstenstaates beeinträchtigt (Art. 14 Abs. 4). Das Recht auf friedliche Durchfahrt kommt Handels-, Staats- und Kriegsschiffen[16] zu. Die Durchfahrt fremder Fischereifahrzeuge, welche die den Fischfang durch solche Schiffe im Küstenmeer beschränkenden Vorschriften des Küstenstaates nicht beachten, sowie die Durchfahrt getauchter U-Boote gelten als nicht-friedlich (Art. 14 Abs. 5 und 6). Der Küstenstaat darf die friedliche Durchfahrt nicht behindern und hat alle ihm bekannten, in seinem Küstenmeer für die Schiffahrt bestehenden Gefahren in geeigneter Weise bekanntzumachen (Art. 15)[17]. Er kann aber auch die erforderlichen Maßnahmen treffen, um eine nicht-friedliche Durchfahrt zu verhindern und kann in bestimmten Gebieten seines Küstenmeeres die friedliche Durchfahrt fremder Schiffe vorübergehend aussetzen, wenn dies für den Schutz seiner Sicherheit unerläßlich ist (Art. 16 Abs. 1 - 3). In Meerengen, die der internationalen Schiffahrt dienen, darf das Recht auf friedliche Durchfahrt jedoch nicht ausgesetzt werden (Art. 16 Abs. 4). Fremde Schiffe, die das Recht auf friedliche Durchfahrt ausüben, haben alle Gesetze und Vorschriften des Küstenstaates zu beachten, die dieser im Einklang mit dem Küstenmeerübereinkommen 1958 und den sonstigen Regeln des Völkerrechts erläßt (Art. 17). Für die bloße Durchfahrt von fremden Schiffen durch das Küstenmeer darf keine Gebühr erhoben werden. Lediglich für bestimmte, dem Schiff geleistete Dienste (z. B. Lotsendienste) ist die Erhebung von Gebühren ohne Diskriminierung zulässig (Art. 18). Der Küstenstaat darf nur in ganz bestimmten Fällen seine straf- und zivilrechtliche Jurisdiktion an Bord bzw. in bezug auf fremde Handelsschiffe ausüben, also seine Vollzugsorgane an Bord sol-

[16] Noch *Gidel* (Anm. 1), S. 258, meinte, die Durchfahrt von Kriegsschiffen durch das Küstenmeer beruhe auf einer bloßen „tolérance". Eine Reihe von Vertragsstaaten des Küstenmeerübereinkommens 1958, darunter alle kommunistischen Staaten, haben Vorbehalte angebracht, in denen innocent passage von Kriegsschiffen abgelehnt bzw. an die Bedingung einer vorherigen Genehmigung des Küstenstaates geknüpft wird.

[17] Diese Norm hat der IGH in seinem Erkenntnis vom 9. April 1949 im *Corfu Channel* Case (Merits), ICJ Reports 1949, S. 22, angewendet. Ausführlich darüber die Individuelle Meinung des Richters *Alvarez*, ebd., S. 43. Der IGH leitet diese Norm aus den allgemein verbindlichen Grundsätzen der Humanität (certains principes généraux et bien connus, tels que des considérations élémentaires d'humanité) ab: S. 22.

cher Schiffe schicken, um Personen festzunehmen oder Untersuchungen durchzuführen, das Schiff umleiten, anhalten oder aufbringen (Art. 19 - 20)[18]. Nach diesen Normen darf die Strafgerichtsbarkeit an Bord wegen einer während der Durchfahrt begangenen strafbaren Handlung vom Küstenstaat nämlich nur ausgeübt werden, wenn sich die Folgen dieser Handlung auf den Küstenstaat erstrecken oder geeignet sind, seinen Frieden und seine Ordnung zu stören, wenn der Kapitän des Schiffes oder der Konsul des Flaggenstaates darum ersucht, oder schließlich zur Unterdrückung des Handels mit Rauschgiften. Eine strafrechtliche Verfolgung ist ferner zulässig gegen ein Schiff, welches das Küstenmeer nach Verlassen der inneren Gewässer des Küstenstaates durchfährt. Bei der Prüfung der Frage, ob eine Festnahme erfolgen soll, sind in allen Fällen die Interessen der Schiffahrt zu berücksichtigen. Keine Norm des VR verbietet jedoch dem Küstenstaat, eine Person wegen einer an Bord begangenen Handlung zu verfolgen, wenn der Täter später sein Gebiet betritt, sofern eine sachliche Zuständigkeit zur Verfolgung solcher Taten gegeben ist.

Vollstreckungs- oder Sicherungsmaßnahmen in Zivilsachen sind gegen eine auf einem durchfahrenden Handelsschiff befindliche Person überhaupt nicht und gegen das Schiff selbst nur wegen einer Verbindlichkeit oder Haftung zulässig, die während oder hinsichtlich seiner Durchfahrt entstanden ist[19]. Gegen ein im Küstenmeer liegendes oder aus den inneren Gewässern des Küstenstaates kommendes und sein Küstenmeer durchfahrendes Schiff sind solche Maßnahmen dagegen gestattet. Auf Staatsschiffe, die Handelszwecken dienen, finden die Regeln für Handelsschiffe Anwendung (Art. 21). Staatsschiffe dagegen, die anderen als Handelszwecken dienen, genießen Immunität (Art. 22)[20]. Kriegsschiffe, die Vorschriften des Küstenstaates über die Durchfahrt nicht beachten oder die Aufforderung, sie einzuhalten, mißachten, kann der Küstenstaat zum Verlassen seines Küstenmeeres auffordern (Art. 23).

§ 1075 Dieses 1958 kodifizierte Regime des Küstenmeeres wird im UN-Seerechtsübereinkommen 1982 fortentwickelt. Für die Durchfahrt

[18] Diese Norm findet sich erstmalig in einem Beschluß des französischen Staatsrates vom 20. November 1806; vgl. oben § 584. Ebenso das Tribunale di Napoli am 7. Februar 1974 im Fall *Jannopulos*, ItYIL 1 (1975), S. 268 ff. Dazu *Francioni*, Criminal Jurisdiction over Foreign Merchant Vessels in Territorial Waters: A New Analysis, ebd., S. 27 ff.

[19] Der Schiedsspruch der amerikanisch-panamesischen Claims Commission vom 29. Juni 1933 im Falle der *Compañia de Navegacion Nacional v. USA*, RIAA VI, S. 382 ff., vertrat noch die Auffassung, daß keine Norm des VR diesen „civil arrest“ wegen früher entstandener Verbindlichkeiten verbiete. Dagegen allerdings das Sondervotum des Schiedsrichters *Alfaro*, ebd., S. 384.

[20] Dazu die unter § 456, Anm. 11, § 1169, Anm. 9, und § 1177, Anm. 52, genannte Literatur.

stellt das Übereinkommen den Grundsatz auf, daß sie ununterbrochen und zügig erfolgen muß (Art. 18 Abs. 2). Die Definition der friedlichen Durchfahrt wird übernommen (Art. 14 Abs. 4 bzw. Art. 19 Abs. 1), doch führt das Übereinkommen 1982 in Art. 19 Abs. 2 lit. a - k zahlreiche Tätigkeiten auf, die als nicht-friedlich gelten. Man wird darüber streiten können, ob diese Neuregelung die friedliche Durchfahrt im Küstenmeer einschränkt oder erweitert, zumal in Art. 19 Abs. 2 lit. l eine Auffangklausel betreffend „any other activity not having a direct bearing on passage" aufgenommen wurde. Tatsache ist jedoch, daß diese Ausgestaltung des Regimes der friedlichen Durchfahrt den gemeinsamen Anliegen von Küstenstaaten und Schiffahrtsnationen entspricht sowie die Einigung über das Regime der Transit-Passage (Art. 37 - 44) und des Rechts der Durchfahrt und des Durchflugs auf Archipel-Verkehrswegen (Art. 53 - 54) erleichtert hat.

In Art. 21 Abs. 1 lit. a - h zählt das Übereinkommen 1982 die Bereiche auf, für die der Küstenstaat Gesetze und sonstige Vorschriften erlassen darf (Sicherheit der Schiffahrt, Regelung des Seeverkehrs, Schutz von Anlagen, Kabeln und Rohrleitungen, Fischerei, Umweltschutz[21], wissenschaftliche Meeresforschung, hydrographische Vermessung, Verhütung von Verstößen gegen die Zoll-, Steuer-, Einreise- und Gesundheitsvorschriften des Küstenstaates). Solche Gesetze und sonstige Vorschriften dürfen sich allerdings nicht auf den Entwurf, den Bau, die Bemannung oder die Ausrüstung fremder Schiffe erstrecken, sofern sie nicht lediglich allgemein anerkannten internationalen Regeln und Normen Wirksamkeit verleihen (Art. 21 Abs. 2). Dort, wo es für die Sicherheit der Schiffahrt notwendig ist, darf der Küstenstaat Verkehrswege (sea lanes) und Verkehrstrennungsgebiete (traffic separation schemes) einrichten und das Recht auf friedliche Durchfahrt auf diese beschränken. Dies kann insbesondere für Tanker und Reaktorschiffe sowie für Schiffe, die nukleare oder sonstige von Natur aus gefährliche oder schädliche Stoffe oder Materialien befördern, geschehen[22]. Bei der Bestimmung von Verkehrswegen und der Vorschreibung von Verkehrstrennungsgebieten hat der Küstenstaat die Empfehlungen der Internationalen Seeschiffahrts-Organisation (IMO)[23], alle üblicherweise für die internationale Schiffahrt benutzten Fahrwasser, die besonderen Merkmale bestimmter Schiffe (Tiefgang, Manövrierfähigkeit) und Fahrwasser (Tiefe, Strömung) sowie die Verkehrsdichte zu beachten (Art. 22).

---

[21] Darüber *Emanuelli*, La pollution maritime et la notion de passage inoffensif, CYIL 11 (1973), S. 13 ff.

[22] Zur Problematik *Rauschning*, Die Reaktorschiffahrt im Lichte der Entwürfe der Dritten UN-Seerechtskonferenz zur Schiffahrtsfreiheit, JIR 18 (1975), S. 283 ff.

[23] Vgl. oben §§ 352 ff.

Was die Regeln für Kriegs- und Staatsschiffe im Küstenmeer anbelangt, so definiert das UN-Seerechtsübereinkommen 1982 zunächst den Begriff „Kriegsschiff"[24]. Ein Kriegsschiff i. S. des Übereinkommens ist danach ein zu den Streitkräften eines Staates gehörendes Schiff, das die äußeren Kennzeichen eines solchen Schiffes seiner Staatszugehörigkeit trägt; der Kommandant muß im Staatsdienst stehen, sein Name muß in der entsprechenden Rangliste der Streitkräfte oder einer gleichwertigen Liste aufgeführt und die Besatzung den Regeln der militärischen Disziplin unterworfen sein (Art. 29; vgl. auch Art. 8 Abs. 2 des Übereinkommens 1958 über die Hohe See). Während gemäß Art. 23 des Küstenmeerübereinkommens 1958 ein Kriegsschiff, das die Regeln der „innocent passage" mißachtet, lediglich zum Verlassen des Küstenmeeres aufgefordert werden kann, darf der Küstenstaat nach Art. 30 des UN-Seerechtsübereinkommens 1982 „require it to leave the territorial sea immediately". Art. 31 statuiert die völkerrechtliche Verantwortlichkeit des Flaggenstaates für Kriegsschiffe und sonstige Staatsschiffe, die anderen als Handelszwecken dienen, für jeden dem Küstenstaat aufgrund einer Rechtsverletzung zugefügten Verlust oder Schaden.

§ 1076 Ein Recht zum *Überfliegen* des Küstenmeeres ist weder in den seerechtlichen Übereinkommen 1958 und 1982 enthalten, noch kann es sich auf eine Analogie zum Seerecht stützen, da das Durchfahrtsrecht eine Ausnahme vom allgemeinen Grundsatz der territorialen Souveränität des Küstenstaates bildet und daher nicht auf andere Bereiche übertragen werden kann.

§ 1077 Zu den Rechten und Pflichten im Küstenmeer — wie auch in allen anderen Meereszonen — gehört aufgrund des UN-Seerechtsübereinkommens 1982 die Verpflichtung aller Staaten, die *Meeresumwelt* zu schützen und zu erhalten[25]. Die Staaten sind für die Erfüllung dieser

---

[24] Zur vr Stellung der Kriegsschiffe im neuen Seerecht vgl. *Oxman*, Le régime des navires de guerre dans le cadre de la Convention des Nations Unies sur le droit de la mer, AFDI 28 (1982), S. 811 ff.; *Geck*, Die Schiffahrtsfreiheit von Kriegsschiffen nach UNCLOS III, FS Mosler, S. 281 ff.

[25] Dazu neben dem bereits unter §§ 1029 ff. angeführten umweltrechtlichen Schrifttum *Tesauro*, L'inquinamento marino nel diritto internazionale (1971); *Ehmer*, Der Grundsatz der Freiheit der Meere und das Verbot der Meeresverschmutzung (1974); *Kiss*, La pollution du milieu marin, ZaöRV 38 (1978), S. 902 ff.; *M'Gonigle / Zacher*, Pollution, Politics and International Law. Tankers at Sea (1979); *Timagenis*, International Control of Marine Pollution (2 Bde., 1980); *Johnston* (Hrsg.), The Environmental Law of the Sea (1981); *Hakapää*, Marine Pollution in International Law (1981); *Charney* (Hrsg.), The New Nationalism and the Use of Common Spaces (1982); *Starace* (Hrsg.), Diritto internazionale e protezione dell' ambiente marino (1983); *Wolfrum*, Die Internationalisierung staatsfreier Räume (1984), S. 622 ff. (sämtlich mit umfangreichen weiterführenden Angaben).

Die Texte der innerstaatlichen Rechtsvorschriften zum Schutz (auch) des Küstenmeeres vor Verschmutzung finden sich bei *Rüster / Simma*, Internatio-

Verpflichtung verantwortlich, haftbar sowie umgehend und angemessen entschädigungspflichtig. Die Art. 192 - 237 des neuen Übereinkommens wurden als ein „umbrella treaty" für alle Quellen der Meeresverschmutzung konzipiert (Verschmutzung vom Land aus, durch Tätigkeiten auf dem Meeresboden, durch Tiefseebergbau, durch „Dumping", durch Schiffe, aus der Luft und durch die Luft). Nach diesen Normen haben alle Staaten Maßnahmen zur Verhütung, Verringerung und Überwachung der Verschmutzung der Meeresumwelt zu treffen, ihre diesbezügliche Politik aufeinander abzustimmen (Art. 194) und international vereinbarte Regeln, Normen und empfohlene Praktiken und Verfahren zu berücksichtigen (Art. 207 - 222). Mit dieser Zielsetzung sind bereits vor Abschluß des UN-Seerechtsübereinkommens zahlreiche vr Verträge zustandegekommen[26]. Internationale Regeln und Normen, sowie Gesetze und sonstige Vorschriften zum Umweltschutz sind durch Flaggenstaaten gem. Art. 217, durch Hafenstaaten gem. Art. 218 - 219 und durch Küstenstaaten gem. Art. 220 durchzusetzen. Maßnahmen gegen fremde Schiffe unterliegen dabei den „safeguards" der Art. 223 bis 233. Wird ein solches Schiff von einem Hafen- oder Küstenstaat festgehalten, so kann der Flaggenstaat gem. Art. 292 die sofortige Freigabe (prompt release) des Schiffes und seiner Besatzung gegen Hinterlegung einer angemessenen Kaution oder sonstigen finanziellen Sicherheit verlangen. Die Frage der Freigabe kann jedem Gericht, das von den Parteien einvernehmlich bestimmt wird, bzw. dem Internationalen Seerechtsgericht, dem IGH oder Schiedsgerichten gem. Art. 287 unterbreitet werden.

§ 1078 Für die wissenschaftliche *Meeresforschung*[27] im Küstenmeer gelten die allgemeinen Bestimmungen der Art. 238 - 241 sowie die Bestimmungen über die internationale Zusammenarbeit (Art. 242 - 244). Danach darf wissenschaftliche Meeresforschung nur für „friedliche Zwecke" (vgl. Art. 301) betrieben werden; ihre Methoden und Mittel müssen mit dem UN-Seerechtsübereinkommen 1982 in Einklang stehen, die sonstige rechtmäßige Nutzung des Meeres darf nicht ungerechtfertigt beeinträchtigt und Vorschriften zum Schutz und zur Bewahrung der Meeresumwelt müssen eingehalten werden. Die internationale Zu-

nal Protection of the Environment. Treaties and Related Documents, Bd. II (1975), S. 943 ff., Bd. III (1975), S. 981 ff., Bd. XX (gem. mit *Bock*, 1979), S. 9947 ff.

[26] Dazu unten § 1133.

[27] Dazu *Wolfrum*, Der Schutz der Meeresforschung im Völkerrecht, GYIL 19 (1976), S. 99 ff.; *Caflisch / Piccard*, The Legal Régime of Marine Scientific Research and the Third UN Conference on the Law of the Sea, ZaöRV 38 (1978), S. 848 ff.; *Freymond*, Le statut de la recherche scientifique marine en droit international (1978); *Soons*, Marine Scientific Research and the Law of the Sea (1982); *Borrmann / Weber*, Meeresforschung und Meeresfreiheit: Perspektiven nach der dritten UN-Seerechtskonferenz (1983).

sammenarbeit bei der wissenschaftlichen Meeresforschung, einschließlich der Veröffentlichung und Verbreitung von Informationen und Kenntnissen, ist zu fördern. Allerdings haben die Küstenstaaten in Ausübung ihrer Souveränität das ausschließliche Recht, die wissenschaftliche Meeresforschung in ihrem Küstenmeer zu regeln, zu genehmigen und zu betreiben. Sie darf dort nur mit ausdrücklicher Zustimmung des Küstenstaates und zu den von ihm festgelegten Bedingungen durchgeführt werden (Art. 245). Anlagen oder Ausrüstungen jeder Art für die wissenschaftliche Forschung können aufgestellt, genutzt und mit Sicherheitszonen umgeben werden, sie dürfen jedoch kein Hindernis für die Benutzung der herkömmlichen internationalen Schiffahrtswege darstellen. Solche Anlagen und Ausrüstungen müssen mit international vereinbarten Warnsignalen versehen sein, um die Sicherheit der See- und Luftfahrt zu gewährleisten (Art. 258, 262). Staaten und die zuständigen internationalen Organisationen sind für die von ihnen oder für sie betriebene wissenschaftliche Meeresforschung im Rahmen des Art. 263 verantwortlich, haftbar und entschädigungspflichtig, z. B. für Verschmutzungsschäden.

§ 1079 Streitigkeiten über die Auslegung und Anwendung des Küstenmeerregimes müssen — wie andere Streitigkeiten aus dem UN-Seerechtsübereinkommen 1982 auch[28] — durch friedliche Mittel beigelegt werden (Art. 279). Die Anwendbarkeit der obligatorischen Verfahren, die zu bindenden Entscheidungen führen (Art. 286 - 296), wird jedoch durch Art. 297 beschränkt bzw. kann in bestimmten Fällen (Abgrenzung von Meeresgebieten, militärische Aktivitäten und Vollstreckungshandlungen, Streitigkeiten, mit denen sich der UN-Sicherheitsrat befaßt) von den Vertragsstaaten gem. Art. 298 eingeschränkt werden. Ob und inwieweit bestimmte Konflikte, die sich im Küstenmeer ereignet haben, einem obligatorischen Verfahren zugeführt werden können, ist demnach eine Auslegungsfrage. Die Entstehungsgeschichte des Art. 297 jedenfalls gibt für eine Anwendung auf solche Fälle keine Anhaltspunkte. Verhandlungsziel war vielmehr, küstenstaatliche Rechte in der ausschließlichen Wirtschaftszone durch Einschränkung der obligatorischen Verfahren weitestgehend zu sichern und lediglich einige Drittrechte darin dem Obligatorium zu unterwerfen.

---

[28] Dazu §§ 466, 1321, 1330.

VII. Meerengen[1]

1. Begriff

§ 1080 Weder das Seerechtsübereinkommen 1958 noch das UN-Seerechtsübereinkommen 1982 (§ 596) enthalten eine Definition der Meerengen. Als solche sind Meeresgebiete anzusehen, die durch Landgebiet so eingeengt sind, daß — im Gegensatz zur offenen See — die Küstenstaaten (Meerengenstaaten) solche Meeresgebiete auf Dauer kontrollieren können (z. B. Bosporus und Dardanellen, Straße von Gibraltar, Straße von Messina, Sund und Belte), Meeresbenutzer durch natürliche Gegebenheiten navigatorische Behinderungen in Kauf nehmen (Sund und Belte, Straße von Malakka, Nord-West- und Nord-Ost-Passage) oder wegen der Vielzahl der Meeresbenutzer besondere gegenseitige Rücksichtnahme geübt werden muß (Ärmelkanal, Ostseezugänge, Straße von Singapur). Die Seerechtsübereinkommen 1958 und 1982 behandeln lediglich Meerengen, die der internationalen Schiffahrt dienen (internationale Meerengen). Hinsichtlich anderer Meerengen gilt das für das jeweilige Meeresgebiet zutreffende Regime (innere Gewässer, Küstenmeer, Anschlußzone, Archipelstaaten, ausschließliche Wirtschaftszone, Hohe See).

2. Internationale Meerengen

§ 1081 Das Küstenmeerübereinkommen 1958 widmet den internationalen Meerengen einen einzigen Satz in Art. 16 Abs. 4: „There shall be no suspension of innocent passage of foreign ships through straits which are used for international navigation between one part of the high seas and another part of the high seas or the territorial sea of a foreign State."

Dieses Regime der nicht aussetzbaren friedlichen Durchfahrt für Handels- wie Kriegsschiffe beruht auf Staatenpraxis und dem Urteil des IGH im *Corfu Channel* Case[2]. Für Schiffahrtsnationen und Seestreitkräfte blieb es solange relativ unproblematisch, als die Geltung der Dreiseemeilenregel für die Küstenmeerbreite nicht ernsthaft be-

---

[1] Darüber *Brüel*, International Straits (2 Bde., 1947); *Baxter*, The Law of International Waterways (1964); *Lapidoth*, Les détroits en droit international public (1972); *Giuliano*, The Régime of Straits in General International Law, ItYIL 1 (1975), S. 16 ff.; *Platzöder*, Meerengen, ZaöRV 38 (1978), S. 710 ff.; W. *Münch*, Die Régime internationaler Meerengen vor dem Hintergrund der Dritten UN-Seerechtskonferenz (1982); *Koh*, Straits in International Navigation: Contemporary Issues (1982).

[2] ICJ Reports 1949, S. 4 ff. Zu Kriegsschiffen ebd., S. 28: „... il est généralement admis et conforme à la coutume internationale que les Etats, en temps de paix, possèdent le droit de faire passer leurs navires de guerre par des détroits qui servent aux fins de la navigation internationale ... pourvu que le passage soit *innocent*".

stritten wurde bzw. Meerengenstaaten ihr Küstenmeer nicht über 3 Seemeilen ausdehnten, da es nur wenige internationale Meerengen mit einer Breite von weniger als 6 Seemeilen gibt.

§ 1082 Die in den 60er Jahren einsetzende Entwicklung hin zur Zwölfseemeilenzone verlangte dann jedoch eine Neuregelung. Wirtschaftliche Abhängigkeiten (Handelsschiffahrt, insbesondere Transport von Erdöl und Erdgas sowie von anderen Rohstoffen) und sicherheitspolitische Bedürfnisse (militärische Präsenz, Dislozierung von strategischen Waffen auf See, Aufklärung) der Industriestaaten riefen nach einem Regime für internationale Meerengen, das die Freiheit der Durchfahrt, des Durchtauchens und des Überflugs gewährleistet. Teil III des UN-Seerechtsübereinkommens 1982, „Straits used for international navigation" (Art. 34 - 45) ist der umstrittenste Verhandlungsgegenstand der 3. UN-Seerechtskonferenz gewesen. Die Bestimmungen dieses Teiles lassen sich nicht nur auf zahlreiche Kompromisse das Regime für internationale Meerengen selbst betreffend, sondern auch auf ungezählte Zugeständnisse in anderen Teilen des Übereinkommens zurückführen („package deal").

Das Regime der Durchfahrt durch internationale Meerengen berührt den Rechtsstatus ihrer Gewässer, ihres Luftraums, Bodens und Untergrunds nicht. Die Souveränität oder Jurisdiktion der Meerengenstaaten ist nach Maßgabe der Art. 34 - 45 und sonstiger Regeln des Völkerrechts auszuüben (Art. 34). Unberührt von der Meerengenregelung des Übereinkommens 1982 bleiben gewisse Gebiete innerer Gewässer innerhalb einer Meerenge, der Rechtsstatus der Gewässer jenseits der Küstenmeere der Meerengenstaaten als ausschließliche Wirtschaftszonen oder als Hohe See und das Regime in Meerengen, in denen die Durchfahrt durch schon lange bestehende internationale Übereinkünfte geregelt ist (Art. 35). Teil III kommt ferner dort nicht zur Anwendung, wo ein in navigatorischer und hydrographischer Hinsicht gleichermaßen geeigneter, über die Hohe See oder durch eine ausschließliche Wirtschaftszone führender Seeweg durch die Meerenge vorhanden ist: sog. „Korridorregime" (Art. 36).

§ 1083 In internationalen Meerengen zwischen einem Teil der Hohen See oder einer ausschließlichen Wirtschaftszone und einem anderen Teil der Hohen See oder einer ausschließlichen Wirtschaftszone gilt in der Regel das Regime der „*Transitpassage*" (Art. 38 - 44), d. h. Freiheit der Schiffahrt und des Überflugs zum Zwecke des ununterbrochenen und zügigen Transits nach Maßgabe des Teils III. Unterseeboote dürfen also diese Meerengen auch in getauchtem Zustand durchfahren[3]. Nicht zur

---

[3] Vgl. die Auseinandersetzung über die sicherheitspolitischen Aspekte des UNCLOS-Meerengenregimes zwischen *Reisman*, The Regime of Straits and

Anwendung gelangt das Regime der Transitpassage in Meerengen, die durch eine Insel des Meerengenstaates und dessen Festland gebildet werden, wenn ein in navigatorischer und hydrographischer Hinsicht gleichermaßen geeigneter, über die Hohe See oder durch eine ausschließliche Wirtschaftszone führender Seeweg seewärts der Insel vorhanden ist (sog. „Inselvorbehalt": Art. 37 Abs. 1). Schiffen und Luftfahrzeugen obliegen während der Transitpassage eine Reihe von Pflichten, die in Art. 39 aufgezählt werden. Gem. Art. 40 sind Forschungs- und Vermessungstätigkeiten fremder Schiffe untersagt, Verkehrswege und Verkehrstrennungsgebiete müssen respektiert werden (Art. 41), ebenso Gesetze und sonstige Vorschriften der Meerengenstaaten für die in Art. 42 aufgeführten Bereiche (Sicherheit der Schiffahrt und Regelung des Seeverkehrs, Verhütung, Verringerung und Überwachung der Verschmutzung durch Einleiten von Öl, ölhaltigen Abfällen und anderen schädlichen Stoffen, Fischerei, das Laden und Entladen von Waren, Zahlungsmitteln oder Personen). Zu Vollstreckungsmaßnahmen im Bereich des Meeresumweltschutzes dürfen die Meerengenstaaten jedoch nur dann greifen, wenn ein schwerer Schaden für die Meeresumwelt der Meerenge entstanden ist oder zu entstehen droht (Art. 233). Benutzer- und Meerengenstaaten sollen bei der Errichtung und Unterhaltung von Navigations- und Sicherheitshilfen sowie zur Verhütung, Verringerung und Überwachung der Verschmutzung einvernehmlich zusammenarbeiten (Art. 43).

Die Meerengenstaaten dürfen die Transitpassage weder behindern noch aussetzen und haben alle ihnen bekannten Gefahren für Schiffahrt oder Überflug bekanntzumachen (Art. 44). In internationalen Meerengen, für die der Inselvorbehalt (Art. 38 Abs. 1) gilt, und in internationalen Meerengen zwischen einem Teil der Hohen See oder einer ausschließlichen Wirtschaftszone und dem Küstenmeer eines fremden Staates gilt das nicht aussetzbare Recht auf friedliche Durchfahrt (Art. 45).

E. Der Meeresraum außerhalb des Küstenmeeres

I. Vorbemerkung

§ 1084 Die rasche Fortentwicklung der Meerestechnik seit Beginn dieses Jahrhunderts führte zur Entdeckung großer Rohstoffvorkommen auf und im Meeresboden und eröffnete den Küstenstaaten die off-

---

National Security: An Appraisal of International Lawmaking, AJIL 74 (1980), S. 48 ff., und *Moore*, The Regime of Straits and the Third United Nations Conference on the Law of the Sea, ebd., S. 77 ff. Weiteres Schrifttum unten § 1128.

shore-Öl- und Gasgewinnung sowie den Meeresbergbau[1]. Im Gefolge des weltweit steigenden Rohstoff-, Nahrungs- und Energiebedarfs richtete sich — besonders seit dem Zweiten Weltkrieg — das Interesse deshalb auf die Erforschung und Ausbeutung der Meeresgebiete außerhalb der traditionellen Hoheitsgrenzen.

Parallel hierzu erfuhr das Seevölkerrecht einen tiefgreifenden Wandel. Er vollzog sich in dem Spannungsfeld zwischen expansiven küstenstaatlichen Partikularinteressen an den angrenzenden Meeresräumen und den Interessen der Staatengemeinschaft an einer Teilhabe an den neu entdeckten Meeresressourcen, wie sie ihren Ausdruck ursprünglich in dem Prinzip der Meeresfreiheit und später im Konzept des „gemeinsamen Erbes der Menschheit" (common heritage of mankind, patrimoine commun de l'humanité) fanden. Ungeachtet aller Verschiedenheiten im einzelnen trugen die geographisch begünstigsten Küstenstaaten als „beati possidentes" durch eine Kette einseitiger Rechtsakte — markanter Ausgangspunkt waren die Truman-Proklamationen vom 28. September 1945 — den Sieg davon, ohne eine neue seerechtliche Nutzungsordnung abzuwarten. Im Laufe von nur drei Jahrzehnten gelang es ihnen, die Anerkennung der Früchte dieser „creeping jurisdiction" in weiten rohstoff- und fischreichen Seegebieten zu Lasten der Binnen- und geographisch benachteiligten Staaten teils gewohnheitsrechtlich, teils als Ergebnis der beiden Seerechtskonferenzen 1958 und 1960 und schließlich auf der 3. UN-Seerechtskonferenz (UNCLOS III, 1973 - 1982; vgl. § 596) durchzusetzen. Am Ende dieser Konferenz wurde nur der jenseits aller Wirtschafts- und Festlandsockelzonen verbliebene Meeresboden und seine Ressourcen als „common heritage of mankind" ausgewiesen. Die Freiheit der Meere wurde räumlich und funktional erheblich eingeschränkt[2].

§ 1085 Die nachfolgend darzustellenden Rechtsprobleme der Meeresräume jenseits der Küstenmeere und Archipelgewässer — insbesondere ausschließliche Wirtschaftszone, Festlandsockel, Hohe See und Tiefseeboden — standen im Mittelpunkt der 3. UN-Seerechtskonferenz. Genauer noch als in den früheren Ausführungen über das Küstenmeer, für das die maßgeblichen Bestimmungen des UN-Seerechtsübereinkommens 1982

---

[1] Vgl. zur Entwicklung maritimer Nutzungsmöglichkeiten: *Logue* (Hrsg.), The Fate of the Oceans (1972), S. XVI ff.; *Prescott*, The Political Geography of the Oceans (1975), S. 11 ff.; *Rüster*, Die Rechtsordnung des Festlandsockels (1977), S. 16 ff.; *Eckert*, The Enclosure of Ocean Resources. Economics and the Law of the Sea (1979), S. 3 ff.; *Gündling*, Die 200 Seemeilen-Wirtschaftszone (1983), S. 2 ff. Ferner *Wolfrum*, Die Internationalisierung staatsfreier Räume (1984), S. 101 ff.

[2] Allgemein zu dieser Entwicklung *Swarztrauber*, The Three-Mile Limit of Territorial Seas (1972), S. 252 ff.; *Rüster* (Anm. 1), S. 16 ff.; *O'Connell / Shearer*, The International Law of the Sea, Bd. I (1982), S. IX ff.

eher die Kodifikation und Fortentwicklung von VGR als die Schaffung neuer Normen darstellen, muß in den Abschnitten über die ausschließliche Wirtschaftszone und den Festlandsockel zwischen *lex lata* und *lex ferenda*[3] unterschieden werden, und zwar ungeachtet der in der seerechtlichen Literatur der letzten Jahre verbreiteten Neigung, bevorzugt der zukünftigen Rechtsentwicklung nachzugehen. Allerdings wird eine klare Trennungslinie zwischen beiden Bereichen häufig nicht leicht zu ziehen sein, da umstritten ist, welche Bestimmungen des Seerechtsübereinkommens 1982 bereits gewohnheitsrechtliche Geltung erlangt haben oder sich gegenwärtig im Übergang hierzu befinden[4].

II. Die Anschlußzone

1. Das traditionelle Konzept

§ 1086 In einem an das Küstenmeer angrenzenden Seegebiet, das als Anschlußzone in unterschiedlicher Breite vr Anerkennung gefunden hat, nehmen verschiedene Staaten zum Teil schon seit dem 18. Jahrhundert das Recht zur Ausübung einzelner Hoheitsakte gegenüber fremden Schiffen und Personen in Anspruch. Während sich die küstenstaatlichen Kontrollbefugnisse zunächst auf steuer-, zollrechtliche und gesundheitspolizeiliche bzw. sanitäre Maßnahmen und ggf. deren strafrechtliche Durchsetzung beschränkten, kamen seit Beginn des Zweiten Weltkriegs immer neue Arten der Anschlußzone mit sicherheits-, umweltschutz- und fischereipolitischer Zielsetzung auf. Gerechtfertigt wurden diese Eingriffe in die Meeresfreiheit unter Berufung auf den vr umstrittenen Rechtstitel der Kontiguität[1]; dies wird u. a. schon aus der für solche Meereszonen gewählten Bezeichnung „Anschlußzone" (contiguous zone, zone contigüe) deutlich[2].

---

[3] So hatte Frankreich im britisch-französischen Schiedsverfahren über die *Abgrenzung des Festlandsockels im Ärmelkanal* noch vor Abschluß der 3. UN-Seerechtskonferenz behauptet, die Bestimmungen des Festlandsockelübereinkommens 1958 seien durch die inzwischen weit verbreitete Anerkennung der ausschließlichen Wirtschaftszonen obsolet geworden — eine Auffassung, die von dem Schiedsgericht zurückgewiesen wurde: ILM 18 (1979), S. 397 ff. (416).

[4] Eine umfassende Zusammenstellung allgemeiner seerechtlicher Literatur findet sich in § 1058, Anm. 5; Angaben zu UNCLOS III in § 596.

[1] Vgl. hierzu § 1155 mit weiteren Nachweisen.

[2] Dazu *Ferron*, Le droit international de la mer, Bd. I (1958), S. 63 ff.; *Colombos*, Internationales Seerecht (1963), S. 76 ff.; *Heuer*, Angrenzende Zonen, WV I, S. 61 ff.; *Whiteman*, Digest of International Law, Bd. 4, S. 480 ff.; *Swarztrauber*, The Three-Mile Limit of Territorial Seas (1972), S. 135 ff.; *Rüster*, Die Rechtsordnung des Festlandsockels (1977), S. 117 ff.; *Lowe*, The Development of the Concept of the Contiguous Zone, BYIL 52 (1981), S. 109 ff.; *O'Connell / Shearer*, The International Law of the Sea, Bd. II (1984), S. 1034 ff.

Historischer Ausgangspunkt für die Anschlußzone waren die erstmals 1719 erlassenen britischen „Hovering Acts", auf deren Grundlage Einfuhr- und Zollkontrollen auf Hoher See verbessert und gegen schmuggelnde Schiffe wirksamer vorgegangen werden sollte[3]. Diesem Beispiel folgten noch Ende des 18. Jahrhunderts ähnliche Gesetze der USA, wenig später auch Frankreichs, Rußlands, Belgiens, Italiens, Spaniens, Portugals und Norwegens, durch die zwischen 5 und 12 Seemeilen breite Anschlußzonen errichtet wurden[4].

§ 1087 Die Frage, ob die Anschlußzone der Hohen See oder dem Küstenmeer zuzuordnen sei, wurde in Art. 24 des Genfer Übereinkommens 1958 über das Küstenmeer und die Anschlußzone[5] im ersteren Sinn entschieden. Diese Bestimmung sieht das Recht des Küstenstaates vor, in einer an sein Küstenmeer angrenzenden Zone Kontrollen auszuführen, um dadurch „Verstöße gegen seine Zoll-, Steuer-, Einreise- und Gesundheitsvorschriften auf seinem Hoheitsgebiet oder in seinem Küstenmeer zu verhindern", sowie um Verstöße gegen diese Vorschriften zu ahnden. Nach derselben Bestimmung darf sich diese Zone nicht weiter als 12 Seemeilen seewärts der Basislinien des Küstenmeeres erstrecken. Liegen die Küsten zweier Staaten einander gegenüber oder grenzen sie aneinander, so darf, mangels einer gegenteiligen Vereinbarung, keiner von ihnen seine Anschlußzone über die von den Basislinien aus berechnete Mittellinie hinaus ausdehnen (Art. 24 Abs. 3).

§ 1088 Nach dem UN-Seerechtsübereinkommen 1982 (§ 596) darf die Anschlußzone auf maximal 24 Seemeilen ausgedehnt werden. Art. 33 des Übereinkommens läßt die dem Küstenstaat in der Anschlußzone vorbehaltenen Kontrollbefugnisse substantiell unverändert. Diese erstrecken sich gemäß Art. 303 nunmehr auch auf den Verkehr mit archäologischen und historischen Gegenständen, die ohne Einwilligung des Küstenstaates vom Meeresboden der Anschlußzone entfernt wurden.

Der Rechtsstatus der Anschlußzone sowie die Abgrenzung solcher Zonen zwischen gegenüberliegenden oder benachbarten Staaten wurden in dem neuen Übereinkommen nicht ausdrücklich geregelt. Dieses Stillschweigen wird sich in den Fällen als relativ unproblematisch erweisen, in denen Küstenstaaten ausschließliche Wirtschaftszonen beanspruchen, da hier Art. 74 und 86 zur Anwendung gelangen.

---

[3] *Masterson*, National Jurisdiction in the Marginal Seas Over Foreign Smuggling Vessels, Grotius Society Transactions 13 (1927), S. 57 ff.; *Böhmert*, Hovering Acts, WV I, S. 796 ff.; *Swarztrauber* (Anm. 2), S. 70 f.

[4] Detaillierte Aufzählungen bei *Böhmert* (Anm. 3) und *Swarztrauber* (Anm. 2), S. 148 (Table 3); vgl. ferner *Jessup*, The Anti-Smuggling Act of 1935, AJIL 31 (1937), S. 101 ff., sowie Suppl. ebd., S. 183 ff.

[5] *Berber / Randelzhofer*, Völkerrechtliche Verträge (2. Aufl. 1979), S. 213 ff.

Von der Anschlußzone i. S. der Seerechtsübereinkommen 1958 und 1982 zu unterscheiden sind einige verwandte, aber doch abweichende seerechtliche Entwicklungen wie die Fischereischutz- und Fischereianschlußzonen, Sicherheits- und Flugsicherungszonen sowie Meeresverschmutzungskontrollzonen[6].

2. Fischereischutz- und Fischereianschlußzonen

§ 1089 Ihr Ausgangspunkt ist in der von dem amerikanischen Präsidenten Truman gleichzeitig mit der Festlandsockelproklamation erlassenen Fischereiproklamation vom 28. September 1945 zu erblicken, welche die Grundlage für die Errichtung räumlich nicht näher definierter, allerdings nicht ausschließlicher Fischereischutzzonen auf Hoher See schaffen sollte. Eine tatsächliche Errichtung von Bestandschutzzonen ist dieser Proklamation damals nicht gefolgt[7]. Sie machte aber insofern Schule, als zahlreiche andere, vor allem lateinamerikanische Staaten mit dem Erlaß eigener Rechtsakte folgten, zum Teil unter Vermischung mit Schelfnutzungsansprüchen, zum Teil unter Beanspruchung von zwischen 6 und 200 Seemeilen breiten Seegebieten als ausschließliche Fischereizonen oder gar als Küstenmeer[8]. Diese Entwicklung setzte sich bis in die jüngste Zeit in unterschiedlichen Erscheinungsformen und Bezeichnungen (Fischereibestandschutzzonen, Fischereianschlußzonen u. ä.) fort und kam auch während der Verhandlungen der 3. UN-Seerechtskonferenz nicht zum Stillstand.

§ 1090 Den Auftakt bildete ein argentinischer Schelf-Erlaß vom 11. Oktober 1946, in dem mit Blick auf die spezifischen Fischereiinteressen dieses Landes die argentinische Souveränität nicht nur auf den Festlandsockel, sondern auch auf das darüber liegende sog. „epikontinentale

---

[6] Ein plastisches Bild dieser verschiedenen maritimen Ansprüche vermitteln die ausführlichen tabellarischen Darstellungen bei *Whiteman,* Digest, Bd. 4, S. 21 ff., und *Kehden,* Die Inanspruchnahme von Meereszonen und Meeresbodenzonen durch Küstenstaaten (2. Aufl. 1971).

[7] Text der Proklamation in ST/LEG/SER. B/1, S. 112; sowie bei *Whiteman,* Digest of International Law, Bd. 4, S. 945 ff. (954). Dazu *Allen,* Fishery Proclamation of 1945, AJIL 45 (1951), S. 177 ff.; *Rojahn,* Die Ansprüche der lateinamerikanischen Staaten auf Fischereirechte jenseits der Zwölfmeilengrenze (1972), S. 22 ff.; *Swarztrauber* (Anm. 2), S. 161 ff.

[8] Zu dieser Entwicklung vor allem *Rojahn* (Anm. 7); *Zacklin,* The Changing Law of the Sea (1974), S. 59 ff., jeweils mit weiteren Nachweisen zur Praxis der einzelnen lateinamerikanischen Staaten; *García-Amador,* The Latin American Contribution to the Development of the Law of the Sea, AJIL 68 (1974), S. 33 ff.; *Prescott,* The Political Geography of the Oceans (1975), S. 116 ff.; *Rüster* (Anm. 2), S. 98 ff.; *Rodriguez,* La zona exclusiva de pesca en el nuevo derecho del mar (1977); *O'Connell / Shearer,* The International Law of the Sea, Bd. I (1982), S. 524 ff., die auch auf wesentlich frühere Auseinandersetzungen über Fischereizonen hinweisen (S. 210 ff.); *Gündling,* Die 200 Seemeilen-Wirtschaftszone (1983), S. 15 ff.

Meer" ausgedehnt wurde, und zwar ohne nähere Präzisierung der seewärtigen Grenzen des beanspruchten Gebiets[9]. Erst 1966 legte Argentinien seine Fischereigrenze ausdrücklich auf 200 Seemeilen fest[10]. Diesem Beispiel folgten ab 1947 die sogenannten CEP-Staaten (Chile, Equador, Peru), zunächst mit entsprechenden einseitigen Akten, 1952 mit einer gemeinsamen Erklärung, schließlich Costa Rica und El Salvador, indem sie Meereszonen verschiedener Benennung bis zu 200 Seemeilen Breite beanspruchten[11]. Anders als bei der Fischereiproklamation Präsident Trumans, auf die Reaktionen dritter Staaten weitgehend ausblieben, stießen alle diese einseitigen Maßnahmen auf energische Proteste zahlreicher Staaten[12]. Die lateinamerikanischen Staaten sahen sich jedoch nicht veranlaßt, die einmal erlassenen Rechtsakte zurückzunehmen oder zu modifizieren. Eine Fülle von Fischereikonflikten und Zwischenfällen in den umstrittenen Seegebieten war die Folge[13]. Außerhalb Lateinamerikas errichteten lediglich Südkorea, Indien und Sri Lanka (damals Ceylon) in den 50er Jahren ausschließliche Fischereizonen unterschiedlicher, jedoch über 12 Seemeilen hinausgehender Breite[14]. Erst seit Mitte der 60er Jahre tendierten dann auch zahlreiche andere Küstenstaaten, vor allem der Dritten Welt, dazu, zur Sicherung ihrer Wirtschaftsinteressen einseitige „faits accomplis" in über 12 Seemeilen hinausgehenden Seegebieten zu schaffen. Dies geschah zum geringeren Teil durch extreme Erweiterung der Küstenmeere[15], viel-

---

[9] ST/LEG/SER. B/1, S. 4; AJIL 41 (1947), Suppl., S. 11.

[10] Dekret vom 29. Dezember 1966, ST/LEG/SER. B/15, S. 45.

[11] Vgl. *Auguste*, The Continental Shelf (1960), S. 105 ff.; *Rojahn* (Anm. 7), S. 46 ff.; *Rüster* (Anm. 2), S. 98 ff. Die gemeinsame CEP-Deklaration vom 18. August 1952 findet sich bei *Platzöder / Vitzthum*, Seerecht. Law of the Sea (1984), S. 479 f. Dazu *Auguste*, S. 139 ff.; *Whiteman*, Digest, Bd. 4, S. 1089 ff.

[12] Wiedergegeben in ST/LEG/SER. B/1 bei dem jeweiligen Rechtsakt sowie bei *Whiteman* (Anm. 11), S. 793 ff.; vgl. ferner die Zusammenstellung aller Proteste bei *Rojahn* (ebd.), S. 116 ff.

[13] Besonderes Aufsehen erregten die Vorfälle des Jahres 1954, als die unter der Flagge Panamas fahrende Walfangflotte des Reeders Onassis zwischen 110 und 300 Seemeilen vor der peruanischen Küste mit Waffengewalt aufgebracht und erst nach Zahlung von 3 Millionen US-$ wieder freigelassen wurde. Zum Text der Entscheidung des peruanischen Hafenoffiziers s. *Auguste* (Anm. 11), S. 404 ff.; AJIL 49 (1955), S. 575; ferner *Azcarraga*, Onassis Walfänger und der völkerrechtliche Begriff der Hoheitsgewässer, ArchVR 6 (1956/1957), S. 41 ff. Zu Eingriffen gegen amerikanische Fischer vgl. *Auguste* (Anm. 11), S. 155 ff.; *Whiteman* (Anm. 11), S. 1198 ff.; ILM 2 (1963), S. 812 ff.; ebd. 3 (1964), S. 61; *Rojahn* (Anm. 7), S. 85 ff.; *O'Connell / Shearer* (Anm. 8), S. X. Die USA haben später zur Entschädigung ihrer Fischer einen „Fishermen's Protective Act" erlassen, der die Auslösung aufgebrachter amerikanischer Fischereifahrzeuge aus Steuermitteln vorsah, vgl. *Meron*, AJIL 69 (1975), S. 290 ff.

[14] Vgl. die Aufstellung bei *Kehden* (Anm. 6); ferner *Extavour*, The Exclusive Economic Zone (1979), S. 133 ff., 163 ff.; und *Rüster* (Anm. 2), S. 101 ff. (Anm. 137); *Swarztrauber* (Anm. 2), S. 178 ff., 189 ff.

mehr meist durch die Einführung entsprechend ausgedehnter ausschließlicher Fischereizonen[16].

§ 1091 In der vr Beurteilung stieß diese Praxis lange Zeit auf Ablehnung[17]. Die betreffenden Staaten versuchten zwar, ihr einseitiges Vorgehen zunächst als im Einklang mit geltendem oder gerade entstehendem VR stehend darzustellen. Angesichts ihres Rechtscharakters als „*res communis omnium*" entzieht sich jedoch die Hohe See jeder einseitigen Aneignung. Eine Änderung der überwiegend vgr geltenden Nutzungsordnung der Meere hätte ein Einvernehmen der Staatengemeinschaft vorausgesetzt, wie es erst später in den Verhandlungen der 3. UN-Seerechtskonferenz Ausdruck fand. Eine vgr Anerkennung dieser Ansprüche mit Wirkung zu Lasten dritter Staaten hat jedenfalls bis in die 70er Jahre nicht stattgefunden, weil alle diese Ansprüche auf die Gewohnheitsrechtsbildung hindernde Proteste dritter Staaten stießen[18]. Die Annahme, daß möglicherweise nur regionales bzw. partikuläres VGR entstanden sein könnte, vermochte angesichts der Unteilbarkeit der Meeresfreiheit ebensowenig zu überzeugen wie die analoge Anwendung der Festlandsockeldoktrin, von Billigkeitserwägungen oder der Berufung auf Selbsthilfe- und Notrechte. Die Beanspruchung eines Selbsthilferechts etwa hätte die Erschöpfung aller anderen Möglichkeiten zur Sicherung der eigenen Existenz vorausgesetzt, wobei die Notwendigkeit gerade einseitiger Maßnahmen für diesen Zweck ebenso

---

[15] Nach der in § 1100, Anm. 7, genannten Aufstellung vom März 1983 beanspruchen Albanien 15, Angola 20, Nigeria und Togo 30, Syrien 35, Kamerun, Madagaskar und Tansania 50, Mauretanien 70, Gabun 100 und Senegal 150 Seemeilen-Küstenmeere. 200 Seemeilen breite Küstenmeere werden von Argentinien, Benin, Brasilien, Chile, Ecuador, El Salvador, Gambia, Ghana, Guinea, Kongo, Liberia, Panama, Peru, Sierra Leone, Somalia und Uruguay beansprucht.

[16] *Extavour* (Anm. 14), S. 167.

[17] Die bisher wohl eingehendste Untersuchung aller denkbaren Rechtfertigungsgründe von *Rojahn* (Anm. 7) kommt zu dem Ergebnis, daß diese „zur Begründung von Fischereivorrechten jenseits der Zwölfmeilengrenze im geltenden Völkerrecht keine Stütze finden" (S. 229); ähnlich (jeweils mit weiteren Nachweisen) *Caflisch*, La revision du droit international de la mer, SchwJIR 29 (1973), S. 49 ff. (81); *Rüster* (Anm. 2), S. 104 ff.; *Auguste* (Anm. 11), S. 245 ff.; *Hoeffel*, La zone maritime péruvienne de souveraineté et de juridiction nationale, RGDIP 79 (1975), S. 422 ff. (445).

A. A. *Hjertonsson*, The New Law of the Sea (1973), S. 177: „Expansive claims cannot be prevented as long as they do not violate extremely vital interests of other nations." Ähnlich äußert sich *Padilla Nervo* in seiner Dissenting opinion zu den Zuständigkeitsurteilen in den *Fisheries Jurisdiction* Cases, in der er die Ausdehnung der isländischen Fischereizone auf 50 Seemeilen unter Berufung auf „the progressive development of international law" für nicht völkerrechtswidrig hält (S. 41). Ausführlich dazu auch I. C. J. Pleadings, *Fisheries Jurisdiction*, Bd. I, S. 348 ff.; Bd. II, S. 252 ff.

[18] Dazu vor allem *McGibbon*, Some Observations on the Part of Protest in International Law, BYIL 30 (1953), S. 293 ff.; ferner *Rojahn* (Anm. 7), S. 117 ff. Vgl. auch oben § 667.

nachzuweisen gewesen wäre wie die Verhältnismäßigkeit der im Einzelfall gewählten Mittel. Bezeichnenderweise ist in keinem einzigen Fall von der Möglichkeit, *nichtdiskriminierende* Schutzmaßnahmen zu erlassen, Gebrauch gemacht worden, wie sie etwa in Art. 7 des Übereinkommens 1958 über Fischerei und Erhaltung der lebenden Ressourcen der Hohen See vorgezeichnet wurden[19].

§ 1092 Im *isländischen Fischereistreit*[20] hat es der IGH, wohl unter dem Eindruck der gleichzeitig anlaufenden 3. UN-Seerechtskonferenz, vermieden, sich klar zur Rechtslage *de lege lata* zu äußern. Island hatte am 17. August 1972 seine ausschließlich den eigenen Staatsangehörigen vorbehaltene Fischereizone mit der Begründung auf 50 Seemeilen ausgedehnt, daß der Fischfang für die Ernährung seiner Bevölkerung lebensnotwendig sei[21]. Daraufhin kam es zu zahlreichen Zwischenfällen zwischen deutschen bzw. britischen Fischereifahrzeugen und isländischen Staatsschiffen in dem umstrittenen Seegebiet. Die Sachurteile des IGH vom 25. Juli 1974 in den *Fisheries Jurisdiction* Cases (Bundesrepublik Deutschland/Großbritannien g. Island) kamen der neuen Entwicklung *ihrem Grunde nach* insofern entgegen, als sie die gewohnheitsrechtliche Verankerung einer *vom Küstenmeer unabhängigen Fischereizone* annehmen, innerhalb derer dem Küstenstaat *ausschließliche* Nutzungsrechte zustehen. Allgemeine Anerkennung habe diese Einrichtung jedoch nur bis zu einer Höchstbreite von 12 Seemeilen gefunden[22]. Ebenfalls auf VGR beruhe das Prinzip *präferenzieller* (nicht ausschließlicher!) Fischereirechte in den daran anschließenden Seegebieten zugunsten solcher Küstenstaaten, die in besonderer Weise von ihrer Küstenfischerei abhängig seien. Jedoch: „A coastal State entitled to preferential rights is not free, unilaterally and according to its own uncontrolled discretion to determine the extent of those rights. The characterization of the coastal State's rights as preferential implies a certain priority, but cannot imply the extinction of the concurrent rights of other States and particularly of a State which ... has for many years been engaged in fishing in the waters in question, such fishing

---

[19] *Berber / Randelzhofer*, Völkerrechtliche Verträge (2. Aufl. 1979), S. 232 ff.: UNTS 559, S. 285 ff., Ende 1981 für 36 Staaten in Kraft. Dazu *Visser t'Hooft*, Les Nations Unies et la conservation des ressources de la mer (1958), S. 179 ff.

[20] Dazu *Rüster* (Anm. 2), S. 103 ff. (mit Anm. 138).

[21] Dazu *Rojahn*, Die Fischereigrenze Islands vom 1. September 1972 im Lichte maritimer Abgrenzungsprinzipien des Internationalen Gerichtshofs, ArchVR 16 (1973/1974), S. 37 ff.; *Rüster*, Überlegungen zum Isländischen Fischereistreit, in: Festschrift für F. Berber (1973), S. 449 ff.

[22] ICJ Reports 1974, S. 3 ff., 192: „... a *tertium genus* between the territorial sea and the high seas" (hier und im folgenden nach dem Urteil im isländisch-deutschen Verfahren zitiert). Dazu kritisch *Churchill*, The Fisheries Jurisdiction Cases, ICLQ 24 (1975), S. 82 ff.; *Favoreu*, AFDI 20 (1974), S. 253 ff.; *O'Connell / Shearer* (Anm. 8), S. 539 ff.

activity being important to the economy of the country concerned[23]." Aus diesem Grund sei die Ausdehnung der isländischen Fischereizone den Klägern gegenüber „not opposable"[24]. Die beteiligten Staaten hätten vielmehr in gutem Glauben Verhandlungen mit dem Ziel zu führen, die beiderseitigen Rechte in einen gerechten Einklang zu bringen[25]. Darüber hinausgehende Vorschläge könne der Gerichtshof nicht berücksichtigen: „the Court, as a court of law, cannot render judgment *sub specie legis ferendae*, or anticipate the law before the legislator has laid it down"[26].

Dieses Urteil hinderte Island aber ebensowenig wie die Verhandlungen der 3. UN-Seerechtskonferenz, seine Fischereizone noch im Oktober 1975 auf 200 Seemeilen auszudehnen[27]. Ähnlich verfuhr dann eine große Zahl anderer Staaten, die meist 200 Seemeilen breite Fischerei- oder Wirtschaftszonen errichteten, so daß sich heute schon die Frage nach deren vgr Anerkennung stellen kann[28].

§ 1093 Von dieser bis vor nicht allzu langer Zeit umstrittenen Entwicklung abzugrenzen bleibt die Praxis von ursprünglich rund 30 Küstenstaaten, die aus den verschiedensten politischen Motiven nicht ihre Küstenmeere auf 12 Seemeilen erweiterten, vielmehr *in diesem Rahmen* sogenannte Fischereianschlußzonen beanspruchten[29]. Die vr Zulässigkeit solcher Ansprüche wurde jedenfalls seit der Seerechtskonferenz 1958 kaum mehr ernsthaft in Zweifel gezogen. Sie stützen sich zum Teil auf eine Analogie zu Art. 24 des Übereinkommens 1958 über das Küstenmeer und die Anschlußzone, zum Teil auf eine zwischenzeitlich eingetretene vgr Anerkennung[30]. Im zweitgenannten Sinne äußerte sich der IGH in den *Fisheries Jurisdiction* Cases, indem er von der vgr Zulässigkeit maximal 12 Seemeilen breiter, von den Basislinien bemessener Fischereizonen ausging[31].

---

[23] ICJ Reports 1974, S. 196.

[24] Ebd., S. 205.

[25] Ebd., S. 201 ff. (205).

[26] Ebd., S. 192.

[27] ILM 14 (1975), S. 1282 ff.

[28] Vgl. unten § 1111.

[29] *Rojahn* (Anm. 7), S. 145 (Anm. 297), erwahnt auch einige schon vor dem Zweiten Weltkrieg geschaffene Fischereizonen. S. auch die Aufstellungen bei *Swarztrauber* (ebd.), S. 176; *Prescott* (Anm. 2), S. 128 ff. (133); *Extavour* (Anm. 14), S. 163, 164, 167.

[30] So anerkannte auch ein US District Court in der Entscheidung vom 17. Juni 1975 im Falle *United States v. F. V. Taiyo Maru* das Recht der USA, ihre Fischereizone auf 12 Seemeilen auszudehnen, da die Aufzählung der küstenstaatlichen Befugnisse in Art. 24 dieses Abkommens nicht erschöpfend sei: AJIL 70 (1976), S. 138.

[31] ICJ Reports 1974, S. 23 f., 192 f.: „Two concepts have crystallized as customary law in recent years ... The first is the concept of the fishery

3. *Sicherheits-, Flugsicherungs- und Luftverteidigungszonen*

§ 1094 Bei Ausbruch des Zweiten Weltkrieges wurde zwischen den neutralen amerikanischen Staaten eine Sicherheitszone festgelegt, die bis zu 350 Seemeilen auf das Meer hinaus reichte. In der Kriegs- und Nachkriegszeit sind weitere Beispiele dieser Art von Anschlußzonen bekannt geworden[32]. In gewisser Weise vergleichbar waren auch die von Frankreich aus Anlaß seiner Kernwaffenversuche im Pazifik errichteten Sperrgebiete[33]. Einige Küstenstaaten proklamierten über ihr Küstenmeer hinausreichende Flugsicherungszonen. Die USA, Kanada und Frankreich beanspruchen seit den 50er Jahren sog. „air defense identification zones" mit dem Ziel, die im Interesse der nationalen Sicherheit erforderliche frühzeitige Identifizierung, Ortsbestimmung und Kontrolle einfliegender Flugzeuge zu ermöglichen. Solche Flugzeuge müssen nach diesen Regeln vorher ihren Flugplan der zuständigen Luftfahrtbehörde mitteilen und dürfen von diesem Flugplan nicht abweichen[34].

§ 1095 Bei der Untersuchung der vr Verbindlichkeit dieser Vorschriften muß zwischen der Frage der Zulässigkeit, solche Anordnungen zu erlassen, und jener ihrer Erzwingbarkeit unterschieden werden. Die erste Frage ist zu bejahen, da jeder Staat den Einflug in seinen Hoheitsraum von der Erfüllung bestimmter Bedingungen abhängig machen kann[35]. Zwangsmaßnahmen gegen einfliegende fremde Flugzeuge, die diese Anordnungen nicht befolgen, sind hingegen *über der Hohen See* völkerrechtswidrig, da solche Schritte mangels einer darüber bestehenden Norm des VR nur durch eine analoge Anwendung des Seerechts gerechtfertigt werden könnten. Dieses läßt aber Zwangsmaßnahmen gegen fremde Kriegsschiffe überhaupt nicht und gegen fremde Handelsschiffe auf Hoher See nur in Ausnahmefällen zu. Solche Zwangs-

---

zone, the area in which a State may claim exclusive fishery jurisdiction independently of its territorial sea; the extension of that fishery zone up to a 12-mile limit from the baselines appears now to be generally accepted."

[32] *Swarztrauber* (Anm. 2), S. 152 ff. (mit einer Tabelle auf S. 156); *Hackworth*, Digest of International Law, Bd. 5 (1943), S. 464 f., Bd. 7 (1943), S. 702 ff.; *Ferron* (Anm. 2), S. 154 ff.; *Leanza*, Fenomeni di contiguità aerea nel diritto internazionale (1961).

[33] Dazu die Entscheidungen des IGH in den *Nuclear Tests* Cases, ICJ Reports 1973, S. 99 ff., 135 ff., sowie 1974, S. 253 ff., 457 ff. Aus dem Schrifttum *Hoog / Schröder-Schuler*, Französische Kernwaffenversuche im Südpazifik (1973); *Franck*, Word Made Law: The Decision of the ICJ in the Nuclear Test Cases, AJIL 69 (1975), S. 612 ff.; *Meyn*, Die französischen Kernwaffenversuche des Jahres 1973 in völkerrechtlicher Sicht, FW 57 (1974), S. 84 ff.

[34] Dazu *Leanza* (Anm. 32); *Hailbronner*, Der Schutz der Luftgrenzen im Frieden (1972), S. 73 ff.; *Colombos* (Anm. 2), S. 128 ff. Eine graphische Darstellung findet sich bei *Holder / Brennan*, The International Legal System. Cases and Materials (1972), S. 543.

[35] Ebenso *Hailbronner* (Anm. 34), S. 82.

maßnahmen sind in der Anschlußzone ebenso untersagt wie in der ausschließlichen Wirtschaftszone, in der die Rechtslage für den Überflug mit derjenigen für die Hohe See grundsätzlich übereinstimmt[36].

4. *Meeresverschmutzungskontrollzonen*

§ 1096 Am 26. Juni 1970 erließ Kanada den „Arctic Waters Pollution Prevention Act", mit dem es beabsichtigte, in seinen ökologisch besonders gefährdeten arktischen Gewässern (nördlich des 60. Breitengrades) bis zu 100 Seemeilen von den Küsten entfernt strenge Kontrollen gegenüber fremden Schiffen, insbesondere Tankern, auszuüben[37]. Dem kanadischen Beispiel folgten einige andere Staaten wie Oman und in gewisser Weise auch die UdSSR durch die Einführung zwischen 50 und 200 Seemeilen breiter Kontrollzonen[38].

Obwohl die Notwendigkeit effektiverer Maßnahmen zum Schutz insbesondere der küstennahen Gewässer allgemein anerkannt wurde, gleichzeitig die wünschenswerte vertragliche Einigung der Beteiligten in aller Regel nicht oder nicht rechtzeitig erzielt werden konnte, stieß das einseitige Vorgehen dieser Staaten weithin auf grundsätzliche Bedenken, vor allem auch wegen der Erschwerung einer zukünftig einheitlichen Lösung.

§ 1097 In gewisser Weise bringt jedoch das neue Rechtsinstitut der ausschließlichen Wirtschaftszone gemäß dem UN-Seerechtsübereinkommen 1982 eine Klärung der Rechtslage. Der Küstenstaat erhält in Art. 56 dieses Übereinkommens nämlich die Befugnis (jurisdiction), nach Maßgabe der einschlägigen Bestimmungen des Teiles XII die Meeresumwelt zu schützen und zu bewahren[39].

---

[36] Vgl. Art. 58 UN-Seerechtsübereinkommen 1982. Dazu *Hailbronner*, Freedom of the Air and the Convention on the Law of the Sea, AJIL 77 (1983), S. 490 ff.

[37] Text in *Rüster / Simma*, International Protection of the Environment, Bd. III (1975), S. 988 ff.; *Platzöder / Vitzthum*, Seerecht. Law of the Sea (1984), S. 481 ff. Vorbereitende Dokumente in ILM 9 (1970), S. 543 ff., u. a. auch zur gleichzeitig erfolgten Aufkündigung der Zuständigkeit des IGH, die Völkerrechtskonformität dieses Schritts zu prüfen (S. 598). Aus der Literatur: *Henkin*, Arctic Anti-Pollution: Does Canada Make — or Break — International Law?, AJIL 65 (1971), S. 131 ff.; *Pharand*, The Law of the Sea of the Arctic with Special Reference to Canada (1973), S. 168 ff., S. 224 ff.; *Ehmer*, Der Grundsatz der Freiheit der Meere und das Verbot der Meeresverschmutzung (1974), S. 120 ff.; *Emanuelli*, Les principes généraux de droit et la protection des Etats côtiers contre les risques de pollution des eaux navigables, CYIL 13 (1975), S. 231 ff.

[38] Zu den sowjetischen Kontrollmaßnahmen in der Arktis *Butler*, Pollution Control and the Soviet Arctic, ICLQ 21 (1972), S. 557 ff.; *Dehner*, Creeping Jurisdiction in the Arctic: Has the Soviet Union Joined Canada?, Harvard International Law Journal 13 (1972), S. 271 ff. Text des Marine Pollution Control Law von Oman in ST/LEG/SER. B/18, S. 74, sowie bei *Rüster / Simma* (Anm. 37), S. 1234 ff.

Abzuwarten bleibt allerdings, inwieweit die für den Umweltschutz außerhalb der Küstenmeere bereits erlassenen nationalen Vorschriften nach Inkrafttreten des Übereinkommens 1982 mit dessen Bestimmungen in Einklang gebracht werden[40].

III. Geschlossene oder halbgeschlossene Meere

§ 1098 Das UN-Seerechtsübereinkommen 1982 (§ 596) führt den Begriff „enclosed or semi-enclosed seas" (mers fermées ou semi-fermées) ein und widmet diesen Meeren seinen Teil IX[1]. Sie werden in Art. 122 definiert als „a gulf, basin or sea surrounded by two or more States and connected to another sea or the ocean by a narrow outlet or consisting entirely or primarily of the territorial seas and exclusive economic zones of two or more coastal States". Unter diese Definition fallen z. B. Nordsee, Ostsee, Mittelmeer, Schwarzes Meer, Rotes Meer, Persischer Golf, Karibik und der Golf von Mexiko. Die Anliegerstaaten solcher Meere sind gem. Art. 123 aufgerufen, bei der Ausübung ihrer Rechte und bei der Erfüllung ihrer Pflichten aus dem UN-Seerechtsübereinkommen 1982 auf drei Gebieten zusammenzuarbeiten: Bewirtschaftung, Erhaltung, Erforschung und Ausbeutung der lebenden Meeresressourcen; Schutz und Bewahrung der Meeresumwelt; wissenschaftliche Forschungspolitik. Die Zusammenarbeit soll entweder unmittelbar zwischen den Anliegerstaaten oder im Rahmen einer geeigneten regionalen Organisation erfolgen, wobei andere interessierte Staaten oder internationale Organisationen zu beteiligen sind. Dieses Kooperationsgebot beruht im wesentlichen auf einer Forderung karibischer Staaten (Deklaration von Santo Domingo vom 9. Juni 1972)[2] nach regionaler Koordinierung von meereswirtschaftlichen Aktivitäten („mar matrimonial").

§ 1099 Die von der sowjetischen Völkerrechtslehre entwickelte *„mare clausum"*-Theorie[3], die insbesondere auf eine Beschränkung der Schifffahrtsfreiheit (Beschränkung des Zugangs und der Nutzung von Rand-

---

[39] Zum Umweltschutz auf Hoher See vgl. unten §§ 1133 f.

[40] Vgl. die Texte in ST/LEG/SER. B/19, S. 179 ff., sowie zur Problematik uneinheitlicher Gesetzgebung *Rüster*, Divergent Standards of National Oil Pollution Legislation, in: *Novak* (Hrsg.), Environmental Law (1976), S. 114 ff. (123).

[1] Zu diesem Begriff und seinen (vorgeschlagenen) Anwendungsfällen vgl. *Gelberg*, Rechtsprobleme des Schutzes der lebenden Ressourcen in der Ostsee, JIR 18 (1975), S. 204 ff.; *Boczek*, The Baltic Sea: A Study in Marine Regionalism, GYIL 23 (1980), S. 196 ff.; *Goralczyk*, La mer Baltique et les problèmes de coopération des Etats riverains, RGDIP 84 (1980), S. 269 ff.; *Benchikh*, La mer Méditerranée, mer semi-fermée, ebd., S. 284 ff.; *Pulvenis*, La mer des Caraïbes, ebd., S. 310 ff.

[2] Vgl. unten § 1101, Anm. 10.

[3] Vgl. *Šebek*, The Eastern European States and the Development of the Law of the Sea, Bd. I (1977), S. 423 ff.

meeren durch Nicht-Anlieger-Staaten) abzielt, fand im UN-Seerechtsübereinkommen dagegen keine Anerkennung.

IV. Die ausschließliche Wirtschaftszone

1. *Entwicklung*

§ 1100 Das neue Rechtsinstitut der „ausschließlichen Wirtschaftszone" (exclusive economic zone, zone économique exclusive, EEZ) hat seinen historischen Ursprung in der schon im Zusammenhang mit den Fischereizonen[1] dargestellten lateinamerikanischen Staatenpraxis, die dem Erlaß der Truman-Proklamationen[2] gefolgt war. Die Festlandsockeldoktrin, der bis dahin quantitativ wie qualitativ schwerwiegendste Eingriff in die Meeresfreiheit, forderte durch ihren Unilateralismus und das Fehlen exakter Begrenzungen den küstenstaatlichen Appetit geradezu heraus. Die folgenden einseitigen Maßnahmen reichten denn auch von der Einbeziehung des epikontinentalen Meeres in die Nutzungshoheit des Küstenstaates bis zur Ausdehnung der Küstenmeere auf 200 Seemeilen. Die 200-Seemeilen-Grenze läßt sich auf die Entdeckung von Anchovis-Schwärmen 187 Seemeilen vor der peruanischen Küste zurückführen. Dieser Hintergrund geriet aber rasch in Vergessenheit, zumal die regional verschiedenen fischwirtschaftlichen Gesichtspunkte zumeist nur viel bescheidenere Zonen erfordert hätten[3]. Bei den CEP-Staaten (Chile, Ecuador, Peru) hat vielmehr der Gedanke eine Rolle gespielt, durch Beanspruchung weiter Meeresgebiete einen Ausgleich für ihren extrem schmalen geologischen Schelf (ca. 9 Seemeilen) zu schaffen.

Obwohl sich keine vr Rechtfertigung für das einseitige Zurückdrängen der Freiheit der Meere finden ließ[4], war dieser Entwicklung kein Einhalt mehr zu gebieten. Eine Reihe von Staaten begann zunächst

---

[1] Oben §§ 1089 ff.

[2] §§ 1089, 1114; vgl. *Gündling*, Die 200 Seemeilen-Wirtschaftszone (1983), S. 15 ff. Zum ganzen auch noch *Phillips*, The Exclusive Economic Zone as a Concept in International Law, ICLQ 26 (1977), S. 585 ff.; *Extavour*, The Exclusive Economic Zone (1979); *Conforti* (Hrsg.), La zona economica esclusiva (1983).

[3] Kritisch auch *O'Connell / Shearer*, The International Law of the Sea, Bd. I (1982), S. 552: „The EEZ ... represents the triumph of individualism over collectivism in international relations. In one concept it aims to secure for coastal States the resources of the sea, the seabed and the subsoil, irrespective of variations in geographical or economic or ecological circumstances. The process of its evolution did fundamental violence to the course of legal history ..." Zur naturwissenschaftlichen Begründung der küstenstaatlichen Ansprüche ebd., S. 555.

Extavour (Anm. 2), S. 6, weist auf die relativ kleine Zahl durch die Einführung der EEZ tatsächlich begünstigter Staaten (darunter auch die Supermächte USA und UdSSR) hin (ebenso *O'Connell*, S. 552, Anm. 1).

[4] Vgl. oben § 1091.

12 Seemeilen überschreitende Küstenmeere zu beanspruchen[5], andere führten ausschließliche Fischereizonen in vergleichbarem Umfang ein[6]. Ab der Mitte der 70er Jahre gingen dann zahlreiche Staaten dazu über, Wirtschaftszonen zu beanspruchen; bis Frühjahr 1984 hatten 48 Staaten ausschließliche Wirtschaftszonen von 200 Seemeilen Breite erklärt[7].

§ 1101 Für die vr Beurteilung dieses neuen seerechtlichen Instituts sind aber nicht nur diese einseitigen Akte von Interesse, sondern auch die seerechtspolitischen Gemeinschaftsinitiativen, die ebenfalls von Lateinamerika ihren Ausgang nahmen. 1970 trafen sich neun Staaten dieser Region, die in der einen oder anderen Form die 200-Seemeilen-Zone verfochten, zu einer Konferenz in Montevideo. Sie nahmen einstimmig eine Deklaration an, die mit Blick auf die bevorstehende 3. UN-Seerechtskonferenz das Recht des Küstenstaates, die Grenzen seines maritimen Hoheitsgebietes selbst zu bestimmen, als seerechtliches Grundprinzip proklamierte[8]. Das noch im gleichen Jahr im erweiterten Kreis stattfindende Seerechtstreffen von Lima verabschiedete ein wesentlich zurückhaltender formuliertes Dokument[9], weil eine (wie in Montevideo proklamiert) nicht näher begrenzte Ausdehnung küstenstaatlicher Rechte bis in die Tiefsee einem internationalen Meeresbodenregime zu wenig Raum gelassen hätte. Nur zwei Jahre später, am 9. Juni 1972, wurde von 15 karibischen Staaten die Deklaration von Santo Domingo angenommen. Diese unterschied nicht nur zwischen *lex lata* und neuen Seerechtsprinzipien, sondern schlug auch in Gestalt

---

[5] Zu diesen Ansprüchen im einzelnen vgl. §§ 1071, 1089 f.

[6] Vgl. *Extavour* (Anm. 2), S. 167.

[7] Vgl. jüngst die Aufstellung in Dok. 946 (18. Mai 1983) der Versammlung der Westeuropäischen Union (29. ord. Sitzungsperiode). Frühere Zusammenstellungen der EEZ-Staatenpraxis finden sich bei *O'Connell / Shearer* (Anm. 3), S. 570 f.; *Extavour* (Anm. 2), S. 133 ff., 321; *Gündling* (Anm. 2), S. 321 ff.; *Rüster*, Die Rechtsordnung des Festlandsockels (1977), S. 111 f.
Zur US-Wirtschaftszone 1983 siehe unten Anm. 14.
Mit Wirkung vom 1. März 1984 hat auch die Sowjetunion eine EEZ proklamiert: Mitteilungen des Obersten Sowjets der UdSSR, Nr. 9, 29. Februar 1984.

[8] Nach dem englischen Wortlaut der Deklaration haben Küstenstaaten u. a. das Recht „to explore, conserve and exploit the natural resources of the soil and subsoil of the sea bed and ocean floor up to the limit within which the State exercises its jurisdiction over the sea" (ST/LEG/SER. B/16, S. 586; *Platzöder / Vitzthum*, Seerecht. Law of the Sea [1984], S. 391 ff.). Vgl. dazu *Rojahn*, Die Ansprüche der lateinamerikanischen Staaten auf Fischereivorrechte jenseits der Zwölfmeilengrenze (1972), S. 76 ff.; *Kehden*, Die Deklaration von Montevideo über das Seerecht vom 8. Juli 1970 im Lichte der Bemühungen um eine Dritte Seerechtskonferenz, Verfassung und Recht in Übersee 3 (1970), S. 68 ff.; *Gündling* (Anm. 2), S. 35; *Rüster* (Anm. 7), S. 176.

[9] Text bei *Oda*, The International Law of the Ocean Development, Bd. I (1972), S. 349 ff.; ST/LEG/SER. B/16, S. 587 ff.; *Platzöder / Vitzthum* (Anm. 8), S. 394 ff. Dazu *Hjertonsson* (ebd.), S. 70 ff.; *Rojahn* (ebd.), S. 80 ff.; *Gündling* (Anm. 2), S 36 f.

der sogenannten „patrimonial sea" eine 200-Seemeilen-Zone vor, die der späteren ausschließlichen Wirtschaftszone inhaltlich ähnelt: Der Küstenstaat sollte in dieser Zone souveräne Rechte über die erneuerbaren und nicht erneuerbaren Ressourcen des Wassers, des Meeresbodens und des Untergrundes erhalten sowie die wissenschaftliche Forschung und den Meeresumweltschutz regeln dürfen. Die Freiheit der Schiffahrt und des Überflugs sollte unter Berücksichtigung eben dieser Rechte des Küstenstaates gewährleistet bleiben[10]. Von uneingeschränkter küstenstaatlicher Souveränität über dieses Meeresgebiet war demnach nicht mehr die Rede[11].

§ 1102 Die lateinamerikanischen Initiativen fielen vor allem in der Dritten Welt auf fruchtbaren Boden[12]. Bald zeichnete sich ab, daß die Mehrheit aller Industrie- wie auch Entwicklungsländer für ausgedehnte küstenstaatliche Nutzungsvorrechte eintreten würde. Eine Ausnahme bildeten lediglich Binnen- und geographisch benachteiligte Staaten, insbesondere in Europa und Afrika. Der Begriff „exclusive economic zone" selbst geht auf einen Vorschlag Kenias für das Afro-Asian Legal Consultative Committee aus dem Jahr 1971 zurück[13]. Die USA griffen diesen Vorschlag später in dem mit der Vorbereitung der 3. UN-Seerechtskonferenz betrauten UN-Meeresbodenausschuß auf und gaben vor diesem Forum zu erkennen, daß sie unter der Voraussetzung einer akzeptablen Küstenmeer- und Meerengenregelung der Einführung

---

[10] Im übrigen ging dieses Dokument von 12 Seemeilen breiten Küstenmeeren und von der Legaldefinition des Art. 1 des Festlandsockelübereinkommens aus; vgl. dazu *Castañeda*, The Concept of the Patrimonial Sea in International Law, IJIL 12 (1972), S. 538 ff.; *Nelson*, The Patrimonial Sea, ICLQ 22 (1973), S. 668 ff.; *Gastines*, La mer patrimoniale, RGDIP 79 (1975), S. 447 ff.; *Vargas*, The Legal Nature of the Patrimonial Sea: A First Step Towards the Definition of the Exclusive Economic Zone, GYIL 22 (1979), S. 442 ff. Text bei *Oda* (Anm. 9), Bd. II (1975), S. 32 ff.; ST/LEG/SER. B/16, S. 599 ff.; *Platzöder / Vitzthum* (Anm. 8), S. 405 ff. Vgl. ferner ICJ Pleadings, *Fisheries Jurisdiction*, Bd. I, S. 366 ff.

[11] In eine ähnliche Richtung deutet auch die Resolution des Inter-American Juridical Committee der OAS vom 9. Februar 1973: *Oda* (Anm. 9), Bd. II (1975), S. 38 ff.; ILM 12 (1973), S. 711 ff.

[12] So befaßten sich die bündnisfreien Staaten in der sogenannten Erklärung von Lusaka vom 10. September 1970 (*Oda* [Anm. 9], S. 360; *Platzöder / Vitzthum* [Anm. 8], S. 403 f.), der Ministerrat der OAU in seiner 16., 17. und 18. ordentlichen Sitzung (1971 - 1973) in verschiedenen Resolutionen (*Oda* [Anm. 9], S. 361 ff.; *Extavour* [Anm. 2], S. 155 ff. [161]); das Yaounde Regional Seminar 1972 (eines der ersten Dokumente, in denen von einer „Economic Zone" die Rede ist; vgl. *Oda* [Anm. 9], Bd. II [1975], S. 23; ST/LEG/SER. B/16, S. 601; *Extavour* [Anm. 2], S. 159 ff.; *Gündling* [Anm. 2], S. 45 ff.) und schließlich die Binnen- und geographisch benachteiligten Staaten in der Kampala-Deklaration vom 22. März 1974 (*Oda* [Anm. 9], Bd. III [1979], Doc. III. E. 2; *Platzöder / Vitzthum* [Anm. 8], S. 413 ff.) mit diesen Fragen.

[13] Später UN Doc. A/AC. 138/SC. II/L. 10, abgedruckt bei *Oda* (Anm. 9), Bd. II (1975), S. 252. Vgl. dazu *Gündling* (Anm. 2), S. 39 ff. (42); *O'Connell / Shearer* (Anm. 3), S. 559 ff.; *Extavour* (Anm. 2), S. 177 ff.

einer 200 Seemeilen breiten Wirtschaftszone zustimmen könnten[14]. In den Verhandlungen der Seerechtskonferenz konnten sich dann weder die Befürworter 200 Seemeilen breiter Küstenmeere („Territorialisten") noch die Gruppe der Binnen- und geographisch benachteiligten Staaten mit ihren einschränkenden, eine mehr gemeinschaftliche Nutzung bzw. garantierte Zugangsrechte anstrebenden Initiativen durchsetzen. Vielmehr zeichnete sich alsbald eine Mehrheit für eine ausschließliche Wirtschaftszone ab, in der dem Küstenstaat souveräne Rechte bzw. Jurisdiktion über Ressourcen, wissenschaftliche Meeresforschung und Umweltschutz zukommen, im übrigen aber die Freiheiten der Hohen See fortbestehen. Daneben wurden den Binnen- und geographisch benachteiligten Staaten[15] gewisse Zugriffsrechte auf die lebenden Ressourcen in Wirtschaftszonen anderer Staaten zugestanden (Art. 69 und 70 des UN-Seerechtsübereinkommens 1982 [§ 596])[16].

2. *Rechtliches Regime*

§ 1103 Das UN-Seerechtsübereinkommen 1982 behandelt die ausschließliche Wirtschaftszone einmal in seinen Art. 55 - 75, zum anderen aber auch in zahlreichen weiteren Bestimmungen, die sich auf die Hohe See, den Meeresumweltschutz, die wissenschaftliche Meeresforschung und die Streitbeilegung beziehen. Neben dem Recht, die lebenden und nichtlebenden Ressourcen der EEZ zu erforschen, auszubeuten, zu erhalten und zu bewirtschaften, und dort aus Wasser, Strömungen und Winden Energie zu erzeugen, stehen dem Küstenstaat auch weitere, mit der wirtschaftlichen Nutzung zusammenhängende Rechte zu, wie die

---

[14] Zur amerikanischen Haltung *O'Connell / Shearer* (Anm. 3), S. 561; *Gündling* (Anm. 2), S. 59 ff. Die USA, die das UN-Seerechtsübereinkommen 1982 nicht unterzeichnet haben, proklamierten am 10. März 1983 eine ausschließliche Wirtschaftszone (*Platzöder / Vitzthum* [Anm. 8], S. 497 f.), deren Regime von demjenigen des UN-Übereinkommens abweicht. Vgl. dazu *Peirce*, Selective Adoption of the New Law of the Sea: The United States Proclaims its Exclusive Economic Zone, VJIL 23 (1982/83), S. 581 ff.; *Wolfrum*, Die amerikanische Seerechtspolitik, EA 39 (1984), S. 317 ff.

[15] Das UN-Seeerechtsübereinkommen 1982 definiert die geographisch benachteiligten Staaten für Zwecke des Wirtschaftszonenregimes in Art. 70 Abs. 2 als „coastal States, including States bordering enclosed or semi-enclosed seas, whose geographical situation makes them dependent upon the exploitation of the living resources of the exclusive economic zones of other States in the subregion or region for adequate supplies of fish for the nutritional purposes of their populations or parts thereof, and coastal States which can claim no exclusive economic zones of their own". Vgl. dazu *Pulvenis*, La notion d'Etat géographiquement désavantagé et le nouveau droit de la mer, AFDI 22 (1976), S. 678 ff.

[16] Zur Entwicklungsgeschichte der EEZ etwa *O'Connell / Shearer* (Anm. 3), S. 559 ff.; *Extavour* (Anm. 2), S. 171 ff.; *Gündling* (Anm. 2), S. 38 ff., besonders aber S. 51 ff., S. 64 ff.; s. ferner die Dokumente bei *Oda* (Anm. 9), Bd. II (1975), S 252 ff.

Errichtung künstlicher Inseln, Anlagen und Bauwerke, die wissenschaftliche Meeresforschung und schließlich der Meeresumweltschutz (Art. 56)[17]. Außerdem darf der Küstenstaat in der EEZ seine in Ausübung dieser Rechte und Zuständigkeiten erlassenen Rechtsvorschriften gegenüber dritten Staaten durchsetzen (Art. 73).

Das Regime der ausschließlichen Wirtschaftszone erstreckt sich auf den Meeresboden, den Meeresuntergrund sowie auf die Wassersäule und den Luftraum darüber bis zu einer Entfernung von höchstens 200 Seemeilen von den Basislinien (Art. 57).

§ 1104 Anders als nach den Übereinkommen 1958, welche die Gewässer über dem Festlandsockel und den Luftraum darüber dem Regime der Hohen See ausdrücklich zuordnen[18], gilt nach dem UN-Seerechtsübereinkommen 1982 für die 200-Seemeilen-Zone ein *besonderes Regime* (specific legal régime: Art. 55). Wassersäule und Luftraum über dem Festlandsockel außerhalb der 200-Seemeilen-Zone (Außenschelf, outer continental shelf) dagegen bleiben Hohe See.

§ 1105 Die Rechte und Pflichten *anderer* Staaten in der ausschließlichen Wirtschaftszone werden in Art. 58 niedergelegt: den Küsten- wie Binnenstaaten stehen danach die Freiheiten der Schiffahrt und des Überflugs, der Verlegung unterseeischer Kabel und Rohrleitungen, sowie anderer vr zulässige, mit diesen Freiheiten zusammenhängende Nutzungen des Meeres zu; wie überhaupt die die Hohe See betreffenden Art. 88 - 115 des Übereinkommens in der ausschließlichen Wirtschaftszone Anwendung finden, sofern sie nicht mit deren Regime unvereinbar sind (Art. 58 Abs. 2)[19]. Dritte Staaten sind gehalten, in der ausschließlichen Wirtschaftszone alle vom Küstenstaat in Ausübung seiner Befugnisse erlassenen Rechtsvorschriften zu beachten (Art. 58 Abs. 3), zu deren Durchsetzung dieser auch befugt ist, Schiffe zu durchsuchen und zu arrestieren (Art. 73). Streitigkeiten über im Übereinkommen 1982 nicht geregelte Fälle der Zuweisung von Rechten und Zuständigkeiten in der ausschließlichen Wirtschaftszone sollen gemäß Art. 59 auf der Grundlage der Billigkeit unter Berücksichtigung aller maßgeblichen Umstände beigelegt werden.

---

[17] Vgl. §§ 1108, 1122, 1133 f.

[18] Art. 3 Festlandsockelübereinkommen; Art. 1 Übereinkommen über die Hohe See i. V. m. Art. 1 Festlandsockelübereinkommen.

[19] Die Frage des Rechtscharakters der Gewässer der EEZ, insbesondere ob diese als Hohe See oder nach einem Regime *sui generis* zu beurteilen sind, ist nicht nur auf der Seerechtskonferenz, sondern auch in der Literatur heftig diskutiert worden; vgl. etwa *O'Connell / Shearer* (Anm. 3), S. 575 ff. (579): „. . . a final judgment must be postponed."; *Extavour* (Anm. 2), S. 185 ff.; *Gündling* (Anm. 2), S. 296 ff. (Zone *sui generis*), S. 269 ff. (zu den Freiheiten dritter Staaten).

§ 1106 Die folgenden Art. 60 - 72 regeln Betrieb und Nutzung von künstlichen Inseln, Anlagen und Bauwerken[20] sowie die Erhaltung und Nutzung der lebenden Ressourcen. Was die nichtlebenden Naturschätze des Meeresbodens und seines Untergrundes betrifft, so wird in Art. 56 Abs. 3 auf das Festlandsockelregime (Art. 76 - 85) verwiesen[21].

In der ausschließlichen Wirtschaftszone stehen dem Küstenstaat zwar, wie bereits angeführt, souveräne Rechte an den lebenden und nichtlebenden Ressourcen zu, doch ist sein Zugriff auf die *lebenden* Naturschätze zugunsten anderer Staaten eingeschränkt[22]: Unter Beachtung im einzelnen geregelter Bedingungen legt der Küstenstaat die zulässige Fangmenge („allowable catch") in seiner EEZ fest (Art. 61). Gleichzeitig ist er verpflichtet, die bestmögliche Nutzung („optimum utilization") der lebenden Ressourcen zu erreichen (Art. 62 Abs. 1). Verfügt der Küstenstaat jedoch nicht über die Kapazität, die gesamte zulässige Fangmenge auszuschöpfen, so *hat* er anderen Staaten auf dem Vertragswege Zugang zu dem Überschuß („surplus") zu gewähren (Art. 62 Abs. 2). Dabei darf der Küstenstaat zwar die Bedeutung dieser Ressourcen für seine Wirtschaft in Rechnung stellen, er muß aber in jedem Fall das *Recht* der Binnen- und geographisch benachteiligten Staaten „to participate, on an equitable basis, in the exploitation of an appropriate part of the surplus" (Art. 69, 70)[23], sowie die *Bedürfnisse* anderer Staaten (Art. 62 Abs. 3) berücksichtigen[24]. Die solcherart berechtigten bzw. begünstigten Staaten stehen ihrerseits unter der Verpflichtung, bei der Nutzung des Überschusses einen Katalog näher bestimmter Auflagen, insbesondere aber alle küstenstaatlichen Erhaltungsmaßnahmen, zu beachten (Art. 62 Abs. 4). Die praktische Ver-

---

[20] Darüber *Charles*, Les îles artificielles, RGDIP 71 (1967), S. 342 ff.; *Lagoni*, Künstliche Inseln und Anlagen im Meer, JIR 18 (1975), S. 241 ff.; *Papadakis*, The International Legal Regime of Artificial Islands (1977); *Münch*, Les îles artificielles et les installations en mer, ZaöRV 38 (1978), S. 933 ff. Vgl. ferner die Entscheidung des italienischen Consiglio di Stato vom 14. November 1969 im Fall *Chierici & Rosa v. Ministry of Merchant Navy*, eine künstliche Insel in der Adria betreffend: ItYIL 1 (1975), S. 265 ff.

[21] Dazu unten §§ 1115 ff.

[22] *O'Connell / Shearer* (Anm. 3), S. 563: „The concept of the EEZ thus builds upon ... the idea that the coastal State has preference but not necessarily a monopoly ..."

[23] Dieses Recht besteht jedoch dort nicht, wo die Wirtschaft eines Küstenstaates in weit überwiegendem Maße von der Ausbeutung der lebenden Ressourcen seiner ausschließlichen Wirtschaftszone abhängt: Art. 71 (*„Island-Klausel"*).

[24] Zu den Rechten dritter, insbesondere Binnen- und geographisch benachteiligter Staaten *Extavour* (Anm. 2), S. 233 ff., 243 ff.; *O'Connell / Shearer* (Anm. 3), S. 580 f.; *Platzöder*, Die Dritte Seerechtskonferenz der Vereinten Nationen — eine Zwischenbilanz (1975), S. 39 ff., 164 ff.; *Gündling* (Anm. 2), S. 279 ff.; *Mengozzi*, Common Heritage of Mankind and Exclusive Economic Zone, ItYIL 5 (1980/81), S. 65 ff. Vgl. auch unten § 1123.

wirklichung dieser Teilhabe dritter Staaten wird allerdings auf Schwierigkeiten bei der Auslegung von Begriffen wie „harvesting capacity" (des Küstenstaates), „allowable catch" oder „optimum utilization" und bei der Handhabung des küstenstaatlichen Ermessens stoßen. Dazu kommt, daß Fischereistreitigkeiten weitgehend von der obligatorischen Streitbeilegung ausgenommen sind (vgl. Art. 297 Abs. 3)[25].

§ 1107 In den Art. 63 - 67 sieht das Übereinkommen 1982 noch Maßnahmen zur Erhaltung und Nutzung grenzüberschreitender Fischbestände, weit wandernder Arten (vgl. Anlage I)[26], von Meeressäugetieren[27] sowie anadromer (z. B. Lachse) bzw. katadromer Arten (z. B. Aale), vor. Seßhafte Arten (sedentary species, z. B. Hummer) unterliegen hingegen einer besonderen Regelung im Rahmen des Festlandsockelregimes[28].

Ob mit dem Fischereiregime des UN-Seerechtsübereinkommens 1982 ein wirksames Instrument gegen Überfischung und Ausrottung wertvoller Bestände[29] geschaffen worden ist, bleibt abzuwarten.

§ 1108 Neben der Freiheit der Fischerei ist in der ausschließlichen Wirtschaftszone insbesondere auch die *Forschungsfreiheit*[30] eingeschränkt worden. Das Übereinkommen über die Hohe See 1958 hat sie den sog. „*inter alia*-Freiheiten" zugewiesen[31]. In dem gleichzeitig abgeschlossenen Festlandsockelübereinkommen hat die Forschungsfreiheit

---

[25] Vgl. *Rosenne*, Settlement of Fisheries Disputes in the Exclusive Economic Zone, AJIL 73 (1979), S. 89 ff.

[26] Darüber *King*, International Management of Highly Migratory Species, Marine Policy 3 (1979), S. 264 ff.

[27] Dazu *Clark / Lamberson*, An Economic History and Analysis of Pelagic Whaling, Marine Policy 6 (1982), S. 103 ff.

[28] Art. 68 des Übereinkommens 1982 verweist daher insoweit auf die Bestimmungen für den Festlandsockel (Art. 77 Abs. 4).

[29] So hat Peru seine Anchovis-Bestände so stark überfischt, daß nicht nur die Fischerei selbst in eine Krise gestürzt wurde, sondern auch die Guano-Bestände drastisch zurückgingen. Vor ähnliche Probleme sah sich Island gestellt (I. C. J. Pleadings, *Fisheries Jurisdiction*, Bd. I, S. 408 ff., Bd. II, S. 173 ff.); weitere Einzelheiten bei *Rüster*, Die Rechtsordnung des Festlandsockels (1977), S. 110 (Anm. 143 a). Vgl. ferner *O'Connell* (Anm. 3), S. 527 f., zu den Gefahren von „misuse and waste"; zur Frage der Zuteilung nicht genutzter Ressourcen an dritte Staaten S. 564 ff.

Zur Frage der Fischerei insbesondere in der EEZ noch *Koers*, International Regulation of Marine Fisheries (1973); *Rojahn*, 200 sm-Wirtschaftszone und Hochseefischerei — völkerrechtliche Entwicklungslinien, GYIL 19 (1976), S. 73 ff.; *Carroz*, Les problèmes de la pêche à la Conférence sur le droit de la mer et dans la pratique des Etats, RGDIP 84 (1980), S. 705 ff.; *Burke*, U.S. Fishery Management and the New Law of the Sea, AJIL 76 (1982), S. 24 ff.; *Oda*, Fisheries under the United Nations Convention on the Law of the Sea, ebd. 77 (1983), S. 739 ff.; *Wolfrum*, Die Internationalisierung staatsfreier Räume (1984), S. 188 ff., 652 ff.

[30] Vgl. die oben § 1078, Anm. 27, angeführte Literatur.

[31] Unten § 1124.

aber bereits eine erste entscheidende Einschränkung erfahren: Gemäß Art. 5 Abs. 8 bedarf nämlich jede Forschungstätigkeit „concerning the continental shelf and undertaken there" der Zustimmung des Küstenstaates. „Purely scientific research" durch qualifizierte Institutionen soll jedoch unter normalen Umständen genehmigt werden. In solchen Fällen ist der Küstenstaat zu beteiligen und sind die Forschungsergebnisse zu veröffentlichen.

Das UN-Seerechtsübereinkommen 1982 schränkt die Forschungsfreiheit weiter ein. Dies geschieht zum einen schon durch die Einführung 12 Seemeilen breiter Küstenmeere, zum anderen durch die Reglementierung der wissenschaftlichen Meeresforschung (marine scientific research, recherche scientifique [Art. 238 - 265]).

Die 3. UN-Seerechtskonferenz konnte sich auf eine Legaldefinition der wissenschaftlichen Meeresforschung nicht einigen. Das Übereinkommen 1982 übernahm nicht einmal den Begriff „purely scientific research" aus dem Übereinkommen 1958 und unterscheidet nur mittelbar zwischen nicht-ressourcen-orientierter und ressourcen-orientierter wissenschaftlicher Meeresforschung (vgl. Art. 246 Abs. 3 und Abs. 5 lit. a). Auch die Streitfrage, ob militärische Forschungsvorhaben zur wissenschaftlichen Meeresforschung zu zählen sind, bleibt offen.

Wissenschaftliche Meeresforschung in der ausschließlichen Wirtschaftszone und auf dem Festlandsockel bedarf der Zustimmung des Küstenstaates (Art. 246 Abs. 2). Unter normalen Umständen (normal circumstances) ist diese Zustimmung für diejenigen Forschungsvorhaben anderer Staaten und internationaler Organisationen zu erteilen, die in Übereinstimmung mit dem UN-Seerechtsübereinkommen 1982 „exclusively for peaceful purposes and in order to increase scientific knowledge of the marine environment for the benefit of all mankind" durchgeführt werden (Abs. 3). Ablehnungsgründe und Ermessensspielraum, Forschungsvorhaben zu versagen, sind allerdings weit gefaßt und unterliegen nur bedingt der gerichtlichen Überprüfung (Art. 246 Abs. 5 und Art. 297 Abs. 2). Für Forschungsvorhaben internationaler Organisationen und solche, die unter deren Schirmherrschaft durchgeführt werden, sieht Art. 247 gewisse Erleichterungen im Zustimmungsverfahren vor.

Hat der Küstenstaat auf einen Forschungsantrag nicht innerhalb von 4 Monaten ablehnend reagiert, so kann nach Ablauf von insgesamt 6 Monaten mit der Ausführung des Forschungsvorhabens begonnen werden (Art. 252: „implied consent"). In jedem Falle haben forschende Staaten bzw. Organisationen gegenüber dem Küstenstaat umfangreiche Informationspflichten und Auflagen zu erfüllen (Art. 248 - 250). Wird diesen Bedingungen nicht Rechnung getragen, so kann der Küstenstaat die Aussetzung oder gar Einstellung auch einmal genehmigter Forschungstätigkeiten verlangen (Art. 253). Dem Küstenstaat benachbarte Binnen- und geographisch benachteiligte Staaten haben gemäß Art. 254 die Möglichkeit, sich an Forschungsprojekten Dritter zu beteiligen.

§ 1109 Das Regime der ausschließlichen Wirtschaftszone umfaßt schließlich auch Vorschriften über den Meeresumweltschutz, insbesondere zur Bekämpfung der Verschmutzung durch Tätigkeiten auf dem Meeresboden, durch „Dumping" und durch Schiffe, deren Grundzüge wir an anderer Stelle behandeln[32].

§ 1110 Die *Abgrenzung* der ausschließlichen Wirtschaftszone zwischen Staaten mit gegenüberliegenden oder aneinander angrenzenden Küsten[33] hat durch Übereinkunft auf der Grundlage des VR i. S. des Art. 38 IGH-Statut zu erfolgen, „in order to achieve an equitable solution" (Art. 74 Abs. 1). Streitigkeiten können allerdings gemäß Art. 298 durch einseitige Erklärung dem obligatorischen Streitschlichtungssystem des Übereinkommens 1982 entzogen werden.

§ 1111 Das Rechtsinstitut der ausschließlichen Wirtschaftszone stellt, ebenso wie das Festlandsockelregime, einen Anwendungsfall des Prinzips der *Kontiguität* dar[34]. In der detaillierten Ausgestaltung, die ihm das UN-Seerechtsübereinkommen 1982 gibt, hat es noch keine gewohnheitsrechtliche Geltung erlangt[35]. Bereits im VGR verankert dürfte allerdings der Grundsatz sein, daß den Küstenstaaten in einer Meereszone bis zu 200 Seemeilen Breite ein Bündel ressourcenorientierter Rechte unter Ausschluß oder Einschränkung der Rechte anderer Staaten zukommt.

---

[32] Vgl. §§ 1077, 1134.

[33] Vgl. die oben § 1058, Anm. 5, genannte Spezialliteratur zu Abgrenzungsfragen.

[34] Die küstenstaatlichen Rechte bestehen danach *ipso iure* und *ab initio*, d. h. sie bedürfen keiner besonderen Geltendmachung, um in Anspruch genommen werden zu können; kritisch hierzu *O'Connell / Shearer* (Anm. 3), S. 570 f.; vgl. auch die Erörterung dieser Problematik bei *Gündling* (Anm. 2), S. 201 ff. Zum umstrittenen vr Rechtserwerbstitel der Kontiguität vgl. § 1155.

[35] Vgl. zur Staatenpraxis die Fundstellen in Anm. 7. Mit der Frage der vgr Geltung des EEZ-Regimes auseinandergesetzt haben sich u. a. *Extavour* (Anm. 2), der zunächst nur regionales Gewohnheitsrecht annahm (S. 286 ff.), in einem Postskript dann diesen Vorbehalt zurücknahm (S. 325); ebenso *O'Connell / Shearer* (Anm. 3), S. 570 f.; eingehend auch *Gündling* (Anm. 2), der unter Bezugnahme auf die jüngere Rechtsquellendiskussion (S. 312 ff.) und auf die einschlägige Staatenpraxis (S. 321 ff.) hinsichtlich bereits geltenden VGR eher skeptisch ist.

V. Der Festlandsockel

1. *Begriffsbestimmung und Entwicklung des Regimes*

§ 1112 Die Begriffe Festlandsockel oder Kontinentalschelf (continental shelf, plateau continental)[1] entstammen ursprünglich der Fachsprache der Ozeanographie und bezeichnen jene unterseeische Fortsetzung des Festlands, die Kontinente und Inseln als eine Art geologisches Fundament unterschiedlicher Breite umgibt und dann bis in eine Wassertiefe von etwa 200 Meter[2] absinkt. Hieran schließt der in mehreren Stufen und zugleich steiler abfallende Kontinentalabhang (slope, talus)[3] an, der in etwa 3500 - 5500 Meter Tiefe als sog. Kontinentalanstieg (rise, glacis)[4] flach ausläuft und die Verbindung zum Tiefseeboden (deep ocean floor, grands fonds des océans) herstellt. Auch bei Inseln werden diese Phänomene beobachtet. Im übrigen haben aber Schelfgebiete keine einheitlichen Erscheinungsformen, sondern weisen eine sehr unterschiedliche geomorphologische Beschaffenheit und Ausdehnung auf[5]. So verfügen Nordamerika, Sibirien und die Ostküste Südamerikas über besonders breite, Afrika und die Pazifikküste Südamerikas über eher schmale Festlandsockel. Insgesamt machen die Schelfgebiete rund 5 % der Erdoberfläche aus[6]. Die Bedeutung des Festlandsockels liegt vor allem in seinem energiewirtschaftlichen, mineralischen und biologischen Rohstoffreichtum[7], dessen wirtschaftliche Ausbeutung erst der Fortschritt der Meerestechnik seit dem Zweiten Weltkrieg ermöglicht hat.

[1] Zum folgenden allgemein *Mouton*, The Continental Shelf (1952); *Lauterpacht*, Sovereignty over Submarine Areas, BYIL 27 (1950), S. 376 ff.; *Böhmert*, Meeresfreiheit und Schelfproklamationen, JIR 5 (1954), S. 1 ff., 177 ff.; ebendort 6 (1955), S. 7 ff.; *Scelle*, Plateau continental et Droit international, RGDIP 59 (1955), S. 5 ff.; *Auguste*, The Continental Shelf (1960); *Vallée*, Le plateau continental dans le droit positif actuel (1971); *Rüster*, Die Rechtsordnung des Festlandsockels (1977).

[2] An Stelle der 200 Meter-Tiefenbegrenzung wurden in Staatenpraxis und Literatur auch 100 Faden oder 600 Fuß genannt.

[3] Dieser „slope" bildet mit dem Kontinentalschelf die sog. „continental terrace". Zur naturwissenschaftlichen Terminologie vgl. etwa UN Doc. A/CONF. 13/2 und Add. 1, sowie *Whiteman*, Digest of International Law, Bd. 4, S. 814 ff.

[4] Als dem tiefsten Ausläufer des alle drei Phänomene zusammenfassenden Kontinentalrandes (continental margin, marge continentale); vgl. dazu auch die Definition in Art. 76 Abs. 3 des UN-Seerechtsübereinkommens 1982 (§ 1117).

[5] Randmeere wie Nord- und Ostsee oder Persischer Golf nehmen insofern eine Sonderstellung ein, als ihr Meeresboden zwar ozeanographisch und morphologisch dem Festlandsockel zuzuordnen ist, aber nicht zur Tiefsee abfällt. Im übrigen variiert die durchschnittliche Schelfbreite zwischen wenigen und maximal 800 Seemeilen.

[6] Eine Zuordnung von Schelfanteilen an Küstenstaaten findet sich bei *Platzöder / Vitzthum*, Zur Neuregelung des Meeresvölkerrechts auf der Dritten Seerechtskonferenz der Vereinten Nationen (1974), S. 272.

[7] Zu den wirtschaftlichen Möglichkeiten der Schelfnutzung vgl. *Vitzthum*, Der Rechtsstatus des Meeresbodens (1972), S. 77 ff.; *Rüster* (Anm. 1), S. 21 ff., 37 ff.

§ 1113 Aber auch schon früher waren die rechtliche Zugehörigkeit des küstennahen Meeresbodens sowie die hiermit verbundenen Eigentums- und Nutzungsrechte Gegenstand vr Interesses[8]. So setzte sich Vattel[9] bereits im 18. Jahrhundert mit der rechtlichen Zuordnung des Meeresbodens im Hinblick auf die Perlenfischerei auseinander. Unter der Voraussetzung effektiver Okkupation räumte er dem Uferstaat über den seinen Küsten vorgelagerten Meeresboden auch außerhalb seiner Küstengewässer Souveränität und damit verbunden ausschließliche Nutzungsrechte ein. Später ergaben sich vr Probleme im Zusammenhang mit unterseeischen Bergwerksanlagen vor der englischen Küste, dem geplanten Bau einer Tunnelverbindung unter dem Ärmelkanal oder der Zuordnung von Eigentumsrechten an Robben und Lachsen[10]. Die vr Beurteilung schwankte: Teils wurden Meeresboden und Untergrund auf dem Wege originärer Okkupation durch jeden Staat für aneignungsfähig gehalten, teils nur der Untergrund[11]. Einer völlig andersartigen Argumentation bediente sich das zaristische Rußland, als es sich 1916 auf die sog. Sektorentheorie berief, um die Einverleibung im Nordpolarmeer gelegener Inseln in sein Staatsgebiet zu rechtfertigen[12].

§ 1114 Diese frühen Lösungsversuche unterschieden sich von der späteren Festlandsockeldoktrin noch sehr weitgehend. Vor allem barg die für zulässig erachtete Okkupation von Meeresbodengebieten die Gefahr goldrauschähnlicher Zustände — zumal nach der Entdeckung wertvoller Erdöl- und Erdgasvorkommen zu einer Zeit, in der sich ein gewaltiger Rohstoff- und Energiebedarf der Industriestaaten abzeichnete. Den entscheidenden Anstoß zu einer völkerrechtspolitischen Neuorientierung und damit zu einer Abkehr vom Okkupationskonzept gab die

---

[8] Nähere Hinweise zur vr Entwicklung vor 1945 bei *Rüster* (Anm. 1), S. 121 ff.; *Mateesco*, Vers un nouveau droit international de la mer (1950), S. 63 ff.

[9] *Vattel*, Le droit des gens (oben § 12, Anm. 5), I, ch. XXIII, § 287. Vgl. *Heidelmeyer*, Perlenfischerei, WV II, S. 759 f.; ferner die berühmte Entscheidung des High Court of India im Fall *Annakumaru Pillai* (1904), IJIL 13 (1973), S. 273 ff. An dieser Beurteilung der sedentären Fischerei wurde von da an bis zur Herausbildung der Schelfdoktrin festgehalten, vgl. *Rüster* (Anm. 1), S. 121, 129 ff.

[10] *Böhmert*, Meeresherrschaft und Meereseigentum nach englischem Recht, IRD 1963, S. 47 ff.; *Hurst*, Whose Is the Bed of the Sea?, BYIL 4 (1923/24), S. 34 ff.; *Götz*, Robbenfang, Robbenfangstreite, WV III, S. 131 ff.; *Whiteman* (Anm. 2), S. 1042 ff.; *Jessup*, The Pacific Coast Fisheries, AJIL 33 (1939), S. 129 ff.; *Rüster* (Anm. 1), S. 124 ff., 136 ff.

[11] *Oppenheim*, Der Tunnel unter dem Ärmelkanal und das Völkerrecht, ZVR 2 (1908), S. 1 ff.; *Hurst* (Anm. 9), S. 43.

[12] *Lakhtine*, Rights over the Arctic, AJIL 24 (1930), S. 703 ff.; *Ferron*, Le droit international de la mer (1960), Bd. 2, S. 134. Diese Auffassung wurde später auch von der sowjetischen Regierung bestätigt; vgl. unten § 1146.

Festlandsockel-Proklamation Präsident Trumans vom 28. September 1945, in der ausschließliche, jedoch auf die Erforschung und Ausbeutung der Bodenschätze des Festlandsockels beschränkte Hoheitsrechte des Küstenstaates als „reasonable and just" bezeichnet und gleichzeitig ein Anspruch auf die Rohstoffe „of the subsoil and seabed of the continental shelf beneath the high seas but contiguous to the coasts of the United States" geltend gemacht wurde[13]. Gegen dieses einseitige Vorgehen der USA sind keine Proteste erhoben worden[14], vielmehr kam es dem Interesse zahlreicher Küstenstaaten entgegen. Eine Flut ähnlicher, zum Teil aber auch darüber hinausgehender Proklamationen, Erklärungen und nationaler Rechtsakte folgte dem amerikanischen Beispiel[15]. So wurden die natürlichen Ressourcen des Festlandsockels der ausschließlichen Kontrolle und Nutzung des Uferstaates unterworfen, und zwar unter völliger Loslösung von dem Erfordernis der Okkupation. Durch die umfangreiche, inhaltlich gleichförmige Übung der Staaten wurden binnen weniger Jahre die Voraussetzungen für die Entstehung von VGR geschaffen[16]. Die über die Grundsätze der Truman-Proklamation weit hinausgehende Praxis vor allem einiger lateinamerikanischer Staaten stieß dagegen alsbald auf zahlreiche Proteste, so daß sich in-

[13] Der Vollzug dieser Proklamation erfolgte durch die gleichzeitig erlassene Executive Order No. 9633. Vgl. AJIL 40 (1946), Suppl. S. 45 f.; ST/LEG/SER. B/1, S. 39, 41 (Executive order). Aus der Fülle der Stellungnahmen in der Literatur vgl. etwa *Lauterpacht* (Anm. 1), S. 380 ff.; *Böhmert* (ebd.); *Rüster* (ebd.), S. 142 ff.

Vgl. ferner aus dem Urteil des IGH in den *North Sea Continental Shelf* Cases, ICJ Reports 1969, S. 32 f.: „The Truman Proclamation ... soon came to be regarded as the starting point of the positive law on the subject, and the chief doctrine it enunciated, namely that of the coastal State as having an original, natural and exclusive (in short a vested) right to the continental shelf off its shores ..." Zu der gleichzeitig erlassenen Fischereiproklamation s. oben § 1089.

[14] Vgl. *Hollick*, U. S. Foreign Policy and the Law of the Sea (1981), S. 56 ff.

[15] Zur einseitigen Staatenpraxis von rd. 90 Staaten bzw. früheren Kolonien im einzelnen *Kehden*, Die Inanspruchnahme von Meereszonen und Meeresbodenzonen durch Küstenstaaten (2. Aufl. 1971); ferner *Rüster* (Anm. 1), S. 142 ff. mit Anhang I (S. 437). Die Texte der Proklamationen finden sich in folgenden Bänden der United Nations Legislative Series: ST/LEG/SER. B/1, 8, 15, 16, 18, 19.

[16] Argentinien berief sich bereits 1946 nach den vorangegangenen Proklamationen der USA und Mexikos bei seinen Ansprüchen auf Gewohnheitsrecht (ST/LEG/SER. B/1, S. 4), nicht aber die CEP-Staaten (vgl. dazu oben § 1090). Richtig war damals zweifellos die ablehnende Auffassung von Schiedsrichter *Lord Asquith* in der *Abu Dhabi* Arbitration 1951 (AJIL 47 [1953], S. 156 ff.; ILR 18 [1951], S. 144 ff.); vgl. den Kommentar von *Young*, Lord Asquith and the Continental Shelf, AJIL 46 (1952), S. 512 ff. Ferner *Slouka*, International Custom and the Continental Shelf (1968), bes. S. 89 ff. Im Ergebnis kann man festhalten, daß die später im Übereinkommen 1958 niedergelegten Grundprinzipien des Festlandsockelrechts bereits damals universelle Geltung erlangt hatten und deshalb in ihrer Anwendbarkeit nicht auf die Parteien des Übereinkommens beschränkt waren bzw. sind: *Rüster* (Anm. 1), S. 230 ff. (236).

soweit auch kein partikuläres VGR bilden konnte[17]. Gleichzeitig zeigte dieses Vorgehen jedoch die Notwendigkeit auf, eine einheitliche vr Regelung anzustreben. Deshalb wurde die ILC beauftragt, für die (erste UN-)Seerechtskonferenz einen Konventionsentwurf über den Festlandsockel vorzubereiten[18]. Das auf ihren Arbeiten beruhende Übereinkommen über den Festlandsockel vom 29. April 1958[19] trat am 10. Juni 1964 in Kraft und verpflichtet gegenwärtig 54 Staaten. Wie bereits erwähnt, haben jedoch die im Mittelpunkt des Übereinkommens stehenden Grundprinzipien der Festlandsockeldoktrin (zum Teil schon vor 1958) gewohnheitsrechtliche Anerkennung erlangt[20]. Heute wird die Beurteilung der Rechtslage durch die Beanspruchung von 200 Seemeilen-Zonen erschwert. Nach Inkrafttreten des UN-Seerechtsübereinkommens 1982 (§ 596) wird das Festlandsockelregime jedenfalls *inter partes* inhaltlich abgeändert und räumlich weitgehend, d. h. bis in 200 Seemeilen Entfernung von der Küste, durch die ausschließliche Wirtschaftszone überlagert werden[21].

---

[17] Vgl. oben §§ 1090 ff.; sowie *Rüster* (Anm. 1), S. 105.

[18] Vgl. die Vorarbeiten der ILC in den ILC-Yearbooks 1951 II, S. 142 ff.; 1953 II, S. 213 ff., und 1956 II, S. 298 ff. Dazu u. a. *Scelle*, Plateau continental et droit international, RGDIP 59 (1955), S. 5 ff.; *Auguste* (Anm. 1), S. 83 ff.; *Brown*, The Legal Regime of Hydrospace (1971), S. 3 ff.; *Ferron* (Anm. 12), S. 105 ff.; *Mouton* (Anm. 1); *Oda*, International Control of Sea Resources (1963), S. 147 ff.; *Rüster* (Anm. 1), S. 192 ff. (zum Rechtserwerbstitel); *Slouka* (Anm. 16); *Vallée* (Anm. 1).

[19] UNTS 499, S. 312; *Berber / Randelzhofer*, Völkerrechtliche Verträge (2. Aufl. 1979), S. 239 ff. Eine Übersicht über die Parteien des Übereinkommens sowie über Vorbehalte und Erklärungen einzelner Vertragsparteien findet sich in dem UN Doc. ST/LEG/SER. E/1, S. 604 ff., sowie bei *Rüster* (Anm. 1), S. 469 ff.

[20] Vgl. die Aussagen des IGH in den *North Sea Continental Shelf* Cases, ICJ Reports 1969, S. 22 ff., wo zwischen Gewohnheits- und Vertragsrecht klar unterschieden wird: Während etwa den in Art. 2 niedergelegten Prinzipien universelle Geltung zuerkannt wurde, sprach der IGH diese der Abgrenzungsregelung des Art. 6 ab; vgl. S. 45: „... the Geneva Convention was not in its origins or inception declaratory of a mandatory rule of customary international law enjoining the use of the equidistance principle ...".

[21] Der Schiedsspruch vom 30. Juni 1977 über die *Abgrenzung des Festlandsockels im Ärmelkanal* weist allerdings darauf hin, daß das Festlandsockelübereinkommen durch das neue Seerecht keineswegs obsolet geworden ist; vgl. ILM 18 (1979), S. 397 ff. (417). Siehe auch aus der US-Proklamation vom 10. März 1983 (§ 1102, Anm. 14): „This Proclamation does not change existing United States policies concerning the continental shelf ..." Damit halten die USA seewärts von 200 Seemeilen weiterhin an dem Ausbeutbarkeitskriterium des Übereinkommens 1958 fest.

2. *Die Rechtsordnung des Festlandsockels*

a) Seine Grenzen

§ 1115 Das Übereinkommen 1958 bestimmt den Festlandsockel im Rechtssinne als: „(a) ... the seabed and subsoil of the submarine areas adjacent to the coast but outside the area of the territorial sea, to a depth of 200 meters or, beyond that limit, to where the depth of the superjacent waters admits of the exploitation of the natural resources of the said areas. (b) ... the seabed and subsoil of similar submarine areas adjacent to the coasts of islands" (Art. 1). Diese Definition läßt also die Außengrenze des Festlandsockels jenseits der 200-Meter-Tiefenlinie offen.

So wenig bedenklich diese Regelung in den 50er Jahren erschien, so umstritten war sie bereits wenig später, als Fortschritte in der offshore-Technologie die Ausbeutung des Meeresbodens in größeren Wassertiefen zuließen und damit die Vision einer Totalteilung des Meeresbodens heraufbeschworen. In der vr Literatur entspann sich darauf eine heftige Kontroverse um die Auslegung der Begriffe „adjacency" und „exploitability"[22]. Der auf der Genfer Seerechtskonferenz 1958 getroffene Kompromiß, eine Verbindung zwischen dem umstrittenen Rechtserwerbstitel der Kontiguität und der von der technischen Entwicklung abhängigen „Ausbeutbarkeit", führte also zu dem problematischen Ergebnis, daß der fortschreitenden technischen Entwicklung entsprechend der gesamte Kontinentalrand unter den Anwendungsbereich des Art. 1 fallen konnte[23].

§ 1116 Vor diesem Hintergrund sind die schon 1967 einsetzenden Bemühungen um eine Internationalisierung des Tiefseebodens zu sehen. Schon die „Moratoriums-Resolution" der UN-Generalversammlung vom 15. Dezember 1969[24] ging von der Existenz eines Meeresbodens „beyond the limits of national jurisdiction" aus. Diese Formel wurde dann in der Meeresbodenprinzipien-Deklaration vom 17. Dezember 1970[25] wiederholt und fand schließlich Eingang in das UN-Seerechtsübereinkommen 1982 (Art. 1 Abs. 1 [1]).

[22] Vgl. *Finlay*, The Outer Limit of the Continental Shelf, AJIL 64 (1970), S. 44 ff.; *Oxman*, The Preparation of Art. 1 of the Convention of the Continental Shelf, Journal of Maritime Law and Commerce 3 (1972), S. 245 ff.; *Klemm*, Die seewärtige Grenze des Festlandsockels (1976); *Rüster* (Anm. 1), S. 256 ff. (275); *Vitzthum* (Anm. 7), S. 211 ff.; vgl. ferner die bereits oben § 1058, in Anm. 5 genannte allgemeinere Literatur zu Abgrenzungsfragen.

[23] *Rüster* (Anm. 1), S. 284, 294 ff.; zur technischen Seite etwa *Victor* (Hrsg.), Meerestechnologie — Marine Technology (1973).

[24] Res. 2574 D (XXIV); Text bei *Platzöder / Vitzthum*, Seerecht. Law of the Sea (1984), S. 360 ff.

[25] Res. 2749 (XXV); Text bei *Platzöder / Vitzthum* (ebd.), S. 365 ff.; deutsch im EA 26 (1971), S. D 119 ff. Dazu *Skubiszewski*, La nature juridique de la „Déclaration des principes" sur les fonds marins, AEI 4 (1973), S. 237 ff.

§ 1117 Das Ringen um eine Neubestimmung der äußeren Festlandsockelgrenze hat sich in diesem Übereinkommen in einer außerordentlich komplizierten Begriffsbestimmung des Festlandsockels niedergeschlagen: Gemäß Art. 76 Abs. 1 umfaßt der Festlandsockel eines Küstenstaats „the seabed and subsoil of the submarine areas that extend beyond its territorial sea throughout the natural prolongation of its land territory to the outer edge of the continental margin, or to a distance of 200 nautical miles from the baselines from which the breadth of the territorial sea is measured where the outer edge of the continental margin does not extend up to that distance". In den Fällen, wo die äußere Kante des Festlandsockelrandes (seewärts von „shelf", „slope" und „rise": Art. 76 Abs. 3) mehr als 200 Seemeilen von den Basislinien entfernt verläuft, wird die Außengrenze gem. Art. 76 Abs. 4 und 6 festgelegt. Abs. 4 räumt dem Küstenstaat für die Bestimmung des Festlandsockel*randes* die Wahlmöglichkeit zwischen der sog. „irischen Formel" (einem Sedimentdicken-Kriterium) und einer Linie in bis zu 60 Seemeilen Entfernung vom Fuß des Festlandsockelabhangs (Punkt des stärksten Gefällwechsels an dessen Basis) ein. Für die Bestimmung der Festlandsockel*außengrenze* jenseits von 200 Seemeilen bietet Abs. 5 zwei Höchstbemessungen an, nämlich entweder ein 350-Seemeilen-Entfernungskriterium oder die Formel „2500-Meter-Isobathe plus 100 Seemeilen". Befinden sich auf dem Festlandsockel unterseeische Bergrücken (submarine ridges), ist das 350-Seemeilen-Kriterium anzuwenden (Abs. 6 Satz 1). Im Falle unterseeischer Erhebungen (submarine elevations), die natürliche Bestandteile des Festlandsockelrandes sind, wie seine Plateaus, Anstiege, Gipfel, Bänke und Ausläufer, steht dem Küstenstaat dagegen die gerade geschilderte Wahlmöglichkeit zu (Abs. 6 Satz 2). Ozeanische Bergrücken (oceanic ridges) werden gemäß Art. 76 Abs. 3 überhaupt nicht dem Festlandsockel, sondern dem Tiefseeboden zugerechnet. Bei der Ziehung der Festlandsockelaußengrenze wird eine *Kommission* zur Begrenzung des Festlandsockels (Art. 76 Abs. 8 und Anlage II zum Übereinkommen 1982) beratend tätig. Die auf der Grundlage der Empfehlungen dieser Kommission vom Küstenstaat festgelegte Außengrenze ist endgültig und bindend (Abs. 8).

§ 1118 Der gemäß Art. 76 definierte Festlandsockel steht auch Inseln zu, nicht aber unbewohnbaren Felsen (Art. 121)[26].

§ 1119 Die Abgrenzung des Festlandsockels zwischen Staaten mit *gegenüberliegenden* oder *aneinander angrenzenden* Küsten war ebenfalls Gegenstand heftiger Kontroversen[27]. Nach Art. 6 Abs. 1 des Fest-

[26] Vgl. oben § 1063. Dazu D. E. *Karl*, Islands and the Delimitation of the Continental Shelf: A Framework for Analysis, AJIL 71 (1977), S. 642 ff.; *Pazarci*, La délimitation du plateau continental et les îles (1982).

landsockelübereinkommens 1958 hat sie in erster Linie auf dem Vertragswege zu erfolgen. Kommt eine solche Einigung nicht zustande und rechtfertigen nicht besondere Umstände (special circumstances) eine anderweitige Grenzziehung, so wird die Grenze zwischen gegenüberliegenden Staaten durch die *Mittellinie* (median line) gebildet (Abs. 1). Die Abgrenzung zwischen zwei aneinander angrenzenden Staaten erfolgt — wiederum von der Ausnahme besonderer Umstände abgesehen — nach dem Prinzip der *Äquidistanz* (Abs. 2). Besonders an der Definition der „besonderen Umstände" schieden sich alsbald die Geister[28]. Angesichts der Vielfältigkeit ozeanographischer, geographischer und geologischer Formationen einerseits und nachbarstaatlicher Interessenlagen andererseits sind tiefgreifende Meinungsverschiedenheiten über die Auslegung des Art. 6, aber auch über die Frage der vgr anwendbaren Regeln aufgetreten. Zahlreiche Abgrenzungsprobleme sind durch den Abschluß vr Verträge[29] gelöst worden, wobei in jüngster Zeit auch neben oder anstelle von Festlandsockelgrenzen der Verlauf von Grenzen ausschließlicher Wirtschaftszonen festgelegt wurde[30]. Andere Streitigkeiten über die Festlandsockelabgrenzung sind von Schiedsgerichten und vom IGH beigelegt worden. An erster Stelle ist das Urteil des IGH vom 20. Februar 1969 in den *North Sea Continental Shelf* Cases[31] zu

---

[27] Vgl. *Rigaldies*, La délimitation du plateau continental entre états voisins, CYIL 14 (1976), S. 116 ff. Ferner die im folgenden genannten Kommentare zu den Abgrenzungsurteilen und -schiedssprüchen.

[28] Die „travaux préparatoires" bieten für die Auslegung des Art. 6 wenig Anhaltspunkte; aufschlußreich sind dagegen die von den Vertragsparteien hinterlegten Vorbehalte und Erklärungen zu dieser Bestimmung (Fundstelle § 1114, Anm. 19), die sich vor allem auf das im Seerecht allgemein virulente Basislinienproblem, aber auch auf die „special circumstances" beziehen. Hierzu sowie zur Entstehungsgeschichte des Art. 6 *Rüster* (Anm. 1), S. 355 ff., 368 ff., 472 ff. (Texte der Vorbehalte).

[29] Zusammenstellungen von Abgrenzungsverträgen finden sich bei *Rüster*, Verträge und Deklarationen über den Festlandsockel (Continental Shelf) (1975); *Conforti / Francalanci*, Atlante dei confini sottomarini (1979), sowie in ST/LEG/SER. B/1, 8, 15, 16, 18, 19. Der erste Schelfabgrenzungsvertrag wurde übrigens schon vor Erlaß der Truman-Proklamation geschlossen: der Vertrag von Paria zwischen Großbritannien und Venezuela vom 26. Februar 1942 (LNTS 205, S. 122; ST/LEG/SER. B/1, S. 44).

[30] Beispiele für EEZ-Abgrenzungsverträge sind etwa der Vertrag zwischen Venezuela und der Dominikanischen Republik vom 3. März 1979 (AdG, S. 22422) oder zwischen Frankreich und Mauritius vom 2. April 1980 (RGDIP 84 [1980], S. 1128).

[31] ICJ Reports 1969, S. 3 ff. Aus den zahlreichen Stellungnahmen in der Literatur vgl. *Friedmann*, The North Sea Continental Shelf Cases — A Critique, AJIL 64 (1970), S. 232 ff.; *Grisel*, The Lateral Boundaries of the Continental Shelf and the Judgment of the International Court of Justice in the North Sea Continental Shelf Cases, AJIL 64 (1970), S. 564 ff.; *Lang*, Le plateau continental de la mer du nord (1970); *Brown* (Anm. 18), S. 41 ff.; *Reynaud*, Les différends du plateau continental de la mer du nord devant la Cour internationale de justice (1975); *Rüster* (Anm. 1), S. 372 ff.; *Vallée* (Anm. 1), S 253 ff.

nennen, in denen es um den deutschen Schelfanteil in der Nordsee im Verhältnis zu Dänemark und den Niederlanden ging. In seinem Urteil lehnte der IGH die dänisch/niederländische Behauptung ab, daß Art. 6 und insbesondere die dort genannte Verbindung des Äquidistanzprinzips mit „besonderen Umständen" gewohnheitsrechtliche Anerkennung erlangt hätte und deshalb auch gegenüber der Bundesrepublik Deutschland als Nichtvertragsstaat des Festlandsockelübereinkommens zur Anwendung kommen müsse[32]. Gleichzeitig wies er aber auch den deutschen Anspruch auf einen „billigen und gerechten" Festlandsockelanteil zurück, da seine Aufgabe nicht die Zuteilung solcher Anteile, sondern deren Abgrenzung sei[33]. Stattdessen stellte das Gericht fest, daß das Äquidistanzprinzip dem Festlandsockelregime nicht notwendig innewohne, die Streitparteien vielmehr auf dem Verhandlungswege unter billiger Berücksichtigung der Eigentümlichkeiten des jeweiligen Küstenverlaufs, der physikalischen und geologischen Schelfstrukturen, der Lage bzw. Abbaumöglichkeiten der Bodenschätze unter Einbeziehung der „unity of deposits" und schließlich einer vernünftigen Proportionalität zwischen Schelfanteilen und Küstenlänge eine gerechte Abgrenzung vorzunehmen hätten[34].

Deutlich spürbar ist der Einfluß dieser Entscheidung des IGH im späteren britisch-französischen Schiedsverfahren über die *Abgrenzung des Festlandsockels im Ärmelkanal,* in dem das Schiedsgericht u. a. zwischen dem zu erzielenden billigen und gerechten Ergebnis und der Zuteilung eines billigen und gerechten Festlandsockelanteils unter-

---

[32] Vgl. ICJ Reports 1969, S. 39, 42 ff. Ferner S. 35: „In the light of this history ... it is clear that at no time was the notion of equidistance as an inherent necessity of continental shelf doctrine entertained ..." Vgl. auch das Zitat oben in Anm. 20. Allerdings räumte der IGH ein, daß „... no other method of delimitation has the same combination of practical convenience and certainty of application" (S. 23).

Auch im britisch-französischen Schiedsverfahren über die *Abgrenzung des Festlandsockels im Ärmelkanal* (Anm. 21) spielte die Frage der gewohnheitsrechtlich geltenden Abgrenzungsregeln eine ebenso entscheidende Rolle wie die Auseinandersetzung mit dem Äquidistanzprinzip; vgl. etwa § 82 (ILM 1979, S. 423) der Entscheidung: „... failing agreement, the boundary must be determined in accordance with equitable principles", oder § 68 (S. 421), wo das Schiedsgericht ausführt, daß es Äquidistanzregel und „special circumstances"-Klausel nicht für zwei eigenständige Abgrenzungsmodalitäten, sondern für eine zusammengehörige kombinierte Abgrenzungsvorschrift halte. Nur dadurch werde eine billige und gerechte Abgrenzung sichergestellt.

[33] ICJ Reports 1969, S. 23: „... its task in the present proceedings related essentially to the delimitation and not the apportionment of the areas concerned or their division into converging sectors".

[34] ICJ Reports 1969, S. 48, 54 (Tenor). Die Ausführung des Urteils erfolgte durch zwei Verträge vom 28. Januar 1971 zwischen der Bundesrepublik Deutschland einerseits und Dänemark bzw. den Niederlanden andererseits sowie durch einen weiteren Vertrag mit Großbritannien vom 25. November 1971 (BGBl. 1972 II, S. 882, 889, 897, sowie ILM 10 [1971], S. 600, 607, 731); vgl. *Rüster* (Anm. 1), S. 387 ff.

scheidet[35]. Schon dieser Schiedsspruch rückt vom Äquidistanz- bzw. Mittellinienprinzip zugunsten wesentlich schwieriger zu fassender „equitable principles" ab[36]. Dieser Tendenz gab der IGH dann im *Case Concerning the Continental Shelf (Tunisia/Libyan Arab Jamahiriya)* weiter nach, wo er mit Blick auf die sich abzeichnende neue Abgrenzungsregelung des UN-Seerechtsübereinkommens 1982[37] von diesen traditionellen Methoden Abstand nahm[38].

§ 1120 Das UN-Seerechtsübereinkommen 1982 schreibt diese Methoden in der Tat für die Abgrenzung von ausschließlicher Wirtschaftszone und Festlandsockel (Art. 74 und 83) nicht mehr vor. Es stellt lediglich das Erfordernis auf, daß die Abgrenzung der Billigkeit entsprechen muß (equitable solution). Kann eine derartige Lösung nicht binnen angemessener Zeit auf dem Vertragswege gefunden werden, so werden die Parteien auf das Streitbeilegungssystem in Teil XV des Übereinkommens verwiesen[39].

---

[35] Court of Arbitration, Decisions of 30 June, 1977 and 14 March, 1978 on the Delimitation of the Continental Shelf, Cmnd. 7438; ILR 54, S. 6 ff.; ILM 18 (1979), S. 397 ff. Dazu *Colson*, The United Kingdom-France Continental Shelf Arbitration, AJIL 72 (1978), S. 95 ff.; *Blecher*, Equitable Delimitation of Continental Shelf, AJIL 73 (1979), S. 60 ff.; *Rüster*, Das britisch-französische Schiedsverfahren über die Abgrenzung des Festlandsockels: Die Entscheidungen vom 30. Juni 1977 und vom 14. März 1978, ZaöRV 40 (1980), S. 818 ff.

[36] Dies hat etwa zur Berücksichtigung problematischer „makrogeographischer" Gesichtspunkte, der Bevölkerungsgröße oder gewisser wirtschaftlicher Faktoren geführt (§§ 182 ff. der Entscheidung [ILM 1979, S. 441 ff.]). Die in einem Fall als „equitable principles" akzeptierten Kriterien können aber in einem anderen Fall zu ganz unbilligen Ergebnissen führen, vgl. *Rüster* (Anm. 35), S. 830 f.

[37] Der IGH war durch den Schiedsvertrag vom 10. Juni 1977 ausdrücklich ermächtigt worden, „to take account of ... the recent trends admitted at the Third Conference on the Law of the Sea": ICJ Reports 1982, S. 21.

[38] ICJ Reports 1982, S. 18 ff. Dazu kritisch *Oellers-Frahm*, Die Entscheidung des IGH zur Abgrenzung des Festlandsockels zwischen Tunesien und Libyen: eine Abkehr von der bisherigen Rechtsprechung?, ZaöRV 42 (1982), S. 804 ff.; *Zoller*, Recherche sur les méthodes de délimitation du plateau continental: A propos de l'Affaire Tunisie-Libye (arrêt du 24 février 1982), RGDIP 86 (1982), S. 645 ff.; *Feldman*, The Tunisia-Libya Continental Shelf Case: Geographic Justice or Judicial Compromise?, AJIL 77 (1983), S. 219 ff.

Die beim IGH anhängigen Verfahren zwischen Libyen und Malta sowie zwischen Kanada und den USA (den Gulf of Maine betreffend) waren z. Zt. der Drucklegung unseres Buches noch nicht entschieden. Vgl. ferner die Auseinandersetzungen um die Abgrenzung der Barentssee (UdSSR/Norwegen) oder der Ägäis (Griechenland/Türkei). In dem letztgenannten Fall ist der IGH von Griechenland angerufen worden, hat aber seine Zuständigkeit verneint, vgl. ICJ Reports 1976, S. 3 ff.; ebd. 1978, S. 3 ff.; dazu *Gross*, The Dispute between Greece and Turkey Concerning the Continental Shelf in the Aegean, AJIL 71 (1977), S. 31 ff.; *Klemm*, Der Streit um den Festlandsockel in der Ägäis, RIW 21 (1975), S. 568 ff.; vgl. ferner oben § 782.

[39] Vgl. darüber §§ 466, 1321, 1330. Zu Art. 83 Abs. 3 UN-Seerechtsübereinkommen (Verhalten bis zum Abschluß eines Abgrenzungsvertrages) vgl. *Lagoni*, Interim Measures Pending Maritime Delimitation Agreements, AJIL 78 (1984), S. 345 ff.

b) Das Festlandsockelregime

§ 1121 Gemäß Art. 2 des Festlandsockelübereinkommens 1958 und Art. 77 des UN-Seerechtsübereinkommens 1982 übt der Küstenstaat zum Zwecke der Erforschung und Ausbeutung der Naturvorkommen souveräne Rechte über den Festlandsockel aus. Diese Rechte sind insofern ausschließlich, als niemand ohne ausdrückliche Zustimmung des Küstenstaates den Festlandsockel erforschen und seine Naturschätze ausbeuten darf, auch wenn der Küstenstaat selbst die Erforschung oder Ausbeutung unterläßt (Art. 2 Abs. 2 bzw. 77 Abs. 2). Die Rechte des Küstenstaates am Festlandsockel hängen weder von einer tatsächlichen oder angenommenen Okkupation noch von einer ausdrücklichen Erklärung ab (Art. 2 Abs. 3 bzw. 77 Abs. 3), sie beruhen vielmehr auf dem Prinzip der *Kontiguität* („adjacency", „natural prolongation")[40]. In seinem bereits erwähnten Urteil in den *North Sea Continental Shelf* Cases präzisierte der IGH dies dahingehend, daß „the rights of the coastal State in respect of the area of continental shelf that constitutes *a natural prolongation of its land territory* into and under the sea exist *ipso facto* and *ab initio*, by virtue of its sovereignty over the land, and as an extension of it, in an exercise of sovereign rights for the purpose of exploring the seabed and exploiting its natural resources. In short, there is here an *inherent right*. In order to exercise it, no special legal process has to be gone through, nor have any special legal acts to be performed"[41].

§ 1122 Die dem Küstenstaat zustehenden Ressourcen auf und im Festlandsockel umfassen die Bodenschätze und sonstigen nichtlebenden Naturschätze des Meeresbodens und -untergrundes, sowie die zu den seßhaften Arten gehörenden Lebewesen (sedentary species), „that is to say, organisms which, at the harvestable stage, either are immobile on or under the sea-bed or are unable to move except in constant physical contact with the sea-bed or the subsoil" (Art. 2 Abs. 4 bzw. 77 Abs. 4). Diese Definition hat zahlreiche Kontroversen darüber ausgelöst, welche Schelflebewesen als „sedentary species" zu betrachten sind[42]. Weitere Bestimmungen der beiden Übereinkommen garantieren Meeresfreiheit und Rechte anderer Staaten. So nimmt Art. 3 des Übereinkommens 1958 die Gewässer über dem Festlandsockel (superjacent waters) vom

---

[40] Dazu § 1155; *Lauterpacht* (Anm. 1), S. 423 ff., sowie *Rüster* (Anm. 1), S. 197 ff.

[41] ICJ Reports 1969, S. 22 (Hervorhebungen von uns).

[42] Vgl. etwa *Goldie*, Sedentary Fisheries and Article 2, IV, of the Convention of the Continental Shelf. A Plea for a Separate Regime, AJIL 63 (1969), S. 86 ff., sowie *derselbe*, ebd., S. 536 ff.; ferner *Rüster* (Anm. 1), S. 209 ff. Zu erinnern ist etwa an den französisch-brasilianischen Hummerkrieg in den 60er Jahren; dazu *Azzam*, The Dispute between France and Brasil over Lobster Fishing in the Atlantic, ICLQ 13 (1964), S. 1453 ff.

küstenstaatlichen Nutzungsprivileg aus und definiert sie als „Hohe See“; entsprechend stehen der Luftraum darüber sowie der Fischfang allen Staaten offen (vgl. Art. 1 des Übereinkommens über Fischerei und Erhaltung der lebenden Naturvorkommen der Hohen See[43]). Auch nach dem UN-Seerechtsübereinkommen 1982 (Art. 78 Abs. 1) berühren die Rechte des Küstenstaates am Festlandsockel nicht den Rechtsstatus von Gewässern und Luftraum darüber, für die das Regime der ausschließlichen Wirtschaftszone bzw. der Hohen See gilt. Ferner darf das Legen und die Unterhaltung von Unterwasserkabeln und -rohrleitungen (pipelines) auf dem Festlandsockel nicht behindert werden (Art. 4 bzw. Art. 79, wo nunmehr dem Küstenstaat ausdrücklich die Möglichkeit eingeräumt wird, auf den Verlauf und auf die Umweltverträglichkeit solcher Kabel und Rohrleitungen Einfluß zu nehmen)[44]. Künstliche Inseln[45] sowie Anlagen und Bauwerke zum Zwecke der Erforschung und Ausbeutung des Festlandsockels dagegen dürfen nur vom Küstenstaat errichtet, betrieben und genutzt werden (Art. 5 Abs. 2 - 7 bzw. Art. 80 in Verbindung mit Art. 60). Errichten dritte Staaten Anlagen und Bauwerke, die anderen (z. B. militärischen) Zwecken dienen, so kommt dem Küstenstaat Jurisdiktion darüber nur in den Fällen zu, wo diese Einrichtungen „may interfere with the exercise of the rights of the coastal State in the zone“ (Art. 60 Abs. 1 lit. c). Schließlich ist der Küstenstaat gemäß Art. 208 und 214 zuständig, die zur Bekämpfung der Meeresverschmutzung durch Festlandsockelaktivitäten notwendigen Vorschriften zu erlassen und durchzusetzen.

Durch die Ausübung der küstenstaatlichen Rechte dürfen Schiffahrt und sonstige Rechte und Freiheiten anderer Staaten weder beeinträchtigt noch in ungerechtfertigter Weise behindert werden (vgl. Art. 5 Abs. 1 bzw. 78 Abs. 2).

§ 1123 Schließlich sei auf zwei Sonderbestimmungen des Übereinkommens 1982 für den *Außenschelf* hingewiesen: Zum einen haben Küstenstaaten, die über derartige Festlandsockelgebiete außerhalb der 200-Seemeilen-Zone verfügen, Zahlungen oder Sachleistungen an die Internationale Meeresbodenbehörde zu erbringen, die vor allem den am wenigsten entwickelten und den Binnenstaaten der Dritten Welt zugute kommen sollen (Art. 82). Zum anderen erfährt das Regime der wissenschaftlichen Meeresforschung in der ausschließlichen Wirtschaftszone

---

[43] *Platzöder / Vitzthum* (Anm. 24), S. 49 ff. Darüber *Rüster* (Anm. 1), S. 216 ff.; *Vallée* (Anm. 1), S. 151. Vgl. aber die abweichende lateinamerikanische und die spätere EEZ-Praxis, oben §§ 1089 ff., 1100.

[44] Vgl. etwa die Pipeline-Verträge der Bundesrepublik Deutschland und Großbritanniens mit Norwegen vom 16. Januar 1974 bzw. 22. Mai 1973, BGBl. 1975 II, S. 427; ILM 13 (1974), S. 26 ff.

[45] Dazu die oben § 1106, Anm. 20, angeführten Quellen.

und auf dem Festlandsockel („implied consent régime"; vgl. Art. 246)[46] auf dem Außenschelf eine Einschränkung der Ermessensfreiheit des Küstenstaates zugunsten anderer Staaten (Art. 246 Abs. 6 und 7).

VI. Die Hohe See[1]

1. Der Grundsatz der Meeresfreiheit

§ 1124 Gem. Art. 1 des Übereinkommens über die Hohe See 1958 sind unter dem Begriff „Hohe See" (high seas, haute mer) alle Teile des Meeres zu verstehen, die nicht zum Küstenmeer oder zu den inneren Gewässern eines Staates gehören. Die Hohe See steht allen (Küsten- und Binnen-)Staaten offen: sog. „Freiheit der Hohen See", die nach Maßgabe des genannten Übereinkommens (Art. 2) bzw. des UN-Seerechtsübereinkommens 1982 ([§ 596] Art. 87) auszuüben ist. Diese Freiheit umfaßt *inter alia* die Freiheit der Schiffahrt, der Fischerei, des Legens unterseeischer Kabel und Rohrleitungen sowie des Überflugs. Art. 87 des Übereinkommens 1982 hebt an weiteren Freiheiten diejenigen der Errichtung künstlicher Inseln und anderer vr zulässiger Anlagen sowie der wissenschaftlichen Forschung hervor. Die genannten Freiheiten sind unter angemessener Berücksichtigung („reasonable regard"; das Übereinkommen 1982 spricht von „gebührender Berücksichtigung": „due regard") der Interessen anderer Staaten an der Freiheit der Hohen See und der Tiefseebergbaurechte zu nutzen (Art. 2 Satz 4 bzw. Art. 87 Abs. 2). Kein Staat kann das Recht für sich in Anspruch nehmen, einen Teil der Hohen See seiner Souveränität zu unterstellen (Art. 2 Satz 1 bzw. Art. 89).

§ 1125 Noch zu Beginn der Neuzeit haben Staaten Ansprüche erhoben, über Gebiete der Hohen See Souveränität auszuüben, wie Venedig über die Adria, Genua über das Ligurische Meer, Dänemark über das Skagerrak und die Nordsee, Schweden über die Ostsee, seit dem 17. Jahrhundert England über die „British Seas"[2]. Spanien und Portugal beanspruchten im 15. und 16. Jahrhundert sogar den Atlantischen und Pazifischen Ozean[3], obgleich die spanische Völkerrechtslehre von Vitoria bis Vasquez de Menchaca (1512 - 1569) für die Freiheit der Meere eintrat[4]. Ihnen folgte Hugo Grotius in seiner Schrift „Mare liberum"[5].

---

[46] Vgl. oben § 1108.

[1] Vgl. die oben § 1058, Anm. 5, zitierte allgemeine seerechtliche Literatur.

[2] *Fulton*, The Sovereignty of the Sea ... (1911); *Wade*, The Roll *De Superioritate Maris Angliae*, BYIL 2 (1921/22), S. 99 ff.; Giuliano, I diritti e gli obblighi degli Stati I (1956), S. 340 ff.

[3] Ihre Bereiche wurden durch die päpstliche Bulle *„Inter Caetera"* vom 3. Mai 1493 und den Vertrag von Tordesillas abgegrenzt.

In der Staatenpraxis scheint England der erste Staat gewesen zu sein, der diesen Rechtssatz für sich in Anspruch nahm: Schon 1602 vertrat England gegenüber Dänemark die Ansicht, daß der Ausschluß englischer Fischer vom isländischen Meer nur durch einen Vertrag erfolgen könne, da — abgesehen von küstennahen Meereszonen — kein Staat befugt sei, Fremden den Fischfang im Meere zu verbieten[6]. Mit Schärfe wies dann Königin Elisabeth 1580 Proteste Spaniens gegen englische Aktivitäten im „südlichen Meer" mit der Begründung zurück, daß der Ozean ebenso wie die Luft jedem Volke zur Verfügung stehe, da eine Okkupation der Ozeane ausgeschlossen sei[7]. 30 Jahre später protestierten die Niederlande gegenüber England, als dieses seinerseits die Niederländer vom Fischfang in den „British Seas" ausschloß, mit dem Hinweis, daß kein Staat seine ausschließliche Zuständigkeit auf das Meer über die Kanonenschußweite von seiner Küste aus ausdehnen dürfe[8].

Der Grundsatz der Freiheit der Meere wurde zunächst durch bilaterale Verträge anerkannt[9] und hat sich dann im VGR allmählich durchgesetzt[10]. So sagt der StIGH im Falle *Lotus:* „En vertu du principe de la liberté de la mer, c'est-à-dire de l'absence de toute souveraineté territoriale en haute mer, aucun État ne peut y exercer des actes de juridiction quelconques sur des navires étrangers[11]." Der Seerechtskonferenz der Vereinten Nationen 1958 blieb es dann vorbehalten, die Regeln des Völkerrechts über die Hohe See erstmals zu kodifizieren (vgl. die Präambel des Übereinkommens über die Hohe See[12]).

§ 1126 Dieses traditionelle Regime erfährt im UN-Seerechtsübereinkommen 1982 zwei wesentliche Änderungen. Das Übereinkommen schränkt seinen Anwendungsbereich räumlich und funktional ein. Ge-

---

[4] *Barcia Trelles,* Francisco de Vitoria et l'école moderne du droit international, RdC 17 (1927 II), S. 204 ff.; *derselbe,* Fernando Vasquez de Menchaca (1512 - 1569). L'Ecole espagnole du Droit International du XVIe siècle, RdC 67 (1939 I), S. 494 ff.

[5] Anonym veröffentlicht 1608.

[6] *Fulton* (Anm. 2), S. 110 f.

[7] *Zouche,* Juris et Judicii Fecialis, sive Juris Inter Gentes et Questionum de Eodem Explicatio (1650), wiedergegeben in: Classics of International Law, Bd. I (1911), S. 79.

[8] *Fulton* (Anm. 2), S. 110, 155 ff. Dagegen *Selden,* Mare clausum seu de dominio maris libri duo (1636).

[9] *Dumont,* Corps universel diplomatique du droit des gens (1726 - 31) V, 2, S. 32 ff.; S. 99 ff.; auch *Fahl,* Der Grundsatz der Freiheit der Meere in der Staatenpraxis von 1493 - 1648 (1969).

[10] *Fahl* (ebd.).

[11] A 10, S. 25.

[12] BGBl. 1972 II, S. 1089. *Berber / Randelzhofer,* Völkerrechtliche Verträge (2. Aufl. 1979), S. 222 ff. Ende 1983 58 Vertragsparteien.

mäß Art. 86 Satz 1 findet Teil VII („High Seas") auf alle Teile des Meeres Anwendung, die nicht zur ausschließlichen Wirtschaftszone, zum Küstenmeer, zu den inneren Gewässern oder zu den Archipelgewässern gehören. Das Gebiet der Hohen See wird also durch Beanspruchung von Archipelgewässern, bis zu 12 Seemeilen breiten Küstenmeeren und anschließenden Wirtschaftszonen (um etwa 40 % seiner früheren Ausdehnung) eingeschränkt. Festzuhalten ist allerdings, daß in der ausschließlichen Wirtschaftszone bestimmte Freiheiten der Hohen See, nämlich Schiffahrt, Überflug, Verlegung unterseeischer Kabel und Rohrleitungen sowie andere vr zulässige Nutzungen des Meeres weiter ausgeübt werden dürfen (Art. 58), so daß insoweit das Regime der Hohen See — auf bestimmte Funktionen beschränkt — seewärts der Küstenmeere auch zukünftig Anwendung findet (Art. 86 Satz 2).

§ 1127 Die Hohe See ist keine der Okkupation zugängliche *„res nullius"*. Daher war lange umstritten, ob auf der Hohen See dauernd verankerte künstliche Inseln errichtet werden dürfen, weil diese den normalen Gemeingebrauch der Meere schmälern könnten[13]. Art. 87 Abs. 1 lit. d des UN-Seerechtsübereinkommens 1982 zählt, wie eingangs erwähnt, die Errichtung künstlicher Inseln und anderer nach dem VR zulässiger Anlagen zu den Freiheiten der Hohen See. Diese ist lediglich im Bereich ausschließlicher Wirtschaftszonen und des Festlandsockels eingeschränkt.

Fraglich ist, ob größere Gebiete der Hohen See — etwa für Kernwaffenversuche, die Erprobung von Raketen und Waffen sowie die Landung und Bergung von Weltraumgegenständen — zeitweise zu Gefahrenzonen erklärt und gesperrt werden dürfen[14]. Zwar verpflichtet Art. 25 des Übereinkommens über die Hohe See jeden Staat, mit den zuständigen internationalen Organisationen zusammenzuarbeiten, um Maßnahmen zur Verhütung der Verseuchung der See und des darüber befindlichen Luftraumes zu treffen, die aus der Verwendung radioaktiven Materials oder anderer schädlicher Stoffe herrühren. Das Übereinkommen verbietet jedoch weder Kernwaffenversuche noch andere Nutzungen, die die Sperrung größerer Gebiete der Hohen See erfordern. Auch aus dem Vertrag vom 5. August 1963 über das Verbot von Kernwaffenversuchen in der Atmosphäre, im Weltraum und unter Wasser[15] hat sich bisher kein universelles VR entwickelt.

---

[13] Vgl. oben § 1106, Anm. 20.

[14] Dazu *Furet*, Expérimentation des armes nucléaires et droit international public (1966); *Caflisch*, International Law and Ocean Pollution, RBDI 8 (1972), S. 7 ff.; *Jenisch*, Das Recht zur Vornahme militärischer Übungen und Versuche auf Hoher See in Friedenszeiten (1970); *derselbe*, Nuclear Tests and Freedom of the Seas, JIR 17 (1974), S. 177 ff.; *von Arx*, Atombombenversuche und Völkerrecht (1974).

[15] Vgl. oben § 486 und Anm. 58.

Am 9. Mai 1973 erhoben Australien und Neuseeland vor dem IGH Klage auf Feststellung der Völkerrechtswidrigkeit französischer Kernwaffenversuche im Südpazifik. Der Gerichtshof ordnete am 22. Juni 1973 vergeblich die vorläufige Aussetzung dieser Versuche an[16]. Nachdem Frankreich erklärt hatte, es werde in der Folge nur noch unterirdische Kernwaffenversuche vornehmen, entschied der IGH in seinem Endurteil vom 20. Dezember 1974, daß das Begehren der Kläger gegenstandslos geworden sei, so daß er darüber keine Entscheidung mehr treffen könne[17].

§ 1128 Das UN-Seerechtsübereinkommen 1982 führt den Begriff der friedlichen Nutzung der Meere (peaceful uses of the seas) ein. Gem. Art. 88 ist die Hohe See und gem. Art. 58 Abs. 2 die ausschließliche Wirtschaftszone „reserved for peaceful purposes". Art. 301 definiert die friedliche Nutzung der Meere in Gestalt eines Verbotes, das militärische Nutzungen zwar einschränkt, aber nicht ausschließt: „In exercising their rights and performing their duties under this Convention, States Parties shall refrain from any threat or use of force against the territorial integrity or political independence of any State, or in any other manner inconsistent with the principles of international law embodied in the Charter of the United Nations[18]." Auch andere internationale Abkommen verwenden den Begriff der friedlichen Nutzung (z. B. Art. 1 Antarktis-Vertrag, Art. 3 Mondvertrag[19]), geben ihm jedoch jeweils einen anderen spezifischen Inhalt[20].

---

[16] ICJ Reports 1973, S. 99 ff., 135 ff. Dazu *Hoog / Schröder-Schüler*, Die französischen Nuklearversuche im Südpazifik (1973); *Meyn*, Die französischen Kernwaffenversuche des Jahres 1973 in völkerrechtlicher Sicht, FW 57 (1974), S. 84 ff.

[17] ICJ Reports 1974, S. 272, 478. Dazu *Wengler*, Der Internationale Gerichtshof und die Atombombenversuche im Pazifik, NJW 1975, S. 1063 ff.; *Thierry*, Les arrêts du 20 décembre 1974 et les relations de la France avec la Cour Internationale de Justice, AFDI 20 (1974), S. 286 ff.; *Bollecker-Stern*, L'affaire des essais nucléaires français devant la Cour Internationale de Justice, ebd., S. 299 ff.; *Kewenig*, Der Internationale Gerichtshof und die französischen Kernwaffenversuche, in: Recht im Dienst des Friedens (Festschrift für Menzel, 1976), S. 33 ff.; sowie die weitere, oben § 202, Anm. 35, genannte Literatur.

[18] Zum Problem *Larson*, Security, Disarmament and the Law of the Sea, Marine Policy 3 (1979), S. 40 ff.; *Treves*, La notion d'utilisation des espaces marins à des fins pacifiques dans le nouveau droit de la mer, AFDI 26 (1980), S. 687 ff.; *Wolfrum*, Restricting the Use of the Sea to Peaceful Purposes: Demilitarization in Being, GYIL 24 (1981), S. 200 ff.; *Bryde*, Militärische und sicherheitspolitische Implikationen der neuen Seerechtskonvention, in: *Delbrück* (Hrsg.), Das neue Seerecht (1984), S. 151 ff.; *Lucchini*, Les opérations militaires en mer en temps de paix, RGDIP 88 (1984), S. 9 ff.; *Merciai*, La démilitarisation des fonds marins, ebd., S. 46 ff.

[19] Vgl. §§ 1147 ff., 1152.

[20] Vgl. *Virally*, Les utilisations militaires des espaces et leur limitation par le droit international, RGDIP 88 (1984), S. 5 ff.

Der Vertrag über das Verbot der Anbringung von Kern- und anderen Massenvernichtungswaffen auf und unter dem Meeresboden (Meeresbodenvertrag) vom 11. Februar 1971[21] betrifft den Meeresgrund und -untergrund außerhalb der Zwölfmeilengrenze. Die darin statuierte Demilitarisierungspflicht erfaßt aus technischen Gründen vor allem den Festlandsockel. Als Abrüstungs- bzw. Rüstungskontrollmaßnahme ist der Vertrag jedoch kaum von Bedeutung, da er nur Einrichtungen verbietet, die auf dem bzw. im Meeresboden eingebaut oder angebracht sind (emplant or emplace), aber weder die Dislozierung von Atom-Unterseeboten noch die U-Boot-Abwehr vom Meeresboden (etwa durch verankerte Atomminen) beschränkt[22].

2. *Die Rechtsstellung der Schiffe und Luftfahrzeuge*

§ 1129 Die Hohe See wurde bereits im Römischen Recht als *„res communis omnium"* bezeichnet[23], weil sie von allen Staaten genutzt werden darf. Gem. Art. 4 des Übereinkommens 1958 über die Hohe See und Art. 90 des UN-Übereinkommens 1982 haben alle Staaten, ob Küsten- oder Binnenstaaten, das Recht, Schiffe unter ihrer Flagge auf der Hohen See fahren zu lassen. Die Frage, ob internationale Organisationen ein analoges Recht haben, wird ausdrücklich offengelassen (Art. 7 bzw. Art. 93). Der Flaggenstaat übt (von später zu besprechenden Ausnahmen abgesehen) auf allen seine Flagge rechtmäßig führenden Schiffen die ausschließliche Hoheitsgewalt aus[24]. Er ist verpflichtet, die Bedingungen festzulegen, unter denen ein Schiff seine Flagge führen darf, wobei eine echte Verbindung (genuine link) zwischen dem Staat und dem Schiff bestehen muß (Art. 5 bzw. Art. 91)[25]. Schiffe fahren, mit Ausnahme besonderer Fälle, unter der Flagge eines einzigen Staates. Ein Flaggenwechsel darf nur bei tatsächlichem Eigentumsübergang oder bei Wechsel der Registereintragung vorgenommen werden (Art. 6 Abs. 1 bzw. Art. 92 Abs. 1). Ein Schiff, das unter den Flaggen von zwei oder mehr Staaten fährt, kann einem Schiff ohne Staatszugehörigkeit

---

[21] BGBl. 1972 II, S. 326.

[22] Dazu *Vitzthum*, Der Rechtsstatus des Meeresbodens (1972), S. 122 ff.; *Brown*, The Demilitarisation and Denuclearisation of Hydrospace, AEI 4 (1973), S. 71 ff.; *Kühne*, Das Völkerrecht und die militärische Nutzung des Meeresbodens (1975); *Merciai* (Anm. 18).

[23] Dig. 8, 4, L. 13 pr.

[24] So auch der StIGH im Falle *Lotus*, A 10, S. 25: „... les navires en haute mer ne sont soumis à d'autre autorité qu'à celle de l'Etat dont ils portent le pavillon".

[25] Vgl. unten § 1206. Zur Rechtsstellung von *Schiffswracks* vgl. *Engert-Schüler*, Völkerrechtliche Fragen des Eigentums an Wracks auf dem Hohen Meer (1979); *v. Münch*, Schiffswracks — völkerrechtliche Probleme, ArchVR 20 (1982), S. 183 ff.

gleichgestellt werden (Art. 6 Abs. 2 bzw. Art. 92 Abs. 2)[26]. „Staatenlose Schiffe" dürfen angehalten und aufgebracht werden[27]. Der Flaggenstaat hat eine Vielzahl administrativer, technischer und sozialer Pflichten zu erfüllen, z. B. die Führung eines Schiffsregisters, die Gewährleistung der Sicherheit auf See für Schiff und Besatzung sowie die Verhütung von Zusammenstößen (Art. 10 bzw. Art. 94). Dazu tritt die Verpflichtung zur Hilfeleistung auf See (Art. 12 bzw. Art. 98). Der Flaggenstaat muß ferner wirksame Maßnahmen ergreifen, um das Verbot der Beförderung von Sklaven auf Schiffen, die seine Flagge zu führen berechtigt sind, durchzusetzen (Art. 13 bzw. Art. 99). Er ist zur Zusammenarbeit in der Bekämpfung der Seeräuberei (Art. 14 bzw. Art. 100 - 107), des unerlaubten Verkehrs mit Suchtstoffen oder psychotropen Substanzen (Art. 108) und nicht genehmigter Rundfunksendungen von Hoher See aus (Art. 109)[28] verpflichtet.

Die Strafgerichtsbarkeit in bezug auf Zusammenstöße oder andere mit der Führung eines Schiffes zusammenhängende Ereignisse kommt dem Flaggenstaat zu (Art. 11 bzw. 97)[29]. Nur in Ausnahmefällen (Seeräuberei, Sklavenhandel, Flaggenmißbrauch) darf ein Kriegsschiff ein fremdes Handelsschiff auf Hoher See anhalten bzw. ein Recht zur Visite (right of visit) ausüben (Art. 22 bzw. Art. 110)[30]. Weitere Ausnahmen von der Flaggenhoheit werden durch später zu behandelnde Verträge zur Verhütung der Meeresverschmutzung begründet[31].

---

[26] Vgl. US Digest 1976, S. 304 ff.

[27] So das Judicial Committee of the Privy Council im Falle *Naim Molvan v. Attorney-General,* ILQ 2 (1948), S. 262 ff. Dieses ohne Flagge betroffene und dann eine nicht berechtigte Flagge hissende Schiff hatte gegen Einwanderungsnormen verstoßen.

[28] Vgl. *Mouton,* Radio and Television Transmissions from Artificial Islands, Annuaire AAA 35 (1965), S. 155 ff.; *van Panhuys / van Emde Boas,* Legal Aspects of Pirate Broadcasting, AJIL 60 (1966), S. 303 ff.; *Haucke,* Piratensender auf See (1969). Siehe auch das Europäische Abkommen vom 22. Januar 1965, das die Vertragsstaaten verpflichtet, gegen solche Sender, die fremde Radiostationen stören, Maßnahmen zu ergreifen: BGBl. 1969 II, S. 1939; UNTS 634, S. 239 (Ende 1983 16 Vertragsparteien).

[29] Anders noch die Entscheidung des StIGH im *Lotus*-Fall, Series A, No. 10 (1927). Vgl. auch § 1019.

[30] Dazu die Entscheidung des U. S. Court of Appeals for the 5th Circuit vom 14. November 1978 im Fall *United States v. Cadena,* 585 F. 2d 1252 (5 Cir. 1978), US Digest 1978, S. 839 ff.

Vgl. ferner den US-britischen Briefwechsel vom 13. November 1981 betreffend Maßnahmen zur Bekämpfung des illegalen Imports von Rauschgiften in die USA, durch den letzterer Staat ermächtigt wird, britische Privatschiffe bei Verdacht des Rauschgiftschmuggels in bestimmten Teilen des Atlantik anzuhalten, zu durchsuchen, aufzubringen und die Täter zu verfolgen: ILM 21 (1982), S. 439 ff.

[31] Zum ganzen *van der Mensbrugghe,* Le pouvoir de police des Etats en haute mer, RBDI 11 (1975), S. 56 ff.; *Riphagen,* La navigation dans le nouveau droit de la mer, RGDIP 84 (1980), S. 144 ff.

Kriegsschiffe[32] hingegen genießen auf Hoher See vollständige Immunität von der Hoheitsgewalt jedes anderen als des Flaggenstaates (Art. 8 Abs. 1 bzw. Art. 95). Dasselbe gilt für Schiffe, die im Staatsdienst stehen und ausschließlich anderen als Handelszwecken dienen (Art. 9 bzw. Art. 96).

§ 1130 Kriegsschiffe oder Militärfahrzeuge dürfen das *Recht auf Nacheile* (hot pursuit) ausüben (Art. 23 Abs. 4 bzw. Art. 111 Abs. 5)[33]. Die Nacheile nach einem fremden Schiff kann vorgenommen werden, wenn die zuständigen Behörden des Küstenstaates guten Grund zu der Annahme haben, daß das Schiff gegen die Gesetze und sonstigen Vorschriften dieses Staates verstoßen hat (Art. 23 Abs. 1 bzw. Art. 111 Abs. 1). Die Nacheile muß beginnen, solange sich das fremde Schiff oder eines seiner Boote innerhalb der inneren Gewässer, der Archipelgewässer, des Küstenmeeres oder der Anschlußzone des nacheilenden Staates befindet, und darf außerhalb des Küstenmeeres oder der Anschlußzone nur dann fortgesetzt werden, wenn sie nicht unterbrochen wurde. Das Recht auf Nacheile endet, sobald das verfolgte Schiff das Küstenmeer seines eigenen oder eines dritten Staates erreicht hat (Art. 23 Abs. 2 bzw. Art. 111 Abs. 3). Das UN-Seerechtsübereinkommen 1982 hat das Institut der Nacheile an seine Regimes für die Archipelgewässer, die ausschließliche Wirtschaftszone und den Festlandsockel angepaßt (Art. 111 Abs. 1, 2, 4 und 7).

Ob das Recht auf Nacheile, das nach dem Wortlaut der genannten Vorschriften nur zum Anhalten, Festhalten und Untersuchen von Schiffen berechtigt (Art. 23 Abs. 6 bzw. Art. 111 Abs. 7), im äußersten Fall auch eine Versenkung zuläßt, ist umstritten. Die amerikanisch-kanadische Kommission hat die vorsätzliche Versenkung des wegen Alkoholschmuggels verfolgten kanadischen Schiffes *„I'm alone"* am 5. Januar 1939 nur „unter den gegebenen Umständen" (in the circumstances) als „not justified" bezeichnet[34]. Daraus kann jedenfalls noch keine allgemeine Norm abgeleitet werden.

---

[32] Vgl. oben § 1075.

[33] *Poulantzas*, The Right of Hot Pursuit in International Law (1969); *Maidment*, Historical Aspects of the Doctrine of Hot Pursuit, BYIL 46 (1972 - 73), S. 365 ff.

[34] RIAA III, S. 1615. In dem bereits oben § 1093, Anm. 30, erwähnten Fall *United States v. F. V. Taiyo Maru* hat der US District Court for the District of Maine das Recht der Nacheile aus der US-Fischereizone (3 - 12 Seemeilen vor der Küste) wegen Verletzung exklusiver Fischereirechte anerkannt; AJIL 70 (1976), S. 95 ff., 138 ff. In seinem Urteil vom 17. Dezember 1976 im Fall *„Olimpios Hermes"*, RDI 60 (1977), S. 632 ff., hat das Tribunale di Napoli die Auffassung vertreten, daß die Beschlagnahme eines fremden Schiffes, das beim Schmuggel von Zigaretten durch andere Transportmittel nach Italien ertappt wurde, auf Hoher See zulässig sei.

§ 1131 Ob ein Nacheilerecht in den Luftraum über der Hohen See besteht, wenn die strafbare Handlung von einem fremden *Flugzeug* im Hoheitsbereich eines Staates begangen wurde, ist ebenfalls umstritten. Sicher ist zwar, daß ein solches Flugzeug über der Hohen See zur Identifizierung fotografiert werden darf; es fragt sich aber, ob die Ausübung von Zwang zulässig ist. Da darüber keine positive Norm des VR nachweisbar ist, könnte nur eine Analogie zum Seerecht in Betracht kommen[35]. Eine solche analoge Anwendung wird aber durch die Staatenpraxis nicht gedeckt[36]. Auch Gründe der Humanität sprechen dagegen, da militärischer Zwang gegen ein Flugzeug in den meisten Fällen dessen Zerstörung zur Folge hat, während ein Schiff angehalten werden kann, ohne dabei menschliches Leben in Gefahr zu bringen[37].

§ 1132 Bestimmungen über die Sicherheit der Seeschiffahrt wurden in einer Reihe von IMCO/IMO-Konventionen getroffen, auf die wir bei der Behandlung dieser Spezialorganisation hingewiesen haben[38].

3. Der Meeresumweltschutz

§ 1133 Die Freiheit der Hohen See wird heute durch zahlreiche vr Verträge auf dem Gebiet des Meeresumweltschutzes eingeschränkt[39]. Am 12. Mai 1954 wurde das Internationale Übereinkommen zur Verhütung der Verschmutzung der See durch Öl zur Unterzeichnung aufgelegt. Es wurde im Rahmen der IMCO (heute IMO) mehrfach revidiert[40]. Als Folge des „Torrey Canyon"-Unglücks[41] wurden am 29. November 1969 auf einer IMCO-Konferenz in Brüssel das Internationale Übereinkommen über Maßnahmen auf Hoher See bei Ölverschmutzungs-Unfällen und ein Internationales Übereinkommen über die zivilrechtliche Haftung für Ölverschmutzungsschäden vereinbart[42]. Das erstgenannte Übereinkommen ermächtigt die Vertragsstaaten, auch auf

---

[35] In diesem Sinn *Verplaetse*, International Law in Vertical Space (1960), S. 115; *Poulantzas* (Anm. 33), S. 298 f.

[36] *Hailbronner*, Der Schutz der Luftgrenzen im Frieden (1972), S. 102 ff.

[37] Ebendort, S. 109. Ein Nacheilerecht über *Landgrenzen* hinweg ist im VR nicht nachweisbar.

[38] Vgl. oben § 353.

[39] Allgemeine Literatur dazu oben §§ 1029 ff. und im Abschnitt über das Küstenmeer, § 1077, Anm. 25.

[40] BGBl. 1979 II, S. 62; *Rüster / Simma*, International Protection of the Environment. Treaties and Related Documents, Bd. I (1975), S. 332 ff. Ende 1983 für 69 Staaten in Kraft.

[41] Dazu *Böhme*, Tankerunfälle auf dem Hohen Meer. Die Zulässigkeit staatlicher Maßnahmen zur Gefahrenabwehr (1969).

[42] Erstgenannter Vertrag: *Rüster / Simma* (Anm. 40), S. 460 ff.; BGBl. 1975 II, S. 137 (Ende 1983 für 42 Staaten in Kraft). Zweitgenannter Vertrag: *Rüster / Simma* (ebd.), S. 470 ff.; BGBl. 1975 II, S. 301, 305 (Ende 1983 für 51 Staaten in Kraft).

Hoher See gegen Handelsschiffe ungeachtet deren Nationalität „die erforderlichen Maßnahmen zur Verhütung, Verringerung oder Beseitigung unmittelbarer ernster Gefahren“ zu treffen, „die für ihre Küsten oder verwandte Interessen aus einer tatsächlichen oder drohenden Verschmutzung der See durch Öl infolge eines Seeunfalles oder damit verbundener Handlungen erwachsen, welche aller Wahrscheinlichkeit nach schwerwiegende schädliche Auswirkungen haben werden“ (Art. I). Der zweitgenannte Vertrag wurde am 18. Dezember 1971 durch ein Übereinkommen über die Errichtung eines internationalen Fonds zur Entschädigung für Ölverschmutzungsschäden sowie Protokolle vom 19. November 1976 und 25. Mai 1984 ergänzt[43]. Am 29. Dezember 1972 folgte das Übereinkommen über die Verhütung der Meeresverschmutzung durch das Einbringen von Abfällen und anderen Stoffen[44]; am 2. November 1973 das Internationale Übereinkommen zur Verhütung der Meeresverschmutzung durch Schiffe (MARPOL) samt Protokoll vom 17. Februar 1978, das auch andere Schadstoffe als Öl erfaßt und *inter partes* das im Jahre 1954 abgeschlossene Übereinkommen ersetzen soll[45]. Ein ebenfalls am 2. November 1973 abgeschlossenes Protokoll ermächtigt seine Parteien in wörtlicher Übereinstimmung mit der obengenannten IMCO-Konvention 1969 zu Selbstschutzmaßnahmen gegen unfallbedingte Meeresverschmutzung durch andere Stoffe als Öl auch durch fremde Schiffe auf Hoher See, bricht also ebenfalls mit dem allgemeinvölkerrechtlichen, aber unter dem Gesichtspunkt eines effektiven Umweltschutzes unbefriedigenden Grundsatz, nach dem nur der Flaggenstaat auf Hoher See einschreiten darf[46]. Ein Übereinkommen über die zivilrechtliche Haftung für Ölverschmutzungsschäden, die bei der Erforschung und Ausbeutung von Naturschätzen des Meeresbodens auftreten, wurde am 17. Dezember 1976 abgeschlossen[47].

Noch umfassendere Verträge sind bisher nur im regionalen Rahmen zustandegekommen[48]. Genannt seien das Übereinkommen vom 9. Juni

---

[43] Text des Abkommens 1971: *Rüster / Simma* (Anm. 40), Bd. II (1975), S. 510 ff.; BGBl. 1975 II, S. 301, 320 (Ende 1983 für 28 Staaten in Kraft); abgeändert durch Protokoll vom 25. Mai 1984; Text des Protokolls 1976: *Rüster / Simma / Bock* (ebd.), Bd. XIX (1979), S. 9443 ff. (Ende 1983 für 16 Staaten in Kraft). Text der Protokolle vom 25. Mai 1984 in ILM 23 (1984), S. 177 ff., 195 ff.

[44] *Rüster / Simma* (Anm. 40), Bd. II (1975), S. 537 ff.; BGBl. 1977 II, S. 165, 180 (Änderungen vgl. Fundstellennachweis B; Ende 1983 für 53 Staaten in Kraft). Zur Problematik *Ehlers / Kunig*, Abfallbeseitigung auf Hoher See (1978); *Gündling*, Abfallbeseitigung auf See, Natur und Recht 4 (1982), S. 41 ff.

[45] *Rüster / Simma* (Anm. 44), S. 552 ff.; BGBl. 1984 II, S. 281. Ende 1983 für 23 Staaten in Kraft.

[46] Text bei *Rüster / Simma* (ebd.), S. 656 ff. Das US-Durchführungsgesetz findet sich in ILM 17 (1978), S. 1106 f.

[47] *Rüster / Simma / Bock* (Anm. 43), S. 9540 ff. Zur Problematik *Gündling*, Ölunfälle bei der Ausbeutung des Festlandsockels, ZaöRV 37 (1977), S. 530 ff.

1969 zur Zusammenarbeit bei der Bekämpfung von Ölverschmutzungen der Nordsee[49]; das Übereinkommen vom 15. Februar 1972 zur Verhütung der Meeresverschmutzung durch das Einbringen durch Schiffe und Luftfahrzeuge[50] für den Nord-Ost-Atlantik; das Übereinkommen vom 22. März 1974 über den Schutz der Meeresumwelt des Ostseegebietes[51]; das Übereinkommen vom 4. Juni 1974 zur Verhütung der Meeresverschmutzung vom Lande aus[52] für den Nord-Ost-Atlantik; das Übereinkommen vom 16. Februar 1976 über den Schutz des Mittelmeeres gegen Verschmutzung mit Protokollen vom 16. Februar 1976 und 17. Mai 1980[53]; das Regionalabkommen von Kuwait vom 24. April 1978 über Zusammenarbeit zum Schutz der Meeresumwelt des Persischen Golfs vor Verschmutzung samt Protokoll[54]; das Übereinkommen vom 23. März 1981 über Zusammenarbeit betreffend den Schutz und die Entwicklung der Meeres- und Küstenumwelt der west- und zentralafrikanischen Region mit Protokoll[55]; sowie das Übereinkommen vom 24. März 1983 über den Schutz und die Entwicklung der Meeresumwelt der größeren karibischen Region samt Protokoll[56].

§ 1134 Während das Genfer Übereinkommen über die Hohe See auf den Meeresumweltschutz nur in zwei Bestimmungen eingeht (Art. 24 und 25), die sich mit der Verschmutzung der See durch Öl und durch radioaktive Abfälle befassen[57], enthält das UN-Seerechtsübereinkommen 1982 in seinem Teil XII (Art. 192 - 237) Rahmenvorschriften (einen „umbrella treaty") für alle Ursachen der Meeresverschmutzung[58]. Art. 192 statuiert die Grundpflicht zum Schutz und zur Bewahrung der Meeresumwelt, die auch bei der Ausbeutung der Meeresschätze zu beachten ist (Art. 193). Im folgenden unterscheidet das Seerechtsübereinkommen 1982 sechs Verschmutzungsursachen:

---

[48] Vgl. *Kiss*, Récents traités régionaux concernant la pollution de la mer, AFDI 22 (1976), S. 720 ff.; *Boehmer - Christiansen*, Marine Pollution Control in Europe: Regional Approaches, 1972 - 80, Marine Policy 8 (1984), S. 44 ff.

[49] *Rüster / Simma* (Anm. 40), S. 454 ff.; BGBl. 1969 II, S. 2066. Es wird durch ein am 12. September 1983 unterzeichnetes Abkommen ergänzt werden.

[50] *Rüster / Simma* (Anm. 44), S. 530 ff.; BGBl. 1977 II, S. 1965.

[51] *Rüster / Simma* (ebd.), S. 683 ff.; BGBl. 1979 II, S. 1229.

[52] *Rüster / Simma* (ebd.), S. 748 ff.; BGBl. 1981 II, S. 870.

[53] *Rüster / Simma / Bock* (Anm. 43), S. 9497 ff.; ST/LEG/SER. B/19, S. 459 ff.

[54] *Rüster / Simma / Bock* (ebd.), S. 9551 ff.

[55] Text in *Simmonds* (Hrsg.), New Directions in the Law of the Sea (Loseblattausgabe), 1983 - 1.

[56] ILM 22 (1983), S. 227 ff.

[57] Darüber *Gündling*, Sea-Bed Disposal of High-Level Radioactive Waste, ZaöRV 44 (1984), S. 94 ff.

[58] Vgl. *Starace*, Protection and Preservation of the Marine Environment in the UN Convention on the Law of the Sea: An Appraisal, ItYIL 5 (1980/81), S. 52 ff.

— Verschmutzung vom Land aus (Art. 207 und 213);
— Verschmutzung durch Tätigkeiten auf dem Meeresboden im Bereich nationaler Jurisdiktion (Art. 208 und 214);
— Verschmutzung durch Meeresbergbau jenseits der Grenzen nationaler Jurisdiktion (Art. 209 und 215);
— Verschmutzung durch „Dumping" (Art. 210 und 216);
— Verschmutzung durch Schiffe (Art. 211 - 221);
— Verschmutzung aus der Luft oder durch die Luft (Art. 212 und 222).

Die jeweils angeführten Artikel legen für jede Verschmutzungsursache fest, ob und inwieweit internationale Regeln oder innerstaatliche Rechtsvorschriften zur Verhütung, Verringerung und Überwachung der Verschmutzung der Meeresumwelt zu vereinbaren bzw. zu erlassen sind. Unter diesen Bestimmungen sind jene zur Verschmutzung durch Schiffe besonders detailliert. Sie unterscheiden sorgfältig zwischen Flaggenstaatenjurisdiktion (Art. 217), Hafenstaatenjurisdiktion (Art. 218) und Küstenstaatenjurisdiktion (Art. 220). Tragender Grundsatz ist dabei, einen Kompromiß zwischen dem Verlangen der Küstenstaaten nach einem effektiven Meeresumweltschutz und dem Bedürfnis nach einem möglichst unbehinderten Seehandelsverkehr zu erreichen. Um dies zu gewährleisten, sollen weitgehend internationale Standards für Entwurf, Bauart, Ausrüstung und Besatzung der Schiffe sowie vr Regeln zu ihrer Durchsetzung vereinbart werden. Auf die Schutzbestimmungen, die den Eingriffsrechten der Küstenstaaten gegenüber fremden Schiffen Grenzen ziehen, haben wir bereits an anderer Stelle hingewiesen (§ 1077).

4. Rechte der Binnenstaaten[59]

§ 1135 Das UN-Seerechtsübereinkommen 1982 versteht unter einem Binnenstaat einen Staat, der keine Meeresküste hat (Art. 124 Abs. 1 lit. a). Binnenstaaten haben wie Küstenstaaten das Recht, Schiffe unter ihrer Flagge fahren zu lassen (Art. 4 des Übereinkommens über die Hohe See 1958 und Art. 90 des UN-Seerechtsübereinkommens 1982). Um von diesem Recht Gebrauch machen zu können, haben Binnenstaaten das Recht auf Zugang zur See, das Recht auf Genuß der Freiheit der Hohen See und des „Gemeinsamen Erbes der Menschheit", Transitrechte durch Staaten, die zwischen dem Binnenstaat und dem Meer

---

[59] Darüber *Schröder*, Der freie Zugang der Binnenstaaten zum Meer (1966); *Tabibi*, The Right of Land-Locked Countries to Free Access to the Sea, ÖZöffR 23 (1972), S. 117 ff.; *Caflisch*, Land-locked States and Their Access To and From the Sea, BYIL 49 (1978), S. 71 ff.; *Hafner*, Die Gruppe der Binnen- und geographisch benachteiligten Staaten auf der Dritten Seerechtskonferenz der Vereinten Nationen, ZaöRV 38 (1978), S. 568 ff.; *Glassner*, Bibliography on Land-locked States (1980); *Singela*, Land-locked States and the UNCLOS Regime (1983).

liegen (Transitstaaten) und schließlich das Recht auf Gleichbehandlung ihrer Schiffe in Häfen (Art. 3 bzw. Art. 125 - 132).

Gegenüber der Regelung der Rechte der Binnenstaaten im Übereinkommen über die Hohe See 1958[60] enthält das UN-Seerechtsübereinkommen 1982 einige wesentliche Änderungen. Zunächst widmet das neue Übereinkommen den Binnenstaaten ein eigenes Kapitel, nämlich Teil X: „Right of access of land-locked States to and from the sea and freedom of transit". Art. 125 Abs. 1 gewährt den Binnenstaaten ein ausdrückliches *Recht* auf Zugang zum und vom Meer, das nicht länger von der mit den Transitstaaten zu vereinbarenden Gegenseitigkeit abhängig ist. Die Freiheit des Transits erstreckt sich auf alle Verkehrsmittel („railway rolling stock, sea, lake and river craft, road vehicles, porters and pack animals", Art. 124 Abs. 1 lit. d und Art. 125 Abs. 1).

Die Anwendung der Meistbegünstigungsklausel ist ausgeschlossen (Art. 126), ferner werden den Binnenstaaten Zoll-, Steuer- und Abgabenfreiheit (Art. 127) sowie verschiedene andere Erleichterungen (Art. 128 - 130 und Art. 132) gewährt.

Art. 125 regelt in den Abs. 2 und 3 die Rechte und Befugnisse der Transitstaaten. Danach sind die „terms and modalities" zur Ausübung des Transitrechts zwischen den betreffenden Binnen- und Transitstaaten durch zweiseitige, subregionale oder regionale Übereinkünfte zu vereinbaren, wobei zu berücksichtigen ist, daß Transitstaaten volle Souveränität über ihr Hoheitsgebiet haben und alle erforderlichen Maßnahmen treffen können, damit ihre „legitimate rights" nicht beeinträchtigt werden.

Die Anwendung des Art. 125 wird vor allem in den Fällen Schwierigkeiten bereiten, in denen noch keine Transitverträge bestehen, so daß sich die Frage stellt, ob den Binnenstaaten auch ein Recht auf Transit zukommt, wenn die in Art. 125 Abs. 2 vorgesehene Vereinbarung nicht zustandekommt.

VII. Der Meeresboden außerhalb des Festlandsockels

1. Sein Rechtsstatus

§ 1136 Der Rechtsstatus des Meeresbodens und -untergrundes außerhalb des Küstenmeeres ist in der Völkerrechtslehre schon diskutiert worden, bevor die Frage praktische Bedeutung erlangte. Dabei wurde

[60] In dessen Durchführung wurde am 8. Juli 1965 eine allen Staaten offenstehende Konvention über Transithandel der Binnenstaaten als durch bilaterale Verträge zu ergänzendes Rahmenabkommen abgeschlossen, UNTS 597, S. 42 ff. (Ende 1981 30 Vertragsstaaten). Vgl. auch schon das Übereinkommen und Statut vom 20. April 1921 über die Freiheit des Durchgangsverkehrs, RGBl. 1924 II, S. 387; LNTS 7, S. 11 ff. (Ende 1983 für 43 Staaten in Kraft).

noch nicht zwischen Festlandsockel und Meeresboden außerhalb des Festlandsockels unterschieden[1]. Vor der Herausbildung der Festlandsockeldoktrin wurden verschiedene Anschauungen über die vr Zuordnung von Meeresgrund und -untergrund entwickelt. Eine erste Meinung unterschied zwischen diesen beiden Bereichen[2]. Der Meeresgrund sei danach als *„res communis omnium"* genau wie die Hohe See selbst der Aneignung durch einzelne Staaten entzogen. Er stehe grundsätzlich allen Staaten zur Nutzung offen; ausschließliche Nutzungsrechte könne es nur in Gestalt historisch begründeter, unwidersprochener und die Freiheit der Meere nicht beeinträchtigender sedentärer Fischerei geben. Dagegen könne der Meeresuntergrund als *„res nullius"* auch dauernd okkupiert und so zum Staatsgebiet des Besetzenden werden, unter der Voraussetzung, daß diese Okkupation nicht den Gemeingebrauch der Hohen See durch die übrigen Staaten beschränke[3]. Eine andere Meinung unterschied nicht zwischen Meeresgrund und -untergrund und hielt auch die Aneignung des ersteren durch beliebige Staaten für vr zulässig[4].

§ 1137 Was den Festlandsockel betrifft, so hat sich, wie oben dargestellt wurde, die Rechtslage insofern zugunsten der Küstenstaaten geändert, als diesen nunmehr aufgrund Vertrags-, aber auch davon unabhängigen Gewohnheitsrechts[5] ausschließliche Nutzungsrechte *ipso facto* und *ab initio,* unabhängig von jeder effektiven Okkupation, zustehen. Für den restlichen Meeresgrund und -untergrund galt der bisherige Rechtszustand weiter, d. h. zumindest die Nutzungsmöglichkeit (Meeresbergbau, Ablagerung von Schadstoffen, Forschung, militärische Verwendung) durch jedermann (Gemeingebrauch). Diese Situation erwies sich aus mehreren Gründen als reformbedürftig[6]; dabei nahm die Dringlichkeit einer vr Neuregelung in dem Maße zu, in dem steigender Energie- und Rohstoffbedarf auf die wachsenden technischen Möglichkeiten des Meeresbergbaus auch in größeren Wassertiefen traf. Zudem

---

[1] Vgl. *Vattel,* Le droit des gens, I. chap. XXIII, § 287.

[2] Im Anschluß an *Oppenheim,* Der Tunnel unter dem Ärmelkanal und das Völkerrecht, ZV 2 (1908), S. 1 ff.

[3] *Colombos,* Internationales Seerecht (1963), S. 45 ff.; *Gidel,* Le droit international public de la mer, Bd. I (1932), S. 498 ff.

[4] *Hurst,* Whose Is the Bed of the Sea?, BYIL 4 (1923 - 24), S. 34 ff.; *Lauterpacht,* Sovereignty over Submarine Areas, ebendort 27 (1950), S. 393 ff.; so auch noch *Verdross,* S. 280.

[5] Vgl. oben § 1114.

[6] Zum folgenden vor allem *Andrassy,* International Law and the Resources of the Sea (1970); *Mengozzi,* Il regime giuridico internazionale del fondo marino (1971); *Vitzthum,* Der Rechtsstatus des Meeresbodens (1972); *Kronmiller,* The Lawfulness of Deep Seabed Mining (2 Bde., 1980); *Wolfrum,* Die Internationalisierung staatsfreier Räume (1984), S. 328 ff. Daneben befaßt sich auch der Großteil der neueren, oben § 1058, Anm. 5, genannten allgemeinseerechtlichen Literatur mit Meeresboden und Tiefseebergbau.

zeigte sich, wie ebenfalls bereits dargestellt, eine Tendenz der Küstenstaaten, u. a. unter Berufung auf das Ausbeutbarkeitskriterium in Art. 1 des Festlandsockelübereinkommens 1958[7] die seewärtige Grenze ihres Festlandsockels über den Kontinentalrand hinaus auf den Tiefseeboden[8] vorzuschieben und sich damit den größten Anteil der in absehbarer Zeit nutzbaren Meeresbodenschätze zu sichern. Was den verbleibenden Teil des Meeresbodens betraf, so hätte die aufgrund der vr *lex lata* gegebene Nutzungsfreiheit faktisch den Weg zu einem Oligopol einiger weniger hochindustrialisierter Staaten geöffnet, da nur sie bzw. ihre Staatsangehörigen imstande sind, die erforderlichen finanziellen und technischen Mittel für die Erforschung und Ausbeutung der Tiefseebodenvorkommen aufzubringen.

2. Das Tiefseebergbauregime des UN-Seerechtsübereinkommens 1982

§ 1138 Seit 1967 beschäftigen sich die Vereinten Nationen mit diesen Problemen. Zunächst setzte die UN-Generalversammlung den Meeresbodenausschuß („Committee on the Peaceful Uses of the Sea-Bed and the Ocean Floor beyond the Limits of National Jurisdiction") ein, der in den Jahren 1968 bis 1973 tagte, zuletzt 91 Mitgliedstaaten umfaßte und die 3. UN-Seerechtskonferenz (1973 - 1982) vorbereitete[9]. Am 15. Dezember 1969 verabschiedete die UN-Generalversammlung eine „Moratoriums-Resolution", die mit 62 Stimmen bei 28 Gegenstimmen (darunter alle wichtigen Industriestaaten) und 28 Stimmenthaltungen angenommen wurde[10]. Danach sollte bis zur Errichtung eines internationalen Tiefseebergbauregimes die Ausbeutung der Tiefseebodenvorkommen unterbleiben. Am 17. Dezember 1970 beschloß die Generalversammlung die Meeresbodenprinzipien-Deklaration mit 108 Stimmen ohne Gegenstimme bei 14 Enthaltungen (vor allem aus dem Ostblock)[11]. Darin wurden der Meeresboden und Meeresuntergrund jenseits der Grenzen nationaler Jurisdiktion sowie die Ressourcen des Meeresbodengebietes („area") zum „gemeinsamen Erbe der Menschheit" („common heritage of mankind") erklärt[12]. Zur rechtlichen Ausgestaltung dieses neuen

---

[7] Oben § 1115.

[8] Zur Morphologie und Geologie der Großformen des Meeresbodens *Vitzthum* (Anm. 6), S. 54 ff. (mit anschaulichem Kartenmaterial).

[9] Vgl. Report of the Ad Hoc Committee to Study the Peaceful Uses of the Sea-Bed and the Ocean Floor Beyond the Limits of National Jurisdiction (1968); Report of the Committee on the Peaceful Uses of the Sea-Bed and the Ocean Floor Beyond the Limits of National Jurisdiction, 10 Bde. (1969 ff.). Dazu *Oda*, The Law of the Sea in our Time, Bd. II: The United Nations Seabed Committee 1968 - 1973 (1977).

[10] Oben § 1116, Anm. 24.

[11] Ebd., Anm. 25.

[12] Zu diesem Begriff siehe die unter § 507, Anm. 13, genannte Literatur.

Prinzips stellte die Deklaration insgesamt 15 Forderungen auf. Die Meeresboden-Deklaration diente als Beratungs- und Verhandlungsgrundlage für das Tiefseebergbauregime des UN-Seerechtsübereinkommens 1982 (§ 596)[13].

§ 1139 Nach diesen Vorschriften (Teil XI des Übereinkommens) wird, der Prinzipiendeklaration folgend, der Meeresboden und der Meeresgrund jenseits der Grenzen nationaler Jurisdiktion zum Anwendungsgebiet des Tiefseebergbauregimes bestimmt (Art. 1 Abs. 1 Ziff. 1); also das „Gebiet" (Area) jenseits der äußeren Grenzen des Festlandsockels (Art. 134 Abs. 1, 3 und 4). Das „Gebiet" und seine Ressourcen sind gemäß Art. 136 gemeinsames Erbe der Menschheit. Diese Ressourcen umfassen alle festen, flüssigen oder gasförmigen Bodenschätze auf oder unter dem Meeresboden, einschließlich polymetallischer Knollen (Art. 133 a). Die Rechtsstellung von Wassersäule, Luftraum, Gebiet und Ressourcen bestimmt sich nach den Art. 135 und Art. 137. Danach können am „Gebiet" und an seinen Ressourcen *in situ* weder Souveränität oder souveräne Rechte noch Eigentum begründet werden. Vielmehr stehen alle Rechte an den Ressourcen des „Gebietes" der ganzen Menschheit zu, in deren Namen die *Internationale Meeresbodenbehörde* (Behörde, Authority) handelt. Werden solche Vorkommen gewonnen, so bezeichnet sie das UN-Übereinkommen 1982 in Art. 133 lit. b als mineralische Rohstoffe (minerals). Rechte an diesen Rohstoffen können von Staaten und natürlichen oder juristischen Personen nur in Übereinstimmung mit dem Tiefseebergbauregime des Übereinkommens erworben werden. Alle Tätigkeiten zur Erforschung und Ausbeutung der Vorkommen des „Gebiets" (Art. 1 Abs. 1 Ziff. 3) haben dem Nutzen der gesamten Menschheit zu dienen, und zwar ungeachtet der geographischen Lage der Staaten als Küsten- oder Binnenstaaten und unter besonderer Berücksichtigung der Interessen und Bedürfnisse von Entwicklungsländern (Art. 140).

---

[13] Dazu neben dem unter § 596, Anm. 23, angeführten Schrifttum zu UNCLOS III und ihren Ergebnissen *Vitzthum*, Die Bemühungen um ein Régime des Tiefseebodens. Das Schicksal einer Idee, ZaöRV 38 (1978), S. 745 ff.; *Bennouna*, Les droits d'exploitation des ressources minérales des océans, RGDIP 84 (1980), S. 120 ff.; *Treves*, Seabed Mining and the UN Law of the Sea Convention, ItYIL 5 (1980/81), S. 22 ff.; *Hauser*, Die rechtliche Gestaltung des Tiefseebergbaus nach der Seerechtskonvention (1982); *Shusterich*, Resource Management and the Oceans. The Political Economy of Deep Seabed Mining (1982); *Jaenicke*, The Legal Status of the International Seabed, FS Mosler, S. 429 ff.; *Ogley*, Internationalizing the Seabed (1983); *Brooke*, The Current Status of Deep Seabed Mining, VJIL 24 (1983/84), S. 361 ff.; *Reverdin*, Le régime juridique des grands fonds marins, SchwJIR 39 (1983), S. 105 ff.; *Tytgat*, Aspects économiques, financiers et techniques de l'exploitation des ressources des grands fonds marins, ebd., S. 133 ff.; *Wolfrum* (Anm. 6), auch S. 511 ff.

§ 1140 Die Leitsätze für die Erschließung der Tiefseebodenvorkommen (Art. 150 - 155) entsprechen teilweise den Forderungen der Entwicklungsländer nach einer neuen internationalen Wirtschaftsordnung[14], enthalten aber auch Grundsätze und Regeln, die auf Vorschläge westlicher wie östlicher Industriestaaten zurückgehen. Diese Leitsätze verkörpern über Jahre ausgehandelte Kompromisse, die jedenfalls von den Vereinigten Staaten seit Beginn der Reagan-Administration nicht mehr mitgetragen werden. So heißt es in der Erklärung Präsident Reagans vom 10. März 1983 zur Meerespolitik der Vereinigten Staaten, daß „the United States will continue to work with other countries to develop a regime, free of unnecessary political and economical restraints, for mining deep seabed minerals beyond national jurisdiction"[15]. Art. 151 und 152 des UN-Übereinkommens 1982 stellen Leitsätze für die Produktion auf: Recht der Behörde zur Teilnahme an Rohstoffkonferenzen, Diskriminierungsverbot, Beschränkung von Produktionsgenehmigungen während der ersten fünf Jahre nach Aufnahme der kommerziellen Produktion; Festsetzung von Produktionshöchstgrenzen entsprechend dem jährlichen Nickelverbrauch; Maßnahmen gegen unlautere Wirtschaftsmethoden; Befugnisse der Behörde, die Produktionsmenge derjenigen mineralischen Rohstoffe zu beschränken, die nicht aus polymetallischen Knollen stammen; Ausgleichszahlungen und andere Maßnahmen wirtschaftlicher Anpassungshilfe für Entwicklungsländer, die ernsthafte nachteilige Auswirkungen auf ihre Einnahmen und ihre Wirtschaft durch den Tiefseebergbau im „Gebiet" erleiden.

Die Tätigkeiten im „Gebiet" werden von der Behörde „organized, carried out and controlled ... on behalf of mankind as a whole" (Art. 153). Tiefseebergbau wird von dem Unternehmen der Behörde („Enterprise") *und* von Vertragsstaaten[16] durchgeführt („Parallelsystem"), und zwar in Übereinstimmung mit einem förmlichen Arbeitsplan bzw. aufgrund eines Vertrages (Art. 153 Abs. 3). Die Satzung des „Enterprise" findet sich in Anlage IV des Übereinkommens 1982; die Grundbedingungen für Prospektierung, Erforschung und Ausbeutung

---

[14] Vgl. *Wolfrum* (Anm. 6); *derselbe*, Die UN-Seerechtskonvention in der Perspektive der Neuen Weltwirtschaftsordnung, in: *Delbrück* (Hrsg.), Das neue Seerecht (1984), S. 97 ff.; *Herber*, Das Seerechtsübereinkommen der Vereinten Nationen — Ansatz zu einer neuen Weltwirtschaftsordnung?, RIW 30 (1984), S. 337 ff. Zur neuen internationalen Wirtschaftsordnung siehe oben §§ 506 f.

[15] *Platzöder / Vitzthum*, Seerecht. Law of the Sea (1984), S. 500.

[16] Präziser: Vertragsstaaten, staatlichen Unternehmen oder natürlichen und juristischen Personen, welche die Staatsangehörigkeit eines Vertragsstaates besitzen oder (im Falle juristischer Personen) von ihm oder seinen Staatsangehörigen tatsächlich kontrolliert werden, wenn sie durch solche Staaten oder eine Gruppe der Vorgenannten befürwortet (sponsored) werden, welche die in Teil XI und Anlage III des UN-Seerechtsübereinkommens 1982 genannten Voraussetzungen erfüllt (Art. 153 Abs. 2 lit. b).

in Anlage III, die durch eine noch auszuhandelnde Bergordnung (rules, regulations and procedures) der Behörde ergänzt werden wird.

§ 1141 Das Tiefseebergbauregime wird regelmäßig alle fünf Jahre nach Inkrafttreten des UN-Seerechtsübereinkommens 1982 überprüft werden (Art. 154). 15 Jahre nach der ersten kommerziellen Produktion hat eine Überprüfungskonferenz (Review Conference) stattzufinden. Auf diese Konferenz finden die Verfahrensregeln der 3. UN-Seerechtskonferenz Anwendung, die Abstimmungen nur dann vorsehen, wenn alle Bemühungen um einen Consensus erschöpft sind (Art. 155)[17]. Hat die Überprüfungskonferenz fünf Jahre nach ihrem Beginn noch keine Einigung über ein neues System der Erforschung und Ausbeutung erzielt, so kann sie während der folgenden 12 Monate Beschlüsse zur Veränderung oder Abwandlung des geltenden Regimes mit einer Dreiviertelmehrheit der Vertragsstaaten fassen. Diese Änderungen treten für alle Vertragsstaaten 12 Monate nach Hinterlegung der Ratifikations- oder Beitrittsurkunden durch drei Viertel der Vertragsstaaten in Kraft (Art. 155 Abs. 4). Die USA und einige westeuropäische Staaten erhoben gegen diese Bestimmung verfassungsrechtliche Bedenken, weil sie die Rechte der Parlamente beeinträchtige und den Grundsatz verletze, daß kein Staat gegen seinen ausdrücklich erklärten Willen vr verpflichtet werden kann. Diese Bedenken wurden wenigstens teilweise durch die Aufnahme einer Kündigungsbestimmung (Art. 317) ausgeräumt. Allerdings muß ein Staat, der das UN-Übereinkommen gemäß Art. 317 gekündigt hat, während der Kündigungsfrist von mindestens einem Jahr das Vertragswerk samt den in Kraft befindlichen Änderungen gegen sich gelten lassen.

Die Errichtung der Internationalen Meeresbodenbehörde mit Sitz in Jamaika obliegt entsprechend der Resolution I der 3. UN-Seerechtskonferenz[18] der seit 1983 tagenden Vorbereitungskommission zur Errichtung der Internationalen Meeresbodenbehörde und des Internationalen Seerechtsgerichts.

§ 1142 Die Behörde (Authority) wird eine Versammlung, einen Rat, ein Sekretariat, das Unternehmen sowie verschiedene Nebenorgane umfassen. Die Art. 159 - 162 regeln Zusammensetzung, Verfahren, Abstimmung, Befugnisse und Aufgaben von Versammlung und Rat. Wichtigstes Hauptorgan der Behörde ist der Rat, der sich aus 36 Vertragsstaaten zusammensetzt. Den einflußreichsten Staaten ist es gelungen, sich darin quasi-ständige Sitze zu sichern, weil die verklausulierten Bestimmungen des Art. 161 Abs. 1 lit. a - d Voraussetzungen statuieren, die nur von bestimmten Staaten erfüllt werden können. Das höchst

---

[17] *Platzöder / Vitzthum* (Anm. 15), S. 287 ff.

[18] Ebd., S. 328 ff.

komplizierte Beschlußfassungssystem des Rates beruht auf der Grundüberlegung, daß dieses Organ einerseits funktionsfähig sein muß, andererseits Minderheiten in wichtigen Entscheidungen nicht ohne weiteres überstimmt werden dürfen (Art. 161 Abs. 6 - 9). Der Rat trifft seine Entscheidungen mit einfacher Mehrheit, Zweidrittelmehrheit, Dreiviertelmehrheit oder im Consensus (Art. 161 Abs. 8). „Consensus" bedeutet das Fehlen jeden förmlichen Einspruchs (Art. 161 Abs. 8 lit. e)[19]. Diese Legaldefinition gilt jedoch nur für die in Art. 161 Abs. 8 lit. d, f und g aufgezählten Fälle.

Die Behörde besitzt „international legal personality" (Art. 170 und 176; vgl. § 444). Sie kann über verschiedene Finanzquellen verfügen (im wesentlichen Beiträge der Vertragsparteien, daneben Abgaben der Tiefseebergbautreibenden, Nettoeinnahmen des Unternehmens, Darlehen, freiwillige Beiträge; Art. 171). Finanzielle und sonstige wirtschaftliche Gewinne, die aus Tätigkeiten im „Gebiet" stammen, sowie Zahlungen und Leistungen hinsichtlich der Ausbeutung des Festlandsockels jenseits von 200 Seemeilen sind von der Behörde gerecht (Art. 140 Abs. 2) bzw. an Entwicklungsstaaten (Art. 82 Abs. 4) zu verteilen.

Zur Beilegung von Streitigkeiten und Erstellung von Gutachten sieht das UN-Übereinkommen drei Kammern beim Internationalen Seerechtsgericht (Kammer für Meeresbodenstreitigkeiten, Sonderkammer, ad hoc-Kammer), sowie Handelsschiedsverfahren vor[20] (Art. 186 - 188).

3. Ausblick

§ 1143 Ob und wann das Tiefseebergbauregime des UN-Seerechtsübereinkommens 1982 in der beschriebenen Form verwirklicht werden wird, ist noch nicht abzusehen. Das Übereinkommen ist bis April 1984 zwar von 134 Staaten unterzeichnet, jedoch bisher noch von keinem der sog. „Pionierinvestoren" ratifiziert worden: Gemäß Resolution II der 3. UN-Seerechtskonferenz[21] haben nämlich zunächst nur Frankreich, Indien, Japan und die Sowjetunion, sowie gewisse Entwicklungsstaaten und Unternehmen mit Sitz in Belgien, Kanada, der Bundesrepublik Deutschland, Italien, Japan, den Niederlanden, in Großbritannien und den Vereinigten Staaten Anrechte auf Tiefseebergbaufelder. Bisher sind nur von Indien und der Sowjetunion entsprechende Anträge bei der Vorbereitungskommission eingereicht worden. Die Bundesrepublik Deutschland, Frankreich, Großbritannien und die Vereinigten Staaten haben vielmehr am 2. September 1982 ein Übereinkommen über vor-

---

[19] Vgl. auch oben § 122.

[20] Zum Streitschlichtungssystem des UN-Übereinkommens 1982 vgl. auch §§ 1321, 1330.

[21] *Platzöder / Vitzthum* (Anm. 15), S. 331 ff.

läufige Regelungen für polymetallische Knollen des Tiefseebodens vereinbart[22] und zusammen mit Belgien, Italien, Japan und den Niederlanden am 3. August 1984 eine „Vorläufige Absprache über Fragen des Tiefseebodens" (BGBl. 1984 II, S. 747) getroffen. Die erstgenannten Staaten sowie Japan und die Sowjetunion haben ferner Gesetze zur vorläufigen Regelung des Tiefseebergbaus erlassen[23]. Diese Tiefseebergbaugesetze und Vereinbarungen stehen zwar mit dem UN-Seerechtsübereinkommen 1982 im Einklang (vgl. Art. 153 Abs. 2 lit. b und Art. 311 Abs. 6; Resolution II, Ziff. 5); die Frage, ob die genannten Industriestaaten unter dessen Tiefseebergbauregime tätig werden und dieses mitfinanzieren wollen, ist aber noch nicht geklärt. Von der Entscheidung über diese Frage könnte das Schicksal des UN-Seerechtsübereinkommens 1982 überhaupt abhängen.

Bereits heute ist jedoch festzuhalten, daß dieses Vertragswerk, auch wenn es nicht oder auf absehbare Zeit nicht in Kraft treten sollte, für die Seerechtsentwicklung zumindest im Bereich des allgemeinen Seerechts und des Meeresumweltschutzes richtungsweisend sein wird. Die Staaten der Dritten Welt und des Ostblocks stellen sich allerdings auf den Standpunkt, daß sich nur Vertragsstaaten bzw. Staaten, die das UN-Seerechtsübereinkommen 1982 wenigstens unterzeichnet haben, auf dieses Vertragswerk berufen können. Gleichzeitig bestreiten sie, daß das Seerechtsübereinkommen neues Gewohnheitsrecht geschaffen habe[24].

F. Staatenloses Gebiet

I. Allgemeines

§ 1144 Da die Festlandgebiete der Erde weitgehend unter den Staaten aufgeteilt sind, spielen deren Befugnisse im staatenlosen Gebiet *(terra nullius)* allenfalls noch in den Polarregionen und auf durch Absinken des Meeresspiegels oder unterseeische Vulkantätigkeit neu entstandenem Land eine Rolle. Dabei ist von dem Grundsatz auszugehen, daß die Staaten überall Hoheitsakte vornehmen dürfen, wo keine ausschließliche Zuständigkeit eines anderen Staates besteht oder keine

---

[22] Text des Übereinkommens bei *Platzöder / Vitzthum* (Anm. 15), S. 439 ff.

[23] Gesetz der Bundesrepublik Deutschland: *Platzöder / Vitzthum* (Anm. 15), S. 423 ff.; BGBl. 1980 I, S. 1457, (Änderung) 1982 I, S. 136; französisches Gesetz: ILM 21 (1982), S. 808 ff.; britisches Gesetz: ebd. 20 (1981), S. 1219 ff.; US-Gesetze: ebd. 19 (1980), S. 1003 ff.; 20 (1981), S. 1228 ff.; 21 (1982), S. 867 ff.; japanisches Gesetz: ebd. 22 (1983), S. 102 ff.; sowjetisches Gesetz: ebd. 21 (1982), S. 551 ff. Dazu *Brown*, The Impact of Unilateral Legislation on the Future of Legal Regime of Deep-Sea Mining, ArchVR 20 (1982), S. 145 ff.; *Petersmann*, Rechtsprobleme der deutschen Interimsgesetzgebung für den Tiefseebergbau, ZaöRV 41 (1981), S. 267 ff.

[24] Zu dieser Frage vgl. die in § 581, Anm. 16, genannten Arbeiten von *Lee*, *Schweisfurth* und *Bernhardt*.

dieses Recht einschränkende Norm des VR gilt. Personen im staatenlosen Gebiet sind der Staatsgewalt (Personalhoheit)[1] ihres Heimatstaates unterworfen[2]. In Anwendung des gerade genannten Grundsatzes wird Staaten jedoch nicht verwehrt werden können, dort auch gegen Ausländer tätig zu werden, um ihre Staatsangehörigen, öffentliches und privates Eigentum zu schützen. Eine ausdrückliche Regelung über Hoheitsbefugnisse im staatenlosen Gebiet finden wir in Art. 8 des Antarktis-Vertrages[3]. Danach unterstehen alle Staatsangehörigen von Vertragsparteien, die sich zum Zwecke der Ausübung vertragskonformer Tätigkeiten in der Antarktis aufhalten (Wissenschaftler, Beobachter, Inspektoren), der ausschließlichen Jurisdiktion ihres Heimatstaates. Die Frage der Befugnisse gegenüber Staatsangehörigen von Nicht-Vertragsparteien oder Staatsangehörigen von Vertragsparteien, die sich zu anderen als erlaubten Tätigkeiten im Vertragsgebiet aufhalten, läßt der Antarktisvertrag offen.

II. Die Polargebiete[4]

§ 1145 Bei der weiteren Untersuchung ist zwischen der Nordpolarregion (Arktis) und dem Südpolargebiet (Antarktis) zu unterscheiden. Jene besteht zum größeren Teil aus Wasser und schwimmenden Eismassen, während sich auf der südlichen Erdkalotte ein großer Kontinent (ca. 13 Mio. qkm) befindet.

§ 1146 Was die *Nordpolarregion* betrifft[5], so vertreten Kanada und die Sowjetunion eine Sektorentheorie, die als Variante der Kontiguitätstheorie[6] anzusehen ist. Nach dieser Sektorentheorie können Anliegerstaaten des Nordpolarmeeres denjenigen Sektor beanspruchen, der sich aus der Verlängerung ihrer Staatsgrenzen zu Lande bis hin zum Nordpol ergibt. Gestützt auf diese Theorie hat die Sowjetunion bereits

---

1 Vgl. §§ 388 f., 1225 ff.

2 *Verdross*, Staatsgebiet, Staatengemeinschaftsgebiet und Staatengebiet, NZIR 37 (1927), S. 293 ff.; *Giese*, Zur Rechtslage im staatenlosen Landgebiet, AÖR 29 (1938), S. 310 ff.

3 BGBl. 1978 II, S. 1517; UNTS 402, S. 71 ff. Näheres siehe unten §§ 1147 ff.

4 Vgl. *Smedal*, Acquisition of Sovereignty Over Polar Areas (1931); *Dollot*, Le droit international des espaces polaires, RdC 75 (1949 II), S. 121 ff.; *Mouton*, The International Regime of the Polar Regions, ebd. 107 (1962 III), S. 175 ff.; *Battaglini*, I diritti degli Stati nelle zone polari (1975).

5 Vgl. neben dem in Anm. 4 genannten Schrifttum noch *Böhmert*, Sektorentheorie, WV III, S. 248 ff.; *Pharand*, The Law of the Sea of the Arctic (1973); *derselbe*, The Legal Status of the Arctic Regions, RdC 163 (1979 II), S. 49 ff.; *Johnson Theutenberg*, The Arctic Law of the Sea, Nordisk Tidsskrift for International Ret 52 (1983), S. 3 ff.; *Jenisch*, Der Arktische Ozean und das neue Seerecht, Außenpolitik 35 (1984), S. 204 ff.

6 Dazu § 1155. Zur „nassen Kontiguität" (im Seerecht) vgl. §§ 1069, 1086, 1111, 1121.

1926 alle damals entdeckten Landgebiete sowie solche, die in Zukunft in „ihrem Sektor“ entdeckt würden, zu ihrem Staatsgebiet erklärt[7]. Auch Norwegen erhebt Ansprüche auf Landgebiete im Nordpolarmeer, erkennt die Sektorentheorie jedoch nicht an[8]. Auf diese Theorie, ursprünglich wohl nur zur Begründung von Souveränität über Landgebiete entwickelt, beruft sich die Sowjetunion nunmehr auch in den Verhandlungen mit Norwegen über die Abgrenzung der 200-Seemeilenzone und des Festlandsockels in der Barentssee.

Ob für dauernd zugefrorene Gebiete der Hohen See deren Normen oder jene des Festlandes gelten, war zumindest vor Erfindung moderner Eisbrecher und nuklearbetriebener U-Boote streitig[9]. Der Auffassung, solche Meeresgebiete seien der Schiffahrt unzugänglich und müßten folglich wie Land behandelt werden[10], so daß für ihren Erwerb die Regeln der originären Okkupation[11] gelten würden, stehen die Art. 1 und 2 des Übereinkommens über die Hohe See 1958[12] bzw. Art. 86 und 89 des UN-Seerechtsübereinkommens 1982 (§ 596) entgegen, wo das Anwendungsgebiet des Regimes der Hohen See festgelegt und die Unwirksamkeit von Souveränitätsansprüchen über die Hohe See bekräftigt wird.

Im UN-Seerechtsübereinkommen 1982 findet sich zudem eine Bestimmung über eisbedeckte Gebiete in der ausschließlichen Wirtschaftszone (Art. 234). Danach kann der Küstenstaat für derartige Gebiete nichtdiskriminierende Gesetze und sonstige Vorschriften zur Verhütung, Verringerung und Überwachung der Meeresverschmutzung durch Schiffe erlassen und durchsetzen.

§ 1147 Was die *Antarktis* anbelangt[13], so erheben sieben Staaten (Australien, Argentinien, Chile, Großbritannien, Frankreich, Neusee-

---

[7] Gesetzessammlung der UdSSR 1926, No. 32, Art. 203 (nach *Böhmert* [Anm. 5], S. 250). Zu den kanadischen Ansprüchen vgl. *Reid*, The Canadian Claim to Sovereignty over the Waters of the Arctic, CYIL 12 (1974), S. 111 ff. Die Vereinigten Staaten lehnen die Sektorentheorie ab, anerkennen aber etwa die „*de facto* control“ der Sowjetunion über die Insel Wrangel: AJIL 72 (1978), S. 894 f.

[8] *Bloch*, Die neuesten Annexionen Norwegens in den Polargebieten, ZaöRV 2 (1930), Teil 2, S. 160 ff.

[9] Vgl. *Molde*, The Status of Ice in International Law, Nordisk Tidsskrift for International Ret 51 (1982), S. 164 ff.

[10] So etwa *Rolland*, RGDIP 11 (1904), S. 340, anläßlich der Errichtung einer Spielhölle in Alaska außerhalb des Küstenmeeres.

[11] Darüber §§ 1154 f.

[12] BGBl. 1972 II, S. 1089; *Berber / Randelzhofer*, Völkerrechtliche Verträge (2. Aufl. 1979), S. 222 ff.

[13] Vgl. *Dupuy*, Le traité sur l'Antarctique, AFDI 6 (1960), S. 111 ff.; *Battaglini*, La condizione dell'Antartide nel diritto internazionale (1971); *Guyer*, The Antarctic System, RdC 139 (1973 II), S. 149 ff.; F. *Orrego Vicuna / Infante*, Le droit de la mer dans l'Antarctique, RGDIP 84 (1980), S. 340 ff.; *Auburn*,

land und Norwegen) dort Gebietsansprüche in Form unterschiedlich großer Sektoren, die am Südpol zusammentreffen. Die von Argentinien, Chile und Großbritannien beanspruchten Teile der Antarktis überlappen. Nur ein Gebiet zwischen dem chilenischen und dem neuseeländischen Sektor ist von territorialen Ansprüchen frei. Der Antarktis-Vertrag, dem die genannten 7 Staaten als Signatarstaaten angehören, hat jedoch sämtliche territorialen Souveränitätsansprüche „eingefroren" und schließt auch die Erhebung neuer Ansprüche aus, solange er in Kraft steht (Art. 4). Gleichwohl werden große Anstrengungen unternommen, Rechte und Ansprüche zu erhalten und zu festigen, z. B. durch Errichtung von ständigen Siedlungen samt Krankenhäusern und Kindergärten, Durchführung von Paßkontrollen und Kabinettssitzungen, Proklamation von 200-Seemeilenzonen und Erklärungen, auf territoriale Rechte nicht verzichten zu wollen.

Der räumliche Anwendungsbereich des Antarktis-Vertrages umfaßt das gesamte Gebiet südlich des 60. Grades südlicher Breite (Art. 6). Die Antarktis darf nach diesem Statusvertrag[14] nur zu friedlichen Zwecken genutzt werden, d. h. alle Maßnahmen militärischer Art, wie die Errichtung militärischer Stützpunkte und Befestigungen, die Durchführung militärischer Manöver, die Erprobung von Waffen jeder Art (Art. 1 Abs. 1), jegliche Kernexplosionen und die Beseitigung radioaktiven Abfalls (Art. 5 Abs. 1) sind dort verboten. Es besteht Forschungsfreiheit und die Verpflichtung zur internationalen Zusammenarbeit bei der wissenschaftlichen Erforschung der Antarktis (Art. 2 und 3).

§ 1148 Die Signatarstaaten sowie diejenigen Staaten, die dem Antarktis-Vertrag beigetreten sind und sich gemäß Art. 9 Abs. 2 durch erhebliche wissenschaftliche Forschungsarbeiten in der Antarktis qualifiziert haben (z. B. durch Einrichtung einer wissenschaftlichen Forschungsstation, Entsendung einer wissenschaftlichen Forschungsexpedition), bilden den Kreis der Konsultativparteien („Antarktis-Club")[15]. Diese Staatengruppe tagt regelmäßig, um Maßnahmen zur Förderung der Grundsätze und Ziele des Antarktis-Vertrages zu beschließen (Art. 9

Antarctic Law and Politics (1982); *Jung*, Die Antarktis in der internationalen Politik, Außenpolitik 35 (1984), S. 80 ff.; *Wolfrum* (Hrsg.), Antarctic Challenge (1984); *derselbe*, Die Internationalisierung staatsfreier Räume (1984), S. 30 ff.

[14] Vgl. zu diesem Vertragstyp oben §§ 764 ff.

[15] Bei den zwölf Signatarstaaten handelt es sich um Argentinien, Australien, Belgien, Chile, Frankreich, Japan, Neuseeland, Norwegen, die Sowjetunion, Südafrika, das Vereinigte Königreich und die Vereinigten Staaten; bei den gem. Art. 9 Abs. 2 in den „Antarktis-Club" später aufgenommenen Staaten um Brasilien (1983), Bundesrepublik Deutschland (1981), Indien (1983) und Polen (1979). Dazu treten als „einfache Vertragsparteien" Bulgarien, China, Dänemark, Deutsche Demokratische Republik, Italien, Niederlande, Papua-Neuguinea, Peru, Tschechoslowakei, Uruguay (Stand: Frühjahr 1984).

Abs. 1; z. B. Nutzung der Antarktis zu nur friedlichen Zwecken: Erleichterung der wissenschaftlichen Forschung, der internationalen wissenschaftlichen Zusammenarbeit und der Ausübung der Inspektionsrechte gem. Art. 7; Ausübung von Jurisdiktion in der Antarktis; Erhaltung und Schutz der antarktischen lebenden Schätze). Die Konsultativparteien überwachen und verwalten also die Antarktis und ergreifen Maßnahmen zur Weiterentwicklung ihres Regimes[16]. Gleichwohl hat der Antarktis-Vertrag kein Kondominium geschaffen, da Souveränitätsrechte nicht begründet werden dürfen. Es liegt auch kein Koimperium vor, da keine Gemeinherrschaft ausgeübt wird[17]. Inzwischen sind zwei Abkommen zum Schutz und zur Nutzung antarktischer Lebewesen[18] zustandegekommen; seit 1976 verhandeln die Konsultativparteien über einen Vertrag zur Erforschung und Ausbeutung der antarktischen mineralischen Ressourcen[19]. Die bisher bekanntgewordenen Entwürfe sehen die Gründung einer Kommission vor, die alle für die Erhaltung, Nutzung und Kontrolle der antarktischen mineralischen Ressourcen erforderlichen Zuständigkeiten und Befugnisse besitzen soll.

§ 1149 Der „Antarktis-Club" steht gegenwärtig vor zwei entscheidenden Fragen: Werden alle Staaten, die Sektoren der Antarktis beanspruchen, auf das „Auftauen" ihrer Ansprüche verzichten und wird die internationale Gemeinschaft eine Verwaltung der Antarktis durch wenige Staaten hinnehmen?

Nach Art. 12 Abs. 1 kann der Antarktis-Vertrag zwar jederzeit durch einmütigen Beschluß und dessen nachfolgende Ratifikation durch alle Konsultativparteien geändert werden. Kündbar ist er jedoch nur unter erschwerten Bedingungen. Dazu muß eine Revisionskonferenz stattfinden, die frühestens 30 Jahre nach Inkrafttreten des Antarktis-Vertrages einberufen werden kann. Diese Konferenz muß Änderungen oder Ergänzungen des Vertrages beschließen. Falls solche Änderungen

---

[16] *Auburn*, Consultative Status under the Antarctic Treaty, ICLQ 28 (1979), S. 514 ff.

[17] Vgl. zu diesen Begriffen oben §§ 1045 ff.

[18] Und zwar die Convention for the Conservation of Antarctic Seals vom 1. Juni 1972, *Rüster / Simma*, International Protection of the Environment. Treaties and Related Documents, Bd. VIII (1976), S. 3753 ff.; sowie das Übereinkommen über die Erhaltung der lebenden Meeresschätze der Antarktis vom 20. Mai 1980, ILM 19 (1980), S. 841 ff.; BGBl. 1982 II, S. 421. Dazu *Vignes*, AFDI 26 (1980), S. 741 ff. Allgemeiner *Auburn*, The Antarctic Environment, YBWA 35 (1981), S. 248 ff.

[19] Vgl. neben dem bereits in Anm. 13 genannten Schrifttum noch *Auburn*, Offshore Oil and Gas in Antarctica, GYIL 20 (1977), S. 139 ff.; *Lagoni*, Antarctica's Mineral Resources in International Law, ZaöRV 39 (1979), S. 1 ff.; *Joyner*, The Exclusive Economic Zone and Antarctica, VJIL 21 (1980/81), S. 691 ff.; *Rich*, A Minerals Regime for Antarctica, ICLQ 31 (1982), S. 709 ff.; *Charney* (Hrsg.), The New Nationalism and the Use of Common Spaces (1982), S. 115 ff.; F. *Orrego Vicuna*, Antarctic Resources Policy (1983).

oder Ergänzungen nicht innerhalb zweier Jahre in Kraft getreten sind, kann jede Partei vom Antarktis-Vertrag zurücktreten.

Obwohl der „Antarktis-Club" seine Befugnisse bisher verantwortungsvoll wahrgenommen hat, versuchen einige Staaten der Dritten Welt seit Mitte der 70er Jahre, die Antarktis ähnlich wie den Meeresboden und seine Ressourcen jenseits der Grenzen nationaler Jurisdiktion zum „gemeinsamen Erbe der Menschheit" (common heritage of mankind) zu erklären. Am 15. Dezember 1983 hat die UN-Generalversammlung eine Resolution verabschiedet[20], die dem UN-Generalsekretär die Ausarbeitung einer Studie über den Rechtsstatus der Antarktis aufgetragen und diese Frage auf die Tagesordnung der 39. Generalversammlung 1984 gesetzt hat. Gegenwärtig ist also noch nicht abzusehen, ob, in welchem Forum und wann ein Regime für die Erforschung und Ausbeutung der antarktischen mineralischen Ressourcen endgültig vereinbart und ob der Antarktis-Vertrag als „Grundgesetz der Antarktis" erhalten werden kann.

G. Der Weltraum[1]

§ 1150 Das Staatsgebiet kann sich nicht grenzenlos in den Raum über der Erde erstrecken, da „die Erde sich dreht und es keine außerirdischen Räume gibt, die zu der irdischen, an einen bestimmten Teil der Erdoberfläche gebundenen Staatsgewalt in dauernden Beziehungen stünden"[2].

Auch das Abkommen von Chicago vom 7. Dezember 1944, das in Art. 1 anerkennt, daß „jeder Staat *über seinem Hoheitsgebiet* volle und

---

[20] Res. 38/77; deutsch in VN 32 (1984), S. 73. Dazu ebd., S. 63 f.

[1] Dazu *McDougal / Lasswell / Vlasic*, Law and Public Order in Space (1963); *Jenks*, Space Law (1965); *Zukov*, Weltraumrecht (1968); *Marcoff*, Traité de Droit international public de l'éspace (1973); *Lachs*, The International Law of Outer Space, RdC 113 (1964 III), S. 7 ff.; *derselbe*, The Law of Outer Space (1972); *Dauses*, Neuere Fragen des Weltraumrechtes, ArchVR 17 (1977/1978), S. 46 ff.; *Piradow u. a.*, Weltraumrecht (1978); *Smith*, Space Stations. International Law and Policy (1979); *Marcoff*, Sources du droit international de l'éspace, RdC 168 (1980 III), S. 9 ff.; *Reijnen*, Utilization of Outer Space and International Law (1981); *Christol*, The Modern International Law of Outer Space (1982); *Gorove*, International Space Law in Perspective — Some Major Issues, Trends and Alternatives, RdC 181 (1983 III), S. 349 ff.; *Back Impallomeni*, Spazio cosmico e corpi celesti nell'ordinamento internazionale (1983); *Wolfrum*, Die Internationalisierung staatsfreier Räume (1984), S. 269 ff.

[2] *Dahm*, Völkerrecht I (1958), S. 729 f. Zum folgenden auch *Monaco*, Sovranità statale e spazio superatmosferico, RDI 41 (1958), S. 585 ff.; *Zemanek*, in: *Verdross*, S. 301; *Bentivoglio*, Esiste un confine dello Stato nello spazio verticale?, DI 24 (1970), S. 203 ff.; *Durante*, Definizione e delimitazione dello spazio extra-atmosferico, RDI 54 (1971), S. 377 ff.; *Dauses*, Die Grenze des Staatsgebietes im Raum (1972); *Goedhuis*, The Problems of the Frontiers of Outer Space and Air Space, RdC 174 (1982 I), S. 367 ff.

ausschließliche Lufthoheit besitzt"[3], ist auf den Weltraum nicht anwendbar, da es einen Raum im Auge hat, der von *Luftfahrzeugen* benutzt werden kann[4]. Darunter versteht ein Annex dieses Abkommens Apparate, die sich kraft der Reaktion der Luft in der Atmosphäre halten. Da diese Voraussetzung für die in den Weltraum geschossenen Flugkörper nicht zutrifft, kann als Weltraum i. S. des VR nur jener außerirdische Raum verstanden werden, der Luftfahrzeugen unzugänglich ist. Daher kann zwischen dem Luftraum und dem Weltraum nur eine funktionelle Abgrenzung vorgenommen werden[5].

Diese Auffassung wird durch die Staatenpraxis bestätigt, da die Staaten niemals gegen den Überflug ihres Gebietes durch Satelliten und Weltraumraketen protestiert haben, während sie streng darauf achten, daß fremde Luftfahrzeuge nur auf Grund von Verträgen, und militärische Flugzeuge bloß auf Grund einer besonderen Erlaubnis in ihren Luftraum einfliegen[6].

§ 1151 Die vr Regelungen über Status und Nutzung des Weltraums sind maßgeblich von dem (1959 eingesetzten) Weltraumausschuß der UN-Generalversammlung gestaltet worden, auf dessen Empfehlung hin die Generalversammlung am 13. Dezember 1963 mit Resolution 1962 (XVIII) einstimmig eine „Declaration of Legal Principles Governing the Activities of States in the Exploration and Use of Outer Space" annahm[7]. Auf dieser Deklaration fußt der „Vertrag über die Grundsätze zur Regelung der Tätigkeiten von Staaten bei der Erforschung und Nutzung des Weltraums einschließlich des Mondes und anderer Himmelskörper" vom 27. Januar 1967[8]. Gemäß Art. II dieses Vertrages darf

---

[3] *Berber*, Dokumente I, S. 72 (von uns hervorgehoben).

[4] *Zemanek* (Anm. 2), S. 302; *Quadri*, Droit international cosmique, RdC 98 (1959 III), S. 545 ff.

[5] *Quadri* (Anm. 4), S. 519; *Zemanek* (ebd.).

[6] In diesem Sinne auch die amerikanisch-sowjetischen Abkommen vom 26. Mai 1972 über die Begrenzung der Raketenabwehrsysteme und der strategischen Offensivwaffen (Resultate von SALT I), die die Einhaltung ihrer Bestimmungen der Kontrolle u. a. durch Satelliten der anderen Vertragspartei unterwerfen (durch die ihr „zur Verfügung stehenden innerstaatlichen technischen Kontrollmittel in einer Weise ..., die mit den allgemein anerkannten Grundsätzen des Völkerrechts in Einklang steht"; *Fahl*, Internationales Recht der Rüstungsbeschränkung [Lose-Blatt-Sammlung 1975 ff.], Nr. 8.2.1. und 8.2.3.). Darüber G. *Fischer*, Les accords sur la limitation des armes stratégiques, AFDI 18 (1972), S. 68 ff.

[7] Deutsche Übersetzung in VN 12 (1964), S. 34. Die Prinzipien dieser Deklaration wurden anläßlich ihrer Verabschiedung von beiden Supermächten als vr verbindlich anerkannt; vgl. oben § 639. Die Gesamtheit der dem Weltraumvertrag vorausgehenden Generalversammlungsbeschlüsse ist im JIR 12 (1965), S. 512 ff., dokumentiert.

[8] BGBl. 1969 II, S. 1967; *Berber / Randelzhofer*, Völkerrechtliche Verträge (2. Aufl. 1979), S. 247 ff. (Ende 1983 83 Vertragsparteien).

weder der Weltraum noch der Mond oder ein anderer Himmelskörper zum Gegenstand einer nationalen Aneignung durch Beanspruchung der Hoheitsgewalt, durch Benutzung oder Okkupation oder durch andere Mittel gemacht werden[9]. Kein Staat darf also den Versuch machen, in diesem Raume eine andere Staaten ausschließende Herrschaft zu begründen. Einen Reflex dieses Verbotes bildet die Bestimmung des Art. I, daß die Erforschung und die Benutzung des Weltraumes einschließlich des Mondes und der anderen Himmelskörper Sache der gesamten Menschheit ist und daher allen Staaten ohne Diskriminierung freisteht.

Von großer Bedeutung ist ferner Art. III, der die Staaten verpflichtet, alle Tätigkeiten im genannten Raume in Übereinstimmung mit dem VR, einschließlich der UN-Charta, sowie im Interesse der Erhaltung des internationalen Friedens und der Sicherheit und der Förderung der internationalen Zusammenarbeit und Verständigung auszuüben. Damit wird feierlich anerkannt, daß der räumliche, persönliche und sachliche Geltungsbereich des VR schlechthin universell geworden ist.

Außerdem sind die Staaten gemäß Art. IV Abs. 1 gehalten, keine Gegenstände, die Kernwaffen oder andere Massenvernichtungswaffen tragen, in eine Erdumlaufbahn zu bringen und weder Himmelskörper mit derartigen Waffen zu bestücken noch solche Waffen im Weltraum zu stationieren. Auf dem Mond und den anderen Himmelskörpern dürfen darüber hinaus auch keine militärischen Stützpunkte, Anlagen und Befestigungen errichtet, keine Waffen erprobt und keine militärischen Übungen durchgeführt werden. Die Himmelskörper sind also entmilitarisiert und dürfen nur für friedliche Zwecke benutzt werden (Art. IV Abs. 2). Kernwaffenversuche im Weltraum wurden schon durch das Moskauer Atomteststopabkommen vom 5. August 1963 verboten. Andere militärische Nutzungen dagegen, wie der Einsatz von Aufklärungssatelliten, sind nach wie vor zulässig.

Während des Fluges und Aufenthaltes in diesen Räumen übt jeder Staat nach Art. VIII über die bei ihm registrierten, in den Weltraum geschossenen Objekte, sowie über alle im Weltraum befindlichen oder auf einem Himmelskörper weilenden Personen kraft seiner Personalhoheit Hoheitsgewalt und Kontrolle (jurisdiction and control) aus. Die

---

[9] In einem am 3. Dezember 1976 in Bogotá unterzeichneten Papier haben 8 Äquatorialstaaten (Brasilien, Kolumbien, Kongo, Ecuador, Indonesien, Kenia, Uganda und Zaire) den geostationären Orbit (die mit der Erddrehung synchrone Umlaufbahn von [insbesondere Direktfernseh-]Satelliten in 36 000 km Höhe über dem Äquator) als knappe natürliche Ressource bezeichnet, deren Ausbeutung unter ihre Souveränität falle, und die Stationierung von Satelliten in ihren Orbitsegmenten an ihre Zustimmung gebunden. Diese Ansprüche stoßen jedoch auf allgemeine Ablehnung. Vgl. RGDIP 81 (1977), S. 787 f.

auf einem Himmelskörper errichteten Anlagen aller Art (Stationen, Einrichtungen, Geräte und Raumfahrzeuge) sind allen Vertragsstaaten auf der Grundlage der Gegenseitigkeit zugänglich (Art. XII). Der Vertrag regelt außerdem die gegenseitige Pflicht zur Hilfeleistung bei Unfällen (Art. V), ferner die Pflicht zur Zusammenarbeit bei der Erforschung des Weltraumes (Art. X und XI)[10], sowie die Frage der Haftung für Unfälle (Art. VI und VII). Dabei ist hervorzuheben, daß gemäß Art. VI der Registerstaat in Abweichung vom später zu behandelnden Hauptprinzip[11] der Staatenverantwortlichkeit für nichtamtliche Tätigkeiten (non-governmental activities) *ebenso* wie für amtliche Tätigkeiten haftet, da alle nichtamtlichen Tätigkeiten im Weltraum nicht nur einer staatlichen Ermächtigung bedürfen, sondern auch der ständigen Kontrolle des Registerstaates unterliegen[12].

§ 1152 Der Weltraumvertrag 1967 ist in der Folge durch eine Reihe vr Verträge ergänzt worden. So wurde schon am 22. April 1968 ein Abkommen über die Rettung und Rückführung von Astronauten und die Rückführung von in den Weltraum gestarteten Objekten abgeschlossen[13]. Am 29. März 1972 folgte die Konvention über die internationale Verantwortlichkeit für Schäden durch Weltraumfahrzeuge[14]. Sie legt für derartige Schäden grundsätzlich die Gefährdungshaftung, im Falle des Vorhandenseins mehrerer Startstaaten die Solidarhaftung fest und sieht bei Nichteinigung der Beteiligten ein Verfahren vor einer „Schiedskommission" vor, deren Spruch Empfehlungscharakter hat, aber von jedem Vertragsstaat gegenüber jedem anderen sich gleichermaßen verpflichtenden Vertragsstaat als bindend anerkannt werden kann. Das Übereinkommen vom 14. Januar 1975 über die Registrierung von in den Weltraum gestarteten Gegenständen[15] verpflichtet die Staaten, die einen derartigen Gegenstand starten oder dessen Start durchführen lassen oder von deren Hoheitsgebiet oder Anlage aus ein Weltraumgegenstand gestartet wird, ebenso wie den UN-Generalsekretär, ein Register über diese Objekte zu führen.

---

[10] Dazu das amerikanisch-sowjetische Abkommen vom 24. Mai 1972, deutsch in der Dokumentensammlung zum DDR-Völkerrechtslehrbuch, Teil 3, S. 1330 ff.

[11] Unten §§ 1270 ff., 1281 ff.

[12] Dazu *Théraulaz*, Droit de l'éspace et responsabilité (1971); *Christol*, International Liability for Damage Caused by Space Objects, AJIL 74 (1980), S. 346 ff.; *Bueckling*, Völkerrechtliche Haftung für Raumfahrtschäden nach dem Weltraumhaftungsabkommen vom 29. März 1972 (1982).

[13] BGBl. 1971 II, S. 237 (Ende 1983 79 Vertragsparteien).

[14] Text im AJIL 66 (1972), S. 702 ff.; BGBl. 1975 II, S. 1209 (Ende 1983 für 71 Parteien in Kraft). Dazu auch unten § 1269 und ebd., Anm. 35.

[15] BGBl. 1979 II, S. 650 (Ende 1983 für 33 Parteien in Kraft).

Als bisher letztes der auf Vorarbeiten des UN-Weltraumausschusses gegründeten Abkommen ist am 18. Dezember 1979 der Vertrag über die Regelung der Tätigkeiten von Staaten auf dem Mond und anderen Himmelskörpern (Mondvertrag) zur Unterzeichnung aufgelegt worden[16]. Neben der Ausführung der übrigen in den früheren Übereinkommen statuierten Verpflichtungen konkretisiert dieser Vertrag das Gemeinnützigkeitsgebot in Art. I des Weltraumvertrages 1967, indem er den Mond und seine natürlichen Ressourcen zum „gemeinsamen Erbe der Menschheit“ (common heritage of mankind) erklärt[17]. Der Mondvertrag enthält selbst aber noch keine Nutzungsordnung, sondern verpflichtet die Vertragsstaaten zur Aufnahme von Verhandlungen über ein Regime für die wirtschaftliche Ausbeutung der Naturschätze des Mondes, sobald sich die praktische Möglichkeit dazu abzeichnet[18]. Als Grundelemente dieser zukünftigen Nutzungsordnung schreibt der Vertrag die geordnete und sichere Entwicklung der natürlichen Ressourcen des Mondes, deren rationelle Verwaltung, die Ausweitung der Abbaumöglichkeiten und die gerechte Aufteilung der Gewinne auf alle Staaten vor. Dagegen bleibt die *Erforschung* des Mondes und seiner Ressourcen unberührt, auch wenn sie wirtschaftlich orientiert ist.

§ 1153 Völkerrechtlich umstritten ist schließlich neben den Grenzen der durch den Weltraumvertrag 1967 und den Mondvertrag 1979 nicht erfaßten militärischen Nutzung des Weltraumes der Einsatz von Satelliten für Direktfernsehen und Fernerkundung. Auf die Spannung zwischen Souveränität und Informationsfreiheit angesichts des Direktfernsehens sind wir an anderer Stelle eingegegangen[19]. Mittels *Fernerkundung* der Erde durch Satelliten (remote sensing) werden die unterschiedlichen Energien registriert, welche die Erdoberfläche in Form elektromagnetischer Strahlen abgibt, und so Informationen etwa über Bodenschätze, Fischschwärme, den Verschmutzungsgrad von Gewässern oder Ernteaussichten gewonnen[20]. Bei der Ausarbeitung eines Prinzi-

---

[16] ILM 18 (1979), S. 1434 ff.; in Kraft seit Mitte 1984; deutsche Übersetzung EA 35 (1980), S. D 585 ff. Dazu *Wolfrum*, Der Mondvertrag von 1979 — Weiterentwicklung des Weltraumrechts, ebd., S. 665 ff.

[17] Vgl. oben § 507 (Literatur in Anm. 13).

[18] Daraus läßt sich kein Moratorium für die wirtschaftliche Ausbeutung bis zum Zustandekommen eines solchen multilateralen Nutzungsregimes ableiten; vgl. die Stellungnahme des US Department of State, AJIL 74 (1980), S. 421 ff.; *Wolfrum* (Anm. 16), S. 667 f.

[19] Oben § 1054.

[20] Darüber neben der allgemeinen weltraumrechtlichen Literatur *Mateesco Matte / De Saussure* (Hrsg.), Legal Implications of Remote Sensing from Outer Space (1976); *De Saussure*, Remote Sensing by Satellite: What Future for an International Regime?, AJIL 71 (1977), S. 707 ff.; *Hood / Kimball / Kay*, A Global Satellite Observation System for Earth Resources (1977); *Hopkins*, Legal Implications of Remote Sensing of Earth Resources by Satellite, Military Law Review 78 (1977), S. 57 ff.

pienkataloges für diese Technik im UN-Weltraumausschuß bestehen Meinungsverschiedenheiten vor allem darüber, ob die Fernerkundung die vorherige Einwilligung des davon betroffenen Staates voraussetzt, sowie ob der erkundete Staat einen Anspruch auf Mitteilung der so gewonnenen Ergebnisse und deren Analyse haben und die Weitergabe dieser Erkenntnisse an dritte Staaten unterbinden können soll[21].

H. Erwerb und Verlust der territorialen Souveränität[1]

I. Durch originäre Okkupation und Dereliktion

§ 1154 Es ist seit altersher unbestritten, daß sich jeder Staat ein staatenloses Gebiet *(terra nullius)* mit dem dazugehörigen Küstenmeer durch eine mit *Gebietserwerbsabsicht* verbundene *(animo domini* erfolgende) *effektive und dauernde* Okkupation einverleiben kann, wobei das Ausmaß der nötigen Herrschaftsausübung von den Umständen abhängt, wie bereits anläßlich der Behandlung der Staatsgrenzen ausgeführt wurde[2]. Doch hebt eine kürzere Unterbrechung der effektiven Herrschaftsausübung eine einmal begründete territoriale Souveränität nicht auf[3].

Obgleich es heute kaum mehr staatenlose Landgebiete gibt, spielen diese Normen noch bei Streitfällen über früher erworbene Gebiete eine große Rolle[4].

---

[21] Vgl. *Greenburg*, Third Party Access to Data Obtained via Remote Sensing: International Legal Theory versus Economic and Political Reality, Case Western Reserve Journal of International Law 15 (1983), S. 361 ff.

[1] Dazu allgemein *Schätzel*, Das Recht des völkerrechtlichen Gebietserwerbs (1959); *Jennings*, The Acquisition of Territory in International Law (1963); *Menzel*, Gebietserwerb, WV I, S. 616 ff.

[2] Oben § 1056.

[3] So Max *Huber* im Schiedsspruch *Island of Palmas*, RIAA II, S. 861, 864.

[4] Darüber die Schiedssprüche in den Fällen *Island of Palmas*, RIAA II, S. 840, und *Rann of Kutch*, RIAA XVII; wie die Erkenntnisse des StIGH über den *Legal Status of Eastern Greenland*, A/B 53, S. 45 f., und des IGH in den Fällen *Minquiers and Ecrehos*, ICJ Reports 1953, S. 56 ff., *Sovereignty over Certain Frontier Land*, ICJ Reports 1959, S. 229, und *Temple of Preah Vihear*, ICJ Reports 1962, S. 32 ff. Zum Prinzip *„uti possidetis"* in südamerikanischen Grenzstreitigkeiten *Jiménez de Aréchaga*, Boundaries in Latin America: *uti possidetis* Doctrine, Encyclopedia [6 (1983), S. 45 ff.].

Ende 1974 ersuchte die UN- Generalversammlung den IGH um ein Rechtsgutachten darüber, ob die westliche Sahara zur Zeit ihrer Kolonisierung durch Spanien (um 1884) eine *terra nullius* gewesen sei, verneinendenfalls, welche Rechtsbeziehungen damals zwischen diesem Gebiet und Marokko bzw. der „Mauritanian entity" bestanden hätten. In seinem Gutachten vom 16. Oktober 1975 verneinte der Gerichtshof die erste Frage, weil Spanien das in Rede stehende Gebiet nicht durch originäre Okkupation, sondern durch Abkommen mit den dort lebenden Stämmen seiner Kolonialherrschaft unterworfen hatte. Marokko und die „Mauritanian entity" hätten zwar „legal ties" zu diesem Gebiet gehabt, jedoch mangels einer effektiven und ausschließ-

§ 1155 Der Schiedsspruch im Falle *Island of Palmas* hat die Kontiguitätstheorie, derzufolge der Okkupant eines Landstriches die diesem vorgelagerten, außerhalb des Küstenmeeres liegenden Inseln ohne Okkupation automatisch miterwirbt, ausdrücklich abgelehnt[5]. Eine Analyse der *ratio decidendi* der Entscheidung ergibt jedoch, daß der Schiedsrichter Kontiguität als Erwerbstitel für den Fall ablehnt, daß für das fragliche Gebiet ein anderer Staat bereits die Kriterien der effektiven Okkupation erfüllt hat[6]. Der automatische Miterwerb von Gebietsteilen (vorgelagerten Inseln, aber auch Teilen von Landgebieten), auf denen unmittelbar keine Hoheitsakte des Erwerbers stattfinden, wird in gewissem Umfang von Staatenpraxis, Rechtsprechung und Lehre anerkannt[7], was nur eine Konsequenz unserer früheren Feststellung ist, daß die Intensität der Staatsakte schwanken kann und insbesondere nicht jeden Winkel des zu erwerbenden Gebietes umfassen muß[8]. Diese Relativierung der Dichte der Staatsakte führt jedoch zu der Schwierigkeit, daß der Umfang des erworbenen Gebietes nicht klar genug markiert ist. Zwar kann der Wille des erwerbenden Staates hierbei ergänzend herangezogen werden, wenn er sich nach außen hin (etwa durch Notifikation des beanspruchten Territoriums) manifestiert hat. Dennoch sind objektive Kriterien vonnöten, um maßlose Erwerbsansprüche zu begrenzen[9]. In der Staatenpraxis hat sich die Regel herausgebildet, daß

---

lichen Herrschaft keine „ties of territorial sovereignty": *Western Sahara*, ICJ Reports 1975, S. 12 ff. Aus diesem Gutachten ergibt sich also, daß der IGH Gebiete, die von Eingeborenenstämmen beherrscht wurden, im Gegensatz zu einer älteren Lehre nicht als *terra nullius* betrachtet (vgl. ebd., S. 39). Näheres darüber, insbesondere über den Bedeutungswandel dieses Begriffs, in der Dissenting Opinion des Richters *Ammoun*, dortselbst S. 84 ff. Vgl. zum ganzen *Riedel*, Confrontation in Western Sahara in the Light of the Advisory Opinion of the International Court of Justice of 16 October 1975. A Critical Appraisal, GYIL 19 (1976), S. 405 ff.; *Franck*, The Stealing of the Sahara, AJIL 70 (1976), S. 694 ff.

[5] RIAA II, S. 854 f. Zur Problematik allgemein *O'Connell*, International Law (2. Aufl. 1970), Bd. II, S. 419 f.; *von der Heydte*, Discovery, Symbolic Annexation and Virtual Effectiveness in International Law, AJIL 29 (1935), S. 448 ff.; *Schenk*, Kontiguität als Erwerbstitel im Völkerrecht (1978).

[6] *Schenk* (Anm. 5), S. 81 ff.

[7] Vgl. den Schiedsspruch des französischen Präsidenten vom 24. Juli 1875 zwischen Großbritannien und Portugal über die *Delagoa Bay*, bei *La Pradelle / Politis*, Recueil des arbitrages internationaux, Bd. 3, S. 596 ff.; den Schiedsspruch des US-Präsidenten *Grant* vom 21. April 1870 zwischen denselben Staaten über die Insel *Bulama*, bei *La Pradelle / Politis*, Bd. 2, S. 612 ff., sowie die oben § 1056, Anm. 13, genannten Entscheidungen. Umfassend dazu *Schenk* (Anm. 5), *passim*.

[8] Dazu oben § 1056 und *Waldock*, The Legal Basis of Claims to the Continental Shelf, Grotius Society Transactions 36 (1950), S. 115 ff., 120; Ch. *de Visscher*, Les effectivités du droit international public (1967), S. 46.

[9] So beanspruchten etwa die USA das gesamte vom Oregon entwässerte Gebiet, dessen West-Ost-Ausdehnung 800 Meilen beträgt, aufgrund von Entdeckungen eines US-Forschers an der Mündung des Oregon in den Pazifik

zum Erwerb einer *geographischen Einheit* die Markierung eines (maßgeblichen) Teils durch Staatsakte ausreicht, wenn der Wille besteht, die gesamte Einheit zu erwerben[10]. Als geographische Einheiten sind dabei geomorphologisch abgrenzbare Gebilde zu verstehen wie einzelne Inseln[11], Inselgruppen (Archipele)[12] und dem Festland vorgelagerte, optisch deutlich diesem zugehörige Inseln[13]. In dem dergestalt definierten Bereich führt der Gedanke der Kontiguität bzw. geographischen Einheit *in Verbindung mit Akten effektiver Okkupation* zum Gebietserwerb (komplementärer Erwerbstitel). Das der Kontiguitätstheorie bis dahin immanente Element möglichst klarer geomorphologischer Begrenzungen des erworbenen Gebietes gab der IGH auf, als er sie als Grund für die Zugehörigkeit des Festlandsockels zum Landgebiet in den *North Sea Continental Shelf* Cases heranzog (§ 1121).

§ 1156 Das Gegenstück der originären Okkupation bildet die Aufgabe der territorialen Souveränität *(Dereliktion)*. Daher genügt dazu nicht die bloße Räumung des Gebietes, es muß noch die Absicht hinzutreten, auf die territoriale Souveränität zu verzichten *(animus derelinquendi)*[14]. Die Dereliktion bildet einen neuen Beleg für die Notwendigkeit der Unterscheidung zwischen Gebietshoheit und territorialer Souveränität, da diese auch nach der Aufgabe der Gebietshoheit bis zum Hinzutritt des *animus derelinquendi* weiter bestehen bleibt[15]. Dieser Wille kann sich auch aus den Umständen ergeben[16]. Wenn daher ein Staat, der ein Gebiet durch originäre Okkupation erworben hat, dort für längere Zeit keinerlei Staatsakte setzt, muß angenommen werden, daß er es derelinquiert hat[17]. Seit dem Verlust der Kolonien spielt die Dereliktion

---

in einer Tiefe von 20 Meilen landeinwärts. Vgl. *Twiss*, The Oregon question examined, in respect to facts and the law of nations (1846), S. 148 ff.

[10] *Legal Status of Eastern Greenland*, A/B, No. 53, S. 46; *Minquiers and Ecrehos*, ICJ Reports 1953, S. 55; dazu *Fitzmaurice*, The Law and Procedure of the International Court of Justice 1951 - 4: Points of Substantive Law, Part II, BYIL 32 (1955 - 1956), S. 20 ff. (72, 75).

[11] Siehe dazu die Entscheidung im Falle *Island of Clipperton*, oben § 1056 mit Anm. 15.

[12] *Minquiers and Ecrehos*, oben Anm. 10.

[13] Dazu *Schenk* (Anm. 5), S. 115 ff. Im Gutachten zur *Western Sahara* lehnte der IGH eine geographische Einheit zwischen der Westsahara und Marokko ab: ICJ Reports 1975, S. 43.

[14] In diesem Sinne sagt der Schiedsspruch vom 28. Januar 1931 im Falle der Insel *Clipperton*, man könne nicht annehmen, daß Frankreich dieses Gebiet derelinquiert habe, „puisqu'elle n'a jamais eu l'*animus* d'abandonner l'île, et le fait de n'y avoir pas exercé son autorité d'une manière positive n'implique pas la déchéance d'une acquisition déjà définitivement achevée". RIAA II, S. 1110 f. Weitere Fälle bei *Menzel*, Dereliktion, WV I, S. 347.

[15] Eingehend oben §§ 1038 ff.

[16] *Hackworth*, Digest of International Law I, S. 442.

[17] In diesem Sinne ist die Bemerkung im Schiedsspruch *Island of Palmas* zu verstehen, daß eine effektive Herrschaft nach den Grundsätzen des inter-

nurmehr im Falle der Losreißung eines Gebietsteiles eine Rolle, da die frühere territoriale Souveränität erst verloren geht, wenn darauf verzichtet wurde oder wenn sich aus den Umständen ergibt, daß die Wiedereroberung des abgetrennten Gebietsteiles aussichtslos geworden ist[18].

II. Durch Zession

§ 1157 Darunter versteht man die vertragliche Übertragung der territorialen Souveränität über ein bestimmtes Gebiet vom territorialen Souverän an einen anderen Staat, worüber wir im Teilabschnitt „Territoriale Souveränität und Gebietshoheit“ einige Beispiele aus der neueren Staatenpraxis angeführt haben.

Unsere Definition wird allerdings von jenen Schriftstellern abgelehnt, welche die Gebietshoheit und die territoriale Souveränität nicht unterscheiden, da nach ihnen der Zessionsvertrag nur die Pflicht des Zedenten enthält, sich aus dem zedierten Gebiet zurückzuziehen, so daß die Souveränität vom Zessionar erst mit der Besetzung des Gebietes originär erworben werden könne[1]. Diese Theorie leugnet also die derivative Natur der Zession. Sie steht aber mit der Staatenpraxis in Widerspruch, da diese uns verschiedene Beweise für die Erwerbung der territorialen Souveränität ohne oder mit einer erst später nachfolgenden Ausübung der Gebietshoheit liefert. So hat Österreich die Lombardei 1859 und Lombardo-Venezien 1866 an Frankreich mit der Auflage zediert, diese Provinzen an Sardinien bzw. Italien weiter zu zedieren[2]. Niemand hätte Frankreich aber hindern können, eine solche Weiterzession auch ohne diese Auflage vorzunehmen, ohne die Gebiete vorher selbst zu besetzen. Ferner bestimmt Art. 4 des russisch-amerikanischen Vertrages vom 30. März 1867 über die Zession Alaskas, daß die „complete and absolute“ Abtretung dieses Gebiets mit dem Austausch der Ratifikationsurkunden noch vor seiner Übergabe in Kraft tritt[3]. Auch

---

temporalen Rechts nicht nur für die Erwerbung der territorialen Souveränität, sondern auch für ihren Weiterbestand (for the maintenance of the right) erforderlich ist: RIAA II, S. 839.

[18] Ebenso der schweizerische Bundesrat am 13. Februar 1974, SchwJIR 31 (1975), S. 213: „Dans le cas de guerres de sécession ou d'indépendance ... l'élément ... de stabilité exige que l'ancien souverain ait renoncé à recouvrir le territoire perdu ou, s'il ne l'a pas fait, qu'il ne paraisse avoir aucune chance de le reconquérir.“

[1] Statt vieler *Guggenheim*, Traité de Droit international public I (1953), S. 443.

[2] Auf diese Fälle beruft sich der Schiedsspruch vom 24. März 1922 in der *Affaire de frontières colombo-vénézuéliennes*, RIAA I, S. 279, wo ausdrücklich der „transfert de souveraineté“ von der „prise de possession“ des abgetretenen Gebietes unterschieden wird.

[3] *Martens*, Nouveau Recueil Général, 2e Série, Bd. I, S. 39.

der StIGH hat in seinem Gutachten vom 10. September 1923 über *German Settlers in Poland* zwischen dem Zeitpunkt der Erwerbung der territorialen Souveränität Polens über die ihm zedierten Gebiete und dem Zeitpunkt ihrer Übergabe unterschieden und bemerkt, daß Deutschland sowie Preußen „doivent être considérés comme ayant gardé *dans l'intervalle*, leur compétence à l'effet d'accomplir tous actes requis par l'administration normale du pays"[4]. Deutschland hat also diese Verwaltung auf einem Gebiete ausgeübt, das nach VR schon Polen gehörte, obwohl es ihm noch nicht übergeben worden war. Der Schiedsspruch Max Hubers im Fall *Island of Palmas* geht ebenfalls von der Voraussetzung aus, daß das Recht der territorialen Souveränität übertragen werden kann, da er gegenüber der Behauptung der Vereinigten Staaten, Spanien habe ihnen „transferred all rights of sovereignty" über bestimmte Gebiete, bemerkt, „Spain could not transfer more rights than she herself possessed"[5]. Eine andere Frage ist es, ob die territoriale Souveränität nicht verloren geht, wenn ihr weder die Ausübung der Gebietshoheit in angemessener Zeit nachfolgt, noch sonst über das abgetretene Gebiet vom territorialen Souverän verfügt wird[6].

§ 1158 Der Zession kann, z. B. bei Grenzberichtigungen, ein Kauf, ferner ein Tausch, ein Pachtvertrag, eine Schenkung o. ä. zugrunde liegen[7].

§ 1159 Der Zessionsvertrag *kann* die Übertragung der territorialen Souveränität von der Bedingung der Zustimmung der betroffenen Bevölkerung *(Plebiszit)* abhängig machen[8]. Präsident Wilson wollte diesen Gedanken zu einem allgemeinen Prinzip erheben, da er in seiner Kongreßrede erklärte, daß Völker und Provinzen nicht verschachert werden dürften, als ob sie bloße Waren oder Steine in einem Spiel wären. Er forderte daher in seiner Rede vom 4. Juli 1918, daß alle Gebietsfragen auf Grund der freien Annahme durch die unmittelbar betroffene Bevölkerung geregelt werden müßten[9]. Dieses Postulat ist durch den

---

[4] B 6, S. 28 (von uns hervorgehoben); ähnlich im Fall der *Certain German Interests in Polish Upper Silesia (Merits)*, A 7, S. 30, wo auch zwischen dem Zeitpunkt des Inkrafttretens des Zessionsvertrages und der effektiven Übergabe des Gebietes unterschieden wird.

[5] RIAA II, S. 842.

[6] Darüber oben § 1156.

[7] Beispiele bei *Menzel*, Gebietserwerb, WV I, S. 619 f.

[8] *Wambaugh*, A Monograph on Plebiscites (1920); *dieselbe*, La pratique des plébiscites internationaux, RdC 18 (1927 III), S. 153 ff.; *Mattern*, The Employment of Plebiscites in the Determination of Sovereignty (1920); *Gossolin*, Le plébiscite dans le droit international actuel (1921); *Kunz*, Plebiszit, WV II, S. 770 ff.

[9] *Kraus / Rödiger*, Urkunden zum Friedensvertrag von Versailles I (1920), S. 1 ff.

Notenwechsel zwischen der damaligen (deutschen) Reichsregierung und den USA zwischen dem 3. Oktober und 5. November 1918 zusammen mit den anderen „Wilson-Punkten" zur *„lex contractus"* für den abzuschließenden Friedensvertrag geworden[10]. Durch Art. 1 Ziff. 2 der UN-Charta wurde dann das „Selbstbestimmungsrecht der Völker" als ein leitendes Ordnungsprinzip der Staatengemeinschaft anerkannt[11], in dem auch der in Rede stehende Grundsatz enthalten ist.

§ 1160 Ein Staat kann aber auch ohne Zessionsvertrag auf seine territoriale Souveränität über ein bestimmtes Gebiet verzichten und die Verfügung darüber anderen Staaten überlassen[12].

III. Durch Anspülung und Anschwemmung

§ 1161 Eine originäre Gebietserwerbung kann auch dadurch eintreten, daß an der Meeresküste oder am Ufer eines Grenzflusses Erdreich angespült *(alluvio)* oder angeschwemmt *(avulsio)* wird, da sich in diesen Fällen die territoriale Souveränität automatisch auf diese Erdteile erstreckt, und zwar nach dem allgemeinen Rechtsgrundsatz *accessio cedit principali,* auf den sich auch Max Huber in seinem Schiedsspruch *Island of Palmas* mit der Bemerkung beruft, daß eine solche automatische Ausdehnung der territorialen Souveränität natürlich nur möglich ist, „where there exists an actual sovereignty capable of extending to a spot wich falls within its sphere of activity"[1].

IV. Durch Ersitzung

§ 1162 Unter Berufung auf antike Schriftsteller hat schon Grotius auf die Notwendigkeit hingewiesen, die Ersitzung auch zwischen Staaten anzuerkennen, da sonst Streitigkeiten über die Herrschaft und über Grenzen niemals erlöschen würden[1]. Sie wurde auch von der vr Judikatur unter bestimmten bereits von Vattel angeführten Voraussetzun-

---

[10] Dortselbst, S. 4 - 10. Aus der amerikanischen Note vom 5. November 1918: „The Allied Governments ... declare their willingness to make peace with the Government of Germany on the terms of peace laid down in the President's adress ... of ..."

[11] Oben §§ 509 ff.

[12] So hat Italien durch Art. 23 seines Friedensvertrages vom 10. Februar 1947 auf alle Rechte über seine afrikanischen Besitzungen verzichtet und die Verfügung darüber Frankreich, Großbritannien, der UdSSR und USA, mangels ihrer Einigung der UNO, überlassen.

[1] RIAA II, S. 839. Zur Anschwemmung einer Insel vgl. den Fall *The Anna* (1805), 5 C. Rob. 373, abgedruckt bei *Scott,* Cases on International Law (1922), S. 195 ff., und bei *Simmonds,* Cases on the Law of the Sea I (1976), S. 51 ff.

[1] De iure belli ac pacis, II, cap. 4, 1.

gen[2] anerkannt. Abgesehen von der „unvordenklichen Ersitzung“[3] hat sie — wie die originäre Okkupation[4] — die dauernde und effektive Okkupation eines Landgebietes mit Aneignungsabsicht *(animo domini)* zur ersten Voraussetzung. Sie unterscheidet sich aber von jener dadurch, daß es sich bei der originären Okkupation um die Besetzung eines staatenlosen Gebietes handelt, während die Ersitzung ein Gebiet betrifft, das zur Zeit der Besetzung entweder das Gebiet eines anderen Staates gewesen oder zwischen ihnen umstritten war. Daher kann zur Ersitzung die dauernde und effektive Besetzung allein nicht ausreichen. Es muß noch hinzutreten, daß der andere Staat keinen ernstlichen Versuch macht, das von ihm beanspruchte Gebiet wiederzugewinnen. Er muß also „estopped by inaction“ sein. Das bedeutet, daß zwar nicht seine förmliche Zustimmung erforderlich ist, jedoch aus den Umständen erschließbar sein muß, daß er den Zustand *widerspruchslos* hingenommen hat *(acquiescence)*. Dieser Verlust der territorialen Souveränität ist also dem durch Dereliktion erfolgten ähnlich. Er unterscheidet sich aber dadurch, daß dort der territoriale Souverän einen Teil seines Gebietes mit der Absicht, es aufzugeben, räumt, hier aber erst nach der durch einen anderen Staat erfolgten Besetzung darauf verzichtet.

Diese Auffassung vertritt auch der Schiedsspruch vom 15. Juni 1911 im Falle *Chamizal*, wo, ohne auf die Frage einzugehen, ob das Recht der Ersitzung ein allgemeiner Grundsatz des VR sei, betont wird, daß die Besetzung und Beanspruchung dieser Gebietsteile durch die Vereinigten Staaten „have been constantly challenged and questioned by the Republic of Mexico“. Die Besetzung sei also von allem Anfang an keineswegs „undisturbed, uninterrupted and unchallenged“ gewesen[5]. Mexico habe zwar keine Gewalt angewendet, um das Gebiet zurückzuerobern, sich aber für die mildere Form der Proteste gegen die fortdauernde Besetzung entschieden, wofür seine Regierung nicht getadelt werden könne. Das Schiedsgericht verneinte dementsprechend die von den USA behauptete Ersitzung[6].

[2] Le droit des gens, II, chap. 11, § 142. Aus der Literatur *Verykios*, La prescription en droit international public (1934); *Langer*, Seizure of Territory (1947); *Johnson*, Acquisitive Prescription in International Law, BYIL 27 (1956), S. 332 ff.; *Pinto*, La prescription en droit international, RdC 87 (1955 I), S. 391 ff.; *Verosta*, Gebietshoheit und Gebietserwerb im Völkerrecht, ÖJZ 9 (1954), S. 241 ff.; *Jennings* (§ 1154, Anm. 1).

[3] *Vattel*, dortselbst, § 143.

[4] Oben § 1154.

[5] RIAA XI, S. 328.

[6] Dortselbst, S. 329. Auch das Tribunale Trieste hat im Fall *Giorgesi e Mondo* am 20. Oktober 1965 anerkannt, daß das „Territorium B“ Triests von Jugoslawien durch friedlichen, unbestrittenen und lange andauernden Besitz erworben wurde: RDI 49 (1966), S. 394. Am 10. November 1975 wurde die territoriale Souveränität Italiens und Jugoslawiens in den von ihnen seit über 20 Jahren innegehabten Zonen im Vertrag von Osimo bekräftigt; vgl.

Dagegen anerkennt der Schiedsspruch im Falle *Island of Palmas* die Ersitzung (prescription) unter Berufung auf andere Judikate[7].

Auch der IGH hat im Falle der Inseln *Minquiers and Ecrehos* eine lange andauernde und unangefochtene Ausübung der Staatsgewalt im umstrittenen Gebiet als Gebietserwerbstitel betrachtet[8].

§ 1163 Heute erhebt sich die Frage, ob die Ersitzung von Gebieten noch möglich ist, sofern diese unter Verletzung der Grundsätze der UN-Charta, also insbesondere durch eine völkerrechtswidrige Gewaltanwendung, besetzt wurden. Da diese Grundsätze einen Bestandteil des vr *ius cogens* bilden[9], und ein unter Zwang abgeschlossener Vertrag, der diese Besetzung bestätigen würde, gemäß Art. 52 der Wiener Konvention über das Recht der Verträge nichtig wäre[10], muß angenommen werden, daß eine solche Besetzung nur durch freiwilligen Verzicht des territorialen Souveräns oder einen *gültigen* Zessionsvertrag saniert werden könnte. Selbst wenn es sich um eine völkerrechtsgemäße Gewaltanwendung handelte (Art. 51 der UN-Charta), könnten einseitig verfügte Annexionen[11] eroberter Gebietsteile als solche die Erwerbung der territorialen Souveränität nicht begründen. In diesem Sinn sagt schon der Schiedsspruch vom 18. April 1925 im Falle der *Dette publique ottomane:* „Quels que soient les effets de l'occupation d'un territoire par l'adversaire avant le rétablissement de la paix, il est certain qu'à elle seule cette occupation ne pouvait opérer juridiquement le transfert de souveraineté[12]."

RDI 60 (1977), S. 405 ff.; Vertragstexte ebd., S. 674 ff.; deutsche Übersetzung im EA 31 (1976), S. D 465 ff. Dazu *Caggiano*, Some Reflexions on the Treaty of Osimo between Italy and Yugoslavia, ItYIL 2 (1976), S. 248 ff.

[7] RIAA II, S. 839: „... the continuous and peaceful display of territorial sovereignty (peaceful in relation to other States) is as good as a title".

[8] ICJ Reports 1953, S. 47 ff. Zur Frage der Falkland-Inseln vgl. *Waldock*, Disputed Sovereignty in the Falkland Islands Dependencies, BYIL 25 (1948), S. 311 ff.; *Cohen-Jonathan*, Les îles Falkland (Malouines), AFDI 18 (1972), S. 241 ff.; H. *Weber*, „Falkland Islands" oder „Malvinas"? (1977); *Hillekamps*, Der Streit um die Falklandinseln (Diss. Köln 1978).

Ausführlich auch der Supreme Court of India im Falle *Ram Kishore Sen and Others v. Union of India and Others*, IJIL 5 (1965), S. 345 f.: „Prescription in international law may ... be defined as the acquisition of sovereignty over a territory through continuous and undisturbed exercise of sovereignty over it during such a period as is necessary to create under the influence of historical development the general conviction that the present condition of things is in conformity with international order" (im Original hervorgehoben).

[9] Oben §§ 94 ff., 524 ff. Vgl. *Crawford*, The Criteria for Statehood in International Law, BYIL 48 (1976 - 1977), S. 147 f.

[10] Oben §§ 748 ff.

[11] Dazu oben §§ 478, 970 f.

[12] RIAA I, S. 555. Am 20. Januar 1965 hat das Berufungsgericht Brüssel die Annexion *Goas* als Verletzung der UN-Charta für nichtig erklärt (aucune conséquence juridique ne peut être reconnue à cet acte de violence): RBDI 3

Dieser Auffassung steht allerdings eine weit verbreitete Anschauung entgegen, die den Gebietserwerb nur von der andauernden Effektivität der Herrschaft auf einem bestimmten Gebiete abhängig macht[13]. Sie übersieht dabei, daß der Grundsatz der Effektivität[14] nur innerhalb des Rahmens gilt, den das VR abgesteckt hat. Seine schrankenlose Anwendung würde zur Aufhebung des VR führen[15].

V. Durch Adjudikation

§ 1164 Ein bestimmtes Gebiet kann einem Staat durch ein vr Entscheidungsorgan oder durch ein politisches Organ zugesprochen werden. Das ist aber nur auf Grund eines vr Vertrages möglich, der diesen Organen eine solche Zuständigkeit einräumt. Dabei kann es sich entweder um eine *feststellende* Entscheidung handeln, die ausspricht, daß das strittige Gebiet auf Grund des VR einem bestimmten Staat gehört[1], oder um eine *gestaltende* Entscheidung, durch welche das zuständige

---

(1967), S. 565 f. Hingegen hat Indien diese Aktion als „légitime défense pour la protection et libération des peuples" zu rechtfertigen versucht: ebd. 10 (1974), S. 175. Am 31. Dezember 1974 unterzeichneten die Außenminister Indiens und Portugals einen Vertrag, in dem Portugal die territoriale Souveränität Indiens über Goa anerkannte; AdG 44 (1974), S. 18 940 E, 45 (1975), S. 19 175 B. Die Resolution der UN-Generalversammlung Nr. 3314 (XXIX) vom 14. Dezember 1974 (Angreiferdefinition) bestimmt in Art. 5 Abs. 3: „No territorial acquisition or special advantage resulting from aggression is or shall be recognized as lawful."

Am 14. Dezember 1981 verabschiedete das israelische Parlament das sog. „*Golan-Gesetz*", in dem das seit 1967 bestehende Besatzungsregime aufgehoben und „das Recht, die richterliche und die vollziehende Gewalt des Staates Israel" auf die Golanhöhen erstreckt wurde (engl. Text: ILM 21 [1982], S. 163). Dieses Gesetz wurde von zahlreichen Staaten als völkerrechtswidrig verurteilt. In seiner Resolution 497 vom 17. Dezember 1981 betonte der UN-Sicherheitsrat, daß die gewaltsame Aneignung von Gebieten unzulässig und die Entscheidung Israels, die „besetzten syrischen Golan-Höhen" seiner vollen staatlichen Hoheit zu unterwerfen daher „null und nichtig und ohne völkerrechtliche Wirkung" sei (ILM 21 [1982], S. 214). Noch schärfer äußerte sich die Generalversammlung in ihrer Resolution ES-9/1 vom 5. Februar 1982, die das Golan-Gesetz als Angriffshandlung nach Art. 39 der UN-Charta und ihrer Angreiferdefinition (Res. 3314 [XXIX]) bezeichnete. Vgl. *Malanczuk*, Das Golan-Gesetz im Lichte des Annexionsverbots und der occupatio bellica, ZaöRV 42 (1982), S. 261 ff., deutsche Übersetzung der UN-Resolutionen in VN 30 (1982), S. 108 ff. Ferner *Coussirat-Coustère*, Israël et le Golan, AFDI 28 (1982), S. 185 ff.; *Gnesa*, Die von Israel besetzten Gebiete im Völkerrecht (1981).

[13] So noch *Quadri*, Diritto internazionale pubblico (5. Aufl. 1968), S. 714: „il trapasso di territorio è, in ogni caso, frutto di violenza". Vgl. zum ganzen auch *Zimmer*, Gewaltsame territoriale Veränderungen und ihre völkerrechtliche Legitimation (1971); *Langer* (Anm. 2).

[14] Oben §§ 68 ff.

[15] *Verdross*, S. 133.

[1] Verschiedene Beispiele bei *Hackworth*, Digest of International Law I, S. 105. Zuletzt der Schiedsspruch im Fall *Rann of Kutch* vom 19. Februar 1968, RIAA Bd. XVII.

Organ ein Gebiet einem bestimmten Staat auf Grund des ihm eingeräumten Ermessens zuspricht[2]. So hat z. B. der Völkerbundrat am 16. Dezember 1925 das Mossulgebiet auf Grund des Friedensvertrages von Lausanne dem Irak zuerkannt[3]. Die Adjudikation ist daher in Wahrheit die Zuerkennung oder Zuteilung eines zwischen zwei oder mehreren Staaten strittigen oder begehrten Gebiets auf Grund eines durch die Entscheidung eines bestimmten Organs bedingten vr Vertrages.

VI. Abschließende Bemerkungen

§ 1165 Die Ausführungen dieses langen Kapitels zeigen uns, daß sich die Staatenpraxis und die vr Judikatur nicht scheuen, verschiedene aus dem römischen Privatrecht ins VR übernommene Begriffe zu verwenden, obgleich die überwiegende Völkerrechtslehre seit mehreren Jahrzehnten bemüht ist, alle privatrechtlichen Spuren aus ihm auszumerzen, um die radikale Trennung von VR und innerstaatlichem Recht durchsetzen zu können. Dabei übersieht sie aber, daß sich unser VR im engen Anschluß an das Römische Recht herausgebildet hat[1]. Das war kein Zufall, sondern ist sachlich begründet, da das VR, ebenso wie das Privatrecht, ein „*ius inter pares*" ist. Daher ist eine analoge Anwendung verschiedener privatrechtlicher Begriffe dem VR durchaus angemessen. Das gilt insbesondere für das Gebietsrecht, wie aus den in diesem Kapitel vorgeführten Begriffen hervorgeht. Sie sind anschaulicher als ihre Umdeutungsversuche durch die neuere Völkerrechtslehre und haben sich daher im zwischenstaatlichen Leben, allen Anfechtungen zum Trotz, behauptet.

3. Abschnitt

Die völkerrechtliche Abgrenzung der staatlichen Souveränitätsbereiche in sachlicher Hinsicht

A. Der Grundsatz

§ 1166 Von dem bereits behandelten räumlichen Geltungsbereich der Staaten ist ihr sachlicher Geltungsbereich zu unterscheiden. Während jener die Frage betrifft, in welchen *Räumen* Hoheitsakte gesetzt werden dürfen, befaßt sich dieser mit den *Sachverhalten*, die ein Staat nor-

---

[2] *Miele*, L'aggiudicazione di territori nel diritto internazionale (1940).

[3] Journal officiel (des Völkerbundes) 1926, S. 191. Andere Beispiele bei *Miele* (Anm. 2), S. 47, und *Menzel*, Gebietserwerb, WV I, S. 621 f.

[1] Darüber grundlegend *Ziegler*, Die römischen Grundlagen des europäischen Völkerrechts, in: Jus commune IV (1972).

mieren darf. Da sich nun jeder Staat in seinem Hoheitsbereich bestimmten Personengruppen gegenüber verschiedener Hoheitsakte zu enthalten hat, diese aber nicht alle Sachverhalte umfassen, fällt die Exemtion dieser Personen von der lokalen Gesetzgebung und Jurisdiktion sowohl in den räumlichen wie in den sachlichen Geltungsbereich der Staaten.

§ 1167 Im Gegensatz zur Abgrenzung der räumlichen Souveränitätsbereiche der Staaten ist die Zuständigkeit ihrer Gesetzgebung und Jurisdiktion durch das VR weniger scharf abgegrenzt. Die ältere angloamerikanische Doktrin vertrat zwar die Auffassung, daß ein Staat nur jene Sachverhalte regeln könne, die sich auf seinem Gebiete ereignen[1], sie ist aber niemals vom VR bestätigt worden.

Mit besonderer Klarheit hat der StIGH in seinem Urteil im *Lotus* Case (1927) zwischen den Räumen unterschieden, *in denen* ein Staat Hoheitsakte setzen, und jenen, *über die* er in *seinem* Hoheitsbereich judizieren darf, und hervorgehoben, daß das VR den Staaten bei der Verknüpfung von Sachverhalten im Ausland mit Rechtsfolgen im Inland große Freiheit läßt, die nur in einzelnen Fällen durch Verbotsnormen eingeschränkt wird[2].

Daraus ergibt sich eine weitgehende *konkurrierende* sachliche Zuständigkeit der Staaten, inländische und ausländische Sachverhalte ihrer Gesetzgebung und Jurisdiktion zu unterwerfen. Dieser Freiheit sind aber durch verschiedene Normen des VR Grenzen gezogen.

B. Seine Begrenzungen

I. Durch Immunitäten

§ 1168 Die wichtigsten Ausnahmen von dem eingangs beschriebenen Grundsatz bilden jene Normen, welche die Exemtion bestimmter Personen von der lokalen Jurisdiktion und teilweise auch von der lokalen Gesetzgebung verfügen. Abgesehen von den bereits erwähnten Immunitäten der Kriegsschiffe, der geschlossenen Truppenkörper, der Staatshäupter im Ausland und ihres Gefolges[1], und den an anderer Stelle

---

[1] So sagt z. B. noch der Richter *Lord Finlay* in seiner Abweichenden Meinung zum Erkenntnis des StIGH im Falle *Lotus*, A 10, S. 57: „... a State can only require respect for its laws from such aliens as are permanently or transiently within its territory. No right for a State to extend its jurisdiction over acts of foreigners committed in foreign countries can be said to have grown according to the Law of Nations ...". Statt also zu untersuchen, ob das VR der staatlichen Jurisdiktion Grenzen setzt, wird irrigerweise gefragt, ob es ausländische Sachverhalte zu regeln erlaubt.

[2] A 10, S. 18 f. (vgl. das Zitat oben § 1019; ebd. auch Literaturangaben).

[1] Oben § 1026.

behandelten diplomatischen und konsularischen Immunitäten, sowie jener der Beamten der Vereinten Nationen und anderer internationaler Organisationen, ist es vor allem unbestritten, daß kein Staat befugt ist, die Tätigkeit eines anderen Staates als Hoheitsträger seiner Gesetzgebung, Rechtsprechung und Vollziehung zu unterwerfen, da die Staaten untereinander vr *gleichgeordnet* sind. So lehrt schon Bartolus: „*Par in parem non habet imperium*[2]." Die ältere Staatenpraxis ging noch darüber hinaus und anerkannte die gerichtliche Immunität *aller* fremder Staatshandlungen *(absolute Immunität)*. Allerdings traten die Staaten zu dieser Zeit im Ausland beinahe ausschließlich als Träger von Hoheitsrechten auf oder tätigten bloß solche Geschäfte privatrechtlicher Natur, die, wie der Kauf von Waffen, eng mit der Ausübung hoheitlicher Gewalt verbunden waren.

§ 1169 Als die Staaten jedoch später in immer größerem Umfang an der Privatwirtschaft, insbesondere am Handelsverkehr, teilnahmen, begannen die Gerichte einer wachsenden Zahl von Staaten — an der Spitze diejenigen Italiens und Belgiens[3] — allmählich zwischen hoheitlichen Handlungen *(acta iure imperii)* und privatwirtschaftlicher Tätigkeit *(acta iure gestionis)* zu unterscheiden und letztere zumindest im

---

[2] Tractatus represaliarum (1354), Qu. I/3, § 10. An allgemeiner Literatur zu der im folgenden geschilderten Entwicklung vgl. *Lalive*, L'immunité de juridiction des Etats et des Organisations internationales, RdC 84 (1953 III), S. 205 ff.; *Schaumann / Habscheid*, Die Immunität ausländischer Staaten nach Völkerrecht und deutschem Zivilprozeßrecht, Berichte DGVR 8 (1968); *Dunbar*, Controversial Aspects of Sovereign Immunity in the Case Law of Some States, RdC 132 (1971 I), S. 197 ff.; *Sucharitkul*, Immunities of Foreign States Before National Authorities, ebd. 149 (1976 I), S. 87 ff.; *derselbe*, Immunities of Foreign States Before National Authorities: Some Aspects of Progressive Development of Contemporary International Law, FS Miaja de la Muela, Bd. I, S. 477 ff.; die Beiträge im NYIL 10 (1979); *Ress*, Entwicklungstendenzen der Immunität ausländischer Staaten, ZaöRV 40 (1980), S. 217 ff.; *Herndl*, Zur Problematik der Gerichtsbarkeit über fremde Staaten, FS Verdross 1980, S. 421 ff.; *Sinclair*, The Law of Sovereign Immunity. Recent Developments, RdC 167 (1980 II), S. 113 ff.; *Higgins*, Certain Unresolved Aspects of the Law of State Immunity, NILR 29 (1982), S. 265 ff.; *Sornarajah*, Problems in Applying the Restrictive Theory of Sovereign Immunity, ICLQ 31 (1982), S. 661 ff.

Eine Zusammenstellung nationaler Gesetze, Gerichtsentscheidungen, Vertragsbestimmungen und anderer staatlicher Meinungsäußerungen findet sich in der UN Legislative Series: ST/LEG/SER. B/20: Materials on Jurisdictional Immunities of States and their Property (1982), eine Auswahl der Judikatur in den Bänden 63 - 65 der ILR.

Die Staatenimmunität bildet z. Zt. auch den Gegenstand eines Kodifikationsvorhabens der ILC, deren Special Rapporteur *Sucharitkul* bis 1983 5 Berichte erstattet hatte; vgl. zuletzt Report of the International Law Commission on the work of its thirty-fifth session, GAOR 38th session, Suppl. No. 10 (A/38/10) (1983), S. 29 ff. Auch die (private) International Law Association (ILA) hat 1982 eine Draft Convention on State Immunity verabschiedet: ILM 22 (1983), S. 287 ff.; dazu VJIL 23 (1982/83), S. 635 ff. Ein Entwurf der OAS zu diesem Thema ist 1983 fertiggestellt worden: ILM 22 (1983), S. 292 ff.

[3] Vgl. die Schilderung in der Urteilsbegründung im *Dralle*-Fall (nächste Anm.), S. 93 f.

Erkenntnisverfahren von der staatlichen Immunität auszunehmen (*restriktive Immunität*). Auch die österreichische[4] und schweizerische[5] Rechtsprechung folgte dieser Einschränkung, die deutsche Judikatur tendenziell seit 1945[6], einheitlich seit dem ausführlich begründeten Beschluß des Bundesverfassungsgerichts vom 30. April 1963 im Fall der *Iranischen Botschaft*[7]. Diese Entscheidung konnte bereits zu Recht davon ausgehen, daß nach *allgemeinem* VR ausländischen Staaten Immunität von der Gerichtsbarkeit nur mehr für hoheitliches Handeln zusteht[8]. Die weitgehende Gleichstellung von *Staatshandelsschiffen* mit privaten Schiffen war schon im Brüsseler Abkommen vom 10. April 1926 (ergänzt durch ein Zusatzprotokoll 1934) vereinbart worden[9]; eine umfassende vertragliche Regelung wurde im Rahmen des Europarates mit dem Europäischen Übereinkommen über die Staatenimmunität vom 16. Mai 1972 (in Kraft seit 11. Juni 1976) versucht, das jedoch bisher nur von wenigen Staaten ratifiziert worden ist[10].

§ 1170 Die Gerichte der Vereinigten Staaten gingen lange von der absoluten Immunität aus, wobei sie dazu neigten, in dieser Frage Vorschlägen der Exekutive („suggestions of immunity") zu folgen. Im Gefolge des sog. „Tate Letter" vom 19. Mai 1952 aber, in dem das State Department dem US-Justizminister mitgeteilt hatte, daß es bei solchen Vorschlägen künftig zum Grundsatz der restriktiven Immunität übergehen werde[11], hat sich auch die amerikanische Rechtsprechung dieser neueren Auffassung angeschlossen[12]. Durch den Foreign Sovereign Im-

[4] Zum ersten Mal im Jahre 1907; grundlegend dann die Entscheidung des Obersten Gerichtshofs vom 10. Mai 1950 im Falle *Hoffmann c. Dralle;* wiedergegeben in der ÖZöffR 4 (1952), S. 90 ff.

[5] Vgl. die Entscheidung des Bundesgerichts vom 13. März 1918 im Fall *Dreyfuß*, BGE 44 I 49, seine Entscheidung vom 10. Februar 1960 im Falle *République Arabe Unie c. Dame X*, BGE 86 I 23, und die weitere bei *Müller / Wildhaber,* Praxis des Völkerrechts (2. Aufl. 1982), S. 294 ff., dargestellte Judikatur.

[6] Vgl. BVerfGE 16 (nächste Anm.), S. 34 ff.

[7] BVerfGE 16, 27; auch ArchVR 11 (1963/1964), S. 349 ff. Vgl. auch schon den Beschluß vom 30. Oktober 1962 über die *Exterritorialität eines Gesandtschaftsgebäudes,* BVerfGE 15, 25.

[8] Ebd., S. 52.

[9] RGBl. 1927 II, S. 483; L. N. T. S. 176, S. 199 (Ende 1983 für 23 Staaten in Kraft). Dazu *Ress* (Anm. 2), S. 227 ff.; *Hoog,* Probleme der Immunität von Staatsschiffen, ArchVR 20 (1982), S. 314 ff.

[10] (Österr.) BGBl. Nr. 432/1976; AJIL 66 (1972), S. 923 ff. Kurze Darstellung bei *Müller / Wildhaber* (Anm. 5), S. 302 f., weitere kommentierende Literatur bei *Ress* (Anm. 2), S. 234, Anm. 45.

[11] Abgedruckt im JIR 7 (1956), S. 403. Dazu *Bishop,* New United States Policy Limiting Sovereign Immunity, AJIL 47 (1953), S. 93 ff. Die Vorschläge des State Department von 1952 bis zum Inkrafttreten des Foreign Sovereign Immunities Act sind im US Digest 1977, S. 1017 ff., dokumentiert.

[12] Vgl. die Entscheidung des US Supreme Court vom 24. Mai 1976 im Fall *Alfred Dunhill of London Inc. v. The Republic of Cuba,* ILM 15 (1976), S.

munities Act 1976 hat sie nunmehr Gesetzeskraft erlangt, da nach diesem Gesetz (§ 1605 a) einem ausländischen Staat (abgesehen von anderen, teilweise später angeführten Ausnahmen) keine Immunität gewährt wird, u. a. „in any case ... in which the action is based upon a commercial activity carried on in the United States by the foreign state; or upon an act performed in the United States in connection with a commercial activity of the foreign state elsewhere; or upon an act outside the territory of the United States in connection with a commercial activity of the foreign state elsewhere and that act causes a direct effect in the United States"[13].

§ 1171 Am hartnäckigsten haben die britischen Gerichte an der absoluten Immunität (auch von Staatshandelsschiffen und staatlichen Wirtschaftsbetrieben) festgehalten, denen die Rechtsprechung der Commonwealth-Staaten im allgemeinen folgte[14]. In jüngster Vergangenheit sind aber auch sie auf die Linie der restriktiven Theorie eingeschwenkt[15]: Am 5. November 1975 entschied der Privy Council[16], „that although the theory of absolute immunity was applicable to an action

735 ff.; auszugsweise: AJIL 70 (1976), S. 828 ff. Ebd., S. 830, der die Gerichtsmeinung vertretende Richter *White:* „In their commercial capacities, foreign governments do not exercise powers peculiar to sovereigns. Instead they exercise only those powers that can also be exercised by private citizens. Subjecting them in connection with such acts to the same rules of law that apply to private citizens is unlikely to touch very sharply on ‚national nerves'."

[13] Gesetzestext in ILM 15 (1976), S. 1388 ff., AJIL 71 (1977), S. 595 ff. Der Begriff „act" umfaßt auch hoheitliche Akte, weil dem fremden Staat verwehrt werden soll, die Immunität zum beliebigen Deckmantel für hoheitliche Eingriffe in seine Handelsgeschäfte heranzuziehen, vgl. *Ress* (Anm. 2), S. 255 f. Die „suggestions of immunity" der Exekutive sind entfallen. Auf das Gesetz 1976 gestützte US-Entscheidungen finden sich in dem in Anm. 2 genannten Band der UN Legislative Series sowie in ILR 63. Dazu *Brower / Bestline / Loomis,* The Foreign Sovereign Immunities Act of 1976 in Practice, AJIL 73 (1979), S. 200 ff. Zur internationalen Zuständigkeit der US-Gerichte für Klagen von Ausländern gegen ausländische Staaten nach dem Immunitätsgesetz vgl. die Entscheidung des US Supreme Court vom 23. Mai 1983 im Fall *Verlinden B. V. v. Central Bank of Nigeria,* AJIL 77 (1983), S. 885 ff.; VJIL 24 (1983/1984), S. 201 ff.

[14] So noch in der Entscheidung des Court of Appeal vom 15. Juli 1975 im Fall *Thai Europe Tapioca Service Ltd. v. Government of Pakistan,* [1975] 1 WLR 1485; ILR 64, S. 81 ff. Vgl. die Darstellungen bei *Brownlie,* Principles of Public International Law (3. Aufl. 1979), S. 326 ff.; *Déak,* Organs of States in Their External Relations: Immunities and Privileges of State Organs and of the State, in: *Sørensen* (Hrsg.), Manual of Public International Law (1968), S. 427 ff.

[15] Darüber *Brownlie* (letzte Anm.), S. 336 ff.; *Higgins,* Recent Developments in the Law of Sovereign Immunity in the United Kingdom, AJIL 71 (1977), S. 423 ff.; *Schreuer,* Neue Entwicklungen zur Immunität ausländischer Staaten vor englischen Gerichten, RIW/AWD 25 (1979), S. 156 ff.; *Ress* (Anm. 2), bes. S. 235 ff.; sowie die im BYIL 51 (1980), S. 424 ff., abgedruckte Antwort des Foreign Office auf einen UN-Fragebogen.

[16] Das oberste Berufungsgericht für das Commonwealth und die Kolonien.

in personam against a foreign sovereign state on a commercial contract it was inapplicable to an action *in rem* against a ship to which the ‚restrictive' theory should apply"[17], und sprach dem philippinischen Staatshandelsschiff *Philippine Admiral* die gerichtliche Immunität ab. Am 13. Januar 1977 erklärte dann der Court of Appeal im Fall *Trendtex Trading Corporation v. Central Bank of Nigeria* die restriktive Theorie auch für direkt gegen ausländische Staaten gerichtete Klagen als maßgeblich[18]. Der State Immunity Act 1978 folgt dieser Linie und schließt in Sec. 3 (3) die Immunität insbesondere für „commercial transactions" aus, unter denen er „any contract for the supply of goods or services; ... any loan or other transaction for the provision of finance and any guarantee or indemnity in respect of any such transaction or of any other financial obligation; and ... any other transaction or activity (whether of a commercial, industrial, financial, professional or other similar character) into which a State enters or in which it engages otherwise than in the exercise of sovereign authority" versteht[19].

§ 1172 Damit haben sich nahezu alle wichtigen westlichen Handelsnationen der Doktrin der restriktiven Immunität angeschlossen[20]. Die Staaten, die selbst noch an der absoluten Immunität festhalten, haben sich im Verhältnis zu jenen Staaten der neuen Regel gefügt. Das gilt auch für die Sowjetunion und die anderen sozialistischen Staatshandelsländer, die gegen die Unterscheidung zwischen *acta iure imperii* und *acta iure gestionis* grundsätzliche doktrinelle Einwände haben[21]. In der

---

[17] ILR 64, S. 90 ff.; [1976] 2 WLR 214 (232 f.).

[18] [1977] 2 WLR 356; ILR 64, S. 111 ff. Vgl. auch oben § 575, Anm. 69, und § 854, Anm. 12. Ferner die Entscheidung des High Court, Queen's Bench Division vom 29. April 1980 im Fall *Planmount v. Republic of Zaïre* [1980] 2 Lloyds Rep. 393; ILR 64, S. 268 ff.

[19] Gesetzestext in ILM 17 (1978), S. 1123 ff. Dazu noch *Delaume*, The State Immunity Act of the United Kingdom, AJIL 73 (1979), S. 185 ff.; *Mann*, The State Immunity Act 1978, BYIL 50 (1979), S. 43 ff., und zuletzt *v. Schönfeld*, Die Staatenimmunität im amerikanischen und englischen Recht (1983).

Im Jahre 1982 hat Kanada einen ähnlichen State Immunity Act erlassen: ILM 21 (1982), S. 798 ff.; 1979 auch Singapur, 1981 Pakistan und Südafrika (vgl. ST/LEG/SER. B/20 [Anm. 2]).

Vgl. auch den von der ILC 1983 provisorisch verabschiedeten Draft article 2 Abs. 1 lit. g; Report 1983 (Anm. 2), S. 40, 75 ff.

[20] *Ress* (Anm. 2), S. 244. Neue italienische Judikatur ist im ItYIL dokumentiert.

[21] Vgl. *Boguslavskij*, Staatliche Immunität (1965); *derselbe* und *Enderlein* im NYIL 10 (1979), S. 111 ff. und 167 ff.; *Osakwe*, A Soviet Perspective on Foreign Sovereign Immunity: Law and Practice, VJIL 23 (1982/83), S. 13 ff.

Die *Volksrepublik China* folgt nach wie vor der Doktrin der absoluten Staatenimmunität. Im Fall *Jackson v. People's Republic of China* vor dem US District Court for the Northern District of Alabama hat sie sich jedoch auf Anraten der US-Regierung an einem Verfahren beteiligt, in dem zuvor ein Versäumnisurteil gegen sie ergangen war, und hat die Aufhebung dieser

Praxis sind diese Staaten aber mehr und mehr dazu übergegangen, ihren Handelsverkehr und ihre Schiffahrt über juristisch selbständige Staatshandelsunternehmen abzuwickeln[22].

Der Siegeszug der restriktiven Immunitätstheorie hat sich auch in dem von der ILC 1983 provisorisch angenommenen Draft article 12 on jurisdictional immunities of States and their property niedergeschlagen, der für „commercial contracts", die nicht zwischen Staaten abgeschlossen worden sind und für die nichts anderes vereinbart worden ist, folgende Regelung trifft: „If a State enters into a commercial contract with a foreign natural or juridical person and by virtue of the applicable rules of private international law, differences relating to the commercial contract fall within the jurisdiction of a court of another State, *the State is considered to have consented to the exercise of that jurisdiction* in a proceeding arising out of that commercial contract, and accordingly cannot invoke immunity from jurisdiction in that proceeding"[23].

§ 1173 Wird einem ausländischen Staat gerichtliche Immunität nur mehr für hoheitliches Handeln gewährt, so stellt sich die Frage, nach welchem Merkmal diese *acta iure imperii* von den *acta iure gestionis* abzugrenzen sind. Wie das deutsche Bundesverfassungsgericht im *Iranischen-Botschafts*-Fall ausführt, kann diese Abgrenzung „nicht nach dem *Zweck* der staatlichen Betätigung und danach vorgenommen werden, ob diese Betätigung in erkennbarem Zusammenhang mit hoheitlichen Aufgaben des Staates steht. Denn letztlich wird die Tätigkeit des Staates, wenn nicht insgesamt, so doch zum weitaus größten Teil hoheitlichen Zwecken und Aufgaben dienen und mit ihnen in einem immer noch erkennbaren Zusammenhang stehen"[24] ... „Maßgebend für die Unterscheidung zwischen Akten *iure imperii* und *iure gestionis* kann vielmehr nur die *Natur der staatlichen Handlung* oder des entstandenen Rechtsverhältnisses sein ... Es kommt also darauf an, ob der ausländische Staat in Ausübung der ihm zustehenden Hoheitsgewalt,

---

Entscheidung beantragt. Vgl. das Urteil vom 1. September 1982, ILM 22 (1983), S. 75 ff., die chinesische Protestnote vom 2. Februar 1983, ebd., S. 81 ff., und das „Statement of interest" der Vereinigten Staaten, ebd., S. 1077 ff. Urteil aufgehoben am 27. Februar 1984: ILM 23 (1984), S. 402 ff.

[22] Vgl. *Ress* (Anm. 2), S. 233.

[23] Vgl. Report 1983 (Anm. 2), S. 43, 52 ff. Dieser Entwurf muß aber in Verbindung mit Draft article 3 gelesen und beurteilt werden (dazu § 1173 und Anm. 28).

[24] BVerfGE 16, 61 (Hervorhebung von uns). Frühere Judikate haben jedoch auf den Zweck der staatlichen Handlung abgestellt und Immunität z. B. für den Ankauf von Zigaretten für die Versorgung der Streitkräfte (Nachweise bei *Seidl-Hohenveldern*, Völkerrecht [4. Aufl. 1980], S. 278) bzw. für „acts concerning the armed forces" (US-Gerichte, vgl. *Ress* [Anm. 2], S. 257 f., Anm. 115) zugebilligt.

also öffentlichrechtlich, oder wie eine Privatperson, also privatrechtlich, tätig geworden ist[25]." Dieser Auffassung ist der britische Court of Appeal im *Trendtex*-Fall gefolgt: „If a government department goes into the market-place of the world and buys boots or cement — as a commercial transaction — that government department should be subject to all the rules of the market-place[26]." Auch der US-Foreign Sovereign Immunities Act weist nunmehr, der deutschen Judikatur folgend, die Gerichte an, daß „[t]he commercial character of an activity shall be determined by reference to the nature of the course of conduct or particular transaction or act, rather than by reference to its purpose"[27].

Dagegen läßt der von der ILC im Jahre 1983 vorläufig verabschiedete Draft article 3 seinen Charakter als Kompromiß gegenüber den Anhängern der absoluten Immunität und Gegenleistung für deren Annahme des bereits beschriebenen Art. 12 erkennen, wenn er in Abs. 2 bestimmt, daß „[i]n determining whether a contract for the sale or purchase of goods or the supply of services is commercial, reference should be made primarily to the nature of the contract, but the purpose of the contract should also be taken into account if in the practice of that State that purpose is relevant to determining the non-commercial character of the contract"[28].

Nach Auffassung des Bundesverfassungsgerichts ist die Qualifikation der Staatstätigkeit als hoheitlich oder nichthoheitlich grundsätzlich nach dem nationalen Recht des angerufenen Gerichts vorzunehmen[29].

---

[25] BVerfGE 16, 62 (von uns hervorgehoben). In Verfolg dieses Prinzips hat der österreichische Oberste Gerichtshof am 10. Februar 1961 im *Botschaftsfahrzeugs*-Fall *(X g. Regierung der Vereinigten Staaten)* entschieden, daß ein Staat für Schäden aus einem Verkehrsunfall auch beklagt werden kann, wenn es sich um eine Dienstfahrt handelt, da das Halten eines Kraftfahrzeugs und die Teilnahme am Straßenverkehr in den privatrechtlichen Bereich fällt: JBl. 84 (1962), S. 43 ff., UN Legislative Series, Bd. 20 (Anm. 2), S. 203 ff.

[26] [1977] 2 WLR, 369; ILR 64, S. 132 *(per* Lord *Denning)*. Ebenso die parallelen Entscheidungen in der Bundesrepublik Deutschland und in den Vereinigten Staaten zur „nigerianischen Zementkatastrophe" (vgl. *Ress* [Anm. 2], S. 240 f.): Landgericht Frankfurt am 2. Dezember 1975, *Deutsche Bank g. Central Bank of Nigeria*, NJW 1976, S. 1044 ff.; ArchVR 17 (1977/1978), S. 448 ff.; U. S. District Court, Southern District, New York, *National American Corporation v. Federal Republic of Nigeria and the Central Bank of Nigeria*, ILM 17 (1978), S. 1407 ff.

[27] § 1603 (d) (Fundstelle oben Anm. 13). Der britische State Immunity Act begnügt sich dagegen nicht mit einem derartigen Verweis, sondern sondert bestimmte typische Geschäfte *ex lege* aus; vgl. *Ress* (Anm. 2), S. 248 f., 260 f. Auch das Europäische Übereinkommen über die Staatenimmunität deutet den Begriff der *acta iure gestionis*, indem es bestimmte rein wirtschaftliche Staatstätigkeiten enumeriert.

[28] Report 1983 (Anm. 2), S. 40, 76 ff.

[29] *Iranischer Botschafts*-Fall, BVerfGE 16, 62 f. Ihm folgend der deutsche Bundesgerichtshof am 26. September 1978 im Fall *Church of Scientology g.*

Der Rückgriff auf die *lex fori* wirke zwar der erwünschten Rechtseinheit entgegen, doch seien ihm vr Schranken gezogen, die es verbieten, solche Handlungen vom hoheitlichen Bereich und damit von der Immunität auszunehmen, „die nach der von den Staaten überwiegend vertretenen Auffassung zum Bereich der Staatsgewalt im engeren und eigentlichen Sinn gehören"[30]. Zu diesem „Kernbereich der Staatsgewalt" rechnet das Gericht die Betätigung der auswärtigen und militärischen Gewalt, die Gesetzgebung, die Ausübung der Polizeigewalt und die Rechtspflege[31].

Ein allzu großzügiges Verständnis dieses „Kernbereichs" würde die Vorteile der restriktiven Immunitätsdoktrin für die Stabilität des internationalen Wirtschaftsverkehrs aber wieder weitgehend zunichte machen, da es den politischen Interessen staatlicher Kontrahenten entsprechen kann, privatrechtliche Verpflichtungen nicht einzuhalten[32]. Ein anschauliches Beispiel bietet der Fall *I Congreso del Partido*, bei dem es um den nach dem Sturz der Regierung Allende im September 1973 auf Anweisung der kubanischen Regierung erfolgten Bruch eines Vertrages zum Verkauf von Rohrzucker an ein chilenisches Unternehmen von einem kubanischen Staatshandelsunternehmen durch Rückruf der Schiffe „Playa Larga" und „Marble Islands" ging[33]. Während das erstinstanzliche Gericht diesen Vertragsbruch infolge seiner außenpolitischen Motivation als Akt *iure imperii* einstufte[34] und der Court of Appeal wegen Nichteinigung seiner Richter dieses Urteil bestätigte[35],

---

Sir Robert Mark, NJW 1979, S. 1101 f. Ebenso schon das Tribunale di Roma am 15. November 1951 im Falle *Floridi c. Sovexportfilm*, AJIL 49 (1955), S. 98, und der Hohe Rat der Niederlande am 26. Oktober 1973 im Falle *Société Européenne d'Etudes et d'Entreprises v. Yugoslavia*, ILM 14 (1975), S. 71 ff. Kritisch dazu *Schaumann*, in: *Schaumann / Habscheid* (Anm. 4), S. 21, 123 ff.; *Ress* (Anm. 2), S. 258 ff.

[30] BVerfGE 16, 63.

[31] Ebd. Diese Begrenzung der Maßgeblichkeit der *lex fori* führt übrigens das Unterscheidungsmerkmal des Zwecks einer staatlichen Tätigkeit in objektivierter Form wieder ein.

[32] *Schreuer* (Anm. 15), S. 159 f.

[33] Darüber *Schreuer* (ebd.), S. 159; *Ress* (Anm. 2), S. 261 ff.; BYIL 49 (1978), S. 262 ff., 50 (1979), S. 225 ff.; 52 (1981), S. 314 ff.

[34] Urteil des High Court, Queen's Bench Division vom 8. Januar 1977, [1977] 3 WLR 778; ILR 64, S. 154 ff. Vgl. ebd., S. 178: „[E]ven where a sovereign ... ‚descends into the market place' by permitting one of his ships to sail as an ordinary trading ship [um den Rohrzucker nach Chile zu liefern; die Verf.], his sovereign acts in relation to that ship should be afforded the respect due to his independence and dignity as sovereign."

[35] Entscheidung vom 1. Oktober 1979, [1980] 1 Lloyds Rep. 23; ILR 64, S. 227 ff. Daraus aber Lord *Denning*: „When the government of a country enter into an ordinary trading transaction, they cannot afterwards be permitted to repudiate it and get out of their liabilities by saying that they did it out of high governmental policy or foreign policy or any other policy. They cannot come down like a god on to the stage — the *deus ex machina* — as if

stellte die Entscheidung des House of Lords vom 16. Juli 1981 allein auf die Natur des kubanischen Verhaltens ab und qualifizierte es als nicht-hoheitlich[36].

§ 1174 Unbestritten ist heute, daß eine *konnexe* Widerklage gegen einen klagenden Staat zulässig ist, also eine solche, die mit dem Klagegrund *sachlich* verbunden ist[37]. Daher konnte ein früherer zaristischer Diplomat eine Klage der Sowjetunion auf Herausgabe von Dokumenten nicht mit der Widerklage auf Schadensersatz für konfiszierte Güter abwehren[38].

Allgemein anerkannt ist ferner, daß gegen einen Staat, der in einem fremden Staat eine *Liegenschaft* besitzt, dingliche Klagen auch ohne Unterwerfungserklärung zulässig sind[39]. Doch sind alle Zwangsakte gegen Gebäude, die fremden Hoheitszwecken dienen, ebenso wie gegen andere Güter dieser Art, z. B. Waffen und Munition, ausgeschlossen[40].

Schließlich kann sich ein Staat einer fremden Gerichtsbarkeit *unterwerfen*. Eine solche Unterwerfung gilt aber nur für die in der Erklärung genannten Akte.

§ 1175 Aus einer Unterwerfung unter die Gerichtsbarkeit folgt ferner noch nicht, daß sich der Staat auch der *Zwangsvollstreckung* unterwirft[41]. Die neuere Judikatur bewilligt jedoch ohne eine eigene Unter-

---

they had nothing to do with it beforehand. They started as a trader and must end as a trader. They can be sued in the courts of law for their breaches of contract and for their wrongs just as any other trader can": ebd., S. 236.

[36] [1981] 3 WLR, 328; ILR 64, S. 307 ff. *Per* Lord *Wilberforce* (ebd., S. 320): „If immunity were to be granted the moment that any decision taken by the trading state were shown to be not commercially, but politically, inspired, the ‚restrictive' theory would almost cease to have any content and trading relations as to state-owned ships would become impossible. It is precisely to protect private traders against politically inspired breaches, or wrongs, that the restrictive theory allows states to be brought before a municipal court."

[37] So z. B. der United States District Court S. D. New York am 20. Juli 1967 im Falle *Banco Nacional de Cuba v. The First National City Bank of New York*, AJIL 62 (1968), S. 184 (unter Berufung auf zahlreiche frühere Judikate). Ebenso nunmehr der von der ILC 1983 vorläufig angenommene Draft article 10; vgl. Report 1983 (Anm. 2), S. 42 f., 45 ff.

[38] So im Falle *USSR v. Belaiew* (1925), bei *Seidl-Hohenveldern*, Völkerrecht (4. Aufl. 1980), S. 276 f.

[39] Diese Ausnahmen finden sich auch in den oben erwähnten Immunitätsgesetzen und in dem Europäischen Übereinkommen 1972.

[40] Das Zivilgericht Brüssel hat am 27. Juli 1971 im Falle *N. V. Filmpartners* auch die Exekution in Filmnegative von Aufnahmen von Staatsbesuchen des liberischen Staatspräsidenten mit der Begründung abgelehnt, daß sie das Prestige des Staates erhöhen: RBDI 9 (1973), S. 645.

[41] Vgl. Art. 23 des Europäischen Übereinkommens 1972. Zum folgenden *Crawford*, Execution of Judgments and Foreign Sovereign Immunity, AJIL 75 (1981), S. 820 ff.

werfungserklärung Exekutionen in jenes Staatsvermögen, das *nichthoheitlichen* Zwecken dient, mit der Begründung, daß sich die Befugnis zur Exekution aus der gerichtlichen Zuständigkeit ergibt und keine die Exekution ausschließende Norm des allgemeinen VR nachweisbar ist[42]. Im Gegensatz zur Praxis im Erkenntnisverfahren stellt die Rechtsprechung im Vollstreckungsverfahren also nicht auf die Natur, sondern auf den Zweck des Staatsvermögens ab. In seinem Beschluß vom 13. Dezember 1977 im *Botschaftskonten*-Fall ist das deutsche Bundesverfassungsgericht dieser Auffassung gefolgt[43] und hat ausgeführt, daß bei Maßnahmen der Sicherung oder Zwangsvollstreckung gegen einen fremden Staat nicht auf die zum gegebenen Zeitpunkt seiner diplomatischen Vertretung zur Wahrnehmung ihrer amtlichen Funktionen dienenden Gegenstände zugegriffen werden darf *(ne impediatur legatio)*. Dabei ziehe das allgemeine VR den Schutzbereich zugunsten des fremden Staates sehr weit. Infolgedessen unterlägen Forderungen aus einem laufenden, allgemeinen Bankkonto der Botschaft eines fremden Staates, das im Gerichtsstaat besteht und zur Deckung der Ausgaben und Kosten der Botschaft bestimmt ist, nicht der Zwangsvollstreckung. Schon das „Ansinnen" gegenüber dem Entsendestaat, „das Bestehen oder die früheren, gegenwärtigen oder künftigen Verwendungszwecke von Guthaben auf einem solchen Konto näher darzulegen", stelle eine völkerrechtswidrige Einmischung in die ausschließlichen Angelegenheiten des Entsendestaates dar[44].

Wie im Text auch die 1982 vorläufig angenommenen Draft articles 8 (Express consent to exercise of jurisdiction) und 9 (Effect of participation in a proceeding before a court) der ILC; vgl. Report of the International Law Commission on the work of its thirty-fourth session, GAOR 37th session, Suppl. No. 10 (A/37/10) (1982), S. 238 ff., 244 ff.

[42] So z. B. die in Anm. 5 angeführte Entscheidung im Falle *République Arabe Unie c. Dame X.;* ferner der italienische Verfassungsgerichtshof am 4. Juli 1963 im Falle *Amministrazione del Governo britannico, Pubblico Ministero, Comune di Venezia c. Guerrato ved. Arcaniolo,* RDI 46 (1963), S. 451 ff.

Eingehende gesetzliche Regelungen finden wir nunmehr in §§ 1610 f. des US-Foreign Sovereign Immunities Act 1976 und in Section 13 des britischen State Immunity Act 1978.

[43] BVerfGE 46, 342 (388). Ebenso in der Entscheidung vom 12. April 1983 über die *Pfändbarkeit deutscher Konten der National Iranian Oil Company (NIOC),* BVerfGE 64, 1; ILM 22 (1983), S. 1279 ff. (mit umfangreichen Nachweisen).

[44] Ebd., S. 343 f., 394 ff. Diese Auffassung ist etwa von *Schreuer* als „a somewhat over-cautious attitude" kritisiert worden: Some Recent Developments in the Law of State Immunity, Comparative Law Yearbook 2 (1978), S. 233. Vgl. auch *Ress* (Anm. 2), S. 220 f., 271. Der US District Court for the District of Columbia hat am 18. November 1980 im Falle *Birch Shipping Corp. v. Embassy of Tanzania* die Vollstreckung eines Schiedsspruchs in ein derartiges „gemischtes Botschaftskonto" zugelassen: ILR 63 (1982), S. 524. Anders auch schon der (österr.) Oberste Gerichtshof am 6. August 1958 im *Exekution in Botschaftskonten*-Fall, Ob 126/58; auszugsweise wiedergegeben im ÖHB 2,

§ 1176 Ob einem ausländischen *Staatsunternehmen* Immunität zukommt oder nicht, hängt letztlich nicht davon ab, ob dieses Unternehmen in den fremden Staat eingegliedert oder als juristische Person des öffentlichen oder Privatrechts verselbständigt ist[45], sondern — ebenso wie beim Staat selbst — von der Natur seines Handelns. Also kann auch ein Staatsunternehmen mit eigener Rechtspersönlichkeit, z. B. eine Zentralbank oder eine Presseagentur, Immunität beanspruchen, wenn es hoheitlich handelt[46]; andererseits sind rechtlich unselbständige Staatsunternehmen bei wirtschaftlichem Handeln nicht immun[47]. Dasselbe gilt für territoriale Untergliederungen eines Staates.

D 121; sowie jüngst der britische Court of Appeal in seiner Entscheidung vom 24. Oktober 1983 im Fall *Alcom Ltd. v. Colombia et al.*, ILM 22 (1983), S. 1307 ff.; AJIL 78 (1984), S. 451 f.

Das Schweizerische Bundesgericht hat in seinem Urteil vom 15. November 1978 im Fall *Banque Centrale de la République de Turquie c. Weston Compagnie de Finance et d'Investissement*, BGE 104 I a 367; SchwJIR 35 (1979), S. 143 ff., festgehalten, daß ein Rechtsgeschäft zwischen zwei Privatbanken nicht durch die devisenrechtlich vorgeschriebene Einschaltung der türkischen Zentralbank zu einem Hoheitsakt umgeformt wurde.

Andererseits fordert das Bundesgericht jedoch bei Zwangsvollstreckungsmaßnahmen eine „ausreichende Binnenbeziehung": Zuletzt im Urteil vom 19. Juni 1980 im Falle *Sozialistische Libysche Arabische Volks-Jamahiriya g. Libyan American Oil Company (LIAMCO)*, BGE 106 I a 142, SchwJIR 37 (1981), S. 217 ff., wo es um die Exekution eines von uns an anderer Stelle erwähnten vr Schiedsspruchs in libysches Vermögen in der Schweiz ging. Nach dem Bundesgericht liegt eine derartige ausreichende Binnenbeziehung dann vor „wenn das in Frage stehende Schuldverhältnis in der Schweiz begründet wurde oder abzuwickeln ist oder wenn der fremde Staate als Schuldner Handlungen vorgenommen hat, die geeignet sind, in der Schweiz einen Erfüllungsort zu begründen ... Die Tatsache allein, daß Vermögenswerte des Schuldners in der Schweiz liegen, vermag eine solche Binnenbeziehung nicht zu schaffen" (BGE 106 I a 149 f.).

[45] So noch die überwiegende deutsche Rechtsprechung und Lehre; vgl. das oben Anm. 26 angeführte Urteil des Landgerichts Frankfurt und den Beschluß des Oberlandesgerichts Frankfurt vom 11. Mai 1981 über die *Immunität der National Iranian Oil Company (NIOC)*, RIW/AWD 27 (1981), S. 485: „Wirtschaftliche Unternehmen eines ausländischen Staates, denen dieser die Stellung einer selbständigen juristischen Person verliehen hat, genießen ... keine Immunität" (mit Nachweisen). Das Bundesverfassungsgericht läßt in seiner Entscheidung vom 12. April 1983 (Anm. 43) die Frage offen. Zum ganzen materialreich *Gramlich*, Staatliche Immunität für Zentralbanken?, Rabels Zeitschrift 45 (1981), S. 545 ff.; *v. Hoffmann*, Staatsunternehmen im internationalen Privatrecht, Berichte DGVR 25 (1984), S. 47 ff.

[46] So hat der US District Court, S. D. New York, am 23. Januar 1978 im Fall *Yessenin-Volpin v. Novosti Press Agency and TASS* eine Ehrenbeleidigungsklage gegen diese beiden sowjetischen Agenturen abgewiesen, weil sie unter die Definition eines „foreign state" in § 1603 des Foreign Sovereign Immunities Act fallen: ILM 17 (1978), S. 720 ff.

[47] Vgl. *v. Hoffmann* (Anm. 45), S. 48 ff. Ebenso das Oberlandesgericht Frankfurt in seinem Beschluß vom 4. Mai 1982 über die *Immunität der National Iranian Oil Company (NIOC)*, RIW/AWD 28 (1982), S. 440 f.: „Die Arrestbeklagte [NIOC; die Verf.] nimmt für sich hoheitliches Handeln in Anspruch. Handelte sie hoheitlich, könnte die Staatsimmunität grundsätzlich auch von einer für den Staat handelnden juristischen Person in Anspruch

Die juristisch selbständigen Staatshandelsunternehmen der sozialistischen Länder nehmen für ihre Wirtschaftstätigkeit keine Immunität in Anspruch[48]. Ordnet ein Staat aus politischen Gründen die Nichterfüllung eines privatrechtlichen Vertrages an, der von einem solchen Unternehmen geschlossen wurde, so kann dieses also wie ein privates Unternehmen höhere Gewalt (force majeure) als leistungsbefreiendes Erfüllungshindernis geltend machen[49].

§ 1177 Außer den Staaten genießen auch ihre *Organe* für *offen gesetzte Hoheitsakte* („acts of state") gerichtliche Immunität im Ausland, da gegen sie in solchen Angelegenheiten gerichtete Klagen als Klagen gegen ihren Staat betrachtet werden[50]. Ausgenommen davon sind nach allgemeinem VR nur Verletzungen des Kriegsrechts[51].

Hingegen können Personen, die im *geheimen* Auftrag eines Staates im Ausland tätig werden, dort strafrechtlich verfolgt werden[52].

---

genommen werden." Vgl. auch § 1603 des amerikanischen (dazu *Brower* u. a. [Anm. 13], S. 202 f.) und Section 14 des britischen Immunitätsgesetzes.

Die im Text vertretene Lösung erspart dem Richter die schwierige Beurteilung, ob ein rechtlich selbständiges Staatsunternehmen gleichwohl wegen seiner Bindung an Weisungen der Regierung oder der Wahrnehmung von Staatsaufgaben der Immunität „seines" Staates teilhaftig wird. Vgl. z. B. Lord *Denning* im *Trendtex* Case, [1977] 2 WLR 371: „In the circumstances I have found it difficult to decide whether or not the Central Bank of Nigeria should be considered in international law a department of the Federation of Nigeria, even though it is a separate legal entity. But, on the whole, I do not think it should be.

This conclusion would be enough to decide the case, but I find it so difficult that I prefer to rest my decision on the ground that there is no immunity in respect of commercial transactions, even for a government department."

Ebenso im Ergebnis das Landgericht Frankfurt im deutschen Parallelfall 1975 und das Bundesverfassungsgericht in seinem *NIOC*-Beschluß 1983.

[48] Vgl. die Nachweise im *Botschaftskonten*-Urteil, BVerfGE 46, 385 ff.

[49] Vgl. die Entscheidung des House of Lords vom 6. Juli 1978 im Fall *C. Czarnikow Ltd. v. Centrala Handlu Zagranicznego „Rolimpex"*, [1978] 3 WLR 274; ILR 64, S. 195 ff.; dem ein wegen schlechter heimischer Ernteerträge erlassenes Verbot der polnischen Regierung zugrundelag, Zucker zu exportieren. Vgl. *v. Hoffmann* (Anm. 45), S. 60 ff. Zum ganzen noch *Brownlie* (Anm. 14), S. 341 ff.; *Khadjavi-Gontard / Hausmann*, Zurechenbarkeit von Hoheitsakten und subsidiäre Staatshaftung bei Verträgen mit ausländischen Staatsunternehmen — Die Iran-Problematik, RIW/AWD 26 (1980), S. 533 ff.; *dieselben*, Haftungsdurchgriff auf ausländische Staaten. Zur subsidiären Haftung der Islamischen Republik Iran für vertragliche Verbindlichkeiten ihrer Staatsunternehmen, ebd. 29 (1983), S. 1 ff.; *v. Hoffmann* (Anm. 45), S. 60 ff.

[50] Dieser Grundsatz hat sich seit dem Falle *McLeod* (1837/1840) durchgesetzt; vgl. *Jennings*, AJIL 32 (1938), S. 82 ff.; *Jescheck*, McLeod-Fall, WV II, S. 492 f. Andere Fälle in *Hackworth*, Digest of International Law II, S. 470 ff.; und bei *Dunbar* (Anm. 2), S. 230 ff. Zum ganzen *Bothe*, Die strafrechtliche Immunität fremder Staatsorgane, ZaöRV 31 (1971), S. 251 ff.

[51] *Verdross*, Die völkerrechtswidrige Kriegshandlung und der Strafanspruch der Staaten (1920). Seit 1945 besteht jedoch eine Tendenz, auch „Verbrechen gegen den Frieden", sowie Verletzungen der Menschlichkeit durch Staatsorgane von der Immunität auszunehmen. Dazu oben §§ 440 ff.

Im Falle der friedlichen Besetzung fremder Gebietsteile wird in der Regel zwischen dem Entsendestaat und dem Aufnahmestaat die Aufteilung der Strafgewalt zwischen ihnen über die Besatzungsorgane vereinbart, wobei jedoch jenem die gesamte Strafgewalt über alle Militärpersonen vorbehalten wird, die ihm auf Grund seiner Gesetzgebung zusteht[53], da ohne eine solche Befugnis die Kommandogewalt nicht gesichert werden könnte.

II. Hoheitsakte fremder Staaten als Gegenstand von Vorfragen

§ 1178 Von der Frage, ob ein fremder Staat beklagt werden kann, ist jene zu unterscheiden, ob nationale Gerichte Hoheitsakte fremder Staaten auf ihre Rechtmäßigkeit untersuchen dürfen. Dazu haben wir bereits ausgeführt, daß das allgemeine VR den Staaten erlaubt, die Entscheidung darüber, ob sie ausländischen Hoheitsakten in ihrem Souveränitätsbereich Wirksamkeit verleihen wollen, vom Ergebnis einer Rechtmäßigkeitsprüfung abhängig zu machen[1].

---

[52] So der United States Supreme Court am 31. Juli 1942 im Falle *Quirin*, dazu *Götz*, Quirin-Fall, WV II, S. 814 f.; auch AD 1941 - 1942, No. 168. Vgl. auch das Rechtsgutachten des Eidgenössischen Politischen Departements vom 31. Januar 1979, SchwJIR 36 (1980), S. 210 ff. (ebd., S. 212: „[L]a règle de l'immunité de la juridiction pénale ne saurait couvrir l'espionnage"). Dazu *Cohen-Jonathan / Kovar*, L'espionnage en temps de paix, AFDI 6 (1960), S. 239 ff.

Die neueste Praxis zeigt uns auch, daß zur Landung gezwungene Militärpiloten wegen Spionage in fremdem Luftraum vom Bodenstaat verurteilt wurden, ohne daß ihre Heimatstaaten dessen Zuständigkeit bestritten hätten. Darüber sowie über die Immunität heimlich in fremdes Staatsgebiet eingedrungener Kriegsschiffe die oben § 456, Anm. 11, angeführte Literatur, ferner *Berg*, Das sowjetische U-Boot 137 in schwedischen Hoheitsgewässern. Fragen der Immunität fremder Kriegsschiffe, ZaöRV 42 (1982), S. 295 ff.; *Mössner*, Spionage und Immunität von Kriegsschiffen, NJW 1982, S. 1196 ff.; *Delupis*, Foreign Warships and Immunity for Espionage, AJIL 78 (1984), S. 53 ff. Für den Standpunkt der schwedischen Regierung in der „U 137"-Affäre siehe ÖZA 22 (1982), S. 138 ff.

Im Fall *Letelier v. Republic of Chile* hat der US District Court for the District of Columbia am 11. März 1980 entschieden, daß einer *Schadensersatzklage* gegen Chile wegen der Ermordung eines früheren chilenischen Außenministers auf Anstiftung Chiles und unter Mitwirkung chilenischer Geheimagenten weder die Staatenimmunität noch die „Act of State"-Doktrin im Wege steht: AJIL 74 (1980), S. 940 ff. Vgl. auch das Sach-(Versäumnis-)Urteil vom 5. November 1980, ILM 19 (1980), S. 1418 ff.

[53] So z. B. durch Art. VII des Abkommens zwischen den Parteien des Nordatlantikvertrages über die Rechtsstellung ihrer Truppen vom 19. Juni 1951, *Berber*, Dokumente II, S. 2359 ff. Am 27. Juni 1973 hat der italienische Verfassungsgerichtshof anerkannt, daß nach VGR der Heimatstaat auf dem Gebiete seiner Verbündeten in Friedenszeiten die Jurisdiktion über seine dort stationierten Truppen ausüben kann: RDI 57 (1974), S. 139 ff. Zum ganzen: *Stanger*, Criminal Jurisdiction Over Visiting Armed Forces (1965).

[1] Oben § 1021.

Die angelsächsischen Gerichte haben zu dieser Frage jedoch die sog. *„Act of State"-Doktrin* entwickelt, nach der „[e]very sovereign state is bound to respect the independence of every other sovereign state, and the courts of one country will not sit in judgment on the acts of the government of another, done within its own territory. Redress of grievances by reason of such acts must be obtained through the means open to be availed of by sovereign powers as between themselves"[2]. Daher haben es diese Gerichte abgelehnt, Hoheitsakte fremder Staaten, die sich innerhalb der Grenzen des Territorialitätsprinzips halten, auf ihre Rechtmäßigkeit zu überprüfen[3].

§ 1179 In jüngerer Zeit sind nun innerstaatliche Gerichte wiederholt vor dem Problem gestanden, ob sie in einem Prozeß darüber als *Vorfrage* befinden dürfen, ob ein fremder Staat ein nunmehr im Besitz der beklagten Partei befindliches Gut („hot commodities") in einer gegen das VR verstoßenden Weise (etwa durch Konfiskation), erworben hat, um gegebenenfalls dem Herausgabeanspruch der klagenden Partei stattzugeben[4]. Nach dem vorstehend Gesagten ist diese Frage zu be-

---

[2] So der US-Supreme Court im Fall *Underhill v. Hernandez*, 168 U. S. 250, 252 (1897). Vgl. die jüngst von US- und britischen Gerichten entschiedene Auseinandersetzung zwischen den amerikanischen Ölgesellschaften *Occidental* und *Buttes;* zuletzt das Urteil des House of Lords vom 29. Oktober 1981 in Sachen *Buttes Gas & Oil Co. v. Hammer and others*, [1981] 3 WLR 787; ILR 64, S. 331 ff.; ILM 21 (1982), S. 92 ff. Darüber *Insley / Wooldridge*, The Buttes Case: The Final Chapter in the Litigation, ICLQ 32 (1983), S. 62 ff.; *Crawford*, BYIL 53 (1982), S. 259 ff.

[3] Vgl. die Entscheidung des britischen Court of Appeal vom 2. Dezember 1982 im Fall *Empresa Exportadora de Azucar (Cubazucar) v. Industria Azucarera Nacional S. A. (IANSA)*, ILR 64, S. 368 ff. Aus der Literatur *Zander*, The Act of State Doctrine, AJIL 53 (1959), S. 826 ff.; *van Panhuys*, In the Borderland between the Act of State Doctrine and Questions of Jurisdictional Immunities, ICLQ 13 (1964), S. 1193 ff.; *Folz*, Die Geltungskraft fremder Hoheitsäußerungen (1975); *Singer*, The Act of State Doctrine of the United Kingdom: An Analysis, with Comparisons to United States Practice, AJIL 75 (1981), S. 283 ff.

Die Gerichte anderer Staaten sind dieser Auffassung vereinzelt gefolgt, so etwa das Tribunale di Roma am 20. Juni 1955 im Falle *Pauer c. Repubblica Popolare Ungherese*, RDI 38 (1955), S. 584 ff. Weitere italienische Judikatur im ItYIL 5 (1980 - 1981), S. 262 ff.

[4] Vgl. neben dem in der vorangehenden Anm. genannten Schrifttum *Domke*, Indonesian Nationalization Measures before Foreign Courts, AJIL 54 (1960), S. 305 ff.; The Aftermath of Sabbatino (1965, Bibliographie S. 211 ff.); *Bayer*, Die Enteignungen auf Kuba vor den Gerichten der Vereinigten Staaten, ZaöRV 25 (1965), S. 30 ff.; *Behrens*, Rechtsfragen im chilenischen Kupferstreit, Rabels Zeitschrift 37 (1973), S. 394 ff.; *Petersmann*, Die Nationalisierung der chilenischen Kupferindustrie als Problem des internationalen Wirtschaftsrechts, Wirtschaftsrecht 2 (1973), S. 274 ff.; *Meessen*, Die Verstaatlichung des Kupferbergbaus in Chile vor deutschen Gerichten, RIW/AWD 19 (1973), S. 177 ff.; *Wuppermann*, Internationale Enteignung im Brennpunkt nationaler richterlicher Nachprüfung, ebd., S. 505 ff.; *Fickel*, Enteignungsrecht und Internationales Privatrecht, ebd. 20 (1974), S. 69 ff.; *Seidl-Hohenveldern*, Die Verstaatlichung von Kupferbergbaubetrieben in Chile, ebd., S. 421 ff.; *der-*

jahen. Ein Gericht verstößt also keineswegs gegen das VR, wenn es ausländischen Enteignungsdekreten wegen ihrer Völkerrechtswidrigkeit die Anerkennung im Inland versagt. Die Rechtsprechung schöpft jedoch diese Möglichkeit kaum aus.

§ 1180 So hat es der US-Supreme Court in seinem Urteil vom 23. März 1964 im Fall *Banco Nacional de Cuba v. Sabbatino* unter Berufung auf die „Act of State"-Doktrin abgelehnt, die Völkerrechtskonformität kubanischer Verstaatlichungsmaßnahmen zu überprüfen[5]. Das Gericht gab zu, daß diese Doktrin weder als Regel des VR noch als zwingendes Gebot der amerikanischen Verfassung zu betrachten sei. Sie müsse vielmehr als freiwillige richterliche Selbstbeschränkung, als Zurückhaltung der richterlichen vor der auswärtigen Gewalt, verstanden werden[6]. Im übrigen sei die Frage, unter welchen Voraussetzungen ausländisches Eigentum verstaatlicht werden dürfe, äußerst umstritten. Als Reaktion auf diese Entscheidung wurde den amerikanischen Gerichten durch ein Gesetz (das sog. „Hickenlooper Amendment" zum Foreign Assistance Act) verboten, die Überprüfung ausländischer Eigentumsentziehungen auf ihre Vereinbarkeit mit dem VR gestützt auf die „Act of State"-Doktrin abzulehnen, es sei denn, der US-Präsident verfügt in einem konkreten Fall aus außenpolitischer Rücksichtnahme das Gegenteil[7]. Dieses Gesetz blieb jedoch weitgehend unwirksam, bis der Supreme Court 1972 im Fall *First National City Bank v. Banco Nacional de Cuba* seine frühere Rechtsprechung revidierte[8].

---

selbe, Chilean Copper Nationalization Cases before German Courts, AJIL 69 (1975), S. 110 ff.; *Wehser*, Völkerrechtswidrige Verstaatlichung der Kupferminen in Chile?, JZ 1974, S. 117 ff.; *Mann*, Nochmals zu völkerrechtswidrigen Enteignungen vor deutschen Gerichten, in: Festschrift für K. Duden (1977), S. 287 ff.; *Weil*, Le contrôle par les tribunaux nationaux de la liceité internationale des actes des Etats étrangers, AFDI 23 (1977), S. 9 ff.

[5] 376 U. S. 398 (1964); AJIL 58 (1964), S. 779 ff.

[6] Daher sahen sich US-Gerichte zu Ausnahmen von der „Act of State"-Doktrin dann in der Lage, wenn das State Department bestätigte, daß ihre Nichtanwendung den auswärtigen Beziehungen der Vereinigten Staaten nicht schaden könne (in einem sog. „Bernstein letter", benannt nach dem Fall *Bernstein v. N. V. Nederlandsche-Amerikaansche Stoomvaart Maatschappij*, 210 F. 2d/375 [2d Cir. 1954], dem nationalsozialistische Enteignungen mit rassisch diskriminierender Zielsetzung zugrundelagen).

[7] AJIL 59 (1965), S. 98 und 366 ff.

Vgl. ferner § 1610 des US Foreign Sovereign Immunities Act 1976 (oben § 1170), der eine Zwangsvollstreckung in fremdes Staatsvermögen u. a. zur Durchsetzung einer Entscheidung zuläßt „establishing rights in property which has been taken in violation of international law or which has been exchanged for property taken in violation of international law".

[8] 406 U. S. 759 (1972); AJIL 66 (1972), S. 856 ff. Dazu *Lowenfeld*, Act of State and Department of State: First National City Bank v. Banco Nacional de Cuba, ebd., S. 795 ff. Vgl. auch die bereits oben § 1170, Anm. 12, zitierte Entscheidung des Supreme Court im Fall *Alfred Dunhill of London Inc. v. The Republic of Cuba* (1976).

§ 1181 Die kontinentaleuropäische Rechtsprechung gesteht ausländischen Enteignungen zwar keine extraterritorialen Wirkungen zu, behandelt sie aber hinsichtlich des im Enteignungsstaat belegenen Vermögen im allgemeinen als wirksam, solange diese Maßnahmen nicht gegen den *ordre public* des Gerichtsstaates verstoßen. Dies ist für den französischen Richter dann der Fall, wenn für das entzogene Eigentum keine angemessene Entschädigung geleistet wird[9]. In Deutschland ist einer ausländischen Enteignung dann die Anerkennung zu versagen, wenn ihre Berücksichtigung gegen Grundprinzipien der deutschen öffentlichen Ordnung verstieße (Art. 30 EGBGB). Für die Feststellung eines Verstoßes gegen den deutschen *ordre public* kommt es also nicht auf die Abweichung einer fremden Enteignungsmaßnahme von deutschen Rechtsvorstellungen an, sondern auf die Untragbarkeit ihrer *Anwendung* im konkreten Fall[10]. Das Hanseatische Oberlandesgericht Bremen hat es in seinem Urteil vom 21. August 1959 im *Bremer Tabak*-Fall abgelehnt, die Nationalisierung in holländischem Eigentum stehender Tabakplantagen durch Indonesien als derart schweren Verstoß gegen die guten Sitten oder gegen den Zweck eines deutschen Gesetzes zu werten[11]. In einem Beschluß vom 22. Januar 1973 im Fall *Sociedad Minera El Teniente S. A. g. Norddeutsche Affinerie AG* betrachtete das Landgericht Hamburg zwar das chilenische Vorgehen bei der Nationalisierung der SMETSA als „für unsere Anschauung von Recht und Sitte schlechthin untragbar", hielt den Vorbehalt der öffentlichen Ordnung jedoch deswegen nicht für anwendbar, weil dies eine „enge Beziehung des Geschehens mit deutschen Interessen" voraussetze und das bloße Verbringen entschädigungslos enteigneter Sachen nach Deutschland keine derart wesentliche Inlandsbeziehung herstelle. Da weder das VR noch der deutsche *ordre public* die deutschen Gerichte zwinge, der in Chile erfolgten Enteignung der SMETSA auch hinsichtlich der ins Ausland gelangten Vermögenswerte die Anerkennung zu versagen, habe die Antragstellerin ihr Eigentum nicht glaubhaft gemacht[12].

---

[9] So hat das Tribunal de grande instance de Paris am 29. November 1972 im Fall *Corporacion del Cobre c. Société Braden Copper Corporation et Société Le Groupement d'importation des Métaux* die Überprüfung der Angemessenheit der für die Nationalisierung amerikanischer Kupfergesellschaften durch Chile geleisteten Entschädigung angeordnet, „... attendu qu'aucun effet de droit n'est reconnu en France à une dépossession opérée par un Etat étranger sans qu'une indemnité équitable soit fixée ...": JDI 100 (1973), S. 227 ff. (229); RGDIP 77 (1973), S. 1240 ff.

[10] *Behrens* (Anm. 4), S. 428.

[11] Wortlaut des Urteils im ArchVR 9 (1961/1962), S. 318 ff. Zur Begründung vgl. auch unten § 1224.

[12] Rabels Zeitschrift 37 (1973), S. 579 ff. (583 f.). Dazu die in Anm. 4 genannte Literatur zum chilenischen Kupferstreit. Am 13. März 1974 erging ein weiteres Urteil des Landgerichts in dieser Rechtssache (ILM 13 [1974], S. 1115 ff.), die schließlich durch Vergleich beigelegt wurde.

§ 1182 Zu dieser Judikatur ist anzumerken, daß zwar keine vr *Pflicht* besteht, völkerrechtswidrige fremde Hoheitsakte als nichtig zu betrachten[13]. Angesichts der begrenzten Möglichkeiten zur Durchsetzung des VR könnte eine konsequente Nichtanerkennung *klar erwiesener* Völkerrechtsverletzungen durch innerstaatliche Gerichte jedoch zur Effektivität der betroffenen Völkerrechtsnormen maßgeblich beitragen[14].

III. Abgrenzungen außerhalb des Immunitätsbereiches

§ 1183 Außerhalb des Immunitätsbereiches finden wir nur wenige allgemein anerkannte Normen über die vr Abgrenzung der staatlichen Gesetzgebung, Gerichtsbarkeit und Verwaltung. Es ist aber unbestritten, daß zwischen dem normierenden Staat und dem normierten Sachverhalt eine *sinnvolle Anknüpfung* (genuine link, sufficient connection, reasonable relations o. ä.) bestehen muß[1], wobei natürlich die Ziele der verschiedenen Rechtsbereiche zu berücksichtigen sind. Die Anwendung dieses Grundsatzes kann entweder dazu führen, daß bestimmte Sachverhalte der Normierung durch den inländischen Gesetzgeber überhaupt entzogen sind, oder aber, daß auf sie die *lex fori* nicht angewendet werden darf. Der sachliche Geltungsbereich gliedert sich also in den *Zuständigkeitsbereich* und den *Rechtsanwendungsbereich*. In die erste Gruppe fällt z. B. die Entscheidung des deutschen Bundesgerichtshofs vom 18. März 1959, daß die deutschen Gerichte nur jene Ehen scheiden dürfen, „die in irgendeiner rechtlich erheblichen Beziehung zu diesem Staat stehen“[2]. Hingegen gehören zur zweiten Gruppe jene vr Verträge,

---

[13] Vgl. aber *Mann* (Anm. 4); *derselbe*, The Consequences of an International Wrong in International and National Law, BYIL 48 (1976 - 1977), S. 28 ff.

[14] Nach Ansicht von *Sperduti* soll nur ein Gericht des Heimatstaates des Geschädigten den Übergang des Eigentums auf den enteignenden oder nationalisierenden Staat als ungültig betrachten dürfen, da der Eigentumsübergang nur zwischen diesen beiden Staaten eine Völkerrechtsverletzung bilde: Des actions judiciaires intentées dans un Etat du chef de nationalisations et d'expropriations opérées dans un autre Etat, in: La communauté internationale, Mélanges offerts à Charles Rousseau (1974), S. 249 ff. Zur grundsätzlichen Relativität der vr Pflichten siehe oben § 49. Vgl. aber auch unten § 1340 und Anm. 22.

[1] An allgemeiner Literatur zum folgenden vgl. neben dem bereits in § 1019, Anm. 1, genannten Schrifttum noch *Makarov*, Internationales Privatrecht und Völkerrecht, WV II, S. 129 ff.; *Miaja de la Muela*, Les principes directeurs des règles de compétence territoriale des tribunaux internes en matière de litiges comportant un élément international, RdC 135 (1972 I), S. 7 ff.; *Meessen*, Völkerrechtliche Grundsätze des internationalen Kartellrechts (1975), S. 101 ff. Aus der Judikatur die Individual Opinion des Richters *Fitzmaurice* im *Barcelona Traction* Case, ICJ Reports 1970, S. 101.

[2] ZaöRV 28 (1968), S. 96. Ähnlich hat der Tokyo District Court am 2. Mai 1972 ausgesprochen: „... in order for the validity of a judgment given by a foreign Court to be acknowledged by a Japanese court, it is necessary for the foreign Court to have a relation to the action which could be a cause for the

die bestimmen, *welche* Rechtsordnung auf verschiedene privatrechtliche Sachverhalte anzuwenden ist[3]. Solche Normen gab es zwar schon im Internationalen Privatrecht. Sie sind aber nur teilweise in das VR eingegangen.

Bei den Anknüpfungspunkten, die eine ausreichende Beziehung zwischen dem Staat und dem zu regelnden Sachverhalt herstellen, handelt es sich im wesentlichen um Ausformungen des Territorialitätsprinzips, des Personalitätsprinzips und des Schutz- oder Wirkungsprinzips. Darüber hinaus besteht Einigkeit dahingehend, daß es Sachverhalte gibt, für die jeder Staat im Gemeininteresse Regelungen treffen darf (Universalitäts- oder Weltrechtsprinzip)[4].

§ 1184 So ist heute im Bereiche der vr Abgrenzung der staatlichen *Strafgewalt* neben dem Territorialitätsprinzip (Kompetenz zur Bestrafung von Taten, die im Inland begangen werden, auch wenn Ausländer beteiligt sind) und dem aktiven Personalitätsprinzip (Strafkompetenz für Taten, die im Ausland von Inländern begangen werden, wenn sie am Tatort mit Strafe bedroht sind oder der Tatort keiner Strafgewalt unterliegt) allgemein anerkannt, daß *jeder* Staat nach dem *Weltrechtsprinzip* alle Delikte verfolgen darf, die gegen Rechtsgüter gerichtet sind, an deren Unversehrtheit alle Staaten interessiert sind und die daher als *„delicta iuris gentium"* gelten, wie Frauen-, Kinder-, Sklaven- und Drogenhandel[5]. Weitere Straftatbestände dieser Art werden durch multilaterale Verträge zur Bekämpfung des Völkermordes, der Luftpiraterie, von terroristischen Angriffen auf Diplomaten und andere nach VR besonders geschützte Personen, der Geiselnahme, der Apartheid (sowie zukünftig auch der Folter) statuiert, auf die wir bereits früher hingewiesen haben[6]. Außerdem können die Staaten nach dem *Schutzprinzip* auch im Ausland von Ausländern begangene Delikte bestrafen, die ihre Existenz und andere wichtige Interessen bedrohen. Es ist jedoch strittig, ob eine Person, die eine solche Tat begangen hat, auch bestraft werden kann, wenn sie in völkerrechtswidriger Weise aus

---

jurisdiction", und dann näher ausgeführt, daß eine „sufficient connection" zwischen dem Sachverhalt und der Zuständigkeit des Gerichts bestehen muß, um dessen *vr* Zuständigkeit zu begründen: JAIL 18 (1974), S. 212 ff. Dazu *Schröder*, Die internationale Zuständigkeit (1971).

[3] Darunter vor allem die Haager Konventionen des Internationalen Privatrechts (*Makarov*, Haager Konventionen zum Internationalen Privatrecht, WV I, S. 745 ff.), sowie das panamerikanische Abkommen vom 13. Februar 1928 (der sog. Codigo Bustamante); dazu *Makarov* (Anm. 1), S. 131.

[4] *Geiger*, Grundgesetz und Völkerrecht (1985), § 60.

[5] Zum ganzen *Jescheck*, Strafrecht, internationales, WV III, S. 397 ff.; *Oehler*, Internationales Strafrecht (2. Aufl. 1983); ferner das Rechtsgutachten des Eidgenössischen Politischen Departements vom 1. März 1976, SchwJIR 33 (1977), S. 208 ff.

[6] Vgl. oben §§ 433 ff.

dem Staate des Tatortes entführt wurde[7]. Unseres Erachtens ist diese Frage zu bejahen, wenn sich der letztere Staat mit einer anderen Genugtuung als der Rückstellung einer solchen Person begnügt, da die Völkerrechtsverletzung ja nur gegenüber diesem Staat besteht[8], sofern keine Vertragsnormen über den Schutz der Menschenrechte verletzt wurden.

Über das Schutzprinzip hinaus geht das passive Personalitätsprinzip, das die Staaten ermächtigt, Verbrechen, die gegen ihre Angehörigen im Ausland begangen wurden, in ihrem Hoheitsbereich zu bestrafen. Gemäß Artikel 11 des Genfer Übereinkommens über die Hohe See 1958 wie nunmehr auch gemäß Art. 97 des UN-Seerechtsübereinkommens 1982 (§ 596) ist jedoch bei Schiffszusammenstößen zur Verfolgung des Kapitäns und der anderen im Dienste stehenden Personen nur der Flaggenstaat oder der Heimatstaat der verantwortlichen Personen, nicht auch derjenige des Opfers, zuständig, den noch der StIGH im bereits angeführten Falle *Lotus* als ebenfalls zur Strafverfolgung befugt angesehen hatte.

Abgesehen von den angeführten Fällen darf kein Staat einen Ausländer verfolgen, der zwar im Inland strafbare, am Tatort aber rechtmäßige Handlungen begangen, z. B. in islamischen Staaten eine nach der dortigen Rechtsordnung zulässige Mehrehe abgeschlossen hat, da im Strafrecht ebenfalls ein *sinnvoller Anknüpfungspunkt* zur regelnden Rechtsordnung vorliegen muß[9].

So ist z. B. nach der französischen Judikatur mangels einer hinreichenden inländischen Anknüpfung für eine Verletzung der Vorschriften zur Bekämpfung des Rauschgifthandels, die an Bord eines fremden Flugzeuges begangen wurde, nur der Registerstaat zuständig, sofern

---

[7] Darüber *de Schutter*, Competence of the National Judiciary Power in Case the Accused Has Been Unlawfully Brought Within the National Frontiers, RBDI 1 (1965), S. 88 ff.

[8] So hat sich Argentinien, aus dessen Gebiet *Eichmann* durch einen israelischen Agenten entführt wurde, auf Grund einer Resolution des Sicherheitsrates vom 23. Juni 1960 mit einer Entschuldigung begnügt: UN Doc. S/4345, in: S/PV. 868.

In analoger Weise sagt der Tokyo District Court am 25. Januar 1969, daß die Nichtauslieferung wegen politischer Delikte „*is a right of the state* in international law and is not a right of individual criminals to be asserted against the state“: JAIL 18 (1974), S. 110 ff. (von uns hervorgehoben). Ebenso der U. S. Court of Appeals, 2d Cir., am 8. Januar 1975 im Falle *Lujan v. Gengler*, AJIL 69 (1975), S. 895 f.: „... it is plainly the offended *states* which must in the first instance determine whether a violation of sovereignty occurred, or requires redress ... [T]he failure of Bolivia or Argentina to object to Lujan's abduction would seem to preclude any violation of international law which might otherwise have occurred“ (Hervorhebung von uns).

[9] *Jescheck* (Anm. 5), S. 397; *Benvenuti*, Sui limiti internazionali alla giurisdizione penale, RDI 57 (1974), S. 238 ff. Ebenso das Gutachten des Eidgenössischen Politischen Departements vom 1. März 1976, SchwJIR 33 (1977), S. 211.

das Delikt nicht nach der Landung auf einem französischen Flughafen fortgesetzt wurde[10].

§ 1185 Im Bereiche des *Verwaltungsrechts* gibt es verschiedene Fälle, in denen ausländisches Verwaltungsrecht herangezogen werden muß[11]. So kann z. B. die Gültigkeit einer ausländischen Organfunktion oder einer ausländischen Urkunde bloß nach dem maßgebenden ausländischen Recht beurteilt werden. Dasselbe gilt innerhalb bestimmter, an anderer Stelle zu besprechender, vr Grenzen für die Erwerbung einer fremden Staatsangehörigkeit[12] oder die Gültigkeit einer ausländischen Enteignung[13]. Ebenso kann nur nach dem Rechte des Heimatstaates beurteilt werden, ob eine Person als Organ dieses Staates oder als Privatperson gehandelt hat[14], wobei jedoch von der tatsächlich wirksamen Rechtsordnung ausgegangen werden muß (§ 874).

§ 1186 Der allgemeine Grundsatz der notwendigen sinnvollen Anknüpfung jedes Sachverhaltes an die regelnde Rechtsordnung gilt auch für die gesetzliche Normierung der gerichtlichen Zuständigkeit zur Entscheidung zivilrechtlicher Streitigkeiten[15]. Eine vr unbedenkliche Anknüpfung liegt jedenfalls dann vor, wenn sie sich der Kriterien bedient, die nach den nationalen Zivilprozeßordnungen die örtliche Zuständigkeit eines Gerichtes begründen[16].

§ 1187 Eine große Rolle spielt die vr Abgrenzung der *Steuerhoheit*[17]. Unabhängig von Verträgen gilt hier lediglich der Grundsatz, daß ein

---

[10] AFDI 20 (1974), S. 986.

[11] Grundlegend *Neumeyer*, Internationales Verwaltungsrecht (4 Bände, 1910 - 1936); *Vogel*, Der räumliche Anwendungsbereich der Verwaltungsrechtsnorm (1965); *Steindorff*, Verwaltungsrecht, internationales, WV III, S. 581 ff.; *Seidl-Hohenveldern*, Voraussetzungen für die Anwendbarkeit ausländischen öffentlichen Rechts, in: Istituto F. de Vitoria (1972), S. 349 ff.

[12] Unten § 1199.

[13] Unten § 1218. Vgl. aber auch oben §§ 1179 ff.

[14] So anerkannten z. B. die USA 1840 im Falle der Verhaftung des britischen Staatsorganes Alexander *McLeod*, der 1837 im Auftrage seiner Regierung auf amerikanischem Boden das Schiff „Caroline" zerstört hatte, „that an individual forming part of a public force and acting under the authority of his Government is not to be held answerable as a private trespasser or malefactor ..."; vgl. *Jescheck*, WV II, S. 492.

[15] Von diesem Gedanken ist auch die am 1. Februar 1973 in Kraft getretene Brüsseler Konvention über die gerichtliche Zuständigkeit und die Vollstreckung gerichtlicher Entscheidungen in Zivil- und Handelssachen vom 27. September 1968 geleitet: BGBl. 1972 II, S. 773. Dazu *Miaja de la Muela* (Anm. 1), S. 77 ff.

[16] *Geiger* (Anm. 4), § 60.

[17] Dazu *Bühler*, Steuerrecht, internationales, WV III, S. 377 ff.; *Mössner*, Der Begriff des Internationalen Steuerrechts in der neueren Literatur, ÖZöffR 25 (1974), S. 255 ff.; *Rudolf*, Über territoriale Grenzen der Steuergesetze, in: Festschrift für J. Bärmann (1975), S. 769 ff.; *Vogel*, Doppelbesteuerungsabkommen. Kommentar (1983), S. 1 ff.

Ausländer nur von einem Einkommen besteuert werden darf, das eine *wirtschaftliche Zugehörigkeit* (allégeance économique) zum Inland aufweist[18], wie sie z. B. der Wohnsitz im Inland für die Einkommenssteuer[19], der Aufenthalt im Inland für die Verbrauchssteuern, sowie der Besitz von Grundstücken oder Betriebsstätten im Inland für die Grund- und Gewerbesteuer begründet. Eine inländische Anknüpfung wird aber nicht anerkannt, wenn ein Staat einen Ausländer gegen dessen Willen in sein Gebiet gebracht hat[20].

In dem Schiedsspruch der US-Mexican Claims Commission vom 8. Oktober 1930 im Falle *George W. Cook (U. S. A.) v. United Mexican States* findet sich zwar die Aussage, daß die Befugnis jedes Staates „to levy taxes constitutes an inherent part of its sovereignty"[21], doch kann daraus nicht abgeleitet werden, daß jeder Staat nach allgemeinem VR frei ist, ob und in welchem Maß er Ausländer zu seinen Steuern heranzieht[22], zumal es sich im konkreten Fall um eine Grundsteuer für ein im erhebenden Staat gelegenes Grundstück gehandelt hat. Die in Rede stehenden vr Abgrenzungsnormen befinden sich aber in der Tat noch im embryonalen Zustand[23]. So kann *Doppelbesteuerung* — „die Erhebung vergleichbarer Steuern in zwei (oder mehreren) Staaten von demselben Steuerpflichtigen, für denselben Steuergegenstand und denselben Zeitraum"[24] — auch dann eintreten, wenn sich die Steuergesetze dieser Staaten durchaus im vr Rahmen halten. Sie kann einseitig dadurch vermieden werden, daß einer der beiden beteiligten Staaten seinen Steueranspruch zurücknimmt, etwa in der Weise, daß der Wohnsitzstaat, der nicht zugleich Quellenstaat ist, die dort erhobene Steuer bis zur Höhe seiner eigenen anrechnet[25]. Zweckmäßiger ist jedoch der Abschluß entsprechender Verträge (Doppelbesteuerungsabkommen). Durch solche Abkommen teilen die Staaten die „Steuer-

[18] Darüber der deutsche Reichsfinanzhof am 27. September 1933, ZaöRV 4 (1934), S. 419 f.; dazu *Allix*, La condition des étrangers au point de vue fiscal, RdC 61 (1937 III), S. 541 ff.

[19] So sagt der Oberste Gerichtshof Pakistans im Fall *Imperial Tobacco Co. of India v. Commissioner of Income Tax*, es sei „a *rule of international law* that a State was entitled to tax foreigners *only* if they earned or received income within the territory of that State". ILR 27 (1958), S. 103 (von uns hervorgehoben).

[20] In diesem Sinne die US bzw. Oregon Supreme Courts in den Fällen *Endicott, Johnson & Co. v. Multnomah County; Winston Bros. Co. et al. v. State Tax Commission et al.; St. Louis v. The Wiggins Ferry Co.*, AJIL 40 (1946), S. 317, Anm. 45 und 46.

[21] RIAA IV, S. 593 ff. (595).

[22] So aber *Mössner* (Anm. 17).

[23] *Mössner*, ebd., S. 361.

[24] So der Bericht des Fiskalausschusses der OECD zum Musterabkommen zur Vermeidung der Doppelbesteuerung des Einkommens und des Vermögens (1977; zitiert nach *Vogel* [Anm. 17], S. 2).

[25] *Vogel*, ebd., S. 5.

quellen" untereinander auf, indem jeweils einer der beiden Vertragsstaaten auf die Besteuerung verzichtet (Freistellungsmethode) oder die durch den anderen Vertragsstaat erhobene Steuer auf seine eigene anrechnet (Anrechnungsmethode)[26]. Zur inhaltlichen Angleichung dieser Doppelbesteuerungsabkommen haben internationale Organisationen (insbesondere der Völkerbund, die OECD und der Wirtschafts- und Sozialrat der UNO) entscheidend beigetragen[27].

§ 1188 Bedingt durch die immer engere wirtschaftliche Verflechtung der Staaten und die Tätigkeit der multi-(trans-)nationalen Unternehmen[28] stellen sich die schwierigsten Fragen der sachlichen Begrenzung staatlicher Rechtsetzung und -durchsetzung heute im *internationalen Wirtschaftsrecht*[29]. Zu besonders schwerwiegenden Jurisdiktionskonflikten kommt es durch die Anwendung des nationalen *Wettbewerbs- (insbesondere Kartell-)Rechts* auf Unternehmen und Vorgänge auch im Ausland, wenn sich dieses wettbewerbsbeschränkende Verhalten im Inland auswirkt (*[Aus-]Wirkungsprinzip*)[30]. Dieser Anknüpfungspunkt wird seit der *Alcoa*-Entscheidung 1945[31] von der US-Judikatur als aus-

---

[26] *Vogel*, ebd., S. 13.

[27] Darüber *Vogel*, ebd., S. 5 ff. und *passim;* ferner *derselbe*, Doppelbesteuerungsabkommen und ihre Auslegung, Steuer und Wirtschaft 1982, S. 111 ff., 286 ff.

[28] Darüber oben §§ 447 ff.

[29] Vgl. den Überblick bei *Hübner*, Die methodische Entwicklung des internationalen Wirtschaftsrechts (1980); ferner *Rosenthal / Knighton*, National Laws and International Commerce: The Problem of Extraterritoriality (1982); *Lowe*, Extraterritorial Jurisdiction: An annotated collection of legal materials (1983).

[30] Vgl. *Jennings*, Extraterritorial Jurisdiction and the United States Antitrust Laws, BYIL 33 (1957), S. 146 ff.; *Goldman*, Les champs d'application territoriale des lois sur la concurrence, RdC 128 (1969 III), S. 631 ff.; *Mann*, Studies in International Law (1973), S. 82 ff.; *Meessen*, Völkerrechtliche Grundsätze des internationalen Kartellrechts (1975); *Meng*, Neuere Entwicklungen im Streit um die Jurisdiktionshoheit der Staaten im Bereich der Wettbewerbsbeschränkungen, ZaöRV 41 (1981), S. 469 ff.; *Canenbley* (Hrsg.), Enforcing Antitrust Against Foreign Enterprises (1981); *Sornarajah*, The Extraterritorial Enforcement of U. S. Antitrust Laws: Conflict and Compromise, ICLQ 31 (1982), S. 127 ff.; H. G. *Maier*, Extraterritorial Jurisdiction at a Crossroads: An Intersection Between Public and Private International Law, AJIL 76 (1982), S. 280 ff.; Stanford Journal of International Law 18 (1982), Heft 2 (Bibliographie S. 405 ff.); *Castel*, The Extraterritorial Effects of Antitrust Laws, RdC 179 (1983 I), S. 9 ff.; *Großfeld / Rogers*, A Shared Values Approach to Jurisdictional Conflicts in International Economic Law, ICLQ 32 (1983), S. 931 ff.; *Bowett*, Jurisdiction: Changing Patterns of Authority over Activities and Resources, in: The Structure and Process of International Law (oben § 10, Anm. 1), S. 555 ff.

[31] *U. S. v. Aluminum Co. of America*, 148 F. 2d 416 (2d Cir. 1945). Vgl. ferner *U. S. v. Watchmakers of Switzerland Information Center et al.* (1955 - 65; Fundstellen bei *Wildhaber*, Multinationale Unternehmen und Völkerrecht, Berichte DGVR 18 [1978], S. 51, Anm. 138); *Müller / Wildhaber*, Praxis des Völkerrechts [2. Aufl. 1982], S. 266 ff.).

reichend angesehen, ebenso im deutschen und österreichischen[32], schweizerischen[33] und EWG-Kartellrecht[34]; von anderen Staaten, an erster Stelle Großbritannien, jedoch abgelehnt, die weiterhin einem strengen Territorialitätsprinzip folgen[35]. Eine ausreichende — und damit vr zulässige — Anknüpfung stellt die Wirkung einer Wettbewerbsbeschränkung im Inland wohl auch nur dann her, wenn diese Wirkung beträchtlich, unmittelbar und vorhersehbar ist bzw. war[36]. Die amerikanischen Gerichte wiederum begrenzen ihre kartellrechtliche Jurisdiktion nach

[32] Gemäß § 98 Abs. 2 des Gesetzes gegen Wettbewerbsbeschränkungen erfaßt das deutsche Recht Kartelle und Fusionen, „die sich im Geltungsbereich dieses Gesetzes auswirken, auch wenn sie außerhalb des Geltungsbereichs dieses Gesetzes veranlaßt werden". Vgl. dazu die Entscheidung des Bundesgerichtshofs vom 29. Mai 1979 über *Organische Pigmente*, BGHZ 74, S. 322 ff., und *Gerber*, The Extraterritorial Application of the German Antitrust Laws, AJIL 77 (1983), S. 756 ff. § 4 des österreichischen Kartellgesetzes 1972 bestimmt: „Dieses Bundesgesetz ist auch auf Kartelle anzuwenden, die im Ausland zustandekommen, jedoch den inländischen Markt betreffen."

[33] Vgl. die Entscheidung des Bundesgerichts im Fall *Librairie Hachette SA et consorts c. Société Coopérative d'achat et de distribution des négociants en tabacs et journaux et consorts*, BGE 93 II 192 (1967); *Müller / Wildhaber* (Anm. 31), S. 264 f.

[34] Dazu *Meessen*, Der räumliche Anwendungsbereich des EWG-Kartellrechts und das allgemeine Völkerrecht, EuR 8 (1973), S. 18 ff. In seinem Urteil vom 14. Juli 1972 im *Teerfarben*-Fall, Rechtssache 48/69, Slg. 1972, S. 619 ff., knüpfte der Gerichtshof der Europäischen Gemeinschaften daran an, daß Konzern-Mutterunternehmen außerhalb der EWG im Wege des Durchgriffs durch die Entscheidungsstrukturen des Konzerns auch für das Verhalten ihrer EWG-Tochterunternehmen verantwortlich gemacht werden können. Spätere Entscheidungen im gleichen Sinne bei *Meng* (Anm. 30), S. 491, Anm. 63.

[35] Vgl. das bei *Brownlie*, Principles of Public International Law (3. Aufl. 1979), S. 310 ff., wiedergegebene Aide-mémoire der britischen Regierung an die EWG-Kommission aus dem Jahr 1969 im *Teerfarben*-Fall, der später zu dem in der letzten Anmerkung zitierten Urteil des Europäischen Gerichtshofs führte.

[36] So *Meessen* (Anm. 30), S. 171. Ebenso die „New Yorker Regeln" der International Law Association aus dem Jahre 1972, z. B. Art. 5:

„Die Staaten sind zuständig, Rechtsvorschriften zu erlassen, die ein Verhalten regeln, das im Ausland auftritt und im Inland eine Wirkung hervorruft, sofern

a) das Verhalten und seine Wirkungen Tatbestandsmerkmale der Tätigkeit sind, auf die sich die Vorschrift bezieht,
b) die Wirkung im Inland beträchtlich ist und
c) als unmittelbare und in erster Linie beabsichtigte Folge des Verhaltens im Ausland auftritt."

Vgl. ferner Art. 7:

„Falls bei konkurrierender Zuständigkeit zweier oder mehrerer Staaten ein Konflikt hinsichtlich des Verhaltens irgendeiner Person auftritt,

a) darf kein Staat ein Verhalten im Gebiet eines anderen Staates, das dem Recht dieses Staates widerspricht, verlangen und
b) ist jeder Staat verpflichtet, bei der Anwendung des eigenen Rechts auf das Verhalten in einem anderen Staat die bedeutenderen Interessen und die Wirtschaftspolitik dieses anderen Staates angemessen zu berücksichtigen" (deutsche Übersetzung von *Meessen* im AWD 18 [1972], S. 562, Anm. 22).

dem Wirkungsprinzip anhand einer Interessenabwägung nach dem Kriterium der „reasonableness", sehen diese Selbstbeschränkung aber offenbar nicht als durch VR, sondern nur durch „comity" geboten an[37].

§ 1189 Die Auseinandersetzung um die Grenzen der extraterritorialen Wirkung nationalen Rechts bleibt aber nicht auf das internationale Kartellrecht beschränkt. Insbesondere die Vereinigten Staaten nehmen auch in anderen Bereichen, wie im Anlegerschutz, im internationalen Steuerrecht oder im Feindhandelsrecht, Jurisdiktion über das Verhalten von Ausländern im Ausland in Anspruch und stellen diese Personen dadurch nicht selten vor die Wahl, entweder die Forderungen eines US-Gerichts (z. B. auf Aussage oder Herausgabe von Dokumenten) zu mißachten und sich dadurch finanziell empfindlichen Folgen, ja sogar Strafen, auszusetzen oder aber gegen Rechtsvorschriften ihres Heimat- bzw. Aufenthaltsstaates (z. B. über den Schutz des Bank- oder Geschäftsgeheimnisses) zu verstoßen[38]. Letztere Staaten setzen sich gegen diesen langen Arm der US-Gesetzgebung und -rechtsprechung immer häufiger durch den Erlaß von Blockierungsgesetzen („blocking statutes") zur Wehr, durch welche die Befolgung solcher Anordnungen erschwert bzw. ihre Nichtbefolgung erleichtert werden soll[39].

---

[37] So prüfte der Court of Appeals (9th Circuit) 1976 im Fall *Timberlane Lumber Co. v. Bank of America*, 549 F. 2d 597 (1976), folgende Gesichtspunkte: „degree of conflict with foreign law and policy, the nationality or allegiance of the parties and the locations or principal places of business of corporations, the extent to which enforcement by either state can be expected to achieve compliance, the relative significance of effects on the United States as compared with those elsewhere, the extent to which there is explicit purpose to harm or affect American commerce, the foreseeability of such effect, and the relative importance to the violations charged of conduct within the United States as compared with conduct abroad" (zitiert nach *Meng* [Anm. 30], S. 483 f.).

Dieser Katalog wurde in der Entscheidung des Court of Appeals (3rd Circuit) 1979 im Fall *Mannington Mills, Inc. v. Congoleum Corp.*, 595 F. 2d 1287 (1979), weiterentwickelt; vgl. den Wortlaut bei *Meng* (ebd.), S. 484 f.

Vgl. ferner die „limitations on jurisdiction to prescribe" in § 403 des Tentative Draft No. 2 des Restatement of the Foreign Relations Law of the United States (Revised) aus dem Jahr 1981: AJIL 76 (1982), S. 300 f.

[38] Vgl. die Darstellung dieser Situationen bei *Meng* (Anm. 30), S. 474 f. Aus der US-Judikatur die bereits an anderer Stelle (§ 456, Anm. 13) genannte Entscheidung des Court of Appeals for the District of Columbia im Fall *Federal Trade Commission v. Compagnie de Saint-Gobain-Pont-à-Mousson* (1980); die Prozesse um das *internationale Uran-Kartell* (*Westinghouse*-Fall, 1976 ff.), geschildert bei *Meng* (Anm. 30), S. 476 ff; s. auch BYIL 50 (1979), S. 353 ff.; die Entscheidung des District Court for Central California im Fall *U. S. v. Toyota Motor Corporation et al.* (1983; dazu *Langbein*, RIW 29 [1983], S. 747), und jüngst den Fall *Marc Rich* (1983 -), in dem ein US-Bundesgericht unter Mißachtung vr Vereinbarungen von einem in der Schweiz domizilierten Unternehmen unter Androhung massiver Zwangsgelder die Herausgabe in der Schweiz befindlicher Dokumente verlangte; vgl. die Berichterstattung in der Neuen Zürcher Zeitung und in Taxes international Nr. 48 ff. (1983 -). Vgl. zum ganzen auch *Mann*, Staatliche Aufklärungsansprüche und Völkerrecht, FS Mosler, S. 529 ff.

Dazu ist festzuhalten, daß ein Staat einem Ausländer nicht zur Pflicht machen darf, in seinem Heimatstaat gegen dessen Gesetze zu verstoßen[40]. Die Herbeiführung einer unentrinnbaren Konfliktsituation für den unschuldigen Einzelnen durch einander widersprechende Gebote verstößt aber auch gegen den Grundgedanken des vr Fremdenrechts, wonach die Staaten untereinander verpflichtet sind, in der Person der Ausländer die Menschenwürde zu achten[41].

§ 1190 Keine sinnvolle und damit von anderen Staaten zu respektierende Anknüpfung konnte schließlich auch den Versuch der Vereinigten Staaten stützen, durch am 22. Juni 1982 erlassene Reexportverbote das europäisch-sowjetische „Erdgas-Röhren-Geschäft" zu Fall zu bringen[42]. Protest und Widerstand der betroffenen westeuropäischen Regie-

---

[39] Vgl. die Darstellung dieser Abwehrgesetze bei *Meng* (Anm. 30), S. 491 ff. Am weitesten geht davon der britische Protection of Trading Interests Act, 1980 (ebd., S. 493 ff. Reiches Material über Entstehungsgeschichte und bisherige Anwendung dieses Gesetzes im BYIL 51 [1980], S. 444 ff.; ebd. 53 [1982], S. 442 ff.; ferner in ILM 21 [1982], S. 834 ff.). Eine andere Methode der Verteidigung besteht in der Einleitung eines inländischen Parallelprozesses, dessen Urteil dann den „balancing-of-interests test" des amerikanischen Gerichts beeinflussen soll; vgl. z. B. das Urteil des Landgerichts Kiel vom 30. Juni 1982 im Fall *Krupp g. Deutsche Bank AG*, RIW 29 (1983), S. 206; ILM 22 (1983), S. 740 ff.; dazu *Stiefel / Petzinger*, RIW 29 (1983), S. 242 ff.

[40] Vgl. unten § 1225; ferner den in Anm. 36 zitierten Art. 7 (a) der ILA-Regeln über die Anknüpfung im internationalen Wettbewerbsrecht; ferner § 40 des Restatement of the Foreign Relations Law of the United States, Second (1965):

„Limitations on Exercise of Enforcement Jurisdiction

Where two states have jurisdiction to prescribe and enforce rules of law and the rules they may prescribe require inconsistent conduct upon the part of a person, each state is required by international law to consider, in good faith, moderating the exercise of its enforcement jurisdiction, in the light of such factors as

(a) vital national interests of each of the States,

(b) the extent and the nature of the hardship that inconsistent enforcement actions would impose upon the person,

(c) the extent to which the required conduct is to take place in the territory of the other state,

(d) the nationality of the person, and

(e) the extent to which enforcement by action of either state can reasonably be expected to achieve compliance with the rule prescribed by that state."

[41] Unten § 1212. Ebenso *Geiger* (Anm. 4), § 61.

[42] Vgl. die Darstellung des Pipeline-Embargos bei *Basedow*, Das amerikanische Pipeline-Embargo vor Gericht, Rabels Zeitschrift 47 (1983), S. 147 ff.; *Morse / Powers*, U. S. Export Controls and Foreign Entities: The Unanswered Questions of Pipeline Diplomacy, VJIL 23 (1982/83), S. 537 ff.; die Beiträge von *Perlow* und *Brunsvold / Bagarazzi* im Case Western Reserve Journal of International Law 15 (1983), S. 253 ff. und 289 ff.; ferner die Stellungnahmen des US Department of State im Department of State Bulletin 1982, Nr. 2067, S. 35 ff.; 1983, Nr. 2075, S. 48 ff.; sowie die Dokumentation in ILM 21 (1982), S. 853 ff., 1098 ff. (US-Maßnahmen), 851 f. (britische Abwehrmaßnahme nach dem in Anm. 39 genannten Gesetz), 891 ff. (Stellungnahme der EG-Kommission); ebd. 22 (1983), S. 349 ff. (Aufhebung des Embargos). Zum Problem all-

rungen gegen diesen Versuch, außenpolitische Auseinandersetzungen auf dem Rücken dritter Parteien auszutragen, bekräftigen die Forderung Walter Rudolfs, „daß territoriale Inlandsbeziehungen immer dann ausgeprägter sein müssen, wenn eine Norm vornehmlich zu Verfolgung staatlicher Interessen erlassen wurde. Stellt dagegen die staatliche Rechtsetzung zugleich einen Akt internationaler Solidarität dar, ist die inländische Norm mit vergleichbaren ausländischen gleichsam austauschbar, dann bedarf es nur einer losen oder je nach der Intensität der Substituierbarkeit evtl. gar keiner territorialen inländischen Anknüpfung"[43]. „Es geht also in allen derartigen Fällen um ein sorgfältiges Abwägen, ausgehend vom Erfordernis einer engen Verbindung zur erfaßten Handlung, beruhend auf den Topoi der Souveränität, Courtoisie, Nichteinmischung und Reziprozität, der Verhältnismäßigkeit, des Willkür- und Rechtsmißbrauchsverbots und des Vertrauensschutzes[44]."

4. Abschnitt

Die völkerrechtliche Abgrenzung der Staatsangehörigkeit[1]

A. Physische Personen

§ 1191 Wie bereits ausgeführt wurde, sind die Staaten primär Personenverbände, da sie eine bestimmte Menschengruppe gegenüber anderen Staaten zu einer rechtlichen Einheit verknüpfen. Die Staatsange-

---

gemein *Lowenfeld*, Trade Control for Political Ends (International Economic Law, Bd. III, 1977). An Reaktionen westeuropäischer Gerichte gegen frühere amerikanische Handelsembargos mit extraterritorialer Wirkung vgl. die Entscheidung der Cour d'appel de Paris im Fall *Fruehauf* (1965), Recueil Dalloz Sirey 1968, Jurisprudence 147; kurz geschildert bei *Wildhaber* (Anm. 31), S. 49; andererseits die *Embargo*-Entscheidung des deutschen Bundesgerichtshofs 1960, BGHZ 34, S. 169 ff. An Gerichtsentscheidungen zum Pipeline-Embargo 1982 vgl. das Urteil des U. S. District Court for the District of Columbia vom 13. September 1982 im Fall *Dresser Industries, Inc. v. Baldridge*, 549 F. Supp. 108, AJIL 77 (1983), S. 626 ff., in dem sich das Gericht weigerte, eine einstweilige Anordnung gegen die Embargo-Bestimmungen zu erlassen; sowie das Urteil der Rechtbank Den Haag vom 17. September 1982 im Fall *Compagnie Européenne des Pétroles S. A. g. Sensor Nederland B. V.*, Rabels Zeitschrift 47 (1983), S. 141 ff.; ILM 22 (1983), S. 66 ff., 71 ff.; AJIL 77 (1983), S. 636 f., das den amerikanischen Maßnahmen einen vr wirksamen Anknüpfungspunkt absprach. Dazu *Basedow* (oben).

[43] *Rudolf*, Territoriale Grenzen der staatlichen Rechtsetzung, Berichte DGVR 11 (1973), S. 29. Ähnlich *Mann* (Anm. 30), S. 39.

[44] *Wildhaber* (Anm. 31), S. 52. Ebenso das Rechtsgutachten des Eidgenössischen Departements für auswärtige Angelegenheiten vom 19. Oktober 1979 über die extraterritoriale Wirkung der amerikanischen Anti-Boykott-Gesetzgebung, SchwJIR 37 (1981), S. 247 ff. (253).

[1] *Makarov*, Allgemeine Lehren des Staatsangehörigkeitsrechts (2. Aufl. 1962); *derselbe*, Règles générales du droit de la nationalité, RdC 74 (1949 I),

hörigkeit bildet daher die dauernde Zugehörigkeit eines Menschen zu seinem Heimatstaat[2]. Sie besteht unabhängig von der Frage, ob diese Menschen auch politische Rechte besitzen oder nicht.

§ 1192 Grundsätzlich kann jeder Staat selbst bestimmen, unter welchen Voraussetzungen seine Staatsangehörigkeit erworben werden kann. Er kann also z. B. verfügen, daß diese im Augenblick der Geburt durch Abstammung von einem Staatsangehörigen *(ius sanguinis)* oder durch den Ort der Geburt *(ius soli)* erworben wird. Dem Ermessen der Staaten sind aber durch das VR insofern bestimmte Grenzen gezogen, als die nach den Gesetzen eines Staates erworbene Staatsangehörigkeit gegenüber anderen Staaten nur rechtsverbindlich ist, wenn sie sich innerhalb des vr Rahmens bewegt.

In diesem Sinne bestimmt das auf der Haager Kodifikationskonferenz am 12. April 1930 abgeschlossene und im Jahre 1937 in Kraft getretene Abkommen über die Konflikte der Staatsangehörigkeit[3] in seinem Art. 1: „Il appartient à chaque Etat de déterminer par sa législation quels sont ses nationaux. Cette législation doit être admise par les autres Etats, pourvu qu'elle soit en accord avec les conventions internationales, la coutume internationale et les principes de droit généralement reconnus en matière de nationalité."

§ 1193 Normen des VR über die Erwerbung der Staatsangehörigkeit finden wir in der Regel in Verträgen über Gebietsabtretungen. Sie räumen häufig den betroffenen Personen ein *Optionsrecht* ein[4]. Ein Vertrag ähnlicher Art ist auch das anläßlich der Wiener Konsularkonferenz am 24. April 1963 vereinbarte Fakultativprotokoll über den Erwerb der Staatsangehörigkeit, das in Art. II verfügt, daß Mitglieder

S. 273 ff.; *van Panhuys,* The Rôle of Nationality in International Law (1959); *Weis,* Staatsangehörigkeit und Staatenlosigkeit im gegenwärtigen Völkerrecht (1962); *derselbe,* Nationality and Statelessness in International Law (2. Aufl. 1979); *Brownlie,* The Relations of Nationality in Public International Law, BYIL 39 (1963), S. 284 ff.; *Lapenna,* La cittadinanza nel diritto internazionale generale (1966); *Grawert,* Staat und Staatsangehörigkeit (1973). Umfangreiches, wenngleich z. T. veraltetes Material findet sich in den Bänden ST/LEG/SER. B/4 und 9 der UN Legislative Series: Laws concerning Nationality (1954) und Supplement (1959).

[2] Aus der Entscheidung der britisch-mexikanischen Claims Commission vom 8. November 1929 im Falle *Robert John Lynch (Great Britain) v. United Mexican States,* RIAA V, S. 18: „A man's nationality is a continuing legal relationship between the sovereign State on the one hand and the citizen on the other. The fundamental basis of a man's nationality is his membership of an independent political community."

[3] L. N. T. S. Bd. 179, S. 89 ff. (Ende 1981 20 Vertragsparteien).

[4] *Kunz,* Die völkerrechtliche Option (2 Bde. 1925 und 1928); *derselbe,* L'option de nationalité, RdC 31 (1930 I), S. 111 ff.; *Ginsburgs,* Option of Nationality in Soviet Treaty Practice. 1917 - 1924, AJIL 55 (1961), S. 919 ff.; *Bernhardt,* Option, WV II, S. 661 ff.; *Meessen,* Die Option der Staatsangehörigkeit (1966).

der konsularischen Vertretung, die nicht Angehörige des Empfangsstaates sind, sowie die zu ihrem Haushalt gehörenden Familienmitglieder, die Staatsangehörigkeit des Empfangsstaates „nicht lediglich kraft der Rechtsvorschriften“ dieses Staates erwerben können[5].

Unabhängig von vr Verträgen gelten über den Erwerb und den Verlust der Staatsangehörigkeit folgende Grundsätze:

§ 1194 Zwischen dem Staat und seinen Angehörigen muß eine *nähere tatsächliche Beziehung* (genuine connection) bestehen. Als solche werden außer der Abstammung von einem Staatsangehörigen und dem Geburtsort im Inland auch der Antritt eines öffentlichen Amtes, der dauernde Wohnsitz im Inland, sowie die Verehelichung mit einem Staatsangehörigen, nicht aber der bloße Besitz von Grundstücken oder eine nur vorübergehende Beschäftigung im Inland anerkannt. Der IGH führt in seinem Erkenntnis vom 6. April 1955 im Falle *Nottebohm* darüber folgendes aus: „Selon la pratique des Etats, les décisions arbitrales et judiciaires et les opinions doctrinales, la nationalité est un lien juridique ayant *à sa base un fait social de rattachement*, une solidarité effective d'existence, d'intérêts, de sentiments jointe à une réciprocité de droits et de devoirs. Elle est, peut-on dire, l'expression juridique du fait que l'individu auquel elle est conférée, ... est, en fait, *plus étroitement rattaché à la population de l'Etat* qui la lui confère qu'à celle de tout autre Etat[6].“

Die Einbürgerung (Naturalisierung) eines Ausländers ist also nur vr wirksam, wenn sie diesen Voraussetzungen entspricht und mit der Aufgabe seiner bisherigen staatlichen Bindung verbunden ist[7], sofern nicht die Gesetzgebung des neuen Heimatstaates die Beibehaltung der früheren Staatsangehörigkeit zuläßt.

Die Entscheidung des IGH im *Nottebohm* Case ist zwar vielfach kritisiert worden, vor allem deshalb, weil Nottebohm seine frühere deutsche Staatsangehörigkeit verloren hatte und mangels vr Anerkennung der ohne Begründung eines Wohnsitzes in Liechtenstein erworbenen

---

[5] *Berber*, Dokumente I, S. 912 (Ende 1983 31 Vertragsparteien). Eine analoge Bestimmung finden wir schon im Wiener Protokoll vom 18. April 1961 für die Mitglieder der diplomatischen Missionen und ihre Angehörigen (ArchVR 9 [1961/1962], S. 478 f., Ende 1983 40 Vertragsparteien), sowie in Art. 74 der Wiener Konvention über die Vertretung der Staaten bei universellen internationalen Organisationen vom 14. März 1975 (oben §§ 934 ff.).
Auf den Vorrang der Vertragsnormen über die Erwerbung der Staatsangehörigkeit weist auch die italienisch-amerikanische Conciliation Commission im Falle *Flegenheimer* hin: RIAA XIV, S. 360 f.

[6] ICJ Reports 1955, S. 23 (Hervorhebungen von uns). Vgl. *Burlet*, Effectivité et nationalité des personnes physiques, RBDI 12 (1976), S. 75 ff.

[7] Aus dem Erkenntnis im Falle *Nottebohm* (Anm. 6), S. 24: „La naturalisation n'est pas une chose à prendre à la légère ... Elle comporte ... rupture d'un lien d'allégeance et établissement d'un autre lien d'allégeance.“

liechtensteinischen Staatsangehörigkeit von keinem Staate vr geschützt werden konnte[8]. Der in diesem Erkenntnis niedergelegte Grundsatz der *notwendigen Effektivität* der Staatsangehörigkeit hat sich aber in der vr Judikatur zumindest für die Lösung von Konflikten bei mehrfacher Staatsangehörigkeit durchgesetzt[9].

§ 1195 Eine Einbürgerung darf grundsätzlich nur mit Zustimmung der betroffenen Person erfolgen[10]. Sie konnte sich früher auch ohne eine solche auf die Ehegattin und die minderjährigen Kinder erstrecken[11]. Das auf Anregung der UNO am 20. Februar 1957 abgeschlossene und am 11. August 1958 in Kraft getretene Abkommen über die Staatsangehörigkeit der verheirateten Frau bestimmt jedoch, daß sich weder die Schließung noch die Auflösung der Ehe oder der Wechsel der Staatsangehörigkeit des Ehemannes *automatisch* auf die Staatsangehörigkeit der Ehefrau auswirkt[12].

Sonst darf ein Staat nur im Falle einer Gebietsabtretung seine Staatsangehörigkeit jenen Personen ohne ihre Zustimmung verleihen, die Staatsangehörige des zedierenden Staates waren und im abgetretenen Gebiet ihren Wohnsitz haben[13]. Hingegen wäre eine solche Einbürgerung im besetzten Gebiete während eines Krieges vr nichtig[14].

§ 1196 Die Einbürgerung eines Ausländers ist auf sein Ersuchen selbst dann zulässig, wenn er aus seinem früheren Staatsverband nicht förmlich entlassen wurde, sofern er sich im neuen Staat dauernd niedergelassen hat[15].

---

[8] So schon P. *Guggenheim* in seiner opinion dissidente, ICJ Reports 1955, S. 50 ff.; ferner *Kunz*, The Nottebohm Judgment, AJIL 54 (1960), S. 536 ff.; *Seidl-Hohenveldern*, Völkerrecht (4. Aufl. 1980), S. 245.

[9] Vgl. die Judikatur der auf Grund des Friedensvertrages mit Italien (1947) eingesetzten Conciliation Commission in den Fällen *Mergé* (1955), RIAA XIV, S. 241 ff., 247 ff.; *Spaulding* (1956), ebd., S. 293; *Zangrilli* (1956), ebd., S. 296; *Cestra* (1957), ebd., S. 308 f.; *Flegenheimer* (1958), ebd., S. 341 ff., 376 f., und *Tucciarone* (1959), ebd., S. 399 f.

[10] So zuletzt die italienisch-amerikanische Vergleichskommission am 20. September 1958 im Falle *Flegenheimer*, RIAA XIV, S. 349.

[11] Dagegen das panamerikanische Abkommen von Montevideo, AJIL 28 (1934), Suppl. S. 61.

[12] U. N. T. S. 309, S. 65 ff.; BGBl. 1973 II, S. 1249; Ende 1983 56 Vertragsparteien. Dazu *Makarov*, Staatsangehörigkeit, WV III, S. 326.

[13] So das amerikanische Gericht der Alliierten Hohen Kommission in München am 20./26. Mai 1954, ArchVR 5 (1955), S. 226 f., und das Kammergericht Berlin am 21. Dezember 1965, ZaöRV 28 (1968), S. 107 f. Dazu *Mann*, Zwangseinbürgerungen und das Völkerrecht, FW 53 (1955/56), S. 101 ff.

[14] *Seidl-Hohenveldern*, Die Staatsbürgerschaft der Volksdeutschen, ÖZöffR 2 (1949/50), S. 305 ff.

[15] So das Erkenntnis des französisch-türkischen Gemischten Schiedsgerichts vom 23. Mai 1928 im Falle *Apostolidis v. Turkish Government*, AD 1927 - 28, Case No. 207, S. 312; ferner das französisch-mexikanische Schiedsgericht im Falle *Georges Pinson (France) v. United Mexican States*, RIAA V,

B. Kollisionen bei mehrfacher Staatsangehörigkeit

§ 1197 Da verschiedene Anknüpfungspunkte zur Erwerbung der Staatsangehörigkeit vr zulässig sind, kann ein Mensch eine mehrfache Staatsangehörigkeit besitzen. Zur Vermeidung von Kollisionen bestimmt Art. 4 des erwähnten Haager Abkommens vom 12. April 1930, daß ein Mehrstaater von jedem seiner Heimatstaaten als *sein* Staatsangehöriger betrachtet werden kann. Ein Heimatstaat darf daher eine zu Gunsten des Mehrstaaters erhobene diplomatische Reklamation eines anderen Heimatstaates zurückweisen[16]. Hingegen kann gemäß Art. 5 desselben Abkommens ein Mehrstaater in einem dritten Staat nur von jenem Staate geschützt werden, in dem er seinen Wohnsitz hat oder zu dem er sonst in einer näheren tatsächlichen Beziehung steht[17]. Man bezeichnet die durch eine solche Beziehung gestützte Staatsangehörigkeit als „nationalité effective ou active".

Der erstgenannte Grundsatz wurde jedoch von der italienisch-amerikanischen Vergleichskommission am 10. Juni 1955 im Falle *Mergé* dahin weitergebildet, daß eine Person, die nur mit *einem* Staate durch eine *effektive* Staatsangehörigkeit verbunden ist, von diesem auch gegen einen Staat geschützt werden darf, dessen Staatsangehörigkeit sie zwar auch besitzt, zu dem sie aber in keiner tatsächlichen Beziehung mehr steht[18].

S. 381: „... si ... l'Etat défendeur ... n'observe pas les restrictions posées par le droit international à sa souveraineté nationale, la prétention de double nationalité du réclamant ne tiendrait pas debout devant un tribunal international ...".

[16] So z. B. das britisch-mexikanische Schiedsgericht am 19. Dezember 1929 im Falle *Carlos L. Oldenbourg (Great Britain) v. United Mexican States*, RIAA V, S. 75, und das französisch-mexikanische Schiedsgericht am 19. Oktober 1928 im Falle *Georges Pinson* (letzte Anm.), dortselbst, S. 381. In diesem Falle wird jedoch der Grundsatz unter der Voraussetzung anerkannt, daß ein Mensch *effektiv* Angehöriger zweier Staaten ist. Dieses Judikat präludiert daher den in der Anm. 18 angeführten Schiedsspruch. Auch der IGH weist im Fall der *Reparation for Injuries* (ICJ Reports 1949, S. 186) darauf hin, daß nach der „ordinary practice" ein Staat „does not exercise protection on behalf of one of its nationals against a State which regards him as its own national". Die deutsche Bundesregierung hat in einer Note an die Tschechoslowakei vom 31. Januar 1962 anerkannt, daß „jeder Staat gegenüber seinen eigenen Staatsangehörigen die Berufung auf eine fremde Staatsangehörigkeit unbeachtet lassen kann": ZaöRV 24 (1963), S. 661 f.

[17] Dagegen der ägyptisch-amerikanische Schiedsspruch vom 8. Juni 1932 im Falle *Salem*, RIAA II, S. 1188: „a third power is not entitled to contest the claim of one of the two powers whose national is interested in the case ...". Ebenso in einem konkreten Fall das französische Außenministerium am 17. September 1977, AFDI 23 (1977), S. 1086.

[18] RIAA XIV, S. 247: „The principle, based on the sovereign equality of States, which excludes diplomatic protection in the case of dual nationality, *must yield before the principle of effective nationality* whenever such nationality is that of the claiming State" (von uns hervorgehoben). Dazu *Durante*, Doppia o plurima cittadinanza nella protezione diplomatica, RDI 39

§ 1198 Die Möglichkeit von Pflichtenkollisionen der Mehrstaater ergibt sich insbesondere bei der Erfüllung der *Wehrpflicht*. Um solche Kollisionen zu vermeiden, hat die USA auf Anregung ihres damaligen Gesandten in Berlin Georges Bancroft seit 1868 mit einigen damaligen deutschen Staaten und später auch mit anderen Mächten die sogenannten „Bancroft-Verträge" abgeschlossen, die u. a. vorsahen, daß eine von einem Vertragsteil naturalisierte und dort seit 5 Jahren domizilierte Person auch vom anderen Vertragsteil als Angehöriger des naturalisierenden Staates anzuerkennen ist[19].

Eine ähnliche Regelung finden wir im 2. Haager Protokoll vom 12. April 1930 (Protocole relatif aux obligations militaires dans certains cas de double nationalité)[20], das 1937 in Kraft getreten ist, aber nur von 24 Staaten (darunter Österreich) ratifiziert wurde.

Eine ausführliche Regelung bringt zuletzt das Europäische Übereinkommen über die Verringerung der Mehrstaatigkeit und über die Wehrpflicht von Mehrstaatern vom 6. Mai 1963[21].

Ein allgemein gültiges Übereinkommen besteht in dieser Frage nicht[22].

(1956), S. 170 ff.; *Rode*, Dual Nationals and the Doctrine of Dominant Nationality, AJIL 53 (1959), S. 139 ff.; *Yanguas Messia*, La protection diplomatique en cas de double nationalité, in: Hommages Basdevant (1960), S. 556 ff.; *Bar-Yaacov*, Dual Nationality (1961); *Leigh*, Nationality and Diplomatic Protection, ICLQ 20 (1971), S. 453 ff.; *Breunig*, Zur rechtlichen Problematik der mehrfachen Staatsangehörigkeit, DVBl. 90 (1975), S. 758 ff. Eine weitere Einschränkung des im Text beschriebenen Grundsatzes erscheint dann angebracht, wenn ein Staat bestimmte Personen oder Personengruppen gerade deswegen diskriminiert, weil sie neben seiner Staatsangehörigkeit noch diejenige eines anderen Staates besitzen. Wenn ein Staat diese Staatsangehörigen faktisch als Fremde behandelt, sollte konsequenterweise durch den anderen Heimatstaat das diplomatische Schutzrecht doch ausgeübt werden dürfen. Diese Auffassung erfährt eine Stütze durch Rule VII der allgemeinen Instruktionen für den britischen auswärtigen Dienst, wo es im Anschluß an die Bekräftigung des Grundsatzes heißt, daß die britische Regierung Schutzansprüche erheben darf, „if the respondent State has, in the circumstances which give rise to the injury, treated the claimant as a British national": BYIL 27 (1950), S. 141.

Zum diplomatischen Schutz allgemein vgl. §§ 1226 ff.

19 *Makarov*, Bancroft-Verträge, WV I, S. 151 ff.

20 L. N. T. S. 178, S. 227.

21 BGBl. 1969 II, S. 1953 (Ende 1983 10 Vertragsstaaten).

22 Näheres bei *Karamanoukian*, La double nationalité et le service militaire, RGDIP 78 (1974), S. 459 ff.; *derselbe*, Les étrangers et le service militaire (1978). Einen interessanten Notenwechsel zwischen den USA und verschiedenen Staaten über Zwischenfälle dieser Art finden wir bei *Hackworth*, Digest of International Law 3 (1942), S. 168 ff.

C. Nachweis der Staatsangehörigkeit

§ 1199 Eine amtliche Staatsangehörigkeitsbestätigung, die auch von einem Konsulate ausgestellt werden kann, bildet *prima facie* ein Beweismittel, das aber von einem Schiedsgericht oder vom IGH sowohl auf Grund der Rechtsordnung des ausstellenden Staates, als auch auf seine Übereinstimmung mit dem VR überprüft werden kann. So kann z. B. geprüft werden, ob der Staatsangehörigkeitsausweis nicht durch eine Irreführung der Behörde (fraude) erwirkt wurde[23].

D. Verlust der Staatsangehörigkeit

§ 1200 Auch der Verlust der Staatsangehörigkeit ist grundsätzlich nach der Rechtsordnung des Heimatstaates zu beurteilen, sofern darüber keine Vertragsnormen bestehen[24]. Eine nach der Rechtsordnung des Heimatstaates noch weiterbestehende Staatsangehörigkeit kann aber vr unwirksam werden, wenn die in Betracht kommende Person eine andere Staatsangehörigkeit erworben und außerdem ihren alleinigen Wohnsitz in diesen Staat verlegt hat[25].

§ 1201 Nach Art. 15 Abs. 2 der von der UN-Generalversammlung angenommenen Allgemeinen Erklärung der Menschenrechte vom 10. Dezember 1948 sind „willkürliche" Entziehungen der Staatsangehörigkeit unzulässig (No one shall be *arbitrarily* deprived of his nationality ...). Diese Bestimmung wurde aber in den Internationalen Pakt über bürgerliche und politische Rechte vom 19. Dezember 1966[26] nicht übernommen.

Art. 9 der UN-Konvention über die Verminderung der Staatenlosigkeit vom 30. August 1961 verbietet die Entziehung der Staatsangehörigkeit aus rassischen, religiösen oder politischen Gründen, erlaubt sie

---

[23] So z. B. in den Fällen *Pinson* (Anm. 15), S. 356 ff., und *Flegenheimer* (Anm. 5), S. 341 ff. Dazu *Seidl-Hohenveldern*, Die Anerkennung von Staatsbürgerschaftszeugnissen im Ausland, JBl. 70 (1948), S. 342 ff. Umfassend *Turack*, The Passport in International Law (1972).

[24] So verloren z. B. die Koreaner ihre japanische Staatsangehörigkeit durch den Friedensvertrag Japans mit den USA vom 8. September 1951, da in ihm Japan die Unabhängigkeit Koreas anerkannt hat. So der japanische Oberste Gerichtshof am 5. April 1961 im Falle *Kanda*, JAIL 8 (1964), S. 153 ff. Auch das (deutsche) Bundesverfassungsgericht hat am 9. November 1955 ausgesprochen, daß jene Österreicher, welche die deutsche Staatsangehörigkeit 1938 automatisch erworben hatten, diese mit der Wiederherstellung Österreichs als unabhängiger Staat wieder verloren haben, ZaöRV 16 (1955/56), S. 676.

[25] Oben § 1196 und Anm. 15. In diesem Sinne das ebd. genannte franz.-türkische gemischte Schiedsgericht am 23. Mai 1928 im Falle *Apostolidis*.

[26] Unten §§ 1236 ff.

aber wegen Treuebruchs und eines sieben Jahre überschreitenden Auslandswohnsitzes[27].

§ 1202 Da kein Staat nach allgemeinem VR verpflichtet ist, fremde Staatsangehörige aufzunehmen (unten § 1210), darf kein Staat seine eigenen Angehörigen in fremde Staaten abschieben[28]. Art. 3 des 4. Zusatzprotokolls vom 16. September 1963 zur Europäischen Menschenrechtskonvention bestätigt und entfaltet diesen Grundsatz durch folgende Normen: „(1) Niemand darf aus dem Hoheitsgebiet des Staates, dessen Staatsangehöriger er ist, durch eine Einzel- oder Kollektivmaßnahme ausgewiesen werden. (2) Niemand darf das Recht entzogen werden, in das Hoheitsgebiet des Staates einzureisen, dessen Staatsangehöriger er ist."

Auf diese Weise wird das Recht jedes Menschen, in seiner Heimat zu bleiben oder in diese zurückzukehren, anerkannt[29]. Allerdings bestimmt Art. 12 Abs. 4 des *universellen* Internationalen Pakts über bürgerliche und politische Rechte nur, daß niemand *willkürlich* das Recht entzogen werden darf, in sein eigenes Land einzureisen.

§ 1203 Die schädlichen Folgen, die sich aus Staatenlosigkeit und mehrfacher Staatsangehörigkeit ergeben, wurden schon lange erkannt. So bemerkt die Präambel der Haager Konvention vom 12. April 1930 über die Konflikte der Staatsangehörigkeit[30], daß es im allgemeinen Interesse der internationalen Gemeinschaft liege, den Grundsatz anzuerkennen, daß jeder Mensch eine, aber auch nur *eine* Staatsangehörigkeit besitze. Dieses doppelte Ziel ist bisher aber noch nicht erreicht worden.

---

[27] BGBl. 1977 II, S. 598; *Simma / Fastenrath* (Hrsg.), Menschenrechte. Ihr internationaler Schutz (1979), S. 175. Ende 1983 für 11 Staaten in Kraft. Dazu *Makarov* (Anm. 12), S. 328. Zum Verlust der Staatsangehörigkeit im allgemeinen *Lessing*, Das Recht der Staatsangehörigkeit und die Aberkennung der Staatsangehörigkeit (1937); *Bonneau*, Le retrait de nationalité en droit des gens (1948); *Lapenna* (Anm. 1), S. 115 ff.; *Mann*, The Consequences of an International Wrong in International and National Law, BYIL 48 (1975 - 1976), S. 39 ff. Zum ganzen *Mutharika*, The Regulation of Statelessness under International and National Law (Loseblattsammlung 1977 ff.).

[28] *De Boeck*, L'expulsion et les difficultés internationales qu'en soulève la pratique, RdC 18 (1927 III), S. 447; *Kimminich*, Das Recht auf die Heimat (1978), S. 71.

[29] *Laun*, Die Lehre des Westfälischen Friedens (1949), S. 32, wo nachgewiesen wird, daß dieses Recht schon durch Art. III § 1 des Friedens von Osnabrück und Art. III § 7 Abs. 5 des Friedens von Münster anerkannt wurde; *Bülck*, Das Recht auf Heimat, JIR 3 (1954), S. 58 ff.; *derselbe*, Vertreibung, WV III, S. 560 ff.; *Kimminich* (Anm. 28).

[30] Oben Anm. 3.

E. Sondernormen für juristische Personen

§ 1204 Die Staatsangehörigkeit juristischer Personen ist ebenfalls grundsätzlich nach innerstaatlichem Recht zu beurteilen, das auch in diesem Bereiche verschiedene Anknüpfungspunkte anerkennt. Doch haben auch hier allfällige Vertragsnormen den Vorrang vor der innerstaatlichen Regelung. Hingegen gibt es keine staatenlosen juristischen Personen, da diese ja erst durch eine Rechtsordnung gegründet werden können.

Eine Staatsangehörigkeit besitzen außer den privatrechtlichen juristischen Personen auch die Körperschaften des öffentlichen Rechts, wie Länder und Gemeinden[31].

Für privatrechtliche juristische Personen (vornehmlich Aktiengesellschaften) finden wir folgende Anknüpfungen:

1. den Sitz solcher Personen,
2. ihr wirtschaftliches Zentrum,
3. die Rechtsordnung, auf Grund welcher sie begründet wurden,
4. die Staatsangehörigkeit jener Personengruppen, die sie tatsächlich beherrschen (Kontrollprinzip)[32].

Es kann daher auch bei diesen Personen eine mehrfache Staatsangehörigkeit geben, wobei wiederum die effektive Staatsangehörigkeit entscheidend ist. Einzelne Staaten, wie die Schweiz, erheben jedoch selbst bei Vorliegen anderer Anknüpfungen nur dann diplomatische Schutzansprüche, wenn die Gesellschaft vorwiegend von Inländern beherrscht wird[33].

§ 1205 Von der Staatsangehörigkeit einer Aktiengesellschaft muß die ihrer Aktionäre unterschieden werden[34]. Solange die Aktiengesellschaft besteht, haben die Aktionäre keinen Anspruch auf das Gesellschafts-

---

[31] Ebenso der StIGH in seinem Urteil vom 25. Mai 1926 über *Certain German Interests in Polish Upper Silesia (Merits)*, A 7, S. 74.

[32] Darüber der Schiedsspruch vom 6. Dezember 1929 im Falle *D. L. Flack v. United Mexican States*, RIAA V, S. 71 ff. Dazu *Mann*, Zum Problem der Staatsangehörigkeit der juristischen Person, in: Festschrift für M. Wolff (1952), S. 271 ff.; P. *de Visscher*, La Protection diplomatique des personnes morales, RdC 102 (1961 I), S. 395 ff.; *Ginther*, Nationality of Corporations, ÖZöffR 16 (1966), S. 27 ff.; *Seidl-Hohenveldern* (Anm. 8), S. 249 ff.; *Caflisch*, La protection des sociétés commerciales et des intérêts indirects en droit international public (1969); *Diez de Velasco*, La protection diplomatique des sociétés et des actionnaires, RdC 141 (1974 I), S. 87 ff.
Besondere Probleme werfen auch in diesem Zusammenhang die multi-(trans-)nationalen Unternehmen auf; vgl. darüber oben §§ 447 ff. und das dort genannte Schrifttum.

[33] SchwJIR 21 (1964), S. 156.

[34] Zu den sich daraus ergebenden Fragen des diplomatischen Schutzes unten § 1304.

vermögen. Erst im Falle der Auflösung der Gesellschaft können die Heimatstaaten der Aktionäre „indirect and substituted rights" auf dieses Vermögen geltend machen[35].

F. Privatschiffe und Luftfahrzeuge

§ 1206 Privatschiffe erwerben eine Staatszugehörigkeit auf Grund der Rechtsordnung jenes Staates, in dem sie registriert sind. Doch wird auch hier verlangt, daß zwischen ihnen und dem Registerstaate eine echte tatsächliche Verbindung (genuine link) besteht[36]. Diese Forderung ist aber noch eine *„lex imperfecta"*, da sie die Staatenpraxis nur wenig beeinflußt hat und auch der IGH am 8. Juni 1960 den Art. 28 lit. a des Abkommens über die Errichtung der UN-Spezialorganisation für die Seeschiffahrt IMCO (heute: IMO) dahin ausgelegt hat, daß zu den acht bedeutendsten Staaten der Seeschiffahrt, die dem Schiffssicherheitsausschuß dieser Organisation angehören mußten (heute steht er allen Mitgliedstaaten der IMO offen), jene gehören, welche die größte Tonnage registrieren[37]. Darunter fallen aber auch Staaten wie Panama, Liberia, Singapur, Zypern und Somalia, die für die Registrierung nur geringe Anforderungen stellen[38]. Diese Praxis der sog. „Billig-(Gefälligkeits-)Flaggen" (flags of convenience) oder „Offenregister" wird insbesondere von den Entwicklungsländern abgelehnt, die sich einen größeren Anteil am Frachtaufkommen sichern wollen. Daher hat sich vor allem der UNCTAD-Ausschuß für Schiffahrtsfragen um die Ausarbeitung von Grundprinzipien bemüht, durch welche „the present regime of open registries be gradually and progressively transformed into one of normal registries by a process of tightening the conditions under which open-registry countries retain or accept vessels on their registers, so that they will be capable of identifying owners and operators and making them accountable for all shipping operations, including the

---

[35] So das Schiedsgericht zwischen den USA und der Reparationskommission am 5. August 1926 im Falle der *Deutsche Amerikanische Petroleum Gesellschaft Oil Tankers*, RIAA II, S. 790.

[36] Oben § 1194. Umfangreiches Material dazu in den Bänden ST/LEG/SER. B/5 und 8 der UN Legislative Series: Laws concerning the Nationality of Ships (1955, 1959). Ferner *Meyers*, The Nationality of Ships (1967); *Fay*, La nationalité des navires en temps de paix, RGDIP 77 (1973), S. 1000 ff.; *v. Münch*, Der diplomatische Schutz für Schiffe, in: Recht über See (Festschrift für R. Stödter, 1979), S. 231 ff.; *O'Connell*, The International Law of the Sea, Bd. II (1984), S. 750 ff.

[37] *Constitution of the Maritime Safety Committee of the Inter-Governmental Maritime Consultative Organization*, ICJ Reports 1960, S. 150 ff. Dazu *Seidl-Hohenveldern* (Anm. 7), S. 251 sowie oben § 354.

[38] *Schulte*, Die „billigen Flaggen" im Völkerrecht (1961); *Boczek*, Flags of Convenience (1962); *Osieke*, Flags of Convenience Vessels: Recent Developments, AJIL 73 (1979), S. 604 ff.

maintenance of standards and the welfare of their crews"[39]. Endziel ist die Vereinbarung einer internationalen Flottenregisterordnung, die die Aufnahme eines Schiffes in das Register eines Staates davon abhängig macht, daß das Reedereimanagement ebenso wie das Gesellschaftskapital und die Bordbesatzungen dem Flaggenstaat angehören.

§ 1207 Der Registrierung von Schiffen entspricht die Immatrikulation von Luftfahrzeugen gemäß Art. 17 des Abkommens von Chicago vom 7. Dezember 1944. Nach Art. 18 dieses Abkommens kann ein Luftfahrzeug nicht gültig in mehreren Staaten immatrikuliert werden[40].

Kapitel 9

Der völkerrechtliche Schutz von Menschen

1. Abschnitt

Einführung

§ 1208 Nach klassischem VR waren *nur* die Angehörigen fremder Staaten geschützt, während die Staaten ihre eigenen Angehörigen ebenso wie die Staatenlosen grundsätzlich nach ihrem Ermessen behandeln konnten. Dagegen verfolgt der internationale Menschenrechtsschutz heute das Ziel, dem Individuum als solchem auch, ja gerade gegenüber seinem Heimatstaat Garantien für ein menschenwürdiges Dasein zu schaffen.

Die erste vr Urkunde, die sich mit dem Schutze der Menschen als solcher in Friedenszeiten befaßt, bildet die Erklärung der am Wiener Kongreß versammelten Mächte „sur l'abolition de la traite des nègres" vom 8. Februar 1815, in der sie „à la face de l'Europe" ihre Entschlossenheit bekunden, den Handel mit Negersklaven „comme repugnant aux principes d'humanité et de morale universelle", sobald als möglich „par tous les moyens à leur disposition" zu unterdrücken[1]. Außerdem

---

[39] So die Resolution 43 (S-III) des Ausschusses vom Juni 1981 zitiert nach *Churchill / Lowe*, The Law of the Sea (1983), S. 182. Dazu *Sinan*, UNCTAD and Flags of Convenience, Journal of World Trade Law 18 (1984), S. 95 ff. Mitte 1984 hat in Genf die erste Session einer UNCTAD-Tagung (Flottenregisterkonferenz) zu diesem Zweck stattgefunden; vgl. Neue Zürcher Zeitung vom 7. August 1984, Fernausgabe Nr. 180, S. 5.

[40] Dazu: L'affaire du F. OABV (Maroc c. France), AFDI 4 (1958), S. 282 ff.

[1] *Fleischmann*, Völkerrechtsquellen (1905), S. 17 f.

war im Falle einer längeren Verweigerung der fundamentalsten Menschenrechte eine Kollektivintervention aus Gründen der Menschlichkeit (intervention d'humanité) anerkannt[2]. Dieser Grundsatz kam zwar erst im vorigen Jahrhundert in der Staatenpraxis zur Anwendung, er findet sich aber gedanklich schon bei Francisco Vitoria[3].

Da die UN-Charta *jede* gewaltsame Intervention durch einzelne Staaten verbietet[4], könnte eine humanitäre Intervention heute nur mehr auf Grund eines Beschlusses des Sicherheitsrats erfolgen, wenn er eine flagrante Verletzung der Menschenrechte als Friedensbruch oder Friedensbedrohung gemäß Art. 39 der Charta qualifiziert[5].

2. Abschnitt

Die Rechtsstellung der Ausländer

A. Allgemeines

§ 1209 Wie wir schon früher ausgeführt haben, gibt es, abgesehen vom internationalen Beamtenrecht, Fälle einer echten, d. h. in einem vr Verfahren gegen die Staaten durchsetzbaren Berechtigung von Einzelmenschen im VR nur im regionalen Rahmen aufgrund von Verträgen[1]. Doch sind die Staaten *untereinander* nach allgemeinem VR verpflichtet, ihre gegenseitigen Angehörigen in bestimmter Weise zu behandeln. Diese Normen werden unter dem Ausdruck „Fremdenrecht" zusammengefaßt. Diese Bezeichnung ist aber ungenau, da es sich nicht um Pflichten gegenüber den Fremden schlechthin, sondern nur gegenüber jenen Fremden handelt, die Angehörige eines anderen Staates sind[2].

---

[2] *Rougier,* La théorie de l'intervention d'humanité, RGDIP 17 (1910), S. 486 ff.; *García Arías,* La intervención internacional por causa de humanidad, in: Mélanges Spiropoulos (1957), S. 163 ff.; *Ermacora,* Human Rights and Domestic Jurisdiction (Article 2, § 7, of the Charter), RdC 124 (1968 II), S. 390 ff.; *Franck / Rodley,* After Bangladesh: The Law of Humanitarian Intervention by Military Force, AJIL 67 (1973), S. 275 ff.; *Lillich* (Hrsg.), Humanitarian Intervention and the United Nations (1973); *Sohn / Buergenthal,* International Protection of Human Rights (1973), S. 137 ff.

[3] *de la Brière,* Vitoria et Suarez. Contribution des théologiens au droit international moderne (1939), S. 69 ff.

[4] Dazu oben §§ 467 ff., 490 ff.

[5] Charles *de Visscher,* Théories et réalités en droit international public (4. Aufl. 1970), S. 159: „Un régime fondé sur l'oppression est un régime qui .. est une menace pour la paix ...". Vgl. *Beyerlin,* Die humanitäre Aktion zur Gewährleistung des Mindeststandards in nicht-internationalen Konflikten (1975), S. 67 ff.; *derselbe,* Humanitarian Intervention, Encyclopedia [3 (1982), S. 211 ff.].

[1] Oben §§ 3, 424 f.

[2] Und zwar gegenüber den gewöhnlichen Ausländern. Zur Rechtsstellung der privilegierten Personengruppen vgl. oben §§ 900 ff.

Das vr Fremdenrecht ist vom innerstaatlichen Fremdenrecht wie auch vom Internationalen Privatrecht zu unterscheiden. Die meisten seiner Normen finden sich in zweiseitigen Freundschafts-, Handels- und Niederlassungsverträgen, sind also partikulärer Natur. Doch bestehen auch einzelne Grundsätze des allgemeinen VR als *internationaler (Mindest-) Standard* für die Behandlung von Ausländern, der heute stark umstritten ist und auf dessen Verhältnis zum Menschenrechtsschutz wir später eingehen werden[3].

B. Die Zulassung und Ausweisung von Ausländern[1]

§ 1210 Es ist allgemein anerkannt, daß jeder Staat selbst bestimmen kann, unter welchen Voraussetzungen ein Ausländer in sein Gebiet *einreisen* darf[2]. Er kann daher die Einreise von der Erteilung eines Visums abhängig machen.

Gemäß Art. 14 der Allgemeinen Erklärung der Menschenrechte vom 10. Dezember 1948 haben zwar alle Menschen das Recht, in anderen Ländern vor Verfolgungen *Asyl* zu suchen und zu genießen[3], also z. B. im Falle einer Verfolgung wegen eines *politischen* Deliktes (abgesehen von jenen, die gegen die Ziele der Vereinten Nationen verstoßen[4]). Dem entspricht jedoch keine allgemeine vr Pflicht der Staaten, Asyl zu *gewähren*[5].

---

[3] Unten §§ 1213 f.

Zum Fremdenrecht allgemein vgl. *Borchard*, The Diplomatic Protection of Citizens Abroad (1915); *Verdross*, Les règles internationales concernant le traitement des étrangers, RdC 37 (1931 III), S. 327 ff.; *Lillich*, Duties of States Regarding the Civil Rights of Aliens, RdC 161 (1978 III), S. 329 ff.

[1] *Plender*, International Migration Law (1972); *Goodwin-Gill*, International Law and the Movement of Persons Between States (1978).

[2] So z. B. der Richter *Read* in seiner Dissenting Opinion im Falle *Nottebohm*, ICJ Reports 1955, S. 46: „When an alien comes to the frontier, seeking admission, either as a settler or on a visit, the State has an unfettered right to refuse admission." Vgl. aber *Nafziger*, The General Admission of Aliens under International Law, AJIL 77 (1983), S. 804 ff.

[3] Dazu *Garcia-Mora*, International Law and Asylum as a Human Right (1956); *Lieber*, Die neuere Entwicklung des Asylrechts im Völkerrecht und Staatsrecht (1973); *Weis*, The Present Status of International Law on Territorial Asylum, SchwJIR 31 (1975), S. 71 ff.; *Grahl-Madsen*, Territorial Asylum (1980); *v. Pollern*, Das moderne Asylrecht (1980); *Beitz / Wollenschläger* (Hrsg.), Handbuch des Asylrechts (2 Bde., 1980, 1981); A Select Bibliography on Territorial Asylum (UN Doc. ST/GENEVA/LIB. SER. B/Ref. 9, 1977). Ferner das unter § 1254 angegebene Schrifttum zum vr. Flüchtlingsrecht.

[4] Dazu *Seidl-Hohenveldern*, VN 22 (1974), S. 107 ff.

[5] Ebenso (im Anschluß an frühere Stellungnahmen: Répertoire suisse II, S. 740 ff.) der schweizerische Bundesrat am 2. Juli 1969, SchwJIR 31 (1975), S. 235. Im gleichen Sinne das österreichische Bundesministerium für Auswärtige Angelegenheiten: ÖZöffRVR 32 (1981), S. 329 f.

Die von der UN-Generalversammlung am 14. Dezember 1967 mit Resolution 2312 (XXII) angenommene „Declaration on Territorial Asylum" *empfiehlt* aber (recommends without prejudice to existing instruments dealing with asylum and the status of refugees and stateless persons), keine asylsuchende Person an der Grenze zurückzuweisen (Prinzip des *„non-refoulement"*), es sei denn aus zwingenden Gründen der nationalen Sicherheit oder im Falle einer Massenfluchtbewegung (mass influx)[6]. Der Versuch, die Grundsätze dieser Deklaration auf einer UN-Konferenz über territoriales Asyl 1977 in Vertragsform umzugießen, ist fehlgeschlagen[7]. Auch das Abkommen über die Rechtsstellung der Flüchtlinge vom 28. Juli 1951[8] verpflichtet die Vertragsstaaten grundsätzlich nicht zur Asylgewährung, regelt also die Rechtsstellung dieser Personen im Aufenthaltsstaat erst danach, verbietet aber in Art. 33 das „refoulement", d. h. Flüchtlinge über die Grenzen von Gebieten auszuweisen oder zurückzuweisen, in denen ihr Leben oder ihre Freiheit gefährdet ist[9].

§ 1211 Auch der *Ausweisung* von Ausländern sind vr Grenzen gezogen[10], wenngleich diese sehr weitmaschig sind, da die Ausweisung zulässig ist, wenn das Verhalten oder der Zustand des Ausländers eine ernsthafte Störung oder Gefährdung des Aufenthaltsstaates bildet. Als Ausweisungsgründe gelten also Störungen der inneren Ordnung, strafbare Handlungen, Beleidigungen des Aufenthalts- oder fremder Staaten, politische Umtriebe, aber auch ansteckende Krankheiten. Massenausweisungen sind grundsätzlich völkerrechtswidrig, da sie die individuellen Verhältnisse nicht berücksichtigen können[11].

---

[6] AJIL 62 (1968), S. 823.

[7] Darüber *v. Pollern* (Anm. 3), S. 147 ff.; *Lapenna*, AWR-Bulletin 16 (1978), S. 1 ff.; *Weis*, The Draft United Nations Convention on Territorial Asylum, BYIL 50 (1979), S. 151 ff.; *Leduc*, L'asile territorial (et Conférence des Nations unies de Genève, janvier 1977), AFDI 23 (1977), S. 221 ff. (dort auch die Texte verschiedener auf regionaler Ebene zustandegekommener Verträge und einzelner Vertragsbestimmungen, zu denen noch Art. 12 der Banjul Charter [§ 1251 mit Anm. 57] tritt).

[8] Unten § 1255.

[9] Dazu *Kälin*, Das Prinzip des Non-refoulement (1982).

[10] *Goodwin-Gill*, The Limits of the Power of Expulsion in Public International Law, BYIL 47 (1974 - 1975), S. 55 ff.; *Buschbeck*, Verschleierte Auslieferung durch Ausweisung (1973).

[11] *Doehring*, Ausweisung, WV I, S. 132; Art. 4 des 4. Zusatzprotokolls zur Europäischen Menschenrechtskonvention vom 16. September 1963; *Krishna Iyer*, Mass Expulsion as Violation of Human Rights, IJIL 13 (1973), S. 169 ff.; *V. Sharma / Wooldridge*, Some Legal Questions Arising from the Expulsion of the Ugandan Asians, ICLQ 23 (1974), S. 397 ff.; *de Zayas*, International Law and Mass Population Transfers, Harvard International Law Journal 16 (1975), S. 207 ff.

Ein sich rechtmäßig im Inland befindlicher Ausländer darf gemäß Art. 13 des International Covenant on Civil and Political Rights vom 19. Dezember 1966[12], abgesehen von zwingenden Gründen (compelling reasons) der nationalen Sicherheit, nur auf Grund einer gesetzmäßigen Entscheidung ausgewiesen werden. Er hat das Recht, die dagegen sprechenden Gründe vorzubringen und darüber eine Entscheidung der zuständigen Stelle zu verlangen.

Unter allen Umständen sind Ausweisungen völkerrechtswidrig, wenn ihre *Durchführung* die Gebote der Menschlichkeit oder der Hygiene verletzt[13]. Diese Prinzipien werden nicht nur durch einige ältere Schiedssprüche bestätigt[14], sie entsprechen auch dem in der UN-Charta verankerten Grundsatz der Achtung der Menschenrechte und Grundfreiheiten[15].

C. Der Rechtsschutz der zugelassenen Ausländer im allgemeinen

§ 1212 Wie der Richter Read in seiner Dissenting Opinion zum Erkenntnis des IGH im Falle *Nottebohm* klar ausführt, entstehen mit der Zulassung eines Ausländers eine Reihe von Pflichten des Aufenthaltsstaates gegenüber dem Heimatstaat des zugelassenen Ausländers, unabhängig davon, ob dieser als Tourist eingereist ist oder dorthin seinen Wohnsitz verlegt hat[1].

Alle Rechte, die der Aufenthaltsstaat den Ausländern nach VR zu gewähren hat, wurzeln im Gedanken, daß die Staaten untereinander verpflichtet sind, *in der Person der Ausländer die Menschenwürde zu achten*. Das Interesse eines Staates, seine Angehörigen im Auslande zu schützen, hat daher den Vorrang vor der Achtung der inneren Souveränität des Aufenthaltsstaates[2].

§ 1213 Das Ausmaß der Schutzpflicht richtet sich zwar grundsätzlich nach der Rechtsordnung des Aufenthaltsstaates. Die vr Judikatur bis zu Beginn des Zweiten Weltkrieges hat jedoch diesen Grundsatz dahin

[12] Unten § 1236.

[13] *de Boeck*, L'expulsion et les difficultés internationales qu'en soulève la pratique, RdC 18 (1927 III), S. 479 ff.

[14] *Ralston*, The Law and Procedure of International Tribunals (rev. ed. 1926), S. 287 ff.

[15] Dazu ausführlich unten §§ 1233 ff.

[1] ICJ Reports 1955, S. 46 f.

[2] So Max *Huber* in seinem als Schiedsspruch anerkannten Gutachten vom 1. Mai 1925 in der *Affaire des biens britanniques au Maroc espagnol*, RIAA II, S. 641, wo er ergänzend bemerkt, daß im Falle der Verneinung dieses Schutzrechts „on désarmerait le droit international vis-à-vis d'injustices équivalant à la négation de la personnalité humaine ...".

eingeschränkt, daß das innerstaatliche Recht dann nicht den letzten Maßstab bilden kann, wenn es unterhalb des *internationalen (Mindest-)Standards* liegt. So sagt z. B. die amerikanisch-mexikanische General Claims Commission am 2. November 1926 im Falle *Harry Roberts (U. S. A.) v. United Mexican States:* „... such equality (with respect to nationals) is *not the ultimate test* of the propriety of the acts of authorities in the light of international law. That test is, broadly speaking, whether aliens are treated *in accordance with ordinary standards of civilization*"[3].

Aus diesem *internationalen (Mindest-)Standard* wurden folgende Normen herausgearbeitet:

1. Jeder Ausländer ist ein Rechtssubjekt.
2. Die Ausländer können alle für das normale Leben notwendigen Privatrechte erwerben und ausüben. Sie können jedoch vom Erwerb von Grundstücken, z. B. an der Grenze oder zum Schutz gegen Überfremdung, sowie von Schiffen und Flugzeugen ausgeschlossen werden, sofern keine entgegenstehenden Vertragsnormen vorliegen.
3. Die von den Ausländern rechtmäßig erworbenen Privatrechte sind grundsätzlich zu achten. Enteignungen und Nationalisierungen sind nur unter den später zu besprechenden Voraussetzungen vr zulässig.
4. Den Ausländern ist der innerstaatliche Rechtsweg offen zu halten. Sie sind also befugt, Klagen zu erheben und sich der üblichen Verteidigungsmittel zu bedienen[4].
5. Verhaftungen dürfen nur im Falle eines ernsten Verdachtes einer strafbaren Handlung vorgenommen werden, worüber (so wie über die Schuldfrage) ein unparteiisches Gericht in einer angemessenen Frist zu entscheiden hat. Die Untersuchungs- und Strafhaft darf nicht gegen die Gebote der Menschlichkeit verstoßen. Die verhängte Strafe darf in keinem Mißverhältnis zur strafbaren Handlung stehen.
6. Der Aufenthaltsstaat ist verpflichtet, die Ausländer gegen Angriffe auf Leben, Freiheit, Eigentum und Würde zu schützen.

---

[3] RIAA IV, S. 80 (Hervorhebungen von uns). Ähnlich verschiedene andere Schiedssprüche, dortselbst, S. 60, 67, 77, 119, 220, 282, 368, 371, 440, 658, 805. Dazu *Roth*, The Minimum Standard of International Law Applied to Aliens (1949); *Schnitzer*, Mindeststandard, WV II, S. 537 f.; und die von *Sohn / Baxter* ausgearbeitete „Draft Convention on the Responsibility of States for Injuries to Aliens", AJIL 55 (1961), S. 548 ff. Zu der dieser Auffassung entgegengesetzten „Calvo-Doktrin" s. unten § 1301.

[4] Das deutsche Bundesverfassungsgericht hat in seinem Beschluß vom 20. April 1982 bekräftigt, daß das vgr Fremdenrecht einen angemessenen gerichtlichen Rechtsschutz umfaßt: BVerfGE 60, 253 ff. (303 f.).

7. Hingegen haben Ausländer weder einen Anspruch auf politische Rechte[5], noch auf Ausübung bestimmter Berufe, abgesehen natürlich von vertraglichen Bindungen zwischen dem Heimatstaat und dem Aufenthaltsstaat.
8. Kein Staat darf einem Ausländer, der in seinen Heimatstaat zurückkehren will, finanzielle Lasten auferlegen, „die sich einzig auf die Tatsache der Auswanderung gründen"[6].

Diese Normen wurden auch durch zahlreiche bilaterale Handels-, Konsular- und Niederlassungsverträge bekräftigt.

Noch am 9. Juni 1931 bestätigte ein französisch-britisches Schiedsgericht im Falle *Chevreau,* daß die Verhaftung eines Ausländers vr nur gerechtfertigt ist, wenn hinreichende Verdachtsgründe vorliegen und diese in einer ernsten Untersuchung überprüft werden, wobei der verhafteten Person die Möglichkeit der Verteidigung und einer Verbindungsaufnahme mit dem Konsulate ihres Heimatstaates gegeben werden muß. Außerdem darf das Verfahren nicht ungebührlich in die Länge gezogen werden. Schließlich muß der Verhaftete in einer Weise behandelt werden, „qui corresponde *au niveau habituellement admis entre nations civilisées*"[7].

Auch der StIGH bemerkte im Urteil über *Certain German Interests in Upper Silesia (Merits),* daß „une mesure défendue ... ne saurait devenir légitime ... du fait que l'Etat l'applique aussi à ses propres ressortissants"[8]. Diese Aussage bezieht sich zwar im konkreten Fall nur auf ein durch einen vr Vertrag verbotenes Verhalten, sie hat aber allgemeine Bedeutung.

§ 1214 Der erste Berichterstatter der ILC über die Verantwortlichkeit der Staaten, García-Amador, vertrat die Auffassung, daß dieser Grundsatz des internationalen Standards als Mindestmaßstab für den Rechtsschutz, der einem Ausländer nach VR zu gewähren ist, durch die vr Anerkennung von *allgemeinen Menschenrechten* überholt sei[9]. Die ILC hat jedoch diesen Gedanken nicht weiterverfolgt, da sie beschlossen

---

[5] So auch Art. 16 der Europäischen Menschenrechtskonvention vom 4. November 1950.

[6] Stellungnahme des Eidgenössischen Justiz- und Polizeidepartements vom 18. Juni 1918, Répertoire suisse II, S. 701 ff.

[7] RIAA II, S. 1123 (Hervorhebung von uns). Ähnlich der Service juridique des Schweizer Politischen Departements am 28. Mai 1958, SchwJIR 20 (1965), S. 85 f.

[8] A 7, S. 33.

[9] ILC-Yearbook 1956 II, S. 201 ff., ferner im AJIL 49 (1955), S. 343 ff. Dazu *Amerasinghe,* State Responsibility for Injuries to Aliens (1967), S. 278 ff.; *Kiss,* La condition des étrangers en droit international et les Droits de l'homme, in: Miscellanea Ganshof van der Meersch (1972), Bd. I, S. 499 ff.; *Lillich* (§ 1209, Anm. 3), S. 373 ff.

hat, die Verantwortlichkeit der Staaten unabhängig von ihrer häufigen Verbindung mit dem Fremdenrecht zu untersuchen. Diesem Beschlusse entsprechen die der ILC vorgelegten Berichte Agos sowie die von der ILC 1980 in erster Lesung angenommenen Artikelentwürfe[10]. Dagegen hat die Unterkommission zur Verhütung von Diskriminierung und Minderheitenschutz der UN-Menschenrechtskommission den von García-Amador konzipierten Brückenschlag zwischen fremdenrechtlichem Mindeststandard und Menschenrechten wieder aufgenommen und auf der Grundlage eines Berichts von Baroness Elles den Entwurf einer Deklaration über den Schutz der Menschenrechte nicht staatsangehöriger Personen ausgearbeitet, der gegenwärtig der Generalversammlung vorliegt[11]. Bericht und Entwurf bezwecken eine Neuformulierung des internationalen Mindeststandards anhand der vr Verträge zum Schutz der Menschenrechte[12].

Gegen den Gedankengang García-Amadors wendet Seidl-Hohenveldern zwar richtig ein, daß der weltweite Ausbau der Menschenrechte längst noch nicht abgeschlossen sei und die UN-Menschenrechtspakte[13] insbesondere keine Eigentumsgarantie enthalten[14]. Die Allgemeine Deklaration der Menschenrechte vom 10. Dezember 1948 anerkennt aber im Bereiche des Rechtsschutzes, abgesehen von der später zu behandelnden Eigentumsgarantie, gerade jene Normen, die dem von der vr Judikatur herausgearbeiteten internationalen Standard entsprechen. So hat gemäß Art. 6 dieser Deklaration jeder Mensch „*überall* Anspruch auf Anerkennung als Rechtsperson", nach Art. 3 „das Recht auf Leben, Freiheit und Sicherheit der Person" und gemäß Art. 8 „Anspruch auf wirksamen Rechtsschutz vor den zuständigen innerstaatlichen Gerichten gegen alle Handlungen, die seine ihm ... zustehenden Grundrechte verletzen". Gemäß Art. 9 darf niemand „willkürlich festgenommen, in Haft gehalten oder des Landes verwiesen werden". Ferner hat *jeder* Mensch nach Art. 10 „Anspruch auf ein der Billigkeit entsprechendes und öffentliches Verfahren vor einem unabhängigen und unparteiischen Gericht, das über seine Rechte und Verpflichtungen oder aber über irgendeine gegen ihn erhobene strafrechtliche Beschuldigung zu

---

[10] Vgl. § 1262, Anm. 1.

[11] Vgl. VN 29 (1981), S. 32 f. Ausführlich dazu *Lillich* (§ 1209, Anm. 3), S. 379 ff.; *Lillich / Neff*, The Treatment of Aliens and International Human Rights Norms: Overlooked Developments at the UN, GYIL 21 (1978), S. 97 ff.

[12] Vgl. aus dem Bericht *Elles*, UN Doc. E/CN. 4/Sub. 2/L. 682 (1978), S. 9: „One of the purposes and objectives of the draft declaration is to establish a minimum standard, universally recognized, reflecting both the norms of customary international law and the relevant provisions of existing human rights instruments concerning individuals who live in a country other than their own ..."

[13] Unten § 1236.

[14] Völkerrecht (4. Aufl. 1980), S. 307.

entscheiden hat"[15]. Diese Bestimmungen, die später im Internationalen Pakt über bürgerliche und politische Rechte vom 19. Dezember 1966 entfaltet worden sind[16], sind demnach nur insofern neu, soweit sie sich auf Inländer und Staatenlose erstrecken. Was dagegen die Behandlung von Angehörigen ausländischer Staaten anbetrifft, so kodifizieren sie die meisten Rechte, die der Aufenthaltsstaat schon nach klassischem vr Fremdenrecht in diesem Bereiche zu gewähren hatte.

Auch politisch ist es für einen Staat, der seine Angehörigen im Aufenthaltsstaat schützen will, zweckmäßiger, sich auf die Pflicht zur Achtung der allgemeinen Menschenrechte zu berufen, als zu behaupten, daß die Rechtsanwendung dieses Staates den internationalen Mindeststandard verletzt.

§ 1215 In Rechtsbereichen, die entweder vom internationalen Standard nicht erfaßt werden (wie der Erwerb von Grundstücken durch Ausländer) oder in denen dieser Standard niedriger ist als die landesrechtlichen Verbürgungen gegenüber eigenen Staatsangehörigen, wird eine Gleichstellung der Ausländer mit den Inländern (national treatment, traitement national) auf Vertrags- oder gesetzlichem Wege oft von der *Gegenseitigkeit* abhängig gemacht. Solche Reziprozitätsklauseln begnügen sich entweder mit der gegenseitigen Übernahme identischer Verpflichtungen zur Gleichbehandlung (formelle Gegenseitigkeit) oder sie statuieren materielle Gegenseitigkeit, nach der Ausländer im Inland nicht besser behandelt werden dürfen als eigene Staatsangehörige im betreffenden Ausland[17].

D. Enteignungen und Nationalisierungen[1]

§ 1216 Unter einer *Enteignung* (Expropriation) versteht man die direkte Entziehung eines einer Person zustehenden Eigentumsrechtes an

[15] *Simma / Fastenrath,* Menschenrechte. Ihr internationaler Schutz (1979), S. 5 ff.

[16] Unten § 1236. Dazu *Lillich* (§ 1209, Anm. 3), S. 394 ff.

[17] Darüber *Stoffel,* Die völkervertraglichen Gleichbehandlungsverpflichtungen der Schweiz gegenüber den Ausländern (1979), S. 175 ff. (mit weiteren Nachweisen).

[1] *Seidl-Hohenveldern,* Internationales Konfiskations- und Enteignungsrecht (1952); *derselbe,* Investitionen in Entwicklungsländern und das Völkerrecht (1963); *Bindschedler,* La protection de la propriété privée en Droit international public, RdC 90 (1956 II), S. 173 ff.; *Wortley,* Expropriation in Public International Law (1959); Lord *McNair, Rolin* und *Verdross* in der NTIR 6 (1959); *Veith / Böckstiegel,* Der Schutz von ausländischem Vermögen im Völkerrecht (1962); *Fouilloux,* La nationalisation et le droit international (1962); *Böckstiegel,* Die allgemeinen Grundsätze des Völkerrechts über Eigentumsentziehung (1963); *Kronfol,* Protection of Foreign Investment (1972); *Lillich* (Hrsg.), The Valuation of Nationalized Property in International Law (3 Bde., 1972/73/75); *F. Orrego Vicuña,* Some International Law Problems Posed by

einzelnen Vermögensobjekten durch einen Staat. Eine Enteignung ausländischen Eigentums ist, mangels einer entgegenstehenden vertraglichen Verpflichtung, völkerrechtsgemäß, wenn sie vor allem im öffentlichen Interesse (also nicht zur Bereicherung einer anderen Person) vorgenommen[2] und außerdem eine angemessene Entschädigung geleistet wird. Daher ist eine Entziehung ausländischer Eigentumsrechte ohne oder ohne angemessene Entschädigung (eine *Konfiskation)* grundsätzlich verboten[3].

---

the Nationalization of the Copper Industry by Chile, AJIL 67 (1973), S. 711 ff.; *Francioni*, Compensation for Nationalisation of Foreign Property: The Borderland between Law and Equity, ICLQ 24 (1975), S. 255 ff.; *Polter*, Auslandsenteignungen und Investitionsschutz (1975); *Kemper*, Nationale Verfügung über natürliche Ressourcen und die Neue Weltwirtschaftsordnung der Vereinten Nationen (1976); *Nwogugu*, Legal Problems of Foreign Investments, RdC 153 (1976 V), S. 167 ff.; *Tesauro*, Nazionalizzazioni e diritto internazionale (1976); *Hartmann*, Nationalisierung und Enteignung im Völkerrecht (1977); *Lapres*, Principles of Compensation for Nationalised Property, ICLQ 26 (1977), S. 97 ff.; *Meessen*, Völkerrechtliches Enteignungsrecht im Nord-Süd-Konflikt, in: *Kewenig* (Hrsg.), Völkerrecht und internationale wirtschaftliche Zusammenarbeit (1978), S. 11 ff.; *Rajan*, Sovereignty over Natural Resources (1978); *Brownlie*, Legal Status of Natural Resources in International Law (Some Aspects), RdC 162 (1979 I), S. 245 ff.; *Elian*, The Principle of Sovereignty Over Natural Resources (1979); *Reinhard*, Rechtsgleichheit und Selbstbestimmung der Völker in wirtschaftlicher Hinsicht (1980); *Akinsanya*, The Expropriation of Multinational Property in the Third World (1980); *Hossain* (Hrsg.), Legal Aspects of the New International Economic Order (1980), bes. S. 208 ff.; *Dolzer*, New Foundations of the Law of Expropriation of Alien Property, AJIL 75 (1981), S. 553 ff.; *Muller*, Compensation for Nationalization: A North-South Dialogue, Columbia Journal of Transnational Law 19 (1981), S. 35 ff.; *Gattiker*, Behandlung und Rolle von Auslandsinvestitionen im modernen Völkerrecht: Eine Standortbestimmung, SchwJIR 37 (1981), S. 25 ff.; R. *Higgins*, The Taking of Property by the State: Recent Developments in International Law, RdC 176 (1982 III), S. 259 ff.; *Stemberg*, Die Charta der wirtschaftlichen Rechte und Pflichten der Staaten (1983); *Rosenberg*, Le principe de souveraineté des Etats sur leurs ressources naturelles (1983).

[2] So der Schiedsspruch vom 2. Mai 1929 im *Walter Fletcher Smith Claim*, RIAA II, S. 915 ff.

[3] In diesem Sinne sagt der Haager Schiedsgerichtshof am 13. Oktober 1922 über die *Norwegian Shipowners' Claims*, RIAA I, S. 338: „No State can exercise towards the citizens of another civilised State the ‚power of eminent domain' without ... paying just compensation ...". Ebenso Max *Huber* in seinem in § 1212, Anm. 2, angeführten Schiedsspruch, S. 647: „[I]l peut être considéré comme acquis qu'en droit international un étranger ne peut être privé de sa propriété sans juste indemnité." Der StIGH sagt in seinem Erkenntnis vom 25. Mai 1926 über *Certain German Interests in Polish Upper Silesia (Merits)*, A 7, S. 22: „[I]l n'est guère douteux que l'expropriation ... est une dérogation aux règles généralement appliquées en ce qui concerne le traitement des étrangers et au principe du respect des droits acquis." Keine angemessene Entschädigung liegt z. B. vor, wenn ihr Ausmaß in unbestimmter Weise gesetzlich festgelegt und ihre Regelung dem Ermessen der Verwaltungsbehörden überlassen wird. So der französische Kassationshof am 23. April 1969, JDI 96 (1969), S. 914 f.

Eine Verletzung des VR durch ein Gesetz liegt aber nur vor, wenn dieses eine Enteignung ohne angemessene Entschädigung *anordnet*, nicht aber, wenn es eine solche bloß *ermöglicht*. In diesem Falle entsteht eine Verletzung des

§ 1217 Unter einer „angemessenen" Entschädigung versteht der Haager Schiedsgerichtshof „a complete restitution of the status quo ante"[4]. Ist die Wiederherstellung des früheren Zustandes unmöglich, besteht die Verpflichtung zur Leistung einer dem vollen Werte des entzogenen Eigentums entsprechenden Entschädigung[5]. Außerdem muß diese sogleich (prompt) bezahlt werden und effektiv sein, also aus einer transferierbaren Geldsumme bestehen. Schließlich dürfen die Angehörigen bestimmter Staaten gegenüber denen anderer Staaten nicht diskriminiert werden[6].

VR erst durch die tatsächlich vorgenommene völkerrechtswidrige Enteignung. So richtig die US-panamanische Claims Commission am 27. Juni 1933 im Falle *Mariposa Development Co. v. Panama*, RIAA VI, S. 338 ff., 340: „... the expropriation of property must be held to have arisen when the possession of the owner is interfered with and not when the legislation is passed which makes the later deprivation of possession possible".

[4] In dem in der vorigen Anm. angeführten Spruch des Haager Schiedsgerichtshofes.

[5] So der StIGH im Falle der *Chorzów Factory (Merits)*, A 17, S. 47. Dieses Judikat bezieht sich zwar nur auf Entschädigungen bei Verletzungen des VR, es findet aber auch auf Enteignungen Anwendung, wenn das in Anm. 3 angeführte Urteil des Haager Schiedsgerichtshofes anerkannt wird. Strittig ist die Bewertung entzogener Auslandsanlagen: Während die Industriestaaten den Verkaufs- oder Verkehrswert, allenfalls den Wiederbeschaffungswert der Anlage als Grundlage heranziehen wollen, legen die Entwicklungsländer den Buchwert zugrunde. Vgl. zu dieser Problematik vor allem die in Anm. 1 angeführten Untersuchungen von *Lillich* und *Muller*.

[6] In diesem Sinne ein Statement des US-Präsidenten vom 19. Januar 1972, AJIL 66 (1972), S. 620 f.: „Under international law, the United States has a right to expect: — That any taking of American private property will be nondiscriminatory; — That it will be for a public purpose; and — That its citizens will receive prompt, adequate, and effective compensation from the expropriating country." Ebenso das US-State Department am 9. April 1976: „We recognize the right of any country to expropriate property ... so long as the taking is nondiscriminatory, for a public purpose and accompanied by prompt, adequate and effective compensation. In our view, these are the *minimum standards* under international law": US-Digest 1976, S. 443 (von uns hervorgehoben). Diese sog. „Hull Formula" wurde jüngst vom Rechtsberater des US State Department, D. R. *Robinson*, als Regel des VR bekräftigt: AJIL 78 (1984), S. 176 ff. Vgl. dazu aber *Schachter*, ebd., S. 121 ff. Auch der schweizerische Außenminister hielt am 7. Dezember 1981 eine prompte, effektive und adäquate Entschädigung für vr geboten: SchwJIR 38 (1982), S. 125 f.

Am 11. Juni 1973 beschlagnahmte die libysche Regierung die amerikanische Nelson Bunker Hunt Oil Company als „warning to the United States to end its recklessness and hostility to the Arab nation". Gegen diese „politische Repressalie" protestierte die US-Botschaft in Tripolis u. a. mit folgender Begründung: „Under established principles of international law, measures taken against the rights and property of foreign nationals which are arbitrary, discriminatory, or based on considerations of political reprisal and economic coercion are invalid and not entitled to recognition by other states" (AJIL 68 [1974], S. 108).

Solche politischen Druckmittel sind natürlich keine Repressalien i. S. des VR, da diese eine Völkerrechtsverletzung zur Voraussetzung haben (unten §§ 1342 ff.).

Die Pflicht zur Entschädigung für enteignete Objekte wird auch zwischen sozialistischen Staaten anerkannt[7].

§ 1218 Ein Staat darf unter den angegebenen Voraussetzungen nicht nur bewegliche und unbewegliche Sachen enteignen, die einzelnen Ausländern gehören, sondern auch auf seinem Gebiet gelegene Vermögensgegenstände ausländischer Kapitalgesellschaften[8], sowie ausländischen Aktionären zustehende Mitgliedschaftsrechte an Kapitalgesellschaften, sofern sie im Inland belegen sind[9]. Über diese „Belegenheit" besteht aber keine allgemein anerkannte Norm. Sie wird nach einer verbreiteten Auffassung am Sitz der Gesellschaft fingiert. Seidl-Hohenveldern hingegen lehrt, daß die vom Staat des Sitzes der Gesellschaft ohne Entschädigung eingezogenen Mitgliedschaftsrechte ausländischer Aktionäre außerhalb dieses Staates weiterbestehen, so daß die ausländischen Gerichte den in Rede stehenden Staatseingriff als Vernichtung der Rechtspersönlichkeit der Gesellschaft ansehen und das im Gerichtsstaat befindliche Vermögen der Gesellschaft abwickeln, oder die Auffassung vertreten können, daß die Gesellschaft außerhalb des Staates ihres Sitzes in ihrer früheren Zusammensetzung fortbesteht. Sie wird dann also gespalten[10]. Dieser Kritik an der erstgenannten Theorie ist zuzustimmen, da jeder Staat nach VR ausländische Vermögensrechte unter den allgemeinen Voraussetzungen nur enteignen darf, wenn sie sich im *Inland* befinden, was bei im Ausland domizilierten Ausländern keinesfalls zutrifft[11].

---

[7] *Drucker*, Compensation Treaties between Communist States, ICLQ 10 (1961), S. 238 ff., 904 ff.; *Seidl-Hohenveldern*, Communist Theories on Confiscation and Expropriation, AJCL 7 (1958), S. 541 ff.; *derselbe*, Zur Theorie der Verstaatlichung, Osteuropa-Recht 7 (1961), S. 82 ff. Die Volksrepublik China hat mit den USA am 11. Mai 1979 ein Entschädigungsabkommen abgeschlossen: ILM 18 (1979), S. 553 ff. Weitere Beispiele bei *Gattiker* (Anm. 1), S. 39, Anm. 56, und unten § 1221, Anm. 24.

[8] Darüber zuletzt *Böckstiegel / Koppensteiner*, Enteignungs- oder Nationalisierungsmaßnahmen gegen ausländische Kapitalgesellschaften, Berichte DGVR 13 (1974), S. 7 ff., und die dort angeführte Literatur.

[9] *Burth*, Die Enteignung von Aktionärsrechten durch ausländische Staaten (1963); *Seidl-Hohenveldern*, Zur Konfiskation von Aktionärsrechten, Rabels Zeitschrift 28 (1964), S. 192.

[10] *Seidl-Hohenveldern*, Völkerrecht (4. Aufl. 1980), S. 286 ff.; *derselbe*, Public International Law Influences on Conflict of Law Rules on Corporations, RdC 123 (1968 I), S. 1 ff.; *derselbe*, Spaltungstheorie und Bundesverfassungsgericht, JZ 1975, S. 80 ff.; *derselbe*, Die Rechtsbeständigkeit der Spaltungstheorie, RIW/AWD 1976, S. 133 ff. So auch der US Court of Appeals, 5th Cir., am 23. Mai 1972 im Fall *Maltina Corporation v. Cawy Bottling Co.*: „[I]t might be said that the dissolution is effective in the foreign state, but the corporation retains a *de facto* existence in the United States, beyond the territorial reach of the confiscating government": AJIL 67 (1973), S. 350.

[11] Zum Territorialitätsprinzip im internationalen Enteignungsrecht *Seidl-Hohenveldern*, Internationales Enteignungsrecht, in: Festschrift f. G. Kegel (1977), S. 265 ff.; *Kegel / Seidl-Hohenveldern*, Zum Territorialitätsprinzip im

§ 1219 Eine völkerrechtswidrige Enteignung liegt auch vor, wenn der Eigentümer durch physischen oder moralischen Zwang zum Verkauf unter dem Marktwert oder zur Einschränkung seiner Vertragsrechte veranlaßt wurde[12].

Keine Enteignung bilden dagegen die Erhebung von Steuern[13], sofern sie nicht konfiskatorischer Natur sind[14], ferner Vermögensstrafen[15], sowie Eigentumsbeschränkungen im öffentlichen Interesse, wie z. B. der Mieterschutz[16], und die Vernichtung von Objekten im öffentlichen Interesse, vor allem zur Sicherung der Volksgesundheit im Falle einer Seuche[17].

§ 1220 Eine besondere Stellung nehmen jene *Konzessionen* ein, die nicht auf Grund der Rechtsordnung eines Staates, sondern in der Form eines „internationalisierten" oder „quasi-völkerrechtlichen" Vertrages zwischen einem Staat und einem Ausländer, in der Regel einer ausländischen Gesellschaft, *inter pares* begründet werden[18]. Durch solche Verträge kann nämlich auf die Vornahme von Enteignungen verzichtet werden[19]. Die Resolution Nr. 1803 (XVII) der UN-Generalversammlung

internationalen öffentlichen Recht, in: Festschrift f. M. Ferid (1978), S. 233 ff. (mit umfangreichen Nachweisen); *Wölker*, Die Nationalisierungen in Frankreich 1981/82, ZaöRV 43 (1983), S. 282 ff.

[12] Näheres darüber bei *Vagts*, Coercion and Foreign Investment Rearrangements, AJIL 72 (1978), S. 17 ff. Darüber auch die US-Erklärung vom 30. Dezember 1975, unten § 1301, Anm. 27.

[13] So der Beschluß des (deutschen) Bundesverfassungsgerichts vom 14. Mai 1968, ArchVR 14 (1969/1970), S. 453 ff.

[14] Die US-Foreign Claims Settlement Commission hat exzessive Steuern in Jugoslawien und Bulgarien als Konfiskationen betrachtet, AJIL 55 (1961), S. 589; dazu *Albrecht*, The Taxation of Aliens under International Law, BYIL 29 (1952), S. 145 ff.

[15] Dazu die Entscheidung des Privy Council vom 20. April 1948 im Falle *Naim Molvan v. Attorney-General*, welche die strafweise Konfiskation eines Schiffes mit illegalen Einwanderern verfügt hat; ILQ 2 (1948), S. 262 ff.

[16] Oder Maßnahmen zum Schutz der Wälder (forestry conservation). So ein Schiedsgericht am 8. November 1972 im Fall der *International Bank v. Overseas Private Investment Corp.*, AJIL 67 (1973), S. 557 ff. Im gleichen Sinne auch Art. 1 Abs. 2 des ersten Zusatzprotokolls vom 20. März 1952 zur Europäischen Menschenrechtskonvention.

[17] So die Botschaft des Schweizer Bundesrates vom 7. Oktober 1949, SchwJIR 7 (1950), S. 139.

[18] Darüber oben § 4.

[19] So jüngst der Schiedsspruch vom 24. März 1982 im Fall *American Independent Oil Company (Aminoil) v. Government of the State of Kuwait*, ILM 21 (1982), S. 976 ff., 1021 f.: „... it has been claimed that permanent sovereignty over natural resources has become an imperative rule of *jus cogens* prohibiting States from affording, by contract or treaty, guarantees of any kind against the exercise of the public authority in regard to all matters relating to natural riches. This contention lacks all foundation. ... [I]t would not be possible ... to deduce the existence of a rule of international law prohibiting a State from undertaking not to proceed to a nationalisation during a limited period of time." Da die „stabilization clause" in der dem

vom 14. Dezember 1962 über die „Permanent Sovereignty Over Natural Resources“ stellt diese Abkommen vr Verträgen gleich[20].

In diesem Sinne entschied der Schiedsrichter R.-J. Dupuy am 19. Januar 1977 im Falle *Texaco / Calasiatic v. Libya,* dem die entschädigungslose Verstaatlichung internationalisierter Erdölkonzessionen zugrundelag, daß „in respect of the international law of contracts, a nationalization cannot prevail over an internationalized contract, containing stabilization clauses, entered into between a State and a foreign private company“[21]. Er stellte demgemäß die Völkerrechtswidrigkeit der libyschen Nationalisierungsmaßnahmen fest und verpflichtete Libyen zur Wiederherstellung des früheren Zustandes *(restitutio in integrum).* In zwei weiteren Schiedssprüchen im Gefolge der libyschen Enteignungen und Nationalisierungen wurde diese Form der Wiedergutmachung jedoch abgelehnt: Der Einzelschiedsrichter Lagergren betrachtete in seinem Urteil vom 10. Oktober 1973 im Fall *British Petroleum Exploration Co. (Libya) Ltd. v. The Government of the Libyan Arab Republic*[22] die Konzessionsverträge durch eine völkerrechtswidrige, weil diskriminierende, Enteignungsmaßnahme vielmehr als beendet und verpflichtete Libyen zum Schadensersatz, während der Schiedsspruch vom 12. April 1977 im Falle *Libyan American Oil Co. v. The Government of the Libyan Arab Republic* davon ausging, daß

Fall zugrundeliegenden Konzession derartige Eingriffe aber nicht ausdrücklich ausschloß und eine Einschränkung des staatlichen Enteignungsrechts nach Auffassung des Schiedsgerichts „would be a particularly serious undertaking which would have to be expressly stipulated for“, könne dieser Klausel ein dahingehender Verzicht Kuwaits nicht entnommen werden (S. 1023). Dazu *Higgins* (Anm. 1), S. 301 ff.; *Burdeau,* Droit international et Contrats d'Etats — La sentence Aminoil contre Koweït du 24 mars 1982, AFDI 28 (1982), S. 454 ff.; *Kahn,* Contrats d'Etat et nationalisation, JDI 109 (1982), S. 844 ff.; *Tesón,* State Contracts and Oil Expropriations: The Aminoil-Kuwait Arbitration, VJIL 24 (1983/84), S. 323 ff.; *Tschanz,* The Contributions of the Aminoil Award to the Law of State Contracts, The International Lawyer 18 (1984), S. 245 ff.

[20] AJIL 57 (1963), S. 712: „Foreign investment agreements freely entered into *by or between* sovereign States shall be observed in good faith“ (von uns hervorgehoben).

[21] *Texaco Overseas Petroleum Co./California Asiatic Oil Co. v. The Government of the Libyan Arab Republic,* ILR 53 (1979), S. 389 ff. (Zitat S. 479). Dazu *Lalive,* Un grand arbitrage pétrolier entre un Gouvernement et deux sociétés privées étrangères, JDI 104 (1977), S. 319 ff.; *Cohen Jonathan,* L'arbitrage Texaco-Calasiatic contre Gouvernement libyen, AFDI 23 (1977), S. 452 ff.; *Gruss,* Enteignung und Aufhebung von Erdölkonzessionen: Der Schiedsspruch im libyschen Erdölstreit, ZaöRV 39 (1979), S. 782 ff.; *Fatouros,* International Law and the Internationalized Contract, AJIL 74 (1980), S. 134 ff. Zur Beurteilung der Stabilisierungsklausel im *Aminoil*-Schiedsspruch siehe Anm. 19. Vgl. auch die Separate Opinion von Sir Gerald *Fitzmaurice* zu dieser Entscheidung, ILM 21 (1982), S. 1043 ff.

[22] ILR 53 (1979), S. 297 ff. Dazu *Rambaud,* Arbitrage, concession et nationalisation: Quelques observations sur la sentence B. P., AFDI 27 (1981), S. 222 ff.

die Nationalisierungsmaßnahmen als solche nicht widerrechtlich gewesen seien, jedoch eine Entschädigungspflicht Libyens für die vorzeitige Beendigung der Konzessionen entstehen ließen[23]. In allen drei Fällen entschädigte Libyen schließlich die betroffenen Gesellschaften.

§ 1221 Konzessionen wie auch alle anderen Formen von Auslandsinvestitionen können aber noch wirksamer durch Investitionsschutzabkommen zwischen kapitalexportierenden und -importierenden Staaten geschützt werden, da in einem solchen Fall *jeder* Verstoß gegen den Vertrag eine Verletzung des VR bildet, während sonst der Heimatstaat der geschädigten Person nur bei einer Rechtsverweigerung (déni de justice) in Ausübung diplomatischen Schutzes eingreifen darf[24].

Von diesen bilateralen Verträgen sind die Bemühungen um einen vr Schutz von Auslandsinvestitionen durch *multilaterale* Abkommen zu unterscheiden[25]. Während frühere Entwürfe in dieser Richtung auch

---

[23] ILR 62 (1982), S. 140 ff. Kommentierend *Rambaud*, Un arbitrage pétrolier: La sentence Liamco, AFDI 26 (1980), S. 274 ff.
Zu den beschriebenen Schiedsverfahren insgesamt vgl. noch *Stern*, Trois arbitrages, un même problème, trois solutions: les nationalisations pétrolières libyennes devant l'arbitrage international, Revue de l'arbitrage 1980, S. 3 ff.; *von Mehren / Kourides*, International Arbitrations Between States and Foreign Private Parties: The Libyan Nationalization Cases, AJIL 75 (1981), S. 476 ff.; *White*, Expropriation of the Libyan Oil Concessions — Two Conflicting International Arbitrations, ICLQ 30 (1981), S. 1 ff.; *Catranis*, Probleme der Nationalisierung ausländischer Unternehmen vor internationalen Schiedsgerichten, RIW 1982, S. 19 ff.; *Higgins* (Anm. 1), S. 298 ff.; *Greenwood*, State Contracts in International Law — The Libyan Oil Arbitrations, BYIL 53 (1982), S. 27 ff.

[24] *Seidl-Hohenveldern*, Völkerrecht (4. Aufl. 1980), S. 314; *Alenfeld*, Die Investitionsförderungsverträge der Bundesrepublik Deutschland (1971); *Langer*, Rechtsschutz für Kapitalanlagen in Entwicklungsländern (1973). Die Bundesrepublik Deutschland hat inzwischen mit rund 50 Entwicklungsländern derartige Abkommen abgeschlossen, darunter am 7. Oktober 1983 ein Abkommen mit der *Volksrepublik China*. Dieser Vertrag, der z. Z. der Drucklegung unseres Buches noch nicht in Kraft getreten war, gestattet Enteignungen nur zum allgemeinen Wohl, ohne Diskriminierung und gegen eine Entschädigung, die dem Wert der enteigneten Sache entsprechen muß. Wird über die Höhe der Entschädigung innerhalb von 6 Monaten kein Einvernehmen erzielt, so wird sie auf Verlangen des Investors entweder durch die innerstaatlichen Gerichte oder durch ein *ad hoc* zu bildendes Schiedsgericht nachgeprüft. Die Entschädigung ist ohne ungebührliche Verzögerung zu leisten. Sie muß frei und ohne ungebührliche Verzögerung transferierbar und tatsächlich verwertbar sein. Eine analoge Entschädigungspflicht gilt für enteignungsgleiche Eingriffe. Neben der bereits erwähnten Investor-Schiedsgerichtsbarkeit sieht der Vertrag auch eine schiedsgerichtliche Lösung von zwischenstaatlichen Meinungsverschiedenheiten über seine Auslegung und Anwendung vor. Vgl. *Burkhardt*, Das deutsch-chinesische Investitionsschutzabkommen, RIW 30 (1984), S. 28 ff.
In solchen Investitionsschutzverträgen können ferner privatrechtliche Vereinbarungen zwischen Investor und Anlagestaat durch Schaffung einer vr „Parallelverpflichtung“ *abgeschirmt* werden; vgl. z. B. *Alenfeld* (oben), S. 96 ff.

[25] Dazu *Schwarzenberger*, Der Schutz von Auslandsinvestitionen. Multilaterale Kodifikationsversuche (1969).

materielle Regeln über die Behandlung von Auslandseigentum festzuschreiben versuchten und deshalb von den meisten kapitalimportierenden Staaten abgelehnt wurden, konzentriert sich die Weltbankkonvention zur Beilegung von Investitionsstreitigkeiten zwischen Staaten und Angehörigen anderer Staaten vom 18. März 1965, die 1966 in Kraft getreten ist und Ende 1983 81 Vertragsstaaten aufwies, auf das Zurverfügungstellen von (Vergleichs- und Schiedsgerichts-)Verfahren[26].

§ 1222 Unter einer *Nationalisierung* versteht man die Verstaatlichung oder Sozialisierung aller oder einzelner Produktionszweige einer Volkswirtschaft[27].

Es war lange umstritten, ob die vr Normen über die Enteignung auch auf Nationalisierungen Anwendung finden. Dagegen konnte man einwenden, daß diese Normen zur Zeit ihrer Herausbildung nur Eigentumsentziehungen *einzelner* Objekte betrafen, die an der allgemeinen Struktur einer Volkswirtschaft nichts geändert haben, während Nationalisierungen eine vollständige oder teilweise Änderung dieser Struktur herbeiführen sollen. Da nun allgemein anerkannt ist, daß jeder Staat nach VR befugt ist, seine Wirtschaftsordnung nach seinem Ermessen zu gestalten[28], würden Nationalisierungen in Staaten, die umfangreiche fremde Kapitalinvestitionen aufweisen, unmöglich werden, wenn der nationalisierende Staat verpflichtet wäre, eine sofortige und volle Entschädigung an die ausländischen Eigentümer zu bezahlen, da er bei einer solchen wirtschaftlichen Umstellung diese Mittel nicht oder kaum aufbringen könnte. Daher zeigt uns die Staatenpraxis nach dem Zweiten Weltkrieg, daß verschiedene Staaten, die Nationalisierungen vorgenommen haben, darunter auch die sozialistischen Staaten Osteuropas, mit den Heimatstaaten der früheren ausländischen Eigentümer *Globalentschädigungsabkommen* (lump sum agreements) abgeschlossen haben, in denen sich die nationalisierenden Staaten verpflichteten, eine mit jenen Staaten ausgehandelte Globalsumme in Höhe eines Bruchteils des Wertes der entzogenen Güter in mehreren Raten, aber in konvertierbarer Währung, zu bezahlen, während die Verteilung dieser Summe auf die ehemaligen Eigentümer deren Heimatstaaten überlassen wurde[29].

---

[26] Vgl. § 429.

[27] Vgl. dazu das in Anm. 1 genannte Schrifttum.

[28] So schon der StIGH im Falle *Panevezys-Saldutiskis Railway*, A/B 76, S. 18: „In principle, the property rights and the contractual rights of individuals depend in every State on *municipal law*" (von uns hervorgehoben). Art. 1 der beiden UN-Menschenrechtspakte vom 19. Dezember 1966 anerkennt das Recht aller Völker, ihren politischen Status frei zu bestimmen und ihre wirtschaftliche, soziale und kulturelle Entwicklung frei zu verfolgen, sowie über ihre Naturschätze und Ressourcen innerhalb jener Verpflichtungen frei zu verfügen, die sich aus der wirtschaftlichen Zusammenarbeit ergeben, „based upon the principles of mutual benefit and international law".

Seidl-Hohenveldern betrachtet den Inhalt dieser Abkommen als kompromißhafte Schuldnachlässe der Gläubigerstaaten[30]. Da es sich dabei aber um eine allgemeine Praxis handelt, kann daraus u. E. jedenfalls der Schluß gezogen werden, daß bei Nationalisierungen in der Regel keine „prompte" Zahlung der Entschädigungssumme verlangt werden kann. Was hingegen deren Höhe anlangt, so kann nur gesagt werden, daß ein billiger Ausgleich zwischen dem Wert der entzogenen Güter und der Leistungsfähigkeit des nationalisierenden Staates gesucht werden muß. Eine klare generelle Norm kann darüber nicht ermittelt werden, da die Umstände, unter denen solche Nationalisierungen erfolgen, zu verschieden sind[31]. Sicher hat sich jedoch die Auffassung durchgesetzt, daß der nationalisierende Staat ausländische Werte nicht konfiszieren darf, sondern eine „substantielle" Entschädigung (a substantial proportion of the value of the property nationalized) für die entzogenen Güter zu leisten hat[32]. Auch die oben erwähnte, am 14. Dezember 1962 mit 87 gegen 2 Stimmen bei 12 Enthaltungen angenommene Resolution 1803 (XVII) der UN-Generalversammlung verlangt in einem solchen Falle eine „*appropriate* compensation, in accordance with the rules in force in the State taking such measures in the exercise of its sovereignty and *in accordance with international law*"[33].

§ 1223 Die von der Generalversammlung am 12. Dezember 1974 angenommene „Charter of Economic Rights and Duties of States" (Res. 3281 [XXIX]) dagegen[34] verpflichtet in ihrem Art. 2 (2) (c) den nationalisie-

---

29 Vgl. z. B. das US-peruanische Agreement on the Settlement of Certain Claims vom 19. Februar 1974, AJIL 68 (1974), S. 583 ff.; oder den tschechisch-österreichischen Vermögensvertrag vom 19. Dezember 1974, österr. BGBl. 451/1975, wiedergegeben auch in der ÖZA 15 (1975), S. 234 ff. Dazu *Seidl-Hohenveldern*, Austrian Practice on Lump Sum Compensation by Treaty, AJIL 70 (1976), S. 763 ff. Zur schweizerischen Praxis vgl. SchwJIR 36 (1980), S. 182 ff. Den besten Überblick bieten *Lillich / Weston* (Hrsg.), International Claims: Their Settlement by Lump Sum Agreements (2 Bde. 1975).

30 (Anm. 24), S. 290 f.

31 Ebenso der *Aminoil*-Schiedsspruch 1982, ILM 21 (1982), S. 1033.

32 *Amerasinghe* (§ 1214, Anm. 9), S. 157. Ähnlich vorher schon *De Nova*, Völkerrechtliche Betrachtungen über Konfiskation und Enteignung, FW 52 (1953/55), S. 116 ff. Auch die Corte d'appello Genova anerkennt im Falle *Petrolifera Muntenia c. Child e altri*, daß zwar konfiskatorische Nationalisierungen völkerrechtswidrig sind, aber kein Anspruch auf eine volle und prompte Entschädigung besteht, RDI 50 (1967), S. 769. Das Urteil des Landgerichts Hamburg vom 22. Januar 1973 im Falle SMETSA *(Chilenisches Kupfer)* betrachtet eine „angemessene" Entschädigung als vr geboten: Rabels Zeitschrift 37 (1973), S. 579 ff. (582). Gegen bloß nominelle Entschädigungen und Verrechnung auf unbewiesene Gegenforderungen *Seidl-Hohenveldern*, Internationales Enteignungsrecht (oben Anm. 11), S. 277.

33 AJIL 57 (1963), S. 710 ff.

34 AJIL 69 (1975), S. 484 ff. Dazu die in Anm. 1 angeführte, seit der Verabschiedung der „Charta" erschienene, sowie die oben § 506, Anm. 2, genannte Literatur.

renden Staat zwar ebenfalls zur Leistung einer „appropriate compensation“, die jedoch mangels einer anderen Vereinbarung im Streitfalle „under the domestic law of the nationalizing State and by its tribunals“ zu bestimmen sei[35]. Auch die auf der (6.) Sondertagung der UN-Generalversammlung über Rohstoff- und Entwicklungsprobleme am 1. Mai 1974 ohne förmliche Abstimmung mit Res. 3201 (S - VI) angenommene „Declaration on the Establishment of a New International Economic Order“ spricht von der „full permanent sovereignty of every State over its natural resources and all economic activities“, die das Recht zur Verstaatlichung und Eigentumsübertragung an die eigenen Staatsangehörigen einschließe, und führt weiter aus: „No State may be subjected to economic, political or any other type of coercion to prevent the free and full exercise of this inalienable right[36].“

Gegenüber den in diesen Generalversammlungsbeschlüssen erhobenen Rechtsbehauptungen, die die Leistung einer Entschädigung bei Nationalisierungen praktisch in das Ermessen des nationalisierenden Staates stellen wollen, ist zu betonen, daß eine dahingehende Entwicklung des VR schon durch die Entstehungsgeschichte der Resolutionen ausgeschlossen wird. So wurde 1973 die den umstrittenen Art. 2 der „Charta der wirtschaftlichen Rechte und Pflichten der Staaten“ vorwegnehmende Resolution 3171 (XXVIII) zwar mit 108 gegen eine Stimme bei 16 Enthaltungen verabschiedet, der entscheidende Passus jedoch einer getrennten Abstimmung unterworfen, bei der sich 11 Staaten (darunter die wichtigsten Industriestaaten) gegen die Änderungen der Grundsätze der Res. 1803 (XVII) wandten und 28 Stimmenthaltungen zu verzeichnen waren. Aber auch die Enteignungsregelung in Art. 2 der ein Jahr später angenommenen „Charta“ war Gegenstand einer separaten Abstimmung, bei der die USA, Kanada, die (damaligen) 9 Mitgliedstaaten der EG, Österreich, Norwegen, Schweden, Spanien und Japan dagegen stimmten und 6 weitere Staaten sich der Stimme enthielten. Gegen die Charta als ganze stimmten 6 Industriestaaten (bei 10 Stimmenthaltungen). Die Res. 3201 (S - VI) wurde zwar im Consensus-Verfahren[37] verabschiedet, doch gaben die westlichen Industriestaaten dazu Erklärungen und Vorbehalte ab, in denen sie an ihrer Rechtsauffassung festhielten[38]. Diese Staaten haben sich also der Aufgabe der Kompromißformel in Res. 1803 (XVII) geschlossen und

---

[35] Vgl. *Weston*, The Charter of Economic Rights and Duties of States and the Deprivation of Foreign-Owned Wealth, AJIL 75 (1981), S. 437 ff. Wie Art. 2 schon vorher die Resolution 3171 (XXVIII) vom 17. Dezember 1973, AJIL 68 (1974), S. 381 ff.

[36] AJIL 68 (1974), S. 799 f.

[37] Vgl. oben § 122.

[38] Vgl. z. B. die Erklärung des US-Delegierten zu dieser Deklaration, ILM 13 (1974), S. 746 f.

beharrlich widersetzt und konnten so an die von der Generalversammlungsmehrheit neuerdings proklamierten Grundsätze auch dann nicht gebunden werden, wenn diese im Begriffe wären, sich zu VGR zu entwickeln[39]. In der Staatenpraxis haben sich diese Prinzipien aber auch nicht durchgesetzt, da die Staaten nach wie vor eine angemessene Entschädigung für enteignete oder nationalisierte Vermögenswerte ihrer Angehörigen fordern und eine solche in der Regel auch erreichen.

§ 1224 Schließlich gilt auch bei Nationalisierungen der Grundsatz der Nichtdiskriminierung der Ausländer[40]. Dagegen sprach sich zwar das Oberlandesgericht Bremen am 21. August 1959 im *Bremer Tabak*-Fall, dem die indonesische Nationalisierung niederländischer Tabakplantagen zugrunde lag[41], mit der Begründung aus, „daß die Einstellung des ehemaligen Kolonialvolkes zu seinem ehemaligen Kolonialherrn naturgemäß eine andere als zu anderen Ausländern" sei, da die Niederländer die Erzeugung und den Betrieb der Unternehmungen „weltwirtschaftlich beherrschten"[42]. Dieser Rechtsansicht wurde aber weder von der Judikatur noch der Literatur beigepflichtet. Es ist auch anzunehmen, daß die ehemaligen Kolonialvölker den Grundsatz der Nicht-

---

[39] So auch *Brownlie*, Principles of Public International Law (3. Aufl. 1979), S. 542 f. (der eine dahingehende Rechtsentwicklung anerkennt). Vgl. oben §§ 558, 637.
Zu den Bedingungen, unter denen Generalversammlungsbeschlüsse das VR weiterentwickeln können, siehe ausführlich oben §§ 634 ff. Auch der Schiedsrichter R.-J. *Dupuy* zog im Falle *Texaco/Calasiatic v. Libya* (oben § 1220) aus dem im Text beschriebenen Sachverhalt den Schluß, daß nur die Res. 1803 (XVII) dem geltenden VR entspreche, während es sich bei der in den späteren Resolutionen verwendeten Formel nur um einen Vorschlag *de lege ferenda* handle, „which even appears *contra legem* in the eyes of many developed countries": ILR 53, S. 493. Ähnlich der *Aminoil*-Schiedsspruch (Anm. 19), S. 1032 f. Zum ganzen ausführlich *Higgins* (Anm. 1), S. 285 ff., und die oben, § 1217, Anm. 6, genannten jüngsten Stellungnahmen. Im *Aminoil*-Schiedsspruch wird den von den OPEC-Mitgliedstaaten im Gefolge der Ölkrise 1973 mit den Erdölkonzessionären ausgehandelten Änderungs- und Entschädigungsabkommen ausdrücklich die Fähigkeit, als Präzedenzfälle für die Entwicklung entsprechenden VGR zu dienen, abgesprochen, weil dabei massiver politischer und wirtschaftlicher Druck eingesetzt worden sei: „All this led the major transnational companies to accept *de facto* what the exporting countries demanded. It can be maintained that such acceptance was wise — but it would be somewhat rash to suggest that it had been inspired by juridical considerations: the *opinio juris* seems a stranger to consents of that type ... the economic pressures that lay at the root of them had nothing to do with law, and do not enable them to be regarded as components of the formation of a general legal rule"; ILM 21 (1982), S. 1036 f.

[40] Vgl. Anm. 6. In diesem Sinne auch das Urteil des Landgerichts Hamburg vom 22. Januar 1973 im Falle SMETSA *(Chilenischer Kupfer)*, Rabels Zeitschrift 37 (1973), S. 582 f.

[41] ArchVR 9 (1961/1962), S. 318 ff.

[42] Dortselbst, S. 359 f. Über das Verhältnis einer früheren Kolonie zu den von ihrem früheren Kolonialherrn begründeten Privatrechten vgl. im Abschnitt über die Staatennachfolge, oben §§ 997, 1004, 1012 f.

diskriminierung für die *nach* Erlangung ihrer Souveränität begründeten Rechte der Ausländer anerkennen werden, da neue Kapitalinvestitionen sonst kaum erwartet werden können.

E. Auswirkungen von Personal- und Territorialhoheit auf das Fremdenrecht

§ 1225 Auch Ausländer sind grundsätzlich der Territorialhoheit des Aufenthaltsstaates unterworfen. Eine Ausnahme besteht nur für jene Personen, denen die Vorrechte der Immunität zustehen. Doch gelten auch für sie (von einzelnen Ausnahmen abgesehen) die Gesetze des Staates, in dem sie ihren Amtssitz haben, oder in dem sie sich in amtlicher Eigenschaft aufhalten. Nur sind alle ihre Handlungen oder ihre Amtshandlungen von der Gerichtsbarkeit und Zwangsgewalt dieses Staates *grundsätzlich* ausgenommen[1]. Selbst die anderen Ausländer sind der Rechtsordnung des Aufenthaltsstaates nicht vollständig unterworfen, da alle sich im Ausland aufhaltenden Staatsangehörigen der *Personalhoheit* ihres Heimatstaates untergeordnet bleiben. Dieser kann sie daher dazu verpflichten, bestimmte Handlungen zu setzen oder zu unterlassen, die durch die Gesetze des Aufenthaltsstaates nicht verboten sind. Er darf ihnen jedoch nicht auftragen, die Ordnung des Territorialstaates zu stören.

Der Heimatstaat kann auch, mangels entgegenstehender Vertragspflichten[2], seine Angehörigen aus dem Ausland zum Militärdienst einberufen, und der Territorialstaat darf sie nicht hindern, diesem Befehle Folge zu leisten. Er darf sie auch nicht zu seinem Militärdienst verpflichten[3]. Der Heimatstaat kann selbst in fremden Häfen die seinen Angehörigen gehörenden Schiffe mit Zustimmung des Territorialstaa-

---

[1] Oben §§ 900 ff.

[2] Darüber *Makarov*, Bancroft-Verträge, WV I, S. 151 ff.; sowie der Bericht des Schweizer Bundesrates von 1968 über die Militärpflicht von Schweizern in den USA, SchwJIR 26 (1969/70), S. 148 f.

[3] Einige Staaten vertreten jedoch die Auffassung, daß ein bereits domizilierter Ausländer vor die Wahl gestellt werden kann, den Wehrdienst zu leisten oder das Gastland zu verlassen. Darüber *Jaenicke / Doehring*, Die Wehrpflicht von Ausländern, ZaöRV 16 (1956), S. 523 ff.; *Doehring*, Wehrpflicht von Ausländern, WV III, S. 812 ff.; *Karamanoukian*, Les étrangers et le service militaire (1978). Das deutsche Wehrgesetz vom 21. Juli 1956 läßt eine Heranziehung zum Wehrdienst jener Ausländer zu, deren Heimatstaat Deutsche dazu verpflichtet. Über die US-Regelung seit 1971 vgl. RGDIP 77 (1973), S. 246. Unbestritten ist, daß Ausländer zu Dienstleistungen zur Bekämpfung örtlicher Gefahren herangezogen werden können. So z. B. der High Court of Australia in den Fällen *Polites v. The Commonwealth and Another* und *Kandiliotes v. The Commonwealth*, AD 1943 - 1945, No. 61; ebenso Art. 3 des panamanischen Abkommens vom 20. Februar 1928 über die Rechtsstellung der Ausländer.

tes requirieren[4], da die sich aus der Personalhoheit ergebenden Pflichten der Staatsangehörigen bloß durch die Territorialhoheit des Aufenthaltsstaates begrenzt werden. Jeder Staat könnte daher mit Zustimmung des Territorialstaates dort auch einen seiner Angehörigen verhaften.

§ 1226 Der im Auslande fortbestehenden Bindung (allegiance) der Staatsangehörigen an ihren Heimatstaat entspricht dessen Recht, diese Personen im und gegen den Aufenthaltsstaat zu *schützen*[5]. Die Institution des diplomatischen Schutzes ist zwar von zahlreichen Stimmen vor allem aus den Entwicklungsländern heftig angegriffen worden[6], ist aber nach wie vor Bestandteil des universellen VR[7]. Der Heimatstaat kann aber auch auf Forderungen rechtswirksam verzichten, die seinen Angehörigen gegen andere Staaten zustehen[8].

Das *Schutzrecht* des Heimatstaates besteht aus zwei Gruppen, die klar unterschieden werden müssen[9].

§ 1227 Zur ersten Gruppe gehört das Recht jedes Staates, seine Angehörigen im Ausland durch seine diplomatischen und konsularischen Organe zu schützen. Diese Befugnis wird durch die Wiener Konventionen über die diplomatischen Beziehungen vom 18. April 1961 (in Kraft getreten am 24. April 1964) und über die konsularischen Beziehungen vom 24. April 1963 (in Kraft getreten am 19. März 1967) bestätigt. Im letztgenannten Abkommen findet sich darüber eine ausführliche Rege-

---

[4] So der Supreme Court New York am 13. November 1942 im Falle *Fields v. Predionica I Tkanica*, AJIL 40 (1946), S. 197 ff.

[5] Grundlegend *Borchard*, The Diplomatic Protection of Citizens Abroad (1915); *Dunn*, The Protection of Nationals (1932); ferner *Parry*, Some Considerations upon the Protection of Individuals in International Law, RdC 90 (1956 II), S. 653 ff.; *Castrén*, Some Considerations Upon the Conception, Development and Importance of Diplomatic Protection, JIR 11 (1962), S. 37 ff.; *Lillich* (§ 1209, Anm. 3); *Gormley*, The Employment of Diplomatic Protection as an Alternative Remedy to Individual Action, Indian Year Book of International Affairs 1980 I, S. 46 ff.

[6] Vgl. *Guha Roy*, Is the Law of Responsibility of States for Injuries to Aliens a Part of Universal International Law?, AJIL 55 (1961), S. 863 ff., und die weiteren bei *Lillich* (letzte Anm.), S. 360 ff., genannten Stimmen.

[7] Dies wird nicht nur vom IGH im *Barcelona Traction* Case (1970; s. unten § 1304) anerkannt, sondern auch durch die allgemeine Praxis der Staaten belegt. So weist *Lillich* (§ 1209, Anm. 3), S. 366, darauf hin, daß diplomatischer Schutz in zahlreichen Staatsverfassungen (darunter derjenigen der Vereinigten Arabischen Emirate, Jugoslawiens und der Sowjetunion) verbürgt wird und entsprechende Reklamationen etwa auch von der Volksrepublik China erhoben worden sind.

[8] So der deutsche Bundesgerichtshof am 22. Juni 1960, ZaöRV 28 (1968), S. 98 (unter ausdrücklicher Berufung auf die Personalhoheit).

[9] *Verdross*, Ricorsi internazionali e protezione diplomatica per la realizzazione di diritti dei privati, Annuario di diritto internazionale 1965, S. 1 ff. Auf diese beiden verschiedenen Gruppen weist auch das schweizerische Politische Departement am 26. Januar 1978 hin: SchwJIR 34 (1978), S. 111 f.

lung, die an anderer Stelle besprochen worden ist[10]. Hier sei nur darauf hingewiesen, daß dieser Schutz die Aufgabe hat, den in Rede stehenden Personen zu *helfen, ihre* Rechte, die sie im Aufenthaltsstaat aufgrund dessen Rechtsordnung oder aufgrund des VR besitzen, ausüben und durchsetzen zu können. Ob dieses Schutzrecht noch das vor der UN-Charta anerkannte Recht des Heimatstaates umfaßt, seine Angehörigen auf ausländischem Gebiet mit Waffengewalt zu schützen, ist in anderem Zusammenhang zu untersuchen[11].

§ 1228 Bei der zweiten Gruppe handelt es sich im Gegensatz dazu um das Recht des *Heimatstaates,* eine Wiedergutmachung vom Territorialstaat für Schäden zu fordern, die *er* durch die völkerrechtswidrige Behandlung eines seiner Angehörigen im Territorialstaat erlitten hat. Dieses Recht kann daher erst *nach* Erschöpfung des innerstaatlichen Rechtsweges geltend gemacht werden[12].

Während also das erstgenannte Schutzrecht das Ziel verfolgt, allfällige Rechtsverletzungen gegenüber *ausländischen Personen* durch diplomatische oder konsularische Hilfe zu verhindern oder zu stoppen, ist das zweite darauf gerichtet, Schadensersatz für ein bereits vollendetes, im innerstaatlichen Recht nicht mehr zu behebendes vr Unrecht zu erwirken, das dem *Heimatstaat* in der Person eines seiner Angehörigen zugefügt wurde. Daher ist es nach VR seinem Ermessen überlassen, darüber zu befinden, ob ein solcher Anspruch erhoben werden kann und soll[13].

§ 1229 Das Eidgenössische Politische Departement vertritt in einer Note vom 26. Januar 1978 die Auffassung, daß ein Staat *Flüchtlinge,* die er aufgenommen hat (und die daher von ihrem früheren Heimatstaat

---

[10] Oben § 921.

[11] Vgl. §§ 473, 1338.

[12] Unten §§ 1306 ff.

[13] Zur Frage, ob der Schutzbegehrende nach dem internen Recht seines Heimatstaates einen Anspruch auf Schutzgewährung hat, vgl. *Katzarov,* Hat der Bürger ein Recht auf diplomatischen Schutz?, ÖZöffR 8 (1957/58), S. 434 ff. Zur Rechtslage in der Bundesrepublik Deutschland *Geck,* Der Anspruch des Staatsbürgers auf Schutz gegenüber dem Ausland nach deutschem Recht, ZaöRV 17 (1956/57), S. 476 ff.; *Doehring,* Die Pflicht des Staates zur Gewährung diplomatischen Schutzes (1959); *Ress,* Mangelhafte diplomatische Protektion und Staatshaftung, ZaöRV 32 (1972), S. 420 ff.; *Klein,* Diplomatischer Schutz und grundrechtliche Schutzpflicht, DÖV 1977, S. 704 ff.; *Treviranus,* Nochmals: Diplomatischer Schutz und grundrechtliche Schutzpflicht, ebd. 1979, S. 35 ff., sowie die Entscheidungen des Bundesverfassungsgerichts vom 16. Dezember 1980 (BVerfGE 55, 349) und des Bundesverwaltungsgerichts vom 24. Februar 1981 (JZ 1981, S. 390 ff.) im Fall *Rudolf Hess.* Zur Rechtslage in Österreich vgl. das in der ÖZöffRVR 27 (1976), S. 357 ff., wiedergegebene, für das Bundesministerium für Auswärtige Angelegenheiten erstellte Gutachten. Zur Situation in der Schweiz eine Erklärung des Politischen Departements, wiedergegeben im SchwJIR 7 (1950), S. 184 ff., und *Müller / Wildhaber,* Praxis des Völkerrechts (2. Aufl. 1982), S. 349, 358 ff., 380 ff.

nicht mehr geschützt werden), anläßlich eines vorübergehenden Aufenthaltes im Ausland gegenüber diesem Staat konsularisch schützen darf, sofern der Aufenthaltsstaat diesen Schutz nicht ablehnt[14]. Art. 5 lit. m der Wiener Konvention über die konsularischen Beziehungen (§§ 918 ff.) ermächtigt in diesem Sinne die Konsuln, auch jene ihnen „vom Entsendestaat zugewiesenen Aufgaben wahrzunehmen, die nicht durch Gesetze und sonstige Rechtsvorschriften des Empfangsstaates verboten sind oder gegen die der Empfangsstaat keinen Einspruch erhebt ...".

F. Die Auslieferung

§ 1230 Darunter versteht man die amtliche Überstellung einer Person aus der Strafgewalt eines Staates in die Strafgewalt eines anderen Staates zum Zweck der Strafverfolgung oder -vollstreckung[1].

Nach allgemeinem VR (VGR) besteht weder ein Anspruch eines Staates auf Auslieferung noch — mit Ausnahme der allgemein und zwingend geltenden Humanitätsschranke[2] — ein Hindernis dagegen. Das Auslieferungsrecht ist vielmehr (neben seiner innerstaatlichen Normierung) durch zahlreiche bilaterale *Verträge* geregelt[3], deren Inhalt sich allerdings stark gleicht.

§ 1231 Die meisten dieser Verträge enthalten folgende *Grundsätze:*

1. Auslieferung nur wegen *schwerer* Delikte, die in *beiden* Staaten strafbar und noch verfolgbar sind;
2. *Keine* Auslieferung eigener *Staatsangehöriger*[4] und wegen *politischer* Straftaten[5];

---

[14] SchwJIR 34 (1978), S. 113 ff. Noch weiter geht Art. 3 a der Resolution des Institut de Droit international vom 10. September 1965, der einen Staat sogar zur Erhebung einer vr Reklamation ermächtigt, „lorsque cet individu est ... une personne que cet Etat est autorisé, en vertu du droit international, à assimiler à ses propres nationaux aux fins de la protection diplomatique": Annuaire IDI 1965 II, S. 261.

[1] *Grützner*, Auslieferung, WV I, S. 115 ff. (mit reichhaltigen Literaturhinweisen); *Shearer*, Extradition in International Law (1971); *Bassiouni*, International Extradition and World Public Order (1974); Harvard Research in International Law: Extradition, AJIL 29 (1935), Supplement, S. 15 ff. (mit Bibliographie).

[2] Dazu §§ 97, 524 ff., 616, 1234 ff. Ferner *Frowein / Kühner*, Drohende Folterung als Asylgrund und Grenze für Auslieferung und Ausweisung, ZaöRV 43 (1983), S. 537 ff.

[3] Vgl. auch oben § 580. Ein *multi*lateraler Vertrag ist im Rahmen des Europarates in Gestalt des Europäischen Auslieferungsübereinkommens vom 13. Dezember 1957 (BGBl. 1964 II, S. 1369) zustandegekommen.

[4] Diese Einschränkung gilt nicht im anglo-amerikanischen Rechtsbereich, vgl. *O'Connell*, International Law (1965) Bd. II, S. 798 f. Reiches Material bei *Whiteman*, Digest of International Law, Bd. 6 (1968), S. 865 ff. Die Auslieferung eigener Staatsangehöriger durch die USA erklärt das US-State

3. Auslieferung nur auf *Ersuchen* und bei *Gegenseitigkeit*, wenn also auch der ersuchende Staat im umgekehrten Falle ausliefern würde;
4. Prinzip der *Spezialität:* Bestrafung einer ausgelieferten Person nur wegen jener Taten, wegen derer die Auslieferung bewilligt wurde.

§ 1232 Die *vorübergehende Auslieferung* erfolgt unter der Bedingung, daß der Täter nach Verbüßung seiner Strafe im ersuchenden Staat rückgeliefert wird, damit er im ausliefernden Staat eine weitere Strafe verbüßen kann. Bei der *Durchlieferung* wird eine Person von der Grenze des Staates, der sie ausliefert, unter Bewachung an die Grenze des Staates gebracht, der um die Auslieferung ersucht hat. Dagegen besteht die *Weiterlieferung* darin, daß eine Person, die von einem ersten Staat an einen zweiten Staat ausgeliefert worden ist, von diesem wiederum an einen dritten Staat ausgeliefert wird. Sie bedarf der Zustimmung des ersten Staates[6].

3. Abschnitt

Die durch das Völkerrecht geschützten Menschenrechte

A. Ihre Grundlagen[1]

§ 1233 Wie schon früher ausgeführt wurde, bildet die allgemeine Achtung der Menschenrechte ein wichtiges Ziel der Vereinten Natio-

---

Department damit, daß das amerikanische internationale Strafrecht von einem strikten Territorialitätsprinzip beherrscht wird, vgl. US Digest 1976, S. 118. Diese Praxis ist durch das VR *nicht* verboten. So richtig der Staatsgerichtshof Liechtensteins am 29. April 1975, SchwJIR 31 (1975), S. 270 f.

[5] Dazu *Van den Wijngaert*, The Political Offence Exception to Extradition (1980); *Geiger*, Die Auslieferung des politischen Straftäters im Lichte des Grundrechts auf Asyl, FS Schlochauer, S. 79 ff.; T. *Stein*, Die Auslieferungsausnahme bei politischen Delikten (1983).

Zur Bekämpfung des *Terrorismus*, die zu dem Prinzip der Nichtauslieferung politischer Täter in einem Spannungsverhältnis steht, vgl. §§ 434 ff.

[6] Für die Überstellung eines Straftäters innerhalb der Bundesrepublik Deutschland oder von der Bundesrepublik in die DDR und umgekehrt wird der Begriff der „Zulieferung" verwendet.

[1] An allgemeiner Literatur dazu vgl. *Lauterpacht*, International Law and Human Rights (1950); *Cassin*, La Déclaration universelle et la mise en oeuvre des Droits de l'homme, RdC 79 (1951 II), S. 237 ff.; *Guradze*, Der Stand der Menschenrechte im Völkerrecht (1956); *Ganji*, International Protection of Human Rights (1962); *Golsong*, Implementation of International Protection of Human Rights, RdC 110 (1963 III), S. 7 ff.; *Luard* (Hrsg.), The International Protection of Human Rights (1967); *Sohn / Buergenthal*, International Protection of Human Rights (1973); *Ermacora*, Menschenrechte in der sich wandelnden Welt, Bd. I (1974), bes. S. 234 ff., 335 ff.; *Moskowitz*, International Concern with Human Rights (1974); *Vasak*, Le droit international des droits de l'homme, RdC 140 (1974 IV), S. 333 ff.; *Oestreich*, Geschichte der Menschenrechte und Grundfreiheiten im Umriß (2. Aufl. 1978); *Vasak* (Hrsg.), Les di-

nen[2]. Außerdem verpflichtet Artikel 55 UN-Charta die Organisation, die Achtung und Verwirklichung der Menschenrechte für alle, ohne Unterschied von Rasse, Geschlecht, Sprache und Religion zu fördern (to promote), und Artikel 56 die Mitgliedstaaten, gemeinsam und einzeln mit der Organisation zusammenzuarbeiten (to take joint and separate action), um jene Ziele zu erreichen. Mit der Wahrnehmung dieser

---

mensions internationales des droits de l'homme (UNESCO, 1978); The International Dimensions of Human Rights (englische Ausgabe des vorgenannten Werkes, bearb. v. *Alston*, 2 Bde., 1982); *Macdonald / Johnston / Morris*, The International Law and Policy of Human Welfare (1978); *Geck*, Der internationale Stand des Schutzes der Freiheitsrechte: Anspruch und Wirklichkeit, ZaöRV 38 (1978), S. 182 ff.; *Kalshoven*, International Concern with Human Rights: Can It Be Effective?, GYIL 21 (1978), S. 119 ff.; *Ramcharan* (Hrsg.), Human Rights: Thirty Years After the Universal Declaration (1979); *Lillich / Newman*, International Human Rights. Problems of Law and Policy (1979); *McDougal / Lasswell / Chen*, Human Rights and World Public Order (1980); *Tomuschat*, Is Universality of Human Rights Standards an Outdated and Utopian Concept?, in: Das Europa der zweiten Generation (Gedächtnisschrift f. Ch. Sasse, 1981), Bd. II, S. 585 ff.; *Robertson*, Human Rights in the World (2. Aufl. 1982); *Ritterband*, Universeller Menschenrechtsschutz und völkerrechtliches Interventionsverbot (1982); *Franck* (Hrsg.), Human Rights in Third World Perspective (3 Bde., 1982); *Sohn*, The New International Law: Protection of the Rights of Individuals Rather Than States, The American University Law Review 32 (1982/1983), S. 1 ff.; *Sieghart*, The International Law of Human Rights (1983); *Hannum* (Hrsg.), Guide to International Human Rights Practice (1984).

Speziell über die Tätigkeit der Vereinten Nationen noch *Carey*, UN Protection of Civil and Political Rights (1970); *Schreiber*, La pratique récente des Nations Unies dans le domaine de la protection des droits de l'homme, RdC 145 (1975 II), S. 297 ff.; *Tomuschat*, Menschenrechtsschutz durch die Vereinten Nationen, VN 24 (1976), S. 166 ff.; *derselbe*, Menschenrechtspolitik der Vereinten Nationen, EA 36 (1981), S. 587 ff.; *Schoenberg*, The Implementation of Human Rights by the United Nations. Israel Yearbook of Human Rights 7 (1977), S. 22 ff.; *van Boven*, United Nations and Human Rights: A Critical Appraisal, in: *Cassese* (Hrsg.), UN Law/Fundamental Rights (1979), S. 119 ff.; das materialreiche UN Doc. ST/HR/2/Rev. 1: United Nations Action in the Field of Human Rights (1980); das UN-„Yearbook on Human Rights" sowie das vierteljährliche „UN-Bulletin of Human Rights".

An Bibliographien vgl. *Vincent-Daviss*, Human Rights Law: A Research Guide to the Literature. Part I: International Law and the United Nations, New York University Journal of International Law and Politics 14 (1981/82), S. 209 ff.; Part II: International Protection of Refugees, and Humanitarian Law, ebd., S. 487 ff.; Part III: The International Labor Organization and Human Rights, ebd. 15 (1982/83), S. 211 ff.

An Text- und Materialsammlungen *Sohn / Buergenthal*, Basic Documents on the International Protection of Human Rights (1973); *Brownlie*, Basic Documents on Human Rights (2. Aufl. 1981); UN Doc. ST/HR/1/Rev. 1: Human Rights. A Compilation of International Instruments (1978); *Berchtold*, Human Rights in International Law (1978); *Joyce*, Human Rights. International Documents (3 Bde., 1978); *Simma / Fastenrath*, Menschenrechte. Ihr internationaler Schutz (1979); *Lillich* (Hrsg.), International Human Rights Instruments (Loseblattsammlung 1983).

Einen jährlichen Überblick bietet *Bartsch*, Die Entwicklung des internationalen Menschenrechtsschutzes, NJW (bisher 1977, S. 474 ff., 1978, S. 449 ff., 1979, S. 449 ff., 1980, S. 489 ff., 1981, S. 488 ff., 1982, S. 478 ff., 1983, S. 473 ff.).

[2] Oben § 92.

Aufgabe wurde der Wirtschafts- und Sozialrat betraut, der als Hilfsorgan die gegenwärtig aus 43 Mitgliedstaaten zusammengesetzte UN-*Menschenrechtskommission* (Commission on Human Rights) schuf[3].

§ 1234 Am 10. Dezember 1948 nahm die Generalversammlung der UNO ohne Gegenstimme, aber bei Stimmenthaltung der sozialistischen Staaten, Saudi-Arabiens und Südafrikas, die von der Menschenrechtskommission ausgearbeitete *Allgemeine Erklärung der Menschenrechte* (Universal Declaration of Human Rights, Res. 217 [III]) an[4]. Die Allgemeine Erklärung ist die erste vr Ausführung der Grundpflicht der Charta zur Förderung der Menschenrechte. Sie ist als solche nicht rechtsverbindlich, da die Generalversammlung zum Erlaß genereller Normen für ihre Mitglieder nicht zuständig ist[5]. Dazu kommt, daß sich die Erklärung selbst nur als ein von allen Völkern und Nationen anzustrebendes gemeinsames Ideal (common standard of achievement) bezeichnet. Seither haben sich aber zahlreiche amtliche Erklärungen auf sie berufen[6]. Die wichtigste unter ihnen bildet der „Final Act of the International Conference on Human Rights" (von Teheran) vom 13. Mai 1968, der durch die Resolution der Generalversammlung 2442 (XXIII) vom 19. Dezember 1968 bestätigt wurde[7]. In dieser Proklamation anerkennen die auf der Konferenz vertretenen Staaten die feierliche Verpflichtung aller Mitglieder der Völkerrechtsgemeinschaft, die Menschenrechte und Grundfreiheiten ohne irgendeine Diskriminierung zu fördern und ihre Achtung zu ermutigen („it is imperative that the members of the international community fulfil their solemn obligation to promote and encourage respect for human rights and fundamental freedoms for all without distinction ..."). Diese Proklamation betont ferner, daß die gerade angeführte Deklaration „states a common understanding of the peoples of the world concerning the inalienable and inviolable rights of all members of the human family and constitutes an obligation for the members of the international community". Daneben haben zahlreiche nationale Verfassungen, Gesetze und Gerichtsentscheidungen sowie sämtliche regionalen Menschenrechtskonventionen auf sie Bezug genommen[8]. Man kann daher annehmen, daß die in der Deklaration formulierten elementaren Menschenrechte durch diese Erklärungen und andere staatliche Akte unabhängig von vertraglichen

---

[3] *Marie*, La Commission des droits de l'homme de l'O. N. U. (1975).

[4] *Simma / Fastenrath* (Anm. 1), S. 5 ff.

[5] Oben §§ 634 ff.

[6] Vgl. die Angaben bei *Schwelb*, The International Court of Justice and the Human Rights Clauses of the Charter, AJIL 66 (1972), S. 337 ff.

[7] Text in *Sohn / Buergenthal*, Basic Documents (Anm. 1), S. 65 f.

[8] UN Doc. ST/HR/2/Rev. 1 (oben Anm. 1), S. 20 ff.

Verbürgungen vr verbindlich geworden sind[9]. Auch der IGH hat in seinem Gutachten vom 21. Juni 1971 über die *Legal Consequences for States of the Continued Presence of South Africa in Namibia (South West Africa) notwithstanding Security Council Resolution 276 (1970)* alle Diskriminierungen von Rasse, Farbe und Abstammung als „flagrant violation of the purposes and principles of the Charter" erklärt[10] und damit implicite deren Ziele und Grundsätze sämtlich als rechtsverbindlich anerkannt.

§ 1235 In seinem Urteil vom 24. Mai 1980 im Fall der Geiselnahme des *United States Diplomatic and Consular Staff in Tehran* hat er diesen Standpunkt mit folgenden Worten verdeutlicht: „Wrongfully to deprive human beings of their freedom and to subject them to physical constraint in conditions of hardship is in itself manifestly incompatible with the principles of the Charter of the United Nations, as well as with the fundamental principles enunciated in the Universal Declaration of Human Rights[11]." Das US-Memorial in diesem Verfahren hatte von Menschenrechten gesprochen, deren Respektierung kraft VGR geschuldet werde[12]. Ebenso bejahte die US-Regierung als *amicus curiae* im Verfahren *Filartiga v. Pena-Irala* vor dem US Court of Appeals, 2nd Circuit, am 29. Mai 1980 die gewohnheitsrechtliche Verankerung fundamentaler, in der Allgemeinen Erklärung definierter Menschenrechte, insbesondere des Verbotes der Folter[13], eine Auffassung, der sich das Gericht anschloß[14]. Auch das deutsche Bundesverfassungsge-

---

[9] Vgl. *Humphrey*, The Universal Declaration of Human Rights: Its History, Impact and Juridical Character, in: *Ramcharan* (Hrsg.) (Anm. 1), S. 21 ff. (28 ff.); *Lillich* (§ 1209, Anm. 3), S. 397.

[10] ICJ Reports 1971, S. 57.

[11] ICJ Reports 1980, S. 42.

[12] ICJ Pleadings, z. B. S. 182 f.

[13] ILM 19 (1980), S. 585 ff. (592 f.). Vgl. auch *Frowein / Kühner*, Drohende Folterung als Asylgrund und Grenze für Auslieferung und Ausweisung, ZaöRV 43 (1983), S. 537 ff. Der vgr Bestand an Menschenrechten wird im Tentative Draft No. 3 des Restatement of the Foreign Relations Law of the United States (Revised), § 702, näher entfaltet: AJIL 76 (1982), S. 655.

[14] In seinem Urteil vom 30. Juni 1980, ILM 19 (1980), S. 966 ff. (974): „Having examined the sources from which customary international law is derived ... we conclude that official torture is now prohibited by the law of nations. The prohibition is clear and unambiguous, and admits of no distinction between treatment of aliens and citizens." Vgl. die Stellungnahmen zu dieser Entscheidung im Syracuse Journal of International Law and Commerce 8 (1980), S. 197 ff., und im Georgia Journal of International and Comparative Law 11 (1981), S. 305 ff. Ebenso in bezug auf „arbitrary detention" der US District Court for the District of Kansas am 31. Dezember 1980 im Falle *Fernandez v. Wilkinson*, 505 F. Supp. 787 (D. Kan. 1980): Human Rights Quarterly 5 (1983), S. 68 ff., 87 ff. In seiner Entscheidung vom 22. März 1983 im Auslieferungsfall *Sener* hat das schweizerische Bundesgericht das Verbot der Folter als *zwingendes* VR bezeichnet: EuGRZ 10 (1983), S. 253 ff. (255); SchwJIR 39 (1983), S. 281 f.

richt hat im *Botschaftskonten*-Fall 1977 den „menschenrechtlichen Mindeststandard" dem allgemeinen VR zugerechnet[15].

§ 1236 Seit der Verabschiedung der Allgemeinen Erklärung ist deren Inhalt zu einem großen Teil in Vertragsform umgegossen worden. Den wichtigsten Schritt bilden die beiden von der Generalversammlung der UNO am 16. Dezember 1966 mit Res. 2200 (XXI) einstimmig angenommenen und drei Tage später zur Unterzeichnung aufgelegten Internationalen Pakte über bürgerliche und politische Rechte (on civil and political rights) und über wirtschaftliche, soziale und kulturelle Rechte (on economic, social and cultural rights)[16]. Bis Ende 1983 ist der erstgenannte Pakt von 74, der zweitgenannte von 76 Staaten ratifiziert worden.

§ 1237 Von besonderer Bedeutung ist es, daß sowohl die Deklaration wie die beiden Pakte in ihren Präambeln alle Menschenrechte aus der allen Mitgliedern der menschlichen Familie innewohnenden Würde (inherent dignity of the human person) ableiten[17] und damit ihre naturrechtliche Wurzel herausarbeiten[18].

Schon die Deklaration umfaßt sowohl die klassischen Freiheitsrechte und die ihrem Schutze dienenden staatlichen Pflichten als auch die wirtschaftlichen, sozialen und kulturellen Menschenrechte. Damit kommt erstmalig auf universell-internationaler Ebene die Wandlung vom liberalen zum sozialen Rechtsstaat zum Ausdruck.

B. Die Freiheitsrechte und ihr Schutz

§ 1238 Sowohl die Deklaration (im folgenden abgekürzt D) als auch der Internationale Pakt über bürgerliche und politische Rechte (in diesem Teilabschnitt abgekürzt P) gehen vom Gedanken aus, daß jeder Mensch überall Anspruch auf Anerkennung als Rechtsperson hat (Art.

---

[15] BVerfGE 46, 362.

[16] BGBl. 1973 II, S. 1533 und 1569; *Simma / Fastenrath* (Anm. 1), S. 22 ff., 58 ff. Dazu neben dem in Anm. 1 genannten Schrifttum noch *Henkin* (Hrsg.), The International Bill of Rights (1981); *Tomuschat*, Die Bundesrepublik Deutschland und die Menschenrechtspakte der Vereinten Nationen, VN 26 (1978), S. 1 ff.; *Floretta / Öhlinger*, Die Menschenrechtspakte der Vereinten Nationen (1978).

[17] Aus der Präambel der Pakte: „In der Erkenntnis, daß sich diese Rechte aus der dem Menschen innewohnenden Würde herleiten ..." Auch Pkt. 6 der von der Generalversammlung mit Res. 3201 (S-VI) am 1. Mai 1974 angenommenen „Declaration on the Establishment of a New International Economic Order" (AJIL 68 [1974], S. 801) fordert diese „for all peoples to reach a life worthy of human dignity".

[18] Dazu *Verdross*, Abendländische Rechtsphilosophie (2. Aufl. 1963), S. 257 ff.; *derselbe*, Die Würde des Menschen und ihr völkerrechtlicher Schutz (1975).

6 D, Art. 16 P). Die damit verknüpften Individualrechte, die allen Menschen ohne irgendeine Unterscheidung wie nach Rasse, Farbe, Geschlecht, Sprache, Religion, politischer und sonstiger Überzeugung, nationaler oder sonstiger Herkunft, nach Vermögen, Geburt oder sonstigem Status, zustehen (Art. 2 D, Art. 2 Abs. 1, 3 und 26 P)[19] und die nicht bereits in einem anderen Zusammenhang behandelt wurden[20], sind folgende:

1. *Recht auf Leben und körperliche Integrität.* Daher sind Sklaverei und Sklavenhandel (Art. 4 D, Art. 8 Abs. 1 und 2 P), die Anwendung der Folter, sowie unmenschliche oder erniedrigende Behandlungen und Strafen verboten (Art. 5 D, Art. 7 P)[21]. Art. 6 P verbietet

---

[19] *Ermacora*, Diskriminierungschutz und Diskriminierungsverbot in der Arbeit der Vereinten Nationen (1971); *Bossuyt*, L'interdiction de la discrimination dans le droit international des droits de l'homme (1976); *Tomuschat*, Equality and Non- Discrimination under the International Covenant on Civil and Political Rights, FS Schlochauer, S. 691 ff.; *McKean*, Equality and Discrimination under International Law (1983).

[20] Wie die Ausweisung von Ausländern (Art. 13 P), das Asylrecht (Art. 14 D), das Selbstbestimmungsrecht (Art. 1 Abs. 1 P) und das Verbot der Kriegspropaganda (Art. 20 P).

[21] Obwohl die Folter nach allgemeiner Rechtsüberzeugung vr verboten und das Verbot ihrer Anwendung in allen einschlägigen Konventionen als notstandsfestes Recht gestaltet ist, hat sie in den letzten Jahrzehnten in der Mehrzahl der Staaten eine beängstigende Rückkehr erlebt. Die UN-Generalversammlung verabschiedete am 9. Dezember 1975 mit Res. 3452 (XXX) eine „Erklärung über den Schutz vor Folter und anderer grausamer, unmenschlicher oder erniedrigender Behandlung" (deutsche Übersetzung bei *Simma / Fastenrath* [Anm. 1], S. 186 f.) und beauftragte 1977 die UN-Menschenrechtskommission mit der Ausarbeitung eines Vertragsentwurfs (Res. 32/62 vom 8. Dezember 1977). Nach langwierigen Verhandlungen, die insbesondere über der Frage ins Stocken gerieten, wie die Einhaltung der Vertragspflichten kontrolliert werden soll, hat die Menschenrechtskommission im Frühjahr 1984 der UN-Generalversammlung den Text einer „Draft convention against torture and other cruel, inhuman or degrading treatment or punishment" zur Beratung und Beschlußfassung übermittelt (UN Doc. E/CN. 4/1984/72 vom 9. März 1984). Der Konventionsentwurf definiert Folter als „any act by which severe pain or suffering, whether physical or mental, is intentionally inflicted on a person for such purposes as obtaining from him or a third person information or a confession, punishing him for an act he or a third person has committed or is suspected of having committed, or intimidating or coercing him or a third person, or for any reason based on discrimination of any kind, when such pain or suffering is inflicted by or at the instigation of or with the consent or acquiescence of a public official or other person acting in an official capacity. It does not include pain or suffering arising only from, inherent in or incidental to lawful sanctions". (Art. 1). Die Folter ist unter *allen* Umständen verboten. Höherer Befehl ist kein Rechtfertigungs- oder Entschuldigungsgrund (Art. 2). Niemand darf in einen Staat ausgewiesen, zurückgewiesen („refouler") oder ausgeliefert werden, in dem ihm Folter droht (Art. 3). Die Folter ist im Landesrecht unter angemessen schwere Strafdrohung zu stellen (Art. 4). Folterer sind entweder zu bestrafen oder auszuliefern *(aut dedere aut iudicare)*, sie können auch in anderen Ländern als in demjenigen, in dem sie wegen Folterung angeklagt sind, festgenommen werden (Art. 5 - 8). Die Vertragsstaaten sind zu weitestmöglicher Rechtshilfe

überdies die Verhängung der Todesstrafe gegen Jugendliche unter 18 Jahren sowie ihre Vollstreckung gegen schwangere Frauen. Sonst ist sie nur gegen besonders schwere Verbrechen (most serious crimes) zulässig[22].

2. *Verfahrensgarantien.* Niemand darf willkürlich verhaftet werden (Art. 9 D, Art. 9 P). Art. 9 P führt diese Bestimmung näher dahin aus, daß der Verhaftete über den Haftgrund unterrichtet und einem Richter oder einer anderen gesetzmäßigen Autorität (officer authorized by law) zur Bestätigung oder Aufhebung der Haft vorgeführt werden muß. Der Verhaftete hat ferner Anspruch auf Aburteilung innerhalb einer angemessenen Frist oder auf sonstige Freilassung, sowie auf Entschädigung im Falle einer gesetzwidrigen Haft. Eine Haft zur Erzwingung einer Vertragspflicht ist untersagt (Art. 11 P). Jedermann hat Anspruch auf ein billiges und öffentliches Verfahren vor einem unabhängigen und unparteiischen Gericht (Art. 10 D, Art. 14 P). Gemäß Art. 14 Abs. 5 P hat jeder Verurteilte einen Anspruch auf Revision durch ein höheres Gericht.

3. *Nullum crimen sine lege.* Niemand darf wegen einer Tat bestraft werden, die im Zeitpunkt ihrer Begehung weder durch staatliches

---

(Art. 9), zur Unterrichtung und Information über das Folterverbot (Art. 10), zur ständigen Überwachung der Regeln und Praktiken für Vernehmungen und Haft (Art. 11), zur sofortigen und unparteiischen Untersuchung von Foltervorwürfen (Art. 12 und 13), gegebenenfalls zu Wiedergutmachung und Entschädigung (Art. 14) verpflichtet. Unter Folter zustandegekommene Aussagen dürfen nicht als Beweismittel dienen (Art. 15). Analoge Pflichten obliegen den Vertragsstaaten in bezug auf andere grausame, unmenschliche oder erniedrigende Behandlung oder Strafen.

Zur Kontrolle der Vertragserfüllung soll ein aus 10 unabhängigen Experten bestehendes *Committee against Torture* eingesetzt werden. Diesem Ausschuß haben die Vertragsparteien regelmäßig, aber auch auf Anforderung, Bericht zu erstatten. Über die Art und Weise der Behandlung dieser Berichte durch den Ausschuß bestand in der UN-Menschenrechtskommission allerdings keine Übereinstimmung (vgl. Art. 19), ebensowenig über das Recht des Ausschusses, bei Verdacht auf systematische Praktizierung der Folter in einem Vertragsstaat eine Untersuchung — gegebenenfalls vor Ort — vorzunehmen (Art. 20). Des weiteren sieht der Entwurf die fakultative Staaten- (Art. 21) und Individualbeschwerde nach dem Muster des UN-Pakts über bürgerliche und politische Rechte (Art. 22) vor. Die weitere Möglichkeit, in Streitfällen über die Auslegung und Anwendung der Konvention, die nicht auf dem Verhandlungswege beigelegt werden können, ein Schiedsverfahren oder ein Verfahren vor dem IGH einzuleiten (Art. 29), kann durch Erklärung ausgeschlossen werden. Die Konvention soll nach Hinterlegung von 20 Ratifikations- oder Beitrittsurkunden in Kraft treten.

Über die Schwierigkeiten und Probleme beim Zustandekommen des Entwurfs vgl. *Trechsel*, Probleme und aktueller Stand der Bemühungen um eine UN-Konvention gegen die Folter, ÖZöffRVR 33 (1982), S. 245 ff.; *Maier*, Wirksamere Ächtung der Folter erstrebt, VN 32 (1984), S. 77 ff. Zum Fall *Astiz* siehe oben § 438, Anm. 32.

[22] Zur *Abschaffung* der Todesstrafe verpflichtet das 6. Protokoll zur Europäischen Menschenrechtskonvention vom 28. April 1983; Text in ILM 22 (1983), S. 538 ff.; deutsch in EuGRZ 10 (1983), S. 272.

Recht noch durch das Völkerrecht unter Strafe gestellt war. Dasselbe gilt für die Schwere der Strafe (Art. 11 D, Art. 15 P).

4. *Anspruch auf eine Privatsphäre.* Willkürliche Eingriffe in das Privatleben, in Familie und Heim, sowie in den Briefwechsel sind unzulässig (Art. 12 D, Art. 17 P).

5. *Freiheit der Religionsausübung.* Jeder Mensch hat Anspruch auf Gedanken-, Gewissens- und Religionsfreiheit, einschließlich des Rechts, seine Religion oder Überzeugung allein oder in Gemeinschaft mit anderen, öffentlich und privat, durch Lehre, Ausübung, Gottesdienst und Beachtung religiöser Bräuche zu bekunden (Art. 18 D, Art. 18 P). Diese Freiheit darf nur gesetzlichen Einschränkungen zum Schutz der öffentlichen Sicherheit, Ordnung, Gesundheit, Sittlichkeit oder der Grundrechte anderer unterworfen werden. Art. 18 Abs. 4 P anerkennt außerdem die Pflicht der Staaten, das Recht der Eltern, die religiöse und moralische Erziehung ihrer Kinder in Übereinstimmung mit ihrer Überzeugung sicherzustellen, zu achten[23].

6. *Anspruch auf Freizügigkeit.* Jeder Mensch hat Anspruch auf Freizügigkeit, einschließlich des Rechtes, sein eigenes Land zu verlassen und wieder zurückzukehren (Art. 13 D, Art. 12 P). Art. 12 Abs. 3 P läßt jedoch eine gesetzliche Beschränkung aus Gründen der öffentlichen Ordnung, Sicherheit, Gesundheit und Moral sowie zum Schutz der Rechte und Freiheiten anderer zu.

7. *Meinungs- und Informationsfreiheit.* Diese umfaßt das Recht der freien Meinungsäußerung und des Empfanges wie der Weitergabe von Nachrichten mit allen, auch den die Staatsgrenzen überschreitenden Verständigungsmitteln (Art. 19 D, Art. 19 P). Auch sie kann im Interesse der öffentlichen Sicherheit, Ordnung *(ordre public)*, Gesundheit oder Sittlichkeit gesetzlichen Einschränkungen unterworfen werden[24].

8. *Versammlungs- und Vereinsfreiheit* (Art. 20 D). Art. 21 und 22 P lassen ihre Einschränkung aus Gründen der öffentlichen Ordnung zu, soweit solche in demokratischen Gesellschaften notwendig sind.

9. *Freiheit der Eheschließung* (Art. 16 D, Art. 23 Abs. 3 P).

10. *Recht auf Eigentum.* Nur Art. 17 D bestimmt, daß niemand seines Eigentums willkürlich (arbitrarily) beraubt werden darf. Davon

---

[23] Auch diese Pflichten werden in verschiedenen Staaten mißachtet. Zu den Arbeiten der UNO *Tomuschat*, Der Schutz der Familie durch die Vereinten Nationen, AÖR 100 (1975), S. 402 ff. Ferner *Lillich* (Hrsg.), The Family in International Law: Some Emerging Problems (1981). Eine „Draft Convention on the Rights of the Child" wird gegenwärtig in der UN-Menschenrechtskommission ausgearbeitet.

[24] Vgl. oben §§ 1052 f.

zu unterscheiden ist Art. 1 Abs. 2 P, der besagt, daß alle *Völker* (all peoples) über ihre natürlichen Reichtümer und Ressourcen frei verfügen können[25].

11. *Minderheitenrechte.* Bloß Art. 27 P gewährt den Angehörigen der ethnischen, religiösen und sprachlichen Minderheiten das Recht, in Gemeinschaft mit den anderen Mitgliedern ihrer Gruppe ihr kulturelles Leben zu betätigen, sowie ihre religiösen Überzeugungen oder ihre Sprache zu pflegen[26].

12. *Politische Rechte der Inländer.* Alle Staatsangehörigen, aber auch nur sie, haben das Recht, an der Gestaltung der öffentlichen Angelegenheiten direkt oder indirekt teilzunehmen, das aktive und passive Wahlrecht und das Recht auf gleichen Zugang zu öffentlichen Ämtern (Art. 21 D, Art. 25 P). Diese Bestimmung ist eine notwendige Folge des Umstandes, daß in allen Demokratien die Staatsgewalt vom *eigenen* Volke ausgeht.

§ 1239 Niemand hat das Recht, eine Tätigkeit auszuüben oder eine Handlung vorzunehmen, welche auf die Abschaffung der angeführten Rechte und Freiheiten abzielt (Art. 29 D, Art. 5 P)[27]. Die Befugnis, diese Rechte auszuüben, findet also an den Rechten der Gemeinschaft und der anderen Menschen ihre Grenze.

Im Falle eines das Leben der Nation gefährdenden Notstandes (in time of public emergency) können die hier dargestellten Rechte mit Ausnahme der früher angeführten Artikel 6, 7, 8 Abs. 1 und 2, 11, 15, 16 und 18 P vorübergehend eingeschränkt werden (Art. 4 P)[28], wobei diese Einschränkungen jedoch der im Pakt vorgesehenen Kontrolle unterliegen.

---

[25] Darüber oben §§ 507, 1223.

[26] Dazu näher §§ 1252 f.

[27] Dazu das Urteil des Europäischen Gerichtshofes für Menschenrechte vom 1. Juli 1961 im Falle *Lawless (Merits)*, Series A, Bd. 3.

[28] Vorbehalte einiger Staaten, unter bestimmten Umständen auch die in Art. 4 Abs. 2 aufgezählten fundamentalen und daher notstandsfesten Menschenrechte einzuschränken, verstoßen gegen Ziel und Zweck des Paktes. Zum Problem *Higgins*, Derogations under Human Rights Treaties, BYIL 48 (1976 - 1977), S. 281 ff.; die Berichte von *Imbert* und T. *Stein* und deren Diskussion in *Maier* (Hrsg.), Europäischer Menschenrechtsschutz. Schranken und Wirkungen (1982); *Schreuer*, Derogation of Human Rights in Situations of Public Emergency: The Experience of the European Convention on Human Rights, Yale Journal of World Public Order 9 (1982/83), S. 113 ff.

Auch zu anderen Bestimmungen des Paktes sind Vorbehalte erklärt worden; ihr Wortlaut ist im UN Doc. „Multilateral Treaties Deposited with the Secretary-General (Status as at 31 December 1982)“, ST/LEG/SER. E/2, S. 121 ff., wiedergegeben. Zu den für den Fall der Ratifikation der Pakte durch die USA vorgeschlagenen Vorbehalten und interpretativen Erklärungen vgl. AJIL 72 (1978), S. 620 ff.

Gemäß Art. 2 Abs. 1 P sind die Vertragsstaaten verpflichtet, die im Pakt anerkannten Rechte zu achten und sie allen in ihrem Gebiet befindlichen und ihrer Herrschaftsgewalt (jurisdiction) unterstehenden Personen zu gewährleisten. Abs. 2 schreibt ergänzend dazu vor, daß die Parteien sämtliche erforderlichen Maßnahmen treffen, also auch ihre Rechtsprechung und Verwaltungspraxis so zu gestalten haben, daß die vertraglichen Garantien innerstaatliche Wirksamkeit zugunsten des Einzelnen entfalten[29]. Abs. 3 verpflichtet die Vertragsstaaten, jedermann, der in seinen Rechten aus dem Pakt verletzt worden ist, den innerstaatlichen Rechtsweg zu eröffnen.

§ 1240 Als Staatengemeinschaftsorgan zur vr Kontrolle der Erfüllung des Paktes wird gemäß Art. 28 ff. ein *Ausschuß für Menschenrechte* (Human Rights Committee) tätig[30]. Der Ausschuß setzt sich aus 18 unabhängigen Sachverständigen verschiedener Staatsangehörigkeit zusammen, die von einer Versammlung der Vertragsparteien für 4 Jahre aus einer vom UN-Generalsekretär nach deren Vorschlägen erstellten Liste gewählt werden.

Nach Art. 40 haben die Vertragsstaaten dem Ausschuß innerhalb eines Jahres nach dem Inkrafttreten des Paktes für sie (danach jeweils auf Anforderung) „über die Maßnahmen, die sie zur Verwirklichung der in diesem Pakt anerkannten Rechte getroffen haben und über die dabei erzielten Fortschritte" auf dem Weg über den Generalsekretär der UNO *Berichte* vorzulegen. Der Ausschuß prüft diese Berichte im

---

[29] Vgl. *Tomuschat* (Anm. 16), S. 3 f.; *Schachter*, The Obligation of the Parties to Give Effect to the Covenant on Civil and Political Rights, AJIL 73 (1979), S. 462 ff.

[30] Über die internationalen Durchsetzungsverfahren des Pakts und die übrigen UN-Verfahren zur Kontrolle menschenrechtlicher Verpflichtungen *Meißner*, Die Menschenrechtsbeschwerde vor den Vereinten Nationen (1976); *Schwelb*, The International Measures of Implementation of the International Covenant on Civil and Political Rights and of the Optional Protocol, Texas International Law Journal 12 (1977), S. 141 ff.; *Noll-Wagenfeld*, Aktionsmöglichkeiten der Vereinten Nationen bei Menschenrechtsverletzungen, VN 25 (1977), S. 180 ff.; *Glenn Mower, Jr.*, The Implementation of the UN Covenant on Civil and Political Rights, HRJ 10 (1977), S. 271 ff.; *Humphrey*, The Implementation of International Human Rights Law, New York Law School Law Review 24 (1978), S. 38 ff.; *Eggers*, Die Staatenbeschwerde (1978); *Ramcharan*, Implementing the International Covenants on Human Rights, in: *Ramcharan* (Hrsg.) (Anm. 1), S. 175 ff.; *Nowak*, Die Durchsetzung des Internationalen Paktes über bürgerliche und politische Rechte, EuGRZ 7 (1980), S. 532 ff.; *Tomuschat*, Der Ausschuß für Menschenrechte — Recht und Praxis, VN 29 (1981), S. 141 ff.; D. D. *Fischer*, Reporting Under the Covenant on Civil and Political Rights: The First Five Years of the Human Rights Committee, AJIL 76 (1982), S. 142 ff.; *Meron*, Norm Making and Supervision in International Human Rights: Reflections on Institutional Order, ebd., S. 754 ff.; *Ramcharan* (Hrsg.), International Law and Fact-Finding in the Field of Human Rights (1982). Zur jeweiligen Entwicklung dieser Verfahren *Bartsch* (Anm. 1).

Rahmen von Anhörungen mit Vertretern der betroffenen Staaten und übersendet diesen darauf seine eigenen Berichte sowie ihm geeignet erscheinende „allgemeine Bemerkungen" (general comments)[31].

Während dieses Berichtsverfahren obligatorisch ist, eröffnet Art. 41 P den Vertragsstaaten die Möglichkeit, durch einseitige Erklärung die Zuständigkeit des Ausschusses zur Entgegennahme und Prüfung von Mitteilungen (communications) anzuerkennen, in denen ein anderer Vertragsstaat (der sich ebenfalls unterworfen haben muß) Vertragsverletzungen geltend macht[32]. Der Ausschuß kann in dem darauffolgenden Verfahren solche Verletzungen jedoch nicht verbindlich feststellen. Er kann lediglich, wenn die beteiligten Staaten den Streitfall nicht unter sich beilegen, seine guten Dienste anbieten, um eine gütliche Regelung zu erreichen, und darüber einen Bericht erstatten. Dieser Bericht stellt entweder die erzielte Einigung dar oder faßt, falls eine solche nicht zustandegekommen ist, den Sachverhalt zusammen. Im zweiten Fall kann der Ausschuß mit vorheriger Zustimmung der Parteien den Fall einer *ad hoc* gebildeten Vergleichskommission vorlegen, die einen Vermittlungsvorschlag ausarbeiten soll (Art. 42).

Als drittes Sicherungsverfahren sieht das von der Generalversammlung am 16. Dezember 1966 zusammen mit den Pakten angenommene Fakultativprotokoll (Optional Protocol) zu dem Internationalen Pakt über bürgerliche und politische Rechte[33] vor, daß *Einzelpersonen* Mitteilungen über behauptete Verletzungen der im Pakt anerkannten Menschenrechte seitens der Vertragsstaaten des Protokolls an den Ausschuß richten können. Dieser soll über ihre Zulässigkeit entscheiden, im Falle ihrer Annahme nach Stellungnahme des belasteten Staates die Mitteilung prüfen (consider) und seine Auffassung (its views) diesem Staat und dem Individuum übermitteln[34]. Auch das Fakultativprotokoll begründet also kein der Europäischen Menschenrechtskonvention vergleichbares Verfahren zur Durchsetzung der Menschenrechte[35].

---

[31] Die Auslegung dieser Befugnis ist strittig. Seit 1981 nimmt der Ausschuß „allgemeine Bemerkungen" in seinen Tätigkeitsbericht auf, die ohne Nennung einzelner Staaten querschnittweise zur Anwendung des Paktes Stellung nehmen.

[32] Bis Mitte 1983 haben 15 Staaten derartige Unterwerfungserklärungen abgegeben, darunter die Bundesrepublik Deutschland, doch ist es noch zu keinem Verfahren gemäß Art. 41 gekommen.

[33] *Simma / Fastenrath* (Anm. 1), S. 54 ff. Das Fakultativprotokoll ist bis Mitte 1984 von 33 Staaten ratifiziert worden, jedoch noch von keinem deutschsprachigen.

[34] In der Praxis haben diese „Auffassungen" die äußere *Form* von Sachentscheidungen, in denen eine Verletzung des Paktes bejaht oder verneint wird. Sie werden als Anhang zum Jahresbericht, künftig auch in einem Jahrbuch des Ausschusses veröffentlicht; deutsche Übersetzungen finden sich in der EuGRZ.

[35] Siehe oben § 425.

§ 1241 Bedingt durch die Genesis der Vereinten Nationen als Bündnis gegen den Faschismus und durch ihre antikolonialistische Ausrichtung hat die UN-Menschenrechtspolitik der Bekämpfung der *rassischen Diskriminierung* besonderes Augenmerk geschenkt. Demgemäß hat das Internationale Übereinkommen zur Beseitigung jeder Form von Rassendiskriminierung, das von der Generalversammlung am 21. Dezember 1965 angenommen und am 7. März 1966 zur Unterzeichnung aufgelegt wurde, unter den UN-Menschenrechtsverträgen die größte Verbreitung gefunden[36]. Das Übereinkommen definiert Rassendiskriminierung als „jede auf der Rasse, der Hautfarbe, der Abstammung, dem nationalen Ursprung oder dem Volkstum beruhende Unterscheidung, Ausschließung, Beschränkung oder Bevorzugung, die zum Ziel oder zur Folge hat, daß dadurch ein gleichberechtigtes Anerkennen, Genießen oder Ausüben von Menschenrechten und Grundfreiheiten im politischen, wirtschaftlichen, sozialen, kulturellen oder jedem sonstigen Bereich des öffentlichen Lebens vereitelt oder beeinträchtigt wird" (Art. 1 Abs. 1). Die Vertragsstaaten werden nicht nur verpflichtet, selbst Handlungen oder Praktiken der Rassendiskriminierung zu unterlassen, sondern sie haben auch die durch private Personen, Gruppen oder Organisationen ausgeübte Rassendiskriminierung und rassistische Propaganda mit allen geeigneten Mitteln zu verbieten und zu beenden. An Kontrollmechanismen sind ein obligatorisches Berichtssystem, eine obligatorische Staatenbeschwerde sowie eine fakultative Individualbeschwerde an einen Expertenausschuß vorgesehen[37].

§ 1242 Der Bekämpfung der Apartheid-Politik Südafrikas, die auch der IGH in seinem *Namibia*-Gutachten für völkerrechtswidrig erklärt hat[38], ist die von der Generalversammlung am 30. November 1973 verabschiedete International Convention on the Suppression and Punishment of the Crime of Apartheid gewidmet[39].

---

[36] BGBl. 1969 II, S. 961; *Simma / Fastenrath* (Anm. 1), S. 67 ff.; in Kraft seit 4. Januar 1969, Ende 1983 für 121 Staaten. Darüber *Schwelb*, The International Convention on the Elimination of All Forms of Racial Discrimination, ICLQ 15 (1966), S. 996 ff.; *Partsch*, Die Konvention zur Beseitigung der Rassendiskriminierung, VN 19 (1971), S. 1 ff., 41 ff.; *Delbrück*, Die Rassenfrage als Problem des Völkerrechts und nationaler Rechtsordnungen (1971); *Eggers* (Anm. 30); *Lerner*, The UN Convention on the Elimination of all Forms of Racial Discrimination (1980); *Ténékides*, L'action des Nations Unies contre la discrimination raciale, RdC 168 (1980 III), S. 269 ff.

[37] Die für die Realisierung des Individualbeschwerdeverfahrens erforderlichen 10 Unterwerfungserklärungen liegen seit Ende 1982 vor; vgl. VN 31 (1983), S. 197 f. (Schilderung des Verfahrens).

[38] Vgl. oben Anm. 10.

[39] Deutsche Übersetzung in *Simma / Fastenrath* (Anm. 1), S. 92 ff.; Mitte 1982 für 67 Staaten in Kraft.

§ 1243 Gegen die Benachteiligung der *Frauen*[40] wenden sich insbesondere das Übereinkommen über die politischen Rechte der Frau vom 31. März 1953[41] sowie die umfassende Convention on the Elimination of All Forms of Discrimination against Women, die von der Generalversammlung am 18. Dezember 1979 beschlossen und am 1. März 1980 zur Unterzeichnung aufgelegt wurde[42]. Dieses Übereinkommen ist jedoch nicht unmittelbar anwendbar, enthält also lediglich Verpflichtungen der Vertragsstaaten, die darüber einem Ausschuß Bericht zu erstatten haben.

§ 1244 Hingegen ist bisher in der UNO gegen die in verschiedenen Staaten geübte Diskriminierung der Angehörigen bestimmter *Religionsgemeinschaften* außer der Verabschiedung einer Declaration on the Elimination of All Forms of Intolerance and of Discrimination Based on Religion or Belief vom 25. November 1981 durch die Generalversammlung[43] wenig unternommen worden, obwohl Art. 55 lit. c der UN-Charta die religiöse Diskriminierung ebenso wie die nach Rasse, Geschlecht und Sprache verbietet[44].

§ 1245 Abgesehen von den wenig effektiven und z. T. nur fakultativen Sicherungsverfahren der einzelnen Verträge und gegenüber Nichtvertragsstaaten besteht im Falle schwerer Verletzungen der Menschenrechte im Rahmen der UNO nur die Möglichkeit, die durch die Resolu-

---

[40] Darüber *McDougal / Lasswell / Chen*, Human Rights for Women and World Public Order: The Outlawing of Sex-Based Discrimination, AJIL 69 (1975), S. 497 ff.; *Kaufman Hevener*, International Law and the Status of Women (1983).

[41] Von der Generalversammlung am 20. Dezember 1952 beschlossen; Ende 1983 für 93 Staaten in Kraft. BGBl. 1969 II, S. 1929 ber. 1970 II, S. 46; *Simma / Fastenrath* (Anm. 1), S. 183 ff.

[42] Deutsche Übersetzung in VN 28 (1980), S. 108 ff. Mitte 1984 56 Vertragsparteien. Dazu *Maier*, Gleichberechtigung weltweit längst nicht erreicht, ebd., S. 73 ff.; *Delbrück*, Die Konvention der Vereinten Nationen zur Beseitigung jeder Form der Diskriminierung der Frau von 1979 im Kontext der Bemühungen um einen völkerrechtlichen Schutz der Menschenrechte, FS Schlochauer 1981, S. 247 ff.

[43] Res. 36/55: ILM 21 (1982), S. 205 ff., deutsche Übersetzung in VN 30 (1982), S. 107 f.

[44] Vgl. *Kussbach*, Die Vereinten Nationen und der Schutz des religiösen Bekenntnisses, ÖZöffR 24 (1973), S. 267 ff.; *Partsch*, Religions- und Weltanschauungsfreiheit als Menschenrecht, VN 30 (1982), S. 82 ff.

Nach Prinzip VII der Schlußakte der Konferenz über Sicherheit und Zusammenarbeit in Europa (KSZE) vom 1. August 1975 werden die Teilnehmerstaaten „die Menschenrechte und Grundfreiheiten einschließlich der Gedanken-, Gewissens-, Religions- oder Überzeugungsfreiheit für alle ohne Unterschied der Rasse, des Geschlechts, der Sprache oder der Religion achten". Sie werden „... die Freiheit des Individuums anerkennen und achten, sich allein oder in Gemeinschaft mit anderen zu einer Religion oder einer Überzeugung in Übereinstimmung mit dem, was sein Gewissen ihm gebietet, zu bekennen und sie auszuüben": EA 30 (1975), S. D 441.

tion 1503 (XLVIII) des Wirtschafts- und Sozialrates vom 27. Mai 1970[45] geregelte „Procedure for dealing with communications relating to violations of human rights and fundamental freedoms" (kurz *„1503-Verfahren"*) in Anspruch zu nehmen. Durch diese Resolution wird die Unterkommission zur Verhütung von Diskriminierung und Minderheitenschutz der UN-Menschenrechtskommission ermächtigt, eine Arbeitsgruppe mit der Aufgabe einzusetzen, einmal jährlich in nichtöffentlichen Sitzungen alle Mitteilungen über behauptete schwere Verletzungen der Menschenrechte, die beim UN-Generalsekretär eingegangen sind, einschließlich der Stellungnahmen der Regierungen zu prüfen (to consider) und darauf die Aufmerksamkeit der genannten Unterkommission zu lenken, sofern sich aus ihnen „a consistent pattern of gross and reliably attested violations of human rights and fundamental freedoms" ergibt[46]. Wenn die Unterkommission diese Tatsachen bestätigt, soll sie ihren Bericht der UN-Menschenrechtskommission vorlegen, die, ebenfalls vertraulich, zu entscheiden hat, ob darüber eine eingehende Studie und ein Bericht mit Vorschlägen an den Wirtschafts- und Sozialrat beschlossen oder eine Untersuchung (investigation) durch ein *ad hoc* gebildetes Komitee mit der ausdrücklichen Zustimmung des belangten Staates (with the express consent of the State concerned) und dessen ständiger Mitwirkung sowie unter mit ihm vereinbarten Bedingungen erfolgen soll. Unter keinen Umständen soll eine solche Untersuchung vor Erschöpfung des innerstaatlichen Rechtsweges vorgenommen werden. Sie ist auch ausgeschlossen, wenn der Fall einem anderen Verfahren unterzogen wird[47].

Dieses schwerfällige Verfahren dient also nicht der Untersuchung, Verhinderung oder Beendigung bestimmter einzelner Menschenrechts-

---

[45] In Weiterentwicklung der ECOSOC-Resolutionen 728 F (XXVIII) vom 30. Juli 1959 und 1235 (XLII) vom 6. Juli 1967, sämtlich bei *Simma / Fastenrath* (Anm. 1), S. 11 ff. Dazu *Zuijdwijk*, Petitioning the United Nations (1982).

[46] Die Unterkommission hat in ihren Resolutionen 1 und 2 (XXIV) Verfahrensregeln für die Behandlung dieser Mitteilungen aufgestellt: *Simma / Fastenrath* (ebd.), S. 18 ff. Nach der erstgenannten Resolution sind nicht nur Mitteilungen seitens der Opfer der behaupteten Menschenrechtsverletzungen zulässig (wie bei den Beschwerdeverfahren der oben besprochenen Verträge), sondern auch durch „any person or group of persons who have direct and reliable knowledge of those violations, or non-governmental organizations acting in good faith in accordance with recognized principles of human rights, not resorting to politically motivated stands contrary to the provisions of the Charter of the United Nations and having direct and reliable knowledge of such violations".
Unabhängig vom 1503-Verfahren hat die Menschenrechtskommission zahlreiche weitere Arbeitsgruppen eingesetzt, die sich z. T. mit der menschenrechtlichen Situation in bestimmten Staaten und Territorien (z. B. Chile, Südafrika, Palästina), z. T. mit landübergreifenden Problemen wie dem vermißter und verschwundener Personen befassen.

[47] Dazu *Ermacora*, Über das Kumulationsverbot in Menschenrechtsverfahren, FS Verosta, S. 187 ff.

verletzungen, sondern der „Identifizierung menschenrechtsfeindlicher politischer Systeme“[48].

§ 1246 Da die UN-Menschenrechtskommission außerdem (im Gegensatz zum Menschenrechtsausschuß nach dem UN-Pakt 1966 oder zur Europäischen Menschenrechtskommission) aus Staatenvertretern zusammengesetzt ist, die unter politischen Gesichtspunkten entscheiden, fehlt ein unparteiisches Organ zur gleichmäßigen Durchsetzung der Menschenrechte, das auch zum raschen Eingreifen in dringenden Fällen geeignet wäre[49]. Zwar hat schon 1947 der Friedensnobelpreisträger René Cassin die Einsetzung eines *Hohen Kommissars für Menschenrechte* angeregt. Diese Gedanke konnte aber bisher nicht verwirklicht werden[50].

C. Die wirtschaftlichen, sozialen und kulturellen Menschenrechte

§ 1247 Ihre Grundlage bildet Art. 55 lit. a der UN-Charta, der die UNO die Verbesserung des Lebensstandards, die Vollbeschäftigung und die Voraussetzungen für wirtschaftlichen und sozialen Fortschritt und Aufstieg zu fördern verpflichtet. Während aber die im vorigen Teilabschnitt dargestellten Freiheitsrechte konkrete Individualansprüche gegen einen Staat bilden, handelt es sich bei den im Internationalen Pakt über wirtschaftliche, soziale und kulturelle Rechte (hier abgekürzt P) enthaltenen Menschenrechten nur um Programmsätze. Dies ergibt sich aus Art. 2 Abs. 1, wonach die Vertragsstaaten die volle Verwirklichung der in diesem Pakt anerkannten Rechte „nach und nach mit allen geeigneten Mitteln, vor allem durch gesetzgeberische Maßnahmen“ zu erreichen haben.

§ 1248 Auch die Artikel des Sozialpaktes knüpfen an die Allgemeine Deklaration der Menschenrechte (abgekürzt D) an. Wir werden sie daher zusammen mit ihr betrachten. Dabei scheiden wir jedoch jene Normen aus, die gleichlautend im früher dargestellten Pakt über bür-

---

[48] *Bartsch* (Anm. 1), NJW 1977, S. 477. Zu den politischen Hindernissen, die dem „1503-Verfahren“ im Wege stehen, vgl. *Gonzales*, The Political Sources of Procedural Debates in the United Nations: Structural Impediments to Implementation of Human Rights, New York University Journal of International Law and Politics 13 (1981), S. 427 ff. Über das 1978 geschaffene Beschwerdeverfahren bei der UNESCO siehe § 316.

[49] Über die Tätigkeit des UN-Generalsekretärs auf diesem Gebiet *Ramcharan*, The Good Offices of the United Nations Secretary-General in the Field of Human Rights, AJIL 76 (1982), S. 130 ff.; *derselbe*, Humanitarian Good Offices in International Law (1983).

[50] Vgl. *Clark*, A United Nations High Commissioner for Human Rights (1972); *Zuijdwijk* (Anm. 45), S. 127 ff. Zum jüngsten Diskussionsstand VN 31 (1983), S. 25; 32 (1984), S. 33.

gerliche und politische Rechte zu finden sind[51]. Die übrigen Bestimmungen sind folgende:

1. Recht auf Arbeit, freie Berufswahl, Koalitionsfreiheit, angemessene Entlohnung, gleichen Lohn, befriedigende Arbeitsbedingungen und soziale Schutzmaßnahmen (Art. 23 D, Art. 6 und 7 P).
2. Recht auf Erholung und Freizeit (Art. 24 D, Art. 7 lit. d P).
3. Recht auf soziale Betreuung und Sicherheit (Art. 22 und 25 D, Art. 9 und 10 P).
4. Recht auf Erziehung zur Teilnahme an einer freien Gesellschaft mit Förderung der Duldsamkeit gegenüber allen Völkern, ethnischen und religiösen Gruppen, sowie auf Bildung und Teilnahme am kulturellen Leben (Art. 26 und 27 D, Art. 13 P).

Diese Rechte sind auch in verschiedenen von der ILO und UNESCO ausgearbeiteten Verträgen anerkannt und konkretisiert worden[52].

§ 1249 Art. 16 ff. des Sozialpaktes verpflichtet die Vertragsstaaten, Berichte über die von ihnen ergriffenen Maßnahmen zur Sicherung dieser Menschenrechte dem UN-Generalsekretär zu senden, der Abschriften davon an den Wirtschafts- und Sozialrat zur Prüfung und allfälligen Information der Menschenrechtskommission der UNO weiterzuleiten, sowie darüber von Zeit zu Zeit der UN-Generalversammlung Berichte mit Empfehlungen zu erstatten hat.

§ 1250 Beide Pakte bilden eine gedankliche Einheit, da die Freiheitsrechte ohne die sozialen, wirtschaftlichen und kulturellen Rechte wertlos sind, aber auch umgekehrt diese Rechte ohne Freiheitsrechte der Würde des Menschen nicht Rechnung tragen. Mit besonderer Deutlichkeit hat die Generalversammlung diese Interdependenz in ihrer Resolution 32/130 vom 16. Dezember 1977 über „Alternative approaches and ways and means within the United Nations system for improving the effective enjoyment of human rights and fundamental freedoms"[53] hervorgehoben.

---

[51] Dazu gehört vor allem das allgemeine Diskriminierungsverbot (Art. 2 Abs. 2 P); das Verbot, diese Rechte zur Zerstörung oder Beschränkung fremder Rechte zu mißbrauchen (Art. 5 Abs. 1 P); das Recht aller Völker zur Selbstbestimmung ihres politischen, wirtschaftlichen, sozialen und kulturellen Status (Art. 1 Abs. 1 P); das Elternrecht, über die moralische und religiöse Erziehung der Kinder zu entscheiden (Art. 13 Abs. 3 P).

[52] Eine gute Übersicht gibt das in Anm. 1 angeführte UN Doc. „United Nations Action in the Field of Human Rights".

[53] Deutsche Übersetzung in VN 26 (1978), S. 142 f. In ihrer Resolution 37/200 (1982) bekräftigt die Generalversammlung nochmals, „that a primary aim of international co-operation in the field of human rights is a life of freedom and dignity for each human being, that all human rights and fundamental freedoms are indivisible and interrelated and *that the promotion and protection of one category of rights should never exempt or excuse States from the promotion and protection of the other* ..." (Hervorhebung von uns).

Diese Resolution, wie schon die Proklamation von Teheran 1968, betont zu Recht, daß die Erzielung dauerhafter Fortschritte bei der Verwirklichung der Menschenrechte auf universeller Ebene mit der gerechteren Gestaltung der Wirtschaftsbeziehungen zwischen den Industrieländern und der Dritten Welt in Zusammenhang steht. Mit ihrer Konzentration auf die internationale Ebene vernachlässigt sie jedoch, daß Freiheitsrechte nur im Boden einer gerechten *inner*staatlichen Ordnung Wurzel fassen können. Auch die Tendenz, die wichtigsten Rahmenbedingungen einer menschenwürdigen Existenz als Gegenstand individueller Menschenrechte (der sog. „dritten Generation") auszugeben und so von einem Recht auf Frieden oder auf Entwicklung zu sprechen[54], lenkt von dieser *primären* Verantwortlichkeit der Staatsmacht ab und läßt den mühsam erkämpften Begriff der Menschenrechte zur Konturlosigkeit verschwimmen.

D. Schlußbemerkung

§ 1251 Trotz der eindrucksvollen Zahl von Verträgen und Deklarationen, die wir in diesem Abschnitt und an anderen Stellen unseres Buches vorstellen, sind einem effektiven Schutz der Menschenrechte im Rahmen der UNO durch die politischen, sozialen, wirtschaftlichen und ideologischen Gegensätze zwischen den Mitgliedstaaten enge Grenzen gezogen. Zwischen der Scylla bloßer Lippenbekenntnisse und der Charybdis propagandistischen Mißbrauchs vollzieht sich eine Rechtsentwicklung, die durch Politisierung und doppelte Moral stetig bedroht wird. Die vertraglichen Sicherungsverfahren halten mit den materiellrechtlichen Verbürgungen nicht Schritt und sind mit keinerlei Sanktionen bewehrt. So bleibt der Menschenrechtsschutz durch die auf Universalität angelegten Abkommen und Prozeduren auf Ergänzung in zweierlei Richtung angewiesen. Einmal darauf, daß die freiheitlich-demokratischen Rechtsstaaten ihr Interesse an der Respektierung der Menschenrechte überall in der Welt glaubhaft machen und notfalls durch zweckdienliche diplomatische und juristische Schritte verfechten[55]. Zum anderen bedarf der internationale Schutz der Menschenrechte der Verstärkung auf *regionaler* Ebene. Hier kann das System der Euro-

---

[54] Vgl. Académie de droit international de La Haye. Colloque 1979: Le droit au développement au plan international (1980); International Commission of Jurists (Hrsg.), Development, Human Rights and the Rule of Law (1981); *Tomuschat*, Das Recht auf Entwicklung, GYIL 25 (1982), S. 85 ff.; *Alston*, A Third Generation of Solidarity Rights: Progressive Development or Obfuscation of International Human Rights Law?, NILR 29 (1982), S. 307 ff.

[55] Über die vr Möglichkeiten und Grenzen der bilateralen Einforderung der Menschenrechte siehe §§ 494, 754 und 1343 und das dort angeführte Schrifttum.

päischen Menschenrechtskonvention vom 4. November 1950 bereits auf eine eindrucksvolle Bilanz zurückblicken. Im Jahre 1978 ist die American Convention on Human Rights vom 22. November 1969 in Kraft getreten[56]. Dazu gesellt sich seit 1981 die (afrikanische) Banjul Charter on Human and Peoples' Rights[57]. Wie weit diese beiden Vertragswerke mit Leben erfüllt werden können, bleibt abzuwarten.

4. Abschnitt

Der völkerrechtliche Minderheitenschutz

§ 1252 Einen frühen Einbruch in die ausschließliche Jurisdiktion der Staaten über ihre eigenen Angehörigen bildet der vr Schutz sprachlicher, nationaler und religiöser Minderheiten[1]. Er wurde, von einzelnen Vorbildern abgesehen, nach dem Ersten Weltkrieg durch eine Reihe von Verträgen zwischen den damaligen Hauptmächten und einzelnen Staaten, entsprechende Bestimmungen in den Pariser Vorortefriedensverträgen mit Österreich, Bulgarien, Ungarn, sowie 1923 mit der Türkei, und durch Erklärungen gegenüber dem Völkerbundrat begründet. Diese Normen verpflichteten die belasteten Staaten, den Angehörigen der geschützten Volksgruppen in privatrechtlicher und öffentlicher Hinsicht dieselbe Rechtsstellung wie den Angehörigen der Mehrheit einzuräumen sowie den sprachlichen Minderheiten Sonderrechte auf dem Gebiet des Volksschulwesens und des Gebrauches ihrer Sprache

---

[56] *Simma / Fastenrath* (Anm. 1), S. 325 ff. Vgl. *Cançado Trindade*, The Evolution of the Organisation of American States (OAS) System of Human Rights Protection: an Appraisal, GYIL 25 (1982), S. 498 ff.; *Buergenthal*, Menschenrechtsschutz im inter-amerikanischen System, EuGRZ 11 (1984), S. 169 ff.

[57] ILM 21 (1982), S. 58 ff.; deutsche Übersetzung im Jahrbuch für afrikanisches Recht 2 (1981), S. 243 ff. Dazu *Kunig*, The Protection of Human Rights in Africa, GYIL 25 (1982), S. 138 ff.; *Umozurike*, The African Charter on Human and Peoples' Rights, AJIL 77 (1983), S. 902 ff.

[1] *Sohn / Buergenthal*, International Protection of Human Rights (1973), S. 293 ff.; *Claude*, National Minorities. An International Problem (1955); *Lador-Lederer*, International Group Protection (1968); *Ermacora*, Der Minderheitenschutz in der Arbeit der Vereinten Nationen (1964); *derselbe*, Nationalitätenkonflikt und Volksgruppenrecht (1978); *Pircher*, Der vertragliche Schutz ethnischer, sprachlicher und religiöser Minderheiten im Völkerrecht (1979); *Ermacora*, The Protection of Minorities before the United Nations, RdC 182 (1983 IV), S. 247 ff.; sowie die von *Capotorti* im Auftrag der Unterkommission zur Verhütung von Diskriminierung und Minderheitenschutz der UN-Menschenrechtskommission ausgearbeitete „Study on the Rights of Persons Belonging to Ethnic, Religious and Linguistic Minorities" (UN Doc. E/CN. 4/Sub. 2/384/Rev. 1, 1979). Über den Schutz von *Eingeborenen* vgl. die Arbeiten der Working Group on Indigenous Populations ebendieser Unterkommission.

vor Gericht zu gewähren. Die Respektierung dieser Rechte wurde unter die Aufsicht des Völkerbundes gestellt[2]. Der so ausgestaltete Schutz erwies sich jedoch nicht als haltbar, zumal ihn einige der verpflichteten Staaten als diskriminierend empfunden haben[3].

Nach dem Zweiten Weltkrieg ist der vr Minderheitenschutz gegenüber dem Ausbau des Schutzes der individuellen Menschenrechte zurückgetreten. Dieser Schutz, insbesondere das in den Menschenrechtspakten enthaltene allgemeine Diskriminierungsverbot[4], kommt den Minderheitsangehörigen zwar auch zugute, kann sie jedoch nicht vor der Assimilierung mit dem Mehrheitsvolk bewahren. Dazu sind besondere Maßnahmen für die Erhaltung ihrer Eigenarten vonnöten. Einen ersten Schritt in dieser Richtung bildet Art. 27 des Internationalen Pakts über bürgerliche und politische Rechte, nach dem Angehörigen ethnischer, sprachlicher und religiöser Minderheiten nicht das Recht vorenthalten werden darf, gemeinsam mit anderen Angehörigen ihrer Gruppe ihr eigenes kulturelles Leben zu pflegen, ihre eigene Religion zu bekennen und auszuüben oder sich ihrer eigenen Sprache zu bedienen[5].

§ 1253 Neben dieser Norm, die eine *allgemeine* Geltung anstrebt, finden wir *einzelne* vr Verträge, die einige Staaten verpflichten, bestimmte Minderheiten zu schützen[6], z. B. Art. 7 des Staatsvertrages mit Österreich vom 15. Mai 1955 betreffend die slowenische und kroatische Minderheit, sowie Annex IV des Friedensvertrages mit Italien, der das österreichisch-italienische (Gruber-De Gasperi-)Abkommen vom 5. September 1946 über den Schutz der deutschsprachigen Minderheit in

---

[2] *Gütermann*, Das Minderheitenschutzverfahren des Völkerbundes (1979).

[3] Dazu das Gutachten des UN-Generalsekretärs vom 4. Juli 1950, ZaöRV 15 (1953/54), S. 521.

[4] Darüber oben § 1238 und Anm. 19. An weiteren vertraglichen Ausformungen des Diskriminierungsverbotes mit besonderer Bedeutung für Minderheiten sind das ILO-Übereinkommen Nr. 107 vom 26. Juni 1957 über den Schutz und die Integration eingeborener und anderer Stammesgruppen in unabhängigen Ländern, die UNESCO-Konvention vom 15. Dezember 1960 gegen Diskriminierung im Unterrichtswesen sowie die bereits oben in § 1241 besprochene Rassendiskriminierungskonvention (vgl. auch deren Art. 1 Abs. 4) zu nennen, vgl. *Capotorti* (Anm. 1), S. 29 f.; *derselbe*, The Protection of Minorities under Multilateral Agreements on Human Rights, ItYIL 2 (1976), S. 3 ff. (6 ff.). Dem Schutz der Minderheiten dient auch die Völkermordkonvention (§ 433).

[5] Dazu die in Anm. 1 angeführte Studie *Capotortis*, ferner *Tomuschat*, Protection of Minorities under Article 27 of the International Covenant on Civil and Political Rights, FS Mosler, S. 950 ff. Vgl. die „Auffassung" des Ausschusses für Menschenrechte vom 30. Juli 1981 im Fall *Lovelace* (Minderheitenschutz für Indianer in Kanada); deutsch in EuGRZ 8 (1981), S. 522 ff.

[6] Vgl. Protection of Minorities. Special Protective Measures of an International Character for Ethnic, Religious or Linguistic Groups, UN Doc. E/CN. 4/Sub. 2/214/Rev. 1; E/CN. 4/Sub. 2/221/Rev. 1 (1967).

Südtirol[7] enthält. Dieses wurde durch die österreichisch-italienische Einigung vom 30. November 1969 näher durchgeführt[8].

5. Abschnitt

Der völkerrechtliche Schutz von Flüchtlingen und Staatenlosen[1]

§ 1254 Seit dem Ende des Ersten Weltkrieges haben zahlreiche Flüchtlinge ihre Heimatstaaten verlassen. Nach dem Zweiten Weltkrieg hat sich die Massenauswanderung in verschiedenen Weltteilen noch verstärkt. Um diese Personen einigermaßen zu schützen, wurde 1922 unter den Auspizien des Völkerbundes der Nansen-Paß als Ausweispapier eingeführt und 1933 der Hohe Kommissär für Flüchtlinge aus Deutschland eingesetzt. Im Jahre 1946 schuf die UN-Generalversammlung die International Refugee Organization (IRO) als eine auf Zeit angelegte Spezialorganisation mit der Aufgabe der Heimbeförderung der während des Zweiten Weltkrieges verschleppten Personen[2]. Am 1. Januar 1951 wurde die IRO aufgelöst und durch das Amt des Hohen Kommissars der Vereinten Nationen für das Flüchtlingswesen (United

---

[7] Text bei *Berber*, Dokumente I, S. 1048 f. Dazu *Miehsler*, Südtirol als Völkerrechtsproblem (1962); *derselbe*, Die Südtirolfrage vom Ende des Zweiten Weltkrieges bis zum Abschluß des Gruber-De Gasperi-Abkommens, in: Innsbruck - Venedig. Österreichisch-italienische Historikertreffen 1971 und 1972 (1975), S. 421 ff.; *Ermacora*, Handbuch der Grundfreiheiten und Menschenrechte (1963), S. 525 ff. Weitere Literatur darüber in *Sohn / Buergenthal* (§ 1233, Anm. 1), S. 311.

[8] Dokumentation in der ÖZA 9 (1969), S. 317 ff.; *Siegler*, Die österreichisch-italienische Einigung über die Regelung des Südtirolkonflikts (1970).

[1] *Kimminich*, Der internationale Rechtsstatus des Flüchtlings (1962); *derselbe*, Der internationale Schutz des Einzelnen, ArchVR 15 (1972), S. 402 ff.; *derselbe*, Humanitäres Völkerrecht — humanitäre Aktion (1972), S. 83 f.; *derselbe*, Probleme der Anpassung der Genfer Flüchtlingskonvention an gewandelte Verhältnisse, in: Festschrift für Menzel (1976), S. 307 ff.; *Schnyder*, Les aspects juridiques actuels du problème des réfugiés, RdC 114 (1965 I), S. 339 ff.; *Grahl-Madsen*, The Status of Refugees in International Law, 2 Bde. (1966 und 1972); *Vukas*, International Instruments Dealing with the Status of Stateless Persons and of Refugees, RBDI 8 (1972), S. 143 ff.; *Holborn*, Refugees: A Problem of Our Time. The Work of the United Nations High Commissioner for Refugees, 1951 - 1972 (2 Bde., 1975); S. *Aga Khan*, Legal Problems Relating to Refugees and Displaced Persons, RdC 149 (1976 I), S. 287 ff.; Office of the United Nations High Commissioner for Refugees (Hrsg.), Collection of International Instruments concerning Refugees (2. Aufl. 1979), *dasselbe*, Handbuch über Verfahren und Kriterien zur Feststellung der Flüchtlingseigenschaft gemäß dem Abkommen von 1951 und dem Protokoll von 1967 über die Rechtsstellung der Flüchtlinge (1979); ArchVR 20/Heft 4 (1982; mit Beiträgen von *Kimminich* und *Grahl-Madsen* sowie einem Dokumententeil); *Goodwin-Gill*, The Refugee in International Law (1983); *Hathaway*, The Evolution of Refugee Status in International Law: 1920 - 1950, ICLQ 33 (1984), S. 348 ff.

[2] *Rotholz*, Internationale Flüchtlings-Organisation, WV II, S. 54 ff.

Nations High Commissioner for Refugees, UNHCR) ersetzt[3]. UNHCR hat formal den Status eines Hilfsorganes der Generalversammlung, verfolgt seine Aufgaben jedoch weitgehend selbständig. Diese Aufgaben bestehen zum einen im internationalen Schutz der Flüchtlinge (international protection), zum anderen im Aufsuchen dauerhafter Lösungen für das Flüchtlingsproblem. Das Amt hat seinen Sitz in Genf und Zweigstellen in über 70 Staaten. Der Hohe Kommissar wird von der UN-Generalversammlung gewählt und ist dieser verantwortlich. Die Programme des Amtes, deren Finanzierung durch freiwillige Beiträge der Staaten erfolgt, müssen von einem aus 41 Staaten zusammengesetzten Executive Committee genehmigt werden.

§ 1255 Am 28. Juli 1951 wurde dann das Abkommen über die Rechtsstellung der Flüchtlinge abgeschlossen, das frühere einschlägige Vereinbarungen zusammenfaßt[4] und sich in seiner Präambel auf die schon dargestellte Allgemeine Erklärung der Menschenrechte beruft. In diesem Abkommen verpflichten sich die Vertragsstaaten, insbesondere jenen Personen, die sich „infolge von vor dem 1. Januar 1951 eingetretenen Ereignissen" aus wohlbegründeter Furcht, aus rassischen, religiösen, politischen oder sozialen Gründen oder aus Gründen der Nationalität verfolgt zu werden, außerhalb ihres Heimatstaates befinden[5] und weder dessen Schutz genießen noch eine neue Staatsangehörigkeit erworben haben, Identitätspapiere und Reisedokumente auszustellen und sonst teils den Inländern, teils den Ausländern gleichzustellen, sowie das Amt des Hohen Kommissars der UNO zu unterstützen, insbesondere dessen Aufsichtspflichten bei der Anwendung des Abkommens zu erleichtern[6].

Der Kreis der durch die Konvention begünstigten Personen ist durch den Wegfall der zeitlichen Begrenzung und der ursprünglich bestehenden Möglichkeit, durch einseitige Erklärung den Begriff der „Ereignisse" in der Flüchtlingsdefinition auf „Ereignisse in Europa" einzuschränken, in einem Protokoll vom 31. Januar 1967 erweitert worden[7],

---

[3] Generalversammlungsresolution 428 (V) vom 14. Dezember 1950. Vgl. *Maynard*, The Legal Competence of the United Nations High Commissioner for Refugees, ICLQ 31 (1982), S. 415 ff.; *Grahl-Madsen*, Refugees, United Nations High Commissioner, Encyclopedia [5 (1983), S. 255 ff.].

[4] Österr. BGBl. 55/1955; deutsches BGBl. 1953 II, S. 559; *Simma / Fastenrath*, Menschenrechte. Ihr internationaler Schutz (1979), S. 138 ff. (Ende 1983 für 92 Staaten in Kraft).

[5] Die Flüchtlingskonvention verpflichtet ihre Parteien nicht zur Gewährung des Asyls, sondern nur zu dessen bestimmter Ausgestaltung, wenn es einmal gewährt worden ist. In Art. 33 enthält sie ein Verbot des *„refoulement"* (vgl. oben § 1210).

[6] *Zemanek*, in Verdross, S. 571 f.

[7] BGBl. 1969 II, S. 1293; *Simma / Fastenrath* (Anm. 4), S. 153 ff. (Ende 1983 für 92 Staaten in Kraft).

das die Flüchtlingskonvention weltweit auf alle Flüchtlingssituationen anwendbar macht.

§ 1256 Zum Schutze jener Staatenlosen, die nicht unter die Flüchtlingskonvention 1951/1967 fallen, wurde am 28. September 1954 das Übereinkommen über die Rechtsstellung der Staatenlosen abgeschlossen[8].

§ 1257 Diese Abkommen zeigen uns, daß sich die *Staatengemeinschaft* jener Menschen angenommen und sie unter den Schutz eines Hohen Kommissars der UNO gestellt hat, die mangels einer oder mangels einer wirksamen Staatsangehörigkeit keinen diplomatischen Schutz genießen. Diesen Schutz kann der Hohe Kommissar aber nur in einem Aufenthaltsstaat, der diesem Abkommen *beigetreten* ist, also nicht gegenüber einem anderen Staat, ausüben[9]. Er umfaßt andererseits nicht nur den Rechtsschutz, sondern auch die Wahrnehmung humanitärer Aufgaben. Auf den konsularischen Schutz durch den Asyl gewährenden Staat haben wir bereits hingewiesen (oben § 1229).

6. Abschnitt

Der Arbeiterschutz[1]

§ 1258 Der vr Arbeiterschutz, der in gleicher Weise Inländer, Ausländer und Staatenlose umfaßt, beginnt mit dem Berner Abkommen vom 25. September 1906 über das Verbot der Verwendung von weißem

---

[8] BGBl. 1976 II, S. 473; *Simma / Fastenrath,* S. 162 ff. (Ende 1983 für 32 Staaten in Kraft).

[9] *Zemanek* (Anm. 6), S. 572. Seit 1980 befaßt sich die UN-Generalversammlung auf Initiative der Bundesrepublik Deutschland hin mit den Möglichkeiten der „international co-operation to avert new flows of refugees"; vgl. AJIL 78 (1984), S. 480 ff.

[1] *Bauer,* Arbeiterschutz und Völkergemeinschaft (1918); *Mahaim,* L'Organisation permanente du travail, RdC 4 (1924 III), S. 69 ff.; *Scelle,* L'Organisation internationale du travail et le B. I. T. (1930); *Shotwell* (Hrsg.), The Origins of the International Labor Organization (2 Bde. 1934); *Jenks,* Social Justice in the Law of Nations. The ILO Impact after Fifty Years (1970); *Schnorr,* Das Arbeitsrecht als Gegenstand internationaler Rechtsetzung (1960); *Landy,* The Effectiveness of International Supervision. Thirty Years of I. L. O. Experience (1966); R. *Faupel,* Tarifhoheit und völkerrechtliche Vertragserfüllungspflicht (1969); *Métall,* Der Beitrag der Internationalen Arbeitsorganisation zur Fortbildung des Völkerrechts, JBl. 91 (1969), S. 200 ff.; *derselbe,* Der völkerrechtliche Schutz sozialer Grundrechte durch die Internationale Arbeitsorganisation, in: Festschrift H. Schmitz (1967), Bd. II, S. 196 ff.; *Valticos,* Droit international du travail (2. Aufl. 1983); *derselbe,* International Labour Law (1979); *Zacher* (Hrsg.), Internationales und Europäisches Sozialrecht (1976); ILO (Hrsg.), The Impact of International Labour Conventions and Recommendations (1976); *Leary,* International Labour Conventions and National Law (1982); *Joyce,* World Labour Rights and Their

Phosphor zur Herstellung von Zündhölzern und der gewerblichen Nachtarbeit von Frauen.

Einen *umfassenden* vr Arbeiterschutz bringt aber erst die durch den zweiten Abschnitt des XIII. Teiles der Pariser Vororteverträge von 1919 gegründete Internationale Arbeitsorganisation (ILO), deren Verfassung als Spezialorganisation der UNO[2] am 9. Oktober 1946 revidiert wurde[3]. Ihre Allgemeine (Arbeits-)Konferenz, die nicht nur aus Staatenvertretern, sondern auch aus Vertretern der Arbeitgeber und Arbeitnehmer besteht, kann sowohl (ratifikationsbedürftige) Vertragstexte als auch Empfehlungen an die Mitgliedsstaaten beschließen. Diese werden in der Regel vom Internationalen Arbeitsamt in Genf vorbereitet, das auch 1951 einen aus 1587 Artikeln bestehenden „International Labour Code" zusammengestellt hat, der den Inhalt der bis dahin verabschiedeten Übereinkommen und Empfehlungen systematisch wiedergibt[4].

§ 1259 Die Grundsätze der ILO werden in der Anlage der genannten Verfassung wie folgt umschrieben:

„(a) Arbeit ist keine Ware.

(b) Freiheit der Meinungsäußerung und Vereinigungsfreiheit sind wesentliche Voraussetzungen beständigen Fortschritts.

(c) Armut, wo immer sie besteht, gefährdet den Wohlstand aller.

(d) Der Kampf gegen die Not muß innerhalb jeder Nation und durch ständiges gemeinsames internationales Vorgehen unermüdlich weitergeführt werden, wobei die Vertreter der Arbeitnehmer und der Arbeitgeber sich gleichberechtigt mit den Vertretern der Regierungen in freier Aussprache und zu demokratischen Entscheidungen zusammenfinden, um das Gemeinwohl zu fördern."

Vom Gedanken geleitet, daß ein dauernder Friede nur auf sozialer Gerechtigkeit aufgebaut werden kann, wird dort auch die Förderung folgender Ziele verkündet:

(a) Vollbeschäftigung und Verbesserung der Lebenshaltung,

(b) Beschäftigung der Arbeitnehmer in Berufen, in denen sie die Befriedigung haben können, ihre Fähigkeiten und Kenntnisse in vollem Umfang zu entfalten und das Beste zum Gemeinwohl beizutragen,

---

Protection (1980); *Tikriti*, Tripartism and the International Labour Organisation (1982); *Samson*, International Labour Organisation, Encyclopedia [5 (1983), S. 87 ff.].

[2] Oben §§ 303 ff.

[3] Text bei *Berber*, Dokumente I, S. 212 ff. Dazu *Jenks*, The Revision of the Constitution of the International Labour Organization, BYIL 23 (1946), S. 303 ff.

[4] Vol. I: Code, Vol. II: Appendices (beide 1952). Vgl. ferner die ebenfalls vom Internationalen Arbeitsamt hrsgg. Sammlung „Conventions and Recommendations (1919 - 1966)" (1966).

(c) Vorkehrungen als Mittel zur Erreichung dieses Zieles, um die Ausbildung und den Arbeitsplatzwechsel einschließlich der Wanderungsbewegung zur Erlangung von Beschäftigung und zwecks Siedlung zu ermöglichen, wobei allen Beteiligten angemessene Sicherheit zu bieten ist,

(d) Gewährleistung eines gerechten Anteils aller an den Früchten des Fortschrittes hinsichtlich der Löhne und des Einkommens, der Arbeitszeit und anderer Arbeitsbedingungen sowie eines lebensnotwendigen Mindestlohnes für alle Arbeitnehmer, die eines solchen Schutzes bedürfen,

(c) tatsächliche Anerkennung des Rechtes zu Kollektivverhandlungen, Zusammenwirken von Betriebsleitung und Arbeitskräften zur ständigen Steigerung der Produktivität sowie Zusammenarbeit von Arbeitnehmern und Arbeitgebern bei der Vorbereitung und Durchführung sozialer und wirtschaftlicher Maßnahmen,

(f) Ausbau von Maßnahmen der sozialen Sicherheit, um allen, die eines solchen Schutzes bedürfen, ein Mindesteinkommen zu sichern, und um umfassende ärztliche Betreuung zu gewährleisten,

(g) angemessener Schutz für das Leben und die Gesundheit der Arbeitnehmer bei allen Beschäftigungen,

(h) Schutz für Mutter und Kind,

(i) angemessene Ernährungs- und Wohnverhältnisse und Möglichkeiten zur Erholung und zur Teilnahme am kulturellen Leben,

(j) Gewährleistung gleicher Gelegenheiten in Erziehung und Beruf[5].

Diese Ziele bilden eine nähere Ausführung der schon in der Präambel der UN-Charta angesprochenen[6] und im Artikel 55 lit. a näher bestimmten Aufgabe der UNO, „die Verbesserung des Lebensstandards, die Vollbeschäftigung und die Voraussetzungen für wirtschaftlichen und sozialen Fortschritt und Aufstieg" zu fördern.

7. Abschnitt

Sklaverei und Zwangsarbeit[1]

§ 1260. Während am Wiener Kongreß von 1815 nur der *Handel* mit Negersklaven verboten wurde[2], verpflichtet das Übereinkommen be-

[5] *Berber* (Anm. 3), S. 233 ff.

[6] Oben § 92.

[1] Dazu *Bülck*, Die Zwangsarbeit im Friedensvölkerrecht (1953); *derselbe*, Zwangsarbeit, WV III, S. 893 f.; *derselbe*, Sklavenhandel, ebd., S. 275 ff.; *Jenks*, Human Rights and International Labour Standards (1960); ferner das UN Doc. „The Suppression of Slavery" (Memorandum Submitted by the Secretary-General, ST/SOA/4, vom 11. Juli 1951).

[2] Vgl. § 1208.

treffend die Sklaverei vom 25. September 1926 (geändert durch Protokoll vom 7. Dezember 1953) die Vertragsstaaten zur schrittweisen *Aufhebung* der Sklaverei sowie zur Ergreifung der nötigen Maßnahmen, um zu verhindern, daß die Zwangsarbeit (travail forcé ou obligatoire) zu sklavereiähnlichen Zuständen ausartet (Art. 5). Diese ist grundsätzlich nur für öffentliche Zwecke, ausnahmsweise für andere Zwecke gegen angemessene Entschädigung und ohne Zwang zum Wohnungswechsel zulässig[3]. Das Zusatzübereinkommen über die Abschaffung der Sklaverei, des Sklavenhandels und sklavereiähnlicher Einrichtungen und Praktiken vom 7. September 1956[4] verpflichtet die Vertragsstaaten, alle Maßnahmen zu ergreifen, um auch die Schuldknechtschaft, die Leibeigenschaft, den Frauenkauf, die Weitergabe der Ehefrau während der Ehe und an die Erben des Gatten, sowie die Überlassung von Kindern und Jugendlichen zur Ausbeutung ihrer Arbeitskraft sobald als möglich abzuschaffen. Bis zum gänzlichen Verbot dieser Praktiken verpflichten sich die Vertragsstaaten, die Verstümmelung und das Brennen solcher Personen zu verbieten und die Verabredungen dazu zu bestrafen.

§ 1261 Weitere Abkommen über den hier besprochenen Schutz von Menschen sind das Übereinkommen der ILO über Zwangs- oder Pflichtarbeit (Forced Labour Convention) vom 28. Juni 1930[5], ferner das ILO-Abkommen über die Abschaffung der Zwangsarbeit vom 25. Juni 1957 (Abolition of Forced Labour Convention), das grundsätzlich jede erzwungene Arbeit (mit Ausnahme von Wehrdienst, üblichen Bürgerpflichten, Strafarbeit von gerichtlich Verurteilten, Notstandsarbeiten und kleineren Dorfdiensten) verbietet[6], sowie die Konvention vom 21. März 1950 zur Unterdrückung des Menschenhandels und der Ausbeutung von Prostituierten[7]. Sie novelliert die Abkommen vom 4. Mai 1910 zur Unterdrückung des Mädchenhandels sowie vom 30. September 1921 zur Unterdrückung des Frauen- und Kinderhandels und vom 11. Oktober 1933 zur Unterdrückung des Handels mit volljährigen Frauen[8]. Durch diese Konvention wurde das ursprüngliche Verbot des

---

[3] BGBl. 1972 II, S. 1473; *Simma / Fastenrath*, Menschenrechte. Ihr internationaler Schutz (1979), S. 106 ff. Bis Ende 1983 wurde dieses Abkommen von 96 Staaten ratifiziert.

[4] BGBl. 1958 II, S. 203; *Simma / Fastenrath*, S. 110 ff. Bis Ende 1983 von 98 Staaten ratifiziert.

[5] BGBl. 1956 II, S. 640; *Simma / Fastenrath*, S. 116 ff. Ende 1983 126 Vertragsparteien.

[6] BGBl. 1959 II, S. 441; *Simma / Fastenrath*, S. 127 ff. Ende 1983 107 Vertragsparteien.

[7] *Simma / Fastenrath*, S. 130 ff. Mitte 1982 53 Vertragsparteien.

[8] Dazu *Bülck*, Frauenhandel, WV I, S. 560, und *Vitta*, La défense internationale de la liberté et de la moralité individuelles, RdC 45 (1933 III),

Handels mit weißen Frauen (traite des blanches) auf farbige Frauen und Kinder beiderlei Geschlechts ausgedehnt und die Überwachung des Verbotes der UNO übertragen.

Kapitel 10

Das völkerrechtliche Unrecht und seine Wiedergutmachung

1. Abschnitt

Leitende Grundsätze[1]

A. Relativität der Verantwortlichkeit und Verantwortlichkeit erga omnes

§ 1262 Es ist unbestritten, daß die Staaten, sowie die anderen souveränen Rechtsgemeinschaften für alle ihnen nach VR zugerechneten Handlungen und Unterlassungen, die gegen eine Norm des VR versto-

---

S. 561 ff. Fundstellen usw. in dem UN Doc. ST/LEG/SER. E/2: Multilateral Treaties Deposited with the Secretary-General (Stand: 31. Dezember 1982), S. 231 ff., 249 ff.

[1] In keinem anderen Bereiche des Friedensvölkerrechts finden wir eine so reiche Judikatur und Literatur und so viele Kodifikationsentwürfe wie in diesem, wenngleich das meiste Material nur einen Teilbereich der Verantwortlichkeit der Staaten umfaßt, nämlich die Verantwortlichkeit für Verletzungen des vr Fremdenrechts („injuries to aliens"; dazu zuletzt *Lillich* [Hrsg.], International Law of State Responsibility for Injury to Aliens [1983]). Es ist daher unmöglich, in diesem Rahmen das ganze Material vorzuführen. Wir müssen uns zur Belegung der im Texte entwickelten Rechtsnormen darauf beschränken, die wichtigsten Dokumente vorzulegen und auf die Zusammenstellung der Judikatur durch das Sekretariat der UNO (Doc. A/CN. 4/169, sowie A/CN. 4/208 und 209), bezüglich der Kodifikationsentwürfe auf den ersten der ILC vorgelegten Bericht von Roberto *Ago* über die Verantwortlichkeit der Staaten (A/CN. 4/217), ILC-Yearbook 1969 II, S. 125 ff., und seine 7 weiteren, später angeführten Berichte zu verweisen; ferner auf *García-Amador / Sohn / Baxter*, Recent Codifications of the Law of State Responsibility for Injuries to Aliens (1974). Diese Entwürfe sind teils privater, teils amtlicher Natur. In die erste Gruppe fällt u. a. der auf Grund eines Berichts von Leo *Strisower* beschlossene Entwurf des Institut de Droit international, Annuaire IDI 33 I (1927), S. 557 ff., sowie die Vorschläge der Deutschen Gesellschaft für Völkerrecht, ZVR 15 (1930), S. 359 ff., und der Harvard Law School, AJIL 55 (1961), S. 545 ff. Mit amtlichen Kodifikationen befaßten sich mehrere amerikanische und afro-asiatische Konferenzen sowie die vom Völkerbund einberufene Haager Kodifikationskonferenz (1930), jedoch ohne zu einer Einigung zu kommen (AJIL 24 [1930], Suppl. S. 169).

Im Rahmen der UNO erstattete *García-Amador* 6 Berichte an die ILC, mit denen die Kommission sich jedoch nicht eingehend auseinandersetzte. Seit ßen[2], dem oder den unmittelbar verletzten Völkerrechtssubjekten gegenüber[3] verantwortlich sind[4].

1969 hat sie dann auf Grund der bereits erwähnten Berichte von Roberto *Ago* darüber beraten und bis 1980 den ersten Teil eines Konventionsentwurfs in Gestalt von 35 „draft articles" über den Eintritt der Verantwortlichkeit der Staaten für vr Unrecht in erster Lesung (also noch nicht definitiv) beschlossen (Text im ILC-Yearbook 1980 II, Teil 2, S. 30 ff.; im folgenden: „Entwurf"). Seither befaßt sie sich mit den Berichten von *Riphagen* (1980 ff.) zum zweiten Teil dieses Entwurfs, der Inhalt, Form und Abstufungen der vr Veranwortlichkeit regeln soll, sowie mit dem Thema der Haftung für Schäden aus vr erlaubtem Verhalten (Special Rapporteur: *Quentin-Baxter*, Berichte 1980 ff.). Der Entwurf der ILC will sich grundsätzlich auf die Kodifikation von sog. *„secondary rules"*, d. h. der neuen Rechtsbeziehungen beschränken, die sich aus einem Bruch „primärer" Völkerrechtspflichten zwischen dem Verletzer, dem Verletzten und dritten Staaten ergeben: ILC-Yearbook 1980 II, Part 2, S. 27. Kritisch zu dieser Abstinenz *Lillich*, Duties of States Regarding the Civil Rights of Aliens, RdC 161 (1978 III), S. 377 ff.; ähnlich *Rauschning*, Verantwortlichkeit der Staaten für völkerrechtswidriges Verhalten, Berichte DGVR 24 (1984), S. 7 ff.

An allgemeiner Literatur vgl. *Strupp*, Das völkerrechtliche Delikt (1920); *Schüle*, Delikt, völkerrechtliches, WV I, S. 326 ff.; *von Münch*, Das völkerrechtliche Delikt in der modernen Entwicklung der Völkerrechtsgemeinschaft (1963); *Schlochauer*, Die Entwicklung des völkerrechtlichen Deliktsrechts, ArchVR 16 (1973 - 1975), S. 239 ff.; *Graefrath / Oeser / Steiniger*, Völkerrechtliche Verantwortlichkeit der Staaten (1977); *Riphagen*, State Responsibility: New Theories of Obligation in Interstate Relations, in: The Structure and Process of International Law (§ 10, Anm. 1), S. 581 ff.; *Brownlie*, System of the Law of Nations. State Responsibility, Part I (1983). An Spezialbibliographien vgl. *Saxena*, Select Recent Bibliography on State Responsibility, IJIL 18 (1978), S. 110 ff.; das UN Doc. A/CN. 4/318/Add. 8, wiedergegeben im ILC-Yearbook 1980 II, Teil 1, S. 71 ff., sowie die Bibliographie des Centre for Studies and Research of the Hague Academy of International Law 1982 (hektographiert).

Die vr Verantwortlichkeit der *internationalen Organisationen* überschreitet den Rahmen dieses Buches. S. darüber *Zemanek*, in Verdross, S. 396 f.; *Ginther*, Die völkerrechtliche Verantwortlichkeit internationaler Organisationen gegenüber Drittstaaten (1969).

[2] Vgl. Art. 3 des Entwurfs *(Elements of an internationally wrongful act of a State)*:

„There is an internationally wrongful act of a State when:

(a) conduct consisting of an action or omission is attributable to the State under international law; and

(b) that conduct constitutes a breach of an international obligation of the State."

Ferner Art. 17 Abs. 1:

„An act of a State which constitutes a breach of an international obligation is an internationally wrongful act regardless of the origin, whether customary, conventional or other, of that obligation."

[3] So der StIGH im Falle *Phosphates in Morocco*, Preliminary Objections, A/B 74, S. 28: „S'agissant d'un acte imputable à l'État et décrit comme contraire aux droits conventionnels d'un autre État, la responsabilité internationale s'établirait directement dans le plan des relations *entre ces États*" (von uns hervorgehoben). Vgl. aus der Literatur neuerdings *Bollecker-Stern*, Le préjudice dans la théorie de la responsabilité internationale (1973).

[4] So z. B. Max *Huber* in seinem Schiedsspruch vom 1. Mai 1925 in der *Affaire des biens britanniques au Maroc espagnol*, RIAA II, S. 641: „La responsabilité est le corollaire nécessaire du droit. Tous droits d'ordre inter-

§ 1263 Daneben gibt es auch Unrechtstatbestände, die eine Verantwortlichkeit gegenüber der ganzen Staatengemeinschaft auslösen. In diesem Sinne unterscheidet die ILC in Art. 19 ihres provisorischen Entwurfs zwischen „international crimes" und „international delicts"[5]. Unter internationalen Delikten versteht sie die durch staatliche Organe gesetzten „normalen" Verletzungen des VR, unter internationalen Verbrechen die Verletzung jener Verpflichtungen *erga omnes*, die zum Schutze der wesentlichen Interessen der ganzen Staatengemeinschaft bestehen (an internationally wrongful act which results from the breach by a State of an international obligation so essential for the protection of fundamental interests of the international community . . .), die daher von der ganzen Staatengemeinschaft als besonders schwerwiegend angesehen werden (that its breach is recognized as a crime by that community as a whole)[6]. Diese den *Staaten* zugerechneten Unrechtstatbestände müssen von jenen Verbrechen unterschieden werden, für die *einzelne Menschen* vr verantwortlich sind[7], wenngleich derselbe Tatbestand mit Unrechtsfolgen sowohl zu Lasten des schuldigen Staates als auch an die Adresse des schuldigen Individuums verknüpft sein *kann*. Als Beispiele für „international crimes" führt die ILC *„inter alia"* an:

„(a) a serious breach of an international obligation of essential importance for the maintenance of international peace and security, such as that prohibiting aggression;

(b) a serious breach of an international obligation of essential importance for safeguarding the right of self-determination of peoples, such as that prohibiting the establishment or maintenance by force of colonial domination;

(c) a serious breach on a widespread scale of an international obligation of essential importance for safeguarding the human being, such as those prohibiting slavery, genocide and apartheid;

---

national ont pour conséquence une responsabilité internationale." Der IGH hat im Falle *Reparation for Injuries Suffered in the Service of the United Nations*, ICJ Reports 1949, S. 185, ausgesprochen, daß im Falle der völkerrechtswidrigen Verletzung eines Organes der Vereinten Nationen diese neben dem Heimatstaate des Opfers reklamationsberechtigt sind: „When the victim has a nationality, cases can clearly occur in which the injury suffered by him may engage the interest both of his national State and of the Organization."

[5] ILC-Yearbook 1976 II, Part 2, S. 95 ff. Vgl. auch die Begründung des Vorschlags von *Ago* (Art. 18 in seinem 5. Bericht), ILC-Yearbook 1976 II, Part 1, S. 24 ff.

[6] Zum Verständnis des Begriffs „international community as a whole" vgl. das in § 530 zu Art. 53 der Wiener Vertragsrechtskonvention Ausgeführte. Zu den vr Verpflichtungen *erga omnes* siehe oben §§ 50 f., 94 ff. und 524 ff.

[7] Oben §§ 439 ff.

(d) a serious breach of an international obligation of essential importance for the safeguarding and preservation of the human environment, such as those prohibiting massive pollution of the atmosphere or of the seas."

Solche Verbrechen sind nach Ansicht der ILC in der Regel, aber nicht notwendigerweise, auch Verletzungen des *ius cogens*[8]. Auf die Frage, wer im Falle des Bruchs einer vr Verpflichtung *erga omnes* zu Maßnahmen der Rechtsdurchsetzung befugt ist, werden wir bei der Behandlung des Repressalienrechts eingehen[9].

---

[8] ILC-Yearbook 1976 II, Part 2, S. 102. Mit den *Rechtsfolgen* der „international crimes" im einzelnen wird sich die ILC im zweiten Teil ihres Konventionsentwurfs auseinandersetzen müssen. Bis dahin ist eine angemessene rechtspolitische Bewertung von Art. 19 kaum möglich. Vgl. aber aus dem 3. Bericht *Riphagens* an die ILC, UN Doc. A/CN. 4/354/Add. 2 (1982), S. 4 ff., und den ebd., S. 12 ff., vorgeschlagenen Art. 6 mit Kommentar; ferner aus dem 4. Bericht, UN Doc. A/CN. 4/366/Add. 1 (1983), S. 6 ff.; sowie nunmehr die Art. 14 und 15 des 5. Berichts, welche die früheren Vorschläge ersetzen (UN Doc. A/CN. 4/380 vom 4. April 1984); *Starace*, La responsabilité résultant de la violation des obligations à l'égard de la communauté internationale, RdC 153 (1976 V), S. 263 ff.; *Marek*, Criminalizing State Responsibility, RBDI 14 (1978 - 1979), S. 460 ff.; P. M. *Dupuy*, Action publique et crime international de l'Etat, AFDI 25 (1979), S. 539 ff.; *derselbe*, Observations sur le „crime international de l'Etat", RGDIP 84 (1980), S. 449 ff.; *Dominicé*, Die internationalen Verbrechen und deren rechtliches Regime, FS Verosta, S. 227 ff.; *Graefrath / Oeser / Steiniger*, Internationale Verbrechen — internationale Delikte, Deutsche Außenpolitik 22 (1977), S. 90 ff.

Der von der ILC 1976 in erster Lesung angenommene Art. 19 weicht — abgesehen von einigen redaktionellen Umstellungen — von dem Vorschlag des Berichterstatters *Ago* insoweit ab, als dieser auch schwere Verletzungen einer vr Verpflichtung „having at its purpose ... respect for human rights and fundamental freedoms for all, without distinction based on race, sex, language or religion" unter den „internationalen Verbrechen" angeführt hatte (ILC-Yearbook 1976 II, Part 1, S. 54). Im Redaktionskomitee stimmte *Ago* dem dann von der Kommission angenommenen Text zu und führte in der Sitzung vom 6. Juli 1976 zur Änderung der gerade angeführten Stelle, nach einem Hinweis, daß er immer ein Verteidiger der Menschenrechte gewesen sei, aus, daß nicht alle Verletzungen der Menschenrechte „internationale Verbrechen" seien. So bestehe „an enormous difference between, for example, genocide and wrongfully preventing someone from exercising a particular profession. That was the difference between a simple breach of an international obligation and an international crime". *Ago* gibt auch zu, daß es außer den in Art. 19 angeführten Beispielen noch andere „international crimes consisting in the breach of obligations relating to the safeguarding of the human being" gibt, und meint, daß ihm die neue Fassung angemessen erscheine, „since it covered not only the physical integrity of human beings, but also their equality in regard to dignity", wie sie z. B. durch die Apartheid verletzt wird (ILC-Yearbook 1976 I, S. 252). Dem ist zuzustimmen. Gleichwohl ist es bedauerlich, daß nur die rassischen und nicht auch die anderen in den Art. 1 Ziff. 3 und 55 lit. c UN-Charta genannten Diskriminierungen als Beispiele internationaler Verbrechen angeführt werden, obwohl diese *in gleicher Weise* wie die rassischen Diskriminierungen verboten sind und etwa in Gestalt schwerer und andauernder Verletzungen der Glaubens- und Gewissensfreiheit, nicht weniger als diese die menschliche Würde verletzen.

[9] Unten § 1343.

B. Die Frage des Schadens

§ 1264 Die Verantwortlichkeit für Unrechtstatbestände besteht unabhängig von der Frage, ob ein materieller Schaden entstanden ist[10]. Daher kann die bloße Feststellung des begangenen Unrechts durch ein Schiedsgericht oder den IGH eine angemessene Unrechtsfolge darstellen[11]. Andererseits begründet die *bloße* Zufügung eines Schadens (z. B. bei der Niederwerfung eines Aufstandes) keine Verantwortlichkeit, wenn keine Verletzung einer Norm des VR vorliegt[12]. Auch die ILC sieht im Eintritt eines Schadens kein selbständiges konstitutives Element, das zu den beiden Voraussetzungen a) Rechtsverletzung und b) deren Zurechenbarkeit zu einem Völkerrechtssubjekt[13] hinzutreten müsse, um die vr Verantwortlichkeit zu begründen. Wolle man an der Voraussetzung eines Schadens festhalten, so müsse der Schadensbegriff so weit gefaßt werden, daß *jede* Verletzung einer Völkerrechtspflicht gegenüber einem anderen Staat diesem ohne weiteres „Schaden" zufügt[14].

---

[10] Ebenso die deutsche Reichsregierung (sowie auch andere Regierungen) in ihren Antworten auf den Fragebogen der Haager Kodifikationskonferenz (1930), Bases de discussion, S. 146 ff. Das schließt natürlich nicht aus, daß für bestimmte Unrechtstatbestände die Entstehung eines materiellen Schadens ein Tatbestandsmerkmal bildet. So ist z. B. ein Staat für die mangelnde Sorgfalt seiner Organe beim Schutz von Ausländern nur verantwortlich, wenn diese tatsächlich einen Schaden erlitten haben, nicht schon, wenn sie einen solchen hätten erleiden können.

[11] So der IGH am 9. April 1949 im *Corfu Channel* Case, ICJ Reports 1949, S. 35: „Cette constatation ... constitue en elle-même une satisfaction appropriée."

[12] So Max *Huber* in seinem in der Anm. 4 angeführten Schiedsspruch: „[L]e simple fait qu'un dommage a été causé, non plus que le fait que l'indemnité demandée ou la punition exigée par le damnifié n'ont pas été obtenus, ne justifient pas en eux-mêmes l'intervention diplomatique." Zum ganzen *Jiménez de Aréchaga*, International Law in the Past Third of a Century, RdC 159 (1978 I), S. 267 ff.; *Reuter*, Le dommage comme condition de la responsabilité internationale, FS Miaja de la Muela, Bd. II, S. 837 ff.

[13] Vgl. den oben in Anm. 2 wiedergegebenen Art. 3 des ILC-Entwurfs.

[14] Vgl. aus dem Kommentar zu Art. 3, ILC-Yearbook 1973 II, S. 183: „[I]f we maintain at all costs that ‚damage' is an element in any internationally wrongful act, we are forced to the conclusion that any breach of an international obligation towards another State involves some kind of ‚injury' to that other State. But this is tantamount to saying that the ‚damage' which is inherent in any internationally wrongful act is the damage which is at the same time inherent in any breach of an international obligation." Die ILC weist dabei auf vr Verpflichtungen zum Schutze der Menschenrechte hin, deren Verletzung in der Regel keine materielle Schädigung anderer Staaten hervorrufe, aber dennoch die vr Verantwortlichkeit zur Folge habe. Im gleichen Sinne die oben in § 754 wiedergegebenen Ausführungen des IGH im *South West Africa*-Urteil 1966.

C. Schuld-, Erfolgs- und Gefährdungshaftung

§ 1265 Streitig ist, ob zum Unrechtstatbestand dazugehört, daß er *schuldhaft* (vorsätzlich oder fahrlässig) gesetzt wurde[15]. Sicher ist jedenfalls, daß bestimmte Unterlassungen nur dann eine Verantwortlichkeit begründen, wenn das zuständige Organ nicht die nötige Sorgfalt *(due diligence)* aufgewendet hat, um einen Schaden zu verhindern, wie wir noch ausführen werden[16]. Die ältere Lehre ging noch weiter, da sie grundsätzlich auch für Handlungsdelikte das Merkmal der Schuld als notwendig erachtet. So schreibt Grotius: „*Qui in culpa non est, natura ad nihil tenetur*[17]." Er schließt aber die Einführung der Erfolgshaftung durch eine positive Norm nicht aus. Ihm folgen noch Ago in früheren Schriften[18], Strisower[19], Dahm[20] und Seidl-Hohenveldern[21]. Ebenso verlangt die überwiegende Judikatur in jenen Fällen, bei denen die beklagte Partei die Schuldlosigkeit des betroffenen Organes eingewendet hat, den Nachweis einer Schuld (Fahrlässigkeit, mangelnde Voraussicht oder Aufmerksamkeit)[22], mag diese auch bloß eine „*culpa levissima*"

---

[15] *Ago*, La colpa nell'illecito internazionale, in: Scritti in onore di S. Romano (1940), Bd. III, S. 175 ff.; *derselbe*, Das Verschulden im völkerrechtlichen Unrecht, ZöffR 20 (1940), S. 449 ff.; *derselbe*, Le délit international, RdC 68 (1939 II), S. 476 ff.; *Schwarzenberger*, International Law as Applied by International Courts and Tribunals, Bd. I (3. Aufl. 1957), S. 632 ff.; *Sperduti*, Sulla colpa nel diritto internazionale, C & S 3 (1950), S. 79 ff.; *Carlebach*, Le problème de la faute et sa place dans la norme du droit international (1962); *von Münch* (Anm. 1), S. 152 ff.; *Luzzatto*, Responsabilità e colpa in diritto internazionale, RDI 51 (1968), S. 53 ff.; *Giuliano*, Diritto internazionale (1974), Bd. I, S. 591 ff.; sowie die Studie des UN-Generalsekretariats Doc. A/CN. 4/315: „*Force majeure*" and „Fortuitous event" as circumstances precluding wrongfulness: survey of State practice, international judicial decisions and doctrine, ILC-Yearbook 1978 II, Part One, S. 61 ff. (§§ 489 - 511 und 574 - 587).

[16] Unten §§ 1267, 1271, 1281.

[17] De iure belli ac pacis, II, cap. 17, § 21.

[18] Siehe Anm. 15.

[19] Annuaire IDI 33 I (1927), S. 479 ff. und 532 ff.

[20] Völkerrecht, Bd. 3 (1961), S. 224 ff.

[21] Völkerrecht (4. Aufl. 1980), S. 317 f.

[22] So der Haager Schiedsgerichtshof am 22. Mai 1909 im Falle *Casablanca*, in: *Schücking*, Das Werk vom Haag, IV, S. 15. Das deutsch-portugiesische Schiedsgericht im *Naulilaa*-Fall lehnte 1928 die Verantwortlichkeit Portugals für eine Tötung mit der Begründung ab, daß der portugiesische Offizier geglaubt habe, in Notwehr zu handeln: RIAA II, S. 1025. Das britisch-panamanische Schiedsgericht fragt am 6. Juli 1933 im Fall *James Pugh*, AJIL 36 (1942), S. 708 ff.: „[I]s there certainty that the acts ... were malicious, voluntary, and consequently culpable ...?". Auch die italienisch-äthiopische Vergleichskommission hat am 3. September 1935 im Grenzzwischenfall *Wal wal* eine Verantwortlichkeit mangels Verschuldens abgelehnt, RIAA III, S. 1666: „... dans l'état de nervosité, d'excitation et de suspicion où étaient les troupes rivales ... ce coup de feu ait déterminé les résultats regrettables ...". Ferner betont die französisch-italienische Vergleichskommission am 7. Dezember 1955 in einem Streitfall über die *Interprétation de l'art. 79 du traité de paix*,

sein[23]. Jedoch bildet die bloße „*bona fides*" des verantwortlichen Organs keine Entschuldigung, soferne der Irrtum bei größerer Sorgfalt hätte vermieden werden können und auch kein Fehler in den Dienstanweisungen vorliegt[24].

§ 1266 Hingegen vertreten die meisten neueren Schriftsteller die Auffassung, daß bei Handlungsdelikten die bloße objektive Verletzung einer Norm des VR die Verantwortlichkeit begründe[25]. Dabei können sie auch darauf hinweisen, daß sich die meisten Judikate mit einer solchen Feststellung begnügen. Daraus darf aber nicht der voreilige Schluß gezogen werden, daß die überwiegende Judikatur der Erfolgshaftung huldige, da in den meisten Fällen die beklagte Partei die Frage der Schuld des verantwortlichen Organs gar nicht aufwarf. Sie könnte es auch gar nicht, wenn der Unrechtstatbestand von den obersten Organen gesetzt oder von ihnen angeordnet wurde, da man von diesen verlangen kann, stets im vollen Bewußtsein ihrer Verantwortlichkeit zu handeln, während ein allfälliger Rechtsirrtum unerheblich ist. Nur bei untergeordneten Organen kann es vorkommen, daß sie plötzlich, ohne nähere Prüfung des Sachverhalts, handeln müssen, so daß die Frage aufgeworfen werden kann, ob sie fahrlässig, ohne die nötige Überlegung, vorgegangen sind, oder ob ihnen keinerlei subjektives Verschulden angelastet werden kann. Das wäre z. B. bei der Verhaftung eines Diplomaten der Fall, der sich nicht ausgewiesen hat und als solcher auch nicht aus den Umständen erkannt werden konnte.

Zur Begründung der Theorie der objektiven Verantwortlichkeit müßte daher nachgewiesen werden, daß die Staatenpraxis eine solche auch dann annimmt, wenn die Schuldlosigkeit des untergeordneten

---

RIAA XIII, S. 432: „... un lien de causalité ... ne suffit ... pas ... il faut en plus le lien de *causalité entre la perte ... et la faute* du Gouvernement ... dans *la personne de ses organes*" (von uns hervorgehoben). Auch der IGH hat im *Corfu Channel* Case die Verantwortlichkeit Albaniens für die Minenlegung in seinen Gewässern und den durch die Explosion dieser Minen entstandenen Schaden nur deswegen angenommen, weil „the laying of the minefield which caused the explosions ... *could not have been accomplished without the knowledge* of the Albanian Government ... In fact, nothing was attempted by the Albanian authorities to prevent the disaster. These *grave omissions* involve the international responsibility of Albania": ICJ Reports 1949, S. 22 f. (von uns hervorgehoben).

[23] So z. B. die französisch-italienische Vergleichskommission (Anm. 22): „Il n'est pas nécessaire que la faute imputable ... soit grave."

[24] So das britisch-amerikanische Schiedsgericht am 2. Dezember 1921 im Falle der Eigentümer der Schiffe *Jessie, The Thomas F. Bayard and The Pescawha (Great Britain) v. United States*, RIAA VI, S. 59: „It is unquestionable that the United States naval authorities acted bona fide, but ... any Government is responsible ... for errors in judgment of its officials ...".

[25] Vor allem *Anzilotti*, Teoria della responsabilità dello Stato nel diritto internazionale (1902); *Guggenheim*, Traité de Droit international public 2 (1954), S. 50 ff.; *Sereni*, Diritto internazionale 3 (1962), S. 1517 ff.

Organs nachgewiesen werden konnte und dieses auch nicht aufgrund einer Anordnung einer höheren Stelle gehandelt hat[26].

Im Ergebnis stimmen wir daher mit der herrschenden Völkerrechtslehre darin überein, daß in den meisten Fällen bei Handlungsdelikten die bloße objektive Verletzung einer Völkerrechtsnorm entscheidend ist, glauben aber nachgewiesen zu haben, daß es Fälle gibt, wo eine Schuld (Vorsatz oder Fahrlässigkeit) des handelnden Organs hinzutreten muß, um eine vr Verantwortlichkeit zu begründen.

§ 1267 Unser Ergebnis scheint mit der Lösung dieser Frage durch die ILC in Widerspruch zu stehen, da diese (dem Antrag ihres Berichterstatters Roberto Ago folgend) das vr Unrecht als eine *objektive* Verletzung einer vr Verpflichtung definiert hat, ohne das subjektive Merkmal der Schuld eines staatlichen Organs zu erwähnen[27].

Bei näherer Betrachtung schlägt der ILC-Entwurf aber eine Brücke zur Verschuldenshaftung. So läßt der Wortlaut seines Art. 23, wonach, „[w]hen the result required of a State by an international obligation is the prevention, by means of its own choice, of the occurrence of a given event, there is a breach of that obligation only if, by the conduct adopted, the State does not achieve that result", zwar eine Deutung i. S. der reinen Erfolgshaftung zu, doch betont der Kommentar der ILC zu dieser Bestimmung: „In assuming obligations of this kind, States are not underwriting some kind of insurance to cover co-contracting States against the occurrence, whatever the conditions, of the events of the kind contemplated ... Only when the event has occurred because the State has failed to prevent it by its conduct, and when the State is shown to have been capable of preventing it by different conduct, can the result required by the obligation be said not to have been achieved ... The State can obviously be required only to act in such a way that the possibility of the event is obstructed, i. e. to frustrate the occurrence of the event as far as it lies within its power[28]." Die Kommission läßt also

[26] So sagt das britisch-amerikanische Schiedsgericht im Falle *Laughlin McLean (Great Britain) v. United States*, RIAA VI, S. 84: „[T]he good faith of the United States naval officers is not questioned, their error in judgment being caused by the provisions of the aforesaid section 10 [des Kongreßaktes vom 6. April 1894], for which section ... the United States Government is liable." Das Schiedsgericht hat also die USA trotz Schuldlosigkeit der handelnden Organe für verantwortlich erklärt, weil das von ihnen angewendete Gesetz völkerrechtswidrig war.

[27] Vgl. den oben Anm. 2 zitierten Art. 3. Kritisch dazu *Zemanek*, Schuld- und Erfolgshaftung im Entwurf der Völkerrechtskommission über Staatenverantwortlichkeit, FS Bindschedler, S. 315 ff.; *derselbe*, Die völkerrechtliche Verantwortlichkeit und die Sanktionen des Völkerrechts, ÖHB 1, S. 372 f.

[28] ILC-Yearbook 1978 II, Part 2, S. 82 f. Ebenso hatte *Ago* in der Erläuterung zu seinem Vorschlag hervorgehoben, daß „[n]either the occurrence of the event without there having been any negligence on the part of State

die Verantwortlichkeit für die Verletzung vr Verhinderungspflichten nur bei einem Mangel an nach den Umständen *gebotener Aufmerksamkeit (due diligence)* eintreten[29].

In seinem 8., der ILC im Jahre 1979 vorgelegten Bericht hat Ago wiederum ein subjektives Merkmal in den Tatbestand des vr Unrechts aufgenommen, indem er der Kommission folgende Bestimmung über den Ausschluß der Rechtswidrigkeit durch Zufall (fortuitous event) vorschlug: „The international wrongfulness of an act of a State not in conformity with what is required of it by an international obligation is precluded if, owing to a supervening external and unforeseeable factor, it is impossible for the author of the conduct attributable to the State to realize that its conduct is not in conformity with the international obligation[30]." Die ILC verschmolz diese Bestimmung mit einem Vorschlag Agos über höhere Gewalt (force majeure) zu einem gemeinsamen Art. 31, dessen uns hier interessierender Abs. 1 in seinem den Zufall betreffenden Teil wie folgt lautet: „The wrongfulness of an act of a State not in conformity with an international obligation of that State is precluded if the act was due to ... an unforeseen external event beyond its control which made it materially impossible for the State ... to know that its conduct was not in conformity with that obligation[31]."

Danach liegt ein vr Unrecht also *nicht* vor, wenn das in Betracht kommende Organ durch einen äußeren, nicht vorhergesehenen Umstand daran *gehindert* war, die Völkerrechtswidrigkeit seines Verhaltens zu erkennen. Daher wird sein Verhalten dem Staat als vr Unrecht zugerechnet, wenn er bei *Anwendung der gebotenen Sorgfalt (due diligence)* in der Lage gewesen wäre, dieses Unrecht zu erkennen. Zuzu-

---

organs nor such negligence without the occurrence of any event in itself constitutes a breach of the international obligation": ILC-Yearbook 1978 II, Part 1, S. 32.

[29] Dazu *García-Amador* (§ 1262, Anm. 1), S. 27: „In effect, the rule of ‚due diligence' is the expression *par excellence* of the so-called ‚theory of fault' (culpa), for if there is any category of cases in which it cannot be said that responsibility arises through the simple existence of a wrong, it is surely the category dealt with in this section. Accordingly, though the rule is vague and, consequently, of only relative value in practice, there is no choice — so long as some better formula is not devised in its stead — but to continue to apply the rule of ‚due diligence' in these cases of responsibility." Vgl. ferner P. M. *Dupuy*, Due Diligence in the International Law of Liability, in: OECD (Hrsg.), Legal Aspects of Transfrontier Pollution (1978); *Kilian*, Zur völkerrechtlichen Verantwortlichkeit des Staates bei Akten des Internationalen Terrorismus, Neue Zeitschrift für Wehrrecht 24 (1982), S. 121 ff. (129 ff.); *Wolf*, Die gegenwärtige Entwicklung der Lehre über die völkerrechtliche Verantwortlichkeit der Staaten. Untersucht am Beispiel des Urteils des Internationalen Gerichtshofs in der Teheraner Geiselaffäre, ZaöRV 43 (1983), S. 481 ff., bes. S. 512 f., 520 ff.

[30] ILC-Yearbook 1979 II, Part 1, S. 66.

[31] ILC-Yearbook 1979 II, Part 2, S. 122.

geben ist allerdings, daß sich der Maßstab der „due diligence" an einen objektiven Standard annähert.

§ 1268 Eine Erfolgshaftung kann auch vertraglich statuiert werden. So bestimmt Artikel 3 des Haager Landkriegsabkommens, daß die Kriegführenden für *alle* von ihrer bewaffneten Macht begangenen Handlungen verantwortlich sind[32]. Eine Ausnahme von dieser Norm bildet nur Artikel 2 Abs. 2 des Haager Abkommens vom 18. Oktober 1907 über die Beschießung durch Seestreitkräfte, demzufolge keine Verantwortlichkeit für „dommages involontairement causés" besteht[33].

§ 1269 Schließlich legt eine wachsende Anzahl vr Verträge eine *Gefährdungshaftung* für besonders gefahrengeneigte („ultra-hazardous") Aktivitäten, also eine Haftung für die grenzüberschreitenden schädigenden Folgen rechtmäßigen, aber risikobehafteten Handelns, fest[34]. So bestimmt die Convention on International Liability for Damage Caused by Space Objects vom 29. März 1972 in Art. II: „A launching state shall be *absolutely liable* to pay compensation for damage caused by its space object on the surface of the earth or to aircraft in flight[35]."

Derartige Vertragsbestimmungen bilden den durch die technische Entwicklung notwendig gewordenen haftungsrechtlichen Aspekt des vr *Umweltschutzes*[36]. Ob dabei unabhängig von konkreten Verträgen schon

---

[32] *Berber / Randelzhofer*, Völkerrechtliche Verträge (2. Aufl. 1979), S. 393.

[33] *Berber*, Dokumente II, S. 1925.

[34] Darüber *Jenks*, Liability for Ultra-Hazardous Activities in International Law, RdC 117 (1966 I), S. 105 ff.; *Goldie*, Liability for Damage and the Progressive Development of International Law, ICLQ 14 (1965), S. 1196 ff.; *Kelson*, State Responsibility and the Abnormally Dangerous Activity, Harvard International Law Journal 13 (1972), S. 197 ff.; P. M. *Dupuy*, La responsabilité internationale des Etats pour les dommages d'origine technologique et industrielle (1976); *Handl*, Territorial Sovereignty and the Problem of Transnational Pollution, AJIL 69 (1975), S. 50 ff.; *derselbe*, An International Legal Perspective on the Conduct of Abnormally Dangerous Activities in Frontier Areas: The Case of Nuclear Power Plant Siting, Ecology Law Quarterly 7 (1978), S. 1 ff.; *derselbe*, State Liability for Accidental Transnational Environmental Damage by Private Persons, AJIL 74 (1980), S. 525 ff.; *Cahier*, Le problème de la responsabilité pour risque en droit international, in: IUHEI (Hrsg.), Les relations internationales dans un monde en mutation (1977), S. 409 ff.; *Goldschmidt*, Das Problem einer völkerrechtlichen Gefährdungshaftung unter Berücksichtigung des Atom- und Weltraumrechtes (1978); *Rudolf*, Haftung für rechtmäßiges Verhalten im Völkerrecht, in: Festschrift f. Otto Mühl zum 70. Geburtstag (1981), S. 535 ff.; *Steinert*, Verantwortlichkeit und Haftung im Völkerrecht, Wissenschaftliche Zeitschrift der Humboldt-Universität zu Berlin 1/1981, S. 23 ff.; *Randelzhofer*, Probleme der völkerrechtlichen Gefährdungshaftung, Berichte DGVR 24 (1984), S. 35 ff.

Die ILC befaßt sich mit diesem Thema seit 1980 anhand von Berichten ihres Special Rapporteur *Quentin-Baxter*.

[35] Abkommenstext im AJIL 66 (1972), S. 702 ff.; BGBl. 1975 II, S. 1209. Vgl. auch oben § 1152. Dagegen soll nach Art. III dieses Abkommens für Schäden an einem fremden Weltraumfahrzeug Schuldhaftung Platz greifen.

von einer Ersatzpflicht für typische grenzüberschreitende Schäden durch besonders gefährliche Handlungen aufgrund *allgemeinen* VR gesprochen werden kann, ist sehr umstritten[37].

2. Abschnitt

Die Verantwortlichkeit der Staaten für die völkerrechtswidrigen Handlungen und Unterlassungen ihrer Organe

§ 1270 Den Staaten (sowie den anderen souveränen Rechtsgemeinschaften) werden vor allem jene Unrechtstatbestände zugerechnet, welche ihre Organe im Rahmen ihrer eigenen, *effektiven* Rechtsordnung gesetzt haben[1]. Daher ist jeder Staat auch für Handlungen und Unterlassungen seiner generellen *de facto*-Regierung und die in ihrem Auftrag gesetzten Unrechtstatbestände verantwortlich[2]. Dasselbe gilt auch für jene Menschen und Gruppen, die ohne formelle Ermächtigung ihrer innerstaatlichen Rechtsordnung Akte der öffentlichen Gewalt setzen[3],

---

[36] Dazu §§ 1029 ff. Vgl. auch Prinzip Nr. 22 der von der Stockholmer Umweltkonferenz der Vereinten Nationen am 16. Juni 1972 verabschiedeten Deklaration, Text bei *Rüster / Simma*, International Protection of the Environment. Treaties and Related Documents, Bd. I (1975), S. 120.

[37] In ihrer gegenüber der Sowjetunion erhobenen Forderung auf Ersatz des durch den Absturz des mit einem Kernreaktor ausgerüsteten Satelliten „Kosmos 954" verursachten Schadens hat die kanadische Regierung die Auffassung vertreten, daß „absolute liability" in derartigen Fällen (auch) einem allgemeinen Rechtsgrundsatz i. S. von Art. 38 Abs. 1 lit. c des IGH-Statuts entspreche: ILM 18 (1979), S. 899 ff. (907).

[1] So z. B. der Schiedsspruch vom 30. September 1901 in der *Affaire des réclamations des sujets italiens résidant au Perou, No. 2 et No. 4*, RIAA XV, S. 399, 401 ff.: „[U]n principe de droit international universellement reconnu veut que l'Etat soit responsable des violations du droit des gens commises par ses agents ..." Die ILC hält dies in Art. 5 ihres Entwurfs fest:

„*Attribution to the State of the conduct of its organs*

For the purposes of the present articles, conduct of any State organ having that status under the internal law of that State shall be considered as an act of the State concerned under international law, providing that organ was acting in that capacity in the case in question."

Zum ganzen *Quéneudec*, La responsabilité internationale de l'Etat pour les fautes personnelles de ses agents (1966).

[2] So vor allem der Schiedsrichter *Taft* am 18. Oktober 1923 im Falle der *Tinoco-Regierung*, RIAA I, S. 382: „The question is, has it [die Regierung Tinoco] really established itself in such a way that all within its influence recognize its control ...?"; ähnlich im Falle *George W. Hopkins*, AJIL 21 (1927), S. 164 f.

[3] So auch Art. 8 des ILC-Entwurfs:

„*Attribution to the State of the conduct of persons acting in fact on behalf of the State*

The conduct of a person or group of persons shall also be considered an act of the State under international law if:

z. B. Hausdurchsuchungen oder Verhaftungen vornehmen, *sofern* diese Akte eine Auswirkung der effektiven Herrschaftsordnung bilden, da nach VR jener Mensch oder jene Gruppe als Staatsorgan angesehen wird, *„qui actu regit"*[4].

§ 1271 Diese Verantwortlichkeit besteht für alle Organarten und alle Stufen der hierarchischen Gliederung des Staatsapparates[5]. So sind die Staaten auch für die Erlassung völkerrechtswidriger *Gesetze*, einschließlich von Verfassungsgesetzen[6], ebenso wie für die Nichterlassung vr gebotener Gesetze verantwortlich[7]. Ein Gesetz ist jedoch nur völkerrechtswidrig, wenn es selbst eine Völkerrechtsverletzung vornimmt, z. B. eine einem Ausländer erteilte Konzession aufhebt[8], nicht schon dann, wenn es eine solche bloß ermöglicht. Wenn daher z. B. ein Gesetz die generelle Konfiskation bestimmter Güter ermöglicht, liegt eine Völkerrechtsverletzung erst vor, wenn ein solches Gesetz auf ausländisches Eigentum *angewendet* wird. Ein Staat wird aber auch dann verantwortlich, wenn die von ihm erlassenen Gesetze so mangelhaft sind, daß die an die Gesetze gebundenen Verwaltungsbehörden und Gerichte nicht imstande sind, völkerrechtsgemäß vorzugehen[9]. Ein Staat

---

a) it is established that such person or group of persons was in fact acting on behalf of that State; or

b) such person or group of persons was in fact exercising elements of the governmental authority in the absence of the official authorities and in circumstances which justified the exercise of those elements of authority."

[4] *Morelli*, Nozioni di diritto internazionale (7. Aufl. 1967), S. 187; *Quadri*, Diritto internazionale (5. Aufl. 1968), S. 471.

[5] Vgl. Art. 6 des ILC-Entwurfs:
„Irrelevance of the position of the organ in the organization of the State
The conduct of an organ of the State shall be considered as an act of that State under international law, whether that organ belongs to the constituent, legislative, executive, judicial or other power, whether its functions are of an international or an internal character, and whether it holds a superior or a subordinate position in the organization of the State."

[6] So das französisch-mexikanische Schiedsgericht am 19. Oktober 1928 im Falle *Georges Pinson*, RIAA V, S. 393 f.; unter Berufung auf den Fall *Montijo* (bei *Moore*, Digest of International Arbitrations, S. 1440).

[7] So der StIGH am 21. Februar 1925 im Falle *Exchange of Greek and Turkish Populations*, B 10, S. 20: „[U]n Etat ... est tenu d'apporter à sa législation les modifications nécessaires pour assurer l'exécution des engagements pris." Der Schiedsspruch vom 21. Juli 1927 im Falle *Salomé Lerma Vda. de Galván v. Mexico* erklärt einen Staat für die Mängel seiner „legal machinery" verantwortlich, AJIL 22 (1928), S. 457. Dazu *Musacchia*, La responsabilità internazionale degli Stati per fatti degli organi legislativi (1939); *Vitta*, La responsibilità internazionale dello Stato per atti legislativi (1953).

[8] So im Falle *Shufeldt*, RIAA II, S. 1093.

[9] Seine Staatsorganisation macht ihm also in diesem Fall die Aufbietung der *„due diligence"* unmöglich, die der internationale Standard zum Schutze fremder Staaten und deren Angehöriger verlangt. Dieser Begriff ist zum ersten Mal in einem britisch-amerikanischen Schiedsvertrag vom 8. Mai 1871 (den sog. „Washingtoner Regeln" über die Verhinderungspflichten neutraler

ist somit verantwortlich, wenn sein Gesetzgeber nicht jene Einrichtungen schafft, die notwendig sind, um die vr Verpflichtungen erfüllen zu können. Ein solcher Mangel liegt z. B. vor, wenn die Gesetzgebung keine Vorsorge dafür getroffen hat, daß die Gerichts- und Polizeiorgane in der nötigen Zahl vorhanden und in der Lage sind, ordnungsgemäß amtszuhandeln.

§ 1272 Die Staaten sind ebenfalls für die von ihren *Gerichten* begangenen Völkerrechtsverletzungen verantwortlich. Der dagegen erhobene Einwand, daß die Gerichte unabhängig seien, ist nicht durchschlagend, da die Gerichte in den meisten Kulturstaaten zwar von ihrer Regierung unabhängig, gleichwohl aber Organe des Staates sind[10].

Eine solche Völkerrechtsverletzung kann entweder durch eine Nichtanwendung oder falsche Anwendung einer konkreten Norm des VR oder aber durch schwere Verstöße gegen die allgemeinen Grundsätze einer ordnungsgemäßen Rechtsprechung erfolgen, die unter dem Ausdruck „déni de justice“, „denial of justice“, i. w. S. zusammengefaßt werden. Dazu gehören die Verweigerung des Rechtsweges (déni de justice i. e. S.) für Ausländer oder für Angehörige bestimmter Staaten, eine ungebührliche Verzögerung des Verfahrens[11], aber auch schwere Verfahrensmängel, sowie *willkürliche* Verletzungen des *innerstaatlichen* Rechts, die sich hinter der Maske eines Richterspruches verbergen[12].

Staaten im Seekrieg; vgl. *Verdross*, S. 490 ff.) als Maßstab niedergelegt und in dem darauf beruhenden Schiedsspruch vom 14. September 1872 im *Alabama*-Fall angewendet worden: *La Pradelle / Politis*, Recueil des arbitrages internationaux II (2. Aufl. 1957), S. 713 ff., 965 ff. Vgl. dazu oben § 1267 und die dort in Anm. 29 genannten Arbeiten von P. M. *Dupuy* und *Kilian*, sowie unten § 1281 zur Anwendung des due diligence-Standards bei fremdenfeindlichen Unruhen.

[10] So z. B. die französisch-italienische Vergleichskommission am 7. Dezember 1955, RIAA XIII, S. 438: „La sentence rendue par l'autorité judiciaire est une émanation d'un organe de l'Etat ...“. Dazu *Eustatiades*, La responsabilité internationale de l'Etat pour les actes des organes judiciaires (1936); *Urbanek*, Das völkerrechtsverletzende nationale Urteil, ÖZöffR 9 (1958/59), S. 213 ff.; *Vitanyi*, International Responsibility of States for Their Administration of Justice, NTIR 22 (1975), S. 131 ff.

[11] z. B. im Falle *Cotesworth and Powell*, bei *Moore*, International Arbitrations, S. 2083: „[U]ndue and inexcusable delays ... in rendering judgment“; im Falle *Salem* vom 8. Juni 1932, RIAA II, S. 1202: „[I]nexcusable delay of proceedings.“ Dazu Ch. *de Visscher*, Le déni de justice en droit international, RdC 52 (1935 II), S. 365 ff.; *Eagleton*, Denial of Justice in International Law, AJIL 22 (1928). S. 538 ff.; *Freeman*, The International Responsibility of States for Denial of Justice (1938).

[12] So erstmalig *Vattel*, Le droit des gens, II, chap. VII, § 84: „injustice évidente & palpable“. Dazu die Erklärung *Bismarcks* vom 7. Dezember 1871 über den Freispruch von Mördern, Staatsarchiv 21, S. 334; ferner der Schiedsspruch im Falle *Martini* vom 3. Mai 1930. RIAA II, S. 987: „injustice patente“; im Falle *Salem* (Anm. 11), S. 1202: „[a]bsolute denial of justice, ... obvious discrimination of foreigners ... palpable and malicious iniquity of a judge-

§ 1273 Die meisten Verletzungen des VR erfolgen durch untergeordnete *Verwaltungsorgane,* z. B. in Gestalt willkürlicher Verhaftungen oder Ausweisungen von Ausländern, durch Grenzverletzungen, mangelnden Schutz von Ausländern (womit wir uns noch beschäftigen werden) oder völkerrechtswidrige Kriegsakte. Eine dem Heimatstaat zugerechnete Völkerrechtsverletzung setzt aber, wie später näher ausgeführt werden wird, bei Entscheidungen und Verfügungen voraus, daß sie nicht mehr im Rechtsweg angefochten werden können, da vor ihrer Rechtskraft das vr Unrecht noch nicht vollendet ist[13]. Nur in diesem Sinne ist die ab und zu vertretene Behauptung, daß der Staat für Handlungen seiner untergeordneten Organe allein noch nicht verantwortlich sei[14], haltbar.

---

ment ...“; im Falle *Teodoro García and M. A. Garza v. United States,* AJIL 21 (1927), S. 585: „... amounted to an outrage, to bad faith, to wilful neglect of duty“; am 30. Juni 1930 im Falle der *Responsabilité de l'Allemagne* (gegenüber Portugal), RIAA II, S. 1050: „l'Etat ... est responsable de ces tribunaux de prises ... [s]i la décision ... est contraire au droit des gens ou si elle est *manifestement injuste* ...“ (von uns hervorgehoben). Dazu *Ténékidès,* Les jugements nationaux „manifestement injustes“ envisagés comme source de la responsabilité internationale des États, RGDIP 46 (1939), S. 373 ff. Ein nationales Urteil „qui est objectivement erronée“, aber nicht mehr, begründet demnach keine Rechtsverweigerung; vgl. SchwJIR 36 (1980), S. 191 ff.

Zur Frage der Haftung eines Staates für die Verletzung von Konzessionsverträgen mit Ausländern zuletzt *Pazarci,* La responsabilité internationale des États à l'occasion des contrats conclus entre États et personnes privées étrangères, RGDIP 79 (1975), S. 354 ff.; wo richtig zwischen Verträgen auf Grund der innerstaatlichen Rechtsordnung und solchen unterschieden wird, welche die Parteien dem VR oder den allgemeinen Rechtsgrundsätzen unterstellen (§§ 4, 1220). In den drei *Libyan Cases* (§ 1220) sind die Rechtsfolgen der Verletzung derartiger „quasi-völkerrechtlicher“ Verträge jeweils unterschiedlich beurteilt worden. Ein Staat, der einen privatrechtlichen Vertrag nicht erfüllt, ist dem *Heimatstaat* der verletzten Privatperson gegenüber dagegen nur im Falle einer Rechtsverweigerung verantwortlich. So richtig das Eidgenössische Politische Departement am 18. September 1974, SchwJIR 31 (1975), S. 239.

[13] Vgl. unten §§ 1306 ff.

[14] *Borchard,* The Diplomatic Protection of Citizens Abroad (1915), S. 189 f.; *Fenwick,* International Law (3. Aufl. 1948), S. 280 f.; *von Glahn,* Law among Nations (2. Aufl. 1970), S. 227. Im Verfahren der Staatenbeschwerde *Irlands gegen Großbritannien* wegen der Lage in Nordirland vertrat Großbritannien die Auffassung, daß eine dem Staat zurechenbare Verletzung der Europäischen Menschenrechtskonvention mit dem Verstoß eines untergeordneten Staatsorgans gegen deren Bestimmungen noch nicht eintrete. Der Staat habe keine absolute Verpflichtung wie ein Versicherer übernommen. Vielmehr setze die Haftung voraus, daß die Verletzung „at the level of the state“ erfolge *(Frowein,* Probleme des allgemeinen Völkerrechts vor der Europäischen Kommission für Menschenrechte, FS Schlochauer, S. 297). In ihrem Bericht wies die Europäische Menschenrechtskommission diese These zurück und betonte, daß die Handlungen *aller* Staatsorgane dem Staat als Konventionsverletzungen zurechenbar sind: Yearbook of the European Convention on Human Rights 19 (1976), S. 758 f.

Vgl. auch Art. 6 des ILC-Entwurfs (oben Anm. 5).

§ 1274 Die Staaten sind außerdem für Handlungen, die von ihren Organen in eben dieser Eigenschaft, aber *außerhalb* ihrer innerstaatlichen Zuständigkeit oder unter Verletzung von Dienstanweisungen *(ultra vires)* gesetzt wurden, verantwortlich[15]. Nach der Mehrzahl der Autoren soll jedoch dann keine Verantwortung des Heimatstaates eintreten, wenn die Unzuständigkeit des Organes offenkundig ist[16]. Die ILC hat diese Ausnahme in ihren Entwurf nicht aufgenommen, weil sie den Schutz des von einer Völkerrechtsverletzung Betroffenen durch eine solche Klausel nicht schwächen wollte. In den meisten Fällen würde der Umstand, daß das Opfer den offensichtlichen Kompetenzmangel erkennt, dieses auch nicht in die Lage versetzen, den Schaden abzuwenden[17]. Außerdem böte die genannte Einschränkung die Möglichkeit, sich bewußt durch ein Verhalten, das die innerstaatlichen Zuständigkeitsgrenzen verletzt, der Verantwortung zu entziehen[18].

---

[15] Vgl. Art. 10 des provisorischen ILC-Entwurfs:
„*Attribution to the State of conduct of organs acting outside their competence or contrary to instructions concerning their activity*
The conduct of an organ of a State, of a territorial governmental entity or of an entity empowered to exercise elements of the governmental authority, such organ having acted in that capacity, shall be considered as an act of the State under international law even if, in the particular case, the organ exceeded its competence according to internal law or contravened instructions concerning its activity."
Aus der Judikatur vgl. den Schiedsspruch vom 23. November 1925 im *Youmans* Case, RIAA IV, S. 116 (Ermordung von US-Staatsangehörigen durch mexikanische Soldaten): „... we do not consider that the participation of the soldiers in the murder at Angangueo can be regarded as acts of soldiers committed in their private capacity when it is clear that at the time of the commission of these acts the men were on duty under the immediate supervision and in the presence of a commanding officer. Soldiers inflicting personal injuries or committing wanton destruction or looting always act in disobedience of some rules laid down by superior authority. There could be no liability whatever for such misdeeds if the view were taken that any acts committed by soldiers in contravention of instructions must always be considered as personal acts." Ferner den Schiedsspruch vom 7. Juni 1929 im Falle *Jean-Baptiste Caire, Estate of (France) v. United Mexican States*, RIAA V, S. 531: „... il ne reste aucun doute que les deux officiers [die den französischen Staatsangehörigen Caire erschossen, nachdem dieser sich geweigert hatte, ihnen Geld zu geben] ... ont engagé la responsabilité de l'Etat, comme s'étant couverts de *leur qualité d'officiers* et servis des *moyens* mis, à ce titre, à leur disposition" (von uns hervorgehoben). Dazu *Freeman*, Responsibility of States for Unlawful Acts of Their Armed Forces, RdC 88 (1955 II), S. 267 ff.; *Meron*, International Responsibility of States for Unauthorized Acts of Their Officials, BYIL 33 (1957), S. 85 ff.

[16] So auch *Ago* in seinem der ILC 1972/73 vorgelegten 4. Bericht (Art. 10 Abs. 2): „However, such conduct is not considered to be an act of the State if, by its very nature, it was wholly foreign to the specific functions of the organ or if ... the organ's lack of competence was manifest" (ILC-Yearbook 1972 II, S. 95). Vgl. Art. 46 der Wiener Vertragsrechtskonvention (oben § 691).

[17] Vgl. aus dem Kommentar zu Art. 10, ILC-Yearbook 1975 II, S. 69 (treffender Hinweis auf den Fall *Youmans*).

[18] Ebd. Als Beispiel führt der Kommentar die offenkundig landesrechtswidrige Erklärung eines Angriffskrieges durch ein Staatsoberhaupt an.

Hingegen sind die Staaten für die von ihren Organen begangenen *Privathandlungen,* mögen sie auch anläßlich des Dienstes gesetzt worden sein (z. B. Beleidigungen von Ausländern), überhaupt nicht verantwortlich[19].

§ 1275 Als Staatsorgane gelten auch die *territorialen Gliederungen* des Staates, also die Gliedstaaten eines Bundesstaates, Bezirksverbände und Gemeinden, soweit sie hoheitliche Aufgaben (acts of state) vornehmen[20]. Dabei ist es unerheblich, ob die Regierung des Gesamtstaates aufgrund seiner Verfassung in die Zuständigkeit seiner Untergliederungen eingreifen kann, da sich kein Staat seinen vr Pflichten unter Berufung auf seine eigene Rechtsordnung entziehen kann[21].

Jedoch kann sich ein Bundesstaat gegen den Bruch eines vr Vertrages seitens seiner Glieder durch die Erklärung eines Vorbehaltes oder die Vereinbarung einer Klausel absichern, wonach sich seine Verpflichtung zur Erfüllung jener Vertragsbestimmungen, die nach seiner Verfassung durch Gesetze der Gliedstaaten durchzuführen sind, in der Vorlage dieser Bestimmungen an die zuständigen Länderorgane und der Empfehlung zum Erlaß entsprechender Gesetze erschöpfen soll (sog. „Bundesstaatsklausel", federal clause)[22].

---

[19] Sehr aufschlußreich ist darüber der Schiedsspruch im Falle *Francisco Mallén (United Mexican States) v. United States of America,* RIAA IV, S. 176 f., in dem die rechtswidrige Einlieferung Malléns durch den amerikanischen Polizisten Franco in ein Gefängnis dem Staate mit der Begründung zugerechnet wurde: „Franco could not have taken Mallén to jail if he had not been acting as a police officer", während die USA für einen anläßlich des Dienstes vorgenommenen privaten Racheakt (a malevolent and unlawful act of a private individual who happened to be an official) nicht verantwortlich erklärt wurden.

[20] So u. a. der Schiedsspruch im Malle *Montijo* vom 26. Juli 1875 (Anm. 6); zuletzt die französisch-italienische Vergleichskommission am 15. September 1951 im Falle der *Héritiers du Duc de Guise* (No. 107), RIAA XIII, S. 161 (Haftung Italiens für Maßnahmen der Region Sizilien); andere Fälle im 3. Bericht *Agos,* ILC-Yearbook 1971 II, Part One, S. 257, §§ 175 ff. Art. 7 Abs. 1 des ILC-Entwurfs bestimmt ebenfalls: „The conduct of an organ of a territorial governmental entity within a State shall also be considered as an act of that State under international law, provided that organ was acting in that capacity in the case in question." Dazu *Donot,* De la responsabilité de l'Etat fédéral à raison des actes des Etats particuliers (1912).

[21] So u. a. der StIGH am 4. Februar 1932 im Falle *Treatment of Polish Nationals and other Persons of Polish Origin or Speech in the Danzig Territory,* A/B 44, S. 24: „[U]n État ne saurait invoquer vis-à-vis d'un autre État sa propre Constitution pour se soustraire aux obligations que lui imposent le droit international ou les traités en vigueur ... L'application de la Constitution ... peut ... avoir pour résultat la violation d'une obligation internationale ...". Ebenso das Schiedsgericht im Falle *Shufeldt,* RIAA II, S. 1098. Vgl. Art. 4, 2. Satz des ILC-Entwurfs.

[22] Vgl. *Bernhardt,* Föderale Klausel, WV I, S. 548 ff.; Beispiele in *Blix / Emerson* (Hrsg.), The Treaty Maker's Handbook (1973), S. 163 ff.

Eine *eigene* vr Verantwortlichkeit von Gliedstaaten besteht nur im seltenen Falle einer *im VR verankerten* partiellen Völkerrechtssubjektivität (§ 394)[23].

§ 1276 Staatsorgane im Kontext der vr Verantwortlichkeit sind ferner Personen(-gruppen) oder Institutionen, die zwar nach innerstaatlichem Recht formal keine Staatsorgane, aber doch zur Vornahme *einzelner* Staatshandlungen ermächtigt sind und in dieser Eigenschaft auftreten, wie z. B. verstaatlichte Banken, die eine Staatsanleihe aufnehmen, eine an Weisungen der Regierungen gebundene verstaatlichte Industrie, die militärische Güter ins Ausland liefert, oder „beliehene Unternehmer" in Erfüllung ihrer öffentlichen Aufgaben[24].

§ 1277 Die Staaten sind außerdem für fremde Soldaten und jene Freiwilligen verantwortlich, die sich unter ihre Befehlsgewalt stellen[25].

§ 1278 Auch jene Privatpersonen, die im Auftrage eines Staates Verbrechen begehen, z. B. Menschen entführen[26] oder Sabotageakte vornehmen[27], gelten als seine Organe.

---

[23] *Verdross*, Theorie der mittelbaren Staatenhaftung, ÖZöffR 1 (1948), S. 388 ff. Ebenso *Uibopuu*, Die Völkerrechtssubjektivität der Unionsrepubliken der UdSSR (1975), S. 297 ff., der in einem solchen Falle eine subsidiäre Haftung der UdSSR anerkennt.

[24] Vgl. *Zemanek*, Ist Österreich für die Auslandsgeschäfte seiner verstaatlichten Industrie völkerrechtlich verantwortlich?, Wirtschaftsberichte (Creditanstalt-Bankverein Wien) 12 (1977), S. 13 ff.

Art. 7 Abs. 2 des ILC-Entwurfs führt dazu aus:

„The conduct of an organ of an entity which is not part of the formal structure of the State or of a territorial governmental entity, but which is empowered by the internal law of that State to *exercise elements of the governmental authority*, shall also be considered as an act of the State under international law, provided that organ was acting in that capacity in the case in question."

Zur Verantwortlichkeit der Staaten für Rundfunksendungen neuerdings *Weil*, Interventions- und haftungsrechtliche Aspekte grenzüberschreitender Rundfunksendungen (1981).

[25] So z. B. die amerikanisch-mexikanische Claims Commission am 15. Juli 1927 im Falle *Stephens*, RIAA IV, S. 267: „It is difficult to determine ... the status of these guards as an irregular auxiliary of the army ..., but at any rate they were ‚acting for' Mexico ...".

[26] z. B. in den Fällen *Cesare Rossi*, ZaöRV 1 (1929), Teil 2, S. 280 ff.; *Berthold Jacob*, RGDIP 43 (1936), S. 638; *Adolf Eichmann*, ILR 36 (1968), S. 18 ff., und *Argoud*, ZaöRV 25 (1965), S. 295 ff., RDI 48 (1965), S, 64 ff. Dazu *O'Higgins*, Unlawful Seizure and Irregular Extradition, BYIL 36 (1960), S. 279 ff.; *Cocatre-Zilgien*, L'affaire Argoud — Considérations sur les arrestations internationalement irrégulières (1965); *Green*, Aspects juridiques du procès Eichmann, AFDI 9 (1963), S. 150 ff. Ein neuerer Fall dieser Art in RGDIP 78 (1974), S. 851 (Verhaftung eines italienischen Finanzinspektors auf Schweizer Gebiet am 5. August 1973). Vgl. auch oben § 456.

[27] Vgl. die deutsch-amerikanische gemischte Kommission in den Fällen *Black Tom* und *Kingsland* (*Sabotage* Cases), RIAA VIII, S. 84 ff., 225 ff.; und lit. a des oben in Anm. 3 zitierten Art. 8 ILC-Entwurf. Zum *Teheran*-Urteil des IGH 1980 siehe unten §§ 1281 f.

§ 1279 Schließlich sind die Staaten für eine revolutionäre Gruppe dann von Beginn ihrer Tätigkeit an verantwortlich, wenn sie sich als Regierung des ganzen Staates durchgesetzt hat[28]. Nicht verantwortlich ist ein Staat nach VGR hingegen für das Verhalten einer bloß regionalen oder lokalen *de facto*-Regierung, da solche Gewalten nicht den ganzen Staat repräsentieren[29]. Die Verantwortlichkeit Italiens für die lokale Regierung von Saló (1943 - 45) beruhte daher nur auf Artikel 78 des Friedensvertrages von 1947[30]. Liegt das Ziel einer aufständischen Bewegung in der Gründung eines neuen unabhängigen Staates und gelingt dies, so wird das Verhalten der Bewegung dem neuen Staat zugerechnet[31].

§ 1280 Hingegen sind die Staaten für ihre Organe dann nicht verantwortlich, wenn diese Aufgaben eines fremden Staates erfüllen, z. B. fremde Konsulats- oder Missionsgeschäfte besorgen[32] oder im Dienste der UNO tätig sind[33].

---

[28] So z. B. die amerikanisch-mexikanische Claims Commission im Falle *George W. Hopkins*, AJIL 21 (1927), S. 160; auch die amerikanisch-venezolanische Kommission im *Dix* Case, RIAA IX, S. 119. Ebenso Art. 15 Abs. 1 des ILC-Entwurfs:

„The act of an insurrectional movement which becomes the new government of a State shall be considered as an act of that State."

[29] So z. B. das chilenisch-französische Schiedsgericht am 5. Juli 1901 in der *Affaire de Guano*, RIAA XV, S. 351. Vgl. Art. 14 Abs. 1 des ILC-Entwurfs: „The conduct of an organ of an insurrectional movement which is established in the territory of a State or in any other territory under its administration shall not be considered as an act of that State ..." Gemäß Abs. 3 berührt dieser Grundsatz der *Staaten*verantwortlichkeit jedoch nicht die etwaige Verantwortlichkeit einer aufständischen Organisation *als solcher*.

[30] RIAA XIV, S. 266 (Fall *Treves*).

[31] Vgl. Art. 15 Abs. 2 des ILC-Entwurfs:

„The act of an insurrectional movement whose action results in the formation of a new State in part of the territory of a pre-existing State or in a territory under its administration shall be considered as an act of the new State."

[32] So der Schiedsspruch vom 9. Juni 1931 im Falle *Chevreau*, RIAA II, S. 1141: „[Q]ue le Gouvernement britannique ne saurait être tenu responsable d'une négligence dont son Consul, en sa qualité de Gérant du Consulat d'une autre Puissance, aurait pu se rendre coupable ...". Ebenso Art. 9 des ILC-Entwurfs: „The conduct of an organ which has been placed at the disposal of a State by another State ... shall be considered as an act of the former State under international law, if that organ was acting in the exercise of elements of the governmental authority of the State at whose disposal it has been placed."

[33] Hingegen hat das britische House of Lords einer Klage des britischen Staatsangehörigen *Nissan* auf Schadensersatz für einen durch das britische Kontingent der UNFICYP (vgl. § 253) erlittenen Schaden unter Aufhebung des unterinstanzlichen Urteiles mit der Begründung stattgegeben, daß diese Truppe trotz ihrer Zugehörigkeit zu den UN-Peacekeeping Forces „in their own national service" geblieben sei (The All England Law Reports, 1969 I, S. 629 ff.). Dazu *Di Blase*, Sulla responsabilità internazionale per attività dell'ONU, RDI 57 (1974), S. 250 ff., die nur eine subsidiäre Haftung der einzelnen Staaten annimmt. Eine dahingehende Norm ist aber nicht nachweisbar.

3. Abschnitt

Die Verantwortlichkeit der Staaten für die Nichtverhinderung oder Nichtverfolgung privater Unrechtstatbestände

§ 1281 Es ist unbestritten, daß die Staaten für die in ihrem Bereich von Privatpersonen (Inländern und Ausländern) begangenen rechtswidrigen Handlungen grundsätzlich *nicht* verantwortlich sind[1].

Dieser Grundsatz gilt auch für Schäden, die durch eine aufständische Organisation oder revolutionäre Ereignisse entstanden sind, mit der bereits erwähnten Ausnahme, daß der Territorialstaat bzw. unabhängig gewordene Staat für das Verhalten einer zu seiner Zentralregierung gewordenen aufständischen Partei verantwortlich ist[2]. Da die Territorialstaaten aber zum Schutze der Ausländer verpflichtet sind[3], werden sie verantwortlich, wenn ihre Organe nicht die nötige Sorgfalt (due diligence) aufwenden, um die Schädigung von Ausländern zu verhindern, *oder* um die an solchen Vorfällen Schuldigen zu verfolgen und zu bestrafen („prevent or punish")[4]. Diese Verantwortlichkeit auf Grund

---

1 So auch Art. 11 Abs. 1 des ILC-Entwurfs: „The conduct of a person or a group of persons not acting on behalf of the State shall not be considered as an act of the State under international law." Materialreich zum folgenden *Wolf* (§ 1267, Anm. 29). Ferner *Mössner*, Privatpersonen als Verursacher völkerrechtlicher Delikte. Bemerkungen zu Art. 11 des Entwurfs der ILC zur Staatenverantwortlichkeit, GYIL 24 (1981), S. 63 ff., und aus dem Urteil des IGH im Fall *United States Diplomatic and Consular Staff in Tehran*, ICJ Reports 1980, S. 28 ff.

2 Vgl. oben § 1279 und Anm. 28.

3 Oben § 1213.

4 Grundlegend der Schiedsspruch Max *Hubers* vom 1. Mai 1925 in der *Affaire des biens britanniques au Maroc espagnol*, RIAA II, S. 642 und 645: „Il paraît incontestable que l'Etat n'est pas responsable pour le fait d'une émeute, révolte, guerre civile ..., ni pour le fait que ces événements provoquent des dommages ... il peut être néanmoins responsable de ce que les autorités font ou ne font pas, pour parer, dans la mesure possible, aux suites ... [L]a responsabilité de l'Etat peut être engagée ... non seulement par un *manque de vigilance dans la prévention* des actes dommageables, mais aussi par un *manque de diligence dans la poursuite pénale* des fauteurs ..." (von uns hervorgehoben). Mehrere andere Judikate im Kommentar der ILC zu Art. 11 ihres Entwurfs, ILC-Yearbook 1975 II, S. 74 ff.; Staatenpraxis ebd., S. 77 ff. Ferner die im Falle der Ermordung des italienischen Generals *Tellini* vom Völkerbundrat eingesetzte Juristenkommission am 13. März 1924, Journal officiel 1924, S. 524: „La responsabilité d'un Etat pour crime politique commis sur la personne des étrangers sur son territoire, ne se trouve engagée que si cet Etat a négligé de prendre toutes les dispositions appropriées *en vue de prévenir* le crime et *en vue de la poursuite*, de l'arrestation et du jugement du criminel" (von uns hervorgehoben). Dazu *Berlia*, La guerre civile et la responsabilité internationale de l'Etat, RGDIP 44 (1937), S. 51 ff.; *Akehurst*, State Responsibility for the Wrongful Acts of Rebels, BYIL 43 (1968 - 69), S. 49 ff.

eines Mangels an „due diligence" kommt allgemein bei vr Verpflichtungen in Betracht, deren Erfüllung in gewissem Umfang in das Ermessen des verpflichteten Staates gestellt ist, sei es, daß er selbst über Maßnahmen entscheiden kann, die nicht im einzelnen festgelegt sind, sei es, daß ihm die Wahl der Mittel verbleibt, mit denen er ein vorgeschriebenes Ziel verfolgt[5] (in der Sprache der ILC: „obligations of result"). Das Ausmaß der aufzuwendenden Sorgfalt hängt von den Umständen ab. So wird sie etwa eine größere sein müssen, wenn die Polizei von bevorstehenden Unruhen rechtzeitig vorher verständigt wurde[6]. Der Schutz muß aber auch gewährt werden, wenn der betroffene Ausländer nicht darum angesucht hat[7]. Eine besondere Pflicht zur Sorgfalt besteht zum Schutze von ausländischen Organen, die sich in einem fremden Staate in amtlicher Eigenschaft befinden[8]. Ebenso ist der Territorialstaat zu besonderen Schutzmaßnahmen verpflichtet, wo aus politischen, wirtschaftlichen oder sozialen Gründen Spannungen zwischen Inländern und Ausländern um sich greifen, die den Keim spezifisch fremdenfeindlicher Auseinandersetzungen in sich tragen[9].

Erfolgt jedoch eine Schädigung eines fremden Organes oder eines gewöhnlichen Ausländers, obgleich die nach VR gebotenen Schutzmaßnahmen ergriffen worden waren, so wird der Territorialstaat nicht verantwortlich, außer wenn er die Verfolgung und Bestrafung des Täters unterläßt[10]. Dasselbe gilt für private Angriffe gegen fremde Staaten selbst, die der Territorialstaat zu verhindern verpflichtet ist[11]. Für die Ausländern durch die zur Unterdrückung eines Aufstandes ergriffenen *notwendigen* Maßnahmen *unfreiwillig* (incidentally) zugefügten Schäden ist der Territorialstaat grundsätzlich nicht verantwort-

---

[5] *Wolf* (§ 1267, Anm. 29), S. 520 f. Vgl. ferner oben §§ 1267, 1271.

[6] Aus dem in der vorletzten Anm. angeführten Schiedsspruch Max *Hubers*, S. 642: „... si les autorités, *averties en temps utile*, ne prennent aucune mesure de prévention ..." (von uns hervorgehoben).

[7] Richtig der Schiedsspruch vom 29. Oktober 1930 im Falle *Mrs. Elmer Elsworth Mead (U. S. A.) v. United Mexican States*, RIAA IV, S. 653 ff.

[8] So der Völkerbundrat am 13. März 1924 im Falle *Tellini* (Anm. 4). Weitere Beispiele im ILC-Yearbook 1975 II, S. 78 ff. Dazu *Przetacznik*, International Responsibility of the State for Failure to Afford the Special Protection for Foreign Officials, Revue de Droit international, de Sciences diplomatiques et politiques 52 (1974), S. 310 ff., 53 (1975), S. 29 ff.

[9] *Wolf* (§ 1267, Anm. 29), S. 520.

[10] So auch der schweizerische Bundesrat am 28. Februar 1955, SchwJIR 16 (1959), S. 225. Ebenso der Kantonalrat Genf im August 1974 im Falle einer Beschädigung des spanischen Generalkonsulates, RGDIP 79 (1975), S. 476. Dazu *Zannas*, La responsabilité internationale des Etats pour les actes de négligence (1952); *García-Mora*, International Responsibility for Hostile Acts of Private Persons against Foreign States (1962); *Boldrini Ravalico*, Atti illeciti degli individui privati nel diritto internazionale, DI 25 (1971), S. 274 ff.

[11] Oben § 457.

lich. Er wird es aber, wenn er im ausländischen Besitz stehende Objekte militärisch besetzt und so zum Ziele von Angriffen durch die Insurgenten gemacht hat[12].

§ 1282 Hingegen ist ein Staat schon nach dem im vorigen Abschnitt behandelten Hauptprinzip verantwortlich, wenn er die Tätigkeit von Privatpersonen, die gegen andere Staaten gerichtet ist, unterstützt oder fördert[13]. So stellte der IGH im Fall *United States Diplomatic and Consular Staff in Tehran* 1980 fest, daß „official government approval" der Besetzung der US-Botschaft in der iranischen Hauptstadt „translated continuing occupation ... into acts of ... State"[14].

§ 1283 Ausnahmsweise haftet ein Staat unmittelbar für Schäden, die Privatpersonen verursacht haben. So bestimmt Artikel VII des Weltraumvertrages vom 27. Januar 1967, daß die Vertragsstaaten für *jeden* Schaden haften, den ein von ihrem Hoheitsgebiet oder ihren Anlagen aus gestarteter Gegenstand oder dessen Bestandteile einem anderen Vertragsstaat oder dessen natürlichen oder juristischen Personen zufügt. Die spezielle Konvention über die internationale Verantwortlichkeit für Schäden durch Weltraumfahrzeuge vom 29. März 1972 bekräftigt diesen Grundsatz[15].

Auch in diesen Normen kommt eine Erweiterung der traditionellen vr Haftungsprinzipien durch die Imperative des vr *Umweltschutzes* zum Ausdruck. In dem Maße, in dem die Verpflichtung der Staaten zur Überwachung privater technisch-industrieller Tätigkeiten besonders risikobehafteter Art verschärft wird, muß sich die staatliche Verantwortlichkeit für die Nichtverhinderung grenzüberschreitender Umweltschäden einer unmittelbaren Verantwortlichkeit für diese Schäden annähern[16].

4. Abschnitt

Die Haftung eines Staates für andere Staaten

§ 1284 Wir haben schon darauf hingewiesen, daß in einem Bundesstaat der Gesamtstaat auch für das völkerrechtswidrige Verhalten seiner Gliedstaaten nach dem Hauptprinzip verantwortlich ist, da diese seine Organe sind. Ebenso ist ein Staat verantwortlich, wenn seine Or-

---

[12] So z. B. die US-venezolanische Mixed Claims Commission im Fall der *American Electric and Manufacturing Co.* (1904), RIAA IX, S. 146.

[13] *Kahn*, Private Armed Groups and World Order, NYIL 1 (1970), S. 32 ff.

[14] ICJ Reports 1980, S. 34 f. Über die Problematik der subversiven Intervention vgl. oben § 497.

[15] Text im AJIL 66 (1972), S. 702 ff.; BGBl. 1975 II, S. 1209.

[16] Darüber materialreich *Handl*, State Liability for Accidental Transnational Environmental Damage by Private Persons, AJIL 74 (1980), S. 525 ff.

gane die nötige Sorgfalt vermissen lassen, um dritte Staaten oder Ausländer gegen in seinem Hoheitsbereiche oder von ihm aus erfolgte Schädigungen durch ausländische Staaten oder internationale Organisationen zu schützen[1]. Ausgenommen davon sind jedoch Schäden, welche diese ihren Beamten zugefügt haben, da solche Ansprüche nur aufgrund der Rechtsordnung ihrer Gemeinschaft geltend gemacht werden können[2]. Die Staaten, die ein fremdes Gebiet besetzt haben, sind ferner für das völkerrechtswidrige Verhalten der Organe des besetzten Staates verantwortlich, das diese im Auftrage oder unter dem Druck des Okkupanten gesetzt haben. So war z. B. Frankreich für die Beschlagnahme amerikanischer Schiffe durch holländische Organe verantwortlich, welche diese während der Zeit der Besetzung Hollands durch Frankreich während der Kontinentalsperre vorgenommen hatten[3]. Aus demselben Grund war allein Großbritannien für unter Mitwirkung der ägyptischen Polizei vorgenommene grundlose Verhaftungen von deutschen Staatsangehörigen durch britische Truppen in Kairo im Oktober 1914 verantwortlich, da die Mitwirkung der ägyptischen Polizei unter der Zwangslage der britischen Okkupation erfolgte[4]. In diesen Fällen liegt daher keine indirekte Haftung für das Verschulden eines Staates vor, dessen Organe den Unrechtstatbestand gesetzt haben, sondern eine Verantwortlichkeit des tatsächlichen Machthabers für *eigenes* Verschulden.

§ 1285 Dasselbe gilt, wenn ein Staat einem anderen Staat hilft oder *Beistand* leistet, um diesem eine Verletzung des VR gegenüber einem dritten Staate zu ermöglichen oder eine solche zu erleichtern[5], indem er

---

[1] Vgl. Art. 12 des ILC-Entwurfs und die Illustrationen im Kommentar dazu, ILC-Yearbook 1975 II, S. 84 f.; ferner das reiche Material im 4. Bericht *Agos*, ILC-Yearbook 1972 II, S. 126 ff.

[2] *Zemanek*, in: *Verdross*, S. 391 f.

[3] So der französisch-amerikanische Board of Commissioners am 4. Juli 1881, bei *Moore*, History and Digest of International Arbitrations to Which the United States have been a Party (1898), Bd. V, S. 4473 f.: „Holland was already a dependent kingdom and Louis [der von Napoleon I. als König eingesetzte Bruder] a *merely nominal sovereign*" (von uns hervorgehoben).

[4] So das Gemischte Appellationsgericht in Kairo am 1. März 1917 im Falle *Finck c. Gouvernement Egyptien*, ZaöRV II, Teil 2 (1931), S. 69 ff.: „[L]es autorités locales, en prêtant leur concours aux forces d'occupation, ont toujours agi pour compte de ces dernières ...".

[5] Vgl. Art. 27 des ILC-Entwurfs: „Aid or assistance by a State to another State, if it is established that it is rendered for the commission of an internationally wrongful act carried out by the latter, itself constitutes an internationally wrongful act, even if, taken alone, such aid or assistance would not constitute the breach of an international obligation." Dazu kritisch E. *Klein*, Beihilfe zum Völkerrechtsdelikt, FS Schlochauer, S. 425 ff.; im entgegengesetzten Sinne *Zemanek*, ÖHB 1, S. 369 (Rz. 1975).

Einen Beispielsfall aus jüngster Vergangenheit bildet die von Frankreich gerügte algerische Hilfeleistung an die Polisario bei der vr verbotenen Aushebung von Geiseln: AFDI 23 (1977), S. 1017.

ihm z. B. Waffen für einen Angriffskrieg liefert, wenngleich eine solche Lieferung an sich in Friedenszeiten erlaubt ist.

§ 1286 Das VR kennt *neben* der Verantwortlichkeit der Staaten für eigenes Verschulden aber auch eine Haftung von Staaten für das Verschulden *anderer* Staaten[6]. Eine solche Haftung tritt dann ein, wenn die Außenpolitik eines abhängigen Staates vom Souverän oder Protektor so geführt wird, daß jener dritten Staaten gegenüber vollständig abgekapselt wird. So hat die Türkei 1871 im Falle *Strousberg* anerkannt, daß sie gegenüber dritten Staaten für die Wiedergutmachung von völkerrechtswidrigen Schäden Sorge tragen muß, die das von ihr außenpolitisch abhängige Rumänien fremden Staatsangehörigen zugefügt hatte[7]. Mit voller Klarheit wird dieser Gedanke in dem schon wiederholt herangezogenen Fall der *Biens britanniques au Maroc espagnol*[8] herausgearbeitet, wo die Haftung des Protektors für ein völkerrechtswidriges Verhalten des protegierten Staates gegenüber dritten Staaten

---

In seiner Entscheidung vom 15. Juli 1982 im Falle *X g. Bundesanwaltschaft, Eidg. Justiz- und Polizeidepartement* lehnte das schweizerische Bundesgericht die Auslieferung eines belgischen Staatsangehörigen an die Bundesrepublik Deutschland deswegen ab, weil diese Person von deutschen Beamten aus Belgien (das eigene Staatsangehörige nicht ausliefert) in die Schweiz gelockt worden war. In der Begründung führte das Gericht u. a. aus: „Soweit eine verfolgte Person sich im Ausland befindet, kann sie dem verfolgenden Staat nur mittels eines hoheitlichen Aktes des Staates, auf dessen Gebiet sie sich befindet, überstellt werden; werden Organe des verfolgenden Staates ohne Bewilligung auf dem Gebiet eines anderen Staates tätig, bemächtigen sie sich insbesondere des Verfolgten mittels Gewalt, List oder Drohung, verletzen sie die Souveränität; ihr Verhalten ist dem betreffenden Staat zuzurechnen ... Nicht entscheidend ist, daß derjenige, der die Souveränität verletzt, sich auf dem Gebiet des betreffenden Staates betätigt; es genügt, daß sein Verhalten den Taterfolg im Ausland bewirkt ... Wird die verfolgte Person mittels der erwähnten Vorkehren in einen Drittstaat gelockt, von dem daraufhin die Auslieferung des Betreffenden verlangt wird, trägt der ersuchte Staat mit der Auslieferung zum Erfolg, nämlich der Behändigung des Verfolgten unter Mißachtung der Souveränität, mindestens mittelbar bei. Der Grundsatz der Souveränität gilt indes absolut, d. h. gegen jedermann. Als Verletzung dieses Grundsatzes muß deshalb auch gelten, wenn der Staat, dessen Souveränität nicht verletzt wird, das völkerrechtswidrige Vorgehen dadurch begünstigt, daß er den Verfolgten ausliefert. Diesfalls macht sich der ersuchte Staat zum Gehilfen der Souveränitätsverletzung." (EuGRZ 10 [1983], S. 437; SchwJIR 39 [1983], S. 228 ff.; vgl. auch Neue Zürcher Zeitung, Fernausgabe, vom 25. September 1982).

[6] *Ago*, La responsabilità indiretta nel diritto internazionale, Archivio di diritto pubblico I (1936), S. 11 ff.; *Klein*, Die mittelbare Haftung im Völkerrecht (1941); *Verdross*, Theorie der mittelbaren Staatenhaftung, ÖZöffR 1 (1948), S. 388 ff.

[7] *Wytrhlik*, Eine Stellungnahme des Reichskanzlers Bismarck zu dem Problem der mittelbaren Staatenhaftung, ZöffR 21 (1941), S. 273 ff.

[8] RIAA II, S. 648: „Si le protectorat supprime les rapports diplomatiques directs entre le protégé et les autres Etats ... il est nécessaire qu'à cette limitation imposée aux Etats tiers, corresponde le devoir du protecteur de répondre aux lieu et place du protégé."

damit begründet wird, daß der Protektor für den protegierten Staat *nach außen hin* eintreten muß, da er dessen außenpolitischen Verkehr monopolisiert hat. Der Protektor handelt also in dieser Richtung nicht als Vertreter[9], sondern *anstelle* des abhängigen Staates, da er ihn gegen dritte Staaten abgekapselt hat und daher für ihn haften muß. Dagegen bildet die Frage des Regreßrechtes eine allein zwischen dem führenden und abhängigen Staat zu regelnde Angelegenheit.

§ 1287 Liegt hingegen ein abgeschwächtes Protektorat[10] vor, dann ist der Protektor nur für jene Völkerrechtsverletzungen des protegierten Staates verantwortlich, die Angelegenheiten betreffen, die seiner Kontrolle unterliegen, wie der Schiedsspruch des amerikanisch-britischen Claims Tribunal im Falle *Robert E. Brown (United States) v. Great Britain* am 23. November 1923 ausgeführt hat[11]. In einem solchen Fall besteht daher keine Haftung des Protektors für ein Verschulden des protegierten Staates, sondern eine Verantwortlichkeit des Protektors für die eigene nicht ordnungsgemäße Ausübung seiner Kontrollpflicht, wodurch die alleinige eigene Verantwortlichkeit des protegierten Staates in allen anderen Angelegenheiten unberührt bleibt. Diese Verschiedenheit zwischen einem vollständigen und abgeschwächten Protektorat erklärt sich daraus, daß dort der protegierte Staat mit dritten Staaten überhaupt nicht verkehren kann[12], während im zweiten Fall nur seine Außenpolitik der Kontrolle des Protektors unterliegt[13].

---

[9] Richtig bemerkt *Sereni*, Diritto internazionale, Bd. 3 (1962), S. 1561, daß sich aus der diplomatischen Vertretung des protegierten Staates durch den Protektor keine Haftung des letzteren begründen läßt. Er kritisiert daher die folgende Begründung des in der vorigen Anm. zitierten Spruches: „La responsabilité du protecteur ... découle ... du fait que seul le protecteur représente le territoire protégé dans ses rapports internationaux" (S. 649), übersieht aber die weitere zutreffende Begründung.

[10] Oben § 947 und Anm. 8.

[11] RIAA VI, S. 120 ff.

[12] Auch in einem solchen Falle ist es natürlich möglich, daß der Protektor *außer* der *Haftung* für die von den Organen des protegierten Staates gesetzten Unrechtstatbestände auch für jene Handlungen verantwortlich ist, die *seine* Organe begangen haben. So z. B. aus dem in der Anm. 8 angeführten Schiedsspruch, RIAA II, S. 696: „La responsabilité des autorités espagnoles doit en l'espèce être reconnue, parce qu'il s'agit d'un acte commis par des agents militaires du Gouvernement espagnol ...".

[13] Unsere Ausführungen werden durch (den 1979 provisorisch angenommenen) Art. 28 des ILC-Entwurfs bekräftigt, der wie folgt lautet:

„*Responsibility of a State for an internationally wrongful act of another State*

1. An internationally wrongful act committed by a State in a field of activity in which that State is subject to the power of direction or control of another State entails the international responsibility of that other State.
2. An internationally wrongful act committed by a State as the result of coercion exerted by another State to secure the commission of that act entails the international responsibility of that other State.

5. Abschnitt

Der Ausschluß der Völkerrechtswidrigkeit

§ 1288 Ein Tatbestand, der alle Merkmale einer Völkerrechtswidrigkeit aufweist, kann ausnahmsweise völkerrechtsgemäß sein, wenn bestimmte Umstände dazutreten, welche die Rechtswidrigkeit ausschließen[1].

§ 1289 In dieser Richtung hat der Haager Schiedsgerichtshof am 11. November 1912 im russisch-türkischen Streitfall über die *Indemnité russe* zum Ausdruck gebracht, daß *höhere Gewalt* (force majeure) ein Rechtfertigungsgrund für die Nichterfüllung einer Vertragspflicht sein kann, wenn die Erfüllung den Bestand des Staates in Gefahr bringen würde[2]. Der Haager Schiedsgerichtshof verlangt somit zur Annahme einer höheren Gewalt keine physische Unmöglichkeit, er begnügt sich mit einer moralischen Unmöglichkeit, also einer unzumutbaren übermäßigen Belastung des Schuldners.

§ 1290 Von der bloß *passiven* Nichterfüllung eines Vertrages sind jene Fälle zu unterscheiden, bei denen ein Staat *aktiv* in den Bereich eines anderen Staates eingreift. Ein solcher Fall lag der auf Grund des Jay Treaty vom 19. November 1794 eingesetzten britisch-amerikanischen Gemischten Kommission vor, die darüber zu entscheiden hatte,

---

3. Paragraphs 1 and 2 are without prejudice to the international responsibility, under the other articles of the present draft, of the State which has committed the internationally wrongful act."

[1] Dies bedeutet aber nicht, daß den Urheber eines solchermaßen gerechtfertigten Eingriffs dem dadurch betroffenen Staat gegenüber keine Pflicht zum Schadensersatz treffen kann. In diesem Sinne auch Art. 35 des ILC-Entwurfs.

[2] RIAA XI, S. 443: „*L'exception de la force majeure* ... est opposable en droit international public ... l'obligation pour un Etat d'exécuter les traités peut fléchir ‚si l'existence même de l'Etat vient à être en danger, si l'observation du devoir international est ... *self-destructive*'." Andere Fälle, bei denen sich der Beklagte (vergeblich) auf „force majeure" berufen hat, bei *Schwarzenberger*, International Law as Applied by International Courts and Tribunals, Bd. I (3. Aufl. 1957), S. 538 ff., 641 ff. Hingegen begründet Max *Huber* in seinem Schiedsspruch vom 1. Mai 1925 im Falle der *Biens britanniques au Maroc espagnol*, RIAA II, S. 642, die Nichthaftung des Territorialstaates für Schäden, die Ausländer bei Aufständen erleiden, mit „force majeure". Art. 31 des ILC-Entwurfs führt darüber aus:

„1. The wrongfulness of an act of a State not in conformity with an international obligation of that State is precluded if the act was due to an irresistible force ... which made it materially impossible for the State to act in conformity with that obligation ...

2. Paragraph 1 shall not apply if the State in question has contributed to the occurrence of the situation of material impossibility."

Darüber *Ebell*, Zum Artikel 31 — Höhere Gewalt und Zufall — des Entwurfes über die Staatenverantwortlichkeit der International Law Commission, Wissenschaftliche Zeitschrift der Humboldt-Universität zu Berlin 1/1981, S. 67 ff.

ob Großbritannien die Aufbringung des amerikanischen Schiffes *Neptune* mit einer Getreideladung an Bord auf Hoher See als *Notstand* (necessity) mit der Begründung rechtfertigen konnte, daß es zur Zeit der von Napoleon verhängten Kontinentalsperre mit Hungersnot bedroht war. Die genannte Kommission hat zwar diese Einwendung verworfen, zugleich aber anerkannt, daß ein solcher Eingriff entschuldigt werden könnte, wenn eine *unverschuldete, dringende* und *unmittelbare Not* vorhanden ist, die durch *keine anderen Mittel* abgewehrt werden kann. Sie fügte jedoch hinzu, daß auch in einem solchen Fall die Opfer des Eingriffes sobald als möglich zu entschädigen sind[3]. An diese Formel knüpfte der amerikanische Staatssekretär Webster einige Jahrzehnte später im *Caroline*-Fall an, wo er einen Eingriff gegen ein Schiff auf fremdem Gebiet als gerechtfertigte Maßnahme des Selbstschutzes (self-defence) nur anerkannte, um eine plötzliche und überwältigende (instant, overwhelming) Gefahr zu beseitigen, die keine andere Wahl zuläßt, wobei sich der Eingriff streng an die Grenzen des Notwendigen halten muß (leaving no choice of means and no moment of deliberation ..., limited by that necessity and kept clearly within it)[4]. Ein solcher Eingriff auf *fremdem Gebiet* ist jedoch nun durch Artikel 2 Ziff. 4 der UN-Charta ausgeschlossen[5].

Ein weiterer aktiver Eingriff (in das diplomatische Depeschenrecht[6]) war die von Großbritannien vom 17. April bis 20. Juni 1944 für ausländische Missionen verfügte Nachrichtensperre in ihre Heimatstaaten, um die bevorstehenden Landeoperationen in Frankreich nicht zu gefährden. Diese Maßnahme wurde auch von den neutralen Staaten widerspruchslos hingenommen[7]. Dadurch wurde offensichtlich ein Notstand in extremen Fällen anerkannt[8].

---

[3] *Moore*, International Adjudications (Modern Series) IV, S. 6; auch *La Pradelle / Politis*, Recueil des arbitrages internationaux, I, S. 137 ff.

[4] *Jennings*, The Caroline and McLeod Cases, AJIL 32 (1938), S. 82 ff.

[5] So auch der IGH im *Corfu Channel* Case, ICJ Reports 1949, S. 35: „[L]'agent du Gouvernement du Royaume-Unie ... a rangé l',Opération Retail' [die Entfernung von Minen in den albanischen Gewässern] parmi les procédès d'auto-protection ou *self-help*. La Cour ne peut pas davantage accueillir cette défense." Siehe auch unten § 1338.

[6] Heute Art. 27 der Wiener Konvention über diplomatische Beziehungen vom 18. April 1961.

[7] *Berber*, Lehrbuch des Völkerrechts I (2. Aufl. 1975), S. 285 f.

[8] Dazu allgemein *Cavaglieri*, Lo stato di necessità nel diritto internazionale, Rivista italiana per le scienze giuridiche 60 (1917/18), S. 89 ff., 171 ff.; *Rodick*, The Doctrine of Necessity in International Law (1928); *Stilz*, Notstand im Völkerrecht (1930); *Sperduti*, Introduzione allo studio delle funzioni della necessità nel diritto internazionale, RDI 22 (1943), S. 19 ff.; *Vonlanthen*, Die völkerrechtliche Selbstbehauptung des Staates (1944); *Pillitu*, Lo stato di necessità nel diritto internazionale (1981). *Gegen* ein allgemeines Notstandsrecht (abgesehen von konkreten Normen) *Strisower*, Der Krieg und die Völkerrechtsordnung (1919), S. 85 ff.

Eine analoge Maßnahme bildete die während einer Währungsumstellung oder des Einströmens von Falschgeld vorgenommene vorübergehende Aufhebung der Immunität des diplomatischen Gepäcks durch Frankreich vom 4. bis 16. Juni 1945, durch Kambodscha vom 19. Februar bis 7. März 1970[9], Nigeria vom 4. Januar bis 14. Februar 1973[10] und Uganda vom 27. Januar bis 8. Februar 1973[11].

Der ILC-Entwurf unterscheidet zwischen persönlichem Notstand des Verursachers („distress")[12] und Staatsnotstand („state of necessity"). Letzterer soll die Rechtswidrigkeit eines Staatsaktes nur dann ausschließen, wenn dieser Akt das einzige Mittel ist, um lebenswichtige Interessen des eingreifenden Staates vor einer schweren und unmittelbaren Gefahr zu schützen, seinerseits aber ebensolche Interessen des verletzten Staates nicht ernsthaft beeinträchtigt. Die Verletzung von *ius cogens* kann auch in Notstandssituationen nicht gerechtfertigt werden, ebensowenig wie die Verletzung eines Vertrages, der eine Berufung auf Notstand ausschließt. Wie alle übrigen Rechtfertigungsgründe kann auch Notstand nicht geltend gemacht werden, wenn der verletzende Staat zu dieser Situation beigetragen hat[13].

---

[9] RGDIP 75 (1971), S. 159.

[10] Ebd. 78 (1974), S. 514 f.

[11] Gegen die meisten letztgenannten Maßnahmen haben die USA unter Berufung auf Art. 27 der Wiener Konvention über diplomatische Beziehungen (§ 897) protestiert: AJIL 67 (1973), S. 536 ff.

[12] Art. 32:

„1. The wrongfulness of an act of a State not in conformity with an international obligation of that State is precluded if the author of the conduct which constitutes the act of that State had no other means, in a situation of extreme distress, of saving his life or that of persons entrusted to his care.

2. Paragraph 1 shall not apply if the State in question has contributed to the occurrence of the situation of extreme distress or if the conduct in question was likely to create a comparable or greater peril."

[13] Art. 33:

„1. A state of necessity may not be invoked by a State as a ground for precluding the wrongfulness of an act of that State not in conformity with an international obligation of the State unless:

(a) the act was the only means of safeguarding an essential interest of the State against a grave and imminent peril; and

(b) the act did not seriously impair an essential interest of the State towards which the obligation existed.

2. In any case, a state of necessity may not be invoked by a State as a ground for precluding wrongfulness:

(a) if the international obligation with which the act of the State is not in conformity arises out of a peremptory norm of general international law; or

(b) if the international obligation with which the act of the State is not in conformity is laid down by a treaty which, explicitly or implicitly, excludes the possibility of invoking the state of necessity with respect to that obligation; or

(c) if the State in question has contributed to the occurrence of the state of necessity."

§ 1291 Ferner ist ein Staat einem anderen für einen Schaden nicht verantwortlich, den er ihm durch einen Akt der *Notwehr*[14] oder durch eine *Repressalie*[15] innerhalb der dafür geltenden Grenzen zugefügt hat, weil die Rechtswidrigkeit dieser Maßnahme durch ihren Charakter als Unrechtsfolge ausgeschlossen wird. Dasselbe gilt für Rechtseingriffe in Ausführung von *Zwangsmaßnahmen*, die der UN-Sicherheitsrat verbindlich angeordnet hat, oder die eine Regionalorganisation nach Ermächtigung durch den Sicherheitsrat ergreift[16].

§ 1292 Eine an und für sich verbotene Handlung wird rechtmäßig, wenn der betroffene Staat *zustimmt*, etwa der Besetzung eines Teiles seines Staatsgebietes. Das gilt aber nur, wenn der zustimmende Staat *allein* berechtigt ist, eine solche Zustimmung zu erteilen, was z. B. offenkundig nicht der Fall ist, wenn die Besetzung einen Gebietsteil betrifft, in dem einem dritten Staat eine räumliche Zuständigkeit (Staatsservitut; vgl. § 1024) eingeräumt worden war, oder wenn es sich um eine Norm des *ius cogens* bzw. eine vr Verpflichtung *erga omnes* handelt, wie bei einer Verletzung von grundlegenden Menschenrechten auf dem Gebiet des zustimmenden Staates[17]. Eine derartige Zustimmung darf nicht vermutet werden[18].

---

[14] Vgl. Art. 34 des ILC-Entwurfs: „The wrongfulness of an act of a State not in conformity with an international obligation of that State is precluded if the act constitutes a lawful measure of self-defence taken in conformity with the Charter of the United Nations."

[15] Vgl. aus dem Spruch des Schiedsgerichts im *Naulilaa*-Fall zwischen Deutschland und Portugal vom 31. Juli 1928, RIAA II, S. 1026: „La *représaille* .. a pour effet de suspendre momentanément, dans les rapports des deux États, l'observation de telle ou telle règle du droit des gens ... *Elle serait illégale si un acte préalable, contraire au droit des gens, n'en avait fourni le motif.*" (Hervorhebungen im Original).

[16] Darüber §§ 232 ff., 241. Der ILC-Entwurf berücksichtigt den Ausschluß der Rechtswidrigkeit bei Repressalien und bei Sanktionsbeschlüssen des Sicherheitsrates in seinem Art. 30:
„*Countermeasures in respect of an internationally wrongful act*
The wrongfulness of an act of a State not in conformity with an obligation of that State towards another State is precluded if the act constitutes a measure legitimate under international law against that other State, in consequence of an internationally wrongful act of that other State."
Zu Art. 30 und 34 umfassend *Malanczuk*, Countermeasures and Self-Defence as Circumstances Precluding Wrongfulness in the International Law Commission's Draft Articles on State Responsibility, ZaöRV 43 (1983), S. 705 ff.; *Alland*, La légitime défense et les contre-mesures dans la codification du droit international de la responsabilité, JDI 110 (1983), S. 728 ff.

[17] Vgl. Art. 29 des ILC-Entwurfs („*Consent*"):
„1. The consent validly given by a State to the commission by another State of a specified act not in conformity with an obligation of the latter State towards the former State precludes the wrongfulness of the act in relation to that State to the extent that the act remains within the limits of that consent.
2. Paragraph 1 does not apply if the obligation arises out of a peremptory norm of general international law. For the purposes of the present draft

§ 1293 Von diesen Gründen, die eine Rechtswidrigkeit *ab initio* ausschließen, sind jene Vorgänge zu unterscheiden, bei denen eine Völkerrechtswidrigkeit später beseitigt wurde. Darunter fallen die nachträgliche Zustimmung, der Verzicht des Geschädigten auf seinen Wiedergutmachungsanspruch, aber auch die *Verjährung* solcher Ansprüche. Da das VR aber keine Verjährungsfristen kennt, kann eine Verjährung nur angenommen werden, wenn *aus den Umständen erschlossen werden* kann, daß der Anspruchsberechtigte auf seinen Anspruch verzichtet hat, zur Geltendmachung des Anspruches also „estopped by inaction" ist[19].

6. Abschnitt

Die Wiedergutmachungspflicht

A. Grundsatz und Formen

§ 1294 Es ist allgemein anerkannt, daß ein Staat, dem ein völkerrechtswidriger Unrechtstatbestand zugerechnet wird, dem verletzten Staate gegenüber zur Wiedergutmachung verpflichtet ist[1]. Dabei han-

---

articles, a peremptory norm of general international law is a norm accepted and recognized by the international community of States as a whole as a norm from which no derogation is permitted and which can be modified only by a subsequent norm of general international law having the same character."

Dazu *Verosta*, Zur Anwendung der Regel „volenti non fit iniuria", FS Verdross 1980, S. 689 ff.; *Alaimo*, Natura del consenso nell'illecito internazionale, RDI 65 (1982), S. 257 ff.

[18] So auch die ILC; vgl. ILC-Yearbook 1979 II, Part 2, S. 112 f.

[19] Der Haager Schiedsgerichtshof hat im Falle *Pious Fund* am 14. Oktober 1902 ohne nähere Begründung die Auffassung vertreten, daß die Normen der Verjährung im VR nicht anwendbar sind, „étant exclusivement du domaine du droit civil": RIAA IX, S. 13. Hingegen hat der Schiedsrichter *Ralston* im Falle *Gentini* (1903) in einer ausführlichen Begründung darauf hingewiesen, daß zwar die innerstaatlichen Verjährungsfristen zwischen Staaten nicht gelten, aber hinzugefügt, „the reason which lies at the foundation of such statutes, that ‚great principle of peace', is as obligatory in the administration of justice by an international tribunal as the statutes are binding upon municipal courts": RIAA X, S. 560. Denselben Gedanken finden wir im Schiedsspruch vom 24. Februar 1955 im *Ambatielos* Case, RIAA XII, S. 103. Ein Gutachten des Eidgenössischen Politischen Departements vom 29. Dezember 1970 führt dazu aus, eine Verjährung könne erst angenommen werden „après l'écoulement d'un délai assez long, vingt ans, en tout cas, ou même trente ans": SchwJIR 32 (1976), S. 153. Vgl. auch den oben § 614, vor Anm. 49, genannten Fall. Dazu *Verykios*, La prescription en droit international public (1934); *King*, Prescription of Claims in International Law, BYIL 15 (1934), S. 82 ff.

[1] So vor allem der StIGH am 26. Juli 1927 im Falle *Chorzów Factory (Jurisdiction)*, A 9, S. 21: „C'est un principe de droit international que la violation d'un engagement entraîne l'obligation de réparer dans une forme adéquate"; sowie der IGH am 11. April 1949 im Falle *Reparation for Injuries*

delt es sich um eine gegenüber der sie auslösenden Pflicht zur Einhaltung einer materiellen („primären") Völkerrechtsnorm *neue, selbständige* Verpflichtung. Diese Unterscheidung ist für die Geltendmachung der Staatenverantwortlichkeit wesentlich. So kann neben die Forderung nach Wiedergutmachung einer Vertragsverletzung eine Gegenmaßnahme gegen dieses erste vr Unrecht in Gestalt der Vertragsauflösung oder -suspendierung treten[2] und ein Wiedergutmachungsanspruch seinerseits unabhängig davon durch eine Repressalie durchgesetzt werden[3].

Unser Grundprinzip wird vom StIGH dahin näher ausgeführt, daß die Wiedergutmachung soweit als möglich *alle* Folgen des Unrechtstatbestandes beseitigen muß (la réparation doit, autant que possible, effacer *toutes* les conséquences de l'acte illicite)[4].

§ 1295 Bei *materiellen* Schäden muß daher, wenn es möglich ist, der frühere Zustand wiederhergestellt werden. Ist das nicht oder nur teilweise möglich, muß an dessen Stelle die Zahlung einer Summe treten, die dem Werte der Naturalrestitution entspricht. Die Ersatzleistung muß somit eine *vollständige* Wiedergutmachung des erlittenen Schadens gewährleisten[5].

Der schuldige Staat hat also z. B. ein beschlagnahmtes Schiff oder eine durch seine Organe entführte Person zurückzustellen[6], völkerrechtswidrig besetzte Gebiete zu räumen, den rechtswidrig verhafteten

---

Suffered in the Service of the United Nations, ICJ Reports 1949, S. 184. Wenn *Kelsen* dagegen einwendet, daß der verletzte Staat gleich mit einer Repressalie reagieren darf (Unrecht und Unrechtsfolge im Völkerrecht, ZöffR 12 [1932], S. 545 ff.), so übersieht er, daß jeder Friedensrepressalie die Aufforderung zur Wiedergutmachung vorausgehen muß. Ebenso *Ago* in seinem dritten der ILC vorgelegten Bericht über die Verantwortlichkeit der Staaten, ILC-Yearbook 1971 II, Part One, S. 209 f. Dazu *Lais*, Die Rechtsfolgen völkerrechtlicher Delikte (1932); *Personnaz*, La réparation du préjudice en droit international public (1938); *Reitzer*, La réparation comme conséquence de l'acte illicite en droit international (1938); *Bollecker-Stern*, Le préjudice dans la théorie de la responsabilité internationale (1973); *Schüle*, Wiedergutmachung, WV III, S. 843 f.; *Mann*, The Consequences of an International Wrong in International and Municipal Law, BYIL 48 (1976 - 1977), S. 1 ff.

[2] Vgl. §§ 811 ff.

[3] Klar *Zemanek*, ÖHB 1, S. 377 f.

[4] Im Falle *Chorzów Factory (Merits)*, A 17, S. 47 (Hervorhebung von uns).

[5] A 17, S. 47 *Chorzów Factory (Merits)*. Daraus ergibt sich, daß unter Umständen eine Valorisierungspflicht besteht. So das Schweizerische Politische Departement am 16. Februar 1961, SchwJIR 21 (1964), S. 154 f.

Umfangreiches Material bei *Whiteman*, Damages in International Law (3 Bde., 1937 - 43).

[6] Dazu die Rückstellung des am 9. März 1935 auf schweizerischem Boden von deutschen Organen verhafteten Berthold *Jacob*, Repertoire suisse II, S. 1016, III, S. 1775, sowie aus jüngerer Zeit der Fall der Entführung des amerikanischen Deserteurs *Anderson* aus Kanada und seiner Rückstellung im August 1974, RGDIP 79 (1975), S. 462 f.

Ausländer wieder in Freiheit zu setzen oder ein völkerrechtswidriges Gesetz aufzuheben. Liegt jedoch ein völkerrechtswidriges Erkenntnis eines Gerichtes vor, das im innerstaatlichen Rechtsweg nicht aufgehoben werden kann, muß sich der verletzte Staat aufgrund zahlreicher bilateraler Verträge mit einer Ersatzleistung begnügen[7]. Daneben finden wir jedoch bi- und multilaterale Verträge, die eine Revision völkerrechtswidriger Gerichtsurteile vorsehen[8]. Im Fall *Martini* hat das italienisch-venezolanische Schiedsgericht am 3. Mai 1930 Venezuela verurteilt, „de reconnaître, à titre de réparation, l'annulation des obligations de paiement, imposées à la Maison Martini" (durch ein Gericht Venezuelas)[9], obgleich es weder durch den Schiedsvertrag noch durch den Kompromiß zu einer solchen Entscheidung ermächtigt war. Da dagegen nicht protestiert wurde, kann angenommen werden, daß mangels einer Verbotsnorm auch die Aufhebung völkerrechtswidriger Urteile, also z. B. nicht die bloße Begnadigung, sondern die Aufhebung eines Strafurteils, gefordert werden kann.

§ 1296 Ist eine *restitutio in integrum* nicht möglich oder kann durch sie die volle Beseitigung des Schadens nicht erreicht werden, so ist Schadensersatz zu leisten[10]. Er umfaßt auch den entgangenen Gewinn

---

[7] So z. B. Art. 10 des deutsch-schweizerischen Schiedsgerichts- und Vergleichsvertrages vom 3. Dezember 1921, bei *Berber*, Dokumente II, S. 1729. Andere Beispiele bei *Habicht*, Post-War Treaties for the Pacific Settlement of International Disputes (1931), S. 998 ff. Auch Art. 50 der Europäischen Menschenrechtskonvention ist hier zu nennen. Zum ganzen *Urbanek*, Die Unrechtsfolgen bei einem völkerrechtsverletzenden nationalen Urteil; seine Behandlung durch internationale Gerichte, ÖZöffR 11 (1961), S. 70 ff.

[8] z. B. läßt Art. 302 des Versailler Vertrages eine Revision deutscher Versäumnisurteile, die während des Krieges gefällt wurden, und Art. 305 aller Urteile, die nachher ergangen sind, durch Gemischte Schiedsgerichte zu. Ähnliche Bestimmungen finden sich auch in den übrigen Pariser Vororte-Friedensverträgen von 1919. Der erstgenannte Vertrag ermächtigte in Art. 440 die Siegermächte zur Revision der deutschen Prisenurteile und verpflichtete Deutschland, diese durchzuführen. Eine analoge Verpflichtung übernahm Italien in der Auflage XVII A des Friedensvertrages von 1947 und Japan in Art. 17 a des Friedensvertrages von San Francisco 1951. Andere Beispiele bei *Urbanek* (Anm. 7); *Rolin*, Le contrôle international des juridictions nationales, RBDI 4 (1968), S. 160 ff., und *Goy*, La révision des jugements de prise après la seconde guerre mondiale, AFDI 14 (1968), S. 343 ff.

[9] RIAA II, S. 1002.

[10] Der gegenwärtige Special Rapporteur der ILC, *Riphagen*, hat in Art. 7 seines 5. Berichts (UN Doc. A/CN. 4/380 vom 4. April 1984 [wie auch schon früher in Art. 5 seines 2. Berichts, UN Doc. A/CN. 4/344 vom 1. Mai 1981]) bei Verletzungen des Fremdenrechts eine *Wahl*möglichkeit des Verletzerstaates zwischen der Wiederherstellung des früheren Zustandes und der Leistung von Schadensersatz vorgeschlagen. Vgl. dazu den Fall der *Expropriated Religious Properties* (France, Spain and United Kingdom v. Portugal, 1920), RIAA I, S. 15 f., und das von *Zemanek*, ÖHB 1, S. 379, genannte Beispiel der Verstaatlichung der österreichischen Elektrizitätswirtschaft durch das 2. Verstaatlichungsgesetz, BGBl. 1947/81, wo an Ausländer nicht restituiert, son-

(lucrum cessans), der nach dem gewöhnlichen Lauf der Dinge zu erwarten gewesen wäre, während ein bloß möglicher (spekulativer) Gewinn nicht in Betracht kommt[11]. Es kommt also nicht darauf an, ob der eingetretene Schaden eine direkte oder indirekte Folge des Unrechtstatbestandes ist, sondern ob ein *Kausalzusammenhang* zwischen der Völkerrechtsverletzung und dem entstandenen Schaden nachweisbar ist. So hat z. B. das Schiedsgericht im Falle *Naulilaa* das Deutsche Reich am 31. Juli 1928 für Schäden verantwortlich gemacht, welche die Eingeborenenstämme in der portugiesischen Kolonie Angola verursacht hatten, denen erst durch den deutschen Einmarsch ein Aufstand gegen Portugal ermöglicht worden war[12].

Zum entgangenen Gewinn gehört auch der Verlust, den der verletzte Staat dadurch erlitten hat, daß der Schadensersatz nicht gleich nach der Setzung des Unrechtstatbestandes geleistet wurde. Daher beginnt der Zinsenlauf der geschuldeten Summe mit dem Tage der Schadenszufügung, außer wenn das „*damnum emergens*" schon bei der Festsetzung des Schadensersatzes berücksichtigt wurde, da er in diesem Falle erst mit dem Erkenntnis des Schiedsgerichtes oder Gerichtes beginnt[13]. In beiden Fällen handelt es sich also darum, daß ein Anspruch auf *volle* Entschädigung besteht.

---

dern nach dem 1. Verstaatlichungs-Entschädigungsgesetz (BGBl. 1954/189) Schadensersatz geleistet wurde.

[11] So z. B. der StIGH im bereits angeführten Falle *Chorzów (Merits)*, S. 56 f.: „[L]a Cour ne peut que constater le fait que le dommage ... montrerait .. dans la catégorie des dommages *possibles mais éventuels et indéfinis* dont ... il n'y a pas lieu de tenir compte." (von uns hervorgehoben); auch der Schiedsspruch vom 24. Juli 1930 im Falle *Shufeldt*, RIAA II, S. 1099: „[T]he *lucrum cessans* must be ... not too remote or speculative." Ferner die amerikanisch-venezolanische Kommission im Falle *Rudloff*, RIAA IX, S. 258: „Damages to be recoverable must be shown with a reasonable degree of certainty, and can not be recovered for an uncertain loss"; sowie der Schiedsspruch vom 1. November 1923 im Fall der *Lusitania*, RIAA VII, S. 32.

[12] RIAA II, S. 1032: „[I]l est certain qu'en elle-même l'aggression allemande était de nature à amener des troubles dans la population indigène, qu'il était dans l'ordre naturel des choses que les noirs ... en profitassent pour se révolter."

Aus demselben Grund wird auch eine Wiedergutmachungspflicht zugunsten von *Versicherungsgesellschaften*, welche dieselbe Staatsangehörigkeit wie das Opfer eines vr Unrechts besitzen, bei *materiellen* Schäden anerkannt. Dazu *Monaco*, Les assurances en Droit international, RdC 101 (1960 III), S. 381 ff.; *Meron*, The Insurer and the Insured under International Claims Law, AJIL 68 (1974), S. 628 ff., 637 ff. Hingegen hat der Umpire *Parker* am 18. September 1924 im Fall der *Provident Mutual Life Insurance Company and Others (United States) v. Germany* die Ansprüche einer Lebensversicherungsgesellschaft mit der Begründung abgelehnt, daß deren Zahlungspflicht auf einer ganz anderen Grundlage als der eines vr Unrechts beruhe: RIAA VII, S. 112 f.

[13] Daher hat der StIGH im Falle *Wimbledon*, A 1, S. 32, die Zinsen erst vom Tage der Urteilsfällung an zuerkannt. Dazu *Subilia*, L'allocation d'intérêts dans la jurisprudence internationale (1972).

Die Höhe des Schadensersatzes vermindert sich jedoch, wenn das Opfer des Unrechtstatbestandes eine Mitschuld trifft *(compensatio culpae)*[14], oder wenn ihm durch die Tat auch ein Vorteil erwachsen ist *(compensatio lucri cum damno)*[15].

§ 1297 Entsteht ein Schaden durch die völkerrechtswidrige Verletzung einer Privatperson[16], dann bildet dieser einen Maßstab für die Bemessung des *zwischenstaatlichen* Schadensersatzanspruches, wenn der belangte Staat diesen Schaden aktiv zugefügt, z. B. einen Ausländer völkerrechtswidrig verhaftet oder getötet hat[17]. Ist hingegen ein Staat nur für die *Unterlassung* der gebotenen Schutz- oder Verfolgungsmaßnahmen verantwortlich, dann hat er nur jenen Schaden zu ersetzen, der durch eine solche *Unterlassung* (negligence) entstanden ist[18].

§ 1298 *Neben* dem Schadensersatz kann der verletzte Staat eine angemessene effektive Bestrafung der schuldigen Organe sowie der anderen schuldigen Personen verlangen[19].

§ 1299 Für völkerrechtswidrige *ideelle* Schäden ist *Genugtuung* (satisfaction) zu leisten. Sie kann aus einer mehr oder minder feierlichen Entschuldigung, einer Ehrenbezeugung vor der Flagge des verletzten Staates, der angemessenen Bestrafung des Schuldigen, aber auch aus der bloßen Feststellung der begangenen Völkerrechtsverletzung durch ein Schiedsgericht oder den IGH bestehen[20].

---

[14] So das Erkenntnis der deutsch-amerikanischen Schiedskommission vom 13. Mai 1925 im Falle *Eisenbach Brothers and Company (United States) v. Germany*, RIAA VII, S. 199 ff. Darauf wies auch der belgische Delegierte *Debergh* in der 6. Kommission der UN-Generalversammlung am 25. November 1971 mit folgenden Worten hin: „La responsabilité d'un Etat [für Verletzungen von Diplomaten] sera exclue si l'Etat d'envoi refuse la protection qui lui est offerte ou ne collabore pas à la mise en oeuvre des ‚mesures appropriées' prises en sa faveur", RBDI 10 (1974), S. 219.

[15] So sagt der StIGH im Falle *Chorzów (Merits)*, A 17, S. 53, daß bei der Berechnung des entgangenen Gewinns die Aufwendungen für die Erhaltung des entzogenen Unternehmens, sowie die Installationen, die erfahrungsgemäß einen Teil des Gewinnes absorbieren, in Abzug zu bringen sind. Dasselbe gilt für die dadurch eingetretene Verminderung der Steuerpflicht.

[16] Vgl. dazu oben §§ 1210 ff.

[17] So der StIGH im Falle *Chorzów (Merits)*, A 17, S. 27 f.

[18] Eine ausführliche Begründung dafür finden wir im Schiedsspruch vom 16. November 1926 im Falle *Laura May Buffington Janes et al. (U. S. A.) v. United Mexican States*, RIAA IV, S. 82 ff.

[19] So hat z. B. Belgien die Bestrafung der schuldigen kongolesischen Organe verlangt, welche die Ausschreitungen vom 8. August und 8. Oktober 1963 veranlaßt hatten: RBDI 2 (1966), S. 511 f. Mehrere Judikate darüber im ILC-Yearbook 1972 II, S. 101 ff. Am 22. Mai 1933 erklärte etwa die US-panam. General Claims Commission im Falle *Lettie Charlotte Denham and Frank Parlin Denham (United States) v. Panama* die Amnestierung eines zu einer Strafe von 18 Jahren und 4 Monaten verurteilten Mörders nach 3 Jahren und 1 Monat als „inadequate punishment": RIAA VI, S. 312 f.

In der vr Judikatur finden wir auch Fälle, in denen dem verletzten Staat als Genugtuung eine Geldsumme (punitive damages) zuerkannt wurde[21].

Häufiger wird *neben* dem Schadensersatz eine Geldleistung als *Buße* bei völkerrechtswidrigen Verletzungen von Privatpersonen, z. B. wegen Nichtverfolgung und Nichtbestrafung des Täters, zugesprochen[22].

B. Wiedergutmachung bei Schädigung von Privatpersonen

I. Der Anspruch des Heimatstaates

§ 1300 Im Falle der völkerrechtswidrigen Schädigung einer Privatperson steht der Wiedergutmachungsanspruch *grundsätzlich* nur ihrem *Heimatstaate* zu, da durch eine solche Handlung oder Unterlassung *er selbst in der Person* eines seiner Angehörigen verletzt wurde[23]. Einen

---

[20] So der Haager Schiedsgerichtshof in den Fällen *Carthage* und *Manouba*, RIAA XI, S. 449 ff., 463 ff., und der IGH im *Corfu Channel* Case, ICJ Reports 1949, S. 35 f.: „The Court .. Gives judgment that by reason of the acts of the British Navy in Albanian waters ... the United Kingdom violated the sovereignty of the People's Republic of Albania, and that this declaration by the Court constitutes in itself appropriate satisfaction." Dazu *Bissonnette*, La satisfaction comme mode de réparation en droit international (1952); *Przetacznik*, La responsabilité internationale de l'État à raison des préjudices de caractère moral et politique causés à un autre État, RGDIP 78 (1974), S. 919 ff. (mit zahlreichen Beispielen); *derselbe* (oben § 1281, Anm. 8), a.a.O. 53 (1975), S. 35 ff.

[21] So im Falle der Versenkung des Schiffes *„I'm alone"*, RIAA III, S. 1613. Vgl. aber auch aus dem *Lusitania*-Schiedsspruch (1923), RIAA VII, S. 38 ff. Dazu *Briggs*, The Punitive Nature of Damages in International Law, in: Essays of Political Science in Honor of W. W. Willoughby (1937), S. 339 ff.

[22] So der Schiedsspruch vom 16. November 1926 im Falle *Laura May Buffington Janes et al. (U. S. A.) v. United Mexican States*, RIAA IV, S. 90: „[F]or the personal damage caused the claimants by the nonapprehension and nonpunishment of the murderer of Janes." In seinem 5. Bericht an die ILC (UN Doc. A/CN. 4/380 vom 4. April 1984) hat *Riphagen* die im Text beschriebenen Formen der Wiedergutmachung wie folgt zusammengefaßt (Art. 6):

„1. The injured State may require the State which has committed an internationally wrongful act to:

(a) discontinue the act, to release and return the persons and objects held through such act, and to prevent continuing effects of such act; and

(b) apply such remedies as are provided for in its internal law; and

(c) subject to article 7, re-establish the situation as it existed before the Act; and

(d) provide appropriate guarantees against repetition of the act.

2. To the extent that it is materially impossible to act in conformity with paragraph 1 (c), the injured State may require the State which has committed the internationally wrongful act to pay to it a sum of money corresponding to the value which a re-establishment of the situation as it existed before the breach, would bear."

Vgl. dazu aus dem 1. Bericht, ILC-Yearbook 1980 II, Part One, S. 112 ff., aus dem 2. Bericht (A/CN. 4/344 vom 1. Mai 1981), S. 15 ff., und den ebd. vorgeschlagenen Art. 4

solchen Anspruch haben auch die Vereinten Nationen, wenn eines ihrer Organe völkerrechtswidrig behandelt wurde[24]. Hingegen kann die geschädigte Privatperson selbst einen Anspruch auf Wiedergutmachung nur dann stellen, wenn ihr durch einen Vertrag zwischen ihrem Heimatstaat und dem für den Unrechtstatbestand verantwortlichen Staat eine solche Befugnis eingeräumt wurde[25]. Daher kann die geschädigte Privatperson auch nur in einem solchen Fall auf den Anspruch verzichten.

§ 1301 Von großer praktischer Bedeutung ist diese Klarstellung deshalb, weil insbesondere die lateinamerikanischen Staaten noch heute die sog. *„Calvo-Doktrin"* (benannt nach einem argentinischen Diplomaten und Schriftsteller des 19. Jahrhunderts) befolgen, wonach Fremde Inländern gleichzustellen sind und keinesfalls mehr Rechte als diese genießen dürfen. Daher sollen auch ihnen ausschließlich innerstaatliche Rechtsmittel zur Verfügung stehen; in der Möglichkeit, diplomatischen Schutz durch den Heimatstaat zu erhalten, liege eine unzulässige Bevorzugung. Diese Staaten verlangen daher von Ausländern als Bedingung für deren Niederlassung oder die Aufnahme von Geschäftsbeziehungen eine Erklärung, worin auf den diplomatischen Schutz des Heimatstaates verzichtet wird *(„Calvo-Klausel")*. Solche Verzichtserklärungen sind aber außer in dem vorhin genannten Fall vr unbeachtlich[26].

---

[23] So der StIGH am 30. August 1924 im Falle der *Mavrommatis Palestine Concessions*, A 2, S. 12: „C'est un principe élémentaire du droit international que celui qui autorise l'État à protéger ses nationaux lésés par des actes contraires au droit international commis par un autre État ... En prenant fait et cause pour l'un des siens ... cet État fait, à vrai dire, valoir son *droit propre*, le droit qu'il a de faire respecter, *en la personne de ses ressortissants*, le droit international" (von uns hervorgehoben). Ähnlich der StIGH im Falle der *Panevezys-Saldutiskis Railway*, A/B 76, S. 16.

[24] So der IGH am 11. April 1949 im Falle *Reparation for Injuries*, ICJ Reports 1949, S. 184: „In claiming reparation based on the injury suffered by its agent, the Organization does not represent the agent, but is asserting *its own right*, the right to secure respect for undertakings entered into towards the Organization" (von uns hervorgehoben).

[25] So z. B. die französisch-italienische Vergleichskommission am 18. September 1950 im Falle *Ottoz*, RIAA XIII, S. 236: „[L]a Commission ... est appelée à reconnaitre ou à nier l'existence non pas seulement d'une obligation de l'Etat italien, mais d'un droit subjectif d'un ressortissant ..."

[26] *Freeman*, Recent Aspects of the Calvo Doctrine and the Challenge to International Law, AJIL 40 (1946), S. 121 ff. Im Schiedsspruch im Falle *North American Dredging Company of Texas (U. S.) v. United Mexican States* (1926) wurde die Gültigkeit der Calvo-Klausel insofern begrenzt, als „this provision did not deprive the claimant ... of his undoubted right to apply to his own Government for protection if his resort to the Mexican tribunals or other authorities available to him resulted in a *denial or delay of justice* ... In such a case the claimant's complaint would be not that his contract was violated but that he had been denied justice ...": RIAA IV, S. 30 (von uns hervorgehoben). Dazu *Jiménez de Aréchaga*, International Responsibility, in: *Sørensen* (Hrsg.), Manual of Public International Law (1968), S. 590 ff.

Ebenso ist ein auf den Eigentümer ausgeübter physischer oder moralischer Zwang zum Verzicht auf sein Eigentum oder zur Einschränkung seiner vertraglichen Rechte vr unwirksam[27].

§ 1302 Da grundsätzlich nur der in der Person *seines* Angehörigen verletzte Staat eine solche Reklamation erheben kann, muß die geschädigte Privatperson schon zur Zeit ihrer völkerrechtswidrigen Behandlung sein Angehöriger *gewesen* und jedenfalls bis zur vr Geltendmachung der Wiedergutmachung *geblieben* sein. Der Schiedsspruch vom 24. Juni 1931 im Falle *Minnie Stevens Eschauzier (Great Britain) v. United Mexican States* verlangt sogar, daß der Geschädigte die Staatsangehörigkeit des reklamierenden Staates bis zum Schiedsspruch behalten haben muß[28].

Handelt es sich um die völkerrechtswidrige Tötung einer Person, so ist der Heimatstaat der durch diesen Vorfall geschädigten Personen, insbesondere der Erben oder Gläubiger, reklamationsberechtigt[29].

Besitzt eine Person eine mehrfache Staatsangehörigkeit, so kann nur jener Staat reklamieren, zu dem diese in einer engeren Beziehung steht[30].

§ 1303 Auch im Falle der völkerrechtswidrigen Behandlung einer *juristischen Person* ist *nur* jener Staat reklamationsberechtigt, dem sie auf Grund seiner Rechtsordnung *zugehört*[31] (wobei jedoch diese ver-

---

[27] So erklärte das US-Department of State am 30. Dezember 1975: „With regard to current or future expropriations of property or contractual interests of U.S. nationals, or arrangements for ‚participation' in those interests by foreign governments, the Department of State wishes to place on record its view that foreign investors are entitled to the fair market value of their interests. Acceptance by U.S. nationals of less than fair market value does not constitute acceptance of any other standard by the U.S. Government. As a consequence, the U.S. Government reserves its rights to maintain international claims for what it regards as adequate compensation under international law for the interests nationalized or transferred" (zitiert nach *Vagts*, Coercion and Foreign Investment Rearrangements, AJIL 72 [1978], S. 26 f.).

[28] RIAA V, S. 207 ff. Vgl. *Leigh*, Nationality and Diplomatic Protection, ICLQ 20 (1971), S. 453 ff.; ferner das US-State Department, AJIL 76 (1982), S. 836 ff.

[29] So der gerade genannte Schiedsspruch. Ebenso das schweizerische Politische Departement am 16. Februar 1961, SchwJIR 21 (1964), S. 151.

[30] Oben § 1197 (mit den dort genannten Einschränkungen).

[31] Grundlegend der IGH am 5. Februar 1970 im Falle der *Barcelona Traction, Light and Power Company, Ltd. (Second Phase)*, ICJ Reports 1970, S. 34: „Le droit interne détermine non seulement la situation juridique de la société anonyme mais aussi la situation juridique des personnes qui possèdent des actions de cette société." Eine kritische Analyse dieses Erkenntnisses bringen *Seidl-Hohenveldern*, Der Barcelona-Traction-Fall, ÖZöffR 22 (1971), S. 255 ff.; und *Caflisch*, The Protection of Corporate Investments Abroad in the Light of the Barcelona Traction Case, ZaöRV 31 (1971), S. 162 ff.

schiedene Kriterien dafür festlegen kann, z. B. Sitz der Gesellschaft, Mittelpunkt ihrer Tätigkeit, die Rechtsordnung, auf Grund derer sie gegründet wurde)[32].

§ 1304 Liegt hingegen eine direkte Verletzung von Rechten der *Aktionäre* vor, dann verfügen deren Heimatstaaten über den Wiedergutmachungsanspruch[33].

Der IGH anerkennt jedoch im *Barcelona Traction* Case, daß *ausnahmsweise* ein Staat auch für *indirekte* Schädigungen von Aktionären seiner Staatsangehörigkeit, die durch einen völkerrechtswidrigen Eingriff in das Gesellschaftsvermögen einer ausländischen Gesellschaft entstanden sind, Schadensersatz fordern kann[34]. Eine solche Lüftung des Schleiers (levée du voile) hat die Judikatur vor allem vorgenommen, wenn sich die Gesellschaft schon im Zustande der Liquidation befand[35]. Auch finden wir verschiedene Verträge über feindliches Vermögen und Globalentschädigungsabkommen, die vom Kontrollprinzip ausgehen, worauf auch der IGH hinweist[36]. Das ändert aber nichts daran, daß „la règle générale de droit international n'autorise que l'Etat national de cette société à formuler une réclamation"[37]. Das ist zwar unbillig, wenn der Heimatstaat der Gesellschaft keinen Anspruch erheben will. Das kann er aber auch, wenn der Geschädigte eine physische Person ist. Solche Unbilligkeiten sind eine Folge der grundsätzlich *zwischenstaatlichen* Natur des Wiedergutmachungsanspruches. Sie könnten daher nur durch eine radikale Änderung des VR beseitigt werden, die kaum in absehbarer Zeit erwartet werden kann. Man überfordert demnach den IGH, wenn man von ihm eine solche Verbesserung verlangt. Hingegen wäre es auf der allgemein anerkannten Grundlage eines Anspruches von Staat zu Staat möglich, dem Richter Gros in seiner Abweichenden Meinung im *Barcelona Traction* Case zu folgen, wo die Auffassung entwickelt wird, daß auch eine indirekte Schädigung von Aktionären einen Eingriff in das Nationalvermögen des Heimatstaates dieser Aktionäre

---

[32] P. *de Visscher*, La protection diplomatique des personnes morales, RdC 102 (1961 I), S. 395 ff.; *Hochepied*, La protection diplomatique des sociétés et des actionnaires (1965); *Beyer*, Der diplomatische Schutz der Aktionäre im Völkerrecht (1977).

[33] Aus dem in der Anm. 31 angeführten Erkenntnis, S. 34: „L'actionnaire ne saurait être identifié à la société ... C'est sur une stricte distinction entre deux entités séparées ... que repose la notion de société anonyme ...".

[34] ICJ Reports 1970, S. 39.

[35] *Caflisch*, La protection des sociétés commerciales et des intérêts indirects en droit international public (1969), und die bei *Seidl-Hohenveldern* (Anm. 31), S. 258, angeführte Literatur. Über den Schutz ausländischer Gläubiger bei Eingriffen in das Gesellschaftsvermögen *Caflisch*, Indirect Injuries to Foreign Creditors in International Law, RBDI 3 (1967), S. 404 ff.

[36] ICJ Reports 1970, S. 39 f.

[37] Dortselbst, S. 46.

darstellt und diesen daher zum Schutze seines Nationalvermögens legitimiert[38]. Der IGH ist aber im konkreten Fall darauf nicht eingegangen, ohne dafür eine zureichende Begründung zu geben, da er nur meint, es sei schwer zu ermitteln, welcher Volkswirtschaft ein Vermögen zugehört, „quand des entreprises complexes sont en jeu"[39].

§ 1305 Da der IGH im *Barcelona Traction* Case Belgien kein *ius standi* zugunsten der Aktionäre seiner Staatsangehörigkeit einräumte, brauchte er zu der umstrittenen Frage nicht Stellung zu nehmen, ob ein Staat zugunsten einer natürlichen oder juristischen Person seiner Staatsangehörigkeit nur dann einen Wiedergutmachungsanspruch gegen einen anderen Staat geltend machen kann, wenn das Verhalten der zu schützenden Person gegenüber diesem Staat in der in Rede stehenden Angelegenheit korrekt war (sog. *„clean hands"*-Regel)[40]. Der Gerichtshof stellte jedoch klar, daß etwaige Verletzungen des spanischen Rechts und Schädigungen der spanischen Wirtschaft durch die Barcelona Traction nicht als Rechtfertigung für eine rechtswidrige Behandlung dieser Gesellschaft seitens der spanischen Behörden dienen könnten[41].

II. Die Erschöpfung des innerstaatlichen Rechtsweges

§ 1306 Erfolgte die Völkerrechtsverletzung eines Staates in der Person eines seiner Angehörigen (natürlichen oder juristischen Personen) durch eine noch nicht rechtskräftige Entscheidung oder Verfügung, so kann der Wiedergutmachungsanspruch auf Grund der bisherigen vr Judikatur *grundsätzlich* erst nach *Erschöpfung der für die Rechtsverfolgung notwendigen innerstaatlichen Rechtsmittel* erhoben werden[42],

---

[38] Ebd., S. 278 f.

[39] Ebd., S. 46.

[40] *Delbez,* Les principes généraux du contentieux international (1962), S. 195 ff.; *García-Ariás,* La doctrine des clean hands en droit international, Annuaire AAA 1960, S. 14 ff.; *Salmon,* Des „mains propres" comme condition de recevabilité des réclamations internationales, AFDI 10 (1964), S. 225 ff.; *Miaja de la Muela,* Le rôle de la condition des mains propres de la personne lésée dans les réclamations devant les tribunaux internationaux, in: Mélanges offerts à J. Andrassy (1968), S. 189 ff.

[41] ICJ Reports 1970, S. 51: „It has been argued on one side that unlawful acts had been committed by the Spanish judicial and administrative authorities, and that as a result of those acts Spain has incurred international responsibility. On the other side it has been argued that the activities of Barcelona Traction and its subsidiaries were conducted in violation of Spanish law and caused damage to the Spanish economy. If both contentions were substantiated, *the truth of the latter would in no way provide justification in respect of the former*" (von uns hervorgehoben).

[42] So der StIGH im Falle *Mavrommatis,* A 2, S. 12: „C'est un principe élémentaire du droit international que celui qui autorise l'Etat à protéger ses nationaux lésés par des actes contraires au droit international ... dont ils

sofern nicht im Schiedsvergleich darauf verzichtet wird. Diese Norm findet in der Regel nur auf Staatshandlungen der untergeordneten Organe Anwendung, durch die Privatpersonen geschädigt wurden[43], da gegen Akte der obersten Organe Rechtsmittel nur selten möglich sind[44].

---

n'ont pu obtenir satisfaction *par les voies ordinaires*" (von uns hervorgehoben). Klarer der Schiedsspruch vom 6. März 1956 im *Ambatielos Claim*, RIAA XII, S. 120: „... the non-utilization of certain means of procedure can be accepted as constituting a gap in the exhaustion of local remedies only if the use of these means of procedure were *essential* to establish the claimant's case before the municipal courts" (von uns hervorgehoben). Aus dem Schrifttum *Chappez*, La règle de l'épuisement des voies de recours internes (1972); *Haesler*, The Exhaustion of Local Remedies in the Case Law of International Courts and Tribunals (1968); *Cançado Trindade*, Origin and Historical Developments of the Rule of Exhaustion of Local Remedies in International Law, RBDI 12 (1976), S. 499 ff.; *derselbe*, Exhaustion of Local Remedies in International Law and the Role of National Courts, ArchVR 17 (1977/78), S. 333 ff.; *derselbe*, The Application of the Rule of Exhaustion of Local Remedies in International Law (1983); *Strozzi*, Interessi statali e interessi privati nell'ordinamento internazionale. La funzione del previo esaurimento dei ricorsi interni (1977); *Sulliger*, L'épuisement des voies de recours internes en droit international général et dans la Convention européenne des droits de l'homme (1979); *Doehring*, Local Remedies, Exhaustion of, Encyclopedia [1 (1981), S. 136 ff.].

Auf die Streitfrage, ob die erfolglose Erschöpfung des innerstaatlichen Rechtsweges nur eine prozessuale Voraussetzung der Geltendmachung des Wiedergutmachungsanspruchs bildet oder ob erst in diesem Zeitpunkt der Unrechtstatbestand vorliegt, braucht hier nicht näher eingegangen zu werden, da beide Theorien zum gleichen praktischen Ergebnis führen. Gegen die zweitgenannte Theorie scheint zu sprechen, daß es Fälle gibt, in denen der Wiedergutmachungsanspruch vor Erschöpfung des innerstaatlichen Rechtsweges erhoben werden kann, wie oben im Text ausgeführt wird. Diese Schlußfolgerung ist aber nicht überzeugend, da in *allen* Fällen, mangels einer abweichenden Vertragsnorm, ein solcher Anspruch erst erhoben werden kann, wenn das Vorliegen des Unrechtstatbestandes *endgültig feststeht*, was *normalerweise* erst nach Erschöpfung des innerstaatlichen Rechtsweges der Fall, ausnahmsweise aber auch früher möglich ist. Eine ausführliche Begründung der zweitgenannten Theorie finden wir im 6. Bericht *Agos* an die ILC, Yearbook 1977 II, Part One, S. 21 ff., dem wir uns aus den angeführten Gründen anschließen.

Ein genereller vertraglicher Verzicht auf die Erschöpfung der innerstaatlichen Rechtsmittel findet sich z. B. in Art. XI der Weltraumhaftungskonvention 1972 (§ 1152).

[43] z. B. der IGH am 21. März 1959 im Falle *Interhandel*, ICJ Reports 1959, S. 27: „La règle selon laquelle les recours internes doivent être épuisés avant qu'une procédure internationale puisse être engagée ... a été généralement observée dans les cas où un État prend fait et cause pour son ressortissant ...".

[44] Aus dem Schiedsspruch vom 29. März 1933 im Falle der *Forêts du Rhodope Central (Fond)*, RIAA III, S. 1420: „[L]a règle de l'épuisement des recours locaux ne s'applique pas, en général, lorsque le fait incriminé consiste en des mesures prises par le Gouvernement ... Il est rare qu'il existe des remèdes locaux contre les actes des organes les plus autorisés de l'Etat." Auch das Gutachten des Eidgenössischen Politischen Departements vom 15. Juli 1976 verlangt keine Erschöpfung des innerstaatlichen Rechtsweges „lorsque l'acte dommageable commis à l'égard d'un étranger est un véritable acte de gouvernement": SchwJIR 33 (1977), S. 238.

Die Erschöpfung des von der innerstaatlichen Rechtsordnung vorgesehenen Rechtsweges ist aber nicht erforderlich, wenn kein *wirksames* Rechtsmittel zur Verfügung steht, z. B. wenn die höhere Instanz zur Behandlung solcher Beschwerden nicht zuständig ist oder ihre Judikatur zeigt, daß ein Rechtsmittel keinen Erfolg versprechen kann[45], oder wenn durch eine ständige völkerrechtswidrige Praxis der Exekutive erwiesen ist, daß ein effektiver Rechtsschutz nicht existiert[46]. Da die in Rede stehende Norm dem Völkerrechtsverletzer die Möglichkeit geben will, mit eigenen Mitteln das Unrecht zu beheben, bevor er vr belangt werden kann, wäre die Forderung, den Rechtsweg zu erschöpfen, sinnlos, wenn in ihm keine Abhilfe geschaffen werden kann. Doch sind *vorbeugende* diplomatische Schritte, die auf Schäden hinweisen, die durch ein bestimmtes staatliches Verhalten entstehen können, schon vor der Erschöpfung des innerstaatlichen Rechtsweges zulässig[47].

§ 1307 Die ILC unterscheidet in ihrem in erster Lesung beschlossenen Entwurf über die Staatenverantwortlichkeit zwischen jenen vr Verpflichtungen, die den konkreten Ablauf eines bestimmten Verhaltens, z. B. den Erlaß oder die Aufhebung eines bestimmten Gesetzes, zum Gegenstand haben (an international obligation requiring the adoption of a particular course of conduct)[48] sowie jenen, die einem Staat nur vorschreiben, ein bestimmtes Ziel zu erreichen, ihm aber die Wahl der Mittel zu dessen Erreichung überlassen (an international obligation requiring the achievement of a specific result ... by means of its own choice)[49], und vertritt die Auffassung, daß der Grundsatz der notwendi-

---

[45] Ausführlich *Ambatielos Claim* (Anm. 42), S. 119: „[I]t is generally considered that the ineffectiveness of available remedies ... may also result from circumstances which do not permit any hope of redress to be placed in the use of those remedies." So auch das Österreichisch-deutsche Schiedsgericht zur *Auslegung des Art. 24 Abs. 2 des Vertrages ... zur Regelung von Schäden der Vertriebenen, Umsiedler und Verfolgten* ... am 5. Oktober 1971, ÖZöffR 23 (1972), S. 184 f., und das in der vorhergehenden Anmerkung angeführte Gutachten des Eidgenössischen Politischen Departements, S. 239.

Zu dem Kupfersondergericht der chilenischen Regierung Allende vgl. *Wehser*, Völkerrechtswidrige Verstaatlichung der Kupferminen in Chile?, JZ 1974, S. 117 ff.

[46] So in der Zulässigkeitsentscheidung der Europäischen Menschenrechtskommission über die Staatenbeschwerde *Irlands gegen Großbritannien* wegen der Lage in Nordirland vom 1. Oktober 1972, Yearbook of the European Convention on Human Rights 15 (1972), S. 242 f. Ähnlich das Human Rights Committee nach dem UN-Pakt über die bürgerlichen und politischen Rechte (oben § 1240) in den *Uruguay*-Fällen; vgl. *Cançado Trindade*, Exhaustion of Local Remedies under the UN Covenant on Civil and Political Rights and Its Optional Protocol, ICLQ 28 (1979), S. 761 ff.

[47] So richtig *Schwebel* in der 1466. Sitzung der ILC über die Verantwortlichkeit der Staaten, ILC Yearbook 1977 I, S. 267 f. Zustimmend *Ago* in der 1468. Sitzung, wo er solche Schritte als „purely preventive interventions" bezeichnet, ebd., S. 276.

[48] Art. 20; vgl. ILC-Yearbook 1977 II, Part Two, S. 11.

gen Erschöpfung des innerstaatlichen Rechtsweges nur bei Verpflichtungen der zweiten Art *(obligations of result)* Anwendung findet, da bloß in solchen Fällen das vorgeschriebene Verhalten oder dessen Äquivalent trotz des anfänglich mit dem VR nicht übereinstimmenden Verhaltens eines staatlichen Organs in einem nachfolgenden innerstaatlichen Verfahren noch erreicht werden kann (the obligation allows that this or an equivalent result may nevertheless be achieved by subsequent conduct of the State)[50]. Daher kann von der geschädigten Privatperson verlangt werden, zur Erreichung dieses Zieles durch Einlegung der notwendigen Rechtsmittel mitzuwirken[51].

Die ILC betont ferner, daß Verpflichtungen der ersten Art *(obligations of conduct)* grundsätzlich im direkten zwischenstaatlichen Hoheitsbereich (at the level of direct relations between States)[52] bestehen. In diesem Zusammenhang hat jedoch Ago darauf hingewiesen, daß ausnahmsweise auch im Falle einer vr Regelung der Stellung von Privatpersonen ein *unmittelbarer* vr Anspruch ihrer Heimatstaaten bei Verletzung dieser vereinbarten Regelung entstehen könne, z. B. wenn ein bilateraler Vertrag den Erlaß eines bestimmten Gesetzes vorschreibt oder wenn die Korrektur eines anfänglich mit dem VR nicht übereinstimmenden Verhaltens eines staatlichen Organes im innerstaatlichen Verfahren nicht möglich ist[53]. Zum ersten Beispiel sei bemerkt, daß uns zwar keine innerstaatlichen Normen bekannt sind, die eine Säumnisbeschwerde gegen die Nichterlassung eines Gesetzes einräumen. Ließe eine staatliche Rechtsordnung eine solche aber zu, so bestünde kein sachlicher Grund auf diesen Rechtsbehelf zu verzichten. Dasselbe gilt, wenn eine staatliche Rechtsordnung die Anfechtung eines völkerrechtswidrigen Gesetzes gestattet, wie z. B. das Bonner Grundgesetz.

§ 1308 Der von der ILC dargestellte Anwendungsbereich der Regel der Erschöpfung des innerstaatlichen Rechtsweges stimmt grundsätzlich mit unserem Ergebnis überein, obgleich wir nicht von der geschilderten theoretischen Zweigliederung der zwischenstaatlichen Verpflichtungsarten, sondern vom Gedanken ausgegangen sind, daß jedem Staat die Möglichkeit gegeben werden muß, anfängliche Fehler innerhalb seiner

---

[49] Art. 21; dortselbst, S. 18 f. Diese Unterscheidung findet sich implicite schon bei Heinrich *Triepel*, Völkerrecht und Landesrecht (1899), S. 299, wurde aber erst von *Donati*, I trattati internazionali nel diritto costituzionale, Bd. I (1906), S. 343 ff., näher ausgeführt. Vgl. auch *Combacau*, Obligations de résultat et obligations de comportement. Quelques questions et pas de réponse, FS Reuter, S. 181 ff.

[50] Dortselbst, S. 30 (Art. 22).

[51] Dortselbst, S. 30 ff.

[52] Dortselbst, S. 13.

[53] ILC-Yearbook 1977 I, S. 276.

Rechtsordnung zu beheben, sofern eine solche Möglichkeit überhaupt besteht. Daraus ergeben sich nämlich folgende Schlüsse:

1. Da zwischenstaatliche Verletzungen von Hoheitsrechten nur in einem *vr* Verfahren wiedergutgemacht werden können, kann auf sie der Grundsatz der Erschöpfung der innerstaatlichen Rechtswege überhaupt nicht angewendet werden[54].
2. Da alle zwischenstaatlichen Verpflichtungen über die Rechtsstellung von Staatsangehörigen im Ausland den verpflichteten Staaten auftragen, diesen Personen bestimmte Rechte in ihrer Rechtsordnung zu gewähren, kann jede anfängliche Verletzung dieser Verpflichtungen im innerstaatlichen Verfahren wiedergutgemacht werden, wenn die staatliche Rechtsordnung den betroffenen Personen wirksame Rechtsmittel zur Verfügung stellt.
3. Eine vr Verletzung von Privatrechten fremder Staaten könnte grundsätzlich zwar in einem innerstaatlichen Verfahren wiedergutgemacht werden. Darüber hat sich aber noch keine Praxis herausgebildet. Doch kann den Staaten kaum zugemutet werden, sich in solchen Fällen der ausländischen Gerichtsbarkeit zu unterwerfen[55].
4. Wenn eine staatliche Rechtsordnung Privatpersonen wirksame Rechtsmittel zur Behebung eines anfänglich mit dem VR nicht übereinstimmenden Verhaltens eines ihrer Organe zur Verfügung stellt, ist der völkerrechtliche Unrechtstatbestand mit der erfolglosen Erschöpfung des innerstaatlichen Rechtsweges, sonst mit der Rechtskraft der anfänglichen Verletzung des VR vollendet. Daher kann der zwischenstaatliche Wiedergutmachungsanspruch erst ab diesen Zeitpunkten erhoben werden.

C. Die Subsidiarität der allgemeinen Regeln

§ 1309 Vorstehend haben wir die Rechtsfolgen dargestellt, die das allgemeine VR an den Bruch der „primären" Normen knüpft. Diese Regeln sind insofern nur *subsidiärer* Natur, als die Parteien eines vr Rechtsverhältnisses *leges speciales* für den Fall von dessen Verletzung festlegen können. Diese Befugnis findet aber ihre Grenze in den Rechten dritter Staaten, in den Vorschriften der UN-Charta zur Aufrechterhaltung des internationalen Friedens und der Sicherheit sowie im übrigen *ius cogens*[56]. Umstritten ist ferner, in welchem Umfang solche

[54] So jüngst auch der Schiedsspruch über das US-französische *Air Services Agreement of 27 March 1946;* vgl. US Digest 1978, S. 1208 ff.

[55] *Meron,* The Incidence of the Rule of Exhaustion of Local Remedies, BYIL 35 (1959), S. 83.

[56] Im gleichen Sinne Art. 2 des 5. Berichts von Special Rapporteur *Riphagen* zum zweiten Teil des ILC-Kodifikationsvorhabens über Staatenver-

„Subsysteme“ bzw. „self-contained regimes“ an den Wiedergutmachungs-, Streiterledigungs- und Sanktionsmechanismus des allgemeinen VR etwa für den Fall angekoppelt bleiben, daß ihre Spezialregelungen nicht zur Anwendung kommen oder sich als unwirksam erweisen[57].

Schließlich sehen verschiedene Normen des allgemeinen VR noch *weitere* Rechtsfolgen für ganz bestimmte Völkerrechtsverletzungen vor, wie z. B. die Nichtigkeit von Verträgen bei einem Verstoß gegen zwingendes VR oder das Rücktrittsrecht wegen Vertragsverletzung[58].

Kapitel 11

Die Beilegung zwischenstaatlicher Streitigkeiten

1. Abschnitt

Rechtsstreitigkeiten und Interessenkonflikte

§ 1310 Schon seit langem unterscheidet man zwischen Rechtsstreitigkeiten (questions d'ordre juridique, justiziablen Streitigkeiten)[1] und anderen Streitfällen, die Interessenkonflikte, auch politische oder nichtjustiziable Streitigkeiten, genannt werden[2]. Eine Legaldefinition der

---

antwortlichkeit (UN Doc. A/CN. 4/380 vom 4. April 1984), der von der Kommission 1983 vorläufig angenommen wurde; vgl. Report of the International Law Commission on the work of its thirty-fifth session (1983), G. A. O. R.: 38th session, Suppl. No. 10 (A/38/10), S. 91 ff., in Verbindung mit Art. 4 des 5. Berichts (der 1983 als Art. 5 vorläufig angenommen wurde) und dem noch nicht zur Abstimmung gelangten Art. 12 dieses Berichts (in Verfolg von Art. 2 des zweiten und Art. 4 des dritten Berichts von Special Rapporteur *Riphagen*).

[57] Vgl. z. B. oben § 814 zu den Rechtsfolgen der Verletzung von Verträgen zum Schutz der Menschenrechte, und § 817, Anm. 44, zur Anwendbarkeit des Prinzips *inadimplenti non est adimplendum* auf Verfassungsverträge internationaler Organisationen, insbesondere auf den EWG-Vertrag. Ferner *Rauschning*, Verantwortlichkeit der Staaten für völkerrechtswidriges Verhalten, Berichte DGVR 24 (1984), S. 20 ff.

[58] In diesem Sinne der von der ILC 1983 vorläufig angenommene Art. 3 (Fundstelle § 1262, Anm. 2), nunmehr Art. 3 des 5. Berichts *Riphagen* (A/CN. 4/380 vom 4. April 1984), in Verbindung mit dessen Art. 4 und 12.

[1] z. B. in Art. 38 des Haager Abkommens 1907 über die friedliche Erledigung von internationalen Streitfällen; *Berber / Randelzhofer*, Völkerrechtliche Verträge (2. Aufl. 1979), S. 256 ff. (Ende 1983 für 50 Staaten in Kraft).

[2] *Verzijl*, La classification des différends internationaux, Revue de droit international et de législation comparée 52 (1925), S. 732 ff.; *Bruns*, Völkerrecht als Rechtsordnung II: Politische und Rechtsstreitigkeiten, ZaöRV 3 (1933), S. 445 ff.; *Verosta*, Différends juridiques et conflits d'intérêts, Jahr-

erstgenannten Streitfälle findet man erstmalig in Art. 1 der dem zwischen dem (damaligen) Deutschen Reich und Belgien, Frankreich, Polen sowie der Tschechoslowakei 1925 abgeschlossenen Pakt von Locarno beigefügten Schiedsabkommen[3], die jene Streitfälle als Rechtsstreitigkeiten bezeichnen, bei denen die Parteien um den Bestand eines subjektiven Rechtes streiten (au sujet desquelles les Parties se contesteraient réciproquement un droit). Es kommt also nicht auf die Art des Streitgegenstandes, sondern bloß darauf an, ob eine Partei *behauptet*, einen im VR begründeten Anspruch zu haben und die andere Partei diesen bestreitet. Art. 36 des IGH-Statuts zählt als solche Streitfälle folgende Gruppen auf:

1. die Auslegung von vr Verträgen;
2. alle (anderen) Fragen des VR;
3. das Vorliegen eines Unrechtstatbestandes und
4. Art und Ausmaß der Wiedergutmachung.

Fordert hingegen ein Staat eine Änderung des bestehenden Rechtszustandes, die Schaffung einer neuen rechtlichen Regelung, oder stützt er seine Forderungen nicht auf das VR, sondern auf Gründe der Gerechtigkeit, Billigkeit oder politischen Dringlichkeit, dann liegt ein (bloßer) Interessenkonflikt vor. Die Bezeichnung dieser Streitfälle als „politische Konflikte" ist schief, da es Rechtsstreitigkeiten von großer politischer Bedeutung und andererseits unpolitische Interessenkonflikte geben kann[4], wie z. B. das Verlangen eines eigenen Friedhofes für im Ausland verstorbene Kriegsgefangene. Die Bestimmung des politischen Gewichts eines zwischenstaatlichen Konflikts kann demnach nur einen Anhaltspunkt für die Wahl des geeignetsten Streiterledigungsmittels liefern.

§ 1311 So hat die Unterscheidung in Rechtsstreitigkeiten und Interessenkonflikte eine unmittelbare praktische Bedeutung, da das für ihre Beilegung vorgesehene Verfahren verschieden ist, wie wir gleich sehen werden. Es gibt aber grundsätzlich keine Streitigkeiten, die nicht nach VR entschieden werden können[5]. Eine derartige Möglichkeit bestünde

---

buch der (österr.) Konsularakademie 1935, S. 78 ff.; *Beirlaen*, La distinction entre les différends juridiques et les différends politiques dans la pratique des organisations internationales, RBDI 11 (1975), S. 405 ff.

[3] *Berber*, Dokumente II, S. 1667 ff.

[4] Zum ganzen *Wengler*, Der Begriff des Politischen im internationalen Recht (1956); *Berber*, Lehrbuch des Völkerrechts I (2. Aufl. 1975), S. 24 ff.

[5] Ebenso der StIGH im Falle der *Rights of Minorities in Upper Silesia*, A 15, S. 22: „il n'y a aucun différend que les Etats admis à ester devant la Cour ne puissent lui soumettre". Das schließt natürlich nicht aus, daß die Streitteile in einem Schiedsgerichtsvertrag oder Schiedsvergleich den Ausdruck „Arbitrabilität" in einem *engeren* Sinne verwenden. Darüber Max *Huber* in seinem Schiedsspruch vom 1. Mai 1925 in der *Affaire des biens britanniques au Maroc espagnol*, RIAA II, S. 630 ff., 637 f. Ferner *Lauter-*

juristisch nur, wenn die anzuwendenden Rechtsquellen durch die Streitteile beschränkt werden[6]. Der Versuch der Schlichtung von Interessenkonflikten durch vr Entscheidung würde jedoch in den meisten Fällen nur Scheinlösungen in der Normensphäre bringen, da der behauptete Anspruch mangels einer vr Grundlage abgewiesen werden müßte, so daß der Streit trotz der ergangenen Entscheidung weiterschwelen würde[7].

In *diesem* Bereich besteht daher die Funktion des VR wesentlich in der Bereitstellung bestimmter Verhandlungsmechanismen, mit deren Hilfe Interessenkonflikte durch gegenseitiges Nachgeben auf friedliche Weise gelöst oder zumindest entschärft werden können.

2. Abschnitt

Die verschiedenen Arten ihrer Austragung[1]

A. Überblick über die einzelnen Methoden

§ 1312 Den ältesten und besten Weg zur Beilegung zwischenstaatlicher Streitigkeiten bilden ehrliche und ohne Druck zwischen den Streitteilen geführte *Verhandlungen* (negotiations). Diese Verfahren

---

pacht, The Function of Law in the International Community (1933), S. 157 ff.; *Gross*, Limitations upon the Judicial Function, AJIL 58 (1964), S. 415 ff.; *Chapal*, L'arbitrabilité des différends internationaux (1967); *Hoffmann / Seidl-Hohenveldern*, Die Grenzen rechtlicher Streiterledigung im Völkerrecht und in Internationalen Organisationen, Berichte DGVR 9 (1969), S. 1 ff.

[6] Dazu auch oben § 607. Wenn sich aus dem Schiedsgerichtsvertrag oder Schiedsvergleich ergibt, daß das Schiedsgericht den Streit endgültig bereinigen soll, kann daraus seine Ermächtigung erschlossen werden, eine solche Lücke zu schließen. So *Witenberg*, L'organisation judiciaire, la procédure et la sentence internationale (1937), S. 314 f.

[7] Treffend *Kunz*, The Changing Law of Nations (1968), S. 684: „While all disputes can ... be judicially *decided*, it is not true that all disputes can be judicially *settled*." Man denke etwa an die Aufteilung des Festlandsockels in der Ägäis.

[1] Dazu allgemein *Stone*, Legal Controls of International Conflict (1954), S. 67 ff.; *Bailey*, Peaceful Settlement of Disputes, Ideas and Proposals for Research (1970); *Grewe*, Spiel der Kräfte in der Weltpolitik. Theorie und Praxis der internationalen Beziehungen (1970), S. 461 ff.; *Northedge / Donelan*, International Disputes — The Political Aspects (1971); International Disputes — The Legal Aspects (1972); *Claude*, Swords into Plowshares. The Problems and Progress of International Organization (4. Aufl. 1971), S. 215 ff.; Judicial Settlement of International Disputes — An International Symposium (1974); *Delbrück*, Die Adäquanz völkerrechtlicher Kriegsverhütungs- und Friedenssicherungsinstrumente im Lichte der Kriegsursachenforschung, JIR 17 (1974), S. 87 ff.; *Neuhold*, Internationale Konflikte. Verbotene und erlaubte Mittel ihrer Austragung (1977), S. 357 ff.; *Sohn*, Settlement of Disputes Relating to the Interpretation and Application of Treaties, RdC 150 (1976 II), S. 195 ff.; *derselbe*, Peaceful Settlement of Disputes, Encyclopedia

nennt man den *diplomatischen Weg* (les voies diplomatiques)[2]. Auch die moderne Konferenz-, „Gipfel"- und „parlamentarische" Diplomatie (in den Gremien internationaler Organisationen) wird zur Streiterledigung eingesetzt[3].

§ 1313 Immer mehr vr Verträge verpflichten ihre Parteien bei Aufkommen von Meinungsverschiedenheiten und anderer Konfliktsursachen zur *Konsultation*[4]. Darunter wird ein Prozeß verstanden, in dem ein Staat, der eine bestimmte Maßnahme ergreifen will, nach Information der davon betroffenen Staaten deren Wünsche und Vorstellungen in Rechnung stellt und Einwände angemessen berücksichtigt[5]. Diese Technik wird nicht nur in politischen oder wirtschaftlichen Streitfällen

---

[1 (1981), S. 154 ff.]; *Fawcett*, International Economic Conflicts. Prevention and Resolution (1977); *Venkata Raman* (Hrsg.), Dispute Settlement Through the United Nations (1977); *v. Mangoldt*, Tradition in der zwischenstaatlichen Streitbeilegung?, in: Tradition und Fortschritt im Recht (1977), S. 435 ff.; *Lewin*, Das Prinzip der friedlichen Regelung internationaler Streitigkeiten (1980); *Steinberger*, Judicial Settlement of International Disputes, Encyclopedia (oben), S. 120 ff.; *Monnier*, Le règlement pacifique des litiges internationaux. Diagnostic et perspectives, SchwJIR 37 (1981), S. 9 ff.; Hague Academy of International Law/United Nations University: Colloquium 1982: The Settlement of Disputes on the New Natural Resources; *Bowett*, Contemporary Developments in Legal Techniques in the Settlement of Disputes, RdC 180 (1983 I), S. 169 ff.

Zur friedlichen Beilegung von Streitigkeiten durch die UNO vgl. oben §§ 213 ff.

Zum Prinzip der friedlichen Streiterledigung in der „Friendly Relations"-Deklaration 1970 vgl. oben §§ 463 ff.

[2] Speziell dazu *Soubeyrol*, La négociation diplomatique, élément du contentieux international, RGDIP 68 (1964), S. 319 ff.; *Fattal*, Les procédures diplomatiques de règlement des différends internationaux (1966); *Hall*, Modern International Negotiation: Principles and Practice (1966); *De Waart*, The Element of Negotiation in the Pacific Settlement of Disputes between States (1973); *Plantey*, La négociation internationale (1980); *Fleischhauer*, Negotiation, Encyclopedia [1 (1981), S. 152 ff.].

[3] Vgl. § 882, Anm. 15.

[4] So verpflichtet Art. IV des amerikanisch-sowjetischen Abkommens vom 22. Juni 1973 zur Verhinderung von Atomkriegen die Vertragsparteien, im Falle einer solchen Gefahr sofort „urgent consultations" aufzunehmen; AJIL 67 (1973), S. 833 ff.

Von der Konsultation zur Entschärfung von Konflikten *zwischen* den Konsultierenden ist die Konsultation zur Herbeiführung einer gemeinsamen Politik oder die Konsultationspflicht zu unterscheiden, die den Mitgliedern eines Verteidigungsbündnisses bei Auftreten einer Gefahr seitens *dritter* Staaten obliegt. Vgl. z. B. Art. 4 des Nordatlantikvertrages (NATO) vom 4. April 1949: „Die Parteien werden einander konsultieren, wenn nach Auffassung einer von ihnen die Unversehrtheit des Gebiets, die politische Unabhängigkeit oder die Sicherheit einer der Parteien bedroht sind"; *Berber / Randelzhofer*, Völkerrechtliche Verträge (2. Aufl. 1979), S. 67 ff.

[5] So der Rechtsberater der UNO im Report of the Committee on Relations with the Host Country, GAOR, A 33/26, S. 11. Zum ganzen *Umarto Kusumowidagdo*, Consultation Clauses as Means of Providing for Treaty Obedience (1981); *Kirgis*, Jr., Prior Consultation in International Law. A Study of State Practice (1983).

eingesetzt, sondern etwa auch bei der vertraglichen Regelung grenzüberschreitender Umweltprobleme vorgesehen[6].

Während an den bisher genannten Streiterledigungsverfahren nur die Konfliktgegner beteiligt sind, schaltet sich bei den nunmehr zu behandelnden Methoden ein unparteiischer Dritter mit zunehmender Intensität in das Verfahren ein[7].

§ 1314 Bemüht sich ein dritter Staat oder ein internationales Organ[8], die Streitteile zur Aufnahme von Verhandlungen zu bewegen, spricht man von „*guten Diensten*" (bons offices)[9].

§ 1315 Ein *Untersuchungsverfahren* (procédure d'enquête, inquiry, fact-finding) hat die Aufgabe, einen strittigen Sachverhalt zu klären, ohne daran Rechtsfolgen zu knüpfen. Es kann durch eine Untersuchungskommission, durch ein anderes Staatengemeinschafts- oder durch ein drittstaatliches Organ zum Einsatz kommen[10].

§ 1316 Macht die dritte Partei aus eigenem Antrieb oder auf Ersuchen der Streitteile Vorschläge zur Beilegung des Streites, liegt *Vermittlung* (mediation) vor[11]. Solche Anregungen und Vorschläge dürfen, ebenso wie das Angebot guter Dienste, niemals als unfreundliche Handlungen angesehen werden[12]. Es besteht aber keine rechtliche Verpflichtung zu ihrer Befolgung. Als Vermittler wurden früher häufig Staatsoberhäupter oder der Heilige Stuhl tätig.

§ 1317 Wird der Lösungsvorschlag von einem im Einzelfall oder auf Dauer zu diesem Zweck eingesetzten Staatengemeinschaftsorgan (Aus-

---

[6] Dazu die OECD-Veröffentlichung: Transfrontier Pollution and the Role of States (1981), S. 8 ff., und allgemein *Bilder*, The Settlement of Disputes in the Field of the International Law of the Environment, RdC 144 (1975 I), S. 139 ff.

[7] *Young*, The Intermediaries. Third Parties in International Crises (1967); *Randolph*, Third-Party Settlement of Disputes in Theory and Practice (1973).

[8] So hat der UN-Generalsekretär wiederholt seine guten Dienste angeboten; vgl. AFDI 19 (1973), S. 623, und oben §§ 222 ff.

[9] *Bindschedler-Robert*, Les bons Offices dans la Politique étrangère de la Suisse, in: *Riklin / Haug / Binswanger* (Hrsg.), Handbuch der schweizerischen Außenpolitik (1975), S. 679 ff.; *Bindschedler*, Good Offices, Encyclopedia [1 (1981), S. 67 ff.]; *Dreher*, Die Institution der Guten Dienste im Völkerrecht (1980).

[10] Speziell *Shore*, Fact-Finding in the Maintenance of International Peace (1970); *Cáfari Panico*, L'inchiesta internazionale come strumento di soluzione pacifica delle controversie fra gli Stati, DI 25 (1971), S. 460 ff.; *Bar-Yaacov*, The Handling of International Disputes by Means of Inquiry (1974); *Bensalah*, L'enquête internationale dans le règlement des conflits (1976); *Partsch*, Fact-Finding and Inquiry, Encyclopedia [1 (1981), S. 61 ff.].

[11] Dazu *Schücking*, Das völkerrechtliche Institut der Vermittlung (1923); *Bindschedler*, Conciliation and Mediation, Encyclopedia [1 (1981), S. 47 ff.].

[12] Art. 3 Abs. 3 des (I.) Haager Abkommens vom 18. Oktober 1907 über die friedliche Erledigung internationaler Streitfälle.

schuß, Kommission o. ä.), das aus unabhängigen Personen besteht, in einem geregelten Verfahren erstattet, so spricht man von einem *Versöhnungs- oder Vergleichsverfahren* (conciliation, procédure de conciliation)[13].

§ 1318 Ein altes Mittel der friedlichen Streiterledigung ist auch die *Schiedsgerichtsbarkeit* (arbitration, arbitrage)[14]. Sie besteht darin, daß ein durch das Einvernehmen der Streitteile gebildetes, aus einem Menschen oder einem Kollegium bestehendes Organ den Streit *entscheidet*, d. h. endgültig bereinigt. Isolierte, also *ad hoc* gebildete Schiedsgerichte gab es schon im Altertum[15] und im Mittelalter. Es bestanden damals aber weder generelle Normen über diese Einrichtung noch auch institutionelle, also für verschiedene mögliche Fälle eingesetzte Schiedsgerichte[16]. Beides wurde erst auf der 1. Haager Friedenskonferenz (1899) ins Leben gerufen, auf welcher der erste, 1907 revidierte, *multilaterale* Vertrag über die friedliche Streiterledigung abgeschlossen wurde[17]. Dieser regelt die guten Dienste und die Vermittlung sowie das Verfahren von Untersuchungskommissionen und gründete das erste ständige Organ zur Entscheidung zwischenstaatlicher Streitigkeiten, nämlich den noch heute bestehenden *Ständigen Schiedsgerichtshof* (Cour permanente d'arbitrage) im Haag[18].

---

[13] Dazu *Wehberg*, Die Vergleichskommissionen im modernen Völkerrecht, in: Festgabe für Makarov, ZaöRV 19 (1958), S. 551 ff.; *Cot*, La conciliation internationale (1968); *Hamzeh*, International Conciliation (1963); *Villani*, La conciliazione nelle controversie internazionali (1979). Zu den sog. „Bryan-Verträgen" siehe oben § 84.

Ein obligatorisches Vergleichsverfahren ist in einigen auf UN-Konferenzen abgeschlossenen Kodifikationsverträgen vorgesehen, so in der Wiener Vertragsrechtskonvention 1969 für Streitigkeiten über die Anwendung oder Auslegung ihres Teiles V, mit Ausnahme von Streitigkeiten über Fragen des *ius cogens;* genauer oben §§ 838 ff. In der Staatenpraxis sind vereinzelt Schiedsgerichte als „Vergleichskommissionen" bezeichnet worden; so im Friedensvertrag mit Italien 1947.

[14] Dazu *Lammasch*, Die Lehre von der Schiedsgerichtsbarkeit in ihrem ganzen Umfange (1914); *Schindler* (sen.), Die Schiedsgerichtsbarkeit seit 1914 (1938); *Carlston*, The Process of International Arbitration (1946); *Simpson / Fox*, International Arbitration. Law and Practice (1959); *Sohn*, The Function of International Arbitration Today, RdC 108 (1963 I), S. 1 ff.; *Nantwi*, The Enforcement of International Judicial Decisions and Arbitral Awards in Public International Law (1966); *v. Mangoldt*, Die Schiedsgerichtsbarkeit als Mittel internationaler Streitschlichtung (1974); *Johnson*, International Arbitration Back in Favour?, YBWA 34 (1980), S. 305 ff.; *Schlochauer*, Arbitration, Encyclopedia [1 (1981), S. 13 ff.]; *Sohn*, The Role of Arbitration in Recent International Multilateral Treaties, VJIL 23 (1982/83), S. 171 ff. Zu den Fundstellen der Schiedssprüche vgl. oben § 620, Anm. 10.

[15] *Raeder*, L'arbitrage international chez les Hellènes (1912); *Piccizirilli*, Gli arbitrati interstatali greci I: Dalle origini al 338 a. C. (1971).

[16] Die Unterscheidung „isolierte" — „institutionelle" Schiedsgerichtsbarkeit stammt von *Lammasch* (Anm. 4).

[17] Das in Anm. 12 genannte Abkommen.

In Art. 38 des genannten Abkommens anerkennen die Vertragsteile auch, daß die Schiedsgerichtsbarkeit das wirksamste und angemessenste Mittel bildet, um zwischenstaatliche *Rechtsstreitigkeiten*[19], die auf diplomatischem Wege nicht bereinigt werden können, auszutragen, und erklären es als wünschenswert, solche Streitfälle, vor allem über die Auslegung und Anwendung von vr Verträgen, der Schiedsgerichtsbarkeit zu unterbreiten, allerdings mit der Beifügung „en tant que les circonstances le permettraient", und ohne eine Pflicht zur Beschreitung dieses Weges zu begründen.

§ 1319 Die *Völkerbundsatzung* führte erstmalig die Pflicht zur friedlichen Erledigung aller Streitfälle, „die zu einem Bruche führen könnten" ein. Art. 12 der Satzung trug den Mitgliedern auf, alle solchen Konflikte entweder einer schiedsrichterlichen oder richterlichen Stelle oder dem Völkerbundrat bzw. der Völkerbundversammlung vorzulegen. Auf diese Weise wirkten Völkerbundrat und -versammlung als ständige Vermittlungsorgane.

In Erfüllung des Art. 14 der Völkerbundsatzung wurde das erste ständige internationale *Gericht* auf universeller Ebene[20], nämlich der am 16. Dezember 1920 begründete StIGH (Cour permanente de Justice internationale) errichtet, der am 30. Januar 1923 seine Tätigkeit begonnen hat und nach Ende des Zweiten Weltkrieges durch den IGH abgelöst wurde[21]. Beide nennt man „Gerichte", da sie ein ständiges Richterkollegium (jedoch mit einem schiedsrichterlichen Einschlag)[22] haben. Doch hängt auch ihre Zuständigkeit von der Unterwerfung der Streitteile ab[23].

§ 1320 Die *UN-Charta* bringt in der friedlichen Streiterledigung leider keinen entscheidenden Fortschritt, wie bereits früher ausgeführt wurde[24]. Sie betont aber in Art. 2 Ziff. 3, daß *alle* Streitfälle nur mit friedlichen Mitteln ausgetragen werden dürfen. Daraus ergibt sich die

---

[18] Vgl. oben § 83. Dazu *François*, La Cour permanente d'arbitrage. Son origine, sa jurisprudence, son avenir, RdC 87 (1955 I), S. 457 ff.; *Brintzinger*, Die Tätigkeit des Ständigen Schiedshofes in Den Haag, JIR 10 (1961/62), S. 264 ff.; *Schlochauer*, Permanent Court of Arbitration, Encyclopedia [1 (1981), S. 157 ff.].

[19] Vgl. oben §§ 1310 f.

[20] Im regionalen Rahmen bestand von 1908 - 1918 der Zentralamerikanische Gerichtshof, zu dem auch Einzelpersonen Zugang hatten, der aber in der Praxis keine Bedeutung erlangen konnte. Vgl. *Kraske*, Der Mittelamerikanische Gerichtshof 1908 - 1918, ArchVR 2 (1950), S. 204 ff.; *Hill*, Central American Court of Justice, Encyclopedia [1 (1981), S. 41 ff.].

[21] Dazu die oben § 86, Anm. 2, genannte Literatur. Zum IGH ausführlich oben §§ 186 ff.

[22] Oben § 190.

[23] § 187.

[24] Oben §§ 213 ff., 463 ff.

Pflicht der Streitteile zu *verhandeln* (obligation to negotiate), mit dem Ziel, zu einer Einigung zu gelangen, wenn die Parteien kein anderes Verfahren der Streiterledigung vereinbart haben, wie der IGH sowohl in den *North Sea Continental Shelf* Cases als auch in den *Fisheries Jurisdiction* Cases näher ausgeführt hat[25].

§ 1321 Erwähnung verdienen in diesem Zusammenhang noch die Bestimmungen über obligatorische Streitbeilegung und Verfahren, die zu bindenden Entscheidungen führen, im *UN-Seerechtsübereinkommen* vom 10. Dezember 1982[26]: Für Streitigkeiten über die Auslegung und Anwendung des Übereinkommens wählen die Vertragsstaaten bei Unterzeichnung, Ratifikation oder Beitritt eines oder mehrere der in Art. 287 Abs. 1 vorgesehenen Gerichte (Internationales Seerechtsgericht [International Tribunal for the Law of the Sea] IGH, Schiedsgericht, besondere Schiedsgerichte). Grenzen und Ausnahmen der obligatorischen Streitbeilegung mit bindenden Entscheidungen betreffend die Auslegung und Anwendung des Übereinkommens sind in Art. 297 und 298 aufgeführt. Haben Streitparteien dasselbe Verfahren zur Beilegung einer Streitigkeit gewählt, so wird sie diesem Verfahren unterworfen (Art. 287 Abs. 4). Haben hingegen die Streitparteien nicht dasselbe Verfahren gewählt oder ist ein Vertragsstaat Partei einer nicht von einer gültigen Erklärung erfaßten Streitigkeit, so werden solche Streitigkeiten vor dem nach Anlage VII des Übereinkommens zu errichtenden Schiedsgericht ausgetragen (Art. 287 Abs. 3 und 5). In Tiefseebergbaustreitigkeiten besitzt die Kammer für Meeresbodenstreitigkeiten des Internationalen Seerechtsgerichts gem. Art. 187 - 189 obligatorische Zuständigkeiten. Streitigkeiten über Bedingungen der Weitergabe von Tiefseebergbautechnologie an die Internationale Meeresbodenbehörde und an Entwicklungsländer können von jeder Streitpartei den in Art. 5 Abs. 4 Anlage III genannten Handelsschiedsverfahren unterworfen werden. In gewissen Streitigkeiten betreffend die wissenschaftliche Meeresforschung und die Fischerei sind obligatorische Vergleichsverfahren vorgesehen (Art. 297 Abs. 2 b und Abs. 3 b). Schließlich

---

[25] ICJ Reports 1969, S. 47 f.; 1974, S. 32 und 201. Dazu oben § 464.

[26] Oben § 596. An Literatur zu den Streiterledigungsmechanismen des neuen Seerechtsübereinkommens vgl. neben den ebd. genannten Stimmen zu UNCLOS III noch *Adede*, Settlement of Disputes Arising Under the Law of the Sea Convention, AJIL 69 (1975), S. 798 ff.; *derselbe*, Law of the Sea — The Integration of the System of the Settlement of Disputes under the Draft Convention as a Whole, ebd. 72 (1978), S. 84 ff.; *Bernhardt*, Die Streitbeilegung im Rahmen der Neuordnung des Seerechts, ZaöRV 38 (1978), S. 959 ff.; *Lehoux*, La Troisième Conférence sur le droit de la mer et le règlement obligatoire des différends, CYIL 18 (1980), S. 31 ff.; *Jaenicke*, Dispute Settlement under the Convention on the Law of the Sea, ZaöRV 43 (1983), S. 813 ff.; *Wasum*, Der Internationale Seegerichtshof im System der obligatorischen Streitbeilegungsverfahren der Seerechtskonvention (1984)

bestimmt die Seerechtskonferenz-Resolution II[27], daß Streitigkeiten betreffend die Abgrenzung überlappender Bergbaufelder von Pionierinvestoren der Schiedsordnung der UNCITRAL zur bindenden Entscheidung unterworfen werden.

B. Schiedsgerichte: Zuständigkeit und Verfahren[28]

§ 1322 Die Unterwerfung unter die Schiedsgerichtsbarkeit kann sowohl durch einen nach Ausbruch eines konkreten Streites abgeschlossenen Schiedsvergleich (Kompromiß) als auch durch einen (sog. „abstrakten") Schiedsgerichtsvertrag oder eine in einem anderen vr Vertrag enthaltene Schieds-(kompromissorische) Klausel für künftige Fälle erfolgen[29]. Die neueren Verträge dieser Art verbinden in der Regel die Schiedsgerichtsbarkeit mit der Vermittlung, indem sie nach dem Muster des deutsch-schweizerischen Schiedsgerichts- und Vergleichsvertrages vom 3. Dezember 1921[30] für Rechtsstreitigkeiten die Schiedsgerichtsbarkeit oder Gerichtsbarkeit (des StIGH bzw. IGH), für bloße Interessenkonflikte aber ein Vergleichsverfahren vor einem Ständigen Vergleichsrat, einer Versöhnungskommission (commission de conciliation) o. ä. vorsehen oder dieses jenem vorbauen[31]. Die Zuständigkeit des Schiedsgerichtes kann auch durch konkludente Handlungen geschaffen werden, indem sich ein Staat auf ein schiedsrichterliches Verfahren einläßt, ohne die Einrede der Unzuständigkeit zu erheben *(forum prorogatum)*[32]. Durch die in Rede stehenden Abkommen wird der Streit-

---

[27] Resolution II Governing Preparatory Investment in Pioneer Activities Relating to Polymetallic Nodules; *Platzöder / Vitzthum*, Seerecht. Law of the Sea (1984), S. 331 ff.

[28] Dazu das in Anm. 14 genannte Schrifttum. Ferner *Dahm*, Völkerrecht, Bd. 2 (1961), S. 509 ff.; *O'Connell*, International Law (2. Aufl. 1970). Bd. 2, S. 1068 ff., 1090 ff.; *Sandifer*, Evidence Before International Tribunals (rev. Aufl. 1975); A. *del Vecchio*, Le parti nel processo internazionale (1975); *Mani*, International Adjudication. Procedural Aspects (1980); *Tomuschat*, International Courts and Tribunals, Encyclopedia [1 (1981), S. 92 ff.]; *Thirlway*, Procedure of International Courts and Tribunals, ebd., S. 183 ff.; *Matscher*, Standing Before International Courts and Tribunals, ebd., S. 191 ff.; *Mosler*, Judgments of International Courts and Tribunals, ebd., S. 111 ff.; *Wetter*, The International Arbitral Process: Public and Private (6 Bde., 1979).

[29] Vgl. *Oellers-Frahm*, Compromis, Encyclopedia [1 (1981), S. 45 ff.]; *v. Mangoldt*, Arbitration and Conciliation Treaties, ebd., S. 78 ff.; *Wühler*. Arbitration Clause in Treaties, ebd., S. 34 ff.

[30] *Berber*, Dokumente II, S. 1725 ff.

[31] *Delbez*, L'évolution des idées en matière de règlement pacifique des conflits, RGDIP 55 (1951), S. 5 ff.; *Morelli*, La théorie générale du procès international, RdC 61 (1937 III), S. 257 ff.

[32] In diesem Sinne auch der StIGH im Falle der *Rights of Minorities in Upper Silesia*, A 15, S. 24: „... il ne semble point douteux que la volonté d'un Etat de soumettre un différend à la Cour puisse résulter, non seulement

gegenstand abgegrenzt. Doch können dort auch die vom Schiedsgericht anzuwendenden Entscheidungsgrundlagen angeführt werden. Mangels solcher Angaben hat das Schiedsgericht nach VR (Art. 38 des IGH-Statuts) zu entscheiden[33].

§ 1323 Die Genfer Generalakte vom 26. September 1928, die am 28. April 1949 durch die UN-Generalversammlung mit Resolution 268 A-III revidiert wurde, um sie den nach Auflösung des Völkerbundes und des StIGH geänderten Umständen anzupassen[34], sieht vor, daß Interessenkonflikte mangels Einigung im Vergleichsverfahren einem besonderen Schiedsgericht vorgelegt werden sollen, das in einem solchen Falle (ausnahmsweise) „*ex aequo et bono*" zu entscheiden hat, falls die Rechtsquellen des Art. 38 des IGH-Statuts[35] in der Sache keine Lösung bieten. Die Bestimmung wurde noch niemals angewendet. Das wäre auch nur in jenen überaus seltenen Fällen möglich, in denen ein „non liquet" vorliegt[36].

Nach dem Europäischen Übereinkommen zur friedlichen Beilegung von Streitigkeiten vom 29. April 1957[37] sind Interessenstreitigkeiten

---

d'une déclaration expresse, mais aussi d'actes concluants." Dazu *Soubeyrol*, „Forum prorogatum" et Cour internationale de Justice, RGDIP 76 (1972), S. 1098 ff.

[33] Art. 37 des I. Haager Abkommens 1907 über die friedliche Erledigung von internationalen Streitigkeiten: „L'arbitrage international a pour objet le règlement des litiges ... *sur la base du respect du droit*" (von uns hervorgehoben). Art. 5 des deutsch-schweizerischen Schiedsgerichts- und Vergleichsvertrages 1921 weist das Schiedsgericht eingangs an, die drei klassischen Völkerrechtsquellen anzuwenden, fährt aber dann — nach dem Muster einer berühmten Bestimmung des schweizerischen Zivilgesetzbuches — fort: „Soweit im einzelnen Falle die vorstehend erwähnten Rechtsgrundlagen Lücken aufweisen, entscheidet das Schiedsgericht nach den Rechtsgrundsätzen, die nach seiner Ansicht die Regel des internationalen Rechtes sein sollten. Es folgt dabei bewährter Lehre und Rechtsprechung."

[34] *Berber*, Dokumente II, S. 1734 ff. Dazu *v. d. Heydte*, General Act for the Pacific Settlement of International Disputes (1928 and 1949), Encyclopedia [1 (1981), S. 62 ff.]. Am 4. Mai 1948 hat der UN-Generalsekretär eine Liste jener Staaten erstellt, die den Vertrag von 1928 angenommen hatten. Die Weitergeltung der Generalakte für jene Staaten, die sie nicht gekündigt haben, wurde aber in den *Nuclear Tests* Cases und im *Aegean Sea Continental Shelf* Case (ICJ Reports 1978, S. 18 f.) bestritten. Der IGH ist der Entscheidung dieser Frage ausgewichen. Vgl. auch UN Doc. ST/LEG/SER. E/2: Multilateral Treaties Deposited with the Secretary-General (Stand: 31. Dezember 1982), S. 736 ff.

[35] Oben § 516.

[36] Dazu oben § 607.

[37] *Berber / Randelzhofer*, Völkerrechtliche Verträge (2. Auflage 1979), S. 274 ff. (Ende 1983 für 13 Staaten in Kraft). Dazu *Miehsler*, The European Convention for the Peaceful Settlement of Disputes, FS v. d. Heydte, S. 335 ff. Vgl. auch die von der Schweiz im Jahre 1973 der KSZE unterbreiteten Vorschläge für ein europäisches Verfahren der friedlichen Streiterledigung, wiedergegeben im EA 31 (1976), S. D 38 ff.; dazu *Bindschedler*, ebd., S. 57 ff. 1978 legte die Schweiz einem Expertentreffen in Montreux einen revidierten

einem Vergleichsverfahren zu unterziehen, wenn die Konfliktsparteien nicht die unmittelbare Anrufung eines Schiedsgerichts vereinbaren (Art. 4). Einem Schiedsgerichtsverfahren sind gemäß Art. 19 auch alle Streitigkeiten zu unterwerfen, bei denen das (grundsätzlich vorgeschaltete) Vergleichsverfahren erfolglos geblieben ist. Das Schiedsgericht hat mangels abweichender Vereinbarung *„ex aequo et bono"* zu entscheiden und dabei die allgemeinen Grundsätze des VR, die zwischen den Parteien abgeschlossenen Verträge und die die Parteien bindenden rechtskräftigen Entscheidungen internationaler Gerichte zu berücksichtigen (Art. 26). Auch diese Bestimmung hat sich als ungeeignet erwiesen.

Noch weiter gehen jene Verträge, die das Schiedsgericht ermächtigen, eine neue verbindliche Ordnung zu erlassen[38]. Einen mit einer solchen Fähigkeit ausgestatteten Schiedsrichter nennt man „amiable compositeur". Auch solche Ermächtigungen werden nur sehr selten einem Schiedsgericht eingeräumt, da die Parteien den Inhalt einer derartigen Regelung nicht voraussehen können.

§ 1324 Während das schiedsrichterliche *Verfahren* früher für jeden einzelnen Fall durch den Schiedsvergleich (Kompromiß) geregelt werden mußte, finden wir in dem bereits erwähnten (I. Haager) Abkommen zur friedlichen Erledigung internationaler Streitfälle 1907 eine Prozeßordnung, die gemäß Art. 51 des Abkommens für alle Schiedsgerichte maßgebend sein soll, für welche die Streitteile keine anderen Verfahrensnormen vereinbaren.

Eine Modernisierung dieser Verfahrensregeln bilden die von der ILC ausgearbeiteten und von der UN-Generalversammlung am 14. November 1958 verabschiedeten „Model rules on arbitral procedure"[39]. Diese

---

Vorschlag vor: SchwJIR 36 (1980), S. 228 ff. Zum ganzen *Simma / Schenk*, Der schweizerische Entwurf eines Vertrages über ein europäisches System der friedlichen Streiterledigung, in: *Simma / Blenk-Knocke* (Hrsg.), Zwischen Intervention und Zusammenarbeit (1979), S. 363 ff. Das Expertentreffen in Montreux blieb ebenso wie ein im Frühjahr 1984 in Athen abgehaltenes weiteres Treffen ohne konkretes Ergebnis.

[38] z. B. Art. 19 des belgisch-spanischen Schiedsgerichtsvertrages vom 19. Juli 1927, bei *Habicht*, Post-War Treaties for the Pacific Settlement of International Disputes (1931), S. 607: „Ce tribunal aura ... les pouvoirs d'amiable compositeur et dictera un règlement obligatoire pour les Parties."
Einzelne Schiedsgerichtsverträge ermächtigen das Schiedsgericht, den Streit nach „law and equity" zu entscheiden, so im Falle der *Norwegian Shipowners' Claims*, RIAA I, S. 309 ff., wo jedoch der Haager Schiedsgerichtshof am 30. Juni 1921 ausgesprochen hat, daß man „equity" nicht im Sinne des anglo-amerikanischen Rechts, sondern als jene „general principles of justice as distinguished from any particular system of jurisprudence or the municipal law of any State" verstehen dürfe: ebd., S. 331.

[39] Text bei *Berber*, Dokumente II, S. 1760 ff. Dazu das vom UN-Generalsekretariat erstellte Doc. A/CN. 4/92: Commentary on the Draft Convention on Arbitral Procedure adopted by the ILC at its 5th session (April 1955), und

ursprünglich als Grundlage für eine Kodifikationskonvention gedachten Regeln, die keine Rechtsverbindlichkeit besitzen, sollen beim Abschluß von Schiedsverträgen und -vergleichen oder bei der Durchführung konkreter Schiedsverfahren Hilfestellung leisten.

§ 1325 Der Schiedsspruch erwächst mit seiner Verkündigung in *Rechtskraft* und ist endgültig, sofern im Schiedsgerichtsvertrag oder Schiedsvergleich keine Revisionsmöglichkeit vorgesehen ist[40].

Art. 82 des Haager Abkommens 1907 anerkennt jedoch mangels einer abweichenden Vereinbarung der Streitteile die Zuständigkeit des Haager Schiedsgerichtshofes für Streitfälle über die Auslegung und Anwendung der von ihm verkündeten Schiedssprüche[41], eine Wiederaufnahme des Verfahrens bei Vorliegen neuer Tatsachen aber nur, wenn diese im Schiedsvergleich vorgesehen ist (Art. 83)[42].

Ein Schiedsspruch, der die Zuständigkeit des Schiedsgerichts überschreitet (excès de pouvoir), ist nichtig[43]. Als Nichtigkeitsgründe werden außerdem das Fehlen eines gültigen Schiedsgerichtsvertrages oder Schiedsvergleiches (abgesehen vom bereits erwähnten Falle eines *„forum prorogatum"*), die anfängliche nicht ordnungsgemäße Besetzung des Schiedsgerichts[44], die erwiesene Bestechung eines Schiedsrichters und wesentliche Verfahrensmängel anerkannt. Jede Nichtigkeit kann nur im normalen Verfahren der Streiterledigung geltend gemacht wer-

---

zum Schicksal des Kommissionsentwurfs Charles *de Visscher*, Reflections on the Present Prospects of International Adjudication, AJIL 50 (1956), S. 467 ff.

[40] Art. 81 und 83 des Haager Abkommens. Zum Problem der Begründung der Schiedssprüche *Matscher*, Die Begründung der Entscheidungen internationaler Gerichte, in: *Sprung / König* (Hrsg.), Die Entscheidungsbegründung in europäischen Verfahrensrechten und im Verfahren vor internationalen Gerichten (1974), S. 429 ff.

[41] Diese Norm gilt nicht für andere Schiedsgerichte. So der StIGH im *Delimitation (Jaworzina)* Case, B 8, S. 38: „à moins d'un accord formel ..., l'arbitre est sans qualité pour interpréter ... sa sentence".

[42] Anderer Meinung die deutsch-amerikanische Mixed Claims Commission in den Fällen *Black Tom* und *Kingsland (Sabotage Claims)*, RIAA VIII, S. 225 ff.

[43] Eine solche Überschreitung liegt auch vor, wenn das Schiedsgericht den Streit auf Grund anderer als der im Schiedsvergleich oder Schiedsgerichtsvertrag angeführten Normen, z. B. *„ex aequo et bono"*, entschieden hat. So der Haager Schiedshof am 25. Oktober 1910 unter Aufhebung des Schiedsspruchs vom 22. Februar 1904 im *Orinoco*-Streitfall: AJIL 5 (1911), S. 230 ff. Dazu *Doerner*, Orinoco Steamship-Fall, WV II, S. 693 f. Zum ganzen *Verdross*, L'excès de pouvoir du juge arbitral dans le droit international public, Revue de droit international et de legislation comparée 55 (1928), S. 225 ff.

[44] Hingegen wird ein Spruch durch die Zurückziehung eines Schiedsrichters *während* des Verfahrens nicht ungültig. So das amerikanisch-deutsche Schiedsgericht am 15. Juni 1939 im *Sabotage*-Fall (oben Anm. 42); sowie der IGH im Falle der *Interpretation of Peace Treaties (Second Phase)*, ICJ Reports 1950, S. 229.

den[45]. Ein Schiedsgericht oder der IGH kann solche Fälle nur entscheiden, wenn die allgemeinen Voraussetzungen hierfür (Kompromiß, Schiedsvertrag oder Unterwerfung gemäß Art. 36 IGH-Statut) vorliegen[46].

C. Streitigkeiten mit nichtstaatlichen Parteien

§ 1326 Im Februar 1962 hat das Büro des Ständigen Haager Schiedsgerichtshofes eine Schiedsgerichts- und Vergleichsordnung für Streitigkeiten zwischen Staaten und nichtstaatlichen Parteien veröffentlicht[47].

§ 1327 Das Weltbank-Übereinkommen zur Beilegung von Investitionsstreitigkeiten vom 18. März 1965 enthält ein Vermittlungs- und Schiedsgerichtsverfahren für Streitigkeiten zwischen Staaten und ausländischen Privatpersonen[48].

§ 1328 Die durch sog. „quasi-völkerrechtliche" Verträge eröffnete Schiedsgerichtsbarkeit haben wir an anderer Stelle erwähnt[49].

§ 1329 Sowohl bei der UNO als auch bei einigen Spezialorganisationen bestehen *Verwaltungsgerichte* zur Austragung von Streitfällen mit internationalen Beamten[50].

§ 1330 Das Streitbeilegungssystem des UN-Seerechtsübereinkommens 1982[51] (Art. 186 - 191, 264 - 265, 279 - 299, Anlagen V - VIII, Art. 7 An-

---

[45] So hat Argentinien die Gültigkeit des Schiedsspruchs vom 22. April 1977 über die argentinisch-chilenische Grenze im *Beagle*-Kanal angefochten: ILM 17 (1978), S. 738 ff. Aus der umfangreichen Literatur s. insbesondere *Lammasch*, Die Rechtskraft internationaler Schiedssprüche (1913); *Schätzel*, Rechtskraft und Anfechtung von Entscheidungen internationaler Gerichte (1928); *Balasko*, Causes de nullité de la sentence arbitrale en droit international public (1938); *Reisman*, Nullity and Revision (1971); *Oellers-Frahm*, Judicial and Arbitral Decisions: Validity and Nullity, Encyclopedia [1 (1981), S. 118 ff.].

[46] Auf Grund der letztgenannten Ermächtigung entschied z. B. der IGH am 18. November 1960 über eine behauptete Nichtigkeit dieser Art im Fall des *Arbitral Award Made by the King of Spain on 23 December 1906*, ICJ Reports 1960, S. 192 ff.

[47] ArchVR 12 (1964/1965), S. 187 ff.

[48] Oben § 429.

[49] Vgl. § 4.

[50] Oben §§ 143, 627; ferner *Bastid*, Les tribunaux administratifs internationaux et leur jurisprudence, RdC 92 (1957 II), S. 343 ff.; *Vandersanden*, Administrative Tribunals, Boards and Commissions in International Organizations, Encyclopedia [1 (1981), S. 1 ff.]; *de Vuyst*, Statutes and Rules of Procedure of international administrative tribunals (2 Bde., 1981); Weltbank (Hrsg.), Index of Decisions of International Administrative Tribunals (1981). Zur Frage der Ausschließlichkeit ihrer Zuständigkeit gegenüber innerstaatlichen Rechtswegen *Seidl-Hohenveldern*, Die Immunität internationaler Organisationen in Dienstrechtsstreitfällen (1981), sowie die Entscheidung des deutschen Bundesverfassungsgerichts vom 10. November 1981 im Fall *Eurocontrol*, BVerfGE 59, 63.

[51] Vgl. § 596. Literatur dazu oben § 1321, Anm. 26.

lage IX) sieht vor, daß auch Rechtsträger, die nicht Staaten sind, Zugang zu internationalen Gerichten haben.

Zwischenstaatliche Organisationen i. S. v. Art. 1 Anlage IX (z. B. die Europäischen Gemeinschaften) können in Streitigkeiten über die Auslegung und Anwendung des Seerechtsübereinkommens 1982 gem. Art. 7 i. V. m. Art. 4 vor dem Internationalen Seerechtsgericht (Anlage VI), vor dem gem. Anlage VII zu errichtenden Schiedsgericht und vor den gem. Anlage VIII zu errichtenden besonderen Schiedsgerichten Prozeßpartei sein.

In Streitigkeiten betreffend den Tiefseebergbau sind vor dem Internationalen Seerechtsgericht und seiner Kammer für Meeresbodenstreitigkeiten neben Vertragsstaaten des Seerechtsübereinkommens 1982 auch die Internationale Meeresbodenbehörde, ihr Unternehmen („Enterprise"), staatliche Unternehmen, natürliche und juristische Personen prozeßfähig (Art. 20 Anlage VI, Art. 187 i. V. m. Art. 153 Abs. 2 b). In Tiefseebergbaustreitigkeiten können diese Rechtsträger gem. Art. 285 auch Partei in den in Art. 279 - 284 genannten Verfahren sein (Streitbeilegungsmittel gem. Art. 33 Abs. 1 UN-Charta, friedliche Mittel eigener Wahl, Verfahren aufgrund allgemeiner, regionaler oder zweiseitiger Übereinkünfte, Verhandlungen, Vergleichsverfahren gem. Art. 1 - 10 Anlage V oder andere Vergleichsverfahren).

Im übrigen steht Rechtsträgern, die nicht Staaten sind, in allen Fällen der Zugang zum Internationalen Seerechtsgericht offen, in denen dessen Zuständigkeit vereinbart und von allen Streitparteien anerkannt wird (Art. 20 Abs. 2 Satz 2 Anlage VI).

Schließlich können in Gerichtsverfahren betreffend die sofortige Freigabe von Schiffen und Besatzungen (Art. 292) Rechtsträger, die nicht Staaten sind (z. B. Schiffseigner, Kapitän des Schiffes), Antrag auf Freigabe im Namen des Flaggenstaates stellen.

§ 1331 Ein umfassenderer Zugang zu vr Gerichten und Schiedsgerichten wird Einzelpersonen nur im regionalen Rahmen eröffnet[52].

§ 1332 Die Abkommen von Algier vom 19. Januar 1981 zur Lösung des US-iranischen Geiselkonflikts[53] haben ein *Iran-United States Claims Tribunal* mit Sitz in Den Haag geschaffen, das u. a. über vermögensrechtliche Ansprüche von Angehörigen einer Vertragspartei gegen die andere Vertragspartei zu entscheiden hat[54]. Während Ansprüche bis zu

[52] Dazu neben dem Schrifttum zum vr Menschenrechtsschutz noch *Hallier*, Völkerrechtliche Schiedsinstanzen für Einzelpersonen und ihr Verhältnis zur innerstaatlichen Gerichtsbarkeit (1962); *Gormley*, The Procedural Status of the Individual before International and Supranational Tribunals (1966).

[53] ILM 20 (1981), S. 223 ff.

[54] Gemäß Art. V des (einen Bestandteil der Abkommen von Algier bildenden) Claims Settlement Agreement „on the basis of respect for law, applying

einer Höhe von 250 000 US-$ vom Heimatstaat vertreten werden, sind die übrigen Forderungsberechtigten selbst prozeßfähig.

§ 1333 Auch in Konkordaten finden wir Normen über die Austragung von Streitigkeiten mit dem Heiligen Stuhl[55].

Kapitel 12

Die erlaubte Selbsthilfe

1. Abschnitt

Die verschiedenen Arten

§ 1334 Da die Staatengemeinschaft in der Zeit des klassischen VR[1] nicht-organisiert war, konnten die Staaten ihre Ansprüche nur im Wege der Selbsthilfe (autoprotection, self-help) durchsetzen[2]. Aber auch das

---

such choice of law rules and principles of commercial and international law as the Tribunal determines to be applicable, taking into account relevant usages of trade, contract provisions and changed circumstances". Das Schiedsgericht wendet die Verfahrensregeln der UNCITRAL an. Seine Entscheidungen werden seit 1983 in der privaten Zusammenstellung „Iran-United States Claims Tribunal Reports — Decisions, Awards and Selected Orders" veröffentlicht. Zur bisherigen Tätigkeit vgl. *Steward / Sherman*, Developments at the Iran-United States Claims Tribunal: 1981 - 1983, VJIL 24 (1983/1984), S. 1 ff.; *von Mehren*, The Iran — U. S. A. Arbitral Tribunal, AJCL 31 (1983), S. 713 ff.; *Lowenfeld*, The Iran — U. S. Claims Tribunal: An Interim Appraisal, Arbitration Journal 38 (1983), S. 14 ff.; *Selby / Stewart*, Practical Aspects of Arbitrating Claims Before the Iran - United States Claims Tribunal, The International Lawyer 18 (1984), S. 211 ff.

[55] *Verdross*, S. 415 f.; *Köck*, Die völkerrechtliche Stellung des Heiligen Stuhls (1975), S. 342.

[1] Dazu oben §§ 80 ff.

[2] *Kunz*, Sanctions in International Law, AJIL 54 (1960), S. 324 ff.; *Lambert*, La vengeance privée et les fondements du droit international public (1936); *Forlati Picchio*, La sanzione nel diritto internazionale (1974); *Esgain*, The Spectrum of Responses to Treaty Violations, Ohio State Law Journal 26 (1965), S. 1 ff.; *Tammes*, Means of Redress in the General International Law of Peace, in: Essays on the Development of the International Legal Order (Gedächtnisschrift f. H. F. van Panhuys, 1980), S. 1 ff.; *Bilder*, Managing the Risks of International Agreement (1981), S. 144 ff., 173 ff.; *Bothe*, International Obligations, Means to Secure Performance, Encyclopedia [1 (1981), S. 101 ff.]; *Malanczuk* (§ 1291, Anm. 16); *Leben*, Les contre-mesures interétatiques et les réactions à l'illicite dans la société internationale, AFDI 28 (1982), S. 9 ff.; Bibliography on Sanctions in International Law, UN Doc. S/AC. 14/7, 2 March 1965. Eine eingehende Auseinandersetzung mit den verschiedenen Formen der vr Selbsthilfe gegen Rechtsverletzungen und ihren Grenzen, insbesondere mit der bisher kaum behandelten Problematik der

VR der Vereinten Nationen kennt kein allgemeines Organ zur Rechtsdurchsetzung[3].

Die Selbsthilfe gliedert sich in die defensiven Mittel der Notwehr und Nothilfe und die aktiven Mittel der Retorsion, der Repressalie, des Rücktrittsrechts wegen Vertragsverletzung und der Nichtanerkennung völkerrechtswidriger fremder Hoheitsakte, wogegen der Krieg sowohl als defensives wie auch als offensives Selbsthilfemittel verwendet wurde.

§ 1335 Die *Retorsion* besteht aus einer dem VR nicht widersprechenden, aber unfreundlichen Handlung. Sie bildet oft die Antwort auf ein ebensolches Verhalten eines anderen Staates, z. B. in Gestalt des Abbruches der diplomatischen Beziehungen oder der Einstellung nicht vertraglich versprochener, sondern nur einseitig gewährter Entwicklungshilfe. Eine vr Unrechtsfolge stellt die Retorsion dann dar, wenn sie sich gegen eine vorangegangene Völkerrechtsverletzung des Gegners richtet. Wird jedoch eine solche mit einzelnen Eingriffen in den durch das VR geschützten Bereich des Gegners bei grundsätzlicher Aufrechterhaltung der friedlichen Beziehungen beantwortet, so liegt eine Repressalie vor, auf die wir später zurückkommen werden.

§ 1336 *Notwehr* ist die gewaltsame Abwehr eines gegenwärtigen oder unmittelbar bevorstehenden rechtswidrigen Angriffes, während die *Nothilfe* darin besteht, einem so angegriffenen Staat aus freiem Entschluß oder auf Grund eines Verteidigungsbündnisses Beistand zu leisten. Notwehr und Nothilfe sind durch Art. 51 der UN-Charta innerhalb bestimmter, allerdings heiß umstrittener, Grenzen anerkannt, die wir bei der Darstellung des Gewaltverbotes herausgearbeitet haben[4].

§ 1337 Nach klassischem VR bildete der *Krieg* einen zwischenstaatlichen Gewaltzustand unter Abbruch der friedlichen Beziehungen, wobei die — nicht notwendig militärischen — Rechtseingriffe der Gegner nur mehr durch das Kriegsrecht begrenzt wurden[5]. Er konnte entweder ein Notwehrkrieg gegen einen bewaffneten Angriff sein oder zur Durchsetzung eines Anspruches unternommen werden, wobei umstrit-

---

Aktivlegitimation zu solchen Gegenmaßnahmen, findet sich ferner in den Berichten von Special Rapporteur *Riphagen* an die ILC über Inhalt, Form und Abstufungen der vr Verantwortlichkeit (1980 ff.).

[3] Oben §§ 40 f., 227 f.

[4] Oben §§ 469 ff.

[5] *McNair*, The Legal Meaning of War and the Relations of War to Reprisals, Transactions of the Grotius Society 11 (1925), S. 29 ff.; *Kappus*, Der völkerrechtliche Kriegsbegriff in seiner Abgrenzung gegenüber den militärischen Repressalien (1936); *Kotzsch*, The Concept of War in Contemporary History and International Law (1956); *Sereni*, Il concetto di guerra nel diritto internazionale contemporaneo, RDI 46 (1963), S. 537 ff.; *Kunz*, Kriegsbegriff, WV II, S. 329 ff.

ten ist, ob seit der Mitte des vorigen Jahrhunderts nur zur Durchsetzung von Rechtsansprüchen (Exekutionskrieg) oder auch zur Durchsetzung von wichtigen, jedoch im VR nicht begründeten Interessen, z. B. zur Erhaltung des Gleichgewichts, Krieg geführt werden durfte[6].

Schon vor der Errichtung des Völkerbundes konnten auf Grund des 3. Haager Abkommens von 1907 über den Beginn der Feindseligkeiten diese erst nach einer vorausgehenden Ankündigung (Kriegserklärung oder bedingtes Ultimatum) eröffnet werden. Außerdem verbot das 2. Haager Abkommen von 1907 über die Eintreibung von Vertragsschulden (Drago-Porter-Abkommen) die Gewaltanwendung zu diesem Zwecke, außer wenn sich der Schuldnerstaat weigerte, den Streit einem Schiedsgericht vorzulegen oder dessen Spruch zu erfüllen.

Ein neuartiges — partielles — Kriegsverbot wurde durch die Art. 12 und 15 der Völkerbundsatzung eingeführt, da durch sie jeder Krieg vor Durchführung eines friedlichen Streiterledigungsverfahrens, sowie gegen einen ergangenen Schieds- oder Richterspruch, gegen einen einstimmig gefaßten Beschluß des Völkerbundrates oder gegen einen alle Ratsmitglieder umfassenden Mehrheitsbeschluß der Völkerbundversammlung (ohne Berücksichtigung der Stimmen der Streitteile) verboten wurde. Josef L. Kunz unterscheidet daher zwischen der alten Lehre des „*bellum justum*"[7] und der neuen Kategorie des „*bellum legale*"[8], bei dem es nicht auf das Vorliegen eines Rechtsanspruches, sondern auf die Einhaltung bestimmter Verfahrensvorschriften ankommt. Schließlich durfte ein Krieg gemäß Art. 10 der Völkerbundsatzung nicht geführt werden, um entweder einem Bundesmitglied einen Teil seines Gebietes wegzunehmen (Eroberungskrieg), oder um ihn zu einem abhängigen Staat herabzudrücken (Unterdrückungskrieg).

Einen Vorläufer des Art. 12 der Völkerbundsatzung bildeten die Bryan-Verträge, die wir ebenfalls bereits besprochen haben[9].

Erst der Kellogg-Pakt[10] verbietet jeden Krieg „als Mittel der nationalen Politik", schließt aber, ebenso wie die Völkerbundsatzung, die militärische Repressalie nicht aus[11]. Auch diese fällt jedoch nunmehr unter das Gewaltverbot des Art. 2 Ziff. 4 der UN-Charta[12].

---

[6] Oben §§ 80 f.

[7] Dazu ebendort.

[8] *Kunz*, Bellum Justum and Bellum Legale, AJIL 45 (1951), S. 528 ff.

[9] § 84.

[10] § 88.

[11] Das wurde vom Völkerbundrat im Falle der Besetzung der Insel Korfu durch Italien als Repressalie gegen die Nichtverhinderung der Ermordung des italienischen Grenzkommissars *Tellini* in Jenina anerkannt (Beschluß des Völkerbundrates vom 13. März 1924): Journal officiel (des Völkerbundes) 5 (1924), S. 523 ff.

§ 1338 Streitig ist die Frage, ob ein Staat seine *Angehörigen im Ausland gewaltsam schützen* darf. Nach klassischem VR konnte er nicht bloß im Falle von fremdenfeindlichen Kundgebungen in fremden Häfen landen und dort defensiv seine Angehörigen gegen Angriffe des Pöbels schützen, sondern ausnahmsweise im Ausland auch durch eine präventive militärische Maßnahme eingreifen, wenn der Territorialstaat den vr gebotenen Schutz dieser Menschen nicht gewähren wollte oder konnte und wenn es sich darum handelte, eine augenblickliche und überwältigende, auf keine andere Weise zu beseitigende Gefahr zu bannen (also unter der Voraussetzung einer „necessity of self-defence, instant, overwhelming, leaving no choice of means and no moment for deliberation"[13]).

Aber auch seit 1945 haben Staaten wiederholt militärische Aktionen auf fremdem Territorium mit dem Schutz ihrer dort bedrohten Angehörigen zu rechtfertigen versucht; so z. B. Großbritannien in der Suez-Krise 1956, die USA während des Bürgerkrieges im Libanon 1958 und anläßlich eines Umsturzversuches in der Dominikanischen Republik 1965, Belgien 1960 und (im Verein mit den USA) 1964 im Kongo, Israel in Uganda (Entebbe) 1976, und zuletzt die USA ihre Geiselbefreiungsaktion im Iran 1980 sowie ihr Eingreifen in Grenada Ende 1983[14].

---

[12] Näher oben § 480. Zur früheren Situation *Reitzer*, La réparation comme conséquence de l'acte illicite en droit international (1938), S. 376 ff.; zur heutigen Rechtslage *Bowett*, Reprisals Involving Recourse to Armed Force, AJIL 66 (1972), S. 1 ff.

[13] So US-Staatssekretär *Webster* im Falle des Schiffes *Caroline;* dazu *Jennings*, The Caroline and McLeod Cases, AJIL 32 (1938), S. 82 ff. Zur Lage im klassischen VR *Reuben Clark*, The Right to Protect Citizens in Foreign Countries by Landing Forces (1912); *Offutt*, The Protection of Citizens Abroad by the Armed Forces of the United States (1928); *Hindmarsh*, Self-help in Time of Peace, AJIL 26 (1932), S. 315 ff.; *Verdross*, S. 429 ff.

[14] Zur vr Beurteilung dieser „Schutzaktionen" vgl. *Franzke*, Schutzaktionen zugunsten der Staatsangehörigen im Ausland als Ausfluß des Rechts auf Selbstverteidigung der Staaten (Diss. Bonn 1965); *derselbe*, Die militärische Abwehr von Angriffen auf Staatsangehörige im Ausland — insbesondere ihre Zulässigkeit nach der Satzung der Vereinten Nationen, ÖZöffR 16 (1966), S. 128 ff.; *Lillich*, Forcible Self-Help by States to Protect Human Rights, Iowa Law Review 53 (1967/68), S. 325 ff.; *Sohn / Buergenthal*, International Protection of Human Rights (1973), S. 195 ff.; die Beiträge von *Bowett*, *Brownlie* und *Lillich* in *Moore* (Hrsg.), Law and Civil War in the Modern World (1974), S. 38 ff., 217 ff. und 229 ff.; *Green*, Rescue at Entebbe: Legal Aspects, Israel Yearbook on Human Rights 6 (1976), S. 312 ff.; *Beyerlin*, Die israelische Befreiungsaktion von Entebbe in völkerrechtlicher Sicht, ZaöRV 37 (1977), S. 213 ff.; *derselbe*, Humanitarian Intervention, Encyclopedia [3 (1982), S. 211 ff.]; *Strebel*, Nochmals zur Geiselbefreiung in Entebbe, ZaöRV 37 (1977), S. 691 ff.; *Ermacora*, Geiselbefreiung als humanitäre Intervention im Lichte der UN-Charta, FS v. d. Heydte, S. 147 ff.; *Panzera*, „Raids" e protezione dei cittadini all'estero, RDI 61 (1978), S. 759 ff.; *derselbe*, A proposito del „raid" statunitense in Iran, ebd. 64 (1981), S. 67 ff.; *Schweisfurth*, Operations to Rescue Nationals in Third States Involving the Use of

Nach der UN-Charta sind derartige Maßnahmen gegen den Willen des Territorialstaates[15] durch das umfassende Gewaltverbot in Art. 2 Ziff. 4 ausgeschlossen[16]. Diese Rechtsansicht erfährt eine Stütze durch die bereits früher besprochene „Declaration on the Inadmissibility of Intervention" der UN-Generalversammlung vom 21. Dezember 1965 (Res. 2131 [XX]), deren Inhalt auch in die „Friendly Relations"-Deklaration der Generalversammlung (Res. 2625 [XXV]) übernommen wurde[17]. Selbst wenn sich ein Teil der bewaffneten Macht eines Staates auf Grund einer Vereinbarung mit dem Territorialstaat auf dessen Gebiet befindet, ist diesen Streitkräften gemäß Art. 3 e der von der UN-Generalversammlung am 14. Dezember 1974 mit Resolution 3314 (XXIX) angenommenen Aggressionsdefinition „the use of armed force ... in contravention of the conditions provided for in the agreement" verboten[18]. Militärische Aktionen zum Schutz eigener Angehöriger im Ausland lassen sich ferner nicht nach Art. 51 UN-Charta rechtfertigen, da das dort anerkannte vgr Notwehrrecht ausdrücklich auf den Fall eines bewaffneten Angriffs (armed attack, aggression armée) eingeschränkt werden sollte, dessen Merkmale durch die Duldung oder Unterstützung gegen Ausländer gerichteter Gewalthandlungen nicht erfüllt sind. Die Unversöhnlichkeit der Rechtsauffassungen, die in den Debatten des UN-Sicherheitsrates insbesondere in den Fällen Kongo 1960/1964 und Entebbe 1976 sichtbar wurde, schließt auch aus, daß das alte VGR auf militärischen Schutz der eigenen Angehörigen im Ausland deswegen wieder aufgelebt sein könnte, weil sich die UNO als unfähig

Force in Relation to the Protection of Human Rights, GYIL 23 (1980), S. 159 ff.; *D'Angelo*, Resort to Force by States to Protect Nationals: The U. S. Rescue Mission to Iran and its Legality under International Law, VJIL 21 (1980/81), S. 485 ff.; *Folz*, Bemerkungen zur völkerrechtlichen Beurteilung der Vorgänge um die amerikanischen Geiseln im Iran, FS Schlochauer, S. 271 ff. Zur vr Beurteilung der US-Intervention auf *Grenada* im Oktober 1983 vgl. die Stellungnahme des US State Department vom 2. November 1983, AJIL 78 (1984), S. 200 ff., und die Stimmen ebd., S. 131 ff.; *Gordon / Bilder / Rovine / Wallace, Jr.*, International Law and the United States Action in Grenada: A Report, The International Lawyer 18 (1984), S. 331 ff., und die Stellungnahme des Rechtsberaters des US State Department, D. R. *Robinson*, ebd., S. 381 ff.

[15] So war etwa das belgisch-amerikanische Eingreifen im Kongo 1964 („Stanleyville Operation") oder die Befreiungsaktion der Bundesrepublik Deutschland in Somalia (Mogadischu) 1977 durch die ausdrückliche Einwilligung des Territorialstaates gedeckt.

[16] In diesem Sinne erklärte der belgische Außenminister am 7. September 1967: „La responsabilité de la sécurité des ressortissants belges au Congo ... est du ressort exclusif du gouvernement congolais. A aucun moment, le gouvernement belge n'a envisagé que la sécurité puisse être garantie par l'intervention d'une force d'un Etat autre que le Congo. Cette éventualité doit être totalement exclue ..." RBDI 5 (1969), S. 636 (von uns hervorgehoben). Zum Gewaltverbot ausführlich oben §§ 467 ff.

[17] Oben § 491.

[18] Vgl. § 233.

erwiesen hat, diesen Schutz zu übernehmen[19]. Andererseits haben eben diese Meinungsverschiedenheiten verhindert, daß der Sicherheitsrat die solchermaßen intervenierenden Staaten eindeutig verurteilt oder gar Zwangsmaßnahmen gegen sie verhängt hat. Die Staatenpraxis tendiert also dazu, derartige rechtswidrige Schutzaktionen im Einzelfall wegen der besonderen Notlage des Heimatstaates *politisch* zu tolerieren, wenn sich diese Aktionen im Rahmen des unbedingt Erforderlichen halten und von anderer Seite keine rechtzeitige und wirksame Hilfe zu erwarten ist[20]. Diese Tendenz steht auch im Einklang mit der zunehmenden Bedeutung des vr Schutzes der Menschenrechte.

§ 1339 Die *Verweigerung der eigenen Leistungen aus einem vr Vertrag* wegen dessen Nichterfüllung durch die Gegenpartei stellt ebenfalls eine Maßnahme der Selbsthilfe dar. Diese nunmehr in der Wiener Konvention über das Recht der Verträge verankerte Unrechtsfolge ist bereits an anderer Stelle ausführlich beschrieben worden[21]. Sie beruht auf dem Gedanken der Unzumutbarkeit der Erfüllung von Vertragspflichten bei rechtswidrigem Ausbleiben der Gegenleistung und unterscheidet sich dadurch von der Repressalie, die als *Beugezwang* zur Durchsetzung von Wiedergutmachungsansprüchen gedacht ist.

§ 1340 Die Beseitigung der Möglichkeit militärischer Eingriffe zur aktiven Durchsetzung eigener Rechte durch das heutige VR hat die Bedeutung der *Nichtanerkennung völkerrechtswidriger Akte* seitens des dadurch verletzten Staates als Selbsthilfemaßnahme erhöht[22]. Die praktisch wichtigste Rolle spielt dabei die gerichtliche Nichtanerkennung diskriminierender und/oder ohne angemessene Entschädigung erfolgter Eingriffe in das Vermögen eigener Staatsangehöriger mit der Konsequenz der Herausgabe der unter die Gebietshoheit des Gerichtsstaates gelangten Güter an diese Personen[23].

---

[19] Wie hier *Beyerlin* (Anm. 14), mit umfangreichen Nachweisen.

[20] *Beyerlin* (Anm. 14). In einem *obiter dictum* seines *Teheran*-Urteils (ICJ Reports 1980, S. 43) brachte der IGH einerseits „understanding", andererseits „concern" über die amerikanische Geiselbefreiungsaktion zum Ausdruck.

[21] Oben §§ 811 ff.

[22] Die Nichtanerkennung der vom Verletzer beabsichtigten Rechtsfolgen einer völkerrechtswidrigen Handlung *seitens des Verletzten* ist von der Nichtanerkennung durch Völkerrechtsverletzungen geschaffener Situationen durch *dritte Staaten* zu unterscheiden. Inwieweit eine vr *Verpflichtung* dazu besteht, ist strittig. Der Special Rapporteur der ILC zum zweiten Teil des Kodifikationsvorhabens „Staatenverantwortlichkeit", W. *Riphagen*, hat sie in Art. 6 seines 3. Berichts (UN Doc. A/CN. 4/354, Add. 2, vom 5. Mai 1982; vgl. auch im 1. Bericht ILC-Yearbook 1980 II, Part One, S. 115 ff.), nunmehr ersetzt durch Art. 14 des 5. Berichts (UN Doc. A/CN. 4/380 vom 4. April 1984), für „*international crimes*" angenommen. Ein Beispiel dafür bietet das Verbot der Anerkennung gewaltsamer territorialer Veränderungen, das aus der sog. „Stimson Doktrin" erwachsen ist (dazu oben §§ 478, 970 f.).

§ 1341 Auch zum Abschluß dieser Übersicht über die verschiedenen Arten der vr Selbsthilfe bedarf es des Hinweises, daß es innerhalb bestimmter Grenzen den Parteien eines vr Rechtsverhältnisses überlassen bleibt, für den Fall der Verletzung zwischen ihnen vereinbarter Normen die vom allgemeinen VR vorgesehenen Gegenmaßnahmen zu modifizieren oder auszuschließen oder durch geeignetere Reaktionsmöglichkeiten zu ersetzen[24].

2. Abschnitt

Die Repressalie[1]

§ 1342 Unter einer Repressalie verstehen wir einen Rechtseingriff eines in seinen vr Rechten verletzten Staates in *einzelne* Rechtsgüter jenes Staates, der ihm gegenüber den Unrechtstatbestand gesetzt hat, um ihn zur Wiedergutmachung des Unrechts zu bewegen.

§ 1343 Nach klassischem VR konnten Repressalien grundsätzlich in jeden beliebigen Rechtsbereich des Gegners eingreifen. Sie konnten auch mit militärischen Mitteln (z. B. durch Blockade eines Hafens oder Küstenstriches oder Besetzung eines solchen) erfolgen. Ihr waren und sind aber folgende Grenzen gezogen:

1. Eine Repressalie darf nur durch den Staat gesetzt werden, der durch das vorausgegangene Unrecht unmittelbar verletzt worden ist. Diese Beschränkung ergibt sich aus dem Grundsatz der Relativität der vr Pflichten[2]. Da heute jedoch anerkannt ist, daß es neben vr Verpflichtungen, die jeweils im bilateralen Verhältnis zu erfüllen sind, auch solche gibt, deren Einhaltung *erga omnes* geschuldet wird, erhebt sich die Frage, wer mit welchen Mitteln zur Durchsetzung dieser Gemeinschaftspflichten befugt sein soll[3].

---

[23] Vgl. *Seidl-Hohenveldern*, Völkerrecht (4. Aufl. 1980), S. 80; *Mann*, The Consequences of an International Wrong in International and National Law, BYIL 48 (1975 - 1976), S. 28 ff., und oben §§ 1179 ff.

[24] Vgl. oben § 1309.

[1] Dazu neben der in § 1334, Anm. 2 und im Abschnitt über das Gewaltverbot bereits angeführten Literatur *Partsch*, Repressalie, WV III, S. 103 ff.; *Colbert*, Retaliation in International Law (1948); *Venezia*, La notion de représailles en droit international public, RGDIP 64 (1960), S. 465 ff.; *Falk*, The Beirut Raid and the International Law of Retaliation, AJIL 63 (1969), S. 415 ff.; *Blum*, The Beirut Raid and the International Double Standard, ebd. 64 (1970), S. 73 ff.; *Bleckmann*, Gedanken zur Repressalie, FS Schlochauer, S. 193 ff.; 4. Bericht *Riphagen*, UN Doc. A/CN. 4/366/Add. 1 (1983), S. 14 ff.

Zur Unterscheidung zwischen Repressalie und Notwehr s. oben § 480. Reiches Material auch bei *Whiteman*, Digest of International Law 12 (1971), S. 148 ff.; 321 ff.

[2] Oben § 49.

[3] Dazu *Akehurst*, Reprisals by Third States, BYIL 44 (1970), S. 1 ff.; *Frowein*, Die Verpflichtungen erga omnes im Völkerrecht und ihre Durch-

Aus der neueren Praxis lassen sich etwa die Sanktionen gegen den Iran wegen der Geiselnahme in Teheran[4], die Diskussion um Zwangsmaßnahmen gegen die Sowjetunion wegen deren Vorgehens in Afghanistan Ende 1979 und der Ausrufung des Kriegsrechts in Polen Ende 1981, die 1978/1981 zwischen den wichtigsten Industriestaaten getroffene Vereinbarung gemeinsamer Maßnahmen gegen Flugzeugentführungen[5] und zuletzt die 1982 im Falkland-Konflikt gegen Argentinien verhängten wirtschaftlichen Kollektivsanktionen[6] als Beispiele nennen, in denen (auch) nicht unmittelbar betroffene Staaten mit Rechtseingriffen gegen schwere Völkerrechtsverletzungen reagiert haben.

Die UN-Charta regelt nur die Durchsetzung der wichtigsten Gemeinschaftspflicht, nämlich des Gewaltverbotes, bei dessen Verletzung sie in erster Linie Gemeinschaftssanktionen gemäß Kapitel VII vorsieht[7], bis zum satzungsgemäßen Tätigwerden des Sicherheitsrates daneben aber nicht nur die Notwehr, sondern auch Nothilfe durch dritte Staaten zuläßt[8]. Wenn nun aber Nothilfe sogar militärische Gewaltanwendung rechtfertigt, so müssen dritten Staaten *a maiore ad minus* auch nichtmilitärische Gegenmaßnahmen, z. B. wirtschaftlicher Art, gegen den Angreifer gestattet sein[9]. Die Frage, ob dritte Staaten hier mit Repressa-

---

setzung, FS Mosler, S. 241 ff.; P. M. *Dupuy*, Observations sur la pratique récente des „sanctions" de l'illicite, RGDIP 87 (1983), S. 505 ff.; ferner der 1. Bericht *Riphagens* an die ILC über Inhalt, Form und Stufen der vr Verantwortlichkeit der Staaten, ILC-Yearbook 1980 II, Part One, S. 107 ff., 119 ff.; der 3. Bericht (§ 1340, Anm. 22), S. 28 ff.; der 4. Bericht (oben Anm. 1), S. 6 ff., 11 ff., 24 ff.

Zu den Möglichkeiten „dritter" Staaten, die Einhaltung vr Verpflichtungen *erga omnes*, wie des Gewalt- und Interventionsverbots, in einem Verfahren vor dem IGH zu fordern, vgl. aus der Dissenting Opinion des US-Richters *Schwebel* zur Anordnung vorsorglicher Maßnahmen durch den IGH im Fall *Military and Paramilitary Activities in and against Nicaragua (Nicaragua v. United States of America)* am 10. Mai 1984, ICJ Reports 1984, S. 195 ff.

[4] Darüber *Frowein* (letzte Anm.), S. 251. Bei der Beratung dieser Sanktionen durch eine Expertengruppe der Europäischen Gemeinschaften sprachen sich einige EG-Staaten, z. B. Großbritannien, ausdrücklich für die vr Zulässigkeit von Repressalien zugunsten Dritter bei schweren Völkerrechtsverstößen *erga omnes* aus: *Petersmann*, Internationale Wirtschaftssanktionen als Problem des Völkerrechts und des Europarechts, ZVglRWiss 80 (1981), S. 1 ff. (17, Anm. 51).

[5] Vgl. *Frowein* (Anm. 3), S. 252 f.; *Oppermann*, Der Beitrag des Internationalen Rechts zur Bekämpfung des internationalen Terrorismus, FS Schlochauer (1981), S. 511 ff.; *Chamberlain*, Collective Suspension of Air Services with States which Harbour Hijackers, ICLQ 32 (1983), S. 616 ff. Über die Suspendierung der Landerechte der polnischen Fluglinie Lot in den USA nach der Ausrufung des Kriegsrechts in Polen im Dezember 1981 vgl. Harvard International Law Journal 24 (1983), S. 190 ff.

[6] RGDIP 86 (1982), S. 745 ff.

[7] Oben §§ 232 ff.

[8] Oben §§ 474 f.

[9] So auch *Frowein* (Anm. 3), S. 254, 258. Das österreichische Außenministerium vertrat zu den Wirtschaftssanktionen Australiens, Kanadas und der

lien reagieren dürfen, ist also praktisch ohne große Bedeutung. Anders ist dies bei Verletzungen der übrigen Völkerrechtspflichten, deren Respektierung *erga omnes* geschuldet wird[10]. Selbstverständlich sind gegenüber derartigen Völkerrechtsverletzungen in einem objektiven Verfahren getroffene Kollektiventscheidungen und -maßnahmen der Anwendung von Beugezwang im bilateralen Verhältnis vorzuziehen. Wo derartige Verfahren fehlen, steht in eindeutigen und schwerwiegenden Fällen[11] aber auch zur Durchsetzung der Gemeinschaftspflichten als *ultima ratio* das Mittel der (nichtmilitärischen) Repressalie zur Verfügung[12]. So wäre es widersprüchlich, einerseits von einem Interesse aller Staaten an der Respektierung der grundlegenden Menschenrechte auszugehen, ja deren nachhaltige Verletzung als internationales Verbrechen zu qualifizieren[13], solch zwingendes Recht aber andererseits unbewehrter zu lassen als einfache Völkerrechtsnormen. Daß die subsidiäre Selbstbeurteilung und -durchsetzung auch vr Gemeinschaftspflichten die Rechtssicherheit gefährden kann, ist zuzugeben. Diese Gefahr wird erst gebannt sein, wenn dem Ausbau der Gemeinschaftsidee im materiellen VR obligatorische und effektive Gemeinschafts*verfahren* zur Seite gestellt werden[14].

EG gegen Argentinien 1982 nach dessen Besetzung der Falkland-Inseln die Auffassung, daß diese Handelsrestriktionen als kollektive Repressalien problematisch, als Maßnahmen der Nothilfe dagegen wohl eher gerechtfertigt seien; vgl. ÖZöffRVR 33 (1982), S. 389 ff. Zum ganzen *Kuyper*, Community Sanctions against Argentina: Lawfulness under Community and International Law, in: *O'Keefe / Schermers* (Hrsg.), Essays on European Law and Integration (1982), S. 141 ff. Zu den US-Maßnahmen gegen Argentinien kritisch *Acevedo*, The U. S. Measures against Argentina resulting from the Malvinas Conflict, AJIL 78 (1984), S. 323 ff.

[10] Vgl. das Urteil des IGH im *Barcelona Traction* Case, ICJ Reports 1970, S. 32.

[11] Vgl. *Frowein* (Anm. 3), S. 259.

[12] Vgl. die unter § 754 und bei *Frowein* (Anm. 3), S. 246 ff., genannten Stimmen; ferner *Wengler*, Völkerrecht (1964), Bd. I, S. 576 ff.; *Kewenig*, Die Anwendung wirtschaftlicher Zwangsmaßnahmen im Völkerrecht, Berichte DGVR 22 (1982), S. 31 (These 10).

Zur Suspendierung des am 25. November 1975 zwischen den Niederlanden und Surinam abgeschlossenen Vertrages über Entwicklungszusammenarbeit durch die Niederlande als Reaktion auf schwere Menschenrechtsverletzungen in Surinam Ende 1982 (vgl. auch oben § 836) *Lindemann* (ebd., Anm. 90), der auf S. 90 f. ebenfalls zu dem Ergebnis gelangt, daß diese Maßnahme als Repressalie gerechtfertigt wäre.

[13] Dazu oben § 1263.

[14] Zurückhaltend *Ago*, ILC-Yearbook 1979 II, Part One, S. 43, und der Kommentar der ILC zu Art. 30 ihres Entwurfs 1980 über Staatenverantwortlichkeit, ebd. 1979 II, Part Two, S. 119. Ebenso *Riphagen* im 1. Bericht, ebd. 1980 II, Part One, S. 120 ff., und im 4. Bericht, UN Doc. A/CN. 4/366/ Add. 1, S. 16 ff.

In Art. 5 seines 5. Berichts, UN Doc. A/CN. 4/380 vom 4. April 1984, hat *Riphagen* den Begriff des „verletzten Staates", der (unter gewissen Bedingun-

2. Eine Repressalie darf erst dann verhängt werden, wenn ihr eine erfolglose Forderung auf Wiedergutmachung des vom Gegner gesetzten Unrechtstatbestandes vorausgegangen ist[15]. Sie muß sofort eingestellt werden, wenn volle Wiedergutmachung geleistet wurde. Daher darf privates Eigentum zwar als Repressalie sequestriert, nicht aber konfisziert werden[16].

---

gen und Einschränkungen: vgl. Art. 10 - 13 des genannten Berichts) zu Repressalien aktivlegitimiert ist, wie folgt bestimmt:

„For the purposes of the present articles ‚injured State' means:

(a) if the internationally wrongful act constitutes an infringement of a right appertaining to a State by virtue of a customary rule of international law or of a right arising from a treaty provision for a third State, the State whose right has been infringed;

(b) if the internationally wrongful act constitutes the breach of an obligation imposed by a judgement or other binding dispute settlement decision of an international court or tribunal, the other State party or States parties to the dispute;

(c) if the internationally wrongful act constitutes a breach of an obligation imposed by a bilateral treaty, the other State party to the treaty;

(d) if the internationally wrongful act constitutes a breach of an obligation imposed by a multilateral treaty, a State party to that treaty, if it is established that:

(i) the obligation was stipulated in its favour, or

(ii) the breach of the obligation by one State party necessarily affects the exercise of the rights or the performance of the obligations of all other States parties, or

(iii) the obligation was stipulated for the protection of collective interests of the States parties, or

(iv) the obligation was stipulated for the protection of individual persons, irrespective of their nationality;

(e) if the internationally wrongful act constitutes an international crime, all other States."

Über die Möglichkeiten *internationaler Organisationen* zur Sanktionierung der Mitgliedschaftspflichten vgl. neben dem oben § 415, Anm. 1, genannten allgemeinen Schrifttum *Friedmann*, General Course in Public International Law, RdC 127 (1969 II), S. 115 („sanction of non-participation") und zuletzt *Leben*, Les sanctions privatives de droits ou de qualité dans les organisations internationales spécialisées (1979); *Steiger*, Zur Struktur der Kontroll- und Durchsetzungsverfahren gegenüber Mitgliedstaaten in Internationalen Organisationen, FS Schlochauer, S. 649 ff.

[15] So das portugiesisch-deutsche Schiedsgericht am 31. Juli 1928 im Falle *Naulilaa*, RIAA II, S. 1025 ff. Andererseits schließt die Aufnahme von Verhandlungen oder anderer Verfahren der friedlichen Streiterledigung die Ergreifung von Gegenmaßnahmen nicht unter allen Umständen aus, vgl. das Schiedsgutachten vom 9. Dezember 1978 über das US-französische *Air Services Agreement of 27 March 1946*, ILR 54, S. 338 ff.; 4. Bericht *Riphagen*, S. 21 ff.; 5. Bericht *Riphagen* (Fundstelle: vorangehende Anm.), Art. 10.

[16] *Seidl-Hohenveldern*, Reprisals and the Taking of Private Property, NTIR 9 (1962), S. 470 ff. Wird jedoch die geschuldete Wiedergutmachung beharrlich verweigert, kann das sequestrierte Gut eingezogen werden. So der US Court of Appeals, 2nd Circuit, am 22. April 1966 im Falle *Sardino v. Federal Reserve Bank of New York*, ILR 42 (1971), S. 204: „The unquestioned right of a State to protect its nationals in their persons and property while in a foreign country ... must permit initial seizure and *ultimate expropriation* of assets of nationals of that country in its own territory if other methods of securing compensation for its nationals should fail" (Hervorhebung von uns).

3. Sie darf nicht in Güter eingreifen, die durch das Kriegsrecht bzw. durch Normen des vr *ius cogens* geschützt sind[17].

4. Sie darf das ihr vorausgegangene Unrecht des Gegners nicht wesentlich (hors de toute proportion) überschreiten (Grundsatz der *Verhältnismäßigkeit*)[18].

5. Sie darf nur in Güter des Gegners, nicht auch dritter Staaten eingreifen. Daher darf sich eine Friedensblockade nicht gegen Schiffe solcher Staaten richten[19].

Jede Überschreitung des Repressalienrechtes stellt einen Repressalienexzeß dar, der seinerseits wiederum ein vr Delikt darstellt und damit die Durchführung einer *Gegenrepressalie* rechtfertigt.

§ 1344 Eine Repressalie kann entweder dadurch gesetzt werden, daß etwas unterlassen wird, was sonst vr geboten wäre, also z. B. durch Aussetzung der Leistung vertraglich vereinbarter Finanzhilfe, oder aber in der Weise, daß eine sonst völkerrechtswidrige Handlung angeordnet wird, z. B. die Erlassung einer Einfuhrsperre für bestimmte Produkte des Verletzers[20].

---

[17] *Reuter*, La Convention de Vienne sur le droit des traités (1970), S. 21; *Simma*, Reflections on Article 60 of the Vienna Convention on the Law of Treaties and Its Background in General International Law, ÖZöffR 20 (1970), S. 15; der im 3. Bericht *Riphagens* an die ILC, UN Doc. A/CN. 4/354/Add. 2 (1982), vorgeschlagene Art. 4; sowie nunmehr Art. 12 lit. (b) seines 5. Berichts (Fundstelle Anm. 14).

[18] Auch dieser Grundsatz wurde durch den Schiedsspruch im Falle *Naulilaa* (Anm. 15) bestätigt. Das in Anm. 15 genannte Schiedsgutachten führt dazu aus: „It is generally agreed that all counter-measures must, in the first instance, have some degree of equivalence with the alleged breach; this is a well-known rule“: ILR 54, S. 338. Ausführlich zum Proportionalitätsgrundsatz auch der ILC-Berichterstatter *Riphagen* in seinen oben in Anm. 3 zitierten Berichten über die Rechtsfolgen der vr Verantwortlichkeit der Staaten, insbesondere der im 3. Bericht vorgeschlagene Art. 2, der diesen ersetzende Art. 9 Abs. 2 des 5. Berichts (Fundstelle in Anm. 14), und die Erläuterung im 1. Bericht, ILC-Yearbook 1980 II, Part One, S. 112 ff., 121 ff.

[19] So z. B. der Oberste Gerichtshof von Hongkong am 31. Januar 1953 im Falle *China Mutual Trading Company v. American President Lines*, AJIL 47 (1953), S. 721 ff. Zum ganzen *Schumann*, Die Friedensblockade (1974); *Weber*, Blockade, Pacific, Encyclopedia [3 (1982), S. 51 ff.].

[20] Ein Beispiel aus jüngerer Zeit bietet der *Arcturus*-Fall: Am 24. November 1974 wurde der deutsche Fischdampfer *Arcturus* durch ein isländisches Fischereischutzschiff innerhalb der von Island einseitig proklamierten 50-Meilen-Fischereizone, aber außerhalb der 12-Meilen-Zone (vgl. oben §§ 1089 ff.), beschossen und aufgebracht. Schiff und Ladung wurden anschließend beschlagnahmt, über den Kapitän der *Arcturus* eine hohe Geldstrafe verhängt. Daraufhin erließen die Regierung der Bundesrepublik Deutschland und die Ministerpräsidenten der deutschen Küstenländer am 29. November 1974 ein Anlandeverbot für isländische Fischereiprodukte: AdG 44 (1974), S. 19 073 A, 19 083 F. Ende Oktober 1975 wurde diese Maßnahme wieder aufgehoben; AdG 45 (1975), S. 19 774 A.

§ 1345 Die Entscheidung über die Ausübung des Repressalienrechts (wie auch der übrigen vr Selbsthilfemaßnahmen mit Ausnahme der Nichtanerkennung völkerrechtswidriger fremder Hoheitsakte) steht den für die Führung der auswärtigen Angelegenheiten zuständigen Staatsorganen zu. Ohne deren Anordnung ist demnach weder ein Gericht[21] noch ein Gliedstaat eines Bundesstaates zur Ergreifung vr Sanktionen befugt[22].

§ 1346 Die UN-Charta verbietet nur Repressalien mit militärischen Mitteln[23]. Wirtschaftliche und politische Rechtseingriffe sind daher *de lege lata* zur Durchsetzung von Wiedergutmachungsansprüchen nach wie vor zulässig, wenngleich die Staaten der Dritten Welt und des sozialistischen Lagers die Ausdehnung des Gewaltverbotes auch auf nichtmilitärische Zwangsmaßnahmen anstreben[24]. Auf die Besonderheiten der Kriegsrepressalie kann in diesem Buche nicht eingegangen werden[25].

Jede andere *militärische* Selbsthilfe als die der Notwehr und Nothilfe im hier und bereits früher (§§ 469 ff.) beschriebenen Umfang ist auf Grund der UN-Charta verboten. Da — wie bereits ausgeführt wurde — die Charta nur gegen ganz bestimmte Verletzungen des VR Sanktionen vorsieht und auch sonst kein Staatengemeinschaftsorgan zur Durchsetzung des VR gegen den Willen des Verletzerstaates besteht, kann die Einhaltung des VR andererseits auch heute in der Regel nur durch die noch erlaubte *nichtmilitärische* Selbsthilfe durchgesetzt werden[26].

---

[21] *Seidl-Hohenveldern* (§ 1340, Anm. 23), S. 344.

[22] Ausführlich *Tomuschat*, Repressalie und Retorsion. Zu einigen Aspekten ihrer innerstaatlichen Durchführung, ZaöRV 33 (1973), S. 179 ff.; *Bleckmann*, Die völkerrechtliche Repressalie im innerstaatlichen Recht, DÖV 34 (1981), S. 353 ff. Vgl. dazu den bei *Simma*, Termination and Suspension of Treaties: Two Recent Austrian Cases, GYIL 21 (1978), S. 74 ff., beschriebenen Fall *Investa Grundstücksgesellschaft m. b. H. v. Land Tirol*.

[23] Oben § 480.

[24] *Bowett*, Economic Coercion and Reprisals by States, VJIL 13 (1972 - 73), S. 1 ff.; *derselbe*, International Law and Economic Coercion, ebd. 16 (1975 - 76), S. 245 ff.; *Petersmann* (Anm. 4); *Kewenig* (Anm. 12), S. 7 ff.

[25] Dazu *Kalshoven*, Belligerent Reprisals (1971).

[26] So auch das in Anm. 15 angeführte Schiedsgutachten, ILR 54, S. 337: „If a situation arises which, in one State's view, results in the violation of an international obligation by another State, the first State is entitled, within the limits set by the general rules of international law pertaining to the use of armed force, to affirm its rights through ‚counter-measures'." Ausführlich richtig darüber *Forlati Picchio* (§ 1334, Anm. 2), S. 303 ff.

Rückblick und Ausblick

§ 1347 Das positive VR beginnt mit der gegenseitigen Anerkennung von Staaten. Diese vollzog sich in der Regel formlos, indem die Machthaber der verschiedenen Staaten miteinander in Verkehr traten, wodurch sie zugleich ihre Machtbereiche untereinander anerkannten. Zur gegenseitigen Sicherung dieser Bereiche wurden Friedens-, Freundschafts-, Bündnis- und Nichtangriffsverträge abgeschlossen. Einen solchen Vertrag finden wir schon im dreizehnten vorchristlichen Jahrhundert zwischen dem ägyptischen König Ramses II. und dem Fürsten von Cheta[1]. Alle diese Verträge beruhen auf dem Grundsatze, daß jeder Staat innerhalb eines bestimmten Raumes die oberste, andere Staaten ausschließende Herrschaft ausüben kann. Das gilt auch für die Bündnisse mit nicht gleichrangigen Staaten *(foedera iniqua)*, da diese den abhängigen Staat nur zu bestimmten Leistungen an den Vertragspartner, wie Heerfolge und Zahlung von Tributen, verpflichteten.

Vom gerade angeführten Grundsatze bestanden jedoch von allem Anfang an Ausnahmen zugunsten jener Organe, denen die Aufgabe zukam, mit den Vertretern anderer Staaten im Ausland zu verhandeln, da solche Verhandlungen mit der vollständigen Unterordnung der Bevollmächtigten eines Staates unter eine fremde Rechtsordnung unvereinbar sind. Daher gehören auch die Normen über die Immunitäten und Vorrechte der Diplomaten sowie der Parlamentäre im Kriege zum ältesten Bestand des *politischen* VR. Daneben finden wir schon in der Antike vr Normen über die Stellung der Ausländer, über das Vertragsverfahren sowie über das *ius ad bellum*, das *ius in bello* und die Schiedsgerichtsbarkeit[2]. Das zeigt uns, daß die frühere Behauptung, der Krieg sei damals der normale Zustand der Staaten gewesen, nicht den Tatsachen entspricht[3].

§ 1348 Das antike ebenso wie das mittelalterliche VR war aber keine einheitliche universale Ordnung, sondern bestand aus verschiedenen selbständigen Rechtsgruppen in mehreren Kulturkreisen, wie im helle-

---

[1] Wiedergegeben bei *Le Fur / Chklaver*, Recueil de textes de droit international public (1928), S. 1 f. Dazu *Preiser*, Völkerrechtsgeschichte, WV III, S. 681.

[2] *Preiser* (Anm. 1), S. 683 ff.

[3] So schon *Seckel*, Über Krieg und Recht in Rom (1915), S. 9 ff.; näheres bei *Ziegler* (oben § 23, Anm. 1).

nischen, frühitalischen, später römisch-griechischen, in der mittelalterlichen *„res publica christiana"*, im indischen und chinesischen Raume[4], während zwischen diesen lange Zeit entweder überhaupt keine oder nur zwischen einzelnen Staaten der verschiedenen Gruppen Rechtsbeziehungen bestanden.

Das universelle positive VR konnte sich erst allmählich mit der schrittweisen politischen und wirtschaftlichen Verflechtung aller Völker entwickeln, die auf dem Umwege über die Kolonisierung Amerikas und Australiens sowie großer Teile Asiens und Afrikas durch europäische Mächte und der dann gegen Ende des 18. Jahrhunderts einsetzenden, aber erst in unserer Zeit nahezu zum Abschluß gekommenen Emanzipation der früheren Kolonialvölker zur globalen Staatengemeinschaft hingeführt hat.

Die Herausbildung des universellen VR wurde durch die am Anfang der Neuzeit entstandene Völkerrechtslehre mächtig gefördert, da es ihr gelang, die früheren verstreuten vr Gedanken zu sammeln und auf der Grundlage der Idee der zwischenstaatlichen Sozialität den Plan einer universalen zwischenstaatlichen Ordnung zu entfalten.

Auf dieser Basis haben die Staaten, an das mittelalterliche VR anknüpfend, durch ihre als Recht anerkannte Übung sowie durch verschiedene multilaterale und bilaterale Verträge nicht nur die in diesem Buche dargestellten Normen des in Friedenszeiten geltenden VR, sondern auch des modernen Kriegs- und Neutralitätsrechts erzeugt.

§ 1349 Die meisten dieser Normen verfolgen das Ziel, gleichgerichtete Interessen der Staaten zu befriedigen oder zwischen ihnen einen Ausgleich herbeizuführen. Wir finden jedoch auch vr Normen, die überhaupt keinen staatlichen Interessen dienen, sondern von den Staaten fordern, sich über ihre eigenen Anliegen zu erheben und sich in den Dienst der Humanität zu stellen. Humanitäre Ideen haben zunächst das Kriegsrecht, dann auch das VR des Friedens befruchtet, so im Bereich der Anerkennung und des Schutzes der Menschenrechte, sowie im Umweltschutz. Dieser dient zwar auch staatlichen Interessen, da alle Staaten an der Erhaltung der Meeresschätze, der Fruchtbarkeit des Bodens und der Reinheit der Luft interessiert sind. Dieses Interesse ist aber infolge der Verschiedenheit ihrer geographischen Lage und ihres industriellen Potentials nicht bei allen Staaten gleich stark. Außerdem verfolgt der Umweltschutz vor allem das Ziel, den künftigen Generationen ein funktionierendes Ökosystem zu erhalten. Sein primäres Anliegen ist also der Schutz der Menschen.

---

[4] *Preiser* (Anm. 1); *derselbe*, Frühe völkerrechtliche Ordnungen der außereuropäischen Welt (1976).

Hingegen bildet der vr Schutz der Menschenrechte den edelsten Zweig des humanitären VR, da er ausschließlich der Wahrung der menschlichen Würde dient.

§ **1350** Wir ersehen daraus, daß die Staaten im Bereich des VR eine doppelte Rolle spielen: Sie sind zwar vor allem Machtkomplexe, die das VR als Mittel brauchen, um ihren eigenen Interessen und denen ihrer Angehörigen zu dienen. Sie sind aber zugleich Organisationen bestimmter Menschengruppen, die zusammen die große menschliche Familie bilden. Daher kann ein Staat das dauernde Wohl seiner Angehörigen nur in der Weise sichern, daß er auch zum allgemeinen Wohl der Menschheit beiträgt. Diese Einsicht leuchtet schon in der von Salamanca ausstrahlenden Völkerrechtslehre auf, die uns lehrt, daß das *„bonum commune humanitatis"* das Ziel des VR bildet[5]. Hugo Grotius betont daher, daß dem Staatslenker neben der Sorge für sein Volk eine allgemeine Sorge für das ganze Menschengeschlecht obliege[6]. Noch klarer bemerkt Christian Wolff, daß alle Staaten ihre gegenseitige Vervollkommnung und so auch die der alle Staaten umfassenden *„civitas maxima"* anstreben müssen[7].

Diese von einigen Pionieren des VR proklamierten Grundsätze wurden durch die UN-Charta in das positive VR aufgenommen. So verpflichtet ihre Präambel und insbesondere Art. 56 die Mitglieder der UNO zur Zusammenarbeit, um das Ziel der Achtung der grundlegenden Freiheiten für *alle* Menschen ohne Unterschied von Rasse, Geschlecht, Sprache oder Religion, ebenso wie der wirtschaftlichen, sozialen und kulturellen Menschenrechte zu verwirklichen und so die Wohlfahrt aller Völker zu fördern. Ferner betont die auf der Stockholmer Konferenz über den Umweltschutz am 16. Juni 1972 beschlossene „Declaration of the United Nations Conference on the Human Environment" mit Nachdruck, daß der Schutz der menschlichen Umwelt „the urgent desire of the peoples of the whole world and the duty of all Governments" bildet[8]. Außerdem sei auf die von der Generalversammlung der UNO am 12. Dezember 1974 mit 120 Stimmen (bei 6 Gegenstimmen und 10 Enthaltungen) angenommene „Charter of Economic Rights and Duties of States" (Res. 3281 [XXIX]) hingewiesen, die erklärt, „that it is a fundamental purpose of this Charter to promote the establishment of

---

[5] *Vitoria*, De Indis, III, 4; *Suarez* (oben § 15).

[6] Oben § 16.

[7] Oben § 17. Auf das Ziel des Wohles aller Völker weist auch die Enzyklika „Summi pontificatus" Pius XII. vom 20. Oktober 1939 hin, ebenso die Enzyklika „Pacem in terris" Johannes XXIII. vom 11. April 1963. Dazu *Verdross*, La doctrina española classica del derecho internacional, in: Annuario de l'Asociación de Vitoria 18 (1971/72), S. 57 ff.

[8] *Rüster / Simma*, International Protection of the Environment. Treaties and Related Documents, Bd. I (1975), S. 118.

the new international economic order, based on equity, sovereign equality, independence, common interest and co-operation among all States, irrespective of their economic and social systems"[9].

Auch diese Charta ist also auf das Ziel einer menschenwürdigen wirtschaftlichen Wohlfahrt in allen Völkern ausgerichtet. Es muß aber noch sorgfältig geprüft werden, ob alle dort angeführten Mittel wirklich zu diesem Ziele hinführen.

Schließlich erklärt Art. 136 des UN-Seerechtsübereinkommens 1982 den Meeresgrund und -untergrund außerhalb der Grenzen nationaler Jurisdiktion und die dort befindlichen Ressourcen zum „common heritage of mankind"[10].

§ 1351 All das zeigt uns, daß sich das VR der Gegenwart in einem großen Umwandlungsprozeß befindet, da es die Tendenz verfolgt, von einem bloßen Zwischenmächterecht zur Rechtsordnung der vielfach gegliederten Menschheit ausgestaltet zu werden.

Zur Erreichung dieses Zieles müssen allerdings noch verschiedene Voraussetzungen erfüllt werden, da zwischen dem Postulate eines Zieles und seiner Verwirklichung ein weiter, oft dornenvoller Weg liegt. So ist es offenkundig, daß eine allgemeine vr Achtung der menschlichen Freiheitsrechte nur erreicht werden kann, wenn zunächst in den staatlichen Ordnungen selbst solche Freiheitsrechte anerkannt und durch unabhängige Gerichte geschützt werden, da sonst der Boden fehlt, in dem diese Rechte Wurzel fassen können. Aber auch die vr zu schützenden sozialen, wirtschaftlichen und kulturellen Rechte können nur dann sinngemäß verwirklicht werden, wenn die Achtung und der Schutz der menschlichen Person das oberste Ziel der staatlichen Rechtsordnungen bilden, da sich sämtliche Menschenrechte aus der allen Menschen innewohnenden Würde (inherent dignity) herleiten, wie beide UN-Menschenrechtspakte vom 19. Dezember 1966 in ihren Präambeln übereinstimmend hervorheben.

Um das angestrebte Ziel der Erreichung einer dauerhaften Friedensordnung der Menschheit verwirklichen zu können, müssen natürlich auch die anderen Grundsätze der UN-Charta befolgt werden. Dazu gehört die Erfüllung aller vr Pflichten nach Treu und Glauben, darunter die gegenseitige Achtung der territorialen Unverletzlichkeit und der inneren Ordnung der Staaten sowie des Selbstbestimmungsrechts der Völker, ferner die friedliche Austragung aller Streitfälle, außerdem die Beachtung der Grundsätze der Toleranz und der guten Nachbarschaft,

---

[9] Text im AJIL 69 (1975), S. 484 ff. Dazu oben §§ 505 ff. und die dort genannten Schriften.

[10] Über die gemeinsame Verwaltung dieses Raumes vgl. eingehend oben §§ 1138 ff.

da nur auf diese Weise das zwischenstaatliche Mißtrauen abgebaut werden kann, das verschiedene Mächte zur ständigen Steigerung ihrer Rüstungen veranlaßt, was wiederum neue Spannungen auslöst. Nur durch die Entwicklung aller die Staatengemeinschaft *integrierenden* Faktoren auf der Grundlage eines billigen Ausgleiches, insbesondere zwischen den Industrieländern und der Dritten Welt, können wir hoffen, allmählich zum Aufbau einer dauerhaft friedlichen Weltordnung zu gelangen. Die Anstrengungen zur Erreichung dieses Zieles werden aber nur dann gute Früchte tragen, wenn sich alle Teilnehmer von der Devise des großen Aurelius Augustinus, der auch in einer Umbruchzeit gelebt hat, leiten lassen werden: „*In necessariis unitas, in dubiis libertas, in omnibus caritas.*“

Verzeichnis der verwerteten Judikate

Das folgende Register umfaßt nur namentlich gekennzeichnete Entscheidungen, Gutachten und Berichte vr Schlichtungsinstanzen. Zahlreiche weitere Judikate sind in den Anmerkungen enthalten. Auszüge aus den Entscheidungstexten werden soweit wie möglich in der Originalsprache, dabei wieder, soweit möglich, in englischer Sprache wiedergegeben. Die Verweisungen erfolgen auf die Paragraphen.

I. Internationale Judikate

1. *Ständiger Internationaler Gerichtshof*

2. Internationaler Gerichtshof

3. Haager Schiedsgerichtshof

4. *Ausschuß für Menschenrechte*

5. *ILO-Untersuchungsausschuß*

6. *Europäische Kommission für Menschenrechte*

7. *Europäischer Gerichtshof für Menschenrechte*

8. *Gerichtshof der Europaischen Gemeinschaften*

9. *Verwaltungsgericht des Völkerbundes*

10. *International Tribunal for the Far East*

11. *Inter-American Court of Human Rights*

12. *Zentralamerikanischer Gerichtshof*

13. Schiedsgerichte

II. Nationale Judikatur

Sachverzeichnis

(Die Hinweise beziehen sich auf die Paragraphen)